정말 시간이 없는 사람들을 위한
시험에 꼭 나오는 섹션 31가지

지금까지 출제된 모든 기출문제를 통계적으로 분석하여 시험에 나오는 것만 쏙쏙 골라 101개 섹션, 470개의 필드로 정리하였습니다. 필드는 시험에서 하나의 문제로 나올 수 있는 최소 단위입니다. 초보자라도 하루 한 시간 정도, 차근차근 30일이면 끝낼 수 있습니다. 그래도 시간이 없으시다고요? 더 빠른 지름길이 없냐고요? 좋습니다. 최근 4년간 정보처리산업기사 시험에 출제된 720 문제 중 66%인 475 문제가 출제된 31개의 섹션을 알려드리지요. 정말 시간이 없다면 이 부분만 확실히 공부하세요. 합격 점수는 60점이니까요.

섹션	섹션명	출제 문항 수	쪽 위치
3	스케줄링	15	25
5	기억장치 관리	8	33
7	정보 관리	9	40
12	전송 방식 / 전송 제어	8	60
14	OSI 참조 모델	12	68
16	정보 통신망 기술	19	72
24	UML(Unified Modeling Language)	8	119
26	소프트웨어 아키텍처	16	128
28	객체지향(Object-Oriented)	18	137
30	디자인 패턴	22	145
35	개발 단계에 따른 애플리케이션 테스트	9	171
38	사용자 인터페이스	14	181
42	소프트웨어 버전 등록	8	195
49	데이터 타입	15	234
50	변수	13	237
51	연산자	17	242
52	데이터 입·출력	16	254
61	웹 프로그래밍 언어 - HTML	26	317
62	웹 프로그래밍 언어 - JavaScript	23	332
71	모듈	18	380
73	공통 모듈	15	385
74	자료 구조	20	396
75	트리(Tree)	13	402
78	데이터베이스 개요	14	416
79	데이터베이스 설계	13	420
83	관계형 데이터베이스의 구조	13	432
86	관계대수 및 관계해석	21	441
87	정규화(Normalization)	15	444
91	시스템 카탈로그 / 트랜잭션	16	462
92	SQL의 개념	21	478
96	DML - SELECT-1	20	496

전문가가 분석한 정보처리산업기사 필기 시험 - 경향과 대책

1과목 정보시스템 기반 기술

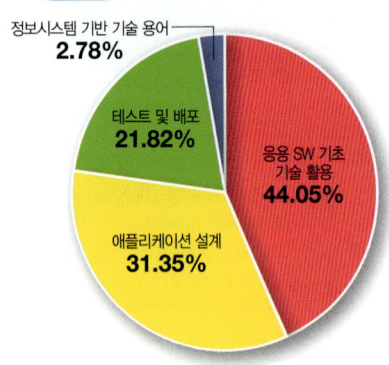

**이해와 암기를 동시에 요구하는 과목입니다.
70점을 목표로 공부하세요.**

정보처리산업기사의 다른 과목에 비해 생소한 내용이 많고 범위가 넓어 어려운 과목이지만 각 섹션의 시작 부분에 있는 '전문가의 조언'에 따라 차분하게 학습하면 20문항 중 14문항은 무난히 맞힐 수 있습니다. 학습할 때는 각 섹션마다 중심이 되는 개념을 먼저 파악하고 나머지 내용들을 공부하되, 이해 안 되는 부분들은 완전히 이해하려고 너무 노력하지는 마세요. 시간이 부족할 때는 1, 2장을 집중적으로 학습하고 나머지 장에서는 A, B 등급만 찾아서 학습하세요.

2과목 프로그래밍 언어 활용

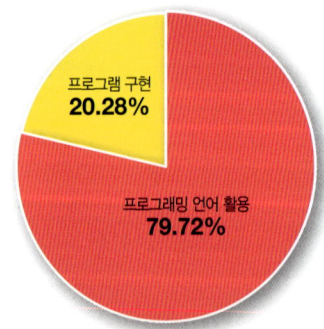

**실기 시험까지 준비한다는 마음으로 확실하게 이해하면
90점 이상도 가능합니다.**

1장은 프로그래밍 언어에 익숙하지 않은 수험생들을 위해 최대한 쉽게 풀어 설명했습니다. 이 부분은 실기 시험에서도 매우 높은 비중을 차지하므로 어렵더라도 포기하지 말고 꼭 이해하면서 공부해야 합니다. 2장은 주로 개념을 묻는 문제가 많으므로 핵심 용어의 의미를 정확히 숙지하고, 기출문제를 반복해 풀어보는 것이 효과적입니다.

3과목 데이터베이스 활용

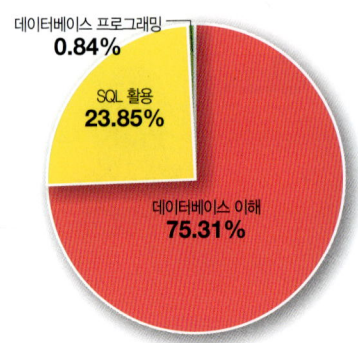

**나왔던 문제가 또 나옵니다.
80점 이상을 목표로 공부하세요.**

3과목은 출제기준이 변경되기 전에도 있었던 과목으로, 대부분 이전 기출문제나 조금 변형된 기출문제가 출제되고 있습니다. 나왔던 문제는 반드시 또 나온다는 확신(?)을 갖고 기출문제를 충분히 이해하면 80점 이상은 확실하게 얻을 수 있습니다. 출제 비중이 높은 1, 2장에 집중하세요. 3장은 출제 비중이 1% 미만으로 매우 낮으니 시간이 부족한 경우 과감히 넘어가도 괜찮습니다.

정보처리산업기사
필기 기본서

2026 시나공

길벗알앤디 지음 길벗

지은이 길벗알앤디
강윤석, 김용갑, 김우경, 김종일
김정준 – 안양대학교 소프트웨어학과 교수

IT 서적을 기획하고 집필하는 출판 기획 전문 집단으로, 2003년부터 길벗출판사의 IT 수험서인 〈시험에 나오는 것만 공부한다!〉 시리즈를 기획부터 집필 및 편집까지 총괄하고 있다.

30여 년간 자격증 취득에 관한 교육, 연구, 집필에 몰두해 온 강윤석 실장을 중심으로 IT 자격증 시험의 분야별 전문가들이 모여 국내 IT 수험서의 수준을 한 단계 높이기 위한 다양한 연구와 집필 활동에 전념하고 있다.

정보처리산업기사 필기 – 시나공 시리즈 ⑭
The Written Examination for Industrial Engineer Information Processing

초판 발행 · 2025년 11월 24일

지은이 · 길벗알앤디(강윤석, 김용갑, 김우경, 김종일)
발행인 · 이종원
발행처 · (주)도서출판 길벗
출판사 등록일 · 1990년 12월 24일
주소 · 서울시 마포구 월드컵로 10길 56(서교동)
주문 전화 · 02)332-0931　**팩스** · 02)323-0586
홈페이지 · www.gilbut.co.kr　**이메일** · gilbut@gilbut.co.kr

기획 및 책임 편집 · 강윤석(kys@gilbut.co.kr), 김미정(kongkong@gilbut.co.kr), 임은정(eunjeong@gilbut.co.kr)
표지 디자인 · 강은경, 윤석남　**제작** · 이준호, 손일순, 이진혁　**마케팅** · 조승모, 유영은
영업관리 · 김명자　**독자지원** · 윤정아　**유통혁신** · 한준희

편집진행 및 교정 · 길벗알앤디(강윤석 · 김용갑 · 김우경 · 김종일)　**디자인** · 도설아　**일러스트** · 윤석남
전산편집 · 예다움　**CTP 출력 및 인쇄** · 정민　**제본** · 정민

- 이 책은 저작권법의 보호를 받는 저작물로 이 책에 실린 모든 내용, 디자인, 이미지, 편집 구성은 허락 없이 복제하거나 다른 매체에 옮겨 실을 수 없습니다.
- 인공지능(AI) 기술 또는 시스템을 훈련하기 위해 이 책의 전체 내용은 물론 일부 문장도 사용하는 것을 금지합니다.
- 잘못 만든 책은 구입한 서점에서 바꿔 드립니다.

ⓒ 길벗알앤디, 2025

ISBN 979-11-407-1615-9 13000
(길벗 도서번호 030972)

가격 30,000원

독자의 1초를 아껴주는 정성 길벗출판사
(주)도서출판 길벗 IT단행본, 성인어학, 교과서, 수험서, 경제경영, 교양, 자녀교육, 취미실용　www.gilbut.co.kr
길벗스쿨 국어학습, 수학학습, 주니어어학, 어린이단행본, 학습단행본　www.gilbutschool.co.kr

시나공 홈페이지 www.sinagong.co.kr

짜잔~ '시나공' 시리즈를 소개합니다~

자격증 취득, 가장 효율적으로 공부하고 싶으시죠?
보통 사람들의 공부 패턴과 자격증 시험을 분석하여 최적의 내용을 담았습니다.

 NCS* 학습 모듈 61개를 철저하게 분석했습니다.

학문을 수련함에 있어 다양한 이론을 폭넓게 공부하는 것은 더할 나위 없이 중요하지만 이 책은 자격증 취득을 목적으로 구성된 만큼 시험에 나올만한 내용을 다룰 수밖에 없습니다. 출제기준에 포함된 61개 NCS 학습 모듈을 완전 분해하여 정보처리산업기사 직무내용과 관련하여 나올만한 내용을 101개 섹션으로 엄선하여 정리했습니다. 책에 수록된 내용은 어떠한 변형 문제가 나오더라도 대처할 수 있도록 최대한 자세하고 쉽게 설명했습니다.

 공부하면서 답답함을 느끼지 않도록 노력했습니다.

공부할 때 이해 안 되는 내용을 무조건 암기하는 건 무척 피곤한 일입니다. NCS 학습 모듈은 NCS의 능력 단위를 교육 훈련 현장에서 학습할 수 있도록 구성한 교수·학습 자료라서 내용이 포괄적이며 설명이 친절하지 않습니다. 이는 수험생 혼자의 힘으로 공부하는 데 한계가 있습니다. 저희는 NCS 학습 모듈을 가이드 삼아 자세한 설명과 충분한 예제를 더해 이쪽 분야에 기초가 없는 수험생도 쉽게 공부할 수 있도록 눈높이에 맞춰 구성했습니다.

 학습 방향을 제시하기 위해 노력했습니다.

이 시험을 준비하는 수험생들이 대부분 비전공자이기 때문에 학습 방향을 잡기 어려울 수 있습니다. 학습 방향을 파악하지 못한 채 교재에 수록된 내용을 무작정 읽어 가는 것은 비효율적입니다. 실제 시험에서 출제되는 문제에 맞게 암기할 것, 한 번만 읽어볼 것, 구분할 것, 이해할 것, 실습할 것 등 옆에서 선생님이 지도하는 것처럼 친절한 가이드라인을 제공했습니다.

 이렇게 공부하세요.

다음은 10여 년간 학생들을 지도하고, 20년 동안 100여권 이상의 IT 수험서를 만들면서 정리한 빠르게 합격하는 비법입니다.

① 매 섹션의 끝에 나오는 기출문제 따라잡기를 먼저 공부하면서 문제가 어떻게 출제되는지, 어떤 것을 자세하게 공부해야 하는지 먼저 감을 잡습니다.
② 이제 섹션의 처음으로 돌아와서 전문가의 조언을 먼저 읽은 후 본문을 읽기 시작하면 기출문제 따라잡기에서 공부한 내용을 접하게 되므로 낯설지 않을뿐더러 무엇을 어떻게 공부해야 할지 학습 방향을 명확히 잡을 수 있습니다.
③ 섹션을 마친 후 다시 기출문제 따라잡기를 공부하면 대부분의 문제가 이해됩니다. 이때에도 이해되지 않는 문제는 미결 표시를 해 놓은 후 다음 섹션으로 넘어갑니다.
④ 한 장을 마치면 그 장에서 시험에 꼭 나오는 내용만 뽑아 모은 핵심요약이 나옵니다. 앞에서 배운 내용을 상기하면서 확실히 암기하고 다음 장의 섹션으로 넘어갑니다.
⑤ 교재 한 권을 모두 마친 후에는 다시 처음으로 돌아와 기출문제 따라잡기와 핵심요약만 다시 한 번 공부합니다.
⑥ 시험이 임박해지면 등급이 A, B인 섹션과 이해가 안 되어 표시해 두었던 문제와 틀린 문제만 확인합니다.

끝으로 이 책으로 공부하는 모든 수험생들이 한 번에 합격할 수 있기를 기원합니다.

2025년 가을날에
강윤석

※ 국가직무능력표준(NCS : National Competency Standards)이란 산업현장에서 직무를 수행하기 위해 요구되는 지식·기술·소양 등의 내용을 국가가 산업부문별·수준별로 체계화한 것입니다.

목차

*각 섹션은 출제 빈도에 따라 Ⓐ, Ⓑ, Ⓒ, Ⓓ로 등급이 분류되어 있습니다. 공부할 시간이 없는 분들은 출제 빈도가 높은 순서대로 공부하세요.

출제 빈도
- Ⓐ 매 시험마다 꼭 나오는 부분
- Ⓑ 두 번 시험 보면 한 번은 꼭 나오는 부분
- Ⓒ 세 번 시험 보면 한 번은 꼭 나오는 부분
- Ⓓ 네 번 시험 보면 한 번은 꼭 나오는 부분

0 준비 운동

수험생을 위한 아주 특별한 서비스	6
한눈에 살펴보는 시나공의 구성	8
시험 접수부터 자격증을 받기까지 한눈에 살펴볼까요?	12
정보처리산업기사 시험, 이것이 궁금하다!	14

1 과목 정보시스템 기반 기술

1 응용 SW 기초 기술 활용

Ⓑ	001 운영체제의 개념	20
Ⓑ	002 프로세스 관리	23
Ⓐ	003 스케줄링	25
Ⓐ	004 병행 프로세스와 상호 배제	30
Ⓐ	005 기억장치 관리	33
Ⓐ	006 디스크 스케줄링	38
Ⓐ	007 정보 관리	40
Ⓒ	008 분산 운영체제	44
Ⓑ	009 운영체제의 실제	48
Ⓒ	010 정보 통신의 기본	52
Ⓑ	011 정보 전송 기술	56
Ⓐ	012 전송 방식 / 전송 제어	60
Ⓐ	013 통신 프로토콜	65
Ⓐ	014 OSI 참조 모델	68
Ⓑ	015 경로 제어 프로토콜	71
Ⓐ	016 정보 통신망 기술	72
	핵심요약	77

2 애플리케이션 설계

Ⓒ	017 소프트웨어 생명 주기	90
Ⓑ	018 소프트웨어 개발 방법론	96
Ⓒ	019 스크럼(Scrum) 기법	100
Ⓒ	020 XP(eXtreme Programming) 기법	103
Ⓒ	021 요구사항 정의	106
Ⓑ	022 요구사항 분석	111
Ⓒ	023 요구사항 분석 CASE와 HIPO	116
Ⓐ	024 UML(Unified Modeling Language)	119
Ⓑ	025 주요 UML 다이어그램	125
Ⓐ	026 소프트웨어 아키텍처	128
Ⓐ	027 아키텍처 패턴	133
Ⓐ	028 객체지향(Object-Oriented)	137
Ⓑ	029 객체지향 분석 및 설계	142
Ⓐ	030 디자인 패턴	145
	핵심요약	150

3 테스트 및 배포

Ⓒ	031 개발 지원 도구	160
Ⓒ	032 애플리케이션 테스트	163
Ⓒ	033 애플리케이션 테스트의 분류	165
Ⓑ	034 테스트 기법에 따른 애플리케이션 테스트	167
Ⓐ	035 개발 단계에 따른 애플리케이션 테스트	171
Ⓑ	036 통합 테스트	174
Ⓓ	037 결함 관리	177
Ⓐ	038 사용자 인터페이스	181
Ⓑ	039 UI 표준 및 지침	185
Ⓓ	040 UI 설계 도구	189
Ⓓ	041 UI 테스트 기법의 종류	193
Ⓐ	042 소프트웨어 버전 등록	195
Ⓒ	043 소프트웨어 버전 관리 도구	198
Ⓑ	044 빌드 자동화 도구	203
	핵심요약	205

4 정보시스템 기반 기술 용어

- Ⓐ 045 SW / 보안 관련 신기술 … 212
- Ⓒ 046 HW 관련 신기술 … 216
- Ⓒ 047 DB 관련 신기술 … 221
- Ⓑ 048 네트워크 관련 신기술 … 224
- **핵심요약** … 229

2 과목
프로그래밍 언어 활용

1 프로그래밍 언어 활용

- Ⓐ 049 데이터 타입 … 234
- Ⓐ 050 변수 … 237
- Ⓐ 051 연산자 … 242
- Ⓐ 052 데이터 입·출력 … 254
- Ⓒ 053 제어문 … 265
- Ⓒ 054 반복문 … 272
- Ⓒ 055 배열과 문자열 … 278
- Ⓑ 056 포인터 … 288
- Ⓑ 057 사용자 정의 함수 … 295
- Ⓑ 058 Java의 클래스 … 299
- Ⓐ 059 Python의 기초 … 305
- Ⓒ 060 Python의 활용 … 309
- Ⓐ 061 웹 프로그래밍 언어 – HTML … 317
- Ⓐ 062 웹 프로그래밍 언어 – JavaScript … 332
- Ⓒ 063 절차적 프로그래밍 언어 … 340
- Ⓑ 064 객체지향 프로그래밍 언어 … 342
- Ⓒ 065 스크립트 언어 … 345
- Ⓑ 066 라이브러리 … 348
- Ⓑ 067 예외 처리 … 350
- Ⓓ 068 프로토타입 … 352
- **핵심요약** … 354

2 프로그램 구현

- Ⓓ 069 개발 환경 구축 … 374
- Ⓑ 070 서버 개발 … 377
- Ⓐ 071 모듈 … 380
- Ⓑ 072 공통 모듈 … 385
- Ⓐ 073 보안 및 API … 387
- **핵심요약** … 390

3 과목
데이터베이스 활용

1 데이터베이스의 이해

- Ⓐ 074 자료 구조 … 396
- Ⓐ 075 트리(Tree) … 402
- Ⓑ 076 정렬(Sort) … 408
- Ⓑ 077 검색 – 이분 검색 / 해싱 … 413
- Ⓐ 078 데이터베이스 개요 … 416
- Ⓐ 079 데이터베이스 설계 … 420
- Ⓒ 080 데이터 모델의 개념 … 424
- Ⓑ 081 E-R(개체-관계) 모델 … 428
- Ⓑ 082 관계형 데이터 모델 … 431
- Ⓐ 083 관계형 데이터베이스의 구조 … 432
- Ⓑ 084 관계형 데이터베이스의 제약 조건 – 키(Key) … 435
- Ⓑ 085 관계형 데이터베이스의 제약 조건 – 무결성 … 438
- Ⓐ 086 관계대수 및 관계해석 … 441
- Ⓐ 087 정규화(Normalization) … 444
- Ⓒ 088 반정규화(Denormalization) … 449
- Ⓒ 089 인덱스(Index) … 454
- Ⓐ 090 뷰(View) … 459
- Ⓐ 091 시스템 카탈로그 / 트랜잭션 … 462
- **핵심요약** … 464

2 SQL 활용

- Ⓐ 092 SQL의 개념 … 478
- Ⓒ 093 DDL … 480
- Ⓒ 094 DCL … 487
- Ⓑ 095 DML … 492
- Ⓐ 096 DML – SELECT-1 … 496
- Ⓑ 097 DML – SELECT-2 … 505
- Ⓒ 098 DML – JOIN … 513
- **핵심요약** … 520

3 데이터베이스 프로그래밍

- Ⓒ 099 절차형 SQL … 528
- Ⓒ 100 프로시저(Procedure) … 530
- Ⓓ 101 쿼리 성능 최적화 … 534
- **핵심요약** … 539

찾아보기 … 540

1등만이 드릴 수 있는 1등 혜택!!
수험생을 위한 아주 특별한 서비스

시나공 홈페이지
시험 정보 제공!

IT 자격증 시험, 혼자 공부하기 막막하다고요? 시나공 홈페이지에서 대한민국 최대, 50만 회원들과 함께 공부하세요.

지금 sinagong.co.kr에 접속하세요!

시나공 홈페이지에서는 최신기출문제와 해설, 선배들의 합격 수기와 합격 전략, 책 내용에 대한 문의 및 관련 자료 등 IT 자격증 시험을 위한 모든 정보를 제공합니다.

수험생 지원센터
무엇이든 물어보세요!

공부하다 답답하거나 궁금한 내용이 있으면, 시나공 홈페이지 도서별 '책 내용 질문하기' 게시판에 질문을 올리세요. 길벗알앤디의 전문가들이 빠짐없이 답변해 드립니다.

시나공만의
동영상 강좌

독학이 가능한 친절한 교재가 있어도 준비할 시간이 부족하다면?

길벗출판사의 '동영상 강좌(유료)' 이용 안내

1. 시나공 홈페이지(sinagong.co.kr)에 접속하여 로그인하세요.
2. 상단 메뉴 중 [정보처리] → [산업기사 필기] → [동영상 강좌] → [유료강의]를 클릭하세요.
3. 원하는 강좌를 선택하고 [수강 신청하기]를 클릭하세요.
4. 우측 상단의 [마이길벗] → [나의 동영상 강좌]로 이동하여 강좌를 수강하세요.

※ 기타 동영상 이용 문의 : 독자지원(02-332-0931)

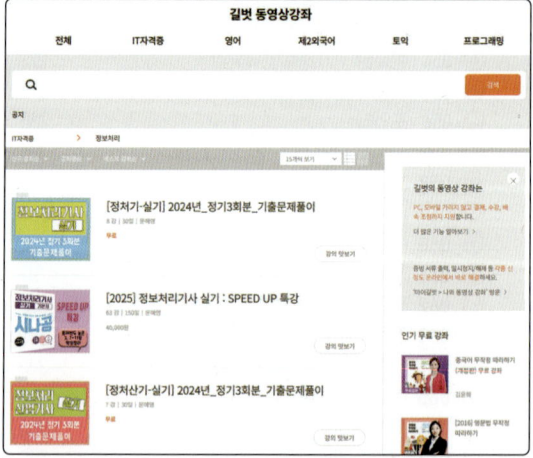

시나공 홈페이지 회원 가입 방법

1. 시나공 홈페이지(sinagong.co.kr)에 접속하여 우측 상단의 〈회원가입〉을 클릭하고 〈이메일 주소로 회원가입〉을 클릭합니다.
   ※ 회원가입은 소셜 계정으로도 가입할 수 있습니다.
2. 가입 약관 동의를 선택한 후 〈동의〉를 클릭합니다.
3. 회원 정보를 입력한 후 〈이메일 인증〉을 클릭합니다.
4. 회원 가입 시 입력한 이메일 계정으로 인증 메일이 발송됩니다. 수신한 인증 메일을 열어 이메일 계정을 인증하면 회원가입이 완료됩니다.

시나공 시리즈는 단순한 책 한 권이 아닙니다.
여러분이 시나공 시리즈 책 한 권을 구입한 순간, Q&A 서비스에서 최신기출문제 등
각종 학습 자료까지 IT 자격증 최고 전문가들이 제공하는 온라인&오프라인 합격 보장 교육 프로그램이 함께합니다.

2026년 한 번에 합격을 위한 특별 서비스 하나 더

101섹션 470필드를 모두 동영상 강의로 담았습니다.

혼자 공부하다가 어려운 부분이 나와도 고민하지 말고, 다음의 세 가지 방법을 이용하여
시나공 저자의 속 시원한 강의를 바로 동영상으로 확인하세요.

---

1. 스마트폰으로 QR코드를 찍어보세요!

STEP 1 스마트폰의 QR코드 리더 앱을 실행하세요.

STEP 2 시나공 토막강의 QR코드를 스캔하세요.

STEP 3 스마트폰을 통해 토막강의가 시작됩니다.

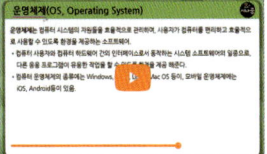

---

2. 시나공 홈페이지에서 토막강의 번호를 입력하세요!

STEP 1 시나공 홈페이지에 접속한 후 [정보처리] → [산업기사 필기] → [동영상 강좌] → [토막강의]를 클릭하세요.

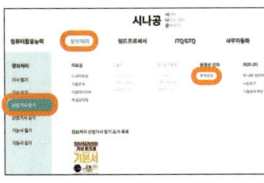

STEP 2 '강의번호'에 토막강의 번호를 입력하면 강의목록이 표시됩니다.

STEP 3 강의명을 클릭하면 토막강의를 볼 수 있습니다.

---

3. 유튜브에서는 이렇게 이용하세요!

STEP 1 유튜브 검색 창에 "시나공"+토막강의 번호를 입력하세요.

STEP 2 검색된 항목 중 원하는 토막강의를 클릭하여 시청하세요.

★ 토막강의가 지원되는 도서는 시나공 홈페이지를 통해 확인할 수 있습니다.
★ 스마트폰을 이용하실 경우 무선랜(Wi-Fi)에 연결되지 않은 상태에서 토막강의를 이용하시면 가입하신 요금제에 따라 과금이 됩니다.

한눈에 살펴보는 시나공의 구성

시험에 나오는 것만 골라 볼 수 있다! – 섹션별 구성

기출문제 유형을 섹션의 틀 안에 담아 두어 출제 유형의 파악이 용이합니다.
또한 이론은 각 필드에서 짧게 공부하고, 기출문제로 바로 확인할 수 있어 학습이 지루하지 않습니다.

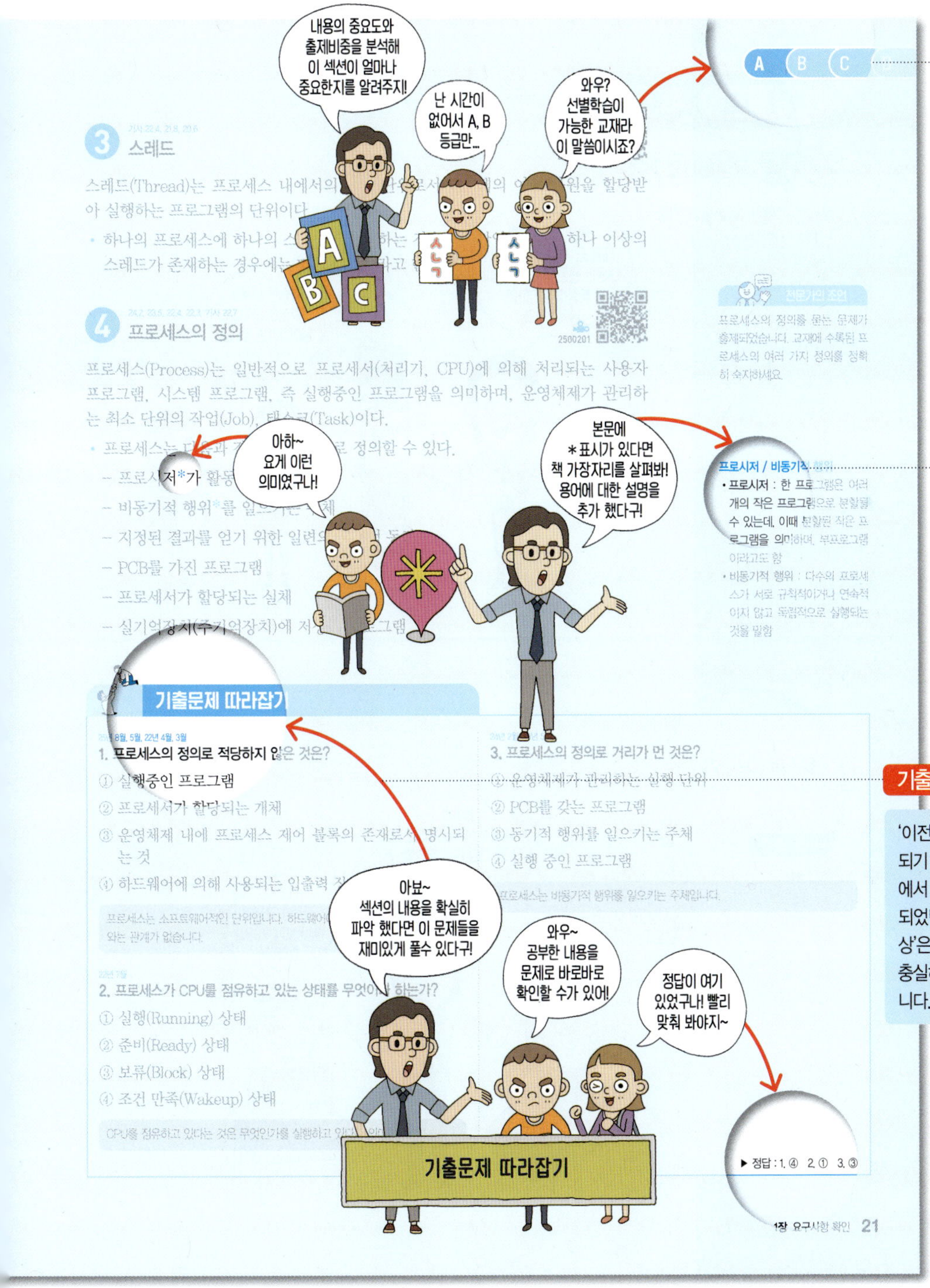

섹션 등급

용어 설명

기출문제 따라잡기 및 정답

'이전기출'은 출제기준이 변경되기 이전에 동일한 출제 범위에서 정보처리산업기사에 출제되었던 기출문제이고, '출제예상'은 시험에 나올만한 내용을 충실히 반영해 만든 예상문제입니다.

한눈에 살펴보는 시나공의 구성

배운 내용을 익히고 익힌 실력을 점검해 볼 수 있다! – 핵심요약 & 최신기출문제

섹션에서 배운 내용을 한 번 더 확인하고, 익힌 실력을 최신기출문제로 점검해 볼 수 있습니다.

시험 접수부터 자격증을 받기까지
한눈에 살펴볼까요?

필기 시험

1 응시자격조건

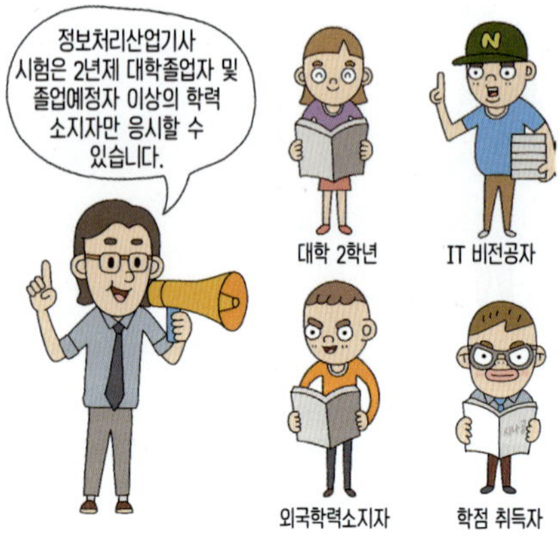

2 필기원서접수

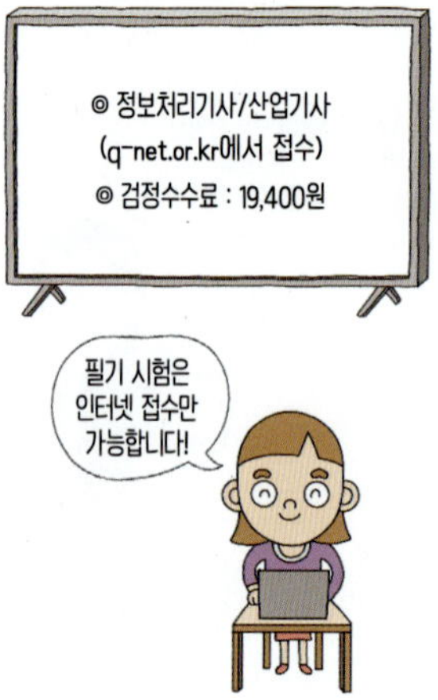

3 필기시험

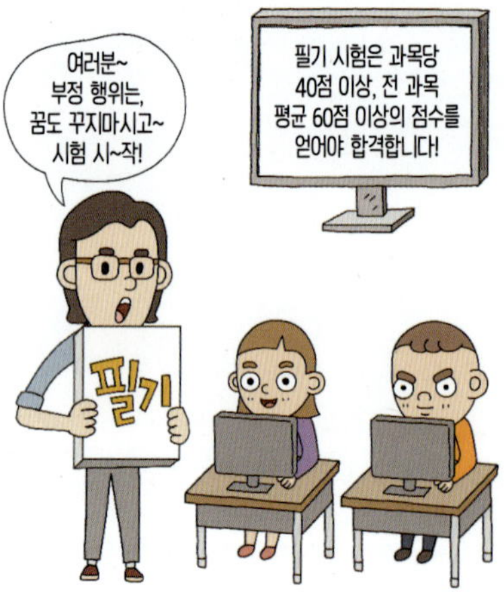

★ 자격증 신청 및 수령 ★

신청방법

⇓

인터넷 신청만 가능!

수령방법

⇓

등기 우편으로만 수령 가능!

※ 신청할 때 준비할 것은~

▶ 인터넷 신청 : 접수 수수료 3,100원, 등기 우편 수수료 3,300원

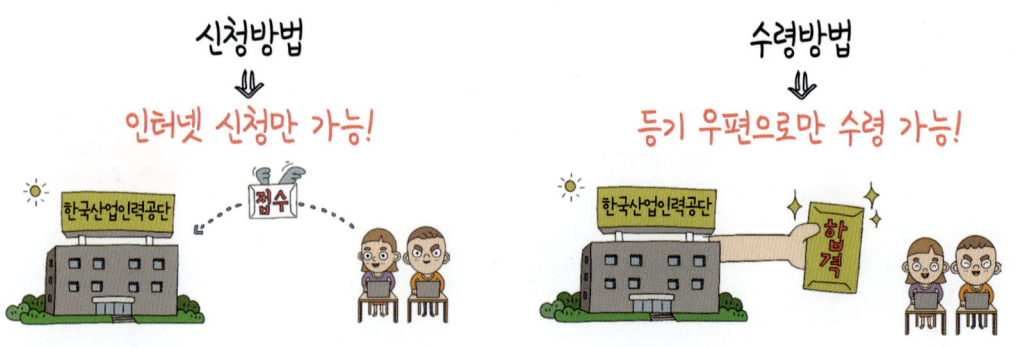

접수부터 합격까지

4 합격여부 확인 → 실기시험 1 실기원서접수

◎ 정보처리기사/산업기사
(q-net.or.kr에서 접수)
◎ 검정수수료 :
정보처리기사 : 22,600원
산업기사 : 20,800원

최종 합격 3 합격여부 확인 ← 2 실기시험

합격여부 확인은 q-net.or.kr로 하면 됩니다.

실기 시험은 과락이 없습니다. 60점 이상만 얻으면 합격입니다!

정보처리산업기사 시험, 이것이 궁금하다!

Q 정보처리산업기사 시험은 국가직무능력표준(NCS)을 기반으로 하여 문제가 출제된다고 하는데, 국가직무능력표준(NCS)이 뭔가요?

A 국가직무능력표준(NCS; National Competency Standards)이란 산업현장에서 직무를 수행하기 위해 요구되는 지식·기술·소양 등의 내용을 국가가 산업부문별·수준별로 체계화한 것으로 산업현장의 직무를 성공적으로 수행하기 위해 필요한 능력을 국가적 차원에서 표준화한 것을 의미하며, NCS의 능력 단위를 교육 및 훈련할 수 있도록 구성한 '교수·학습 자료'를 NCS 학습 모듈이라고 합니다.

정보처리산업기사 시험은 NCS 학습 모듈 중 정보통신 분야의 '정보기술' 분류에 포함된 '정보기술개발'에 속한 61개의 학습 모듈을 기반으로 하고 있으며, 본 교재는 정보처리산업기사 필기 출제기준에 포함된 61개의 학습 모듈을 완전 분해하여 정보처리산업기사 수준에 맞게 101개 섹션으로 엄선하여 정리하였습니다.

Q 정보처리기사/산업기사 자격증 취득 시 독학사 취득을 위한 학점이 인정된다고 하던데, 학점 인정 현황은 어떻게 되나요?

A

종목	학점
정보처리기사	20
정보처리산업기사	16
사무자동화산업기사	16
컴퓨터활용능력 1급	14
컴퓨터활용능력 2급	6
워드프로세서	4

※ 자세한 내용은 평생교육진흥원 학점은행 홈페이지(http://cb.or.kr)를 참고하세요.

Q 정보처리기사/산업기사 필기 시험은 어디서 접수해야 하나요?

A 인터넷으로만 접수할 수 있습니다. q-net.or.kr에 접속하여 신청하면 됩니다.

Q 필기 시험에 합격한 후 실기 시험에 여러번 응시할 수 있다고 하던데 몇 번이나 응시할 수 있나요?

A 필기 시험에 합격한 후 실기 시험 응시 횟수에 관계 없이 필기 시험 합격자 발표일로부터 2년 동안 실기 시험에 응시할 수 있습니다.

Q 정보처리기사/산업기사는 정기 시험만 있나요? 아니면 상시 시험도 있나요?

A 기사/산업기사는 상시 시험이 없습니다. 상시 시험은 제빵 기능사, 미용사 등 일부 기능사 종목에만 있습니다.

Q 필기 시험 시 입실 시간이 지난 후 시험장에 도착할 경우 시험 응시가 가능 한가요?

A 입실 시간 미준수 시 시험에 응시할 수 없습니다. 반드시 시험 시간 30분 전에 입실해야 합니다.

정보처리산업기사 Q&A

Q 필기 시험 시 챙겨야 할 준비물에는 어떤 것들이 있나요?

A 필기 시험은 CBT로 진행되므로, 수검표, 신분증(주민등록증, 운전면허증 등)만 지참하면 됩니다.
※ 신분증을 지참하지 않으면 시험에 응시할 수 없으니 반드시 신분증을 지참하세요.

Q 정보처리산업기사 필기 시험에 합격하려면 몇 점 이상 취득해야 하나요?

A 과목당 40점 이상, 평균 60점 이상 되어야 합격입니다. 즉, 평균 60점 이상이지만 어느 한 과목이라도 40점 미만이면 불합격입니다.

Q 응시 자격 서류는 어떻게 제출해야 하나요?

A 큐넷 홈페이지(q-net.or.kr)에서 로그인 후 [마이페이지] → [응시자격] → [응시자격서류 온라인 제출]을 클릭하여 업로드하거나, 한국산업인력공단 지역 본부 또는 각 지방 사무소에 직접 방문하여 제출하면 됩니다.

Q 필기 시험 합격자 발표 후 언제까지 응시 자격 서류를 제출해야 하나요? 응시 자격 서류를 제출하면 반드시 첫 실기 시험에 응시해야 하나요?

A 필기 시험 합격자 발표 후 첫 실기 시험에 응시하려면 필기 시험 합격자 발표일로부터 4일 이내에 응시 자격 서류를 제출해야 합니다. 그렇지 않고 다음 실기 시험에 응시하려면 필기 시험 합격자 발표일로부터 8일 이내에 응시 자격 서류를 제출하면 됩니다.

Q 응시 자격 서류를 제출한 후 실기 시험을 치렀는데 불합격됐어요. 다음 실기 시험을 치를 때 응시 서류를 또 제출해야하나요?

A 아닙니다. 시험에 불합격되었다고 하더라도 응시 자격 서류를 다시 제출할 필요는 없습니다.

MEMO

1 과목

정보시스템 기반 기술

1장 응용 SW 기초 기술 활용

2장 애플리케이션 설계

3장 테스트 및 배포

4장 정보시스템 기반 기술 용어

전문가가 분석한 1과목 출제 경향

정보처리산업기사의 다른 과목에 비해 생소한 내용이 많고 범위가 넓어 어려운 과목이지만 각 섹션의 시작 부분에 있는 '전문가의 조언'에 따라 차분하게 학습하면 20문항 중 14문항은 무난히 맞힐 수 있습니다. 학습할 때는 각 섹션마다 중심이 되는 개념을 먼저 파악하고 나머지 내용들을 공부하되, 이해 안 되는 부분들은 완전히 이해하려고 너무 노력하지는 마세요. 시간이 부족할 때는 1, 2장을 집중적으로 학습하고 나머지 장에서는 A, B 등급만 찾아서 학습하세요.

IT 자격증 전문가 강윤석

1장 응용 SW 기초 기술 활용

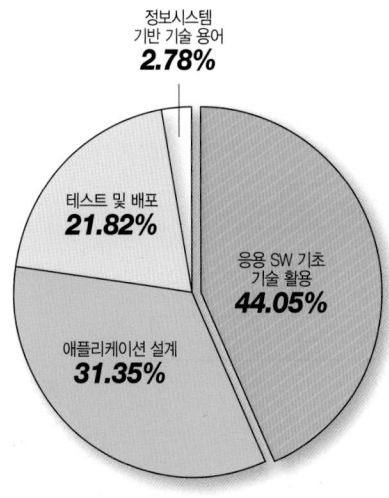

001 운영체제의 개념 Ⓑ등급
002 프로세스 관리 Ⓑ등급
003 스케줄링 Ⓐ등급
004 병행 프로세스와 상호 배제 Ⓐ등급
005 기억장치 관리 Ⓐ등급
006 디스크 스케줄링 Ⓐ등급
007 정보 관리 Ⓐ등급
008 분산 운영체제 Ⓒ등급
009 운영체제의 실제 Ⓑ등급
010 정보 통신의 기본 Ⓒ등급
011 정보 전송 기술 Ⓑ등급
012 전송 방식 / 전송 제어 Ⓐ등급
013 통신 프로토콜 Ⓐ등급
014 OSI 참조 모델 Ⓐ등급
015 경로 제어 프로토콜 Ⓑ등급
016 정보 통신망 기술 Ⓐ등급

꼭 알아야 할 키워드   Best 10

1. 운영체제 운용 기법의 발달 과정 2. 프로세스의 정의 3. 주요 스케줄링 기법 4. 교착상태 5. 배치 전략 6. 주요 디스크 스케줄링
7. 해밍 코드 8. OSI 7계층 9. 경로 제어 프로토콜 10. IPv6

SECTION 001 운영체제의 개념

전문가의 조언

운영체제에 대한 기본적인 내용들입니다. 기초를 튼튼히 한다는 마음가짐으로 확실하게 숙지하고 넘어가세요.

자원
자원은 시스템에서 사용할 수 있는 CPU, 주기억장치, 보조기억장치, 프린터, 파일 및 정보 등을 의미합니다.

1 운영체제(OS; Operating System)의 정의

운영체제는 컴퓨터 시스템의 자원*들을 효율적으로 관리하며, 사용자가 컴퓨터를 편리하고 효과적으로 사용할 수 있도록 환경을 제공하는 여러 프로그램의 모임이다.

- 컴퓨터 사용자와 컴퓨터 하드웨어 간의 인터페이스로서 동작하는 시스템 소프트웨어의 일종으로, 다른 응용 프로그램이 유용한 작업을 할 수 있도록 환경을 제공해준다.

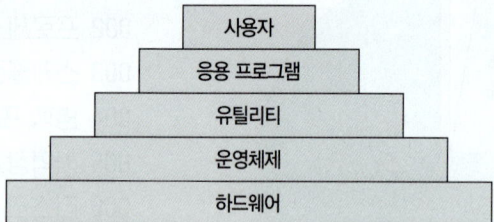

(사용자 / 응용 프로그램 / 유틸리티 / 운영체제 / 하드웨어)

2 운영체제의 목적

운영체제의 목적에는 처리 능력 향상, 사용 가능도 향상, 신뢰도 향상, 반환 시간 단축 등이 있다.

- 처리 능력, 반환 시간, 사용 가능도, 신뢰도는 운영체제의 성능을 평가하는 기준이 된다.

처리 능력(Throughput)	일정 시간 내에 시스템이 처리하는 일의 양
반환 시간(Turn Around Time)	시스템에 작업을 의뢰한 시간부터 처리가 완료될 때까지 걸린 시간
사용 가능도(Availability)	시스템을 사용할 필요가 있을 때 즉시 사용 가능한 정도
신뢰도(Reliability)	시스템이 주어진 문제를 정확하게 해결하는 정도

전문가의 조언

교재에 수록된 기능만큼은 정확히 파악해 두세요.

스케줄링(Scheduling)
스케줄링은 어떤 자원을 누가, 언제, 어떤 방식으로 사용할지를 결정해 주는 것입니다.

3 운영체제의 기능 [기사 20.8]

- 프로세서(Processor, 처리기), 기억장치(주기억장치, 보조기억장치), 입·출력장치, 파일 및 정보 등의 자원을 관리한다.
- 자원을 효율적으로 관리하기 위해 자원의 스케줄링* 기능을 제공한다.
- 사용자와 시스템 간의 편리한 인터페이스를 제공한다.
- 시스템의 각종 하드웨어와 네트워크를 관리·제어한다.
- 데이터를 관리하고, 데이터 및 자원의 공유 기능을 제공한다.
- 시스템의 오류를 검사하고 복구한다.

- 자원 보호 기능을 제공한다.
- 입·출력에 대한 보조 기능을 제공한다.
- 가상 계산기 기능을 제공한다.

4 운영체제 운용 기법

구분	설명
일괄 처리(Batch Processing) 시스템	• 초기의 컴퓨터 시스템에서 사용된 형태로, 일정량 또는 일정 기간 동안 데이터를 모아서 한꺼번에 처리하는 방식이다. • 급여 계산, 지불 계산, 연말 결산 등의 업무에 사용한다.
다중 프로그래밍(Multi-Programming) 시스템	• 하나의 CPU와 주기억장치를 이용하여 여러 개의 프로그램을 동시에 처리하는 방식이다. • 하나의 주기억장치에 2개 이상의 프로그램을 기억시켜 놓고, 하나의 CPU와 대화하면서 동시에 처리한다.
시분할(Time Sharing) 시스템	• 여러 명의 사용자가 사용하는 시스템에서 컴퓨터가 사용자들의 프로그램을 번갈아 가며 처리해 줌으로써 각 사용자에게 독립된 컴퓨터를 사용하는 느낌을 주는 방식으로, 라운드 로빈(Round Robin) 방식이라고도 한다. • 다중 프로그래밍 방식과 결합하여 모든 작업이 동시에 진행되는 것처럼 대화식 처리가 가능하다.
다중 처리(Multi-Processing) 시스템	• 여러 개의 CPU와 하나의 주기억장치를 이용하여 여러 개의 프로그램을 동시에 처리하는 방식이다. • 하나의 CPU가 고장나더라도 다른 CPU를 이용하여 업무를 처리할 수 있으므로 시스템의 신뢰성과 안정성이 높다.
실시간 처리(Real Time Processing) 시스템	• 데이터 발생 즉시, 또는 데이터 처리 요구가 있는 즉시 처리하여 결과를 산출하는 방식이다. • 우주선 운행이나 레이더 추적기, 핵물리학 실험 및 데이터 수집, 전화교환장치의 제어, 은행의 온라인 업무, 좌석 예약 업무, 인공위성, 군함 등의 제어 업무 등 시간에 제한을 두고 수행되어야 하는 작업에 사용된다.
다중 모드 처리(Multi-Mode Processing)	일괄 처리 시스템, 시분할 시스템, 다중 처리 시스템, 실시간 처리 시스템을 한 시스템에서 모두 제공하는 방식이다.
분산 처리(Distributed Processing) 시스템	• 여러 개의 컴퓨터(프로세서)를 통신 회선으로 연결하여 하나의 작업을 처리하는 방식이다. • 각 단말장치나 컴퓨터 시스템은 고유의 운영체제와 CPU, 메모리를 가지고 있다.

전문가의 조언

운영체제의 운용 기법과 각 기법의 특징을 알아두어야 하며, 각 운용 기법을 구분할 수 있어야 합니다. 특히 시분할 시스템의 의미와 특징은 정확히 숙지하세요.

잠깐만요 운영체제 운용 기법의 발달 과정

23.2, 22.4

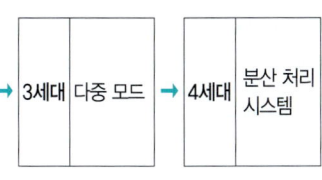

전문가의 조언

운영체제 운용 기법의 발전 과정을 구분할 수 있을 정도로만 알아두세요.

기출문제 따라잡기

23년 2월, 22년 4월
1. 운영체제의 발달 과정 순서를 옳게 나열한 것은?

| ㉮ 일괄 처리 시스템 | ㉯ 분산 처리 시스템 |
| ㉰ 다중 모드(Mode) 시스템 | ㉱ 시분할 시스템 |

① ㉮ → ㉱ → ㉰ → ㉯
② ㉰ → ㉯ → ㉱ → ㉮
③ ㉮ → ㉰ → ㉱ → ㉯
④ ㉰ → ㉱ → ㉯ → ㉮

> 운영체제의 발달 순서를 '일괄 → 다중 처리, 시분할, 실시간 → 다중 모드 → 분산'입니다.

이전기출
2. 운영체제(Operating System)에 대한 설명으로 거리가 먼 것은?
① 운영체제는 컴퓨터 하드웨어와 사용자 간의 매개체 역할을 하는 시스템 프로그램이다.
② 운영체제의 주목적은 컴퓨터 시스템을 편리하게 이용할 수 있게 하는데 있다.
③ 운영체제는 컴퓨터 시스템을 공정하고 효율적으로 운영하기 위해 어떻게 자원을 할당할 것인가를 결정한다.
④ 운영체제는 컴퓨터 시스템에 항상 존재해야 하며 컴파일러, 문서 편집기, 데이터베이스 등의 프로그램을 반드시 포함하고 있어야 한다.

> 운영체제는 다른 응용 프로그램이 유용한 작업을 할 수 있도록 환경을 제공해 주는 것으로, 제어 프로그램과 처리 프로그램으로 구성됩니다. 문서 편집기나 데이터베이스는 응용 프로그램에 해당됩니다.

이전기출
3. 운영체제의 목적으로 거리가 먼 것은?
① 사용 가능도 향상   ② 처리량 향상
③ 응답 시간 증가   ④ 신뢰성 향상

> 운영체제의 목적 중 하나는 응답 시간의 증가가 아니라 단축입니다.

이전기출
4. 여러 개의 CPU(중앙처리장치)를 가지고 동시에 많은 일을 처리하는 것을 무엇이라 하는가?
① Multi-Processing   ② Multi-Programming
③ Multi-Accessing   ④ Multi-Tasking

> 다중 처리(Multi-Processing)는 여러 개의 CPU와 하나의 주기억장치를, 다중 프로그래밍(Multi-Programming)은 하나의 CPU와 주기억장치를 이용하여 여러 개의 프로그램을 동시에 처리합니다.

이전기출
5. 한 개의 CPU가 있는 컴퓨터에서 여러 개의 프로그램(Program)을 동시에 기억장치에 보관 시킨 후 번갈아가며 처리하는 방법은?
① Multi Processing   ② Batch Processing
③ Multi Programming   ④ Double Programming

> 한 개의 CPU가 여러 개(Multi)의 프로그램(Program)을 동시에 처리하는 것은 멀티 프로그래밍(Multi Programming)입니다.

이전기출
6. 운영체제의 운용 기법 중 시분할(Time-Sharing) 처리 시스템에 대한 설명으로 옳지 않은 것은?
① 하나의 CPU를 여러 개의 작업들이 일정한 시간 간격동안 사용함으로써 각각의 작업은 CPU를 공유한다.
② Round-Robin 방식이라고도 한다.
③ 다중 프로그래밍 방식과 결합하여 모든 작업이 동시에 진행되는 것처럼 대화식 처리가 가능하다.
④ 시스템의 효율 향상을 위하여 작업량이 일정한 수준이 될 때까지 모아두었다가 한꺼번에 일시에 처리한다.

> 작업을 한꺼번에 모아서 일괄로 처리하는 시스템은 일괄 처리 시스템입니다.

이전기출
7. 운영체제의 운영 기법 중 실시간 처리 시스템에 적합하지 않은 업무는?
① 연말 결산 업무
② 은행의 온라인 업무
③ 비행기, 기차 등의 좌석 예약 업무
④ 인공위성, 군함 등의 제어 업무

> 연말 결산 업무는 일괄 처리 시스템에 적합한 업무입니다.

▶ 정답 : 1. ① 2. ④ 3. ③ 4. ① 5. ③ 6. ④ 7. ①

SECTION 002 프로세스 관리

1 프로세스의 정의

25.5, 24.2, 23.5, 22.4, 22.3, 기사 25.8, 22.7

프로세스(Process)는 일반적으로 프로세서(처리기, CPU)에 의해 처리되는 사용자 프로그램, 시스템 프로그램, 즉 실행중인 프로그램을 의미하며, 운영체제가 관리하는 최소 단위의 작업(Job), 태스크(Task)이다.

- 프로세스는 다음과 같이 여러 형태로 정의할 수 있다.
  - PCB를 가진 프로그램
  - 실기억장치(주기억장치)에 저장된 프로그램
  - 프로세서가 할당되는 실체
  - 프로시저*가 활동중인 것
  - 비동기적 행위*를 일으키는 주체
  - 지정된 결과를 얻기 위한 일련의 계통적 동작
  - 목적 또는 결과에 따라 발생되는 사건들의 과정

전문가의 조언

프로세스의 정의를 묻는 문제가 출제되었습니다. 교재에 수록된 프로세스의 여러 가지 정의를 정확히 숙지하세요.

프로시저 / 비동기적 행위
- **프로시저** : 한 프로그램은 여러 개의 작은 프로그램으로 분할될 수 있는데, 이때 분할된 작은 프로그램을 의미하며, 부프로그램이라고도 함
- **비동기적 행위** : 다수의 프로세스가 서로 규칙적이거나 연속적이지 않고 독립적으로 실행되는 것을 말함

2 프로세스 상태 전이

25.8, 22.7, 기사 22.7, 20.6

프로세스 상태 전이는 프로세스가 시스템 내에 존재하는 동안 프로세스의 상태가 변하는 것을 의미하며, 프로세스의 상태를 다음과 같이 상태 전이도로 표시할 수 있다.

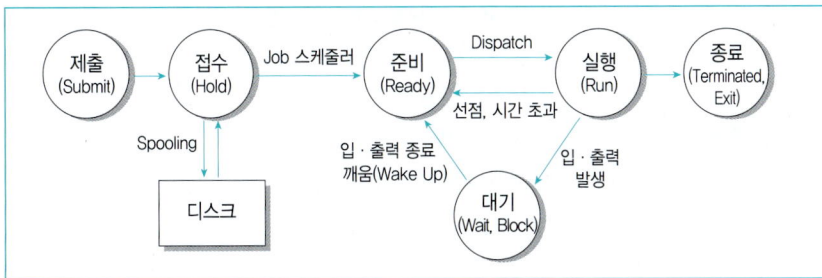

- **제출(Submit)** : 작업을 처리하기 위해 사용자가 작업을 시스템에 제출한 상태
- **접수(Hold)** : 제출된 작업이 스풀 공간인 디스크의 할당 위치에 저장된 상태
- **준비(Ready)** : 프로세스가 프로세서를 할당받기 위해 기다리고 있는 상태
- **실행(Run)** : 준비상태 큐에 있는 프로세스가 프로세서를 할당받아 실행되는 상태
- **대기(Wait), 보류, 블록(Block)** : 프로세스에 입·출력 처리가 필요하면 현재 실행 중인 프로세스가 중단되고, 입·출력 처리가 완료될 때까지 대기하고 있는 상태
- **종료(Terminated, Exit)** : 프로세서의 실행이 끝나고 프로세스 할당이 해제된 상태

전문가의 조언

실행 상태의 의미를 묻는 문제가 출제되었습니다. 프로세스가 CPU를 점유하고 있는 상태가 실행 상태라는 것을 기억하고 다른 상태들의 의미도 파악해 두세요.

전문가의 조언

스레드의 개념을 기억하고, 특징은 구분할 수 있을 정도로만 정리해 두세요.

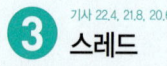 기사 22.4, 21.8, 20.6

③ 스레드

스레드(Thread)는 프로세스 내에서의 작업 단위로서 시스템의 여러 자원을 할당받아 실행하는 프로그램의 단위이다.

- 하나의 프로세스에 하나의 스레드가 존재하는 경우에는 단일 스레드, 하나 이상의 스레드가 존재하는 경우에는 다중 스레드라고 한다.
- 프로세스의 일부 특성을 갖고 있기 때문에 경량(Light Weight) 프로세스라고도 한다.
- 자신만의 스택(Stack)과 레지스터(Register)를 갖으며 독립된 제어 흐름을 갖는다.

기출문제 따라잡기

25년 5월, 22년 4월, 3월
1. 프로세스의 정의로 적당하지 않은 것은?
① 실행중인 프로그램
② 프로세서가 할당되는 개체
③ 운영체제 내에 프로세스 제어 블록의 존재로서 명시되는 것
④ 하드웨어에 의해 사용되는 입출력 장치

> 프로세스는 소프트웨어적인 단위입니다. 하드웨어에 의해 사용되는 입출력 장치와는 관계가 없습니다.

25년 8월, 22년 7월
2. 프로세스가 CPU를 점유하고 있는 상태를 무엇이라 하는가?
① 실행(Running) 상태
② 준비(Ready) 상태
③ 보류(Block) 상태
④ 조건 만족(Wakeup) 상태

> CPU를 점유하고 있다는 것은 무엇인가를 실행하고 있다는 의미입니다.

24년 2월, 23년 5월
3. 프로세스의 정의로 거리가 먼 것은?
① 운영체제가 관리하는 실행 단위
② PCB를 갖는 프로그램
③ 동기적 행위를 일으키는 주체
④ 실행 중인 프로그램

> 프로세스는 비동기적 행위를 일으키는 주체입니다.

▶ 정답 : 1. ④ 2. ① 3. ③

SECTION 003 스케줄링

1 스케줄링의 개요

스케줄링(Scheduling)은 프로세스가 생성되어 실행될 때 필요한 시스템의 여러 자원을 해당 프로세스에게 할당하는 작업을 의미한다.

- 프로세스가 생성되어 완료될 때까지 프로세스는 여러 종류의 스케줄링 과정을 거치게 된다.

> **전문가의 조언**
> 스케줄링이 무엇인지 개념만 간단하게 파악해 두세요.

2 ^{24.7, 23.7} 프로세서(스) 스케줄링의 기법

24.7, 23.7 비선점 (Non-preemptive) 스케줄링	• 이미 할당된 CPU를 다른 프로세스가 강제로 빼앗아 사용할 수 없는 스케줄링 기법이다. • 비선점 스케줄링의 종류에는 FCFS(FIFO), SJF, 우선순위, HRN, 기한부 등의 알고리즘이 있다.
선점(Preemptive) 스케줄링	• 하나의 프로세스가 CPU를 할당받아 실행하고 있을 때 우선순위가 높은 다른 프로세스가 CPU를 강제로 빼앗아 사용할 수 있는 스케줄링 기법이다. • 선점 스케줄링의 종류에는 Round Robin, SRT, 선점 우선순위, 다단계 큐(MQ), 다단계 피드백 큐(MFQ) 등의 알고리즘이 있다.

> **전문가의 조언**
> 비선점 스케줄링의 종류를 묻는 문제가 출제되었습니다. 각 알고리즘이 어떤 스케줄링에 속하는지 구분할 수 있을 정도로 정리하세요.

3 주요 스케줄링 기법

^{25.5, 25.2, 24.7, 24.2, 23.7, 23.5, 23.2, 22.7, 22.4, 22.3, 기사 25.8, 25.5, 25.2, 24.7, 23.5, 22.7, 22.4, 20.9, 20.8}

FCFS(First Come First Service, 선입 선출) = FIFO(First In First Out)

FCFS는 준비상태 큐(대기 큐, 준비 완료 리스트, 작업준비 큐, 스케줄링 큐)에 도착한 순서에 따라 차례로 CPU를 할당하는 기법으로, 가장 간단한 알고리즘이다.

예제 다음과 같은 프로세스들이 차례로 준비상태 큐에 들어왔다고 가정할 때, FCFS 기법을 이용하여 평균 실행 시간, 평균 대기 시간, 평균 반환 시간을 구하시오(제출시간은 없으며 시간의 단위는 초임).

프로세스 번호	P1	P2	P3
실행 시간	20	4	6

❶ 실행 시간을 이용하여 다음과 같이 각 프로세스의 대기 시간과 반환 시간을 구한다.
- 대기 시간 : 프로세스가 대기한 시간으로, 바로 앞 프로세스까지의 진행 시간으로 계산
- 반환 시간 : 프로세스의 대기 시간과 실행 시간의 합

❷ 실행 시간, 대기 시간, 반환 시간의 평균은 '각 프로세스 시간의 합 / 프로세스의 개수'를 이용 한다.

> **전문가의 조언**
> Round Robin의 특징을 묻거나 FIFO, SJF의 평균 대기 시간과 HRN의 우선순위를 구하는 문제가 출제됩니다. 먼저 Round Robin의 시간 할당량이 커지면 FIFO와 같아진다는 것을 기억하세요. 그리고 **예제**를 통해 FIFO와 SJF 스케줄링의 평균 대기 시간과 HRN의 우선순위 계산 방법을 정확히 알아두세요.

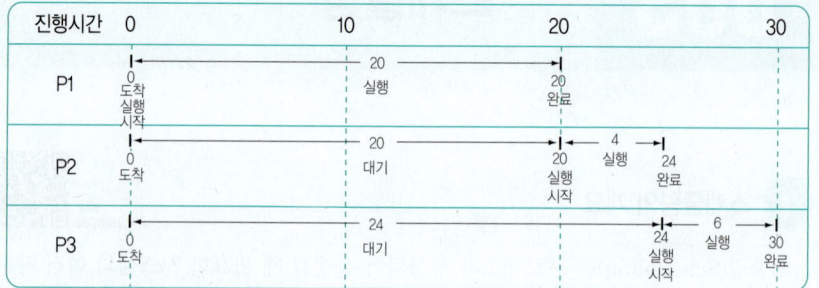

- 평균 실행 시간 : (20+4+6)/3 = 10
- 평균 대기 기간 : (0+20+24)/3 = 14.6
- 평균 반환 시간 : (20+24+30)/3 = 24.6

SJF(Shortest Job First, 단기 작업 우선)

SJF는 준비상태 큐에서 기다리고 있는 프로세스들 중에서 실행 시간이 가장 짧은 프로세스에게 먼저 CPU를 할당하는 기법이다.

예제 1 다음과 같은 프로세스들이 차례로 준비상태 큐에 들어왔다고 가정할 때, SJF 기법을 이용하여 평균 실행 시간, 평균 대기 시간, 평균 반환 시간을 구하시오(제출 시간이 없을 경우).

프로세스 번호	P1	P2	P3
실행 시간	20	4	6

❶ 아래와 같이 실행 시간이 짧은 프로세스를 먼저 처리하도록 이동시킨 후 각 프로세스의 대기시간과 반환 시간을 구한다.

❷ 실행 시간, 대기 시간, 반환 시간, 각 시간의 평균은 FCFS의 예제 와 동일한 방법으로 구한다.

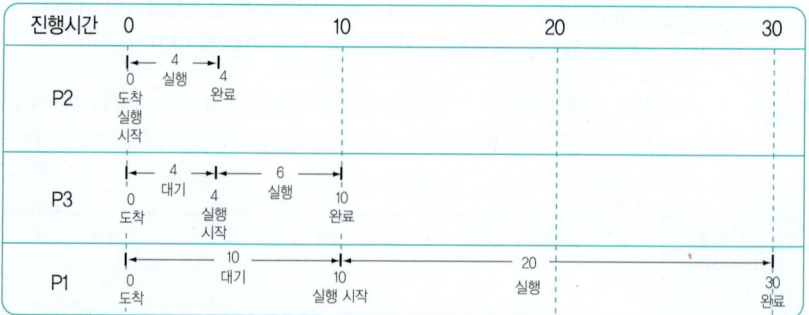

- 평균 실행 시간 : (4+6+20)/3 = 10
- 평균 대기 기간 : (0+4+10)/3 = 4.6
- 평균 반환 시간 : (4+10+30)/3 = 14.6

예제 2 다음과 같은 프로세스들이 차례로 준비상태 큐에 들어왔다고 가정할 때, SJF 기법을 이용하여 평균 실행 시간, 평균 대기 시간, 평균 반환 시간을 구하시오(제출 시간이 있을 경우).

프로세스 번호	P1	P2	P3
실행 시간	20	7	4
도착 시간	0	1	2

❶ 가장 먼저 도착한 P1을 실행한 후 요구된 실행 시간이 적은 P3, P2 순으로 수행한다.
❷ 대기 시간은 현재 프로세스가 수행되기 전까지의 진행 시간에서 도착 시간을 차감하고, 반환시간은 실행 시간과 대기 시간의 합으로 구한다.

- 평균 실행 시간 : (20+4+7)/3 = 10.3
- 평균 대기 기간 : (0+18+23)/3 = 13.6
- 평균 반환 시간 : (20+22+30)/3 = 24

HRN(Highest Response-ratio Next)

HRN은 실행 시간이 긴 프로세스에 불리한 SJF 기법을 보완하기 위한 것으로, 대기 시간과 서비스(실행) 시간을 이용하는 기법이다.

- 우선순위를 계산하여 그 숫자가 가장 높은 것부터 낮은 순으로 우선순위가 부여된다.
- 우선순위 계산식

$$\text{우선순위 계산식} = \frac{\text{대기 시간} + \text{서비스(실행) 시간}}{\text{서비스(실행) 시간}}$$

예제 다음과 같은 프로세스가 HRN 기법으로 스케줄링될 때 우선순위를 계산하시오.

프로세스 번호	P1	P2	P3
실행 시간	20	4	6
대기 시간	10	20	10
우선순위 계산	(10 + 20)/20 = 1.5	(20 + 4)/4 = 6	(10 + 6)/6 = 2.6
우선순위	P2 → P3 → P1		

RR(Round Robin)

RR(Round Robin)은 시분할 시스템(Time Sharing System)을 위해 고안된 방식으로, FCFS 알고리즘을 선점(Preemptive) 형태로 변형한 기법이다.

- 할당되는 시간이 클 경우 FCFS 기법과 같아지고, 할당되는 시간이 작을 경우 문맥 교환 및 오버헤드가 자주 발생된다.

예제 다음과 같은 프로세스들이 차례로 준비상태 큐에 들어왔다고 가정할 때, 평균 대기 시간, 평균 반환 시간을 구하시오(단, Time Slice는 4초이다).

프로세스 번호	P1	P2	P3
실행 시간	20	4	6

❶ 주어진 시간 할당량(Time Slice) 동안 실행되지 못할 경우 준비상태 큐의 가장 마지막으로 재배치하여 차례를 기다리므로 다음과 같이 표시할 수 있다.

진행 시간 →	0	4	8	12	16	18	22	26	30
프로세스 번호		P1	P2	P3	P1	P3	P1	P1	P1
실행 시간		4	4	4	4	2	4	4	4

※ 색 동그라미는 프로세스가 완료됨을 표시한 것이다(P2 → 8초, P3 → 18초, P1 → 30초).

❷ 반환 시간 : 각 프로세스가 완료되는 시간을 이용하여 구한다.

❸ 대기 시간 : 대기 시간을 구하고자 하는 프로세스의 가장 마지막 실행이 시작되기 전까지의 진행 시간을 이용하여 구하되, 해당 프로세스가 앞에서 여러 번 실행되었을 경우 실행된 시간은 제외한다.

프로세스 번호	P1	P2	P3	평균
반환 시간	30	8	18	$\frac{56}{3}$ = 18.6
대기 시간	26 − 16 = 10	4	16 − 4 = 12	$\frac{26}{3}$ = 8.6

기출문제 따라잡기

22년 7월

1. FIFO 스케줄링에서 작업 도착 시간과 CPU 사용 시간은 다음 표와 같다. 모든 작업들의 평균 대기 시간은 얼마인가?

작업	도착 시간	CPU 사용시간
1	0	4
2	1	10
3	4	1
4	8	7

① 5
② 5.5
③ 13.75
④ 3.25

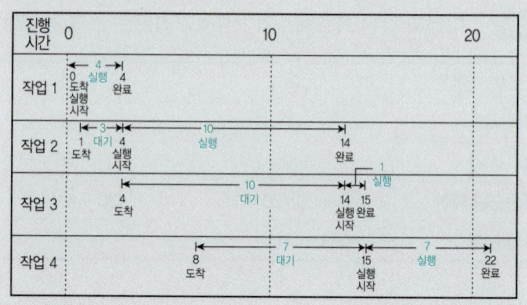

기출문제 따라잡기

22년 7월

2. RR(Round Robin) 스케줄링에서 시간 할당량이 커질 경우 어떤 스케줄링과 같은 효과를 얻는가?

① HRN   ② FCFS(FIFO)
③ SJF   ④ SRT

> RR 기법에서 시간 할당량이 길면 FIFO 방식과 비슷하고, 시간 할당량이 짧으면 문맥 교환이 많아져 부하가 높아집니다.

24년 7월, 23년 7월

3. 비선점(Non-Preemptive) 스케줄링에 해당하지 않는 것은?

① SJF   ② HRN
③ RR   ④ FIFO

> RR(Round Robin)은 선점 스케줄링 기법입니다.

25년 2월, 23년 2월

4. 프로세스 스케줄링 방법 중 시분할 시스템을 위해 고안되었으며, 타임 슬라이스라는 작은 단위 시간이 정의되고 이 단위 시간 동안 CPU를 제공하는 방법은?

① 선입선출   ② 다단계 큐
③ 라운드 로빈   ④ 다단계 피드백 큐

> 슬라이스라는 작은 단위 시간 동안 CPU를 제공하는 프로세스 스케줄링 방법은 라운드 로빈입니다.

25년 5월, 24년 7월, 22년 4월

5. SJF(Shortest Job First) 스케줄링에서 작업 도착 시간과 CPU 사용 시간은 다음 표와 같다. 모든 작업들의 평균 대기 시간은 얼마인가?

작업	도착 시간	CPU 사용시간
1	0	23
2	3	35
3	8	10

① 15   ② 17
③ 24   ④ 25

> SJF는 가장 짧은 작업을 먼저 수행하므로 다음과 같은 순서로 수행됩니다.
>
> (도표)
>
> ∴ 평균 대기 시간은 (0+15+30)/3 = 15 시간이 됩니다.

24년 2월

6. HRN 스케줄링 기법을 적용할 경우 우선순위가 가장 높은 것은?

작업	대기 시간	CPU 사용시간
A	10	50
B	20	40
C	50	10
D	30	30

① A   ② B
③ C   ④ D

> HRN 기법의 우선순위 계산식은 '(대기 시간+서비스 시간)/서비스 시간'입니다.
> - A 작업 : (10+50)/50 = 1.2
> - B 작업 : (20+40)/40 = 1.5
> - C 작업 : (50+10)/10 = 6
> - D 작업 : (30+30)/30 = 2

25년 2월, 22년 3월

7. FCFS 기법을 적용하여 작업 스케줄링을 하였을 때, 다음 작업들의 평균 회수 시간(Turn Around Time)은? (단, 문맥교환 시간은 무시한다.)

작업	도착 시간	CPU 사용시간
A	0	6
B	1	3
C	2	1
D	3	8

① 9.25   ② 8.25
③ 7.75   ④ 7.25

> FCFS는 준비상태 큐에 도착한 순서대로 작업을 수행하므로, 다음과 같은 순서로 수행됩니다.
>
>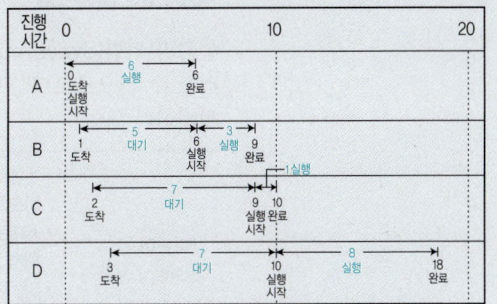
>
> ∴ 평균 반환 시간은 (6+8+8+15)/4 = 9.25 시간이 됩니다.

▶ 정답 : 1.① 2.② 3.③ 4.③ 5.① 6.③ 7.①

SECTION 004

병행 프로세스와 상호 배제

1 병행 프로세스

병행 프로세스(Concurrent Process)는 두 개 이상의 프로세스들이 동시에 존재하며 실행 상태에 있는 것을 의미한다.

- 한정된 컴퓨터 하드웨어나 자원을 공유하고, 동시에 작업을 수행하기 위해 사용하는 개념이다.

> **전문가의 조언**
> 병행 프로세스의 의미만 간단히 알고 다음으로 넘어가세요. 병행 프로세스의 의미는 말 그대로를 해석하면 되므로 어렵지 않습니다.

2 임계 구역

임계 구역(Critical Section)은 다중 프로그래밍 운영체제에서 여러 개의 프로세스가 공유하는 데이터 및 자원에 대하여 어느 한 시점에서는 하나의 프로세스만 자원 또는 데이터를 사용하도록 지정된 공유 자원(영역)*을 의미한다.

- 임계 구역에는 하나의 프로세스만 접근할 수 있으며, 해당 프로세스가 자원을 반납한 후에만 다른 프로세스가 자원이나 데이터를 사용할 수 있다.
- 임계 구역은 특정 프로세스가 독점할 수 없다.
- 프로세스가 임계 구역에 대한 진입을 요청하면 일정 시간 내에 진입을 허락해야 한다.
- 현재 임계 구역에서 실행되는 프로세스가 없다면 임계 구역 사용을 기다리며 잔류 영역에 있는 프로세스의 사용을 허락해야 하며, 그 이외에 있는 프로세스는 임계 구역에 진입할 수 없다.

> **전문가의 조언**
> 임계 구역은 영문으로 Critical Section이라는 것을 기억하고, 그 특징을 정리해 두세요.
>
> **공유 자원**
> 공유 자원에는 CPU, 메모리, 디스크, 입·출력장치, 버퍼 등이 있습니다.

3 동기화 기법   25.5, 23.5, 23.2

동기화 기법(Synchronization)은 두 개 이상의 프로세스를 한 시점에서는 동시에 처리할 수 없으므로 각 프로세스에 대한 처리 순서를 결정하는 것으로, 상호 배제의 한 형태이다.

세마포어 (Semaphore) 25.5, 23.5, 23.2	• '신호기', '깃발'을 뜻하며, 각 프로세스에 제어 신호를 전달하여 순서대로 작업을 수행하도록 하는 기법이다. • 세마포어는 다익스트라(E. J. Dijkstra)가 제안하였으며, P와 V라는 두 개의 연산에 의해서 동기화를 유지시키고 상호 배제의 원리를 보장한다. • S는 P와 V 연산으로만 접근 가능한 세마포어 변수로, 공유 자원의 개수를 나타내며 0과 1 혹은 0과 양의 값을 가질 수 있다. • 세마포어에 대한 연산은 처리중에 인터럽트되어서는 안 된다.
모니터 (Monitor)	• 모니터는 동기화를 구현하기 위한 특수 프로그램 기법으로 특정 공유 자원을 프로세스에게 할당하는 데 필요한 데이터와 이 데이터를 처리하는 프로시저로 구성된다. • 자료 추상화와 정보 은폐* 개념을 기초로 하며 공유 자원을 할당하기 위한 병행성 구조로 이루어져 있다. • 모니터의 경계에서 상호 배제가 시행된다. • 모니터에는 한순간에 하나의 프로세스만 진입하여 자원을 사용할 수 있다.

> **전문가의 조언**
> 세마포어와 모니터는 그 의미를 정확히 이해하고, 특징을 파악해 두세요.
>
> **정보 은폐**
> 모니터 내부의 프로시저와 데이터의 정보를 은폐시켜서 다른 외부의 프로시저가 접근하거나 변경하지 못하도록 하는 기법입니다.

4 교착상태의 개요

- 교착상태(Dead Lock)는 상호 배제에 의해 나타나는 문제점으로, 둘 이상의 프로세스들이 자원을 점유한 상태에서 서로 다른 프로세스가 점유하고 있는 자원을 요구하며 무한정 기다리는 현상*을 의미한다.
- 오른쪽 그림과 같이 자동차(프로세스)들이 현재 위치한 길(자원)을 점유함과 동시에 다른 차가 사용하는 길을 사용하려고 대기하고 있지만 다른 길을 사용할 수 없으며 현재 길에서도 벗어나지 못하는 상태이다.

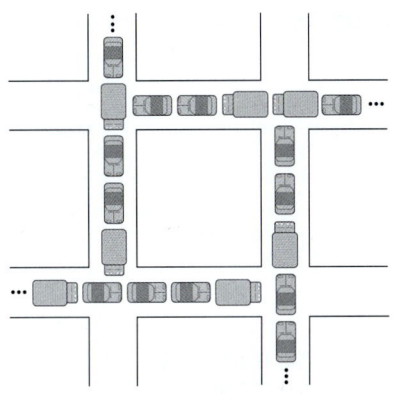

전문가의 조언

교착상태가 무엇인지 그림을 통해 개념을 정리해 두세요.

교착상태와 무한 연기
교착상태와 무한 연기는 무한정 기다리는 현상입니다. 하지만 전혀 가능성이 없는 상태에서 기다리는 교착상태와 달리, 무한 연기는 그래도 가능성이 있는 상태에서 기다리는 것을 의미합니다.

5 교착상태 발생의 필요 충분 조건

교착상태가 발생하기 위해서는 다음의 네 가지 조건이 충족되어야 하는데, 이 네 가지 조건 중 하나라도 충족되지 않으면 교착상태가 발생하지 않는다.

상호 배제(Mutual Exclusion)	한 번에 한 개의 프로세스만이 공유 자원을 사용할 수 있어야 한다.
점유와 대기(Hold and Wait)	최소한 하나의 자원을 점유하고 있으면서 다른 프로세스에 할당되어 사용되고 있는 자원을 추가로 점유하기 위해 대기하는 프로세스가 있어야 한다.
비선점(Non-preemption)	다른 프로세스에 할당된 자원은 사용이 끝날 때까지 강제로 빼앗을 수 없어야 한다.
환형 대기(Circular Wait)	공유 자원과 공유 자원을 사용하기 위해 대기하는 프로세스들이 원형으로 구성되어 있어 자신에게 할당된 자원을 점유하면서 앞이나 뒤에 있는 프로세스의 자원을 요구해야 한다.

전문가의 조언

교착상태가 발생하기 위한 필요 충분 조건을 묻는 문제가 출제되었습니다. 각 조건과 조건의 의미를 정확하게 암기하고, 영어 표기도 함께 알아두세요.

6 교착상태의 해결 방법

예방 기법 (Prevention)	• 교착상태가 발생하지 않도록 사전에 시스템을 제어하는 방법으로, 교착상태 발생의 네 가지 조건 중에서 어느 하나를 제거(부정)함으로써 수행된다. • 자원의 낭비가 가장 심한 기법이다.
회피 기법 (Avoidance)	• 교착상태가 발생할 가능성을 배제하지 않고 교착상태가 발생하면 적절히 피해나가는 방법으로, 주로 은행원 알고리즘(Banker's Algorithm)이 사용된다. • **은행원 알고리즘(Banker's Algorithm)** : E. J. Dijkstra가 제안한 것으로, 은행에서 모든 고객의 요구가 충족되도록 현금을 할당하는 데서 유래한 기법
발견 기법 (Detection)	• 시스템에 교착상태가 발생했는지 점검하여 교착상태에 있는 프로세스와 자원을 발견하는 것을 의미한다. • 교착상태 발견 알고리즘과 자원 할당 그래프 등을 사용할 수 있다.
회복 기법 (Recovery)	교착상태를 일으킨 프로세스를 종료하거나 교착상태의 프로세스에 할당된 자원을 선점하여 프로세스나 자원을 회복하는 것을 의미한다.

전문가의 조언

은행원 알고리즘과 관계된 기법이 무엇인지를 묻는 문제가 출제되었습니다. 각 기법의 의미와 회피 기법에 사용되는 대표 알고리즘이 은행원 알고리즘이라는 것을 기억해 두세요.

기출문제 따라잡기

23년 7월, 22년 4월
1. 교착상태의 필요 충분 조건에 해당하지 않는 것은?
① Mutual Execlusion
② Hold and Wait
③ Circular Wait
④ Preemption

> 교착상태 발생의 필요 충분 조건에는 상호 배제(Mutual Exclusion), 점유와 대기(Hold and Wait), 비선점(Non-preemption), 환형 대기(Circular Wait)가 있습니다.

이전기출
2. 상포 배제의 문제는 병행하여 처리되는 여러 개의 프로세스가 공유 자원을 동시에 접근하기 때문에 발생한다. 따라서 공유되는 자원에 대한 처리 내용 중에서 상호 배제를 시켜야 하는 일정 부분에 대해서는 어느 하나의 프로세서가 처리하는 동안에 다른 프로세스의 접근을 허용하지 말아야 한다. 이 때, 상호 배제를 시켜야 하는 일정 부분을 무엇이라고 하는가?
① Working Set
② Page
③ Semaphore
④ Critical Section

> 상호 배제는 하나의 프로세스가 공유 자원을 사용할 경우 다른 프로세스는 그 공유 자원을 사용하지 못하게 하는 것입니다. 이렇게 유지되어야할 부분을 임계 구역(Critical Section)이라 합니다.

23년 5월
3. 연산 P, V와 정수 변수를 이용하여 동기화 문제를 해결하는 것은?
① Critical Section
② Monitor
③ Semaphore
④ Mutual Exclusion

> 연산 P, V와 정수 변수를 이용하여 동기화 문제를 해결하는 것은 세마포어(Semaphore)입니다.

25년 5월, 23년 2월
4. 세마포어(Semaphore)에 관한 설명 중 옳지 않은 것은?
① 상호배제 문제를 해결하기 위하여 사용된다.
② 정수의 변수로서 양의 값만을 가진다.
③ 여러 개의 프로세스가 동시에 그 값을 수정하지 못한다.
④ 세마포어에 대한 연산은 처리 도중에 인터럽트 되어서는 안된다.

> 세마포어(Semaphore) 변수(S)는 0과 1 혹은 0과 양의 값을 가집니다.

이전기출
5. 모니터에 대한 설명으로 옳지 않은 것은?
① 한 순간에 둘 이상의 프로세스가 모니터에 들어갈 수 있다.
② 모니터의 경계에서 상호 배제가 시행된다.
③ 모니터 외부의 프로세스는 모니터 내부 데이터를 접근할 수 없다.
④ 특정 공유 자원이나 한 그룹의 공유 자원을 할당하는 데 필요한 데이터 및 프로시저를 포함하는 병행성 구조이다.

> 모니터는 하나의 공유 자원을 하나의 프로세스만 사용할 수 있도록 하는 것으로 여러 프로세스가 동시에 모니터로 진입할 수 없습니다.

이전기출
6. 둘 이상의 프로세스들이 서로 다른 프로세스가 차지하고 있는 자원을 요구하며 무한정 기다리게 되어 해당 프로세스들의 진행이 중단되는 현상을 무엇이라 하는가?
① Semaphore
② Waiting
③ Synchronization
④ Deadlock

> 문제에 제시된 내용은 교착상태(Deadlock)의 개념입니다.

24년 7월
7. 상호 배제를 올바로 구현하기 위한 요구 조건에 대한 설명으로 틀린 것은?
① 두 개 이상의 프로세스들이 공유 데이터에 접근하여 동시에 수행할 수 있어야 한다.
② 임계 구역 바깥에 있는 프로세스가 다른 프로세스의 임계 구역 진입을 막아서는 안된다.
③ 어떤 프로세스도 임계 구역으로 들어가는 것이 무한정 연기되어서는 안된다.
④ 임계 구역은 특정 프로세스가 독점할 수 없다.

> 상호 배제는 한 번에 한 개의 프로세스만이 공유 자원을 사용할 수 있도록 하는 것이므로 두 개 이상의 프로세스들이 공유 데이터를 동시에 접근할 수 없습니다.

24년 5월
8. 교착상태의 해결 방안 중 은행원 알고리즘과 관계되는 것은?
① Avoidance
② Prevention
③ Detection
④ Recovery

> 회피 기법(Avoidance)은 교착상태가 발생할 가능성을 배제하지 않고 교착상태가 발생하면 적절히 피해나가는 방법으로, 주로 은행원 알고리즘(Banker's Algorithm)이 사용됩니다.

▶ 정답 : 1.④ 2.④ 3.③ 4.② 5.① 6.④ 7.① 8.①

SECTION 005 기억장치 관리

1 기억장치의 관리 전략

25.8, 23.5, 23.2, 기사 25.8, 25.5, 25.2, 24.7, 24.5, 23.7, 22.3, 21.3, 20.8

기억장치의 관리 전략은 보조기억장치의 프로그램이나 데이터를 주기억장치에 적재시키는 시기, 적재 위치 등을 지정하여 한정된 주기억장치의 공간을 효율적으로 사용하기 위한 것으로 반입 전략, 배치 전략, 교체 전략이 있다.

반입(Fetch) 전략
보조기억장치에 보관중인 프로그램이나 데이터를 언제 주기억장치로 적재할 것인지를 결정하는 전략이다.

배치(Placement) 전략
새로 반입되는 프로그램이나 데이터를 주기억장치의 어디에 위치시킬 것인지를 결정하는 전략이다.

- **최초 적합(First Fit)** : 프로그램이나 데이터가 들어갈 수 있는 크기의 빈 영역 중에서 첫 번째 분할 영역에 배치시키는 방법
- **최적 적합(Best Fit)** : 프로그램이나 데이터가 들어갈 수 있는 크기의 빈 영역 중에서 단편화*를 가장 작게 남기는 분할 영역에 배치시키는 방법
- **최악 적합(Worst Fit)** : 프로그램이나 데이터가 들어갈 수 있는 크기의 빈 영역 중에서 단편화를 가장 많이 남기는 분할 영역에 배치시키는 방법

예제 주기억장치 상태가 다음 표와 같다. 기억장치 관리 전략으로 First Fit, Best Fit, Worst Fit 방법을 사용하려 할 때, 각 방법에 대하여 10K의 프로그램이 할당받게 되는 영역의 번호는?

영역 번호	영역 크기	상태
1	5K	공백
2	14K	공백
3	10K	사용 중
4	12K	공백
5	16K	공백

❶ 먼저 10K가 적재될 수 있는지 각 영역의 크기를 확인한다.
❷ First Fit : 빈 영역 중에서 10K의 프로그램이 들어갈 수 있는 첫 번째 영역은 2번이다.
❸ Best Fit : 10K 프로그램이 들어가고 단편화를 가장 작게 남기는 영역은 4번이다.
❹ Worst Fit : 10K 프로그램이 들어가고 단편화를 가장 많이 남기는 영역은 5번이다.

전문가의 조언

배치 전략의 개념을 묻거나 최초 적합 사용 후 발생하는 내적 단편화의 크기를 묻는 문제가 출제되었습니다. 배치 전략이란 새로 반입된 프로그램을 어디에 위치시킬지를 결정하는 것임을 기억하고, **예제**를 통해 배치 전략별로 영역 할당 과정을 확실히 파악해 두세요.

단편화
주기억장치의 분할된 영역에 프로그램이나 데이터를 할당할 경우, 분할된 영역이 프로그램이나 데이터보다 작거나 커서 생기는 빈 기억공간을 의미합니다.
- **내부 단편화** : 분할된 영역이 할당될 프로그램의 크기보다 크기 때문에 프로그램이 할당된 후 사용되지 않고 남아 있는 빈 공간
- **외부 단편화** : 분할된 영역이 할당될 프로그램의 크기보다 작기 때문에 프로그램이 할당될 수 없어 사용되지 않고 빈 공간으로 남아있는 분할된 전체 영역

교체(Replacement) 전략

- 주기억장치의 모든 영역이 이미 사용중인 상태에서 새로운 프로그램이나 데이터를 주기억장치에 배치하려고 할 때, 이미 사용되고 있는 영역 중에서 어느 영역을 교체하여 사용할 것인지를 결정하는 전략이다.
- 교체 전략에는 FIFO, OPT, LRU, LFU, NUR, SCR 등이 있다.

② 가상 기억장치
22.7, 기사 23.2, 21.3, 20.9

전문가의 조언

가상 기억장치의 특징을 묻는 문제가 출제되었습니다. 가상 기억장치를 사용하려면 주소 변환이 필요하다는 것과 가상 기억장치 구현 기법에는 페이징 기법과 세그먼테이션 기법이 있다는 것을 중심으로 특징을 기억하세요.

블록
보조기억장치와 주기억장치 간에 전송되는 데이터의 최소 단위입니다.

가상 기억장치는 보조기억장치(하드디스크)의 일부를 주기억장치처럼 사용하는 것으로, 용량이 작은 주기억장치를 마치 큰 용량을 가진 것처럼 사용하는 기법이다.

- 프로그램을 여러 개의 작은 블록* 단위로 나누어서 가상 기억장치에 보관해 놓고, 프로그램 실행 시 요구되는 블록만 주기억장치에 불연속적으로 할당하여 처리한다.
- 주기억장치의 용량보다 큰 프로그램을 실행하기 위해 사용한다.
- 가상 기억장치의 일반적인 구현 방법은 블록의 종류에 따라 페이징 기법과 세그먼테이션 기법으로 나눌 수 있다.

페이지 크기
일반적으로 페이지의 크기는 1~4KB입니다.

내부 단편화는 발생할 수 있다?
페이지 크기가 4KB이고, 사용할 프로그램이 17KB라면 프로그램은 페이지 단위로 4KB씩 나누어지게 됩니다. 이때 마지막 페이지의 실제 용량은 1KB(17KB - 16KB)가 되고, 이것이 주기억장치에 적재되면 3KB의 내부 단편화가 발생됩니다.

페이징(Paging) 기법	• 가상 기억장치에 보관되어 있는 프로그램과 주기억장치의 영역을 동일한 크기로 나눈 후 나눠진 프로그램(페이지)을 동일하게 나눠진 주기억장치의 영역(페이지 프레임)에 적재시켜 실행하는 기법이다. • 프로그램을 일정한 크기로 나눈 단위를 페이지(Page)라고 하고, 페이지 크기*로 일정하게 나누어진 주기억장치의 단위를 페이지 프레임(Page Frame)이라고 한다. • 외부 단편화는 발생하지 않으나 내부 단편화는 발생할 수 있다.* • 주소 변환을 위해서 페이지의 위치 정보를 가지고 있는 페이지 맵 테이블(Page Map Table)이 필요하다. • 페이지 맵 테이블 사용으로 비용이 증가되고, 처리 속도가 감소된다.
세그먼테이션 (Segmentation) 기법	• 가상 기억장치에 보관되어 있는 프로그램을 다양한 크기의 논리적인 단위로 나눈 후 주기억장치에 적재시켜 실행시키는 기법이다. • 프로그램을 배열이나 함수 등과 같은 논리적인 크기로 나눈 단위를 세그먼트라고 하며, 각 세그먼트는 고유한 이름과 크기를 갖는다. • 기억장치의 사용자 관점을 보존하는 기억장치 관리 기법이다. • 세그먼테이션 기법을 이용하는 궁극적인 이유는 기억공간을 절약하기 위해서이다. • 주소 변환을 위해서 세그먼트가 존재하는 위치 정보를 가지고 있는 세그먼트 맵 테이블(Segment Map Table)이 필요하다. • 세그먼트가 주기억장치에 적재될 때 다른 세그먼트에게 할당된 영역을 침범할 수 없으며, 이를 위해 기억장치 보호키(Storage Protection Key)가 필요하다.

전문가의 조언

워킹 셋과 구역성의 개념을 묻는 문제가 출제되었습니다. 두 용어의 개념을 확실히 구분할 수 있도록 정리하세요.

잠깐만요 워킹 셋 / 구역성
24.7, 24.2, 기사 23.5, 21.5, 21.3

- **워킹 셋(Working Set)** : 프로세스가 일정 시간 동안 자주 참조하는 페이지들의 집합을 의미함
- **구역성(Locality)**
  - 프로세스가 실행되는 동안 주기억장치를 참조할 때 일부 페이지만 집중적으로 참조하는 성질이 있다는 이론입니다.
  - **시간 구역성** : 한 번 참조한 페이지는 가까운 시간 내에 계속 참조할 가능성이 높음을 의미함
  - **공간 구역성** : 어느 하나의 페이지를 참조하면 그 근처의 페이지를 계속 참조할 가능성이 높음을 의미함

❸ 페이지 교체 알고리즘의 개요

페이지 교체 알고리즘은 페이지 부재(Page Fault)가 발생했을 때 가상기억장치의 필요한 페이지를 주기억장치에 적재해야 하는데, 이때 주기억장치의 모든 페이지 프레임이 사용 중이면 어떤 페이지 프레임을 선택하여 교체할 것인지를 결정하는 기법이다.

- 페이지 교체 알고리즘에는 OPT, FIFO, LRU, LFU, NUR, SCR 등이 있다.

❹ 주요 페이지 교체 알고리즘

23.7, 기사 25.8, 25.2, 24.7, 24.5, 24.2, 23.7, 23.2, 22.7, 22.4, 22.3, 21.8, 20.9, 20.6

FIFO(First In First Out)

FIFO는 각 페이지가 주기억장치에 적재될 때마다 그때의 시간을 기억시켜 가장 먼저 들어와서 가장 오래있었던 페이지를 교체하는 기법이다.

- 이해하기 쉽고, 프로그래밍 및 설계가 간단하다.
- 벨레이디의 모순(Belady's Anomaly) 현상*이 발생한다.

 다음의 참조 페이지를 세 개의 페이지 프레임을 가진 기억장치에서 FIFO 알고리즘을 사용하여 교체했을 때 페이지 부재의 수는? (단, 초기 페이지 프레임은 모두 비어 있는 상태이다.)

참조 페이지	2	3	2	1	5	2	3	5
페이지 프레임	2	2	2	2	5	5	5	5
		3	3	3	3	2	2	2
				1	1	1	3	3
부재 발생	●	●		●	●	●	●	

부재 수 = 6

❶ 참조 페이지를 각 페이지 프레임에 차례로 적재시키되 이미 적재된 페이지는 해당 위치의 페이지 프레임을 사용한다.

❷ 사용할 페이지 프레임이 없을 경우 가장 먼저 들어와서 오래 있었던 페이지 2를 제거한 후 5를 적재한다.

❸ 그 다음에 적재된 페이지 3을 제거한 후 2를 적재하며, 같은 방법으로 나머지 참조 페이지를 수행한다.

LRU(Least Recently Used)

LRU는 가장 오랫동안 사용하지 않은 페이지를 교체하는 기법이다.

- 각 페이지마다 계수기(Counter)*나 스택(Stack)을 두어 현 시점에서 가장 오랫동안 사용하지 않은, 즉 가장 오래 전에 사용된 페이지를 교체*한다.

예제 다음의 참조 페이지를 세 개의 페이지 프레임을 가진 기억장치에서 LRU 알고리즘을 사용하여 교체했을 때 페이지 부재의 수는? (단, 초기 페이지 프레임은 모두 비어 있는 상태이다.)

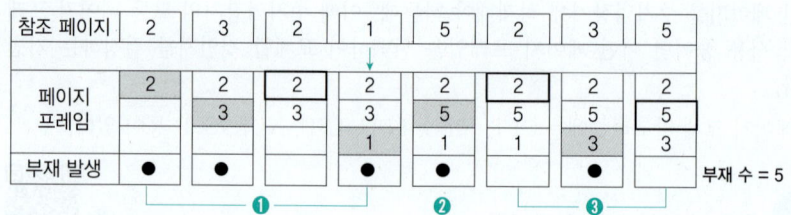

❶ 참조 페이지를 각 페이지 프레임에 차례로 적재시키되 이미 적재된 페이지는 해당 위치의 페이지 프레임을 사용한다.

❷ 사용할 페이지 프레임이 없을 경우 현재 시점에서 가장 오랫동안 사용되지 않은 페이지 3을 제거한 후 5를 적재한다.

❸ 같은 방법으로 나머지 참조 페이지를 수행한다.

NUR(Not Used Recently)

NUR은 LRU와 비슷한 알고리즘으로, 최근에 사용하지 않은 페이지를 교체하는 기법이다.

- 최근에 사용되지 않은 페이지는 향후에도 사용되지 않을 가능성이 높다는 것을 전제로, LRU에서 나타나는 시간적인 오버헤드를 줄일 수 있다.
- 최근의 사용 여부를 확인하기 위해서 각 페이지마다 두 개의 비트, 즉 참조 비트(Reference Bit)와 변형 비트(Modified Bit, Dirty Bit)가 사용된다.
  - 참조 비트 : 페이지가 호출되지 않았을 때는 0, 호출되었을 때는 1로 지정된다.
  - 변형 비트 : 페이지 내용이 변경되지 않았을 때는 0, 변경되었을 때는 1로 지정된다.
- 다음과 같이 참조 비트와 변형 비트의 값에 따라 교체될 페이지의 순서가 결정된다.

참조 비트	변형 비트	교체 순서
0	0	1
0	1	2
1	0	3
1	1	4

기출문제 따라잡기

22년 7월
1. 세그먼테이션(Segmentation) 기법에 대한 설명으로 옳은 것은?
① 프로그램을 가변적인 크기의 논리적인 단위로 나눈다.
② 외부 단편화는 발생하지 않으나 내부 단편화는 발생할 수 있다.
③ 주소 변환을 위해서 페이지의 위치 정보를 가지고 있는 페이지 맵 테이블(Page Map Table)이 필요하다.
④ 페이지 맵 테이블 사용으로 비용이 증가되고, 처리 속도가 감소된다.

> 크기를 동일하게(고정적) 나누는지 다양하게(가변적) 나누는지로 페이징과 세그먼테이션을 구분합니다.

22년 7월
2. 가상기억장치에 대한 설명으로 옳지 않은 것은?
① 기억 공간의 확장을 위한 것이다.
② 주소 변환 작업이 필요하다.
③ 소프트웨어적인 방법이다.
④ 주기억장치를 보조기억장치처럼 사용한다.

> 가상기억장치는 보조기억장치의 일부를 주기억장치처럼 사용하는 기법입니다.

23년 5월
3. 주기억장치의 관리 중 고정 분할 할당에서 최초 적합 배치 전략을 사용한 예이다. 이러한 경우 발생하는 내적 단편화는 얼마인가?

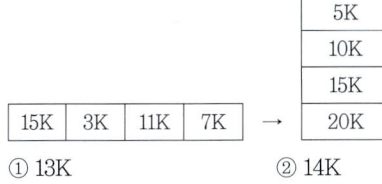

① 13K   ② 14K
③ 15K   ④ 16K

> 문제에 주어진 작업들을 최초 적합 배치 전략으로 배치할 경우 15K는 15K 영역에, 3K는 5K 영역에, 11K는 20K 영역에, 7K는 10K 영역에 배치되므로 내부 단편화는 0K + 2K + 9K + 3K = 14K입니다.

24년 7월
4. 하나의 프로세스가 자주 참조하는 페이지의 집합을 의미하며, 이런 페이지 집합이 적재되면 프로세스는 한동안 페이지 폴트 없이 실행될 수 있다. 이런 페이지 집합을 무엇이라 하는가?
① Working Set   ② Critical Section
③ Paging   ④ Fragmentation

> 하나의 프로세스가 자주 참조하는 페이지의 집합을 워킹 셋(Working Set)이라고 합니다.

25년 8월, 23년 2월
5. 다음 중 배치(Placement) 전략에 대한 설명으로 옳은 것은?
① 새로 반입된 프로그램을 주기억장치의 어디에 위치시킬 것인가를 결정하는 전략이다.
② 주기억장치에 넣을 다음 프로그램이나 데이터를 보조기억장치에서 주기억장치로 언제 가져올 것인가를 결정하는 전략이다.
③ 새로 주기억장치에 배치되어야 할 프로그램이 적재될 장소를 마련하기 위해 어떤 프로그램이나 데이터를 제거할 지 결정하는 전략이다.
④ 실행 중인 프로그램에 의해 참조될 프로그램이나 데이터를 미리 예상하여 적재하는 전략이다.

> ②번은 반입 전략, ③번은 교체 전략, ④번은 예상 반입 전략에 대한 설명입니다.

23년 7월
6. 4개의 페이지를 수용할 수 있는 주기억장치가 현재 완전히 비어 있으며, 어떤 프로세스가 다음과 같은 순서로 페이지 번호를 요청했을 때, 페이지 대체 정책으로 FIFO를 사용한다면 페이지 부재(Page-fault)의 발생 횟수는?

요청 페이지 번호 순서 : 1, 2, 3, 4, 1, 2, 3

① 3회   ② 4회
③ 5회   ④ 6회

> 4개의 페이지 프레임을 갖는 주기억장치이므로 아래 그림과 같이 표현할 수 있습니다.

참조 페이지	1	2	3	4	1	2	3
페이지 프레임	1	1	1	1	1	1	1
		2	2	2	2	2	2
			3	3	3	3	3
				4	4	4	4
부재 발생	●	●	●	●			

※ ● : 페이지 부재 발생

> 참조 페이지가 페이지 프레임에 없을 경우는 페이지 결함(부재)이 발생됩니다. 초기에는 모든 페이지가 비어 있으므로 처음 1, 2, 3, 4 페이지 적재 시 페이지 결함이 발생됩니다. FIFO 기법은 각 페이지가 주기억장치에 적재될 때마다 그때의 시간을 기억시켜 가장 먼저 들어와서 가장 오래 있었던 페이지를 교체하는 기법인데, 처음에 페이지를 적재할 때만 페이지 결함이 발생하므로 페이지 결함 발생 횟수는 4회입니다.

▶ 정답 : 1. ① 2. ④ 3. ② 4. ① 5. ① 6. ②

SECTION 006

디스크 스케줄링

1 디스크 스케줄링의 개요

디스크 스케줄링(Disk Scheduling)은 사용할 데이터가 디스크 상의 여러 곳에 저장되어 있을 경우 데이터를 액세스하기 위해 디스크 헤드가 움직이는 경로를 결정하는 기법이다.

- 디스크 스케줄링의 종류에는 FCFS, SSTF, SCAN, C-SCAN, N-step SCAN, 에센바흐, SLTF 스케줄링 기법 등이 있다.

2 주요 디스크 스케줄링
25.2, 24.7, 24.2, 23.5, 23.2, 22.7, 22.3

전문가의 조언

FCFS의 개념이나 FCFS, SSTF 스케줄링에 의한 헤드의 이동 거리를 묻는 문제가 출제되었습니다. FCFS는 준비상태 큐에 도착한 순서에 따라 차례로 CPU를 할당하는 기법임을 기억하고, 예제를 통해 이동 거리 구하는 방법을 확실히 이해하고 넘어가세요.

FCFS(First Come First Service) = FIFO(First In First Out)

FCFS는 가장 간단한 스케줄링으로, 디스크 대기 큐에 가장 먼저 들어온 트랙에 대한 요청을 먼저 서비스하는 기법이다.

- 디스크 대기 큐에 있는 트랙 순서대로 디스크 헤드를 이동시킨다.
- 디스크 대기 큐에 들어온 순서대로 서비스하기 때문에 더 높은 우선순위의 요청이 입력되어도 순서가 바뀌지 않아 공평성이 보장된다.
- 디스크 오버헤드가 적을 때 효율적이며, 프로그래밍이 쉽다.
- 헤드 이동 거리가 상당히 길어질 수 있다.
- 디스크 오버헤드가 커지면 응답 시간이 길어진다.
- 탐색 시간을 최적화하려는 시도가 없는 기법이다.

예제 초기 헤드 위치가 53번 트랙이고, 디스크 대기 큐에 다음과 같은 순서의 액세스 요청이 대기 중일 때 헤드의 이동 순서와 총 이동 거리를 구하시오.

① 이동 현황

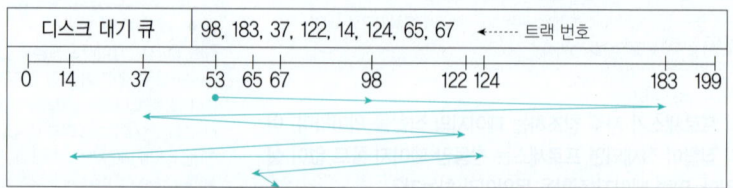

② 이동 거리는 각 트랙 사이에 이동한 거리의 합을 구한다.
- 이동 순서 : 53 → 98 → 183 → 37 → 122 → 14 → 124 → 65 → 67
- 총 이동 거리 : 45 + 85 + 146 + 85 + 108 + 110 + 59 + 2 = 640

SSTF(Shortest Seek Time First)

SSTF는 탐색 거리(Seek Distance)가 가장 짧은 트랙에 대한 요청을 먼저 서비스하는 기법이다.

- 현재 헤드 위치에서 가장 가까운 거리에 있는 트랙으로 헤드를 이동시킨다.
- FCFS보다 처리량이 많고, 평균 탐색 시간이 짧다.
- 처리량이 많은 일괄 처리 시스템에 유용하다.

예제 초기 헤드 위치가 53번 트랙이고, 디스크 대기 큐에 다음과 같은 순서의 액세스 요청이 대기중일 때 헤드의 이동 순서와 총 이동 거리를 구하시오.

① 이동 현황

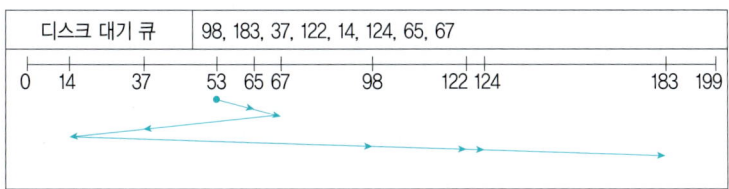

② 이동 순서 : 53 → 65 → 67 → 37 → 14 → 98 → 122 → 124 → 183

③ 총 이동 거리 : 12 + 2 + 30 + 23 + 84 + 24 + 2 + 59 = 236

기출문제 따라잡기

25년 2월, 23년 5월, 22년 7월
1. 현재 헤드의 위치가 50에 있고, 요청 대기열에는 아래와 같은 순서로 들어 있다고 가정할 때 FCFS 스케줄링 알고리즘에 의한 헤드의 총 이동 거리는 얼마인가?

100, 180, 40, 120, 0, 130, 70, 80, 150, 200

① 790　　　　② 380
③ 370　　　　④ 250

> FCFS는 디스크 큐에 들어온 요청대로 헤드를 옮겨 서비스하는 기법입니다. 이동 순서는 50 → 100 → 180 → 40 → 120 → 0 → 130 → 70 → 80 → 150 → 200입니다. 총 이동 거리는 50 + 80 + 140 + 80 + 120 + 130 + 60 + 10 + 70 + 50 = 790이 되겠네요!

23년 2월
2. 다음 중 준비상태 큐에 도착한 순서에 따라 차례로 CPU를 할당하는 스케줄링 기법은?

① FIFO　　　　② SJF
③ HRN　　　　④ RR

> 먼저(First) 도착한(Come) 트랙에 대한 요청을 먼저(First) 서비스(Service)하는 기법은 FCFS(FIFO)입니다.

24년 7월, 2월
3. 초기 헤드의 위치가 100 트랙이고, 디스크 대기 큐에 다음 순서로 액세스 요청이 대기 중이다. SSTF 스케줄링을 이용해 다음 요청을 모두 처리할 경우, 가장 마지막에 처리되는 트랙은? (단, 가장 안 쪽 트랙 : 0, 가장 바깥 쪽 트랙 : 150)

디스크 대기 큐 : 65, 112, 40, 16, 90

① 112　　　　② 40
③ 16　　　　④ 90

> SSTF는 현재 헤드 위치에서 가장 가까운 거리에 있는 요청을 먼저 서비스하는 기법이므로, 이동 순서는 '100 → 90 → 112 → 65 → 40 → 16'입니다.

▶ 정답 : 1. ①　2. ①　3. ③

SECTION 007 정보 관리

전문가의 조언
파일 시스템의 의미를 파악하고, 파일 시스템이 수행하는 기능에는 어떤 것이 있는지 확인하세요.

1 파일 시스템

파일 시스템은 파일의 저장, 액세스, 공유, 보호 등 보조기억장치에서의 파일을 총괄하는 파일 관리 기술이다.

파일 시스템의 기능 및 특징
- 사용자와 보조기억장치 사이에서 인터페이스를 제공한다.
- 사용자가 파일을 생성, 수정, 제거할 수 있도록 한다.
- 적절한 제어 방식을 통해 타인의 파일을 공동으로 사용할 수 있도록 한다.
- 파일 공유를 위해서 판독만 허용, 기록만 허용, 수행만 허용 또는 이들을 여러 형태로 조합한 것 등 여러 종류의 액세스 제어 방법을 제공한다.
- 사용자가 적합한 구조로 파일을 구성할 수 있도록 한다.
- 불의의 사태를 대비하여 파일의 예비(Backup)와 복구(Recovery) 등의 기능을 제공한다.
- 사용자가 물리적 장치 이름 대신에 기호화된 이름*을 사용할 수 있도록 한다.
- 사용자가 파일을 편리하게 사용할 수 있도록 파일의 논리적 상태(디렉터리)를 보여주어야 한다.
- 파일을 안전하게 사용할 수 있도록 하고, 파일이 보호되어야 한다.
- 파일의 정보가 손실되지 않도록 데이터 무결성*을 유지해야 한다.

기호화된 이름
콘솔(키보드와 모니터가 조합된 장치)은 'CON', 프린터는 'PRN'과 같이 표시하는 것을 의미합니다.

무결성
데이터를 전송하는 도중에 데이터가 수정되지 않도록 하는 것을 의미합니다.

전문가의 조언
파일 디스크립터의 정보와 특징을 정확히 구분할 수 있어야 합니다.

2 파일 디스크립터(File Descriptor, 파일 서술자)

파일 디스크립터의 개요
파일 디스크립터는 파일을 관리하기 위한 시스템(운영체제)이 필요로 하는 파일에 대한 정보를 갖고 있는 제어 블록을 의미하며, 파일 제어 블록(FCB; File Control Block)이라고도 한다.
- 파일 디스크립터는 파일마다 독립적으로 존재하며, 시스템에 따라 다른 구조를 가질 수 있다.
- 보통 파일 디스크립터는 보조기억장치 내에 저장되어 있다가 해당 파일이 Open될 때 주기억장치로 옮겨진다.
- 파일 디스크립터는 파일 시스템이 관리하므로 사용자가 직접 참조할 수 없다.

파일 디스크립터의 정보
- 파일 이름 및 파일의 크기
- 보조기억장치에서의 파일 위치

- **파일 구조** : 순차 파일, 색인 순차 파일, 색인 파일 등
- **보조기억장치의 유형** : 자기 디스크, 자기 테이프 등
- 액세스 제어 정보
- **파일 유형** : 텍스트 파일*, 목적 프로그램 파일*(2진 파일, 기계어 파일, 실행 파일) 등
- 생성 날짜와 시간, 제거 날짜와 시간
- 최종 수정 날짜 및 시간
- **액세스한 횟수** : 파일 사용 횟수

> • 텍스트 파일 : 사용자가 읽을 수 있는 정보를 포함하는 파일
> • 목적 프로그램 파일 : 컴퓨터가 읽을 수 있는 정보를 포함하는 파일

3 파일의 구조
25.2, 24.7, 22.7

파일의 구조는 파일을 구성하는 레코드들이 보조기억장치에 편성되는 방식을 의미하는 것으로, 편성 방법에 따라 순차 파일, 색인 순차 파일, 랜덤 파일, 분할 파일 등이 있다.

> **전문가의 조언**
> 직접 파일의 개념과 색인 순차 파일의 색인 영역의 종류를 묻는 문제가 출제되었습니다. 해싱 함수 또는 사상 함수라는 말이 나오면 직접 파일이라는 것을 기억하고, 색인 순차 파일의 색인 영역의 종류 3가지를 정확히 숙지해 두세요.

25.2 **순차 파일** (Sequential File, 순서 파일)	• 레코드를 논리적인 처리 순서에 따라 연속된 물리적 저장공간에 기록하는 것을 의미한다. • 파일의 레코드들이 순차적으로 기록되어 판독할 때도 순차적으로 접근하기 때문에 순차 접근 방식(SAM, Seqential Access Method)이라고도 한다. • 급여 업무처럼 전체 자료를 처리 대상으로 일괄 처리하는 업무에 사용된다. • 순차 접근이 가능한 자기 테이프를 모형화한 구조이다. • 기록 밀도가 높아 기억공간을 효율적으로 사용할 수 있다. • 레코드가 키 순서대로 편성되어 취급이 용이하다. • 파일에 레코드를 삽입·삭제·수정하는 경우 파일 재구성을 위해 전체를 복사해야 하므로 시간이 많이 소요된다.
22.7 **직접 파일** (Direct File)	• 파일을 구성하는 레코드를 임의의 물리적 저장공간에 기록하는 것이다. • 레코드에 특정 기준으로 키가 할당되며, 해싱 함수(Hashing Function)를 이용하여 이 키에 대한 보조기억장치의 물리적 상대주소를 계산한 후 해당하는 주소에 레코드를 저장한다. • 레코드는 해싱 함수에 의해 계산된 물리적 주소를 통해 접근이 가능하다. • 임의 접근이 가능한 자기 디스크나 자기 드럼을 사용한다.

24.7
색인 순차 파일
(Indexed
Sequential File)
	• 순차 파일과 직접 파일에서 지원하는 편성 방법이 결합된 형태이다.
	• 색인(인덱스)을 이용한 순차적인 접근 방법을 제공하여 색인 순차 접근 방식(ISAM, Index Sequential Access Method)이라고도 한다.
	• 각 레코드를 키 값 순으로 논리적으로 저장하고, 시스템은 각 레코드의 실제 주소가 저장된 색인을 관리한다.
	• 레코드를 참조하려면 색인을 탐색한 후 색인이 가리키는 포인터(주소)를 사용하여 참조할 수 있다.
	• 일반적으로 자기 디스크에서 많이 사용되며, 자기 테이프에서는 사용할 수 없다.
	• 색인 순차 파일은 기본 영역, 색인 영역, 오버플로 영역으로 구성된다.
	  – 기본 영역(Prime Area) : 실제 레코드가 기록되는 데이터 영역으로, 각 레코드들은 키 값 순으로 저장된다.
	  – 색인 영역(Index Area) : 기본 영역에 있는 레코드들의 위치를 찾아가는 색인이 기록되는 영역으로, 트랙 색인 영역(Track Index Area)*, 실린더 색인 영역(Cylinder Index Area)*, 마스터 색인 영역(Master Index Area)*으로 분류된다.
	  – 오버플로 영역(Overflow Area) : 기본 영역에 빈 공간이 없어서 새로운 레코드의 삽입이 불가능할 때를 대비하여 예비로 확보해 둔 영역이다.

> • 트랙 색인 영역 : 각 실린더마다 하나씩 만들어지며, 각 트랙에 기록된 데이터의 레코드 키 값 중 최대 키 값과 주소 정보가 기록되는 영역
> • 실린더 색인 영역 : 각 파일당 하나씩 만들어지며, 각 트랙 색인의 최대 키 값들로 구성된 영역
> • 마스터 색인 영역 : 실린더 색인이 많을 경우 그것을 일정한 크기의 블록으로 구성하고, 해당 레코드가 어느 실린더 색인 영역에 있는지 나타내는 영역

전문가의 조언

2단계 디렉터리 구조의 개념을 묻는 문제가 출제되었습니다. 마스터 디렉터리와 사용자 디렉터리로 구성된 디렉터리는 2단계, 루트 디렉터리와 서브 디렉터리로 구성된 디렉터리는 트리 구조, 사이클 허용과 참조 계수기가 필요한 디렉터리는 일반적인 그래프 디렉터리! 잘 기억해두세요.

 전문가의 조언

권한 리스트(Capability List)의 개념을 묻는 문제가 출제되었습니다. 자원 보호 기법의 네 가지 종류를 기억하고 각각을 구분할 수 있는 핵심 단어를 기억해 두세요. 접근 제어 행렬은 행과 열로 표시, 전역 테이블은 집합을 목록 형태로 표시, 접근 제어 리스트는 열을 중심으로 구성, 권한 리스트는 행을 중심으로 구성입니다.

주체 / 객체 / 접근 권한
- **주체** : 객체에 접근하는 것으로 사용자, 프로세스 등을 의미함
- **객체** : 정보를 갖고 있는 것으로 디스크, 테이프, CPU, 기억장치, 자료 구조, 프로세스 등을 의미함
- **접근 권한** : 주체가 객체에 어떤 형태로 접근할 수 있는가를 정의한 것으로 읽기(r), 쓰기(w), 실행(x) 등이 있음

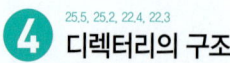

25.5, 25.2, 22.4, 22.3

④ 디렉터리의 구조

디렉터리는 파일 시스템 내부에 있는 것으로, 효율적인 파일 사용을 위해 디스크에 존재하는 파일에 대한 여러 정보를 가지고 있는 특수한 형태의 파일이다.

- **디렉터리 구조의 종류**

1단계 디렉터리	• 가장 간단하고, 모든 파일이 하나의 디렉터리 내에 위치하여 관리되는 구조이다. • 모든 파일들이 유일한 이름을 가지고 있어야 한다.
25.5, 25.2, 22.4, 22.3 2단계 디렉터리	• 중앙에 마스터 파일 디렉터리가 있고, 그 아래에 사용자별로 서로 다른 파일 디렉터리가 있는 2계층 구조이다. • 마스터 파일 디렉터리는 사용자 파일 디렉터리를 관리하고, 사용자 파일 디렉터리는 사용자별 파일을 관리한다.
트리 디렉터리	• 하나의 루트 디렉터리와 여러 개의 종속(서브) 디렉터리로 구성된 구조이다. • DOS, Windows, UNIX 등의 운영체제에서 사용되는 디렉터리 구조로, 디렉터리 탐색은 포인터에 의해 계층적으로 이루어진다.
비순환 그래프 디렉터리	• 하위 파일이나 하위 디렉터리를 공동으로 사용할 수 있는 것으로, 사이클이 허용되지 않는 구조이다. • 공유된 파일을 삭제할 경우 고아 포인터(Dangling Pointer)가 발생할 수 있다.
일반적인 그래프 디렉터리	• 트리 구조에 링크(Link)를 첨가시켜 순환을 허용하는 그래프 구조이다. • 불필요한 파일을 제거하여 사용 공간을 늘리기 위한 참조 계수기가 필요하다.

 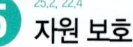

25.2, 22.4

⑤ 자원 보호

자원 보호는 컴퓨터 시스템에서 사용자, 프로세스 등과 같은 주체*가 프로세스, CPU, 기억장치 등과 같은 객체(자원)*에 불법적으로 접근하는 것을 제어하고, 객체(자원)의 물리적인 손상을 예방하는 기법을 의미한다.

- 자원을 보호하기 위한 기법으로는 접근 제어 행렬, 전역 테이블, 접근 제어 리스트, 권한(자격) 리스트가 있다.

접근 제어 행렬 (Access Control Matrix)	• 자원 보호의 일반적인 모델로, 객체에 대한 접근 권한을 행렬로써 표시한 기법이다. • 행(Row)은 영역(사용자, 프로세스), 열(Column)은 객체, 각 항은 접근 권한의 집합으로 구성된다.
전역 테이블 (Global Table)	• 가장 단순한 구현 방법으로, 세 개의 순서쌍인 영역, 객체, 접근 권한의 집합을 목록 형태로 구성한 기법이다. • 테이블이 매우 커서 주기억장치에 저장할 수 없으므로 가상기억장치 기법을 사용해야 하며, 주기억장치에 저장될 경우 공간을 낭비하게 된다.
접근 제어 리스트 (Access Control List)	• 접근 제어 행렬에 있는 각 열, 즉 객체를 중심으로 접근 리스트를 구성한 것이다. • 각 객체에 대한 리스트는 영역, 접근 권한의 순서쌍으로 구성되며, 객체에 대한 접근 권한을 갖는 모든 영역을 정의한다. • 접근 권한이 없는 영역은 제외된다.

| 25.2, 22.4
권한(자격) 리스트
(Capability List) | • 접근 제어 행렬에 있는 각 행, 즉 영역을 중심으로 권한 리스트를 구성한 것이다.
• 각 영역에 대한 권한 리스트는 객체와 그 객체에 허용된 조작 리스트로 구성된다.
• 권한 리스트는 영역과 결합되어 있지만 그 영역에서 수행중인 프로세스가 직접 접근할 수는 없다. 왜냐하면 권한 리스트는 운영체제에 의해 유지되며 사용자에 의해서 간접적으로만 접근되는 보호된 객체이기 때문이다. |

기출문제 따라잡기

22년 7월
1. 키 값으로부터 주소 변환을 위해서 해시 함수나 색인 테이블을 사용하는 파일 구조는?
① 순차 파일
② 분할 파일
③ 직접 파일
④ 색인 순차 파일

> 해싱 함수 또는 사상 함수와 관계있는 파일 구조는 직접 파일입니다.

25년 5월, 2월, 22년 4월, 3월
2. 디렉터리 구조 중 중앙에 마스터 파일 디렉터리가 있고, 그 아래에 사용자별로 서로 다른 파일 디렉터리가 있는 구조는?
① 1단계 디렉터리 구조
② 2단계 디렉터리 구조
③ 트리 디렉터리 구조
④ 비순환 그래프 디렉터리 구조

> 중앙에 마스터 파일 디렉터리가 있고, 그 아래에 사용자별로 서로 다른 파일 디렉터리가 있는 구조는 2단계 디렉터리 구조입니다.

25년 2월, 22년 4월
3. 자원 보호 기법 중 접근 제어 행렬에서 수평으로 있는 각 행들만을 따온 것으로서 각 영역에 대한 권한은 객체와 그 객체에 허용된 연산자로 구성되는 것은?
① Global Table
② Access Control List
③ Capability List
④ Lock/Key

> 접근 제어 행렬은 행과 열로 표시, 전역 테이블은 집합을 목록 형태로 표시, 접근 제어 리스트는 열을 중심으로 구성, 권한 리스트는 행을 중심으로 구성이 자원 보호 기법을 구분할 수 있는 핵심 단어들입니다.

25년 2월
4. 파일 조직 기법 중 순차 파일에 대한 설명으로 옳지 않은 것은?
① 파일 탐색 시 효율이 우수하며, 대화형 처리에 적합하다.
② 레코드가 키 순서대로 편성되어 취급이 용이하다.
③ 연속적인 레코드의 저장에 의해 레코드 사이에 빈 공간이 존재하지 않으므로 기억장치의 효율적인 이용이 가능하다.
④ 필요한 레코드를 삽입, 삭제, 수정하는 경우 파일을 재구성해야 하므로 파일 전체를 복사해야 한다.

> 순차 파일에서는 특정 레코드를 검색하려면 순차적으로 모든 파일을 비교하면서 검색해야 하므로 검색 효율이 낮아 즉각적인 응답을 요구하는 대화형 처리에는 적합하지 않습니다.

이전기출
5. 파일 디스크립터에 포함되는 내용이 아닌 것은?
① 파일의 이름
② 보조기억장치에서의 파일의 위치
③ 생성된 날짜와 시간
④ 파일 오류에 대한 수정 방법

> 파일 오류에 대한 수정 방법은 파일 디스크립터에 포함되는 내용이 아닙니다.

24년 7월
6. 인덱스 순차 파일(Index Sequential File)의 인덱스 영역의 종류에 해당하지 않는 것은?
① Primary data Index Area
② Track Index Area
③ Cylinder Index Area
④ Master Index Area

> 색인 순차 파일의 색인 영역의 종류에는 트랙(Track) · 실린더(Cylinder) · 마스터(Master) 색인 영역이 있습니다.

▶ 정답 : 1. ③ 2. ② 3. ③ 4. ① 5. ④ 6. ①

SECTION 008 분산 운영체제

전문가의 조언

다중 처리기는 여러 개의 프로세서를 사용한다는 것을 중심으로 특징을 살펴보세요.

1 다중 처리기의 개요

다중 처리기(Multi-Processor)는 하나의 시스템에 여러 개의 처리기(프로세서)를 두어 하나의 작업을 각 처리기에게 할당하여 수행하도록 하는 것을 의미한다.

- 다중 처리기는 프로세서간 상호작용이 밀접한 강결합 시스템이다.
- 여러 작업을 동시에 처리하여 실행 시간이 감소되고 전체 효율을 향상시킬 수 있다.
- 일반적으로 다중 처리기라 하면 프로세서 간 상호 작용이 밀접한 강결합 시스템인 공유-기억장치 시스템을 의미한다.
- 다중 처리기의 운영체제 구조는 Master/Slave 처리기, 분리 실행 처리기, 대칭적 처리기로 분류할 수 있다.

전문가의 조언

주/종 처리기에서는 각 프로세서의 기능을 알아두세요.

2 Master/Slaver(주/종) 처리기

하나의 프로세서를 Master(주 프로세서)로 지정하고, 나머지들은 Slave(종 프로세서)로 지정하는 구조이다.

- 주 프로세서가 고장나면 전체 시스템이 다운된다.
- 주 프로세서만 입·출력을 수행하므로 비대칭 구조를 갖는다.
- 주 프로세서와 종 프로세서의 역할은 다음과 같다.

주 프로세서	• 입·출력과 연산을 담당한다. • 운영체제를 수행한다.
종 프로세서	• 연산만 담당한다. • 입·출력 발생 시 주 프로세서에게 서비스를 요청한다. • 사용자 프로그램만 담당한다.

전문가의 조언

약결합 시스템과 강결합 시스템을 정확히 구분할 수 있어야 하며, 각 특징을 비교하여 알아두세요. 약결합 시스템은 분산 처리 시스템, 강결합 시스템은 다중 처리 시스템입니다.

3 약결합/강결합 시스템

약결합 (Loosely Coupled) 시스템	• 각 프로세서마다 독립된 메모리를 가진 시스템으로, 분산 처리 시스템이라고도 한다. • 둘 이상의 독립된 컴퓨터 시스템을 통신망(통신 링크)을 통하여 연결한 시스템이다. • 각 시스템마다 독자적인 운영체제를 가지고 있다. • 각 시스템은 독립적으로 작동할 수도 있고, 필요한 경우에는 상호 통신할 수도 있다. • 프로세서 간의 통신은 메시지 전달이나 원격 프로시저 호출을 통해서 이루어진다. • 각 시스템마다 독자적인 운영이 가능하므로 CPU 간의 결합력이 약하다.

강결합 (Tightly Coupled) 시스템	• 동일 운영체제하에서 여러 개의 프로세서가 하나의 메모리를 공유하여 사용하는 시스템으로, 다중(병렬) 처리 시스템이라고도 한다. • 하나의 운영체제가 모든 프로세서와 시스템 하드웨어를 제어한다. • 프로세서 간의 통신은 공유 메모리를 통해서 이루어진다. • 하나의 메모리를 사용하므로 CPU 간의 결합력이 강하다.

4 분산 처리 시스템의 개요

분산 처리 시스템(Distributed Processing System)은 약결합 시스템으로, 독립적인 처리 능력을 가진 컴퓨터 시스템을 통신망으로 연결한 시스템이다.

- 서로 다른 장소에 위치한 컴퓨터 시스템에 기능과 자원을 분산시켜 상호 협력할 수 있는 시스템이다.
- 분산 처리 시스템의 설계 목적

자원 공유	각 시스템이 통신망을 통해 연결되어 있으므로 유용한 자원을 공유하여 사용할 수 있다.
연산 속도 향상	하나의 일을 여러 시스템에 분산시켜 처리함으로써 연산 속도가 향상된다.
신뢰도 향상	여러 시스템 중 하나의 시스템에 오류가 발생하더라도 다른 시스템은 계속 일을 처리할 수 있으므로 신뢰도가 향상된다.
컴퓨터 통신	지리적으로 멀리 떨어져 있더라도 통신망을 통해 정보를 교환할 수 있다.

- 분산 처리 시스템의 장·단점

장점	단점
• 여러 사용자들 간에 통신이 용이하다. • 제한된 장치를 여러 지역의 사용자가 공유할 수 있다. • 여러 사용자들이 데이터를 공유할 수 있다. • 중앙 컴퓨터의 과부하를 줄일 수 있다. • 사용자는 각 컴퓨터의 위치를 몰라도 자원을 사용할 수 있다. • 업무량의 증가에 따른 시스템의 점진적인 확장이 용이하다. • 하나의 일을 여러 시스템이 처리함으로써 연산 속도, 신뢰도, 사용 가능도가 향상되고, 결함 허용이 가능하다.	• 중앙 집중형 시스템*에 비해 소프트웨어 개발이 어렵다. • 중앙 집중형 시스템에 비해 보안 정책이 복잡해진다. • 시스템 유지상 통일성을 잃기 쉽다. • 시스템의 설계가 복잡하고, 데이터 처리 서비스의 질이 떨어진다.

전문가의 조언

분산 처리 시스템의 개념만 간단히 알아두세요. 그리고 분산 처리 시스템의 설계 목적과 장·단점을 연관시켜 알아두면 쉽게 기억할 수 있습니다. 참고로 보안성에 관한 것은 분산 처리 시스템의 단점이라는 것을 확실히 알아두세요.

중앙 집중형 시스템
- 작업에 필요한 모든 처리를 담당하는 중앙 컴퓨터와 데이터의 입·출력 기능을 담당하는 단말기로 구성된 시스템입니다.
- 메인 프레임에서 많이 사용하던 방식으로 최근에는 잘 사용되지 않습니다.

전문가의 조언

위상에 따른 분산 처리 시스템은 해당하는 그림을 통해 내용을 이해하면 쉽습니다. 위상에 따른 분류를 영어로 어떻게 표현하는지도 알아두세요.

❺ 위상에 따른 분산 처리 시스템의 분류

스타(Star)형/성형	• 모든 사이트가 하나의 중앙 사이트에 Pointto-Point 형태로 연결되어 있고, 그 외의 다른 사이트와는 연결되어 있지 않은 구조이다. • 기본 비용은 사이트의 수에 비례하며, 통신 비용은 적게 소요된다. • 구조가 간단하고, 보수 및 관리가 용이하다. • 중앙 사이트를 제외한 사이트의 고장이 다른 사이트에 영향을 미치지 않지만, 중앙 사이트가 고장날 경우 모든 통신이 단절된다. • 사이트의 증가에 따라 통신 회선도 증가한다.
망형 – 완전 연결 (Fully Connection)형	• 각 사이트들이 시스템 내의 다른 모든 사이트들과 직접 연결된 구조이다. • 사이트의 수가 n개이면 링크(연결) 수는 n(n-1)/2개이다. • 기본 비용은 많이 들지만 통신 비용은 적게 들고, 신뢰성이 높다.
망형 – 부분 연결 (Partially Connection)형	• 시스템 내의 일부 사이트들 간에만 직접 연결된 형태로, 직접 연결되지 않은 사이트는 연결된 다른 사이트를 통해 통신하는 구조이다. • 기본 비용은 완전 연결형보다 적게 들고, 통신 비용은 완전 연결형보다 많이 소요된다. • 완전 연결형보다 신뢰성이 낮다.
트리(Tree)/계층 (Hierarchy)형	• 분산 처리 시스템의 가장 대표적인 형태로, 각 사이트들이 트리 형태로 연결된 구조이다. • 기본 비용은 부분 연결형보다 적게 소요되고, 통신 비용은 트리의 깊이에 비례한다. • 부모(상위) 사이트의 자식(하위) 사이트들은 그 부모 사이트를 통해 통신이 이루어진다. • 부모 사이트가 고장나면 그 자식 사이트들은 통신이 불가능하다.
링(Ring)형/환형	• 시스템 내의 각 사이트가 인접하는 다른 두 사이트와만 직접 연결된 구조이다. • 정보는 단방향 또는 양방향으로 전달될 수 있다. • 기본 비용은 사이트 수에 비례하고, 목적 사이트에 데이터를 전달하기 위해 링을 순환할 경우 통신 비용이 증가한다.
다중 접근 버스 연결(Multi Access Bus Connection)형	• 시스템 내의 모든 사이트들이 공유 버스에 연결된 구조이다. • 기본 비용은 사이트 수에 비례하고, 통신 비용은 일반적으로 저렴하다. • 사이트의 고장은 다른 사이트의 통신에 영향을 주지 않지만, 버스의 고장은 전체 시스템에 영향을 준다. • 물리적 구조가 단순하고, 사이트의 추가, 삭제가 용이하다. • 통신 회선 길이에 제한이 있다.

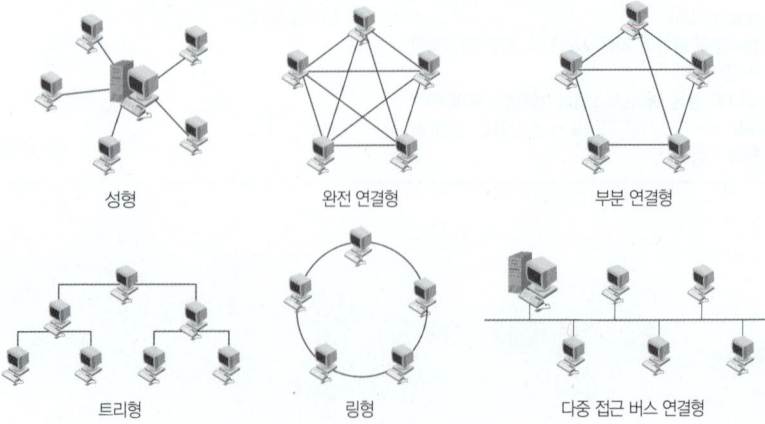

성형   완전 연결형   부분 연결형

트리형   링형   다중 접근 버스 연결형

기출문제 따라잡기

이전기출
1. 병렬 처리의 주종(Master/Slave) 시스템에 대한 설명으로 옳지 않은 것은?

① 주 프로세서는 연산만 수행하고, 종 프로세서는 입·출력과 연산을 수행한다.
② 주 프로세서만이 운영체제를 수행한다.
③ 하나의 주 프로세서와 나머지 종 프로세서로 구성된다.
④ 주프로세서의 고장 시 전 시스템이 멈춘다.

주 프로세서는 입·출력과 연산을, 종 프로세서는 연산만을 담당합니다.

이전기출
2. 강결합 시스템(Tightly Coupled System)의 특징에 해당하는 것은?

① 프로세서 간의 통신은 공유 메모리로 이루어진다.
② 각 시스템은 자신의 운영체제를 가진다.
③ 각 시스템은 자신만의 주기억장치를 가진다.
④ 각 시스템 간의 통신은 메시지 교환으로 이루어진다.

강결합 시스템은 프로세스 간의 통신이 공유 메모리를 통해 이루어집니다.

이전기출
3. 약결합(Loosely Coupled) 시스템에 대한 설명으로 옳지 않은 것은?

① 분산 처리 시스템이라고도 한다.
② 각 시스템은 독립적으로 작동한다.
③ 하나의 메모리만을 사용한다.
④ 각 시스템은 독자적인 운영체제를 가진다.

약결합 시스템은 각 프로세서마다 독립된 메모리를 사용합니다.

이전기출
4. 분산 처리 시스템에 관한 설명으로 옳지 않은 것은?

① 약결합(Loosely Coupled)으로 볼 수 있다.
② 업무량 증가에 따른 점진적인 확장이 용이하다.
③ 높은 보안성이 유지된다.
④ 제한된 자원을 여러 지역에서 공유 가능하다.

분산 처리 시스템은 중앙 집중형 시스템에 비해 보안성 유지가 어렵습니다.

이전기출
5. 분산 처리 시스템에 대한 설명으로 옳지 않은 것은?

① 공유 자원을 상호 배타적으로 사용해야 한다.
② 시스템의 점진적 확장이 용이하다.
③ 중앙 집중형 시스템에 비해 시스템 설계가 간단하고 소프트웨어 개발이 쉽다.
④ 연산 속도, 신뢰성, 사용 가능도가 향상된다.

분산 처리 시스템은 중앙 집중형 시스템에 비해 소프트웨어 개발이 어렵습니다.

이전기출
6. 분산 처리 시스템의 성형 구조에 대한 설명으로 옳지 않은 것은?

① 자체가 단순하고 제어가 집중되어 모든 작동이 중앙 컴퓨터에 의해 감시되므로 하나의 제어기로 조절이 가능하다.
② 집중 제어로 보수와 관리가 용이하다.
③ 중앙 컴퓨터 고장 시 전체 네트워크에는 영향을 주지 않는다.
④ 한 노드의 고장이 다른 노드에 영향을 주지 않는다.

성형 구조는 중앙 사이트가 고장날 경우 모든 통신이 단절됩니다.

▶ 정답 : 1. ① 2. ① 3. ③ 4. ③ 5. ③ 6. ③

SECTION 009

운영체제의 실제

전문가의 조언

UNIX의 특징을 묻는 문제가 출제되었습니다. UNIX는 트리 구조의 파일 시스템을 갖는다는 것을 중심으로 특징을 정확히 알아두세요.

1 UNIX의 개요 및 특징

UNIX는 1960년대 AT&T 벨(Bell) 연구소, MIT, General Electric이 공동 개발한 운영체제이다.

- 시분할 시스템(Time Sharing System)을 위해 설계된 대화식 운영체제로, 소스가 공개된 개방형 시스템(Open System)이다.
- 대부분 C 언어로 작성되어 있어 이식성이 높으며, 장치와 프로세스 간의 호환성이 높다.
- 크기가 작고 이해하기가 쉽다.
- 다중 사용자(Multi-User), 다중 작업(Multi-Tasking)을 지원한다.
- 많은 네트워킹 기능을 제공하므로 통신망(Network) 관리용 운영체제로 적합하다.
- 트리 구조의 파일 시스템을 갖는다.
- 전문적인 프로그램 개발에 용이하다.
- 다양한 유틸리티 프로그램들이 존재한다.

잠깐만요 기사 20.8

다중 사용자(Multi-User), 다중 작업(Multi-Tasking)

- 다중 사용자(Multi-User)는 여러 사용자가 동시에 시스템을 사용하는 것이고, 다중 작업(Multi-Tasking)은 여러 개의 작업이나 프로그램을 동시에 수행하는 것을 의미합니다.
- 하나 이상의 작업을 백그라운드*에서 수행하므로 여러 작업을 동시에 처리할 수 있습니다.

포그라운드 작업과 백그라운드 작업

여러 개의 작업이 동시에 실행될 때 전면에서 실행되는 우선순위가 높은 작업을 포그라운드 작업이라 하고, 같은 상황에서 우선순위가 낮아 화면에 보이지 않고 실행되는 프로그램을 백그라운드 작업이라 합니다.

2 UNIX 시스템의 구성

24.7, 23.7, 기사 22.3, 20.9, 20.6

전문가의 조언

커널과 쉘의 기능을 구분하는 문제가 출제되었습니다. 커널은 각종 관리, 쉘은 명령어 해석과 사용자와의 인터페이스가 주요 기능임을 기억해 두세요.

커널(Kernel) 24.7, 23.7	• UNIX의 가장 핵심적인 부분이다. • 컴퓨터가 부팅될 때 주기억장치에 적재된 후 상주하면서 실행된다. • 하드웨어를 보호하고, 프로그램과 하드웨어 간의 인터페이스 역할을 담당한다. • 프로세스(CPU 스케줄링) 관리, 기억장치 관리, 파일 관리, 입·출력 관리, 프로세스간 통신, 데이터 전송 및 변환 등 여러 가지 기능을 수행한다.
쉘(Shell) 23.7	• 사용자의 명령어를 인식하여 프로그램을 호출하고 명령을 수행하는 명령어 해석기이다. • 시스템과 사용자 간의 인터페이스를 담당한다. • DOS의 COMMAND.COM과 같은 기능을 수행한다. • 주기억장치에 상주하지 않고, 명령어가 포함된 파일 형태로 존재하며 보조기억장치에서 교체 처리가 가능하다. • 공용 Shell(Bourne Shell, C Shell, Korn Shell)이나 사용자 자신이 만든 Shell을 사용할 수 있다.
유틸리티 프로그램 (Utility Program)	• 일반 사용자가 작성한 응용 프로그램을 처리하는 데 사용한다. • DOS에서의 외부 명령어에 해당된다. • 유틸리티 프로그램에는 에디터, 컴파일러, 인터프리터, 디버거 등이 있다.

UNIX 파일 시스템의 구조

UNIX 파일 시스템의 구조는 디스크를 블록으로 분류하여 배치한 구조를 의미한다.

- UNIX 파일 시스템의 구조는 부트 블록(Boot Block), 슈퍼 블록(Super Block), I-node(Index node) 블록, 데이터 블록으로 구성된다.

부트 블록	부팅 시 필요한 코드를 저장하고 있는 블록
슈퍼 블록	전체 파일 시스템에 대한 정보를 저장하고 있는 블록
I-node 블록 (Index-node)	• 각 파일이나 디렉터리에 대한 모든 정보를 저장하고 있는 블록 • **정보** : 파일 소유자의 사용자 번호(UID) 및 그룹 번호(GID), 파일 크기, 파일 타입(일반·디렉터리·특수 파일 등), 생성 시기, 최종 변경 시기, 최근 사용 시기, 파일의 보호 권한, 파일 링크 수, 데이터가 저장된 블록의 시작 주소
데이터 블록 (데이터 영역)	디렉터리별로 디렉터리 엔트리*와 실제 파일에 대한 데이터가 저장된 블록

> **전문가의 조언**
> UNIX 파일 시스템을 구성하는 4가지의 종류와 각각의 기능, 특히 I-node는 I-node에서 확인할 수 있는 정보를 정확히 파악해야 합니다.

> **디렉터리 엔트리(Directory Entry)**
> 디렉터리 엔트리는 파일 이름과 I-node 번호로 구성되어 이들을 서로 연결해 주는 기능을 수행합니다.

 UNIX/LINUX 기본 명령어 25.8, 23.7, 기사 23.7, 23.5, 22.7, 21.3, 20.8

- **CLI* 기본 명령어** : 쉘(Shell)에 명령어를 입력하여 작업을 수행하는 것으로, UNIX/LINUX의 주요 기본 명령어는 다음과 같다.

명령어	기능
fork 기사 23.5, 22.7, 20.8	새로운 프로세스를 생성*한다(하위 프로세스 호출, 프로세스 복제 명령).
exec	새로운 프로세스를 수행한다.
kill	프로세스를 제거한다.
&	백그라운드 처리를 위해 명령의 끝에 입력한다.
ps	현재 작업중인 프로세스의 상태 정보를 확인한다.
cp	파일을 복사한다.
mv	파일을 이동시키거나 이름을 변경한다.
rm	파일을 삭제한다.
cat	파일 내용을 화면에 표시한다.
chmod 25.8, 23.7	파일의 보호 모드를 설정하여 파일의 사용 허가를 지정한다.
mkfs	파일 시스템을 생성한다.
ls	현재 디렉터리 내의 파일 목록을 확인한다.
finger	사용자 정보를 표시한다.
chown	소유자를 변경한다.

> **전문가의 조언**
> chmod의 기능을 묻는 문제가 출제되었습니다. chmod를 중심으로 기본 명령어들의 개별적인 기능을 확실히 파악해 두세요.

> **CLI(Command Line Interface)**
> CLI는 키보드로 명령어를 직접 입력하여 작업을 수행하는 사용자 인터페이스를 의미합니다.

> **프로세스 생성**
> UNIX와 LINUX에서 새로운 프로세스를 생성한다는 것은 기존 프로세스를 복제한다는 것을 의미합니다. 프로세스가 생성되면 기존 프로세스는 상위(부모) 프로세스가 되고, 생성된 프로세스는 하위(자식) 프로세스가 됩니다.

GUI(Graphic User Interface)
GUI는 키보드로 명령어를 직접 입력하지 않고, 마우스로 아이콘이나 메뉴를 선택하여 작업을 수행하는 그래픽 사용자 인터페이스를 의미합니다.

 전문가의 조언

Windows의 특징에는 어떤 것들이 있는지 정리하세요.

멀티태스킹(Multi-Tasking, 다중 작업)
멀티태스킹은 여러 개의 프로그램을 동시에 열어 두고 다양한 작업을 동시에 진행하는 것을 말합니다.
예 MP3 음악을 들으면서 워드프로세서 작업을 하다 인터넷에서 파일을 다운로드하는 것

 전문가의 조언

기본 명령어들의 개별적인 기능을 잘 파악해 두세요.

명령 프롬프트 창 실행 방법
- 실행(■+R) 창 또는 프로그램 및 파일 검색 난에 **cmd**를 입력한 후 Enter 누름
- Windows 7 이하 버전은 보조프로그램에서 '명령 프롬프트' 선택
- Windows 8 이상 버전은 Windows 시스템에서 '명령 프롬프트' 선택

- **GUI* 기본 명령어** : UNIX와 LINUX는 기본적으로 CLI를 기반으로 운영되는 시스템이지만 X Window라는 별도의 프로그램을 설치하여 GUI 방식으로 운영할 수 있다.

❺ Windows의 개요

Windows는 1990년대 마이크로소프트(Microsoft) 사가 개발한 운영체제이다.
- Windows의 주요 특징에는 GUI, 선점형 멀티태스킹, PnP, OLE 등이 있다.

그래픽 사용자 인터페이스(GUI; Graphic User Interface)	• 키보드로 명령어를 직접 입력하지 않고, 마우스로 아이콘이나 메뉴를 선택하여 모든 작업을 수행하는 방식을 말한다. • 초보자도 쉽게 사용할 수 있는 그래픽 사용자 인터페이스(GUI)를 채용하였다.
선점형 멀티태스킹(Preemptive Multi-Tasking)	• 동시에 여러 개의 프로그램을 실행하는 멀티태스킹*을 하면서 운영체제가 각 작업의 CPU 이용 시간을 제어하여 응용 프로그램 실행중 문제가 발생하면 해당 프로그램을 강제 종료시키고 모든 시스템 자원을 반환하는 방식을 말한다. • 하나의 응용 프로그램이 CPU를 독점하는 것을 방지할 수 있어 시스템 다운 현상없이 더욱 안정적인 작업을 할 수 있다.
PnP(Plug and Play, 자동 감지 기능)	• 컴퓨터 시스템에 프린터나 사운드 카드 등의 하드웨어를 설치했을 때, 해당 하드웨어를 사용하는 데 필요한 시스템 환경을 운영체제가 자동으로 구성해 주는 기능이다. • 운영체제가 하드웨어의 규격을 자동으로 인식하여 동작하게 해주므로 PC 주변장치를 연결할 때 사용자가 직접 환경을 설정하지 않아도 된다. • PnP 기능을 활용하기 위해서는 하드웨어와 소프트웨어 모두 PnP를 지원하여야 한다.
OLE(Object Linking and Embedding)	다른 여러 응용 프로그램에서 작성된 문자나 그림 등의 개체(Object)를 현재 작성 중인 문서에 자유롭게 연결(Linking)하거나 삽입(Embedding)하여 편집할 수 있게 하는 기능이다.

❻ Windows 기본 명령어

- **CLI 기본 명령어** : 명령 프롬프트(Command) 창*에 명령어를 입력하여 작업을 수행하는 것으로, 주요 기본 명령어는 다음과 같다.

명령어	기능
DIR	파일 목록을 표시한다.
COPY	파일을 복사한다.
TYPE	파일의 내용을 표시한다.
REN	파일의 이름을 변경한다.
DEL	파일을 삭제한다.
MD	디렉터리를 생성한다.
CD	디렉터리의 위치를 변경한다.
CLS	화면의 내용을 지운다.

ATTRIB	파일의 속성을 변경한다.
FIND	파일을 찾는다.
CHKDSK	디스크 상태를 점검한다.
FORMAT	디스크 표면을 트랙과 섹터로 나누어 초기화한다.
MOVE	파일을 이동한다.

- **GUI 기본 명령어** : 바탕 화면이나 Windows 탐색기에서 마우스로 아이콘을 더블클릭하여 프로그램 실행, 파일의 복사 및 이동, 제어판의 기능 실행 등 모든 작업이 GUI 명령어에 해당한다.

기출문제 따라잡기

23년 7월

1. UNIX의 쉘(Shell)에 대한 설명으로 옳지 않은 것은?
① C, Bourne, Korn Shell 등이 있다.
② 시스템과 사용자 간의 인터페이스를 담당한다.
③ 명령어 해석기이다.
④ UNIX의 보안 관리를 수행한다.

> 보안 관리는 커널(Kernel)의 역할입니다.

25년 8월, 23년 2월

2. UNIX 시스템에서 파일의 권한 모드 설정에 관한 명령어는?
① chmod ② cp
③ ls ④ cat

> 파일의 권한 모드를 설정하는 명령어는 chmod입니다. cp는 파일 복사, cat은 파일 내용을 화면에 표시, ls는 파일 목록을 확인하는 명령어입니다.

이전기출

3. UNIX에서 파일 시스템의 Inode를 구성하는 정보에 해당하지 않는 것은?
① 파일의 소유자
② 보호 비트
③ 파일 생성 시간
④ 파일이 최초로 수정된 시간

> 파일이 최초로 수정된 시간은 I-node에 포함된 정보가 아닙니다.

이전기출

4. UNIX에서 현재 프로세스의 상태를 확인할 때 사용되는 명령어는?
① ps ② cp
③ chmod ④ cat

> 프로세스(Process)의 상태(State)를 확인하는 명령은 'PS'입니다.

이전기출

5. UNIX에서 새로운 프로세스를 생성시키는 시스템 호출은?
① fork ② exit
③ brk ④ wait

> 프로세스 생성, 프로세스 복제, 하위 프로세스 호출! 이런 기능을 수행하는 명령은 'fork'입니다.

24년 7월

6. UNIX에 대한 설명으로 옳지 않은 것은?
① 다양한 유틸리티 프로그램들이 존재한다.
② 멀티유저, 멀티태스킹을 지원한다.
③ 2단계 디렉터리 구조의 파일 시스템을 갖는다.
④ 대화식 운영체제이다.

> UNIX는 트리 구조의 파일 시스템을 갖습니다.

24년 7월

7. UNIX 운영체제에서 가장 핵심적인 부분으로 하드웨어를 보호하고 응용 프로그램들에게 서비스를 제공해 주는 것은?
① Shell ② IPC
③ Kernel ④ Process

> UNIX 운영체제에서 가장 핵심적인 부분은 커널(Kernel)입니다.

▶ 정답 : 1. ④ 2. ① 3. ④ 4. ① 5. ① 6. ③ 7. ③

SECTION 010 정보 통신의 기본

전문가의 조언
정보 통신 시스템의 기본 구성을 데이터 전송계와 데이터 처리계로 구분하여 기억하세요.

1 정보 통신 시스템의 기본 구성

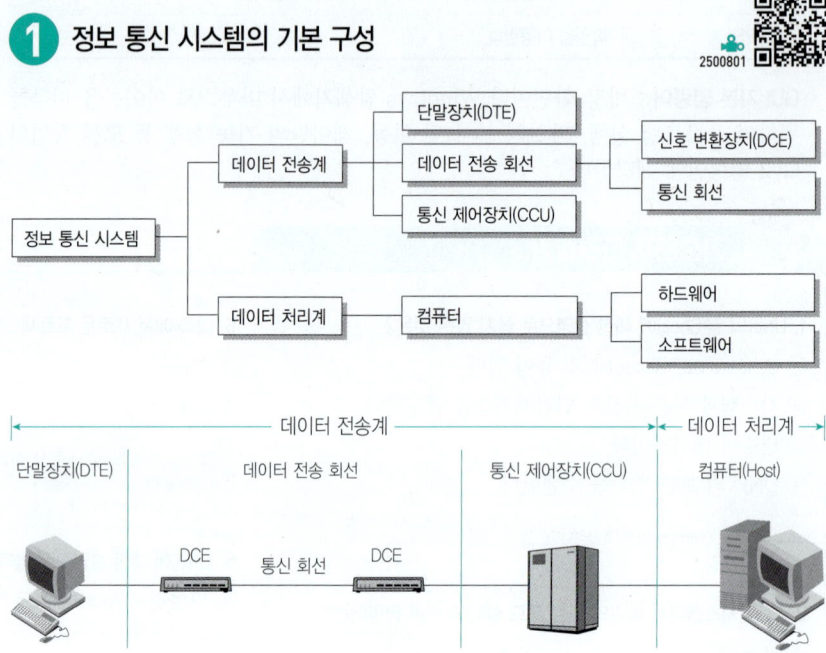

정보 통신 시스템의 구성

전문가의 조언
단말장치의 개념만 간단히 알아두세요.

2 단말장치

단말장치(DTE; Data Terminal Equipment)는 통신 시스템과 사용자의 접점에 위치하여 컴퓨터(Host)에 의해 처리될 데이터를 입력하거나 처리된 결과를 출력하는 기능을 한다.

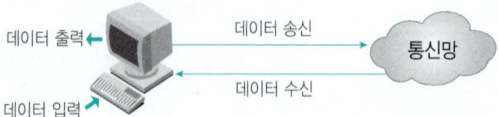

전문가의 조언
신호 변환장치들을 통해 전송되는 전송 신호와 전송 회선을 연결하여 기억하세요. 모뎀(D → A), DSU(D → D), CODEC(A → D)입니다. 그리고 모뎀의 핵심 기능인 변·복조 기능은 꼭 기억하세요.

3 신호 변환장치

신호 변환장치는 컴퓨터나 단말장치의 데이터를 통신회선에 적합한 신호로 변경하거나 통신회선의 신호를 컴퓨터나 단말장치에 적합한 데이터로 변경하는 신호 변환 기능을 수행한다. 전송 회선의 양쪽 끝에 위치하므로 데이터 회선 종단장치(DCE; Data Circuitterminal Equipment)라고도 한다.

모뎀(MODEM)	• 컴퓨터나 단말장치로부터 전송되는 디지털 데이터를 아날로그 회선에 적합한 아날로그 신호로 변환하는 변조(MOdulation) 과정과 그 반대의 복조(DEModulation) 과정을 수행한다. • 디지털 데이터를 공중 전화 교환망(PSTN)과 같은 아날로그 통신망을 이용하여 전송할 때 사용한다. • 기능 : 변·복조 기능, 자동 응답 기능, 반복 호출 기능, 자동 속도 조절 기능, 모뎀 시험 기능
DSU (Digital Service Unit)	• 컴퓨터나 단말장치로부터 전송되는 디지털 데이터를 디지털 회선에 적합한 디지털 신호로 변환하는 과정과 그 반대의 과정을 수행한다. • 신호의 변조 과정이 없이 단순히 유니폴라(단극성) 신호를 바이폴라(양극성) 신호로 변환하여 주는 기능만 제공하기 때문에 모뎀에 비하여 구조가 단순하다. • 디지털 데이터를 공중 데이터 교환망(PSDN)과 같은 디지털 통신망을 이용하여 전송할 때 사용한다. • 송·수신 기능과 타이밍 회복 기능을 DSU 자체에서 수행한다. • 속도가 빠르고, 오류율이 낮다.
코덱(CODEC)	• 아날로그 데이터를 디지털 통신 회선에 적합한 디지털 신호로 변환하는 변조 과정과 그 반대의 복조 과정을 수행한다. • 펄스 코드 변조(PCM) 방식을 이용하여 데이터를 변환한다.

④ DTE/DCE 접속 규격

DTE/DCE 접속 규격이란 단말장치(DTE)와 회선 종단장치(DCE) 간의 접속을 정확하게 수행하기 위한 기계적, 전기적, 물리적, 논리적 조건을 사전에 정의해 놓은 규격으로, OSI 참조 모델*의 물리 계층에 관계된다.

ITU-T	V 시리즈	• 공중 전화 교환망(PSTN)을 통한 DTE/DCE 접속 규격이다. • V.24 : 기능적, 절차적 조건에 대한 규정이다. • V.28 : 전기적 조건에 대한 규정이다.
	X 시리즈	• 공중 데이터 교환망(PSDN)을 통한 DTE/DCE 접속 규격이다. • X.20 : 비동기식 전송을 위한 DTE/DCE 접속 규격이다. • X.21 : 동기식 전송을 위한 DTE/DCE 접속 규격이다. • X.24 : DTE/DCE 간의 상호 접속 회로에 대한 규정이다. • X.25* : 패킷* 전송을 위한 DTE/DCE 접속 규격이다.
EIA	RS-232C	• 공중 전화 교환망(PSTN)을 통한 DTE/DCE 접속 규격이다. • V.24, V.28, ISO2110을 사용하는 접속 규격과 기능적으로 호환성을 가지며, 현재 가장 많이 사용된다.
	RS-449	• 고속 데이터 통신을 위한 DTE/DCE 접속 규격이다. • RS-232C의 단점을 보완하기 위한 새로운 표준이다. • 거리에 제한이 없고, RS-232C에 비해 속도가 빠르다.

전문가의 조언

ITU-T의 V 시리즈와 X 시리즈를 구분하여 알아두세요. 특히 패킷형 터미널을 위한 접속 규격은 X.25라는 것을 기억해 두세요.

OSI 참조 모델

운영 방식이 다른 시스템 간의 원활한 통신을 위해 ISO(국제표준화기구)에서 제안한 통신 규약으로, 개방형 시스템 간의 데이터 통신 시 필요한 장비 및 처리 방법 등을 7단계로 표준화하여 규정했습니다. OSI 참조 모델의 각 계층에 대한 설명은 Section 014를 참고하세요.

X.25에 대한 자세한 설명은 Section 013을 참고하세요.

패킷(Packet)

패킷은 전송 혹은 다중화를 목적으로, 메시지를 일정한 비트 수로 분할하여 송·수신 측 주소와 제어 정보 등을 부가하여 만든 데이터 블록입니다. 패킷 크기는 송·수신 측에서 사용하는 통신 규약에 의해 결정되는데 일반적으로 1,024(1K) ~ 2,048(2K) 비트의 크기가 사용됩니다. 데이터 프레임(Frame)과 같은 의미입니다.

전문가의 조언

RS-232C 커넥터는 25핀으로 구성되었다는 것을 중심으로 특징을 정리하세요.

전문가의 조언

먼저 다중화기의 기능을 기억하세요. 그리고 보호 대역(Guard Band)이 필요하면 주파수 분할 다중화기, 균등한 시간 폭을 제공하면 동기식 시분할 다중화기, 필요한 장치에만 시간 폭을 제공하면 비동기식 시분할 다중화기라는 것을 중심으로 다중화기들의 특징을 정리하세요.

대역폭(Bandwidth)

대역폭은 주파수의 변화 범위, 즉 상한 주파수와 하한 주파수의 차이를 의미합니다.

상호 간섭

상호 간섭은 주파수 대역폭을 나누어 쓰는 여러 개의 채널들이 서로 겹치면서 생기는 것으로, 상호 변조 잡음이라고도 합니다. 참고로, 채널은 주파수나 시간폭에 의해 논리적으로 형성되는 전송로를 의미합니다.

보호 대역(Guard Band)

보호 대역은 각각의 채널들이 겹치지 않도록 채널들 사이에 사용하지 않고 남겨두는 부분을 말합니다.

디지털 회선을 이용하여 아날로그 데이터를 전송하려면...

시분할 다중화기는 디지털 회선을 이용하여 디지털 전송을 하는 경우에 사용되며, 아날로그인 음성을 전송할 경우에는 디지털로 변환해야 시분할 다중화기를 이용할 수 있습니다. 음성을 디지털화할 때에는 코덱(CODEC)을 이용하여 PCM(Pulse Code Modulation) 방식으로 변조합니다.

⑤ RS-232C 커넥터

DTE와 DCE 사이의 접속 규격으로는 RS-232C가 가장 많이 이용된다.

- 25핀으로 구성된 커넥터로, 전송 거리는 15m 이하이다.
- 데이터 신호 속도는 최고 20Kbps이다.
- 전이중/반이중, 동기/비동기 모두에 대응한다.

⑥ 다중화기

다중화기(MUX; Multiplexer)는 하나의 통신 회선에 여러 개의 단말장치가 동시에 접속하여 사용할 수 있도록 하는 장치를 말한다.

주파수 분할 다중화기(FDM; Frequency Division Multiplexer)

주파수 분할 다중화기는 통신 회선의 주파수를 여러 개로 분할하여 여러 대의 단말기가 동시에 사용할 수 있도록 한 것이다.

- 전송 신호에 필요한 대역폭보다 전송 매체의 유효 대역폭*이 큰 경우에 사용한다.
- 다중화기 자체에 변·복조 기능이 내장되어 있어 모뎀을 설치할 필요가 없다.
- 시분할 다중화기에 비해 구조가 간단하고 가격이 저렴하다.
- 대역폭을 나누어 사용하는 각 채널들 간의 상호 간섭*을 방지하기 위한 보호 대역(Guard Band)*이 필요하다.
- 보호 대역(Guard Band) 사용으로 인한 대역폭의 낭비가 초래된다.
- 저속(1,200bps 이하)이며, 비동기식 전송으로만 이용된다.
- 멀티 포인트(Multi-Point) 방식, 아날로그 신호 전송에 적합하다.

시분할 다중화기(TDM; Time Division Multiplexer)

시분할 다중화기는 통신 회선의 대역폭을 일정한 시간 폭(Time Slot)으로 나누어 여러 대의 단말장치가 동시에 사용할 수 있도록 한 것이다.

- 디지털 회선*에서 주로 이용하며, 대부분의 데이터 통신에 사용된다.
- 대역폭(Bandwidth)의 이용도가 높아 고속 전송에 용이하다.
- 시분할 다중화기에는 동기식 시분할 다중화기와 비동기식 시분할 다중화기가 있다.

동기식 시분할 다중화기 (STDM; Synchronous TDM)	• 일반적인 다중화기를 말하는 것으로, 모든 단말장치에 균등한(고정된) 시간폭(Time Slot)을 제공한다. • 다중화기의 내부 속도와 단말장치의 속도 차이를 보완해 주는 버퍼가 필요하다. • 전송할 데이터가 없는 경우에도 시간폭(Time Slot)이 제공되므로 효율성이 떨어진다.
비동기식 시분할 다중화기 (ATDM; Asynchronous TDM)	• 마이크로프로세서를 이용하여 접속된 단말장치 중 전송할 데이터가 있는 단말장치에만 시간폭(Time Slot)을 제공한다. • 다중화기의 내부 속도와 단말장치의 속도 차이를 보완하기 위한 버퍼가 필요하다. • 데이터 전송량이 많아질 경우 전송 지연이 생길 수 있다. • 지능 다중화기, 확률적 다중화기, 통계적 다중화기라고도 한다.

기출문제 따라잡기

[이전기출]
1. 정보 통신 시스템의 구성 요소 중 정보 전송계 요소에 맞지 않는 것은?
① 신호 변환장치 ② 전송 회선
③ 중앙처리장치 ④ 통신 제어장치

> 중앙처리장치는 전송계가 아니고 처리계에 해당합니다.

[이전기출]
2. 모뎀(MODEM)의 주요 기능은?
① 디지털 데이터를 아날로그 신호로 변환시킨다.
② 데이터 전송 속도를 변환시킨다.
③ 디지털 신호를 디지털 데이터로 변환시킨다.
④ 아날로그 신호를 아날로그 데이터로 변환시킨다.

> 모뎀의 가장 중요한 기능은 디지털 데이터를 아날로그 신호로 변환시키는 변조 기능과 아날로그 신호를 디지털 데이터로 변환시키는 복조 기능입니다.

[이전기출]
3. DSU(Digital Service Unit)의 기능으로 맞는 것은?
① 아날로그 신호를 디지털 데이터로 변환시킨다.
② 디지털 데이터를 아날로그 신호로 변환시킨다.
③ 아날로그 신호를 아날로그 데이터로 변환시킨다.
④ 디지털 데이터를 디지털 신호로 변환시킨다.

> DSU는 디지털 데이터를 디지털 회선을 통해 전송하기 위해 디지털 신호로 변환합니다.

[이전기출]
4. 다음 중 RS-232C 인터페이스는 몇 개의 핀(PIN)으로 구성되는가?
① 15 ② 20
③ 25 ④ 30

> RS-232C 인터페이스는 25개의 핀으로 구성됩니다.

[이전기출]
5. 공중 데이터 네트워크에서 패킷형 터미널을 위한 DCE와 DTE 사이의 접속 규격은?
① X.25 ② X.24
③ X.22 ④ X.21

> 패킷형 터미널을 위한 DTE/DCE 접속 규격은 X.25입니다.

[이전기출]
6. 주파수 분할 다중화(FDM) 방식에서 보호 대역(Guard Band)이 필요한 이유는?
① 주파수 대역폭을 넓히기 위함이다.
② 신호의 세기를 크게 하기 위함이다.
③ 채널 간섭을 막기 위함이다.
④ 많은 채널을 좁은 주파수 대역에 쓰기 위함이다.

> 주파수 대역 간의 간섭(충돌)을 방지하기 위해 보호 대역(Guard Band)을 둡니다.

[이전기출]
7. 데이터 단말장치와 데이터 회선 종단장치의 전기적, 기계적 인터페이스는?
① ADSL ② DSU
③ SERVER ④ RS-232C

> 데이터 단말장치(DTE)와 데이터 회선 종단장치(DCE)의 접속 규격은 RS-232C입니다.

▶ 정답 : 1. ③ 2. ① 3. ④ 4. ③ 5. ① 6. ③ 7. ④

SECTION 011 정보 전송 기술

 전문가의 조언

광섬유 케이블의 특징과 구성을 잘 알아두세요.

광섬유(Optical Fiber)
광섬유는 매우 가늘고(2~125㎛) 구부릴 수 있는 전송 매체로, 유리나 플라스틱으로 만듭니다.

광통신의 3요소
- **발광기(LD; Laser Diode)** : 전광 변환(전기 에너지 → 빛 에너지)을 수행하며, 송신 측 요소임
- **수광기(PD; Photo Diode)** : 광전 변환(빛 에너지 → 전기 에너지)을 수행하며, 수신 측 요소임
- **광심선(광 케이블)** : 중계부로, 유리를 원료로 하여 제작된 가느다란 광섬유로 구성됨

① 광섬유 케이블

광섬유 케이블(Optical Fiber Cable)은 유리를 원료로 하여 제작된 가느다란 광섬유*를 여러 가닥 묶어서 케이블의 형태로 만든 것으로, 광 케이블이라고도 한다.

- 데이터를 빛으로 바꾸어 빛의 반사(전반사) 원리를 이용하여 전송한다.
- 유선 매체 중 가장 빠른 속도와 높은 주파수 대역폭을 제공한다.
- 대용량, 장거리 전송이 가능하다.
- 도청이 어려워 보안성이 뛰어나다.
- 저손실성, 무누화의 성질을 가진다.
- 무유도 성질이므로 전자기적 잡음에 강하다.
- 감쇠율이 적어 리피터의 설치 간격이 넓으므로 리피터의 소요가 적다.
- 온도 변화에 안정적이고 신뢰성이 높다.
- 설치 비용은 비싸지만 단위 비용은 저렴하다.
- 광섬유 간의 연결이 어려워 설치 시 고도의 기술이 필요하다.
- **광섬유 케이블의 전송 모드** : 단일 모드, 계단형 다중 모드, 언덕형 다중 모드
- **광섬유 케이블의 구성**

코어(Core)	빛이 전파되는 영역으로, 클래드보다 높은 굴절률을 가진다.
클래드(Clad)	코어보다 약간 낮은 굴절률을 가지므로 코어의 빛을 반사시켜 외부로 빠져나가지 못하게 하고, 코어를 외부의 압력으로부터 보호한다.
재킷(Jacket)	습기, 마모, 파손 등의 위험으로부터 내부를 보호한다.

 전문가의 조언

데이터 신호 속도를 계산하는 문제가 출제될 수 있습니다. 변조 속도와 신호 속도의 개념과 계산식을 확실히 구분하여 기억하세요.

변조 시 상태 변화 수
- 모노비트(Monobit) : 1비트
- 디비트(Dibit) : 2비트
- 트리비트(Tribit) : 3비트
- 쿼드비트(Quadbit) : 4비트

② 통신 속도

변조 속도

변조 속도는 1초 동안 몇 개의 신호 변화가 있었는가를 나타내는 것으로, 단위는 baud를 사용한다.

- 1개의 신호가 변조되는 시간을 T초라고 할 때 변조 속도 baud = $\frac{1}{T}$이다.

신호 속도

- 데이터 신호 속도는 다음과 같이 구할 수 있다.

> 데이터 신호 속도(bps) = 변조 속도(baud) × 변조 시 상태 변화 수*

- 데이터 신호 속도의 계산식에 의해 변조 속도를 다음과 같이 구할 수 있다.

  > 변조 속도(baud) = 데이터 신호 속도(bps) / 변조 시 상태 변화 수

③ 통신 용량

통신 용량은 단위 시간 동안 전송 회선이 최대로 전송할 수 있는 통신 정보량을 말한다.

샤논(Shannon)의 정의

샤논은 잡음 여부에 따라 다음과 같이 두 가지로 통신 용량을 정의하였다.

① 잡음이 있는 경우

> $C = W \cdot \log_2(1 + \frac{S}{N})$ [bps]　　C : 통신 용량, W : 대역폭, S : 신호 전력, N : 잡음 전력

② 잡음이 없는 경우

> $C = 2B\log_2(M)$　　C : 통신 용량, B : 대역폭, M : 신호 레벨

전송로의 통신 용량을 늘리기 위한 방법

- 주파수 대역폭을 늘린다.
- 신호 세력을 높인다.
- 잡음 세력을 줄인다.

전문가의 조언

통신 용량을 계산하는 식은 물론 계산식의 구성 요소, 통신 용량을 늘리기 위한 방법 등 다양한 형태로 출제될 수 있습니다. 계산식을 구성하는 요소들의 관계를 정확하게 이해하세요.

④ 디지털 변조

디지털 변조란 디지털 데이터를 아날로그 신호로 변환하는 것을 의미하며, 모뎀(MODEM)을 이용한다.

- 디지털 변조 방식에는 진폭 편이 변조(ASK), 주파수 편이 변조(FSK), 위상 편이 변조(PSK), 직교 진폭 변조(QAM)가 있다.

진폭 편이 변조(ASK)	• 2진수 0과 1을 서로 다른 진폭의 신호로 변조한다. • 신호 변동과 잡음에 약하여 데이터 전송용으로 거의 사용되지 않는다.
주파수 편이 변조(FSK)	• 2진수 0과 1을 서로 다른 주파수로 변조한다. • 1,200Bps 이하의 저속도 비동기식 모뎀에서 사용한다.
위상 편이 변조(PSK)	• 2진수 0과 1을 서로 다른 위상을 갖는 신호로 변조한다. • 한 위상에 1비트(2위상), 2비트(4위상), 또는 3비트(8위상)를 대응시켜 전송하므로, 속도를 높일 수 있다. • 중·고속의 동기식 모뎀에 많이 사용된다. • 반송파 간의 위상차 : $\frac{2\pi}{M}$ (M은 위상)
직교 진폭 변조(QAM) = 진폭 위상 변조, 직교 위상 변조	• 반송파의 진폭과 위상을 상호 변환하여 신호를 얻는 변조 방식이다. • 고속 전송 가능, 9,600Bps 모뎀의 표준 방식으로 권고된다.

전문가의 조언

모뎀을 이용한 디지털 변조 방식에는 어떤 것들이 있는지 기억하고, 각 변조 방식은 서로 확실히 구분할 수 있도록 학습하세요.

전문가의 조언

펄스 코드 변조(PCM)의 순서를 외우고, 각 단계에서의 기능을 정확히 알고 있어야 합니다.

5 펄스 코드 변조(PCM)

펄스 코드 변조(PCM; Pulse Code Modulation)는 화상, 음성, 동영상 비디오, 가상현실 등과 같이 연속적인 시간과 진폭을 가진 아날로그 데이터를 디지털 신호로 변환하는 것으로, 코덱(CODEC)을 이용한다.

- 펄스 코드 변조는 송신 측에서 아날로그 데이터를 표본화하여 PAM 신호로 만든 후 양자화, 부호화 단계를 거쳐 디지털 형태(2진수)로 전송하는 방식이다. 펄스 코드 변조 순서는 다음과 같다.

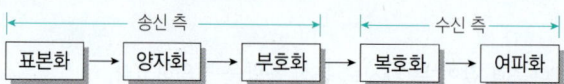

표본화 (Sampling)	• 음성, 영상 등의 연속적인 신호 파형을 일정 시간 간격으로 검출하는 단계이다. • **샤논(Nyquist Shanon)의 표본화 이론** : 어떤 신호 $f_{(t)}$가 의미를 지니는 최고 주파수보다 2배 이상의 주파수로 균일한 시간 간격 동안 채집된다면 이 채집된 데이터는 원래의 신호가 가진 모든 정보를 포함한다. • 표본화에 의해 검출된 신호를 PAM 신호라고 하며, 아날로그 형태이다. • 표본화 횟수 = 2배 × 최고 주파수 • 표본화 간격 = 1 / 표본화 횟수

양자화
(Quantizing)
	• 표본화된 PAM 신호를 유한 개의 부호에 대한 대표값으로 조정하는 과정이다.
	• 실수 형태의 PAM 신호를 반올림하여 정수형으로 만든다.
	• **양자화 잡음** : 표본 측정값과 양자화 파형과의 오차를 말하며, 주로 PCM 단국장치에서 발생한다.
	• 양자화 잡음은 양자화 레벨을 세밀하게 함으로써 줄일 수 있으나, 이 경우 데이터의 양이 많아지고 전송 효율이 낮아진다.
	• 양자화 레벨
	  – PAM 신호를 부호화할 때 2진수로 표현할 수 있는 레벨
	  – 양자화 레벨 = $2^{\text{표본당 전송 비트 수}}$

부호화 (Encoding)	양자화된 PCM 펄스의 진폭 크기를 2진수(1 또는 0)로 표시하는 과정이다.
복호화 (Decoding)	수신된 디지털 신호(PCM 신호)를 PAM 신호로 되돌리는 과정으로 복호기(Decoder)를 이용해 복원한다.
여과화 (Filtering)	PAM 신호를 원래의 입력 신호인 아날로그 신호로 복원하는 과정이다.

기출문제 따라잡기

이전기출
1. 광섬유 케이블의 설명으로 틀린 것은?
① 동축 케이블보다 더 넓은 대역폭을 지원한다.
② 전송 속도가 UTP 케이블보다 빠르다.
③ 동축 케이블에 비해 전자기적 잡음에 약하다.
④ 동축 케이블에 비해 전송손실이 적다.

광섬유 케이블은 무유도 성질이므로 전자기적 잡음에 강합니다.

이전기출
2. 다음 중 광섬유 케이블에서 클래드(Clad)의 주 역할은?
① 광 신호를 반사시키는 역할
② 광 신호를 증폭시키는 역할
③ 광 신호를 저장시키는 역할
④ 광 신호를 입력시키는 역할

클래드는 광 신호를 반사시키는 역할을 합니다.

이전기출
3. 8위상 변·복조를 사용하는 모뎀의 데이터 신호 속도가 4800일 때 변조 속도는 몇 보[Baud]인가?
① 600   ② 1600
③ 2400   ④ 4800

8위상이란 2진수 3비트로 표현 가능한 수이므로 변조 시 상태 변화 수는 3bit입니다. 변조 속도(baud) = 데이터 신호 속도(bps) / 변조 시 상태 변화 수 = 4800 / 3 = 1600(Baud)입니다.

이전기출
4. 다음은 잡음이 있는 통신 채널의 경우 통신 용량을 계산하는 식이다. 기호가 바르게 표현된 것은?

$$C = B\log_2(1+S/N)$$

① C : 신호 전력   ② B : 주파수 대역폭
③ S : 잡음 전력   ④ N : 통신 용량

C는 통신 용량, B는 대역폭, S는 신호 전력, N은 잡음 전력을 의미합니다.

이전기출
5. 보(Baud) 속도가 1,200[Baud]일 때 쿼드비트(QuadBit)를 사용하는 경우 몇 [bps]인가?
① 1,200[bps]   ② 2,400[bps]
③ 3,600[bps]   ④ 4,800[bps]

쿼드비트(QuadBit)는 4bit를 의미합니다.
bps = 1,200 × 4 = 4,800[bps]

이전기출
6. 디지털 변조 방식 중에서 전송 속도를 높이기 위하여 위상과 진폭을 함께 변화시켜서 변조하는 방식은?
① ASK   ② PSK
③ FSK   ④ QAM

위상(PSK)과 진폭(ASK)을 함께 변환하는 변조 방식은 직교 진폭 변조(QAM)입니다.

이전기출
7. PCM 방식의 변조 순서로서 옳은 것은?
① 신호 → 부호화 → 양자화 → 표본화
② 신호 → 표본화 → 양자화 → 부호화
③ 신호 → 표본화 → 부호화 → 양자화
④ 신호 → 양자화 → 부호화 → 표본화

PCM 변조 순서는 '표본화 → 양자화 → 부호화' 순입니다.

▶ 정답 : 1. ③ 2. ① 3. ② 4. ② 5. ④ 6. ④ 7. ②

SECTION 012 전송 방식 / 전송 제어

1 통신 방식

통신 방식은 데이터의 전송 방향에 따라 단방향 통신과 양방향 통신으로 구분되며 양방향 통신은 다시 반이중 통신과 전이중 통신으로 구분된다.

단방향(Simplex) 통신	한쪽 방향으로만 전송이 가능한 방식이다. 예) 라디오, TV
반이중(Half-Duplex) 통신	• 양방향 전송이 가능하지만 동시에 양쪽 방향에서 전송할 수 없는 방식이다. • 2선식 선로를 사용하여 송신과 수신을 번갈아 전송한다. 예) 무전기, 모뎀을 이용한 데이터 통신
전이중(Full-Duplex) 통신	• 동시에 양방향 전송이 가능한 방식이다. • 4선식 선로를 사용하며, 주파수 분할을 이용할 경우 2선식도 가능하다. • 전송량이 많고, 전송 매체의 용량이 클 때 사용한다. 예) 전화, 전용선을 이용한 데이터 통신

전문가의 조언

통신 방식의 종류와 각각의 내용, 사용 예 등이 다양한 형태로 출제될 수 있습니다. 내용이 어렵지도, 많지도 않으니까 쉽게 외울 수 있을 거예요. 꼭 사용 예와 함께 외우세요.

2 동기식/비동기식 전송 (22.7)

동기식 전송

동기식 전송은 미리 정해진 수만큼의 문자열을 한 블록(프레임*)으로 만들어 일시에 전송하는 방식이다.

- 블록과 블록 사이에는 휴지 시간(Idle Time)이 없다.
- 프레임 단위로 전송하므로 전송 속도가 **빠르다**.
- 시작/종료 비트로 인한 오버헤드가 없고, 휴지 시간이 없으므로, 전송 효율이 좋다.
- 주로 원거리 전송에 사용한다.
- 단말기는 반드시 버퍼 기억장치를 내장하여야 한다.

비동기식 전송

비동기식 전송은 한 문자를 나타내는 부호(문자 코드) 앞뒤에 시작 비트(Start Bit)와 정지 비트(Stop Bit)를 붙여서 바이트(Byte)와 바이트(Byte)를 구별하여 전송하는 방식이다.

- 비동기식 전송은 시작 비트, 전송 문자(정보 비트), 정지 비트로 구성된 한 문자를 단위로 하여 전송하며, 오류 검출을 위한 패리티 비트(Parity Bit)를 추가하기도 한다.
- 문자와 문자 사이의 휴지 시간(Idle Time)이 불규칙하다.
- 한꺼번에 많은 데이터를 보내면 프레이밍 에러(Framing Error)*의 가능성이 높아진다.

전문가의 조언

비동기식 전송의 특징을 묻는 문제가 출제되었습니다. 전송할 때마다 **시작 비트(Start Bit)와 정지 비트(Stop Bit)**를 사용하는 것은 **비동기식 전송**이라는 것을 기억하세요.

프레임(Frame)
프레임은 전송할 자료를 일정한 크기로 분리한 것으로, 동기식 전송의 전송 단위입니다. 프레임은 데이터뿐만 아니라 행선지 코드, 동기를 위한 제어 문자, 오류 검출을 위한 패리티나 CRC 등의 추가 정보로 구성됩니다.

프레이밍 에러(Framing Error)
프레이밍 에러는 송신 측과 수신 측의 샘플링(Sampling) 시점이 달라서 발생하는 오류입니다. 비동기 전송에서 시작 비트와 정지 비트 사이에 더 많은 비트들을 전송함으로써 오버헤드 비율을 줄일 수 있으나 비트들이 많을수록 프레이밍 에러가 발생할 가능성이 더욱 커집니다.

- 2,000bps(약 2Kbps) 이하의 저속, 단거리 전송에 사용한다.
- 동기화가 단순하고, 가격이 저렴하다.
- 문자마다 시작과 정지를 알리기 위한 비트가 2~3비트씩 추가되므로, 전송 효율이 떨어진다.

③ 전송 제어 절차

전송 제어(Transmission Control)는 정확하고 원활한 데이터의 흐름을 위해 입·출력 제어, 회선 제어, 동기 제어, 오류 제어, 흐름 제어 등을 수행하는 것을 말한다.
- OSI 7 참조 모델의 데이터 링크 계층(2계층)에서 수행하는 기능이다.
- 전송 제어에 사용되는 프로토콜을 전송 제어 프로토콜 또는 데이터 링크 제어 프로토콜이라고 한다.
- 전송 제어 절차는 다음과 같이 5단계로 진행된다.

> **전문가의 조언**
> 전송 제어 절차의 5단계 순서만 정확히 암기하세요.

④ HDLC

HDLC(High-level Data Link Control)는 비트(Bit) 위주의 프로토콜로, 각 프레임에 데이터 흐름을 제어하고 오류를 보정할 수 있는 비트 열을 삽입하여 전송한다.
- 포인트 투 포인트 및 멀티 포인트, 루프 방식에서 모두 사용 가능하다.
- 단방향, 반이중, 전이중 통신을 모두 지원하며 동기식 전송 방식을 사용한다.
- 에러 제어를 위해 Go-Back-N ARQ와 선택적 재전송(Selective Repeat) ARQ를 사용한다.
- 흐름 제어를 위해 슬라이딩 윈도우 방식을 사용한다.
- 전송 제어상의 제한을 받지 않고 자유로이 비트 정보를 전송할 수 있다(비트 투과성).
- 전송 효율과 신뢰성이 높다.
- HDLC 프레임 구조

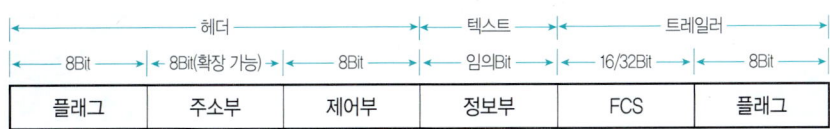

> **전문가의 조언**
> HDLC의 프레임 구조에 대한 문제가 출제되었습니다. HDLC의 프레임 구조를 중심으로 특징, 데이터 전송 모드 등을 잘 정리하세요.

- 플래그(Flag) : 프레임의 시작과 끝을 나타내는 고유한 비트 패턴(01111110)으로, 프레임의 시작과 끝을 구분, 동기 유지(통화로의 혼선을 방지하기 위해), 비트 투과성을 이용한 기본적인 오류 검출 등의 기능을 수행한다.
- 주소부(Address Field)
  ▶ 송·수신국을 식별하기 위해 사용한다.

▶ 모든 수신국에 전송되는 방송용은 '11111111', 임의로 지정된 수신국에만 전송되는 시험용은 '00000000'이다.
- 제어부(Control Field) : 프레임의 종류를 식별하기 위해 사용한다.
  ▶ 정보 프레임(Information Frame) : 사용자 데이터를 전달한다.
  ▶ 감독 프레임(Supervisory Frame) : 오류 제어와 흐름 제어를 수행한다.
  ▶ 비(무)번호 프레임(Unnumbered Frame) : 회선의 설정, 유지 및 종결을 담당한다.
- 정보부(Information Field) : 실제 정보 메시지가 들어 있는 부분이다.
- FCS(프레임 검사 순서 필드) : 프레임 내용에 대한 오류검출을 위해 사용되는 부분으로, 일반적으로 CRC 코드가 사용된다.
• HDLC의 데이터 전송 모드 : 표준(정규) 응답 모드(NRM), 비동기 응답 모드(ARM), 비동기 균형(평형) 모드(ABM)

❺ 오류 발생의 원인

> **전문가의 조언**
> 충격성 잡음을 중심으로 오류의 발생 원인을 정리하세요.

전송 과정에서 오류가 발생하는 주요 원인 및 현상은 다음과 같다.

오류 발생 원인	현상
감쇠(Attenuation)	전송 신호 세력이 전송 매체를 통과하는 과정에서 거리에 따라 약해지는 현상이다.
지연 왜곡 (Delay Distortion)	하나의 전송 매체를 통해 여러 신호를 전달했을 때 주파수에 따라 그 속도가 달라짐으로써 생기는 오류이다.
백색 잡음(White Noise)	전송 매체 내부에서 온도에 따라 전자의 운동량이 변화함으로써 생기는 잡음으로, 가우스 잡음, 열 잡음이라고도 한다.
상호 변조(간섭) 잡음 (Intermodulation Noise)	서로 다른 주파수들이 하나의 전송 매체를 공유할 때 주파수 간의 합(合)이나 차(差)로 인해 새로운 주파수가 생성되는 잡음이다.
누화 잡음 = 혼선 (Cross talk Noise)	인접한 전송 매체의 전자기적 상호 유도 작용에 의해 생기는 잡음이다.
충격성 잡음 (Impulse Noise)	번개와 같은 외부적인 충격 또는 통신 시스템의 결함이나 파손 등의 기계적인 충격에 의해 순간적으로 생기는 잡음으로, 디지털 데이터를 전송하는 경우 중요한 오류 발생 요인이 된다.

❻ 자동 반복 요청 ^{24.7}

> **전문가의 조언**
> 단순히 자동 반복 요청(ARQ)의 종류가 아닌 것을 찾는 문제가 출제되었습니다. 자동 반복 요청(ARQ)의 종류를 정확히 기억하고, 각각의 기능도 알아두세요.

자동 반복 요청(ARQ; Automatic Repeat reQuest)은 오류 발생 시 수신 측은 오류 발생을 송신 측에 통보하고, 송신 측은 오류 발생 블록을 재전송하는 모든 절차를 의미하는 것이다.

정지-대기(Stop and Wait) ARQ ^{24.7}	• 송신 측에서 한 개의 블록을 전송한 후 수신 측으로부터 응답을 기다리는 방식이다. • 구현 방법이 가장 단순하지만, 전송 효율이 떨어진다.

24.7 연속 (Continuous) ARQ	• 연속적으로 데이터 블록을 보내는 방식이다. • Go-Back-N ARQ : 오류가 발생한 블록 이후의 모든 블록을 재전송하는 방식이다. • 선택적 재전송(Selective Repeat) ARQ : 오류가 발생한 블록만을 재전송하는 방식이다.	
적응적(Adaptive) ARQ	• 블록 길이를 채널의 상태에 따라 그때그때 동적으로 변경하는 방식으로, 전송 효율이 가장 좋다. • 제어 회로가 복잡하고, 비용이 많이 들어 현재 거의 사용되지 않는다.	

7 오류 검출 방식

25.5, 25.2, 23.5, 22.4, 22.3

오류를 검출하는 가장 대표적인 방법은 오류 검출 코드를 이용하는 것으로, 송신 측에서 전송 데이터에 오류 검출 코드를 부가하여 송신하면 수신 측에서는 그 코드를 이용하여 수신된 데이터의 오류를 검출한다.

전문가의 조언

패리티 비트는 1비트 오류만 검출, 해밍 코드는 오류의 수정도 가능, CRC는 다항식 코드를 사용한다는 것을 중심으로 각각의 특징을 정리하세요.

패리티 검사 (Parity Check)	• 데이터 블록에 1비트의 검사 비트인 패리티 비트(Parity Bit)를 추가하여 오류를 검출한다. • 가장 간단한 방식이지만, 2개의 비트에 오류가 동시에 발생하면 검출이 불가능하다. • 오류를 검출만 할 수 있고, 수정은 하지 못한다. • 홀수/짝수 수직 패리티 체크와 홀수/짝수 수평 패리티 체크가 있다. • 짝수 = 우수, 홀수 = 기수
25.5, 25.2, 23.5, 22.4, 22.3 해밍 코드 (Hamming Code)	• 수신 측에서 오류가 발생한 비트를 검출한 후 직접 수정하는 전진(순방향) 오류 수정 방식으로 자기 정정 부호라고도 한다. • 1비트의 오류만 수정이 가능하며, 정보 비트 외에 잉여 비트가 많이 필요하다. • 전송 비트 중 1, 2, 4, 8, 16, 32, 64, …, 2^n번째를 오류 검출을 위한 패리티 비트로 사용한다.
순환 중복 (잉여) 검사(CRC)	• 프레임 단위로 오류 검출을 위한 다항식 코드(FCS)를 사용하여 오류를 검출하는 방식이다. • 전송 과정에서 오류가 발생하면 송신 측에 재전송을 요구하는 후진(역방향) 오류 수정 방식이다. • 동기식 전송에 사용되는 에러 검출 기법으로 데이터가 프레임 단위로 전송될 때 사용되는 방식이다. • HDLC 프레임의 FCS(프레임 검사 순서 필드)를 만드는 방법으로 사용된다. • 집단 오류를 검출할 수 있고, 검출률이 높으므로 가장 많이 사용된다.

기출문제 따라잡기

22년 7월

1. 데이터 전송에서 한 문자의 전송 시마다 스타트 비트와 스톱 비트를 삽입하여 전송하는 방식은?

① 동기식 ② 비동기식
③ 베이스밴드식 ④ 혼합 동기식

시작 비트와 정지 비트의 사용은 비동기식 전송의 특징입니다.

25년 5월, 22년 4월, 3월

2. 정보 전송 시에 발생하는 오류의 검색 및 정정이 용이하도록 된 코드는?

① Excess-3 Code ② Hamming Code
③ Gray Code ④ Biquinary Code

오류 검출 코드별로 핵심 단어를 기억해 두세요. 패리티 비트는 1비트 오류만 검출, 해밍 코드는 오류의 수정도 가능, CRC는 다항식 코드 입니다.

▶ 정답 : 1. ② 2. ②

기출문제 따라잡기

23년 5월

3. 데이터 통신에서 Hamming Code를 이용하여 에러를 정정하는 방식은?
① 군계수 체크방식
② 자기정정 부호방식
③ 패리티 체크방식
④ 정마크 부호방식

> Hamming Code는 수신 측에서 오류가 발생한 비트를 검출한 후 직접 수정하는 방식입니다. 이와 같이 오류 검출은 물론 스스로 수정까지 하는 것을 자기정정 부호방식이라고 합니다.

이전기출

4. 데이터 전송 시 회선 제어 절차를 5단계로 연결한 과정으로 옳은 것은?
① 회선 접속 – 데이터 링크의 확립 – 정보의 전송 – 링크 종결 – 회선의 절단
② 회선 접속 – 정보의 전송 – 데이터 링크의 확립 – 회선의 절단 – 링크 종결
③ 데이터 링크의 확립 – 회선 접속 – 링크 종결 – 정보의 전송 – 회선의 절단
④ 데이터 링크의 확립 – 정보의 전송 – 회선 접속 – 회선의 절단 – 링크 종결

> 전송 제어 절차 5단계를 올바르게 나열한 것은 ①번입니다.

이전기출

5. 다음 중 HDLC 프레임의 구조가 순서대로 옳은 것은?
① 플래그 – 주소부 – 제어부 – 정보부 – FCS – 플래그
② 플래그 – 제어부 – FCS – 정보부 – 주소부 – 플래그
③ 플래그 – 주소부 – 정보부 – FCS – 제어부 – 플래그
④ 플래그 – 제어부 – FCS – 주소부 – 정보부 – 플래그

> HDLC 프레임의 구조를 올바르게 나열한 것은 ①번입니다.

이전기출

6. HDLC의 데이터 전달 모드가 아닌 것은?
① 표준 균형 모드(SBM)   ② 표준 응답 모드(NRM)
③ 비동기 균형 모드(ABM) ④ 비동기 응답 모드(ARM)

> 표준 응답 모드는 주국의 허가가 있을 때에만 송신하고, 비동기 응답 모드는 주국의 허가 없이도 송신이 가능하고, 비동기 균형 모드는 혼합국끼리 허가 없이 언제나 송신할 수 있도록 설정한 것입니다.

이전기출

7. 다음 중 전송 오류의 주원인이 아닌 것은?
① 신호 감쇠   ② 지연 왜곡
③ 신호 잡음   ④ 변조 복조

> 변조와 복조는 모뎀의 기능입니다.

24년 7월

8. ARQ(Automatic Repeat reQuest) 방식에 해당하지 않는 것은?
① Stop and Wait ARQ
② Selective Repeat ARQ
③ Receive Ready ARQ
④ Go back N ARQ

> ARQ 방식에는 Stop and Wait, Go-Back-N, Selective Repeat, Adaptive ARQ가 있습니다.

이전기출

9. 데이터 전송 에러 검출 방식 중에서 집단 에러에 대한 신뢰성 있는 에러 검출을 위해 다항식 코드를 사용하여 에러 검사를 하는 방식은?
① Parity Check   ② Block Sum Check
③ CRC   ④ ARQ

> 2번 문제를 풀면서 오류 검출 코드별 핵심 단어를 기억했었죠? 잊지 마세요. 참고로 Block Sum Check는 블록 합 검사라고 하며, 문자 블록에 대해 수평/수직 패리티 검사를 이중으로 수행하는 것입니다.

24년 2월

10. HDLC의 전송 프레임 중 시작 플래그 다음으로 전송되는 필드는?
① 정보부   ② 주소부
③ 제어부   ④ FCS

> HDLC 프레임은 '플래그 → 주소부 → 제어부 → 정보부 → FCS → 플래그' 순으로 구성됩니다.

25년 2월

11. 자기 정정 부호의 하나로 비트 착오를 검출해서 1Bit 착오를 정정하는 부호 방식은?
① Parity Code   ② Hamming Code
③ ASCII Code   ④ EBCDIC Code

> 비트 착오를 검출해서 1Bit 착오를 정정하는 부호는 해밍 코드(Hamming Code)입니다.

▶ 정답: 3. ② 4. ① 5. ① 6. ① 7. ④ 8. ③ 9. ③ 10. ② 11. ②

SECTION 013 통신 프로토콜

1 통신 프로토콜의 정의

25.5, 22.7

통신 프로토콜(Communication Protocol)은 서로 다른 기기들 간의 데이터 교환을 정확하고 원활하게 수행할 수 있도록 표준화한 통신 규약이다.

- 통신을 제어하기 위한 표준 규칙과 절차의 집합으로 하드웨어와 소프트웨어, 문서를 모두 규정한다.

2 통신 프로토콜의 기본 요소

- **구문(Syntax)** : 전송하고자 하는 데이터의 형식, 부호화, 신호 레벨 등을 규정한다.
- **의미(Semantics)** : 두 기기 간의 효율적이고 정확한 정보 전송을 위한 협조 사항과 오류 관리를 위한 제어 정보를 규정한다.
- **시간(Timing)** : 두 기기 간의 통신 속도, 메시지의 순서 제어 등을 규정한다.

> **잠깐만요 프로토콜의 전송 방식**
>
> 프로토콜은 전송하고자 하는 데이터 프레임의 구성에 따라 문자 방식, 바이트 방식, 비트 방식으로 구분할 수 있습니다.
> - **문자 전송 방식** : 전송 제어 문자(SOH, STX, ETX, EOT 등)를 사용하여 데이터 프레임의 시작과 끝을 나타내는 방식으로, 대표적인 프로토콜로 BSC가 있습니다.
> - **바이트 방식** : 데이터 프레임의 헤더(Header)에 전송 데이터 프레임의 문자 개수, 메시지 수신 상태 등의 제어 정보를 삽입하여 전송하는 방식으로, 대표적인 프로토콜로 DDCM*이 있습니다.
> - **비트 방식** : 데이터 프레임의 시작과 끝을 나타내는 고유한 비트 패턴(플래그)을 삽입하여 전송하는 방식으로, 대표적인 프로토콜로 HDLC, SDLC, ADCCP*가 있습니다.

3 X.25

23.7, 22.4

X.25는 DTE(Data Terminal Equipment, 데이터 터미널 장치)와 DCE(Data Circuit-terminating Equipment, 데이터 회선 종단장치) 간의 인터페이스를 제공하는 프로토콜로, 통신을 원하는 두 단말장치가 패킷 교환망을 통해 패킷을 원활히 전달하기 위한 통신을 규정한다.

- ITU-T에서 제정(1976년 승인)한 국제 표준 프로토콜이며, 우수한 호환성을 가진다.
- 강력한 오류 체크 기능으로 신뢰성이 높다.
- 한 회선에 장애가 발생하더라도 정상적인 경로를 선택하여 우회 전송이 가능하다.
- 디지털 전송을 기본으로 하므로 전송 품질이 우수하다.

전문가의 조언

프로토콜의 정의를 묻는 문제가 출제되었습니다. 프로토콜의 정의를 확실히 숙지하고, 기본 요소 세 가지도 꼭~ 외우세요.

DDCM(Digital's Data Communication Message) 프로토콜
DDCM은 바이트 방식의 프로토콜로, 전이중·반이중 통신, 동기·비동기 전송을 지원하며, 포인트 투 포인트, 멀티 포인트 방식에서 사용 가능합니다.

ADCCP(Advanced Data Communication Control Procedures) 프로토콜
ADCCP는 미국표준협회(ANSI)에서 제정한 비트 방식의 프로토콜로 국제표준화협회(ISO)의 HDLC, 그리고 IBM사의 SDLC와 연결 제어 방식이 거의 같은 절차로 이루어집니다.

전문가의 조언

X.25의 계층 구조를 묻는 문제가 출제되었습니다. X.25는 물리, 프레임, 패킷 계층으로 구성되며, OSI 7계층의 하위 3계층에 대응한다는 것을 기억하세요.

- 가상 회선 방식을 이용하여 하나의 물리적 회선에 다수의 논리 채널을 할당하므로 효율성이 높다.
- 축적 교환 방식을 사용하므로, 전송을 위한 처리 지연이 발생할 수 있다.

- X.25의 계층 구조

물리 계층	단말장치(DTE)와 패킷 교환망(DCE) 간의 물리적 접속에 관한 인터페이스를 정의하는 계층으로 X.21을 사용한다.
프레임 계층	• 패킷의 원활한 전송을 위해 데이터 링크의 제어를 수행하는 계층으로, 링크 계층이라고도 한다. • OSI 7계층의 데이터 링크 계층에 해당한다. • 전송 제어를 위해 HDLC 프로토콜의 변형인 LAPB를 사용한다. • 다중화, 순서 제어, 오류 제어, 흐름 제어 기능 등을 수행한다.
패킷 계층	• OSI 7계층의 네트워크 계층에 해당한다. • **패킷 계층의 수행 절차** : 호 설정(Call Setup) → 데이터 전송(Data Transfer) → 호 해제 (Call Cleaning) • 데이터 전송 시 오류 제어, 순서 제어, 흐름 제어 등의 데이터 전송 제어 기능을 수행한다. • 호(Call)를 설정한 후 호(Call) 해제 시까지 가상 회선을 이용하여 통신 경로를 유지하므로, 패킷을 끝까지 안전하게 전송할 수 있다.

전문가의 조언

TCP/IP 계층 구조나 UDP 프로토콜의 특징을 묻는 문제가 출제되었습니다. 먼저 TCP/IP 각 계층에 속한 프로토콜의 종류를 기억하고, UDP 프로토콜을 중심으로 주요 프로토콜의 특징을 정리하세요.

연결형(접속) 통신

연결형 통신은 송·수신 측 간을 논리적으로 연결한 후 데이터를 전송하는 방식으로, 가상 회선 방식이 대표적입니다. 데이터 전송의 안정성과 신뢰성이 보장되지만, 연결 설정 지연이 일어나며, 회선 이용률이 낮아질 수 있습니다.

비연결형(비접속) 통신

비연결형 통신은 송·수신 측 간에 논리적 연결 없이 데이터를 전송하는 방식으로, 데이터그램 방식이 대표적입니다.

 4 TCP/IP

23.5, 23.2, 22.7, 기사 24.7, 24.5, 24.2, 23.7, 22.7, 22.4, 22.3, 21.8, 21.5, 21.3, 20.9, 20.6

2501105

TCP/IP(Transmission Control Protocol/Internet Protocol)는 인터넷에 연결된 서로 다른 기종의 컴퓨터들 간에 데이터를 주고받을 수 있도록 하는 표준 프로토콜이다.

- TCP/IP는 TCP 프로토콜과 IP 프로토콜이 결합된 것을 의미한다.

TCP (Transmission Control Protocol)	• OSI 7계층의 전송 계층에 해당한다. • 신뢰성 있는 연결형* 서비스를 제공한다. • 패킷의 다중화, 순서 제어, 오류 제어, 흐름 제어 기능을 제공한다.
IP (Internet Protocol)	• OSI 7계층의 네트워크 계층에 해당한다. • 데이터그램을 기반으로 하는 비연결형* 서비스를 제공한다. • 패킷의 분해/조립, 주소 지정, 경로 선택 기능을 제공한다.

- TCP/IP 계층 구조
  - 응용 계층 : 응용 프로그램 간의 데이터 송·수신 제공(TELNET, FTP, SMTP, SNMP, E-Mail 등)
  - 전송 계층 : 호스트들 간의 통신 제공(TCP, UDP)
  - 인터넷 계층 : 데이터 전송을 위한 주소 지정, 경로 배정 제공(IP, ICMP, IGMP, ARP, RARP 등)
  - 네트워크 액세스 계층 : 실제 데이터(프레임)를 송·수신하는 역할(Ethernet, IEEE 802, HDLC, X.25, RS-232C 등)

- 주요 프로토콜

프로토콜	설명
FTP(File Transfer Protocol)	파일 전송 프로토콜
SMTP(Simple Mail Transfer Protocol)	전자 우편을 전송하기 위한 프로토콜
TELNET	가상 터미널 프로토콜
SNMP*(Simple Network Management Protocol)	간이 망 관리 프로토콜
23.5 UDP(User Datagram Protocol)	• 데이터 전송 전에 연결을 설정하지 않는 비연결형 서비스를 한다. • 실시간 전송에 유리하며, 신뢰성보다는 속도가 중요시되는 네트워크에서 사용된다.
ICMP(Internet Control Message Protocol)	인터넷 제어 메시지 프로토콜이라 하며, IP와 조합하여 통신중에 발생하는 오류의 처리와 전송 경로 변경 등을 위한 제어 메시지를 관리하는 역할을 한다.
ARP(Address Resolution Protocol)	주소 분석 프로토콜이라 하며, 호스트의 IP 주소를 호스트와 연결된 네트워크 접속장치의 물리적 주소(MAC Address)*로 바꾼다.
RARP(Reverse Address Resolution Protocol)	ARP와 반대로 물리적 주소를 IP 주소로 변환하는 기능을 한다.

SNMP(간이 망 관리 프로토콜, Simple Network Management Protocol)
SNMP는 TCP/IP의 네트워크 관리 프로토콜로, 라우터나 허브 등 네트워크 기기의 네트워크 정보를 네트워크 관리 시스템에 보내는 데 사용되는 표준 통신 규약입니다.

물리적 주소(MAC Address)
물리적 주소는 랜 카드 제작사에서 랜 카드(네트워크 접속장치)에 부여한 고유 번호입니다.

기출문제 따라잡기

23년 7월, 22년 4월
1. X.25 프로토콜의 3계층에 해당하지 않는 것은?
① 물리 계층
② 베이스밴드 계층
③ 데이터 링크 계층
④ 패킷 계층

> 베이스밴드 계층은 X.25 프로토콜의 계층이 아닙니다. X.25는 물리 계층, 프레임(데이터 링크) 계층, 패킷 계층으로 구분됩니다.

25년 5월, 22년 7월
2. 서로 다른 기기들 간의 데이터 교환을 원활하게 수행할 수 있도록 표준화시켜 놓은 통신 규약을 무엇이라 하는가?
① 클라이언트
② 터미널
③ 링크
④ 프로토콜

> 통신 프로토콜의 정의를 묻는 문제가 출제되면 두 개체 간의 데이터(정보) 교환을 위한 통신 규칙, 통신 규약, 통신 절차 등의 단어가 들어가면 정답일 확률이 높습니다.

22년 7월
3. TCP/IP의 IP Layer에 해당하는 프로토콜은?
① ICMP
② SMTP
③ HTTP
④ UDP

> TCP/IP의 IP Layer, 즉 인터넷 계층에 속한 프로토콜에는 IP, ICMP, IGMP, ARP, RARP 등이 있습니다.

23년 5월
4. UDP(User Datagram Protocol)에 대한 설명으로 거리가 먼 것은?
① 속도가 빠르다.
② 신뢰성 있는 전송이 가능하다.
③ 오버헤드가 적다.
④ 비연결형 서비스를 제공한다.

> UDP는 신뢰성보다 속도가 중요시되는 네트워크에서 사용됩니다. ②번은 TCP의 특징입니다.

23년 2월
5. TCP/IP의 응용 계층과 관련된 프로토콜이 아닌 것은?
① SMTP
② UDP
③ SNMP
④ TELNET

> UDP는 전송 계층과 관련된 프로토콜입니다.

▶ 정답 : 1.② 2.④ 3.① 4.② 5.②

SECTION 014

OSI 참조 모델

전문가의 조언

OSI 7계층의 순서와 하위 계층 또는 상위 계층을 구분할 수 있어야 합니다. 꼭 외우세요. 하위 계층부터 '물 → 데 → 네 → 전 → 세 → 표 → 응'

OSI 참조 모델의 기본 개념

OSI 참조 모델은 특정 시스템에 대한 프로토콜의 의존도를 줄이고, 장래의 기술 진보 등에 따른 프로토콜의 확장성을 고려하여, 보편적인 개념과 용어를 사용함으로써 컴퓨터 통신망의 논리 구조를 규정하고 있습니다. 이 개념에 따라 OSI 참조 모델은 통신 회선(물리 매체)에 결합된 하나 이상의 개방형 시스템이 통신망 상에서 특정한 업무를 분산하여 수행하기 위한 시스템 간의 협동적인 동작에 대하여 규정하고 있습니다. 이 협동적인 동작에는 프로세스 간의 통신, 데이터의 기억, 프로세스 및 자원의 관리, 안전 보호 및 프로그램의 지원 등이 있습니다.

전문가의 조언

OSI 7계층 가운데 어떤 계층을 설명한 것인지를 구분하는 문제가 출제됩니다. OSI 7계층의 순서와 각 계층의 주요 기능, 관련 표준을 꼭 암기하세요.

① OSI(Open System Interconnection) 참조 모델의 개요

OSI 참조 모델*은 다른 시스템 간의 원활한 통신을 위해 ISO(국제표준화기구)에서 제안한 통신 규약(Protocol)이다.

- 개방형 시스템(Open System) 간의 데이터 통신 시 필요한 장비 및 처리 방법 등을 7단계로 표준화하여 규정했다.
- OSI 7계층은 1~3 계층을 하위 계층, 4~7 계층을 상위 계층이라고 한다.
  - 하위 계층 : 물리 계층 → 데이터 링크 계층 → 네트워크 계층
  - 상위 계층 : 전송 계층 → 세션 계층 → 표현 계층 → 응용 계층

② 물리 계층(Physical Layer)
기사 23.5

물리 계층은 전송에 필요한 두 장치 간의 실제 접속과 절단 등 기계적, 전기적, 기능적, 절차적 특성에 대한 규칙을 정의한다.

- 물리적 전송 매체와 전송 신호 방식을 정의하며, RS-232C, X.21 등의 표준이 있다.

③ 데이터 링크 계층(Data Link Layer)
25.8, 23.7, 기사 25.8, 24.2, 22.3, 21.3, 20.8

데이터 링크 계층은 두 개의 인접한 개방 시스템들 간에 신뢰성 있고 효율적인 정보 전송을 할 수 있도록 시스템 간 연결 설정과 유지 및 종료를 담당한다.

- 송신 측과 수신 측의 속도 차이를 해결하기 위한 흐름 제어 기능을 한다.
- 오류의 검출과 회복을 위한 오류 제어 기능을 한다.
- 프레임의 순서적 전송을 위한 순서 제어 기능을 한다.
- HDLC, LAPB, LLC, MAC, LAPD, PPP, BSC 등의 표준이 있다.

④ 네트워크 계층(Network Layer, 망 계층)
25.5, 25.2, 23.7, 22.7, 22.4, 기사 25.5, 23.7, 22.7, 21.5

네트워크 계층은 개방 시스템들 간의 네트워크 연결을 관리하는 기능과 데이터의 교환 및 중계 기능을 한다.

- 경로 설정(Routing), 데이터 교환 및 중계, 트래픽 제어, 패킷 정보 전송을 수행한다.
- X.25, IP, ICMP, IGMP 등의 표준이 있다.

❺ 전송 계층(Transport Layer)

전송 계층은 논리적 안정과 균일한 데이터 전송 서비스를 제공함으로써 종단 시스템(End-to-End) 간에 투명한 데이터 전송을 가능하게 한다.

- 종단 시스템(End-to-End) 간의 전송 연결 설정, 데이터 전송, 연결 해제 기능을 한다.
- 주소 설정, 다중화(분할 및 재조립), 오류 제어, 흐름 제어를 수행한다.
- TCP, UDP 등의 표준이 있다.

❻ 세션 계층(Session Layer)

세션 계층은 송·수신 측 간의 관련성을 유지하고 대화 제어를 담당한다.

- 대화(회화) 구성 및 동기 제어, 데이터 교환 관리 기능을 한다.
- 송·수신 측 간의 데이터 전송, 연결 해제, 동기 처리 등의 대화를 관리하기 위해 토큰이 사용된다.

❼ 표현 계층(Presentation Layer)

표현 계층은 응용 계층으로부터 받은 데이터를 세션 계층에 보내기 전에 통신에 적당한 형태로 변환하고, 세션 계층에서 받은 데이터는 응용 계층에 맞게 변환하는 기능을 한다.

- 코드 변환, 데이터 암호화, 데이터 압축, 구문 검색, 정보 형식(포맷) 변환, 문맥 관리 기능을 한다.

❽ 응용 계층(Application Layer)

응용 계층은 사용자(응용 프로그램)가 OSI 환경에 접근할 수 있도록 서비스를 제공한다.

- 응용 프로세스 간의 정보 교환, 전자 사서함, 파일 전송, 가상 터미널 등의 서비스를 제공한다.
- TELNET, FTP, SMTP, SNMP, HTTP 등의 표준이 있다.

기출문제 따라잡기

25년 2월, 24년 7월, 23년 7월
1. OSI 7 계층 중 IP 프로토콜과 관련된 계층으로, 네트워크 연결 관리 및 데이터의 교환 및 중계 기능을 수행하는 계층은?

① 물리 계층　　　② 데이터 링크 계층
③ 네트워크 계층　④ 전송 계층

> 데이터의 교환 및 중계 기능은 네트워크 계층의 핵심 기능입니다.

25년 8월, 24년 7월, 23년 7월
2. OSI 7계층 중 데이터 링크 계층의 프로토콜에 해당하지 않는 것은?

① HDLC　　② PPP
③ LLC　　　④ UDP

> UDP는 전송 계층의 프로토콜입니다.

23년 5월
3. OSI-7계층 중 암호화, 데이터 압축, 코드 변환 등의 기능을 수행하는 계층은?

① 전송 계층　　② 응용 계층
③ 물리 계층　　④ 프레젠테이션 계층

> 암호화, 데이터 압축, 코드 변환 등은 프레젠테이션(표현) 계층의 기능입니다.

25년 5월, 22년 7월, 4월
4. OSI 7 계층 중에서 다음 설명에 해당하는 계층은?

- 경로 설정, 트래픽 제어 기능
- 네트워크 연결을 설정, 유지, 해제하는 기능
- 데이터 교환 및 패킷 정보 전송

① 세션 계층　　② 응용 계층
③ 네트워크 계층　④ 표현 계층

> 경로 설정, 트래픽 제어는 네트워크 계층의 핵심 기능입니다.

22년 3월
5. OSI 참조 모델에서 UDP가 속한 계층은?

① 데이터 링크 계층　② 세션 계층
③ 응용 계층　　　　　④ 전송 계층

> UDP는 전송 계층에 속한 프로토콜입니다.

24년 2월
6. OSI 참조 모델의 응용 계층에 해당하는 프로토콜이 아닌 것은?

① HTTP　　② SMTP
③ FTP　　　④ ICMP

> ICMP는 네트워크 계층에 해당하는 프로토콜입니다.

▶ 정답 : 1. ③　2. ④　3. ④　4. ③　5. ④　6. ④

SECTION 015 경로 제어 프로토콜

1 경로 제어 프로토콜

25.5, 25.2, 23.2, 22.4, 22.3, 기사 25.5, 25.2, 22.4, 21.5, 20.8, 20.6

경로 제어 프로토콜(Rounting Protocol)이란 효율적인 경로 제어를 위해 네트워크 정보를 생성, 교환, 제어하는 프로토콜을 총칭한다.

- 대표적인 경로 제어 프로토콜에는 IGP, EGP, BGP가 있다.

25.5, 25.2, 22.4, 22.3
IGP(Interior Gateway Protocol, 내부 게이트웨이 프로토콜)
	• 하나의 자율 시스템(AS) 내의 라우팅에 사용되는 프로토콜이다.
	• RIP(Routing Information Protocol)
	  – 현재 가장 널리 사용되는 라우팅 프로토콜로 거리 벡터 라우팅 프로토콜이라고도 불리며, 최단 경로 탐색에 Bellman-Ford 알고리즘이 사용된다.
	  – 소규모 동종의 네트워크(자율 시스템, AS) 내에서 효율적인 방법이다.
	  – 최대 홉(Hop) 수를 15로 제한하므로 15를 초과하는 경우는 도달할 수 없는 네트워크를 의미하는데 이것은 대규모 네트워크에서는 RIP를 사용할 수 없음을 의미한다.
	  – 라우팅 정보를 30초마다 네트워크 내의 모든 라우터에 알리며, 180초 이내에 새로운 라우팅 정보가 수신되지 않으면 해당 경로를 이상 상태로 간주한다.
	• OSPF(Open Shortest Path First protocol)
	  – RIP의 단점을 해결하여 새로운 기능을 지원하는 인터넷 프로토콜로, 대규모 네트워크에서 많이 사용된다.
	  – 인터넷 망에서 이용자가 최단 경로를 선정할 수 있도록 라우팅 정보에 노드 간의 링크 상태 정보를 실시간으로 반영하여 최단 경로로 라우팅을 지원한다.
	  – 최단 경로 탐색에 다익스트라(Dijkstra) 알고리즘을 사용한다.
	  – 라우팅 정보에 변화가 생길 경우 변화된 정보만 네트워크 내의 모든 라우터에 알린다.
	  – 하나의 자율 시스템(AS)에서 동작하면서 내부 라우팅 프로토콜의 그룹에 도달한다.

22.3 **EGP(Exterior Gateway Protocol, 외부 게이트웨이 프로토콜)**	자율 시스템(AS) 간의 라우팅, 즉 게이트웨이 간의 라우팅에 사용되는 프로토콜이다.
BGP(Border Gateway Protocol)	• 자율 시스템(AS) 간의 라우팅 프로토콜로, EGP의 단점을 보완하기 위해 만들어진 거리 벡터 라우팅 프로토콜이다. • 초기에 BGP 라우터들이 연결될 때에는 전체 경로 제어표(라우팅 테이블)를 교환하고, 이후에는 변화된 정보만을 교환한다.

전문가의 조언

경로 제어 프로토콜의 종류와 거리 벡터 라우팅 프로토콜의 종류를 묻는 문제가 출제되었습니다. 경로 제어 프로토콜의 종류를 기억하고, OSPF는 링크 상태 라우팅 프로토콜이라는 것을 기억하세요.

자율 시스템(AS; Autonomous System)
자율 시스템은 하나의 도메인에 속하는 라우터들의 집합을 말합니다. 그러므로 하나의 자율 시스템에 속한다는 것은 하나의 도메인에 속한다는 것과 같은 의미입니다.

벨만-포드 알고리즘(Bellman-Ford Algorithm)
벨만-포드 알고리즘은 두 노드 간의 최단 경로를 구하는 알고리즘입니다. 예를 들어, A, B, C 노드가 있을 때 A와 C 노드 간의 최단 경로를 구한다면 A와 C 사이에 있는 B 노드까지의 거리를 먼저 구한 후 가중치를 더하여 실제 거리를 구하는 방식을 사용합니다. 이와 유사한 다익스트라 알고리즘(Dijkstra Algorithm)과는 다르게 가중치가 음수인 경우도 처리할 수 있다는 특징이 있습니다.

홉(Hop)
홉이란 데이터가 목적지까지 전달되는 과정에서 거치는 네트워크의 수를 의미합니다. 예를 들어, 어떤 목적지까지의 홉이 3이라면, 그 목적지까지 가기 위해서는 세 개의 네트워크를 경유함을 의미합니다.

기출문제 따라잡기

25년 5월, 22년 4월
1. 라우팅 프로토콜 중 Distance Vector 방식이 아닌 것은?
① RIP   ② BGP   ③ EIGRP   ④ OSPF

거리 벡터(Distance Vector) 방식의 라우팅 프로토콜에는 RIP, EIGRP, BGP 등이 있고, 링크 상태(Link State) 방식의 라우팅 프로토콜에는 OSPF가 있습니다.

25년 2월, 23년 2월, 22년 3월
2. 라우팅(Routing) 프로토콜이 아닌 것은?
① BGP   ② OSPF   ③ SMTP   ④ RIP

SMTP(Simple Mail Transfer Protocol)는 전자 우편을 전송하는 프로토콜입니다.

▶ 정답 : 1. ④   2. ③

SECTION 016 정보 통신망 기술

전문가의 조언
회선 교환 방식은 일단 접속이 이루어지면 접속을 해제할 때까지 전용선처럼 사용할 수 있다는 것에 초점을 맞춰 특징을 이해하세요.

1 회선 교환 방식

회선 교환망(Circuit Switched Network)은 통신을 원하는 두 지점을 교환기를 이용하여 물리적으로 접속시키는 방식으로, 기존의 음성 전화망이 대표적이다.

- 데이터 전송 전에 먼저 통신망을 통한 연결이 필요하다.
- 접속이 되고 나면 그 통신 회선은 전용 회선에 의한 통신처럼 데이터가 전달된다 (고정 대역 전송).
- 접속에는 긴 시간이 소요되나 일단 접속되면 회선 교환기 내에서의 전송 지연이 거의 없어 실시간 전송이 가능하다.
- 전송된 데이터의 오류 제어나 흐름 제어는 사용자에 의해 수행된다.
- **통신 과정** : 호(링크) 설정 → 데이터 전송 → 호(링크) 해제

전문가의 조언
패킷 교환 방식의 특징을 묻는 문제가 출제되었습니다. 패킷 교환 방식은 대량의 데이터 전송 시 전송 지연이 많아진다는 것을 중심으로 특징을 정리하세요.

패킷(Packet)
패킷은 전송 혹은 다중화를 목적으로, 메시지를 일정한 비트 수로 분할하여 송·수신 측 주소와 제어 정보 등을 부가하여 만든 데이터 블록입니다.

PAD
PAD는 비패킷형 단말기들이 패킷 교환망에 접속할 수 있도록 데이터를 패킷으로 조립하고, 수신측에서는 분해주는 것을 의미합니다.

2 패킷 교환 방식

25.5, 23.2, 22.4

패킷 교환 방식(Packet Switching)은 메시지를 일정한 길이의 패킷*으로 잘라서 전송*하는 방식이다.

- 응답 시간이 빠르므로, 대화형 응용이 가능하다.
- 음성(아날로그) 전송보다 데이터(디지털) 전송에 더 적합하다.
- 코드 및 속도 변환이 가능하다.
- 패킷망 상호 간의 접속을 위한 프로토콜은 X.75이다.
- 하나의 회선을 여러 사용자가 공유할 수 있으므로 회선 이용률이 높다.
- 통신량의 제어를 통한 망의 안전성을 높일 수 있다.
- 전송 시 교환기, 회선 등에 장애가 발생하여도 다른 정상적인 경로를 선택하여 우회할 수 있다.
- 패킷 교환 방식은 트래픽 용량이 큰 경우, 즉 데이터 교환이 많은 경우 유리하다.
- 대량의 데이터 전송 시 전송 지연이 많아진다.
- 대역폭 설정이 유동적이다.
- **패킷 교환망의 기능** : 패킷 다중화, 경로 제어, 논리 채널, 순서 제어, 트래픽 제어, 오류 제어
- **패킷 교환 방식의 종류**

가상 회선 방식	• 단말기 상호간에 논리적인 가상 통신 회선을 미리 설정하여 송신지와 수신지 사이의 연결을 확립한 후에 설정된 경로를 따라 패킷들을 순서적으로 운반하는 방식이다. • 통신이 이루어지는 컴퓨터 사이의 데이터 전송의 안정, 신뢰성이 보장된다. • 패킷의 송·수신 순서가 같다. • **통신 과정** : 호 설정 → 데이터 전송 → 호 해제

데이터 그램 방식	• 연결 경로를 설정하지 않고 인접한 노드들의 트래픽(전송량) 상황을 감안하여 각각의 패킷들을 순서에 상관없이 독립적으로 운반하는 방식이다. • 패킷마다 전송 경로가 다르며, 송·수신 순서가 다를 수 있다. • 부하가 적거나 간헐적인 통신에 적합하다.

3 LAN ^{23.5}

LAN(근거리 통신망, Local Area Network)은 광대역 통신망과는 달리 학교, 회사, 연구소 등 한 건물이나 일정 지역 내에서 컴퓨터나 단말장치들을 고속 전송 회선으로 연결하여 프로그램 파일 또는 주변장치를 공유할 수 있도록 한 네트워크 형태이다.

- 단일 기관의 소유, 제한된 지역 내의 통신이다.
- 광대역 전송 매체의 사용으로 고속 통신이 가능하다.
- 경로 선택이 필요 없고, 오류 발생률이 낮다.
- 전송 매체로 꼬임선, 동축 케이블, 광섬유 케이블 등을 사용한다.
- 전송 방식으로 베이스밴드와 브로드밴드 방식이 있다.
- 망의 구성 형태에 따라 스타형, 버스형, 링형, 트리형, 망형으로 분류할 수 있다.
- LAN의 계층 구조는 물리 계층과 데이터 링크 계층으로 나누어진다.

물리 계층	OSI 7계층의 물리 계층과 동일한 기능을 제공한다.
데이터 링크 계층	• 매체 접근 제어(MAC) 계층과 논리 링크 제어(LLC) 계층으로 나누어진다. • 매체 접근 제어(MAC) 방식의 종류 : CSMA, CSMA/CD, 토큰 버스, 토큰 링

- IEEE 802의 주요 표준 규격

802.1	전체의 구성	802.6	도시형 통신망(MAN), DQDB(이중 버스 통신망)
802.2	논리 링크 제어(LLC)		
802.3	CSMA/CD 방식	802.11	무선 LAN
802.4	토큰 버스 방식	802.15	WPAN, 블루투스
802.5	토큰 링 방식		

4 CSMA/CD 방식

CSMA/CD* 방식은 CSMA 방식에서와 같은 충돌이 발생하는 문제점을 해소하기 위해 CSMA 방식에 충돌 검출 기능과 충돌 발생 시 재송신하는 기능을 부가했다.

- CSMA/CD 방식은 통신 회선이 사용중이면 일정 시간 동안 대기하고, 통신 회선 상에 데이터가 없을 때에만 데이터를 송신하며, 송신중에도 전송로의 상태를 계속 감시한다.
- 송신 도중 충돌이 발생하면 송신을 중지하고, 모든 노드에 충돌을 알린 후 일정 시간이 지난 다음 데이터를 재송신한다.

전문가의 조언

LAN은 제한된 지역 내에 설치된 통신망이라는 것에 초점을 맞춰 LAN의 정의나 특징을 이해하세요.

전문가의 조언

CSMA/CD 방식은 충돌 발생 문제를 해결하기 위해 충돌 발생 여부를 감시하면서 전송한다는 것을 중심으로 특징을 정리하세요.

CSMA/CD의 의미
- CS(Carrier Sense) : 통신 회선이 사용 중인지를 점검
- MA(Multiple Access) : 통신 회선이 비어 있으면 누구든지 사용 가능
- CD(Collision Detection) : 데이터 프레임을 전송하면서 충돌 여부를 조사

- 성형 또는 버스형 LAN에서 가장 일반적으로 사용된다.
- 전송량이 적을 때 매우 효율적이고 신뢰성이 높다.

전문가의 조언

100Base-T에서 사용하는 케이블의 종류를 묻는 문제가 출제되었습니다. 규격별 사용 케이블의 종류를 중심으로 특징을 정리하세요.

 25.2, 23.7, 22.3

이더넷(Ethernet)

이더넷(Ethernet)은 CSMA/CD 방식을 사용하는 LAN으로, 가장 많이 보급된 네트워크입니다.
- 제록스, DEC, 인텔 등에 의해 개발되었으며, IEEE 802.3에 정의되었습니다.
- 이더넷 시스템의 규격

10 BASE T	10은 전송 속도가 10Mbps, BASE는 베이스밴드 방식, T는 전송 매체로 꼬임선(Twisted Pair Wire) 케이블을 사용함을 나타냅니다.
10 BASE 2	얇은 동축 케이블을 이용하며, 2는 한 세그먼트의 최장 거리가 약 200m임을 나타냅니다.
10 BASE 5	굵은 동축 케이블을 이용하며, 5는 한 세그먼트의 최장 거리가 500m임을 나타냅니다.
10 BASE F	F는 광섬유 케이블을 이용하는 이더넷임을 나타냅니다.

- 고속 이더넷(Fast Ethernet) : 100 BASE T라고도 불리는 이더넷의 고속 버전으로, CSMA/CD를 사용하며, UTP(Unshielded Twisted Pair) 케이블을 이용해 100Mbps의 속도로 전송합니다.
- 기가비트 이더넷(Gigabit Ethernet) : CSMA/CD를 사용하며, 1Gbps의 전송 속도를 지원. 기존의 이더넷 및 고속 이더넷과 완벽한 호환성을 갖습니다.

전문가의 조언

라우터에 대한 문제가 출제되었습니다. 라우터를 중심으로 무슨 장비를 설명하는지 구분할 수 있을 정도로 학습하세요.

⑤ 네트워크 관련 장비 24.7, 기사 25.2, 24.7, 23.2, 22.7, 21.5

- **허브(Hub)** : 한 사무실이나 가까운 거리의 컴퓨터들을 연결하는 장치로, 각 회선을 통합적으로 관리하며 신호 증폭 기능을 하는 리피터의 역할도 한다.
- **리피터(Repeater)** : 물리 계층의 장비로, 전송되는 신호를 재생해준다.
- **브리지(Bridge)** : 데이터 링크 계층의 장비로, LAN과 LAN을 연결하거나 LAN 안에서의 컴퓨터 그룹을 연결한다.
- **라우터(Router)** : 네트워크 계층의 장비로, 동종의 LAN과 LAN의 연결 및 경로 선택, 서로 다른 LAN이나 LAN과 WAN을 연결한다.
- **게이트웨이(Gateway)** : 프로토콜 구조가 전혀 다른 네트워크(망)의 연결을 수행하는 장비로, 세션 계층, 표현 계층, 응용 계층 간을 연결하여 데이터 형식 변환, 주소 변환, 프로토콜 변환 등을 수행한다.

⑥ 인터넷 주소 체계

25.8, 25.2, 24.5, 24.2, 23.7, 23.5, 23.2, 22.3, 기사 25.8, 25.2, 24.7, 24.2, 23.7, 23.5, 22.7, 22.3, 21.8, 21.3, 20.8, 20.6

IP 주소

IP 주소(Internet Protocol Address)는 인터넷에 연결된 모든 컴퓨터의 자원을 구분하기 위한 고유한 주소이다.

- 숫자로 8비트씩 4부분, 총 32비트로 구성되어 있다.
- IP 주소의 클래스별 서브넷 마스크는 다음과 같다.
  - A 클래스 : 255.0.0.0
  - B 클래스 : 255.255.0.0
  - C 클래스 : 255.255.255.0

IPv6 주소

IPv6(Internet Protocol version 6)은 현재 사용하고 있는 IP 주소 체계인 IPv4의 주소 부족 문제를 해결하기 위해 개발되었다.

- 16비트씩 8부분, 총 128비트로 구성되어 있다.
- 각 부분을 16진수로 표현하고, 콜론(:)으로 구분한다.
- IPv4에 비해 자료 전송 속도가 빠르다.
- 인증성*, 기밀성*, 데이터 무결성*의 지원으로 보안 문제를 해결할 수 있다.
- IPv4와 호환성이 뛰어나다.
- 주소의 확장성, 융통성, 연동성이 뛰어나다.
- 실시간 흐름 제어로 향상된 멀티미디어 기능을 지원한다.
- Traffic Class*, Flow Label*을 이용하여 등급별, 서비스별로 패킷을 구분할 수 있어 품질 보장이 용이하다.
- 기본 헤더* 뒤에 확장 헤더를 더함으로써 더욱 다양한 정보의 저장이 가능해져 네트워크 기능 확장이 용이하다.
- 유니캐스트, 멀티캐스트, 애니캐스트의 세 가지 주소 체계로 나누어진다.

⑦ 서브네팅(Subnetting)

24.7, 기사 24.7, 24.5, 21.8, 21.5

서브네팅은 할당된 네트워크 주소를 다시 여러 개의 작은 네트워크로 나누어 사용하는 것을 말한다.

- 4바이트의 IP 주소 중 네트워크 주소와 호스트 주소를 구분하기 위한 비트를 서브넷 마스크(Subnet Mask)라고 하며, 이를 변경하여 네트워크 주소를 여러 개로 분할하여 사용한다.
- 서브넷 마스크는 IP 주소의 각 클래스마다 다르게 사용된다.

전문가의 조언

IPv6의 특징을 묻는 문제가 출제되었습니다. IPv4와 IPv6의 크기를 중심으로 서로를 구분할 수 있도록 각각의 특징을 정리하세요.

- **인증성** : 사용자의 식별과 접근 권한 검증
- **기밀성** : 시스템 내의 정보와 자원은 인가된 사용자에게만 접근 허용
- **무결성** : 시스템 내의 정보는 인가된 사용자만 수정 가능
- **Traffic Class(트래픽 클래스)** : IPv6 패킷의 클래스나 우선순위를 나타내는 필드
- **Flow Label(흐름 레이블)** : 네트워크 상에서 패킷들의 흐름에 대한 특성을 나타내는 필드
- **헤더(Header)** : 패킷 전송 시 제일 앞에 배치되는 영역으로, IP 주소의 버전, 인증 정보, 패킷에 대한 정보, 출발 주소, 도착 주소 등의 다양한 정보를 포함함

전문가의 조언

서브네팅의 개념을 묻는 문제가 출제되었습니다. 서브네팅은 하나의 네트워크 주소를 여러 개의 작은 네트워크로 나누어 사용하는 겁니다. 잊지마세요.

기출문제 따라잡기

25년 5월, 22년 4월
1. 데이터 전송 방식 중 패킷 교환 방식에 대한 설명으로 틀린 것은?
① 가상 회선 방식과 데이터그램 방식이 있다.
② 전송에 실패한 패킷의 경우 재전송이 가능하다.
③ 패킷 단위로 헤더를 추가하므로 패킷별 오버헤드가 발생한다.
④ 실시간 전송이나 대량의 데이터 전송에 적합하다.

> 실시간 전송이나, 대량의 데이터 전송에 가장 적합한 것은 회선 교환 방식입니다.

25년 2월, 23년 7월, 22년 3월
2. LAN의 한 종류인 100Base-T 네트워크에서 사용되는 전송 매체는?
① Coaxial cable　　② Optical cable
③ UTP cable　　　④ Microwave cable

> 100Base-T는 이더넷의 고속 버전으로, UTP 케이블을 이용해 100Mbps의 속도로 데이터를 전송합니다.

25년 2월, 23년 2월, 22년 3월
3. IPv6에 대한 설명으로 틀린 것은?
① IPv6 주소는 128비트로 구성된다.
② 인증 및 보안 기능을 포함하고 있다.
③ 브로드캐스트, 유니캐스트, 멀티캐스트로 구성된다.
④ IPv6 확장 헤더를 통해 네트워크 기능 확장이 용이하다.

> IPv6의 주소 체계는 유니캐스트, 멀티캐스트, 애니캐스트입니다.

23년 5월
4. 다음 중 LAN의 네트워크 토폴로지(Topology) 형태가 아닌 것은?
① Ring　　　　　② Star
③ Bus　　　　　④ Square

> Square는 LAN의 네트워크 토폴로지가 아닙니다.

24년 2월
5. IPv6의 특징으로 틀린 것은?
① IPv6 주소의 길이는 256비트이다.
② 암호화와 인증 옵션 기능을 제공한다.
③ 프로토콜의 확장을 허용하도록 설계되었다.
④ 흐름 레이블(Flow Label)이라는 항목이 추가되었다.

> IPv6 주소의 길이는 128비트입니다.

25년 8월, 23년 5월
6. 다음 중 IPv6에 대한 설명으로 옳지 않은 것은?
① IPv4의 주소 부족 문제를 해결하기 위해 개발되었다.
② 주소를 32비트로 나눠서 8진수로 표시하고 마침표로 구분한다.
③ 인증성, 기밀성, 데이터 무결성의 지원으로 보안 문제를 해결할 수 있다.
④ 실시간 흐름 제어로 향상된 멀티미디어 기능을 지원한다.

> IPv6는 16비트씩 8부분, 총 128비트로 구성되며, 각 부분을 16진수로 표현하고, 콜론(:)으로 구분합니다.

25년 8월, 24년 5월, 23년 2월
7. IPv4의 B 클래스에 해당하는 기본 서브넷 마스크는?
① 255.0.0.0　　　② 255.255.0.0
③ 255.255.255.0　④ 255.255.255.255

> IPv4의 B 클래스에 해당하는 기본 서브넷 마스크 255.255.0.0입니다.

23년 2월
8. 패킷 교환 방식에 관한 설명으로 적합하지 않은 것은?
① 가상회선 방식과 데이터그램 방식이 있다.
② 아날로그 데이터 전송에 최적화되어 있다.
③ 속도, 프로토콜 및 코드 변환이 가능하다.
④ 장애 발생 시 대체 경로 선택이 가능하다.

> 패킷 교환 방식은 디지털 전송에 최적화되어 있습니다.

24년 7월
9. 통신망 간의 접속장치 중 OSI 7계층의 네트워크 계층까지를 담당하면서 통신망의 경로 선택 등을 전담하는 장치는?
① 리피터(Repeater)　② 브리지(Bridge)
③ 라우터(Router)　　④ 모뎀(Modem)

> 라우터(Router)는 네트워크 계층의 장비로, 동종의 LAN과 LAN의 연결 및 경로 선택을 담당합니다.

▶ 정답 : 1.④　2.③　3.③　4.④　5.①　6.②　7.②　8.②　9.③

1장 핵심요약

001 운영체제의 개념

❶ 운영체제의 성능 평가 기준
- 처리 능력(Throughput) : 일정 시간 내에 시스템이 처리하는 일의 양
- 사용 가능도(Availability) : 시스템의 자원을 사용할 필요가 있을 때 즉시 사용 가능한 정도
- 신뢰도(Reliability) : 시스템이 주어진 문제를 정확하게 해결하는 정도
- 반환 시간(Turn Around Time) : 시스템에 작업을 의뢰한 시간부터 처리가 완료될 때까지 걸린 시간

❷ 운영체제 운용 기법
- 일괄 처리(Batch Processing) 시스템 : 초기의 컴퓨터 시스템에서 사용된 형태로, 일정량 또는 일정 기간 동안 데이터를 모아서 한꺼번에 처리하는 방식
- 실시간 처리(Real Time Processing) 시스템 : 데이터 발생 즉시, 또는 데이터 처리 요구가 있는 즉시 처리하여 결과를 산출하는 방식
- 다중 프로그래밍(Multi-Programming) 시스템 : 하나의 CPU와 주기억장치를 이용하여 여러 개의 프로그램을 동시에 처리하는 방식
- 다중 처리(Multi-Processing) 시스템 : 여러 개의 CPU와 하나의 주기억장치를 이용하여 여러 개의 프로그램을 동시에 처리하는 방식
- 시분할(Time Sharing) 시스템 : 여러 명의 사용자가 사용하는 시스템에서 컴퓨터가 사용자들의 프로그램을 번갈아가며 처리해 줌으로써 각 사용자에게 독립된 컴퓨터를 사용하는 느낌을 주는 것으로, 라운드 로빈(Round Robin) 방식이라고도 함

❸ 운영체제 운용 기법의 발달 과정 23.2, 22.4

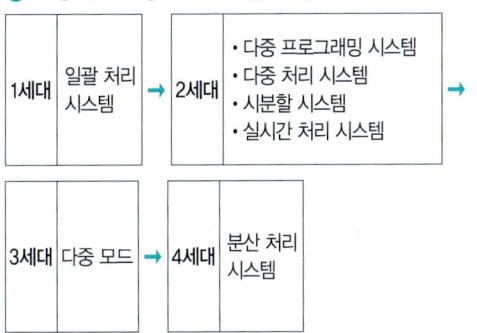

002 프로세스 관리

❶ 프로세스의 여러 가지 정의 25.5, 24.2, 23.5, 22.4, 22.3
- 실행중인 프로그램
- PCB를 가진 프로그램
- 실기억장치(주기억장치)에 저장된 프로그램
- 프로세서가 할당되는 실체
- 프로시저가 활동중인 것
- 비동기적 행위를 일으키는 주체
- 지정된 결과를 얻기 위한 일련의 계통적 동작
- 목적 또는 결과에 따라 발생되는 사건들의 과정
- 운영체제가 관리하는 최소 실행 단위
- 프로세서 제어 블록의 존재로서 명시되는 것

❷ 프로세스 상태 전이 25.8, 22.7
- 제출(Submit) : 작업을 처리하기 위해 사용자가 작업을 시스템에 제출한 상태
- 접수(Hold) : 제출된 작업이 스풀 공간인 디스크의 할당 위치에 저장된 상태
- 준비(Ready) : 프로세스가 프로세서를 할당받기 위해 기다리고 있는 상태
- 실행(Run) : 준비상태 큐에 있는 프로세스가 프로세서를 할당받아 실행되는 상태
- 대기(Wait), 보류, 블록(Block) : 프로세스에 입·출력 처리가 필요하면 현재 실행 중인 프로세스가 중단되고, 입·출력 처리가 완료될 때까지 대기하고 있는 상태
- 종료(Terminated, Exit) : 프로세서의 실행이 끝나고 프로세스 할당이 해제된 상태

003 스케줄링

❶ 비선점(Non-preemptive) 스케줄링 24.7, 23.7
- 이미 할당된 CPU를 다른 프로세스가 강제로 빼앗아 사용할 수 없는 스케줄링 기법이다.
- 종류 : FCFS(FIFO), SJF, 우선순위, HRN, 기한부 등

1장 핵심요약

❷ 비선점 스케줄링 - FCFS(FIFO) [25.2, 22.7, 22.3]

준비상태 큐에 도착한 순서에 따라 차례로 CPU를 할당하는 기법이다.

예) FCFS 스케줄링 방법에 의해 다음 표의 작업들을 실행시킬 때 평균 실행 시간, 평균 대기 시간, 평균 반환 시간을 구하시오.

프로세서 번호	P1	P2	P3
실행 시간	20	4	6

진행시간 0 ─ 10 ─ 20 ─ 30

- P1: 0 도착 실행 시작 ─ 20 실행 ─ 20 완료
- P2: 0 도착 ─ 20 대기 ─ 20 실행 시작 ─ 4 실행 ─ 24 완료
- P3: 0 도착 ─ 24 대기 ─ 24 실행 시작 ─ 6 실행 ─ 30 완료

- 평균 실행 시간 : (20+4+6)/3 = 10
- 평균 대기 기간 : (0+20+24)/3 = 14.6
- 평균 반환 시간 : (20+24+30)/3 = 24.6

❸ 비선점 스케줄링 - SJF [25.5, 22.4]

실행 시간이 가장 짧은 프로세스에 먼저 CPU를 할당하는 기법이다.

예) SJF 스케줄링 방법에 의해 다음 표의 작업들을 실행시킬 때 평균 실행 시간, 평균 대기 시간, 평균 반환 시간을 구하시오.

프로세서 번호	P1	P2	P3
실행 시간	20	7	4
도착 시간	0	1	2

진행시간 0 ─ 10 ─ 20 ─ 30

- P1: 0 도착 실행 시작 ─ 20 실행 ─ 20 완료
- P3: 2 도착 ─ 18 대기 ─ 20 실행 시작 ─ 4 실행 ─ 24 완료
- P2: 도착 ─ 23 대기 ─ 24 실행 시작 ─ 7 실행 ─ 31 완료

- 평균 실행 시간 : (20+4+7)/3 = 10.3
- 평균 대기 기간 : (0+18+23)/3 = 13.6
- 평균 반환 시간 : (20+22+30)/3 = 24

❹ HRN(Highest Response-ratio Next) [24.2, 23.7]

- 실행 시간이 긴 프로세스에 불리한 SJF 기법을 보완하기 위한 것으로, 대기 시간과 서비스(실행) 시간을 이용하는 기법이다.
- 우선순위 계산식

$$\text{우선순위 계산식} = \frac{\text{대기 시간} + \text{서비스(실행) 시간}}{\text{서비스(실행) 시간}}$$

❺ RR(Round Robin) [25.2, 24.2, 23.2]

- 시분할 시스템(Time Sharing System)을 위해 고안된 방식으로, FCFS 알고리즘을 선점(Preemptive) 형태로 변형한 기법이다.
- 할당되는 시간이 클 경우 FCFS 기법과 같아지고, 할당되는 시간이 작을 경우 문맥 교환 및 오버헤드가 자주 발생된다.

문제1 HRN(Highest Response-ratio Next) 방식으로 스케줄링할 경우, 입력된 작업이 다음과 같을 때 우선순위가 빠른 작업에서 낮은 작업 순으로 쓰시오.

작업	대기 시간	서비스 시간
A	5	5
B	10	6
C	15	7
D	20	8

답 :

해설
- A 작업 : (5 + 5) / 5 = 2
- B 작업 : (10 + 6) / 6 = 2.6
- C 작업 : (15 + 7) / 7 = 3.1
- D 작업은 (20 + 8) / 8 = 3.5

※ 계산된 값이 클수록 우선순위가 높습니다.

문제2 스케줄링 하고자 하는 세 작업의 도착 시간과 실행 시간은 다음 표와 같다. 이 작업을 SJF로 스케줄링 하였을 때, 작업 2의 종료 시간을 쓰시오. (단, 여기서 오버헤드는 무시한다.)

작업	도착 시간	실행 시간
1	0	6
2	1	3
3	2	4

답 :

해설

SJF 스케줄링은 실행 시간이 가장 짧은 프로세스에게 먼저 CPU를 할당하는 기법입니다. 처음에 도착한 작업 1이 먼저 실행된 후 그 다음에 도착한 작업중 실행 시간이 짧은 작업을 먼저 실행하게 됩니다. 작업 1의 실행(6)을 마친 후 작업 2가 실행(3)되므로 작업 2의 종료 시간은 9가 됩니다.

진행 시간	0			10		15
작업 1	0 도착 실행 시작	←6→ 실행	6 완료			
작업 2		1 도착	←5→ 대기	6 실행 시작	←3→ 실행	9 완료
작업 3		2 도착		←7→ 대기	9 실행 시작	←4→ 실행 13 완료

004 병행 프로세스와 상호 배제

① 세마포어(Semaphore) 25.5, 23.5, 23.2

- '신호기', '깃발'을 뜻하며, 각 프로세스에 제어 신호를 전달하여 순서대로 작업을 수행하도록 하는 기법이다.
- 세마포어는 다익스트라(E. J. Dijkstra)가 제안하였으며, P와 V라는 두 개의 연산에 의해서 동기화를 유지시키고 상호 배제의 원리를 보장한다.
- S는 P와 V 연산으로만 접근 가능한 세마포어 변수로, 공유 자원의 개수를 나타내며 0과 1 혹은 0과 양의 값을 가질 수 있다.
- 세마포어에 대한 연산은 처리중에 인터럽트되어서는 안 된다.

② 교착 상태의 필요 충분 조건 23.7, 22.4

- **상호 배제(Mutual Exclusion)** : 한 번에 한 개의 프로세스만이 공유 자원을 사용할 수 있어야 함
- **점유와 대기(Hold & Wait)** : 최소한 하나의 자원을 점유하고 있으면서 다른 프로세스에 할당되어 사용되고 있는 자원을 추가로 점유하기 위해 대기하는 프로세스가 있어야 함
- **비선점(Non-preemptive)** : 다른 프로세스에 할당된 자원은 사용이 끝날 때까지 강제로 빼앗을 수 없어야 함
- **환형 대기(Circular Wait)** : 공유 자원과 공유 자원을 사용하기 위해 대기하는 프로세스들이 원형으로 구성되어 있어 자신에게 할당된 자원을 점유하면서 앞이나 뒤에 있는 프로세스의 자원을 요구해야 함

③ 교착 상태의 해결 방법 - 회피 기법(Avoidance) 24.5

- 교착상태가 발생할 가능성을 배제하지 않고 교착상태가 발생하면 적절히 피해나가는 방법이다.
- 주로 은행원 알고리즘(Banker's Algorithm)이 사용된다.

005 기억장치 관리

① 배치(Placement) 전략 25.8, 23.5, 23.2

새로 반입되는 프로그램이나 데이터를 주기억장치의 어디에 위치시킬 것인지를 결정하는 전략이다.

예제 주기억장치 상태가 다음 표와 같다. 기억장치 관리 전략으로 First Fit, Best Fit, Worst Fit 방법을 사용하려 할 때, 각 방법에 대하여 10K의 프로그램이 할당받게 되는 영역의 번호는?

영역 번호	영역 크기	상태
1	5K	공백
2	14K	공백
3	10K	사용 중
4	12K	공백
5	16K	공백

❶ 먼저 10K가 적재될 수 있는지 각 영역의 크기를 확인한다.
❷ First Fit : 빈 영역 중에서 10K의 프로그램이 들어갈 수 있는 첫 번째 영역은 2번이다.
❸ Best Fit : 10K 프로그램이 들어가고 단편화를 가장 작게 남기는 영역은 4번이다.

정답 1. D, C, B, A 2. 9

1장 핵심요약

④ Worst Fit : 10K 프로그램이 들어가고 단편화를 가장 많이 남기는 영역은 5번이다.

❷ 가상 기억장치(Virtual Memory) 22.7
- 보조기억장치(하드디스크)의 일부를 주기억장치처럼 사용하는 것이다.
- 주기억장치의 용량보다 큰 프로그램을 실행하기 위해 사용한다.
- 주기억장치의 이용률과 다중 프로그래밍의 효율을 높일 수 있다.

❸ 워킹 셋/구역성 24.7, 24.2
- 워킹 셋(Working Set) : 프로세스가 일정 시간 동안 자주 참조하는 페이지들의 집합을 의미함
- 구역성(Locality) : 프로세스가 실행되는 동안 주기억장치를 참조할 때 일부 페이지만 집중적으로 참조하는 성질이 있다는 이론

❹ 페이징 기법 22.7
- 가상 기억장치에 보관되어 있는 프로그램과 주기억장치의 영역을 동일한 크기로 나눈 후 나눠진 프로그램(페이지)을 동일하게 나눠진 주기억장치의 영역에 적재시켜 실행하는 기법이다.
- 프로그램을 일정한 크기로 나눈 단위를 페이지(Page)라고 한다.
- 주소 변환을 위해서 페이지의 위치 정보를 가지고 있는 페이지 맵 테이블(Page Map Table)이 필요하다.

❺ 세그먼테이션 기법 22.7
- 가상 기억장치에 보관되어 있는 프로그램을 다양한 크기의 논리적인 단위로 나눈 후 주기억장치에 적재시켜 실행시키는 기법이다.
- 주소 변환을 위해서 세그먼트가 존재하는 위치 정보를 가지고 있는 세그먼트 맵 테이블(Segment Map Table)이 필요하다.

❻ 페이지 교체 알고리즘 - FIFO 23.7
- 각 페이지가 주기억장치에 적재될 때마다 그때의 시간을 기억시켜 가장 먼저 들어와서 가장 오래 있었던 페이지를 교체하는 기법이다.
- 벨레이디의 모순(Belady's Anomaly) 현상이 발생한다.

예 다음의 참조 페이지를 세 개의 페이지 프레임을 가진 기억장치에서 FIFO 알고리즘을 사용하여 교체했을 때 페이지 부재의 수는? (단, 초기 페이지 프레임은 모두 비어 있는 상태이다.)

참조 페이지	2	3	2	1	5	2	3	5
페이지 프레임	2	2	2	2	5	5	5	5
		3	3	3	3	2	2	2
				1	1	1	3	3
부재 발생	●	●		●	●	●	●	

부재 수 = 6

❶ 참조 페이지를 각 페이지 프레임에 차례로 적재시키되 이미 적재된 페이지는 해당 위치의 페이지 프레임을 사용한다.

❷ 사용할 페이지 프레임이 없을 경우 가장 먼저 들어와서 오래 있었던 페이지 2를 제거한 후 5를 적재한다.

❸ 그 다음에 적재된 페이지 3을 제거한 후 2를 적재하며, 같은 방법으로 나머지 참조 페이지를 수행한다.

문제1 150K의 작업요구 시 First Fit과 Best Fit 전략을 각각 적용할 경우, 할당 영역을 쓰시오.

할당영역	운영체제
1	50k
	사용중
2	400k
	사용중
3	200k

답 :

① First Fit :

② Best Fit :

해설
150K 작업을 최초 적합(First Fit)으로 할당할 경우 400K 공백에, 최적 적합(Best Fit)으로 할당할 경우 200K 공백에, 최악 적합(Worst Fit)으로 할당할 경우 400K 공백에 할당됩니다.

문제2 3개의 페이지 프레임을 갖는 시스템에서 페이지 참조 순서가 1, 2, 1, 0, 4, 1, 3 일 경우 FIFO 알고리즘에 의한 페이지 교체의 경우 프레임의 최종 상태를 쓰시오.

답 :

해설

3개의 페이지를 수용할 수 있는 주기억장치이므로 아래 그림과 같이 3개의 페이지 프레임으로 표현할 수 있습니다.

참조 페이지	1	2	1	0	4	3
페이지 프레임	1	1	1	1	4	4
		2	2	2	2	1
				0	0	3
부재 발생	●	●		●	●	●

※ ● : 페이지 부재 발생

참조 페이지가 페이지 테이블에 없을 경우 페이지 결함(부재)이 발생됩니다. 초기에는 모든 페이지가 비어 있으므로 처음 1, 2, 0 페이지 적재 시 페이지 결함이 발생됩니다. FIFO(선입선출) 기법은 가장 먼저 들어와 있었던 페이지를 교체하는 기법이므로 참조 페이지 4를 참조할 때에는 1을 제거한 후 4를 가져오게 됩니다. 이러한 과정으로 모든 페이지에 대한 요구를 처리하고 나면 총 페이지 결함 발생 횟수는 6회이고 마지막 프레임의 최종 상태는 4, 1, 3입니다.

006 디스크 스케줄링

① 주요 디스크 스케줄링 25.2, 24.7, 24.2, 23.5, 23.2, 22.7, 22.3

예 초기 헤드 위치가 53번 트랙이고, 디스크 대기 큐에 다음과 같은 순서의 액세스 요청이 대기 중일 때 디스크 스케줄링별 헤드의 이동 순서와 총 이동 거리를 구하시오.

> 디스크 대기 큐 : 98, 183, 37, 122, 14, 124, 65, 67

FCFS
- 가장 간단한 스케줄링으로, 디스크 대기 큐에 가장 먼저 들어온 트랙에 대한 요청을 먼저 서비스하는 기법이다.
- 이동 순서 : 53 → 98 → 183 → 37 → 122 → 14 → 124 → 65 → 67
- 총 이동 거리 : 45+85+146+85+108+110+59+2 = 640

SSTF
- 탐색 거리가 가장 짧은 트랙에 대한 요청을 먼저 서비스하는 기법이다.
- 이동 순서 : 53 → 65 → 67 → 37 → 14 → 98 → 122 → 124 → 183
- 총 이동 거리 : 12+2+30+23+84+24+2+59 = 236

문제 3 다음과 같이 트랙이 요청되어 큐에 순서적으로 도착하였다. 모든 트랙을 서비스하기 위하여 디스크 스케줄링 기법 중 FCFS 스케줄링 기법이 사용되었을 경우, 트랙 10은 요청된 트랙 중 몇 번째에 서비스를 받게 되는지 쓰시오. (단, 현재 헤드의 위치는 트랙 22이다.)

> 큐에 도착한 요청 트랙의 순서 : 10, 40, 55, 35, 9, 22

답 :

해설

FCFS 스케줄링 기법은 준비상태 큐에 도착한 순서에 따라 차례로 CPU를 할당하는 기법이므로 이동 순서는 '22 → 10 → 40 → 55 → 35 → 9 → 22' 순이며, 트랙10은 첫 번째로 서비스를 받게 됩니다.

문제 4 다음과 같은 트랙이 요청되어 큐에 도착하였다. 모든 트랙을 서비스 하기 위하여 SSTF 스케줄링 기법이 사용 되었을 때 모두 몇 트랙의 헤드 이동이 생기는지 쓰시오. (단, 현재 헤드의 위치는 50트랙이다.)

> 요청 트랙 : 10, 40, 55, 35

답 :

해설

SSTF 스케줄링 기법은 탐색 거리가 가장 짧은 트랙에 대한 요청을 먼저 서비스하는 기법이므로 이동 순서는 '50 → 55 → 40 → 35 → 10'이고, 총 이동 거리는 '5 + 15 + 5 + 25 = 50'입니다.

007 정보 관리

① 순차 파일 25.2

- 레코드를 논리적인 처리 순서에 따라 연속된 물리적 저장공간에 기록하는 것을 의미한다.
- 급여 업무처럼 전체 자료를 처리 대상으로 일괄 처리하는 업무에 사용된다.
- 기록 밀도가 높아 기억공간을 효율적으로 사용할 수 있다.
- 레코드가 키 순서대로 편성되어 취급이 용이하다.
- 파일에 레코드를 삽입·삭제·수정하는 경우 파일 재구성을 위해 전체를 복사해야 하므로 시간이 많이 소요된다.

정답 1. ① 2 ② 3 2. 4, 1, 3 3. 첫 번째 4. 50

1장 핵심요약

❷ 직접 파일(Direct File) 22.7
- 파일을 구성하는 레코드를 임의의 물리적 저장공간에 기록하는 것이다.
- 레코드에 특정 기준으로 키가 할당되며, 해싱 함수(Hashing Function)를 이용하여 이 키에 대한 보조기억장치의 물리적 상대주소를 계산한 후 해당하는 주소에 레코드를 저장한다.

❸ 색인 순차 파일 - 색인 영역 24.7
- 기본 영역에 있는 레코드들의 위치를 찾아가는 색인이 기록되는 영역이다.
- 분류 : 트랙(Track), 실린더(Cylinder), 마스터(Master) 색인 영역

❹ 디렉터리 구조 25.5, 25.2, 22.4, 22.3
- 1단계 디렉터리 : 가장 간단하고, 모든 파일이 하나의 디렉터리 내에 위치하여 관리되는 구조
- 2단계 디렉터리 : 중앙에 마스터 파일 디렉터리가 있고, 그 아래로 사용자별로 서로 다른 파일 디렉터리가 있는 2계층 구조
- 트리 디렉터리 : 하나의 루트 디렉터리와 여러 개의 종속(서브) 디렉터리로 구성된 구조
- 비순환 그래프 디렉터리 : 하위 파일이나 하위 디렉터리를 공동으로 사용할 수 있는 것으로, 사이클이 허용되지 않는 구조
- 일반적인 그래프 디렉터리 : 트리 구조에 링크(Link)를 첨가시켜 순환을 허용하는 그래프 구조

❺ 자원 보호 기법 25.2, 22.4
- 접근 제어 행렬(Access Control Matrix)
  - 자원 보호의 일반적인 모델로, 객체에 대한 접근 권한을 행렬로써 표시한 기법이다.
  - 행(Row)은 영역(사용자, 프로세스), 열(Column)은 객체, 각 항은 접근 권한의 집합으로 구성된다.
- 접근 제어 리스트(Access Control List) : 접근 제어 행렬에 있는 각 열, 즉 객체를 중심으로 접근 리스트를 구성한 기법
- 권한(자격) 리스트(Capability List) : 접근 제어 행렬에 있는 각 행, 즉 영역을 중심으로 권한 리스트를 구성한 기법

008 분산 운영체제

❶ 주/종처리기
- 하나의 프로세서를 Master(주프로세서)로 지정하고, 나머지들은 Slave(종프로세서)로 지정하는 구조이다.
- 주프로세서가 고장나면 전체 시스템이 다운된다.
- 주프로세서만 입·출력을 수행하는 비대칭 구조이다.
- 주프로세서 : 입·출력과 연산 담당, 운영체제 수행
- 종프로세서 : 연산만 담당

❷ 분산 처리 시스템
- 약결합 시스템으로, 독립적인 처리 능력을 가진 컴퓨터 시스템을 통신망으로 연결한 시스템이다.
- 서로 다른 장소에 위치한 컴퓨터 시스템에 기능과 자원을 분산시켜 상호 협력할 수 있는 시스템이다.
- 시스템을 구성하는 소형 컴퓨터들의 자율성을 보장하므로 전체 시스템의 통합적 제어 기능이 필요하다.
- 목적 : 자원 공유, 연산 속도 향상, 신뢰도 향상, 컴퓨터 통신, 처리량 증가
- 장점 : 통신 용이, 장치 공유, 데이터 공유, 컴퓨터의 위치를 몰라도 자원 사용 가능, 시스템의 점진적 확장 가능 등
- 단점 : 중앙 집중형 시스템에 비해 소프트웨어의 개발이 어려움, 보안 문제 발생으로 보안 정책이 복잡함

❸ 위상에 따른 분류 - 성형(Star)형
- 모든 사이트가 하나의 중앙 사이트에 Point-to-Point 형태로 연결되어 있고, 그 외의 다른 사이트와는 연결되어 있지 않은 구조이다.
- 구조가 간단하고, 보수 및 관리가 용이하다.
- 중앙 사이트를 제외한 사이트의 고장이 다른 사이트에 영향을 미치지 않지만, 중앙 사이트가 고장날 경우 모든 통신이 단절된다.
- 사이트의 증가에 따라 통신 회선도 증가한다.

009 운영체제의 실제

❶ UNIX의 특징 24.7
- 시분할 시스템(Time Sharing System)을 위해 설계된 대화식 운영체제이다.
- 다중 사용자(Multi-User), 다중 작업(Multi-Tasking)을 지원한다.
- 트리 구조의 파일 시스템을 갖는다.
- 다양한 유틸리티 프로그램들이 존재한다.

❷ 커널(Kernel) 24.7, 23.7
- UNIX의 가장 핵심적인 부분으로, 주기억장치에 적재된 후 상주하면서 실행된다.
- 하드웨어를 보호하고, 프로그램들과 하드웨어 간의 인터페이스 역할을 담당한다.
- 프로세스 관리, 기억장치 관리, 파일 관리, 입·출력 관리, 프로세스 간 통신, 데이터 전송 및 변환 등 여러 가지 기능을 수행한다.

❸ 쉘(Shell) 23.7
- 사용자의 명령어를 인식하여 프로그램을 호출하고, 명령을 수행하는 명령어 해석기이다.
- 시스템과 사용자 간의 인터페이스를 담당한다.
- 주기억장치에 상주하지 않고, 명령어가 포함된 파일 형태로 존재하며 보조기억장치에서 교체 처리가 가능하다.
- 공용 쉘(Bourne Shell, C Shell, Korn Shell)이나 자신이 만든 쉘을 사용할 수 있다.

❹ UNIX의 주요 명령어 25.8, 23.7
- fork : 새로운 프로세스를 생성함
- & : 백그라운드 처리를 위해 명령의 끝에 입력함
- cat : 파일 내용을 화면에 표시함
- kill : 프로세스를 제거함
- chmod : 파일의 보호 모드를 설정하여 파일의 사용 허가를 지정함
- mkfs : 파일 시스템을 생성함
- ls : 현재 디렉터리 내의 파일 목록을 확인함
- ps : 현재 작업중인 프로세스의 상태 정보를 확인함

010 정보 통신의 기본

❶ 정보 통신 시스템의 기본 구성
- 데이터 전송계 : 단말장치, 데이터 전송회선(신호 변환장치, 통신회선), 통신 제어장치
- 데이터 처리계 : 컴퓨터(하드웨어, 소프트웨어)

❷ 모뎀(MODEM)
컴퓨터나 단말장치로부터 전송되는 디지털 데이터를 아날로그 회선에 적합한 아날로그 신호로 변환하는 변조(MOdulation) 과정과 그 반대의 복조(DEModulation) 과정을 수행한다.

❸ DSU(Digital Service Unit)
컴퓨터나 단말장치로부터 전송되는 디지털 데이터를 디지털 회선에 적합한 디지털 신호로 변환하는 과정과 그 반대의 과정을 수행한다.

❹ 코덱(CODEC)
아날로그 데이터를 디지털 통신 회선에 적합한 디지털 신호로 변환하는 변조 과정과 그 반대의 복조 과정을 수행한다.

❺ 주파수 분할 다중화기(FDM)
- 통신 회선의 주파수를 여러 개로 분할하여 여러 대의 단말장치가 동시에 사용할 수 있도록 한 것이다.
- 대역폭을 나누어 사용하는 각 채널들 간의 상호 간섭을 방지하기 위한 보호 대역(Guard Band)이 필요하다.
- 보호 대역(Guard Band) : 각각의 채널들이 겹치지 않도록 채널들 사이에 사용하지 않고 남겨두는 부분

❻ 시분할 다중화기(TDM)
- 통신 회선의 대역폭을 일정한 시간 폭(Time Slot)으로 나누어 여러 대의 단말장치가 동시에 사용할 수 있도록 한 것이다.
- 동기식 시분할 다중화기(STDM) : 모든 단말장치에 균등한 (고정된) 시간폭(Time Slot)을 제공함
- 비동기식 시분할 다중화기(ATDM) : 전송할 데이터가 있는 단말장치에만 시간폭(Time Slot)을 제공함

1장 핵심요약

011 정보 전송 기술

❶ 광섬유 케이블(Optical Fiber Cable)
- 유리를 원료로 하여 제작된 가느다란 광섬유를 여러가닥 묶어서 케이블의 형태로 만든 것이다.
- 데이터를 빛으로 바꾸어 빛의 반사(전반사) 원리를 이용하여 전송한다.
- 유선 매체 중 가장 빠른 속도와 높은 주파수 대역폭을 제공한다.
- 대용량, 장거리 전송이 가능하다.
- 도청이 어려워 보안성이 뛰어나다.
- 저손실성, 무유도, 무누화의 성질을 가진다.
- 코어(Core) : 빛이 전파되는 영역
- 클래드(Clad) : 코어보다 약간 낮은 굴절률을 가지므로 코어의 빛을 반사시켜 외부로 빠져나가지 못하게 하고, 코어를 외부의 압력으로부터 보호함

❷ 변조 속도
- 1초 동안 몇 개의 신호 변화가 있었는가를 나타내는 것이다(단위 : Baud).
- 1개의 신호가 변조되는 시간을 T초라고 할 때 변조 속도 baud = 1 / T이다.

❸ 신호 속도
- 1초 동안 전송 가능한 비트의 수이다(단위 : Bps(Bit/Sec)).
- 데이터 신호 속도(Bps) = 변조 속도(Baud) × 변조 시 상태 변화 수
- 변조 속도(Baud) = 데이터 신호 속도(Bps) / 변조 시 상태 변화 수

❹ 샤논의 정의

$$C = W \cdot \log_2(1 + \frac{S}{N})[bps]$$

C : 통신 용량, W : 대역폭, S : 신호 전력, N : 잡음 전력

❺ 통신 용량을 늘리는 방법
- 주파수 대역폭을 늘린다.
- 신호 세력을 높인다.
- 잡음 세력을 줄인다.

❻ 신호 변환 방식 – 디지털 변조
- 진폭 편이 변조(ASK) : 2진수 0과 1을 서로 다른 진폭의 신호로 변조
- 주파수 편이 변조(FSK) : 2진수 0과 1을 서로 다른 주파수로 변조
- 위상 편이 변조(PSK) : 2진수 0과 1을 서로 다른 위상을 갖는 신호로 변조
- 직교 진폭 변조(QAM) : 반송파의 진폭과 위상을 상호 변환하여 신호를 얻는 변조 방식

❼ 펄스 코드 변조 순서
송신 측(표본화 → 양자화 → 부호화) → 수신 측(복호화 → 여과화)

❽ 표본화(Sampling)
음성, 영상 등의 연속적인 신호 파형을 일정 시간 간격으로 검출하는 단계이다.

❾ 샤논(Nyquist Shanon)의 표본화 이론
- 어떤 신호 $f_{(t)}$가 의미를 지니는 최고 주파수보다 2배 이상의 주파수로 균일한 시간 간격 동안 채집된다면 이 채집된 데이터는 원래의 신호가 가진 모든 정보를 포함한다.
- 표본화 횟수 = 2배 × 최고 주파수
- 표본화 간격 = 1 / 표본화 횟수

012 전송 방식 / 전송 제어

❶ 통신 방식
- 단방향(Simplex) 통신 : 한쪽 방향으로만 전송이 가능한 방식(예 라디오, TV)
- 반이중(Half-Duplex) 통신 : 양방향 전송이 가능하지만 동시에 양쪽 방향에서 전송할 수 없는 방식(예 무전기, 모뎀을 이용한 데이터 통신)
- 전이중(Full-Duplex) 통신 : 동시에 양방향 전송이 가능한 방식(예 전화, 전용선을 이용한 데이터 통신)

❷ 비동기 전송 [22.7]

- 한 문자를 나타내는 부호(문자 코드) 앞뒤에 시작 비트(Start Bit)와 정지 비트(Stop Bit)를 붙여서 바이트(Byte)와 바이트(Byte)를 구별하여 전송하는 방식이다.
- 동기화가 단순하고, 가격이 저렴하다.
- 문자마다 시작과 정지를 알리기 위한 비트가 2~3비트씩 추가되므로, 전송 효율이 떨어진다.

❸ HDLC [24.2]

- 비트(Bit) 위주의 프로토콜로, 각 프레임에 데이터 흐름을 제어하고 오류를 보정할 수 있는 비트 열을 삽입하여 전송한다.
- 프레임 구조
  - 플래그(Flag) : 프레임의 시작과 끝을 나타내는 고유한 비트 패턴
  - 주소부(Address Field) : 송·수신국을 식별하기 위해 사용
  - 제어부(Control Field) : 프레임의 종류를 식별하기 위해 사용(정보 프레임, 감독 프레임, 비(무)번호 프레임)
  - 정보부(Information Field) : 실제 정보 메시지가 들어 있는 부분
  - FCS(프레임 검사 순서 필드) : 프레임 내용에 대한 오류 검출을 위해 사용되는 부분
- 데이터 전송 모드 : 표준(정규) 응답 모드(NRM), 비동기 응답 모드(ARM), 비동기 균형(평형) 모드(ABM)

❹ 자동 반복 요청(ARQ) [24.7]

- 정지-대기(Stop and Wait) ARQ : 송신 측에서 한 개의 블록을 전송한 후 수신측으로부터 응답을 기다리는 방식
- Go-Back-N ARQ : 오류가 발생한 블록 이후의 모든 블록을 재전송하는 방식
- 선택적 재전송(Selective Repeat) ARQ : 오류가 발생한 블록만을 재전송하는 방식
- 적응적(Adaptive) ARQ : 데이터 블록 길이를 채널의 상태에 따라 그때그때 동적으로 변경하는 방식

❺ 해밍 코드 [25.5, 25.2, 23.5]

수신 측에서 오류가 발생한 비트를 검출한 후 직접 수정하는 전진(순방향) 오류 수정 방식이다.

013 통신 프로토콜

❶ 통신 프로토콜 [25.5, 22.7]

서로 다른 기기들 간의 데이터 교환을 원활하게 수행할 수 있도록 표준화시켜 놓은 통신 규약이다.

❷ 통신 프로토콜의 기본 요소

- 구문(Syntax) : 전송하고자 하는 데이터의 형식, 부호화, 신호 레벨 등을 규정
- 의미(Semantics) : 두 기기 간의 효율적이고 정확한 정보 전송을 위한 협조 사항과 오류 관리를 위한 제어 정보를 규정
- 시간(Timing) : 두 기기 간의 통신 속도, 메시지의 순서 제어 등을 규정

❸ X.25 [23.7, 22.4]

- DTE와 DCE 간의 인터페이스를 제공하는 프로토콜이다.
- ITU-T에서 제정(1976년 승인)한 국제 표준 프로토콜이며, 우수한 호환성을 가진다.
- 물리 계층, 프레임(데이터 링크) 계층, 패킷 계층으로 구성된다.

❹ TCP/IP 계층 구조 [23.2, 22.7]

- 응용 계층 : 응용 프로그램 간의 데이터 송·수신 제공 (TELNET, FTP, SMTP, SNMP, E-Mail 등)
- 전송 계층 : 호스트들 간의 통신 제공(TCP, UDP)
- 인터넷 계층 : 데이터 전송을 위한 주소 지정, 경로 배정 제공(IP, ICMP, IGMP, ARP, RARP 등)
- 네트워크 액세스 계층 : 실제 데이터(프레임)를 송·수신 하는 역할(Ethernet, IEEE 802, HDLC, X.25, RS-232C 등)

❺ UDP(User Datagram Protocol) [23.5]

- 데이터 전송 전에 연결을 설정하지 않는 비연결형 서비스를 한다.
- 실시간 전송에 유리하며, 신뢰성보다는 속도가 중요시되는 네트워크에서 사용된다.

1장 핵심요약

014 OSI 참조 모델

❶ 데이터 링크 계층(Data Link Layer) 25.8, 24.7, 23.7
- 두 개의 인접한 개방 시스템들 간에 신뢰성 있고 효율적인 정보 전송을 할 수 있도록 시스템 간 연결 설정과 유지 및 종료를 담당한다.
- HDLC, LAPB, LLC, MAC, LAPD, PPP, BSC 등의 표준이 있다.

❷ 네트워크 계층(Network Layer, 망 계층) 25.5, 25.2, 24.7, 23.7, 22.7, 22.4
- 개방 시스템들 간의 네트워크 연결을 관리하는 기능과 데이터의 교환 및 중계 기능을 한다.
- 경로 설정(Routing), 데이터 교환 및 중계, 트래픽 제어, 패킷 정보 전송을 수행한다.
- X.25, IP, ICMP, IGMP 등의 표준이 있다.

❸ 전송 계층(Transport Layer) 22.3
- 논리적 안정과 균일한 데이터 전송 서비스를 제공함으로써 종단 시스템(End-to-End) 간에 투명한 데이터 전송을 가능하게 한다.
- 종단 시스템(End-to-End) 간의 전송 연결 설정, 데이터 전송, 연결 해제 기능을 한다.
- 주소 설정, 다중화(분할 및 재조립), 오류 제어, 흐름 제어를 수행한다.
- TCP, UDP 등의 표준이 있다.

❹ 표현 계층(Presentation Layer) 23.5
- 응용 계층으로부터 받은 데이터를 세션 계층에 보내기 전에 통신에 적당한 형태로 변환하고, 세션 계층에서 받은 데이터는 응용 계층에 맞게 변환하는 기능을 한다.
- 코드 변환, 데이터 암호화, 데이터 압축, 구문 검색, 정보 형식(포맷) 변환, 문맥 관리 기능을 한다.

❺ 응용 계층(Application Layer) 24.2
- 사용자가 OSI 환경에 접근할 수 있도록 서비스를 제공한다.
- TELNET, FTP, SMTP, SNMP, HTTP 등의 표준이 있다.

015 경로 제어 프로토콜

❶ 경로 제어(Routing) 프로토콜의 개요 25.5, 25.2, 23.2, 22.4, 22.3
- 효율적인 경로 제어를 위해 네트워크 정보를 생성, 교환, 제어하는 프로토콜을 총칭한다.
- 대표적인 라우팅 프로토콜에는 RIP, OSPF, EGP, BGP, EIGRP가 있다.
  - 거리 벡터 방식 : RIP, EIGRP, BGP 등
  - 링크 상태 방식 : OSPF

016 정보 통신망 기술

❶ 패킷 교환 방식 25.5, 23.2, 22.4
- 메시지를 일정한 길이의 패킷으로 잘라서 전송하는 방식이다.
- 대량의 데이터 전송 시 전송 지연이 많아진다.
- 전송 시 교환기, 회선 등에 장애가 발생하여도 다른 정상적인 경로를 선택하여 우회할 수 있다.

❷ 가상 회선 방식
단말기 상호간에 논리적인 가상 통신 회선을 미리 설정하여 송신지와 수신지 사이의 연결을 확립한 후에 설정된 경로를 따라 패킷들을 순서적으로 운반하는 방식으로, 패킷의 송·수신 순서가 같다.

❸ 데이터그램 방식
연결 경로를 설정하지 않고 인접한 노드들의 트래픽(전송량) 상황을 감안하여 각각의 패킷들을 순서에 상관없이 독립적으로 운반하는 방식으로, 패킷의 송·수신 순서가 다를 수 있다.

❹ LAN(근거리 통신망, Local Area Network) 23.5
- 광대역 통신망과는 달리 학교, 회사, 연구소 등 한 건물이나 일정 지역 내에서 컴퓨터나 단말장치들을 고속 전송 회선으로 연결하여 프로그램 파일 또는 주변장치를 공유할 수 있도록 한 네트워크 형태이다.
- 망의 구성 형태 : 스타형, 버스형, 링형, 트리형, 망형

❺ 고속 이더넷 [25.2, 23.7, 22.3]

- 100 BASE T라고도 불리는 이더넷의 고속 버전이다.
- CSMA/CD를 사용하며, UTP(Unshielded Twisted Pair) 케이블을 이용해 100Mbps의 속도로 전송한다.

❻ 네트워크 관련 장비 [24.7]

- 허브(Hub) : 한 사무실이나 가까운 거리의 컴퓨터들을 연결하는 장치로, 각 회선을 통합적으로 관리하며 신호 증폭 기능을 하는 리피터의 역할도 함
- 리피터(Repeater) : 물리 계층의 장비로, 전송되는 신호를 재생해줌
- 브리지(Bridge) : 데이터 링크 계층의 장비로, LAN과 LAN을 연결하거나 LAN 안에서의 컴퓨터 그룹을 연결함
- 라우터(Router) : 네트워크 계층의 장비로, 동종의 LAN과 LAN의 연결 및 경로 선택, 서로 다른 LAN이나 LAN과 WAN을 연결함
- 게이트웨이(Gateway) : 프로토콜 구조가 전혀 다른 네트워크(망)의 연결을 수행하는 장비로, 세션 계층, 표현 계층, 응용 계층 간을 연결하여 데이터 형식 변환, 주소 변환, 프로토콜 변환 등을 수행함

❼ IP 주소 [25.2, 24.5, 23.2]

- IP 주소(Internet Protocol Address)는 인터넷에 연결된 모든 컴퓨터의 자원을 구분하기 위한 고유한 주소이다.
- 숫자로 8비트씩 4부분, 총 32비트로 구성되어 있다.
- IP 주소의 클래스별 서브넷 마스크는 다음과 같다.
  - A 클래스 : 255.0.0.0
  - B 클래스 : 255.255.0.0
  - C 클래스 : 255.255.255.0

❽ IPv6 주소 [25.8, 24.2, 23.7, 23.5, 22.3]

- 16비트씩 8부분, 총 128비트의 긴 주소를 사용하여 주소 부족 문제를 해결할 수 있다.
- 인증성, 기밀성, 데이터 무결성의 지원으로 보안 문제를 해결할 수 있다.
- 주소의 확장성, 융통성, 연동성이 뛰어나다.
- 실시간 흐름 제어로 향상된 멀티미디어 기능을 지원한다.
- IPv6 주소의 구성
  - 유니캐스트 : 단일 송신자와 단일 수신자 간의 통신(1 대 1 통신에 사용)
  - 멀티캐스트 : 단일 송신자와 다중 수신자 간의 통신(1 대 다 통신에 사용)
  - 애니캐스트 : 단일 송신자와 가장 가까이 있는 단일 수신자 간의 통신(1 대 1 통신에 사용)

❾ 서브네팅(Subnetting) [24.7]

- 할당된 네트워크 주소를 다시 여러 개의 작은 네트워크로 나누어 사용하는 것을 말한다.
- 4바이트의 IP 주소 중 네트워크 주소와 호스트 주소를 구분하기 위한 비트를 서브넷 마스크(Subnet Mask)라고 하며, 이를 변경하여 네트워크 주소를 여러 개로 분할하여 사용한다.

시나공 동영상 강좌

언제 어디서든
P L A Y
나만의 강의실

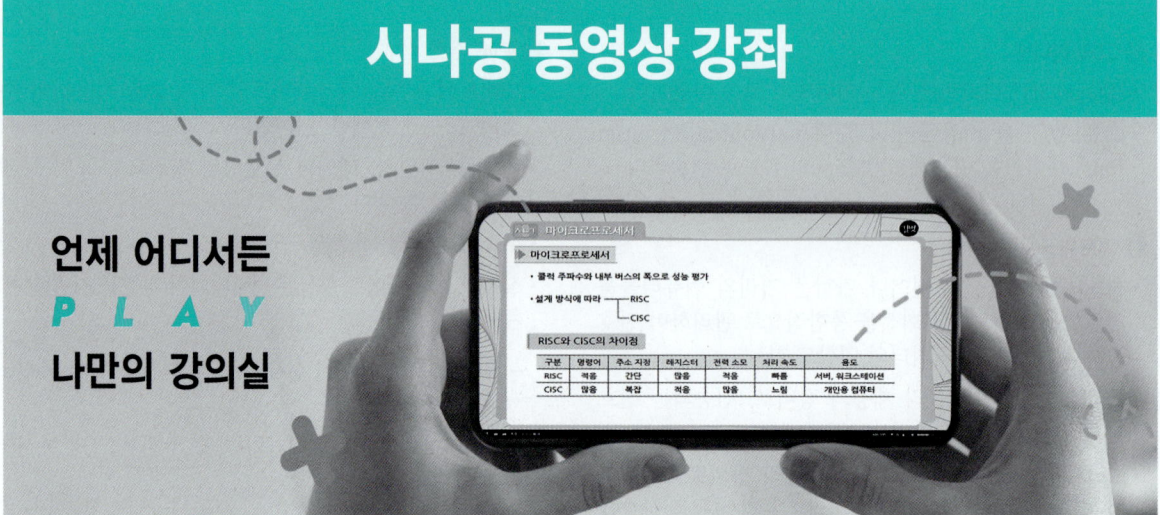

▶ 동영상 강좌 특징

선택 수강	기기 무제한	장소 불문	평균 10분
섹션별 강의 구성으로 듣고 싶은 강의만 빠르게 골라서 이용	PC와 모바일 기기의 기종, 개수에 제약 없이 편하게 수강	교재가 없어도 인터넷만 연결된다면 그곳이 내 강의실!	멀티태스킹이 가능한 세대를 위해 강의 시간은 평균 10분

▶ 강좌 종류

강좌	수강일 및 가격
정보처리기사 필기	150일 수강 | 65,000원
정보처리기사 실기: SPEED UP 특강	150일 수강 | 40,000원
정보처리산업기사 필기	150일 수강 | 65,000원
정보처리산업기사 실기: SPEED UP 특강	150일 수강 | 40,000원

시험 적중률,
가격과 수강일 모두
시나공이
이상적·합리적

※ 가격은 변동될 수 있으니, 사이트에서 확인하세요.

▶ 이용 방법

1. 길벗 동영상강좌(e-learning.gilbut.co.kr)에 접속하여 로그인 하세요.
2. 상단 메뉴 중 **[IT자격증]**을 클릭하세요.
3. 원하는 종목의 강좌를 선택하고 **[수강 신청하기]**를 클릭하세요.
4. 우측 상단의 **[마이 길벗]** → **[나의 동영상 강좌]**로 이동하여 강좌를 수강하세요.

※ 동영상 강좌 이용 문의 : 독자지원 (02-332-0931) 또는 이메일 (content@gilbut.co.kr)

2장 애플리케이션 설계

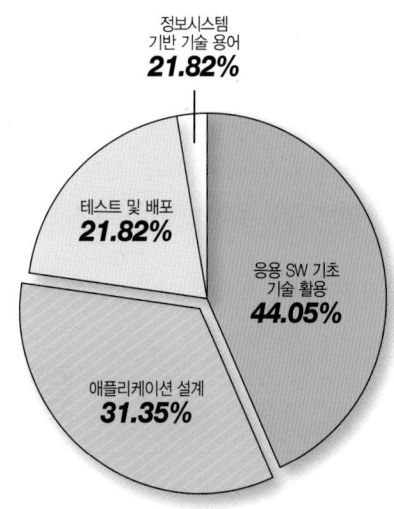

017 소프트웨어 생명 주기 ⓒ등급
018 소프트웨어 개발 방법론 Ⓑ등급
019 스크럼(Scrum) 기법 ⓒ등급
020 XP(eXtreme Programming) 기법 ⓒ등급
021 요구사항 정의 ⓒ등급
022 요구사항 분석 Ⓑ등급
023 요구사항 분석 CASE와 HIPO ⓒ등급
024 UML(Unified Modeling Language) Ⓐ등급
025 주요 UML 다이어그램 Ⓑ등급
026 소프트웨어 아키텍처 Ⓐ등급
027 아키텍처 패턴 Ⓐ등급
028 객체지향(Object-Oriented) Ⓐ등급
029 객체지향 분석 및 설계 Ⓑ등급
030 디자인 패턴 Ⓐ등급

꼭 알아야 할 키워드   Best 10

1. XP(eXtreme Programming)   2. UML   3. UML 다이어그램   4. 자료 흐름도   5. 관계   6. 소프트웨어 아키텍처 뷰   7. 럼바우의 분석 기법
8. 클래스   9. 캡슐화   10. 디자인 패턴

SECTION 017

소프트웨어 생명 주기

 전문가의 조언

일반적으로 소프트웨어는 요구사항을 분석해서 설계하고 그에 맞게 개발한 후 소프트웨어의 품질이 항상 최상의 상태를 유지할 수 있도록 관리하는데, 이러한 과정을 단계로 나눈 것을 소프트웨어 생명 주기라고 합니다. 소프트웨어 생명 주기의 의미를 기억해 두세요.

소프트웨어 개발 방법론

소프트웨어 개발 방법론은 소프트웨어 개발과 유지보수 등에 필요한 여러 가지 작업들의 수행 방법과 이러한 작업들을 좀 더 효율적으로 수행하기 위해 필요한 각종 기법 및 도구를 체계적으로 정리하여 표준화한 것입니다.

 전문가의 조언

소프트웨어 공학은 소프트웨어의 품질과 생산성을 향상시키는 것이 목적이라는 것을 중심으로 특징을 정리해 두세요.

1 소프트웨어 생명 주기(Software Life Cycle)

소프트웨어 생명 주기는 소프트웨어 개발 방법론*의 바탕이 되는 것으로, 소프트웨어를 개발하기 위해 정의하고 운용, 유지보수 등의 과정을 각 단계별로 나눈 것이다.

- 소프트웨어 생명 주기는 소프트웨어 개발 단계와 각 단계별 주요 활동, 그리고 활동의 결과에 대한 산출물로 표현한다. 소프트웨어 수명 주기라고도 한다.
- 소프트웨어 생명 주기를 표현하는 형태를 소프트웨어 생명 주기 모형이라고 하며, 소프트웨어 프로세스 모형 또는 소프트웨어 공학 패러다임이라고도 한다.
- 개발자는 문제의 유형이나 개발 방법 등에 따라 특정 모형을 선택하여 사용할 수도 있고, 개별적인 모형을 사용할 수도 있다.
- 일반적으로 사용되는 소프트웨어 생명 주기 모형에는 폭포수 모형, 프로토타입 모형, 나선형 모형, 애자일 모형 등이 있다.

기사 25.8, 24.7, 21.3, 20.8

 잠깐만요 소프트웨어 공학

소프트웨어 공학의 개념

- 소프트웨어 공학(SE; Software Engineering)은 소프트웨어의 위기를 극복하기 위한 방안으로 연구된 학문이며 여러 가지 방법론과 도구, 관리 기법들을 통하여 소프트웨어의 품질과 생산성을 향상시킬 목적으로 합니다.
- 소프트웨어 공학은 다음과 같이 여러 형태로 정의할 수 있습니다.
  - **IEEE의 소프트웨어 공학 표준 용어사전** : 소프트웨어의 개발, 운용, 유지보수, 폐기 처분에 대한 체계적인 접근 방안
  - **Fairley** : 지정된 비용과 기간 내에 소프트웨어를 체계적으로 생산하고 유지보수하는 데 관련된 기술적이고 관리적인 원리
  - **Boehm** : 과학적인 지식을 소프트웨어 설계와 제작에 응용하는 것이며 이를 개발, 운용, 유지보수하는 데 필요한 문서 작성 과정

소프트웨어 공학의 기본 원칙

- 현대적인 프로그래밍 기술을 계속적으로 적용해야 합니다.
- 개발된 소프트웨어의 품질이 유지되도록 지속적으로 검증해야 합니다.
- 소프트웨어 개발 관련 사항 및 결과에 대한 명확한 기록을 유지해야 합니다.

소프트웨어 위기의 현상

소프트웨어 위기는 여러 가지 원인에 의해 소프트웨어 개발 속도가 하드웨어 개발 속도를 따라가지 못해 소프트웨어에 대한 사용자들의 요구 사항을 처리할 수 없는 문제가 발생함을 의미합니다.

- 개발 인력의 부족과 그로 인한 인건비 상승
- 성능 및 신뢰성의 부족
- 개발 기간의 지연 및 개발 비용의 증가
- 유지보수의 어려움과 이에 따른 비용 증가
- 소프트웨어의 생산성과 품질 저하

❷ 폭포수 모형(Waterfall Model)

폭포수 모형은 폭포에서 한번 떨어진 물은 거슬러 올라갈 수 없듯이 소프트웨어 개발도 이전 단계로 돌아갈 수 없다는 전제하에 각 단계를 확실히 매듭짓고 그 결과를 철저하게 검토하여 승인 과정을 거친 후에 다음 단계를 진행하는 개발 방법론이다.

- 폭포수 모형은 소프트웨어 공학에서 가장 오래되고 가장 폭넓게 사용된 전통적인 소프트웨어 생명 주기 모형으로, 고전적 생명 주기 모형이라고도 한다.
- 소프트웨어 개발 과정의 한 단계가 끝나야만 다음 단계로 넘어갈 수 있는 선형 순차적 모형이다.
- 모형을 적용한 경험과 성공 사례가 많다.
- 제품의 일부가 될 매뉴얼*을 작성해야 한다.
- 각 단계가 끝난 후에는 다음 단계를 수행하기 위한 결과물이 명확하게 산출되어야 한다.
- 두 개 이상의 과정이 병행하여 수행되지 않는다.

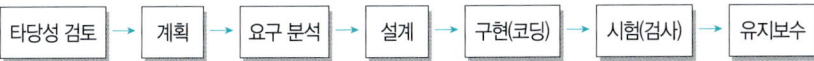

타당성 검토 → 계획 → 요구 분석 → 설계 → 구현(코딩) → 시험(검사) → 유지보수

> **전문가의 조언**
> 폭포수 모형은 한 단계가 완전히 끝나야만 다음 단계로 넘어가는 개발 방법론이라는 것을 우선 기억하고 특징을 정리하세요.

> **매뉴얼**
> 매뉴얼은 프로그램들의 사용과 운영에 대한 내용이 기술되어 있는 문서입니다.

❸ 프로토타입 모형(Prototype Model, 원형 모형)

프로토타입 모형은 사용자의 요구사항을 정확히 파악하기 위해 실제 개발될 소프트웨어에 대한 견본(시제)품(Prototype)을 만들어 최종 결과물을 예측하는 모형이다.

- 시제품은 사용자와 시스템 사이의 인터페이스에 중점을 두어 개발한다.
- 시스템의 일부 혹은 시스템의 모형을 만드는 과정으로서 요구된 소프트웨어를 구현하는데, 이는 추후 구현 단계에서 사용될 골격 코드가 된다.
- 소프트웨어의 개발이 완료된 시점에서 오류가 발견되는 폭포수 모형의 단점을 보완하기 위한 모형이다.

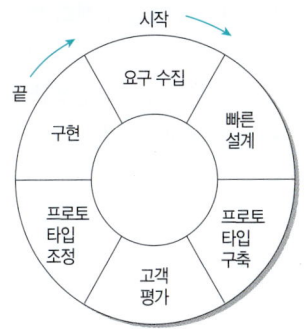

전문가의 조언

나선형 모형은 '계획 → 분석 → 개발 → 평가' 순이라는 것을 기억하세요. 나선형 모형은 나선을 따라 돌듯이 소프트웨어 개발 과정을 여러 번 반복하면서 진행한다는 것을 염두에 두고 읽어보면 이해가 쉽습니다.

기사 25.8, 25.5, 25.2, 24.5, 23.2, 22.7, 22.3, 21.3, 20.9, 20.8, 20.6

4 나선형 모형(Spiral Model, 점진적 모형)

나선형 모형은 보헴(Boehm)이 제안한 것으로, 폭포수 모형과 프로토타입 모형의 장점에 위험 분석 기능을 추가한 모형이다.

- 나선을 따라 돌듯이 여러 번의 소프트웨어 개발 과정을 거쳐 점진적으로 완벽한 최종 소프트웨어를 개발하는 것으로, 점진적 모형이라고도 한다.
- 소프트웨어를 개발하면서 발생할 수 있는 위험을 관리하고 최소화하는 것을 목적으로 한다.
- 점진적으로 개발 과정이 반복되므로 누락되거나 추가된 요구사항을 첨가할 수 있고, 정밀하며, 유지보수 과정이 필요 없다.

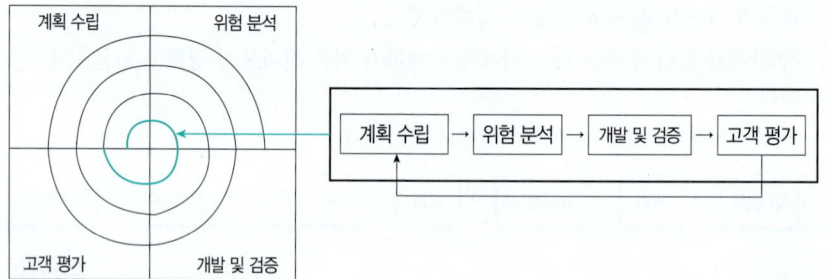

전문가의 조언

애자일 모형은 고객의 다양한 요구사항의 변화에 유연하게 대응하기 위해 일정한 개발 주기를 반복하는 것이 핵심이라는 것을 염두에 두고 특징과 종류를 정리하세요. 특히 폭포수 모형과 비교되는 특징들은 확실히 숙지하세요.

기사 25.8, 22.4, 22.3, 21.8, 21.5, 20.8

5 애자일 모형(Agile Model)

애자일은 '민첩한', '기민한'이라는 의미로, 고객의 요구사항 변화에 유연하게 대응할 수 있도록 일정한 주기를 반복하면서 개발과정을 진행한다.

- 애자일 모형은 어느 특정 개발 방법론이 아니라 좋은 것을 빠르고 낭비 없게 만들기 위해 고객과의 소통에 초점을 맞춘 방법론을 통칭한다.
- 애자일 모형은 기업 활동 전반에 걸쳐 사용된다.
- 애자일 모형은 스프린트(Sprint) 또는 이터레이션(Iteration)이라고 불리는 짧은 개발 주기를 반복하며, 반복되는 주기마다 만들어지는 결과물에 대한 고객의 평가와 요구를 적극 수용한다.
- 각 개발주기에서는 고객이 요구사항에 우선순위를 부여하여 개발 작업을 진행한다.
- 소규모 프로젝트, 고도로 숙달된 개발자, 급변하는 요구사항에 적합하다.
- 애자일 모형을 기반으로 하는 소프트웨어 개발 모형
    - 스크럼(Scrum)
    - XP(eXtreme Programming)
    - 칸반(Kanban)
    - Lean
    - 크리스탈(Crystal)
    - ASD(Adaptive Software Development)
    - 기능 중심 개발(FDD; Feature Driven Development)
    - DSDM(Dynamic System Development Method)
    - DAD(Disciplined Agile Delivery) 등

기사 25.8, 24.7, 23.7, 22.3, 21.8, 21.3, 20.8

잠깐만요 애자일 선언(Agile Manifesto)

2001년 17명의 애자일 전문 개발자가 공통의 관점을 정리해 '애자일 SW 개발 선언문'을 만들었습니다. 선언문에는 애자일 개발 철학이 담겨있는 4가지 핵심 가치와 애자일 개발을 실무에 적용할 때 기준이 되는 12가지 실행 지침이 담겨있는데, 그 내용은 다음과 같습니다.

애자일 개발 4가지 핵심 가치

1. 프로세스와 도구보다는 개인과 상호작용에 더 가치를 둔다.
2. 방대한 문서보다는 실행되는 SW에 더 가치를 둔다.
3. 계약 협상보다는 고객과 협업에 더 가치를 둔다.
4. 계획을 따르기 보다는 변화에 반응하는 것에 더 가치를 둔다.

애자일 개발 12가지 실행 지침

1. 유용한 소프트웨어를 빠르고, 지속적으로 제공하여 고객을 만족시킨다.
2. 개발 막바지라도 요구사항 변경을 적극 수용한다.
3. 몇 개월이 아닌 몇 주 단위로 실행되는 소프트웨어를 제공한다.
4. 고객과 개발자가 프로젝트 기간에 함께 일한다.
5. 개발에 대한 참여 의지가 확실한 사람들로 팀을 구성하고, 필요한 개발 환경과 지원을 제공하며, 일을 잘 끝낼 수 있도록 신뢰한다.
6. 같은 사무실에서 얼굴을 맞대고 의견을 나눈다.
7. 개발의 진척도를 확인하는 1차 기준은 작동하는 소프트웨어이다.
8. 지속 가능한 개발을 장려하고 일정한 속도로 개발을 진행한다.
9. 기술적 우수성과 좋은 설계에 지속적인 관심을 기울이면 민첩성이 향상된다.
10. 단순화를 추구한다.
11. 최상의 아키텍처, 명확한 요구사항, 최상의 설계는 자기 스스로 일을 주도하는 조직적인 팀으로부터 나온다.
12. 더 효과적인 팀이 될 수 있는 방안을 정기적으로 깊이 고민하고 그에 따라 팀의 행동을 조정한다.

전문가의 조언

애자일 개발 4가지 핵심 가치를 묻는 문제가 출제되었습니다. 꼼꼼하게 읽고 잘 기억해 두세요.

6 폭포수 모형과 애자일의 비교

구분	폭포수 모형	애자일
새로운 요구사항 반영	어려움	지속적으로 반영
고객과의 의사소통	적음	지속적임
테스트	마지막에 모든 기능을 테스트	반복되는 일정 주기가 끝날 때마다 테스트
개발 중심	계획, 문서(매뉴얼)	고객

전문가의 조언

애자일 모형은 주기마다 생성되는 결과물에 대해 고객의 평가와 요구를 적극 수용한다는 면에서, 이전 단계로 돌아갈 수 없다는 것을 전제로 진행되는 폭포수 모형과 대조적이라 할 수 있습니다.

기출문제 따라잡기

이전기출
1. 소프트웨어 위기와 관련이 적은 것은?
① 소프트웨어 개발 인력 부족과 그에 따라 인건비가 상승함
② 소프트웨어 성능 발달로 인하여 하드웨어 개발 속도가 소프트웨어 개발 속도를 따라가지 못함
③ 소프트웨어의 요구가 다양해지면서 수요는 계속 늘어나는데 공급은 이를 따라주지 못함
④ 소프트웨어 개발 시간이 지연되고 개발 비용의 초과로 인한 문제가 발생함

> 소프트웨어 위기는 소프트웨어 개발 속도가 하드웨어 개발 속도를 따라가지 못하기 때문에 발생합니다.

이전기출
2. 소프트웨어 개발 주기 모델의 하나인 폭포수(Waterfall) 모델에서 개발될 소프트웨어에 대한 전체적인 하드웨어 및 소프트웨어 구조, 제어 구조, 자료 구조의 개략적인 설계를 작성하는 단계는?

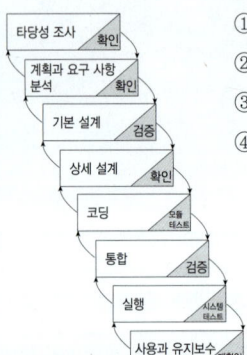

① 타당성 조사 단계
② 기본 설계 단계
③ 상세 설계 단계
④ 계획과 요구 사항 분석 단계

> 개략적인 설계를 작성하는 단계이니까 기본 설계 단계이겠죠! 상세 설계 단계는 각 단위 프로그램에 대한 사항을 상세히 기술하는 단계입니다.

이전기출
3. 프로토타입 모델의 순차적 과정 순서가 옳은 것은?

㉠ 요구사항 분석 단계	㉡ 프로토타입 설계 단계
㉢ 프로토타입 개발 단계	㉣ 고객의 평가 단계
㉤ 프로토타입 정제 단계	㉥ 완제품 생산 단계

① ㉠ → ㉡ → ㉢ → ㉣ → ㉤ → ㉥
② ㉠ → ㉢ → ㉡ → ㉤ → ㉣ → ㉥
③ ㉡ → ㉠ → ㉢ → ㉣ → ㉤ → ㉥
④ ㉠ → ㉢ → ㉡ → ㉣ → ㉤ → ㉥

> 프로토타입 모델은 '요구 수집, 설계, 개발(구축), 평가, 정제(조정), 생산(구현)' 순으로 진행합니다.

이전기출
4. 다음의 소프트웨어 개발 주기 모형에 대한 설명에 해당하는 것은?

> 하향식 생명 주기 모형으로 각 단계가 끝나는 시점에서 확인, 검증, 검사를 거쳐 다음 단계로 넘어가거나 이전 단계로 환원하면서 구현 및 운영 단계에 이르는 생명 주기 모형이다.

① 단계적 모형
② 폭포수 모형
③ 구조적 모형
④ 객체지향적 모형

> 지문에 제시된 내용은 폭포수 모형의 특징입니다.

이전기출
5. 소프트웨어 생명주기 모델 중 요구 분석의 어려움을 해결하기 위해 실제 개발할 소프트웨어의 시제품을 직접 개발함으로써 의사 소통의 도구로 이용하여 개발하는 것은?
① Waterfall Model
② Object Oriented Model
③ Prototyping Model
④ Structured Model

> 실제 개발될 소프트웨어에 대한 모형(Prototype)을 미리 만들어 보는 것을 프로토타이핑 모델이라고 합니다.

이전기출
6. 소프트웨어 개발 생명 주기 모형 중 나선형(Spiral Model) 모델의 특징으로 틀린 것은?
① 시스템 구축 시 발생하는 위험을 최소화할 수 있다.
② 시제품을 만들어 사용자 및 관리자에게 가능성과 유용성을 보여줄 수 있다.
③ 복잡, 대규모 시스템의 소프트웨어 개발에 적합하다.
④ 초기에 위험 요소를 발견하지 못할 경우 위험 요소를 제거하기 위해 많은 비용이 들 수 있다.

> 소프트웨어 개발 생명 주기 모형 중 시제품을 만드는 것은 프로토타이핑 모델입니다.

이전기출
7. 폭포수 모형에 대한 설명으로 옳지 않은 것은?
① 단계별 정의가 분명하고 전체 공조의 이해가 용이하다.
② 두 개 이상의 과정이 병행하여 수행되지 않는다.
③ 실제 개발될 소프트웨어에 대한 시제품을 만들어 최종 결과물을 예측한다.
④ 전통적인 생명주기 모형이다.

> 시제품을 만드는 것은 바로 프로토타이핑 모형입니다.

기출문제 따라잡기

기사 25년 8월, 24년 7월, 23년 7월, 22년 4월, 3월, 21년 8월, 3월, 20년 8월
8. 애자일 기법에 대한 설명으로 맞지 않은 것은?

① 절차와 도구보다 개인과 소통을 중요하게 생각한다.

② 계획에 중점을 두어 변경 대응이 난해하다.

③ 소프트웨어가 잘 실행되는데 가치를 둔다.

④ 고객과의 피드백을 중요하게 생각한다.

> 애자일은 계획을 따르기 보다는 변화에 반응하는 것에 더 가치를 둡니다.

기사 25년 8월, 21년 5월, 20년 8월
9. 애자일 방법론에 해당하지 않는 것은?

① 기능 중심 개발

② 스크럼

③ 익스트림 프로그래밍

④ 모듈 중심 개발

> 모듈 중심 개발은 애자일 방법론이 아닙니다.

▶ 정답 : 1. ② 2. ② 3. ① 4. ② 5. ③ 6. ② 7. ③ 8. ② 9. ④

SECTION 018 소프트웨어 개발 방법론

전문가의 조언

소프트웨어 개발 방법론의 종류에는 어떤 것이 있으며, 종류별 특징과 절차를 구분할 수 있도록 정리하세요.

① 소프트웨어 개발 방법론의 개요

소프트웨어 개발 방법론은 소프트웨어 개발, 유지보수 등에 필요한 여러 가지 일들의 수행 방법과 이러한 일들을 효율적으로 수행하려는 과정에서 필요한 각종 기법 및 도구를 체계적으로 정리하여 표준화한 것이다.

- 소프트웨어 개발 방법론의 목적은 소프트웨어의 생산성과 품질 향상이다.
- 소프트웨어 개발 방법론의 종류에는 구조적 방법론, 정보공학 방법론, 객체지향 방법론, 컴포넌트 기반(CBD) 방법론, 애자일(Agile) 방법론, 제품 계열 방법론 등이 있다.

② 구조적 방법론
_{기사 21.3}

구조적 방법론은 정형화된 분석 절차에 따라 사용자 요구사항을 파악하여 문서화하는 처리(Precess) 중심의 방법론이다.

- 1960년대까지 가장 많이 적용되었던 소프트웨어 개발 방법론이다.
- 쉬운 이해 및 검증이 가능한 프로그램 코드를 생성하는 것이 목적이다.
- 복잡한 문제를 다루기 위해 분할과 정복(Divide and Conquer) 원리를 적용한다.

• **구조적 방법론의 절차**

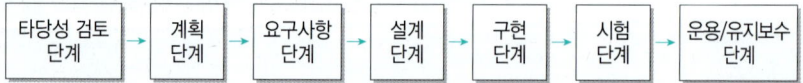

타당성 검토 단계 → 계획 단계 → 요구사항 단계 → 설계 단계 → 구현 단계 → 시험 단계 → 운용/유지보수 단계

③ 정보공학 방법론
_{기사 23.5, 22.4}

정보공학 방법론은 정보 시스템의 개발을 위해 계획, 분석, 설계, 구축에 정형화된 기법들을 상호 연관성 있게 통합 및 적용하는 자료(Data) 중심의 방법론이다.

- 정보 시스템 개발 주기를 이용하여 대규모 정보 시스템을 구축하는데 적합하다.

• **정보공학 방법론의 절차**

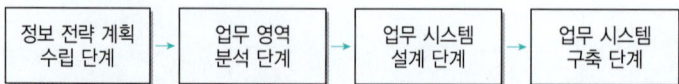

정보 전략 계획 수립 단계 → 업무 영역 분석 단계 → 업무 시스템 설계 단계 → 업무 시스템 구축 단계

④ 객체지향 방법론
_{25.8, 23.5}

현실 세계의 개체
사람, 자동차, 컴퓨터, 고양이 등과 같이 우리 주위에서 사용되는 물질적이거나 개념적인 것으로, 명사로 사용됩니다.

객체지향 방법론은 현실 세계의 개체(Entity)*를 기계의 부품처럼 하나의 객체(Object)로 만들어, 소프트웨어를 개발할 때 기계의 부품을 조립하듯이 객체들을 조립해서 필요한 소프트웨어를 구현하는 방법론이다.

- 객체지향 방법론은 구조적 기법의 문제점으로 인한 소프트웨어 위기의 해결책으로 채택되었다.
- 객체지향 방법론의 구성 요소에는 객체(Object)*, 클래스(Class)*, 메시지(Message)* 등이 있다.
- 객체지향 방법론의 기본 원칙에는 캡슐화(Encapsulation)*, 정보 은닉(Information Hiding)*, 추상화(Abstraction)*, 상속성(Inheritance)*, 다형성(Polymorphism)* 등이 있다.
- **객체지향 방법론의 절차**

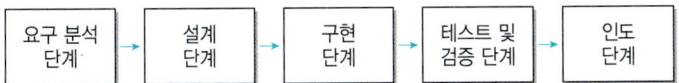

5 컴포넌트 기반(CBD; Component Based Design) 방법론

기사 21.5, 21.3, 20.9

컴포넌트 기반 방법론은 기존의 시스템이나 소프트웨어를 구성하는 컴포넌트*를 조합하여 하나의 새로운 애플리케이션을 만드는 방법론이다.

- 컴포넌트의 재사용(Reusability)이 가능하여 시간과 노력을 절감할 수 있다.
- 새로운 기능을 추가하는 것이 간단하여 확장성이 보장된다.
- 유지 보수 비용을 최소화하고 생산성 및 품질을 향상시킬 수 있다.
- **컴포넌트 기반 방법론의 절차**

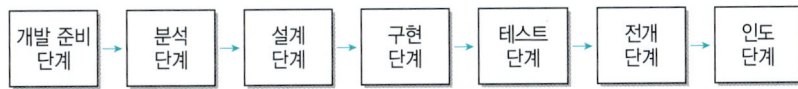

6 애자일(Agile) 방법론

애자일은 '민첩한', '기민한'이라는 의미로, 애자일 방법론은 고객의 요구사항 변화에 유연하게 대응할 수 있도록 일정한 주기를 반복하면서 개발 과정을 진행하는 방법론이다.

- 소규모 프로젝트, 고도로 숙달된 개발자, 급변하는 요구사항에 적합하다.
- 애자일 방법론의 대표적인 종류에는 익스트림 프로그래밍(XP; eXtreme Programming)*, 스크럼(Scrum)*, 칸반(Kanban), 크리스탈(Crytal) 등이 있다.
- **애자일 방법론의 절차**

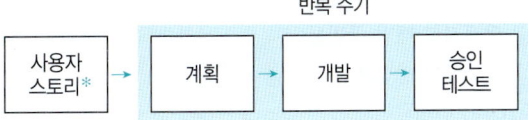

- **객체**(Object) : 데이터와 데이터를 처리하는 함수를 묶어 놓은 하나의 소프트웨어 모듈
- **클래스**(Class) : 공통된 속성과 연산을 갖는 객체의 집합으로 객체의 일반적인 타입(Type)
- **메시지**(Message) : 객체들 간에 상호작용을 하는 데 사용되는 수단으로, 객체에게 어떤 행위를 하도록 지시하는 명령 또는 요구 사항
- **캡슐화**(Encapsulation) : 데이터와 데이터를 처리하는 함수를 하나로 묶는 것
- **정보 은닉**(Information Hiding) : 캡슐화에서 가장 중요한 개념으로, 다른 객체에게 자신의 정보를 숨기고 자신의 연산만을 통하여 접근을 허용하는 것
- **추상화**(Abstraction) : 불필요한 부분을 생략하고 객체의 속성 중 가장 중요한 것에 중점을 두어 개략화하는 것
- **상속성**(Inheritance) : 이미 정의된 상위 클래스의 모든 속성과 연산을 하위 클래스가 물려받는 것
- **다형성**(Polymorphism) : 메시지에 의해 객체가 연산을 수행하게 될 때 하나의 메시지에 대해 각 객체가 가지고 있는 고유한 방법으로 응답할 수 있는 능력

컴포넌트(Component)
컴포넌트는 문서, 소스코드, 파일, 라이브러리 등과 같은 모듈화된 자원으로, 재사용이 가능합니다.

익스트림 프로그래밍에 대한 자세한 내용은 Section 020, 스크럼은 Section 019를 참조하세요.

사용자 스토리(User Story)
사용자 스토리는 사용자의 요구사항을 의미합니다.

7 제품 계열 방법론

제품 계열 방법론은 특정 제품에 적용하고 싶은 공통된 기능을 정의하여 개발하는 방법론이다.

- 임베디드 소프트웨어*를 만드는데 적합하다.
- 제품 계열 방법론은 영역공학과 응용공학으로 구분된다.
  - **영역공학** : 영역 분석, 영역 설계, 핵심 자산을 구현하는 영역이다.
  - **응용공학** : 제품 요구 분석, 제품 설계, 제품을 구현하는 영역이다.
- 영역공학과 응용공학의 연계를 위해 제품의 요구사항, 아키텍처, 조립 생산이 필요하다.
- **제품 계열 방법론의 절차**

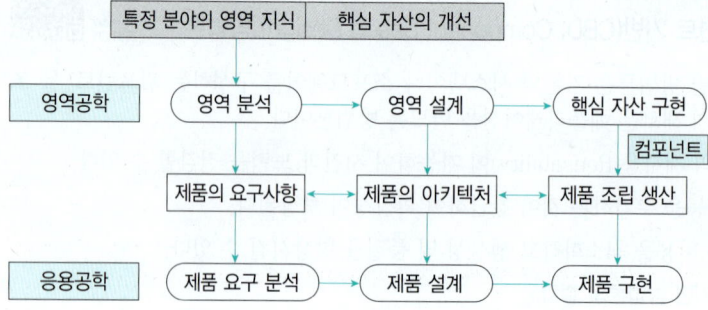

임베디드 소프트웨어(Embedded Software)
임베디드 소프트웨어란 디지털 TV, 전기밥솥, 냉장고, PDA 등 해당 제품의 특정 기능에 맞게 특화되어서 제품 자체에 포함된 소프트웨어를 말합니다.

 기출문제 따라잡기

기사 20년 9월

1. CBD(Component Based Development)에 대한 설명으로 틀린 것은?
① 개발 기간 단축으로 인한 생산성 향상
② 새로운 기능 추가가 쉬운 확장성
③ 소프트웨어 재사용이 가능
④ 1960년대까지 가장 많이 적용되었던 소프트웨어 개발 방법

1960년대까지 가장 많이 적용되었던 소프트웨어 개발 방법은 구조적 방법론입니다.

기사 21년 3월

2. 정형화된 분석 절차에 따라 사용자 요구사항을 파악, 문서화하는 체계적 분석방법으로 자료흐름도, 자료사전, 소단위명세서의 특징을 갖는 것은?
① 구조적 개발 방법론
② 객체지향 개발 방법론
③ 정보공학 방법론
④ CBD 방법론

정형화된 분석 절차에 따라 요구사항을 파악하는 것은 구조적 개발 방법론입니다.

기출문제 따라잡기

기사 21년 3월

3. 소프트웨어 개발 방법론 중 CBD(Component Based Development)에 대한 설명으로 틀린 것은?

① 생산성과 품질을 높이고, 유지보수 비용을 최소화할 수 있다.
② 컴포넌트 제작 기법을 통해 재사용성을 향상시킨다.
③ 모듈의 분할과 정복에 의한 하향식 설계방식이다.
④ 독립적인 컴포넌트 단위의 관리로 복잡성을 최소화할 수 있다.

분할과 정복(Divide and Conquer)은 구조적 방법론의 대표적인 특징입니다.

23년 5월

4. 다음 중 객체지향 개발 절차의 단계에 속하지 않는 것은?

① 사용자 요구사항　② 객체지향 분석
③ 객제지향 설계　　④ 테스트 구현

사용자 요구사항은 애자일 개발 절차의 과정입니다. 객체지향 개발 절차는 '요구 분석 → 설계 → 구현 → 테스트 및 검증 → 인도' 단계로 진행됩니다.

25년 8월

5. 다음 중 객체지향 절차를 순서대로 올바르게 나열한 것은?

① 요구 분석 → 구현 → 테스트 및 검증 → 설계 → 인도
② 요구 분석 → 설계 → 구현 → 테스트 및 검증 → 인도
③ 설계 → 요구 분석 → 테스트 및 검증 → 구현 → 인도
④ 설계 → 요구 분석 → 구현 → 테스트 및 검증 → 인도

객체지향 절차를 순서대로 올바르게 나열하면 '요구 분석 → 설계 → 구현 → 테스트 및 검증 → 인도' 순입니다.

출제예상

6. 다음이 설명하고 있는 소프트웨어 개발 방법론은?

> 정형화된 분석 절차에 따라 사용자 요구사항을 파악하여 문서화하는 체계적인 분석 이론으로, 목적은 쉽게 이해할 수 있고 검증할 수 있는 프로그램 코드를 생성하는 것이다.

① Agile 방법론　　② 구조적 방법론
③ CBD 방법론　　 ④ 정보공학 방법론

지문에 제시된 내용은 구조적 방법론의 특징입니다.

출제예상

7. 고객의 요구사항을 바로바로 반영하고 상황에 따라 주어지는 문제를 풀어나가는 소프트웨어 개발 방법론은?

① 애자일(Agile) 방법론
② 컴포넌트 기반(CBD) 방법론
③ 객체지향 방법론
④ 구조적 방법론

고객의 요구사항 변화에 유연하게 대응하는 방법론은 애자일 방법론입니다.

출제예상

8. 정보 시스템 개발에 필요한 관리 절차와 작업 기법을 체계화한 방법론으로, 개발 주기를 이용해 대형 프로젝트를 수행하는데 적합한 것은?

① 제품 계열 방법론　② 객체지향 방법론
③ 정보공학 방법론　④ 구조적 방법론

정보 시스템 개발 주기를 이용한 대규모 정보 시스템 구축에 적합한 것은 정보공학 방법론입니다.

출제예상

9. 다음 중 애자일 방법론의 종류에 해당하지 않는 것은?

① 익스트림 프로그래밍(eXtreme Programming)
② 스크럼(Scrum)
③ 크리스탈(Crystal)
④ 짝 프로그래밍(Pair Programming)

짝 프로그래밍(Pair Programming)은 하나의 컴퓨터로 두 사람이 함께 프로그래밍 하는 것을 의미합니다.

▶ 정답: 1.④ 2.① 3.③ 4.① 5.② 6.② 7.① 8.③ 9.④

SECTION 019

스크럼(Scrum) 기법

1. 스크럼의 개요

기사 23.2, 22.3

스크럼이란 럭비에서 반칙으로 경기가 중단된 경우 양 팀의 선수들이 럭비공을 가운데 두고 상대팀을 밀치기 위해 서로 대치해 있는 대형을 말한다. 스크럼은 이처럼 팀이 중심이 되어 개발의 효율성을 높인다는 의미가 내포된 용어이다.

- 스크럼은 팀원 스스로가 스크럼 팀을 구성(self-organizing)해야 하며, 개발 작업에 관한 모든 것을 스스로 해결(cross-functional)할 수 있어야 한다.
- 스크럼 팀은 제품 책임자, 스크럼 마스터, 개발팀으로 구성된다.
- **제품 책임자(PO; Product Owner)**
  - 이해관계자*들 중 개발될 제품에 대한 이해도가 높고, 요구사항을 책임지고 의사 결정할 사람으로 선정하는데, 주로 개발 의뢰자나 사용자가 담당한다.
  - 이해관계자들의 의견을 종합하여 제품에 대한 요구사항을 작성하는 주체다.
  - 요구사항이 담긴 백로그(Backlog)*를 작성하고 백로그에 대한 우선순위를 지정한다.
  - 팀원들이 백로그에 스토리*를 추가할 수는 있지만 우선순위를 지정할 수는 없다.
  - 제품에 대한 테스트를 수행하면서 주기적으로 요구사항의 우선순위를 갱신한다.
- **스크럼 마스터(SM; Scrum Master)**
  - 스크럼 팀이 스크럼을 잘 수행할 수 있도록 객관적인 시각에서 조언을 해주는 가이드 역할을 수행한다. 팀원들을 통제하는 것이 목표가 아니다.
  - 일일 스크럼 회의를 주관하여 진행 사항을 점검하고, 개발 과정에서 발생된 장애 요소를 공론화하여 처리한다.
- **개발팀(DT; Development Team)**
  - 제품 책임자와 스크럼 마스터를 제외한 모든 팀원으로, 개발자 외에도 디자이너, 테스터 등 제품 개발을 위해 참여하는 모든 사람이 대상이 된다.
  - 보통 최대 인원은 7~8명이 적당하다.

 전문가의 조언

스크럼이란 럭비 경기에서 양 팀이 서로 대치해 있는 대형을 일컫는 것으로 팀의 중요성을 강조하는 용어입니다. 먼저 스크럼의 개념을 이해하고 스크럼 팀의 구성원과 각 구성원들의 역할을 잘 기억해 두세요.

이해관계자(利害關係者, Stakeholder)
소프트웨어 개발과 관련해서 이해관계자는 소프트웨어 개발 의뢰자, 소프트웨어 개발자, 소프트웨어 사용자 등입니다.

백로그(Backlog)
백로그란 제품 개발에 필요한 요구사항을 모두 모아 우선순위를 부여해 놓은 목록을 말합니다.

스토리(Story)
백로그에 담겨질 요구사항은 단어 형태로 표현된 것이 아니라 '고객은 상품 주문을 위해 로그인을 수행해야 한다.'와 같이 이야기를 서술하는 형태로 표현됩니다. 그래서 백로그에 작성되는 요구사항을 스토리 또는 사용자 스토리라고 합니다.

② 스크럼 개발 프로세스

기사 24.7, 24.5, 23.2, 22.3

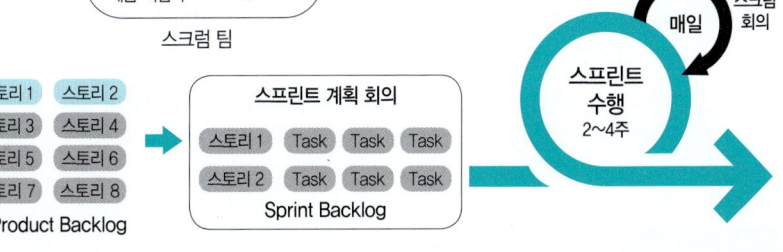

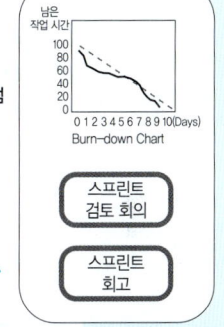

> **전문가의 조언**
>
> 스크럼 개발 과정의 순서를 기억하고 각 과정에서는 무슨 작업을 수행하는지 확실히 파악해 두세요.

- **제품 백로그(Product Backlog)**
  - 제품 개발에 필요한 모든 요구사항(User Story)을 우선순위에 따라 나열한 목록이다.
  - 개발 과정에서 새롭게 도출되는 요구사항으로 인해 지속적으로 업데이트된다.
  - 제품 백로그에 작성된 사용자 스토리를 기반으로 전체 일정 계획인 릴리즈 계획(Release Plan)을 수립한다.

- **스프린트 계획 회의(Sprint Planning Meeting)**
  - 제품 백로그 중 이번 스프린트에서 수행할 작업을 대상으로 단기 일정을 수립하는 것이다.
  - 스프린트에서 처리할 요구사항(User Story)을 개발자들이 나눠서 작업할 수 있도록 태스크(Task)라는 작업 단위로 분할한 후 개발자별로 수행할 작업 목록인 스프린트 백로그(Sprint Backlog)를 작성한다.

- **스프린트(Sprint)**
  - 실제 개발 작업을 진행하는 과정으로, 보통 2 ~ 4주 정도의 기간 내에서 진행한다.
  - 스프린트 백로그에 작성된 태스크를 대상으로 속도(Velocity)*을 추정한 후 개발 담당자에게 할당한다.
  - 태스크를 할당할 때는 개발자가 원하는 태스크를 직접 선별하여 담당할 수 있도록 하는 것이 좋다.
  - 개발 담당자에게 할당된 태스크는 보통 할 일(To Do), 진행 중(In Progress), 완료(Done)의 상태를 갖는다.

- **일일 스크럼 회의(Daily Scrum Meeting)**
  - 모든 팀원이 매일 약속된 시간에 약 15분 정도의 짧은 시간동안 진행 상황을 점검한다.
  - 회의는 보통 서서 진행하며, 남은 작업 시간은 소멸 차트(Burn-down Chart)*에 표시한다.
  - 스크럼 마스터는 발견된 장애 요소를 해결할 수 있도록 도와준다.

> **속도(Velocity)**
> 한 번의 스프린트에서 한 팀이 감당할 수 있는 제품 백로그의 양에 대한 추정치입니다.
>
> **소멸 차트(Burn-down Chart)**
> 소멸 차트는 해당 스프린트에서 수행할 작업의 진행 상황을 확인할 수 있도록 시간의 경과에 따라 남은 작업 시간을 그래프로 표현한 것입니다. 초기에 추정했던 전체 작업 시간은 작업이 진행될수록 점점 줄어(Burn-down) 들게 됩니다.

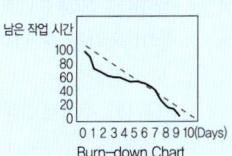

- 스프린트 검토 회의(Sprint Review)
  - 부분 또는 전체 완성 제품이 요구사항에 잘 부합되는지 사용자가 포함된 참석자 앞에서 테스팅을 수행한다.
  - 스프린트의 한 주당 한 시간 내에서 진행한다.
  - 제품 책임자(Product Owner)는 개선할 사항에 대한 피드백을 정리한 후 다음 스프린트에 반영할 수 있도록 제품 백로그를 업데이트한다.
- 스프린트 회고(Sprint Retrospective)
  - 스프린트 주기를 되돌아보며 정해놓은 규칙을 잘 준수했는지, 개선할 점은 없는지 등을 확인하고 기록한다.
  - 해당 스프린트가 끝난 시점에서 수행하거나 일정 주기로 수행한다.

기출문제 따라잡기

출제예상

1. 다음이 설명하는 프로세스 모델은 무엇인가?

- 팀원들이 스스로 팀을 구성하며, 개발 작업의 모든 것을 스스로 해결할 수 있어야 한다.
- 개발에 필요한 요구사항에 우선순위를 부여한 제품기능 목록(Product Backlog)을 작성한다.
- 개발 주기를 의미하는 스프린트는 2 ~ 4주 정도의 기간으로 진행한다.
- 스프린트 회고(Retrospective)를 통해 스프린트 동안 발생한 문제점을 파악하고 이에 대한 해결 방안을 모색한다.

① 익스트림 프로그래밍(XP)
② 크리스털(Crystal)
③ 칸반(Kanban)
④ 스크럼(Scrum)

> 지문에 제시된 내용은 스크럼의 특징입니다.

기사 24년 5월, 22년 3월

2. 애자일(Agile) 기법 중 스크럼(Scrum)과 관련된 용어에 대한 설명이 틀린 것은?

① 스크럼 마스터(Scrum Master)는 스크럼 프로세스를 따르고, 팀이 스크럼을 효과적으로 활용할 수 있도록 보장하는 역할 등을 맡는다.
② 제품 백로그(Product Backlog)는 스크럼 팀이 해결해야 하는 목록으로 소프트웨어 요구사항, 아키텍처 정의 등이 포함될 수 있다.
③ 스프린트(Sprint)는 하나의 완성된 최종 결과물을 만들기 위한 주기로 3달 이상의 장기간으로 결정된다.

④ 속도(Velocity)는 한 번의 스프린트에서 한 팀이 어느 정도의 제품 백로그를 감당할 수 있는지에 대한 추정치로 볼 수 있다.

> 스프린트는 실제 개발 작업을 진행하는 과정으로, 보통 2~4주 정도의 기간 내에서 진행합니다.

출제예상

3. 다음의 스크럼(Scrum) 개발 과정을 진행 순서에 맞게 올바르게 나열한 것은?

ㄱ. 스프린트(Sprint)
ㄴ. 스프린트 회고(Sprint Retrospective)
ㄷ. 일일 스크럼 회의(Daily Scrum Meeting)
ㄹ. 스프린트 검토 회의(Sprint Review)
ㅁ. 스프린트 계획 회의(Sprint Planning Meeting)

① ㅁ → ㄷ → ㄱ → ㄴ → ㄹ
② ㅁ → ㄱ → ㄷ → ㄹ → ㄴ
③ ㅁ → ㄷ → ㄱ → ㄹ → ㄴ
④ ㅁ → ㄹ → ㄱ → ㄴ → ㄷ

> 계획한 내용을 토대로 일정 기간 동안 스프린트를 수행하면서 진행 상황을 매일 점검하고 하나의 스프린트가 끝나면 검토 후 진행을 되돌아봅니다.

▶ 정답 : 1. ④ 2. ③ 3. ②

SECTION 020

XP(eXtreme Programming) 기법

1 XP(eXtreme Programming)

기사 25.8, 25.2, 24.5, 24.2, 23.7, 23.5, 22.7, 22.4, 21.8, 20.9, 20.6

XP(eXtreme Programming)는 수시로 발생하는 고객의 요구사항에 유연하게 대응하기 위해 고객의 참여와 개발 과정의 반복을 극대화하여 개발 생산성을 향상시키는 방법이다.

- XP는 짧고 반복적인 개발 주기, 단순한 설계, 고객의 적극적인 참여를 통해 소프트웨어를 빠르게 개발하는 것을 목적으로 한다.
- 릴리즈*의 기간을 짧게 반복하면서 고객의 요구사항 반영에 대한 가시성*을 높인다.
- 릴리즈 테스트마다 고객을 직접 참여시킴으로써 요구한 기능이 제대로 작동하는지 고객이 직접 확인할 수 있다.
- 비교적 소규모 인원의 개발 프로젝트에 효과적이다.
- **XP의 5가지 핵심 가치** : 의사소통(Communication), 단순성(Simplicity), 용기(Courage), 존중(Respect), 피드백(Feedback)

전문가의 조언

몇 개의 요구사항이 적용된 일부 기능이 완성될 때마다 이를 고객에게 보여주고 이에 대한 반응을 확인하는 과정을 최종 제품이 완성될 때까지 지속적으로 반복한다는 XP의 기본 원리를 생각하면서 개념과 특징을 정리하고, XP의 5가지 핵심 가치를 기억하세요.

릴리즈(Release)
릴리즈는 몇 개의 요구사항이 적용되어 부분적으로 기능이 완료된 제품을 제공하는 것을 말합니다.

가시성(Visibility)
일반적으로 가시성이란 대상을 확인할 수 있는 정도를 의미합니다. 릴리즈 기간을 짧게 반복하면서 개발 과정에서 제품 소프트웨어의 일부 기능이 구현될 때마다 고객에게 이를 확인시켜주면, 고객은 요구사항이 잘 반영되고 있음을 직접적으로 알 수 있다는 의미입니다.

2 XP 개발 프로세스

기사 23.5

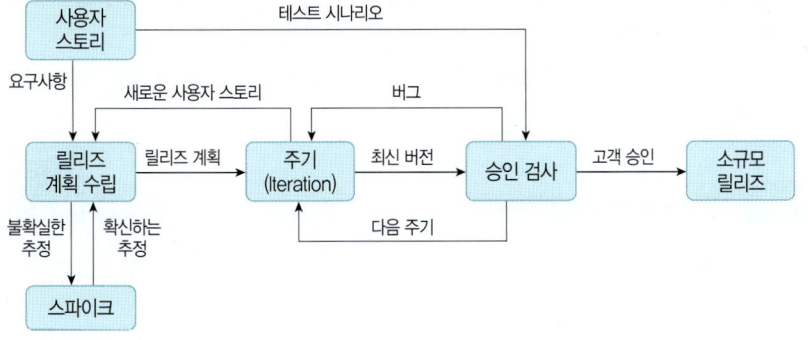

전문가의 조언

XP 개발 과정의 순서를 기억하고 각 과정에서는 무슨 작업을 수행하는지 확실히 파악해 두세요.

- **사용자 스토리(User Story)**
  - 고객의 요구사항을 간단한 시나리오로 표현한 것이다.
  - 내용은 기능 단위로 구성하며, 필요한 경우 간단한 테스트 사항(Test Case)도 기재한다.
- **릴리즈 계획 수립(Release Planning)**
  - 몇 개의 스토리가 적용되어 부분적으로 기능이 완료된 제품을 제공하는 것을 릴리즈라고 한다.
  - 부분 혹은 전체 개발 완료 시점에 대한 일정을 수립한다.

- 스파이크(Spike)
  - 요구사항의 신뢰성을 높이고 기술 문제에 대한 위험을 감소시키기 위해 별도로 만드는 간단한 프로그램이다.
  - 처리할 문제 외의 다른 조건은 모두 무시하고 작성한다.
- 이터레이션(Iteration)
  - 하나의 릴리즈를 더 세분화 한 단위를 이터레이션(Iteration)이라고 한다.
  - 일반적으로 1~3주 정도의 기간으로 진행된다.
  - 이 기간 중에 새로운 스토리가 작성될 수 있으며, 작성된 스토리는 진행 중인 이터레이션 혹은 다음 이터레이션에 포함될 수 있다.
- 승인 검사(Acceptance Test, 인수 테스트)
  - 하나의 이터레이션 안에서 계획된 릴리즈 단위의 부분 완료 제품이 구현되면 수행하는 테스트이다.
  - 사용자 스토리 작성 시 함께 기재한 테스트 사항에 대해 고객이 직접 수행한다.
  - 테스트 과정에서 발견한 오류 사항은 다음 이터레이션에 포함한다.
  - 테스트 이후 새로운 요구사항이 작성되거나 요구사항의 상대적 우선순위가 변경될 수 있다.
  - 테스트가 완료되면 다음 이터레이션을 진행한다.
- 소규모 릴리즈(Small Release)
  - 릴리즈를 소규모로 하게 되면, 고객의 반응을 기능별로 확인할 수 있어, 고객의 요구사항에 좀 더 유연하게 대응할 수 있다.
  - 계획된 릴리즈 기간 동안 진행된 이터레이션이 모두 완료되면 고객에 의한 최종 테스트를 수행한 후 릴리즈, 즉 최종 결과물을 고객에게 전달한다.
  - 릴리즈가 최종 완제품이 아닌 경우 다음 릴리즈 일정에 맞게 개발을 계속 진행한다.

> **전문가의 조언**
> XP의 주요 실천 방법은 영문으로도 알고 있어야 하며, 각각의 의미는 서로를 구분할 수 있을 정도면 됩니다.

잠깐만요 XP의 주요 실천 방법(Practice)

기사 24.7, 24.5, 23.5, 22.4, 20.9

실천 방법	내용
기사 20.9 Pair Programming (짝 프로그래밍)	다른 사람과 함께 프로그래밍을 수행함으로써 개발에 대한 책임을 공동으로 나눠 갖는 환경을 조성합니다.
기사 20.9 Collective Ownership (공동 코드 소유)	개발 코드에 대한 권한과 책임을 공동으로 소유합니다.
Test-Driven Development (테스트 주도 개발)	• 개발자가 실제 코드를 작성하기 전에 테스트 케이스를 먼저 작성하므로 자신이 무엇을 해야할지를 정확히 파악합니다. • 테스트가 지속적으로 진행될 수 있도록 자동화된 테스팅 도구(구조, 프레임워크)를 사용합니다.
Whole Team (전체 팀)	개발에 참여하는 모든 구성원(고객 포함)들은 각자 자신의 역할이 있고 그 역할에 대한 책임을 가져야 합니다.

기사 20.9 Continuous Integration (계속적인 통합)	모듈 단위로 나눠서 개발된 코드들은 하나의 작업이 마무리될 때마다 지속적으로 통합됩니다.
기사 24.7, 24.5, 22.4 Design Improvement (디자인 개선) 또는 Refactoring(리팩토링)	프로그램 기능의 변경 없이, 단순화, 유연성 강화 등을 통해 시스템을 재구성합니다.
Small Releases (소규모 릴리즈)	릴리즈 기간을 짧게 반복함으로써 고객의 요구 변화에 신속히 대응할 수 있습니다.

기출문제 따라잡기

기사 25년 8월, 22년 7월, 20년 9월, 6월
1. 익스트림 프로그래밍(eXtreme Programming)의 5가지 가치에 속하지 않는 것은?

① 의사소통 ② 단순성
③ 피드백   ④ 고객 배제

> XP의 5가지 핵심 가치는 의사소통, 단순성, 용기, 존중, 피드백입니다.

기사 20년 9월
2. XP(eXtreme Programming)의 기본원리로 볼 수 없는 것은?

① Linear Sequential Method
② Pair Programming
③ Collective Ownership
④ Continuous Integration

> XP의 주요 실천 방법에는 짝 프로그래밍, 공동 코드 소유, 테스트 주도 개발, 전체 팀, 계속적인 통합, 리팩토링, 소규모 릴리즈 등이 있습니다.

기사 21년 8월
3. 익스트림 프로그래밍(XP)에 대한 설명으로 틀린 것은?

① 빠른 개발을 위해 테스트를 수행하지 않는다.
② 사용자의 요구사항은 언제든지 변할 수 있다.
③ 고객과 직접 대면하며 요구사항을 이야기하기 위해 사용자 스토리(User Story)를 활용할 수 있다.
④ 기존의 방법론에 비해 실용성(Pragmatism)을 강조한 것이라고 볼 수 있다.

> XP는 테스트가 지속적으로 진행될 수 있도록 자동화된 테스팅 도구를 사용합니다.

기사 24년 5월, 22년 4월
4. 익스트림 프로그래밍에 대한 설명으로 틀린 것은?

① 대표적인 구조적 방법론 중 하나이다.
② 소규모 개발 조직이 불확실하고 변경이 많은 요구를 접하였을 때 적절한 방법이다.
③ 익스트림 프로그래밍을 구동시키는 원리는 상식적인 원리와 경험을 최대한 끌어 올리는 것이다.
④ 구체적인 실천 방법을 정의하고 있으며, 개발 문서 보다는 소스코드에 중점을 둔다.

> 익스트림 프로그래밍(eXtreme Programming)은 애자일 개발 방법론을 기반으로 하는 소프트웨어 개발 모형입니다.

▶ 정답 : 1. ④ 2. ① 3. ① 4. ①

SECTION 021 요구사항 정의

1 요구사항의 개념 및 특징

요구사항은 소프트웨어가 어떤 문제를 해결하기 위해 제공하는 서비스에 대한 설명과 정상적으로 운영되는데 필요한 제약조건 등을 나타낸다.

- 요구사항은 소프트웨어 개발이나 유지 보수 과정에서 필요한 기준과 근거를 제공한다.
- 요구사항은 개발하려는 소프트웨어의 전반적인 내용을 확인할 수 있게 하므로 개발에 참여하는 이해관계자* 들 간의 의사소통을 원활하게 하는 데 도움을 준다.
- 요구사항이 제대로 정의되어야만 이를 토대로 이후 과정의 목표와 계획을 수립할 수 있다.

2 요구사항의 유형

기사 25.2, 24.5, 23.2, 21.8

요구사항은 일반적으로 기술하는 내용에 따라 기능 요구사항(Functional requirements)과 비기능 요구사항(Non-functional requirements)으로 구분하며, 기술 관점과 대상의 범위에 따라 시스템 요구사항(System requirements)과 사용자 요구사항(User requirements)으로 나눈다.

유형	내용
기사 23.2, 21.8 기능 요구사항 (Functional requirements)	• 시스템이 무엇을 하는지, 어떤 기능을 하는지에 대한 사항 • 시스템의 입력이나 출력으로 무엇이 포함되어야 하는지, 시스템이 어떤 데이터를 저장하거나 연산을 수행해야 하는지에 대한 사항 • 시스템이 반드시 수행해야 하는 기능 • 사용자가 시스템을 통해 제공받기를 원하는 기능
기사 25.2, 24.5, 23.2, 21.8 비기능 요구사항 (Non-functional requirements)	• 시스템 장비 구성 요구사항 : 하드웨어, 소프트웨어, 네트워크 등의 시스템 장비 구성에 대한 요구사항 • 성능 요구사항 : 처리 속도 및 시간, 처리량, 동적·정적 적용량, 가용성 등 성능에 대한 요구사항 • 인터페이스 요구사항 : 시스템 인터페이스와 사용자 인터페이스에 대한 요구사항으로 다른 소프트웨어, 하드웨어 및 통신 인터페이스, 다른 시스템과의 정보 교환에 사용되는 프로토콜과의 연계도 포함하여 기술 • 데이터 요구사항 : 초기 자료 구축 및 데이터 변환을 위한 대상, 방법, 보안이 필요한 데이터 등 데이터를 구축하기 위해 필요한 요구사항 • 테스트 요구사항 : 도입되는 장비의 성능 테스트(BMT)나 구축된 시스템이 제대로 운영되는지를 테스트하고 점검하기 위한 테스트 요구사항 • 보안 요구사항 : 시스템의 데이터 및 기능, 운영 접근을 통제하기 위한 요구사항 • 품질 요구사항 : 관리가 필요한 품질 항목, 품질 평가 대상에 대한 요구사항으로 가용성*, 정합성*, 상호 호환성*, 대응성*, 신뢰성, 사용성, 유지·관리성, 이식성*, 확장성*, 보안성 등으로 구분하여 기술

전문가의 조언

요구사항이란 말 그대로 어떠한 문제를 해결하기 위해 필요한 조건이나 제약사항을 요구하는 것이며, 소프트웨어는 사용자의 요구사항을 충족시키기 위해 설계되고 개발됩니다. 즉 소프트웨어 설계 및 개발 과정 전반에 걸쳐 요구사항을 다루게 되므로 요구사항의 개념과 특징을 잘 알아두는 것이 좋습니다.

이해관계자(利害關係者)

소프트웨어 개발과 관련해서 이해관계자는 소프트웨어 개발 의뢰자, 소프트웨어 개발자, 소프트웨어 사용자 등이 있습니다.

전문가의 조언

요구사항은 크게 기능과 비기능으로 구분할 수 있습니다. 기능 요구사항은 '사용자는 회원ID와 비밀번호를 입력하여 로그인할 수 있다.'와 같이 말 그대로 기능에 관한 요구사항이고, 비기능 요구사항은 "시스템은 1년 365일, 하루 24시간 운용이 가능해야 한다."와 같이 대부분 품질이나 제약사항과 관련이 있습니다. 이를 염두에 두고 요구사항을 기능과 비기능으로 구분할 수 있도록 정리하세요.

- **가용성** : 사용하고자 할 때 언제라도 사용할 수 있는 정도
- **정합성** : 데이터의 값이 서로 모순 없이 일관되게 일치하는 정도
- **상호 호환성** : 다른 소프트웨어와 정보를 교환할 수 있는 정도
- **대응성** : 발생한 상황에 대처하는 정도
- **이식성** : 다양한 하드웨어 환경에서도 운용 가능하도록 쉽게 수정될 수 있는 정도
- **확장성** : 규모나 범위를 넓힐 수 있는 정도

비기능 요구사항 (Non-functional requirements)	• 제약사항 : 시스템 설계, 구축, 운영과 관련하여 사전에 파악된 기술, 표준, 업무, 법·제도 등의 제약조건 • 프로젝트 관리 요구사항 : 프로젝트의 원활한 수행을 위한 관리 방법에 대한 요구사항 • 프로젝트 지원 요구사항 : 프로젝트의 원활한 수행을 위한 지원 사항이나 방안에 대한 요구사항
사용자 요구사항 (User requirements)	• 사용자 관점에서 본 시스템이 제공해야 할 요구사항 • 사용자를 위한 것으로 친숙한 표현으로 이해하기 쉽게 작성된다.
시스템 요구사항 (System requirements)	• 개발자 관점에서 본 시스템 전체가 사용자와 다른 시스템에 제공해야 할 요구사항 • 사용자 요구사항에 비해 전문적이고 기술적인 용어로 표현된다. • 소프트웨어 요구사항이라고도 한다.

3 요구사항 개발 프로세스

기사 25.2, 24.5, 21.5

요구사항 개발 프로세스는 개발 대상에 대한 요구사항을 체계적으로 도출하고 이를 분석한 후 분석 결과를 명세서(Specification Document)에 정리한 다음 마지막으로 이를 확인 및 검증하는 일련의 구조화된 활동이다.

- 요구사항 개발 프로세스가 진행되기 전에 개발 프로세스가 비즈니스 목적에 부합되는지, 예산은 적정한지 등에 대한 정보를 수집, 평가한 보고서를 토대로 타당성 조사(Feasibility Study)가 선행되어야 한다.
- 요구사항 개발은 요구공학(Requirement Engineering)의 한 요소이다.

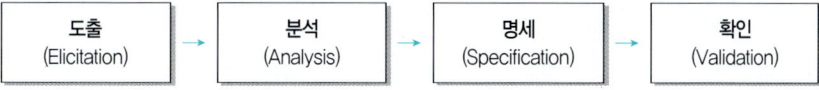

도출(Elicitation) → 분석(Analysis) → 명세(Specification) → 확인(Validation)

잠깐만요 요구공학(Requirements Engineering)

기사 20.8

요구공학은 무엇을 개발해야 하는지 요구사항을 정의하고, 분석 및 관리하는 프로세스를 연구하는 학문입니다.
- 점점 복잡하고 대형화되어가는 소프트웨어 개발 환경에 따라 사용자 요구사항도 더욱 복잡해지고 잦은 변경이 발생하는 데, 이는 요구사항에 문제가 발생할 가능성을 높이며 요구사항 관리가 잘못될 수 있는 원인이 됩니다.
- 요구공학은 요구사항 변경의 원인과 처리 방법을 이해하고 요구사항 관리 프로세스의 품질을 개선하여 소프트웨어 프로젝트 실패를 최소화하는 것을 목표로 합니다.

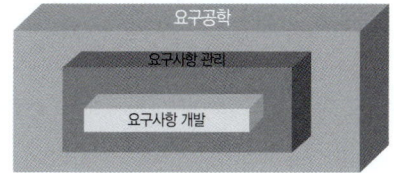

전문가의 조언

요구사항은 '도출 → 분석 → 명세 → 확인' 과정을 거치는데, 각 단계의 명칭을 보면 해당 단계에서 무엇을 수행하는지 대략적인 윤곽을 잡을 수 있습니다. 요구사항 개발 과정을 순서대로 기억하고 각 단계에서는 무엇을 수행하는지 파악해 두세요.

전문가의 조언

요구사항의 도출 과정에서는 청취나 인터뷰 등의 질문 기술이, 분석 과정에서는 분석과 중재 기술이, 명세 과정에서는 관찰 및 모델 작성 기술이 사용된다는 것을 기억해 두세요.

브레인스토밍(Brain Storming)
브레인스토밍은 3인 이상이 자유롭게 의견을 교환하면서 독창적인 아이디어를 산출해 내는 방법입니다.

프로토타이핑(Prototyping)
프로토타이핑은 프로토타입(견본품)을 통해 효과적으로 요구 분석을 수행하면서 명세서를 산출하는 작업으로, 가장 단순한 형태는 설명을 위해 종이에 대략적인 순서나 형태를 그려 보여주는 것입니다.

유스케이스(Use Case)
유스케이스는 사용자의 요구사항을 기능 단위로 표현하는 것입니다.

자료 흐름도(DFD), 자료 사전(DD)은 다음 섹션에서 학습합니다.

④ 요구사항 도출(Requirement Elicitation, 요구사항 수집)
기사 23.5, 21.8, 20.8

요구사항 도출은 시스템, 사용자, 그리고 시스템 개발에 관련된 사람들이 서로 의견을 교환하여 요구사항이 어디에 있는지, 어떻게 수집할 것인지를 식별하고 이해하는 과정이다.

- 요구사항 도출은 소프트웨어가 해결해야 할 문제를 이해하는 첫 번째 단계이다.
- 요구사항 도출 단계에서 개발자와 고객 사이의 관계가 만들어지고 이해관계자(Stakeholder)가 식별된다.
- 이 단계에서는 다양한 이해관계자 간의 효율적인 의사소통이 중요하다.
- 요구사항 도출은 소프트웨어 개발 생명 주기(SDLC; Software Development Life Cycle) 동안 지속적으로 반복된다.
- 요구사항을 도출하는 주요 기법에는 청취와 인터뷰, 설문, 브레인스토밍*, 워크샵, 프로토타이핑*, 유스케이스* 등이 있다.

⑤ 요구사항 분석(Requirement Analysis)
기사 21.5, 20.8

요구사항 분석은 개발 대상에 대한 사용자의 요구사항 중 명확하지 않거나 모호하여 이해되지 않는 부분을 발견하고 이를 걸러내기 위한 과정이다.

- 사용자 요구사항의 타당성을 조사하고 비용과 일정에 대한 제약을 설정한다.
- 내용이 중복되거나 하나로 통합되어야 하는 등 서로 상충되는 요구사항이 있으면 이를 중재하는 과정이다.
- 도출된 요구사항들을 토대로 소프트웨어의 범위를 파악한다.
- 도출된 요구사항들을 토대로 소프트웨어와 주변 환경이 상호 작용하는 방법을 이해한다.
- 요구사항 분석에는 자료 흐름도(DFD)*, 자료 사전(DD)* 등의 도구가 사용된다.

⑥ 요구사항 명세(Requirement Specification)
기사 20.8

요구사항 명세는 분석된 요구사항을 바탕으로 모델을 작성하고 문서화하는 것을 의미한다.

- 요구사항을 문서화할 때는 기능 요구사항은 빠짐없이 완전하고 명확하게 기술해야 하며, 비기능 요구사항은 필요한 것만 명확하게 기술해야 한다.
- 요구사항은 사용자가 이해하기 쉬우며, 개발자가 효과적으로 설계할 수 있도록 작성되어야 한다.
- 설계 과정에서 잘못된 부분이 확인될 경우 그 내용을 요구사항 정의서에서 추적할 수 있어야 한다.
- 구체적인 명세를 위해 소단위 명세서(Mini-Spec)가 사용될 수 있다.

> **잠깐만요** 기사 20.9
> **소프트웨어 요구사항 명세서 / 요구사항 명세 기법**
>
>
> **소프트웨어 요구사항 명세서(SRS; Software Requirement Specification)**
> 업계 표준 용어로 소프트웨어가 반드시 제공해야 하는 기능, 특징, 제약조건 등을 명시합니다.
> - 시스템의 모든 동작뿐만 아니라 성능, 보안, 사용성과 같은 품질도 기술되어야 합니다.
> - 프로젝트 유형에 맞게 양식을 만들어 사용합니다.
> - 소프트웨어 요구사항 명세서에 포함되는 시스템 기능, 데이터, 외부 인터페이스, 품질 요구사항은 요구사항 단위별로 개별 요구사항 명세서를 작성합니다.
>
> **요구사항 명세 기법**
> 요구사항 명세 기법은 정형 명세와 비정형 명세로 구분됩니다.
>
> | 구분 | 정형 명세 기법 | 비정형 명세 기법 |
> |---|---|---|
> | 기법 | 수학적 원리 기반, 모델 기반 | 상태/기능/객체 중심 |
> | 작성
방법 | 수학적 기호, 정형화된 표기법 | 일반 명사, 동사 등의 자연어를 기반으로 서술 또는 다이어그램으로 작성 |
> | 특징 | • 요구사항을 정확하고 간결하게 표현할 수 있음
• 요구사항에 대한 결과가 작성자에 관계없이 일관성이 있으므로 완전성 검증이 가능함
• 표기법이 어려워 사용자가 이해하기 어려움 | • 자연어의 사용으로 인해 요구사항에 대한 결과가 작성자에 따라 다를 수 있어 일관성이 떨어지고, 해석이 달라질 수 있음
• 내용의 이해가 쉬어 의사소통이 용이함 |
> | 종류 | VDM, Z, Petri-net, CSP 등 | FSM, Decision Table, ER모델링, State Chart(SADT) 등 |

전문가의 조언

정형 명세와 비정형 명세 중 어떤 명세를 말하는지 구분할 수 있도록 특징과 종류를 잘 정리해 두세요.

7 요구사항 확인(Requirement Validation, 요구사항 검증) 기사 21.8

요구사항 확인은 개발 자원을 요구사항에 할당하기 전에 요구사항 명세서가 정확하고 완전하게 작성되었는지를 검토하는 활동이다.

- 분석가가 요구사항을 정확하게 이해한 후 요구사항 명세서를 작성했는지 확인(Validation)하는 것이 필요하다.
- 요구사항이 실제 요구를 반영하는지, 서로 상충되는 요구사항은 없는지 등을 점검한다.
- 개발이 완료된 후 문제가 발견되면 재작업 비용이 발생할 수 있으므로 요구사항 검증은 매우 중요하다.
- 요구사항 명세서의 내용이 이해하기 쉬운지, 일관성은 있는지, 회사의 기준에는 맞는지, 그리고 누락된 기능은 없는지 등을 검증(Verification)하는 것이 중요하다.
- 요구사항 문서는 이해관계자들이 검토해야 한다.
- 요구사항 검증 과정을 통해 모든 문제를 확인할 수 있는 것은 아니다.
- 일반적으로 요구사항 관리 도구를 이용하여 요구사항 정의 문서들에 대해 형상 관리*를 수행한다.

형상 관리(SCM; Software Configuration Management)
소프트웨어 개발 단계의 각 과정에서 만들어지는 프로그램, 프로그램을 설명하는 문서, 데이터 등을 통칭하여 형상이라고 합니다. 형상 관리는 소프트웨어의 개발 과정에서 만들어지는 형상들의 변경 사항을 관리하는 일련의 활동을 말합니다.

기출문제 따라잡기

기사 20년 8월

1. 요구사항 분석 시에 필요한 기술로 가장 거리가 먼 것은?

① 청취와 인터뷰 질문 기술
② 분석과 중재 기술
③ 설계 및 코딩 기술
④ 관찰 및 모델 작성 기술

> 문제는 요구사항 분석이지만 보기 내용은 요구사항 개발 과정, 즉 요구사항 도출, 분석, 명세 과정에서 사용되는 기술을 묻는 문제입니다. 설계 및 코딩은 요구사항 개발이 아니라 소프트웨어 구현 과정에서 사용되는 기술입니다.

기사 20년 9월

2. 요구사항 명세 기법에 대한 설명으로 틀린 것은?

① 비정형 명세 기법은 사용자의 요구를 표현할 때 자연어를 기반으로 서술한다.
② 비정형 명세 기법은 사용자의 요구를 표현할 때 Z 비정형 명세 기법을 사용한다.
③ 정형 명세 기법은 사용자의 요구를 표현할 때 수학적인 원리와 표기법을 이용한다.
④ 정형 명세 기법은 비정형 명세 기법에 비해 표현이 간결하다.

> Z는 정형 명세 기법에서 사용합니다.

기사 21년 8월

3. 요구 분석(Requirement Analysis)에 대한 설명으로 틀린 것은?

① 요구 분석은 소프트웨어 개발의 실제적인 첫 단계로, 사용자의 요구에 대해 이해하는 단계라 할 수 있다.
② 요구 추출(Requirement Elicitation)은 프로젝트 계획 단계에 정의한 문제의 범위 안에 있는 사용자의 요구를 찾는 단계이다.
③ 도메인 분석(Domain Analysis)은 요구에 대한 정보를 수집하고 배경을 분석하여 이를 토대로 모델링을 하게 된다.
④ 기능적(Functional) 요구에서 성능, 보안, 품질, 안정 등에 대한 요구사항을 도출한다.

> 성능, 보안, 품질, 안정 등에 대한 요구사항은 비기능 요구사항입니다.

기사 25년 2월, 24년 5월, 21년 5월

4. 요구사항 개발 프로세스의 순서로 옳은 것은?

| ㉠ 도출(Elicitation) | ㉡ 분석(Analysis) |
| ㉢ 명세(Specification) | ㉣ 확인(Validation) |

① ㉠ → ㉡ → ㉢ → ㉣
② ㉠ → ㉢ → ㉡ → ㉣
③ ㉠ → ㉣ → ㉡ → ㉢
④ ㉠ → ㉡ → ㉣ → ㉢

> 개발에 대한 타당성이 충족되면 도출된 요구사항을 분석하여 정리한 후 확인하는 과정을 진행합니다.

기사 21년 5월

5. 요구사항 분석이 어려운 이유가 아닌 것은?

① 개발자와 사용자 간의 지식이나 표현의 차이가 커서 상호 이해가 쉽지 않다.
② 사용자의 요구는 예외가 거의 없어 열거와 구조화가 어렵지 않다.
③ 사용자의 요구사항이 모호하고 불명확하다.
④ 소프트웨어 개발 과정 중에 요구사항이 계속 변할 수 있다.

> ①, ③, ④번과 같은 이유로 인해 사용자의 요구는 수시로 예외가 발생할 수 있어 열거와 구조화가 어렵습니다.

기사 21년 8월

6. 요구사항 검증(Requirements Validation)과 관련한 설명으로 틀린 것은?

① 요구사항이 고객이 정말 원하는 시스템을 제대로 정의하고 있는지 점검하는 과정이다.
② 개발 완료 이후에 문제점이 발견될 경우 막대한 재작업 비용이 들 수 있기 때문에 요구사항 검증은 매우 중요하다.
③ 요구사항이 실제 요구를 반영하는지, 문서상의 요구사항은 서로 상충되지 않는지 등을 점검한다.
④ 요구사항 검증 과정을 통해 모든 요구사항 문제를 발견할 수 있다.

> 검증 과정에서도 모든 요구사항 문제를 발견하기란 쉽지 않습니다.

▶ 정답 : 1. ③ 2. ② 3. ④ 4. ① 5. ② 6. ④

SECTION 022 요구사항 분석

1 요구사항 분석의 개요

기사 24.7, 24.2, 22.3, 21.8, 20.9, 20.6

요구사항 분석은 소프트웨어 개발의 실제적인 첫 단계로 개발 대상에 대한 사용자의 요구사항을 이해하고 문서화(명세화)하는 활동을 의미한다.

- 사용자 요구의 타당성을 조사하고 비용과 일정에 대한 제약을 설정한다.
- 사용자의 요구를 정확하게 추출하여 목표를 정하고, 어떤 방식으로 해결할 것인지를 결정한다.
- 요구사항 분석을 통한 결과는 소프트웨어 설계 단계에서 필요한 기본적인 자료가 되므로 사용자의 요구사항을 정확하고 일관성 있게 분석하여 문서화해야 한다.
- 소프트웨어 분석가에 의해 요구사항 분석이 수행되며, 이 작업 단계를 요구사항 분석 단계라고 한다.
- 요구사항 분석을 위해 UML(Unified Modeling Language), 자료 흐름도(DFD), 자료 사전(DD), 소단위 명세서(Mini-Spec.), 개체 관계도(ERD), 상태 전이도(STD), 제어 명세서 등의 도구를 이용한다.

> **전문가의 조언**
> 요구사항 분석 과정에서 어떤 작업들을 수행하는지 잘 정리해 두세요.

2 구조적 분석 기법

구조적 분석 기법은 자료의 흐름과 처리를 중심으로 하는 요구사항 분석 방법으로, 다음과 같은 특징이 있다.

- 도형 중심의 분석용 도구와 분석 절차를 이용하여 사용자의 요구사항을 파악하고 문서화한다.
- 도형 중심의 도구를 사용하므로 분석가와 사용자 간의 대화가 용이하다.
- 하향식 방법*을 사용하여 시스템을 세분화할 수 있고, 분석의 중복을 배제할 수 있다.
- 사용자의 요구사항을 논리적으로 표현하여 전체 시스템을 일관성 있게 이해할 수 있다.
- 시스템 분석의 질이 향상되고, 시스템 개발의 모든 단계에서 필요한 명세서 작성이 가능하다.

> **전문가의 조언**
> 구조적 분석 기법의 특징과 이 기법에서 사용하는 도구들의 종류를 기억해 두세요.

> **하향식 방법**
> 한 장의 종이에 소프트웨어의 모든 기능을 모델링할 수 없으므로 소프트웨어의 기능을 전체적인 수준에서 상세 수준까지 위에서 아래로 단계별로 분리하여 모델링하는 것을 의미합니다.

3 자료 흐름도(DFD)

25.5, 24.5, 기사 25.8, 25.5, 25.2, 24.5, 24.2, 23.7, 23.2, 22.7, 22.3, 20.9, 20.8, 20.6

자료 흐름도(DFD; Data Flow Diagram)는 요구사항 분석에서 자료의 흐름* 및 변환 과정과 기능을 도형 중심으로 기술하는 방법으로 자료 흐름 그래프, 버블 차트라고도 한다.

- 시스템 안의 프로세스와 자료 저장소 사이에 자료의 흐름을 나타내는 그래프로 자료 흐름과 처리를 중심으로 하는 구조적 분석 기법에 이용된다.

> **전문가의 조언**
> 자료 흐름도의 의미를 파악하고, 자료 흐름도의 네 가지 구성 요소와 표기 방법을 정확히 알아두세요. 구성 요소의 명칭은 영문으로도 알아둬야 합니다.

> **자료의 흐름**
> 자료는 각 절차에 따라 컴퓨터 기반의 시스템 내부를 흘러다니는데, 이를 자료의 흐름이라 합니다.

- 자료 흐름도에서는 자료의 흐름과 기능을 프로세스(Process), 자료 흐름(Flow), 자료 저장소(Data Store), 단말(Terminator)의 네 가지 기본 기호로 표시한다.

기호	표기법
24.5, 기사 24.5, 22.3, 20.9, … 프로세스(Process)	물품 확인
24.5, 기사 24.5, 22.3, 20.9, … 자료 흐름(Data Flow)	물품 코드 →
24.5, 기사 24.5, 22.3, 20.9, … 자료 저장소(Data Store)	물품대장
기사 24.5, 22.3, 20.9, … 단말(Terminator)	공장

> **전문가의 조언**
> 자료 사전에서 사용되는 기호들의 종류와 각각의 의미를 정확하게 기억해 두세요.

4 자료 사전 기사 20.9, 20.8, 20.6

자료 사전(DD; Data Dictionary)은 자료 흐름도에 있는 자료를 더 자세히 정의하고 기록한 것이며, 이처럼 데이터를 설명하는 데이터를 데이터의 데이터 또는 메타 데이터(Meta Data)라고 한다.

- 자료 흐름도에 시각적으로 표시된 자료에 대한 정보를 체계적이고 조직적으로 모아 개발자나 사용자가 편리하게 사용할 수 있다.
- 자료 사전에서 사용되는 표기 기호는 다음과 같다.

기호	의미
=	**자료의 정의** : ~로 구성되어 있다(is composed of)
+	**자료의 연결** : 그리고(and)
기사 20.6 ( )	**자료의 생략** : 생략 가능한 자료(Optional)
기사 20.9 [|]	**자료의 선택** : 또는(or)
기사 20.8 { }	**자료의 반복** : Iteration of ① $\{\ \}_n$: n번 이상 반복 ② $\{\ \}^n$: 최대로 n번 반복 ③ $\{\ \}^n_m$: m 이상 n 이하로 반복
* *	**자료의 설명** : 주석(Comment)

> **전문가의 조언**
> 소단위 명세서의 기능과 소단위 명세서를 기술하기 위한 도구에는 무엇이 있는지 간단히 기억하세요.
>
> **최하위 처리 절차**
> 더 이상 세분화할 수 없는 단계의 프로세스로, 원시 버블 또는 프리미티브 버블(Primitive Bubble)이라고도 합니다.

5 소단위 명세서(Mini-Spec.)

소단위 명세서(Mini-Specification)는 자료 흐름도 상의 최하위 처리 절차*를 상세하게 기술하는 데 사용하는 도구로, 프로세스 명세서라고도 한다.

- 자료 흐름도를 지원하기 위하여 작성한다.
- 수작업 부분과 자동화 부분을 분리하는 내용이나 설계 내용을 미리 판단하기 위한 내용이 포함되어서는 안 된다.
- 소단위 명세서는 구조적 언어, 의사 결정표(판단표), 의사 결정도를 이용하여 기술한다.

6 개체 관계도(ERD)

개체 관계도(ERD, Entity Relationship Diagram)는 시스템에서 처리되는 개체(자료)와 개체의 구성과 속성, 개체 간의 관계를 표현하여 개체를 모델화하는 도구이다.
- 개체 관계도는 자료 흐름도의 자료 저장소를 종합적이고, 체계적으로 모델링한다.
- 개체 관계도는 개체(Entity), 관계(Relationship), 속성(Attribute) 등으로 구성된다.

구성 요소	의미	표기법
개체(Entity)	소프트웨어에 의해 인식되는 여러 종류의 정보	□
관계(Relationship)	개체 간에 존재하는 상호 작용	◇
속성(Attribute)	개체에 관련된 특성	○

> **전문가의 조언**
> 개체 관계도(ERD)의 기능과 구성 요소를 중심으로 정리하세요.

7 상태 전이도(STD)

상태 전이도(STD, State Transition Diagram)는 시스템에 어떤 일이 발생할 경우 시스템의 상태와 상태의 변화를 모델링하는 것으로, 상태 전이도를 통해 개발자는 시스템의 행위를 정의할 수 있다.
- 시스템의 상태란 시스템이 수행중인 상태을 의미하는 것으로 직사각형으로 나타낸다.
- 상태의 변화란 시스템이 어떤 상태에서 다른 상태로 변환되는 과정을 의미하는 것으로 화살표로 나타낸다.
- 상태의 변화를 일으키는 조건과 그 조건이 상태를 변화시킬 때 시스템이 취하는 행동을 제시해야 한다.
- 화살표의 시작은 상태 변화를 일으키는 사건을 의미하며, 화살표의 끝은 사건의 결과로 발생하는 내용(행동)이다.

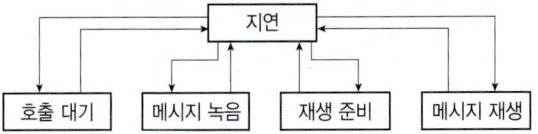

> **전문가의 조언**
> 상태 전이도가 무엇인가에 초점을 두고 구성 요소의 의미와 표현 방법을 기억하세요.

기출문제 따라잡기

기사 20년 6월

1. 소프트웨어 개발 방법 중 요구사항 분석(Requirements Analysis)과 거리가 먼 것은?

① 비용과 일정에 대한 제약 설정
② 타당성 조사
③ 요구사항 정의 문서화
④ 설계 명세서 작성

> 설계 명세서 작성은 설계 과정에서 수행하는 작업입니다.

기사 20년 9월

2. 소프트웨어 개발 단계에서 요구분석 과정에 대한 설명으로 거리가 먼 것은?

① 분석 결과의 문서화를 통해 향후 유지보수에 유용하게 활용할 수 있다.
② 개발 비용이 가장 많이 소요되는 단계이다.
③ 자료 흐름도, 자료 사전 등이 효과적으로 이용될 수 있다.
④ 보다 구체적인 명세를 위해 소단위 명세서(Mini-Spec)가 활용될 수 있다.

> 비용이 가장 많이 소요되는 단계는 유지보수 단계입니다.

25년 5월, 24년 5월, 기사 22년 7월, 20년 8월, 6월

3. 자료 흐름도(Data Flow Diagram)의 구성 요소에 해당하지 않는 것은?

① 자료 흐름(Data Flow)
② 처리(Process)
③ 자료 저장소(Data Store)
④ 의사 결정표(Decision Table)

> 자료 흐름도의 구성 요소는 처리(Process), 자료 흐름(Data Flow), 자료 저장소(Data Store), 단말(자료 발생지)입니다.

이전기출

4. 다음 자료 흐름도에서 자료 저장소에 해당하는 것은?

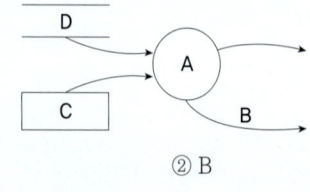

① A
② B
③ C
④ D

> 자료 저장소(Data Store)는 ──── 로 나타냅니다. 다른 것도 한번 확인해 볼까요! A는 처리(Process), B는 자료 흐름(Data Flow), C는 단말(Terminator)!

이전기출

5. 자료 사전(DD, Data Dictionary)에 대한 설명으로 가장 적절한 것은?

① 자료가 발생지에서 종착지까지 처리되고 저장되는 모든 활동 사항을 도형을 이용하여 나타내는 구조적 분석용 도구
② 시스템과 관련된 모든 자료의 명세와 자료 속성을 파악할 수 있도록 조직화한 도구
③ 처리 절차나 논리적 활동을 기술하는 도구로, 구조적 언어나 의사 결정표의 형태로 구성된 것
④ 크고 복잡한 문제를 해결할 때 이해하기 쉬운 일련의 작은 단위로 나눈 뒤 차례로 풀어 나가는 과정을 모은 것

> ①번은 자료 흐름도(DFD), ③번은 소단위 명세서(Mini-Spec)에 대한 설명입니다.

이전기출

6. 구조적 분석에서 자료 사전(Data Dictionary) 작성 시 고려사항으로 거리가 먼 것은?

① 이름이 중복되어야 한다.
② 갱신하기 쉬워야 한다.
③ 이름을 가지고 정의를 쉽게 찾을 수 있어야 한다.
④ 정의하는 방식이 명확해야 한다.

> 자료 사전의 이름이 중복되어 있으면 올바른 검색을 할 수가 없습니다.

이전기출

7. 자료 사전(Data Dictionary)에서 사용되는 기호 중 반복을 의미하는 것은?

① +
② ( )
③ [ ]
④ { }

> 같은 문제가 계속 중복 출제되었네요. 반복은 { }입니다. 꼭 기억하세요. +는 자료의 연결, ( )는 자료의 생략, [ ]는 자료의 선택을 나타냅니다.

이전기출

8. 자료 흐름도의 자료 저장소를 종합적이고, 체계적으로 모델링하기 위한 도구는?

① 의사 결정도
② 설계구조 도표
③ 상태 전이도
④ 개체 관계도

> 자료 흐름도의 자료 저장소가 개체에 해당됩니다. 이것을 종합적이고 체계적으로 모델링한 것이 개체 관계도입니다.

기출문제 따라잡기

이전기출

9. 자료 흐름도의 구성 요소 중 다음 설명에 해당하는 것은?

> 시스템에서의 처리요소를 자료변환의 관점에서 표시하여 처리요소 데이터에 대한 연산을 내용으로 하며, 원으로 표시한다.

① Data Flow ② Process
③ Terminator ④ Data Store

지문에서 설명하는 구성 요소는 Process입니다.

이전기출

10. 자료 흐름도에 대한 설명으로 틀린 것은?

① 처리 공정은 원, 자료 저장소는 이중 직선, 종착지는 사각형, 자료 흐름은 점선으로 표시한다.
② 시스템의 활동적인 구성 요소 및 그들 간의 연관 관계를 모형화 한다.
③ 자료 흐름도는 논리적으로 일관성이 있어야 한다.
④ 기능별로 분할하고 다차원적이다.

자료 흐름(Data Flow)은 점선이 아니라 실선의 화살표로 표시합니다.

이전기출

11. 자료 흐름도(DFD)에 대한 설명으로 옳지 않은 것은?

① 도형 중심의 표현
② 상향식 분할의 표현
③ 자료 흐름 중심의 표현
④ 구조적 분석용 문서화 도구

자료 흐름도는 하향식 분할 원리를 사용합니다.

이전기출

12. 자료 사전에서 사용되는 기호의 의미로 옳은 것은?

① { } : 자료의 정의
② [ ] : 자료의 생략
③ ( ) : 자료의 반복
④ * * : 자료의 설명(주석)

{ }는 자료의 반복, ( )는 자료의 생략, [ ]는 자료의 선택을 나타냅니다.

이전기출

13. 자료 흐름도의 구성 요소 중 대상 시스템의 외부에 존재하는 사람이나 조직체를 나타낸 것은 무엇인가?

① Process ② Data Flow
③ Data Store ④ Terminator

시스템의 외부에 존재하는 사람이나 조직체를 단말(Terminator)이라고 합니다.

이전기출

14. 상태 전이도(State Transaction Diagram)에 대한 설명으로 거리가 먼 것은?

① 시스템의 상태는 시스템이 수행중인 상태로 직사각형으로 나타낸다.
② 상태의 변화란 시스템이 어떤 상태에서 다른 상태로 변환되는 과정을 나타낸다.
③ 관계는 객체들 간의 일련의 연결을 표현하며 다이아몬드꼴로 표현된다.
④ 상태의 변화를 야기시키는 조건과 그 조건이 상태를 변화시킬 때 시스템이 취하는 행동을 제시해야 한다.

관계는 개체 관계도의 구성 요소입니다.

기사 25년 5월, 24년 5월, 23년 7월, 22년 3월

15. 자료 흐름도(DFD)의 각 요소별 표기 형태의 연결이 옳지 않은 것은?

① Process : 원
② Data Flow : 화살표
③ Data Store : 삼각형
④ Terminator : 사각형

자료 저장소(Data Store)는 평행선(=) 안에 자료 저장소 이름을 기입합니다.

▶ 정답 : 1.④ 2.② 3.④ 4.④ 5.② 6.① 7.④ 8.④ 9.② 10.① 11.② 12.④ 13.④ 14.③ 15.③

SECTION 023 요구사항 분석 CASE와 HIPO

전문가의 조언
요구사항 분석용 도구의 종류와 각각의 의미를 정확하게 알아두세요.

1 요구사항 분석을 위한 CASE(자동화 도구)
기사 20.9

- 요구사항 분석을 위한 자동화 도구는 요구사항을 자동으로 분석하고, 요구사항 분석 명세서를 기술하도록 개발된 도구를 의미한다.
- 요구사항 분석을 위한 자동화 도구 사용의 이점은 다음과 같다.
  - 표준화와 보고를 통한 문서화 품질 개선
  - 데이터베이스가 모두에게 이용 가능하다는 점에서 분석자들 간의 적절한 조정
  - 교차 참조도와 보고서를 통한 결함, 생략, 불일치 등의 발견 용이성
  - 변경이 주는 영향 추적의 용이성
  - 명세에 대한 유지보수 비용의 축소

종류

요구사항 분석을 위한 자동화 도구에는 SADT, SREM, PSL/PSA, TAGS, EPOS 등이 있다.

- **SADT(Structured Analysis and Design Technique)**
  - SoftTech 사에서 개발한 것으로 시스템 정의, 소프트웨어 요구사항 분석, 시스템/소프트웨어 설계를 위해 널리 이용되어 온 구조적 분석 및 설계 도구이다.
  - 구조적 요구 분석을 하기 위해 블록 다이어그램을 채택한 자동화 도구이다.
- **SREM(Software Requirements Engineering Methodology) = RSL/REVS**
  - TRW 사가 우주 국방 시스템 그룹에 의해 실시간 처리 소프트웨어 시스템에서 요구사항을 명확히 기술하도록 할 목적으로 개발한 것으로, RSL과 REVS를 사용하는 자동화 도구이다.
  - RSL(Requirement Statement Language) : 요소, 속성, 관계, 구조들을 기술하는 요구사항 기술 언어

요소	요구사항 명세를 개발하기 위해 사용되는 개체와 개념
속성	요소를 수정하거나 수식(修飾= 장식)하기 위한 것
관계	개체들 간의 관계
구조	정보 흐름을 묘사하기 위한 것

  - REVS(Requirement Engineering and Validation System) : RSL로 기술된 요구사항들을 자동으로 분석하여 요구사항 분석 명세서를 출력하는 요구사항 분석기

- PSL/PSA
  - 미시간 대학에서 개발한 것으로 PSL과 PSA를 사용하는 자동화 도구이다.
  - PSL(Problem Statement Language) : 문제(요구사항) 기술 언어
  - PSA(Problem Statement Analyzer) : PSL로 기술한 요구사항을 자동으로 분석하여 다양한 보고서를 출력하는 문제 분석기
- TAGS(Technology for Automated Generation of Systems)
  - 시스템 공학 방법 응용에 대한 자동 접근 방법으로, 개발 주기의 전 과정에 이용할 수 있는 통합 자동화 도구이다.
  - 구성 : IORL, 요구사항 분석과 IORL 처리를 위한 도구, 기초적인 TAGS 방법론
  - IORL : 요구사항 명세 언어

2 HIPO

HIPO(Hierarchy Input Process Output)는 시스템의 분석 및 설계나 문서화할 때 사용되는 기법으로, 시스템 실행 과정인 입력, 처리, 출력의 기능을 나타낸다.

- 기본 시스템 모델은 입력, 처리, 출력으로 구성되며, 하향식 소프트웨어 개발을 위한 문서화 도구이다.
- 체계적인 문서 관리가 가능하다.
- 기호, 도표 등을 사용하므로 보기 쉽고 이해하기도 쉽다.
- 기능과 자료의 의존 관계를 동시에 표현할 수 있다.
- 변경, 유지보수가 용이하다.
- 시스템의 기능을 여러 개의 고유 모듈들로 분할하여 이들 간의 인터페이스를 계층 구조로 표현한 것을 HIPO Chart라고 한다.

HIPO Chart의 종류

HIPO Chart의 종류에는 가시적 도표(Visual Table of Contents), 총체적 도표(Overview Diagram), 세부적 도표(Detail Diagram)가 있다.

- **가시적 도표(도식 목차)** : 시스템의 전체적인 기능과 흐름을 보여주는 계층(Tree) 구조도
- **총체적 도표(총괄도표, 개요 도표)** : 프로그램을 구성하는 기능을 기술한 것으로 입력, 처리, 출력에 대한 전반적인 정보를 제공하는 도표
- **세부적 도표(상세 도표)** : 총체적 도표에 표시된 기능을 구성하는 기본 요소들을 상세히 기술하는 도표

기출문제 따라잡기

이전기출
1. HIPO의 설명으로 옳지 않은 것은?
① 문서화의 도구 및 설계 도구 방법을 제공하는 기법이다.
② 입력, 처리, 출력 관계를 시각적으로 기술한다.
③ 시스템의 구조를 기능 중심으로 설계한다.
④ 상향식 설계 방식이다.

> HIPO는 하향식 설계 방식을 사용합니다.

이전기출
2. HIPO(Hierarchy plus Input Process Output)에 대한 설명으로 옳지 않은 것은?
① 프로그램의 기능을 계층 구조로 도식화함으로써 개발 순서를 논리적으로 전개할 수 있는 수단이다.
② 상향식 중심이며, HIPO의 3단계 종류는 Overview Diagram, Detailed Diagram, Data Dictionary 이다.
③ 각각의 기능을 용이하게 이해할 수 있다.
④ 표준화된 문서 작성 기법을 사용하므로 의사 전달 착오 가능성이 매우 적다.

> HIPO는 하향식 설계 방식을 사용합니다.

이전기출
3. HIPO 패키지의 3단계 다이어그램에 해당하지 않는 것은?
① Visual Table of Contents
② Overview Diagram
③ Detail Diagram
④ Table Diagram

> HIPO는 도식 목차(Visual Table of Contents), 총괄 도표(Overview Diagram), 상세 도표(Detail Diagram)로 구성됩니다.

이전기출
4. HIPO 패키지 중 다음 사항에 해당하는 것은?

> 시스템 또는 프로그램의 기능을 입력, 처리, 출력 관계로 도표화한 것으로, 사용자의 관점에서 본 시스템 또는 프로그램의 기능과 처리 내용을 설명하는 것

① 상세 도표(Detail Diagram)
② 총괄 도표(Overview Diagram)
③ 도식 목차(Visual Table of Contents)
④ 보충 설명

> 총괄 도표(Overview Diagram)는 입력, 처리, 출력에 대한 전반적인 정보를 제공하는 도표이고, 도식 목차(Visual Table of Contents)는 HIPO에서 지정된 기능을 계층적으로 나타낸 도표이며, 상세 도표(Detail Diagram)는 총괄 도표에 나타난 기능을 구성하는 기본 요소들을 상세히 기술한 도표입니다.

이전기출
5. HIPO의 구성 요소로 옳게 짝지어진 것은?
① Input, Control, Process
② Input, Control, Storage
③ Input, Process, Output
④ Storage, Process, Output

> HIPO는 Hierarchy Input Process Output의 약자입니다.

기사 20년 9월
6. SoftTech 사에서 개발한 것으로 구조적 요구 분석을 하기 위해 블록 다이어그램을 채택한 자동화 도구는?
① SREM   ② PSL/PSA
③ HIPO   ④ SADT

> 'SoftTech 사에서 개발, 그리고 블록 다이어그램 채택'은 SADT의 대표적인 특징입니다.

▶ 정답 : 1. ④ 2. ② 3. ④ 4. ② 5. ③ 6. ④

SECTION 024 UML(Unified Modeling Language)

1 UML(Unified Modeling Language)의 개요

UML은 시스템 분석, 설계, 구현 등 시스템 개발 과정에서 시스템 개발자와 고객 또는 개발자 상호간의 의사소통이 원활하게 이루어지도록 표준화한 대표적인 객체지향 모델링 언어*이다.

- UML은 Rumbaugh(OMT), Booch, Jacobson 등의 객체지향 방법론의 장점을 통합하였으며, 객체 기술에 관한 국제표준화기구인 OMG(Object Management Group)에서 표준으로 지정하였다.
- UML을 이용하여 시스템의 구조를 표현하는 6개의 구조 다이어그램과 시스템의 동작을 표현하는 7개의 행위 다이어그램을 작성할 수 있다.
- 각각의 다이어그램은 사물과 사물 간의 관계를 용도에 맞게 표현한다.
- UML의 구성 요소에는 사물(Things), 관계(Relationships), 다이어그램(Diagram) 등이 있다.

2 사물(Things)

사물은 모델을 구성하는 가장 중요한 기본 요소로, 다이어그램 안에서 관계가 형성될 수 있는 대상들을 말한다.

- 사물에는 구조 사물, 행동 사물, 그룹 사물, 주해 사물이 있다.

사물	내용
구조 사물 (Structural Things)	• 시스템의 개념적, 물리적 요소를 표현 • 클래스(Class), 유스케이스(Use Case), 컴포넌트(Component)*, 노드(Node) 등
행동 사물 (Behavioral Things)	• 시간과 공간에 따른 요소들의 행위를 표현 • 상호작용(Interaction), 상태 머신(State Machine) 등
그룹 사물 (Grouping Things)	• 요소들을 그룹으로 묶어서 표현 • 패키지(Package)
주해 사물 (Annotation Things)	• 부가적인 설명이나 제약조건 등을 표현 • 노트(Note)

3 관계(Relationships)

관계는 사물과 사물 사이의 연관성을 표현하는 것으로, 연관 관계, 집합 관계, 포함 관계, 일반화 관계, 의존 관계, 실체화 관계 등이 있다.

연관(Association) 관계

연관 관계는 2개 이상의 사물이 서로 관련되어 있음을 표현한다.

- 사물 사이를 실선으로 연결하여 표현하며, 방향성은 화살표로 표현한다.
- 서로에게 영향을 주는 양방향 관계의 경우 화살표를 생략하고 실선으로만 연결한다.
- 연관에 참여하는 객체의 개수를 의미하는 다중도(Multiplicity)를 선 위에 표기한다.

다중도	의미
1	1개의 객체가 연관되어 있다.
n	n개의 객체가 연관되어 있다.
0..1	연관된 객체가 없거나 1개만 존재한다.
0..* 또는 *	연관된 객체가 없거나 다수일 수 있다.
1..*	연관된 객체가 적어도 1개 이상이다.
n..*	연관된 객체가 적어도 n개 이상이다.
n..m	연관된 객체가 최소 n개에서 최대 m개이다.

전문가의 조언

사물, 즉 객체는 유스케이스, 클래스, 컴포넌트와 같이 별도의 표현 형태가 있는 경우를 제외하고는 기본적으로 사각형으로 표현됩니다.

예제 1 사람이 집을 소유하는 관계이다. 사람은 자기가 소유하고 있는 집에 대해 알고 있지만 집은 누구에 의해 자신이 소유되고 있는지 모른다는 의미이다.

해설

- '사람' 쪽에 표기된 다중도가 '1'이므로 집은 한 사람에 의해서만 소유될 수 있다.
- '집' 쪽에 표기된 다중도가 '1'이므로 사람은 집을 하나만 소유할 수 있다.

예제 2 선생님은 학생을 가르치고 학생은 선생님으로부터 가르침을 받는 것과 같이 선생님과 학생은 서로 관계가 있다.

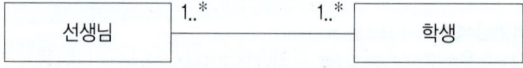

해설

- '선생님' 쪽에 표기된 다중도가 '1..*'이므로 학생은 한 명 이상의 선생님으로부터 가르침을 받는다.
- '학생' 쪽에 표기된 다중도가 '1..*'이므로 선생님은 한 명 이상의 학생을 가르친다.

집합(Aggregation) 관계

집합 관계는 하나의 사물이 다른 사물에 포함되어 있는 관계를 표현한다.

- 포함하는 쪽(전체, Whole)과 포함되는 쪽(부분, Part)은 서로 독립적이다.
- 포함되는 쪽(부분, Part)에서 포함하는 쪽(전체, Whole)으로 속이 빈 마름모를 연결하여 표현한다.

예제 프린터는 컴퓨터에 연결해서 사용할 수 있으며, 다른 컴퓨터에 연결해서 사용할 수도 있다.

포함(Composition) 관계

포함 관계는 집합 관계의 특수한 형태로, 포함하는 사물의 변화가 포함되는 사물에게 영향을 미치는 관계를 표현한다.

- 포함하는 쪽(전체, Whole)과 포함되는 쪽(부분, Part)은 서로 독립될 수 없고 생명주기를 함께한다.
- 포함되는 쪽(부분, Part)에서 포함하는 쪽(전체, Whole)으로 속이 채워진 마름모를 연결하여 표현한다.

> **예제** 문을 열 수 있는 키는 하나이며, 해당 키로 다른 문은 열 수 없다. 문이 없어지면 키도 더 이상 필요하지 않다.

일반화(Generalization) 관계

일반화 관계는 하나의 사물이 다른 사물에 비해 더 일반적인지 구체적인지를 표현한다.

- 예를 들어 사람은 여자와 남자보다 일반적인 개념이고 반대로 여자와 남자는 사람보다 구체적인 개념이다.
- 보다 일반적인 개념을 상위(부모), 보다 구체적인 개념을 하위(자식)라고 부른다.
- 구체적(하위)인 사물에서 일반적(상위)인 사물 쪽으로 속이 빈 화살표를 연결하여 표현한다.

> **예제** 아메리카노와 에스프레소는 커피이다. 다시 말하면, 커피에는 아메리카노와 에스프레소가 있다.

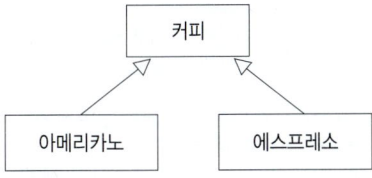

전문가의 조언

일반화 관계의 개념을 묻는 문제가 출제되었습니다. 일반화 관계의 개념을 이해하고, 예제를 통해 표현 형태를 기억해 두세요.

의존(Dependency) 관계

의존 관계는 연관 관계와 같이 사물 사이에 서로 연관은 있으나 필요에 의해 서로에게 영향을 주는 짧은 시간 동안만 연관을 유지하는 관계를 표현한다.

- 하나의 사물과 다른 사물이 소유 관계는 아니지만 사물의 변화가 다른 사물에도 영향을 미치는 관계이다.
- 일반적으로 한 클래스가 다른 클래스를 오퍼레이션의 매개 변수로 사용하는 경우에 나타나는 관계이다.
- 영향을 주는 사물(이용자)이 영향을 받는 사물(제공자) 쪽으로 점선 화살표를 연결하여 표현한다.

> **예제** 등급이 높으면 할인율을 적용하고, 등급이 낮으면 할인율을 적용하지 않는다.

예제에서 등급을 이용해 할인율을 적용하는 것처럼 할인율을 적용하기 위해 등급을 매개 변수로 사용하는 관계를 말합니다.

실체화(Realization) 관계

실체화 관계는 사물이 할 수 있거나 해야 하는 기능(오퍼레이션, 인터페이스)으로 서로를 그룹화 할 수 있는 관계를 표현한다.

- 한 사물이 다른 사물에게 오퍼레이션을 수행하도록 지정하는 의미적 관계이다.
- 사물에서 기능 쪽으로 속이 빈 점선 화살표를 연결하여 표현한다.

예제 비행기는 날 수 있고 새도 날 수 있다. 그러므로 비행기와 새는 날 수 있다는 행위로 그룹화 할 수 있다.

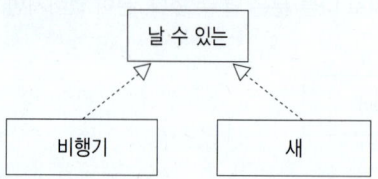

4 다이어그램(Diagram)

25.2, 24.5, 23.2, 기사 25.8, 25.5, 25.2, 23.7, 23.5, 23.2, 22.3, 21.8, 21.5, 21.3, 20.9, 20.8, 20.6

다이어그램은 사물과 관계를 도형으로 표현한 것이다.

- 여러 관점에서 시스템을 가시화한 뷰(View)를 제공함으로써 의사소통에 도움을 준다.
- 정적 모델링에서는 주로 구조적 다이어그램을 사용하고 동적 모델링에서는 주로 행위 다이어그램을 사용한다.
- 구조적(Structural) 다이어그램의 종류

기사 25.8, 20.6 **클래스 다이어그램** (Class Diagram)	• 클래스와 클래스가 가지는 속성, 클래스 사이의 관계를 표현한다. • 시스템의 구조를 파악하고 구조상의 문제점을 도출할 수 있다.
기사 20.6 **객체 다이어그램** (Object Diagram)	• 클래스에 속한 사물(객체)들, 즉 인스턴스(Instance)를 특정 시점의 객체와 객체 사이의 관계로 표현한다. • 럼바우(Rumbaugh) 객체지향 분석 기법에서 객체 모델링에 활용된다.
기사 22.3, 20.6 **컴포넌트 다이어그램** (Component Diagram)	• 실제 구현 모듈인 컴포넌트 간의 관계나 컴포넌트 간의 인터페이스를 표현한다. • 구현 단계에서 사용되는 다이어그램이다.
24.5, 기사 22.3 **배치 다이어그램** (Deployment Diagram)	• 결과물, 프로세스, 컴포넌트 등 물리적 요소들의 위치를 표현한다. • 노드와 의사소통(통신) 경로로 표현한다. • 구현 단계에서 사용되는 다이어그램이다.
복합체 구조 다이어그램 (Composite Structure Diagram)	클래스나 컴포넌트가 복합 구조를 갖는 경우 그 내부 구조를 표현한다.
기사 22.3 **패키지 다이어그램** (Package Diagram)	유스케이스나 클래스 등의 모델 요소들을 그룹화한 패키지들의 관계를 표현한다.

> **전문가의 조언**
>
> UML에서 사용하는 다이어그램의 종류를 묻는 문제가 출제되었습니다. 다이어그램이 무엇인지, 구조적 다이어그램에는 어떤 것들이 있는지, 행위 다이어그램에는 어떤 것들이 있는지 알아두세요. 그리고 어떤 다이어그램을 말하는지 찾아낼 수 정도로는 각 다이어그램의 특징을 알고 있어야 합니다.

- 행위(Behavioral) 다이어그램의 종류

25.2, 24.5, 기사 21.3, 20.8 유스케이스 다이어그램 (Use Case Diagram)	• 사용자의 요구를 분석하는 것으로 기능 모델링 작업에 사용한다. • 사용자(Actor)와 사용 사례(Use Case)로 구성되며, 사용 사례 간에는 여러 형태의 관계로 이루어진다.
25.2, 24.5, 기사 25.8, 22.3, 20.8 순차 다이어그램 (Sequence Diagram)	상호 작용하는 시스템이나 객체들이 주고받는 메시지를 표현한다.
커뮤니케이션 다이어그램 (Communication Diagram)	순차 다이어그램과 같이 동작에 참여하는 객체들이 주고받는 메시지를 표현하는데, 메시지뿐만 아니라 객체들 간의 연관까지 표현한다.
기사 25.8, 23.7, 21.3, 20.9 상태 다이어그램 (State Diagram)	• 하나의 객체가 자신이 속한 클래스의 상태 변화 혹은 다른 객체와의 상호 작용에 따라 상태가 어떻게 변화하는지를 표현한다. • 럼바우(Rumbaugh) 객체지향 분석 기법에서 동적 모델링에 활용된다.
25.2, 24.5, 기사 25.8, 23.2, 20.8 활동 다이어그램 (Activity Diagram)	시스템이 어떤 기능을 수행하는지 객체의 처리 로직이나 조건에 따른 처리의 흐름을 순서에 따라 표현한다.
상호작용 개요 다이어그램 (Interaction Overview Diagram)	상호작용 다이어그램 간의 제어 흐름을 표현한다.
타이밍 다이어그램 (Timing Diagram)	객체 상태 변화와 시간 제약을 명시적으로 표현한다.

잠깐만요 | 스테레오 타입(Stereotype)

기사 24.7, 23.7, 22.7, 20.6

스테레오 타입은 UML에서 표현하는 기본 기능 외에 추가적인 기능을 표현하기 위해 사용합니다.
- 길러멧(Guilemet)이라고 부르는 겹화살괄호(《 》) 사이에 표현할 형태를 기술합니다.
- 주로 표현되는 형태는 다음과 같습니다.

《include》	연결된 다른 UML 요소에 대해 포함 관계에 있는 경우
《extend》	연결된 다른 UML 요소에 대해 확장 관계에 있는 경우
《interface》	인터페이스를 정의하는 경우
《exception》	예외를 정의하는 경우
《constructor》	생성자 역할을 수행하는 경우

전문가의 조언

길러멧 기호(《 》)의 용도를 묻는 문제가 출제되었습니다. 스테레오 타입을 표현할 때 사용하는 기호(《 》)와 주로 표현되는 형태의 종류를 알아두세요.

기출문제 따라잡기

24년 5월, 22년 3월
1. UML 모델에서 하나의 사물이 다른 사물에 비해 더 일반적인지 구체적인지를 표현하는 경우에 나타나는 관계는?
① 의존 관계　② 일반화 관계
③ 연관 관계　④ 포함 관계

더 일반적인지 구체적인지를 표현하는 관계는 일반화 관계입니다.

기사 20년 9월
2. UML의 기본 구성 요소가 아닌 것은?
① Things　② Terminal
③ Relationship　④ Diagram

UML의 구성 요소에는 사물, 관계, 다이어그램이 있습니다.

▶ 정답 : 1. ② 2. ②

기출문제 따라잡기

기사 24년 7월, 23년 7월, 22년 7월, 20년 6월

3. UML 확장 모델에서 스테레오 타입 객체를 표현할 때 사용하는 기호로 맞는 것은?

① 《 》　　② (( ))　　③ {{ }}　　④ [[ ]]

> 스테레오 타입을 표현하는 기호는 겹화살괄호입니다.

22년 7월

4. 시스템 분석, 설계, 구현 등 시스템 개발 과정에서 시스템 개발자와 고객 또는 개발자 상호 간의 의사소통이 원활하게 이루어지도록 표준화한 통합 모델링 언어는?

① JAVA　　② PHP
③ UML　　④ ASP

> 의사소통을 위해 통일된(Unified) 하나의 표현법으로 모델링(Modeling)한 언어(Language)는 UML입니다.

24년 5월, 기사 20년 8월

5. UML에서 활용되는 다이어그램 중, 시스템의 동작을 표현하는 행위(Behavioral) 다이어그램에 해당하지 않는 것은?

① 유스케이스 다이어그램(Use Case Diagram)
② 시퀀스 다이어그램(Sequence Diagram)
③ 활동 다이어그램(Activity Diagram)
④ 배치 다이어그램(Deployment Diagram)

> 배치 다이어그램은 구조적 다이어그램에 해당합니다.

기사 20년 6월

6. UML 모델에서 사용하는 Structural Diagram에 속하지 않는 것은?

① Class Diagram　　② Object Diagram
③ Component Diagram　　④ Activity Diagram

> 활동(Activity) 다이어그램은 행위(Behavioral) 다이어그램에 해당합니다.

25년 2월, 23년 7월

7. 다음에서 설명하고 있는 관계(Relationships)는?

> - 하나의 사물이 다른 사물에 비해 더 일반적인지 구체적인지를 표현한다.
> - 일반적인 개념을 상위(부모), 보다 구체적인 개념을 하위(자식)라고 부르며, 구체적인 사물에서 일반적인 사물 쪽으로 속이 빈 화살표를 연결하여 표현한다.

① 일반화　　② 포함
③ 연관　　④ 집합

> 더 일반적인지 구체적인지를 표현하는 것이 일반화(Generalization) 관계입니다.

기사 21년 5월

8. UML 모델에서 한 객체가 다른 객체에게 오퍼레이션을 수행하도록 지정하는 의미적 관계로 옳은 것은?

① Dependency　　② Realization
③ Generalization　　④ Association

> 한 객체가 다른 객체에게 기능(오퍼레이션, 인터페이스)을 수행하도록 지정하는 관계는 실체화(Realization) 관계입니다.

25년 2월, 23년 2회

9. UML에서 사용하는 다이어그램이 아닌 것은?

① 상태(State) 다이어그램
② 활동(Activity) 다이어그램
③ 단계(Phase) 다이어그램
④ 객체(Object) 다이어그램

> 단계(Phase) 다이어그램은 UML에서 사용하는 다이어그램이 아닙니다.

기사 21년 3월

10. UML(Unified Modeling Language)에 대한 설명 중 틀린 것은?

① 기능적 모델은 사용자 측면에서 본 시스템 기능이며, UML에서는 Use case Diagram을 사용한다.
② 정적 모델은 객체, 속성, 연관관계, 오퍼레이션의 시스템의 구조를 나타내며, UML에서는 Class Diagram을 사용한다.
③ 동적 모델은 시스템의 내부 동작을 말하며, UML에서는 Sequence Diagram, State Diagram, Activity Diagram을 사용한다.
④ State Diagram은 객체들 사이의 메시지 교환을 나타내며, Sequence Diagram은 하나의 객체가 가진 상태와 그 상태의 변화에 의한 동작순서를 나타낸다.

> 상태 다이어그램(State Diagram)은 하나의 객체가 가진 상태와 그 상태의 변화에 의한 동작 순서를 나타내며, 순차 다이어그램(Sequence Diagram)은 객체들 사이의 메시지 교환을 나타냅니다.

▶ 정답: 3.① 4.③ 5.④ 6.④ 7.① 8.② 9.③ 10.④

SECTION 025 주요 UML 다이어그램

1 유스케이스(Use Case) 다이어그램

 23.5, 기사 25.2, 24.5, 23.7, 23.5, 22.4, 21.5, 21.3

유스케이스 다이어그램은 개발될 시스템과 관련된 외부 요소들, 즉 사용자와 다른 외부 시스템들이 개발될 시스템을 이용해 수행할 수 있는 기능을 사용자의 관점(View)에서 표현한 것이다.

- 외부 요소와 시스템 간의 상호 작용을 확인할 수 있다.
- 사용자의 요구사항을 분석하기 위한 도구로 사용된다.
- 시스템의 범위를 파악할 수 있다.

유스케이스 다이어그램의 구성 요소

유스케이스 다이어그램은 시스템 범위, 액터, 유스케이스, 관계로 구성된다.

시스템(System) / 시스템 범위 (System Scope)	시스템 내부에서 수행되는 기능들을 외부 시스템과 구분하기 위해 시스템 내부의 유스케이스들을 사각형으로 묶어 시스템의 범위를 표현함
25.8, 23.5 액터(Actor)	• 시스템과 상호작용을 하는 모든 외부 요소로, 사람이나 외부 시스템을 의미함 • 주액터 : 시스템을 사용함으로써 이득을 얻는 대상으로, 주로 사람이 해당함 • 부액터(시스템 엑터) : 주액터의 목적 달성을 위해 시스템에 서비스를 제공하는 외부 시스템*으로, 조직이나 기관 등이 될 수 있음
유스케이스 (Use Case)	사용자가 보는 관점에서 시스템이 액터에게 제공하는 서비스 또는 기능을 표현한 것
관계 (Relationship)	유스케이스 다이어그램에서 관계는 액터와 유스케이스, 유스케이스와 유스케이스 사이에서 나타날 수 있으며, 연관 관계, 포함 관계*, 확장 관계*, 일반화 관계를 표현할 수 있음

2 클래스(Class) 다이어그램

 기사 21.8, 21.3

클래스 다이어그램은 시스템을 구성하는 클래스, 클래스의 특성인 속성과 오퍼레이션, 속성과 오퍼레이션에 대한 제약조건, 클래스 사이의 관계를 표현한 것이다.

- 클래스 다이어그램은 시스템을 구성하는 요소에 대해 이해할 수 있는 구조적 다이어그램이다.
- 클래스 다이어그램은 시스템 구성 요소를 문서화하는 데 사용된다.
- 코딩에 필요한 객체의 속성, 함수 등의 정보를 잘 표현하고 있어 시스템을 모델링하는 데 자주 사용된다.

전문가의 조언

시스템 액터의 개념을 묻는 문제가 출제되었습니다. 유스케이스 다이어그램의 개념을 이해하고 유스케이스 다이어그램 구성 요소의 종류와 각각의 기능을 잘 알아두세요.

25.8, 23.5
외부 시스템(System Actor)
이미 다른 프로젝트에서 개발되어 사용중인 것으로, 원래 프로젝트와 연동되는 또 다른 시스템을 의미합니다.

포함(Include) 관계
• 두 개 이상의 유스케이스에 공통적으로 적용되는 기능을 별도로 분리하여 새로운 유스케이스로 만든 경우, 원래의 유스케이스와 새롭게 분리된 유스케이스와의 관계를 포함 관계라고 합니다.
• 원래의 유스케이스에서 새롭게 만든 포함되는 유스케이스 쪽으로 점선 화살표를 연결한 후 화살표 위에 《include》라고 표기합니다.

기사 24.5, 23.5, 21.3
확장(Extend) 관계
• 유스케이스가 특정 조건에 부합되어 유스케이스의 기능이 확장될 때 원래의 유스케이스와 확장된 유스케이스와의 관계를 확장 관계라고 합니다.
• 확장될 유스케이스에서 원래의 유스케이스 쪽으로 점선 화살표를 연결한 후 화살표 위에 《extends》라고 표기합니다.

전문가의 조언

클래스 다이어그램의 개념, 클래스 다이어그램 구성 요소, 그리고 각 요소들의 개별적인 기능을 잘 알아두세요.

클래스 다이어그램의 구성 요소

클래스 다이어그램은 클래스, 제약조건, 관계 등으로 구성된다.

기사 21.8 **클래스(Class)**	• 클래스는 각각의 객체들이 갖는 속성과 오퍼레이션(동작)을 표현함 • 일반적으로 3개의 구획(Compartment)으로 나눠 클래스의 이름, 속성, 오퍼레이션을 표기함 • 속성(Attribute) : 클래스의 상태나 정보를 표현함 • 오퍼레이션(Operation) : 클래스가 수행할 수 있는 동작으로, 함수(메소드, Method)라고도 함
제약조건	속성에 입력될 값에 대한 제약조건이나 오퍼레이션 수행 전후에 지정해야 할 조건이 있다면 이를 적음
관계 (Relationships)	• 관계는 클래스와 클래스 사이의 연관성을 표현함 • 클래스 다이어그램에 표현하는 관계에는 연관 관계, 집합 관계, 포함 관계, 일반화 관계, 의존 관계가 있음

잠깐만요 접근제어자

접근제어자는 속성과 오퍼레이션에 동일하게 적용되며, 표현법은 다음과 같습니다.

접근제어자	표현법	내용
public	+	어떤 클래스에서라도 접근이 가능합니다.
private	−	해당 클래스 내부에서만 접근이 가능합니다.
protected	#	동일 패키지 내의 클래스 또는 해당 클래스를 상속 받은 외부 패키지의 클래스에서 접근이 가능합니다.
package	~	동일 패키지 내부에 있는 클래스에서만 접근이 가능합니다.

 3 순차(Sequence) 다이어그램

기사 24.5, 23.2, 22.7, 22.4, 21.8, 20.8

순차 다이어그램은 시스템이나 객체들이 메시지를 주고받으며 시간의 흐름에 따라 상호 작용하는 과정을 액터, 객체, 메시지 등의 요소를 사용하여 그림으로 표현한 것이다.

- 순차 다이어그램은 시스템이나 객체들의 상호 작용 과정에서 주고받는 메시지를 표현한다.
- 순차 다이어그램을 통해 각 동작에 참여하는 시스템이나 객체들의 수행 기간을 확인할 수 있다.
- 순차 다이어그램은 클래스 내부에 있는 객체들을 기본 단위로 하여 그들의 상호 작용*을 표현한다.
- 순차 다이어그램은 주로 기능 모델링에서 작성한 유스케이스 명세서를 하나의 표현 범위로 하지만, 하나의 클래스에 포함된 오퍼레이션을 하나의 범위로 표현하기도 한다.

전문가의 조언

먼저 순차 다이어그램의 개념을 이해하세요. 어렵지 않으니 한 번만 제대로 읽어보면 됩니다. 그리고 순차 다이어그램의 구성 요소의 종류를 기억하세요. 각각의 의미는 명칭과 결부지어 파악하면 됩니다.

객체들의 상호 작용을 표현

클래스 내부에 있는 객체들의 상호 작용을 표현한다는 것은 클래스가 수행할 수 있는 동작인 오퍼레이션을 표현한다는 의미입니다. 예를 들어 〈회원〉 클래스에 '로그인 버튼 클릭', '상품 선택', '결제 정보 입력' 등의 오퍼레이션이 있다면 이들 오퍼레이션이 어느 클래스와 상호 작용하는지를 표현하는데, 순차 다이어그램에서는 오퍼레이션을 메시지로 표현합니다.

순차 다이어그램의 구성 요소

순차 다이어그램은 액터, 객체, 생명선, 실행, 메시지 등으로 구성된다.

액터(Actor)	시스템으로부터 서비스를 요청하는 외부 요소로, 사람이나 외부 시스템을 의미함
객체(Object)	메시지를 주고받는 주체
생명선(Lifeline)	객체가 메모리에 존재하는 기간으로, 객체 아래쪽에 점선을 그어 표현함
실행 상자(Active Box)	객체가 메시지를 주고받으며 구동되고 있음을 표현함
메시지(Message)	객체가 상호 작용을 위해 주고받는 메시지

기출문제 따라잡기

1. UML에서 시퀀스 다이어그램의 구성 항목에 해당하지 않는 것은?

① 생명선　　② 실행
③ 확장　　　④ 메시지

> 순차 다이어그램(Sequence Diagram)의 구성 요소에는 Actor, Object, Lifeline, Active Box, Message 등이 있습니다.

2. 기본 유스케이스 수행 시 특별한 조건을 만족할 때 수행하는 유스케이스는?

① 연관　　② 확장
③ 선택　　④ 특화

> 이런 경우 두 유스케이스를 《extends》로 연결하여 표현합니다.

3. 유스케이스(Usecase)에 대한 설명 중 옳은 것은?

① 유스케이스 다이어그램은 개발자의 요구를 추출하고 분석하기 위해 주로 사용한다.
② 액터는 대상 시스템과 상호 작용하는 사람이나 다른 시스템에 의한 역할이다.
③ 사용자 액터는 본 시스템과 데이터를 주고받는 연동 시스템을 의미한다.
④ 연동의 개념은 일방적으로 데이터를 파일이나 정해진 형식으로 넘겨주는 것을 의미한다.

> ① 유스케이스 다이어그램은 사용자의 요구를 분석하는 데 사용합니다.
> ③ 사용자 액터(주액터)는 시스템을 사용함으로써 이득을 얻는 대상을 의미합니다. 본 시스템과 데이터를 주고받는 연동 시스템을 시스템 액터(부액터)라고 합니다.
> ④ 연동은 2개 이상의 시스템이 일방이 아닌 상호 간의 동작에 영향을 줄 수 있도록 연결망을 구성하는 것을 의미합니다.

4. 유스케이스 다이어그램의 용어 중 프로젝트 개발 범위에 속하지 않고, 이미 다른 프로젝트에서 개발되어 사용중인 것으로, 원래 프로젝트와 연동이 되는 또 다른 시스템을 무엇이라고 하는가?

① System Scope　　② User Actor
③ Use Case　　　　④ System Actor

> 원래 프로젝트와 연동이 되는 또 다른 시스템을 외부 시스템(System Actor)이라고 합니다.

5. UML 다이어그램 중 시스템 내 클래스의 정적 구조를 표현하고 클래스와 클래스, 클래스의 속성 사이의 관계를 나타내는 것은?

① Activity Diagram　　② Model Diagram
③ State Diagram　　　④ Class Diagram

> 클래스와 클래스 사이의 관계를 나타내는 것은 클래스 다이어그램입니다.

6. 순차 다이어그램(Sequence Diagram)과 관련한 설명으로 틀린 것은?

① 객체들의 상호 작용을 나타내기 위해 사용한다.
② 시간의 흐름에 따라 객체들이 주고 받는 메시지의 전달 과정을 강조한다.
③ 동적 다이어그램보다는 정적 다이어그램에 가깝다.
④ 교류 다이어그램(Interaction Diagram)의 한 종류로 볼 수 있다.

> 순차 다이어그램은 동적 다이어그램입니다.

▶ 정답 : 1. ③ 2. ② 3. ② 4. ④ 5. ④ 6. ③

SECTION 026

소프트웨어 아키텍처

전문가의 조언

소프트웨어 아키텍처 설계 시 고려사항을 묻는 문제가 출제되었습니다. 소프트웨어 아키텍처 설계는 의사소통의 도구로 활용되어야 하므로 이해하기 쉽고 명확해야 하며, 품질 요구사항이 반영되어야 한다는 것을 기억해 두세요.

전문가의 조언

소프트웨어 아키텍처의 설계는 건축과 비교하면 쉽게 이해할 수 있습니다. 먼저 의뢰자의 요구사항에 맞추어 건물의 용도와 형태를 정하고, 땅을 어떻게 다질지, 골조는 어떻게 세울 것인지와 같이 대략적인 것을 정하는 과정이죠.

기능적/비기능적 요구사항

시스템이 갖춰야할 필수적인 기능에 대한 요구항목들을 기능적 요구사항이라고 하며, 그 외의 품질이나 제약사항에 관한 것을 비기능적 요구사항이라고 합니다. 요구사항에 대한 자세한 내용은 Section 02를 참조하세요.

전문가의 조언

아키텍처 설계에서 사용되는 뷰의 종류나 구현 뷰의 의미를 묻는 문제가 출제되었습니다. 아키텍처 뷰의 5가지 종류를 기억하고, 각각의 의미는 뷰를 작성하는 관점을 중심으로 정리하세요.

전문가의 조언

모듈화의 개념을 묻는 문제가 출제되었습니다. 모듈화는 소프트웨어의 성능 향상을 위해 시스템의 기능들을 모듈 단위로 나누는 것을 기억해 두세요.

모듈(Module)

모듈은 모듈화를 통해 분리된 시스템의 각 기능들로, 서브루틴, 서브시스템, 소프트웨어 내의 프로그램, 작업 단위 등과 같은 의미로 사용됩니다.

1 소프트웨어 아키텍처의 설계
25.2, 24.5, 23.2, 22.7

소프트웨어 아키텍처는 소프트웨어의 골격이 되는 기본 구조이자, 소프트웨어를 구성하는 요소들 간의 관계를 표현하는 시스템의 구조 또는 구조체이다.

- 소프트웨어 아키텍처는 소프트웨어 개발 시 적용되는 원칙과 지침이며, 이해 관계자들의 의사소통 도구로 활용된다.
- 소프트웨어 아키텍처는 이해하기 쉽고, 명확하게 작성되어야 한다.
- 소프트웨어 아키텍처의 설계는 기본적으로 좋은 품질을 유지하면서 사용자의 비기능적 요구사항*으로 나타난 제약을 반영하고, 기능적 요구사항*을 구현하는 방법을 찾는 해결 과정이다.
- 애플리케이션의 분할 방법과 분할된 모듈에 할당될 기능, 모듈 간의 인터페이스 등을 결정한다.
- 소프트웨어 아키텍처 설계의 기본 원리로는 모듈화, 추상화, 단계적 분해, 정보 은닉이 있다.

2 소프트웨어 아키텍처 뷰(View)
25.8, 24.7, 24.5, 23.5, 22.4, 22.3

소프트웨어 아키텍처 뷰에는 유스케이스 뷰, 논리적 뷰, 구현 뷰, 배포 뷰, 프로세스 뷰가 있다.

- **유스케이스(Use Case) 뷰** : 시스템 외부 사용자의 관점에서 사용 사례와 이들 간의 관계를 정의하며, 다른 뷰를 검증하는 용도로 사용함
- **논리적(Logical) 뷰** : 설계자의 관점에서 시스템의 기능적인 요구사항이 제공되는 방법을 설명해줌
- **구현(Implementation) 뷰** : 개발자의 관점에서 서브 시스템 모듈이 어떻게 구조화되어 있는지를 확인하기 위해 소프트웨어 구성을 보여줌
- **프로세스(Process) 뷰** : 시스템 통합자의 관점에서 자원의 효율적인 사용, 이벤트 처리 등을 표현함
- **배포(Deployment) 뷰** : 테스터의 관점에서 컴포넌트가 어떻게 배치되고 연결되는지를 보여줌

3 모듈화(Modularity)
24.7, 기사 24.5, 23.7, 22.3, 21.8

모듈화란 소프트웨어의 성능을 향상시키거나 시스템의 수정 및 재사용, 유지 관리 등이 용이하도록 시스템의 기능들을 모듈* 단위로 나누는 것을 의미한다.

- 자주 사용되는 계산식이나 사용자 인증과 같은 기능들을 공통 모듈로 구성하여 프로젝트의 재사용성을 향상시킬 수 있다.
- 모듈의 크기를 너무 작게 나누면 개수가 많아져 모듈 간의 통합 비용이 많이 들고, 너무 크게 나누면 개수가 적어 통합 비용은 적게 들지만 모듈 하나의 개발 비용이 많이 든다.

4 추상화(Abstraction)
기사 24.7, 21.8

추상화는 문제의 전체적이고 포괄적인 개념을 설계한 후 차례로 세분화하여 구체화시켜 나가는 것이다.

- 인간이 복잡한 문제를 다룰 때 가장 기본적으로 사용하는 방법으로, 완전한 시스템을 구축하기 전에 그 시스템과 유사한 모델을 만들어서 여러 가지 요인들을 테스트할 수 있다.
- 추상화는 최소의 비용으로 실제 상황에 대처할 수 있고, 시스템의 구조 및 구성을 대략적으로 파악할 수 있게 해준다.

> **전문가의 조언**
> 복잡한 개념을 단순화하는 것이 추상화라는 것을 기억해 두세요.

- 추상화의 유형

과정 추상화	자세한 수행 과정을 정의하지 않고, 전반적인 흐름만 파악할 수 있게 설계하는 방법
데이터 추상화	데이터의 세부적인 속성이나 용도를 정의하지 않고, 데이터 구조를 대표할 수 있는 표현으로 대체하는 방법
제어 추상화	이벤트 발생의 정확한 절차나 방법을 정의하지 않고, 대표할 수 있는 표현으로 대체하는 방법

5 단계적 분해(Stepwise Refinement)
기사 25.8, 24.2

단계적 분해는 Niklaus Wirth에 의해 제안된 하향식 설계 전략으로, 문제를 상위의 중요 개념으로부터 하위의 개념으로 구체화시키는 분할 기법이다.

- 추상화의 반복에 의해 세분화된다.
- 소프트웨어의 기능에서부터 시작하여 점차적으로 구체화하고, 알고리즘, 자료 구조 등 상세한 내역은 가능한 한 뒤로 미루어 진행한다.

> **전문가의 조언**
> 건축을 예로 들면, 먼저 건물의 골조를 설계한 다음, 건물 내 층과 각 방의 경계를 정하고, 그 다음 방들의 인테리어를 구상하는 것과 같이 대략적인 설계에서 점차 세부인 설계로 넘어가는 것과 같다고 할 수 있습니다.

6 정보 은닉(Information Hiding)
24.5, 24.2, 기사 25.5, 24.5, 21.8

정보 은닉은 한 모듈 내부에 포함된 절차와 자료들의 정보가 감추어져 다른 모듈이 접근하거나 변경하지 못하도록 하는 기법이다.

- 어떤 모듈이 소프트웨어 기능을 수행하는데 반드시 필요한 기능이 있어 정보 은닉된 모듈과 커뮤니케이션할 필요가 있을 때는 필요한 정보만 인터페이스를 통해 주고 받는다.
- 정보 은닉을 통해 모듈을 독립적으로 수행할 수 있고, 하나의 모듈이 변경되더라도 다른 모듈에 영향을 주지 않으므로 수정, 시험, 유지보수가 용이하다.

> **전문가의 조언**
> 정보 은닉의 특징을 묻는 문제가 출제되었습니다. 캡슐로 된 감기약을 예로 들면, 정보 은닉은 감기약 캡슐에 어떤 재료가 들어 있는지 몰라도 감기 걸렸을 때 먹는 약이라는 것만 알고 복용하는 것과 같은 의미입니다. 이를 염두에 두고 특징을 정리하세요.

전문가의 조언

사용성의 개념을 묻는 문제가 출제되었습니다. 사용성은 헤매거나 혼란스럽지 않게 사용할 수 있도록 편의성을 제공하는 것임을 기억하고 나머지 속성들의 의미도 함께 정리해 두세요.

7 소프트웨어 아키텍처의 품질 속성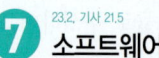

소프트웨어 아키텍처의 품질 속성은 소프트웨어 아키텍처가 이해 관계자들이 요구하는 수준의 품질을 유지 및 보장할 수 있게 설계되었는지를 확인하기 위해 품질 평가 요소들을 시스템 측면, 비즈니스 측면, 아키텍처 측면으로 구분하여 구체화시켜 놓은 것이다.

- **시스템 측면**

품질 속성	내용
성능(Performance)	사용자의 요청과 같은 이벤트가 발생했을 때, 이를 적절하고 빠르게 처리하는 것이다.
보안성(Security)	허용되지 않은 접근을 막고, 허용된 접근에는 적절한 서비스를 제공하는 것이다.
가용성(Availability)	장애 없이 정상적으로 서비스를 제공하는 것이다.
기능성(Functionality)	사용자가 요구한 기능을 만족스럽게 구현하는 것이다.
사용성(Usability)	사용자가 소프트웨어를 사용하는데 헤매지 않도록 명확하고 편리하게 구현하는 것이다.
변경 용이성(Modifiability)	소프트웨어가 처음 설계 목표와 다른 하드웨어나 플랫폼에서도 동작할 수 있도록 구현하는 것이다.
확장성(Scalability)	시스템의 용량, 처리능력 등을 확장시켰을 때 이를 효과적으로 활용할 수 있도록 구현하는 것이다.
기타 속성	테스트 용이성, 배치성, 안정성 등이 있다.

- **비즈니스 측면**

품질 속성	내용
시장 적시성	정해진 시간에 맞춰 프로그램을 출시하는 것이다.
비용과 혜택	• 개발 비용을 더 투자하여 유연성이 높은 아키텍처를 만들 것인지를 결정하는 것이다. • 유연성이 떨어지는 경우 유지보수에 많은 비용이 소모될 수 있다는 것을 고려해야 한다.
예상 시스템 수명	• 시스템을 얼마나 오랫동안 사용할 것인지를 고려하는 것이다. • 수명이 길어야 한다면 시스템 품질의 '변경 용이성', '확장성'을 중요하게 고려해야 한다.
기타 속성	목표 시장, 공개 일정, 기존 시스템과의 통합 등이 있다.

- **아키텍처 측면**

품질 속성	내용
개념적 무결성	전체 시스템과 시스템을 이루는 구성요소들 간의 일관성을 유지하는 것이다.
정확성, 완결성	요구사항과 요구사항을 구현하기 위해 발생하는 제약사항들을 모두 충족시키는 것이다.
구축 가능성	모듈 단위로 구분된 시스템을 적절하게 분배하여 유연하게 일정을 변경할 수 있도록 하는 것이다.
기타 속성	변경성, 시험성, 적응성, 일치성, 대체성 등이 있다.

⑧ 소프트웨어 아키텍처의 설계 과정

기사 23.5, 23.2, 22.2

아키텍처의 설계 과정은 설계 목표 설정, 시스템 타입 결정, 아키텍처 패턴* 적용, 서브시스템 구체화, 검토 순으로 진행된다.

❶ **설계 목표 설정** : 시스템의 개발 방향을 명확히 하기 위해 설계에 영향을 주는 비즈니스 목표, 우선순위 등의 요구사항을 분석하여 전체 시스템의 설계 목표를 설정한다.

❷ **시스템 타입 결정** : 시스템과 서브시스템의 타입을 결정하고, 설계 목표와 함께 고려하여 아키텍처 패턴을 선택한다.

❸ **아키텍처 패턴 적용** : 아키텍처 패턴을 참조하여 시스템의 표준 아키텍처를 설계한다.

❹ **서브시스템 구체화** : 서브시스템의 기능 및 서브시스템 간의 상호작용을 위한 동작과 인터페이스를 정의한다.

❺ **검토** : 아키텍처가 설계 목표에 부합하는지, 요구사항이 잘 반영되었는지, 설계의 기본 원리를 만족하는지 등을 검토한다.

> **아키텍처 패턴**
> 아키텍처 패턴은 여러 다양한 상황에서 아키텍처를 설계하는데 발생하는 문제들을 해결하기 위해 미리 만들어 놓은 전형적인 해결 방식 또는 예제를 의미합니다. 아키텍처 패턴을 선택하고 이를 참조하여 표준 아키텍처를 설계한다는 말은 건물을 지을 때 전원주택 기본 구조도, 아파트 기본 구조도, 오피스텔 기본 구조도 등 이미 용도에 맞게 설계되어 있는 구조도 중 자신의 용도에 맞는 구조도를 하나 선택하고, 선택한 구조도를 수정하여 자신만의 구조도를 만드는 과정과 같습니다. 아키텍처 패턴에 대한 자세한 내용은 Section 027을 참조하세요.

잠깐만요 | **시스템 타입 / 협약에 의한 설계**

기사 20.8

시스템 타입
시스템 타입은 일반적으로 다음 네 가지 타입으로 나눌 수 있습니다.
- **대화형 시스템** : 사용자의 요구가 발생하면 시스템이 이를 처리하고 반응하는 시스템
  - 예 온라인 쇼핑몰과 같은 대부분의 웹 애플리케이션
- **이벤트 중심 시스템** : 외부의 상태 변화에 따라 동작하는 시스템
  - 예 전화, 비상벨 등의 내장 소프트웨어
- **변환형 시스템** : 데이터가 입력되면 정해진 작업들을 수행하여 결과를 출력하는 시스템
  - 예 컴파일러, 네트워크 프로토콜 등
- **객체 영속형 시스템** : 데이터베이스를 사용하여 파일을 효과적으로 저장·검색·갱신할 수 있는 시스템
  - 예 서버 관리 소프트웨어

협약(Contract)에 의한 설계
컴포넌트를 설계할 때 클래스에 대한 여러 가정을 공유할 수 있도록 명세한 것으로, 소프트웨어 컴포넌트에 대한 정확한 인터페이스를 명세합니다.
- 협약에 의한 설계 시 명세에 포함될 조건에는 선행 조건, 결과 조건, 불변 조건이 있습니다.

선행 조건(Precondition)	오퍼레이션이 호출되기 전에 참이 되어야 할 조건
결과 조건(Postcondition)	오퍼레이션이 수행된 후 만족되어야 할 조건
불변 조건(Invariant)	오퍼레이션이 실행되는 동안 항상 만족되어야 할 조건

 전문가의 조언
협약에 의한 설계의 개념과 함께 설계 시 포함될 조건을 잘 정리해 두세요.

기출문제 따라잡기

25년 8월, 24년 5월, 22년 4월, 3월
1. 아키텍처 설계에서 뷰의 종류가 아닌 것은?
① 물리적 뷰　　② 논리적 뷰
③ 프로세스 뷰　④ 배포 뷰

> 소프트웨어 아키텍처 뷰에는 유스케이스 뷰, 논리적 뷰, 구현 뷰, 배포 뷰, 프로세스 뷰가 있습니다.

24년 5월, 22년 7월
2. 소프트웨어 아키텍처 설계 시 고려사항이 아닌 것은?
① 개발자와 사용자 간의 의사소통 도구로 활용될 수 있어야 한다.
② 이해하기 쉽고, 명확하게 작성해야 한다.
③ 재사용이 불가능하도록 설계해야 한다.
④ 이해 관계자들의 품질 요구사항을 반영하여 품질 속성을 결정한다.

> 소프트웨어 아키텍처 설계의 기본 원리 중 하나인 모듈화의 의미만 알면 맞출 수 있는 문제네요. 모듈화는 재사용이 용이하도록 시스템의 기능들을 모듈 단위로 나누는 것을 의미합니다.

25년 2월, 23년 2월
3. 소프트웨어 개발 시 소프트웨어 아키텍처 설계 단계의 특징이 아닌 것은?
① 개발자와 사용자 간의 의사소통 도구로 활용될 수 있어야 한다.
② 이해하기 쉽고, 명확하게 작성해야 한다.
③ 사용자의 요구사항 반영 시 재사용성은 고려하지 않는다.
④ 이해 관계자들의 품질 요구사항을 반영하여 품질 속성을 결정한다.

> 소프트웨어 아키텍처 설계의 기본 원리 중 하나인 모듈화는 재사용이 용이하도록 시스템의 기능들을 모듈 단위로 나누는 것을 의미합니다.

24년 7월, 23년 5월
4. 소프트웨어 아키텍처의 4+1 관점 중 물리적 시스템에서 사용하는 소프트웨어 서브 시스템 모듈이 어떻게 구조화되어 있는지에 중점을 둔 관점은?
① 유스케이스　② 논리적
③ 구현　　　　④ 프로세스

> 서브 시스템 모듈이 어떻게 구조화되어 있는지에 중점을 둔 관점(View)은 구현 뷰입니다.

23년 2월
5. 소프트웨어 품질 속성 중 소프트웨어를 사용할 때 혼란스러워하거나 사용하는 순간 고민하지 않게 하는 편의성을 의미하는 것은?
① Usability　　　② Modifiability
③ Availability　　④ Isolation

> 소프트웨어를 사용할 때 혼란스러워하거나 고민하지 않게 하는 편의성을 의미하는 것은 사용성(Usability)입니다.

24년 7월
6. 소프트웨어의 성능을 향상시키거나 시스템의 수정 및 재사용, 유지 관리 등이 용이하도록 시스템의 기능들을 모듈 단위로 나누는 것을 의미하는 것은?
① 단계적 분해　　② 모듈화
③ 추상화　　　　④ 정보 은닉

> 모듈화는 소프트웨어의 성능 향상을 위해 시스템의 기능들을 모듈 단위로 나누는 것을 의미합니다.

24년 5월, 2월
7. 객체지향 설계에서 정보 은닉(Information Hiding)과 관련한 설명으로 틀린 것은?
① 필요하지 않은 정보는 접근할 수 없도록 하여 한 모듈 또는 하부 시스템이 다른 모듈의 구현에 영향을 받지 않게 설계되는 것을 의미한다.
② 모듈들 사이의 독립성을 유지시키는 데 도움이 된다.
③ 설계에서 은닉되어야 할 기본 정보로는 IP 주소와 같은 물리적 코드, 상세 데이터 구조 등이 있다.
④ 모듈 내부의 자료 구조와 접근 동작들에만 수정을 국한하기 때문에 요구사항 등 변화에 따른 수정이 불가능하다.

> 정보 은닉은 모듈이 독립성을 갖게 해주므로, 요구사항 등 변화에 따른 수정이 가능합니다.

▶ 정답 : 1. ① 2. ③ 3. ③ 4. ③ 5. ① 6. ② 7. ④

SECTION 027 아키텍처 패턴

1 아키텍처 패턴(Patterns)의 개요

25.8, 23.5

아키텍처 패턴은 아키텍처를 설계할 때 참조할 수 있는 전형적인 해결 방식 또는 예제를 의미한다.

- 아키텍처 패턴은 소프트웨어 시스템의 구조를 구성하기 위한 기본적인 윤곽을 제시한다.
- 아키텍처 패턴에는 서브시스템들과 그 역할이 정의되어 있으며, 서브시스템 사이의 관계와 여러 규칙·지침 등이 포함되어 있다.
- 아키텍처 패턴을 아키텍처 스타일 또는 표준 아키텍처라고도 한다.
- 아키텍처 패턴을 설계할 때 개발 시간을 단축하고 비용을 절감하기 위해 기존 컴포넌트를 사용한다.
- 아키텍처 패턴의 장점
  - 시행착오를 줄여 개발 시간을 단축시키고, 고품질의 소프트웨어를 생산할 수 있다.
  - 검증된 구조로 개발하기 때문에 안정적인 개발이 가능하다.
  - 이해관계자들이 공통된 아키텍처를 공유할 수 있어 의사소통이 간편해진다.
  - 시스템의 구조를 이해하는 것이 쉬워 개발에 참여하지 않은 사람도 손쉽게 유지보수를 수행할 수 있다.
  - 시스템의 특성을 개발 전에 예측하는 것이 가능해진다.
- 아키텍처 패턴의 종류에는 레이어 패턴, 클라이언트-서버 패턴, 파이프-필터 패턴, 모델-뷰-컨트롤러 패턴 등이 있다.

2 레이어 패턴(Layers pattern)

레이어 패턴은 시스템을 계층(Layer)으로 구분하여 구성하는 고전적인 방법 중의 하나다.

- 레이어 패턴은 각각의 서브시스템들이 계층 구조를 이루며, 하위 계층은 상위 계층에 대한 서비스 제공자가 되고, 상위 계층은 하위 계층의 클라이언트가 된다.
- 레이어 패턴은 서로 마주보는 두 개의 계층 사이에서만 상호작용이 이루어지며, 변경 사항을 적용할 때도 서로 마주보는 두 개의 계층에만 영향을 미치므로 변경 작업이 용이하다.
- 레이어 패턴은 특정 계층만을 교체해 시스템을 개선하는 것이 가능하다.
- 대표적으로 OSI 참조 모델* 이 있다.

전문가의 조언

- 아키텍처 패턴은 건축과 비교하면 이해가 쉽습니다. 예를 들어 오피스텔을 짓는다고 가정할 때, "오피스텔을 지을 때는 이런 재질의 골조가, 복도의 넓이는 이 정도, 층간 높이는 이만큼이 가장 적절하더라."라는 오피스텔 설계에 대한 가이드라인이 존재한다면 이를 참조해 손쉽게 설계가 가능합니다. 물론 사용자의 요구사항에 따라 세부적인 설계가 변경될 수는 있겠지만 아무런 자료 없이 처음부터 모든 것을 설계하는 것 보다는 훨씬 쉽겠죠? 이 가이드라인이 바로 소프트웨어 설계에서는 아키텍처 패턴에 해당한다고 할 수 있습니다.
- 아키텍처 패턴의 특징을 묻는 문제가 출제되었습니다. 아키텍처 패턴의 장점을 중심으로 특징을 정리하고 넘어가세요.

OSI 참조 모델
OSI 참조 모델은 국제표준화기구(ISO)에서 네트워크 프로토콜을 계층별로 구분한 모델로 물리 계층, 데이터 링크 계층, 네트워크 계층, 전송 계층, 세션 계층, 표현 계층, 응용 계층으로 구성되어 있습니다.

컴포넌트(Component)
컴포넌트는 독립적인 업무 또는 기능을 수행하는 실행코드 기반으로 작성된 모듈입니다.

③ 클라이언트-서버 패턴(Client-Server Pattern)

클라이언트-서버 패턴은 하나의 서버 컴포넌트*와 다수의 클라이언트 컴포넌트로 구성되는 패턴이다.

- 클라이언트-서버 패턴에서 사용자는 클라이언트와만 의사소통을 한다. 즉 사용자가 클라이언트를 통해 서버에 요청하고 클라이언트가 응답을 받아 사용자에게 제공하는 방식으로 서비스를 제공한다.
- 서버는 클라이언트의 요청에 대비해 항상 대기 상태를 유지해야 한다.
- 클라이언트나 서버는 요청과 응답을 받기 위해 동기화되는 경우를 제외하고는 서로 독립적이다.

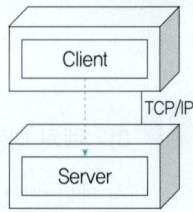

 전문가의 조언

파이프 필터 패턴의 개념을 묻는 문제가 출제되었습니다. 시스템이 파이프처럼 연결되어 있어서 앞 시스템의 처리 결과물을 파이프를 통해 전달받아 처리한 후 그 결과물을 다시 파이프를 통해 다음 시스템으로 넘겨주는 패턴을 반복하는 것이 파이프 필터 패턴입니다. 이를 염두에 두고 파이프 필터 패턴의 개념과 특징을 정리해 두세요.

데이터 스트림(Data Stream)
데이터 스트림은 데이터가 송·수신되거나 처리되는 일련의 연속적인 흐름입니다.

파이프라인(Pipeline)
파이프라인은 필터와 파이프를 통해 처리되는 일련의 처리 과정입니다.

④ 파이프-필터 패턴(Pipe-Filter Pattern)
25.2, 23.7, 22.3, 기사 25.8, 24.7, 23.7, 22.7, 21.8, 21.5, 20.9

파이프-필터 패턴은 데이터 스트림* 절차의 각 단계를 필터(Filter) 컴포넌트로 캡슐화하여 파이프(Pipe)를 통해 데이터를 전송하는 패턴이다.

- 필터 컴포넌트는 재사용성이 좋고, 추가가 쉬워 확장이 용이하다.
- 필터 컴포넌트들을 재배치하여 다양한 파이프라인*을 구축하는 것이 가능하다.
- 파이프-필터 패턴은 데이터 변환, 버퍼링, 동기화 등에 주로 사용된다.
- 필터 간 데이터 이동 시 데이터 변환으로 인한 오버헤드가 발생한다.
- 대표적으로 UNIX의 쉘(Shell)이 있다.

 전문가의 조언

모델-뷰-컨트롤러 패턴의 각 부분별 역할을 묻는 문제가 출제되었습니다. 모델은 보관, 제어는 변경, 뷰(View)는 보이는 역할을 합니다.

⑤ 모델-뷰-컨트롤러 패턴(Model-View-Controller Pattern)
24.2, 기사 25.5, 24.7, 23.2, 22.4

모델-뷰-컨트롤러 패턴은 서브시스템을 3개의 부분으로 구조화하는 패턴이며, 각 부분의 역할은 다음과 같다.

- **모델(Model)** : 서브시스템의 핵심 기능과 데이터를 보관한다.
- **뷰(View)** : 사용자에게 정보를 표시한다.
- **컨트롤러(Controller)** : 사용자로부터 입력된 변경 요청을 처리하기 위해 모델에게 명령을 보낸다.

- 모델-뷰-컨트롤러 패턴의 각 부분은 별도의 컴포넌트로 분리되어 있으므로 서로 영향을 받지 않고 개발 작업을 수행할 수 있다.
- 모델-뷰-컨트롤러 패턴에서는 여러 개의 뷰를 만들 수 있으므로 한 개의 모델에 대해 여러 개의 뷰를 필요로 하는 대화형 애플리케이션*에 적합하다.

대화형 애플리케이션
대화형 애플리케이션은 온라인 쇼핑몰 사이트나 스마트폰 앱과 같이 사용자의 요구가 발생하면 시스템이 이를 처리하고 반응하는 소프트웨어를 의미합니다.

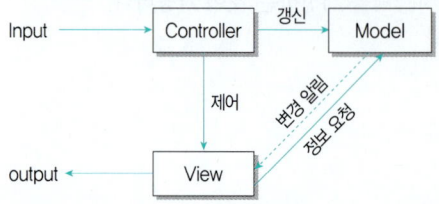

6 기타 패턴

기사 24.5, 23.5, 21.8

2502306

기사 24.5, 23.5, 21.8 마스터-슬레이브 패턴 (Master-Slave Pattern)	• 마스터 컴포넌트는 동일한 구조의 슬레이브 컴포넌트로 작업을 분할한 후, 슬레이브 컴포넌트에서 처리된 결과물을 다시 돌려받는 방식으로 작업을 수행하는 패턴이다. • 마스터 컴포넌트는 모든 작업의 주체이고, 슬레이브 컴포넌트는 마스터 컴포넌트의 지시에 따라 작업을 수행하여 결과를 반환한다. • 장애 허용 시스템*과 병렬 컴퓨팅 시스템에서 주로 활용된다.
브로커 패턴 (Broker Pattern)	• 사용자가 원하는 서비스와 특성을 브로커 컴포넌트에 요청하면 브로커 컴포넌트가 요청에 맞는 컴포넌트와 사용자를 연결해준다. • 원격 서비스 호출에 응답하는 컴포넌트들이 여러 개 있을 때 적합한 패턴이다. • 분산 환경 시스템에서 주로 활용된다.
피어-투-피어 패턴 (Peer-To-Peer Pattern)	• 피어(Peer)를 하나의 컴포넌트로 간주하며, 각 피어는 서비스를 호출하는 클라이언트가 될 수도, 서비스를 제공하는 서버가 될 수도 있는 패턴이다. • 피어-투-피어 패턴에서 클라이언트와 서버는 전형적인 멀티스레딩* 방식을 사용한다.
이벤트-버스 패턴 (Event-Bus Pattern)	• 소스가 특정 채널에 이벤트 메시지*를 발행(Publish)하면, 해당 채널을 구독(Subscribe)한 리스너들이 메시지를 받아 이벤트를 처리하는 방식이다. • 4가지 주요 컴포넌트 – 이벤트를 생성하는 소스(Source) – 이벤트를 수행하는 리스너(Listener) – 이벤트의 통로인 채널(Channel) – 채널들을 관리하는 버스(Bus)
블랙보드 패턴 (Blackboard Pattern)	• 모든 컴포넌트들이 공유 데이터 저장소와 블랙보드 컴포넌트에 접근이 가능한 형태로, 컴포넌트들은 검색을 통해 블랙보드에서 원하는 데이터를 찾을 수 있다. • 해결책이 명확하지 않은 문제를 처리하는데 유용한 패턴이다. • 음성 인식, 차량 식별, 신호 해석 등에 주로 활용된다.
인터프리터 패턴 (Interpreter Pattern)	• 프로그램 코드의 각 라인을 수행하는 방법을 지정하고, 기호마다 클래스를 갖도록 구성된다. • 특정 언어로 작성된 프로그램 코드를 해석하는 컴포넌트를 설계할 때 사용되어진다.

장애 허용 시스템(Fault Tolerance System)
장애 허용 시스템은 시스템의 일부가 결함 또는 고장으로 기능이 정지되더라도 해당 부분의 기능만 수행이 불가능할 뿐 전체 시스템은 정상적으로 수행이 가능한 시스템을 말합니다.

멀티스레딩(Multi Threading)
멀티스레딩은 프로세스를 두 개 이상의 실행 단위로 구분하여 자원을 공유하며 병렬로 수행하는 기능입니다.

메시지(Message)
메시지는 객체들 간에 상호작용을 하는 데 사용되는 수단으로, 객체에게 어떤 행위를 하도록 지시하는 명령 또는 요구사항입니다.

기출문제 따라잡기

22년 3월, 기사 24년 7월, 23년 7월, 22년 7월, 20년 9월
1. 파이프 필터 형태의 소프트웨어 아키텍처에 대한 설명으로 옳은 것은?
① 노드와 간선으로 구성된다.
② 계층 모델이라고도 한다.
③ 서브시스템이 입력 데이터를 받아 처리하고 결과를 다음 서브시스템으로 넘겨주는 과정을 반복한다.
④ 3개의 서브시스템(모델, 뷰, 제어)으로 구성되어 있다.

앞 시스템의 처리 결과물을 파이프를 통해 전달받아 처리한 후 그 결과물을 다시 파이프를 통해 다음 시스템으로 넘겨주는 패턴을 반복하는 것이 파이프 필터 패턴입니다.

25년 8월, 23년 5월
2. 다음 중 아키텍처 스타일의 특징이 아닌 것은?
① 개발할 때 기존 컴포넌트는 사용하지 않는다.
② 시행착오를 줄여 개발 시간을 단축시킬 수 있다.
③ 이해관계자들이 공통된 아키텍처를 공유할 수 있어 의사소통이 간편해진다.
④ 시스템의 특성을 개발 전에 예측하는 것이 가능하다.

아키텍처 스타일을 설계할 때 개발 시간을 단축하고 비용을 절감하기 위해 기존 컴포넌트를 사용합니다.

▶ 정답 : 1. ③ 2. ①

기출문제 따라잡기

25년 2월, 23년 7월

3. 각 단계가 데이터의 변환에 의해 진행되는 것으로, 필터 간 데이터 이동 시 데이터 변환으로 인한 오버헤드가 발생하는 아키텍처 패턴은?

① 레이어 패턴 아키텍처
② 파이프-필터 패턴 아키텍처
③ 클라이언트-서버 패턴 아키텍처
④ 모델-뷰-컨트롤러 패턴 아키텍처

> 필터 간 데이터 이동 시 데이터 변환으로 인한 오버헤드가 발생하는 패턴은 파이프-필터 패턴입니다.

기사 24년 5월, 23년 5월, 21년 8월

4. 분산 시스템을 위한 마스터-슬레이브(Master-Slave) 아키텍처에 대한 설명으로 틀린 것은?

① 일반적으로 실시간 시스템에서 사용된다.
② 마스터 프로세스는 일반적으로 연산, 통신, 조정을 책임진다.
③ 슬레이브 프로세스는 데이터 수집 기능을 수행할 수 없다.
④ 마스터 프로세스는 슬레이브 프로세스들을 제어할 수 있다.

> 마스터와 슬레이브는 구조가 동일하므로 기능도 동일하게 수행할 수 있습니다. 다만 연산, 통신, 조정 기능은 슬레이브 제어를 위해 일반적으로 마스터가 수행합니다.

출제예상

5. 네트워크 프로토콜의 OSI 참조 모델과 가장 관련이 깊은 아키텍처 모델은?

① Peer-To-Peer Model   ② Mvc Model
③ Layers Model   ④ Client-Server Model

> OSI 참조 모델은 네트워크 프로토콜을 계층(Layer) 별로 구분한 모델입니다.

24년 2월, 기사 25년 8월, 24년 7월, 23년 2월, 22년 4월

6. 소프트웨어 아키텍처 모델 중 MVC(Model-View-Controller)와 관련한 설명으로 틀린 것은?

① MVC 모델은 사용자 인터페이스를 담당하는 계층의 응집도를 높일 수 있고, 여러 개의 다른 UI를 만들어 그 사이에 결합도를 낮출 수 있다.
② 모델(Model)은 뷰(View)와 제어(Controller) 사이에서 전달자 역할을 하며, 뷰마다 모델 서브시스템이 각각 하나씩 연결된다.
③ 뷰(View)는 모델(Model)에 있는 데이터를 사용자 인터페이스에 보이는 역할을 담당한다.
④ 제어(Controller)는 모델(Model)에 명령을 보냄으로써 모델의 상태를 변경할 수 있다.

> 모델(Model)은 서브시스템의 핵심 기능과 데이터를 보관하는 역할을 합니다.

출제예상

7. 아키텍처 패턴(Architecture Pattern)에 대한 설명 중 가장 옳지 않은 것은?

① 소프트웨어 초기 설계에서 발생하는 문제들을 해결하기 위한 전형적인 해결 방식들을 의미한다.
② 검증된 구조로 개발하기 때문에 오류가 적어 개발시간을 단축할 수 있다.
③ 서브시스템들에 대한 역할을 정의하고 있지만, 그들 간의 인터페이스에 대한 지침은 없다.
④ 시스템에 대한 이해가 쉬워지고, 특성을 예측할 수 있게 된다.

> 아키텍처 패턴은 서브시스템들의 역할을 사전에 정의할 뿐만 아니라, 시스템 간의 관계(Interface)를 정리하기 위한 규칙과 지침이 포함되어 있습니다.

출제예상

8. 다음 중 클라이언트-서버(Client-Server) 모델에 대한 설명으로 가장 거리가 먼 것은?

① 사용자는 클라이언트를 통해서 요청을 전달하며, 서버는 이에 응답하는 방식이다.
② 서버는 클라이언트의 요청에 대비하여 항상 대기 상태를 유지한다.
③ 서버와 클라이언트는 서로 독립적이다.
④ 다수의 서버와 하나의 클라이언트로 구성되는 패턴으로 분산 환경 시스템에 적합하다.

> 클라이언트-서버(Client-Server) 패턴은 하나의 서버와 다수의 클라이언트로 구성되는 패턴입니다.

▶ 정답 : 3. ② 4. ③ 5. ③ 6. ② 7. ③ 8. ④

SECTION 028 객체지향(Object-Oriented)

1 객체지향의 개요

기사 21.8

객체지향은 현실 세계의 개체(Entity)*를 기계의 부품처럼 하나의 객체(Object)로 만들어, 기계적인 부품들을 조립하여 제품을 만들 듯이 소프트웨어를 개발할 때에도 객체들을 조립해서 작성할 수 있는 기법을 말한다.

- 객체지향 기법은 구조적 기법의 문제점*으로 인한 소프트웨어 위기의 해결책으로 채택되어 사용되고 있다.
- 객체지향은 소프트웨어의 재사용 및 확장이 용이하여 고품질의 소프트웨어를 빠르게 개발할 수 있고 유지보수가 쉽다.
- 객체지향은 복잡한 구조를 단계적·계층적으로 표현하고, 멀티미디어 데이터 및 병렬 처리를 지원한다.
- 객체지향은 현실 세계를 모형화하므로 사용자와 개발자가 쉽게 이해할 수 있다.
- 객체지향의 주요 구성 요소와 개념에는 객체(Object), 클래스(Class), 캡슐화(Encapsulation), 상속(Inheritance), 다형성(Polymorphism), 연관성(Relationship)이 있다.

전문가의 조언

객체지향의 특징과 객체지향과 관련된 용어들을 확실히 파악하고 넘어가세요.

현실 세계의 개체
현실 세계의 개체는 사람, 자동차, 컴퓨터, 고양이 등과 같이 우리 주위에서 사용되는 물질적이거나 개념적인 것으로, 명사로 사용됩니다.

구조적 기법
구조적 기법은 프로시저에 근간을 두고 하나의 커다란 작업을 여러 개의 작은 작업으로 분할하고, 분할된 각각의 소작업을 수행하는 모듈을 작성한 다음 이들을 한 곳에 모아 큰 작업을 수행하는 하나의 완벽한 프로그램으로 작성하는 기법입니다.

구조적 기법의 문제점
- 유지보수는 고려하지 않고 개발 공정에만 너무 집중합니다.
- 개발이 시작된 이후 추가적인 요구사항에 대응하기 어렵습니다.
- 재사용이 어려워 이전에 개발한 소프트웨어와 유사한 소프트웨어를 다시 개발할 때도 시간과 인력이 동일하게 소모됩니다.

2 객체(Object)

25.8, 24.2, 22.7, 기사 25.2, 24.7, 24.2, 23.7, 23.2, 22.7, 22.4, 21.5

객체는 데이터와 데이터를 처리하는 함수를 묶어 놓은(캡슐화한) 하나의 소프트웨어 모듈이다.

데이터	• 객체가 가지고 있는 정보로 속성이나 상태, 분류 등을 나타낸다. • 속성(Attribute), 상태, 변수, 상수, 자료 구조라고도 한다.
함수	• 객체가 수행하는 기능으로 객체가 갖는 데이터(속성, 상태)를 처리하는 알고리즘이다. • 객체의 상태를 참조하거나 변경하는 수단이 되는 것으로 메소드(Method, 행위), 서비스(Service), 동작(Operation), 연산이라고도 한다.

전문가의 조언

메소드(Method)의 의미를 묻는 문제가 출제되었습니다. 메소드는 객체의 구체적인 연산이라는 것을 염두에 두고 객체와 메시지의 의미를 정리하세요.

- **객체의 특성**
  - 객체는 독립적으로 식별 가능한 이름을 가지고 있다.
    - 예 자동차는 번호판으로 다른 자동차 객체와 구별된다.
  - 객체가 가질 수 있는 조건을 상태(State)라고 하는데, 일반적으로 상태는 시간에 따라 변한다.
    - 예 자동차는 '정지', '이동' 등의 상태가 존재하며, 이러한 '정지'와 '이동'의 상태는 고정된 것이 아니라 시간에 따라 변한다.
  - 객체와 객체는 상호 연관성에 의한 관계가 형성된다.
    - 예 화재 발생 시 소방차, 구급차, 경찰차는 긴밀하게 협조하여 화재를 진압하고 환자를 이송하며, 교통을 정리하는 관계가 형성된다.

2장 애플리케이션 설계 **137**

메시지(Message)
메시지는 객체들 간에 상호작용을 하는 데 사용되는 수단으로, 객체에게 어떤 행위를 하도록 지시하는 명령 또는 요구사항입니다.

- 객체가 반응할 수 있는 메시지(Message)*의 집합을 행위라고 하며, 객체는 행위의 특징을 나타낼 수 있다.
  - 예 자동차 객체는 '가속 페달을 밟는' 행위를 하면 '가속'하는 특징을 나타내고, '브레이크를 밟는' 행위를 하면 '감속'하는 특징을 나타낸다.
- 객체는 일정한 기억장소를 가지고 있다.
  - 예 자동차는 주차장에 있거나 도로 위에 있거나, 일정한 물리적 공간을 점유한다.
- 객체의 메소드는 다른 객체로부터 메시지를 받았을 때 정해진 기능을 수행한다.

 클래스(Class) _{25.5, 24.5, 24.2, 23.7, 22.7, 22.4, 22.3, 기사 25.8, 25.5, 25.2, 24.2, 23.5, 22.3, 21.5, 20.8, 20.6}

클래스는 공통된 속성과 연산(행위)을 갖는 객체의 집합으로, 객체의 일반적인 타입(Type)을 의미한다.

- 클래스는 각각의 객체들이 갖는 속성과 연산을 정의하고 있는 틀이다.
- 클래스는 객체지향 프로그램에서 데이터를 추상화하는 단위이다.
- 클래스에 속한 각각의 객체를 인스턴스(Instance)라 하며, 클래스로부터 새로운 객체를 생성하는 것을 인스턴스화(Instantiation)라고 한다.
- 동일 클래스에 속한 각각의 객체(인스턴스)들은 공통된 속성과 행위를 가지고 있으면서, 그 속성에 대한 정보가 서로 달라서 동일 기능을 하는 여러 가지 객체를 나타내게 된다.
- 최상위 클래스는 상위 클래스를 갖지 않는 클래스를 의미한다.
- 클래스의 종류
  - 슈퍼 클래스(Super Class) : 특정 클래스의 상위(부모) 클래스
  - 서브 클래스(Sub Class) : 특정 클래스의 하위(자식) 클래스
  - 추상 클래스(Abstract Class) : 구체 클래스(Concrete Class)에서 구현하려는 기능들의 공통점만을 모아 추상화한 클래스로, 인스턴스 생성이 불가능하여 구체 클래스가 추상 클래스를 상속받아 구체화한 후 구체 클래스의 인스턴스를 생성하는 방식으로 사용함
  - 구체 클래스(Concrete Class) : 인스턴스 생성이 가능한 일반적인 클래스를 의미하는 용어로, 추상 클래스와 구분하기 위해 사용되며, 구상 클래스 또는 구현 클래스라고도 함

 캡슐화(Encapsulation) _{24.5, 23.2, 기사 24.5, 24.2, 23.5, 22.7, 22.4, 21.5, 20.9, 20.8}

캡슐화는 데이터(속성)와 데이터를 처리하는 함수를 하나로 묶는 것을 의미한다.

- 캡슐화된 객체는 인터페이스를 제외한 세부 내용이 은폐(정보 은닉)되어 외부에서의 접근이 제한적이기 때문에 외부 모듈의 변경으로 인한 파급 효과가 적다.
- 캡슐화된 객체들은 재사용이 용이하다.
- 객체들 간의 메시지를 주고받을 때 상대 객체의 세부 내용은 알 필요가 없으므로 인터페이스가 단순해지고, 객체 간의 결합도가 낮아진다.

전문가의 조언

- 클래스의 개념과 특징을 묻는 문제가 출제되었습니다. 클래스는 하나 이상의 유사한 객체를 묶어서 하나의 공통된 특성을 표현한 것으로, 객체지향 프로그램에서 데이터를 추상화하는 단위가 됩니다. 이를 중심으로 클래스의 특징을 정리하세요.

전문가의 조언

- 캡슐화의 특징을 묻는 문제가 출제되었습니다. 캡슐화로 인해 객체 간의 결합도는 낮아진다는 것을 중심으로 특징을 정리하세요.
- 캡슐로 된 알약과 비교하면 이해가 쉽습니다. 특정 질환을 치료하기 위해 서로 다른 약들을 조합하여 캡슐에 담아놓는 것과 같이 데이터와 함수들을 묶었다고 생각하면 됩니다.

⑤ 상속(Inheritance)
24.2, 23.5, 기사 24.2, 22.3, 21.8

상속은 이미 정의된 상위 클래스(부모 클래스)의 모든 속성과 연산을 하위 클래스(자식 클래스)가 물려받는 것이다.

- 상속을 이용하면 하위 클래스는 상위 클래스의 모든 속성과 연산을 자신의 클래스 내에서 다시 정의하지 않고서도 즉시 자신의 속성으로 사용할 수 있다.
- 하위 클래스는 상위 클래스로부터 상속받은 속성과 연산 외에 새로운 속성과 연산을 첨가하여 사용할 수 있다.
- 상위 클래스의 속성과 연산을 하위 클래스가 사용할 수 있기 때문에 객체와 클래스의 재사용, 즉 소프트웨어의 재사용(Reuse)을 높이는 중요한 개념이다.
- **다중 상속(Multiple Inheritance)**※ : 한 개의 클래스가 두 개 이상의 상위 클래스로부터 속성과 연산을 상속받는 것이다.

전문가의 조언

- 상속은 '학생'을 정의하는 상위 클래스를 하위 클래스가 물려받아 '남자'라는 속성을 첨가하면 상위 클래스에 비해 좀 더 구체적인 '남학생'이라는 클래스가 구성되는 것이라고 생각하면 됩니다.
- 상속의 개념을 묻는 문제가 출제되었습니다. 상위 클래스의 모든 속성을 하위 클래스가 물려 받는 것이 상속이라는 기억하세요.

다중 상속
다중 상속은 클래스 계층을 복잡하게 만들어 상속 순서 추적이 어렵고, 상위 클래스의 변경이 하위 클래스에 의도하지 않은 영향을 미칠 수도 있어 다중 상속을 허용하지 않는 프로그래밍 언어들도 있습니다. 다중 상속이 가능한 프로그래밍 언어에서도 다중 상속을 이용할 때는 이를 고려하여 신중히 사용해야 합니다.

⑥ 다형성(Polymorphism)
24.7, 24.2, 기사 25.8, 24.2, 23.2, 22.4

다형성은 메시지에 의해 객체(클래스)가 연산을 수행하게 될 때 하나의 메시지에 대해 각각의 객체(클래스)가 가지고 있는 고유한 방법(특성)으로 응답할 수 있는 능력을 의미한다.

- 객체(클래스)들은 동일한 메소드명을 사용하며 같은 의미의 응답을 한다.
- 응용 프로그램 상에서 하나의 함수나 연산자가 두 개 이상의 서로 다른 클래스의 인스턴스들을 같은 클래스에 속한 인스턴스처럼 수행할 수 있도록 하는 것이다.

예1 '+' 연산자의 경우 숫자 클래스에서는 덧셈, 문자 클래스에서는 문자열의 연결 기능으로 사용된다.
예2 오버로딩(Overloading) 기능의 경우 메소드(Method)의 이름은 같지만 인수를 받는 자료형과 개수를 달리하여 여러 기능을 정의할 수 있다.
예3 오버라이딩(Overriding, 메소드 재정의) 기능의 경우 상위 클래스에서 정의한 메소드(Method)와 이름은 같지만 메소드 안의 실행 코드를 달리하여 자식 클래스에서 재정의해서 사용할 수 있다.

전문가의 조언

- 다형성은 여러 가지 형태를 가지고 있다는 의미로 하나의 메시지에 대해 여러 가지 형태의 응답이 있다는 것을 의미합니다.
- 다형성과 오버로딩의 개념을 묻는 문제가 출제되었습니다. 다형성의 개념을 정확히 기억하고, 오버로딩과 오버라이딩을 구분할 수 있도록 알아두세요.

⑦ 연관성(Relationship)
기사 25.5, 24.2, 20.6

연관성은 두 개 이상의 객체(클래스)들이 상호 참조하는 관계를 말하며 종류는 다음과 같다.

종류	의미	특징
is member of	연관화(Association)	2개 이상의 객체가 상호 관련되어 있음을 의미함
is instance of	분류화(Classfication)	동일한 형의 특성을 갖는 객체들을 모아 구성하는 것
기사 25.5, 24.2, 20.6 is part of	집단화(Aggregation)	관련 있는 객체들을 묶어 하나의 상위 객체를 구성하는 것
is a	일반화(Generalization)	공통적인 성질들로 추상화한 상위 객체를 구성하는 것
	특수화/ 상세화(Specialization)	상위 객체를 구체화하여 하위 객체를 구성하는 것

전문가의 조언

연관성의 종류를 기억하고, 각각의 의미는 서로를 구분할 수 있을 정도로 파악해 두세요.

기출문제 따라잡기

이전기출

1. 객체(Object)에 관한 설명으로 옳지 않은 것은?

① 객체는 데이터 구조와 그 위에서 수행되는 함수들을 가지고 있는 소프트웨어 모듈이다.
② 객체는 캡슐화와 데이터 추상화로 설명된다.
③ 객체는 자신의 상태를 가지고 있고, 그 상태는 어떠한 경우에도 변하지 않는다.
④ 객체는 데이터와 그 데이터를 조작하기 위한 연산들을 결합시킨 실체다.

> 객체의 상태란 특정 시점의 객체에 대한 속성값을 의미하는 것으로, 이는 상황이나 단계에 따라 변하게 됩니다.

25년 8월, 24년 2월, 22년 7월

2. 객체 지향 기법에서 객체가 메시지를 받아 실행해야 할 때 객체의 구체적인 연산을 정의한 것은?

① Instance
② Method
③ Message
④ Class

> 객체의 연산을 정의하는 것을 메소드, 외부로부터 하나의 객체에 전달되는 메소드의 요구를 메시지, 각각의 객체를 설명하는 성질을 속성이라고 합니다.

23년 7월

3. 객체지향의 개념에서 하나 이상의 유사한 객체를 묶어서 하나의 공통된 특성을 표현한 것을 무엇이라고 하는가?

① 메소드(Method)
② 클래스(Class)
③ 상속성(Inheritance)
④ 메시지(Message)

> 하나 이상의 유사한 객체를 묶어서 하나의 공통된 특성을 표현한 것을 클래스(Class)라고 합니다.

23년 2월

4. 객체지향 기법의 캡슐화(Encapsulation)에 대한 설명으로 틀린 것은?

① 객체 간의 결합도가 높아진다.
② 변경 발생 시 오류의 파급효과가 적다.
③ 소프트웨어 재사용성이 높아진다.
④ 인터페이스가 단순화된다.

> 캡슐화는 데이터(속성)와 데이터를 처리하는 함수를 하나로 묶는 것으로, 캡슐화는 객체 간의 결합도를 낮춥니다.

24년 2월, 23년 5월

5. 객체지향 개념에서 이미 정의되어 있는 상위 클래스(수퍼 클래스 혹은 부모 클래스)의 메소드를 비롯한 모든 속성을 하위 클래스가 물려 받는 것을 무엇이라고 하는가?

① Abstraction
② Method
③ Inheritance
④ Message

> 상위 클래스의 메소드와 속성을 하위 클래스가 물려받는 것을 상속(Inheritance)이라고 합니다.

이전기출

6. 객체의 특성으로 옳지 않은 것은?

① 상태와 행위를 가지고 있다.
② 식별성을 가진다.
③ 객체들 간의 관계를 가진다.
④ 일정한 기억 장소를 갖지 않는다.

> 객체가 가지고 있는 특성에는 이름, 식별성, 상태, 행위, 관계, 기억장소가 있습니다.

이전기출

7. 객체지향 기법에 대한 설명으로 가장 옳지 않은 것은?

① 복잡한 구조를 단계적, 계층적으로 표현할 수 있다.
② 대형 프로그램의 작성이 용이하다.
③ 상속을 통한 재사용과 시스템 확장이 구조적 기법에 비해 어렵다.
④ 소프트웨어 개발 및 유지보수가 용이하다.

> 객체지향 기법은 상속을 통한 재사용과 시스템 확장이 구조적 기법에 비해 용이합니다.

24년 5월, 2월, 22년 7월, 3월

8. 추상 클래스에 대한 설명으로 틀린 것은?

① 자식 클래스에서 구현하려는 기능들의 공통점만을 모은 것이다.
② 인스턴스 생성이 불가능하다.
③ 부모 클래스에서 상속받아 구체화한다.
④ 자식 클래스의 인스턴스를 생성하는 방식으로 사용한다.

> ③번은 하위(자식) 클래스에 대한 설명입니다.

기출문제 따라잡기

이전기출
9. 객체지향(Object-Oriented)의 개념 설명 중 가장 옳지 않은 것은?

① 클래스(Class) : 데이터값을 저장하는 필드와 이 필드에서 연산하는 메소드로 정의
② 속성(Attribute) : 객체들이 갖고 있는 데이터의 값으로 파일 처리에서 객체는 레코드, 속성은 필드와 유사한 개념
③ 객체(Object) : 데이터 구조와 이 구조 하에서 이루어진 연산들이 모여서 하나의 독립된 기능을 수행하는 것
④ 메소드(Method) : 객체들 사이에서 정보를 교환하기 위한 수단

메소드는 객체의 상태를 참조하거나 변경하기 위한 수단이고, 메시지는 객체들 사이에서 정보를 교환하기 위한 수단입니다.

기사 23년 2월, 22년 4월
10. 객체지향 개념에서 다형성(Polymorphism)과 관련한 설명으로 틀린 것은?

① 다형성은 현재 코드를 변경하지 않고 새로운 클래스를 쉽게 추가할 수 있게 한다.
② 다형성이란 여러 가지 형태를 가지고 있다는 의미로, 여러 형태를 받아들일 수 있는 특징을 말한다.
③ 메소드 오버라이딩(Overriding)은 상위 클래스에서 정의한 일반 메소드의 구현을 하위 클래스에서 무시하고 재정의할 수 있다.
④ 메소드 오버로딩(Overloading)의 경우 매개 변수 타입은 동일하지만 메소드명을 다르게 함으로써 구현, 구분할 수 있다.

메소드 오버로딩(Overloading)은 메소드명은 같지만 매개 변수의 개수나 타입을 다르게 함으로써 구현, 구분할 수 있습니다.

25년 5월, 22년 4월
11. 다음 괄호에 들어갈 알맞은 용어는?

( )는 구체 클래스에서 구현하려는 기능들의 공통점만을 모은 것으로, 인스턴스 생성이 불가능하여 구체 클래스가 ( )를 상속받아 구체화한 후 구체 클래스의 인스턴스를 생성하는 방식으로 사용한다.

① 서브 클래스 ② 제어 클래스
③ 추상 클래스 ④ 조상 클래스

구현하려는 기능들의 공통점만 모은 것이 추상 클래스(Abstract Class)입니다.

24년 5월
12. 객체지향에서 정보 은닉과 가장 밀접한 관계가 있는 것은?

① Encapsulation ② Class
③ Method ④ Instance

캡슐화(Encapsulation)는 데이터(속성)와 데이터를 처리하는 함수를 하나로 묶는 것으로, 캡슐화된 객체의 세부 내용은 외부에 은폐(정보 은닉)됩니다.

24년 7월
13. 다음 객체지향 기법에 대한 설명에 해당하는 것은?

메시지에 의해 객체가 연산을 수행하게 될 때 하나의 메시지에 대해 각 객체가 가지고 있는 고유한 방법으로 응답할 수 있는 능력이다.

① Encapsulation ② Abstraction
③ Inheritance ④ Polymorphism

문제의 지문에서 설명하고 있는 객체지향 기법의 특징은 다형성(Polymorphism)입니다.

24년 2월
14. 객체지향에서 메소드(Method) 명은 같지만 매개 변수의 개수나 타입을 달리하여 여러 기능을 정의할 수 있는 것은?

① Class ② Overriding
③ Overloading ④ Encapsulation

오버로딩(Overloading)은 동일한 이름의 메소드를 여러 개 정의하되 매개 변수의 수나 타입을 다르게 하는 것이고, 오버라이딩(Overriding)은 부모 클래스에서 정의된 메소드를 자식 클래스에서 재정의하는 것입니다.

▶ 정답 : 1.③ 2.② 3.② 4.① 5.③ 6.④ 7.③ 8.③ 9.④ 10.④ 11.③ 12.① 13.④ 14.③

SECTION 029 객체지향 분석 및 설계

전문가의 조언
객체지향 분석의 의미와 방법, 분석 단계에서 수행되는 작업 등을 정리하세요.

1 객체지향 분석의 개요

기사 21.3

객체지향 분석(OOA; Object Oriented Analysis)은 사용자의 요구사항을 분석하여 요구된 문제와 관련된 모든 클래스(객체), 이와 연관된 속성과 연산, 그들 간의 관계 등을 정의하여 모델링하는 작업이다.

- 소프트웨어를 개발하기 위한 비즈니스(업무)를 객체와 속성, 클래스와 멤버, 전체와 부분 등으로 나누어서 분석한다.
- 분석가에게 주요한 모델링 구성 요소인 클래스, 객체, 속성, 연산들을 표현해서 문제를 모형화할 수 있게 해준다.
- 객체는 클래스로부터 인스턴스화되고, 이 클래스를 식별하는 것이 객체지향 분석의 주요한 목적이다.

전문가의 조언
E-R 다이어그램을 사용하는 방법은 'Coad와 Yourdon 방법'이라는 것을 기억하고, 나머지 방법론들의 개념을 간단히 정리해 두세요.

2 객체지향 분석의 방법론

기사 21.3, 20.6

객체지향 분석을 위한 여러 방법론이 제시되었으며 각 방법론은 다음과 같다.

- **Rumbaugh(럼바우) 방법** : 가장 일반적으로 사용되는 방법으로 분석 활동을 객체 모델, 동적 모델, 기능 모델로 나누어 수행하는 방법이다.
- **Booch(부치) 방법** : 미시적(Micro) 개발 프로세스와 거시적(Macro) 개발 프로세스를 모두 사용하는 분석 방법으로, 클래스와 객체들을 분석 및 식별하고 클래스의 속성과 연산을 정의한다.
- **Jacobson 방법** : Use Case*를 강조하여 사용하는 분석 방법이다.
- **Coad와 Yourdon 방법** : E-R 다이어그램을 사용하여 객체의 행위를 모델링하며, 객체 식별, 구조 식별, 주제 정의, 속성과 인스턴스 연결 정의, 연산과 메시지 연결 정의 등의 과정으로 구성하는 기법이다.
- **Wirfs-Brock 방법** : 분석과 설계 간의 구분이 없고, 고객 명세서를 평가해서 설계 작업까지 연속적으로 수행하는 기법이다.

Use Case(사용 사례)
Use Case는 사용자, 외부 시스템, 다른 요소들이 시스템과 상호 작용하는 방법을 기술한 설명을 의미합니다.

전문가의 조언
럼바우 분석 기법 중 기능 모델링에 대한 문제가 출제되었습니다. 각 모델링의 의미를 구분할 수 있는 핵심 단어를 기억해 두세요. 객체 모델링은 객체 다이어그램, 동적 모델링은 상태 다이어그램, 기능 모델링은 자료 흐름도(DFD)입니다.

3 럼바우(Rumbaugh)의 분석 기법

24.7, 24.5, 23.7, 기사 25.5, 25.2, 24.7, 24.2, 23.7, 22.7, 22.3, 21.8, 21.5, 21.3, 20.9, 20.8, 20.6

럼바우의 분석 기법은 모든 소프트웨어 구성 요소를 그래픽 표기법을 이용하여 모델링하는 기법으로, 객체 모델링 기법(OMT, Object-Modeling Technique)이라고도 한다.

- 분석 활동은 '객체 모델링 → 동적 모델링 → 기능 모델링' 순으로 통해 이루어진다.

기사 25.2, 21.3, 20.9, 20.8 객체 모델링 (Object Modeling)	정보 모델링이라고도 하며, 시스템에서 요구되는 객체를 찾아내어 속성과 연산 식별 및 객체들 간의 관계를 규정하여 객체 다이어그램*으로 표시하는 것이다.
기사 20.9, 20.8 동적 모델링 (Dynamic Modeling)	상태 다이어그램*(상태도)을 이용하여 시간의 흐름에 따른 객체들 간의 제어 흐름, 상호 작용, 동작 순서 등의 동적인 행위를 표현하는 모델링이다.
24.7, 24.5, 기사 25.5, 24.7, 24.2, 21.8, ··· 기능 모델링 (Functional Modeling)	자료 흐름도(DFD)를 이용하여 다수의 프로세스들 간의 자료 흐름을 중심으로 처리 과정을 표현한 모델링이다.

객체지향 설계 원칙

기사 25.8, 24.5, 24.2, 23.5, 23.2, 22.7, 22.3, 20.9, 20.8

객체지향 설계 원칙은 시스템 변경이나 확장에 유연한 시스템을 설계하기 위해 지켜야 할 다섯 가지 원칙으로, 다섯 가지 원칙의 앞 글자를 따 SOLID 원칙이라고도 불린다.

단일 책임 원칙(SRP; Single Responsibility Principle)	• 객체는 단 하나의 책임만 가져야 한다는 원칙이다. • 응집도는 높고, 결합도는 낮게 설계하는 것을 의미한다.
개방-폐쇄 원칙(OCP; Open-Closed Principle)	• 기존의 코드를 변경하지 않고 기능을 추가할 수 있도록 설계해야 한다는 원칙이다. • 공통 인터페이스를 하나의 인터페이스로 묶어 캡슐화하는 방법이 대표적이다.
기사 20.8 리스코프 치환 원칙 (LSP; Liskov Substitution Principle)	• 자식 클래스는 최소한 자신의 부모 클래스에서 가능한 행위는 수행할 수 있어야 한다는 설계 원칙이다. • 자식 클래스는 부모 클래스의 책임을 무시하거나 재정의하지 않고 확장만 수행하도록 해야한다.
기사 24.5, 23.5, 20.9 인터페이스 분리 원칙(ISP; Interface Segregation Principle)	• 자신이 사용하지 않는 인터페이스와 의존 관계를 맺거나 영향을 받지 않아야 한다는 원칙이다. • 단일 책임 원칙이 객체가 갖는 하나의 책임이라면, 인터페이스 분리 원칙은 인터페이스가 갖는 하나의 책임이다.
기사 24.2, 22.3 의존 역전 원칙(DIP; Dependency Inversion Principle)	• 각 객체들 간의 의존 관계가 성립될 때, 추상성이 낮은 클래스보다 추상성이 높은 클래스와 의존 관계를 맺어야 한다는 원칙이다. • 일반적으로 인터페이스를 활용하면 이 원칙은 준수된다.

객체 다이어그램
객체 다이어그램은 소프트웨어를 구성하는 객체와 객체 간의 관계를 표현하는 그래픽 표기법을 의미합니다.

상태 다이어그램
상태 다이어그램은 객체의 상태가 시간에 따라 어떻게 변하는지를 표현하는 그래픽 표기법을 의미합니다.

전문가의 조언
객체지향 설계 원칙의 종류 다섯 가지를 기억하고 각각의 개념을 파악해 두세요.

기출문제 따라잡기

기사 22년 7월, 3월, 20년 9월, 8월
1. 럼바우(Rumbaugh) 객체지향 분석의 모델링 방법에 해당하지 않는 것은?

① 동적(Dynamic) 모델링
② 클래스(Class) 모델링
③ 객체(Object) 모델링
④ 기능(Functional) 모델링

> 럼바우(Rumbaugh) 객체지향 분석의 절차는 '객체 모델링 → 동적 모델링 → 기능 모델링'입니다.

24년 7월, 5월
2. 럼바우(Rumbaugh)의 객체지향 분석 모델링에서 데이터 흐름 다이어그램을 이용하여 다수의 프로세스들 간의 데이터 흐름을 중심으로 처리 과정을 표현한 모델링은?

① 동적 모델링   ② 기능 모델링
③ 클래스 모델링 ④ 객체 모델링

> 객체 모델링은 객체와 클래스를 추출해 그들 간의 관계를 규명하는 모델링이고, 동적 모델링은 시간의 흐름에 따라 변하는 객체들 사이의 동적인 행위를 표현하는 모델링입니다.

이전기출
3. 객체지향 시스템 분석에서 사건들을 시나리오로 작성하여 각 시나리오마다 사건 추적도를 그리고 사건 흐름 다이어그램을 작성하는 단계는 어떤 단계인가?

① 객체 모형화   ② 동적 모형화
③ 기능 모형화   ④ 사양서 작성

> 시나리오, 사건 추적도, 사건 흐름도와 상태 다이어그램을 작성하는 단계는 동적 모델링입니다.

이전기출
4. 객체지향 분석에서 동적 모델링(Dynamic Modeling) 과정에 주로 작성되는 다이어그램은?

① 객체 다이어그램(Object Diagram)
② 상태 다이어그램(State Diagram)
③ 자료 흐름도(Data Flow Diagram)
④ 구조 다이어그램(Structure Diagram)

> 객체 다이어그램은 객체 모델링, 상태 다이어그램은 동적 모델링, 자료 흐름도는 기능 모델링입니다.

이전기출
5. Rumbaugh의 모델링 방법 중 시간 흐름에 따른 객체들과 객체들 사이의 제어 흐름, 상호 작용, 동작 순서 등을 표현하는 것으로 시스템의 변화를 보여주는 객체 상태 다이어그램을 작성하는 모형에 해당하는 것은?

① 객체 모형   ② 기능 모형
③ 동적 모형   ④ 정적 모형

> 객체 모형은 객체 간의 관계를 객체 다이어그램으로, 동적 모형은 동적인 행위를 상태 다이어그램으로, 기능 모형은 데이터 흐름을 중심으로 처리 과정을 자료 흐름도로 표현하는 것입니다.

이전기출
6. 럼바우의 객체지향 분석 기법에서 자료 흐름도와 밀접한 관계가 있는 것은?

① Object Modeling
② Dynamic Modeling
③ Function Modeling
④ Total Modeling

> • 객체 모델링(Object Modeling) : 객체와 클래스 추출, 객체 다이어그램
> • 동적 모델링(Dynamic Modeling) : 시간 흐름, 상태 다이어그램
> • 기능 모델링(Function Modeling) : 자료 흐름, 자료 흐름도

기사 24년 5월, 23년 5월, 20년 9월
7. 다음 내용이 설명하는 객체지향 설계 원칙은?

- 클라이언트는 자신이 사용하지 않는 메소드와 의존관계를 맺으면 안 된다.
- 클라이언트가 사용하지 않는 인터페이스 때문에 영향을 받아서는 안 된다.

① 인터페이스 분리 원칙   ② 단일 책임 원칙
③ 개방 폐쇄의 원칙   ④ 리스코프 교체의 원칙

> 지문에 제시된 내용은 인터페이스 분리 원칙의 특징입니다.

기사 20년 8월
8. 객체지향 설계 원칙 중 서브타입(상속받은 하위 클래스)은 어디에서나 자신의 기반타입(상위 클래스)으로 교체할 수 있어야 함을 의미하는 원칙은?

① ISP(Interface Segregation Principle)
② DIP(Dependency Inversion Principle)
③ LSP(Liskov Substitution Principle)
④ SRP(Single Responsibility Principle)

> ISP는 인터페이스 분리, DIP는 의존 관계, LSP는 자식과 부모 클래스 간의 상속, SRP는 하나의 책임과 관계가 있습니다.

▶ 정답 : 1.② 2.② 3.② 4.② 5.③ 6.③ 7.① 8.③

SECTION 030 디자인 패턴

1 디자인 패턴(Design Pattern)의 개요

23.7, 기사 25.8, 24.7, 23.5, 22.3, 20.9, 20.8

디자인 패턴은 각 모듈의 세분화된 역할이나 모듈들 간의 인터페이스와 같은 코드를 작성하는 수준의 세부적인 구현 방안을 설계할 때 참조할 수 있는 전형적인 해결 방식 또는 예제를 의미한다.

- 디자인 패턴은 문제 및 배경, 실제 적용된 사례, 재사용이 가능한 샘플 코드 등으로 구성되어 있다.
- '바퀴를 다시 발명하지 마라(Don't reinvent the wheel)'*라는 말과 같이, 개발 과정 중에 문제가 발생하면 새로 해결책을 구상하는 것보다 문제에 해당하는 디자인 패턴을 참고하여 적용하는 것이 더 효율적이다.
- 디자인 패턴은 한 패턴에 변형을 가하거나 특정 요구사항을 반영하면 유사한 형태의 다른 패턴으로 변화되는 특징*이 있다.
- 디자인 패턴은 1995년 GoF(Gang of Four)라고 불리는 에릭 감마(Erich Gamma), 리차드 헬름(Richard Helm), 랄프 존슨(Ralph Johnson), 존 블리시디스(John Vlissides)가 처음으로 구체화 및 체계화하였다.
- GoF의 디자인 패턴은 수많은 디자인 패턴들 중 가장 일반적인 사례에 적용될 수 있는 패턴들을 분류하여 정리함으로써, 지금까지도 소프트웨어 공학이나 현업에서 가장 많이 사용되는 디자인 패턴이다.
- GoF의 디자인 패턴은 유형에 따라 생성 패턴 5개, 구조 패턴 7개, 행위 패턴 11개 총 23개의 패턴으로 구성된다.

잠깐만요 아키텍처 패턴 vs 디자인 패턴
24.7

아키텍처 패턴과 디자인 패턴은 모두 소프트웨어 설계를 위한 참조 모델이지만 다음과 같은 차이가 있습니다.
- 아키텍처 패턴은 디자인 패턴보다 상위 수준의 설계에 사용됩니다.
- 아키텍처 패턴이 전체 시스템의 구조를 설계하기 위한 참조 모델이라면, 디자인 패턴은 서브시스템에 속하는 컴포넌트*들과 그 관계를 설계하기 위한 참조 모델입니다.
- 몇몇 디자인 패턴은 특정 아키텍처 패턴을 구현하는데 유용하게 사용됩니다.

2 디자인 패턴 사용의 장·단점

기사 25.2, 21.3, 20.9

- 범용적인 코딩 스타일로 인해 구조 파악이 용이하다.
- 객체지향 설계 및 구현의 생산성을 높이는 데 적합하다.

전문가의 조언

- 아키텍처 패턴에서 건물의 윤곽을 잡는 가이드라인을 제시했다면, 디자인 패턴은 그보다 더 세밀한 부분인 건물의 각 방들을 인테리어 하는 과정이라고 보면 됩니다.
- 디자인 패턴의 유형을 묻는 문제가 출제되었습니다. 디자인 패턴이 무엇인지 파악한 후 디자인 패턴의 특징을 정리하세요. 그리고 디자인 패턴의 구성 요소와 디자인 패턴의 유형 3가지를 기억하세요.

바퀴를 다시 발명하지 마라
'바퀴를 다시 발명하지 마라'는 이미 존재하는 기술이나 제품을 굳이 다시 만들기 위해 시간과 노동력을 소모하지 말라는 의미의 관용구입니다.

디자인 패턴이 변화되는 특징
디자인 패턴이 변화되는 특징은 건축과 비교하면 이해가 쉽습니다. 예를 들어 설계자가 처음에는 '원룸'이라는 패턴을 적용하여 설계하였으나, '주방을 분리'하라는 요청이 있어 이를 반영하고 보니 '투룸'이라는 유사한 형태의 다른 패턴이 되어버린 것과 비교할 수 있습니다.

전문가의 조언

아키텍처 패턴과 디자인 패턴의 차이점을 묻는 문제가 출제되었습니다. 아키텍처 패턴이 디자인 패턴보다 상위 수준의 설계에 사용된다는 것을 기억해 두세요.

컴포넌트(Component)
컴포넌트는 독립적인 업무 또는 기능을 수행하는 실행 코드 기반으로 작성된 모듈입니다.

전문가의 조언

디자인 패턴을 사용할 때의 장점과 단점을 확실히 파악해 두세요.

초기 투자 비용과 개발 비용
요구사항을 직관적으로 구현하는 것이 아니고 디자인 패턴에 맞게 구현해야하기 때문에 초기에 드는 많은 노력과 시간이 비용부담으로 작용할 수 있지만, 이후에는 검증된 구조를 재사용함으로써 요구사항 변경에 유연하게 대처할 수 있고, 안정적인 유지보수가 가능해지므로 개발의 전체적인 측면에서는 비용이 절약된다고 할 수 있습니다.

전문가의 조언

- 각 패턴의 이름과 의미를 연결 지어 기억해 두세요. **추상 팩토리**는 서로 다른 부품을 조립만 하는 **조립 공장**(Factory), **빌더**는 건축가(Builder)가 블록을 조립하는 모습, **팩토리 메소드**는 부품부터 완성품까지 통째로 찍어내는 **공장**(Factory), **프로토타입**은 **원형**(Prototype)을 두고 복제품을 만드는 것, **싱글톤**은 식당에서 누구나 사용할 수 있지만 **하나뿐**(Singleton)인 정수기를 염두에 두고 기억해 보세요.
- 보기에 주어진 패턴을 보고 생성, 구조, 행위 패턴 중 어떤 패턴에 속하는지 구분할 수 있어야 합니다. 필기시험의 특성상 생성 패턴과 구조 패턴의 종류만 알아도 다 맞힐 수 있으니 먼저 암기해 두세요.

인스턴스(Instance)
인스턴스는 클래스에 속한 각각의 객체를 의미합니다.

전문가의 조언

어댑터는 전압을 맞춰주는 변압기(Adapter), **브리지**는 두 섬을 연결하는 **다리**(Bridge), **컴포지트**는 폴더와 파일을 합성(Composite)한 것, **데코레이터**는 온갖 것으로 장식된(Decorator) 눈사람, **퍼싸드**는 **외부**(Facade)의 리모컨 버튼만으로 복잡한 명령들을 간편하게 수행하는 것, **플라이웨이트**는 부담을 가볍게(Flyweight) 하기 위해 물품을 공유하는 것, **프록시**는 내가 하기 어려운 법률업무를 **대리**(Proxy)해서 처리해주는 변호사라고 생각하면서 암기해 보세요.

- 검증된 구조의 재사용을 통해 개발 시간과 비용이 절약된다*.
- 초기 투자 비용이 부담될 수 있다*.
- 개발자 간의 원활한 의사소통이 가능하다.
- 설계 변경 요청에 대한 유연한 대처가 가능하다.
- 객체지향을 기반으로 한 설계와 구현을 다루므로 다른 기반의 애플리케이션 개발에는 적합하지 않다.

생성 패턴(Creational Pattern)
25.8, 25.5, 24.5, 24.2, 23.5, 23.2, 22.7, 22.4, 기사 25.5, 25.2, 24.5, 24.2, 23.5, 23.2, 22.7, 22.3, 21.8, 21.5, 21.3, 20.8

생성 패턴은 객체의 생성과 관련된 패턴으로 총 5개의 패턴이 있다.

- 생성 패턴은 객체의 생성과 참조 과정을 캡슐화 하여 객체가 생성되거나 변경되어도 프로그램의 구조에 영향을 크게 받지 않도록 하여 프로그램에 유연성을 더해준다.

기사 22.3, 21.5 **추상 팩토리** (Abstract Factory)	• 구체적인 클래스에 의존하지 않고, 인터페이스를 통해 서로 연관·의존하는 객체들의 그룹으로 생성하여 추상적으로 표현한다. • 연관된 서브 클래스를 묶어 한 번에 교체하는 것이 가능하다.
22.7 **빌더**(Builder)	• 작게 분리된 인스턴스*를 건축 하듯이 조합하여 객체를 생성한다. • 객체의 생성 과정과 표현 방법을 분리하고 있어, 동일한 객체 생성에서도 서로 다른 결과를 만들어 낼 수 있다.
24.2, 23.5, 기사 25.5, 23.5, 23.2, … **팩토리 메소드** (Factory Method)	• 객체 생성을 서브 클래스에서 처리하도록 분리하여 캡슐화한 패턴이다. • 상위 클래스에서 인터페이스만 정의하고 실제 생성은 서브 클래스가 담당한다. • 기존 코드를 수정하지 않고 새로운 인스턴스를 다른 방법으로 생성하도록 확장할 수 있다. • 가상 생성자(Virtual Constructor) 패턴이라고도 한다.
22.7, 기사 23.5, 23.2, 21.5, 20.8 **프로토타입**(Prototype)	• 원본 객체를 복제하는 방법으로 객체를 생성하는 패턴이다. • 일반적인 방법으로 객체를 생성하며, 비용이 큰 경우 주로 이용한다.
25.8, 25.5, 24.5, 23.2, 22.7, 22.4 **싱글톤**(Singleton)	• 하나의 객체를 생성하면 생성된 객체를 어디서든 참조할 수 있지만, 여러 프로세스가 동시에 참조할 수는 없다. • 클래스 내에서 인스턴스가 하나뿐임을 보장하며, 불필요한 메모리 낭비를 최소화 할 수 있다.

구조 패턴(Structural Pattern)
25.2, 24.7, 23.7, 22.7, 기사 25.8, 25.5, 23.7, 23.2, 22.4, 21.5

구조 패턴은 클래스나 객체들을 조합하여 더 큰 구조로 만들 수 있게 해주는 패턴으로 총 7개의 패턴이 있다.

- 구조 패턴은 구조가 복잡한 시스템을 개발하기 쉽게 도와준다.

기사 22.4 **어댑터**(Adapter)	• 호환성이 없는 클래스들의 인터페이스를 다른 클래스가 이용할 수 있도록 변환해주는 패턴이다. • 기존의 클래스를 이용하고 싶지만 인터페이스가 일치하지 않을 때 이용한다.
기사 23.2, 22.4., 21.5 **브리지**(Bridge)	• 구현부에서 추상층을 분리하여, 서로가 독립적으로 확장할 수 있도록 구성한 패턴이다. • 기능과 구현을 두 개의 별도 클래스로 구현한다.

기사 23.5 컴포지트(Composite)	• 여러 객체를 가진 복합 객체와 단일 객체를 구분 없이 다루고자 할 때 사용하는 패턴이다. • 객체들을 트리 구조로 구성하여 디렉터리 안에 디렉터리가 있듯이 복합 객체 안에 복합 객체가 포함되는 구조를 구현할 수 있다.
22.7 데코레이터(Decorator)	• 객체 간의 결합을 통해 능동적으로 기능들을 확장할 수 있는 패턴이다. • 임의의 객체에 부가적인 기능을 추가하기 위해 다른 객체들을 덧붙이는 방식으로 구현한다.
25.2, 24.7, 23.7 퍼싸드(Facade)	• 복잡한 서브 클래스들을 피해 더 상위에 인터페이스를 구성함으로써 서브 클래스들의 기능을 간편하게 사용할 수 있도록 하는 패턴이다. • 서브 클래스들 사이의 통합 인터페이스를 제공하는 Wrapper 객체가 필요하다.
플라이웨이트 (Flyweight)	• 인스턴스가 필요할 때마다 매번 생성하는 것이 아니고 가능한 한 공유해서 사용함으로써 메모리를 절약하는 패턴이다. • 다수의 유사 객체를 생성하거나 조작할 때 유용하게 사용할 수 있다.
기사 22.4 프록시(Proxy)	• 접근이 어려운 객체와 여기에 연결하려는 객체 사이에서 인터페이스 역할을 수행하는 패턴이다. • 네트워크 연결, 메모리의 대용량 객체로의 접근 등에 주로 이용한다.

5 행위 패턴(Behavioral Pattern)

행위 패턴은 클래스나 객체들이 서로 상호작용하는 방법이나 책임 분배 방법을 정의하는 패턴으로 총 11개의 패턴이 있다.

• 행위 패턴은 하나의 객체로 수행할 수 없는 작업을 여러 객체로 분배하면서 결합도를 최소화 할 수 있도록 도와준다.

책임 연쇄 (Chain of Responsibility)	• 요청을 처리할 수 있는 객체가 둘 이상 존재하여 한 객체가 처리하지 못하면 다음 객체로 넘어가는 형태의 패턴이다. • 요청을 처리할 수 있는 각 객체들이 고리(Chain)로 묶여 있어 요청이 해결될 때까지 고리를 따라 책임이 넘어간다.
25.8, 24.7, 24.5, 23.5, 23.2, 기사 20.8 커맨드(Command)	• 요청을 객체의 형태로 캡슐화하여 재이용하거나 취소할 수 있도록 요청에 필요한 정보를 저장하거나 로그에 남기는 패턴이다. • 요청에 사용되는 각종 명령어들을 추상 클래스*와 구체 클래스*로 분리하여 단순화한다.
23.5 인터프리터(Interpreter)	• 언어에 문법 표현을 정의하는 패턴이다. • SQL이나 통신 프로토콜과 같은 것을 개발할 때 사용한다.
24.2 반복자(Iterator)	• 자료 구조와 같이 접근이 잦은 객체에 대해 동일한 인터페이스를 사용하도록 하는 패턴이다. • 내부 표현 방법의 노출 없이 순차적인 접근이 가능하다.
기사 23.5, 23.2, 21.5 중재자(Mediator)	• 수많은 객체들 간의 복잡한 상호작용(Interface)을 캡슐화하여 객체로 정의하는 패턴이다. • 객체 사이의 의존성을 줄여 결합도를 감소시킬 수 있다. • 중재자는 객체 간의 통제와 지시의 역할을 수행한다.
메멘토(Memento)	• 특정 시점에서의 객체 내부 상태를 객체화함으로써 이후 요청에 따라 객체를 해당 시점의 상태로 돌릴 수 있는 기능을 제공하는 패턴이다. • +와 같은 되돌리기 기능을 개발할 때 주로 이용한다.

전문가의 조언

책임 연쇄는 위에서 쏟아지는 물을 여러 물받이가 연속(Chain)해서 나눠 받는(Responsibility) 물레방아, 커맨드는 각종 명령어(Command)를 하나로 합쳐둔 것, 인터프리터는 언어 번역가(Interpreter), 반복자는 음악파일의 다음 곡 재생처럼 같은 명령의 반복(Iterator), 중재자는 물품 매매를 중개해주는(Mediator) 인터넷 사이트, 메멘토는 기억 속의 그 때(Memento)로 돌아가는 것, 옵서버는 변화를 지켜보고(Observer) 알려주는 것, 상태는 환자의 상태(State)에 따라 치료방법이 다른 것, 전략은 여러 전략들을 A·b·c 등으로 정하고 필요할 때 원하는 전략(Strategy)을 선택하여 쓰는 것, 템플릿 메소드는 세모·네모·동그라미를 그리는 방법(Method)들을 도형이라는 하나의 큰 틀(Template)로 묶는 것, 방문자는 책을 만들기 위해 저자·편집자·홍보팀을 번갈아가며 방문(Visitor)하는 것과 비교할 수 있습니다.

추상 클래스(Abstract Class)

추상 클래스는 구체 클래스에서 구현하려는 기능들의 공통점만을 모아 추상화한 클래스로, 인스턴스 생성이 불가능하여 구체 클래스가 추상 클래스를 상속받아 구체화한 후 구체 클래스의 인스턴스를 생성하는 방식으로 사용합니다.

구체 클래스(Concrete Class)

구체 클래스는 인스턴스 생성이 가능한 일반적인 클래스를 의미하는 용어로, 추상 클래스와 구분하기 위해 사용됩니다. 구상 클래스 또는 구현 클래스라고도 합니다.

25.2, 22.3, 기사 20.8	옵서버(Observer)	• 한 객체의 상태가 변화하면 객체에 상속되어 있는 다른 객체들에게 변화된 상태를 전달하는 패턴이다. • 주로 분산된 시스템 간에 이벤트를 생성·발행(Publish)하고, 이를 수신(Subscribe)해야 할 때 이용한다.
23.7, 기사 20.8	상태(State)	• 객체의 상태에 따라 동일한 동작을 다르게 처리해야 할 때 사용하는 패턴이다. • 객체 상태를 캡슐화하고 이를 참조하는 방식으로 처리한다.
기사 24.2, 21.8	전략(Strategy)	• 동일한 계열의 알고리즘들을 개별적으로 캡슐화하여 상호 교환할 수 있게 정의하는 패턴이다. • 클라이언트는 독립적으로 원하는 알고리즘을 선택하여 사용할 수 있으며, 클라이언트에 영향 없이 알고리즘의 변경이 가능하다.
기사 23.5	템플릿 메소드 (Template Method)	• 상위 클래스에서 골격을 정의하고, 하위 클래스에서 세부 처리를 구체화하는 구조의 패턴이다. • 유사한 서브 클래스를 묶어 공통된 내용을 상위 클래스에서 정의함으로써 코드의 양을 줄이고 유지보수를 용이하게 해준다.
기사 20.6	방문자(Visitor)	• 각 클래스들의 데이터 구조에서 처리 기능을 분리하여 별도의 클래스로 구성하는 패턴이다. • 분리된 처리 기능은 각 클래스를 방문(Visit)하여 수행한다.

기출문제 따라잡기

25년 8월, 5월, 24년 5월, 23년 2월, 22년 4월
1. 디자인 패턴 중 Singleton에 대한 설명으로 옳은 것은?
① 하나의 객체를 생성하면 생성된 객체를 어디서든 참조할 수 있지만, 여러 프로세스가 동시에 참조할 수는 없는 패턴이다.
② 원본 객체를 복제하는 방법으로 객체를 생성하는 패턴이다.
③ 여러 객체를 가진 복합 객체와 단일 객체를 구분 없이 다루고자 할 때 사용하는 패턴이다.
④ 수많은 객체들 간의 복잡한 상호작용을 캡슐화하여 객체로 정의하는 패턴이다.

> 싱글톤은 식당에서 누구나 사용할 수 있지만 하나뿐인 정수기로 기억했었죠. 누구나 참조할 수 있지만 동시에는 참조할 수 없습니다.

23년 7월
2. GoF(Gangs of Four) 디자인 패턴 분류에 해당하지 않는 것은?
① 생성 패턴 ② 구조 패턴
③ 행위 패턴 ④ 추상 패턴

> 디자인 패턴은 생성 패턴 5개, 구조 패턴 7개, 행위 패턴 11개로 구성됩니다.

22년 7월
3. GoF(Gang of Four)의 디자인 패턴 중 데코레이터(Decorator)에 대한 설명으로 옳지 않은 것은?
① 구조 패턴에 속한다.
② 호환성이 없는 클래스들의 인터페이스를 다른 클래스가 이용할 수 있도록 변환해 준다.
③ 객체 간의 결합을 통해 능동적으로 기능들을 확장할 수 있다.
④ 임의의 객체에 부가적인 기능을 추가하기 위해 다른 객체들을 덧붙이는 방식으로 구현한다.

> 데코레이터는 온갖 것으로 장식된 눈사람으로 기억했었죠. 온갖 것으로 장식, 즉 기능 확장이나 추가 등과 관련이 있습니다. 호환되도록 변환해주는 것은 어댑터(Adapter)입니다.

25년 8월, 24년 7월, 5월, 23년 2월
4. Gamma의 디자인 패턴 중 행위적 패턴에 해당하는 것은?
① Factory Method ② Adapter
③ Bridge ④ Command

> Factory Method는 생성 패턴, Adapter와 Bridge는 구조 패턴에 해당합니다.

기출문제 따라잡기

23년 5월

5. 클라이언트에서 사용할 클래스 객체 생성 책임을 분리하여 클래스 객체 생성의 변화에 대비하기 위해 사용하는 디자인 패턴은?

① 브리지(Bridge)
② 팩토리 메소드(Factory Method)
③ 방문자(Visitor)
④ 빌더(Builder)

> 객체 생성을 서브 클래스에서 처리하도록 분리하여 캡슐화한 패턴은 팩토리 메소드입니다.

25년 2월, 22년 3월

6. 한 객체의 상태가 변화하면 객체에 상속되어 있는 다른 객체들에게 변화된 상태를 전달하는 패턴은?

① State
② Observer
③ Visitor
④ Mediator

> 변화된 상태를 전달하려면, 객체들의 변화를 지켜보고(Observer) 있어야 합니다.

24년 2월

7. 팩토리 메소드 패턴에 대한 설명으로 옳지 않은 것은?

① 클라이언트에서 사용할 클래스 객체 생성 책임을 분리하여 클래스 객체 생성의 변화에 대비하기 위해 사용하는 패턴이다.
② 기존 코드를 수정하지 않고 새로운 인스턴스를 다른 방법으로 생성하도록 확장할 수 있다.
③ 서브 클래스에서 인터페이스만 정의하고 실제 생성은 상위 클래스가 담당한다.
④ 가상 생성자(Virtual Constructor) 패턴이라고도 한다.

> 팩토리 메소드 패턴은 상위 클래스에서 인터페이스만 정의하고 실제 생성은 서브 클래스가 담당합니다.

22년 7월

8. 디자인 패턴에서 생성 패턴에 속하지 않는 것은?

① Singleton
② Builder
③ Prototype
④ Adapter

> 어댑터(Adapter)는 구조 패턴입니다. GoF 디자인 패턴의 생성 패턴에는 추상 팩토리(Abstract Factory), 빌더(Builder), 팩토리 메소드(Factory Method), 프로토타입(Prototype), 싱글톤(Singleton)이 있습니다.

25년 2월, 24년 7월, 23년 7월

9. 다음이 설명하는 디자인 패턴은 무엇인가?

> - 서브 시스템의 내용이 너무 복잡하여 클라이언트 코드가 실행하지 못할 때 사용한다.
> - 서브 클래스들 사이의 통합 인터페이스를 제공하는 Wrapper 객체가 필요하다.

① Decorator
② State
③ Facade
④ Proxy

> 통합 인터페이스를 제공하는 Wrapper 객체가 필요한 패턴은 퍼싸드(Facade) 패턴입니다.

23년 5월

10. GoF(Gangs of Four) 디자인 패턴 중 유형이 다른 것은?

① Interpreter
② Command
③ State
④ Composite

> Composite는 구조 패턴이고, Interpreter, Command, State는 행위 패턴입니다.

24년 7월

11. 아키텍처 패턴과 디자인 패턴에 대한 설명으로 옳지 않은 것은?

① 아키텍처 패턴과 디자인 패턴 모두 소프트웨어 설계를 위한 참조 모델이다.
② 아키텍처 패턴은 전체 시스템의 구조를 설계하기 위한 참조 모델이다.
③ 디자인 패턴은 서브시스템에 속하는 컴포넌트들과 그 관계를 설계하기 위한 참조 모델이다.
④ 디자인 패턴이 아키텍처 패턴보다 상위 수준의 설계에 사용된다.

> 아키텍처 패턴이 디자인 패턴보다 상위 수준의 설계에 사용됩니다.

24년 2월

12. 다음이 설명하는 디자인 패턴은 무엇인가?

> 자료 구조와 같이 접근이 잦은 객체에 대해 동일한 인터페이스를 사용하도록 하는 패턴이다.

① Observer
② Adapter
③ Singleton
④ Iterator

> 접근이 잦은 객체에 대해 동일한 인터페이스를 사용하도록 하는 패턴은 반복자(Iterator)입니다.

▶ 정답 : 1.① 2.④ 3.② 4.④ 5.② 6.② 7.③ 8.④ 9.③ 10.④ 11.④ 12.④

2장 핵심요약

017 소프트웨어 생명 주기

❶ 폭포수 모형(Waterfall Model)
- 이전 단계로 돌아갈 수 없다는 전제하에 각 단계를 확실히 매듭짓고 그 결과를 철저하게 검토하여 승인 과정을 거친 후에 다음 단계를 진행하는 개발 방법론이다.
- 보헴(Boehm)이 제시한 고전적 생명 주기 모형이다.
- 가장 오래되고 가장 폭넓게 사용된 전통적인 소프트웨어 생명 주기 모형이다.
- 개발 과정에서 발생하는 요구사항을 반영하기 어렵다.

❷ 나선형 모형(Spiral Model, 점진적 모형)
- 보헴(Boehm)이 제안한 것으로, 폭포수 모형과 프로토타입 모형의 장점에 위험 분석 기능을 추가한 모형이다.
- 나선을 따라 돌듯이 여러 번의 소프트웨어 개발 과정을 거쳐 점진적으로 완벽한 최종 소프트웨어를 개발하는 것이다.
- '계획 수립 → 위험 분석 → 개발 및 검증 → 고객 평가' 과정이 반복적으로 수행된다.

❸ 애자일 개발 4가지 핵심 가치
- 프로세스와 도구보다는 개인과 상호작용에 더 가치를 둔다.
- 방대한 문서보다는 실행되는 SW에 더 가치를 둔다.
- 계약 협상보다는 고객과 협업에 더 가치를 둔다.
- 계획을 따르기 보다는 변화에 반응하는 것에 더 가치를 둔다.

018 소프트웨어 개발 방법론

❶ 객체지향 방법론 25.8, 23.5
- 소프트웨어를 개발할 때 기계의 부품을 조립하듯이 객체들을 조립해서 필요한 소프트웨어를 구현하는 방법론이다.
- 객체지향 방법론의 절차 : 요구 분석 → 설계 → 구현 → 테스트 및 검증 → 인도

019 스크럼(Scrum) 기법

❶ 스크럼(Scrum) 팀
- 제품 책임자(PO; Product Owner)
  - 이해관계자들 중 개발될 제품에 대한 이해도가 높고, 요구사항을 책임지고 의사 결정할 사람으로 선정하는데, 주로 개발 의뢰자나 사용자가 담당한다.
  - 이해관계자들의 의견을 종합하여 제품에 대한 요구사항을 작성하는 주체다.
  - 요구사항이 담긴 백로그(Backlog)를 작성하고 백로그에 대한 우선순위를 지정한다.
- 스크럼 마스터(SM; Scrum Master) : 스크럼 팀이 스크럼을 잘 수행할 수 있도록 객관적인 시각에서 조언을 해주는 가이드 역할을 수행함
- 개발팀(DT; Development Team) : 제품 책임자와 스크럼 마스터를 제외한 모든 팀원으로, 개발자 외에도 디자이너, 테스터 등 제품 개발을 위해 참여하는 모든 사람이 대상이 됨

❷ 스크럼 개발 프로세스
- 제품 백로그(Product Backlog) : 제품 개발에 필요한 모든 요구사항(User Story)을 우선순위에 따라 나열한 목록
- 스프린트 계획 회의(Sprint Planning Meeting) : 제품 백로그 중 이번 스프린트에서 수행할 작업을 대상으로 단기 일정을 수립하는 것
- 스프린트(Sprint) : 실제 개발 작업을 진행하는 과정으로, 보통 2 ~ 4주 정도의 기간 내에서 진행함
- 일일 스크럼 회의(Daily Scrum Meeting) : 모든 팀원이 매일 약속된 시간에 약 15분 정도의 짧은 시간동안 진행 상황을 점검함
- 스프린트 검토 회의(Sprint Review) : 부분 또는 전체 완성 제품이 요구사항에 잘 부합되는지 사용자가 포함된 참석자 앞에서 테스팅을 수행함
- 스프린트 회고(Sprint Retrospective) : 스프린트 주기를 되돌아보며 정해놓은 규칙을 잘 준수했는지, 개선할 점은 없는지 등을 확인하고 기록함

020 XP(eXtreme Programming) 기법

❶ XP(eXtreme Programming)의 개요
- 수시로 발생하는 고객의 요구사항에 유연하게 대응하기 위해 고객의 참여와 개발 과정의 반복을 극대화하여 개발 생산성을 향상시키는 방법이다.
- 대표적인 애자일 개발 방법론 중 하나이다.
- 짧고 반복적인 개발 주기, 단순한 설계, 고객의 적극적인 참여를 통해 소프트웨어를 빠르게 개발하는 것을 목적으로 한다.
- 자동화된 테스팅 도구를 사용하여 테스트를 지속적으로 수행한다.

❷ XP의 핵심 가치
- 의사소통(Communication)
- 단순성(Simplicity)
- 용기(Courage)
- 존중(Respect)
- 피드백(Feedback)

❸ XP 개발 프로세스
- 사용자 스토리(User Story) : 고객의 요구사항을 간단한 시나리오로 표현한 것
- 릴리즈 계획 수립(Release Planning) : 몇 개의 스토리가 적용되어 부분적으로 기능이 완료된 제품을 제공하는 것을 릴리즈라고 함
- 스파이크(Spike) : 요구사항의 신뢰성을 높이고 기술 문제에 대한 위험을 감소시키기 위해 별도로 만드는 간단한 프로그램
- 이터레이션(Iteration) : 하나의 릴리즈를 더 세분화 한 단위를 이터레이션(Iteration)이라고 함
- 승인 검사(Acceptance Test, 인수 테스트) : 하나의 이터레이션 안에서 계획된 릴리즈 단위의 부분 완료 제품이 구현되면 수행하는 테스트
- 소규모 릴리즈(Small Release) : 릴리즈를 소규모로 하게 되면, 고객의 반응을 기능별로 확인할 수 있어, 고객의 요구사항에 좀 더 유연하게 대응할 수 있음

❹ XP의 주요 실천 방법
- Pair Programming(짝 프로그래밍) : 다른 사람과 함께 프로그래밍을 수행함으로써 개발에 대한 책임을 공동으로 나눠 갖는 환경을 조성함
- Collective Ownership(공동 코드 소유) : 개발 코드에 대한 권한과 책임을 공동으로 소유함
- Continuous Integration(계속적인 통합) : 모듈 단위로 나눠서 개발된 코드들은 하나의 작업이 마무리될 때마다 지속적으로 통합됨
- Refactoring(리팩토링) : 프로그램 기능의 변경 없이, 단순화, 유연성 강화 등을 통해 시스템의 내부 구조를 재구성함

021 요구사항 정의

❶ 기능 요구사항
- 시스템이 무엇을 하는지, 어떤 기능을 하는지에 대한 사항
- 시스템의 입력이나 출력으로 무엇이 포함되어야 하는지, 시스템이 어떤 데이터를 저장하거나 연산을 수행해야 하는지에 대한 사항
- 시스템이 반드시 수행해야 하는 기능
- 사용자가 시스템을 통해 제공받기를 원하는 기능

❷ 비기능 요구사항
- 성능 요구사항 : 처리 속도 및 시간, 처리량 등의 요구사항
- 보안 요구사항 : 시스템의 데이터 및 기능, 운영 접근을 통제하기 위한 요구사항
- 품질 요구사항 : 품질 평가 대상에 대한 요구사항

❸ 요구사항 개발 프로세스

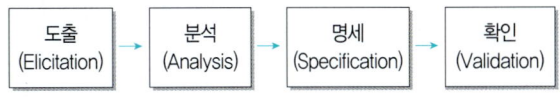

2장 핵심요약

④ 요구사항 도출(Requirement Elicitation, 요구사항 수집)
- 시스템, 사용자, 그리고 시스템 개발에 관련된 사람들이 서로 의견을 교환하여 요구사항이 어디에 있는지, 어떻게 수집할 것인지를 식별하고 이해하는 과정이다.
- 요구사항 도출 기법 : 청취와 인터뷰, 설문, 브레인스토밍, 워크샵, 프로토타이핑, 유스케이스 등

② 자료 흐름도의 구성 요소 25.2, 24.5

기 호	표기법
프로세스(Process)	물품 확인
자료 흐름(Data Flow)	물품 코드 →
자료 저장소(Data Store)	물품대장
단말(Terminator)	공장

③ 자료 사전의 표기 기호

기 호	의 미
=	자료의 정의 : ~로 구성되어 있음(is composed of)
+	자료의 연결 : 그리고(and)
( )	자료의 생략 : 생략 가능한 자료(Optional)
[|]	자료의 선택 : 또는(or)
{ }	자료의 반복 : Iteration of
* *	자료의 설명 : 주석(Comment)

022 요구사항 분석

① 요구사항 분석의 개요
- 소프트웨어 개발의 실제적인 첫 단계로 개발 대상에 대한 사용자의 요구사항을 이해하고 문서화(명세화)하는 활동을 의미한다.
- 사용자의 요구를 정확하게 추출하여 목표를 정하고, 어떤 방식으로 해결할 것인지를 결정한다.
- 사용자 요구의 타당성을 조사하고 비용과 일정에 대한 제약을 설정한다.
- 개발 대상에 대한 사용자의 요구사항 중 명확하지 않거나 모호하여 이해되지 않는 부분을 발견하고 이를 걸러내기 위한 과정이다.
- 사용자의 요구사항은 예외가 많고 지속적으로 변하므로 열거와 구조화가 어렵다.
- 내용이 중복되거나 하나로 통합되어야 하는 등 서로 상충되는 요구사항이 있으면 이를 중재하는 과정이다.
- 요구사항 분석을 위해 UML(Unified Modeling Language), 자료 흐름도(DFD), 자료 사전(DD), 소단위 명세서(Mini-Spec.), 개체 관계도(ERD), 상태 전이도(STD), 제어 명세서 등의 도구를 이용한다.

023 요구사항 분석 CASE와 HIPO

① 자동화 도구 사용의 이점
- 표준화와 보고를 통한 문서화 품질 개선
- 데이터베이스가 모두에게 이용 가능하다는 점에서 분석자들 간의 적절한 조정
- 교차 참조도와 보고서를 통한 결함, 생략, 불일치 등의 발견 용이성
- 변경이 주는 영향 추적의 용이성
- 명세에 대한 유지보수 비용의 축소

② SADT
- SoftTech 사에서 개발한 구조적 분석 및 설계 도구이다.
- 블록 다이어그램을 채택한 자동화 도구이다.

❸ HIPO
- 시스템의 분석 및 설계나 문서화할 때 사용되는 기법으로, 시스템 실행 과정인 입력, 처리, 출력의 기능을 나타낸다.
- 하향식 소프트웨어 개발을 위한 문서화 도구이다.
- 기호, 도표 등을 사용하므로 보기 쉽고 이해하기도 쉽다.
- 기능과 자료의 의존 관계를 동시에 표현할 수 있다.
- 시스템의 기능을 여러 개의 고유 모듈들로 분할하여 이들 간의 인터페이스를 계층 구조로 표현한 것을 HIPO Chart라고 한다.
- HIPO Chart의 종류
  - 가시적 도표(Visual Table of Contents)
  - 총체적 도표(Overview Diagram)
  - 세부적 도표(Detail Diagram)

024 UML(Unified Modeling Language)

❶ UML [22.7]
- 시스템 분석, 설계, 구현 등 시스템 개발 과정에서 시스템 개발자와 고객 또는 개발자 상호간의 의사소통이 원활하게 이루어지도록 표준화한 대표적인 객체지향 모델링 언어이다.
- 구성 요소 : 사물(Things), 관계(Relationships), 다이어그램(Diagram)

❷ 사물(Things)
- 모델을 구성하는 가장 중요한 기본 요소로, 다이어그램 안에서 관계가 형성될 수 있는 대상들을 말한다.
- 종류 : 구조 사물, 행동 사물, 그룹 사물, 주해 사물

❸ 실체화(Realization) 관계 [23.7]
- 사물이 할 수 있거나 해야 하는 기능(오퍼레이션, 인터페이스)으로 서로를 그룹화 할 수 있는 관계를 표현한다.
- 한 사물이 다른 사물에게 오퍼레이션을 수행하도록 지정하는 의미적 관계이다.

❹ 일반화(Generalization) 관계 [25.2, 24.5, 22.3]
- 하나의 사물이 다른 사물에 비해 더 일반적인지 구체적인지를 표현한다.
- 예를 들어 차는 버스, 트럭, 택시보다 일반적인 개념이고 반대로 버스, 트럭, 택시는 차보다 구체적인 개념이다.

❺ 구조적(정적) 다이어그램의 종류 [23.2]
- 클래스 다이어그램
- 객체(Object) 다이어그램
- 컴포넌트 다이어그램
- 배치(Deployment) 다이어그램
- 복합체 구조(Composite Structure) 다이어그램
- 패키지 다이어그램

❻ 행위(동적) 다이어그램의 종류 [25.2, 24.5, 23.2]
- 유스케이스 다이어그램
- 순차(Sequence) 다이어그램
- 커뮤니케이션 다이어그램
- 상태(State) 다이어그램
- 활동(Activity) 다이어그램
- 상호작용 개요(Interaction Overview) 다이어그램
- 타이밍 다이어그램

❼ 스테레오 타입(Stereotype)
- UML에서 표현하는 기본 기능 외에 추가적인 기능을 표현하기 위해 사용한다.
- 길러멧(Guilemet)이라고 부르는 겹화살괄호(《》) 사이에 표현할 형태를 기술한다.

2장 핵심요약

025 주요 UML 다이어그램

❶ 유스케이스 다이어그램의 구성 요소 [25.8, 23.5]

- 시스템/시스템 범위 : 시스템 내부에서 수행되는 기능들을 외부 시스템과 구분하기 위해 시스템 내부의 유스케이스들을 사각형으로 묶어 시스템의 범위를 표현함
- 액터 : 시스템과 상호작용을 하는 모든 외부 요소로, 사람이나 외부 시스템을 의미함
  - 주액터 : 시스템을 사용함으로써 이득을 얻는 대상으로, 주로 사람이 해당함
  - 부액터(시스템 액터) : 주액터의 목적 달성을 위해 시스템에 서비스를 제공하는 외부 시스템으로, 조직이나 기관 등이 될 수 있음
- 유스케이스 : 사용자가 보는 관점에서 시스템이 액터에게 제공하는 서비스 또는 기능을 표현한 것
- 관계(Relationship) : 유스케이스 다이어그램에서 관계는 액터와 유스케이스, 유스케이스와 유스케이스 사이에서 나타날 수 있으며, 연관 관계, 포함 관계, 확장 관계, 일반화 관계를 표현할 수 있음

❷ 유스케이스 확장 관계

유스케이스가 특정 조건에 부합되어 유스케이스의 기능이 확장될 때 원래의 유스케이스와 확장된 유스케이스와의 관계이다.

❸ 클래스 다이어그램 - 오퍼레이션(Operation)

클래스가 수행할 수 있는 동작으로, 함수(메소드, Method)라고도 한다.

❹ 순차 다이어그램의 개요

- 시스템이나 객체들이 메시지를 주고받으며 시간의 흐름에 따라 상호 작용하는 과정을 액터, 객체, 메시지 등의 요소를 사용하여 그림으로 표현한 것이다.
- 순차 다이어그램은 시스템이나 객체들의 상호 작용 과정에서 주고받는 메시지를 표현한다.
- 순차 다이어그램에서 수직 방향은 시간의 흐름을 나타낸다.

026 소프트웨어 아키텍처

❶ 소프트웨어 아키텍처의 설계 [25.2, 24.5, 23.2, 22.7]

- 소프트웨어 아키텍처는 소프트웨어 개발 시 적용되는 원칙과 지침이며, 이해 관계자들의 의사소통 도구로 활용된다.
- 소프트웨어 아키텍처는 이해하기 쉽고, 명확하게 작성되어야 한다.
- 소프트웨어 아키텍처의 설계는 기본적으로 좋은 품질을 유지하면서 사용자의 비기능적 요구사항으로 나타난 제약을 반영하고, 기능적 요구사항을 구현하는 방법을 찾는 해결 과정이다.
- 애플리케이션의 분할 방법과 분할된 모듈에 할당될 기능, 모듈 간의 인터페이스 등을 결정한다.

❷ 소프트웨어 아키텍처 뷰(View) [25.8, 24.7, 24.5, 23.5, 22.4, 22.3]

- 유스케이스(Use Case) 뷰 : 시스템 외부 사용자의 관점에서 사용 사례와 이들 간의 관계를 정의하며, 다른 뷰를 검증하는 용도로 사용하는 뷰
- 논리적(Logical) 뷰 : 설계자의 관점에서 시스템의 기능적인 요구사항이 제공되는 방법을 설명해주는 뷰
- 구현(Implementation) 뷰 : 개발자의 관점에서 서브 시스템 모듈이 어떻게 구조화되어 있는지를 확인하기 위해 소프트웨어 구성을 보여주는 뷰
- 프로세스(Process) 뷰 : 시스템 통합자의 관점에서 자원의 효율적인 사용, 이벤트 처리 등을 표현한 뷰
- 배포(Deployment) 뷰 : 테스터의 관점에서 컴포넌트가 어떻게 배치되고 연결되는지를 보여주는 뷰

❸ 모듈화 [24.7]

소프트웨어의 성능을 향상시키거나 시스템의 수정 및 재사용, 유지 관리 등이 용이하도록 시스템의 기능들을 모듈 단위로 나누는 것을 의미한다.

❹ 정보 은닉 [24.5, 24.2]

- 한 모듈 내부에 포함된 절차와 자료들의 정보가 감추어져 다른 모듈이 접근하거나 변경하지 못하도록 하는 기법이다.
- 정보 은닉을 통해 모듈을 독립적으로 수행할 수 있고, 하나의 모듈이 변경되더라도 다른 모듈에 영향을 주지 않으므로 수정, 시험, 유지보수가 용이하다.

⑤ 사용성(Usability) [23.2]
사용자가 소프트웨어를 사용하는데 헤매지 않도록 명확하고 편리하게 구현하는 것이다.

027 아키텍처 패턴

① 아키텍처 패턴의 장점 [25.8, 23.5]
- 시행착오를 줄여 개발 시간을 단축시키고, 고품질의 소프트웨어를 생산할 수 있다.
- 검증된 구조로 개발하기 때문에 안정적인 개발이 가능하다.
- 이해관계자들이 공통된 아키텍처를 공유할 수 있어 의사소통이 간편해진다.
- 시스템의 구조를 이해하는 것이 쉬워 개발에 참여하지 않은 사람도 손쉽게 유지 보수를 수행할 수 있다.
- 시스템의 특성을 개발 전에 예측하는 것이 가능해진다.

② 파이프-필터 패턴 [25.2, 23.7, 22.3]
- 데이터 스트림 절차의 각 단계를 필터(Filter) 컴포넌트로 캡슐화하여 파이프(Pipe)를 통해 데이터를 전송하는 패턴이다.
- 필터 간 데이터 이동 시 데이터 변환으로 인한 오버헤드가 발생한다.

③ MVC(Model-View-Controller) 패턴 [24.2]
- 모델(Model) : 서브시스템의 핵심 기능과 데이터를 보관함
- 뷰(View) : 사용자에게 정보를 표시함
- 컨트롤러(Controller) : 사용자로부터 입력된 변경 요청을 처리하기 위해 모델에게 명령을 보냄

④ 마스터-슬레이브 패턴
- 동일한 구조의 슬레이브 컴포넌트로 작업을 분할한 후, 슬레이브 컴포넌트에서 처리된 결과물을 다시 돌려받는 방식으로 작업을 수행하는 패턴이다.
- 마스터 컴포넌트는 모든 작업의 주체이고, 슬레이브 컴포넌트는 마스터 컴포넌트의 지시에 따라 작업을 수행하여 결과를 반환한다.

028 객체지향(Object-Oriented)

① 함수 [25.8, 24.2, 22.7]
- 객체가 수행하는 기능으로 객체가 갖는 데이터를 처리하는 알고리즘이다.
- 객체의 상태를 참조하거나 변경하는 수단이 되는 것으로 메소드(Method)라고도 한다.

② 클래스(Class) [23.7]
- 공통된 속성과 연산(행위)을 갖는 객체의 집합으로, 객체의 일반적인 타입(Type)을 의미한다.
- 클래스에 속한 각각의 객체를 인스턴스(Instance)라 한다.

③ 추상 클래스(Abstract Class) [25.5, 24.5, 24.2]
- 구체 클래스(Concrete Class)에서 구현하려는 기능들의 공통점만을 모아 추상화한 클래스이다.
- 인스턴스 생성이 불가능하여 구체 클래스가 추상 클래스를 상속받아 구체화한 후 구체 클래스의 인스턴스를 생성하는 방식으로 사용한다.

④ 캡슐화(Encapsulation) [24.5, 23.2]
- 데이터(속성)와 데이터를 처리하는 함수를 하나로 묶는 것을 의미한다.
- 캡슐화된 객체의 세부 내용은 외부에 은폐(정보 은닉)된다.
- 캡슐화된 객체는 외부 모듈의 변경으로 인한 파급 효과가 적다.
- 인터페이스가 단순화된다.
- 객체 간의 결합도가 낮아진다.

⑤ 상속(Inheritance) [24.2, 23.5]
이미 정의된 상위 클래스(부모 클래스)의 모든 속성과 연산을 하위 클래스(자식 클래스)가 물려받는 것이다.

2장 핵심요약

⑥ 다형성(Polymorphism) 24.7, 24.2

메시지에 의해 객체(클래스)가 연산을 수행하게 될 때 하나의 메시지에 대해 각각의 객체(클래스)가 가지고 있는 고유한 방법(특성)으로 응답할 수 있는 능력을 의미한다.

예1 오버로딩(Overloading) 기능의 경우 메소드(Method)의 이름은 같지만 인수를 받는 자료형과 개수를 달리하여 여러 기능을 정의할 수 있다.

예2 오버라이딩(Overriding, 메소드 재정의) 기능의 경우 상위 클래스에서 정의한 메소드(Method)와 이름은 같지만 메소드 안의 실행 코드를 달리하여 자식 클래스에서 재정의해서 사용할 수 있다.

⑦ 객체지향 설계 원칙(SOLID 원칙)

- **단일 책임 원칙(SRP; Single Responsibility Principle)** : 객체는 단 하나의 책임만 가져야 한다는 원칙으로, 응집도는 높고, 결합도는 낮게 설계하는 것을 의미함
- **개방-폐쇄 원칙(OCP; Open-Closed Principle)** : 기존의 코드를 변경하지 않고 기능을 추가할 수 있도록 설계해야 한다는 원칙으로, 공통 인터페이스를 하나의 인터페이스로 묶어 캡슐화하는 방법이 대표적임
- **리스코프 치환 원칙(LSP; Liskov Substitution Principle)** : 자식 클래스는 최소한 자신의 부모 클래스에서 가능한 행위는 수행할 수 있어야 한다는 설계 원칙으로, 자식 클래스는 부모 클래스의 책임을 무시하거나 재정의하지 않고 확장만 수행하도록 해야 함
- **인터페이스 분리 원칙(ISP; Interface Segregation Principle)** : 자신이 사용하지 않는 인터페이스와 의존 관계를 맺거나 영향을 받지 않아야 한다는 원칙으로, 단일 책임 원칙이 객체가 갖는 하나의 책임이라면, 인터페이스 분리 원칙은 인터페이스가 갖는 하나의 책임임
- **의존 역전 원칙(DIP; Dependency Inversion Principle)** : 각 객체들 간의 의존 관계가 성립될 때, 추상성이 낮은 클래스보다 추상성이 높은 클래스와 의존 관계를 맺어야 한다는 원칙으로, 일반적으로 인터페이스를 활용하면 이 원칙은 준수됨

029 객체지향 분석 및 설계

① 객체지향 분석 방법론 - Coad와 Yourdon 방법

E-R 다이어그램을 사용하여 객체의 행위를 모델링하며, 객체 식별, 구조 식별, 주제 정의, 속성과 인스턴스 연결 정의, 연산과 메시지 연결 정의 등의 과정으로 구성되는 기법이다.

② 럼바우(Rumbaugh)의 분석 기법 24.7, 24.5

- **객체(Object) 모델링** : 정보 모델링이라고도 하며, 시스템에서 요구되는 객체를 찾아내어 속성과 연산 식별 및 객체들 간의 관계를 규정하여 객체 다이어그램으로 표시하는 것
- **동적(Dynamic) 모델링** : 상태 다이어그램(상태도)을 이용하여 시간의 흐름에 따른 객체들 간의 제어 흐름, 상호 작용, 동작 순서 등의 동적인 행위를 표현하는 모델링
- **기능(Functional) 모델링** : 자료 흐름도(DFD)를 이용하여 다수의 프로세스들 간의 자료 흐름을 중심으로 처리 과정을 표현한 모델링

030 디자인 패턴

① 디자인 패턴(Design Pattern) 23.7

- 각 모듈의 세분화된 역할이나 모듈들 간의 인터페이스와 같은 코드를 작성하는 수준의 세부적인 구현 방안을 설계할 때 참조할 수 있는 전형적인 해결 방식 또는 예제를 의미한다.
- 디자인 패턴 유형 : 생성 패턴, 구조 패턴, 행위 패턴

② 아키텍처와 디자인 패턴의 차이점 24.7

- 아키텍처 패턴은 디자인 패턴보다 상위 수준의 설계에 사용된다.
- 아키텍처 패턴이 전체 시스템의 구조를 설계하기 위한 참조 모델이라면, 디자인 패턴은 서브시스템에 속하는 컴포넌트들과 그 관계를 설계하기 위한 참조 모델이다.

❸ 생성 패턴(Creational Pattern) 25.8, 25.5, 24.5, 24.2, 23.5, 23.2, 22.7, 22.4

- **추상 팩토리(Abstract Factory)** : 구체적인 클래스에 의존하지 않고, 인터페이스를 통해 서로 연관·의존하는 객체들의 그룹으로 생성하여 추상적으로 표현함
- **빌더(Builder)** : 작게 분리된 인스턴스를 건축 하듯이 조합하여 객체를 생성함
- **팩토리 메소드(Factory Method)** : 객체 생성을 서브 클래스에서 처리하도록 분리하여 캡슐화한 패턴으로, 상위 클래스에서 인터페이스만 정의하고 실제 생성은 서브 클래스가 담당함. 가상 생성자(Virtual Constructor) 패턴이라고도 함
- **프로토타입(Prototype)** : 원본 객체를 복제하는 방법으로 객체를 생성하는 패턴
- **싱글톤(Singleton)** : 하나의 객체를 생성하면 생성된 객체를 어디서든 참조할 수 있지만, 여러 프로세스가 동시에 참조할 수는 없음

❹ 구조 패턴(Structural Pattern) 25.2, 24.7, 23.7, 22.7

- **어댑터(Adapter)** : 호환성이 없는 클래스들의 인터페이스를 다른 클래스가 이용할 수 있도록 변환해주는 패턴
- **브리지(Bridge)** : 구현부에서 추상층을 분리하여, 서로가 독립적으로 확장할 수 있도록 구성한 패턴
- **컴포지트(Composite)** : 여러 객체를 가진 복합 객체와 단일 객체를 구분 없이 다루고자 할 때 사용하는 패턴
- **데코레이터(Decorator)** : 객체 간의 결합을 통해 능동적으로 기능들을 확장할 수 있는 패턴으로, 임의의 객체에 부가적인 기능을 추가하기 위해 다른 객체들을 덧붙이는 방식으로 구현함
- **퍼싸드(Facade)** : 복잡한 서브 클래스들을 피해 더 상위에 인터페이스를 구성함으로써 서브 클래스들의 기능을 간편하게 사용할 수 있도록 하는 패턴
- **플라이웨이트(Flyweight)** : 인스턴스가 필요할 때마다 매번 생성하는 것이 아니고 가능한 한 공유해서 사용함으로써 메모리를 절약하는 패턴
- **프록시(Proxy)** : 접근이 어려운 객체와 여기에 연결하려는 객체 사이에서 인터페이스 역할을 수행하는 패턴

❺ 행위 패턴(Behavioral Pattern) 25.8, 25.2, 24.7, 24.5, 24.2, 23.5, 23.2, 21.8, …

- **책임 연쇄(Chain of Responsibility)** : 요청을 처리할 수 있는 객체가 둘 이상 존재하여 한 객체가 처리하지 못하면 다음 객체로 넘어가는 형태의 패턴
- **커맨드(Command)** : 요청을 객체의 형태로 캡슐화하여 재이용하거나 취소할 수 있도록 요청에 필요한 정보를 저장하거나 로그에 남기는 패턴
- **인터프리터(Interpreter)** : 언어에 문법 표현을 정의하는 패턴으로, SQL이나 통신 프로토콜과 같은 것을 개발할 때 사용함
- **반복자(Iterator)** : 자료 구조와 같이 접근이 잦은 객체에 대해 동일한 인터페이스를 사용하도록 하는 패턴
- **중재자(Mediator)** : 수많은 객체들 간의 복잡한 상호작용(Interface)을 캡슐화하여 객체로 정의하는 패턴
- **메멘토(Memento)** : 특정 시점에서의 객체 내부 상태를 객체화함으로써 이후 요청에 따라 객체를 해당 시점의 상태로 돌릴 수 있는 기능을 제공하는 패턴으로, Ctrl + Z와 같은 되돌리기 기능을 개발할 때 주로 이용함
- **옵서버(Observer)** : 한 객체의 상태가 변화하면 객체에 상속되어 있는 다른 객체들에게 변화된 상태를 전달하는 패턴
- **상태(State)** : 객체의 상태에 따라 동일한 동작을 다르게 처리해야 할 때 사용하는 패턴
- **전략(Strategy)** : 동일한 계열의 알고리즘들을 개별적으로 캡슐화하여 상호 교환할 수 있게 정의하는 패턴
- **템플릿 메소드(Template Method)** : 상위 클래스에서 골격을 정의하고, 하위 클래스에서 세부 처리를 구체화하는 구조의 패턴
- **방문자(Visitor)** : 각 클래스들의 데이터 구조에서 처리 기능을 분리하여 별도의 클래스로 구성하는 패턴

MEMO

3장 테스트 및 배포

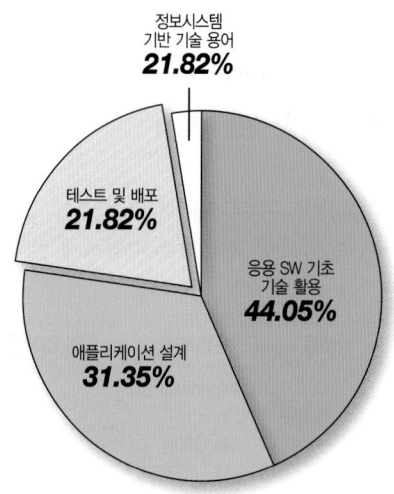

- 정보시스템 기반 기술 용어 **21.82%**
- 테스트 및 배포 **21.82%**
- 애플리케이션 설계 **31.35%**
- 응용 SW 기초 기술 활용 **44.05%**

031 개발 지원 도구 ⓒ등급

032 애플리케이션 테스트 ⓒ등급

033 애플리케이션 테스트의 분류 ⓒ등급

034 테스트 기법에 따른 애플리케이션 테스트 Ⓑ등급

035 개발 단계에 따른 애플리케이션 테스트 Ⓐ등급

036 통합 테스트 Ⓑ등급

037 결함 관리 Ⓓ등급

038 사용자 인터페이스 Ⓐ등급

039 UI 표준 및 지침 Ⓑ등급

040 UI 설계 도구 Ⓓ등급

041 UI 테스트 기법의 종류 Ⓓ등급

042 소프트웨어 버전 등록 Ⓐ등급

043 소프트웨어 버전 관리 도구 ⓒ등급

044 빌드 자동화 도구 Ⓑ등급

꼭 알아야 할 키워드 Best 10

1. 화이트박스 테스트 2. 블랙박스 테스트 3. 단위 테스트 4. 통합 테스트 5. 스텁 6. 결함 7. 사용자 인터페이스(UI) 8. UX 9. CLI
10. 형상 관리

SECTION 031 개발 지원 도구

1 통합 개발 환경(IDE; Integrated Development Environment)
기사 25.2, 23.7, 23.5, 22.4

통합 개발 환경은 코딩, 디버그, 컴파일, 배포 등 프로그램 개발과 관련된 모든 작업을 하나의 프로그램에서 처리할 수 있도록 제공하는 소프트웨어적인 개발 환경을 말한다.

- 기존 소프트웨어 개발에서는 편집기(Editor), 컴파일러(Compiler), 디버거(Debugger) 등의 다양한 툴을 별도로 사용했으나 현재는 하나의 인터페이스로 통합하여 제공한다.
- 통합 개발 환경 도구는 통합 개발 환경을 제공하는 소프트웨어를 의미한다.
- 통합 개발 환경을 지원하는 도구는 플랫폼, 운영체제, 언어별로 다양하게 존재하며, 대표적인 도구는 다음과 같다.

프로그램	개발사	플랫폼	운영체제	지원 언어
이클립스(Eclipse)	Eclipse Foundation, IBM	크로스 플랫폼*	Windows, Linux, MacOS 등	Java, C, C++, PHP, JSP 등
비주얼 스튜디오(Visual Studio)	Microsoft	Win32, Win64	Windows	Basic, C, C++, C#, .NET 등
엑스 코드(Xcode)	Apple	Mac, iPhone	MacOS, iOS	C, C++, C#, Java, AppleScript 등
안드로이드 스튜디오(Android Studio)	Google	Android	Windows, Linux, MacOS	Java, C, C++
IDEA	JetBrains (이전 IntelliJ)	크로스 플랫폼	Windows, Linux, MacOS	Java, JSP, XML, Go, Kotlin, PHP 등

- 통합 개발 환경 도구의 대표적인 기능은 다음과 같다.

코딩(Coding)	C, JAVA 등의 프로그래밍 언어로 컴퓨터 프로그램을 만드는 기능이다.
컴파일(Compile)	개발자가 작성한 고급 언어로 된 프로그램을 컴퓨터가 이해할 수 있는 목적 프로그램으로 번역하여 컴퓨터에서 실행 가능한 형태로 변환하는 기능이다.
디버깅(Debugging)	소프트웨어나 하드웨어의 오류나 잘못된 동작, 즉 버그(Bug)를 찾아 수정하는 기능이다.
배포(Deployment)	소프트웨어를 사용자에게 전달하는 기능이다.

전문가의 조언

개발을 돕는 도구들에는 어떤 것들이 있는지, 각 도구들의 용도가 무엇인지 정리해 두세요.

전문가의 조언

통합 개발 환경은 공구함과 비교하면 이해가 쉽습니다. 무언가 만들고, 수리하는데 필요한 망치, 못, 본드, 드라이버 등 모든 공구들을 모아둔 상자와 같죠.

컴파일(Compile)
컴파일은 개발자가 작성한 고급 언어로 된 프로그램을 컴퓨터가 이해할 수 있는 목적 프로그램으로 번역하여 컴퓨터에서 실행 가능한 형태로 변환하는 작업입니다.

IDE의 외부 서비스 연동
제품의 배포나 버전을 관리하는 서비스나 오픈소스 커뮤니티 등과 연동하여 외부 기능들을 편리하게 사용할 수 있게 합니다.

크로스 플랫폼(Cross Platform)
크로스 플랫폼은 여러 종류의 시스템에서 공통으로 사용될 수 있는 소프트웨어로, 멀티 플랫폼(Multiple Platform)이라고도 불립니다.

② 빌드 도구

빌드는 소스 코드 파일들을 컴퓨터에서 실행할 수 있는 제품 소프트웨어로 변환하는 과정 또는 결과물을 말한다.

- 빌드 도구는 소스 코드를 소프트웨어로 변환하는 과정에 필요한 전처리(Preprocessing)*, 컴파일(Compile) 등의 작업들을 수행하는 소프트웨어를 말한다.
- 대표적인 도구로는 Ant, Maven, Gradle 등이 있다.

Ant (Another Neat Tool)	• 아파치 소프트웨어 재단(Apache Software Foundation)에서 개발한 소프트웨어로, 자바 프로젝트의 공식적인 빌드 도구로 사용되고 있다. • XML* 기반의 빌드 스크립트를 사용하며, 자유도와 유연성이 높아 복잡한 빌드 환경에도 대처가 가능하다. • 정해진 규칙이나 표준이 없어 개발자가 모든 것을 정의하며, 스크립트의 재사용이 어렵다.
Maven	• Ant와 동일한 아파치 소프트웨어 재단에서 개발된 것으로, Ant의 대안으로 개발되었다. • 규칙이나 표준이 존재하여 예외 사항만 기록하면 되며, 컴파일과 빌드를 동시에 수행할 수 있다. • 의존성(Dependency)*을 설정하여 라이브러리*를 관리한다.
Gradle	• 기존의 Ant와 Maven을 보완하여 개발된 빌드 도구이다. • 한스 도커(Hans Dockter) 외 6인의 개발자가 모여 공동 개발하였다. • 안드로이드 스튜디오의 공식 빌드 도구로 채택된 소프트웨어이다. • Maven과 동일하게 의존성을 활용하며, 그루비(Groovy)* 기반의 빌드 스크립트를 사용한다.

③ 기타 협업 도구

협업 도구는 개발에 참여하는 사람들이 서로 다른 작업 환경에서 원활히 프로젝트를 수행할 수 있도록 도와주는 도구(Tool)로, 협업 소프트웨어, 그룹웨어(Groupware) 등으로도 불린다.

- 협업 도구의 종류

프로젝트 및 일정 관리	• 전체 프로젝트와 개별 업무들의 진행 상태, 일정 등을 공유하는 기능을 제공한다. • 종류 : 구글 캘린더(Google Calendar), 분더리스트(Wunderlist), 트렐로(Trello), 지라(Jira), 플로우(Flow) 등
정보 공유 및 커뮤니케이션	• 주제별로 구성원들을 지목하여 방을 개설한 후 정보를 공유하고 대화하는 것이 가능하다. • 파일 관리가 간편하고, 의사소통이 자유로운 것이 특징이다. • 종류 : 슬랙(Slack), 잔디(Jandi), 태스크월드(Taskworld) 등
디자인	• 디자이너가 설계한 UI나 이미지의 정보들을 코드화하여 개발자에게 전달하는 기능을 제공한다. • 종류 : 스케치(Sketch), 제플린(Zeplin) 등
기타	• 아이디어 공유에 사용되는 에버노트(Evernote) • API를 문서화하여 개발자들 간 협업을 도와주는 스웨거(Swagger) • 깃(Git)의 웹호스팅 서비스인 깃허브(GitHub)

전처리(Preprocessing)
전처리는 컴파일에 앞서 코드에 삽입된 주석을 제거하거나 매크로들을 처리하는 과정을 말합니다.

XML
XML은 W3C(World Wide Web Consortium)가 채택한 인터넷 표준 언어로, 인터넷 환경에 적합하도록 구성된 메타 언어입니다.
※ 메타 언어 : 프로그램 언어의 규칙을 기술하는데 사용하는 언어

의존성(Dependency)
Maven이나 Gradle에서 라이브러리를 관리할 때 사용하는 명령어로, 빌드 스크립트 안에 사용하고자 하는 라이브러리를 〈dependency〉 예약어로 등록하면, 빌드 수행 시 인터넷상의 라이브러리 저장소에서 해당 라이브러리를 찾아 코드에 추가해 줍니다.

라이브러리(Library)
라이브러리는 개발 편의를 위해 자주 사용되는 코드, API, 클래스, 값, 자료형 등의 다양한 자원들을 모아놓은 것을 의미합니다.

그루비(Groovy)
그루비는 자바를 기반으로 여러 프로그래밍 언어들의 장점을 모아 만들어진 동적 객체지향 프로그래밍 언어입니다.

기출문제 따라잡기

출제예상

1. 다음 설명에 해당하는 것은?

> 코딩, 디버그, 컴파일, 배포 등 프로그램 개발에 관련된 모든 작업을 하나의 프로그램에서 처리하는 환경을 제공하는 소프트웨어로, 기존 소프트웨어 개발에서는 편집기, 컴파일러, 디버거 등의 다양한 툴을 별도로 사용했으나 현재는 하나의 인터페이스로 통합하여 제공한다.

① 통합 개발 환경(IDE)
② 그룹웨어(Groupware)
③ 형상 관리(Configuration Management)
④ 빌드 도구(Build Tool)

> 문제의 지문에 제시된 내용은 통합 개발 환경(IDE)의 특징입니다.

기사 23년 7월, 22년 4월

2. IDE(Integrated Development Environment) 도구의 각 기능에 대한 설명으로 틀린 것은?

① Coding – 프로그래밍 언어를 가지고 컴퓨터 프로그램을 작성할 수 있는 환경을 제공
② Compile – 저급 언어의 프로그램을 고급 언어 프로그램으로 변환하는 기능
③ Debugging – 프로그램에서 발견되는 버그를 찾아 수정할 수 있는 기능
④ Deployment – 소프트웨어를 최종 사용자에게 전달하기 위한 기능

> 컴파일(Compile)은 고급 언어로 작성된 프로그램을 컴퓨터가 이해할 수 있는 기계어(저급 언어)로 변환하는 기능입니다.

출제예상

3. 다음 중 소프트웨어 빌드(Build) 도구에 대한 설명으로 가장 적합한 것은?

① 개발자에게 편집기, 컴파일러, 디버거 등의 다양한 기능들을 제공한다.
② 개발사 사이트에서 원하는 기능을 다운로드 받아 프로그램에 추가할 수 있다.
③ Ant, Maven, Gradle이 대표적인 통합 개발 환경 도구들이다.
④ 소스 코드 파일들을 실제 실행할 수 있는 파일로 변환해 주는 소프트웨어를 말한다.

> 빌드는 소스 코드 파일들을 제품 소프트웨어로 변환하는 과정 또는 결과물을 말합니다.

출제예상

4. 개발 지원 도구 중 다음 설명에 해당하는 소프트웨어는?

> • 안드로이드 스튜디오의 공식 빌드 도구이다.
> • 의존성(Dependency)을 활용하여 라이브러리를 관리한다.
> • 동적 객체지향 프로그래밍 언어 Groovy를 빌드 스크립트로 사용한다.

① Ant ② Maven
③ Zeplin ④ Gradle

> Gradle은 Groovy를 이용한 빌드 자동화 도구입니다.

기사 23년 5월, 22년 3월

5. 개발 환경 구성을 위한 빌드(Build) 도구에 해당하지 않는 것은?

① Ant ② Kerberos
③ Maven ④ Gradle

> 빌드 자동화 도구에는 Ant, Maven, Gradle, Make, Jenkins 등이 있습니다.
> Kerberos는 네트워크 인증 프로토콜의 하나입니다.

▶ 정답 : 1. ① 2. ② 3. ④ 4. ④ 5. ②

SECTION 032 애플리케이션 테스트

1 애플리케이션 테스트의 개요

애플리케이션 테스트는 애플리케이션에 잠재되어 있는 결함을 찾아내는 일련의 행위 또는 절차이다.

- 애플리케이션 테스트는 개발된 소프트웨어가 고객의 요구사항을 만족시키는지 확인(Validation*)하고 소프트웨어가 기능을 정확히 수행하는지 검증(Verification*)한다.
- 애플리케이션 테스트를 실행하기 전에 개발한 소프트웨어의 유형을 분류하고 특성을 정리해서 중점적으로 테스트할 사항을 정리해야 한다.

예 소프트웨어 유형별 특성

소프트웨어명	제공 유형	기능 유형	사용 환경	개발 유형	중점 사항
A. xx오픈DB 구축	서비스 제공 소프트웨어	산업 특화	Web	신규 개발	기능 구현 시 사용자 요구사항의 누락 여부
B. xx통합서비스 구현	서비스 제공 소프트웨어	산업 특화	Web	시스템 통합	기존 시스템과 신규 시스템의 데이터 손실 및 정합성 여부
C. xx오피스	상용 소프트웨어	산업 범용	C/S	신규 개발	다양한 OS환경 지원 여부

2 애플리케이션 테스트의 필요성

- 애플리케이션 테스트를 통해 프로그램 실행 전에 오류를 발견하여 예방할 수 있다.
- 애플리케이션 테스트는 프로그램이 사용자의 요구사항이나 기대 수준 등을 만족시키는지 반복적으로 테스트하므로 제품의 신뢰도를 향상시킨다.
- 애플리케이션의 개발 초기부터 애플리케이션 테스트를 계획하고 시작하면 단순한 오류 발견뿐만 아니라 새로운 오류의 유입도 예방할 수 있다.
- 애플리케이션 테스트를 효과적으로 수행하면 최소한의 시간과 노력으로 많은 결함을 찾을 수 있다.

3 애플리케이션 테스트의 기본 원리

- 애플리케이션 테스트는 소프트웨어의 잠재적인 결함을 줄일 수 있지만 소프트웨어에 결함이 없다고 증명할 수는 없다. 즉 완벽한 소프트웨어 테스팅은 불가능하다.
- 애플리케이션의 결함은 대부분 개발자의 특성이나 애플리케이션의 기능적 특징 때문에 특정 모듈에 집중*되어 있다. 애플리케이션의 20%에 해당하는 코드에서 전체 80%의 결함이 발견된다고 하여 파레토 법칙*을 적용하기도 한다.

전문가의 조언

애플리케이션 테스트는 개발한 애플리케이션이 사용자의 요구를 만족시키는지, 기능이 정상적으로 작동하는지 등을 테스트하는 것입니다. 애플리케이션 테스트의 개념을 기반으로 애플리케이션 테스트의 필요성 및 기본 원리를 숙지해 두세요.

Validation
Validation은 사용자의 입장에서 개발한 소프트웨어가 고객의 요구사항에 맞게 구현되었는지를 확인하는 것입니다.

Verification
Verification은 개발자의 입장에서 개발한 소프트웨어가 명세서에 맞게 만들어졌는지를 점검하는 것입니다.

특정 모듈 집중
대부분의 결함이 소수의 특정 모듈에 집중해서 발생하는 것을 결함 집중(Defect Clustering)이라고 합니다.

파레토 법칙(Pareto Principle)
파레토의 법칙은 상위 20% 사람들이 전체 부의 80%를 가지고 있다거나, 상위 20% 고객이 매출의 80%를 창출한다는 의미로, 이 법칙이 애플리케이션 테스트에도 적용된다는 것입니다. 즉 테스트로 발견된 80%의 오류는 20%의 모듈에서 발견되므로 20%의 모듈을 집중적으로 테스트하여 효율적으로 오류를 찾자는 것입니다.

테스트 케이스(Test Case)
테스트 케이스는 구현된 소프트웨어가 사용자의 요구사항을 정확하게 준수했는지를 확인하기 위해 설계된 입력 값, 실행 조건, 기대 결과 등으로 구성된 테스트 항목에 대한 명세서입니다.

살충제 패러독스(Pesticide Paradox)
살충제 패러독스는 살충제를 지속적으로 뿌리면 벌레가 내성이 생겨서 죽지 않는 현상을 의미합니다.

- 애플리케이션 테스트에서는 동일한 테스트 케이스*로 동일한 테스트를 반복하면 더 이상 결함이 발견되지 않는 '살충제 패러독스(Pesticide Paradox)*' 현상이 발생한다. 살충제 패러독스를 방지하기 위해서 테스트 케이스를 지속적으로 보완 및 개선해야 한다.
- 애플리케이션 테스트는 소프트웨어 특징, 테스트 환경, 테스터 역량 등 정황(Context)에 따라 테스트 결과가 달라질 수 있으므로, 정황에 따라 테스트를 다르게 수행해야 한다.
- 소프트웨어의 결함을 모두 제거해도 사용자의 요구사항을 만족시키지 못하면 해당 소프트웨어는 품질이 높다고 말할 수 없다. 이것을 오류-부재의 궤변(Absence of Errors Fallacy)이라고 한다.
- 테스트와 위험은 반비례한다. 테스트를 많이 하면 할수록 미래에 발생할 위험을 줄일 수 있다.
- 테스트는 작은 부분에서 시작하여 점점 확대하며 진행해야 한다.
- 테스트는 개발자와 관계없는 별도의 팀에서 수행해야 한다.

기출문제 따라잡기

기사 24년 2월, 21년 8월
1. 소프트웨어 테스트에서 검증(Verification)과 확인(Validation)에 대한 설명으로 틀린 것은?
① 소프트웨어 테스트에서 검증과 확인을 구별하면 찾고자 하는 결함 유형을 명확하게 하는 데 도움이 된다.
② 검증은 소프트웨어 개발 과정을 테스트하는 것이고, 확인은 소프트웨어 결과를 테스트 것이다.
③ 검증은 작업 제품이 요구 명세의 기능, 비기능 요구사항을 얼마나 잘 준수하는지 측정하는 작업이다.
④ 검증은 작업 제품이 사용자의 요구에 적합한지 측정하며, 확인은 작업 제품이 개발자의 기대를 충족시키는지를 측정한다.

> 검증은 개발자가 측정하고 확인은 사용자가 측정합니다.

출제예상
2. 다음 중 애플리케이션 테스트에 대한 설명으로 틀린 것은?
① 애플리케이션 테스트는 프로그램 실행 전에 코드 리뷰, 인스펙션 등을 통해 사전에 오류를 발견하여 예방할 수 있다.
② 애플리케이션 테스트를 반복적으로 실행하여 제품의 신뢰도를 향상시킬 수 있다.
③ 테스팅은 프로그램 개발이 완료된 후 체계적으로 계획하여 실행해야 한다.
④ 성공적인 테스트는 아직 발견되지 않은 오류를 찾아내는 것이다.

> 테스팅은 프로그램 개발 초기부터 계획하고 시작해야 오류 발견뿐만 아니라 새로운 오류의 유입도 예방할 수 있습니다.

기사 24년 2월, 21년 5월
3. 다음 설명의 소프트웨어 테스트의 기본 원칙은?

- 파레토 법칙이 좌우한다.
- 애플리케이션 결함의 대부분은 소수의 특정한 모듈에 집중되어 존재한다.
- 결함은 발생한 모듈에서 계속 추가로 발생할 가능성이 높다.

① 살충제 패러독스   ② 결함 집중
③ 오류 부재의 궤변   ④ 완벽한 테스팅은 불가능

> '애플리케이션 결함의 대부분은 소수의 특정한 모듈에 집중되어 존재한다'는 원칙은 결함 집중입니다.

기사 25년 5월, 24년 7월, 2월, 22년 7월, 20년 6월
4. 소프트웨어 테스트에서 오류의 80%는 전체 모듈의 20% 내에서 발견된다는 법칙은?
① Brooks의 법칙   ② Boehm의 법칙
③ Pareto의 법칙   ④ Jackson의 법칙

> '오류의 80%는 모듈의 20%에서 발견'하면, 파레토(Pareto)의 법칙입니다.

▶ 정답 : 1.④ 2.③ 3.② 4.③

SECTION 033 애플리케이션 테스트의 분류

1 프로그램 실행 여부에 따른 테스트

애플리케이션을 테스트 할 때 프로그램의 실행 여부에 따라 정적 테스트와 동적 테스트로 나뉜다.

정적 테스트	• 프로그램을 실행하지 않고 명세서나 소스 코드를 대상으로 분석하는 테스트이다. • 소프트웨어 개발 초기에 결함을 발견할 수 있어 소프트웨어의 개발 비용을 낮추는데 도움이 된다. • 종류 : 워크스루*, 인스펙션*, 코드 검사 등
동적 테스트	• 프로그램을 실행하여 오류를 찾는 테스트로, 소프트웨어 개발의 모든 단계에서 테스트를 수행할 수 있다. • 종류 : 블랙박스 테스트, 화이트박스 테스트

전문가의 조언

애플리케이션 테스트는 테스트 시 프로그램의 실행 여부 또는 진행 목적 등에 따라 다양하게 분류됩니다. 각각에 해당하는 테스트 종류를 서로 구분할 수 있을 정도로 정리해 두세요.

워크스루(Walkthrough, 검토 회의)
• 워크스루는 소프트웨어 개발자의 작업 내역을 개발자가 모집한 전문가들이 검토하는 것을 말합니다.
• 소프트웨어 검토를 위해 미리 준비된 자료를 바탕으로 정해진 절차에 따라 평가합니다.
• 오류의 조기 검출을 목적으로 하며 발견된 오류는 문서화합니다.

인스펙션(Inspection)
인스펙션은 워크스루를 발전시킨 형태로, 소프트웨어 개발 단계에서 산출된 결과물의 품질을 평가하며 이를 개선하기 위한 방법 등을 제시합니다.

2 테스트 기반(Test Bases)에 따른 테스트

애플리케이션을 테스트 할 때 무엇을 기반으로 수행하느냐에 따라 명세 기반, 구조 기반, 경험 기반 테스트로 나뉜다.

명세 기반 테스트	• 사용자의 요구사항에 대한 명세를 빠짐없이 테스트 케이스*로 만들어 구현하고 있는지 확인하는 테스트이다. • 종류 : 동등 분할, 경계 값 분석 등
구조 기반 테스트	• 소프트웨어 내부의 논리 흐름에 따라 테스트 케이스를 작성하고 확인하는 테스트이다. • 종류 : 구문 기반, 결정 기반, 조건 기반 등
경험 기반 테스트	• 유사 소프트웨어나 기술 등에 대한 테스터의 경험을 기반으로 수행하는 테스트이다. • 경험 기반 테스트는 사용자의 요구사항에 대한 명세가 불충분하거나 테스트 시간에 제약이 있는 경우 수행하면 효과적이다. • 종류 : 에러 추정, 체크 리스트, 탐색적 테스팅

테스트 케이스(Test Case)
테스트 케이스는 구현된 소프트웨어가 사용자의 요구사항을 정확하게 준수했는지를 확인하기 위해 설계된 입력 값, 실행 조건, 기대 결과 등으로 구성된 테스트 항목에 대한 명세서입니다.

3 시각에 따른 테스트

애플리케이션을 테스트 할 때 누구를 기준으로 하느냐에 따라 검증(Verification) 테스트와 확인(Validation) 테스트로 나뉜다.

검증(Verification) 테스트	개발자의 시각에서 제품의 생산 과정을 테스트하는 것으로, 제품이 명세서대로 완성됐는지를 테스트한다.
확인(Validation) 테스트	사용자의 시각에서 생산된 제품의 결과를 테스트하는 것으로, 사용자가 요구한대로 제품이 완성됐는지, 제품이 정상적으로 동작하는지를 테스트한다.

4 목적에 따른 테스트
기사 21.8

애플리케이션을 테스트 할 때 무엇을 목적으로 테스트를 진행하느냐에 따라 회복(Recovery), 안전(Security), 강도(Stress), 성능(Performance), 구조(Structure), 회귀(Regression), 병행(Parallel) 테스트로 나뉜다.

회복(Recovery) 테스트	시스템에 여러 가지 결함을 주어 실패하도록 한 후 올바르게 복구되는지를 확인하는 테스트이다.
안전(Security) 테스트	시스템에 설치된 시스템 보호 도구가 불법적인 침입으로부터 시스템을 보호할 수 있는지를 확인하는 테스트이다.
강도(Stress) 테스트 기사 21.8	시스템에 과도한 정보량이나 빈도 등을 부과하여 과부하 시에도 소프트웨어가 정상적으로 실행되는지를 확인하는 테스트이다.
성능(Performance) 테스트	소프트웨어의 실시간 성능이나 전체적인 효율성을 진단하는 테스트로, 소프트웨어의 응답 시간, 처리량 등을 테스트한다.
구조(Structure) 테스트	소프트웨어 내부의 논리적인 경로, 소스 코드의 복잡도 등을 평가하는 테스트이다.
회귀(Regression) 테스트	소프트웨어의 변경 또는 수정된 코드에 새로운 결함이 없음을 확인하는 테스트이다.
병행(Parallel) 테스트	변경된 소프트웨어와 기존 소프트웨어에 동일한 데이터를 입력하여 결과를 비교하는 테스트이다.

기출문제 따라잡기

기사 21년 8월
1. 테스트를 목적에 따라 분류했을 때, 강도(Stress) 테스트에 대한 설명으로 옳은 것은?
① 시스템에 고의로 실패를 유도하고 시스템이 정상적으로 복귀하는지 테스트한다.
② 시스템에 과다 정보량을 부과하여 과부하 시에도 시스템이 정상적으로 작동되는지를 테스트한다.
③ 사용자의 이벤트에 시스템이 응답하는 시간, 특정 시간 내에 처리하는 업무량, 사용자 요구에 시스템이 반응하는 속도 등을 테스트한다.
④ 부당하고 불법적인 침입을 시도하여 보안 시스템이 불법적인 침투를 잘 막아내는지 테스트한다.

'시스템에 과도한 정보량 부과'하면, 강도 테스트입니다.

출제예상
2. 다음 중 정적 테스트와 동적 테스트에 대한 설명으로 틀린 것은?
① 정적 테스트는 개발한 프로그램을 실행하지 않고 테스트한다.
② 동적 테스트는 개발한 프로그램을 직접 실행하면서 오류를 찾는 테스트이다.
③ 동적 테스트에는 워크스루, 인스펙션, 코드 검사 등이 있다.
④ 정적 테스트는 개발 초기에 결함을 발견함으로써 개발 비용을 낮추는데 도움이 된다.

워크스루, 인스펙션 코드 검사는 정적 테스트입니다.

출제예상
3. 다음 중 확인(Validation) 테스트에 대한 설명으로 옳은 것은?
① 개발자의 시각에서 테스트를 진행한다.
② 제품이 올바르게 생산되고 있는가를 확인한다.
③ 소프트웨어가 명세서대로 만들어졌는지를 중점을 두고 테스트한다.
④ 소프트웨어가 사용자의 요구사항을 충족시키는가에 중점을 두고 테스트한다.

①, ②, ③번은 검증(Verification) 테스트에 대한 설명입니다.

▶ 정답 : 1. ② 2. ③ 3. ④

SECTION 034 : 테스트 기법에 따른 애플리케이션 테스트

1 화이트박스 테스트(White Box Test)

화이트박스 테스트는 모듈의 원시 코드를 오픈시킨 상태에서 원시 코드의 논리적인 모든 경로를 테스트하여 테스트 케이스를 설계하는 방법이다.

- 화이트박스 테스트는 설계된 절차에 초점을 둔 구조적 테스트로 프로시저 설계의 제어 구조를 사용하여 테스트 케이스를 설계하며, 테스트 과정의 초기에 적용된다.
- 모듈 안의 작동을 직접 관찰한다.
- 원시 코드(모듈)의 모든 문장을 한 번 이상 실행함으로써 수행된다.
- 프로그램의 제어 구조에 따라 선택, 반복 등의 분기점 부분들을 수행함으로써 논리적 경로를 제어한다.

전문가의 조언

- 애플리케이션 테스트는 소프트웨어 내부 구조의 참조 여부에 따라 블랙박스 테스트와 화이트박스 테스트로 나뉩니다. 블랙박스 테스트와 화이트박스 테스트는 중요합니다. 두 테스트의 개념, 차이점, 종류 등을 모두 숙지해 두세요.
- 화이트박스 테스트의 의미는 '논리'라는 단어를 중심으로 알아두세요. 화이트박스 테스트는 투명한 박스라는 의미로 모듈 안의 내용을 볼 수 있어서 내부의 논리적인 경로를 테스트한다고 생각하면 됩니다.

2 화이트박스 테스트의 종류

화이트 박스 테스트의 종류에는 기초 경로 검사, 제어 구조 검사 등이 있다.

기초 경로* 검사 (Base Path Testing)	• 대표적인 화이트박스 테스트 기법이다. • 테스트 케이스 설계자가 절차적 설계의 논리적 복잡성을 측정할 수 있게 해주는 테스트 기법으로, 테스트 측정 결과는 실행 경로의 기초를 정의하는 데 지침으로 사용된다.
제어 구조 검사 (Control Structure Testing)	• 조건 검사(Condition Testing) : 프로그램 모듈 내에 있는 논리적 조건을 테스트하는 테스트 케이스 설계 기법 • 루프 검사(Loop Testing) – 프로그램의 반복(Loop) 구조에 초점을 맞춰 실시하는 테스트 케이스 설계 기법 – 반복 구조 : 단순 루프, 중첩 루프, 연결 루프, 비구조적 루프 • 데이터 흐름 검사(Data Flow Testing) : 프로그램에서 변수의 정의와 변수 사용의 위치에 초점을 맞춰 실시하는 테스트 케이스 설계 기법

전문가의 조언

루프 검사의 반복 구조를 묻는 문제가 출제되었습니다. 루프 검사에는 단순, 중첩, 연결, 비구조 이렇게 4가지 반복 구조가 있다는 것을 기억해 두세요.

기초 경로
기초 경로(Base Path = Basis Path)는 수행 가능한 모든 경로를 의미합니다.

3 화이트박스 테스트의 검증 기준

화이트박스 테스트의 검증 기준은 테스트 케이스들이 테스트에 얼마나 적정한지를 판단하는 기준으로, 문장 검증 기준, 분기 검증 기준, 조건 검증 기준, 분기/조건 기준이 있다.

문장 검증 기준 (Statement Coverage)	소스 코드의 모든 구문이 한 번 이상 수행되도록 테스트 케이스 설계
분기 검증 기준 (Branch Coverage)	결정 검증 기준(Decision Coverage)이라고도 불리며, 소스 코드의 모든 조건문에 대해 조건이 True인 경우와 False인 경우가 한 번 이상 수행되도록 테스트 케이스 설계

조건 검증 기준 (Condition Coverage)	소스 코드의 조건문에 포함된 개별 조건식의 결과가 True인 경우와 False인 경우가 한 번 이상 수행되도록 테스트 케이스 설계
분기/조건 기준 (Branch/Condition Coverage)	분기 검증 기준과 조건 검증 기준을 모두 만족하는 설계로, 조건문이 True인 경우와 False인 경우에 따라 조건 검증 기준의 입력 데이터를 구분하는 테스트 케이스 설계

잠깐만요 검증 기준(Coverage)의 종류

검증 기준의 종류에는 크게 기능 기반 커버리지, 라인 커버리지, 코드 커버리지가 있으며, 화이트박스 테스트에서 사용되는 문장 검증 기준, 분기 검증 기준 등은 모두 코드 커버리지에 해당합니다.
- 기능 기반 커버리지 : 실제 테스트가 수행된 기능의 수 / 전체 기능의 수
- 라인 커버리지(Line Coverage) : 테스트 시나리오가 수행한 소스 코드의 라인 수 / 전체 소스 코드의 라인 수
- 코드 커버리지(Code Coverage) : 소스 코드의 구문, 분기, 조건 등의 구조 코드 자체가 얼마나 테스트되었는지를 측정하는 방법

전문가의 조언
- 블랙박스는 박스 안을 들여다 볼 수 없는 검은 상자입니다. 즉 블랙박스 안에서 어떤 일이 일어나는지 알 수는 없지만 입력된 데이터가 블랙박스를 통과하여 출력될 때 그 결과물이 정확한지를 검사하는 것입니다. 이런 블랙박스 테스트의 개념을 염두에 두고 개별적인 검사 기법을 잘 이해해 두세요. 블랙박스 테스트의 종류도 기억해야 합니다.
- Section 033에서 학습한 명세 기반 테스트, 경험 기반 테스트는 블랙박스 테스트, 구조 기반 테스트는 화이트박스 테스트에 해당합니다.

  24.2, 기사 25.5, 25.2, 24.5, 23.2, 22.7, 21.5
4 블랙박스 테스트(Black Box Test)

블랙박스 테스트는 소프트웨어가 수행할 특정 기능을 알기 위해서 각 기능이 완전히 작동되는 것을 입증하는 테스트로, 기능 테스트라고도 한다.
- 사용자의 요구사항 명세를 보면서 테스트하는 것으로, 주로 구현된 기능을 테스트한다.
- 소프트웨어 인터페이스에서 실시되는 테스트이다.
- 부정확하거나 누락된 기능, 인터페이스 오류, 자료 구조나 외부 데이터베이스 접근에 따른 오류, 행위나 성능 오류, 초기화와 종료 오류 등을 발견하기 위해 사용되며, 테스트 과정의 후반부에 적용된다.
- 블랙박스 테스트의 종류에는 동치 분할 검사, 경계값 분석, 원인-효과 그래프 검사, 오류 예측 검사, 비교 검사 등이 있다.

 기사 25.8, 25.5, 25.2, 24.7, 24.5, 23.5, 21.5, 21.3, 20.9, 20.8, 20.6
5 블랙박스 테스트의 종류

기사 25.8, 25.5, 24.7, 24.5, 21.5, … **동치 분할 검사** (Equivalence Partitioning Testing, 동치 클래스 분해)	• 입력 자료에 초점을 맞춰 테스트 케이스(동치 클래스)를 만들고 검사하는 방법으로 동등 분할 기법이라고도 한다. • 프로그램의 입력 조건에 타당한 입력 자료와 타당하지 않은 입력 자료의 개수를 균등하게 하여 테스트 케이스를 정하고, 해당 입력 자료에 맞는 결과가 출력되는지 확인하는 기법이다.
기사 25.8, 25.5, 25.2, 24.7, 21.5, 21.3, … **경계값 분석** (Boundary Value Analysis)	• 입력 자료에만 치중한 동치 분할 기법을 보완하기 위한 기법이다. • 입력 조건의 중간값보다 경계값에서 오류가 발생될 확률이 높다는 점을 이용하여 입력 조건의 경계값을 테스트 케이스로 선정하여 검사하는 기법이다.

기사 20.9 원인-효과 그래프 검사 (Cause-Effect Graphing Testing)	입력 데이터 간의 관계와 출력에 영향을 미치는 상황을 체계적으로 분석한 다음 효용성이 높은 테스트 케이스를 선정하여 검사하는 기법이다.
기사 25.5, 24.7, 20.8 오류 예측 검사 (Error Guessing)	• 과거의 경험이나 확인자의 감각으로 테스트하는 기법이다. • 다른 블랙 박스 테스트 기법으로는 찾아낼 수 없는 오류를 찾아내는 일련의 보충적 검사 기법이며, 데이터 확인 검사라고도 한다.
비교 검사 (Comparison Testing)	여러 버전의 프로그램에 동일한 테스트 자료를 제공하여 동일한 결과가 출력되는지 테스트하는 기법이다.

예제 A 애플리케이션에서 평가점수에 따른 성적부여 기준이 다음과 같을 때, 동치 분할 검사와 경계값 분석의 테스트 케이스를 확인하시오.

평가점수	성적
90~100	A
80~89	B
70~79	C
0~69	D

〈동치 분할 검사〉

테스트 케이스	1	2	3	4
입력값	60	75	82	96
예상 결과값	D	C	B	A
실제 결과값	D	C	B	A

해설 동치 분할 검사는 입력 자료에 초점을 맞춰 테스트 케이스를 만들어 검사하므로 평가점수를 입력한 후 점수에 맞는 성적이 출력되는지 확인한다.

〈경계값 분석〉

테스트 케이스	1	2	3	4	5	6	7	8	9	10
입력 값	-1	0	69	70	79	80	89	90	100	101
예상 결과 값	오류	D	D	C	C	B	B	A	A	오류
실제 결과 값	오류	D	D	C	C	B	B	A	A	오류

해설 경계값 분석은 입력 조건의 경계값을 테스트 케이스로 선정하여 검사하므로 평가점수의 경계값에 해당하는 점수를 입력한 후 올바른 성적이 출력되는지 확인한다.

기출문제 따라잡기

23년 2월, 22년 7월
1. 루프 검사(Loop Test)에서 찾아볼 수 있는 4가지 반복 구조가 아닌 것은?

① 단순 반복　　② 중첩 반복
③ 구조적 반복　④ 비구조적 반복

> 루프 검사에는 단순, 중첩, 연결, 비구조 이렇게 4가지 반복 구조가 있습니다.

25년 5월, 23년 7월
2. 화이트박스(White Box) 테스트와 관련한 설명으로 틀린 것은?

① 화이트박스 테스트의 이해를 위해 논리 흐름도(Logic-Flow Diagram)를 이용할 수 있다.
② 모듈 안의 작동을 직접 관찰할 수 있다.
③ 프로그램의 구조를 고려하지 않기 때문에 테스트 케이스는 프로그램 또는 모듈의 요구나 명세를 기초로 결정한다.
④ 원시 코드의 모든 문장을 한 번 이상 실행함으로써 수행된다.

> 화이트박스 테스트는 설계된 절차에 초점을 둔 구조적 테스트로, 프로시저 설계의 제어 구조를 사용하여 테스트 케이스를 설계합니다.

24년 2월
3. 블랙박스 테스트에 대한 설명으로 옳은 것은?

① 소프트웨어 인터페이스에서 실시되는 검사로, 설계된 모든 기능들이 정상적으로 수행되는지 확인한다.
② 종류에는 기초 경로 검사가 있다.
③ 제품의 내부 요소들이 명세서에 따라 수행되고 충분히 실행되는가를 보장하기 위한 검사이다.
④ 프로그램 원시 코드의 논리적인 구조를 커버하도록 테스트 케이스를 설계한다.

> ② 기초 경로 검사는 화이트박스 테스트의 종류에 해당합니다.
> ③, ④ 화이트박스 테스트에 대한 설명입니다.

기사 25년 5월, 24년 7월, 20년 9월, 8월
4. 블랙박스 테스트 기법으로 거리가 먼 것은?

① 기초 경로 검사
② 동치 클래스 분해
③ 경계값 분석
④ 원인 결과 그래프

> 기초 경로 검사는 화이트박스 테스트 기법입니다.

기사 25년 8월, 20년 6월
5. 평가점수에 따른 성적부여는 다음 표와 같다. 이를 구현한 소프트웨어를 경계값 분석 기법으로 테스트 하고자 할 때 다음 중 테스트 케이스의 입력값으로 옳지 않은 것은?

평가점수	성적
80~100	A
60~79	B
0~59	C

① 59　　② 80
③ 90　　④ 101

> 경계값 분석 기법은 경계값을 입력하여 검사하는 기법입니다. 지문에 제시된 성적이 분리되는 경계에는 0, 1, 58, 59, 60, 61, 78, 79, 80, 81, 99, 100, 101이 있습니다.

기사 21년 3월
6. 다음 중 블랙박스 검사 기법은?

① 경계값 분석　　② 조건 검사
③ 기초 경로 검사　④ 루프 검사

> 기초 경로 검사, 제어 구조(조건, 루프, 데이터 흐름) 검사는 화이트박스 테스트 기법입니다.

25년 8월, 24년 5월
7. 다음 중 화이트박스 테스트에 대한 설명으로 옳지 않은 것은?

① 모듈의 논리적 구조를 체계적으로 테스트하는 것으로, 구조적 테스트라고도 한다.
② 프로그램에서 수행되는 기능에 초점을 가지고 테스트하기 때문에 실제 프로그램의 내부 구조는 다루지 않는다.
③ 화이트박스 테스트를 위해 논리 흐름도를 사용할 수 있다.
④ 모듈 안의 작동을 자세히 관찰하기 위한 시험 방법이다.

> ②번은 블랙박스 테스트에 대한 설명입니다.

▶ 정답 : 1. ③　2. ③　3. ①　4. ①　5. ③　6. ①　7. ②

SECTION 035 개발 단계에 따른 애플리케이션 테스트

1 개발 단계에 따른 애플리케이션 테스트

25.8, 24.5, 22.7, 기사 24.7, 24.5, 22.3

애플리케이션 테스트는 소프트웨어의 개발 단계에 따라 단위 테스트, 통합 테스트, 시스템 테스트, 인수 테스트로 분류된다. 이렇게 분류된 것을 테스트 레벨이라고 한다.

- 애플리케이션 테스트는 소프트웨어의 개발 단계에서부터 테스트를 수행하므로 단순히 소프트웨어에 포함된 코드 상의 오류뿐만 아니라 요구 분석의 오류, 설계 인터페이스 오류 등도 발견할 수 있다.
- 애플리케이션 테스트와 소프트웨어 개발 단계를 연결하여 표현한 것을 V-모델이라 한다.

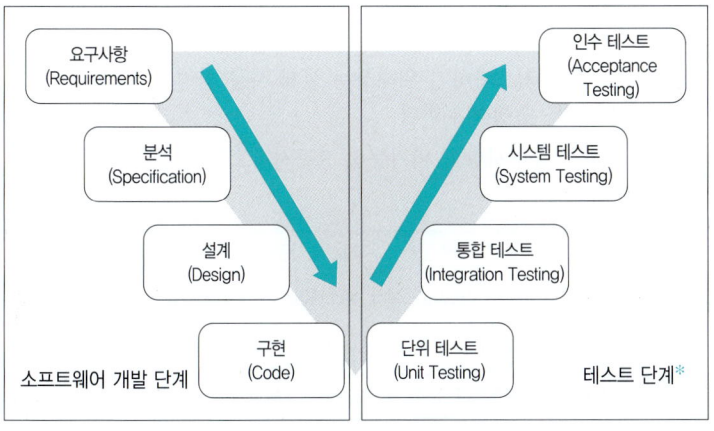

소프트웨어 생명 주기의 V-모델

전문가의 조언

테스트 순서를 묻는 문제가 출제되었습니다. 애플리케이션 테스트는 소프트웨어의 개발 과정과 함께 지속적으로 진행됩니다. 모듈을 개발하면 모듈에 대한 단위 테스트를 실행하고, 여러 개의 모듈을 결합하여 시스템으로 완성시키는 과정에서는 통합 테스트를, 그리고 설계된 소프트웨어가 시스템에서 정상적으로 수행되는지를 확인하기 위해서 시스템 테스트를 수행합니다. 최종적으로 소프트웨어가 완성되면 사용자에게 인도하기 전에 인수 테스트를 수행합니다. 이러한 과정을 염두에 두고 테스트 진행 순서와 각 테스트의 특징을 정리하세요.

개발 단계에 따른 테스트들을 검증과 확인 테스트로 구분하면 다음과 같습니다.
- **검증(Verification) 테스트** : 개발자 기준의 테스트로, 단위 테스트, 통합 테스트, 시스템 테스트가 해당됨
- **확인(Validation) 테스트** : 사용자 기준의 테스트로, 인수 테스트가 해당됨

2 단위 테스트(Unit Test)

25.8, 25.5, 24.5, 24.2, 23.5, 22.4, 기사 25.5, 24.7, 23.5, 22.4, 21.8, 21.5

단위 테스트는 코딩 직후 소프트웨어 설계의 최소 단위인 모듈이나 컴포넌트에 초점을 맞춰 테스트하는 것이다.

- 단위 테스트에서는 인터페이스, 외부적 I/O, 자료 구조, 독립적 기초 경로, 오류 처리 경로, 경계 조건 등을 검사한다.
- 단위 테스트는 사용자의 요구사항을 기반으로 한 기능성 테스트를 최우선으로 수행한다.
- 단위 테스트는 구조 기반 테스트와 명세 기반 테스트로 나뉘지만 주로 구조 기반 테스트를 시행한다.
- **단위 테스트로 발견 가능한 오류** : 알고리즘 오류에 따른 원치 않는 결과, 탈출구가 없는 반복문의 사용, 틀린 계산 수식에 의한 잘못된 결과

전문가의 조언

단위 테스트의 개념을 묻는 문제가 출제되었습니다. 단위 테스트는 모듈에 초점을 맞춰 테스트를 수행한다는 것을 기억하세요.

테스트 방법	테스트 내용	테스트 목적
구조 기반 테스트	프로그램 내부 구조 및 복잡도를 검증하는 화이트박스(White Box) 테스트 시행	제어 흐름, 조건 결정
명세 기반 테스트	목적 및 실행 코드 기반의 블랙박스(Black Box) 테스트 시행	동등 분할, 경계 값 분석

③ 통합 테스트(Integration Test, 결합 테스트)

전문가의 조언
통합 테스트는 다음 섹션에서 자세히 공부하니 여기에서는 통합 테스트가 무엇인지 정도만 알아두세요.

통합 테스트는 단위 테스트가 완료된 모듈들을 결합하여 하나의 시스템으로 완성시키는 과정에서의 테스트를 의미한다.
- 통합 테스트는 모듈 간 또는 통합된 컴포넌트 간의 상호 작용 오류를 검사한다.

④ 시스템 테스트(System Test)

시스템 테스트는 개발된 소프트웨어가 해당 컴퓨터 시스템에서 완벽하게 수행되는가를 점검하는 테스트이다.
- 환경적인 장애 리스크*를 최소화하기 위해서는 실제 사용 환경과 유사하게 만든 테스트 환경에서 테스트를 수행해야 한다.
- 시스템 테스트는 기능적 요구사항과 비기능적 요구사항으로 구분하여 각각을 만족하는지 테스트한다.

환경적인 장애 리스크
환경적인 장애 리스크는 OS, DBMS, 시스템 운영 장비 등 테스트 시 사용할 물리적, 논리적 테스트 환경과 실제 소프트웨어를 사용할 환경이 달라서 발생할 수 있는 바람직하지 못한 결과를 의미합니다.

테스트 방법	테스트 내용
기능적 요구사항	요구사항 명세서, 비즈니스 절차, 유스케이스 등 명세서 기반의 블랙박스(Black Box) 테스트 시행
비기능적 요구사항	성능 테스트, 회복 테스트, 보안 테스트, 내부 시스템의 메뉴 구조, 웹 페이지의 네비게이션 등 구조적 요소에 대한 화이트박스(White Box) 테스트 시행

⑤ 인수 테스트(Acceptance Test)

기사 25.8, 24.7, 24.5, 24.2, 23.7, 23.5, 21.3, 20.9, 20.8, 20.6

전문가의 조언
인수 테스트의 종류 6가지를 기억하고, 어떤 테스트를 말하는지 찾아낼 수 있도록 각각의 특징을 정리하세요.

인수 테스트는 개발한 소프트웨어가 사용자의 요구사항을 충족하는지에 중점을 두고 테스트하는 방법이다.
- 인수 테스트는 개발한 소프트웨어를 사용자가 직접 테스트한다.
- 인수 테스트에 문제가 없으면 사용자는 소프트웨어를 인수하게 되고, 프로젝트는 종료된다.
- 인수 테스트는 다음과 같이 6가지의 종류로 구분해서 테스트한다.

테스트 종류	설명
사용자 인수 테스트	사용자가 시스템 사용의 적절성 여부를 확인한다.
운영상의 인수 테스트	시스템 관리자가 시스템 인수 시 수행하는 테스트 기법으로, 백업/복원 시스템, 재난 복구, 사용자 관리, 정기 점검 등을 확인한다.

계약 인수 테스트	계약상의 인수/검수 조건을 준수하는지 여부를 확인한다.
규정 인수 테스트	소프트웨어가 정부 지침, 법규, 규정 등 규정에 맞게 개발되었는지 확인한다.
기사 23.7, 20.9, 20.8, 20.6 알파 테스트	• 개발자의 장소에서 사용자가 개발자 앞에서 행하는 테스트 기법이다. • 테스트는 통제된 환경에서 행해지며, 오류와 사용상의 문제점을 사용자와 개발자가 함께 확인하면서 기록한다.
기사 21.3, 20.8 베타 테스트	• 선정된 최종 사용자가 여러 명의 사용자 앞에서 행하는 테스트 기법으로, 필드 테스팅(Field Testing)이라고도 불린다. • 실업무를 가지고 사용자가 직접 테스트하는 것으로, 개발자에 의해 제어되지 않은 상태에서 테스트가 행해지며, 발견된 오류와 사용상의 문제점을 기록하고 개발자에게 주기적으로 보고한다.

기출문제 따라잡기

25년 8월, 5월, 24년 5월, 2월, 23년 5월, 22년 4월

1. 다음 중 코딩 직후 소프트웨어 설계의 최소 단위인 모듈이나 컴포넌트에 초점을 맞춰 하는 테스트는?

① 시스템 테스트
② 베타 테스트
③ 단위 테스트
④ 통합 테스트

소프트웨어 설계의 최소 단위인 모듈이나 컴포넌트에 초점을 맞춰 하는 테스트는 단위 테스트입니다.

25년 8월, 24년 5월, 22년 7월

2. 소프트웨어 테스트 순서로 올바로 나열된 것은?

① 단위 테스트 → 인수 테스트 → 통합 테스트 → 시스템 테스트
② 단위 테스트 → 통합 테스트 → 시스템 테스트 → 인수 테스트
③ 인수 테스트 → 단위 테스트 → 시스템 테스트 → 통합 테스트
④ 시스템 테스트 → 인수 테스트 → 단위 테스트 → 통합 테스트

모듈 단위로 테스트 → 여러 모듈을 결합하여 통합 테스트 → 설계된 소프트웨어가 시스템에서 정상적으로 동작하는지 시스템 테스트 → 사용자에게 인도하기 전 인수 테스트를 수행합니다.

기사 23년 7월, 20년 9월, 6월

3. 검증(Validation) 검사 기법 중 개발자의 장소에서 사용자가 개발자 앞에서 행해지며, 오류와 사용상의 문제점을 사용자와 개발자가 함께 확인하면서 검사하는 기법은?

① 디버깅 검사
② 형상 검사
③ 자료구조 검사
④ 알파 검사

사용자가 개발자 앞에서 행하는 검사는 알파 검사, 사용자가 여러 명의 사용자 앞에서 행하는 검사는 베타 검사입니다.

기사 25년 8월, 24년 7월, 2월, 22년 7월, 20년 8월

4. 알파, 베타 테스트와 가장 밀접한 연관이 있는 테스트 단계는?

① 단위 테스트
② 인수 테스트
③ 통합 테스트
④ 시스템 테스트

알파, 베타 테스트는 사용자가 소프트웨어를 인수하기 전에 마지막으로 수행하는 테스트입니다.

기사 21년 3월

5. 필드 테스팅(Field Testing)이라고도 불리며, 개발자 없이 고객의 사용 환경에 소프트웨어를 설치하여 검사를 수행하는 인수검사 기법은?

① 베타 검사
② 알파 검사
③ 형상 검사
④ 복구 검사

알파 검사는 개발자와 사용자, 베타 검사는 여러 명의 사용자 앞에서 수행합니다.

▶ 정답 : 1. ③ 2. ② 3. ④ 4. ② 5. ①

SECTION 036 통합 테스트

전문가의 조언

통합 테스트의 종류나 통합 테스트의 특징을 묻는 문제가 출제됩니다. 통합 테스트의 종류를 기억하고, 하향식 테스트는 스텁, 상향식 테스트는 드라이버를 사용한다는 것을 중심으로 특징을 정리하세요.

빅뱅 통합 테스트
모듈 간의 상호 인터페이스를 고려하지 않고 단위 테스트가 끝난 모듈을 한꺼번에 결합시켜 테스트하는 방법입니다. 주로 소규모 프로그램이나 프로그램의 일부만을 대상으로 테스트 할 때 사용됩니다.

- **깊이 우선 통합법**: 주요 제어 모듈을 중심으로 해당 모듈에 종속된 모든 모듈을 통합하는 것으로, 다음 그림에 대한 통합 순서는 A1, A2, A3, A4, A5, A6, A7, A8, A9 순입니다.

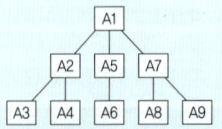

- **넓이 우선 통합법**: 구조의 수평을 중심으로 해당하는 모듈을 통합하는 것으로, 다음 그림에 대한 통합 순서는 A1, A2, A3, A4, A5, A6, A7, A8, A9 순입니다.

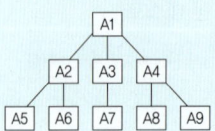

1 통합 테스트(Integration Test)

24.7, 22.7, 22.3, 기사 22.4

통합 테스트는 단위 테스트가 끝난 모듈을 통합하는 과정에서 발생하는 오류 및 결함을 찾는 테스트 기법이다.

- 통합 테스트 방법에는 비점진적 통합 방식과 점진적 통합 방식이 있다.

비점진적 통합 방식	• 단계적으로 통합하는 절차 없이 모든 모듈이 미리 결합되어 있는 프로그램 전체를 테스트하는 방법으로, 빅뱅 통합 테스트* 방식이 있다. • 규모가 작은 소프트웨어에 유리하며 단시간 내에 테스트가 가능하다. • 전체 프로그램을 대상으로 하기 때문에 오류 발견 및 장애 위치 파악 및 수정이 어렵다.
22.7 점진적 통합 방식	• 모듈 단위로 단계적으로 통합하면서 테스트하는 방법으로, 하향식, 상향식, 혼합식 통합 방식이 있다. • 오류 수정이 용이하고, 인터페이스와 연관된 오류를 완전히 테스트할 가능성이 높다.

2 하향식 통합 테스트(Top Down Integration Test)

22.3, 기사 25.8, 22.4, 20.8, 20.6

하향식 통합 테스트는 프로그램의 상위 모듈에서 하위 모듈 방향으로 통합하면서 테스트하는 기법이다.

- 주요 제어 모듈을 기준으로 하여 아래 단계로 이동하면서 통합하는데, 이때 깊이 우선 통합법*이나 넓이 우선 통합법*을 사용한다.
- 테스트 초기부터 사용자에게 시스템 구조를 보여줄 수 있다.
- 상위 모듈에서는 테스트 케이스를 사용하기 어렵다.
- 하향식 통합 방법은 다음과 같은 절차로 수행된다.

❶ 주요 제어 모듈은 작성된 프로그램을 사용하고, 주요 제어 모듈의 종속 모듈들은 스텁(Stub)*으로 대체한다.

❷ 깊이 우선 또는 넓이 우선 등의 통합 방식에 따라 하위 모듈인 스텁들이 한 번에 하나씩 실제 모듈로 교체된다.

❸ 모듈이 통합될 때마다 테스트를 실시한다.

❹ 새로운 오류가 발생하지 않음을 보증하기 위해 회귀 테스트를 실시한다.

3 상향식 통합 테스트(Bottom Up Integration Test)

25.8, 23.7, 22.3, 기사 22.4, 21.8

상향식 통합 테스트는 프로그램의 하위 모듈에서 상위 모듈 방향으로 통합하면서 테스트하는 기법이다.

- 가장 하위 단계의 모듈부터 통합 및 테스트가 수행되므로 스텁(Stub)은 필요하지 않지만, 하나의 주요 제어 모듈과 관련된 종속 모듈의 그룹인 클러스터(Cluster)가 필요하다.

- 상향식 통합 방법은 다음과 같은 절차로 수행된다.
  ❶ 하위 모듈들을 클러스터(Cluster)로 결합한다.
  ❷ 상위 모듈에서 데이터의 입·출력을 확인하기 위해 더미 모듈인 드라이버(Driver)*를 작성한다.
  ❸ 통합된 클러스터 단위로 테스트한다.
  ❹ 테스트가 완료되면 클러스터는 프로그램 구조의 상위로 이동하여 결합하고 드라이버는 실제 모듈로 대체된다.

잠깐만요 — 테스트 드라이버와 테스트 스텁의 차이점

구분	드라이버(Driver)	스텁(Stub)
개념	테스트 대상의 하위 모듈을 호출하는 도구로, 매개 변수(Parameter)를 전달하고, 모듈 테스트 수행 후의 결과를 도출함	제어 모듈이 호출하는 타 모듈의 기능을 단순히 수행하는 도구로, 일시적으로 필요한 조건만을 가지고 있는 시험용 모듈
필요 시기	상위 모듈 없이 하위 모듈이 있는 경우 하위 모듈 구동	상위 모듈은 있지만 하위 모듈이 없는 경우 하위 모듈 대체
테스트 방식	상향식(Bottom Up) 테스트	하향식(Top-Down) 테스트
개념도	상향식 구조(M1 ← D1, D2 ← M2, M3, M4, M5)	하향식 구조(M1 → M2, S3 → M4, S5, S6)
공통점	소프트웨어 개발과 테스트를 병행할 경우 이용	
차이점	• 이미 존재하는 하위 모듈과 존재하지 않는 상위 모듈 간의 인터페이스 역할을 합니다. • 소프트웨어 개발이 완료되면 드라이버는 본래의 모듈로 교체됩니다.	• 일시적으로 필요한 조건만을 가지고 임시로 제공되는 가짜 모듈의 역할을 합니다. • 시험용 모듈이기 때문에 일반적으로 드라이버보다 작성하기 쉽습니다.

❹ 혼합식 통합 테스트

혼합식 통합 테스트는 하위 수준에서는 상향식 통합, 상위 수준에서는 하향식 통합을 사용하여 최적의 테스트를 지원하는 방식으로, 샌드위치(Sandwich)식 통합 테스트 방법이라고도 한다.

❺ 회귀 테스팅(Regression Testing)

회귀 테스트는 이미 테스트된 프로그램의 테스팅을 반복하는 것으로, 통합 테스트로 인해 변경된 모듈이나 컴포넌트에 새로운 오류가 있는지 확인하는 테스트이다.

- 회귀 테스트는 수정한 모듈이나 컴포넌트가 다른 부분에 영향을 미치는지, 오류가 생기지 않았는지 테스트하여 새로운 오류가 발생하지 않음을 보증하기 위해 반복 테스트한다.

- 회귀 테스트는 모든 테스트 케이스를 이용해 테스팅하는 것이 가장 좋지만 시간과 비용이 많이 필요하므로 기존 테스트 케이스 중 변경된 부분을 테스트할 수 있는 테스트 케이스만 선정하여 수행한다.
- 회귀 테스트의 테스트 케이스 선정 방법
  - 모든 애플리케이션의 기능을 수행할 수 있는 대표적인 테스트 케이스를 선정한다.
  - 애플리케이션 기능 변경에 의한 파급 효과를 분석하여 파급 효과가 높은 부분이 포함된 테스트 케이스를 선정한다.
  - 실제 수정이 발생한 모듈 또는 컴포넌트에서 시행하는 테스트 케이스를 선정한다.

기출문제 따라잡기

25년 8월, 23년 7월
1. 다음 설명에 해당하는 테스트는?

- 가장 하위 단계의 모듈부터 통합 및 테스트가 수행되므로 스텁(Stub)은 필요하지 않는다.
- 테스트는 통합된 클러스터 단위로 수행한다.

① 상향식 통합 테스트 ② 하향식 통합 테스트
③ 회귀 테스트 ④ 빅뱅 통합 테스트

스텁(Stub)은 필요하지 않지만 클러스터가 필요한 테스트는 상향식 통합 테스트입니다.

22년 7월
2. 통합 테스트에 해당하지 않는 것은?

① 상향식 테스트 ② 하향식 테스트
③ 혼합식 테스트 ④ 강도 테스트

통합 테스트에는 하향식, 상향식, 혼합식이 있습니다.

24년 7월, 22년 3월
3. 통합 테스트에 대한 설명으로 틀린 것은?

① 드라이버를 사용하는 것은 상향식 테스트이다.
② 스텁을 사용하는 것은 하향식 테스트이다.
③ 모듈 또는 컴포넌트 간의 상호 작용 오류를 검사한다.
④ 모듈이나 컴포넌트의 기능성 테스트를 최우선으로 한다.

통합 테스트는 모듈을 통합하는 과정에서 발생하는 오류 및 결함을 검사하는 것입니다. 모듈이나 컴포넌트에 초점을 맞춰 기능을 검사하는 것은 단위 테스트입니다.

이전기출
4. 하향식 통합 검사(Test)에 대한 설명으로 가장 옳지 않은 것은?

① 시스템 구조의 위층에 있는 모듈부터 아래층의 모듈로 내려오면서 통합한다.

② 일반적으로 스텁(Stub)을 드라이버(Driver)보다 쉽게 작성할 수 있다.
③ 테스트 초기에는 시스템의 구조를 사용자에게 보여줄 수 없다.
④ 상위층에서 테스트 케이스를 쓰기가 어렵다.

높은 곳에 있으면 아래가 한 눈에 보이듯, 상위 모듈에서 테스트를 시작하는 하향식 통합 테스트에서는 테스트 초기부터 사용자에게 시스템 구조를 보여줄 수 있습니다.

24년 5월, 기사 24년 5월, 2월, 21년 3월, 20년 6월
5. 하향식 통합에 있어서 모듈 간의 통합 시험을 위해 일시적으로 필요한 조건만을 가지고 임시로 제공되는 시험용 모듈을 무엇이라고 하는가?

① Stub ② Driver
③ Procedure ④ Function

'필요한 조건만을 가진 시험용 모듈'하면, 스텁(Stub)입니다.

기사 25년 8월, 20년 8월
6. 다음이 설명하는 애플리케이션 통합 테스트 유형은?

- 깊이 우선 방식 또는 너비 우선 방식이 있다.
- 상위 컴포넌트를 테스트 하고 점증적으로 하위 컴포넌트를 테스트 한다.
- 하위 컴포넌트 개발이 완료되지 않은 경우 스텁(Stub)을 사용하기도 한다.

① 하향식 통합 테스트 ② 상향식 통합 테스트
③ 회귀 테스트 ④ 빅뱅 테스트

스텁(Stub)을 사용하는 것은 하향식 통합 테스트입니다.

▶ 정답 : 1. ① 2. ④ 3. ④ 4. ③ 5. ① 6. ①

SECTION 037 결함 관리

1 결함(Fault)의 정의

기사 21.8

결함은 오류 발생, 작동 실패 등과 같이 소프트웨어가 개발자가 설계한 것과 다르게 동작하거나 다른 결과가 발생되는 것을 의미한다.

- 사용자가 예상한 결과와 실행 결과 간의 차이나 업무 내용과의 불일치 등으로 인해 변경이 필요한 부분도 모두 결함에 해당된다.

2 결함 관리 프로세스

결함 관리 프로세스는 애플리케이션 테스트에서 발견된 결함을 처리하는 것으로, 처리 순서는 다음과 같다.

❶ **결함 관리 계획** : 전체 프로세스에 대한 결함 관리 일정, 인력, 업무 프로세스 등을 확보하여 계획을 수립하는 단계이다.
❷ **결함 기록** : 테스터는 발견된 결함을 결함 관리 DB에 등록한다.
❸ **결함 검토** : 테스터, 프로그램 리더*, 품질 관리(QA) 담당자* 등은 등록된 결함을 검토하고 결함을 수정할 개발자에게 전달한다.
❹ **결함 수정** : 개발자는 전달받은 결함을 수정한다.
❺ **결함 재확인** : 테스터는 개발자가 수정한 내용을 확인하고 다시 테스트를 수행한다.
❻ **결함 상태 추적 및 모니터링 활동** : 결함 관리 DB를 이용하여 프로젝트별 결함 유형, 발생률 등을 한눈에 볼 수 있는 대시보드* 또는 게시판 형태의 서비스를 제공한다.
❼ **최종 결함 분석 및 보고서 작성** : 발견된 결함에 대한 정보와 이해관계자들의 의견이 반영된 보고서를 작성하고 결함 관리를 종료한다.

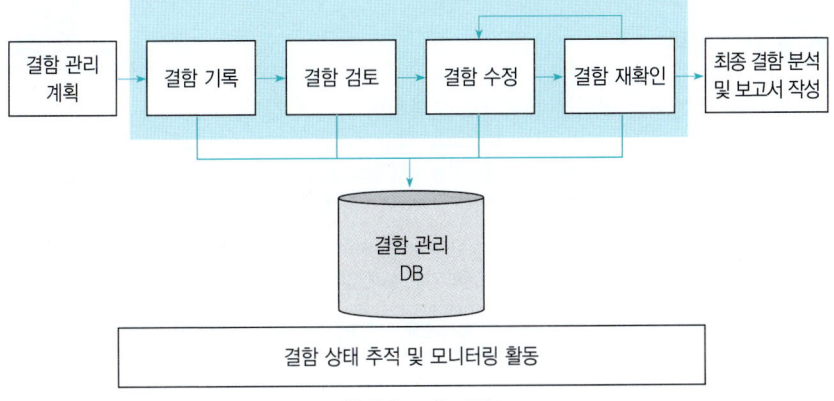

결함 관리 프로세스 흐름도

전문가의 조언

- 결함을 발견하는 것만큼이나 발견된 결함을 체계적으로 관리하는 것도 중요합니다. 테스트에서 발견된 결함을 기록하고 결함의 원인을 분석하여 해결한 후 결함의 재발생을 방지하기 위한 활동 등이 모두 결함 관리에 해당합니다.
- 결함의 개념을 정확히 숙지하고, 결함 관리의 개념을 바탕으로 결함 관리 및 추적 순서 등을 정리해 두세요.

- **프로그램 리더** : 소프트웨어 설계, 구현 등 소프트웨어의 기술 분야를 책임지는 사람
- **품질 관리(QA) 담당자** : 제품에 대한 고객만족을 목표로 제품의 생산부터 판매, 폐기에 이르는 전 과정을 관리하는 사람

대시보드
대시보드는 다양한 데이터를 쉽게 모니터링 할 수 있도록 만든 일종의 상황판을 말합니다.

③ 결함 상태 추적

테스트에서 발견된 결함은 지속적으로 상태 변화를 추적하고 관리해야 한다.
- 발견된 결함에 대해 결함 관리 측정 지표의 속성 값들을 분석하여 향후 결함이 발견될 모듈 또는 컴포넌트를 추정할 수 있다.
- 결함 관리 측정 지표

결함 분포	모듈 또는 컴포넌트의 특정 속성에 해당하는 결함 수 측정
결함 추세	테스트 진행 시간에 따른 결함 수의 추이 분석
결함 에이징	특정 결함 상태로 지속되는 시간 측정

④ 결함 추적 순서

결함 추적은 결함이 발견된 때부터 결함이 해결될 때까지 전 과정을 추적하는 것으로 순서는 다음과 같다.

❶ **결함 등록(Open)** : 테스터와 품질 관리(QA) 담당자에 의해 발견된 결함이 등록된 상태
❷ **결함 검토(Reviewed)** : 등록된 결함을 테스터, 품질 관리(QA) 담당자, 프로그램 리더, 담당 모듈 개발자에 의해 검토된 상태
❸ **결함 할당(Assigned)** : 결함을 수정하기 위해 개발자와 문제 해결 담당자에게 결함이 할당된 상태
❹ **결함 수정(Resolved)** : 개발자가 결함 수정을 완료한 상태
❺ **결함 조치 보류(Deferred)** : 결함의 수정이 불가능해 연기된 상태로, 우선순위, 일정 등에 따라 재오픈을 준비중인 상태
❻ **결함 종료(Closed)** : 결함이 해결되어 테스터와 품질 관리(QA) 담당자가 종료를 승인한 상태
❼ **결함 해제(Clarified)** : 테스터, 프로그램 리더, 품질 관리(QA) 담당자가 종료 승인한 결함을 검토하여 결함이 아니라고 판명한 상태

⑤ 결함 분류

테스트에서 발견되는 결함을 유형별로 분류하면 다음과 같다.

시스템 결함	시스템 다운, 애플리케이션의 작동 정지, 종료, 응답 시간 지연, 데이터베이스 에러 등 주로 애플리케이션 환경이나 데이터베이스 처리에서 발생된 결함
기능 결함	사용자의 요구사항 미반영/불일치, 부정확한 비즈니스 프로세스, 스크립트 오류, 타 시스템 연동 시 오류 등 애플리케이션의 기획, 설계, 업무 시나리오 등의 단계에서 유입된 결함
GUI 결함	UI 비일관성, 데이터 타입의 표시 오류, 부정확한 커서/메시지 오류 등 사용자 화면 설계에서 발생된 결함

문서 결함	사용자의 요구사항과 기능 요구사항의 불일치로 인한 불완전한 상태의 문서, 사용자의 온라인/오프라인 매뉴얼의 불일치 등 기획자, 사용자, 개발자 간의 의사소통 및 기록이 원활하지 않아 발생된 결함

> **잠깐만요** 테스트 단계별 유입 결함
>
> - **기획 시 유입되는 결함** : 사용자 요구사항의 표준 미준수로 인한 테스트 불가능, 요구사항 불명확/불완전/불일치 결함 등
> - **설계 시 유입되는 결함** : 설계 표준 미준수로 인한 테스트 불가능, 기능 설계 불명확/불완전/불일치 결함 등
> - **코딩 시 유입되는 결함** : 코딩 표준 미준수로 인한 기능의 불일치/불완전, 데이터 결함, 인터페이스 결함 등
> - **테스트 부족으로 유입되는 결함** : 테스트 수행 시 테스트 완료 기준의 미준수, 테스트팀과 개발팀의 의사소통 부족, 개발자의 코딩 실수로 인한 결함 등

6 결함 심각도

결함 심각도는 애플리케이션에 발생한 결함이 전체 시스템에 미치는 치명도를 나타내는 척도이다.

- 결함 심각도를 우선순위에 따라 분류*하면 다음과 같다.

High	핵심 요구사항 미구현, 장시간 시스템 응답 지연, 시스템 다운 등과 같이 더 이상 프로세스를 진행할 수 없도록 만드는 결함
Medium	부정확한 기능이나 데이터베이스 에러 등과 같이 시스템 흐름에 영향을 미치는 결함
Low	부정확한 GUI 및 메시지, 에러 시 메시지 미출력, 화면상의 문법/철자 오류 등과 같이 시스템 흐름에는 영향을 미치지 않는 결함

> **결함 심각도 분류**
> 결함 심각도는 High, Medium, Low 외에 다른 기준으로도 분류할 수 있습니다.
> 예 치명적(Critical), 주요(Major), 보통(Normal), 경미(Minor), 단순(Simple)

7 결함 우선순위

결함의 우선순위는 발견된 결함 처리에 대한 신속성을 나타내는 척도로, 결함의 중요도와 심각도에 따라 설정되고 수정 여부가 결정된다.

- 일반적으로 결함의 심각도가 높으면 우선순위도 높지만 애플리케이션의 특성에 따라 우선순위가 결정될 수도 있기 때문에 심각도가 높다고 반드시 우선순위가 높은 것은 아니다.
- 결함 우선순위는 결정적(Critical), 높음(High), 보통(Medium), 낮음(Low) 또는 즉시 해결, 주의 요망, 대기, 개선 권고 등으로 분류된다.

8 결함 관리 도구

결함 관리 도구는 소프트웨어에 발생한 결함을 체계적으로 관리할 수 있도록 도와주는 도구로, 다음과 같은 것들이 있다.

Mantis	결함 및 이슈 관리 도구로, 소프트웨어 설계 시 단위별 작업 내용을 기록할 수 있어 결함 추적도 가능하다.
Trac	결함 추적은 물론 결함을 통합하여 관리할 수 있는 도구
Redmine	프로젝트 관리 및 결함 추적이 가능한 도구
Bugzilla	결함 신고, 확인, 처리 등 결함을 지속적으로 관리할 수 있는 도구로, 결함의 심각도와 우선순위를 지정할 수도 있다.

기출문제 따라잡기

기사 21년 8월
1. 소프트웨어 개발 활동을 수행함에 있어서 시스템이 고장(Failure)을 일으키게 하며, 오류(Error)가 있는 경우 발생하는 것은?
① Fault
② Testcase
③ Mistake
④ Inspection

고장, 오류, 오작동 등을 결함(Fault)이라고 합니다.

출제예상
2. 다음 중 결함에 관한 설명으로 틀린 것은?
① 결함은 사용자의 기대 결과와 실제 소프트웨어를 실행했을 때의 결과 간의 차이를 의미한다.
② 결함 심각도는 우선순위에 따라 High, Medium, Low로 분류하기도 한다.
③ 결함 에이징은 테스트 진행 시간에 따른 결함 수를 측정한다.
④ 결함의 우선순위는 결함의 중요도와 심각도에 따라 결정된다.

결함 에이징은 특정 결함 상태로 지속되는 시간을 측정합니다. 테스트 진행 시간에 따른 결함 수를 측정하는 것은 결함 추세를 분석하기 위함입니다.

▶ 정답 : 1. ① 2. ③

SECTION 038 사용자 인터페이스

1 사용자 인터페이스*(UI; User Interface)의 개요

22.4, 기사 25.2, 22.4

사용자 인터페이스(UI)는 사용자와 시스템 간의 상호작용이 원활하게 이뤄지도록 도와주는 장치나 소프트웨어를 의미한다.

- 초기의 사용자 인터페이스는 단순히 사용자와 컴퓨터 간의 상호작용에만 국한되었지만 점차 사용자가 수행할 작업을 구체화시키는 기능 위주로 변경되었고, 최근에는 정보 내용을 전달하기 위한 표현 방법으로 변경되었다.
- 사용자 인터페이스의 세 가지 분야
  - 정보 제공과 전달을 위한 물리적 제어에 관한 분야
  - 콘텐츠의 상세적인 표현과 전체적인 구성에 관한 분야
  - 모든 사용자가 편리하고 간편하게 사용하도록 하는 기능에 관한 분야

전문가의 조언

스마트 폰을 사용할 때는 화면을 손가락으로 터치하고 TV 채널을 변경할 때는 리모콘을 누르죠? 터치화면과 리모콘이 바로 인터페이스입니다. 이처럼 인터페이스는 사람이 기계나 프로그램을 편리하게 사용할 수 있도록 하는 연결점이라고 생각하면 됩니다. 사용자 인터페이스의 개념을 중심으로 특징과 종류 등을 정리해 두세요.

인터페이스(Interface)
인터페이스는 서로 다른 두 시스템이나 소프트웨어 등을 서로 이어주는 부분 또는 접속 장치를 의미합니다.

2 사용자 인터페이스(UI)의 특징

25.2, 23.2, 22.4, 22.3, 기사 21.5

- 사용자의 만족도에 가장 큰 영향을 미치는 중요한 요소로, 소프트웨어 영역 중 변경이 가장 많이 발생한다.
- 사용자의 편리성과 가독성을 높임으로써 작업 시간을 단축시키고 업무에 대한 이해도를 높여준다.
- 최소한의 노력으로 원하는 결과를 얻을 수 있게 한다.
- 사용자 중심으로 설계되어 사용자 중심의 상호 작용이 되도록 한다.
- 수행 결과의 오류를 줄인다.
- 사용자의 막연한 작업 기능에 대해 구체적인 방법을 제시해 준다.
- 정보 제공자와 공급자 간의 매개 역할을 수행한다.
- 사용자 인터페이스를 설계하기 위해서는 소프트웨어 아키텍처를 반드시 숙지해야 한다.

전문가의 조언

사용자 인터페이스의 특징을 묻는 문제가 출제되었습니다. 사용자 인터페이스는 사용자를 중심으로 설계되어야 한다는 것을 중심으로 특징을 정리하세요.

3 UX(User Experience)

24.5, 23.5

UX는 사용자가 시스템이나 서비스를 이용하면서 느끼고 생각하게 되는 총체적인 경험을 말한다. 단순히 기능이나 절차상의 만족뿐만 아니라 사용자가 참여, 사용, 관찰하고, 상호 교감을 통해서 알 수 있는 가치 있는 경험을 말한다.

- UX는 기술을 효용성 측면에서만 보는 것이 아니라 사용자의 삶의 질을 향상시키는 하나의 방향으로 보는 새로운 개념이다.
- UI가 사용성, 접근성, 편의성을 중시한다면 UX는 이러한 UI를 통해 사용자가 느끼는 만족이나 감정을 중시한다.

전문가의 조언

UX의 개념을 묻는 문제가 출제되었습니다. UX는 사용자가 서비스를 이용하면서 느끼는 총체적인 경험이라는 것을 기억하세요.

- UX의 특징
  - 주관성(Subjectivity) : 사람들의 개인적, 신체적, 인지적 특성에 따라 다르므로 주관적이다.
  - 정황성(Contextuality) : 경험이 일어나는 상황 또는 주변 환경에 영향을 받는다.
  - 총체성(Holistic) : 개인이 느끼는 총체적인 심리적, 감성적인 결과이다.

4 사용자 인터페이스의 구분

25.8, 24.7, 24.5, 23.7, 23.2, 기사 25.8, 23.7, 23.5, 22.7, 22.4, 21.8

사용자 인터페이스는 상호작용의 수단 및 방식에 따라 다음과 같이 구분된다.

- CLI(Command Line Interface) : 명령과 출력이 텍스트 형태로 이뤄지는 인터페이스
- GUI(Graphical User Interface) : 아이콘이나 메뉴를 마우스로 선택하여 작업을 수행하는 그래픽 환경의 인터페이스
- NUI(Natural User Interface) : 사용자의 말이나 행동으로 기기를 조작하는 인터페이스
- VUI(Voice User Interface) : 사람의 음성으로 기기를 조작하는 인터페이스
- OUI(Organic User Interface) : 모든 사물과 사용자 간의 상호작용을 위한 인터페이스로, 소프트웨어가 아닌 하드웨어 분야에서 사물 인터넷(Internet of Things), 가상현실(Virtual Reality), 증강현실(Augmented Reality), 혼합현실(Mixed Reality) 등과 함께 대두되고 있음

전문가의 조언

CLI나 GUI의 개념을 묻는 문제가 출제되었습니다. CLI는 명령어를 직접 입력하고, GUI는 마우스로 모든 작업을 수행한다는 것을 중심으로 사용자 인터페이스의 종류별 특징을 서로 구분할 수 있도록 정리해 두세요.

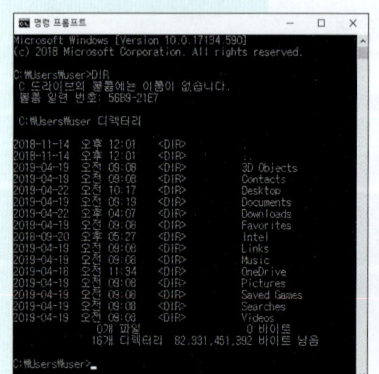

CLI

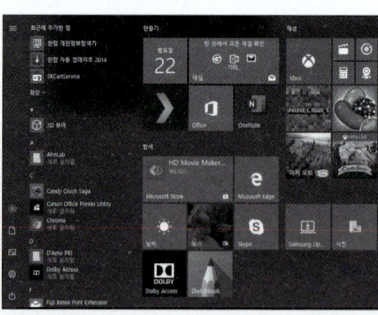

GUI

NUI

잠깐만요 주요 모바일 제스처(Mobile Gesture)

- Tap(누르기) : 화면을 가볍게 한 번 터치하는 동작
- Double Tap(두 번 누르기) : 화면을 빠르게 두 번 터치하는 동작
- Drag(누른 채 움직임) : 화면의 특정 위치에 손가락을 댄 상태에서 정해진 방향으로 움직인 후 손가락을 떼는 동작
- Pan(누른 채 계속 움직임) : 화면에 손가락을 댄 후 손가락을 떼지 않고 계속적으로 움직이는 동작으로, 움직이는 방향이나 시간에 제한이 없으며, 손가락을 뗄 때까지의 동작을 패닝(Panning)이라고 함
- Press(오래 누리기) : 화면의 특정 위치를 손가락으로 꾹 누르는 동작
- Flick(빠르게 스크롤) : 화면에 손가락을 터치하면서 수평 또는 수직으로 빠르게 드래그하는 동작
- Pinch(두 손가락으로 넓히기/좁히기) : 두 손가락으로 화면을 터치한 후 두 손가락을 서로 다른 방향으로 움직이는 동작

5 사용자 인터페이스의 기본 원칙

22.4, 기사 25.5, 22.7, 20.8, 20.6

사용자 인터페이스의 기본 원칙에는 직관성, 유효성, 학습성, 유연성이 있다.

- **직관성** : 누구나 쉽게 이해하고 사용할 수 있어야 한다.
- **유효성** : 사용자의 목적을 정확하고 완벽하게 달성해야 한다.
- **학습성** : 누구나 쉽게 배우고 익힐 수 있어야 한다.
- **유연성** : 사용자의 요구사항을 최대한 수용하고 실수를 최소화해야 한다.

> **전문가의 조언**
> 사용자 인터페이스의 기본 원칙 4가지의 종류와 각각의 의미를 명확히 기억해 두세요.

6 사용자 인터페이스의 설계 지침

기사 24.5, 22.4, 21.8, 20.8, 20.6

사용자 인터페이스를 설계할 때 고려할 사항은 사용자 중심, 사용성, 일관성, 단순성, 결과 예측 가능, 가시성, 심미성, 표준화, 접근성, 명확성, 오류 발생 해결 등이다.

- **사용자 중심** : 사용자가 쉽게 이해하고 편리하게 사용할 수 있는 환경을 제공하며, 실사용자에 대한 이해가 바탕이 되어야 한다.
- **사용성** : 사용자가 소프트웨어를 얼마나 빠르고 쉽게 이해할 수 있는지, 얼마나 편리하고 효율적으로 사용할 수 있는지를 말하는 것으로, 사용자 인터페이스 설계 시 가장 우선적으로 고려해야 한다.
- **일관성** : 버튼이나 조작 방법 등을 일관성 있게 제공하므로 사용자가 쉽게 기억하고 습득할 수 있게 설계해야 한다.
- **단순성** : 조작 방법을 단순화시켜 인지적 부담을 감소시켜야 한다.
- **결과 예측 가능** : 작동시킬 기능만 보고도 결과를 미리 예측할 수 있게 설계해야 한다.
- **가시성** : 메인 화면에 주요 기능을 노출시켜 최대한 조작이 쉽도록 설계해야 한다.
- **심미성** : 디자인적으로 완성도 높은 글꼴, 색상을 적용하고 그래픽 요소를 배치하여 가독성을 높일 수 있도록 설계해야 한다.
- **표준화** : 기능 구조와 디자인을 표준화하여 한 번 학습한 이후에는 쉽게 사용할 수 있도록 설계해야 한다.
- **접근성** : 사용자의 연령, 성별, 인종 등 다양한 계층이 사용할 수 있도록 설계해야 한다.
- **명확성** : 사용자가 개념적으로 쉽게 인지할 수 있도록 설계해야 한다.
- **오류 발생 해결** : 오류가 발생하면 사용자가 쉽게 인지할 수 있도록 설계해야 한다.

7 사용자 인터페이스 개발 시스템의 기능

기사 20.9

사용자 인터페이스 개발 시스템이 가져야 할 기능은 다음과 같다.

- 사용자의 입력을 검증할 수 있어야 한다.
- 에러 처리와 그와 관련된 에러 메시지를 표시할 수 있어야 한다.
- 도움과 프롬프트(Prompt)를 제공해야 한다.

> **전문가의 조언**
> 사용자 인터페이스 개발 시스템이 가져야 할 기능 3가지를 잘 기억해 두세요.

기출문제 따라잡기

<small>22년 4월</small>
1. 사용자 인터페이스 설계를 위한 인간공학적 원리에 포함되지 않는 것은?
① 지름길을 제공한다.
② 작업의 진행 상황을 알려준다.
③ 일관된 인터페이스를 가진다.
④ 사용자의 비전문성을 인정하지 않는다.

> 사용자 인터페이스는 비전문가도 쉽게 배울 수 있도록 설계되어야 합니다. 사용자 인터페이스의 기본 원칙 중 학습성이 바로 비전문가도 쉽게 배우고 익힐 수 있도록 설계되어야 한다는 것을 의미합니다.

<small>25년 2월, 23년 2월, 22년 4월</small>
2. 사용자 인터페이스(User Interface)에 대한 설명으로 틀린 것은?
① 사용자와 시스템이 정보를 주고받는 상호작용이 잘 이루어지도록 하는 장치나 소프트웨어를 의미한다.
② 편리한 유지보수를 위해 개발자 중심으로 설계되어야 한다.
③ 배우기가 용이하고 쉽게 사용할 수 있도록 만들어져야 한다.
④ 사용자 요구사항이 UI에 반영될 수 있도록 구성해야 한다.

> 사용자 인터페이스는 사용자를 중심으로 설계되어야 합니다.

<small>기사 22년 7월, 20년 8월, 6월</small>
3. UI 설계 원칙 중 누구나 쉽게 이해하고 사용할 수 있어야 한다는 원칙은?
① 희소성　　　　　② 유연성
③ 직관성　　　　　④ 멀티운용성

> 보는 즉시 직접적으로 내용을 파악할 수 있어야 누구나 쉽게 이해하고 사용할 수 있습니다.

<small>기사 20년 9월</small>
4. 소프트웨어의 사용자 인터페이스 개발 시스템(User Interface Development System)이 가져야 할 기능이 아닌 것은?
① 사용자 입력의 검증
② 에러 처리와 에러 메시지 처리
③ 도움과 프롬프트(prompt) 제공
④ 소스 코드 분석 및 오류 복구

> 소프트웨어의 사용자 인터페이스 개발 시스템이 가져야 할 기능에는 입력 검증, 에러 처리, 도움 제공이 있습니다.

<small>기사 21년 5월</small>
5. 사용자 인터페이스(UI)의 특징으로 틀린 것은?
① 구현하고자 하는 결과의 오류를 최소화한다.
② 사용자의 편의성을 높임으로써 작업 시간을 증가시킨다.
③ 막연한 작업 기능에 대해 구체적인 방법을 제시하여 준다.
④ 사용자 중심의 상호 작용이 되도록 한다.

> 사용자의 편의성을 높이면, 작업 시간이 감소됩니다.

<small>24년 5월, 23년 5월</small>
6. 사용자가 시스템이나 서비스를 이용하면서 느끼고 생각하게 되는 총체적인 경험을 의미하는 것은?
① UI　　　　　② UX
③ Use Case　　④ Gesture

> 사용자가 시스템이나 서비스를 이용하면서 느끼고 생각하게 되는 총체적인 경험은 UX(User Experience)입니다.

<small>24년 7월, 23년 7월</small>
7. 프롬프트 상에서 명령어를 직접 입력하여 작업을 수행하는 사용자 인터페이스 방식은?
① GUI　　　　　② NUI
③ OU　　　　　④ CLI

> 명령어(Command) 입력과 관련된 인터페이스는 CLI(Command Line Interface)입니다.

<small>25년 8월, 24년 5월, 23년 2월</small>
8. 키보드로 명령어를 직접 입력하지 않고, 마우스로 아이콘이나 메뉴를 선택하여 모든 작업을 수행하는 방식은?
① CLI　　　　　② GUI
③ NUI　　　　　④ OUI

> 마우스를 이용해 아이콘이나 메뉴와 같은 그래픽(Graphic) 개체를 선택하여 작업을 수행하는 방식은 GUI(Graphical User Interface)입니다.

▶ 정답 : 1. ④　2. ②　3. ③　4. ④　5. ②　6. ②　7. ④　8. ②

SECTION 039 UI 표준 및 지침

1 UI 표준 및 지침

UI 표준과 지침을 토대로 기술의 중립성(웹 표준), 보편적 표현 보장성(웹 접근성), 기능의 호환성(웹 호환성)이 고려되었는지 확인한다.

- **UI 표준** : 전체 시스템에 포함된 모든 UI에 공통적으로 적용될 내용으로, 화면 구성이나 화면 이동 등이 포함된다.
- **UI 지침** : UI 요구사항, 구현 시 제약사항 등 UI 개발 과정에서 꼭 지켜야 할 공통의 조건을 의미한다.

> **전문가의 조언**
> • UI 표준과 UI 지침은 '한국형 웹 콘텐츠 접근성 지침서'와 '전자정부 웹 표준 준수 지침서'를 토대로 구성하였습니다. 웹 콘텐츠 설계 시 사용성 확보를 위해 준수해야 할 지침과 전자정부 시스템 구축 시 반영해야 할 최소한의 규약을 숙지해 두세요.
> • 사용자 인터페이스(User Interface)를 줄여 'UI'라고 합니다. 본 교재에서는 사용자 인터페이스를 'UI'로 표기하겠습니다.

잠깐만요 웹의 3요소

웹의 3요소는 웹 사이트 개발 시 고려할 사항으로 웹 표준, 웹 접근성, 웹 호환성을 말합니다.
- **웹 표준(Web Standards)** : 웹에서 사용되는 규칙 또는 기술을 의미하는 것으로, 웹 사이트 작성 시 이용하는 HTML, JavaScript 등에 대한 규정, 웹 페이지가 다른 기종이나 플랫폼에서도 구현되도록 제작하는 기법 등을 포함합니다.
- **웹 접근성(Web Accessibility)** : 누구나, 어떠한 환경에서도 웹 사이트에서 제공하는 모든 정보를 접근하여 이용할 수 있도록 보장하는 것을 의미합니다.
- **웹 호환성(Cross Browsing)** : 하드웨어나 소프트웨어 등이 다른 환경에서도 모든 이용자에게 동등한 서비스를 제공하는 것을 의미합니다.

2 한국형 웹 콘텐츠 접근성 지침(KWCAG; Korean Web Content Accessibility Guidelines)

'한국형 웹 콘텐츠 접근성 지침'은 장애인이 비장애인과 동등하게 접근할 수 있는 웹 콘텐츠의 제작 방법을 제시한다.

- '한국형 웹 콘텐츠 접근성 지침'의 목적은 웹 콘텐츠 저작자, 웹 사이트 설계자 등이 접근성이 보장된 웹 콘텐츠를 쉽게 제작할 수 있도록 도와주는 것이다.
- '한국형 웹 콘텐츠 접근성 지침'에는 웹 접근성의 준수 여부를 평가할 수 있는 요구 조건과 이를 모두 준수할 경우 얻을 수 있는 기대 효과가 제시되어 있다.

> **전문가의 조언**
> '한국형 웹 콘텐츠 접근성 지침'은 2015년 3월에 미래창조과학부가 발표한 '한국형 웹 콘텐츠 접근성 지침 2.1'을 기준으로 작성되었습니다.

• 웹 콘텐츠 접근성(사용성) 지침 준수를 위한 고려 사항

지침		고려 사항
인식의 용이성	대체 텍스트	텍스트가 아닌 이미지 등의 콘텐츠에는 그 의미를 인식할 수 있는 대체 텍스트를 제공해야 한다.
	멀티미디어 대체 수단*	동영상, 음성 등 멀티미디어 콘텐츠에 대한 이해도를 높일 수 있도록 대체 수단을 제공해야 한다.
	명료성	콘텐츠는 색이나 명도, 방향, 모양, 크기, 소리* 등에 관계없이 명확하게 전달될 수 있어야 한다.
운용의 용이성	키보드 접근성	콘텐츠는 키보드만으로도 접근할 수 있어야 한다.
	충분한 시간 제공	콘텐츠를 읽고 사용하는 데 충분한 시간을 제공해야 한다.
	광과민성 발작* 예방	광과민성 발작을 일으킬 수 있는 콘텐츠는 제공하지 않아야 한다.
	쉬운 내비게이션	반복되는 영역은 건너뛸 수 있도록 하거나 용도나 목적을 이해할 수 있도록 링크 텍스트를 제공하는 등 콘텐츠를 쉽고 편리하게 내비게이션 할 수 있어야 한다.
이해의 용이성	가독성	콘텐츠는 읽고 이해하기 쉬워야 한다.
	예측 가능성	콘텐츠의 기능과 실행 결과는 예측이 가능해야 한다.
	콘텐츠의 논리성	콘텐츠는 선형 구조로 작성되어야 하고, 논리적인 순서를 제공해야 한다.
	입력 도움	입력 오류를 방지하거나 정정할 수 있어야 한다.
견고성	문법 준수	웹 콘텐츠는 마크업 언어(Markup Language)*의 문법을 준수해야 한다.
	접근성	웹 애플리케이션은 접근성이 있어야 한다.

대체 수단
대체 수단은 멀티미디어 콘텐츠에 포함된 음성(대화)을 대체할 수 있는 자막, 대본, 수화 등을 의미합니다.

소리
동영상, 오디오, 음성, 배경 음악 등 콘텐츠에 포함된 모든 소리는 자동으로 재생되면 안되므로 멈춤, 일시정지, 음량 조절 등 제어가 가능한 수단을 함께 제공해야 합니다. 단, 3초 미만으로 재생되는 소리는 자동 재생이 허용됩니다.

광과민성 발작
광과민성 발작은 사람이 장시간 불규칙적으로 깜빡거리거나 번쩍이는 빛의 자극으로 인해 발생하는 발작으로, 초당 3~50회 주기로 깜빡이거나 번쩍이는 콘텐츠는 제공하지 않아야 합니다.

마크업 언어(Markup Language)
마크업 언어는 태그 등을 이용하여 문서의 포맷이나 구조 등을 지정하는 언어로, 종류에는 HTML, SGML, XML 등이 있습니다.

잠깐만요 내비게이션(Navigation)

2503532

내비게이션은 사용자가 사이트에서 원하는 정보를 빠르게 찾을 수 있도록 안내하는 것으로 사용자가 중심이 되어야 합니다.
• 내비게이션은 원하는 정보를 쉽고 빠르게 찾을 수 있도록 다양한 경로나 방법을 제공해야 합니다.
• 내비게이션은 메뉴, 사이트 맵, 버튼, 링크 등으로 구성되는데, 이들 구성 요소는 사용자가 직관적으로 찾아 사용할 수 있도록 설계되어야 하고, 사용자가 혼동하지 않도록 전체 페이지에서 일관성이 있어야 합니다.
• **내비게이션 구조의 요소**
  - 메뉴(단추) : 계층 구조를 표현하는 기본 요소로, 사용자가 원하는 페이지로 이동할 수 있게 합니다.
  - 링크 : 원하는 페이지로 이동할 수 있게 하는 하이퍼링크를 의미합니다.
  - 이미지 맵 : 그림에 하이퍼링크를 연결하여 원하는 페이지로 이동할 수 있게 합니다.
  - 사이트 맵 : 사이트의 전체 구조를 한 눈에 알아볼 수 있도록 트리 구조 형태로 만든 것입니다.
  - 사이트 메뉴바 : 사이트의 좌측이나 우측에 메뉴, 링크 등을 모아둔 것입니다.
  - 내비게이션 바 : 메뉴를 한 곳에 모아 놓은 그래픽이나 문자열 모음입니다.
  - 디렉터리 : 주제나 항목을 카테고리별로 표현한 방식입니다.

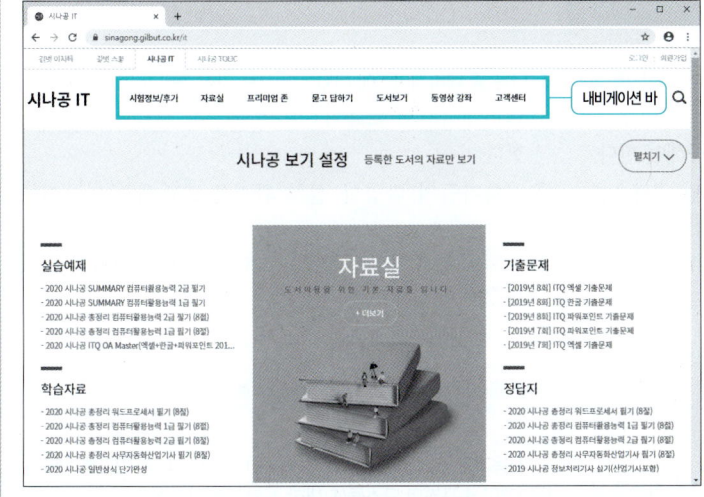

3 전자정부 웹 표준 준수 지침

'전자정부 웹 표준 준수 지침'은 정부기관의 홈페이지 구축 시 반영해야 할 최소한의 규약을 정의한 것으로, 모든 사람이 시스템 환경에 구애받지 않고 정부기관의 홈페이지를 이용할 수 있도록 하기 위한 것이다.

- '전자정부 웹 표준 준수 지침'에는 이를 준수할 경우의 기대 효과가 제시되어 있다.
- 전자정부 웹 표준 준수 지침 사항

내용의 문법 준수	• 모든 웹 문서는 적절한 문서타입을 명시해야 한다. • 명시한 문서타입에 맞는 문법을 준수해야 한다. • 모든 페이지는 사용할 인코딩※ 방식을 표기해야 한다.
내용과 표현의 분리	• 논리적인 마크업 언어를 사용하여 웹 문서를 구조화해야 한다. • 사용된 스타일 언어는 표준적인 문법을 준수해야 한다.
동작의 기술 중립성 보장	• 스크립트의 비표준 문법을 확장하는 것은 배제해야 한다. • 스크립트 비사용자를 위해 대체 텍스트나 정보를 제공해야 한다.
플러그인※의 호환성	플러그인은 다양한 웹 브라우저에서 호환되는 것을 사용해야 한다.
콘텐츠의 보편적 표현	• 메뉴는 다양한 브라우저에서 접근할 수 있어야 한다. • 웹 사이트를 다양한 인터페이스로 이용할 수 있어야 한다.
운영체제에 독립적인 콘텐츠 제공	제공되는 미디어는 운영체제에 종속적이지 않은 범용적인 포맷을 사용해야 한다.
부가 기능의 호환성 확보	실명인증, 전자인증 등의 부가 기능은 다양한 브라우저에서 사용할 수 있어야 한다.
다양한 프로그램 제공	• 정보를 열람하는 기능은 다양한 브라우저에서 사용할 수 있어야 한다. • 별도의 다운로드가 필요한 프로그램은 윈도우, 리눅스, 맥킨토시 중 2개 이상의 운영체제를 지원해야 한다.

전문가의 조언

'전자정부 웹 표준 준수 지침'은 2008년 4월 행정안전부에서 고시한 지침입니다.

인코딩(Encoding)

인코딩은 문자들의 집합을 컴퓨터에 저장하거나 통신에 사용할 목적으로 부호화하는 방법을 의미합니다.

플러그인(Plug-In)

플러그인은 응용 프로그램에 추가되어 특정한 기능을 수행하도록 구현된 프로그램 모듈을 의미합니다.

기출문제 따라잡기

^{출제예상}
1. 장애인이 비장애인과 동등하게 웹 콘텐츠를 접근할 수 있도록 설계하기 위한 지침 사항이 아닌 것은?

① 멀티미디어 콘텐츠에는 자막, 수화 등을 제공해야 한다.
② 차트와 같이 복잡한 콘텐츠는 사용자가 해당 콘텐츠를 파악할 수 있도록 대체 텍스트를 제공해야 한다.
③ 콘텐츠에 포함된 소리는 자동으로 재생되어야 한다.
④ 모든 콘텐츠는 시각적으로 구분될 수 있도록 설계해야 한다.

> 콘텐츠에 포함된 소리는 사용자가 요구할 경우에만 재생할 수 있도록 해야합니다.

^{출제예상}
2. 장애 유무 등에 상관없이 웹 사이트에서 제공하는 모든 기능을 운용할 수 있도록 하기 위한 지침 사항이 아닌 것은?

① 모든 기능은 키보드만으로도 사용할 수 있어야 한다.
② 시간제한이 있는 콘텐츠는 응답시간을 조절할 수 있어야 한다.
③ 광과민성 증후가 발생하지 않도록 초당 3~50회 주기로 깜빡이거나 번쩍이는 콘텐츠를 제공해야 한다.
④ 주변 맥락을 통해 용도나 목적지를 명확하게 이해할 수 있도록 링크 텍스트를 제공해야 한다.

> 초당 3~50회 주기로 깜빡이거나 번쩍이는 콘텐츠는 광과민성 증후가 발생할 수 있으므로 제공하지 말아야 합니다.

^{출제예상}
3. 다음 설명에 해당하는 것은?

> 정보 구조가 완성되면 이들 정보 사이를 자유롭게 이동할 수 있어야 하고, 위계적인 구조 외에도 사이트 맵, 검색 창, 링크 등 다양한 경로와 방법을 통해 원하는 정보를 쉽고 빠르게 접근할 수 있어야 한다.

① 사용자 인터페이스 ② 내비게이션
③ 시나리오 ④ 프로토타입

> 운전할 때 목적지까지 길을 안내하듯이 웹 사이트에서도 정보를 찾을 수 있도록 도와주는 것이 내비게이션입니다.

^{출제예상}
4. 다음 중 내비게이션에 대한 설명으로 가장 거리가 먼 것은?

① 내비게이션은 전체적으로 일관성이 있도록 만들어야 한다.
② 사용자들의 다양한 설치 환경을 고려해서 만들어야 한다.
③ 전체 내용을 한꺼번에 볼 수 있도록 메뉴는 될 수 있으면 많이 만들어야 한다.
④ 각 페이지를 연결하는 링크가 끊어진 곳이 없어야 한다.

> 사용자가 원하는 메뉴를 쉽게 찾을 수 있도록 적당히 만들어야 합니다.

^{출제예상}
5. 사용자가 웹 페이지를 쉽게 이동하고 탐색할 수 있도록 해주는 내비게이션 구조의 요소들에 대한 설명이 틀린 것은?

① 이미지 맵 : 웹사이트의 전체 구조를 한눈에 알아볼 수 있도록 트리 구조 형태로 만든 것으로 지도와 같은 역할을 한다.
② 사이트 메뉴바 : 웹사이트의 좌측이나 우측에 메뉴, 링크 등을 모아둔 것을 말한다.
③ 디렉터리 : 주제나 항목을 카테고리 별로 계층적으로 표현하는 방식이다.
④ 내비게이션 바 : 메뉴를 한 곳에 모아놓은 그래픽이나 문자열 모음을 말한다.

> 사이트의 전체 구조를 한눈에 알아볼 수 있도록 트리 구조 형태로 만드는 것은 사이트 맵입니다.

^{출제예상}
6. 다음 중 전자정부 웹 표준의 준수 지침에 대한 설명으로 틀린 것은?

① 웹 페이지의 모든 문서는 적절한 인코딩 방식을 지정해야 한다.
② 웹 서비스에 사용된 스크립트는 비표준 문법의 확장도 고려해야 한다.
③ 모든 웹 문서는 반드시 문서 타입을 명시해야 한다.
④ 콘텐츠의 구조를 파악하여 구조적인 페이지를 작성한다.

> 비표준 스크립트는 모든 브라우저에서 정상적으로 작동한다는 보장이 없기 때문에 스크립트의 비표준 문법을 확장하는 것은 배제되어야 합니다.

▶ 정답 : 1. ③ 2. ③ 3. ② 4. ③ 5. ① 6. ②

SECTION 040 UI 설계 도구

1 UI 설계 도구

UI 설계 도구는 사용자의 요구사항에 맞게 UI의 화면 구조나 화면 배치 등을 설계할 때 사용하는 도구로, 종류에는 와이어프레임, 목업, 스토리보드, 프로토타입, 유스케이스 등이 있다.

- UI 설계 도구로 작성된 결과물은 사용자의 요구사항이 실제 구현되었을 때 화면은 어떻게 구성되는지, 어떤 방식으로 수행되는지 등을 기획단계에서 미리 보여주기 위한 용도로 사용된다.

2 와이어프레임(Wireframe)

기사 23.5

와이어프레임은 기획 단계의 초기에 제작하는 것으로, 페이지에 대한 개략적인 레이아웃이나 UI 요소 등에 대한 뼈대를 설계하는 단계이다.

- 와이어프레임을 제작할 때는 각 페이지의 영역 구분, 콘텐츠, 텍스트 배치 등을 화면 단위로 설계한다.
- 개발자나 디자이너 등이 레이아웃을 협의하거나 현재 진행 상태 등을 공유하기 위해 와이어프레임을 사용한다.
- **와이어프레임 툴** : 손그림, 파워포인트, 키노트, 스케치, 일러스트, 포토샵 등

예 와이어프레임 작성

> **전문가의 조언**
>
> 건물을 짓기 전에 건물에 대한 설계도를 그리듯이 UI를 제작할 때도 와이어프레임, 목업, 프로토타입 등을 이용하여 UI에 대한 설계를 먼저 해야 합니다. UI 설계 도구의 종류를 기억하세요. 그리고 서로를 구분할 수 있도록 각각의 특징을 정리하세요.

③ 목업(Mockup)

기사 25.2, 24.5, 23.2, 22.3

목업은 디자인, 사용 방법 설명, 평가 등을 위해 와이어프레임보다 좀 더 실제 화면과 유사하게 만든 정적인 형태의 모형이다.

- 시각적으로만 구성 요소를 배치하는 것으로 실제로 구현되지는 않는다.
- **목업 툴** : 파워 목업, 발사믹 목업 등

예) 목업 작성

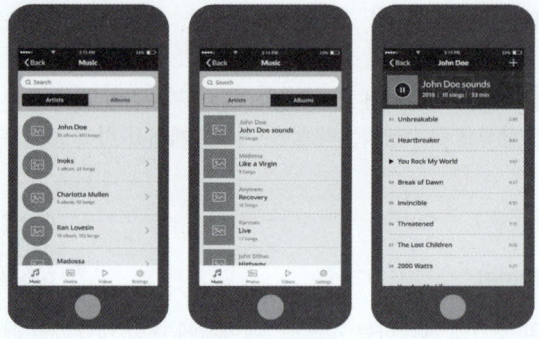

④ 스토리보드(Story Board)

스토리보드는 와이어프레임에 콘텐츠에 대한 설명, 페이지 간 이동 흐름 등을 추가한 문서이다.

- 디자이너와 개발자가 최종적으로 참고하는 작업 지침서로, 정책, 프로세스, 콘텐츠 구성, 와이어프레임, 기능 정의 등 서비스 구축을 위한 모든 정보가 들어 있다.
- 스토리보드는 상단이나 우측에는 제목, 작성자 등을 입력하고, 좌측에는 UI 화면, 우측에는 디스크립션(Description)을 기입한다.
- 디스크립션(Description)은 화면에 대한 설명, 전반적인 로직, 분기처리, 예외처리 등을 작성하는 부분으로, 명확하고 세부적으로 작성해야 한다.
- **스토리보드 툴** : 파워포인트, 키노트, 스케치, Axure 등

예) 스토리보드 작성

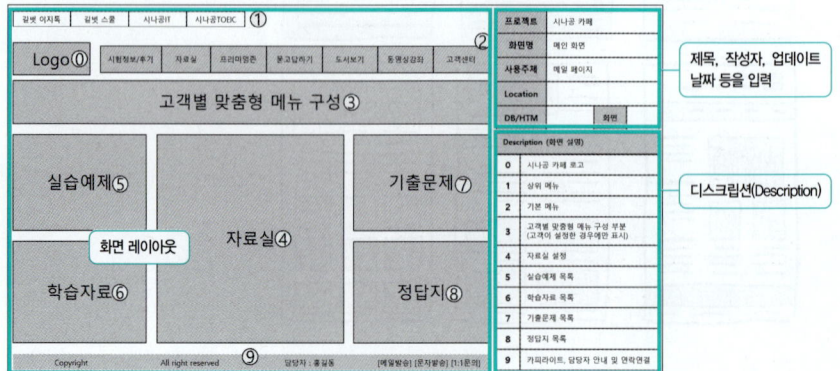

⑤ 프로토타입(Prototype)

프로토타입은 와이어프레임이나 스토리보드 등에 인터랙션*을 적용함으로써 실제 구현된 것처럼 테스트가 가능한 동적인 형태의 모형이다.

- 프로토타입은 사용성 테스트나 작업자 간 서비스 이해를 위해 작성하는 샘플이다.
- 프로토타입은 작성 방법에 따라 페이퍼 프로토타입과 디지털 프로토타입으로 나뉜다.
- **프로토타입 툴** : HTML/CSS, Axure, Flinto, 네이버 프로토나우, 카카오 오븐 등

> **인터랙션(Interaction)**
> 사용자와 시스템을 연결하는 것이 UI라면 인터랙션은 UI를 통해 시스템을 사용하는 일련의 상호 작용을 의미합니다. 쉽게 말해 마우스로 화면의 어떤 아이콘을 클릭하면 화면이 그에 맞게 반응하는 것을 말합니다.

페이퍼 프로토타입

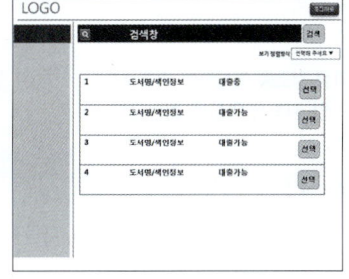

디지털 프로토타입

⑥ 유스케이스(Use Case)

기사 23.5

유스케이스는 사용자 측면에서의 요구사항으로, 사용자가 원하는 목표를 달성하기 위해 수행할 내용을 기술한다.

- 사용자의 요구사항을 빠르게 파악함으로써 프로젝트의 초기에 시스템의 기능적인 요구를 결정하고 그 결과를 문서화할 수 있다.
- 유스케이스는 자연어로 작성된 사용자의 요구사항을 구조적으로 표현한 것으로, 일반적으로 다이어그램 형식으로 묘사된다.
- 유스케이스 다이어그램이 완성되면, 각각의 유스케이스에 대해 유스케이스 명세서를 작성한다.

기출문제 따라잡기

출제예상
1. 다음 중 사용자 인터페이스를 설계할 때 사용하는 툴이 아닌 것은?

① 파워포인트
② 파워 목업
③ 드림위버
④ 액슈어(Axure)

> 드림위버는 웹페이지 개발에 사용하는 응용 프로그램입니다.

출제예상
2. UI를 설계할 때 화면 단위로 전개될 가상 경로를 예상하여 기획하는 것으로, 화면 설계도이며 구체적인 작업 지침서 역할을 하는 것은?

① 유스케이스   ② 레이아웃
③ 내비게이션   ④ 스토리보드

> 구체적인 작업 지침서는 스토리보드입니다.

출제예상
3. 유스케이스에 관한 설명으로 잘못된 것은?

① 사용자의 요구사항을 정리하고 기록하기 위한 도구이다.
② 와이어프레임에 인터랙션을 적용한 모형이다.
③ 유스케이스는 일반적으로 다이어그램 형식으로 작성된다.
④ 완성된 유스케이스에 대해 유스케이스 명세서를 작성한다.

> 와이어프레임에 인터랙션을 적용한 동적인 형태의 모형은 프로토타입입니다.

출제예상
4. 다음 중 사용자 인터페이스(User Interface)의 설계 도구에 대한 설명으로 틀린 것은?

① 화면 설계 도구에는 파워포인트, 스토리보드, 와이어프레임, 목업 등이 있다.
② 와이어프레임(Wireframe)은 기획 단계에서 페이지 레이아웃이나 구성 요소 등 뼈대를 설계하는 단계이다.
③ 목업(Mockup)은 와이어프레임의 내용에 디스크립션을 추가한 문서이다.
④ 프로토타입(Prototype)은 테스트가 가능하도록 만든 일종의 샘플이다.

> 와이어프레임에 디스크립션을 추가한 것은 스토리보드입니다. 목업은 와이어프레임에 비해 실제 화면과 좀 더 유사하지만 디스크립션을 표시하지는 않습니다.

기사 25년 2월, 24년 5월, 23년 2월, 22년 3월
5. 다음 내용이 설명하는 UI 설계 도구는?

- 디자인, 사용 방법 설명, 평가 등을 위해 실제 화면과 유사하게 만든 정적인 형태의 모형
- 시각적으로만 구성 요소를 배치하는 것으로 일반적으로 실제로 구현되지는 않음

① 스토리보드(Storyboard)
② 목업(Mockup)
③ 프로토타입(Prototype)
④ 유스케이스(Usecase)

> 시각적으로만 배치하는 것으로 실제로는 구현되지 않는다는 것은 목업입니다.

▶ 정답 : 1. ③ 2. ④ 3. ② 4. ③ 5. ②

SECTION 041

UI 테스트 기법의 종류

1 UI 테스트

UI 테스트는 구현된 UI의 사용성*을 검증하기 위해 테스트를 수행하고, 결과에 따라 개선 및 결과 보고서를 작성하는 행위 또는 그 절차를 의미한다.

- UI 테스트는 사용자가 미리 작성된 시나리오에 따라 직접 제품을 사용하면서 진행하는 사용자 중심의 테스트이다.
- UI 테스트는 사용자의 요구사항과 행동을 관찰할 수 있는 유용한 진단 방법이다.
- UI 테스트 중에 발생되는 산출물은 사용자 메뉴얼 작성 시 중요한 참고 자료가 된다.

2 UI 테스트 기법의 종류

휴리스틱 평가 (Heuristic Evaluation)	• 최소 3명 이상의 디자인 전문가가 사전에 작성한 원칙에 따라 제품을 평가하는 기법이다. • UI의 구현 정도에 관계없이 평가가 가능하다. • 전문가의 능력에 따라 평가 시간이나 수준이 달라진다. • 주로 Jakob Nielsen의 10개 원칙이 평가에 사용된다.
페이퍼 프로토타입 (Paper Prototype)	• 종이로 해당 서비스를 간단하게 만들어 실제 구현되는 것처럼 표현하고, 이를 이용하여 테스트하는 평가 방법이다. • 프로토타입 작성 시 포함되어야 할 중요한 내용을 체크리스트로 작성한다. • 테스트 기법 중 가장 빠른 방법으로, 제품의 전반적인 컨셉과 흐름을 보여준다. • 테스트 참가자들이 최종 제품에 대한 기대를 갖지 않고 더 자유롭게 의견을 내는 경향이 있다.
선호도 평가 (Preference Evaluation)	• "A보다 B가 더 좋다"와 같이 선호도에 영향을 주는 속성들을 파악하고 예측하기 위한 기법이다. • 사용자의 감성을 분석하기 위해 과학적인 시점에서 객관적으로 해석한다. • 자료의 특성에 따라 점수, 순위, 태도 기반 선호도, 속성 기반 선호도 중 알맞은 추정법을 적용하여 분석한다.
성능 평가 (Performance Evaluation)	개발의 마지막 단계에서 제품의 학습성, 효율성, 기억용이성, 오류, 만족도 등을 평가한 결과를 바탕으로 성능을 개선하는 기법이다. • 학습성 : 쉽게 배울 수 있는가? • 효율성 : 이용에 필요 이상의 노력이 필요하지는 않은가? • 기억용이성 : 사용했던 기능을 다시 사용하는데 어렵지는 않은가? • 오류 : 오류가 발생하거나, 발생했을 때 극복이 가능한가? • 만족도 : 사용에 불만족스러운 부분은 없었는가?

전문가의 조언

사용자 인터페이스(UI) 테스트는 일반 사용자를 대상으로 실제 시스템이나 소프트웨어에 구현된 사용자 인터페이스의 문제점을 발견하는 과정입니다. UI 테스트의 특징과 종류들을 정리해 두세요.

사용성(Usability)
사용성은 사용자와 컴퓨터 사이에 발생하는 어떠한 행위에 대하여 사용자가 쉽게 배우고 사용할 수 있으며, 향후 다시 사용하고 싶은 정도를 나타냅니다.

기출문제 따라잡기

출제예상
1. 사용자 인터페이스(UI) 테스트에 대한 설명으로 옳지 않은 것은?

① 테스트 결과는 사용자 매뉴얼 작성에 도움을 준다.
② 개발자가 직접 테스트를 수행하는 개발자 중심의 테스트이다.
③ 미리 작성된 시나리오에 따라 직접 제품을 사용하며 테스트를 진행한다.
④ 사용자의 요구사항과 행동을 관찰할 수 있는 유용한 진단 방법이다.

사용자 인터페이스 테스트는 사용자가 직접 제품을 사용하며 진행하는 사용자 중심의 테스트입니다.

출제예상
2. UI 테스트 기법의 종류가 아닌 것은?

① 휴리스틱 평가
② 페이퍼 프로토타입
③ 비교 검사
④ 선호도 평가

비교 검사(Comparison Testing)는 UI 테스트 기법이 아니고 프로그램을 실행하여 오류를 찾는 동적 테스트에 해당합니다.

출제예상
3. 다음 설명에 해당하는 UI 테스트 기법은?

- 최소 3명 이상의 디자인 전문가가 사전에 작성한 원칙에 따라 제품을 평가하는 기법이다.
- UI의 구현 정도에 관계없이 평가가 가능하다.
- 전문가의 능력에 따라 평가 시간이나 수준이 달라진다.

① Heuristic Evaluation
② Paper Prototype
③ Preference Evaluation
④ Performance Evaluation

휴리스틱 평가(Heuristic Evaluation)는 디자인 전문가에 의해 수행되는 테스트 기법입니다.

출제예상
4. UI 테스트 기법 중 성능 평가 기법에서 사용하는 평가 항목이 아닌 것은?

① 학습성
② 기억용이성
③ 오류
④ 이식성

성능 평가 기법에서 사용하는 평가 항목에는 학습성, 효율성, 기억용이성, 오류, 만족도 등이 있습니다.

출제예상
5. 사용자 인터페이스(UI) 테스트에서 사용하는 페이퍼 프로토타입(Paper Prototype)에 대한 설명으로 옳지 않은 것은?

① 종이를 이용하여 구현한 UI의 모형으로 테스트를 수행한다.
② 체크리스트를 활용하여 수행한다.
③ UI 테스트 기법 중 가장 빠르게 수행할 수 있는 기법이다.
④ 개발의 마지막 단계에서 제품의 학습성, 효율성, 기억용이성 등을 체크한다.

④번은 성능 평가(PerformanceEvaluation)에 대한 내용입니다.

▶ 정답 : 1. ② 2. ③ 3. ① 4. ④ 5. ④

SECTION 042 소프트웨어 버전 등록

1 소프트웨어 패키징의 형상 관리

25.5, 25.2, 24.5, 24.2, 23.5, 22.4, 22.3, 기사 25.8, 25.2, 23.7, 22.7, 22.4, 21.8, 21.5, 21.3, 20.9, 20.6

형상* 관리(SCM; Software Configuration Management)는 소프트웨어의 개발 과정에서 소프트웨어의 변경 사항을 관리하기 위해 개발된 일련의 활동이다.

- 소프트웨어 변경의 원인을 알아내고 제어하며, 적절히 변경되고 있는지 확인하여 해당 담당자에게 통보한다.
- 형상 관리는 소프트웨어 개발의 전 단계에 적용되는 활동이며, 유지보수 단계에서도 수행된다.
- 형상 관리는 소프트웨어 개발의 전체 비용을 줄이고, 개발 과정의 여러 방해 요인이 최소화되도록 보증하는 것을 목적으로 한다.
- 관리 항목에는 소스 코드뿐만 아니라 프로젝트 계획, 분석서, 설계서, 지침서, 프로그램, 테스트 케이스 등이 포함된다.
- 형상 관리를 통해 가시성*과 추적성을 보장함으로써 소프트웨어의 생산성과 품질을 높일 수 있다.
- 대표적인 형상 관리 도구에는 Git, CVS, Subversion 등이 있다.

2 형상 관리의 중요성

기사 20.8

- 지속적인 소프트웨어의 변경 사항을 체계적으로 추적하고 통제할 수 있다.
- 제품 소프트웨어에 대한 무절제한 변경을 방지할 수 있다.
- 제품 소프트웨어에서 발견된 버그나 수정 사항을 추적할 수 있다.
- 소프트웨어는 형태가 없어 가시성이 결핍되므로 진행 정도를 확인하기 위한 기준으로 사용될 수 있다.
- 소프트웨어의 배포본을 효율적으로 관리할 수 있다.
- 소프트웨어를 여러 명의 개발자가 동시에 개발할 수 있다.

3 형상 관리 기능

24.2, 기사 21.8, 21.3

형상 관리는 품질 보증을 위한 중요한 요소로서 다음과 같은 기능을 수행한다.

- **형상 식별** : 형상 관리 대상에 이름과 관리 번호를 부여하고, 계층(Tree) 구조로 구분하여 수정 및 추적이 용이하도록 하는 작업
- **버전 제어** : 소프트웨어 업그레이드나 유지 보수 과정에서 생성된 다른 버전의 형상 항목을 관리하고, 이를 위해 특정 절차와 도구(Tool)를 결합시키는 작업
- **형상 통제(변경 관리)** : 식별된 형상 항목에 대한 변경 요구를 검토하여 현재의 기준선(Base Line)*이 잘 반영될 수 있도록 조정하는 작업

전문가의 조언

- 고객으로부터 소프트웨어 대한 오류가 접수되면, 개발자는 해당 오류가 어느 단계에서 어떻게 적용되었는지를 확인해야 문제의 실마리를 찾을 수 있습니다. 이와 같이 오류 수정이나 제품의 지속적인 기능 향상을 위해서는 소프트웨어의 변경 내역이 개발 단계에서부터 지속적으로 관리되어야 하는데, 이를 형상 관리 또는 버전 관리라고 합니다.
- 형상 관리에 대해서는 개념, 관리 항목이 출제되었습니다. 먼저 형상 관리의 개념을 명확히 잡고 형상 관리의 중요성과 기능 그리고 소프트웨어 버전 등록 시 사용되는 주요 용어들을 정리하세요.

형상
형상이란 소프트웨어 개발 단계의 각 과정에서 만들어지는 프로그램, 프로그램을 설명하는 문서, 데이터 등을 통칭하는 말입니다.

가시성(Visibility)
일반적으로 가시성이란 대상을 확인할 수 있는 정도를 의미합니다.

기준선(Base Line, 변경 통제 시점)
기준선은 정식으로 검토되고 합의된 명세서나 제품으로, 소프트웨어 개발 시 소프트웨어 변경을 적절히 제어할 수 있도록 도와줍니다.

무결성(無缺性)
무결성은 결점이 없다는 것으로, 정해진 기준에 어긋나지 않고 조건을 충실히 만족하는 정도라고 이해할 수 있습니다.

- **형상 감사** : 기준선의 무결성*을 평가하기 위해 확인, 검증, 검열 과정을 통해 공식적으로 승인하는 작업
- **형상 기록(상태 보고)** : 형상의 식별, 통제, 감사 작업의 결과를 기록·관리하고 보고서를 작성하는 작업

4 소프트웨어의 버전 등록 관련 주요 기능
기사 24.7, 24.2, 23.2, 21.5, 20.8

소프트웨어 개발 과정에서 코드와 라이브러리, 관련 문서 등의 버전을 관리하기 위해 자료를 등록하고 갱신하는 과정에서 사용되는 주요 용어와 의미는 다음과 같다.

항목	설명
저장소(Repository)	최신 버전의 파일들과 변경 내역에 대한 정보들이 저장되어 있는 곳이다.
가져오기(Import)	버전 관리가 되고 있지 않은 아무것도 없는 저장소(Repository)에 처음으로 파일을 복사한다.
체크아웃(Check-Out) 기사 20.8	• 프로그램을 수정하기 위해 저장소(Repository)에서 파일을 받아온다. • 소스 파일과 함께 버전 관리를 위한 파일들도 받아온다.
체크인(Check-In) 기사 24.7, 24.2, 23.2, 21.5, 20.8	체크아웃 한 파일의 수정을 완료한 후 저장소(Repository)의 파일을 새로운 버전으로 갱신한다.
커밋(Commit) 기사 20.8	체크인을 수행할 때 이전에 갱신된 내용이 있는 경우에는 충돌(Conflict)을 알리고 diff 도구*를 이용해 수정한 후 갱신을 완료한다.
동기화(Update)	저장소에 있는 최신 버전으로 자신의 작업 공간을 동기화한다.

diff 도구
diff 도구는 비교 대상이 되는 파일들의 내용(소스 코드)을 비교하며 서로 다른 부분을 찾아 표시해 주는 도구입니다.

5 소프트웨어 버전 등록 과정

소프트웨어의 버전 등록은 다음과 같은 순서로 진행한다.

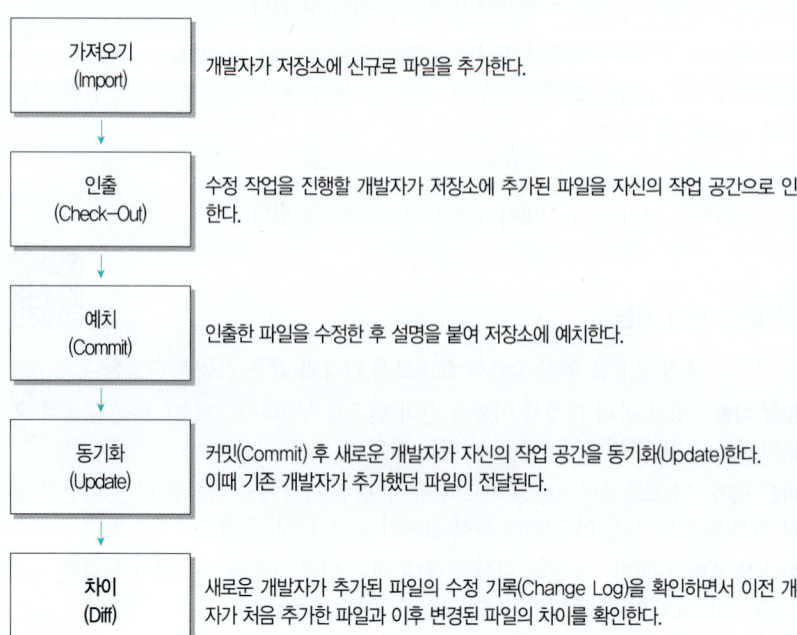

전문가의 조언
버전 관리 프로그램에 따라 방법은 다를 수 있지만, diff〈commit1〉〈commit2〉와 같이 지정하면, 지정한 두 커밋(Commit) 사이의 수정 내역을 확인할 수 있습니다. 이와 같이 이전 개발자들의 수정 내역을 확인하고 싶을 때 diff 명령을 사용합니다.

기출문제 따라잡기

25년 2월, 24년 5월, 2월, 23년 5월, 22년 3월

1. 소프트웨어의 개발 과정에서 소프트웨어의 변경 사항을 관리하기 위해 개발된 일련의 활동은?

① 정규화
② 프로토타입
③ 통합 테스트
④ 형상 관리

> 소프트웨어의 변경 사항을 관리하기 위한 일련의 활동을 형상 관리(SCM)라고 합니다. 꼭 기억해 두세요.

25년 5월, 22년 4월

2. 소프트웨어 형상 관리에서 관리 항목에 포함되지 않는 것은?

① 프로젝트 개발 비용
② 소스 코드
③ 운영 및 설치 지침서
④ 프로젝트 요구 분석서

> 소프트웨어 형상 관리의 관리 항목에는 소스 코드와 각종 정의서, 지침서, 분석서 등이 포함됩니다.

기사 20년 8월

3. 제품 소프트웨어의 형상 관리 역할로 틀린 것은?

① 형상 관리를 통해 이전 리버전이나 버전에 대한 정보에 접근 가능하여 배포본 관리에 유용
② 불필요한 사용자의 소스 수정 제한
③ 프로젝트 개발 비용을 효율적으로 관리
④ 동일한 프로젝트에 대해 여러 개발자 동시 개발 가능

> 프로젝트 개발 비용은 형상 관리 대상이 아닙니다.

기사 20년 8월

4. 형상 관리 도구의 주요 기능으로 거리가 먼 것은?

① 정규화(Normalization)
② 체크인(Check-in)
③ 체크아웃(Check-out)
④ 커밋(Commit)

> 형상 관리 도구의 주요 기능에는 '동체가 커져(**동**기화, **체**인/체크아웃, **가**져오기, **커**밋, **저**장소)'입니다.

기사 25년 8월, 21년 5월

5. 소프트웨어 형상 관리에 대한 설명으로 거리가 먼 것은?

① 소프트웨어에 가해지는 변경을 제어하고 관리한다.
② 프로젝트 계획, 분석서, 설계서, 프로그램, 테스트 케이스 모두 관리 대상이다.
③ 대표적인 형상 관리 도구로 Ant, Maven, Gradle 등이 있다.
④ 유지 보수 단계뿐만 아니라 개발 단계에도 적용할 수 있다.

> Ant, Maven, Gradle은 빌드 자동화 도구입니다.

기사 24년 7월, 23년 2월, 21년 5월

6. 버전 관리 항목 중 저장소에 새로운 버전의 파일로 갱신하는 것을 의미하는 용어는?

① 형상 감사(Configuration Audit)
② 롤백(Rollback)
③ 단위 테스트(Unit Test)
④ 체크인(Check-In)

> 프로그램을 수정하기 위해 저장소에서 파일을 받아오는 것은 체크아웃(Check-Out), 저장소의 파일을 새로운 버전으로 갱신하는 것은 체크인(Check-In)입니다.

기사 22년 7월, 21년 3월

7. 소프트웨어 형상 관리(Configuration Management)에 관한 설명으로 틀린 것은?

① 소프트웨어에서 일어나는 수정이나 변경을 알아내고 제어하는 것을 의미한다.
② 소프트웨어 개발의 전체 비용을 줄이고, 개발 과정의 여러 방해 요인이 최소화되도록 보증하는 것을 목적으로 한다.
③ 형상 관리를 위하여 구성된 팀을 "Chief Programmer Team"이라고 한다.
④ 형상 관리의 기능 중 하나는 버전 제어 기술이다.

> 'Chief Programmer Team'은 효율성을 증대시키기 위해 경험과 능력이 풍부한 책임 프로그래머를 중심으로 구성한 개발 팀의 구성 방식 중 하나로 형상 관리와는 관계가 없습니다.

24년 2월

8. 형상 관리의 개념과 절차에 대한 설명으로 틀린 것은?

① 형상 식별은 형상 관리 계획을 근거로 형상 관리의 대상이 무엇인지 식별하는 과정이다.
② 형상 관리를 통해 가시성과 추적성을 보장함으로써 소프트웨어의 생산성과 품질을 높일 수 있다.
③ 형상 통제 과정에서는 형상 목록의 변경 요구를 즉시 수용 및 반영해야 한다.
④ 형상 감사는 형상 관리 계획대로 형상 관리가 진행되고 있는지, 형상 항목의 변경이 요구 사항에 맞도록 제대로 이뤄졌는지 등을 살펴보는 활동이다.

> 형상 통제 과정은 식별된 형상 항목에 대한 변경 요구를 검토하여 현재의 기준선(Base Line)이 잘 반영될 수 있도록 조정하는 작업입니다.

▶ 정답 : 1. ④ 2. ① 3. ③ 4. ① 5. ③ 6. ④ 7. ③ 8. ③

SECTION 043

소프트웨어 버전 관리 도구

 전문가의 조언

- 소프트웨어 버전 관리 도구는 버전 관리 자료가 로컬 컴퓨터의 공유 폴더에 저장되어 관리되는 공유 폴더 방식, 서버에 저장되어 관리되는 클라이언트/서버 방식, 그리고 하나의 원격 저장소와 분산된 개발자 PC의 로컬 저장소에 함께 저장되어 관리되는 분산 저장소 방식으로 분류할 수 있습니다.
- 분산 저장소 방식을 중심으로 버전 관리 도구의 유형별 특징을 정리하세요.
- 버전 관리 도구 중 현업에서 많이 사용되고 있는 Subversion과 Git은 특징뿐만 아니라 주요 명령어의 기능도 정리해 두세요.

기사 22.4
RCS(Revision Control System)
RCS는 여러 개발자가 프로젝트를 수행할 때 시간에 따른 파일 변화 과정을 관리하는 소프트웨어 버전 관리 도구로, 소스 파일을 동시에 수정하는 것을 방지하고, 다른 방향으로 진행된 개발 결과를 합치거나 변경 내용을 추적할 수 있습니다.

1 공유 폴더 방식
기사 22.4

공유 폴더 방식은 버전 관리 자료가 로컬 컴퓨터의 공유 폴더에 저장되어 관리되는 방식으로, 다음과 같은 특징이 있다.

- 개발자들은 개발이 완료된 파일을 약속된 공유 폴더에 매일 복사한다.
- 담당자는 공유 폴더의 파일을 자기 PC로 복사한 후 컴파일 하여 이상 유무를 확인한다.
- 이상 유무 확인 과정에서 파일의 오류가 확인되면, 해당 파일을 등록한 개발자에게 수정을 의뢰한다.
- 파일에 이상이 없다면 다음날 각 개발자들이 동작 여부를 다시 확인한다.
- 파일을 잘못 복사하거나 다른 위치로 복사하는 것에 대비하기 위해 파일의 변경 사항을 데이터베이스에 기록하여 관리한다.
- 종류에는 SCCS, RCS*, PVCS, QVCS 등이 있다.

2 클라이언트/서버 방식
기사 23.8

클라이언트/서버 방식은 버전 관리 자료가 중앙 시스템(서버)에 저장되어 관리되는 방식으로, 다음과 같은 특징이 있다.

- 서버의 자료를 개발자별로 자신의 PC(클라이언트)로 복사하여 작업한 후 변경된 내용을 서버에 반영한다.
- 모든 버전 관리는 서버에서 수행된다.
- 하나의 파일을 서로 다른 개발자가 작업할 경우 경고 메시지를 출력한다.
- 서버에 문제가 생기면, 서버가 복구되기 전까지 다른 개발자와의 협업 및 버전 관리 작업은 중단된다.
- 종류에는 CVS, SVN(Subversion), CVSNT, Clear Case, CMVC, Perforce 등이 있다.

3 분산 저장소 방식
기사 25.8, 21.5

분산 저장소 방식은 버전 관리 자료가 하나의 원격 저장소와 분산된 개발자 PC의 로컬 저장소에 함께 저장되어 관리되는 방식으로, 다음과 같은 특징이 있다.

- 개발자별로 원격 저장소의 자료를 자신의 로컬 저장소로 복사하여 작업한 후 변경된 내용을 로컬 저장소에서 우선 반영(버전 관리)한 다음 이를 원격 저장소에 반영한다.

- 로컬 저장소에서 버전 관리가 가능하므로 원격 저장소에 문제가 생겨도 로컬 저장소의 자료를 이용하여 작업할 수 있다.
- 종류에는 Git, GNU arch, DCVS, Bazaar, Mercurial, TeamWare, Bitkeeper, Plastic SCM 등이 있다.

4 Subversion(서브버전, SVN)

Subversion은 CVS*를 개선한 것으로, 아파치 소프트웨어 재단에서 2000년에 발표하였다.

- 클라이언트/서버 구조로, 서버(저장소, Repository)에는 최신 버전의 파일들과 변경 내역이 관리된다.
- 서버의 자료를 클라이언트로 복사해와 작업한 후 변경 내용을 서버에 반영(Commit)한다.
- 모든 개발 작업은 trunk* 디렉터리에서 수행되며, 추가 작업은 branches* 디렉터리 안에 별도의 디렉터리를 만들어 작업을 완료한 후 trunk 디렉터리와 병합(merge)한다.
- 커밋(Commit)할 때마다 리비전(Revision)*이 1씩 증가한다.
- 클라이언트는 대부분의 운영체제에서 사용되지만, 서버는 주로 유닉스를 사용한다.
- 소스가 오픈되어 있어 무료로 사용할 수 있다.
- CVS의 단점이었던 파일이나 디렉터리의 이름 변경, 이동 등이 가능하다.
- 다음은 Subversion의 주요 명령어이다.

명령어	의미
add	• 새로운 파일이나 디렉터리를 버전 관리 대상으로 등록한다. • add로 등록되지 않은 대상은 commit이 적용되지 않는다.
commit	버전 관리 대상으로 등록된 클라이언트의 소스 파일을 서버의 소스 파일에 적용한다.
update	• 서버의 최신 commit 이력을 클라이언트의 소스 파일에 적용한다. • commit 전에는 매번 update를 수행하여 클라이언트에 적용되지 않은 서버의 변동 내역을 클라이언트에 적용한다.
checkout	버전 관리 정보와 소스 파일을 서버에서 클라이언트로 받아온다.
lock/unlock	서버의 소스 파일이나 디렉터리를 잠그거나 해제한다.
import	아무것도 없는 서버의 저장소에 맨 처음 소스 파일을 저장하는 명령으로, 한 번 사용하면 다시 사용하지 않는다.
export	버전 관리에 대한 정보를 제외한 순수한 소스 파일만을 서버에서 받아온다.
info	지정한 파일에 대한 위치나 마지막 수정 일자 등에 대한 정보를 표시한다.
diff	지정된 파일이나 경로에 대해 이전 리비전과의 차이를 표시한다.
merge	다른 디렉터리에서 작업된 버전 관리 내역을 기본 개발 작업과 병합한다.

CVS(Concurrent Version System)
CVS는 공동 개발을 편리하게 작업할 수 있도록 각종 소스의 버전 관리를 도와주는 시스템입니다.

trunk
trunk는 '몸통', '줄기'라는 의미로, 개발 과정에서 가장 중심이 되는 디렉터리입니다. trunk 디렉터리 안에 소스 파일과 추가 작업을 위한 서브 디렉터리인 branches 디렉터리가 있습니다.

branches
branch는 '가지', '부문'이라는 의미로, 메인 개발 과정과는 별도로 새로운 기능의 테스트와 같이 추가적인 작업을 수행하기 위한 디렉터리입니다. branches 디렉터리 하위에 작업별로 디렉터리를 만들어 그 안에서 개발을 진행합니다. 이후 별도의 디렉터리에서 진행된 개발 결과를 trunk와 병합할 수 있습니다.

리비전(Revision)
리비전은 커밋의 버전으로, 처음 저장소를 만들면 리비전은 0이 됩니다. 이후 커밋이 수행될 때마다 리비전이 1씩 증가합니다.

전문가의 조언

Subversion을 이용해 버전 관리 작업을 시작할 때는 먼저 'import' 명령으로 모든 소스 파일을 서버에 등록합니다. 이후 버전 관리는 'checkout → 작업 → add → update → commit' 과정으로 진행합니다. 나머지 명령은 작업 과정이나 자료 송수신 과정에서 필요에 의해 수행합니다.

원격 저장소

원격 저장소는 주로 웹 서버를 빌려 사용하는데, Git 사용자들이 가장 많이 사용하는 웹 호스팅 서비스는 깃 허브(Github.com)입니다. 깃 허브는 오픈소스 프로젝트에 대해서는 무료로 제공하지만 소스를 비공개로 하는 프로젝트에 대해서는 비용을 받습니다.

브랜치(Branch)

Git에서는 저장소가 처음 만들어지면 마스터(Mater) 브랜치가 생성되고 이 브랜치에서 기본적인 버전 관리가 진행됩니다. 새로운 기능을 추가하는 작업은 새로운 브랜치를 만들어 작업을 수행하며, 작업이 정상적으로 마무리되면 작업 내역을 마스터 브랜치에 병합합니다. 이렇게 마스터 브랜치와 별도로 생성하는 브랜치를 토픽(Topic) 브랜치 또는 피처(Feature) 브랜치라고 합니다. 각각의 브랜치는 다른 브랜치에 영향을 주지 않으므로 독립적인 여러 작업을 동시에 진행할 수 있습니다.

스냅샷(Snapshot)

스냅샷은 영문자와 숫자가 혼합된 40자리 문자열로 표시됩니다.

포인터(Pointer)

포인터는 접근하고자 하는 데이터가 기억되어 있는 위치에 대한 정보를 의미합니다.

스테이징(Staging) 영역

작업 내역을 바로 commit해 지역 저장소에 저장하지 않고 스테이징 영역에 저장했다가 commit을 하는 이유는 스테이징 영역에서 작업 내용을 한 번 더 확인하여 선별적으로 지역 저장소에 반영하기 위함입니다. 이렇게 하면 스테이징 영역을 사용하지 않을 때보다 시간은 더 소요되지만 좀 더 안정된 버전 관리 작업이 가능합니다.

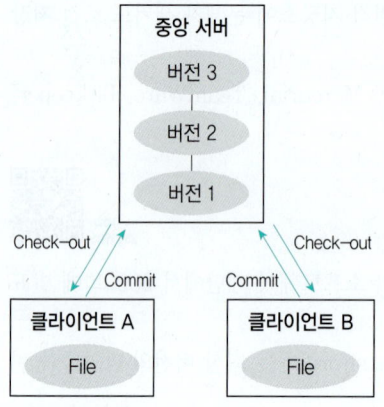

Subversion을 이용한 버전 관리

5 Git(깃)

Git은 리누스 토발즈(Linus Torvalds)가 2005년 리눅스 커널 개발에 사용할 관리 도구로 개발한 이후 주니오 하마노(Junio Hamano)에 의해 유지 보수되고 있다.

- Git은 분산 버전 관리 시스템으로 2개의 저장소, 즉 지역(로컬) 저장소와 원격 저장소*가 존재한다.
- 지역 저장소는 개발자들이 실제 개발을 진행하는 장소로, 버전 관리가 수행된다.
- 원격 저장소는 여러 사람들이 협업을 위해 버전을 공동 관리하는 곳으로, 자신의 버전 관리 내역을 반영하거나 다른 개발자의 변경 내용을 가져올 때 사용한다.
- 버전 관리가 지역 저장소에서 진행되므로 버전 관리가 신속하게 처리되고, 원격 저장소나 네트워크에 문제가 있어도 작업이 가능하다.
- 브랜치*를 이용하면 기본 버전 관리 틀에 영향을 주지 않으면서 다양한 형태의 기능 테스팅이 가능하다.
- 파일의 변화를 스냅샷(Snapshot)*으로 저장하는데, 스냅샷은 이전 스냅샷의 포인터*를 가지므로 버전의 흐름을 파악할 수 있다.
- 다음은 Git의 주요 명령어이다.

명령어	의미
add	• 작업 내역을 지역 저장소에 저장하기 위해 스테이징 영역(Staging Area)*에 추가한다. • '--all' 옵션으로 작업 디렉터리의 모든 파일을 스테이징 영역에 추가할 수 있다.
commit	작업 내역을 지역 저장소에 저장한다.
branch	• 새로운 브랜치를 생성한다. • 최초로 commit을 하면 마스터(master) 브랜치가 생성된다. • commit 할 때마다 해당 브랜치는 가장 최근의 commit한 내용을 가리키게 된다. • '-d' 옵션으로 브랜치를 삭제할 수 있다.
checkout	• 지정한 브랜치로 이동한다. • 현재 작업 중인 브랜치는 HEAD 포인터가 가리키는데, checkout 명령을 통해 HEAD 포인터를 지정한 브랜치로 이동시킨다.

merge	지정한 브랜치의 변경 내역을 현재 HEAD 포인터가 가리키는 브랜치에 반영함으로써 두 브랜치를 병합한다.
init	지역 저장소를 생성한다.
remote add	원격 저장소에 연결한다.
push	로컬 저장소의 변경 내역을 원격 저장소에 반영한다.
fetch	원격 저장소의 변경 이력만을 지역 저장소로 가져와 반영한다.
clone	원격 저장소의 전체 내용을 지역 저장소로 복제한다.

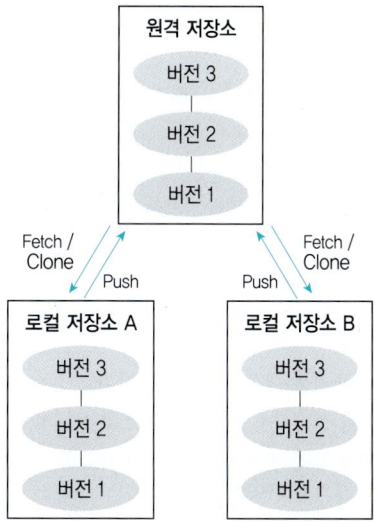

Git을 이용한 버전 관리

 전문가의 조언

Git을 이용해 버전 관리 작업을 시작할 때는 먼저 'init' 명령으로 지역 저장소를 만들고, 'remote add' 명령으로 원격 저장소에 연결한 후 'add -all → commit → push'를 합니다. 이후 버전 관리는 'fetch → 작업 → add → commit → push' 과정으로 진행합니다. 나머지 명령은 작업 과정이나 자료 송수신 과정에서 필요에 의해 수행합니다.

기출문제 따라잡기

기사 21년 5월

1. 다음 설명의 소프트웨어 버전 관리 도구 방식은?

- 버전 관리 자료가 원격 저장소와 로컬 저장소에 함께 저장되어 관리된다.
- 로컬 저장소에서 버전 관리가 가능하므로 원격 저장소에 문제가 생겨도 로컬 저장소의 자료를 이용하여 작업할 수 있다.
- 대표적인 버전 관리 도구로 Git이 있다.

① 단일 저장소 방식
② 분산 저장소 방식
③ 공유 폴더 방식
④ 클라이언트·서버 방식

> 버전 관리 자료를 원격 저장소와 로컬 저장소에 **분산**하여 **저장**하는 **방식**은 분산 저장소 방식입니다.

출제예상

2. 다음은 버전 관리 도구인 Subversion에 대한 설명이다. 잘못된 것은?

① 클라이언트/서버 구조로, 서버에는 최신 버전과 버전의 변화를 저장한다.
② 클라이언트에서는 서버의 자료를 복사해와 작업한 후 변경된 내용을 서버에 반영(Commit)한다.
③ 모든 개발 작업은 trunk 디렉터리에서 수행되며, 부가적인 추가 작업은 branches 디렉터리 안에 별도의 디렉터리를 만들어 작업을 완료한 후 trunk 디렉터리의 작업과 병합한다.
④ 커밋(Commit)할 때마다 커밋의 버전이라고 할 수 있는 스냅샷(Snapshot)이 일정하게 증가한다.

> Subversion과 Git은 커밋이 완료되었을 때 이전 파일과의 차이를 표현하는 방법이 다릅니다. Subversion은 번호를 달리하여 표시하고 Git은 영문자와 숫자가 혼합된 40자리 문자열로 표시합니다.

출제예상

3. 다음은 버전 관리 도구인 Git에 대한 설명이다. 잘못된 것은?

① 리누스 토발즈(Linus Torvalds)가 2005년 리눅스 커널 개발에 사용할 관리 도구로 개발한 이후 주니오 하마노(Junio Hamano)에 의해 유지 보수되고 있다.
② 분산 버전 관리 시스템으로 지역 저장소와 원격 저장소가 존재한다.
③ 원격 저장소나 네트워크에 문제가 있는 경우에도 지역 저장소에서 버전 관리 작업이 가능하므로 장애나 장소에 구애받지 않고 협업이 가능하다.
④ 대부분의 버전 관리를 원격 저장소에서 수행할 수 있어 처리 속도가 빠르다.

> 버전 관리가 원격 저장소가 아닌 지역 저장소에서 진행되므로 버전 관리가 신속합니다.

출제예상

4. 다음은 버전 관리 도구인 Subversion에서 사용하는 명령어들에 대한 설명이다. 잘못된 것은?

① add : commit을 수행할 버전 관리 대상을 등록한다.
② update : 최신 commit 이력을 소스 파일에 적용한다.
③ export : 아무것도 없는 서버의 저장소에 맨 처음 소스 파일을 저장한다.
④ checkout : 서버에서 클라이언트로 버전 관리를 위한 내용과 소스 파일을 받아온다.

> export는 서버에서 버전 관리를 위한 내용을 제외한 순수한 소스 파일만 받아오는 명령어고, 아무것도 없는 서버의 저장소에 맨 처음 소스 파일을 저장하는 명령어는 import입니다.

출제예상

5. 다음은 버전 관리 도구인 Git에서 사용하는 명령어들에 대한 설명이다. 잘못된 것은?

① branch : 새로운 브랜치를 생성하거나 삭제한다.
② push : 원격 저장소의 전체 내용을 지역 저장소로 보낸다.
③ merge : 지정한 브랜치의 변경 내역을 현재 HEAD 포인터가 가리키는 브랜치에 반영한다.
④ init : 지역 저장소를 생성한다.

> push는 로컬 저장소의 변경 내역을 원격 저장소에 반영하는 명령어고, 원격 저장소의 전체 내용을 지역 저장소로 복제하는 명령어는 clone입니다.

기사 22년 4월

6. 동시에 소스를 수정하는 것을 방지하며 다른 방향으로 진행된 개발 결과를 합치거나 변경 내용을 추적할 수 있는 소프트웨어 버전 관리 도구는?

① RCS(Revision Control System)
② RTS(Reliable Transfer Service)
③ RPC(Remote Procedure Call)
④ RVS(Relative Version System)

> 변경(**R**evision)을 관리(**C**ontrol)하는 시스템(**S**ystem)은 RCS입니다.

▶ 정답 : 1. ② 2. ④ 3. ④ 4. ③ 5. ② 6. ①

빌드 자동화 도구

1 빌드 자동화 도구의 개요
25.5, 24.7, 22.4, 22.3, 기사 25.2, 20.9

빌드란 소스 코드 파일들을 컴파일한 후 여러 개의 모듈을 묶어 실행 파일로 만드는 과정이며, 이러한 빌드를 포함하여 테스트 및 배포를 자동화하는 도구를 빌드 자동화 도구라고 한다.

- 애자일 환경에서는 하나의 작업이 마무리될 때마다 모듈 단위로 나눠서 개발된 코드들이 지속적으로 통합되는데, 이러한 지속적인 통합(Continuous Integration) 개발 환경에서 빌드 자동화 도구는 유용하게 활용된다.
- 빌드 자동화 도구에는 Ant, Make, Maven, Gradle, Jenkins 등이 있으며, 이중 Jenkins와 Gradle이 가장 대표적이다.

2 Jenkins
기사 25.2, 20.9

Jenkins는 JAVA 기반의 오픈 소스 형태로, 가장 많이 사용되는 빌드 자동화 도구이다.
- 서블릿 컨테이너*에서 실행되는 서버 기반 도구이다.
- SVN, Git 등 대부분의 형상 관리 도구와 연동이 가능하다.
- 친숙한 Web GUI 제공으로 사용이 쉽다.
- 여러 대의 컴퓨터를 이용한 분산 빌드나 테스트가 가능하다.

Jenkins 초기 화면

> **전문가의 조언**
> 빌드 도구의 종류를 묻는 문제가 출제되었습니다. 빌드 자동화 도구의 개념을 기억하고 교재에서 언급한 빌드 자동화 도구의 종류는 꼭 기억해 두세요.

> **서블릿 컨테이너**
> 서블릿 컨테이너는 클라이언트의 요청을 처리해 주기 위해 서버 측에서 실행되는 작은 프로그램(Server Side Applet)인 서블릿을 실행하고 서블릿의 생명주기를 관리하는 역할을 합니다.

전문가의 조언

Gradle의 특징을 묻는 문제가 출제되었습니다. Gradle은 Groovy를 기반으로 한 오픈 소스 형태라는 것을 중심으로 특징을 정리하세요.

Groovy
Groovy는 자바에 Python, Ruby, Smalltalk 등의 장점을 결합한 동적 객체 지향 프로그래밍 언어입니다.

DSL(Domain Specific Language)
DSL이란 웹페이지 영역에 특화되어 사용되는 HTML과 같이 특정한 도메인, 즉 영역이나 용도에 맞게 기능을 구성한 언어를 말합니다.

스크립트 언어(Script Language)
스크립트 언어는 HTML 문서 안에 직접 프로그래밍 언어를 삽입하여 사용하는 것으로, 기계어로 컴파일 되지 않고 별도의 번역기가 소스를 분석하여 동작하게 하는 언어입니다.

③ Gradle

25.8, 22.7, 기사 25.2, 20.9

Gradle은 Groovy*를 기반으로 한 오픈 소스 형태의 자동화 도구로, 안드로이드 앱 개발 환경에서 사용된다.

- 안드로이드 뿐만 아니라 플러그인을 설정하면, JAVA, C/C++, Python 등의 언어도 빌드가 가능하다.
- Groovy를 사용해서 만든 DSL(Domain Specific Language)*을 스크립트 언어*로 사용한다.
- Gradle은 실행할 처리 명령들을 모아 태스크(Task)로 만든 후 태스크 단위로 실행한다.
- Gradle Wrapper를 이용하면 빌드 환경이 변해도 환경에 필요한 추가적인 설치 없이 Gradle을 사용할 수 있다.
- 이전에 사용했던 태스크를 재사용하거나 다른 시스템의 태스크를 공유할 수 있는 빌드 캐시 기능을 지원하므로 빌드의 속도를 향상시킬 수 있다.

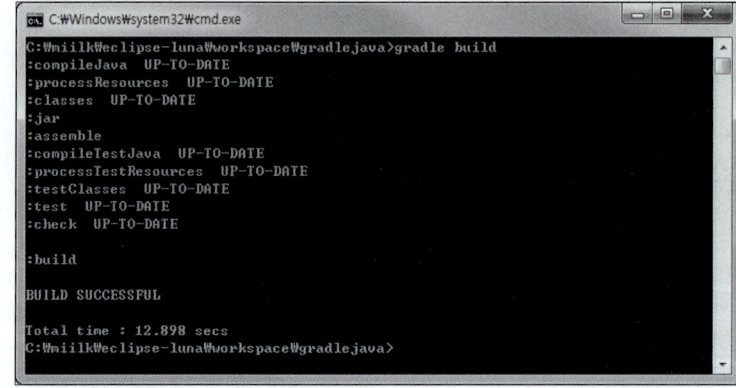

Windows의 명령 프롬프트를 이용한 Gradle 빌드 화면

기출문제 따라잡기

25년 8월, 22년 7월
1. 빌드 자동화 도구인 Gradle에 대한 설명으로 옳지 않은 것은?

① Groovy를 사용해서 만든 DSL(Domain Specific Language)을 스크립트 언어로 사용한다.
② 실행할 처리 명령들을 모아 태스크로 만든 후 태스크 단위로 실행한다.
③ JAVA 기반의 오픈 소스 형태로, 서블릿 컨테이너에서 실행되는 서버 기반 도구이다.
④ Gradle Wrapper를 이용하여 별도의 설치 없이 Gradle을 사용할 수 있다.

Jenkins는 Java 기반이고, Gradle은 Groovy 기반입니다.

25년 5월, 24년 7월, 22년 4월, 3월
2. 다음 중 빌드 도구가 아닌 것은?

① Fedora   ② Gradle
③ Jenkins   ④ Maven

Ant, Make, Maven, Gradle, Jenkins! 대표적인 빌드 도구의 종류는 기억해 두세요.

▶ 정답 : 1. ③ 2. ①

3장 핵심요약

031 개발 지원 도구

❶ 통합 개발 환경 도구의 기능

- 코딩(Coding) : C, JAVA 등의 프로그래밍 언어로 컴퓨터 프로그램을 만드는 기능임
- 컴파일(Compile) : 개발자가 작성한 고급 언어로 된 프로그램을 컴퓨터가 이해할 수 있는 목적 프로그램으로 번역하여 컴퓨터에서 실행 가능한 형태로 변환하는 기능임
- 디버깅(Debugging) : 소프트웨어나 하드웨어의 오류나 잘못된 동작, 즉 버그(Bug)를 찾아 수정하는 기능임
- 배포(Deployment) : 소프트웨어를 사용자에게 전달하는 기능임

032 애플리케이션 테스트

❶ 특정 모듈 집중

대부분의 결함이 소수의 특정 모듈에 집중해서 발생하는 것을 결함 집중(Defect Clustering)이라고 한다.

❷ 파레토 법칙(Pareto Principle)

- 상위 20% 사람들이 전체 부의 80%를 가지고 있다거나, 상위 20% 고객이 매출의 80%를 창출한다는 의미로, 이 법칙이 애플리케이션 테스트에도 적용된다는 것이다.
- 테스트로 발견된 80%의 오류는 20%의 모듈에서 발견되므로 20%의 모듈을 집중적으로 테스트하여 효율적으로 오류를 찾자는 것이다.

033 애플리케이션 테스트의 분류

❶ 목적에 따른 테스트

- 회복(Recovery) 테스트 : 시스템에 여러 가지 결함을 주어 실패하도록 한 후 올바르게 복구되는지를 확인하는 테스트임
- 안전(Security) 테스트 : 시스템에 설치된 시스템 보호 도구가 불법적인 침입으로부터 시스템을 보호할 수 있는지를 확인하는 테스트임
- 강도(Stress) 테스트 : 시스템에 과도한 정보량이나 빈도 등을 부과하여 과부하 시에도 소프트웨어가 정상적으로 실행되는지를 확인하는 테스트임
- 성능(Performance) 테스트 : 소프트웨어의 실시간 성능이나 전체적인 효율성을 진단하는 테스트로, 소프트웨어의 응답 시간, 처리량 등을 테스트함
- 구조(Structure) 테스트 : 소프트웨어 내부의 논리적인 경로, 소스 코드의 복잡도 등을 평가하는 테스트임
- 회귀(Regression) 테스트 : 소프트웨어의 변경 또는 수정된 코드에 새로운 결함이 없음을 확인하는 테스트임
- 병행(Parallel) 테스트 : 변경된 소프트웨어와 기존 소프트웨어에 동일한 데이터를 입력하여 결과를 비교하는 테스트임

034 테스트 기법에 따른 애플리케이션 테스트

❶ 화이트박스 테스트 25.8, 25.5, 24.5, 23.7

- 모듈의 원시 코드를 오픈시킨 상태에서 원시 코드의 논리적인 모든 경로를 테스트하여 테스트 케이스를 설계하는 방법이다.
- 모듈 안의 작동을 직접 관찰한다.
- 원시 코드(모듈)의 모든 문장을 한 번 이상 실행함으로써 수행된다.
- 프로그램의 제어 구조에 따라 선택, 반복 등의 분기점 부분들을 수행함으로써 논리적 경로를 제어한다.

3장 핵심요약

❷ 제어 구조 검사 22.7
- 조건 검사(Condition Testing) : 프로그램 모듈 내에 있는 논리적 조건을 테스트하는 테스트 케이스 설계 기법
- 루프 검사(Loop Testing)
  - 프로그램의 반복(Loop) 구조에 초점을 맞춰 실시하는 테스트 케이스 설계 기법이다.
  - 반복 구조 : 단순 루프, 중첩 루프, 연결 루프, 비구조적 루프
- 데이터 흐름 검사(Data Flow Testing) : 프로그램에서 변수의 정의와 변수 사용의 위치에 초점을 맞춰 실시하는 테스트 케이스 설계 기법

❸ 블랙박스 테스트 24.2
- 소프트웨어가 수행할 특정 기능을 알기 위해서 각 기능이 완전히 작동되는 것을 입증하는 테스트로, 기능 테스트라고도 한다.
- 사용자의 요구사항 명세를 보면서 테스트하는 것으로, 주로 구현된 기능을 테스트 한다.
- 소프트웨어 인터페이스에서 실시되는 테스트이다.

035 개발 단계에 따른 애플리케이션 테스트

❶ 소프트웨어 테스트 순서 25.8, 24.5, 22.7
단위 테스트 → 통합 테스트 → 시스템 테스트 → 인수 테스트

❷ 단위 테스트 25.8, 25.5, 24.5, 24.2, 22.4
- 코딩 직후 소프트웨어 설계의 최소 단위인 모듈이나 컴포넌트에 초점을 맞춰 테스트하는 것이다.
- 단위 테스트는 사용자의 요구사항을 기반으로 한 기능성 테스트를 최우선으로 수행한다.

036 통합 테스트

❶ 통합 테스트 24.7, 22.7, 22.3
- 단위 테스트가 끝난 모듈을 통합하는 과정에서 발생하는 오류 및 결함을 찾는 테스트 기법이다.
- 종류 : 하향식 통합 테스트, 상향식 통합 테스트, 혼합식 통합 테스트

❷ 하향식 통합 테스트 24.5, 22.3
- 프로그램의 상위 모듈에서 하위 모듈 방향으로 통합하면서 테스트하는 기법이다.
- 주요 제어 모듈을 기준으로 하여 아래 단계로 이동하면서 통합하는데, 이때 깊이 우선 통합법이나 넓이 우선 통합법을 사용한다.
- 테스트 과정에서 스텁(Stub)을 사용한다.
- 드라이버(Driver) : 테스트 대상의 하위 모듈을 호출하는 도구로, 매개 변수(Parameter)를 전달하고, 모듈 테스트 수행 후의 결과를 도출함

❸ 상향식 통합 테스트(Bottom Up Integration Test) 25.8, 23.7, 22.3
- 프로그램의 하위 모듈에서 상위 모듈 방향으로 통합하면서 테스트하는 기법이다.
- 가장 하위 단계의 모듈부터 통합 및 테스트가 수행되므로 스텁(Stub)은 필요하지 않지만, 하나의 주요 제어 모듈과 관련된 종속 모듈의 그룹인 클러스터(Cluster)가 필요하다.
- 테스트 과정에서 드라이버(Driver)를 사용한다.
- 스텁(Stub) : 제어 모듈이 호출하는 타 모듈의 기능을 단순히 수행하는 도구로, 일시적으로 필요한 조건만을 가지고 있는 시험용 모듈

037 결함 관리

❶ 결함의 정의
결함은 오류 발생, 작동 실패 등과 같이 소프트웨어가 개발자가 설계한 것과 다르게 동작하거나 다른 결과가 발생되는 것을 의미한다.

❷ 결함 관리 프로세스
결함 관리 계획 → 결함 기록 → 결함 검토 → 결함 수정 → 결함 재확인 → 결함 상태 추적 및 모니터링 활동 → 최종 결함 분석 및 보고서 작성

038 사용자 인터페이스

❶ 사용자 인터페이스(UI)의 특징 23.2, 22.4, 22.3
- 사용자의 편리성과 가독성을 높임으로써 작업 시간을 단축시키고 업무에 대한 이해도를 높여준다.
- 사용자 중심으로 설계되어 사용자 중심의 상호 작용이 되도록 한다.
- 수행 결과의 오류를 줄인다.
- 사용자의 막연한 작업 기능에 대해 구체적인 방법을 제시해 준다.

❷ UX(User Experience) 24.5, 23.5
- 사용자가 시스템이나 서비스를 이용하면서 느끼고 생각하게 되는 총체적인 경험을 말한다.
- 단순히 기능이나 절차상의 만족뿐만 아니라 사용자가 참여, 사용, 관찰하고, 상호 교감을 통해서 알 수 있는 가치 있는 경험을 말한다.

❸ 사용자 인터페이스의 구분 25.8, 24.7, 24.5, 23.7, 23.2
- CLI(Command Line Interface) : 명령과 출력이 텍스트 형태로 이뤄지는 인터페이스
- GUI(Graphical User Interface) : 아이콘이나 메뉴를 마우스로 선택하여 작업을 수행하는 그래픽 환경의 인터페이스
- NUI(Natural User Interface) : 사용자의 말이나 행동으로 기기를 조작하는 인터페이스
- VUI(Voice User Interface) : 사람의 음성으로 기기를 조작하는 인터페이스
- OUI(Organic User Interface) : 모든 사물과 사용자 간의 상호작용을 위한 인터페이스로, 소프트웨어가 아닌 하드웨어 분야에서 사물 인터넷, 가상현실, 증강현실, 혼합현실 등과 함께 대두되고 있음

❹ 사용자 인터페이스의 기본 원칙 22.4
- 직관성 : 누구나 쉽게 이해하고 사용할 수 있어야 함
- 유효성 : 사용자의 목적을 정확하고 완벽하게 달성해야 함
- 학습성 : 누구나 쉽게 배우고 익힐 수 있어야 함
- 유연성 : 사용자의 요구사항을 최대한 수용하고 실수를 최소화해야 함

039 UI 표준 및 지침

❶ 웹의 3요소
- 웹 표준(Web Standards) : 웹에서 사용되는 규칙 또는 기술을 의미하는 것으로, 웹 사이트 작성 시 이용하는 HTML, JavaScript 등에 대한 규정, 웹 페이지가 다른 기종이나 플랫폼에서도 구현되도록 제작하는 기법 등을 포함함
- 웹 접근성(Web Accessibility) : 누구나, 어떠한 환경에서도 웹 사이트에서 제공하는 모든 정보를 접근하여 이용할 수 있도록 보장하는 것을 의미함
- 웹 호환성(Cross Browsing) : 하드웨어나 소프트웨어 등이 다른 환경에서도 모든 이용자에게 동등한 서비스를 제공하는 것을 의미함

❷ 내비게이션
- 사용자가 사이트에서 원하는 정보를 빠르게 찾을 수 있도록 안내하는 것으로 사용자가 중심이 되어야 한다.
- 원하는 정보를 쉽고 빠르게 찾을 수 있도록 다양한 경로나 방법을 제공해야 한다.
- 메뉴, 사이트 맵, 버튼, 링크 등으로 구성되는데, 이들 구성 요소는 사용자가 직관적으로 찾아 사용할 수 있도록 설계되어야 하고, 사용자가 혼동하지 않도록 전체 페이지에서 일관성이 있어야 한다.

3장 핵심요약

040 UI 설계 도구

❶ 와이어프레임
기획 단계의 초기에 제작하는 것으로, 페이지에 대한 개략적인 레이아웃이나 UI 요소 등에 대한 뼈대를 설계하는 단계이다.

❷ 목업
- 디자인, 사용 방법 설명, 평가 등을 위해 와이어프레임보다 좀 더 실제 화면과 유사하게 만든 정적인 형태의 모형이다.
- 시각적으로만 구성 요소를 배치하는 것으로 실제로 구현되지는 않는다.

❸ 스토리보드
와이어프레임에 콘텐츠에 대한 설명, 페이지 간 이동 흐름 등을 추가한 문서이다.

041 UI 테스트 기법의 종류

❶ 휴리스틱 평가
- 최소 3명 이상의 디자인 전문가가 사전에 작성한 원칙에 따라 제품을 평가하는 기법이다.
- UI의 구현 정도에 관계없이 평가가 가능하다.

❷ 페이퍼 프로토타입
- 종이로 해당 서비스를 간단하게 만들어 실제 구현되는 것처럼 표현하고, 이를 이용하여 테스트하는 평가 방법이다.
- 프로토타입 작성 시 포함되어야 할 중요한 내용을 체크리스트로 작성한다.

❸ 선호도 평가
- "A보다 B가 더 좋다"와 같이 선호도에 영향을 주는 속성들을 파악하고 예측하기 위한 기법이다.
- 사용자의 감성을 분석하기 위해 과학적인 시점에서 객관적으로 해석한다.

❹ 성능 평가
개발의 마지막 단계에서 제품의 학습성, 효율성, 기억용이성, 오류, 만족도 등을 평가한 결과를 바탕으로 성능을 개선하는 기법이다.

042 소프트웨어 버전 등록

❶ 소프트웨어 패키징의 형상 관리 25.5, 25.2, 24.5, 24.2, 23.5, 22.4, 22.3
- 소프트웨어의 개발 과정에서 소프트웨어의 변경 사항을 관리하기 위해 개발된 일련의 활동이다.
- 관리 항목에는 소스 코드뿐만 아니라 프로젝트 계획, 분석서, 설계서, 지침서, 프로그램, 테스트 케이스 등이 포함된다.

❷ 형상 관리 기능 24.2
- 형상 식별 : 형상 관리 대상에 이름과 관리 번호를 부여하고, 계층(Tree) 구조로 구분하여 수정 및 추적이 용이하도록 하는 작업
- 버전 제어 : 소프트웨어 업그레이드나 유지 보수 과정에서 생성된 다른 버전의 형상 항목을 관리하고, 이를 위해 특정 절차와 도구(Tool)를 결합시키는 작업
- 형상 통제(변경 관리) : 식별된 형상 항목에 대한 변경 요구를 검토하여 현재의 기준선(Base Line)이 잘 반영될 수 있도록 조정하는 작업

❸ 소프트웨어의 버전 등록 관련 주요 기능
- 저장소(Repository) : 최신 버전의 파일들과 변경 내역에 대한 정보들이 저장되어 있는 곳
- 가져오기(Import) : 버전 관리가 되고 있지 않은 아무것도 없는 저장소(Repository)에 처음으로 파일을 복사함
- 체크아웃(Check-Out) : 프로그램을 수정하기 위해 저장소(Repository)에서 파일을 받아옴
- 체크인(Check-In) : 체크아웃 한 파일의 수정을 완료한 후 저장소(Repository)의 파일을 새로운 버전으로 갱신함
- 커밋(Commit) : 체크인을 수행할 때 이전에 갱신된 내용이 있는 경우에는 충돌(Conflict)을 알리고 diff 도구를 이용해 수정한 후 갱신을 완료함

043 소프트웨어 버전 관리 도구

❶ Subversion
- CVS를 개선한 것으로, 아파치 소프트웨어 재단에서 2000년에 발표하였다.
- 클라이언트/서버 구조로, 서버(저장소, Repository)에는 최신 버전의 파일들과 변경 내역이 관리된다.
- 서버의 자료를 클라이언트로 복사해와 작업한 후 변경 내용을 서버에 반영(Commit)한다.
- 클라이언트는 대부분의 운영체제에서 사용되지만, 서버는 주로 유닉스를 사용한다.
- 소스가 오픈되어 있어 무료로 사용할 수 있다.
- CVS의 단점이었던 파일이나 디렉터리의 이름 변경, 이동 등이 가능하다.

❷ Git
- 리누스 토발즈(Linus Torvalds)가 2005년 리눅스 커널 개발에 사용할 관리 도구로 개발한 이후 주니오 하마노(Junio Hamano)에 의해 유지 보수되고 있다.
- Git은 분산 버전 관리 시스템으로 2개의 저장소, 즉 지역(로컬) 저장소와 원격 저장소가 존재한다.
- 지역 저장소는 개발자들이 실제 개발을 진행하는 장소로, 버전 관리가 수행된다.
- 버전 관리가 지역 저장소에서 진행되므로 버전 관리가 신속하게 처리되고, 원격 저장소나 네트워크에 문제가 있어도 작업이 가능하다.

044 빌드 자동화 도구

❶ 빌드 자동화 도구 [25.5, 24.7, 22.4, 22.3]
- 빌드란 소스 코드 파일들을 컴파일한 후 여러 개의 모듈을 묶어 실행 파일로 만드는 과정이며, 이러한 빌드를 포함하여 테스트 및 배포를 자동화하는 도구를 빌드 자동화 도구라고 한다.
- 빌드 자동화 도구에는 Ant, Make, Maven, Gradle, Jenkins 등이 있다.

❷ Gradle [25.8, 22.7]
- Groovy를 기반으로 한 오픈 소스 형태의 자동화 도구로, 안드로이드 앱 개발 환경에서 사용된다.
- 안드로이드 뿐만 아니라 플러그인을 설정하면, JAVA, C/C++, Python 등의 언어도 빌드가 가능하다.
- Groovy를 사용해서 만든 DSL(Domain Specific Language)을 스크립트 언어로 사용한다.
- Gradle Wrapper를 이용하면 빌드 환경이 변해도 환경에 필요한 추가적인 설치 없이 Gradle을 사용할 수 있다.

MEMO

4장 정보시스템 기반 기술 용어

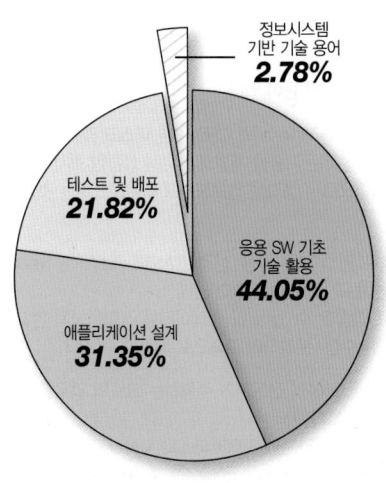

045 SW / 보안 관련 신기술 Ⓐ등급
046 HW 관련 신기술 Ⓒ등급
047 DB 관련 신기술 Ⓒ등급
048 네트워크 관련 신기술 Ⓑ등급

꼭 알아야 할 키워드 Best 10

1. 매시업 2. 리치 인터넷 애플리케이션(RIA) 3. 서비스 지향 아키텍처(SOA) 4. OWASP 5. RAID 6. 멤리스터 7. 하둡 8. OLAP
9. 피코넷 10. SSO

SECTION 045

SW / 보안 관련 신기술

전문가의 조언

SOA와 Secure Coding의 개념을 묻는 문제가 출제되었습니다. 문제에 제시된 내용이 무슨 용어를 말하는지 맞힐 수 있을 정도로 학습하세요.

1 SW 관련 용어

25.5, 25.2, 23.7, 22.7, 22.3, 기사 25.8, 25.5, 24.5, 24.2, 23.7, 21.8, 20.9, 20.8

용어	의미
인공지능 (AI; Artificial Intelligence)	• 인간의 두뇌와 같이 컴퓨터 스스로 추론, 학습, 판단 등 인간지능적인 작업을 수행하는 시스템이다. • 응용 분야에는 신경망, 퍼지, 패턴 인식, 전문가 시스템, 자연어 인식, 이미지 처리, 컴퓨터 시각, 로봇 공학 등이 있다.
뉴럴링크(Neuralink)	• 미국의 전기자동차 회사 테슬라(Tesla)의 CEO 일론 머스크(Elon Musk)가 사람의 뇌와 컴퓨터를 결합하는 기술을 개발하기 위해 설립한 회사이다. • 작은 전극을 뇌에 이식함으로써 생각을 업로드하고 다운로드하는 것을 목표로 삼고 있다.
딥 러닝(Deep Learning)	• 인간의 두뇌를 모델로 만들어진 인공 신경망(ANN; Artificial Neural Network)을 기반으로 하는 기계 학습 기술이다. • 마치 사람처럼 스스로 학습할 수 있어 많은 데이터를 정형화하지 않고도 스스로 필요한 데이터를 수집·분석하여 고속으로 처리할 수 있다.
전문가 시스템 (Expert System)	• 의료 진단 등과 같은 특정 분야의 전문가가 수행하는 고도의 업무를 지원하기 위한 컴퓨터 응용 프로그램이다. • 지식 베이스(Knowledge Base)라는 데이터베이스와 지식 베이스에 기초하여 추론을 실행하는 추론 기구(Inference Engine)를 활용하여 결정을 내리거나 문제를 해결한다.
가상현실 (VR; Virtual Reality)	컴퓨터 등을 사용하여 실제와 유사하지만 실제가 아닌 환경이나 상황을 구현하는 기술이다.
증강현실*(AR; Augmented Reality)	실제 촬영한 화면에 가상의 정보를 부가하여 보여주는 기술이다.
혼합현실 (MR; Mixed Reality)	가상현실과 현실 세계를 합쳐, 현실의 물리적인 객체와 가상의 객체가 상호 작용할 수 있는 환경을 구현하는 기술이다.
그레이웨어(Grayware)	소프트웨어를 제공하는 입장에서는 악의적이지 않은 유용한 소프트웨어라고 주장할 수 있지만 사용자 입장에서는 유용할 수도 있고 악의적일 수도 있는 애드웨어*, 트랙웨어*, 기타 악성 코드나 악성 공유웨어를 말한다.
기사 25.5, 24.2, 20.9 매시업(Mashup)	웹에서 제공하는 정보 및 서비스를 이용하여 새로운 소프트웨어나 서비스, 데이터베이스 등을 만드는 기술이다.
리치 인터넷 애플리케이션 (RIA; Rich Internet Application)	플래시 애니메이션 기술과 웹 서버 애플리케이션 기술을 통합하여 기존 HTML 보다 역동적이고 인터랙티브한 웹페이지를 제공하는 신개념의 플래시 웹페이지 제작 기술이다.
시맨틱 웹 (Semantic Web)	• 컴퓨터가 사람을 대신하여 정보를 읽고 이해하고 가공하여 새로운 정보를 만들어 낼 수 있도록 이해하기 쉬운 의미를 가진 차세대 지능형 웹이다. • 시맨틱 웹을 구성하는 핵심 기술로는 웹 자원(Resource)을 서술하기 위한 자원 서술 기술, 온톨로지(Ontology)*를 통한 지식 서술 기술, 통합적으로 운영하기 위한 에이전트(Agent) 기술들을 들 수 있다.

증강현실 사용 예
• 스포츠 중계 시 등장 선수의 소속 국가나 정보를 보여주거나, 화장한 자신의 모습을 미리 보고, 옷을 가상으로 입어보고 구매할 수 있습니다.
• 스마트폰으로 거리를 비추면 커피숍이나 약국 등의 정보가 화면에 부가적으로 표시됩니다.

애드웨어(Adware)
애드웨어는 소프트웨어 자체에 광고를 포함하여 이를 보는 대가로 무료로 사용하는 소프트웨어입니다.

트랙웨어(Trackware)
트랙웨어는 적절한 사용자 동의 없이 사용자 정보를 수집하는 프로그램으로 스파이웨어(Spyware)라고도 불립니다.

온톨로지(Ontology)
온톨로지는 인간뿐만 아니라 컴퓨터도 정보를 이해할 수 있도록 해주는 개념화 명세로서, 단어와 관계들로 구성된 일종의 사전을 의미합니다.

기사 25.8, 24.5, 23.7 증발품(Vaporware)	판매 계획 또는 배포 계획은 발표되었으나 실제로 고객에게 판매되거나 배포되지 않고 있는 소프트웨어이다.
오픈 그리드 서비스 아키텍처(OGSA; Open Grid Service Architecture)	• 애플리케이션 공유를 위한 웹 서비스를 그리드* 상에서 제공하기 위해 만든 개방형 표준이다. • 웹 서비스 표준을 적극적으로 따르고 기존의 웹 개발 툴들을 그대로 사용할 수 있다는 장점이 있다.
25.2, 23.7, 22.7, 22.3, 기사 20.9 서비스 지향 아키텍처 (SOA; Service Oriented Architecture)	• 기업의 소프트웨어 인프라인 정보시스템을 공유와 재사용이 가능한 서비스 단위나 컴포넌트 중심으로 구축하는 정보기술 아키텍처이다. • 기업의 IT 시스템을 비즈니스에 맞춰 유연하게 사용할 수 있다는 것이 장점이다. • SOA 기반 애플리케이션 구성 계층 : 표현(Presentation) 계층, 업무 프로세스(Biz-Process) 계층, 서비스 중간(Service Intermediary) 계층, 애플리케이션(Application) 계층, 데이터 저장(Persistency) 계층
서비스형 소프트웨어(SaaS; Software as a Service)	• 소프트웨어의 여러 기능 중에서 사용자가 필요로 하는 서비스만 이용할 수 있도록 한 소프트웨어이다. • 공급업체가 하나의 플랫폼을 이용해 다수의 고객에게 소프트웨어 서비스를 제공하고, 사용자는 이용한 만큼 돈을 지급하는 방식이다.
복잡 이벤트 처리 (CEP; Complex Event Processing)	• 실시간으로 발생하는 많은 사건들 중 의미가 있는 것만을 추출할 수 있도록 사건 발생 조건을 정의하는 데이터 처리 방법이다. • 금융, 통신, 전력, 물류, 국방 등에서 대용량 데이터 스트림에 대한 요구에 실시간으로 대응하기 위하여 개발된 기술이다.
기사 24.5, 20.8 디지털 트윈(Digital Twin)	• 현실속의 사물을 소프트웨어로 가상화한 모델로, 실제 자산의 특성에 대한 정확한 정보를 얻을 수 있고, 최적화, 돌발사고 최소화, 생산성 증가 등 설계부터 제조, 서비스에 이르는 모든 과정의 효율성을 향상시킬 수 있다. • 주로 현실속의 사물을 대신해 다양한 상황을 모의 실험하기 위한 용도로 사용한다.
기사 21.8 텐서플로(TensorFlow)	• 구글의 구글 브레인(Google Brain) 팀이 만든, 다양한 작업에 대해 데이터 흐름 프로그래밍을 위한 오픈소스 소프트웨어 라이브러리이다. • C++언어로 제작되었고, 구글 검색, 음성 인식, 번역 등의 구글 서비스 전반에서 다양하게 사용되고 있다.
25.5, 22.3 시큐어 코딩 (Secure Coding)	• 소프트웨어의 구현 단계에서 발생할 수 있는 보안 취약점들을 최소화하기 위해 보안 요소들을 고려하며 코딩하는 것을 의미한다. • 보안 취약점을 사전에 대응하여 안정성과 신뢰성을 확보하기 위해 사용된다. • 보안 정책을 바탕으로 시큐어 코딩 가이드를 작성하고, 개발 참여자에게는 시큐어 코딩 교육을 실시해야 한다.

> **그리드(Grid)**
> 그리드는 한 번에 한 곳만 연결할 수 있던 기존의 웹(WWW)과는 달리 동시에 여러 곳에 연결할 수 있는 인터넷 망 구조입니다.

2 보안 관련 용어

기사 24.7, 23.7, 22.7, 21.8, 21.3

2504102

용어	의미
블록체인(Blockchain)	P2P* 네트워크를 이용하여 온라인 금융 거래 정보를 온라인 네트워크 참여자(Peer)의 디지털 장비에 분산 저장하는 기술이다.
분산 원장 기술(DLT; Distributed Ledger Technology)	• 중앙 관리자나 중앙 데이터 저장소가 존재하지 않고 P2P 망내의 참여자들에게 모든 거래 목록이 분산 저장되어 거래가 발생할 때마다 지속적으로 갱신되는 디지털 원장이다. • 대표적인 사례로 블록체인(Blockchain)이 있다.

> **P2P(Peer-to-Peer)**
> P2P는 개인 대 개인이라는 의미를 가지며, 네트워크에서 개인 대 개인이 PC를 이용하여 서로 데이터를 공유하는 방식을 의미합니다.

양자 암호키 분배 (QKD; Quantum Key Distribution)	• 양자 통신을 위해 비밀키를 분배하여 관리하는 기술이다. • 두 시스템이 암호 알고리즘 동작을 위한 비밀키를 안전하게 공유하기 위해 양자 암호키 분배 시스템을 설치하여 운용하는 방식으로 활용된다.
프라이버시 강화 기술 (PET; Privacy Enhancing Technology)	개인정보 위험 관리 기술로, 암호화, 익명화 등 개인정보를 보호하는 기술에서 사용자가 직접 개인정보를 통제하기 위한 기술까지 다양한 사용자 프라이버시 보호 기술을 통칭한다.
공통 평가 기준 (CC; Common Criteria)	• ISO 15408 표준으로 채택된 정보 보호 제품의 평가 기준이다. • 시스템의 평가 원칙과 평가 모델, 시스템 보안 기능 요구사항(11개), 시스템의 7등급 평가를 위한 보증 요구사항(8개)으로 구성되어 있다.
개인정보 영향평가 제도 (PIA; Privacy Impact Assessment)	개인 정보를 활용하는 새로운 정보시스템의 도입 및 기존 정보시스템의 중요한 변경 시 시스템의 구축·운영이 기업의 고객은 물론 국민의 사생활에 미칠 영향에 대해 미리 조사·분석·평가하는 제도이다.
소프트웨어 에스크로(임치) (Software Escrow)	소프트웨어 개발자의 지식재산권을 보호하고 사용자는 저렴한 비용으로 소프트웨어를 안정적으로 사용 및 유지보수 받을 수 있도록 소스 프로그램과 기술 정보 등을 제3의 기관에 보관하는 것이다.
기사 24.7, 23.7, 22.7, 21.3 서비스형 블록체인(BaaS; Blockchain as a Service)	• 블록체인(Blockchain) 앱의 개발 환경을 클라우드 기반으로 제공하는 서비스이다. • 블록체인 네트워크에 노드의 추가 및 제거가 용이하고, 블록체인 플랫폼마다 다른 브록체인 기술을 보다 편리하게 사용할 수 있게 한다.
기사 21.8 OWASP(the Open Web Application Security Project, 오픈 웹 애플리케이션 보안 프로젝트)	• 웹 정보 노출이나 악성 코드, 스크립트, 보안이 취약한 부분을 연구하는 비영리 단체이다. • 보안 취약점 중 보안에 미치는 영향이 큰 것을 기준으로 선정한 10대 웹 애플리케이션 취약점을 3~4년에 한 번씩 발표하고 있다.

기출문제 따라잡기

25년 2월, 23년 7월, 22년 7월, 3월
1. 기업의 소프트웨어 인프라인 정보 시스템을 공유와 재사용이 가능한 서비스 단위로 구축하는 정보기술 아키텍처를 의미하는 용어는?

① SOA ② OGSA
③ Mashup ④ SDE

"서비스 단위로"는 "서비스를 중심으로, 서비스를 지향하는"과 같은 의미입니다. 이 문제의 핵심은 서비스(Service)를 지향하는(Oriented) 아키텍처(Architecture)입니다.

25년 5월, 22년 3월
2. 다음 설명에 해당하는 용어는?

소프트웨어의 구현 단계에서 발생할 수 있는 보안 취약점들을 최소화하기 위해 보안 요소들을 고려하여 코딩하는 것을 의미하며, 보안 취약점을 사전에 대응하여 안정성과 신뢰성을 확보하기 위해 사용된다.

① SDLC ② Secure Coding
③ CLASP ④ OWASP

지문의 핵심은 보안 요소를 고려하여 안전한(Secure) 코딩(Coding)을 하는 것입니다.

기출문제 따라잡기

기사 25년 5월, 20년 8월

3. 다음 빈 칸에 들어갈 알맞은 기술은?

> (　　　)은/는 웹에서 제공하는 정보 및 서비스를 이용하여 새로운 소프트웨어나 서비스, 데이터베이스 등을 만드는 기술이다.

① Quantum Key Distribution
② Digital Rights Management
③ Grayware
④ Mashup

문제의 지문에 제시된 내용은 Mashup의 개념입니다.
- 양자 암호키 분배(QKD) : 비밀키 분배 기술
- 디지털 저작권 관리(DRM) : 저작권 보호
- 그레이웨어(Grayware) : 애드웨어, 트랙웨어

기사 20년 9월

4. 서비스 지향 아키텍처 기반 애플리케이션을 구성하는 층이 아닌 것은?

① 표현층　　　　② 프로세스층
③ 제어 클래스층　④ 비즈니스층

제어 클래스층은 SOA 기반 애플리케이션 구성 계층이 아닙니다.

기사 24년 5월, 20년 8월

5. 물리적인 사물과 컴퓨터에 동일하게 표현되는 가상의 모델로, 실제 물리적인 자산 대신 소프트웨어로 가상화함으로써 실제 자산의 특성에 대한 정확한 정보를 얻을 수 있고, 자산 최적화, 돌발사고 최소화, 생산성 증가 등 설계부터 제조, 서비스에 이르는 모든 과정의 효율성을 향상시킬 수 있는 모델은?

① 최적화　　　　② 실행 시간
③ 디지털 트윈　　④ N-Screen

'물리적인 자산을 소프트웨어로 가상화', 하면 '디지털 트윈'입니다.

기사 21년 8월

6. 구글의 구글 브레인 팀이 제작하여 공개한 기계 학습(Machine Learning)을 위한 오픈소스 소프트웨어 라이브러리는?

① 타조(Tajo)
② 원 세그(One Seg)
③ 포스퀘어(Foursquare)
④ 텐서플로(TensorFlow)

다양한 작업에 대해 데이터 흐름(Flow) 프로그래밍을 위한 오픈소스 소프트웨어 라이브러리는 텐서플로(TensorFlow)입니다.

기사 22년 7월, 21년 3월

7. 다음 내용이 설명하는 것은?

> - 블록체인(Blockchain) 개발 환경을 클라우드로 서비스하는 개념
> - 블록체인 네트워크에 노드의 추가 및 제거가 용이
> - 블록체인의 기본 인프라를 추상화하여 블록체인 응용 프로그램을 만들 수 있는 클라우드 컴퓨팅 플랫폼

① OTT　　　　② BaaS
③ SDDC　　　④ Wi-SUN

지문의 핵심은 내용은 블록체인(Blockchain)과 같은(as) 서비스(a Service)입니다.

기사 21년 8월

8. 오픈소스 웹 애플리케이션 보안 프로젝트로서 주로 웹을 통한 정보 유출, 악성 파일 및 스크립트, 보안 취약점 등을 연구하는 곳은?

① WWW　　　② OWASP
③ WBSEC　　　④ ITU

오픈소스(Open source), 웹(Web), 애플리케이션(Application), 보안(Security), 프로젝트(Project)와 관련된 것은 OWASP입니다.

▶ 정답 : 1. ① 2. ② 3. ④ 4. ③ 5. ③ 6. ④ 7. ② 8. ②

SECTION 046

HW 관련 신기술

전문가의 조언

문제에 제시된 내용이 무슨 용어를 말하는지 맞힐 수 있을 정도로 학습하세요.

클러스터(Cluster)
클러스터는 두 대 이상의 서버를 하나의 서버처럼 운영하는 기술로, 서버 이중화 및 공유 스토리지를 사용하여 서버의 고가용성을 제공합니다.

이중화(Replication)
이중화는 시스템 오류로 인한 시스템의 서비스 중단이나 물리적 손상 발생 시 이를 복구하기 위해 동일한 시스템을 복제하여 관리하는 것입니다.

① 고가용성(HA; High Availability)
기사 25.8, 24.7, 23.7

고가용성은 긴 시간동안 안정적인 서비스 운영을 위해 장애 발생 시 즉시 다른 시스템으로 대체 가능한 환경을 구축하는 메커니즘을 의미한다.

- 가용성(Availability)을 극대화하는 방법으로는 클러스터*, 이중화* 등이 있다.

② 3D Printing(Three Dimension Printing)

3D Printing은 대상을 평면에 출력하는 것이 아니라 손으로 만질 수 있는 실제 물체로 만들어내는 것을 말한다.

- 3D Printing은 아주 얇은 두께로 한층한층 적층시켜 하나의 형태를 만들어내는 기술을 이용한다.
- 3D Printing은 건축가나 항공우주, 전자, 공구 제조, 자동차, 디자인, 의료 분야에서 사용되고 있다.

③ 4D Printing(Fourth Dimension Printing)

4D Printing은 특정 시간이나 환경 조건이 갖추어지면 스스로 형태를 변화시키거나 제조되는 자가 조립(Self-Assembly) 기술이 적용된 제품을 3D Printing하는 기술을 의미한다.

- 4D Printing은 2013년 4월 TED(Technology, Entertainment, Design) 강연에서 미국 MIT 자가 조립 연구소(Self-Assembly Lab)의 스카일러 티빗츠(Skylar Tibbits) 교수에 의해 처음 공개되었다.
- 4D Printing을 위해서는 인간의 개입 없이 열·진동·습도·중력 등 다양한 환경이나 에너지원에 자극 받아 변화하는 스마트 소재가 필요하며, 이는 형상기억합금*이나 나노 기술*을 통해 전기회로를 내장하는 방법 등으로 제조된다.
- 4D Printing으로 제조된 제품에 전기로 열을 가하면 기존에 설정한 모양으로 접히는 종이접기 로봇이나, 접힌 상태에서 출력되어 완전한 형태로 변화하는 키네메틱스 드레스(Kinematics Dress) 등이 선보여진 바 있다.

형상기억합금
형상기억합금은 모양을 변형시켜도 일정한 온도가 주어지면 변형 전 모양으로 다시 되돌아오는 성질을 가진 합금입니다.

나노 기술(Nanotechnology)
나노(Nano)는 10억분의 1을 나타내는 단위로, 나노 기술은 나노미터 정도로 아주 작은 크기의 소자를 만들고 제어 하는 기술, 즉 분자와 원자를 다루는 초미세 기술을 의미합니다.

4 RAID(Redundant Array of Inexpensive Disk, Redundant Array of Independent Disk)

여러 개의 하드디스크로 디스크 배열을 구성하여 파일을 구성하고 있는 데이터 블록들을 서로 다른 디스크들에 분산 저장할 경우 그 블록들을 여러 디스크에서 동시에 읽거나 쓸 수 있으므로 디스크의 속도가 매우 향상되는데, 이 기술을 RAID라고 한다.

- RAID는 어느 한 디스크에만 결함이 발생해도 전체 데이터에 파일이 손상되는 문제가 발생한다. 이러한 문제점을 해결하기 위해 디스크 배열에 오류 검출 및 복구를 위한 여분의 디스크들을 추가하여 오류가 발생해도 원래의 데이터를 복구할 수 있게 했다.
- RAID는 오류 검출 및 정정 방법에 따라 RAID1 ~ RAID5까지 다섯 종류가 있다.

5 4K 해상도

4K 해상도는 차세대 고화질 모니터의 해상도를 지칭하는 용어이다.

- 4K 해상도는 가로 픽셀 수가 3840이고, 세로 픽셀 수가 2160인 영상의 해상도를 말하는데, 이는 Full HDTV(1920×1080)의 가로·세로 2배, 총 4배에 해당하는 초고화질의 영상이다.
- UHDTV*는 차세대 TV 규격으로, HDTV 해상도의 4배에 해당하는 4K, 16배에 해당하는 8K 해상도를 채택하고 있다.

UHDTV
UHDTV는 'Ultra High Definition TV'의 줄임말로, 초고화질 TV를 의미합니다.

6 앤 스크린(N-Screen)

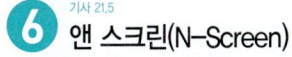

앤 스크린은 N개의 서로 다른 단말기에서 동일한 콘텐츠를 자유롭게 이용할 수 있는 서비스를 말한다.

- 앤 스크린은 PC, TV, 휴대폰에서 동일한 콘텐츠를 끊김 없이 이용할 수 있는 것은 물론 사용자가 가지고 있는 여러 개의 단말기에서도 동일한 콘텐츠를 끊김 없이 이용할 수 있다.

7 컴패니언 스크린(Companion Screen)

컴패니언 스크린은 앤 스크린(N Screen)의 한 종류로, TV 방송 시청 시 방송 내용을 공유하며 추가적인 기능을 수행할 수 있는 스마트폰, 태블릿PC 등을 의미한다. 세컨드 스크린(Second Screen)이라고도 불린다.

- 컴패니언 스크린 이용자는 IP(Internet Protocol)망을 통해 TV와 스마트폰, PC 등을 연결하여 시청 중인 방송 프로그램의 관련 정보, 가수의 영상(VOD), 음원(AOD) 등을 이용하는 것이 가능하며, 소셜TV와 같이 시청 중에 SNS를 통해 다른 사람들과 의견을 공유할 수도 있다.

8 신 클라이언트 PC(Thin Client PC)

신 클라이언트 PC는 하드디스크나 주변 장치 없이 기본적인 메모리만 갖추고 서버와 네트워크로 운용되는 개인용 컴퓨터를 말하는 것으로, 서버 기반 컴퓨팅과 관계가 깊다.

- 클라이언트는 프로그램이 필요할 때마다 서버에 접속하여 소프트웨어를 내려받기만 하면 되며, 기억장치가 없으므로 데이터는 서버 측에서 한꺼번에 관리한다.
- 신 클라이언트 PC는 기억장치를 따로 두지 않기 때문에 PC를 분실하더라도 정보가 유출될 우려가 없다.
- 신 클라이언트 PC는 원래 유지보수 등에 발생하는 비용을 절감하기 위해 고안되었지만, 정보 유출 방지를 위해 이용되면서 재택근무 도입을 검토하고 있는 기업들의 주목을 받고 있다.

9 패블릿(Phablet)

패블릿은 폰(Phone)과 태블릿(Tablet)의 합성어로, 태블릿 기능을 포함한 5인치 이상의 대화면 스마트폰을 말한다.

- 대화면 스마트폰은 동영상 시청, 웹 브라우징 등 각종 서비스가 월등하므로 대화면 기기를 한 번 사용해보면 작은 기기를 사용할 수 없다는 이른바 '톱니 효과(Ratchet Effect)'가 적용될 수 있다는 점에서 의미 있는 프리미엄 제품이다.

10 C형 유에스비(Universal Serial Bus Type-C, USB Type-C, USB-C)

C형 유에스비는 범용 인터페이스 규격인 유에스비(USB; Universal Serial Bus)의 표준 중 하나로, 2014년 8월 USB IF(Implementers Forum)에서 발표되었다.

- C형 유에스비는 기존 A형에 비하여 크기가 작고, 24핀으로 위아래의 구분이 없어 어느 방향으로든 연결이 가능하다.
- C형 유에스비의 데이터 전송 속도는 초당 10기가비트(Gbps)이며, 전력은 최대 100W까지 전송이 가능하다.
- 전력 전송량이 증대됨에 따라 전원 케이블을 필요로 하던 주변기기들을 C형 유에스비만으로 연결할 수 있게 되면서 기기 간 연결의 편의성이 증대되었다.

11 멤스(MEMS; Micro-Electro Mechanical Systems)

멤스는 초정밀 반도체 제조 기술을 바탕으로 센서, 액추에이터(Actuator) 등 기계 구조를 다양한 기술로 미세 가공하여 전기기계적 동작을 할 수 있도록 한 초미세 장치이다.

- 멤스는 일반적으로 작은 실리콘 칩 위에 마이크로 단위의 작은 부품과 이들을 입체적으로 연결하는 마이크로 회로들로 구성되며, 정보기기의 센서나 프린터 헤드, HDD 자기 헤드, 기타 환경, 의료 및 군사 용도로 이용된다.
- 최근의 초소형이면서 고도의 복잡한 동작을 하는 마이크로시스템이나 마이크로머신들은 대부분 멤스 기술을 사용한다.

12 트러스트존 기술(TrustZone Technology)

트러스트존 기술은 칩 설계회사인 ARM(Advanced RISC Machine)에서 개발한 기술로, 하나의 프로세서(Processor) 내에 일반 애플리케이션을 처리하는 일반 구역(Normal World)과 보안이 필요한 애플리케이션을 처리하는 보안 구역(Secure World)으로 분할하여 관리하는 하드웨어 기반의 보안 기술이다.

- 트러스트존 기술을 적용한 프로세서를 사용하면 결제, 인증서, 기밀문서 등과 같이 보안이 필요한 데이터들을 취급하는 애플리케이션을 외부 공격에 노출하지 않고 운영체제(OS) 수준에서 안전하게 보호하는 것이 가능하다.

13 엠디스크(M-DISC; Millennial DISC)

엠디스크는 한 번의 기록만으로 자료를 영구 보관할 수 있는 광 저장 장치이다.

- 엠디스크는 디스크 표면의 무기물층에 레이저를 이용해 자료를 조각해서 기록한다. 기존의 염료층에 표시하는 방식과 달리 물리적으로 조각하는 방식 덕분에 시간이 가도 변하지 않는 금속 활자처럼 빛, 열, 습기 등의 외부 요인에 영향을 받지 않는다.
- 엠디스크는 미국의 밀레니어터(Millenniata)사에서 개발되었으며, 디지털 비디오 디스크(DVD)와 블루레이 디스크(Blue-ray Disk)*에 적용된다.

> **블루레이 디스크(Blue-ray Disk)**
> 블루레이 디스크는 고선명(HD) 비디오를 위한 디지털 데이터를 저장할 수 있도록 만든 광 기록 방식의 저장매체입니다.

14 멤리스터(Memristor)

멤리스터는 메모리(Memory)와 레지스터(Resister)의 합성어로, 전류의 방향과 양 등 기존의 경험을 모두 기억하는 특별한 소자이다.

- 멤리스터는 레지스터(Resister), 커패시터(Capacitor), 인덕터(Inductor)에 이어 네 번째 전자회로 구성 요소라 불리고 있다.
- 멤리스터는 전원 공급이 끊어졌을 때도 직전에 통과한 전류의 방향과 양을 기억하기 때문에 다시 전원이 공급되면 기존의 상태가 그대로 복원된다. 컴퓨터를 예로 들면, 문서 작업을 하다 전원을 끈 뒤 다시 켜면 작업했던 상태 그대로 남아 있는 것이다. 이를 이용하면 수분이 소요되는 부팅 시간이 몇 초로 줄어들 수 있다.

기출문제 따라잡기

기사 21년 5월

1. PC, TV, 휴대폰에서 원하는 콘텐츠를 끊김없이 자유롭게 이용할 수 있는 서비스는?

① Memristor
② MEMS
③ SNMP
④ N-Screen

> PC, TV, 휴대폰 등 여러 단말기에서 콘텐츠를 자유롭게 이용하는 서비스는 N-Screen입니다.

출제예상

2. 다음 중 하드디스크나 주변 장치 없이 기본적인 메모리만 갖추고 서버와 네트워크로 운용되는 개인용 컴퓨터를 의미하는 것은?

① Mobile Computing
② Cloud Computing
③ MEMS
④ Thin Client PC

> 서버와 네트워크로 연결되어 운영되는 것은 Thin Client PC입니다.

출제예상

3. 다음은 하드웨어와 관련된 기술들을 설명한 것이다. 가장 옳지 않은 것은?

① MEMS : 초정밀 반도체 제조 기술을 바탕으로 센서, 액추에이터(Actuator) 등 기계 구조를 다양한 기술로 미세 가공하여 전기기계적 동작을 할 수 있도록 한 초미세 장치

② TrustZone Technology : 하나의 프로세서 내에 일반 애플리케이션을 처리하는 일반 구역(Normal World)과 보안이 필요한 애플리케이션을 처리하는 보안 구역(Secure World)으로 분할하여 관리하는 하드웨어 기반의 보안 기술

③ Phablet : 태블릿 기능을 포함한 10인치 이상의 대화면 스마트폰

④ M-DISC : 한 번의 기록만으로 자료를 영구 보관할 수 있는 광 저장 장치

> 패블릿은 10인치 이상이 아니라 5인치 이상의 대화면 스마트폰입니다.

▶ 정답 : 1. ④ 2. ④ 3. ③

SECTION 047 DB 관련 신기술

1 빅데이터(Big Data)

빅데이터는 기존의 관리 방법이나 분석 체계로는 처리하기 어려운 막대한 양의 정형 또는 비정형 데이터 집합으로, 스마트 단말의 빠른 확산, 소셜 네트워크 서비스의 활성화, 사물 네트워크*의 확대로 데이터 폭발이 더욱 가속화되고 있다.

- 빅데이터가 주목받고 있는 이유는 기업이나 정부, 포털 등이 빅데이터를 효과적으로 분석함으로써 미래를 예측해 최적의 대응 방안을 찾고, 이를 수익으로 연결하여 새로운 가치를 창출하기 때문이다.

2 브로드 데이터(Broad Data)

브로드 데이터는 다양한 채널에서 소비자와 상호 작용을 통해 생성된, 기업 마케팅에 있어 효율적이고 다양한 데이터이며, 이전에 사용하지 않거나 알지 못했던 새로운 데이터나, 기존 데이터에 새로운 가치가 더해진 데이터를 말한다.

- 브로드 데이터는 대량의 자료를 뜻하는 빅데이터(Big Data)와는 달리 다양한 정보를 뜻하는 것으로, 소비자의 SNS 활동이나 위치 정보 등이 이에 속한다.
- IBM은 아시아 유통 데이터 분석 리포트를 통해 브로드 데이터의 중요성을 강조하기도 했다.

3 메타 데이터(Meta Data)

메타 데이터는 일련의 데이터를 정의하고 설명해 주는 데이터이다. 컴퓨터에서는 데이터 사전의 내용, 스키마 등을 의미하고, HTML 문서에서는 메타 태그 내의 내용이 메타 데이터이다. 방송에서는 방대한 분량의 저작물을 신속하게 검색하기 위한 촬영일시, 장소, 작가, 출연자 등과 음원의 검색을 위한 작곡자나 가수명 등을 메타 데이터로 처리한다.

- 메타 데이터는 여러 용도로 사용되나 주로 빠르게 검색하거나 내용을 간략하고 체계적으로 하기 위해 많이 사용된다.

4 디지털 아카이빙(Digital Archiving)

디지털 아카이빙은 디지털 정보 자원을 장기적으로 보존하기 위한 작업을 말한다. 아날로그 콘텐츠는 디지털로 변환한 후 압축해서 저장하고, 디지털 콘텐츠도 체계적으로 분류하고 메타 데이터를 만들어 DB화하는 작업이다.

- 디지털 아카이빙은 늘어나는 정보 자원의 효율적인 관리와 이용을 위해 필요한 작업이다.

전문가의 조언

문제에 제시된 내용이 무슨 용어를 말하는지 맞힐 수 있을 정도로 학습하세요.

사물 네트워크
사물 네트워크는 인간과 사물, 서비스 등 분산되어 있는 요소들이 인간의 개입 없이 상호 협력적으로 감지, 통신, 정보 처리 등 지능적 관계를 형성하는 네트워크입니다.

⑤ 하둡(Hadoop)
기사 25.5, 23.2, 22.4, 21.5, 20.6

하둡은 오픈 소스를 기반으로 한 분산 컴퓨팅 플랫폼이다.

- 하둡은 일반 PC급 컴퓨터들로 가상화된 대형 스토리지를 형성하고 그 안에 보관된 거대한 데이터 세트를 병렬로 처리할 수 있도록 개발된 자바 소프트웨어 프레임워크로, 구글, 야후 등에 적용되고 있다.
- 하둡과 관계형 데이터베이스(RDB) 간 대용량 데이터를 전송할 때 스쿱(Sqoop)*이라는 도구를 이용한다.

> **스쿱(Sqoop)**
> 스쿱은 하둡과 관계형 데이터베이스 사이에서 효율적으로 데이터를 이관하고 변환해 주는 명령줄 인터페이스 애플리케이션입니다.

⑥ 맵리듀스(MapReduce)
기사 24.5, 23.2, 20.9

맵리듀스는 대용량 데이터를 분산 처리하기 위한 목적으로 개발된 프로그래밍 모델로, 흩어져 있는 데이터를 연관성 있는 데이터 분류로 묶는 Map 작업을 수행한 후 중복 데이터를 제거하고 원하는 데이터를 추출하는 Reduce 작업을 수행한다.

- Google에 의해 고안되었으며, 대표적인 대용량 데이터 처리를 위한 병렬 처리 기법으로 많이 사용되고 있다.

⑦ 타조(Tajo)
기사 20.9

타조는 오픈 소스 기반 분산 컴퓨팅 플랫폼인 아파치 하둡(Apache Hadoop) 기반의 분산 데이터 웨어하우스* 프로젝트로, 우리나라가 주도하여 개발하고 있다.

- 타조는 하둡(Hadoop)의 빅데이터를 분석할 때 맵리듀스(MapReduce)를 사용하지 않고 구조화 질의 언어(SQL)를 사용하여 하둡 분산 파일 시스템(HDFS; Hadoop Distributed File System) 파일을 바로 읽어낼 수 있다.
- 타조는 대규모 데이터 처리와 실시간 상호 분석에 모두 사용할 수 있다.

> **데이터 웨어하우스(Data Warehouse)**
> 데이터 웨어하우스는 정보(Data)와 창고(Warehouse)의 합성어로, 기업의 의사결정 과정에 효과적으로 사용될 수 있도록 여러 시스템에 분산되어 있는 데이터를 주제별로 통합·축적해 놓은 데이터베이스입니다.

⑧ 데이터 다이어트(Data Diet)

데이터 다이어트는 데이터를 삭제하는 것이 아니라 압축하고, 중복된 정보는 중복을 배제하고, 새로운 기준에 따라 나누어 저장하는 작업이다.

- 데이터 다이어트는 인터넷과 이동통신 이용이 늘면서 각 기관·기업의 데이터베이스에 쌓인 방대한 정보를 효율적으로 관리하기 위해 대두된 방안으로, 같은 단어가 포함된 데이터들을 한 곳에 모아 두되 필요할 때 제대로 찾아내는 체계를 갖추는 것이 중요하다.

⑨ 데이터 마이닝(Data Mining)
기사 24.5, 23.7, 20.8

데이터 마이닝은 데이터 웨어하우스에 저장된 데이터 집합에서 사용자의 요구에 따라 유용하고 가능성 있는 정보를 발견하기 위한 기법이다.

- 대량의 데이터를 분석하여 데이터 속에 내재되어 있는 변수 사이의 상호관계를 규명하여 패턴화함으로써 효율적인 데이터 추출이 가능하다.

10 OLAP(Online Analytical Processing)
기사 20.9

OLAP는 다차원으로 이루어진 데이터로부터 통계적인 요약 정보를 분석하여 의사결정에 활용하는 방식을 말한다.

- OLAP 시스템은 데이터 웨어하우스나 데이터 마트와 같은 시스템과 상호 연관되는 정보 시스템이다.
- **OLAP 연산** : Roll-up, Drill-down, Drill-through, Drill-across, Pivoting, Slicing, Dicing

 ### 기출문제 따라잡기

기사 25년 5월, 22년 4월, 20년 6월

1. 다음이 설명하는 용어로 옳은 것은?

- 오픈 소스를 기반으로 한 분산 컴퓨팅 플랫폼이다.
- 일반 PC급 컴퓨터들로 가상화된 대형 스토리지를 형성한다.
- 다양한 소스를 통해 생성된 빅데이터를 효율적으로 저장하고 처리한다.

① 하둡(Hadoop)   ② 비컨(Beacon)
③ 포스퀘어(Foursquare)   ④ 맴리스터(Memristor)

이 용어의 키워드는 "오픈 소스 기반 분산 컴퓨팅 플래폼"입니다.

기사 24년 5월, 20년 9월

2. 다음 내용에 적합한 용어는?

- 대용량 데이터를 분산 처리하기 위한 목적으로 개발된 프로그래밍 모델이다.
- Google에 의해 고안된 기술로서 대표적인 대용량 데이터 처리를 위한 병렬 처리 기법을 제공한다.
- 임의의 순서로 정렬된 데이터를 분산 처리하고 이를 다시 합치는 과정을 거친다.

① MapReduce   ② SQL
③ Hijacking   ④ Logs

이것은 흩어져 있는 데이터를 분류하고 묶는 Map 작업을 수행한 후 중복 데이터를 제거하고 원하는 데이터를 추출하는 Reduce 작업을 수행합니다.

기사 24년 5월, 20년 8월

3. 빅데이터 분석 기술 중 대량의 데이터를 분석하여 데이터 속에 내재되어 있는 변수 사이의 상호관계를 규명하여 일정한 패턴을 찾아내는 기법은?

① Data Mining   ② Wm-Bus
③ Digital Twin   ④ Zigbee

광산에서 채굴(Mining) 하듯이 대량의 데이터(Data)에서 유용한 정보를 추출해내는 기법은 Data Mining입니다.

기사 25년 5월, 20년 9월

4. 데이터 웨어하우스의 기본적인 OLAP(on-line analytical processing) 연산이 아닌 것은?

① translate   ② roll-up
③ dicing   ④ drill-down

OLAP 연산에는 Roll-up, Drill-down, Drill-through, Drill-across, Pivoting, Slicing, Dicing이 있습니다.

기사 21년 5월

5. 하둡(Hadoop)과 관계형 데이터베이스 간에 데이터를 전송할 수 있도록 설계된 도구는?

① Apnic   ② Topology
③ Sqoop   ④ SDB

하둡(Hadoop)하면, 스쿱(Sqoop)입니다.

▶ 정답 : 1.① 2.① 3.① 4.① 5.③

SECTION 048 네트워크 관련 신기술

전문가의 조언
문제에 제시된 내용이 무슨 용어를 말하는지 맞힐 수 있을 정도로 학습하세요.

1 지능형 초연결망

지능형 초연결망은 과학기술정보통신부 주관으로 추진 중인 사업으로, 스마트 시티, 스마트 스테이션 등 4차 산업혁명 시대를 맞아 새로운 변화에 따라 급격하게 증가하는 데이터 트래픽을 효과적으로 수용하기 위해 시행되는 정부 주관 사업이다.

- 지능형 초연결망은 국가 전체 망에 소프트웨어 정의 기술(SDE)을 적용하는 방법으로 네트워크의 데이터 트래픽 증가를 불러올 수 있는 사물 인터넷(IoT), 클라우드, 빅데이터, 5G 등을 효율적으로 수용할 수 있도록 한다.
- 지능형 초연결망은 기존의 초고속정보통신망, 광대역통합망(BcN), 광대역융합망(UBcN)을 잇는 중장기 네트워크 발전 전략이다.

2 소프트웨어 정의 기술(SDE, SDx; Software-Defined Everything)
기사 24.2, 23.2, 22.4, 21.8

소프트웨어 정의 기술은 네트워크, 데이터 센터 등에서 소유한 자원을 가상화하여 개별 사용자에게 제공하고, 중앙에서는 통합적으로 제어가 가능한 기술이다.

- 관련 용어

용어	의미
기사 24.2, 23.2, 22.4 소프트웨어 정의 네트워킹 (SDN; Software Defined Networking,)	• 네트워크를 컴퓨터처럼 모델링하여 여러 사용자가 각각의 소프트웨어들로 네트워킹을 가상화하여 제어하고 관리하는 네트워크이다. • 네트워크 비용 및 복잡성을 해결할 수 있는 기술로 간주되어 기존 네트워킹 기술의 폐쇄형 하드웨어 및 소프트웨어 기술을 개방형으로 변화시키는 미래 인터넷 기술로 떠오르고 있다.
소프트웨어 정의 데이터 센터(SDDC; Software Defined Data Center)	데이터 센터의 모든 자원을 가상화하여 인력의 개입없이 소프트웨어 조작만으로 관리 및 제어되는 데이터 센터이다.
기사 21.8 소프트웨어 정의 스토리지 (SDS; Software-Defined Storage)	물리적인 데이터 스토리지(Data Storage)를 가상화하여 여러 스토리지를 하나처럼 관리하거나, 하나의 스토리지를 여러 스토리지로 나눠 사용할 수 있는 기술이다.

3 IoT(Internet of Things, 사물 인터넷)

IoT는 정보 통신 기술을 기반으로 실세계(Physical World)와 가상 세계(Virtual World)의 다양한 사물들을 인터넷으로 서로 연결하여 진보된 서비스를 제공하기 위한 서비스 기반 기술이다.

- 유비쿼터스* 공간을 구현하기 위한 컴퓨팅 기기들이 환경과 사물에 심겨 환경이나 사물 그 자체가 지능화되는 것부터 사람과 사물, 사물과 사물 간에 지능 통신을

유비쿼터스(Ubiquitous)
유비쿼터스는 라틴어로 '편재하다(보편적으로 존재하다)'라는 의미로, 사용자가 컴퓨터나 네트워크를 의식하지 않고 장소에 상관없이 자유롭게 네트워크에 접속할 수 있는 환경을 의미합니다.

할 수 있는 엠투엠(M2M; Machine to Machine)의 개념을 인터넷으로 확장하여 사물은 물론, 현실과 가상 세계의 모든 정보와 상호 작용하는 IoT 개념으로 진화했다.
- IoT의 주요 기술로는 스마트 센싱 기술, 유무선 통신 및 네트워크 인프라 기술, 사물 인터넷 인터페이스 기술, 사물 인터넷을 통한 서비스 기술 등이 있다.
- IoT 기반 서비스는 개방형 아키텍처를 필요로 하기 때문에 정보 공유에 대한 부작용을 최소화하기 위한 정보 보안 기술의 적용이 중요하다.

4 IoT 관련 용어

기사 24.2, 23.7, 23.5, 22.7, 22.4, 20.8, 20.6

용어	의미
M2M(Machine to Machine, 사물 통신)	• 무선 통신을 이용한 기계와 기계 사이의 통신이다. • 변압기 원격 감시, 전기, 가스 등의 원격 검침, 무선 신용카드 조회기, 무선 보안 단말기, 버스 운행 시스템, 위치 추적 시스템, 시설물 관리 등을 무선으로 통합하여 상호 작용한다.
기사 24.2, 23.7, 22.7, 22.4, 20.8 메시 네트워크 (Mesh Network)	• 차세대 이동통신, 홈네트워킹, 공공 안전 등 특수 목적을 위한 네트워크이다. • 수십에서 수천 개의 디바이스를 유기적으로 연결하여 모든 구간을 동일한 무선망처럼 구성하여 사용자가 안정적인 네트워크를 사용할 수 있게 한다.
와이선(Wi-SUN)	• 스마트 그리드*와 같은 장거리 무선 통신을 필요로 하는 사물 인터넷(IoT) 서비스를 위한 저전력 장거리(LPWA; Low-Power Wide Area) 통신 기술이다. • 낮은 지연 속도, 메시 네트워크 기반 확장성, 펌웨어 업그레이드 용이성 등으로 짧은 시간 동안 데이터 전송이 빈번한 검침 분야에 유용하다.
UWB(Ultra WideBand, 초광대역)	• 짧은 거리에서 많은 양의 디지털 데이터를 낮은 전력으로 전송하기 위한 무선 기술로 무선 디지털 펄스라고도 하며, 블루투스*와 비교되는 기술이다. • 땅 속이나 벽면 뒤로도 전송이 가능하여 지진 등 재해가 일어났을 때 전파 탐지기 기능으로 인명 구조를 할 수 있는 등 응용 범위가 광범위하다.
기사 20.6 피코넷(PICONET)	• 여러 개의 독립된 통신장치가 블루투스 기술이나 UWB 통신 기술을 사용하여 통신망을 형성하는 무선 네트워크 기술이다. • 주로 수십 미터 이내의 좁은 공간에서 네트워크를 형성한다는 점, 정지 또는 이동 중에 있는 장치 모두를 포함한다는 특징이 있다.
USN(Ubiquitous Sensor Network, 유비쿼터스 센서 네트워크)	• 각종 센서로 다양한 정보를 무선으로 수집할 수 있도록 구성한 네트워크이다. • 필요한 모든 것(곳)에 RFID* 태그를 부착하고, 이를 통하여 사물의 인식 정보는 물론 주변의 환경정보까지 탐지한 모든 데이터를 관리할 수 있다.
SON(Self Organizing Network, 자동 구성 네트워크)	• 주변 상황에 맞추어 스스로 망을 구성하는 네트워크를 말한다. • 갑작스러운 사용자의 증가나 감소 시에는 자동으로 주변 셀과의 협력을 통해 셀 용량을 변화시키며, 장애가 발생했을 때 자체적인 치유도 가능하다.
저전력 블루투스 기술 (BLE; Bluetooth Low Energy)	• 일반 블루투스와 동일한 2.4GHz 주파수 대역을 사용하지만 연결되지 않은 대기 상태에서는 절전 모드를 유지하는 기술이다. • 주로 낮은 전력으로 저용량 데이터를 처리하는 시계, 장난감, 비컨(Beacon), 그리고 착용 컴퓨터 등의 극소형 사물 인터넷에 매우 적합하다.
NFC(Near Field Communication, 근거리 무선 통신)	• 고주파(HF)를 이용한 근거리 무선 통신 기술로, 아주 가까운 거리에서 양방향 통신을 지원하는 RFID 기술의 일종이다. • 13.56MHz 주파수를 이용해 10cm 내에서 최고 424Kbps의 속도로 데이터 전송을 지원하며, 모바일 기기를 통한 결제뿐만 아니라 여행 정보 전송, 교통, 출입 통제, 잠금장치 따위에 광범위하게 활용된다.

스마트 그리드(Smart Grid)
스마트 그리드는 전기의 생산부터 소비까지의 전 과정에 정보통신 기술을 접목하여 에너지 효율성을 높이는 지능형 전력망 시스템입니다.

블루투스(Bluetooth)
블루투스는 근거리에서 데이터 통신을 무선으로 가능하게 해주는 기술입니다.

RFID(Radio Frequency IDentification)
RFID는 사물에 전자 태그를 부착하고 무선 통신을 이용하여 사물의 정보 및 주변 정보를 감지하는 센서 기술입니다.

클라우드(구름, Cloud)
클라우드는 네트워크 상에 숨겨진 다양한 기기들이 공유되어 있는 인터넷 환경을 말합니다.

⑤ 클라우드* 컴퓨팅(Cloud Computing)
기사 23.5, 21.8

클라우드 컴퓨팅은 각종 컴퓨팅 자원을 중앙 컴퓨터에 두고 인터넷 기능을 갖는 단말기로 언제 어디서나 인터넷을 통해 컴퓨터 작업을 수행할 수 있는 환경을 의미한다.

- 중앙 컴퓨터는 복수의 데이터 센터를 가상화 기술로 통합한 대형 데이터 센터로, 각종 소프트웨어, 데이터, 보안 솔루션 기능 등 컴퓨팅 자원을 보유하고 있다.
- 사용자는 키보드와 모니터, 마우스를 갖추고 통신 포트만 연결하면 업무 수행이 가능하다.
- 클라우드 컴퓨팅이 그리드 컴퓨팅(Grid Computing)과 다른 점은 그리드 컴퓨팅이 수많은 컴퓨터를 하나의 컴퓨터처럼 묶어 분산 처리하는 방식으로 기상 예측이나 우주 문제 등 대규모 연산에 사용된다면, 클라우드 컴퓨팅은 중앙의 대형 데이터 센터의 컴퓨팅 자원을 필요한 이들에게 필요한 순간에 빌려주는 방식이다.
- 관련 용어

용어	의미
모바일 클라우드 컴퓨팅 (MCC; Mobile Cloud Computing)	클라우드 서비스를 이용하여 소비자와 소비자의 파트너가 모바일 기기로 클라우드 컴퓨팅 인프라를 구성하여 여러 가지 정보와 자원을 공유하는 기술이다.
인터클라우드 컴퓨팅 (Inter-Cloud Computing)	• 각기 다른 클라우드 서비스를 연동하거나 컴퓨팅 자원의 동적 할당이 가능하도록 여러 클라우드 서비스 제공자들이 제공하는 클라우드 서비스나 자원을 연결하는 기술이다. • 인터클라우드 컴퓨팅의 서비스 형태 - 대등 접속(Peering) : 클라우드 서비스 제공자 간 직접 연계하는 형태 - 연합(Federation) : 자원 공유를 기본으로 사용 요구량에 따른 동적 자원 할당을 지원함으로써 논리적으로 하나의 서비스를 제공하는 형태 - 중개(Intermediary) : 서비스 제공자 간의 직·간접적인 자원 연계 또는 단일 서비스 제공자를 통한 중개 서비스를 제공하는 형태
기사 23.5, 21.8 파스-타(PaaS-TA)	• 소프트웨어 개발 환경을 제공하기 위해 개발한 개방형 클라우드 컴퓨팅 플랫폼이다. • 국내 IT 서비스 경쟁력 강화를 목표로 과학기술정보통신부와 한국정보화진흥원이 연구개발(R&D)을 지원하였으며, 인프라 제어 및 관리 환경, 실행 환경, 개발 환경, 서비스 환경, 운영 환경으로 구성되어 있다.

- **콘텐츠 중심 네트워킹(CCN; Content Centric Networking)** : 인터넷에서 IP 주소에 따른 데이터 전송에서 벗어나 사용자가 요구하는 콘텐츠 중심의 데이터 전달이 가능한 네트워크
- **해시 테이블(Hash Table)** : 레코드를 한 개 이상 보관할 수 있는 Bucket들로 구성된 기억공간
- **P2P(Peer-to-Peer)** : 개인 대 개인이라는 의미를 가지며, 네트워크에서 개인 대 개인이 PC를 이용하여 서로 데이터를 공유하는 방식을 의미

⑥ 기타 용어
기사 25.5, 24.7, 21.8, 21.3, 20.9

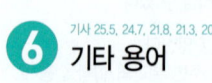 

용어	의미
모바일 컴퓨팅 (Mobile Computing)	휴대형 기기로 이동하면서 자유로이 네트워크에 접속하여 업무를 처리할 수 있는 환경을 말한다.
NDN(Named Data Networking)	• 콘텐츠 자체의 정보와 라우터 기능만으로 데이터 전송을 수행하는 기술이다. • 콘텐츠 중심 네트워킹(CCN; Content Centric Networking)*과 같은 개념이며, 해시 테이블(Hash Table)*에 기반을 두는 P2P(Peer-to-Peer)* 시스템과 같이 콘텐츠에 담겨 있는 정보와 라우터 기능만으로 목적지를 확정한다.

용어	설명
NGN(Next Generation Network, 차세대 통신망)	• ITU-T에서 개발하고 있는 유선망 기반의 차세대 통신망이다. • 이동통신에서 제공하는 완전한 이동성(Full Mobility)과 하나의 망으로 모든 정보와 서비스(음성, 데이터, 비디오와 같은 모든 형식의 미디어)를 패킷으로 압축하여 전송하는 것을 목표로 한다.
올(all)-IP	유선 전화망, 무선 망, 패킷 데이터 망 등 기존의 통신망을 모두 IP 기반의 망으로 통합한 차세대 네트워크이다.
WBAN(Wireless Body Area Network)	웨어러블(Wearable) 또는 몸에 심는(Implant) 형태의 센서나 기기를 무선으로 연결하는 개인 영역 네트워킹 기술이다.
GIS(Geographic Information System, 지리 정보 시스템)	지리적인 자료를 수집·저장·분석·출력할 수 있는 컴퓨터 응용 시스템으로, 위성을 이용해 모든 사물의 위치 정보를 제공해 주는 것을 말한다.
애드 혹 네트워크(Ad-hoc Network)	• 재난 현장과 같이 별도의 고정된 유선망을 구축할 수 없는 장소에서 모바일 호스트(Mobile Host)만을 이용하여 구성한 네트워크이다. • 유선망과 기지국이 필요 없고 호스트의 이동에 제약이 없어 빠른 망 구성과 저렴한 비용이 장점이다.
네트워크 슬라이싱(Network Slicing)	5G(IMT-2020)의 핵심기술 중 하나로, 하나의 물리적인 네트워크를 다수의 가상 네트워크로 분리하여 각각의 네트워크를 통해 다양한 고객 맞춤형 서비스를 제공하는 것을 목적으로 하는 네트워크 기술이다.
기사 20.9 파장 분할 다중화(WDM; Wavelength Division Multiplexing)	광섬유를 이용한 통신 기술의 하나로, 파장이 다른 광선끼리는 서로 간섭을 일으키지 않는 성질을 이용하여 서로 다른 복수의 신호를 보냄으로써 여러 대의 단말기가 동시에 통신 회선을 사용할 수 있도록 하는 기술이다.
개방형 링크드 데이터(LOD; Linked Open Data)	• Linked Data와 Open Data의 합성어로, 누구나 사용할 수 있도록 웹상에 공개된 연계 데이터를 의미한다. • 웹상에 존재하는 데이터를 개별 URI*로 식별하고, 각 URI에 링크 정보를 부여함으로써 상호 연결된 웹을 지향하는 모형이다.
기사 25.5, 24.7, 21.8 SSO(Single Sign On)	• 한 번의 로그인으로 개인이 가입한 모든 사이트를 이용할 수 있게 해주는 시스템이다. • 개인정보를 각 사이트마다 일일이 기록해야 하던 불편함을 해소할 수 있다. • 기업에서는 회원에 대한 통합관리가 가능해 마케팅을 극대화시킬 수 있다.
기사 21.3 스마트 그리드(Smart Grid)	• 정보 기술을 전력에 접목해 효율성을 높인 시스템으로, 전력 IT라고도 부른다. • 전력선을 기반으로 모든 통신, 정보, 관련 애플리케이션 인프라를 하나의 시스템으로 통합하여 관리함으로써 효율적인 에너지 관리가 가능하다.

인터넷 식별자(URI; Uniform Resource Identifier)

인터넷 식별자는 인터넷에서 서비스 되는 텍스트, 비디오, 음악 등의 다양한 자료들의 식별을 위해 사용되는 체계입니다. 네트워크상의 위치 식별을 위한 URL(Uniform Resource Locators), 고유 이름의 식별인 URN(Uniform Resource Names), 그리고 자료의 메타데이터인 URC(Uniform Resource Characteristics)가 인터넷 식별자에 포함됩니다.

기출문제 따라잡기

기사 24년 2월, 23년 7월, 22년 7월, 4월, 20년 8월
1. 기존 무선 랜의 한계 극복을 위해 등장하였으며, 대규모 디바이스의 네트워크 생성에 최적화되어 차세대 이동통신, 홈네트워킹, 공공 안전 등의 특수 목적에 사용되는 새로운 방식의 네트워크 기술을 의미하는 것은?

① Software Defined Perimeter
② Virtual Private Network
③ Local Area Network
④ Mesh Network

'대규모 디바이스의 네트워크 생성에 최적화된 네트워크 기술'은 Mesh Network입니다.

기사 20년 6월
2. 여러 개의 독립된 통신장치가 UWB(Ultra Wide Band) 기술 또는 블루투스 기술을 사용하여 통신망을 형성하는 무선 네트워크 기술은?

① PICONET   ② SCRUM
③ NFC   ④ WI-SUN

'UWB 또는 블루투스 기술 사용'하면, PICONET입니다.

기사 20년 9월
3. 다음이 설명하는 다중화 기술은?

- 광섬유를 이용한 통신 기술의 하나를 의미함
- 파장이 서로 다른 복수의 광신호를 동시에 이용하는 것으로, 광섬유를 다중화 하는 방식임
- 빛의 파장 축과 파장이 다른 광선은 서로 간섭을 일으키지 않는 성질을 이용함

① Wavelength Division Multiplexing
② Frequency Division Multiplexing
③ Code Division Multiplexing
④ Time Division Multiplexing

파장(Wavelength)을 분할(Division)하는 다중화(Multiplexing)는 WDM입니다.

기사 20년 9월
4. 소프트웨어 정의 데이터 센터(SDDC : Software Defined Data Center)에 대한 설명으로 틀린 것은?

① 컴퓨팅, 네트워킹, 스토리지, 관리 등을 모두 소프트웨어로 정의한다.
② 인력 개입 없이 소프트웨어 조작만으로 자동 제어 관리한다.
③ 데이터 센터 내 모든 자원을 가상화하여 서비스한다.
④ 특정 하드웨어에 종속되어 특화된 업무를 서비스하기에 적합하다.

소프트웨어 정의 데이터 센터는 데이터 센터의 모든 자원을 가상화하여 서비스하므로 특정 하드웨어와 상관없이 독립적으로 서비스를 제공할 수 있습니다.

기사 21년 8월
5. 다음에서 설명하는 IT 스토리지 기술은?

- 가상화를 적용하여 필요한 공간만큼 나눠 사용할 수 있도록 하며 서버 가상화와 유사함
- 컴퓨팅 소프트웨어로 규정하는 데이터 스토리지 체계이며, 일정 조직 내 여러 스토리지를 하나처럼 관리하고 운용하는 컴퓨터 이용 환경
- 스토리지 자원을 효율적으로 나누어 쓰는 방법으로 이해할 수 있음

① Software Defined Storage
② Distribution Oriented Storage
③ Network Architected Storage
④ Systematic Network Storage

소프트웨어(Software)로 규정, 즉 정의(Defined)하는 스토리지(Storage) 체계는 SDS입니다.

기사 25년 5월, 24년 7월, 21년 8월
6. 시스템이 몇 대가 되어도 하나의 시스템에서 인증에 성공하면 다른 시스템에 대한 접근 권한도 얻는 시스템을 의미하는 것은?

① SOS   ② SBO
③ SSO   ④ SOA

한 번(Single)의 인증(Sign On)으로 권한을 얻을 수 있는 것은 SSO입니다.

기사 25년 5월, 21년 8월
7. 국내 IT 서비스 경쟁력 강화를 목표로 개발되었으며, 인프라 제어 및 관리 환경, 실행 환경, 개발 환경, 서비스 환경, 운영 환경으로 구성되어 있는 개방형 클라우드 컴퓨팅 플랫폼은?

① N2OS   ② PaaS-TA
③ KAWS   ④ Metaverse

'국내에서 개발된 개방형 플랫폼'하면, 파스타(PaaS-TA)입니다.

기사 21년 3월
8. 전기 및 정보통신기술을 활용하여 전력망을 지능화, 고도화함으로써 고품질의 전력서비스를 제공하고 에너지 이용효율을 극대화하는 전력망은?

① 사물 인터넷   ② 스마트 그리드
③ 디지털 아카이빙   ④ 미디어 빅뱅

각 시설의 전력을 그물(Grid)과 같이 연결하여 똑똑하게(Smart) 관리하는 것은 스마트 그리드입니다.

▶ 정답 : 1. ④ 2. ① 3. ① 4. ④ 5. ① 6. ③ 7. ② 8. ②

4장 핵심요약

045 SW / 보안 관련 신기술

❶ 매시업(Mashup)

웹에서 제공하는 정보 및 서비스를 이용하여 새로운 소프트웨어나 서비스, 데이터베이스 등을 만드는 기술이다.

❷ 서비스 지향 아키텍처(SOA) 25.2, 23.7, 22.3

- 기업의 소프트웨어 인프라인 정보시스템을 공유와 재사용이 가능한 서비스 단위나 컴포넌트 중심으로 구축하는 정보기술 아키텍처이다.
- 기업의 IT 시스템을 비즈니스에 맞춰 유연하게 사용할 수 있다는 것이 장점이다.
- SOA 기반 애플리케이션 구성 계층
  - 표현(Presentation) 계층
  - 업무 프로세스(Biz-Process) 계층
  - 서비스 중간(Service Intermediary) 계층
  - 애플리케이션(Application) 계층
  - 데이터 저장(Persistency) 계층

❸ 시큐어 코딩 25.5, 22.3

- 소프트웨어의 구현 단계에서 발생할 수 있는 보안 취약점들을 최소화하기 위해 보안 요소들을 고려하며 코딩하는 것을 의미한다.
- 보안 취약점을 사전에 대응하여 안정성과 신뢰성을 확보하기 위해 사용된다.
- 보안 정책을 바탕으로 시큐어 코딩 가이드를 작성하고, 개발 참여자에게는 시큐어 코딩 교육을 실시해야 한다.

❹ 서비스형 블록체인(BaaS)

- 블록체인(Blockchain) 앱의 개발 환경을 클라우드 기반으로 제공하는 서비스이다.
- 블록체인 네트워크에 노드의 추가 및 제거가 용이하고, 블록체인 플랫폼마다 다른 브록체인 기술을 보다 편리하게 사용할 수 있게 한다.

❺ OWASP(오픈 웹 애플리케이션 보안 프로젝트)

- 웹 정보 노출이나 악성 코드, 스크립트, 보안이 취약한 부분을 연구하는 비영리 단체이다.
- 보안 취약점 중 보안에 미치는 영향이 큰 것을 기준으로 선정한 10대 웹 애플리케이션 취약점을 3~4년에 한 번씩 발표하고 있다.

046 HW 관련 신기술

❶ 고가용성(HA)

긴 시간동안 안정적인 서비스 운영을 위해 장애 발생 시 즉시 다른 시스템으로 대체 가능한 환경을 구축하는 메커니즘을 의미한다.

❷ RAID

여러 개의 하드디스크로 디스크 배열을 구성하여 파일을 구성하고 있는 데이터 블록들을 서로 다른 디스크들에 분산 저장할 경우 그 블록들을 여러 디스크에서 동시에 읽거나 쓸 수 있으므로 디스크의 속도가 매우 향상되는데, 이 기술을 RAID라고 한다.

❸ 앤 스크린(N-Screen)

N개의 서로 다른 단말기에서 동일한 콘텐츠를 자유롭게 이용할 수 있는 서비스를 말한다.

❹ 멤스(MEMS)

초정밀 반도체 제조 기술을 바탕으로 센서, 액추에이터(Actuator) 등 기계 구조를 다양한 기술로 미세 가공하여 전기기계적 동작을 할 수 있도록 한 초미세 장치이다.

047 DB 관련 신기술

❶ 빅데이터(Big Data)

기존의 관리 방법이나 분석 체계로는 처리하기 어려운 막대한 양의 정형 또는 비정형 데이터 집합으로, 스마트 단말의 빠른 확산, 소셜 네트워크 서비스의 활성화, 사물 네트워크의 확대로 데이터 폭발이 더욱 가속화되고 있다.

❷ 하둡(Hadoop)

- 오픈 소스를 기반으로 한 분산 컴퓨팅 플랫폼이다.
- 일반 PC급 컴퓨터들로 가상화된 대형 스토리지를 형성하고 그 안에 보관된 거대한 데이터 세트를 병렬로 처리할 수 있도록 개발된 자바 소프트웨어 프레임워크로, 구글, 야후 등에 적용되고 있다.

4장 핵심요약

❸ 맵리듀스(MapReduce)
대용량 데이터를 분산 처리하기 위한 목적으로 개발된 프로그래밍 모델로, 흩어져 있는 데이터를 연관성 있는 데이터 분류로 묶는 Map 작업을 수행한 후 중복 데이터를 제거하고 원하는 데이터를 추출하는 Reduce 작업을 수행한다.

❹ 타조(Tajo)
오픈 소스 기반 분산 컴퓨팅 플랫폼인 아파치 하둡(Apache Hadoop) 기반의 분산 데이터 웨어하우스 프로젝트로, 우리나라가 주도하여 개발하고 있다.

❹ 클라우드 컴퓨팅
각종 컴퓨팅 자원을 중앙 컴퓨터에 두고 인터넷 기능을 갖는 단말기로 언제 어디서나 인터넷을 통해 컴퓨터 작업을 수행할 수 있는 환경을 의미한다.

❺ 파스-타(PaaS-TA)
소프트웨어 개발 환경을 제공하기 위해 개발한 개방형 클라우드 컴퓨팅 플랫폼이다.

❻ SSO(Single Sign On)
한 번의 로그인으로 개인이 가입한 모든 사이트를 이용할 수 있게 해주는 시스템이다.

❼ 스마트 그리드
전력선을 기반으로 모든 통신, 정보, 관련 애플리케이션 인프라를 하나의 시스템으로 통합하여 관리함으로써 효율적인 에너지 관리가 가능하다.

048 DB 관련 신기술

❶ 소프트웨어 정의 네트워킹(SDN)
- 네트워크를 컴퓨터처럼 모델링하여 여러 사용자가 각각의 소프트웨어들로 네트워킹을 가상화하여 제어하고 관리하는 네트워크이다.
- 네트워크 비용 및 복잡성을 해결할 수 있는 기술로 간주되어 기존 네트워킹 기술의 폐쇄형 하드웨어 및 소프트웨어 기술을 개방형으로 변화시키는 미래 인터넷 기술로 떠오르고 있다.

❷ IoT(사물 인터넷)
정보 통신 기술을 기반으로 실세계와 가상 세계의 다양한 사물들을 인터넷으로 서로 연결하여 진보된 서비스를 제공하기 위한 서비스 기반 기술이다.

❸ 메시 네트워크
- 차세대 이동통신, 홈네트워킹, 공공 안전 등 특수 목적을 위한 네트워크이다.
- 수십에서 수천 개의 디바이스를 유기적으로 연결하여 모든 구간을 동일한 무선망처럼 구성하여 사용자가 안정적인 네트워크를 사용할 수 있게 한다.

2 과목

프로그래밍 언어 활용

1장 프로그래밍 언어 활용

2장 프로그램 구현

전문가가 분석한 2과목 출제 경향

1장은 프로그래밍 언어에 익숙하지 않은 수험생들을 위해 최대한 쉽게 풀어 설명했습니다. 이 부분은 실기 시험에서도 매우 높은 비중을 차지하므로 어렵더라도 포기하지 말고 꼭 이해하면서 공부해야 합니다. 2장은 주로 개념을 묻는 문제가 많으므로 핵심 용어의 의미를 정확히 숙지하고, 기출문제를 반복해 풀어보는 것이 효과적입니다.

IT 자격증 전문가 강윤석

1장 프로그래밍 언어 활용

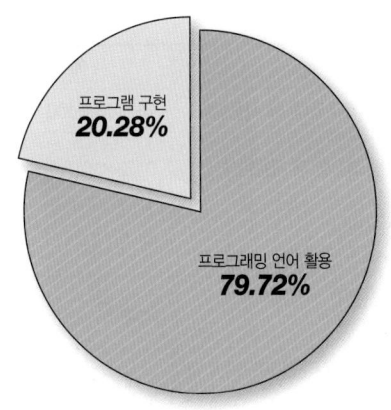

프로그램 구현
20.28%

프로그래밍 언어 활용
79.72%

049 데이터 타입 Ⓐ등급
050 변수 Ⓐ등급
051 연산자 Ⓐ등급
052 데이터 입·출력 Ⓐ등급
053 제어문 Ⓒ등급
054 반복문 Ⓒ등급
055 배열과 문자열 Ⓒ등급
056 포인터 Ⓑ등급
057 사용자 정의 함수 Ⓑ등급
058 Java의 클래스 Ⓑ등급
059 Python의 기초 Ⓐ등급
060 Python의 활용 Ⓒ등급
061 웹 프로그래밍 언어 – HTML Ⓐ등급
062 웹 프로그래밍 언어 – JavaScript Ⓐ등급
063 절차적 프로그래밍 언어 Ⓒ등급
064 객체지향 프로그래밍 언어 Ⓑ등급
065 스크립트 언어 Ⓒ등급
066 라이브러리 Ⓑ등급
067 예외 처리 Ⓑ등급
068 프로토타입 Ⓓ등급

꼭 알아야 할 키워드　Best 10

1. 변수　2. 연산자　3. scanf　4. printf　5. if　6. do~while　7. 사용자 정의 함수　8. 슬라이스(slice)　9. 〈Form〉 태그　10. prompt

SECTION 049

데이터 타입

전문가의 조언

프로그래밍 언어 활용에서 학습하는 내용은 C언어를 기반으로 수록하였습니다. Java는 C, C++ 언어를 베이스로 했기 때문에 C언어와 문법이 거의 같습니다. C언어 프로그램과 다른 점은 별도로 설명하였습니다. Python은 프로그래밍 언어에 대한 기본적인 개념만 잘 숙지하면 쉬운 언어에 속하기 때문에 C와 Java를 학습한 후 공부할 수 있도록 뒤쪽에 배치했습니다. 먼저 C와 Java를 모두 학습한 다음 Python의 학습을 시작하세요.

전문가의 조언

데이터 타입은 변수가 가질 수 있는 값의 길이, 성질을 의미합니다. 데이터 타입의 유형을 구분할 수 있도록 정리하세요.

변수(Variable)

컴퓨터가 명령을 처리하는 도중 발생하는 값을 저장하기 위한 공간으로, 변할 수 있는 값을 의미합니다. 자세한 내용은 Section 050을 참조하세요.

전문가의 조언

- C언어의 자료형에 대한 문제가 출제되었습니다. C언어에서 제공하는 자료형에는 String이 없다는 것과 Unsigned 자료형의 종류를 기억해 두세요.
- 데이터 타입의 크기는 사용하는 컴퓨터나 운영체제에 따라 조금씩 다릅니다. 당연히 기억 범위도 다르겠죠. 기억 범위를 외우려고 노력하지 마세요. 대략 저 정도 크기의 데이터가 들어가는구나! 정도만 알아두세요.
- 예 Windows(64비트)에서 long은 4바이트, long double은 8바이트지만 Linux(64비트)에서는 long은 8바이트, long double은 16바이트입니다.

 데이터 타입

데이터 타입(Data Type)은 변수(Variable)*에 저장될 데이터의 형식을 나타내는 것으로, 변수에 값을 저장하기 전에 문자형, 정수형, 실수형 등 어떤 형식의 값을 저장할지 데이터 타입을 지정하여 변수를 선언해야 한다.

- 데이터 타입의 유형

유형	기능	예
정수 타입(Integer Type)	정수, 즉 소수점이 없는 숫자를 저장할 때 사용한다.	1, -1, 10, -100
부동 소수점 타입 (Floating Point Type)	소수점 이하가 있는 실수를 저장할 때 사용한다.	0.123×10^2, -1.6×2^3
문자 타입 (Character Type)	• 한 문자를 저장할 때 사용한다. • 작은따옴표(' ') 안에 표시한다.	'A', 'a', '1', '*'
문자열 타입 (Character String Type)	• 문자열을 저장할 때 사용한다. • 큰따옴표(" ") 안에 표시한다.	"Hello!", "1+2=3"
불린 타입(Boolean Type)	• 조건의 참(True), 거짓(False) 여부를 판단하여 저장할 때 사용한다. • 기본값은 거짓(False)이다.	true, false
배열 타입(Array Type)	• 같은 타입의 데이터 집합을 만들어 저장할 때 사용한다. • 데이터는 중괄호({ }) 안에 콤마(,)로 구분하여 값들을 나열한다.	{1, 2, 3, 4, 5}

 25.5, 25.2, 24.5, 24.2, 23.5, 23.2, 22.7, 기사 25.5, 23.5, 23.2, 20.8
C/C++의 데이터 타입 크기 및 기억 범위

종류	데이터 타입	크기	기억 범위
문자	기사 25.5 char	1Byte	-128 ~ 127
부호없는 문자형	unsigned char	1Byte	0 ~ 255
정수	short	2Byte	-32,768 ~ 32,767
	기사 20.8 int	4Byte	-2,147,483,648 ~ 2,147,483,647
	long	4Byte	-2,147,483,648 ~ 2,147,483,647
	long long	8Byte	-9,223,372,036,854,775,808 ~ 9,223,372,036,854,775,807

234 2과목 프로그래밍 언어 활용

종류	데이터 타입	크기	기억 범위
부호없는* 정수형 25.5, 25.2, 24.5	unsigned short	2Byte	0 ~ 65,535
	unsigned int	4Byte	0 ~ 4,294,967,295
	unsigned long 23.2	4Byte	0 ~ 4,294,967,295
실수 25.5	float 23.5	4Byte	$1.2 \times 10^{-38} \sim 3.4 \times 10^{38}$
	double	8Byte	$2.2 \times 10^{-308} \sim 1.8 \times 10^{308}$
	long double	8Byte	$2.2 \times 10^{-308} \sim 1.8 \times 10^{308}$

3 JAVA의 데이터 타입 크기 및 기억 범위
25.8, 24.5, 23.7, 기사 25.2, 23.2, 21.3, 20.9

종류	데이터 타입	크기	기억 범위
문자	char	2Byte	0 ~ 65,535
정수 기사 25.2	byte	1Byte	−128 ~ 127
	short	2Byte	−32,768 ~ 32,767
	int	4Byte	−2,147,483,648 ~ 2,147,438,647
	long 기사 20.9	8Byte	−9,223,372,036,854,775,808 ~ 9,223,372,036,854,775,807
실수	float	4Byte	$1.4 \times 10^{-45} \sim 3.4 \times 10^{38}$
	double	8Byte	$4.9 \times 10^{-324} \sim 1.8 \times 10^{308}$
논리	boolean 25.8, 24.5, 23.7	1Byte	true 또는 false

4 Python의 데이터 타입 크기 및 기억 범위

종류	데이터 타입	크기	기억 범위
문자	str	무제한*	무제한
정수	int	무제한	무제한
실수	float	8Byte	$4.9 \times 10^{-324} \sim 1.8 \times 10^{308}$
	complex*	16Byte	$4.9 \times 10^{-324} \sim 1.8 \times 10^{308}$

전문가의 조언

25.5, 25.2, 24.5
unsigned(부호없는 자료형)
'부호가 없는'이라는 의미로, 부호 비트를 제거하여 양수만 표현함으로써 양수의 표현 범위를 넓힌 자료형입니다.

전문가의 조언

JAVA에서 사용하는 데이터 타입의 종류와 각각의 크기를 기억해 두세요.

전문가의 조언

Python에서 사용하는 데이터 타입의 종류를 기억해 두세요.

무제한
데이터 타입의 크기 및 기억 범위의 '무제한'은 프로그램에 배정된 메모리의 한계까지 얼마든지 저장할 수 있음을 의미합니다.

complex
complex는 복소수(complex number)를 의미하며, 복소수는 실수(8Byte)와 허수(8Byte)의 합으로 이루어진 숫자 표현을 가리킵니다.

전문가의 조언

컨테이너 객체가 아닌 것을 묻는 문제가 출제되었습니다. Python의 컨테이너 객체에는 튜플, 리스트, 딕셔너리가 있다는 것을 기억해 두세요.

> **잠깐만요** Python의 컨테이너 객체 *25.2, 24.2, 23.2, 기사 24.7*
>
> 컨테이너 객체란 리스트(List), 튜플(Tuple), 딕셔너리(Dictionary)와 같이 하나의 이름으로 여러 요소를 가질 수 있는 객체들을 말합니다.
> - 리스트(List) : 다양한 자료형의 값을 연속적으로 저장하며, 필요에 따라 개수를 늘리거나 줄일 수 있음
> - 튜플(Tuple) : 리스트처럼 요소를 연속적으로 저장하지만, 요소의 추가, 삭제, 변경은 불가능함
> - 딕셔너리(Dictionary) : 연속된 숫자를 생성하는 것으로, 리스트, 반복문 등에서 많이 사용됨

기출문제 따라잡기

22년 7월
1. C언어의 자료형에 대한 설명으로 옳지 않은 것은?
① typedef를 통해 새로운 자료형을 생성할 수 있다.
② 실수 자료형을 이용하면 더 정확한 계산이 가능하다.
③ unsigned 자료형으로 음수를 제한함으로써 양수의 표현 범위를 넓힐 수 있다.
④ String 자료형을 사용하여 문자열을 저장할 수 있다.

> String은 Java에서 문자열을 저장할 때 사용하는 객체로, C언어에서는 제공되지 않습니다.

25년 2월, 24년 2월, 23년 2월
2. 다음 중 Python의 컨테이너 객체가 아닌 것은?
① tuple   ② list
③ dictionary   ④ boolean

> boolean은 하나의 논리값을 저장하는 자료형으로, 컨테이너 객체가 아닙니다.

24년 2월, 22년 7월
3. 다음 중 C언어에서의 변수 선언 방법으로 올바르지 않은 것은?
① int a, b = 10;
② char c;
③ unsigned long d = 2;
④ unsigned double e = -3.14

> unsigned 자료형은 문자형(char)과 정수형(short, int, long)에만 있습니다. double은 실수형이며, 실수형에는 unsigned 자료형이 없습니다.

25년 5월, 23년 5월
4. 다음 중 C언어에서 실수를 표현하는 자료형은?
① int   ② byte
③ short   ④ float

> int, byte, short은 모두 정수 자료형입니다.

25년 2월, 24년 5월, 23년 2월
5. 다음 중 C 언어에서 정수형 변수 앞에 추가하여 0 이상의 값을 표현하도록 하는 예약어는?
① static   ② fixed
③ signed   ④ unsigned

> unsigned란 '부호가 없는'이라는 의미로, 부호 비트를 제거하여 양수만 표현함으로써 양수의 표현 범위를 넓힌 자료형입니다..

25년 8월, 24년 5월, 23년 7월
6. 다음 중 JAVA에서 참(true), 거짓(false)과 같이 논리값을 저장하는 자료형은?
① String   ② byte
③ bool   ④ boolean

> Java에서 논리값을 저장하는 자료형은 boolean입니다.

▶ 정답 : 1. ④ 2. ④ 3. ④ 4. ④ 5. ④ 6. ④

SECTION 050 변수

1 변수의 개요

변수(Variable)는 컴퓨터가 명령을 처리하는 도중 발생하는 값을 저장하기 위한 공간으로, 변할 수 있는 값을 의미한다.
- 변수는 저장하는 값에 따라 정수형, 실수형, 문자형, 포인터형 등으로 구분한다.

2 변수명 작성 규칙

- 영문자, 숫자, _(under bar)를 사용할 수 있다.
- 첫 글자는 영문자나 _(under bar)로 시작해야 하며, 숫자는 올 수 없다.
- 글자 수에 제한이 없다.
- 공백이나 *, +, -, / 등의 특수문자를 사용할 수 없다.
- 대·소문자를 구분한다.
- 예약어를 변수명으로 사용할 수 없다.
- 변수 선언 시 문장 끝에 반드시 세미콜론(;)을 붙여야 한다.
- 변수 선언 시 변수명에 데이터 타입을 명시하는 것을 헝가리안 표기법(Hungarian Notation)*이라고 한다.

잠깐만요 예약어

예약어는 정해진 기능을 수행하도록 이미 용도가 정해져 있는 단어로, 변수 이름이나 다른 목적으로 사용할 수 없습니다.
- C언어에는 다음과 같은 예약어가 있습니다.

구분		예약어
제어문	반복	do, for, while
	선택	case, default, else, if, switch
	분기	break, continue, goto, return
자료형		char, double, enum, float, int, long, short, signed, struct, typedef, union, unsigned, void
기억 클래스		auto, extern, register, static
기타		const, sizeof, volatile

전문가의 조언

수학에서 변수(變數)는 임의의 값을 대입할 수 있는 문자로, 값이 언제라도 변할 수 있기 때문에 변수라고 합니다. 컴퓨터 언어에서는 수뿐만 아니라 문자, 문자열 등을 저장할 수 있는 공간의 이름을 의미합니다. 그 공간에 다른 값을 저장하면 값이 바뀌잖아요.

전문가의 조언

변수명 작성 규칙에 대한 문제가 출제되었습니다. 변수명의 첫 글자로 숫자가 올 수 없고, 공백을 포함하지 못하며, 예약어를 사용할 수 없다는 것을 중심으로 변수명 작성 규칙을 정리해 두세요.

헝가리안 표기법 (Hungarian Notation)

변수의 자료형을 알 수 있도록 자료형을 암시하는 문자를 포함하여 작성하는 방법입니다. 예를 들어 정수형 변수라는 것을 알 수 있도록 변수명에 int를 의미하는 i를 덧붙여 iValue라고 하는 것처럼 말이죠.

예 int iValue : 정수형 변수
  double dblNum : 더블형 변수
  char chType : 문자형 변수

변수명	설명
2abc	변수명의 첫 글자를 숫자로 시작하여 사용할 수 없다.
sum*	특수문자 '*'를 변수명에 사용할 수 없다.
for	예약어를 변수명으로 사용할 수 없다.
ha p	변수명 중간에 공백을 사용할 수 없다.
Kim, kim	C언어는 대소문자를 구분하기 때문에 Kim과 kim은 서로 다른 변수로 사용할 수 있다.

전문가의 조언

상수를 정의할 때 사용하는 예약어를 묻는 문제가 출제되었습니다. 상수를 정의하는 예약어는 '#define'이라는 것을 기억해 두세요.

상수(Constant)
1, 2, 'a', "Hello"와 같이 프로그램이 시작되어 값이 한 번 결정되면 프로그램이 종료될 때까지 변경되지 않는 정보를 의미합니다.

잠깐만요 변수를 상수*로 만들어 사용하기

24.5, 22.3

400232

- 변수는 프로그램을 실행하는 도중 발생한 값을 저장하기 위한 공간으로, 변수의 값은 변경될 수 있습니다. 하지만 변수에 저장된 값을 프로그램이 종료될 때까지 변경되지 않도록 상수로 만들어 사용할 수 있는데, 이런 경우 C언어에서는 const 또는 #define이라는 예약어를 사용합니다.
- 변수처럼 상수에 이름을 붙여 기호화하여 사용한다고 하여 심볼릭(Symbolic) 상수라고도 합니다.
  예 const float PI = 3.1415927;
  　　#define PI = 3.1415927
  - const : 변수를 상수로 변경하는 예약어입니다. const를 자료형 뒤에 붙여 'int const a = 5;'와 같이 사용할 수도 있습니다.
  - #define : const와 마찬가지로 변수를 상수로 변경하는 예약어입니다.
  - float PI : 실수형으로 변수 PI를 선언하지만 const나 #define 예약어로 인해 PI는 상수가 됩니다.
  - 3.1415927 : 저장되는 값 그 자체로, 리터럴(Literal)이라고 합니다.
  ∴ 이렇게 선언되면 PI는 변수가 아닌 상수이므로, 이후 PI는 프로그램 안에서 3.1415927이란 값으로 고정되어 사용됩니다.

전문가의 조언

외부 변수의 특징을 묻는 문제가 출제되었습니다. 외부 변수는 함수가 종료되어도 값이 소멸하지 않는다는 것을 중심으로 특징을 정리하세요.

auto
auto는 기본값으로 생략이 가능합니다.

3 기억 클래스

25.5, 25.2, 24.5, 22.4, 기사 23.5

400203

변수 선언 시 메모리 내에 변수의 값을 저장하기 위한 기억영역이 할당되는데, 할당되는 기억영역에 따라 사용 범위에 제한이 있다. 이러한 기억영역을 결정하는 작업을 기억 클래스(Storage Class)라 한다.

- C언어에서는 다음과 같이 5가지 종류의 기억 클래스를 제공한다.

종류	기억영역	예약어	생존기간	사용 범위
자동 변수	메모리(스택)	auto*	일시적	지역적
레지스터 변수	레지스터	register		
정적 변수(내부)	메모리(데이터)	static	영구적	전역적
정적 변수(외부)				
외부 변수		extern		

자동 변수(Automatic Variable)

자동 변수는 함수나 코드의 범위를 한정하는 블록 내에서 선언되는 변수이다.
- 함수나 블록이 실행되는 동안에만 존재하며 이를 벗어나면 자동으로 소멸된다.
- 초기화하지 않으면 쓰레기값(Garbage Value)*이 저장된다.

외부 변수(External Variable)

외부 변수는 현재 파일이나 다른 파일에서 선언된 변수나 함수를 참조(reference)하기 위한 변수이다.
- 외부 변수는 함수 밖에서 선언한다.
- 함수가 종료된 뒤에도 값이 소멸되지 않는다.
- 초기화하지 않으면 자동으로 0으로 초기화* 된다.
- 다른 파일에서 선언된 변수를 참조할 경우 초기화 할 수 없다.

정적 변수(Static Variable)

정적 변수는 함수나 블록 내에서 선언하는 내부 정적 변수와 함수 외부에서 선언하는 외부 정적 변수가 있다.
- 내부 정적 변수는 선언한 함수나 블록 내에서만 사용할 수 있고, 외부 정적 변수는 모든 함수에서 사용할 수 있다.
- 두 변수 모두 함수나 블록이 종료된 뒤에도 값이 소멸되지 않는다.
- 초기화는 변수 선언 시 한 번만 할 수 있으며, 초기화를 생략하면 자동으로 0으로 초기화 된다.

레지스터 변수(Register Variable)

레지스터 변수는 메모리가 아닌 CPU 내부의 레지스터에 기억영역을 할당받는 변수이다.
- 자주 사용되는 변수를 레지스터에 저장하여 처리 속도*를 높이기 위해 사용한다.
- 함수나 블록이 실행되는 동안에만 존재하며 이를 벗어나면 자동으로 소멸된다.
- 레지스터의 사용 개수는 한정되어 있어 데이터를 저장할 레지스터가 없는 경우 자동 변수로 취급되어 메모리에 할당된다.
- CPU에 저장되어 메모리 주소를 가질 수 없기 때문에 변수의 주소를 구하는 주소 연산자(&)를 사용할 수 없다.

> 기사 25.5, 22.7, 21.8
>
> **잠깐만요** 가비지 콜렉터(Garbage Collector)
>
> 변수를 선언만 하고 사용하지 않으면 이 변수들이 점유한 메모리 공간은 다른 프로그램들이 사용할 수 없게 됩니다. 이렇게 선언만 하고 사용하지 않는 변수들이 점유한 메모리 공간을 강제로 해제하여 다른 프로그램들이 사용할 수 있도록 하는 것을 가비지 콜렉션(Garbage Collection)이라고 하며, 이 기능을 수행하는 모듈을 가비지 콜렉터(Garbage Collector)라고 합니다.

쓰레기값(Garbage Value)
쓰레기값은 메모리의 데이터를 변경하기 전에 마지막으로 남아 있던 데이터를 의미합니다.

초기화
변수를 선언할 때 또는 선언된 변수에 처음 값을 저장하는 것을 초기화라 합니다. 초기화 이후에 저장된 값을 변경할 때는 그냥 대입 또는 저장한다고 합니다.

레지스터 변수의 처리 속도
일반적인 변수는 메모리(주기억장치)에 저장된 데이터를 레지스터(CPU)로 가져와서 연산한 후 그 결과를 다시 메모리에 저장하지만 레지스터 변수는 레지스터에 데이터를 저장해 두고 연산을 수행하므로 처리 속도가 빠릅니다.

전문가의 조언
가비지 콜렉터의 기능을 묻는 문제가 출제되었습니다. 용어의 의미 그대로이므로 가볍게 읽어보면서 가비지 콜렉터의 기능을 정리하세요.

4 변수의 선언

변수는 일반적으로 다음과 같은 형식으로 선언한다.

자료형 변수명 = 값;	• **자료형** : 변수에 저장될 자료의 형식을 지정한다. • **변수명** : 사용자가 원하는 이름을 임의로 지정한다. 단 변수명 작성 규칙에 맞게 지정해야 한다. • **값** : 변수를 선언하면서 초기화할 값을 지정한다. 단 값은 지정하지 않아도 된다.

예 int a = 5;
- int : 자료의 형식을 정수형으로 지정한다.
- a : 변수명을 a로 지정한다.
- 5 : 변수 a를 선언하면서 초기값으로 5를 저장한다.

예제 1 다음과 같이 변수를 선언할 때 변수에 저장되는 값을 확인하시오.

변수 선언	설명
char aa = 'A';	문자형 변수 aa에 문자 'A'를 저장한다. 문자형 변수에는 한 글자만 저장되며, 저장될 때는 아스키 코드값으로 변경되어 정수로 저장된다. aa가 저장하고 있는 값을 문자로 출력하면 'A'가 출력되지만 숫자로 출력하면 'A'에 대한 아스키 코드 65가 출력된다.
char bb = '1';	문자 변수 bb에 '1'을 저장한다. 숫자를 작은따옴표로 묶을 경우 문자로 인식된다.
short si = 32768;	짧은 정수형 변수 si에 32767을 넘어가는 값을 저장했기 때문에 오버플로가 발생한다.
int in = 32768;	정수형 변수 in에 32768이 저장된다.
float fl = 24.56f;	단정도* 실수형 변수 fl에 실수 24.56을 저장한다.
double dfl = 24.5678;	배정도* 실수형 변수 dfl에 24.5678을 저장한다.
double c = 1.23e−2;	배정도 실수형 변수 c에 1.23e−2*를 저장한다.

예제 2 다음과 같이 변수를 선언할 때 잘못된 이유를 확인하시오.

변수 선언	설명	올바른 변수 선언
char a = 1.2345e−3;	배정도 실수형 상수를 char형으로 선언했기 때문에 오류가 발생한다.	double a = 1.2345e−3;
short a = 1.5e3f;*	단정도 실수형 상수를 short형으로 선언했기 때문에 오류가 발생한다.	float a = 1.5e3f;
int a = '1';	문자형 상수를 int로 선언했기 때문에 오류가 발생한다.	char a = '1';
float a = 'A';	문자형 상수를 float로 선언했기 때문에 오류가 발생한다.	char a = 'A';
double a = "hello";	문자열 상수를 double로 선언했기 때문에 오류가 발생한다.	char a[]* = "hello";
long long a = 1.5784E300L;*	배정도 실수형 상수를 long long형으로 선언했기 때문에 오류가 발생한다.	long double a = 1.5784E300L;
char a = 10;	정수형 상수를 char형으로 선언했기 때문에 오류가 발생한다.	int a = 10;

단정도 / 배정도
float 자료형은 '단정도형', double과 long double 자료형은 '배정도형'이라고 표현합니다.

1.23e−2
1.23e−2에서 e는 10의 지수승을 의미하므로 1.23×10⁻², 즉 0.0123을 의미합니다.

실수 자료형에 따른 실수형 상수 입력 방법
실수형 상수는 기본적으로 double형으로 인식되기 때문에 double형은 실수를 그냥 입력하고, float형으로 입력하려면 실수 뒤에 "f" 또는 "F"를, long double형으로 입력하려면 실수 뒤에 "l" 또는 "L"을 붙여 입력해야 합니다.

문자열 선언 방법
문자열을 선언할 때는 배열로 선언해야 합니다. 배열로 선언하려면 변수명 뒤에 대괄호([ ])를 표시하면 됩니다. 배열에 대한 자세한 내용은 'Section 055 배열과 문자열'에서 학습합니다.

기출문제 따라잡기

22년 7월
1. 파이썬의 변수명으로 올바르지 않은 것은?
① signed ② 3edc
③ PI ④ ed_sp

> 변수명은 숫자로 시작할 수 없습니다. signed는 C언어에서는 자료형에 사용되는 예약어이지만 Python에서는 예약어가 아니므로, 변수명으로 사용할 수 있습니다.

23년 2월, 기사 20년 8월
2. 파이썬의 변수 작성 규칙 설명으로 옳지 않은 것은?
① 첫 자리에 숫자를 사용할 수 없다.
② 영문 대문자/소문자, 숫자, 밑줄(_)의 사용이 가능하다.
③ 변수 이름의 중간에 공백을 사용할 수 있다.
④ 이미 사용되고 있는 예약어는 사용할 수 없다.

> 파이썬도 C언어와 변수 작성 규칙이 동일합니다. 변수명에 공백이나 특수문자는 사용할 수 없습니다.

22년 3월
3. 다음 중 C언어에서 변수명으로 사용할 수 있는 것은?
① 8_dei ② while
③ di sum ④ iAvg

> 변수명의 첫 글자로 숫자가 올 수 없고, 공백을 포함하지 못하며, 예약어를 사용할 수 없습니다.

24년 5월, 22년 3월
4. C언어에서 상수를 정의할 때 사용하는 예약어는?
① #include ② #define
③ #valuable ④ #function

> 상수를 정의(define)할 때 사용하는 예약어는 #define입니다.

25년 5월, 2월, 24년 5월, 22년 4월
5. 외부 변수(External Variable)에 대한 설명으로 옳지 않은 것은?
① 외부 변수는 함수 밖에서 선언한다.
② 초기화하지 않으면 자동으로 0으로 초기화 된다.
③ 함수가 종료되면 값도 소멸된다.
④ 다른 파일에서 선언된 변수를 참조할 경우 초기화 할 수 없다.

> 외부 변수는 함수가 종료되어도 저장된 값이 소멸되지 않습니다.

25년 5월
6. JAVA에서 변수명으로 선언할 수 있는 것은?
① _abc ② #df
③ 2def ④ void

> ②번은 특수문자(#) 사용, ③번은 숫자로 시작, ④번은 예약어 사용이 원인이 되어 변수명으로 사용할 수 없습니다.

이전기출
7. C언어에서 저장 클래스를 명시하지 않은 변수는 기본적으로 어떤 변수로 간주하는가?
① AUTO ② REGISTER
③ STATIC ④ EXTERN

> 저장 클래스를 명시하지 않을 경우 자동(Auto)으로 지정되는 저장 클래스는 AUTO입니다.

이전기출
8. 다음 중 C언어에서 문장을 끝마치기 위해 사용되는 기호는?
① 콤마(,) ② 온점(.)
③ 세미콜론(;) ④ 콜론(:)

> C언어 문장 끝에는 반드시 세미콜론(;)을 붙여야 합니다.

24년 5월, 23년 2월
9. 컴퓨터가 명령을 처리하는 도중 발생하는 값인 숫자, 문자열, 논리값 등을 저장하기 위한 공간을 의미하는 용어는?
① 상수 ② 변수
③ 예약어 ④ 주석

> 프로그래밍 언어에서 값을 저장하는 공간을 변수(Variable)라고 합니다.

▶ 정답: 1.② 2.③ 3.④ 4.② 5.③ 6.① 7.① 8.③ 9.②

SECTION 051 연산자

전문가의 조언

나머지 연산자의 특징이나 증가/감소 연산자가 포함된 코드의 결과를 묻는 문제가 출제됩니다. C언어에서는 나머지 연산자에 정수를 사용해야 한다는 것을 기억하고, 문제 를 통해 증가 연산자와 감소 연산자의 연산 원리를 확실히 이해하고 넘어가세요.

1 산술 연산자

25.8, 22.7, 22.4, 기사 25.8, 25.5, 25.2, 24.7, 24.2, 21.5, 21.3

400401

산술 연산자는 가, 감, 승, 제 등의 산술 계산에 사용되는 연산자를 말한다.

- 산술 연산자에는 일반 산술식과 달리 한 변수의 값을 증가하거나 감소시키는 증감 연산자가 있다.

연산자	의미	비고
+	덧셈	
−	뺄셈	
*	곱셈	
/	나눗셈	
%	나머지	정수만 연산할 수 있으며, 실수를 사용하면 오류가 발생한다.
++	증가 연산자	• **전치** : 변수 앞에 증감 연산자가 오는 형태로 먼저 변수의 값을 증감시킨 후 변수를 연산에 사용한다(++a, −−a).
−−	감소 연산자	• **후치** : 변수 뒤에 증감 연산자가 오는 형태로 먼저 변수를 연산에 사용한 후 변수의 값을 증감시킨다(a++, a−−).

문제 1 다음에 제시된 산술 연산식의 결과를 적으시오.

번호	산술 연산식	결과
①	10 + 15	
②	15 − 10	
③	3 * 5	
④	15 / 3	
⑤	15 % 2	
⑥	3 − 7 % 8 + 5	
⑦	−4 * 3 % −5 / 2	

⑥ 3 − 7 % 8 + 5
      ❶(7)
    ❷(−4)
       ❸(1)

⑦ −4 * 3 % −5 / 2
  ❶(−12)
    ❷(−2)
      ❸(−1)

결과 ① 25 ② 5 ③ 15 ④ 5 ⑤ 1 ⑥ 1 ⑦ −1

전문가의 조언

- 산술 연산자의 연산 우선 순위(높음 → 낮음) : 증감 연산자 → 산술 연산자(*, / %) → 산술 연산자(+, −)
- 산술 연산자 중 * / %는 우선순위가 같아 왼쪽에서 오른쪽 방향으로 놓인 순서대로 계산합니다.

문제 2 다음에 제시된 산술 연산식의 결과를 적으시오(단 정수형 변수 a=2, b=3, c=4, d=5와 같이 선언되었다고 가정한다.).

번호	산술 연산식	결과
①	b = ++b - --c;	
②	c = ++b / b++;	
③	d = 10 % c++;	
④	b = 10 + ++a;	
⑤	c = 10 - --d;	
⑥	c = ++a * b++;	

전문가의 조언

연산자 우선 순위(높은 → 낮음)
증감 연산자 → 산술 연산자(* / %) → 산술 연산자(+ -) → 시프트 연산자 → 관계 연산자(< <= >= >) → 관계 연산자(== !=) → 비트 연산자(& → ^ → |) → 논리 연산자(&& → ||) → 조건 연산자 → 대입 연산자 → 순서 연산자

① b = ++b - --c;

- ❶ : b의 초기값이 3이고 ❶이 전치 증가 연산자이므로 연산 전에 값이 증가하여 4가 됩니다.
- ❷ : c의 초기값이 4이고 ❷가 전치 감소 연산자이므로 연산 전에 값이 감소하여 3이 됩니다.
- ❸ : ❶-❷이므로 4-3의 결과인 1이 b에 저장됩니다.

② c = ++b / b++;

- ❶ : b의 초기값이 3이고 ❶이 전치 증가 연산자이므로 연산 전에 값이 증가하여 4가 됩니다.
- ❷ : ❷가 후치 증가 연산자이므로 연산에 사용되는 b는 ❶에서 증가한 4가 됩니다.
- ❸ : ❸을 수행하기 전에 b는 4가된 상태이고 ❸의 연산은 b/b와 같으므로 4/4의 결과인 1이 c에 저장됩니다.

전문가의 조언

연산이 종료된 후 ❷에 의해 후치 증가 연산이 적용되어 b는 5가 됩니다.

③ d = 10 % c++;

- ❶ : c의 초기값이 4이고 ❶이 후치 증가 연산자이므로 연산에 사용되는 c는 4가 됩니다.
- ❷ : 10 % 4의 결과인 2가 d에 저장됩니다.

④ b = 10 + ++a;

- ❶ : a의 초기값이 2이고 ❶이 전치 증가 연산자이므로 연산 전에 값이 증가하여 3이 됩니다.
- ❷ : 10 + ❶ = 10 + 3 = 13

⑤ c = 10 - --d;

- ❶ : d의 초기값이 5이고 ❶이 전치 감소 연산자이므로 연산 전에 값이 감소하여 4가 됩니다.
- ❷ : 10 - ❶ = 10 - 4 = 6

⑥ c = ++a * b++;

- ❶ : a의 초기값이 2이고 ❶이 전치 증가 연산자이므로 연산 전에 값이 증가하여 3이 됩니다.
- ❷ : b의 초기값이 3이고 ❷가 후치 증가 연산자이므로 연산에 사용되는 b는 초기값인 3이 됩니다.
- ❸ : ❶ * ❷ = 3 × 3 = 9

결과 ① 1 ② 1 ③ 2 ④ 13 ⑤ 6 ⑥ 9

전문가의 조언

관계 연산자가 사용된 코드의 결과를 묻는 문제가 출제되었습니다. 관계 연산자의 종류와 연산자들의 개별적인 의미를 확실히 암기하세요.

② 관계 연산자

25.8, 25.5, 24.7, 23.7, 기사 25.2, 21.8

관계 연산자는 두 수의 관계를 비교하여 참(true) 또는 거짓(false)을 결과로 얻는 연산자이다.

- 거짓은 0, 참은 1로 사용되지만 0외의 모든 숫자도 참으로 간주된다.

연산자	의미
==	같다
!=	같지 않다
>	크다*
>=	크거나 같다
<	작다
<=	작거나 같다

전문가의 조언

관계 연산자는 왼쪽을 기준으로 "왼쪽이 크다", "왼쪽이 크거나 같다"로 해석하면 됩니다.

문제 다음 관계 연산식의 결과를 적으시오(단 정수형 변수 a=5, b=10으로 선언되었다고 가정한다.).

번호	관계 연산식	결과
①	a == 10	
②	b != 10	
③	a > 10	
④	b >= 10	
⑤	a < 10	
⑥	b <= 10	

① a는 5이므로 a == 10은 거짓(false)입니다. 거짓은 0입니다.
② b는 10이므로 b != 10은 거짓(false)입니다.
③ a는 5이므로 a > 10은 거짓(false)입니다.
④ b는 10이므로 b >= 10은 참(true)입니다. 참은 1입니다.
⑤ a는 5이므로 a < 10은 참(true)입니다.
⑥ b는 10이므로 b <= 10은 참(true)입니다.

결과 ① 0 ② 0 ③ 0 ④ 1 ⑤ 1 ⑥ 1

③ 비트 연산자

24.7, 24.2, 23.5, 기사 24.2, 23.7, 23.5, 21.8, 21.5, 20.6

비트 연산자는 비트별(0, 1)로 연산하여 결과를 얻는 연산자이다.

연산자	의미	비고
&	and	모든 비트가 1일 때만 1
^	xor	모든 비트가 같으면 0, 하나라도 다르면 1
|*	or	모든 비트 중 한 비트라도 1이면 1
~	not	각 비트의 부정, 0이면 1, 1이면 0

전문가의 조언

비트 연산자 중 ^의 의미를 묻는 문제가 출제되었습니다. 비트 연산자의 종류와 연산자들의 개별적인 의미를 확실히 암기하세요.

비트 연산자 "|"는 키보드에서 엔터 키 위쪽의 ₩를 Shift와 같이 누르면 입력되는 글자입니다.

244 2과목 프로그래밍 언어 활용

| 《《 | 왼쪽 시프트 | 비트를 왼쪽으로 이동 |
| 》》 | 오른쪽 시프트 | 비트를 오른쪽으로 이동 |

문제 다음 비트 연산식의 결과를 적으시오(단 정수형 변수 a=5, b=7으로 선언되었다고 가정한다.).

번호	비트 연산식	결과
①	a & b	
②	a | b	
③	a ^ b	
④	~b	
⑤	a 》》 1	
⑥	b 《《 3	

① &(비트 and)는 두 비트가 모두 1일 때만 1이 되는 비트 연산자입니다.
C 언어에서 정수형 변수는 4바이트(32비트)이므로 각 변수의 값을 4바이트 이진수로 변환한 다음 비트별로 연산합니다.

```
5 = 0000 0000 0000 0000 0000 0000 0000 0101
7 = 0000 0000 0000 0000 0000 0000 0000 0111
& 0000 0000 0000 0000 0000 0000 0000 0101
```
0000 0000 0000 0000 0000 0000 0000 0101은 십진수로 5입니다.

② |(비트 or)는 두 비트 중 한 비트라도 1이면 1이 되는 비트 연산자입니다.

```
5 = 0000 0000 0000 0000 0000 0000 0000 0101
7 = 0000 0000 0000 0000 0000 0000 0000 0111
| 0000 0000 0000 0000 0000 0000 0000 0111
```
0000 0000 0000 0000 0000 0000 0000 0111은 십진수로 7입니다.

③ ^(비트 xor)는 두 비트가 모두 같으면 0, 서로 다르면 1이 되는 연산자입니다.

```
5 = 0000 0000 0000 0000 0000 0000 0000 0101
7 = 0000 0000 0000 0000 0000 0000 0000 0111
^ 0000 0000 0000 0000 0000 0000 0000 0010
```
0000 0000 0000 0000 0000 0000 0000 0010은 십진수로 2입니다.

④ ~(비트 not)는 각 비트의 부정을 만드는 연산자입니다.

```
7 = 0000 0000 0000 0000 0000 0000 0000 0111
~   1111 1111 1111 1111 1111 1111 1111 1000
```
부호화 2의 보수법을 사용하는 C언어나 JAVA에서는 맨 왼쪽의 비트는 부호 비트로, 0이면 양수이고 1이면 음수입니다. 원래의 값을 알기 위해서는 …1111 1000에 대한 2의 보수를 구합니다. …0000 1000은 십진수로 8이고 원래 음수였으므로 -를 붙이면 -8입니다.

⑤ 》》는 오른쪽 시프트 연산자이므로, a에 저장된 값을 오른쪽으로 1비트 이동시킨 다음 그 값을 다시 a에 저장시킵니다. int는 4바이트이므로 4바이트 이진수로 변환하여 계산하면 됩니다.
• 4바이트에 5를 이진수로 표현하면 다음과 같습니다.

• 부호를 제외한 전체 비트를 오른쪽으로 1비트 이동시킵니다. 부호는 맨 왼쪽의 0이고, 양수에 대한 패딩 비트*에는 0이 들어옵니다.

• 이것을 10진수로 변환하면 2입니다.

패딩 비트
Shift에서 자리를 이동한 후 생기는 왼쪽이나 오른쪽 끝의 빈 자리에 채워지는 비트를 말합니다. C언어와 JAVA는 모두 부호화 2의 보수법을 사용하기 때문에 부호화 2의 보수법의 음수에 대한 패딩 비트만 알아두면 됩니다. 양수는 항상 빈 자리에 0이 채워지기 때문에 신경쓰지 않아도 됩니다.
• 양수 : Shift Left, Shift Right 모두 0이 채워집니다.
• 음수
 - Shift Left : 왼쪽으로 이동하므로 오른쪽의 빈 자리에는 0이 채워집니다.
 - Shift Right : 오른쪽으로 이동하므로 맨 왼쪽의 부호 비트를 제외한 빈 자리에 1이 채워집니다.

⑥ <<는 왼쪽 시프트 연산자이므로, b에 저장된 값을 왼쪽으로 3비트 이동시킨 다음 그 값을 다시 b에 저장시킵니다. 정수형 변수는 4바이트이므로 4바이트 이진수로 변환하여 계산하면 됩니다.

- 4바이트에 7을 이진수로 표현하면 다음과 같습니다.

- 부호를 제외한 전체 비트를 왼쪽으로 3비트 이동시킵니다. 부호는 맨 왼쪽의 0입니다. 양수이므로 빈 자리(패딩 비트)에는 0이 들어오면 됩니다.

이것을 10진수로 변환하면 56(32+16+8)입니다.

결과 ① 5 ② 7 ③ 2 ④ -8 ⑤ 2 ⑥ 56

4 논리 연산자

22.7, 기사 25.8, 23.7, 23.5, 22.4, 22.3

논리 연산자는 두 개의 논리 값을 연산하여 참(true) 또는 거짓(false)을 결과로 얻는 연산자이다. 관계 연산자와 마찬가지로 거짓은 0, 참은 1이다.

연산자	의미	비고
!	not	부정
&&	and	모두 참이면 참
||	or	하나라도 참이면 참

문제 다음 논리 연산식의 결과를 적으시오(단 정수형 변수 a=2, b=3, c=0, d=1, e=1로 선언되었다고 가정한다.).

번호	논리 연산식	결과
①	a > 3 && b > 2	
②	a > 3 || b > 2	
③	!c	
④	a == 2 && b != 3	
⑤	a & b && c	
⑥	++d && --e	

① a > 3 && b > 2

- ❶ : a는 2이므로 a > 3은 거짓(false)입니다.
- ❷ : b는 3이므로 b > 2는 참(true)입니다.
- ❸ : &&는 모두 참일 때만 참이므로 결과는 거짓(false)입니다. 거짓은 0입니다.

전문가의 조언

&&의 의미를 묻는 문제가 출제되었습니다. 연산자와 그 의미를 연결하여 확실히 암기하세요.

전문가의 조언

연산자 우선 순위(높은 → 낮음)
증감 연산자 → 산술 연산자(* / %) → 산술 연산자(+ -) → 시프트 연산자 → 관계 연산자(< <= >= >) → 관계 연산자(== !=) → 비트 연산자(& → ^ → |) → 논리 연산자(&& → ||) → 조건 연산자 → 대입 연산자 → 순서 연산자

② a > 3 || b > 2
    ❶   ❷
        ❸

- ❶ : a는 2이므로 a > 3은 거짓(false)입니다.
- ❷ : b는 3이므로 b > 2는 참(false)입니다.
- ❸ : ||는 하나라도 참이면 참이므로 결과는 참(true)입니다. 참은 1입니다.

③ c는 0이고 !c는 c의 부정이므로 결과는 1입니다.

④ a == 2 && b != 3
    ❶   ❷
        ❸

- ❶ : a는 2이므로 a == 2는 참(true)입니다.
- ❷ : b는 3이므로 b != 3은 거짓((false)입니다.
- ❸ : &&는 모두 참일 때만 참이므로 결과는 거짓(false)입니다.

⑤ a & b && c
    ❶
      ❷

- ❶ &(비트 and)는 두 비트가 모두 1일 때만 1이 되는 비트 연산자입니다.
  C 언어에서 정수형 변수는 4바이트(32비트)이므로 각 변수의 값을 4바이트 이진수로 변환한 다음 비트별로 연산합니다.
  ```
  2 = 0000 0000 0000 0000 0000 0000 0000 0010
  3 = 0000 0000 0000 0000 0000 0000 0000 0011
  & = 0000 0000 0000 0000 0000 0000 0000 0010
  ```
  0000 0000 0000 0000 0000 0000 0000 0010은 십진수로 2입니다.
- ❷ : ❶ && c = 2 && 0 = 0

⑥ ++d && --e
   ❶   ❷
       ❸

- ❶ : d의 초기값이 1이고 ❶이 전치 증가 연산자이므로 연산 전에 값이 증가하여 2가 됩니다.
- ❷ : e의 초기값이 1이고 ❷가 전치 감소 연산자이므로 연산 전에 값이 감소하여 0이 됩니다.
- ❸ : ❶ && ❷ = 2 && 0 = 0

결과 ① 0 ② 1 ③ 1 ④ 0 ⑤ 0 ⑥ 0

5 대입 연산자

연산 후 결과를 대입하는 연산식을 간략하게 입력할 수 있도록 대입 연산자를 제공한다. 대입 연산자는 산술, 관계, 비트, 논리 연산자에 모두 적용할 수 있다.

연산자	예	의미
+=	a += 1	a = a + 1
-=	a -= 1	a = a - 1
*=	a *= 1	a = a * 1
/=	a /= 1	a = a / 1
%=	a %= 1	a = a % 1
<<=	a <<= 1	a = a << 1
>>=	a >>= 1	a = a >> 1

> **전문가의 조언**
> 대입 연산자들의 개별적인 의미를 이해하고, 문제를 통해 연산 원리를 확실히 파악해 두세요.

전문가의 조언

연산자 우선 순위(높은 → 낮음)
증감 연산자 → 산술 연산자(* / %) → 산술 연산자(+ −) → 시프트 연산자 → 관계 연산자(<< <= >= >>) → 관계 연산자(== !=) → 비트 연산자(& → ^ → |) → 논리 연산자(&& → ||) → 조건 연산자 → 대입 연산자 → 순서 연산자

문제 다음 대입 연산식의 결과를 적으시오(단 정수형 변수 a=2, b=3, c=4, d=5로 선언되었다고 가정한다.).

번호	대입 연산식	결과
①	a += 3;	
②	b *= 3;	
③	c %= 3;	
④	d >>= 1;	
⑤	c += 10 + ++a;	
⑥	d *= 10 − b++;	
⑦	a += b += c;	
⑧	d += b *= c /= a;	
⑨	a −= ++d / b−−;	
⑩	b += c *= a << 2;	
⑪	a %= c	b & d − b;	
⑫	c *= d <<= (b == ++a);	

전문가의 조언

⑩ a << 2
부호를 제외한 전체 비트를 왼쪽으로 2비트 이동시킵니다. 부호는 맨 왼쪽의 0이고, 양수에 대한 패딩 비트에는 0이 들어옵니다.
2 = ⋯00000010
↓
8 = ⋯00001000

⑪
· 3 & 2
&(비트 and)는 두 비트가 모두 1일 때만 1이 되는 비트 연산자입니다.
3 = ⋯0000 0011
2 = ⋯0000 0010
& ⋯0000 0010 (2)

· 4 | 2
|(비트 or)는 두 비트 중 한 비트라도 1이면 1이 되는 비트 연산자입니다.
4 = ⋯0000 0100
2 = ⋯0000 0010
| ⋯0000 0110 (6)

⑫ 5 << 1
부호를 제외한 전체 비트를 왼쪽으로 1비트 이동시킵니다. 부호는 맨 왼쪽의 0이고, 양수에 대한 패딩 비트에는 0이 들어옵니다.
5 = ⋯0000 0101
↓
10 = ⋯0000 1010

④ 4바이트에 5를 이진수로 표현하면 다음과 같습니다.

32	31	30	⋯	20	⋯	16	15	14	13	12	11	10	9	8	7	6	5	4	3	2	1
5	0	0	0	⋯	0	⋯	0	0	0	0	0	0	0	0	0	0	0	0	0	1	0	1

· 부호를 제외한 전체 비트를 오른쪽으로 1비트 이동시킵니다. 부호는 맨 왼쪽의 0이고, 양수에 대한 패딩 비트에는 0이 들어옵니다.

32	31	30	⋯	20	⋯	16	15	14	13	12	11	10	9	8	7	6	5	4	3	2	1
2	0	0	0	⋯	0	⋯	0	0	0	0	0	0	0	0	0	0	0	0	0	1	0

· 이것을 10진수로 변환하면 2입니다.

⑤ c += 10 + ++a → c = c + (10 + ++a) → c = c + (10 + 3) → c = c + 13 → c = 4 + 13
⑥ d *= 10 − b++ → d = d * (10 − b++) → d = d * (10 − 3) → d = d * 7 → d = 5 * 7
⑦ a += b += c → a = a + (b += c) → a = a + (b = b + c) → a = a + (b = 3 + 4) → a = a + 7 → a = 2 + 7
⑧ d += b *= c /= a → d = d + (b *= (c = c / a)) → d = d + (b *= (c = 4 / 2)) → d = d + (b *= 2) → d = d + (b = b * 2) → d = d + (b = 3 * 2) → d = d + 6 → d = 5 + 6
⑨ a −= ++d / b−− → a = a − (++d / b−−) → a = a − (6 / 3) → a = a − 2 → a = 2 − 2
⑩ b += c *= a << 2 → b = b + (c *= a << 2) → b = b + (c = c * 8) → b = b + (c = 4 * 8) → b = b + 32 → b = 3 + 32
⑪ a %= c | b & d − b → a = a % (c | b & d − b) → a = a % (c | b & 5 − 3) → a = a % (c | b & 2) → a = a % (c | 3 & 2) → a = a % (c | 2) → a = a % (4 | 2) → a = a % 6 → a = 2 % 6
⑫ c *= d <<= (b == ++a) → c = c * (d <<= (b == ++a)) → c = c * (d <<= (3 == 3)) → c = c * (d <<= 1) → c = c * (d = 5 << 1) → c = c * 10 → c = 4 * 10

결과 ① 5 ② 9 ③ 1 ④ 2 ⑤ 17 ⑥ 35 ⑦ 9 ⑧ 11 ⑨ 0 ⑩ 35 ⑪ 2 ⑫ 40

6 조건 연산자

25.2, 24.5, 23.5, 22.7, 기사 25.5, 22.4, 20.8

400406

조건 연산자는 조건에 따라 서로 다른 수식을 수행한다.

형식

> 조건 ? 수식1 : 수식2; '조건'의 수식이 참이면 '수식1'을, 거짓이면 '수식2'를 실행한다.

문제 다음 조건 연산식의 결과를 적으시오(단 정수형 변수 a=1, b=2, c=3, d=4와 같이 선언되었다고 가정한다.).

번호	조건 연산식	결과
①	b *= a > b ? a : b;	
②	c -= a < b ? a - b : b - a;	
③	d %= c < d ? c++ : d++;	
④	c += b < b ? ++a : b++;	
⑤	d /= d % 3 ? a * b : d % c;	
⑥	a += ++a % b++ ? c * d : b / c;	

전문가의 조언

If문을 조건 연산자로 풀어내거나 조건 연산자가 사용된 코드의 결과를 묻는 문제가 출제되었습니다. If문은 Section 053에서 학습하므로, 관련 문제도 Section 053에 수록하였습니다. 여기에서는 조건 연산자의 사용 형식만 확실히 기억하세요.

---

① b *= a > b ? a : b;

- ❶ : a는 1이고 b는 2이므로 조건(a>b)이 거짓이 되어 b 값이 사용됩니다.
- ❷ : b = b * b = 4

② c -= a < b ? a - b : b - a;

- ❶ : a는 1이고 b는 2이므로 조건(a<b)이 참이 되어 'a – b'의 결과인 –1이 사용됩니다.
- ❷ : c = c – (–1) = 3 + 1

③ d %= c < d ? c++ : d++;

- ❶ : c는 3이고 d는 4이므로 조건(c<d)이 참이 되어 c++의 결과 3이 사용됩니다.
- ❷ : d = d % 3 = 4 % 3

④ c += b < b ? ++a : b++;

- ❶ : b는 2이므로 조건(b<b)이 거짓이 되어 b++의 결과인 2가 사용됩니다.
- ❷ : c = c + 2 = 3 + 2

⑤ d /= d % 3 ? a * b : d % c;

- ❶ : d는 4이므로 'd % 3'은 1이 됩니다. 조건에서 1은 참과 같으므로 'a * b'의 결과인 2가 사용됩니다.
- ❷ : d = d / 2 = 4 / 2

⑥ a += ++a % b++ ? c * d : b / c;
　　　　❶
　　❷

- ❶ : a는 10이고 b는 20이므로 '++a % b++'은 '2 % 2'로 0이 됩니다. 조건에서 0은 거짓과 같으므로 'b / c'의 결과가 사용됩니다. 조건에서의 b++에 의해 후치 증가 연산이 적용되므로 b는 30이 되어 'b / c'의 결과는 10이 됩니다.
- ❷ : a = a + 1 = 2 + 1

결과 ① 4 ② 4 ③ 1 ④ 5 ⑤ 2 ⑥ 3

 전문가의 조언
기타 연산자의 종류와 연산자들의 개별적인 의미를 암기하세요.

기타 연산자

25.8

 400407

연산자	의미
sizeof	자료형의 크기를 표시한다.
, (콤마)	• 콤마로 구분하여 한 줄에 두 개 이상의 수식을 작성하거나 변수를 정의한다. • 왼쪽에서 오른쪽으로 순서대로 수행되며, 순서 연산자라 부르기도 한다.
25.8 (자료형)	• 사용자가 자료형을 다른 자료형으로 변환할 때 사용하는 것으로, cast(캐스트) 연산자라고 부른다. • 변환할 자료형을 괄호 안에 넣어서 변환할 값이나 변수명 앞에 놓는다. 예 a = (int)1.3 + (int)1.4; 　 1.3을 정수형으로 변환한 값 1과 1.4를 정수형으로 변환한 값 1이 더해진 2가 a에 저장된다.

 전문가의 조언
기본적인 연산자의 우선순위는 반드시 암기해야 합니다. 문제에 사용된 연산자들의 우선순위 정도는 확실하게 알고 있어야 합니다.

⑧ 연산자 우선순위

22.7, 기사 25.2, 24.7, 22.3, 21.8, 21.5

 400408

- 한 개의 수식에 여러 개의 연산자가 사용되면 기본적으로 아래 표의 순서대로 처리된다.
- 아래 표의 한 줄에 가로로 나열된 연산자는 우선순위가 같기 때문에 결합규칙에 따라 ←는 오른쪽에 있는 연산자부터, →는 왼쪽에 있는 연산자부터 차례로 계산된다.

대분류	중분류	연산자	결합규칙	우선 순위
단항 연산자	단항 연산자	!(논리 not) ~(비트 not) ++(증가) --(감소) sizeof(기타)	←	높음
이항 연산자	산술 연산자	* / %(나머지) + -	→	↑
	시프트 연산자	<< >>		
	관계 연산자	< <= >= > ==(같다) !=(같지 않다)		
	비트 연산자	&(비트 and) ^(비트 xor) |(비트 or)		
	논리 연산자	&&(논리 and) ||(논리 or)		
삼항 연산자	조건 연산자	? :	→	
대입 연산자	대입 연산자	= += -= *= /= %= <<= >>= 등	←	
순서 연산자	순서 연산자	,	→	낮음

문제 다음 연산식의 결과를 적으시오(단 정수형 변수 a=3, b=4, c=5, d=6로 선언되었다고 가정한다.).

번호	연산식	결과
①	a * b + c >= d && d / a - b != 0	
②	d % b + ++a * c-- || c - --a >= 10	

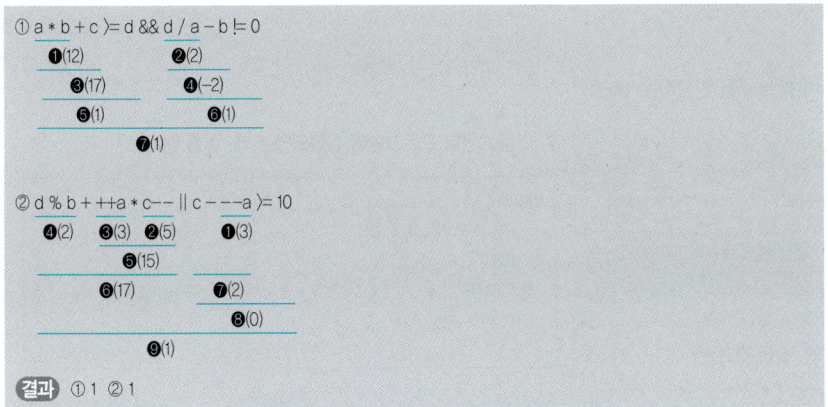

전문가의 조언

- ❶ : --a에 의해 처음에는 2를 갖지만 ❸의 전치 증가 연산이 적용되어 계산에 사용될 때는 3이 됩니다.

결과 ① 1 ② 1

기출문제 따라잡기

25년 8월, 22년 4월

1. 다음 Java 프로그램이 실행되었을 때, 실행 결과는?

```
public class Test {
    public static void main(String args[ ]) {
        int a, b, c, d;
        a = b = 5;
        c = --a % --a;
        d = b++ * b++;
        System.out.printf("%d, %d", c, d);
    }
}
```

① 0, 25 ② 1, 25 ③ 0, 30 ④ 1, 30

사용된 코드의 의미는 다음과 같습니다.

```
public class Test {
    public static void main(String args[]) {
❶      int a, b, c, d;
❷      a = b = 5;
❸      c = --a % --a;
❹      d = b++ * b++;
❺      System.out.printf("%d, %d", c, d);
    }
}
```

❶ 정수형 변수 a, b, c, d를 선언합니다.
❷ b에 5를 저장한 후, a에 b의 값 5를 저장합니다. 즉 a와 b에는 5가 저장됩니다.
❸ c에 a를 a로 나눈 나머지를 저장합니다. a에는 두 번의 전치 감소 연산자가 사용되었으므로, 왼쪽부터 차례대로 적용하여 값을 계산하면 됩니다.

c = --a % --a;
    ㉠   ㉡
   ㉢

- ㉠ : a의 값은 5이고 ㉠은 전치 감소 연산자이므로 연산 전에 값이 감소하여 4가 됩니다.
- ㉡ : a의 값은 ㉠에서 감소하여 4이고 ㉡은 전치 감소 연산자이므로 연산 전에 값이 감소하여 3이 됩니다.
- ㉢ : c = ㉠ % ㉡이므로 4를 3으로 나눈 나머지인 1을 c에 저장합니다.

❹ d에 b와 b를 곱한 값을 저장합니다. b에는 두 번의 후치 증가 연산자가 사용되었으므로, 왼쪽부터 차례대로 적용하여 값을 계산하면 됩니다.

d = b++ * b++;
    ㉠   ㉡
    ㉢

- ㉠ : b의 값은 5이고 ㉠은 후치 증가 연산자이므로 연산에는 5를 사용하고 b에는 6이 저장됩니다.
- ㉡ : b의 값은 ㉠에서 증가하여 6이고 ㉡은 후치 증가 연산자이므로 연산에는 6을 사용하고 b에는 7이 저장됩니다.
- ㉢ : d = ㉠ * ㉡이므로 5와 6을 곱한 값인 30을 d에 저장합니다.

❺ c의 값 1과, d의 값 30을 출력합니다.

결과 `1, 30`

▶ 정답 : 1. ④

기출문제 따라잡기

22년 7월

2. 다음 중 C언어에서 반드시 정수를 사용해야 하는 연산자는?

① %   ② /
③ *   ④ +

C언어에서는 %(나머지 연산자)에 실수를 사용하면 오류가 발생합니다. 실수의 나머지를 계산하려면 math.h에 있는 fmod( ) 함수를 사용해야 합니다.

22년 7월

3. 자바에서 두 개의 논리 값을 연산하여 참(true)을 반환하는 'and'의 의미를 가진 연산자는?

① ==   ② &&
③ || ④ +=

논리 값을 연산하는 논리 연산자에는 not의 의미를 가진 !, and의 의미를 가진 &&, or의 의미를 가진 ||가 있습니다.

23년 7월

4. 다음 C언어 프로그램이 실행되었을 때, 실행 결과는?

```
#include <stdio.h>
main( ) {
    int a = 100, b = 200;
    printf("%d", b != a);
}
```

① 1   ② 2
③ 100   ④ 200

사용된 코드의 의미는 다음과 같습니다.

```
#include <stdio.h>
main( ) {
❶  int a = 100, b = 200;
❷  printf("%d", b != a);
}
```

❶ 정수형 변수 a와 b를 선언하고, 각각 100과 200으로 초기화합니다.
❷ b가 a와 같지 않으면 참(1), 같으면 거짓(0)이란 논리값을 정수로 출력합니다. b의 값 200은 a의 값 100과 같지 않으므로 1이 출력됩니다.

결과 1

25년 8월, 5월

5. JAVA에서 비교 연산자에 해당하지 않는 것은?

① <=   ② !=
③ <<   ④ <

<<는 지정된 비트 수만큼 왼쪽으로 이동시켜 2배씩 증가시키는 산술 시프트 연산자입니다.

24년 2월, 23년 5월

6. 두 비트 중 한 비트만 1일 때 참을 반환하는 연산자는?

① &   ② ^
③ | ④ ~

두 비트 중 한 비트만 1일 때 참(True)을 반환하는 연산자는 ^(비트 xor)입니다.
① 두 비트가 모두 1일 때 참(True)을 반환하는 비트 and 연산자
③ 두 비트 중 하나라도 1일 때 참(True)을 반환하는 비트 or 연산자
④ 1은 0으로, 0은 1로 변환하는 비트 not 연산자

24년 5월, 23년 5월

7. 다음 C언어 프로그램이 실행되었을 때, 실행 결과는?

```
main( ) {
    int a = 10, b = 12;
    int r;
    r = (a++ > --b) ? --a : b++;
    printf("%d", r);
}
```

① 10   ② 11   ③ 12   ④ 13

사용된 코드의 의미는 다음과 같습니다.

```
main( ) {
❶  int a = 10, b = 12;
❷  int r;
❸  r = (a++ > --b) ? --a : b++;
         ❸    ❹    ❺
❼  printf("%d", r);
}
```

❶ 정수형 변수 a와 b를 선언하고, 각각 10과 12로 초기화합니다.
❷ 정수형 변수 r을 선언합니다.
❸ • a가 b보다 크면 ❹번을, 크지 않으면 ❺번을 반환합니다.
   • a는 후치 증가 연산이므로 비교 연산 후에 값이 1 증가합니다.
   • b는 전치 감소 연산이므로 비교 연산 전에 값이 1 감소합니다.
   • 즉 10 > 11을 비교 연산을 한 다음 a의 값이 1 증가하여, a와 b 모두 11의 값을 가집니다. 10은 11보다 크지 않으므로 ❺번을 반환합니다.
❻ 삼항 연산자의 결과로 ❺번이 반환되었으므로, 'r = b++;'과 같습니다. b는 후치 연산자이므로 r에 b의 값 11이 저장된 다음 증가하여 12가 됩니다.
❼ r의 값 11을 출력합니다.

결과 11

24년 7월, 2월

8. 다음 C언어 프로그램이 실행되었을 때, 실행 결과는?

```
#include <stdio.h>
int main( ) {
    unsigned char ch = 255;
    printf("%d", ch >> 1);
    return 0;
}
```

기출문제 따라잡기

① 127　　② 128
③ 255　　④ 256

사용된 코드의 의미는 다음과 같습니다.

```
#include <stdio.h>
int main( ) {
❶   unsigned char ch = 255;
❷   printf("%d", ch >> 1);
❸   return 0;
}
```

❶ 부호없는 문자형 변수 ch를 선언하고 255로 초기화합니다.
❷ >>는 오른쪽 시프트 연산자이므로, ch에 저장된 값을 오른쪽으로 1비트 이동시킨 다음 그 값을 정수로 출력합니다.
• 문자형은 1Byte이므로 255를 1Byte 2진수로 변환하여 계산하면 됩니다.

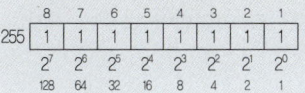

• 전체 비트를 오른쪽으로 1비트 이동시킨다. 양수이므로 패딩 비트(빈자리)에는 0이 채워집니다.

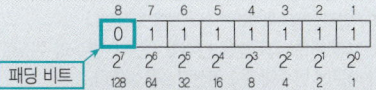

• 이동된 값을 10진수로 변환하면 127입니다.

결과 | 127

25년 8월
9. 다음 JAVA 프로그램이 실행되었을 때, 실행 결과는?

```
public class Main {
    public static void main(String[ ] args) {
        System.out.print((int) 2.9 + 1.7);
    }
}
```

① 3.7　　② 4.7
③ 3　　　④ 4.6

사용된 코드의 의미는 다음과 같습니다.

```
public class Main {
    public static void main(String[ ] args) {
❶       System.out.print((int) 2.9 + 1.7);
    }
}
```

❶ 2.9가 정수형으로 형변환되어 2가 된 후 1.7이 더해지므로, 3.7이 출력됩니다.

결과 | 3.7

24년 7월
10. 다음 Python 프로그램이 실행되었을 때, 실행 결과는?

```
a = 100
print(a > 100 and a < 200)
print(a > 100 or a < 200)
print(not(a == 100))
```

① True　　② False
　False　　　True
　True　　　False
③ True　　④ False
　True　　　False
　True　　　False

사용된 코드의 의미는 다음과 같습니다.

```
❶ a = 100
❷ print(a > 100 and a < 200)
❸ print(a > 100 or a < 200)
❹ print(not(a == 100))
```

❶ a에 100을 저장합니다.
❷ 논리값 False를 출력한 후 커서를 다음 줄의 처음으로 옮깁니다.

　a > 100 and a < 200
　　ⓐ　　　　ⓑ
　　　　ⓒ

• ⓐ : a의 값 100은 100보다 크지 않으므로 거짓(False)입니다.
• ⓑ : a의 값 100은 200보다 작으므로 참(True)입니다.
• ⓒ : 'ⓐ and ⓑ'은 둘 다 참이어야 참이므로 결과는 거짓(False)입니다.

결과 | False

❸ 논리값 True를 출력한 후 커서를 다음 줄의 처음으로 옮깁니다.

　a > 100 or a < 200
　　ⓐ　　　　ⓑ
　　　　ⓒ

• ⓐ : a의 값 100은 100보다 크지 않으므로 거짓(False)입니다.
• ⓑ : a의 값 100은 200보다 작으므로 참(True)입니다.
• ⓒ : 'ⓐ or ⓑ'은 둘 중 하나라도 참이면 참이므로 결과는 참(True)입니다.

결과 | False
　　　True

❹ a의 값이 100이므로 'a == 100'은 참(True)이지만 not 연산자에 의해 논리값 False를 출력한 후 커서를 다음 줄의 처음으로 옮깁니다.
• not : 참이면 거짓을, 거짓이면 참을 반환하는 연산자

결과 | False
　　　True
　　　False

▶ 정답 : 2. ①　3. ②　4. ①　5. ③　6. ②　7. ②　8. ①　9. ①　10. ②

SECTION 052

데이터 입·출력

전문가의 조언
데이터 표준 입·출력 함수들의 기능과 형식을 기억하세요. 특히 데이터를 입력하거나 출력할 때 지정하는 서식 문자열의 지정 방법을 확실히 기억하고 넘어가세요.

1 C언어의 표준 입·출력 함수의 개요

표준 입출력 함수(Input-Output Functions)란 키보드로 입력받아 화면으로 출력할 때 사용하는 함수로, 대표적으로 scanf( ), getchar( ), gets( ), printf( ), putchar( ), puts( ) 등이 있다.

2 scanf( ) 함수
25.5, 24.5, 22.3, 기사 25.5, 23.2

scanf( ) 함수는 C언어의 표준 입력 함수로, 키보드로 입력받아 변수에 저장하는 함수이다.

형식

scanf(서식 문자열, 변수의 주소)	• 서식 문자열 : 입력받을 데이터의 자료형을 지정한다. • 변수의 주소 : 데이터를 입력받을 변수를 적는다. 변수의 주소로 입력 받아야 하기 때문에 변수에 주소연산자 &를 붙인다.

예 scanf("%3d", &a);
  ▶ % : 서식 문자임을 지정
  ▶ 3 : 입력 자릿수를 3자리로 지정
  ▶ d : 10진수로 입력
  ▶ &a : 입력받은 데이터를 변수 a의 주소에 저장

특징
- 입력받을 데이터의 자료형, 자릿수 등을 지정할 수 있다.
- 한 번에 여러 개의 데이터를 입력 받을 수 있다.
- 원하는 자료형으로 변환이 가능하다.
- 서식 문자열과 변수의 자료형은 일치해야 한다.
  예 scanf("%d %f", &i, &j); → '%d'와 i, "%f"와 j는 자료형이 일치해야 한다.

서식 문자열
서식 문자열은 printf( ) 함수로 출력할 때도 동일하게 적용된다.

전문가의 조언
서식 문자열의 의미를 묻는 문제가 출제되었습니다. %x는 정수형 16진수 입·출력에 사용한다는 것을 중심으로 %d, %c, %s, %o의 의미를 꼭 기억해 두세요.

서식 문자열	의미
%d	정수형 10진수를 입·출력하기 위해 지정한다.
%u	부호없는 정수형 10진수를 입·출력하기 위해 지정한다.
%o	정수형 8진수를 입·출력하기 위해 지정한다.

%x	정수형 16진수를 입·출력하기 위해 지정한다.
%c	문자를 입·출력하기 위해 지정한다.
%s	문자열을 입·출력하기 위해 지정한다.
%f	소수점을 포함하는 실수를 입·출력하기 위해 지정한다.
%e	지수형 실수를 입·출력하기 위해 지정한다.
%ld	long형 10진수를 입·출력하기 위해 지정한다.
%lo	long형 8진수를 입·출력하기 위해 지정한다.
%lx	long형 16진수를 입·출력하기 위해 지정한다.
%p	주소를 16진수로 입·출력하기 위해 지정한다.

잠깐만요 JAVA에서의 표준 입력

JAVA에서 키보드로 입력받은 값을 변수에 저장하려면 먼저 Scanner 클래스를 이용해 키보드로부터 값을 입력받는 객체 변수를 생성한 후 이를 사용해야 합니다.

형식

❶ Scanner scan01 = new Scanner(System.in);
❷ inNum = scan01.nextInt( );

❶ 객체 변수 생성
- Scanner : 입력에 사용할 객체 변수를 생성할 때 사용하는 클래스 이름입니다. 그대로 적어줍니다.
- scan01 : 객체 변수명입니다. 사용자 임의로 적어줍니다.
- new : 객체 생성 예약어입니다. 그대로 적어줍니다.
- Scanner( ) : 클래스의 이름입니다. ( )를 붙여 그대로 적어줍니다.
- System.in : 표준 입력장치, 즉 키보드를 의미합니다. 키보드로부터 값을 입력받는 객체 변수를 생성할 것이므로 그대로 적어줍니다.

❷ 객체 변수 활용
- inNum : 입력받은 값을 저장할 변수입니다. 이 변수는 미리 선언되어 있어야 합니다.
- scan01.nextInt( )
  - scan01 : 입력에 사용할 객체 변수 이름입니다. 객체 변수 생성 시 사용한 객체 변수 이름과 동일해야 합니다.
  - nextInt( ) : 입력받은 값을 정수형으로 반환*합니다.

문제 scanf( ) 함수를 이용하여 다음과 같이 데이터를 입력할 경우 변수에 기억되는 결과를 쓰시오.

번호	코드	입력 데이터	결과
①	scanf("%d", &i);	20	
②	scanf("%2d", &i);	125	
③	scanf("%4f", &j);	12.123	
④	scanf("%c", &a);	SINAGONG	
⑤	char b[8]; scanf("%4c", b);*	SINAGONG	

Scanner 클래스의 입력 메소드
- next( ) : 입력값을 문자열로 반환
- nextLine( ) : 입력받은 라인 전체를 문자열로 반환
- nextInt( ) : 입력값을 정수형으로 반환
- nextFloat( ) : 입력값을 실수형으로 반환

전문가의 조언

배열명은 배열의 시작 주소를 의미하므로 배열명 앞에는 &를 붙이지 않아도 됩니다.

⑥	char b[8]; scanf("%s", b);	GIL BUT	
⑦	char b[8], c[8]; scanf("%s %2s", b, c);	GIL BUT	
⑧	char b[8]; scanf("%d %f %s", &i, &j, b);	345 2.62E-6 LOVE	
⑨	char b[8], c[8]; scanf("%c %5c", b, c);	LOVE ME	
⑩	scanf("%3d %5f", &i, &j);	123456789	
⑪	scanf("%3d$$%3f", &i, &j);	123$$456789	

① 정수형 10진수로 저장됩니다.
② 앞에 2자리까지만 저장됩니다.
③ 소수점을 포함하여 앞에 4자리까지만 저장됩니다.
④ 입력한 데이터 중 앞에 1문자만 저장됩니다.
⑤ 입력한 데이터 중 앞에 4자리까지만 저장됩니다.
⑥ 입력한 데이터 중 빈 칸(공백)이 있으면 빈 칸 앞까지만 저장됩니다.
⑦ 배열 b에는 입력한 데이터 중 빈 칸 앞까지만 저장되고 배열 c에는 입력한 데이터 중 빈 칸 이후 2자리까지만 저장됩니다.
⑧ 입력한 데이터가 빈 칸으로 구분되어 i에는 정수형 10진수로, j에는 소수점을 포함하는 실수형으로, 배열 b에는 문자열로 저장됩니다.
⑨ 배열 b에는 입력한 데이터 중 앞의 문자 1자리만 저장되고 배열 c에는 입력한 데이터 중 배열 b에 저장된 문자 1자리 이후 5자리까지만 저장됩니다.
⑩ i에는 입력한 데이터 중 앞의 3자리까지만 저장되고 j에는 i에 저장된 3자리 이후 소수점을 포함하여 5자리까지만 저장되는데, 입력한 데이터가 정수이므로 5자리의 정수만 저장됩니다.
⑪ 입력한 데이터에 '$$'가 없으면 정상적으로 입력되지 않습니다. i에는 입력한 데이터 중 '$$'를 기준으로 앞에 3자리까지만 저장되고 j에는 입력한 데이터 중 '$$'를 기준으로 뒤에 3자리까지가 소수점을 포함하여 저장되는데, 입력한 데이터가 정수이므로 3자리의 정수만 저장됩니다.

결과 ① 20 ② 12 ③ 12.1 ④ S ⑤ SINA ⑥ GIL ⑦ b : GIL, c : BU
⑧ i : 345, j : 2.62E-6, b : LOVE ⑨ b : L, c : OVE M ⑩ i : 123, j : 45678
⑪ i : 123, j : 456

3 printf( ) 함수

24.7, 24.2, 23.7, 22.7, 22.4, 22.3, 기사 22.7, 22.4, 22.3, 21.8, 21.5, 20.8

printf( ) 함수는 C언어의 표준 출력 함수로, 인수로 주어진 값을 화면에 출력하는 함수이다.

형식

printf(서식 문자열, 변수)	• 서식 문자열 : 변수의 자료형에 맞는 서식 문자열을 입력한다. • 변수 : 서식 문자열의 순서에 맞게 출력할 변수를 적는다. scanf( )와 달리 주소 연산자 &를 붙이지 않는다.

전문가의 조언

C언어 코드 문제에 printf( ) 함수가 자주 사용되는데, 대부분 서식 제어 문자가 포함되어 있습니다. '\n'과 '\b'의 기능을 중심으로 주요 서식 제어문자의 기능을 정리하세요.

예 printf("%-8.2f", 200.2);
(V는 빈 칸을 의미함)
`200.20VV`

- ▶ % : 서식 문자임을 지정
- ▶ - : 왼쪽부터 출력
- ▶ 8 : 출력 자릿수를 8자리로 지정
- ▶ 2 : 소수점 이하를 2자리로 지정
- ▶ f : 실수로 출력

주요 제어문자

제어문자란 입력 혹은 출력 내용을 제어하는 문자이다.

문자	의미	기능
\n	new line	커서를 다음 줄 앞으로 이동한다.
\b	backspace	커서를 왼쪽으로 한 칸 이동한다.
\t	tab	커서를 일정 간격 띄운다.
\r	carriage return	커서를 현재 줄의 처음으로 이동한다.
\0	null	널 문자를 출력한다.
\'	single quote	작은따옴표를 출력한다.
\"	double quote	큰따옴표를 출력한다.
\a	alert	스피커로 벨 소리를 출력한다.
\\	backslash	역 슬래시를 출력한다.
\f	form feed	한 페이지를 넘긴다.

예 printf("%d\n", a); → a의 값을 정수형 10진수로 출력한 후 다음 줄로 이동한다.

24.7, 24.5, 23.2, 22.4, 22.3, 기사 24.5, 21.3, 20.9

잠깐만요 JAVA에서의 표준 출력

JAVA에서 값을 화면에 출력할 때는 System 클래스의 서브 클래스인 out 클래스의 메소드 print( ), println( ), printf( ) 등을 사용하여 출력합니다.

• 형식 1 : 서식 문자열에 맞게 변수의 내용을 출력합니다.

`System.out.printf(서식 문자열, 변수)`

– printf( ) 메소드는 C언어의 printf( ) 함수와 사용법이 동일합니다.

예 System.out.printf("%-8.2f", 200.2);
(V는 빈 칸을 의미함)
`200.20VV`

- ▶ % : 서식 문자임을 지정
- ▶ - : 왼쪽부터 출력
- ▶ 8 : 출력 자릿수를 8자리로 지정
- ▶ 2 : 소수점 이하를 2자리로 지정
- ▶ f : 실수로 출력

전문가의 조언

JAVA의 표준 출력 함수가 포함된 코드의 결과를 묻는 문제가 자주 출제됩니다. 3가지 표준 출력 형식을 기억하고 예를 통해 출력 원리를 확실히 이해하세요.

- 형식 2 : 값이나 변수의 내용을 형식없이 출력합니다.

  System.out.print( )

  - 문자열을 출력할 때는 큰따옴표로 묶어줘야 합니다.
  - 문자열 또는 문자열 변수를 연속으로 출력할 때는 +를 이용합니다.
  - '숫자+숫자'는 두 숫자를 합한 값을 출력하지만, '문자열+숫자' 또는 '숫자+문자열'과 같이 문자열과 숫자가 섞인 경우에는 모두 문자열로 인식되므로 값이 붙어서 출력됩니다.

  예1 System.out.print("abc123" + "def");
  abc123def

  예2 System.out.print("abc" + 12 + 34);
  abc1234

  예3 System.out.print("abc" + (12 + 34));
  abc46

- 형식 3 : 값이나 변수의 내용을 형식없이 출력한 후 커서를 다음 줄의 처음으로 이동합니다.

  System.out.println( )

  - println( ) 메소드는 출력 후 다음 줄로 이동한다는 것을 제외하면 print( ) 메소드와 사용법이 동일합니다.

  예 System.out.print("abc123" + "def");
  abc123def
  |
  └ 커서의 위치

 전문가의 조언

- **예2**와 **예3**의 결과가 다른 이유는 연산의 순서가 다르기 때문입니다.
- **예2** : 먼저 "abc"+12는 문자열+숫자이므로 값이 붙어서 abc12로, 이어서 "abc12"+34도 문자열+숫자이므로 값이 붙어서 abc1234로 출력됩니다.
- **예3** : 괄호로 인해 (12+34)가 먼저 계산되는데, 숫자+숫자이므로 값이 계산되어 46이고, 이어서 "abc"+46은 문자열+숫자이므로 값이 붙어서 abc46으로 출력됩니다.

 문제 1 printf( ) 함수를 이용하여 다음과 같이 데이터를 출력할 경우 결과를 쓰시오. (∨는 빈칸을 의미함)

번호	코드	결과
①	printf("%d", 2543);	
②	printf("%3d", 2543);	
③	printf("%6d", 2543);	
④	printf("%-6d", 2543);	
⑤	printf("%06d", 2543);	
⑥	printf("%f", 245.2555);	
⑦	printf("%.3f", 245.2555);	
⑧	printf("%8.2f", 245.2555);	
⑨	printf("%e", 25.43);	
⑩	printf("%.3s", "help me");	
⑪	printf("%3s", "help me");	
⑫	printf("%8.6s", "help me");	
⑬	printf("%-8.6s", "help me");	
⑭	printf("250은 10진수로 %d\t 8진수로 %o\n", 250, 250);	
⑮	printf("a=%8.2f\t b=%e\n", 125.23f, 3141.592e-1);	
⑯	printf("'\A\'는 문자로 %c, 아스키코드로 %d\n", 'A', 'A');	

① 정수형으로 출력합니다.
② 전체 3자리를 확보한 후 오른쪽부터 출력하는데, 출력할 값이 지정한 자릿수보다 큰 경우에는 자릿수를 무시하고 모두 출력합니다.
③ 전체 6자리를 확보한 후 오른쪽부터 출력합니다.
④ 전체 6자리를 확보한 후 왼쪽부터 출력합니다.
⑤ 전체 6자리를 확보한 후 오른쪽부터 출력하되 왼쪽의 공백은 0으로 채워 출력합니다.
⑥ 자릿수가 지정되지 않았으므로 정수 부분은 모두 출력하고 소수점 이하는 기본적으로 6자리로 출력됩니다.
⑦ 정수 부분은 모두 출력하고 소수점 이하는 4자리에서 반올림하여 3자리까지만 출력합니다.
⑧ 전체 8자리를 확보한 후 소수점과 소수점 이하 2자리를 출력하고 남은 5자리에 정수 부분을 출력합니다.
⑨ 25.43을 정수 부분이 한 자리만 남도록 정규화하여 출력합니다.
⑩ 왼쪽을 기준으로 3글자만 출력합니다.
⑪ 전체 3자리를 확보한 후 출력하는데, 출력할 값이 지정한 자릿수보다 큰 경우에는 자릿수를 무시하고 모두 출력합니다.
⑫ 전체 8자리를 확보한 후 오른쪽부터 6글자만 출력합니다.
⑬ 전체 8자리를 확보한 후 왼쪽부터 6글자만 출력합니다.
⑭ "250은 10진수로 "를 그대로 출력하고 서식 문자열 '%d'에 대응하는 정수 값 250을 10진수로 출력하고 제어문자 '\t'로 인해 4칸을 띈 다음 서식 문자열의 공백만큼 한 칸을 띕니다. 이어서 "8진수로 "를 출력하고 서식 문자열 '%o'에 대응하는 정수 값 250을 8진수로 출력합니다. '\n'으로 인해 커서는 다음 줄로 이동합니다.
⑮ "a="을 그대로 출력하고 서식 문자열 '%8.2f'에 대응하는 실수 값 125.23을 전체 8자리를 확보하여 오른쪽부터 소수점과 소수점 이하 2자리를 출력하고 남은 5자리에 정수 125를 출력합니다. 그리고 제어문자 '\t'로 인해 4칸을 띈 다음 서식 문자열의 공백만큼 한 칸을 띕니다. 이어서 "b="을 출력하고 서식 문자열 '%e'에 대응하는 지수 값 3141.592e−1을 소수점 이상 한 자리만 표시하는 지수 형태로 출력합니다. '\n'으로 인해 커서는 다음 줄로 이동합니다.
⑯ "'A\'는 문자로 "를 그대로 출력하되 제어문자 '\'으로 인해 "A"를 작은따옴표로 묶어 출력합니다. 이어서 서식 문자열 '%c'에 대응하는 문자 "A"를 출력합니다. 그리고 콤마(,)를 출력한 다음 서식 문자열의 공백만큼 한 칸을 띕니다. 이어서 "아스키코드로 "를 출력하고 서식 문자열 '%d'에 대응하는 문자 'A'에 해당하는 아스키코드 값을 정수형으로 출력합니다. '\n'으로 인해 커서는 다음 줄로 이동합니다.

결과 ① 2543　② 2543　③ ∨∨2543　④ 2543∨∨　⑤ 002543　⑥ 245.255500　⑦ 245.256
⑧ ∨∨245.26　⑨ 2.543000e+01　⑩ hel　⑪ help me　⑫ ∨∨help m　⑬ help m∨∨
⑭ 250은 10진수로 250　　8진수로 372　⑮ a=∨∨125.23　　b=3.141592e+02
⑯ 'A'는 문자로 A, 아스키코드로 65

전문가의 조언

25.43을 정규화하면 정수 부분이 한 자리만 남도록 소수점의 위치를 조절한 후 소수점이 이동한 자리수 만큼을 e뒤에 표현합니다. 25.43을 정규화하면 2.543인데 기본적으로 소수점 자리는 6자리로 표현하므로 2.5430000이며 이는 25.43에서 소수점 자리가 왼쪽으로 한 자리 이동하였으므로 2.543000e+01로 표현합니다.

전문가의 조언

3141.592e−1은 3141.592×10⁻¹을 의미합니다. 실수가 실수형 변수에 저장될 때는 정규화 과정을 거쳐 가수부를 한 자리만 남기므로 3.141592e+02가 저장됩니다.

22.3, 기사 21.8

잠깐만요 출력 데이터가 여러 개인 경우

printf("250은 10진수로 %d\t 8진수로 %o\n", 250, 250); → 250은 10진수로 250　　8진수로 372

문제 2 다음과 같이 scanf( ) 함수로 값을 입력받아 printf( ) 함수로 출력할 경우 결과를 쓰시오. (∨는 빈칸을 의미함)

번호	코드	입력 데이터	코드	결과
①	char a[5]; scanf("%d %e %s", &i, &j, a);	5468 3.483E-2 GOOD	printf("%4d %f %2s", i, j, a);	
②	scanf("%e", &i);	123.45E-1	printf("%f\t %e\n", i, i);	
③	scanf("%d", &i);	300	printf("[%5d], [%-5d], [%05d]", i, i, i);	
④	scanf("%2d \n \t %3d", &i, &j);	12345678	printf("i=%d j=%d\n", i, j);	

전문가의 조언

지수형으로 저장된 3.483E-2를 실수형으로 변환하게 되면 소수점 자리수가 -2, 즉 왼쪽으로 2자리 이동한 0.034830이 됩니다.

전문가의 조언

지수형으로 저장된 123.45E-1을 실수형으로 변환하게 되면 소수점 자리수가 -1, 즉 왼쪽으로 1자리 이동한 12.345가 됩니다.

① • scanf("%d %e %s", &i, &j, a);
  입력한 데이터가 빈 칸으로 구분되어 i에는 정수형 10진수로, j에는 지수형으로, 배열 a에는 문자열로 저장됩니다.
 • printf("%4d %f %2s", i, j, a);
  – %4d : 전체 4자리를 확보한 후 오른쪽부터 출력
  – %f : 실수형으로 출력하되 자릿수를 지정하지 않았으므로 정수 부분은 모두 출력하고 소수점 이하는 기본적으로 6자리로 출력
  – %2s : 전체 2자리를 확보한 후 출력하는데, 출력할 값이 지정한 자릿수보다 크므로 자릿수를 무시하고 모두 출력
② • scanf("%e", &i);
  입력한 데이터가 지수형으로 저장됩니다.
 • printf("%f\t %e\n", i, i);
  – %f : 실수형으로 출력하되 자릿수를 지정하지 않았으므로 정수 부분은 모두 출력하고 소수점 이하는 기본적으로 6자리로 출력
  – %e : 지수형으로 출력하되 자릿수를 지정하지 않았으므로 정수 부분은 한 자리만 표시하고 소수점 이하는 기본적으로 6자리로 출력
③ • scanf("%d", &i);
  입력한 데이터가 정수형으로 저장됩니다.
 • printf("[%5d], [%-5d], [%05d]", i, i, i);
  – [%5d] : "["를 그대로 출력하고 전체 5자리를 확보한 후 오른쪽부터 출력한 후 "]"를 그대로 출력
  – [%-5d] : "["를 그대로 출력하고 전체 5자리를 확보한 후 왼쪽부터 출력한 후 "]"를 그대로 출력
  – [%05d] : "["를 그대로 출력하고 전체 5자리를 확보한 후 오른쪽부터 출력하되 왼쪽의 공백은 0으로 채워 출력한 후 "]"를 그대로 출력
④ • scanf("%2d \n \t %3d", &i, &j);
  – i에는 입력한 데이터 중 앞의 2자리까지만 저장되고 j에는 i에 저장된 2자리 다음 3자리까지만 저장됩니다.
  – 입력에서 제어문자 '\n \t'는 무시됩니다.
 • printf("i=%d j=%d\n", i, j);
  "i="을 그대로 출력하고 서식 문자열 '%d'에 대응하는 i의 값 12를 출력한 다음 서식 문자열의 공백만큼 한 칸을 띕니다. 이어서 "j="을 출력하고 서식 문자열 '%d'에 대응하는 j의 값 345를 출력합니다. '\n'으로 인해 커서는 다음 줄로 이동합니다.

결과 ① 5468 0.034830 GOOD   ② 12.345000   1.234500e+01   ③ [∨∨300], [300∨∨], [00300]
   ④ i=12 j=345

4 기타 표준 입·출력 함수

25.8, 24.7, 24.2, 22.3, 기사 21.5

입력	getchar( )	키보드로 한 문자를 입력받아 변수에 저장하는 함수
	gets( )	키보드로 문자열을 입력받아 변수에 저장하는 함수로, Enter를 누르기 전까지를 하나의 문자열로 인식하여 저장함
출력	putchar( )	인수로 주어진 한 문자를 화면에 출력하는 함수
	puts( )	인수로 주어진 문자열을 화면에 출력한 후 커서를 자동으로 다음 줄 앞으로 이동하는 함수

문제 다음의 코드를 실행하여 데이터를 입력할 경우 출력되는 결과를 쓰시오.

번호	코드	입력 데이터	코드	결과
①	a = getchar( );	GIL BUT	putchar(a);	
②	putchar('G');			
③	putchar('G'+1);			
④	gets(b);	GIL BUT	puts(b);	
⑤	puts("GIL BUT");			

① • a = getchar( );
　입력한 데이터 중 한 문자가 a에 저장됩니다.
　• putchar(a);
　a에 저장된 한 문자를 출력합니다.
② 한 문자를 출력할 때는 문자를 작은따옴표(' ')로 묶어줍니다.
③ 문자 'G'에 해당하는 아스키코드 값 71에 1을 더한 값 72에 해당하는 문자 "H"를 출력합니다.
④ • gets(b);
　입력한 데이터 전체가 b에 저장됩니다.
　• puts(b);
　b에 저장된 문자열 전체를 출력합니다.
⑤ 큰따옴표(" ")로 묶인 문자열 전체를 출력합니다.

결과 ① G ② G ③ H ④ GIL BUT ⑤ GIL BUT

전문가의 조언
getchar( ) 함수의 기능을 묻는 문제가 출제되었습니다. getchar( )는 키보드로 한 문자를 입력받는 함수라는 것을 기억하세요.

5 파일 입·출력 함수

24.5, 22.7

파일 입·출력 함수는 파일을 통해 데이터의 입·출력을 수행할 때 사용하는 함수로, fopen( ), fclose( ), fscanf( ), fgets( ), fgetc( ), fprintf( ), fputs( ), fputc( ) 등이 있다.

- 파일 입·출력 함수를 사용하기 위해서는 파일을 메모리에 저장한 후 그 위치를 가리키는 파일 포인터 변수*가 있어야 한다.
- 파일의 입·출력은 기본적으로 '파일 포인터 변수 선언 → 파일 입·출력 작업 → 파일 포인터 변수 닫기' 순서로 수행된다.

전문가의 조언
- 파일 입·출력은 파일 포인터가 사용된다는 점만 제외하면 앞에서 배운 scanf( ), printf( )와 함수와 크게 다르지 않습니다. 앞에서 배운 것과 비교해가며 읽어보세요.
- fscanf( ) 함수의 기능을 묻는 문제가 출제되었습니다. fscanf( )는 파일로부터 데이터를 읽은 후 원하는 자료형으로 변환하여 저장하는 함수라는 것을 기억하세요.

포인터(Pointer) 변수
포인터는 변수의 주소를 말하며, 포인터 변수는 변수의 주소를 저장할 때 사용하는 변수를 의미합니다. 포인터 변수에 대한 자세한 설명은 Section 056을 참조하세요.

파일모드의 종류
- r : 파일을 읽는 용도로만 열음
- w : 파일을 열어 기존의 내용을 덮어쓰며, 파일이 없으면 새 파일이 생성됨
- a : 파일을 열어 기존의 내용 끝에 이어 쓰며, 파일이 없으면 새 파일이 생성됨
- r+ : r과 w를 합친 모드로, 파일이 없으면 수행되지 않음
- w+ : r과 w를 합친 모드로, 파일이 없으면 새 파일이 생성됨
- a+ : r와 a를 합친 모드로, 파일이 없으면 새 파일이 생성됨

파일 포인터 변수 해제
파일 포인터 변수는 임의의 메모리 영역을 확보하여 사용하는 것이므로 프로그램 종료 전에 fclose() 함수를 이용하여 사용하던 메모리 영역을 해제해야 다른 프로그램이 해당 영역을 사용할 수 있습니다.

• 주요 파일 입·출력 함수

공통	fopen (파일명, 모드)	파일을 메모리에 저장한 후 그 시작 주소를 반환하는 함수이다. • **파일명** : 입·출력에 사용할 파일의 이름 • **모드** : 파일로 수행할 작업에 맞는 모드*를 지정함
	fclose (파일 포인터)	파일 포인터 변수가 사용중인 메모리를 해제하는 함수이다.* • **파일 포인터** : 파일 포인터 변수의 이름
입력	fscanf (파일 포인터, 서식 문자열, 변수의 주소);	파일 포인터 변수가 가리키는 위치에서 데이터를 가져와 변수에 저장하는 함수이다. • **서식 문자열** : 가져올 데이터의 자료형을 지정함 • **변수의 주소** : 데이터를 입력받을 변수에 주소 연산자 &를 붙여 입력함
출력	fprintf (파일 포인터, 서식 문자열, 변수);	파일 포인터 변수가 가리키는 위치에 변수에 저장된 데이터를 출력하는 함수이다. • **서식 문자열** : 출력할 변수의 자료형을 지정함 • **변수** : 서식 문자열의 순서에 맞게 출력할 변수를 입력함

• 기타 파일 입·출력 함수

입력	fgetc( )	파일로부터 한 문자를 입력받아 변수에 저장하는 함수
	fgets( )	파일로부터 문자열을 입력받아 변수에 저장하는 함수로, Enter 를 누르기 전까지를 하나의 문자열로 인식하여 저장함
출력	fputc( )	인수로 주어진 한 문자를 파일에 출력하는 함수
	fputs( )	인수로 주어진 문자열을 파일에 출력한 후 위치를 자동으로 다음 줄 앞으로 이동하는 함수

예제 다음은 'input.txt' 파일에서 숫자를 읽어 3을 곱한 후 'output.txt' 파일로 출력하는 C언어 프로그램이다. 결과를 확인하시오.

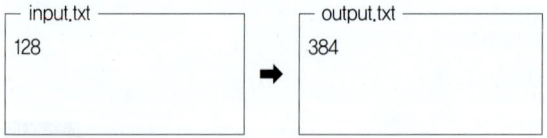

```
#include <stdio.h>
main( ) {
    int x;                                  정수형 변수 x를 선언한다.
    FILE *ifp = fopen("input.txt", "r");    파일 포인터 변수 ifp를 선언하고, "input.txt" 파일을 읽기 모드로 열어 ifp에 연결한다.
    FILE *ofp = fopen("output.txt", "w");   파일 포인터 변수 ofp를 선언하고, "output.txt" 파일을 덮어쓰기 모드로 열어 ofp에 연결한다.
    fscanf(ifp, "%d", &x);                  ifp에 연결되어 있는 "input.txt"로부터 정수를 입력받아 x에 저장한다. (x = 128)
    x = x * 3;                              x의 값에 3을 곱한 값을 x에 저장한다. (x = 384)
    fprintf(ofp, "%d", x);                  ofp에 연결되어 있는 "output.txt"에 x의 값을 정수로 출력한다.
    fclose(ofp);                            파일 포인터 변수 ofp를 닫는다.
    fclose(ifp);                            파일 포인터 변수 ifp를 닫는다.
}
```

기출문제 따라잡기

25년 5월, 22년 3월

1. Python에서 사용되는 서식 문자열과 그 의미가 올바르게 연결되지 않은 것은?

① %d – 정수형 10진수 ② %x – 정수형 8진수
③ %f – 실수   ④ %s – 문자열

> %x는 16진법을 의미하는 hexadecimal에서 x를, o는 8진법을 의미하는 octal에서 o를 따와 만들어졌습니다.

24년 7월, 2월, 22년 3월

2. 다음 중 커서를 왼쪽으로 한 칸 이동하는 제어문자는?

① \n ② \b
③ \t ④ \a

> 커서를 왼쪽으로 한 칸 이동하는 제어문자는 '\b'입니다.

24년 7월, 2월, 22년 3월

3. 다음 C언어의 함수 중 키보드로 문자 하나를 입력받아 변수에 저장하는 함수는?

① gets( )   ② putchar( )
③ puts( )   ④ getchar( )

> 키보드로 문자 하나를 입력받는 함수는 getchar( )입니다.

24년 5월, 22년 7월

4. C언어에서 문자로 저장된 파일의 데이터를 숫자로 읽어들일 때 사용할 수 있는 함수는?

① fscanf   ② fgets
③ scanf   ④ gets

> 파일(file)로 부터 입력받을 때 원하는 자료형으로 변환이 가능한 함수(scanf)는 fscanf입니다.

23년 7월

5. Python의 이스케이프 문자에 대한 설명으로 옳지 않은 것은?

① 커서를 왼쪽으로 한 칸 이동시키는 이스케이프 문자는 '\b'이다.
② 가로로 일정 간격 띄우는 이스케이프 문자는 '\a'이다.
③ Carriage Return을 수행하는 이스케이프 문자는 '\r'이다.
④ 커서를 다음 줄로 이동시키는 이스케이프 문자는 '\n'이다.

> 가로로 일정 간격 띄우는 이스케이프 문자는 '\t'입니다. '\a'는 벨 소리를 출력할 때 사용하는 이스케이프 문자입니다.

24년 7월, 23년 2월

6. 다음 Java 프로그램이 실행되었을 때의 결과는?

```
public class Test {
    public static void main(String[ ] args) {
        int a = 0b0101;
        System.out.print(a);
    }
}
```

① 0101 ② 2
③ 5   ④ 12

> 사용된 코드의 의미는 다음과 같습니다.
>
> ```
> public class Test {
>     public static void main(String[ ] args) {
> ❶       int a = 0b0101;
> ❷       System.out.print(a);
>     }
> }
> ```
>
> ❶ • 정수형 변수 a를 선언하고 2진수 0101로 초기화합니다.
>   ※ 숫자 앞에 0b가 붙으면 2진수를 의미합니다.
>   • 2진수 0101은 10진수로 5이므로 a에는 5가 저장됩니다.
> $- 0 \times 2^3 + 1 \times 2^2 + 0 \times 2^1 + 1 \times 2^0 = 5$
> ❷ a의 값을 출력합니다.
>
> 결과 5

기사 21년 5월

7. 다음 C언어 프로그램이 실행되었을 때의 결과는?

```
#include <stdio.h>
int main(int argc, char *argv[ ]) {
    char a;
    a = 'A' + 1;
    printf("%d", a);
    return 0;
}
```

① 1   ② 11
③ 66   ④ 9

> 사용된 코드의 의미는 다음과 같습니다.
>
> ```
> #include <stdio.h>
> int main(int argc, char *argv[ ]) {
> ❶   char a;
> ❷   a = 'A' + 1;
> ❸   printf("%d", a);
> ❹   return 0;
> }
> ```

▶ 정답 : 1. ② 2. ② 3. ④ 4. ① 5. ② 6. ③ 7. ③

기출문제 따라잡기

❶ 문자형 변수 a를 선언합니다.
❷ a에 문자 'A'와 숫자 1을 더한 값을 저장합니다.
※ 'A'라는 문자는 메모리에 저장될 때 문자로 저장되는 것이 아니라 해당 문자의 아스키 코드 값으로 저장됩니다. 즉, 'A'는 'A'에 해당하는 아스키 코드 값인 65가 저장되는 것이죠. 그러므로 a에는 'A'의 아스키 코드 값인 65에 1을 더한 값인 66이 저장됩니다.
❸ a의 값을 정수로 출력합니다.

결과 66

※ a에 저장된 66은 "%d"로 출력하면 정수 66이, "%c"로 출력하면 'A'의 다음 문자인 'B'가 출력됩니다.
❹ 프로그램을 종료합니다.

24년 5월
8. 다음 JAVA 프로그램이 실행되었을 때, 실행 결과는?

```
public class Main {
    public static void main(String[ ] args) {
        System.out.print("(a) " + 10/4);
        System.out.print(", (b) " + 10.0/4);
    }
}
```

① (a) 2, (b) 2.5   ② (a) 10/4, (b) 10.0/4
③ (a) 2.5, (b) 2.5   ④ (a) 2.5, (b) 2

사용된 코드의 의미는 다음과 같습니다.

```
public class Main {
    public static void main(String[ ] args) {
❶       System.out.print("(a) " + 10/4);
❷       System.out.print(", (b) " + 10.0/4);
    }
}
```

❶ (a) 를 출력한 후 10/4의 결과인 2를 출력합니다.
※ 정수 나눗셈의 결과는 정수이므로, 10/4의 결과는 2.5가 아니라 2가 됩니다.

결과 (a) 2

❷ , (b) 를 출력한 후 10.0/4의 결과인 2.5를 출력합니다.
※ 실수가 포함된 나눗셈은 실수로 처리되어 10.0/4.0이 수행되므로, 결과는 2.5가 됩니다.

결과 (a) 2, (b) 2.5

24년 5월
9. 다음 C언어 프로그램이 실행되었을 때, 실행 결과는?

```
#include <stdio.h>
int main( ) {
    int x;
    float y;
    x = y = 10.5;
    printf("%d %f", x, y);
    return 0;
}
```

① 10 10   ② 10.000000 10.500000
③ 10 10.500000   ④ 10.500000 10.000000

사용된 코드의 의미는 다음과 같습니다.

```
#include <stdio.h>
int main( ) {
❶   int x;
❷   float y;
❸   x = y = 10.5;
❹   printf("%d %f", x, y);
❺   return 0;
}
```

❶ 정수형 변수 x를 선언합니다.
❷ 실수형 변수 y를 선언합니다.
❸ x와 y에 10.5를 저장합니다. x는 정수형 변수이므로 10이 저장되고, y는 실수형 변수이므로 10.5가 저장됩니다.
❹ x의 값 10을 정수형으로 출력하고 한 칸을 띄운 후 y의 값 10.5를 실수형으로 출력합니다. %f는 소수점 이하를 기본적으로 6자리로 출력하므로 y의 값 10.5는 10.500000으로 출력됩니다.

결과 10 10.500000

❺ 프로그램을 종료합니다.

25년 8월
10. C언어에서 문자열을 화면에 출력할 때 사용하는 함수는?
① getchar( )   ② putchar( )
③ gets( )   ④ puts( )

C언어에서 문자열을 화면에 출력할 때 사용하는 함수는 puts( )입니다.

▶ 정답 : 8. ① 9. ③ 10. ④

SECTION 053 제어문

제어문의 개요

컴퓨터 프로그램은 명령어가 서술된 순서에 따라 무조건 위에서 아래로 실행되는데, 조건을 지정해서 진행 순서를 변경할 수 있다. 이렇게 프로그램의 순서를 변경할 때 사용하는 명령문을 제어문이라고 한다.

- 제어문의 종류에는 if문, 다중 if문, switch문, goto, 반복문* 등이 있다.

 단순 if문

22.4, 기사 24.7, 24.4, 21.5

if문은 조건에 따라서 실행할 문장을 달리하는 제어문이며, 단순 if문은 조건이 한 개일 때 사용하는 제어문이다.

- 조건이 참일 때만 실행할 문장을 지정할 수도 있고, 참과 거짓에 대해 각각 다른 실행문을 지정할 수도 있다.
- **형식1** : 조건이 참일 때만 실행한다.
  - 조건이 참일 때 실행할 문장이 하나인 경우

```
if(조건)
    실행할 문장;
```
if는 조건 판단문에 사용되는 예약어이므로 그대로 적는다.
조건은 참(1) 또는 거짓(0)이 결과로 나올 수 있는 수식을 ( ) 안에 입력한다.
조건이 참일 경우 실행할 문장을 적는다.

  - 조건이 참일 때 실행할 문장이 두 문장 이상인 경우

```
if(조건)
{
    실행할 문장1;
    실행할 문장2;
    ⋮
}
```
{ } 사이에 조건이 참일 경우 실행할 문장을 적는다.

예제 1 a가 10보다 크면 a에서 10을 빼기

```
#include <stdio.h>
main( )
{
    int a = 15, b;
    if (a > 10)   ❶
```
a가 10보다 크면 ❷번 문장을 실행하고, 아니면 ❸번 문장으로 이동해서 실행을 계속한다.

전문가의 조언

if문의 문법을 묻는 문제나 if문이 포함된 코드를 제시하고 그 결과를 묻는 문제가 출제될 것으로 예상됩니다. 형식별로 주어진 예제를 확실히 이해하고 넘어가세요.

반복문
반복문은 일정한 횟수를 반복하는 명령문으로 다음 섹션에서 자세히 공부합니다.

전문가의 조언

if문을 조건 연산자로 풀어내는 문제가 출제되었습니다. 조건 연산자는 Section 051에서 학습했으니, 여기에서는 if문의 형식을 확실히 정리하세요.

#include <stdio.h>
표준 입·출력과 관련된 함수를 정의해 놓은 파일의 이름입니다. 헤더 파일이라고 하는데, 사용하는 함수에 따라 포함시켜야 할 헤더 파일이 다릅니다. 여기서는 ❸번 문장의 printf( ) 함수를 사용하기 때문에 포함시켰습니다. 무슨 함수를 쓸 때 어떤 헤더 파일을 포함시켜야 하는지는 문제 풀이와 관계없기 때문에 기억해 둘 필요는 없습니다.

```
        b = a - 10; ❷           ❶번의 조건식이 참일 경우 실행할 문장이다. b는 5가 된다.
        printf("%d\n", b); ❸    여기서는 ❶번의 조건식이 거짓일 경우 실행할 문장이 없다. 조건 판단문
                                을 벗어나면 무조건 ❸번으로 온다.
                                결과  5
```

- **형식2** : 조건이 참일 때와 거짓 때 실행할 문장이 다르다.

```
if(조건)
    실행할 문장1;        조건이 참일 경우 실행할 문장을 적는다. 참일 경우 실행할 문장이 두 문장 이상이면
                         { }를 입력하고 그 사이에 문장을 적는다.
else
    실행할 문장2;        조건이 거짓일 경우 실행할 문장을 적는다. 두 문장 이상인 경우 { }를 입력하고 그
                         사이에 문장을 적는다.
```

예제 2 a가 b보다 크면 'a-b', 아니면 'b-a'를 수행하기

```
#include <stdio.h>
main( )
{
  int a = 10, b = 20, cha;
  if (a > b) ❶           a가 b보다 크면 ❷번 문장을 실행하고, 아니면 ❸번의 다음 문장인 ❹번 문
                         장을 실행한다.
      cha = a - b; ❷     ❶번의 조건식이 참일 경우 실행할 문장이다. 참이 아니기 때문에 초기화 시
                         키지 않은 cha에는 알 수 없는 값이 그대로 있게 된다.
  else ❸                 ❶번의 조건식이 거짓일 경우 실행할 문장의 시작점이다.
      cha = b - a; ❹     ❶번의 조건식이 거짓일 경우 실행할 실제 처리문이다. cha는 10이 된다.
  printf("%d\n", cha);   결과  10
}
```

3 다중 if문

기사 24.5, 22.4, 22.3, 21.5, 20.8

다중 if문은 조건이 여러 개 일 때 사용하는 제어문이다.

- **형식1**

```
if(조건1)
    실행할 문장1;        조건1이 참일 경우 실행할 문장을 적는다.
else if(조건2)
    실행할 문장2;        조건2가 참일 경우 실행할 문장을 적는다.
else if(조건3)
    실행할 문장3;        조건3이 참일 경우 실행할 문장을 적는다.
        ⋮
else
    실행할 문장4;        앞의 조건이 모두 거짓일 경우 실행할 문장을 적는다.
```

예제 1 점수에 따라 등급 표시하기

```c
#include <stdio.h>
main( )
{
  int jum = 85;
  if (jum >= 90)  ❶
      printf("학점은 A입니다.\n");  ❷
  else if (jum >= 80)  ❸
      printf("학점은 B입니다.\n");  ❹
  else if (jum >= 70)  ❺
      printf("학점은 C입니다.\n");  ❻
  else  ❼
      printf("학점은 F입니다.\n");  ❽
}  ❾
```

❶ jum이 90 이상이면 ❷번을 실행하고, 아니면 ❸번으로 이동한다.
❷ "학점은 A입니다."를 출력하고, ❾번으로 이동하여 프로그램을 종료한다.
❸ jum이 80 이상이면 ❹번을 실행하고, 아니면 ❺번으로 이동한다.
❹ "학점은 B입니다."를 출력하고, ❾번으로 이동하여 프로그램을 종료한다.
❺ jum이 70 이상이면 ❻번을 실행하고, 아니면 ❼번으로 이동한다.
❻ "학점은 C입니다."를 출력하고, ❾번으로 이동하여 프로그램을 종료한다.
❼ ❺번의 조건식이 거짓일 경우 ❽번을 실행한다.
❽ "학점은 F입니다."를 출력하고, ❾번으로 이동하여 프로그램을 종료한다.

결과 학점은 B입니다.

- **형식2** : if문 안에 if문이 포함된다.

```
if(조건1)
    {
      if(조건2)
         실행할 문장1;
      else
         실행할 문장2;
    }
else
    실행할 문장3;
```

조건1이 참일 경우 실행할 문장의 시작점이다.

조건2가 참일 경우 실행할 문장을 적는다.

조건2가 거짓일 경우 실행할 문장을 적는다.

조건1이 거짓일 경우 실행할 문장을 적는다.

예제 2 홀수, 짝수 판별하기

```c
#include <stdio.h>
main( )
{
  int a = 21, b = 10;
  if (a % 2 == 0)  ❶
     if (b % 2 == 0)  ❷
        printf("모두 짝수\n");  ❸
     else  ❹
```

❶ a를 2로 나눈 나머지가 0이면 ❷번을 실행하고, 아니면 ❻번으로 이동한다.
❷ b를 2로 나눈 나머지가 0이면 ❸번을 실행하고, 아니면 ❹번으로 이동한다.
❸ "모두 짝수"를 출력하고, ⓫번으로 이동하여 프로그램을 종료한다.
❹ ❷번의 조건식이 거짓일 경우 ❺번을 실행한다.

1장 프로그래밍 언어 활용 **267**

printf("a : 짝수, b : 홀수\n"); ❺	"a : 짝수, b : 홀수"를 출력하고, ⓫번으로 이동하여 프로그램을 종료한다.
else ❻	❶번의 조건식이 거짓일 경우 실행할 문장의 시작점이다.
if (b % 2 == 0) ❼	b를 2로 나눈 나머지가 0이면 ❽번을 실행하고, 아니면 ❾번으로 이동한다.
printf("a : 홀수, b : 짝수\n"); ❽	"a : 홀수, b : 짝수"를 출력하고, ⓫번으로 이동하여 프로그램을 종료한다.
else ❾	❼번의 조건식이 거짓일 경우 실행할 문장의 시작점이다.
printf("모두 홀수\n"); ❿	"모두 홀수"를 출력하고, ⓫번으로 이동하여 프로그램을 종료한다.
} ⓫	결과 a : 홀수, b : 짝수

전문가의 조언

if문은 조건이 참과 거짓인 경우의 두 가지만 판별하여 제어를 이동해야 하므로 분기할 문장이 여러 곳일 경우 if문을 여러 번 중첩해 사용해야 하는 불편함이 있었습니다. 이때 switch문을 사용하면 간단하게 해결할 수 있습니다. switch문은 구조도 간단해 예제를 보면 의미를 쉽게 이해할 수 있습니다. 문법도 같이 기억해 두세요.

전문가의 조언

default는 가장 마지막에 사용되어 다음 문장에서 바로 종료되기 때문에 break를 사용할 필요가 없습니다.

4 switch문

기사 25.8, 22.7

switch문은 조건에 따라 분기할 곳이 여러 곳인 경우 간단하게 처리할 수 있는 제어문이다.

• 형식

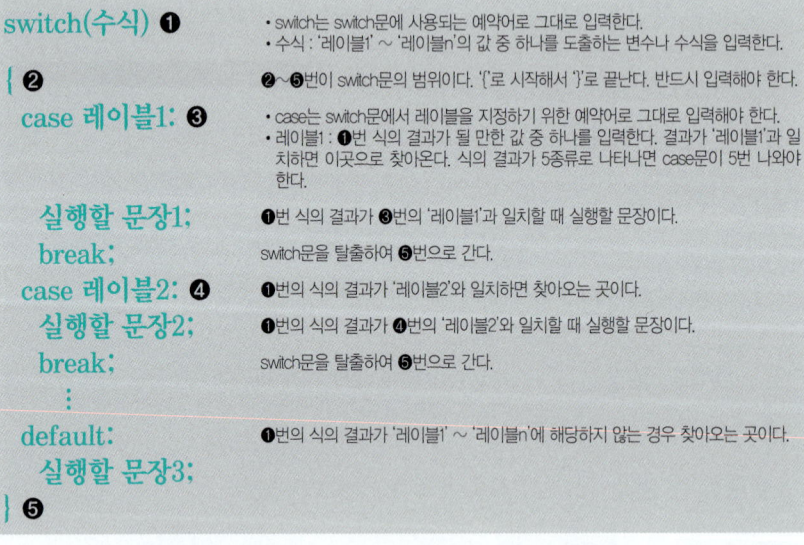

switch(수식) ❶	• switch는 switch문에 사용되는 예약어로 그대로 입력한다. • 수식 : '레이블1' ~ '레이블n'의 값 중 하나를 도출하는 변수나 수식을 입력한다.
{ ❷	❷~❺번이 switch문의 범위이다. '{'로 시작해서 '}'로 끝난다. 반드시 입력해야 한다.
case 레이블1: ❸	• case는 switch문에서 레이블을 지정하기 위한 예약어로 그대로 입력해야 한다. • 레이블 : ❶번 식의 결과가 될 만한 값 중 하나를 입력한다. 결과가 '레이블1'과 일치하면 이곳으로 찾아온다. 식의 결과가 5종류로 나타나면 case문이 5번 나와야 한다.
실행할 문장1;	❶번 식의 결과가 ❸번의 '레이블1'과 일치할 때 실행할 문장이다.
break;	switch문을 탈출하여 ❺번으로 간다.
case 레이블2: ❹	❶번의 식의 결과가 '레이블2'와 일치하면 찾아오는 곳이다.
실행할 문장2;	❶번의 식의 결과가 ❹번의 '레이블2'와 일치할 때 실행할 문장이다.
break;	switch문을 탈출하여 ❺번으로 간다.
⋮	
default:	❶번의 식의 결과가 '레이블1' ~ '레이블n'에 해당하지 않는 경우 찾아오는 곳이다.
실행할 문장3;	
} ❺	

• case문의 레이블에는 한 개의 상수만 지정할 수 있으며, int, char, enum형의 상수만 가능하다.
• case문의 레이블에는 변수를 지정할 수 없다.
• break문은 생략이 가능하지만 break문이 생략되면 수식과 레이블이 일치할 때 실행할 문장부터 break문 또는 switch문이 종료될 때까지 모든 문장이 실행된다.

🔲 예 switch (2)
　　{ case 3: printf("1");
　　　case 2: printf("2");
　　　case 1: printf("3");
　　} → 결과 23

예제 점수(jum)에 따라 등급 표시하기

```
#include <stdio.h>
main( )
{
  int jum = 85;
  switch (jum / 10)         jum을 10으로 나눠 결과에 해당하는 숫자를 찾아간다. 85/10은 8.5지만 C
                            언어에서 정수 나눗셈은 결과도 정수이므로 결과는 8이다. 8에 해당하는
                            ❺번으로 이동하여 ❻, ❼번을 실행한다.
  { ❶                       ❶~❽번까지가 switch 조건문의 범위이다.
    case 10:                100점일 경우 'jum/10'의 결과인 10이 찾아오는 곳이지만 할 일은 'case 9:'
                            와 같으므로 아무것도 적지 않는다. 아무것도 적지 않으면 다음 문장인 ❷
                            번으로 이동한다.
    case 9: ❷               'jum/10'이 9일 경우 찾아오는 곳이다. ❸, ❹번을 실행한다.
      printf("학점은 A입니다.\n"); ❸   "학점은 A입니다."를 출력한다.
      break; ❹              break를 만나면 switch문을 탈출하여 ❾번으로 이동한다.
    case 8: ❺               'jum/10'이 8일 경우 찾아오는 곳이다. ❻, ❼번을 실행한다.
      printf("학점은 B입니다.\n"); ❻   "학점은 B입니다."를 출력한다.
      break; ❼              switch문을 탈출하여 ❾번으로 이동한다.
    case 7:
      printf("학점은 C입니다.\n");
      break;
    case 6:
      printf("학점은 D입니다.\n");
      break;
    default:                case 10~6에 해당되지 않는 경우, 즉 jum이 59 이하인 경우 찾아오는 곳
                            이다.
      printf("학점은 F입니다.\n");   "학점은 F입니다."를 출력한다.
  } ❽
} ❾                         결과  학점은 B입니다.
```

5 goto문

goto문은 프로그램 실행 중 현재 위치에서 원하는 다른 문장으로 건너뛰어 수행을 계속하기 위해 사용하는 제어문이다.

- goto문은 원하는 문장으로 쉽게 이동할 수 있지만 많이 사용하면 프로그램의 이해와 유지 보수가 어려워져 거의 사용하지 않는다.

- 형식

goto 레이블;	레이블로 이동한다.
레이블:	goto문의 주소값이다. '레이블:' 형태로 작성되며, 레이블명은 사용자가 원하는 이름을 임의로 지정할 수 있다.
실행할 문장	

전문가의 조언

C언어로 실무 프로그램을 작성할 때는 goto문을 거의 사용하지 않지만 시험을 위한 C언어 문법의 출제 범위가 명확하지 않아 포함한 내용이니 가볍게 읽어 두세요.

> **예제** 10보다 큰 값을 입력할 때까지 입력하기

```
#include <stdio.h>
main( )
{
   int a;    ❶
again:      ❷
   scanf("%d", &a);   ❸
   if (a <= 10)       ❹
      goto again;     ❺
   else               ❻
      printf("%d는 10보다 큽니다.", a);   ❼
}   ❽
```

- goto문의 주소값이다. 'again'이라는 레이블의 goto 주소이다.
- 정수형 변수 a에 10진수를 입력 받는다.
- a의 값이 10 이하면 ❺번을 실행한다.
- ❶번과 ❸번 사이에 있는 'again' 레이블로 이동한다.
- ❹번의 조건식이 거짓일 경우 실행할 문장의 시작점이다.
- 변수 a의 값을 출력한 후 ❽번으로 이동하여 프로그램을 종료한다.

기출문제 따라잡기

22년 4월

1. 다음 자바 프로그램 조건문에 대해 삼항 조건 연산자를 사용하여 옳게 나타낸 것은?

```
if (a > b)
    max = a;
else if (a <= b)
    max = b;
```

① max = (a > b) ? a : b;
② (a > b) ? max = a : max = b;
③ max = (a <= b) ? a : b;
④ (a <- b) ? max = a : max = b;

- 지문의 코드는 a가 b보다 크면 max에 a의 값을 저장하고, a가 b보다 크지 않으면 max에 b의 값을 저장하는 if문입니다.
- 조건에 맞는 식은 ①번과 ②번이지만, 삼항 연산자의 각 항에는 삼항 연산자보다 우선순위가 낮은 대입 연산자나 순서 연산자를 사용하지 못하므로 ①번이 답입니다.

출제예상

2. 다음은 C 언어의 일부분이다. 실행 결과는?

```
char cc;
int dd = 50;
switch(dd)
{ case 50 : cc='x';
  case 30 : cc='y';
  default : cc='z'; }
printf("%c", cc);
```

① x   ② y
③ z   ④ error 발생

- break문이 없으므로 case문 전체가 실행됩니다. 그러므로 cc에는 가장 마지막 실행문에 의해 'z'가 저장됩니다.

기출문제 따라잡기

출제예상
3. 다음 C 프로그램의 출력 결과는?

```
#include <stdio.h>
void main(void)
{
  int a = 3, b = 10;
  if(b > 5)
    printf("%x\n", a + b);
  else
    printf("%x\n", b - a);
}
```

① 7
② 13
③ d
④ a

```
#include <stdio.h>
void main(void)
{
  ❶ int a = 3, b = 10;
  ❷ if(b > 5)
  ❸   printf("%x\n", a + b);
    else
  ❹   printf("%x\n", b - a);
}
```

❶ 정수형 변수 a, b를 선언하고 a를 3으로, b를 10으로 초기화합니다.
❷ b가 5보다 크면 ❸을 실행하고, 그렇지 않으면 ❹를 실행합니다.
❸ 'a+b'를 실행하면 13이고, 이것을 16진수로 출력한(d) 후 커서를 다음 줄 앞으로 이동합니다.
 – %x는 16진수를 출력하는 서식 지정자로, printf문의 자세한 내용은 Section 052를 참조하세요.
 – 16진수 a는 10, b는 11, c는 12, d는 13, e는 14, f는 15입니다.
❹ 'b-a'를 실행하면 7이고, 이것을 16진수로 출력한(7) 후 커서를 다음 줄 앞으로 이동합니다.

출제예상
4. 다음 C 프로그램의 실행 결과는?

```
#include<stdio.h>
main( )
{
  int a = 10;
  if (a == 10)
    printf("a는");
    printf("%d입니다.", a);
  else
    printf("a는");
    printf("%d이 아닙니다.", a);
}
```

① a는 10입니다.
② error 발생
③ a는 10이 아닙니다.
④ 10입니다.

if문에서 조건이 참이거나 거짓일 때 실행할 문장이 두 문장 이상이면 중괄호({ })를 입력하고 그 사이에 실행할 문장을 입력해야 하는데 중괄호({ }) 없이 두 문장을 입력했으므로 error가 발생합니다.

출제예상
5. 다음 C 프로그램을 실행했을 경우 출력되는 값은 얼마인가?

```
main( )
{
  int a = 100;
  if (a = 200)
    a = 300;
  else
    a = 400;
  printf("%d\n", a);
}
```

① 100
② 200
③ 300
④ 400

C언어에서는 값이 같은지 비교할 때는 관계 연산자 ==를 사용해야 합니다. 'if (a = 200)'처럼 대입연산자 =을 이용하면 a에 200이 저장되고, 200은 참이므로 'a = 300;'을 수행합니다.

▶ 정답 : 1. ① 2. ③ 3. ③ 4. ② 5. ③

SECTION 054 반복문

전문가의 조언

반복문에는 for, while, do~while문 등이 있습니다. for문은 초기값, 최종값, 증가값을 이용하고, while문과 do~while문은 조건이 참인 동안 반복문 실행한다는 것을 기억하세요. 그리고 반복문을 제어하는 break와 continue의 기능도 정리하세요.

전문가의 조언

먼저 for문의 형식을 기억해 두세요. 그리고 예제를 통해 for문의 동작 과정을 확실히 파악해 두세요.

1 반복문의 개요

반복문은 제어문의 한 종류로 일정한 횟수를 반복하는 명령문을 말한다. 보통 변수의 값을 일정하게 증가시키면서 정해진 수가 될 때까지 명령이나 명령 그룹을 반복 수행한다.

- 반복문에는 for, while, do~while문이 있다.

2 for문
24.7, 24.2, 기사 24.7, 24.2, 23.2, 20.8

for문은 초기값, 최종값, 증가값을 지정하는 수식을 이용해 정해진 횟수를 반복하는 제어문이다.

- for문은 초기값을 정한 다음 최종값에 대한 조건이 참이면 실행할 문장을 실행한 후 초기값을 증가값 만큼 증가시키면서 최종값에 대한 조건이 참인 동안 실행할 문장을 반복 수행한다.

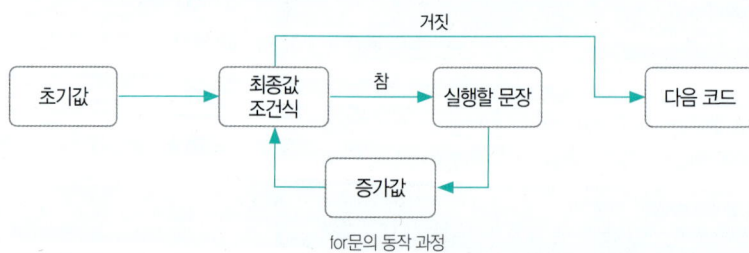

for문의 동작 과정

- 형식

```
for(식1; 식2; 식3)

    실행할 문장;
```
- for는 반복문을 의미하는 예약어로 그대로 입력한다.
- 식1 : 초기값을 지정할 수식을 입력한다.
- 식2 : 최종값을 지정할 수식을 입력한다.
- 식3 : 증가값으로 사용할 수식을 입력한다.
- 식2가 참일 동안 실행할 문장을 입력한다. 실행할 문장이 두 문장 이상일 경우 { }를 입력하고 그 사이에 처리할 문장들을 입력한다.

- 초기값, 최종값, 증가값 중 하나 이상을 생략할 수 있고, 각각의 요소에 여러 개의 수식을 지정할 수도 있다.

  예1 for(a = 1; sum <= 30;) sum += a; → 증가값을 생략하고 실행할 문장에서 증가값을 만듦

  예2 for(a = 0; sum <= 10; a++, sum += a) → 증가값(a++, sum += a)을 두 개 지정함

  예3 for(a = 0, b = 5; a <= 5, b)= 0; a++, b--) → 초기값, 최종값, 증가값을 모두 두 개씩 지정함

예1의 이해

반복 변수 a가 1에서 시작(초기값)하여 sum이 30보다 작거나 같은 동안(최종값) Sum += a를 반복하여 수행합니다.

예2의 이해

반복 변수 a가 0에서 시작(초기값)하여 a = a+1, sum = sum+a로 증가(증가값)하면서 sum이 10보다 작거나 같은 동안(최종값) 실행할 문장을 반복하여 수행합니다.

예3의 이해

반복 변수 a가 0, b는 5에서 시작(초기값)하여 a = a+1, b = b+1로 증가(증가값)하면서 a가 5보다 작거나 같고 b가 0보다 큰 동안(최종값) 실행할 문장을 반복하여 수행합니다.

- for(; ;)와 같이 조건에 참여하는 수식을 모두 생략하면 for문은 무한 반복한다.
- for문은 처음부터 최종값에 대한 조건식을 만족하지 못하면 한 번도 수행하지 않는다.
- 문자도 for문을 수행할 수 있다.

    예 for(char a = 'A'; a <= 'Z'; a++)   a에 'A, B, C ~ X, Y, Z' 순으로 저장함

예제 for문을 이용하여 1~5까지의 합을 더하는 다양한 방법이다.

400631

코드	설명

int a, hap = 0;
for (a = 1; a <= 5; a++)*
  hap += a; ❶
	반복 변수 a가 1에서 시작(초기값)하여 1씩 증가(증가값)하면서 5보다 작거나 같은 동안(최종값) ❶번을 반복하여 수행한다. 그러니까 'hap += a'를 5회 실행하며, 결과는 15이다.

int a, hap = 0; for (a = 0; a < 5; a++, hap += a);	for문의 마지막에 ';'이 있으므로 실행할 문장 없이 for문만 반복 수행한다.

int a = 1, hap = 0;
for (; a <= 5; a++)
  hap += a; ❶
	초기값을 지정하지 않았지만 변수 a 선언 시 1로 초기화 했기 때문에 a가 1부터 5보다 작거나 같은 동안 ❶번을 반복하여 수행한다.

int a, hap = 0;
for (a = 0; a++ < 5;)
  hap += a; ❶
	증가값을 지정하지 않았지만 최종값에서 'a++;'를 수행하기 때문에 a가 0부터 5보다 작은 동안 ❶번을 반복하여 수행한다.

int a = 1, hap = 0;
for (; a <= 5;)
{ ❶
  hap += a;
  a++; ❷
} ❸
	초기값과 증가값을 지정하지 않았지만 변수 a 선언 시 1로 초기화 했고, ❷번을 수행하면서 a가 1씩 증가하기 때문에 a가 1부터 5보다 작거나 같은 동안 ❶~❸번 사이의 실행할 문장을 반복하여 수행한다. 실행할 문장이 2개 이상인 경우 중괄호({ })로 묶어준다.

예의 이해

반복 변수 a가 A부터 시작(초기값)하여 a = a+1, 즉 오름차순(A, B, C, …)으로 증가(증가값)하면서 Z일때까지(최종값) 실행할 문장을 반복하여 수행합니다.

※ 한 글자만 저장하는 문자형 변수는 실제로 해당 문자를 저장하는 것이 아니라 해당 문자의 아스키 코드를 저장합니다. 아스키 코드에서 65 = A, 66 = B, … 90 = Z이므로, 1씩 더한다는 것은 다음 문자를 가리키는 것과 동일합니다.

for문으로 실행할 문장이 한 줄인 경우 다음과 같이 입력해도 됩니다.
for(a = 1; a <= 5; a++) hap += a;

3 while문
기사 23.7, 23.2, 22.3, 21.3

400603

while문은 조건이 참인 동안 실행할 문장을 반복 수행하는 제어문이다.

- while문은 조건이 참인동안 실행할 문장을 반복 수행하다가 조건이 거짓이면 while문을 끝낸 후 다음 코드를 실행한다.
- while문은 조건이 처음부터 거짓이면 한 번도 수행하지 않는다.

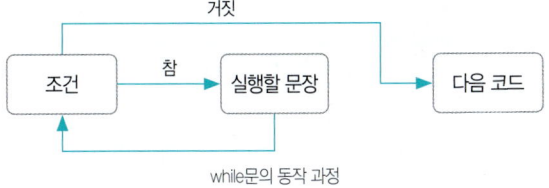

while문의 동작 과정

- 형식

while(조건) 실행할 문장;	• while은 반복문에 사용되는 예약어로 그대로 입력한다. • (조건) : 참이나 거짓을 결과로 갖는 수식을 '조건'에 입력한다. 참(1)*을 직접 입력할 수도 있다. 조건이 참인 동안 실행할 문장을 입력한다. 문장이 두 문장 이상인 경우 { }를 입력하고 그 사이에 처리할 문장들을 입력한다.

while(1)과 같이 조건을 1로 지정하면 while문을 무한 반복합니다.

예제 다음은 1~5까지의 합을 더하는 프로그램이다. 결과를 확인하시오.

반복문 실행에 따른 변수 a와 hap의 변화

a	hap
0	0
1	1
2	3
3	6
4	10
5	15

```
#include <stdio.h>
main( )
{
    int a = 0, hap = 0;
    while (a < 5)  ❶
    { ❷
        a++;  ❸
        hap += a;  ❹
    } ❺
    printf("%d, %d\n", a, hap);  ❻      결과  5, 15
}
```

❶ a가 5보다 작은 동안 ❷~❺번 문장을 반복하여 수행한다.
❷~❺번까지가 반복문의 범위이다. 반복문에서 실행할 문장이 하나인 경우는 { }를 생략해도 된다.
❸ 'a = a + 1;'과 동일하다. a의 값을 1씩 증가시킨다.
❹ 'hap = hap + a'와 동일하다. a의 값을 hap에 누적시킨다.
❺ 반복문의 끝이다.
❻ a가 5가 되었을 때 5를 hap에 누적한 다음 while 문을 벗어나기 때문에 a는 5로 끝난다.

4 do~while문

23.7, 22.7, 기사 24.2, 23.7, 21.5

do~while문은 조건이 참인 동안 정해진 문장을 반복 수행하다가 조건이 거짓이면 반복문을 벗어나는 while문과 같은 동작을 하는데, 다른 점은 do~while문은 실행할 문장을 무조건 한 번 실행한 다음 조건을 판단하여 탈출 여부를 결정한다는 것이다.

- do~while문은 실행할 문장을 우선 실행한 후 조건을 판별하여 조건이 참이면 실행할 문장을 계속 반복 수행하고, 거짓이면 do~while문을 끝낸 후 다음 코드를 실행한다.

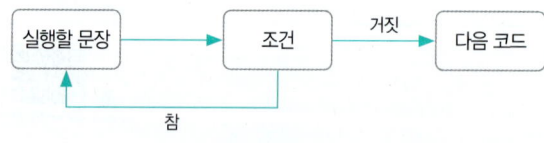

do~while문의 동작 과정

- 형식

do	do는 do~while문에 사용되는 예약어로, do~while의 시작 부분에 그대로 입력한다.
실행할 문장;	조건이 참인 동안 실행할 문장을 입력한다. 문장이 두 문장 이상인 경우 { }를 입력하고 그 사이에 실행할 문장들을 입력한다.
while(조건);	• while은 do~while문에 사용되는 예약어로, do~while의 끝 부분에 그대로 입력한다. • (조건) : 참이나 거짓을 결과로 갖는 수식을 '조건'에 입력한다. 참(1)을 직접 입력할 수도 있다.

 전문가의 조언

do~while문이 포함된 코드가 JavaScript 문제로 출제되었습니다. JavaScript는 Section 062에서 학습하므로, 관련 문제도 Section 062에 수록하였습니다. 여기에서는 do~while문의 형식만 확실히 기억하세요.

예제 다음은 1부터 10까지 홀수의 합을 더하는 프로그램이다. 결과를 확인하시오.

```
#include <stdio.h>
main ( )
{
    int a = 1, hap = 0;
```

```
    do ❶              do~while 반복문의 시작점이다. ❷~❺번 사이의 문장을 반복하여 수행한다.
    { ❷              ❷~❺번까지가 반복문의 범위이다.
        hap += a; ❸  'hap = hap + a'와 동일하다. a의 값을 hap에 누적시킨다.
        a += 2; ❹    'a = a + 2'와 동일하다. a의 값을 2씩 증가시킨다.
    } while(a < 10); ❺ a가 10보다 작은 동안 ❷~❺번 사이의 문장을 반복하여 수행한다.
    printf("%d, %d\n", a, hap); ❻  결과  11, 25
                                  a가 9가 되었을 때 9를 hap에 누적한 다음 a에 2를 더
                                  해 a가 11이 되었을 때 do~while문을 벗어나기 때문에
                                  a는 11로 끝난다.
}
```

반복문 실행에 따른 변수 hap과 a의 변화

hap	a
0	1
1	3
4	5
9	7
16	9
25	11

5 break, continue

기사 24.2, 23.5, 22.7, 22.3

switch문이나 반복문의 실행을 제어하기 위해 사용되는 예약어이다.

- **break** : switch문이나 반복문 안에서 break가 나오면 블록을 벗어난다.
- **continue**
  - continue 이후의 문장을 실행하지 않고 제어를 반복문의 처음으로 옮긴다.
  - 반복문에서만 사용된다.

예제 다음은 1~5까지의 합을 더하되 2의 배수는 배제하는 프로그램이다. 결과를 확인하시오.

```
#include <stdio.h>
main( )
{
    int a = 0, hap = 0;
    while(1) ❶              조건이 참(1)이므로 무한 반복한다. 중간에 반복을 끝내는 문장이 반
                            드시 있어야 한다.
    { ❷                     ❷~❾번까지가 반복문의 범위이다.
        a++; ❸              'a = a + 1;'과 동일하다. a의 값을 1씩 증가시킨다.
        if(a > 5) ❹         a가 5보다 크면 ❺번 문장을 수행하고, 아니면 ❻번 문장을 수행한
                            다.
            break; ❺        반복문을 탈출하여 ❿번으로 이동한다.
        if (a % 2 == 0) ❻   a를 2로 나눈 나머지가 0이면, 즉 a가 2의 배수이면 ❼번 문장을 수
                            행하고, 아니면 ❽번 문장으로 이동한다.
            continue; ❼     이후의 문장, 즉 ❽번을 생략하고 반복문의 처음인 ❶번으로 이동한
                            다. 2의 배수는 hap에 누적되지 않는다.
        hap += a; ❽         'hap = hap + a'와 동일하다. a의 값을 hap에 누적시킨다.
    } ❾                     반복문의 끝이다.
    printf("%d, %d\n", a, hap); ❿  결과  6, 9
}
```

반복문 실행에 따른 변수 a와 hap의 변화

a	hap
0	0
1	1
2	
3	4
4	
5	9
6	

기출문제 따라잡기

기사 24년 7월, 20년 8월

1. 다음 C 프로그램의 결과 값은?

```
main(void) {
    int i;
    int sum = 0;
    for(i = 1; i <= 10; i = i + 2)
        sum = sum + i;
    printf("%d", sum);
}
```

① 15　　　　　　② 19
③ 25　　　　　　④ 27

> 사용된 코드의 의미는 다음과 같습니다.
>
> ```
> main(void) {
> ❶   int i;
> ❷   int sum = 0;
> ❸   for(i = 1; i <= 10; i = i + 2)
> ❹       sum = sum + i;
> ❺   printf("%d", sum);
> }
> ```
>
> ❶ 정수형 변수 i를 선언합니다.
> ❷ 정수형 변수 sum을 선언한 후 0으로 초기화합니다.
> ❸ 반복 변수 i가 1에서 시작하여 2씩 증가하면서 10보다 작거나 같은 동안 ❹번을 반복하여 수행합니다.
> ❹ i의 값을 sum에 누적시킵니다.
> ❺ sum의 값을 정수형 10진수로 출력합니다.
> 반복문 실행에 따른 변수의 변화는 아래와 같습니다.
>
> | 반복횟수 | i | sum |
> |---|---|---|
> | | | 0 |
> | 1 | 1 | 1 |
> | 2 | 3 | 4 |
> | 3 | 5 | 9 |
> | 4 | 7 | 16 |
> | 5 | 9 | 25 |
> | | 11 | |

이전기출

2. C언어의 FOR문, COBOL 언어의 PERFORM문에 해당하는 것은?

① 반복문　　　　② 종료문
③ 입출력문　　　④ 선언문

> PERFORM문은 반복문입니다.

23년 7월

3. 다음 C언어 프로그램이 실행되었을 때, 실행 결과는?

```
#include <stdio.h>
main( ) {
    int count = 1;
    int sum = 0;
    do {
        sum = sum + count;
        count = count + 2;
    } while (count <= 10);
    printf("%d", sum);
}
```

① 5　　　　　　② 10
③ 16　　　　　　④ 25

> 사용된 코드의 의미는 다음과 같습니다.
>
> ```
> #include <stdio.h>
> main( ) {
> ❶   int count = 1;
> ❷   int sum = 0;
> ❸   do {
> ❹       sum = sum + count;
> ❺       count = count + 2;
> ❻   } while (count <= 10);
> ❼   printf("%d", sum);
> }
> ```
>
> ❶ 정수형 변수 count를 선언하고 1로 초기화합니다.
> ❷ 정수형 변수 sum을 선언하고 0으로 초기화합니다.
> ❸ do 반복문의 시작점입니다. ❹, ❺번을 반복 수행합니다.
> ❹ sum에 count의 값을 누적시킵니다.
> ❺ count에 2를 누적시킵니다.
> ❻ count가 10보다 작거나 같은 동안 ❹, ❺번을 반복 수행합니다.
> 반복문 실행에 따른 변수의 변화는 다음과 같습니다.
>
> | sum | count |
> |---|---|
> | 0 | 1 |
> | 1 | 3 |
> | 4 | 5 |
> | 9 | 7 |
> | 16 | 9 |
> | 25 | 11 |
>
> ❼ sum의 값 25를 정수로 출력합니다.
>
> 결과　25

기출문제 따라잡기

이전기출
4. 다음 C 코드 결과로 나타날 수 있는 값은?

```
void main( )
{
   int k;
   k = 1;
   while(k < 60)
   {
      if(k % 4 == 0)
         printf("%d\n", k-2);
      k++;
   }
}
```

① 0 ② 8
③ 24 ④ 30

사용된 코드의 의미는 다음과 같습니다.

```
void main( ) {
   ❶ int k;
   ❷ k = 1;
   ❸ while(k < 60)
      {
   ❹    if(k % 4 == 0)
   ❺       printf("%d\n", k-2);
   ❻    k++;
      }
}
```

❶ 정수형 변수 k를 선언합니다.
❷ k를 1로 초기화합니다.
❸ k가 60보다 작은 동안 ❹~❻ 사이의 문장을 반복하여 수행합니다.
❹ k를 4로 나눈 나머지가 0이면 ❺번을 실행합니다.
❺ 'k-2'의 결과를 정수형 10진수로 출력한 후 커서를 다음 줄 맨 처음으로 이동합니다.
  - printf( ) : 표준 출력 함수
  - %d : 정수형 10진수로 출력
  - \n : 커서를 다음 줄 맨 처음으로 이동
❻ 'k = k + 1;'과 동일합니다. k의 값을 1 증가시킵니다.
반복문 실행에 따른 변수의 변화는 아래와 같습니다.

반복횟수	k < 60	k % 4	k	출력
			1	
1	True	1	2	
2	True	2	3	
3	True	3	4	
4	True	0	5	2
5	True	1	6	
6	True	2	7	
7	True	3	8	

8	True	0	9	6
9	True	1	10	
10	True	2	11	
11	True	3	12	
12	True	0	13	10
⋮	⋮	⋮	⋮	⋮

위와 같이 k가 60보다 작은 동안 실행하면 2, 6, 10, 14, 18, 22, 26, 30, 34, 38, 42, 46, 50, 54가 출력됩니다.

이전기출
5. C언어에서 반복 처리를 위한 명령문이 아닌 것은?

① for ② while
③ continue ④ do ~ while

반복문을 제어하는 기능 2가지! break와 continue입니다.

이전기출
6. 프로그램 언어의 문장구조 중 성격이 다른 하나는?

① while(expression) statement;
② for(expression-1; expression-2; expression-3) statement;
③ if(expression) statement-1; else statement-2;
④ do {statement;} while(expression);

반복문은 3가지입니다. while, for, do!

이전기출
7. C언어의 do ~ while문에 대한 설명 중 틀린 것은?

① 문의 조건이 거짓인 동안 루프처리를 반복한다.
② 문의 조건이 처음부터 거짓일 때도 문을 최소 한번은 실행한다.
③ 무조건 한 번은 실행하고 경우에 따라서는 여러 번 실행하는 처리에 사용하면 유용하다.
④ 문의 맨 마지막에 ";"이 필요하다.

do~while문은 조건이 참인 동안 루프 처리를 반복합니다.

▶ 정답 : 1. ③ 2. ① 3. ④ 4. ④ 5. ③ 6. ③ 7. ①

SECTION 055 배열과 문자열

전문가의 조언

배열은 편리하고 유용한 자료 구조지만 확실하게 이해하지 못하면 효율적으로 사용하기 힘든 자료 구조이므로 학습 유도를 위해 자주 출제될 것으로 예상됩니다.
예제를 통해 배열의 사용법과 특징을 확실히 이해하고 넘어가세요.

1 배열의 개요

배열은 동일한 데이터 유형을 여러 개 사용해야 할 경우 이를 손쉽게 처리하기 위해 여러 개의 변수들을 조합해서 하나의 이름으로 정의해 사용하는 것을 말한다.

- 배열은 하나의 이름으로 여러 기억장소를 가리키기 때문에 배열에서 개별적인 요소들의 위치는 첨자를 이용하여 지정한다.
- 배열은 변수명 뒤에 대괄호 [ ]를 붙이고 그 안에 사용할 개수를 지정한다.
- C언어에서 배열의 위치는 0부터 시작된다.
- 배열은 행 우선으로 데이터가 기억장소에 할당된다.
- C 언어에서 배열 위치를 나타내는 첨자 없이 배열 이름을 사용하면 배열의 첫 번째 요소의 주소를 지정하는 것과 같다.

2 1차원 배열

25.2, 기사 25.5, 23.7, 22.4, 22.3, 21.8

- 1차원 배열은 변수들을 일직선상의 개념으로 조합한 배열이다.
- 형식

자료형 변수명[개수];	• 자료형 : 배열에 저장할 자료의 형을 지정한다. • 변수명 : 사용할 배열의 이름으로 사용자가 임의로 지정한다. • 개수 : 배열의 크기를 지정하는 것으로 생략할 수 있다.

int a[5]

배열을 선언할 때는 int a[5]와 같이 5를 입력하여 5개의 요소임을 선언하며 사용할 때는 a[0]~a[4]까지 5개의 요소를 사용한다.

예 int a[5]* : 5개의 요소를 갖는 정수형 배열 a

배열 a	첫 번째	두 번째	세 번째	네 번째	다섯 번째
	a[0]	a[1]	a[2]	a[3]	a[4]

※ a[3] : a는 배열의 이름이고, 3은 첨자로서 배열 a에서의 위치를 나타낸다. a[3]에 4를 저장시키려면 'a[3] = 4'와 같이 작성한다.

예제 1 1차원 배열 a의 각 요소에 10, 11, 12, 13, 14를 저장한 후 출력하기

```
#include <stdio.h>
main( )
{
    int a[5];
```
5개의 요소를 갖는 정수형 배열 a를 선언한다. 선언할 때는 사용할 개수를 선언하고, 사용할 때는 첨자를 0부터 사용하므로 주의해야 한다.

배열 a	첫 번째	두 번째	세 번째	네 번째	다섯 번째
	a[0]	a[1]	a[2]	a[3]	a[4]

```
int i;
for (i = 0; i < 5; i++)
    a[i] = i + 10;    ❶

    

for (i = 0; i < 5; i++)
    printf("%d ", a[i]);    ❷
}
```

정수형 변수 i를 선언한다

반복 변수 i가 0에서 시작하여 1씩 증가하면서 5보다 작은 동안 ❶번 문장을 반복하여 수행한다. 그러니까 ❶번 문장을 5회 반복하는 것이다.

배열 a의 i번째에 i+10을 저장시킨다. i는 0~4까지 변하므로 배열 a에 저장된 값은 다음과 같다.

배열 a	10	11	12	13	14
	a[0]	a[1]	a[2]	a[3]	a[4]

반복 변수 i가 0에서 시작하여 1씩 증가하면서 5보다 작은 동안 ❷번 문장을 반복하여 수행한다.

배열 a의 i번째를 출력한다. i는 0~4까지 변하므로 출력 결과는 다음과 같다. 서식 문자열에 '\n'이 없기 때문에 한 줄에 붙여서 출력한다.

결과 `10 11 12 13 14`

24.7, 22.3, 기사 21.8

잠깐만요 **JAVA에서의 배열 처리**

JAVA에서는 향상된 for문을 사용할 수 있는데, 향상된 for문은 객체를 대상으로만 가능합니다. JAVA에서는 배열을 객체로 취급하며, 배열을 이용하여 작업할 때 필요할 만한 내용은 이미 API로 만들어 두었기 때문에 잘 골라서 사용하면 됩니다. 배열에 대한 기본은 C언어에서 배웠기 때문에 바로 예제를 보면서 설명합니다.

예제 1 다음은 위의 C 프로그램을 JAVA로 구현한 것이다. 프로그램의 출력 결과를 확인해 보시오.

```
public class Example {
    public static void main(String[ ] args){
❶       int a[ ] = new int[5];
❷       int i;
❸       for (i = 0; i < 5; i++)
❹           a[i] = i + 10;
❺       for (i = 0; i < 5; i++)
❻           System.out.printf("%d ", a[i]);
    }
}
```

코드 해설

❶ 배열을 선언하는 부분이 조금 다릅니다. 배열은 JAVA에서 객체로 취급되며, 객체 변수*는 'new' 명령을 이용해서 생성해야 합니다.
- int a[ ] : a는 정수 배열 변수라는 의미입니다. JAVA에서는 'int[ ] a'와 같이 대괄호를 자료형 바로 뒤에 적는 것을 선호하는데, C언어에서는 이렇게 표기할 수 없습니다.
- new int[5] : 5개짜리 정수 배열을 생성합니다.
- C언어처럼 사용하려면 다음과 같이 배열을 선언하면서 초기값을 주면 됩니다.
  int a[ ] = {0,0,0,0,0};

❷~❺ C 프로그램과 동일합니다.
❻ 결과 `10 11 12 13 14`

전문가의 조언

length 속성에 관한 문제가 출제되었습니다. 2차원 배열에 대해 '배열명.length'를 지정하면, 전체 요소의 수가 아닌 배열의 행의 수가 저장된다는 것을 기억하세요.

객체 변수

객체 변수, 정확히 말하면 heap 영역에 객체를 생성하고 생성된 객체가 있는 곳의 주소를 객체 변수에 저장하는 것입니다. JAVA에서는 주소를 제어할 수 없으므로 그냥 객체 변수를 생성한다고 이해해도 됩니다.

예제 2 다음은 JAVA에서 향상된 for문을 사용한 예제이다. 결과를 확인하시오.

```
public class Example {
  public static void main(String[ ] args) {
❶   int[ ] a = {90,100,80,70,60,50,30};
❷   int hap = 0;
❸   float avg;
❹   for (int i : a)
❺     hap = hap + i;
❻   avg = (float)hap / a.length;
❼   System.out.printf("%d, %.2f", hap, avg);
  }
}
```

코드 해설

❶ 배열을 선언하면서 초기값을 지정합니다. 개수를 정하지 않으면 초기값으로 지정된 수만큼 배열의 요소가 만들어집니다. 이건 C언어와 같습니다.

	a[0]	a[1]	a[2]	a[3]	a[4]	a[5]	a[6]
배열 a	90	100	80	70	60	50	30

❷ 총점을 구하기 위해 정수형 변수 hap을 선언하고 초기값으로 0을 할당합니다.
❸ 평균을 구하기 위해 실수형 변수 avg를 선언합니다.
❹ 향상된 반복문입니다. a 배열의 요소 수만큼 ❺번을 반복 수행합니다.
• int i : a 배열의 각 요소가 일시적으로 저장될 변수를 선언합니다. a 배열과 형이 같아야 합니다. a 배열이 정수면 정수, 문자면 문자여야 합니다.
• a : 배열의 이름을 입력합니다. a 배열이 7개의 요소를 가지므로 각 요소를 i에 저장하면서 ❺번을 7번 수행합니다.
❺ i의 값을 hap에 누적합니다. i는 a 배열 각 요소의 값을 차례로 받습니다.
변수의 변화는 다음과 같습니다.
첫 번째 수행 : a 배열의 첫 번째 값이 i를 거쳐 hap에 누적됩니다.

hap	i	a					
90	90	90	100	80	70	60	50	30

두 번째 수행 : a 배열의 두 번째 값이 i를 거쳐 hap에 누적됩니다.

hap	i	a					
190	100	90	100	80	70	60	50	30

세 번째 수행 : a 배열의 세 번째 값이 i를 거쳐 hap에 누적됩니다.

hap	i	a					
270	80	90	100	80	70	60	50	30

이런 방식으로 a 배열의 요소 수만큼 반복합니다.
❻ 총점이 저장되어 있는 hap을 실수형으로 변환한 후 a 배열의 요소 수로 나눠 평균을 구합니다.
• length : 클래스에는 클래스의 속성과 수행해야 할 메소드가 포함되어 있습니다. length는 배열 클래스의 속성으로 배열 요소의 개수가 저장되어 있습니다. a 배열은 7개의 요소를 가지므로 a.length는 7을 가지고 있습니다.
• a.length : 개체 변수의 이름과 속성은 .(마침표)로 연결하여 사용합니다.
❼ 결과 480, 68.57

전문가의 조언

C언어에서는 향상된 FOR문을 사용할 수 없습니다.

3 2차원 배열

기사 22.3, 21.5

- 2차원 배열은 변수들을 평면, 즉 행과 열로 조합한 배열이다.
- 형식

자료형 변수명[행개수][열개수]	• 자료형 : 배열에 저장할 자료의 형을 지정한다. • 변수명 : 사용할 배열의 이름으로 사용자가 임의로 지정한다. • 행개수 : 배열의 행 크기를 지정한다. • 열개수 : 배열의 열 크기를 지정한다.

예 int b[3][3] : 3개의 행과 3개의 열을 갖는 정수형 배열 b

배열 b

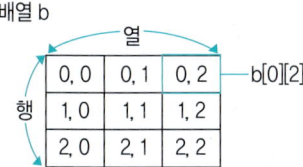

b[0][2] : b는 배열의 이름이고, 0은 행 첨자, 2는 열 첨자로서 배열 b에서의 위치를 나타낸다.

예제 3행 4열의 배열에 다음과 같이 숫자 저장하기

배열 a

1	2	3	4
5	6	7	8
9	10	11	12

```
#include <stdio.h>
main( )
{
  int a[3][4];                3행 4열의 크기를 갖는 정수형 배열 a를 선언한다.
  int i, j, k = 0;            정수형 변수 i, j, k를 선언하고 k를 0으로 초기화 한다.
  for (i = 0; i < 3; i++) ❶   반복 변수 i가 0에서 시작하여 1씩 증가하면서 3보다 작은 동
                              안 ❷~❽번을 반복하여 수행한다. 결국 ❸번 문장을 3회 반복
                              한다.
  { ❷                         ❷~❽이 ❶번 반복문의 반복 범위이지만 실제 실행할 문장은 ❸번 하나이다.
    for (j = 0; j < 4; j++) ❸ 반복 변수 j가 0에서 시작하여 1씩 증가하면서 4보다 작은 동
                              안 ❹~❼번을 반복하여 수행한다.
                              • i가 0일 때 j는 0에서 3까지 4회 반복
                              • i가 1일 때 j는 0에서 3까지 4회 반복
                              • i가 2일 때 j는 0에서 3까지 4회 반복 수행하므로 ❺~❻번
                                을 총 12회 수행한다.
    { ❹                       ❹~❼이 ❸번 반복문의 반복 범위이다.
      k++; ❺                  k를 1씩 증가시킨다. k는 총 12회 증가하므로 1~12까지 변한다.
      a[i][j] = k; ❻          배열 a의 i행 j열에 k를 기억시킨다. a[0][0]~a[2][3]까지 1~12가 저장된다.
    } ❼                       ❹번의 짝이다.
  } ❽                         ❷번의 짝이다.
}                             첫 번째 { 의 짝이자 프로그램의 끝이다.
```

전문가의 조언

배열의 크기보다 적은 수로 배열을 초기화할 경우 나머지 공간에 입력되는 값이 무엇인지 파악해 두세요.

④ 배열의 초기화

기사 20.6

400704

- 배열 선언 시 초기값을 지정할 수 있다.
- 배열을 선언할 때 배열의 크기를 생략하는 경우에는 반드시 초기값을 지정해야 초기값을 지정한 개수 만큼의 배열이 선언된다.

예 1차원 배열 초기화

방법1 char a[3] = {'A', 'B', 'C'}
방법2 char a[ ] = {'A', 'B', 'C'}

배열 a	A	B	C
	a[0]	a[1]	a[2]

예 2차원 배열 초기화

방법1 int a[2][4] = { {10, 20, 30, 40}, {50, 60, 70, 80} };
방법2 int a[2][4] = {10, 20, 30, 40, 50, 60, 70, 80}

	a[0][0]	a[0][1]	a[0][2]	a[0][3]
배열 a	10	20	30	40
	50	60	70	80
	a[1][0]	a[1][1]	a[1][2]	a[1][3]

- 배열의 개수보다 적은 수로 배열을 초기화하면 입력된 값만큼 지정한 숫자가 입력되고, 나머지 요소에는 0이 입력된다.

예 int a[5] = { 3, }; 또는 int a[5] = { 3 };

배열 a	3	0	0	0	0
	a[0]	a[1]	a[2]	a[3]	a[4]

예제 2차원 배열에 다음과 같이 초기화 한 후 a[0][0]과 a[1][1]의 값 출력하기

배열 a

10	20	30	40
50	60	70	80

```
#include <stdio.h>
main( )
{
  int a[2][4] = {
  {10, 20, 30, 40},
  {50, 60, 70, 80}
  };

  printf("%d  ", a[0][0]);
  printf("%d\n", a[1][1]);
}
```

2행 4열의 정수형 배열 a를 선언한 후 값을 할당한다.

	a[0][0]	a[0][1]	a[0][2]	a[0][3]
배열 a	10	20	30	40
	50	60	70	80
	a[1][0]	a[1][1]	a[1][2]	a[1][3]

a[0][0]의 값 10을 출력한다.
a[1][1]의 값 60을 출력한다. '\n'으로 인해 커서는 다음 줄로 이동한다.

5 배열 형태의 문자열 변수

- C언어에서는 큰따옴표(" ")로 묶인 글자는 글자 수에 관계없이 문자열로 처리된다.
- C언어에는 문자열을 저장하는 자료형이 없기 때문에 배열, 또는 포인터를 이용하여 처리한다.
- 형식

  char 배열이름[크기] = "문자열"

- 배열에 문자열을 저장하면 문자열의 끝을 알리기 위한 널 문자('\0')가 문자열 끝에 자동으로 삽입된다.
- 배열에 문자열을 저장할 때는 배열 선언 시 초기값으로 지정해야 하며, 이미 선언된 배열에는 문자열을 저장할 수 없다.
- 문자열 끝에 자동으로 널 문자('\0')가 삽입되므로, 널 문자까지 고려하여 배열 크기를 지정해야 한다.

예) char a[5] = "love" → | l | o | v | e | \0 |

예제 다음의 출력 결과를 확인하시오.

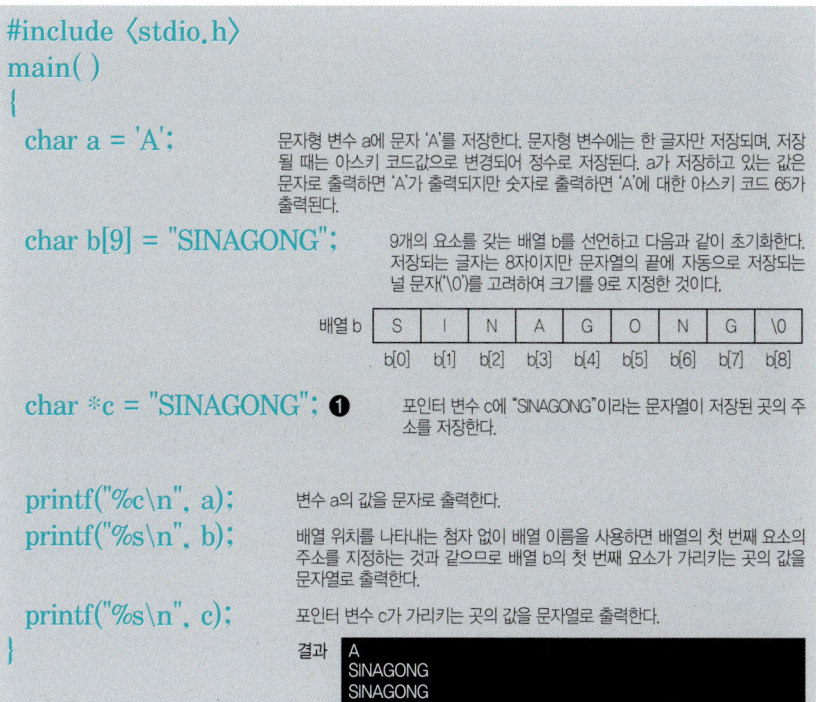

 전문가의 조언

포인터 변수는 다음 섹션에서 배웁니다. 지금은 '포인터에는 문자열의 시작 주소가 기억되는 구나' 하는 정도로만 이해하고 넘어가세요.

전문가의 조언

여기서 지정한 주소는 임의로 정한 것이며, 이해를 돕기 위해 주소를 실제 표현되는 16진수가 아니라 10진수로 표현했습니다.

> **코드 해설**

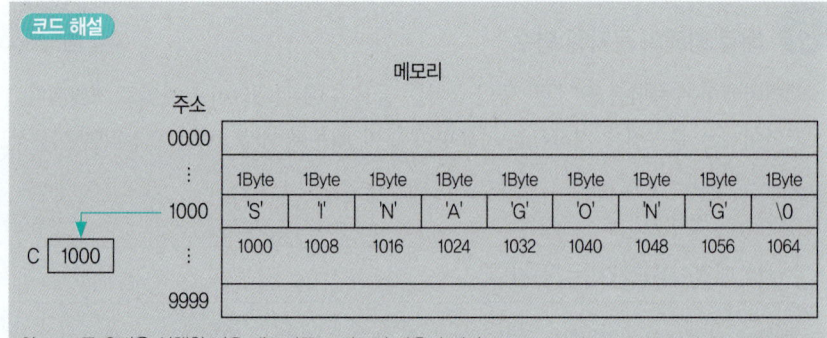

위 코드 중 ❶번을 실행할 경우 메모리를 그려보면 다음과 같다.

> **잠깐만요** 25.5
> **JAVA의 문자열**

C언어에서는 문자열을 배열에 넣고 배열의 이름을 이용하든지 포인터 변수를 이용해 처리했지만 JAVA에서는 주소를 컨트롤하는 기능이 없기 때문에 불가능합니다. 하지만 JAVA에서는 문자열을 처리할 수 있도록 클래스를 제공합니다. 클래스를 제공하므로 당연히 그에 따른 속성과 메소드도 지원하는데 여기서는 문제 풀이에 꼭 필요한 속성과 메소드만 언급하도록 하겠습니다.

예제 다음은 문자열을 거꾸로 출력하는 JAVA 프로그램이다. 결과를 확인하시오.

```java
public class Example {
    public static void main(String[] args){
❶       String str = "Information!";
❷       int n = str.length();
❸       char[] st = new char[n];
❹       n--;
❺       for (int k = n; k >= 0; k--) {
❻           st[n-k] = str.charAt(k);
❼       }
❽       for (char k : st) {
❾           System.out.printf("%c", k);
        }
    }
}
```

> **코드 해설**

❶ 문자열 변수 str을 선언하면서 초기값으로 "Information!"을 할당한다. 객체 변수를 생성할 때는 예약어 new를 입력해야 하지만 문자열 변수는 초기값을 이용해 new 없이 바로 생성할 수 있다.

❷ 문자열 클래스에서 length( ) 메소드는 해당 문자열의 길이를 반환한다. 즉 정수형 변수 n에 str에 저장된 문자열의 길이 12가 저장된다.

❸ JAVA에서는 배열도 클래스이므로 생성할 때는 new를 사용해야 한다. n에 12가 저장되어 있으므로 st는 12개의 요소를 갖는 문자 배열로 생성된다.

- char[ ] st : 문자 배열이고 배열 이름은 st이다. 'char st[ ]'처럼 입력해도 된다. st만 임의로 입력하고 나머지는 그대로 적어준다.
- new : 객체 변수를 생성하는 예약어다. 그대로 입력한다.
- char [n] : 문자 배열의 크기를 지정하므로 12개 요소를 갖는 문자 배열이 생성된다. n을 제외한 나머지는 항상 그대로 입력한다.

④ 12개짜리 배열이지만 배열의 첨자는 0부터 시작하여 11까지 사용하기 때문에 첨자로 사용할 변수의 값을 1 감소시킨다.

n = 11

	st[0]	st[1]	st[2]	st[3]	st[4]	st[5]	st[6]	st[7]	st[8]	st[9]	st[10]	st[11]
st												

⑤ 정수형 변수 k를 반복 변수로 선언하면서 초깃값으로 11을 갖고, 1씩 감소시키면서 0보다 크거나 같은 동안 ⑥번을 반복 실행한다. 실행할 문장이 한 개이므로 ⑤, ⑦번의 중괄호는 없애도 된다. 반복 변수 k는 for문 안에서 선언한 지역 변수이기 때문에 for문을 벗어나면 소멸된다.

⑥ charAt( ) 메소드는 해당 문자열에서 인수에 해당하는 위치의 문자열을 반환한다.

첫 번째 수행

- k = 11, n = 11이므로 str.charAt(k)는 '!'을 반환한다. '!'을 st[n~k]번째, 즉 st[0]번째에 저장한다.

st[0]	st[1]	st[2]	st[3]	st[4]	st[5]	st[6]	st[7]	st[8]	st[9]	st[10]	st[11]
!											

두 번째 수행

k = 10, n = 11이므로 str.charAt(k)는 'n'을 반환한다. 'n'을 st[1]에 저장한다.

st[0]	st[1]	st[2]	st[3]	st[4]	st[5]	st[6]	st[7]	st[8]	st[9]	st[10]	st[11]
!	n										

위와 같은 작업을 반복수행하다가 k = 0일 때, 'I'를 st[11]에 저장한 다음 k는 −1이 되어 반복문을 벗어난다.

st[0]	st[1]	st[2]	st[3]	st[4]	st[5]	st[6]	st[7]	st[8]	st[9]	st[10]	st[11]
!	n	o	i	t	a	m	r	o	f	n	I

⑧ 항상된 반복문이다. st 배열의 각 요소를 처음부터 차례대로 문자 변수 k에 옮기면서 st 배열의 개수, 즉 ⑨번을 12회 반복 수행한다.

⑨ k에는 st 배열 각 요소의 값이 할당되므로 12회 수행을 마치면 출력 결과는 다음과 같다. 서식 문자열에 '\n'이 없으므로 한 줄에 붙여 출력한다.

결과 !noitamrofnI

기출문제 따라잡기

24년 7월, 22년 3월
1. 다음 Java 코드가 실행되었을 때의 결과는?

```
int a[ ][ ] = new int[2][3];
System.out.print(a.length);
```

① 2　　　　　　　　　② 3
③ 5　　　　　　　　　④ 6

- Java의 배열 클래스의 속성인 length는 배열 요소의 개수를 가리킵니다.
- 1차원 배열에서는 배열 전체의 요소 수를 가리키지만, 2차원 배열에서는 사용 방법에 따라 length가 가리키는 값이 달라집니다.
- a.length : 2차원 배열 a의 행 수(2)를 가리킵니다.
- a[0].length : 2차원 배열 a의 첫 번째 행에 속한 요소의 수(3)를 가리킵니다.

기사 21년 8월
2. 다음 JAVA 프로그램이 실행되었을 때의 결과를 쓰시오.

```
public class ovr {
    public static void main(String[ ] args) {
        int arr[ ];
        int i = 0;
        arr = new int[10];
        arr[0] = 0;
        arr[1] = 1;
        while(i < 8) {
            arr[i + 2] = arr[i + 1] + arr[i];
            i++;
        }
        System.out.println(arr[9]);
    }
}
```

① 13　　　　　　　　　② 21
③ 34　　　　　　　　　④ 55

사용된 코드의 의미는 다음과 같습니다.

```
public class ovr {
    public static void main(String[ ] args) {
❶       int arr[ ];
❷       int i = 0;
❸       arr = new int[10];
❹       arr[0] = 0;
❺       arr[1] = 1;
❻       while(i < 8) {
❼           arr[i + 2] = arr[i + 1] + arr[i];
❽           i++;
        }
❾       System.out.println(arr[9]);
    }
}
```

❶ 정수형 배열 arr을 선언합니다.
❷ 정수형 변수 i를 선언하고 0으로 초기화합니다.
❸ arr에 10개의 요소를 할당합니다.
❹ arr[0]에 0을 저장합니다.
❺ arr[1]에 1을 저장합니다.
❻ i가 8보다 작은 동안 ❼, ❽번을 반복 수행합니다.
❼ arr[i+2]에 arr[i+1]과 arr[i]를 더한 값을 누적합니다.
❽ 'i = i + 1;'과 동일합니다. i에 1씩 누적시킵니다.
반복문을 수행한 결과는 다음과 같습니다.

반복횟수	i	arr [0]	[1]	[2]	[3]	[4]	[5]	[6]	[7]	[8]	[9]
	0	0	1								
1회	1	0	1	1							
2회	2	0	1	1	2						
3회	3	0	1	1	2	3					
4회	4	0	1	1	2	3	5				
5회	5	0	1	1	2	3	5	8			
6회	6	0	1	1	2	3	5	8	13		
7회	7	0	1	1	2	3	5	8	13	21	
8회	8	0	1	1	2	3	5	8	13	21	34

❾ arr[9]의 값을 출력합니다.
결과　34

이전기출
3. C언어에서 정수가 2Byte로 표현되고, "int a[2][3]"로 선언된 배열의 첫 번째 자료가 1000 번지에 저장되었다. 이때 a[1][1] 원소가 저장된 주소는?

① 1002　　　　　　　② 1004
③ 1006　　　　　　　④ 1008

C언어에서는 배열 위치가 0부터 시작하는데, 문제에서 정수가 2Byte로 표현된다고 했으므로 "int a[2][3]"로 선언된 정수형 배열은 다음과 같이 첫 번째 자료의 위치인 1000번지부터 2Byte씩 할당됩니다.

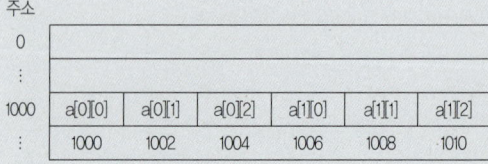

∴ a[1][1] 원소가 저장된 곳의 주소는 1008입니다.

기출문제 따라잡기

기사 21년 8월

4. 다음 C언어 프로그램이 실행되었을 때의 결과는?

```
#include <stdio.h>
#include <string.h>
int main(void) {
    char str[50] = "nation";
    char *p2 = "alter";
    strcat(str, p2);
    printf("%s", str);
    return 0;
}
```

① nation
② nationalter
③ alter
④ alternation

사용된 코드의 의미는 다음과 같습니다.

```
#include <stdio.h>
#include <string.h>
int main(void) {
❶   char str[50] = "nation";
❷   char *p2 = "alter";
❸   strcat(str, p2);
❹   printf("%s", str);
❺   return 0;
}
```

❶ 50개의 요소를 갖는 문자형 배열 str을 선언하고 "nation"으로 초기화합니다.
❷ 문자형 포인터 변수 p2를 선언하고, "alter"가 저장된 곳의 주소로 초기화합니다.
❸ str이 가리키는 문자열에 p2가 가리키는 문자열을 붙입니다.
  • strcat(문자열A, 문자열B) : 문자열A의 뒤에 문자열B를 연결하여 붙이는 함수
❹ str을 문자열로 출력합니다.

결과 nationalter

❺ main( ) 함수에서의 'return 0'은 프로그램의 종료를 의미합니다.

기사 20년 6월

5. C언어에서 배열 b[5]의 값은?

```
static int b[9] = {1, 2, 3};
```

① 0
② 1
③ 2
④ 3

배열의 초기값을 배열의 크기보다 적은 수로 초기화하면 입력된 값만큼 지정한 숫자가 입력되고, 나머지 요소에는 0이 입력됩니다.

25년 2월

6. 다음 C언어 프로그램이 실행되었을 때, 실행 결과는?

```
int main( ) {
    int indata[4] = { 70, 80, 90, 100 };
    printf("%d", indata[2]);
}
```

① 70
② 80
③ 90
④ 100

사용된 코드의 의미는 다음과 같습니다.

```
int main( ) {
❶   int indata[4] = { 70, 80, 90, 100 };
❷   printf("%d", indata[2]);
}
```

❶ 4개의 요소를 갖는 정수형 배열 indata를 선언하고 초기화합니다.

	[0]	[1]	[2]	[3]
indata	70	80	90	100

❷ indata[2]의 값 90을 출력합니다.

결과 90

25년 5월, 24년 7월, 22년 3월

7. 다음 JAVA 프로그램이 실행되었을 때, 실행 결과는?

```
public class Main {
    public static void main(String[ ] args) {
        int[ ][ ] arr = new int[2][3];
        System.out.println(arr.length);
    }
}
```

① 2
② 3
③ 5
④ 6

• Java의 배열 클래스의 속성인 length는 배열 요소의 개수를 가리킵니다.
• 1차원 배열에서는 배열 전체의 요소 수를 가리키지만, 2차원 배열에서는 사용 방법에 따라 length가 가리키는 값이 달라집니다.
• arr.length : 2차원 배열 arr의 행 수(2)를 가리킴
• arr[0].length : 2차원 배열 arr의 첫 번째 행에 속한 요소의 수(3)를 가리킴

▶ 정답 : 1. ① 2. ③ 3. ④ 4. ② 5. ① 6. ③ 7. ①

SECTION 056 포인터

 전문가의 조언

- 포인터의 개념이 어려울 수 있습니다. 하지만 포인터는 중요한 개념이므로 반드시 이해하고 넘어가야 합니다. 포인터의 개념과 더불어 포인터 변수의 용도도 기억해 두세요. 참고로 JAVA와 Python에서는 포인터 변수를 사용할 수 없습니다.
- 포인터가 사용된 코드의 결과를 묻는 문제가 출제되었습니다. 예제를 통해 포인터 변수에 주소를 저장하고 포인터 변수를 이용해 주소에 접근하는 과정을 이해하고 넘어가세요.

 전문가의 조언

포인터의 개념
앞에서 어떤 수나 문자를 저장하기 위해 변수를 사용했습니다. 사실 이 변수는 기억장소의 어느 위치에 대한 이름이며 그 위치는 주소로도 표현할 수 있습니다. 우리는 친구 홍길동의 집에 모이기 위해 "홍길동이네 집으로 와"라고 말하기도 하지만 홍길동의 집 주소인 "서울시 마포구 서교동 00번지로 와"라고 말하기도 합니다. C언어에서는 변수의 주소를 포인터라고 하고, 포인터를 저장할 수 있는 변수를 포인터 변수라고 합니다. 변수의 주소인 포인터는 출력할 수도 있고 포인터가 가리키는 곳에 값을 저장하거나 읽어 오는 등 다양한 조작이 가능합니다. 이런 기능 때문에 C언어는 주소를 제어할 수 있는 기능이 있다고 말합니다.

메모리 영역
- **코드 영역** : 실행할 프로그램의 코드가 저장됨
- **데이터 영역** : 전역 변수와 정적 변수가 저장됨
- **힙 영역** : 필요에 의해 동적으로 할당되는 영역임
- **스택 영역** : 함수의 매개 변수와 지역 변수가 저장됨

① 포인터와 포인터 변수 <small>24.2, 22.3, 기사 23.2, 22.4, 21.8</small>

포인터는 변수의 주소를 말하며, C언어에서는 주소를 제어할 수 있는 기능을 제공한다.

- C언어에서 변수의 주소를 저장할 때 사용하는 변수를 포인터 변수라 한다.
- 포인터 변수를 선언할 때는 자료의 형을 먼저 쓰고 변수명 앞에 간접 연산자 *를 붙인다(예 int *a;).
- 포인터 변수에 주소를 저장하기 위해 변수의 주소를 알아낼 때는 변수 앞에 번지 연산자 &를 붙인다(예 a = &b;).
- 실행문에서 포인터 변수에 간접 연산자 *를 붙이면 해당 포인터 변수가 가리키는 곳의 값을 말한다(예 c = *a;).
- 포인터 변수는 필요에 의해 동적으로 할당되는 메모리 영역*인 힙 영역에 접근하는 동적 변수이다.
- 포인터 변수의 용도
  - 연결된 자료 구조를 구성하기 위해 사용한다.
  - 동적으로 할당된 자료 구조를 지정하기 위해 사용한다.
  - 배열을 인수로 전달하기 위해 사용한다.
  - 문자열을 표현하기 위해 사용한다.
  - 커다란 배열에서 요소를 효율적으로 저장하기 위해 사용한다.
  - 메모리에 직접 접근하기 위해 사용한다.

예를 들어, a 변수에 100을 저장시키고, a 변수의 주소를 포인터 변수 b에 기억시켰다면 다음 그림과 같이 표현하고 말할 수 있다.

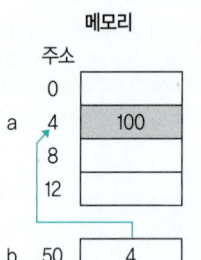

- a는 메모리의 4번지에 대한 이름이다.
- a 변수의 주소는 4다.
- a 변수에는 100이 기억되어 있다.
- 4번지에는 100이 기억되어 있다.
- &a는 a 변수의 주소를 말한다. 즉 &a는 4다.
- 포인터 변수 b는 a 변수의 주소를 기억하고 있다.
- 포인터 변수가 가리키는 곳의 값을 말할 때는 *을 붙인다.
- *b는 b에 저장된 주소가 가리키는 곳에 저장된 값을 말하므로 100이다.

예제 1 다음 C언어로 구현된 프로그램의 출력 결과를 확인하시오.

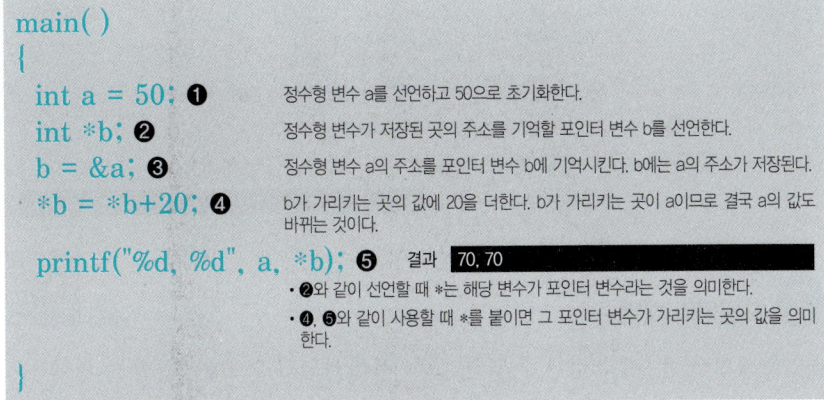

위 코드의 실행 과정에 따라 메모리의 변화를 그려보면 다음과 같다.

- **❶, ❷번 수행** : 주기억장치의 빈 공간 어딘가에 a라는 이름을 붙이고 그 곳에 50을 저장한다.

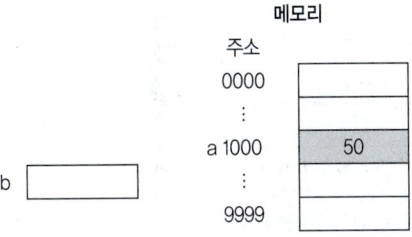

- **❸번 수행** : 변수 a의 주소가 b에 기억된다는 것은 b가 변수 a의 주소를 가리키고 있다는 의미이다.

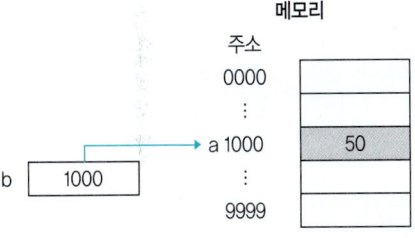

- **❹번 수행** : b가 가리키는 곳의 값에 20을 더해 다시 b가 가리키는 곳에 저장한다. 그곳은 변수 a의 주소이므로 변수 a의 값도 저절로 변경되는 것이다.

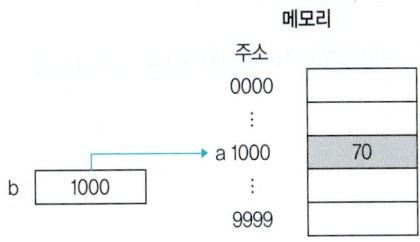

 전문가의 조언

포인터 변수는 주로 문자열 처리나 함수 간의 자료 처리, 배열의 요소 지정 등에 활용됩니다. 여기서 다루는 예제 에서는 포인터 변수에 주소를 저장하고 포인터 변수를 이용해 주소에 접근하는 기본적인 개념만 이해하고 넘어가세요.

 전문가의 조언

여기서 지정한 주소는 임의로 정한 것이며, 이해를 돕기 위해 주소를 실제 표현되는 16진수가 아니라 10진수로 표현했습니다.

예제 2 다음 C언어로 구현된 프로그램의 출력 결과를 확인하시오.

```
main( )
{
    int a = 3, *b;      ❶
    b = &a;             ❷
    printf("%d", ++*b); ❸
}
```

❶ 정수형 변수 a와 정수형 포인터 변수 b를 선언하고 a를 3으로 초기화한다.
❷ 정수형 변수 a의 주소를 포인터 변수 b에 기억시킨다. b에는 a의 주소가 저장된다.
❸ 포인터 변수 b가 가리키는 곳의 값(3)을 1증가(++) 시킨 후 출력한다.

결과 `4`

2 포인터와 배열

24.7, 24.5, 23.5, 22.4, 기사 25.5, 25.2, 22.3, 21.5

배열을 포인터 변수에 저장한 후 포인터를 이용해 배열의 요소에 접근할 수 있다.

- 배열 위치를 나타내는 첨자를 생략하고 배열의 대표명만 지정하면 배열의 첫 번째 요소의 주소를 지정하는 것과 같다.
- 배열 요소에 대한 주소를 지정할 때는 일반 변수와 동일하게 & 연산자를 사용한다.

  예 int a[5], *b;

  b = a → 배열의 대표명을 적었으므로 a 배열의 시작 주소인 a[0]의 주소를 b에 저장한다.

  b = &a[0] → a 배열의 첫 번째 요소인 a[0]의 주소(&)를 b에 저장한다.

	a[0]	a[1]	a[2]	a[3]	a[4]	← 배열 표기 방법
배열 a	첫 번째	두 번째	세 번째	네 번째	다섯 번째	
	*(a+0)	*(a+1)	*(a+2)	*(a+3)	*(a+4)	← 포인터 표기 방법

- 배열의 요소가 포인터인 포인터형 배열을 선언할 수 있다.

예제 다음의 출력 결과를 확인하시오.

```
main( )
{
    int a[5];
    int i;
    int *p;             ❶
    for (i = 0; i < 5; i++)
        a[i] = i + 10;  ❷
    p = a;              ❸
    for (i = 0; i < 5; i++)
        printf("%d ", *(p+i));  ❹
}
```

- 5개의 요소를 갖는 정수형 배열 a를 선언한다. 선언할 때 사용할 개수를 선언하고, 사용할 때는 첨자를 0부터 사용한다.
- 정수형 변수 i를 선언한다.
- ❶
- 반복 변수 i가 0에서 시작하여 1씩 증가하면서 5보다 작은 동안 ❷번을 반복 수행한다.
- ❸
- 반복 변수 i가 0에서 시작하여 1씩 증가하면서 5보다 작은 동안 ❹번을 반복하여 수행한다.
- ❹ 결과 `10 11 12 13 14`

전문가의 조언

배열의 주소를 포인터 변수에 저장한 후 포인터를 이용해 배열의 요소에 접근하는 문제가 출제되었습니다. 주어진 예제를 통해 포인터를 이용해 배열의 요소에 접근하는 과정을 이해하고 넘어가세요.

전문가의 조언

포인터 표기 방법

a에 저장된 값은 정수형 배열의 시작 주소입니다. a의 값을 1 증가 시킨다는 것은 현재 a가 가리키고 있는 정수형 자료의 주소에서 다음 정수형 자료의 주소로 가리키는 주소를 증가시킨다는 것입니다. 정수형 자료의 크기는 4바이트이므로 다음 물리적 메모리의 주소는 4Byte 증가한 곳을 가리키는 것입니다. 예제를 통해 배열의 시작 주소에서 1번지씩, 즉 4Byte씩 증가시키는 것을 그림으로 확인해 보세요.

코드의 실행 과정에 따라 메모리의 변화를 그려보면 다음과 같다.

❶ 정수형 변수가 저장된 곳의 주소를 기억할 정수형 포인터 변수 p를 선언한다.

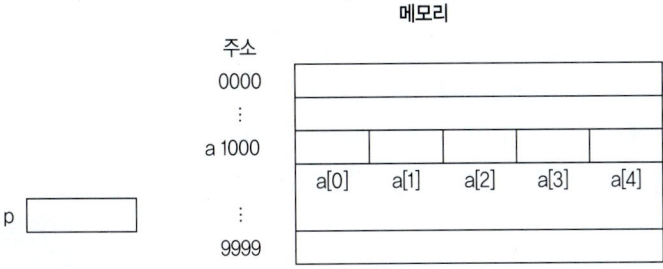

❷ 배열 a의 i번째에 i+10을 저장한다. i는 0~4까지 변하므로 배열 a에 저장된 값은 다음과 같다.

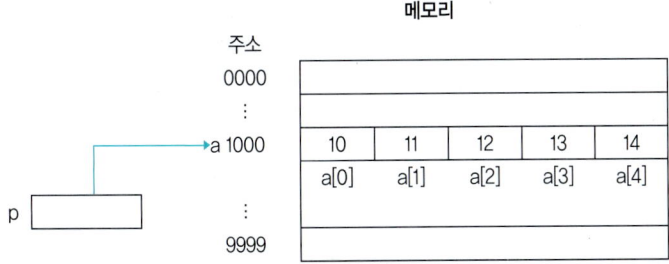

❸ 배열명 a는 배열의 주소이므로 포인터 변수 p에는 배열 a의 시작 위치가 기억된다. 배열의 이름은 주소이므로 'p = &a'처럼 입력하지 않도록 주의해야 한다.

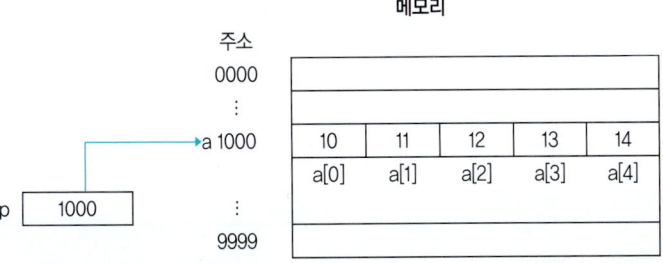

❹ p에 저장된 값은 정수형 배열의 시작 주소이다. p의 값을 1 증가 시킨다는 것은 현재 p가 가리키고 있는 정수형 자료의 주소에서 다음 정수형 자료의 주소로 가리키는 주소를 증가시킨다는 것이다. 정수형 자료의 크기는 4바이트이므로 다음 물리적 메모리의 주소는 4Byte 증가한 곳을 가리키는 것이다. p에 저장된 배열의 시작 주소에서 1번지씩, 즉 4Byte씩 증가시키는 것을 그림으로 표현하면 다음과 같다.

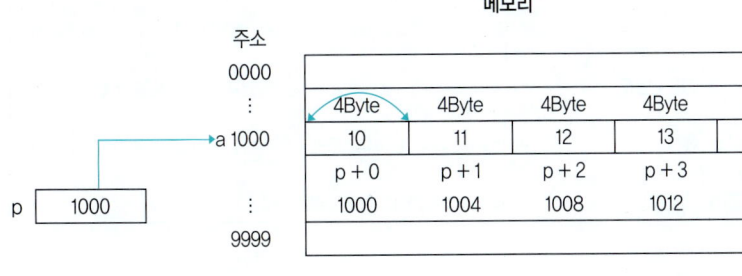

 전문가의 조언

포인터의 증가가 헷갈리면 정수형 자료의 크기가 4Byte이기 때문에 포인터를 1 증가시키면 물리적인 주소는 4Byte가 증가한다고 기억해 두세요. 만약 p가 문자 배열의 주소를 가지고 있다면 문자형 자료의 크기는 1Byte이므로 포인터를 1 증가시킬 때 물리적인 메모리의 주소도 1Byte 증가합니다.

1장 프로그래밍 언어 활용 **291**

- p+0 : 배열의 시작 주소에 0을 더했으므로, 배열의 시작 주소인 '1000' 번지 그대로이다.
- *(p+0) : '1000' 번지의 값은 10이다. 10을 출력한다.
- p+1 : '1000'에서 한 번지 증가한 주소는 '1004' 번지이다.
- *(p+1) : '1004' 번지의 값은 11이다. 11을 출력한다.
- p+2 : '1000'에서 두 번지 증가한 주소는 '1008' 번지이다.
- *(p+2) : '1008' 번지의 값은 12이다. 12를 출력한다.

⋮

문제 다음 프로그램의 출력 결과를 적으시오.

400833

번호	코드	결과

①	int a = 5, b, *c;
	c = &a;
	b = ++*c;
	printf("%d", b);	

②	int a = 10, *b;
	b = &a;
	for (int i = 0; i < 5 ; i++)
	   *b += i;
	printf("%d", *b);	

③	int a = 31, b, *c, *d;
	c = &a;
	d = &b;
	*d = --*c % 3 ? a + a : a * a;
	printf("%d", *d);	

④	int a = 5, b = 7, c, *d;
	d = &c;
	*d = a & b;
	printf("%d", c);	

①
```
int a = 5, b, *c;
c = &a;                  정수형 변수 a의 주소를 포인터 변수 b에 기억시킵니다. b에는 a의 주소가 저장됩니다.
b = ++*c;                포인터 변수 c가 가리키는 값(5)을 1증가(++) 시킨 값 6을 b에 저장합니다.
printf("%d", b)
```

②
```
int a = 10, *b;
b = &a;                  정수형 변수 a의 주소를 포인터 변수 b에 기억시킵니다. b에는 a의 주소가 저장됩니다.
for (int i = 0; i < 5 ; i++)    반복 변수 i가 0에서 시작하여 1씩 증가하면서 5보다 작은 동안 ❶번을 반복하여 수행합니다.
   *b += i; ❶           '*b = *b + i;'와 같습니다. 포인터 변수 b가 가리키는 곳의 값에 i를 누적합니다.
printf("%d", *b);        포인터 변수 b가 가리키는 곳의 값을 출력합니다.
```

② 반복문 실행에 따른 변수 i, a, *b의 변화

i	a	*b
	10	10
0	10	10
1	11	11
2	13	13
3	16	16
4	20	20
5		

③
```
int a = 31, b, *c, *d;
c = &a;              정수형 변수 a의 주소를 포인터 변수 c에 기억시킵니다. c에는 a의 주소가 저장됩니다.
d = &b;              정수형 변수 b의 주소를 포인터 변수 d에 기억시킵니다. d에는 b의 주소가 저장됩니다.
*d = --*c % 3 ? a + a : a * a;   포인터 변수 c가 가리키는 값(31)을 1감소(--) 시킨 30을 3으로 나눈 나
                     머지가 0이고, 0은 조건에서 거짓을 의미하므로 'a*a'를 수행합니다. a는
                     초기에 31이 저장되었지만 '--*c'에 의해 c가 가리키는 값, 즉 a의 값이
                     30으로 변경되었으므로 'a*a'는 900이 됩니다. 이 값을 d가 가리키는 곳
                     에 저장합니다.
printf("%d", *d);    포인터 변수 d가 가리키는 곳의 값을 출력합니다.
```

④
```
int a = 5, b = 7, c, *d;
d = &c;              정수형 변수 c의 주소를 포인터 변수 d에 기억시킵니다. d에는 c의 주소가 저장됩니다.
*d = a & b;          a(5=0101) & b(7=0111)의 값 5(0101)를 d가 가리키는 곳에 저장합니다. 그곳은 변수 c의 주
                     소이므로 변수 c의 값도 5로 변경됩니다.
printf("%d", c);     변수 c의 값을 출력합니다.
```

결과 ① 6 ② 20 ③ 900 ④ 5

전문가의 조언

a & b
&(비트 and)는 두 비트가 모두 1일 때만 1이 되는 비트 연산자입니다.

```
  7 = … 0000 0101
  5 = … 0000 0111
  &   … 0000 0101(5)
```

기출문제 따라잡기

24년 7월, 5월, 22년 4월
1. 다음 C언어 프로그램이 실행되었을 때, 실행 결과는?

```
int main( ) {
    int arg[4] = { 70, 80, 90, 100 };
    int* p = arg + 1;
    printf("%d", p[2]);
}
```

① 70   ② 80
③ 90   ④ 100

사용된 코드의 의미는 다음과 같습니다.
```
int main( ) {
❶   int arg[4] = { 70, 80, 90, 100 };
❷   int* p = arg + 1;
❸   printf("%d", p[2]);
}
```
❶ 4개의 요소를 갖는 정수형 배열 arg를 선언하고 초기화합니다.

	[0]	[1]	[2]	[3]
arg	70	80	90	100

❷ 정수형 포인터 변수 p를 선언하고 arg에 1을 더한 값을 저장합니다. 배열의 이름은 배열의 시작 주소를 의미하고, 그 값을 1 증가시킨다는 것은 현재 arg가 가리키는 주소에서 번지를 하나 증가시키는 것을 의미합니다.
※ 다음 그림에서 지정한 주소는 임의로 정한 것이며, 이해를 돕기 위해 주소를 실제 표현되는 16진수가 아니라 10진수로 표현했습니다.

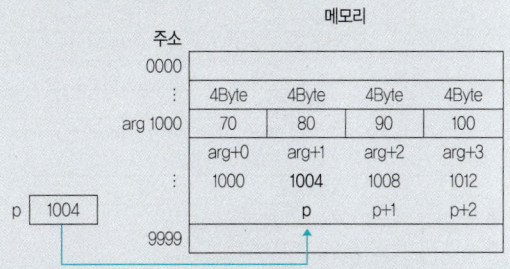

❸ p[2]의 값을 정수로 출력합니다. p[2]는 p에서 두 번째 증가시킨 곳의 주소가 가리키는 값을 의미합니다. 즉 p의 주소 '1004'에서 두 번지 증가한 주소 '1012'가 가리키는 값 100이 화면에 출력됩니다.

결과 100

▶ 정답 : 1. ④

기출문제 따라잡기

23년 5월

2. 다음 C언어 프로그램이 실행되었을 때, 실행 결과는?

```
main( ) {
    int ary[3];
    int* p = ary;
    int tmp = 0;
    *(ary) = 10;
    *(ary + 1) = 12;
    ary[2] = ary[0] + ary[1];
    for (int i = 0; i < 3; i++)
        tmp = tmp + ary[i];
    printf("%d", tmp + *(ary + 2));
}
```

① 22　　　　　　　　② 44
③ 66　　　　　　　　④ 88

사용된 코드의 의미는 다음과 같습니다.

```
main( ) {
❶   int ary[3];
❷   int* p = ary;
❸   int tmp = 0;
❹   *(ary) = 10;
❺   *(ary + 1) = 12;
❻   ary[2] = ary[0] + ary[1];
❼   for (int i = 0; i < 3; i++)
❽       tmp = tmp + ary[i];
❾   printf("%d", tmp + *(ary + 2));
}
```

❶ 3개의 요소를 갖는 정수형 배열 ary를 선언합니다.
❷ 정수형 포인터 변수 p를 선언하고 ary의 시작 위치로 초기화합니다.
※ 다음 그림에서 지정한 주소는 임의로 정한 것이며, 이해를 돕기 위해 주소를 10진수로 표현했습니다.

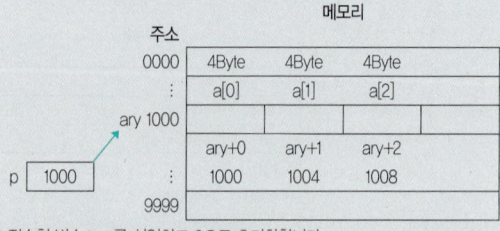

❸ 정수형 변수 tmp를 선언하고 0으로 초기화합니다.
❹ ary가 가리키는 곳에 10을 저장합니다.
❺ ary+1이 가리키는 곳에 12를 저장합니다.

❻ ary[2]에 ary[0]과 ary[1]의 합을 저장합니다.

주소	메모리		
0000	4Byte	4Byte	4Byte
⋮	a[0]	a[1]	a[2]
ary 1000	10	12	22
	ary+0	ary+1	ary+2
⋮	1000	1004	1008
9999			

p 1000

❼ 반복 변수 i가 0부터 1씩 증가하면서 3보다 작은 동안 ❽번을 반복 수행합니다.
❽ tmp에 ar[i]의 값을 누적시킵니다.
반복문 실행에 따른 변수의 변화는 다음과 같습니다.

i	ary[i]	tmp
		0
0	0	10
1	12	22
2	22	44
3		

❾ tmp의 값 44와 ary+2가 가르키는 곳의 값 22를 더해 66을 정수로 출력합니다.

결과 66

이전기출

3. C언어의 포인터 형(Pointer Type)에 대한 설명으로 틀린 것은?

① 포인터 변수는 기억장소의 번지를 기억하는 동적 변수이다.
② 포인터는 가리키는 자료형이 일치할 때 대입하는 규칙이 있다.
③ 보통 변수의 번지를 참조하려면 번지 연산자 #을 변수 앞에 쓴다.
④ 실행문에서는 간접 연산자 *를 사용하여 포인터 변수가 지시하고 있는 내용을 참조한다.

C언어의 포인터 형(Pointer Type)에서 변수의 번지를 참조하려면 번지 연산자 &를 변수 앞에 씁니다.

▶ 정답 : 2. ③　3. ③

SECTION 057 사용자 정의 함수

C언어는 함수 지향 언어로 처음 시작할 때 입력하는 main( )도 함수다. 함수에는 C언어에 내장되어 있는 내장 함수와 사용자가 만들어 사용하는 사용자 정의 함수가 있다.

1 사용자 정의 함수
24.5, 22.7, 22.3

사용자 정의 함수는 사용자가 필요한 기능을 취향대로 만들어 사용할 수 있는 함수이다. 사용자 정의 함수를 사용하면 프로그램 구조가 간단해지고 이해하기가 쉬워진다. 무엇보다 동일한 코드를 반복 입력하는 수고를 줄일 수 있다.

예제 다음 프로그램의 실행 결과를 확인하시오.

```
#include <stdio.h>
❶ void func(int i, int j);

main( )
{
❷  int a = 3, b = 12;
❸  func(a, b);
⓫  printf("%d, %d\n", a, b);
}

❹ void func(i, j)
❺  int i, j;
❻  {
❼    i *= 3;
❽    j /= 3;
❾    printf("%d, %d\n", i, j);
❿  }
```

❶ 사용할 사용자 정의 함수를 선언하는 곳이다. ❹번에서 작성하는 사용자 정의 함수를 이곳에서 정의하는 것이다. 이런 함수를 이 프로그램에서 만들어 사용하겠다는 의미이다.
- void : 사용할 함수의 리턴 값이 없음을 알려준다. 그대로 적어준다.
- func : 사용할 함수의 이름이다. ❹번에서 정의한 이름과 일치해야 한다.
- (int i, int j) : 함수에서 사용할 인수이다. 호출하는 곳에서 보내준 인수의 순서와 자료형이 일치해야 한다. 인수로 사용하는 변수의 이름이 같을 필요는 없다.

❷ 정수형 변수 a와 b를 선언하고, 초기값으로 3과 12를 각각 할당한다.
❸ a, b, 즉 3과 12를 인수로 하여 func 함수를 호출한다. 'func(3,12);'라는 의미이다. ❹번으로 이동한다.

결과 3, 12

func( ) 함수에서 돌려받은 값이 없으므로 원래의 a와 b의 값인 3과 12를 그대로 출력한다.

❹
- void : 함수의 리턴 값이 없을 때 적어준다.
- func : 함수의 이름이다. 사용자가 임의로 지정하면 된다.
- (i, j) : 함수에서 사용할 인수다. 호출하는 곳에서 보내준 인수의 순서와 자료형이 일치해야 한다. ❸번에서 'func(a, b)'라고 했으므로 i는 a의 값 3을 받고, j는 b의 값 12를 받는다.

❺ 인수로 받은 i와 j가 정수형 변수임을 선언한다. 꼭 해야 한다.
❻~❿이 func 함수의 범위이다.
❼ i = i * 3이므로 i는 9가 된다.
❽ j = j / 3이므로 j는 4가 된다.

결과 9, 4

함수를 마치고 ⓫번으로 이동한다.

전문가의 조언

사용자 정의 함수가 사용된 코드의 결과를 묻는 문제가 출제되었습니다. 주어진 예제를 통해 사용자 정의 함수를 정의하고 호출하는 과정을 확실히 이해하고 넘어가세요.

전문가의 조언

- 사용자 정의 함수의 위치
만약 사용자 정의 함수를 main( ) 함수 이전에 정의하면 별도로 선언하지 않아도 됩니다. 그러니까 ❶번을 지우고 ❹~❿번을 그 자리에 적어도 됩니다. C언어는 main( ) 함수 이전에 다른 함수가 있으면 해당 함수를 인식하기는 하지만 실행은 main( ) 함수를 찾아서 거기서부터 실행하기 때문입니다.
- 코드에 적힌 번호(❶~⓫)가 실행 순서이고 설명은 실행 순서에 맞게 번호순으로 나열했으니 같은 번호를 찾아서 이해하면 됩니다.

예제 2 다음 프로그램의 실행 결과를 확인하시오.

```
   #include <stdio.h>
❸ func(int i, int j);        함수의 리턴값이 있으므로 void를 생략한다. ❷번에서 'func(a, b)'
                             라고 했으므로 i는 a의 값 3을 받고, j는 b의 값 12를 받는다.
❹ {                          ❹~❾가 func 함수의 범위이다.
❺     i *= 3;                i = i * 3이므로 i는 9가 된다.
❻     j /= 3;                j = j / 3이므로 j는 4가 된다.
❼     printf("%d, %d\n", i, j);   결과  9, 4
❽     return i;              호출한 곳, 즉 여기서는 main( ) 함수로 값을 돌려주기
                             위해 사용하는 명령이다. return 문을 만나면 가지고 갈
                             값을 챙겨 함수를 종료하고 호출한 곳으로 돌아간다. 괄
                             호를 사용해 'return(i);'와 같이 입력해도 된다. i를 반
                             환하므로 ❿번으로 이동하여 i가 가지고 있는 값 9를 a
                             에 저장한다.
❾ }
   main( )
   {
❶     int a = 3, b = 12;     정수형 변수 a와 b를 선언하고, 초기값으로 3과 12를 각각 할당한다.
❷❿    a = func(a, b);        a, b 즉 3과 12를 인수로 하여 func 함수를 호출한 다음 결과를 a로
                             받는다. ❸번으로 이동한다.
                             ❽번에서 돌려받은 i의 값이 a에 저장된다. a는 9가 된다.
⓫     printf("%d, %d\n", a, b);   결과  9, 12
                             a는 리턴값 9를 받았으므로 9를 출력하고, b는 원래의 값 12를 그
                             대로 출력한다.
   }
```

전문가의 조언
- 번호는 실행 순서를 의미합니다. ❷❿처럼 한 문장에 번호가 둘 있는 것은 ❷번째에 수행하고 ❿번째에 다시 수행한다는 의미입니다.
- 모든 C, JAVA 프로그램은 main( ) 함수에서 시작합니다.

예제 3 다음 프로그램의 실행 결과를 확인하시오.

```
   #include <stdio.h>
❸ void func(int *i, int *j)
❹ {
❺     *i *= 3;
❻     *j /= 3;
❼     printf("%d, %d\n", *i, *j);
❽ }
   main( )
   {
❶     int a = 3, b = 12;
❷     func(&a, &b);
❾     printf("%d, %d\n", a, b);
   }
```

> **코드 해설**

앞의 코드에 대한 순서대로 메모리의 변화를 그리면 다음과 같다.

❶ 정수형 변수 a와 b를 선언하고, 초기값으로 3과 12를 할당한다.

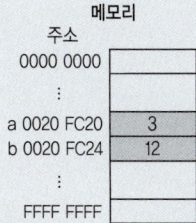

❷ 정수형 변수 a와 b의 주소를 인수로 하여 func 함수를 호출한다. 'func(0020 FC20,0020 FC24)'와 같은 의미이다. ❸번으로 이동한다.

❸ 함수의 리턴 값이 없으므로 void를 붙인다. ❷번에서 'func(&a, &b)'라고 했으므로 i는 a의 주소를 받고, j는 b의 주소를 받는다. 이제 i는 a 변수의 주소를 가리키고, j는 b 변수의 주소를 가리킨다.
- void : 리턴값이 없으므로 void를 붙인다.
- (int *i, int *j) : 함수에서 사용할 인수이다. 정수형 포인터 변수 2개를 사용한다는 뜻인데, 호출하는 곳에서 보내준 인수의 순서와 자료형이 일치해야 한다.

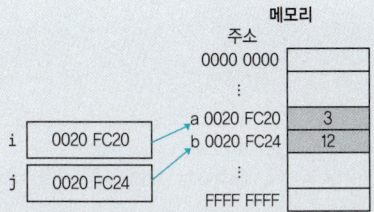

❹ ❹~❽이 func( ) 함수의 범위이다.

❺ *i *= 3은 *i = *i * 3으로, 그리고 다시 *i = (*i) * 3으로 바꾸면 이해가 쉽다. i가 가리키는 곳의 값에 3을 곱해 그곳에 저장하므로 9가 된다.

❻ *j /= 3은 *j = *j / 3으로, 그리고 다시 *j = (*j) / 3으로 바꾸면 이해가 쉽다. j가 가리키는 곳의 값을 3으로 나눠 그곳에 저장하므로 4가 된다.

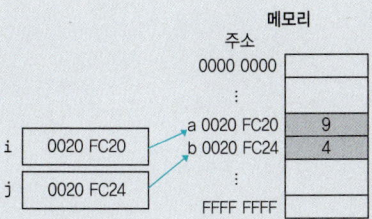

❼ i가 가리키는 곳의 값 9와 j가 가리키는 곳의 값 4를 출력한다.

결과 `9, 4`

❽ 함수를 마치고 ❾번으로 돌아간다.

❾ a 변수와 b 변수는 모두 값을 돌려받지 않았지만 a 변수와 b 변수의 주소에 있는 값이 변경되었으므로 변경된 값 9와 4를 출력한다.

결과 `9, 4`

기출문제 따라잡기

24년 2월, 22년 3월

1. 다음 C언어 프로그램이 실행되었을 때의 결과는?

```
#include <stdio.h>
void func(int* p) {
    *p = *p - 5;
}
main( ) {
    int a = 13;
    func(&a);
    printf("%d", a);
}
```

① -5　　　　　② 3
③ 8　　　　　　④ 13

사용된 코드의 의미는 다음과 같습니다.

```
    #include <stdio.h>
❸   void func(int* p) {
❹       *p = *p - 5;
    }
    main( ) {
❶       int a = 13;
❷       func(&a);
❺       printf("%d", a);
    }
```

모든 프로그램은 반드시 main( ) 함수에서 시작합니다.
❶ 정수형 변수 a를 선언하고 13으로 초기화합니다. (a=13)
❷ a의 주소를 인수로 func( ) 함수를 호출합니다.
　※ &a : 변수의 주소를 가리킬 때는 변수 앞에 번지 연산자 &를 붙입니다.
❸ func( ) 함수의 시작점입니다. ❷번에서 전달받은 a의 주소를 정수형 포인터 변수 p가 받습니다.
❹ p가 가리키는 곳의 값(*p)에서 5를 뺍니다. p가 가리키는 곳이 a이므로 결국 a의 값도 바뀌게 됩니다. (a=8)
❺ a의 값을 정수로 출력입니다.

결과　8

24년 7월, 22년 7월

2. 다음 C언어 코드에서 괄호에 들어갈 알맞은 예약어는?

```
#include <stdio.h>
int func(int i, int j) {
    int sum = i + j;
    (    ) sum;
}
main( ) {
    int r = func(3, 5);
}
```

① print　　　　　② input
③ continue　　　　④ return

사용된 코드의 의미는 다음과 같습니다.

```
    #include <stdio.h>
❷   int func(int i, int j) {
❸       int sum = i + j;
❹       return sum;
    }
    main( ) {
❶ ❺     int r = func(3, 5);
    }
```

모든 C 프로그램은 반드시 main( ) 함수에서 시작합니다.
❶ 정수형 변수 r을 선언하고, 3과 5를 인수로 func( ) 함수를 호출한 후 돌려받은 값으로 초기화합니다.
❷ 정수를 반환하는 func( ) 메소드의 시작점입니다. ❶번에서 전달받은 3과 5를 i와 j가 받습니다. (i=3, j=5)
❸ 정수형 변수 sum을 선언하고 i와 j를 더한 값 8로 초기화합니다. (sum=8)
❹ sum의 값 8을 함수를 호출했던 ❶번으로 반환합니다.
❺ ❹번에서 돌려받은 값 8을 r에 저장합니다. (r=8)

▶ 정답 : 1. ③　2. ④

SECTION 058 Java의 클래스

클래스는 객체 생성을 위한 필드(속성)와 메소드(함수)를 정의하는 설계도로, Java는 아무리 작은 프로그램이라도 클래스를 만들어서 사용해야 한다.

1 Java 클래스의 개요

클래스를 만들어 사용하는 순서는 다음과 같다.

1. 클래스 이름을 정하고 객체 생성을 위한 필드와 메소드를 정의한다. 마치 자동차를 만들기 위한 설계도와 같다. 이때 사용하는 명령이 class이다.
2. 객체를 생성한다. 자동차 설계도로 자동차를 만들어야 사용할 수 있듯이 클래스를 이용해 객체를 생성해야 프로그램에서 사용할 수 있다. 이때 사용하는 명령이 new이다.
3. 생성된 객체들을 이용하여 프로그램을 코딩하면 된다.

2 Java 클래스 예제
25.8, 23.7, 23.5

다음은 Java에서 클래스를 만들고 객체를 생성해서 사용하는 간단한 프로그램이다. 어떤 일을 수행하는지 확인하시오.

예제 1 다음은 Java에서 클래스를 만들고 객체를 생성해서 사용하는 간단한 프로그램이다. 어떤 일을 수행하는지 확인하시오.

```
Ⓐ  class ClassA {
Ⓑ      int a = 10;
Ⓒ ❹    int funcAdd(int x, int y) {
   ❺        return x + y + a;
        }
    }
Ⓓ  public class Test {
Ⓔ      public static void main(String[ ] args) {
   ❶        int x = 3, y = 6, r;
   ❷        ClassA cal = new ClassA( );
   ❸❻       r = cal.funcAdd(x, y);
   ❼        System.out.print(r);
        }
    }
```

전문가의 조언

- **예제**는 실행에 앞서 번역 과정(Ⓐ~Ⓔ)을 통해 클래스나 메소드 등이 먼저 정의되고 이후에 실행 과정(❶~❼)을 통해 실제 작업을 위한 코드가 실행됩니다. 번역 과정은 컴퓨터 내부적으로 진행되기 때문에 진행 과정이 눈으로 확인되지는 않습니다. 다만 우리는 클래스와 메소드가 정의되는 과정을 이해함으로써 코드의 전체적인 구조를 파악하고, 실행 코드를 살펴볼 것입니다.
- Java의 '메소드'와 C언어의 '함수'는 서로 같은 개념이지만, 언어에 따라 부르는 명칭에 차이가 있습니다. Java에서 메소드는 C언어에서의 함수와 동일하다는 것을 염두에 두고 해설을 읽어보세요.

코드 해설

A class ClassA {
ClassA 클래스를 정의한다. **B** ~ **C** 가 클래스의 범위이다.
- class : 클래스를 정의하는 명령어로, 꼭 써야 하는 예약어이다. 같은 파일에서 클래스를 정의할 때는 public을 두 번 사용하지 못한다. 실행 클래스에서 사용하므로 여기서는 사용할 수 없다. 그렇다는 것이다. 외우지는 마라.
- ClassA : 클래스 이름으로, 사용자가 원하는 이름을 임의로 지정할 수 있다. 단 첫 글자는 관례상 대문자로 지정한다.

B 정수형 변수 a를 선언하고 10으로 초기화한다. Java에서는 클래스 안에 선언하는 변수를 클래스의 속성이라고 부른다.

C int funcAdd(int x, int y) {
정수를 반환하는 funcAdd(int x, int y) 메소드를 정의한다. 호출문으로부터 정수형 인수 2개를 전달받아 각각 x와 y에 저장한다.
- int : 메소드의 반환값이 정수임을 알려준다.
- funcAdd : 메소드의 이름이다.
- (int x, int y) : 호출하는 곳에서 보내준 인수를 저장할 변수이다. 호출하는 곳에서 보내준 인수의 개수와 자료형이 일치해야 한다.

D Test 클래스를 정의한다. 실행 클래스의 시작점으로 Java 프로그램은 아무리 작은 프로그램이라도 클래스를 만들어서 클래스 안에 실행문과 메소드(함수)를 만들고 실행해야 한다. 그리고 클래스 중에는 반드시 main( ) 메소드를 담고 있는 실행 클래스가 있어야 한다.

E main( ) 메소드의 시작점이다. 여기서부터 실제 프로그램이 시작된다.

❶ 정수형 변수 x, y, r을 선언하고, x와 y를 각각 3과 6으로 초기화한다.

❷ ClassA cal = new ClassA( );
ClassA 클래스의 객체 변수 cal을 선언한다.
- ClassA : 클래스의 이름이다. 앞에서 정의한 클래스의 이름을 그대로 적어준다.
- cal : 객체 변수의 이름이다. 사용자가 원하는 이름을 적으면 된다.
- new : 객체 생성 예약어다. 그대로 적어준다.
- ClassA( ) : 생성자*이다.

❸ x와 y의 값 3과 6을 인수로 cal의 funcAdd( ) 메소드를 호출하여 반환받은 값을 r에 저장한다.
cal은 ClassA 클래스의 객체 변수이므로 ClassA의 funcAdd( ) 메소드인 ❹번이 호출된다.

❹ 정수를 반환하는 funcAdd 메소드의 시작점이다. 호출문으로부터 정수형 인수 2개를 전달받아 각각 x와 y에 저장한다. ❸번에서 호출할 때 3과 6을 전달했으므로 x는 3, y는 6이다.

❺ x + y + a를 연산한 후 메소드를 호출했던 ❻번으로 결과를 반환한다. x + y의 값은 9이고, a는 메소드에 없으므로 소속된 클래스에서 찾는다. ClassA의 a의 값이 10이므로 x + y + a(3 + 6 + 10)의 값은 19가 된다.

❻ ❺번에서 19가 반환되었으므로 r에 19를 저장한다.

❼ r의 값 19를 출력한다.

결과   19

생성자(Constructor)

생성자는 객체 변수 생성에 사용되는 메소드로, 객체 변수를 생성하면서 초기화를 수행합니다. 클래스 안에 생성자를 정의하는 문장이 있다면 문장에 적힌 대로 객체 변수를 초기화하면서 생성하지만, 없으면 그냥 객체 변수만 생성하고 제어가 다음 줄로 넘어갑니다.

3 Java 상속 예제

예제 2 다음 Java 프로그램의 실행 결과를 확인하시오.

```java
ⓐ class ClassA {
ⓑ ❺   ClassA( ) {
   ❻       System.out.print('A');
   ❼       this.prn( );
   ❿   }
ⓒ    void prn( ) {
           System.out.print('B');
       }
   }
ⓓ class ClassB extends ClassA {
ⓔ ❸   ClassB( ) {
   ❹       super( );
   ⓫       System.out.print('D');
       }
ⓕ ❽   void prn( ) {
   ❾       System.out.print('E');
       }
ⓖ ⓭   void prn(int x) {
   ⓮       System.out.print(x);
       }
   }
   public class Test {
       public static void main(String[ ] args) {
   ❶       int x = 7;
   ❷       ClassB cal = new ClassB( );
   ⓬       cal.prn(x);
   ⓯   }
   }
```

전문가의 조언

예제는 여러 메서드에 포함된 출력문을 실행하는 문제입니다. 이 문제에서 새롭게 학습하는 내용은 상속, 메서드 재정의(오버라이딩), 오버로딩입니다. 상속 관계에 있는 클래스 사이에서 메서드가 재정의 되는 과정과 super나 this 예약어의 의미를 상세하게 설명했습니다. 코드를 한줄 한줄 짚어가면서 상황에 따라 달리 호출되는 메서드를 확실히 파악해 두세요.

[코드 수행 과정]
왼쪽의 코드는 다음과 같은 과정으로 AED7을 화면에 출력하는 코드입니다.
1. 부모 클래스와 부모 클래스에서 사용할 메서드를 정의합니다.
2. 자식 클래스와 자식 클래스에서 사용할 메서드를 정의하고 부모 클래스와 상속 관계를 설정합니다.
3. 부모 클래스에서 A를 출력합니다.
4. 자식 클래스에서 E를 출력합니다.
5. 자식 클래스에서 D를 출력합니다.
6. 자식 클래스에서 7을 출력합니다.

코드 해설

ⓐ **class ClassA {**
ClassA 클래스를 정의한다. ⓑ~ⓒ가 클래스의 범위이다.

ⓑ **ClassA( ) {**
ClassA 클래스에 속한 ClassA( ) 메서드를 정의한다. ClassA( ) 메서드는 클래스와 이름이 동일하다. 이와 같이 클래스와 이름이 동일한 메서드는 해당 클래스의 객체 변수 생성 시 자동으로 실행되는데, 이러한 메서드를 생성자(Constructor)라고 한다.

ⓒ **void prn( ) {{**
반환값 없는 메서드 prn( )을 정의한다.

ⓓ class ClassB extends ClassA {
ClassB를 클래스 정의하고 부모 클래스로 ClassA를 지정하면서 ClassA에 속한 변수와 메소드를 상속받는다. ClassB 클래스는 ClassA의 변수와 메소드를 사용할 수 있게 된다. ⓔ~ⓖ가 클래스의 범위이다.
- extends [클래스명] : 클래스 정의 시 상속받을 클래스를 추가하는 예약어

ⓔ ClassB( ) {
ClassB 클래스에 속한 ClassB( ) 메소드를 정의한다. ClassB( ) 메소드도 ClassB 클래스와 이름이 동일하므로 객체 변수 생성 시 자동으로 실행되는 생성자이다.

ⓕ void prn( ) {
반환값 없는 메소드 prn( )을 정의한다. ⓓ에서 ClassB 클래스는 ClassA 클래스의 메소드를 사용할 수 있다고 했으므로 ClassB 클래스에는 이름이 같은 메소드(ⓒ, ⓕ) prn( )이 두 개 존재하게 된다. 이와 같이 상속으로 인해 동일한 이름의 메소드가 여러 개인 경우, 부모 클래스에서 정의된 prn( ) 메소드(ⓒ)는 자식 클래스의 prn( ) 메소드(ⓕ)에 의해 재정의되어 자식 클래스의 prn 메소드(ⓕ)만 사용되는데, 이를 메소드 오버라이딩 또는 메소드 재정의라고 한다.

ⓖ void prn(int x) {
반환값 없는 메소드 prn(int x)를 정의한다. 메소드의 이름이 ⓒ, ⓕ와 같지만 '인수를 받는 자료형과 개수'가 다르므로 서로 다른 메소드이다. 즉 prn( )과 prn(int x)는 다른 메소드라는 것이다. 이렇게 이름은 같지만 인수를 받는 자료형과 개수를 달리하여 여러 기능을 정의하는 것을 오버로딩(Overloading)이라고 한다.

모든 Java 프로그램의 실행은 반드시 main( ) 메소드에서 시작한다.

❶ 정수형 변수 x를 선언하고 7로 초기화한다.
❷ ClassB cal = new ClassB( );
ClassB 클래스의 객체 변수 cal을 선언하고 ClassB 클래스의 생성자를 호출한다. ClassB 클래스에는 클래스명과 동일한 생성자가 정의되어 있으므로 생성자를 실행하기 위해 ❸번으로 이동한다.
- ClassB : 클래스의 이름이다. 앞에서 정의한 클래스의 이름을 그대로 적어준다.
- cal : 객체 변수의 이름이다. 사용자가 원하는 이름을 적으면 된다.
- new : 객체 생성 예약어. 그대로 적어준다.
- ClassB( ) : 클래스와 이름이 동일한 메소드로, 생성자이다.

❸ ClassB 클래스의 생성자인 ClassB( ) 메소드의 시작점이다. 지금처럼 클래스 안에 생성자를 정의하는 문장이 있을 경우 객체가 생성될 때 자동으로 호출되어 실행된다.
❹ 부모 클래스의 생성자인 ClassA( ) 메소드를 호출한다. ❺번으로 이동한다.
※ super( ) : 부모 클래스의 생성자를 호출한다.
❺ ClassA 클래스의 생성자 ClassA( ) 메소드의 시작점이다.
❻ A를 출력한다.
결과 A
❼ 자신이 속한 ClassA 클래스의 prn( ) 메소드를 호출한다. ClassA 클래스의 prn( ) 메소드는 ClassB 클래스의 prn( ) 메소드에 의해 재정의되었으므로 ❽번으로 이동한다.
❽ 반환값 없는 prn( ) 메소드의 시작점이다.
❾ E를 출력한 후 메소드가 종료되면 호출했던 ❼번의 다음 줄인 ❿번으로 이동한다.
결과 AE
❿ ClassA( ) 메소드가 종료되었으므로 호출했던 ❹번의 다음 줄인 ⓫번으로 이동한다.
⓫ D를 출력한 후 ClassB( ) 메소드가 종료되면 호출했던 ❷번의 다음 줄인 ⓬번으로 이동한다
결과 AED
⓬ x의 값 7을 인수로 cal의 prn(int x) 메소드를 호출한다.※ ⓭번으로 이동한다.
⓭ 반환값 없는 prn(int x) 메소드의 시작점이다. ⓬번에서 전달한 7을 x가 받는다.
⓮ x의 값 7을 출력한 후 prn(int x) 메소드가 종료되면 호출했던 ⓬번의 다음 줄인 ⓯번으로 이동하여 프로그램을 종료된다.
결과 AED7

전문가의 조언

객체 변수의 선언
- 객체 변수를 선언한다는 것은 클래스를 사용하기 위해 객체 변수를 생성하고 생성된 객체가 있는 곳의 주소를 객체 변수에 저장하는 것입니다.
- 기본 형식

클래스명 객체변수명 = new 생성자( )

- super : 상속한 부모 클래스를 가리키는 예약어

- this : 현재 실행중인 메소드가 속한 클래스를 가리키는 예약어

전문가의 조언

ClassB( ) 클래스 안에는 prn( )과 prn(int x) 메소드가 있습니다. 메소드의 이름이 동일해도 '인수의 자료형과 개수'가 다르면 서로 다른 메소드입니다. 그러므로 ⓬번에서 호출되는 메소드는 ❽번의 prn( ) 메소드가 아닌 ⓭번의 prn(int x) 메소드입니다. 동일한 이름으로 인수만 달리하여 여러 기능을 정의하는 것을 오버로딩(Overloading)이라고 합니다.

기출문제 따라잡기

23년 7월

1. 다음 JAVA 프로그램이 실행되었을 때, 실행 결과는?

```
public class Test {
    public static void main(String[ ] args) {
        func( );
        int a = 20;
        System.out.print(a + " ");
        func( );
    }
    static void func( ) {
        int a = 10;
        System.out.print(a++ + " ");
        System.out.print(a++ + " ");
    }
}
```

① 10 11 20 10 11 ② 11 12 21 11 12
③ 10 10 20 11 11 ④ 10 10 20 12 12

사용된 코드의 의미는 다음과 같습니다.

```
public class Test {
    public static void main(String[] args) {
❶       func( );
❻       int a = 20;
❼       System.out.print(a + " ");
❽       func( );
    } ❸
❷❾ static void func( ) {
❸❿     int a = 10;
❹⓫     System.out.print(a++ + " ");
❺⓬     System.out.print(a++ + " ");
    }
}
```

모든 Java 프로그램은 반드시 main( ) 메소드에서 시작합니다.
❶ func( ) 메소드를 호출합니다.
❷ 반환값이 없는 func( ) 메소드의 시작점입니다.
❸ 정수형 변수 a를 선언하고 10으로 초기화합니다.
❹ a의 값 10과 공백 한 칸을 출력합니다. a는 후치 증가 연산이므로 출력 후 값이 증가하여 11이 됩니다.

결과 `10`

❺ a의 값 11과 공백 한 칸을 출력합니다. a는 후치 증가 연산이므로 출력 후 값이 증가하여 12가 됩니다. 메소드가 종료되었으므로 메소드를 호출했던 ❶번의 다음 줄인 ❻번으로 이동합니다.

결과 `10 11`

❻ 정수형 변수 a를 선언하고 20으로 초기화합니다.
❼ a의 값 20과 공백 한 칸을 출력합니다.

결과 `10 11 20`

❽ func( ) 메소드를 호출합니다.
❾ 반환값이 없는 func( ) 메소드의 시작점입니다.

❿ 정수형 변수 a를 선언하고 10으로 초기화합니다.
⓫ a의 값 10과 공백 한 칸을 출력합니다. a는 후치 증가 연산이므로 출력 후 값이 증가하여 11이 됩니다.

결과 `10 11 20 10`

⓬ a의 값 11과 공백 한 칸을 출력합니다. a는 후치 증가 연산이므로 출력 후 값이 증가하여 12가 됩니다. 메소드가 종료되었으므로 메소드를 호출했던 ❽번의 다음 줄인 ⓭번으로 이동하여 프로그램을 종료합니다.

결과 `10 11 20 10 11`

25년 8월, 23년 5월

2. 다음 JAVA 프로그램이 실행되었을 때, 실행 결과는?

```
class cls {
    String a, b;
    cls( ) { }
    cls(String x, String y) {
        a = x;
        b = y;
    }
}

public class Test {
    public static void main(String[] args) {
        cls o1 = new cls( );
        o1.a = "ba";
        o1.b = "aa";
        cls o2 = new cls("ab", "bb");
        System.out.print("a" + o1.b + o2.a + "b");
    }
}
```

① abaabb ② ababbb
③ aaaabb ④ aaabbb

사용된 코드의 의미는 다음과 같습니다.

```
class cls {
    String a, b;
    cls( ) { }
❺   cls(String x, String y) {
❻       a = x;
❼       b = y;
    }
}

public class Test {
    public static void main(String[] args) {
❶       cls o1 = new cls( );
❷       o1.a = "ba";
❸       o1.b = "aa";
```

▶ 정답 : 1. ① 2. ③

기출문제 따라잡기

```
    ④  cls o2 = new cls("ab", "bb");
    ⑧  System.out.print("a" + o1.b + o2.a + "b");
       }
    }
```

모든 Java 프로그램의 실행은 반드시 main( ) 메소드에서 시작합니다.
❶ cls 클래스의 객체 변수 o1을 선언합니다.
❷ o1.a에 문자열 "ba"를 저장합니다.
❸ o1.b에 문자열 "aa"를 저장합니다.

객체 변수 o1	String a	String b
	"ba"	"aa"

❹ cls 클래스의 객체 변수 o2를 선언하고, "ab"와 "bb"를 인수로 생성자 cls( )를 호출합니다.
❺ 문자열 두 개를 인수로 받는 생성자 cls( )의 시작점입니다. ❹번에서 전달받은 문자열을 각각 x와 y가 받습니다.
❻ a에 x의 값 "ab"를 저장합니다.
❼ b에 y의 값 "bb"를 저장합니다. 생성자가 종료되었으므로 생성자를 호출했던 ❹번의 다음 줄인 ❽번으로 이동합니다.

객체 변수 o2	String a	String b
	"ab"	"bb"

❽ a를 출력한 후 o1.b의 값 aa를 출력합니다. 이어서 o2.a의 값 ab를 출력한 후 b를 출력합니다.

결과	aaaabb

23년 5월
3. 다음 JAVA 프로그램이 실행되었을 때, 실행 결과는?

```
class p {
    p( ) {
        System.out.print("1 ");
    }
    p(int t) {
        System.out.print("2 ");
    }
}
class c extends p {
    c( ) {
        System.out.print("3 ");
    }
    c(int t) {
        System.out.print("4 ");
    }
}
public class Test {
    public static void main(String[ ] args) {
        c obj = new c(100);
    }
}
```

① 3   ② 4
③ 1 3   ④ 1 4

사용된 코드의 의미는 다음과 같습니다.

```
class p {
❸   p( ) {
❹       System.out.print("1 ");
    }
    p(int t) {
        System.out.print("2 ");
    }
}
class c extends p {
    c( ) {
        System.out.print("3 ");
    }
❷   c(int t) {
❺       System.out.print("4 ");
    }
}
public class Test {
    public static void main(String[ ] args) {
❶       c obj = new c(100);
    } ❻
}
```

모든 Java 프로그램의 실행은 반드시 main( ) 메소드에서 시작합니다.
❶ c 클래스의 객체 변수 obj를 선언하고, 100을 인수로 생성자를 호출합니다.
❷ 정수를 인수로 받는 c( ) 생성자의 시작점입니다. 상속하는 부모 클래스가 존재하는 경우 생성자의 시작점에는 super( )가 생략되어 있습니다. 그러므로 부모 클래스의 생성자 p( )로 이동합니다.
• super( ) : 부모 클래스의 생성자를 호출합니다.
❸ p( ) 생성자의 시작점입니다.
❹ 화면에 1과 공백 한 칸을 출력합니다. 생성자가 종료되었으므로 생성자를 호출했던 ❷번의 다음 줄인 ❺번으로 이동합니다.

결과	1

❺ 화면에 4와 공백 한 칸을 출력합니다. 생성자가 종료되었으므로 생성자를 호출했던 ❶번의 다음 줄인 ❻번으로 이동하여 프로그램을 종료합니다.

결과	1 4

▶ 정답 : 3. ④

SECTION 059 Python의 기초

1 Python의 기본 문법

- 변수의 자료형에 대한 선언이 없다.
- 문장의 끝을 의미하는 세미콜론(;)을 사용할 필요가 없다.
- 변수에 연속하여 값을 저장하는 것이 가능하다.
  예 x, y, z = 10, 20, 30
- if나 for와 같이 코드 블록을 포함하는 명령문을 작성할 때 코드 블록은 콜론(:)과 여백으로 구분한다.*
- 여백은 일반적으로 4칸 또는 한 개의 탭만큼 띄워야 하며, 같은 수준의 코드들은 반드시 동일한 여백을 가져야 한다.
- 문자열을 표현할 때 작은따옴표(' '), 큰따옴표(" ")를 모두 사용할 수 있으며, 문자열에 따옴표가 포함되는 경우 다른 따옴표를 이용하여 문자열을 묶어줘야 한다.
  예 ' She said "I like it" '

2 Python의 데이터 입·출력 함수

input( ) 함수

- input( ) 함수는 Python의 표준 입력 함수로, 키보드로 입력받아 변수에 저장하는 함수이다.
- 입력되는 값은 문자열로 취급되어 저장된다.
- 형식1

  변수 = input(출력문자)
  - '출력문자'는 생략이 가능하며, '변수'는 사용자가 임의로 지정할 수 있다.
  - 값을 입력하고 Enter 를 누르면, 입력한 값이 '변수'에 저장된다.

  예 a = input('입력하세요.') → 화면에 **입력하세요.**가 출력되고 그 뒤에서 커서가 깜빡거리며 입력을 기다린다. 키보드로 값을 입력하면 변수 a에 저장된다.

- 형식2

  변수1, 변수2, … = input(출력문자).split(분리문자)
  - 화면에 '출력문자'가 표시되고 입력받은 값을 '분리문자'로 구분하여 각각 변수1, 변수2, …에 저장한다.
  - '분리문자'를 생략하면 공백으로 값들을 구분한다.

  예 x, y = input( ).split('-') → "gilbut-sinagong"을 입력할 경우, 분리문자 '-'를 기준으로 "gilbut"은 변수 x에 저장되고, "sinagong"은 변수 y에 저장된다.

전문가의 조언

- 앞에서 배운 C, Java와 비교하여 Python은 어떤 점이 다른지 확실히 파악하고 넘어가세요. 본문에 수록된 내용들은 C와 Java를 충분히 학습하였다는 전제하에 진행되므로 학습에 어려움을 느끼는 수험생들은 앞의 C와 Java 섹션들을 먼저 공부한 후 본 섹션의 학습을 진행하는 것이 좋습니다.
- 문자열을 표기하는 방법을 묻는 문제가 출제되었습니다. 문자열을 묶는 따옴표는 문자열 안에 사용된 따옴표와 다른 모양의 따옴표로 묶어줘야 한다는 것을 기억하세요.

전문가의 조언

Python은 변수에 저장되는 값에 따라 자동으로 자료형이 지정되므로 변수에 대한 자료형을 선언할 필요가 없습니다.

전문가의 조언

Python에서 한 줄에 여러 문장을 쓸 때는 세미콜론을 이용하여 문장을 구분하여 입력합니다.
예 a=1; print(a)

코드 블록 구분

명령문에서 코드의 블록을 지정할 때 C와 Java에서는 중괄호({ })를 사용하지만 Python에서는 여백을 통해 코드 블록을 지정합니다.('∨'는 빈 칸을 의미합니다.).

예 Python
if a > b:
∨∨∨∨print('a is big')
∨∨∨∨print('b is small')
else:
∨∨∨∨print('a is small')
∨∨∨∨print('b is big')

예 C언어
if (a > b) {
∨∨∨∨printf("a is big\n");
∨∨∨∨printf("b is small\n");
}
else {
∨∨∨∨printf("b is big\n");
∨∨∨∨printf("a is small\n");
}

print( ) 함수

• 형식1

> print(출력값1, 출력값2, …, sep = 분리문자, end = 종료문자)
> - '출력값'에는 숫자, 문자, 문자열, 변수 등 다양한 값이나 식이 올 수 있다.
> - 'sep'는 여러 값을 출력할 때 값과 값 사이를 구분하기 위해 출력하는 문자로, 생략할 경우 기본값은 공백 한 칸(' ')이다.
> - 'end'는 맨 마지막에 표시할 문자로, 생략할 경우 기본값은 줄 나눔이다.

예 print(82, 24, sep = '-', end = ',') → 82와 24 사이에 분리문자 '-'가 출력되고, 마지막에 종료문자 ','가 출력된다.

결과 `82-24,`

• 형식2

> print(서식 문자열* % (출력값1, 출력값2, …))
> - C와 Java에서 사용했던 서식 문자열이 동일하게 적용된다.
> - 출력값이 한 개일 경우 출력값에 대한 괄호를 생략할 수 있다.

예 print('%-8.2f' % 200.20) → `2 0 0 . 2 0    `

▶ % : 서식 문자임을 지정
▶ - : 왼쪽부터 출력
▶ 8 : 출력 자릿수를 8자리로 지정
▶ 2 : 소수점 이하를 2자리로 지정
▶ f : 실수로 출력

서식 문자열
출력값의 서식을 지정하는 문자열로, 서식 문자열에 대한 자세한 설명은 Section 052를 참조하세요.

3 Range

22.4, 기사 24.5

Range는 연속된 숫자를 생성하는 것으로, 리스트, 반복문 등에서 많이 사용된다.

• 형식

> range(최종값)   0에서 '최종값'-1까지 연속된 숫자를 생성한다.
> range(초기값, 최종값)   '초기값'에서 '최종값'-1까지 연속된 숫자를 생성한다.
> range(초기값, 최종값, 증가값)
>   • '초기값'에서 '최종값'-1까지 '증가값'만큼 증가하면서 숫자를 생성한다.
>   • '증가값'이 음수인 경우 '초기값'에서 '최종값'+1까지 '증가값'만큼 감소하면서 숫자를 생성한다.

전문가의 조언
Range의 기능을 묻는 문제가 출제되었습니다. Range는 연속적인 숫자를 생성하기 위해 사용한다는 것을 기억하세요.

예1 a = list(range(5)) → 0에서 4까지 연속된 숫자를 리스트 a로 저장한다.

리스트 a | 0 | 1 | 2 | 3 | 4 |

예2 a = list(range(4, 9)) → 4에서 8까지 연속된 숫자를 리스트 a로 저장한다.

리스트 a | 4 | 5 | 6 | 7 | 8 |

예3 a = list(range(1, 15, 3)) → 1에서 14까지 3씩 증가하는 숫자들을 리스트 a로 저장한다.

리스트 a | 1 | 4 | 7 | 10 | 13 |

예4 a = list(range(9, 4, -1)) → 9에서 5까지 -1씩 감소하는 숫자들을 리스트 a로 저장한다.

리스트 a | 9 | 8 | 7 | 6 | 5 |

4 슬라이스(Slice)

슬라이스는 문자열이나 리스트와 같은 순차형 객체*에서 일부를 잘라(slicing) 반환하는 기능이다.

• 형식

객체명[초기위치:최종위치]	'초기위치'에서 '최종위치'−1까지의 요소들을 가져온다.
객체명[초기위치:최종위치:증가값]	• '초기위치'에서 '최종위치'−1까지 '증가값'만큼 증가하면서 해당 위치의 요소들을 가져온다. • '증가값'이 음수인 경우 '초기위치'에서 '최종위치'+1까지 '증가값' 만큼 감소하면서 해당 위치의 요소들을 가져온다.

• 슬라이스는 일부 인수를 생략하여 사용할 수 있다.

객체명[:] 또는 객체명[::]	객체의 모든 요소를 반환한다.
객체명[초기위치:]	객체의 '초기위치'에서 마지막 위치까지의 요소들을 반환한다.
객체명[:최종위치]	객체의 0번째 위치에서 '최종위치'−1까지의 요소들을 반환한다.
객체명[::증가값]	객체의 0번째 위치에서 마지막 위치까지 '증가값'만큼 증가하면서 해당 위치의 요소들을 반환한다.

예 a = ['a', 'b', 'c', 'd', 'e']일 때

a[1:3] → ['b', 'c']   a[0:5:2] → ['a', 'c', 'e']   a[3:] → ['d', 'e']   a[:3] → ['a', 'b', 'c']   a[::3] → ['a', 'd']

 객체에 저장된 값을 코드와 같이 수행했을 때의 결과를 쓰시오.

번호	객체	코드	결과
①	a = 'sinagong'	print(a[3:7])	
②	a = list(range(10))	print(a[:7:2])	
③	a = 'hello, world'	print(a[7:])	
④	a = list(range(5, 22, 2))	print(a[::3])	
⑤	a = list(range(8))	print(a[2::2])	
⑥	a = list(range(8, 3, −1))	print(a[:3])	
⑦	a = 'Programming'	print(a[−7::2])	
⑧	a = 'Concurrency Control'	print(a[:−10:−2])	

① 3번째 위치에서 6번째 위치까지의 요소들을 출력합니다.
② 0부터 9까지의 숫자가 저장된 리스트 a가 생성되며, 0부터 6번째 위치까지 2씩 증가하면서 해당 위치의 요소들을 출력합니다(a | 0 | 1 | 2 | 3 | 4 | 5 | 6 | 7 | 8 | 9 |).
③ 7번째 위치에서 마지막 위치까지의 요소들을 출력합니다.
④ 5에서 21까지 2씩 증가하는 숫자가 저장된 리스트 a가 생성되며, 0번째 위치에서 마지막 위치까지 3씩 증가하면서 해당 위치의 요소들을 출력합니다(a | 5 | 7 | 9 | 11 | 13 | 15 | 17 | 19 | 21 |).
⑤ 0에서 7까지의 숫자를 저장한 리스트 a가 생성되며, 2번째 위치에서 마지막 위치까지 2씩 증가하면서 해당 위치의 요소들을 출력합니다(a | 0 | 1 | 2 | 3 | 4 | 5 | 6 | 7 |).
⑥ 8에서 4까지 −1씩 감소하는 숫자를 저장한 리스트 a가 생성되며, 0번째 위치에서 2번째 위치까지의 요소들을 출력합니다(a | 8 | 7 | 6 | 5 | 4 |).

전문가의 조언

슬라이스의 기능을 묻는 문제가 출제되었습니다. 슬라이스는 저장된 내용의 일부만 가져오기 위해 사용한다는 것을 기억하세요.

순차형 객체(Sequential Object)
문자열이나 리스트와 같이 메모리에 순차적으로 데이터가 저장되는 자료 구조의 객체를 의미합니다.

전문가의 조언

인수를 생략하는 방식은 더 다양한 방식으로 사용할 수 있습니다. 초기위치와 증가값만을 사용하거나, 최종위치와 증가값만을 사용하는 방식도 그 중 하나입니다. 예제를 통해 슬라이스의 다양한 사용 방법을 확실히 알아 두세요.

전문가의 조언

각 객체의 첫 번째 요소는 위치가 0이고, range와 slice의 최종값이나 최종위치는 증가값에 따라 1 감소하거나 1 증가한 후 계산해야 한다는 것을 잊지마세요.

초기위치가 음수이고 최종위치가 생략된 상태에서 증가값이 양수일 경우 최종위치는 -10| 됩니다.

초기위치가 생략되고 최종위치가 음수인 상태에서 증가값이 음수일 경우 초기위치는 -10| 됩니다.

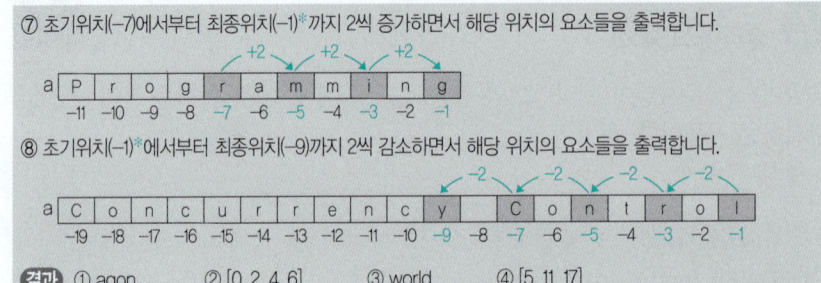

 기출문제 따라잡기

25년 2월, 22년 4월
1. Python에서 문자열을 표현하는 방법으로 옳지 않은 것은?
① 'I don't like it'
② "I don't like it"
③ "Hello World"
④ 'Hello World'

문장 전체를 묶는 따옴표와 문장에 포함되는 따옴표가 같으면 프로그램은 문자열의 범위를 정상적으로 인식하지 못합니다.

25년 8월
2. Python에서 결과가 표시되지 않는 것은?
① print("%d" % (400+400))
② print("200+300")
③ print("%d" % (700))
④ print("%d" % (500, 600))

④번은 "%d"에 1개의 값만 연결되어야 하는데, 500과 600, 2개의 값이 연결되었으므로, 오류가 발생합니다. ①은 **800**, ②는 **200+300**, ③은 **700**이 표시됩니다.

23년 7월, 22년 3월
3. Python에서 문자열이나 리스트와 같은 순차형 객체에서 일부를 잘라 반환하는 기능은?
① Goto
② Range
③ Slice
④ Set

순차형 객체에서 일부를 잘라 반환하는 기능은 Slice입니다.

25년 2월, 24년 7월, 23년 5월
4. 다음 Python 프로그램이 실행되었을 때, 실행 결과는?

```
a = "11"
b = '"11"'
print(a * 2 + b)
```

① 2211
② 112"11"
③ 111111
④ 1111"11"

사용된 코드의 의미는 다음과 같습니다.
❶ a = "11"
❷ b = '"11"'
❸ print(a * 2 + b)

❶ a에 문자열 11을 저장합니다.
❷ b에 문자열 "11"을 저장합니다.
❸ a의 값 11을 2번 반복하여 출력한 후, b의 값 "11"을 출력합니다.

결과 1111"11"

25년 5월
5. 다음 파이썬(Python) 프로그램이 실행되었을 때의 결과는?

```
inList = [1,2,3,4,5]
answer = inList[:3]
print(answer)
```

① [1]
② [1, 2]
③ [1, 2, 3]
④ [1, 2, 3, 4, 5]

사용된 코드의 의미는 다음과 같습니다.
❶ inList = [1,2,3,4,5]
❷ answer = inList[:3]
❸ print(answer)

❶ 5개의 요소를 갖는 리스트 inList를 선언하고, 초기화합니다.

	[0]	[1]	[2]	[3]	[4]
inList	1	2	3	4	5

❷ 리스트 answer를 선언하고, inList 리스트의 처음부터 2번째(3-1) 요소까지의 값으로 초기화합니다.

	[0]	[1]	[2]
answer	1	2	3

❸ 리스트 answer를 출력합니다.

결과 [1, 2, 3]

▶ 정답 : 1. ① 2. ④ 3. ③ 4. ④ 5. ③

SECTION 060

Python의 활용

1 if문

기사 25.8, 23.7, 22.4

- **형식1** : 조건이 참일 때만 실행한다.

```
if 조건:
    실행할 문장
```

예약어 if와 참 또는 거짓이 결과로 나올 수 있는 조건을 입력한 후 끝에 콜론(:)을 붙여준다.
조건이 참일 경우 실행할 문장을 적는다.

예제 1 a가 10보다 크면 a에서 10을 빼기

```
a = 15
if a > 10:      ❶
    a = a - 10  ❷
print(a)        ❸
```

❶ a가 10보다 크면 ❷번 문장을 실행하고, 아니면 ❸번 문장으로 이동해서 실행을 계속한다.
❷ ❶번의 조건식이 참일 경우 실행할 문장이다. a는 5가 된다.
❸ 여기서는 ❶번의 조건식이 거짓일 경우 실행할 문장이 없다. if문을 벗어나면 무조건 ❸번으로 온다.

결과 5

- **형식2** : 조건이 참일 때와 거짓일 때 실행할 문장이 다르다.

```
if 조건:
    실행할 문장1
else:
    실행할 문장2
```

조건이 참일 경우 실행할 문장을 적는다.
조건이 거짓일 경우 실행할 문장을 적는다.

예제 2 a가 b보다 크면 a − b, 아니면 b − a를 수행하기

```
a, b = 10, 20
if a > b:         ❶
    cha = a - b   ❷
    print(cha)    ❸
else:             ❹
    cha = b - a   ❺
    print(cha)    ❻
```

❶ a가 b보다 크면 ❷, ❸번 문장을 실행하고, 아니면 ❹번의 다음 문장인 ❺, ❻번 문장을 실행한다.
❷ ❶번의 조건식이 참일 경우 실행할 문장이다. 참이 아니기 때문에 초기화 시키지 않은 cha에는 알 수 없는 값이 그대로 있게 된다.
❸ ❷번과 동일하게 ❶번의 조건식이 참이 아니기 때문에 cha는 출력되지 않는다.
❹ ❶번의 조건식이 거짓일 경우 실행할 문장의 시작점이다.
❺ ❶번의 조건식이 거짓일 경우 실행할 실제 처리문이다. cha는 10이 된다.

결과 10

전문가의 조언

앞에서 배운 C, Java와 비교하여 Python은 어떤 점이 다른지 확실히 파악하고 넘어가세요. 본문에 수록된 내용들은 C와 Java를 충분히 학습하였다는 전제하에 진행되는 것이므로 학습에 어려움을 느끼는 수험생들은 051과 052 섹션을 먼저 공부한 후 본 섹션의 학습을 진행하는 것이 좋습니다.

전문가의 조언

Python의 if문은 블록을 구분할 때 중괄호 대신 여백과 콜론(:)을 사용한다는 점, else if 대신 elif를 사용한다는 점을 제외하고는 C나 Java와 형식이 동일합니다.

예제 1의 C언어 코드
```
int a = 15;
if (a > 10)
    a = a - 10;
printf("%d", a);
```

예제 2의 C언어 코드
```
int a = 10, b = 20, cha;
if (a > b) {
    cha = a - b;
    printf("%d", cha);
}
else {
    cha = b - a;
    printf("%d", cha);
}
```

1장 프로그래밍 언어 활용 **309**

- **형식3** : 조건이 여러 개이고, 조건마다 실행할 문장이 다르다.

```
if 조건1:
    실행할 문장1      조건1이 참일 경우 실행할 문장을 적는다.
elif 조건2:
    실행할 문장2      조건2가 참일 경우 실행할 문장을 적는다.
elif 조건3:
    실행할 문장3      조건3이 참일 경우 실행할 문장을 적는다.
        ⋮
else:
    실행할 문장4      앞의 조건이 모두 거짓일 경우 실행할 문장을 적는다.
```

예제 3 점수에 따라 등급 표시하기

예제 3의 C언어 코드
```
int jum = 85;
if (jum >= 90)
    printf("학점은 A입니다.");
else if (jum >= 80)
    printf("학점은 B입니다.");
else if (jum >= 70)
    printf("학점은 C입니다.");
else
    printf("학점은 F입니다.");
```

```
jum = 85
if jum >= 90:                   ❶      jum이 90 이상이면 ❷번을 실행하고, 아니면 ❸번으로 이동한다.
    print('학점은 A입니다.')      ❷      학점은 A입니다.를 출력하고, if문을 빠져나간다.
elif jum >= 80:                 ❸      jum이 80 이상이면 ❹번을 실행하고, 아니면 ❺번으로 이동한다.
    print('학점은 B입니다.')      ❹      학점은 B입니다.를 출력하고, if문을 빠져나간다.
elif jum >= 70:                 ❺      jum이 70 이상이면 ❻번을 실행하고, 아니면 ❼번으로 이동한다.
    print('학점은 C입니다.')      ❻      학점은 C입니다.를 출력하고, if문을 빠져나간다.
else:                           ❼      ❺번의 조건식이 거짓일 경우 실행할 문장의 시작점이다. ❽번을 실행한다.
    print('학점은 F입니다.')      ❽      학점은 F입니다.를 출력하고, if문을 빠져나간다.
```
결과 학점은 B입니다.

- **형식4** : if문 안에 if문이 포함된다.

```
if 조건1:
    if 조건2:
        실행할 문장1      조건1과 조건2가 참일 경우 실행할 문장을 적는다.
    else:
        실행할 문장2      조건1이 참이고, 조건2가 거짓일 경우 실행할 문장을 적는다.
else:
    실행할 문장3          조건1이 거짓일 경우 실행할 문장을 적는다.
```

예제 4 홀수, 짝수 판별하기

```
a, b = 21, 10
if a % 2 == 0:          ❶      a를 2로 나눈 나머지가 0이면 ❷번을 실행하고, 아니면 ❻번으로 이동한다.
    if b % 2 == 0:      ❷      b를 2로 나눈 나머지가 0이면 ❸번을 실행하고, 아니면 ❹번으로 이동한다.
        print('모두 짝수')  ❸      모두 짝수를 출력하고, if문을 빠져나간다.
```

```
        else:   ❹                    ❷번의 조건식이 거짓일 경우 ❺번을 실행한다.
            print('a : 짝수, b : 홀수')  ❺  a : 짝수, b : 홀수를 출력하고, if문을 빠져나간다.
    else:   ❻                        ❶번의 조건식이 거짓일 경우 실행할 문장의 시작점이다.
        if b % 2 == 0:   ❼            b를 2로 나눈 나머지가 0이면 ❽번을 실행하고, 아니면 ❾번으로 이동
                                     한다.
            print('a : 홀수, b : 짝수')  ❽  a : 홀수, b : 짝수를 출력하고, if문을 빠져나간다.
        else:   ❾                    ❼번의 조건식이 거짓일 경우 실행할 문장의 시작점이다.
            print('모두 홀수')   ❿      모두 홀수를 출력하고, if문을 빠져나간다.
                                     결과   a : 홀수, b : 짝수
```

예제 4의 C언어 코드
```
int a = 21, b = 10;
if (a % 2 == 0)
    if (b % 2 == 0)
        printf("모두 짝수");
    else
        printf("a : 짝수, b : 홀수");
else
    if (b % 2 == 0)
        printf("a : 홀수, b : 짝수");
    else
        printf("모두 홀수");
```

2 for문

기사 25.5, 22.3, 21.8

- **형식1** : range를 이용하는 방식이다.

```
for 변수 in range(최종값):      0에서 '최종값'-1까지 연속된 숫자를 순서대로 변수에 저장
    실행할 문장                하며 '실행할 문장'을 반복 수행한다.
                            반복 수행할 문장을 적는다.
```

예1 for i in range(10): → • i에 0에서 9까지 순서대로 저장하며 실행할 문장을 반복 수행한다.
         sum += i   • i의 값을 sum에 누적한다. sum에는 0부터 9까지의 합 45가 저장된다.

예2 for i in range(11, 20): → • i에 11에서 19까지 순서대로 저장하며 실행할 문장을 반복 수행한다.
         sum += i   • i의 값을 sum에 누적한다. sum에는 11부터 19까지의 합 135가 저장된다.

예3 for i in range(-10, 20, 2): → • i에 -10에서 19까지 2씩 증가하는 숫자를 순서대로 저장하며 실행
         sum += i   할 문장을 반복 수행한다.
                                      • i의 값을 sum에 누적한다. sum에는 -10, -8, -6, …, 16, 18의 합
                                        60이 저장된다.

- **형식2** : 리스트(List)를 이용하는 방식이다.

```
for 변수 in 리스트              리스트의 0번째 요소에서 마지막 요소까지 순서대로 변수에 저장하
    실행할 문장                며 실행할 문장을 반복 수행한다.
                            반복 수행할 문장을 적는다.
```

예제 다음은 리스트 a에 저장된 요소들의 합과 평균을 구하는 프로그램을 Python으로 구현한 것이다.

```
❶  a = [ 35, 55, 65, 84, 45 ]
❷  hap = 0
❸  for i in a:
❹      hap += i
❺  avg = hap / len(a)
❻  print(hap, avg)
```

 전문가의 조언

형식1은 range로 생성된 연속된 숫자를 차례대로 변수에 저장하면서 반복 수행하는 형태입니다. range의 다양한 사용법을 그대로 활용할 수 있습니다. range에 대한 자세한 설명은 Section 059를 참조하세요.

 전문가의 조언

예1 ~ 예3은 'sum = 0'과 같이 sum 변수를 먼저 초기화 하고 실행해야 정상적인 결과가 산출됩니다.

 전문가의 조언

for문의 형식2는 리스트에 저장된 값의 개수만큼 반복됩니다.

코드 해설

❶ 리스트 a를 선언하면서 초기값을 지정한다.

	a[0]	a[1]	a[2]	a[3]	a[4]
리스트 a	35	55	65	84	45

❷ 총점을 저장할 변수 hap을 0으로 초기화한다.
❸ for문의 시작이다. 리스트 a의 요소 수만큼 ❹번을 반복 수행한다.
❹ i의 값을 hap에 누적한다. i는 리스트 a의 각 요소의 값을 차례대로 받는다. 변수의 변화는 다음과 같다.

첫 번째 수행 : 리스트 a의 첫 번째 값이 i를 거쳐 hap에 누적된다.

hap	i	리스트 a				
35	35	35	55	65	84	45

두 번째 수행 : 리스트 a의 두 번째 값이 i를 거쳐 hap에 누적된다.

hap	i	리스트 a				
90	55	35	55	65	84	45

⋮

이런 방식으로 리스트 a의 요소 수만큼 반복한다.

❺ hap을 리스트 a의 요소 수로 나눈 후 결과를 avg에 저장한다.
 – len(리스트) : 리스트의 요소 수를 구한다. len(a)는 5다.

❻ 결과 284 56.8

3 While문

기사 21.3

401203

• 형식

while 조건: 실행할 문장	• while은 예약어로, 그대로 입력한다. • 참이나 거짓을 결과로 갖는 수식을 조건에 입력한다. 참(1 또는 True)을 직접 입력할 수도 있다. • 조건이 참인 동안 반복 수행할 문장을 적는다.

예제 다음은 1~5까지의 합을 구하는 프로그램을 Python으로 구현한 것이다.

```
i, hap = 0, 0      ❶
while i < 5:       ❷
    i += 1         ❸
    hap += i       ❹
print(hap)         ❺
```

❶ i와 hap을 0으로 초기화한다.
❷ i가 5보다 작은 동안 ❸, ❹번 문장을 반복하여 수행한다.
❸ i의 값을 1씩 증가시킨다.
❹ i의 값을 hap에 누적시킨다.

결과 15

---

while문 무한 반복

while 1 또는 while True와 같이 무조건 참이 되도록 조건을 지정하면 while문은 무한 반복합니다.

반복문 실행에 따른 변수 i와 hap의 변화

i	hap
0	0
1	1
2	3
3	6
4	10
5	15

전문가의 조언

Python에서도 반복문의 실행을 제어하는 break와 continue를 C, Java와 동일하게 사용할 수 있습니다. break와 continue에 대한 자세한 설명은 Section 054를 참조하세요.

4 클래스

기사 21.5

• 정의 형식

```
class 클래스명:          class는 예약어로, 그대로 입력하고 클래스명은 사용자가 임의로 지정한다.
    실행할 문장
    def 메소드명(self, 인수):
```
- def는 메소드를 정의하는 예약어로, 그대로 입력하고, 메소드명은 사용자가 임의로 지정한다.
- self는 메소드에서 자기 클래스에 속한 변수에 접근할 때 사용하는 명칭으로, 일반적으로 self를 사용하지만 사용자가 임의로 지정해도 된다.
- '인수'는 메소드를 호출하는 곳에서 보낸 값을 저장할 변수로, 사용자가 임의로 지정한다.

```
        실행할 문장
        return 값
```
- return은 메소드를 호출한 위치로 값을 돌려주기 위해 사용하는 예약어로, 그대로 입력한다. return 값이 없는 경우에는 생략할 수 있다.
- '값'에는 변수, 객체, 계산식 등이 올 수 있다.

> **전문가의 조언**
>
> 클래스는 객체 생성을 위한 속성과 메소드(함수)를 정의하는 설계도입니다. 클래스를 사용하려면 클래스 이름을 정하고 객체 생성을 위한 속성과 메소드(함수)를 정의한 후, 객체를 선언하면 됩니다. 이 때 선언된 객체는 클래스에서 정의한 속성과 메소드를 자유롭게 사용할 수 있습니다.

• 객체의 선언 형식

```
변수명 = 클래스명( )
```
변수명은 사용자가 임의로 지정하고, 사전에 정의한 클래스명과 괄호( )를 적는다.

예제 1 다음은 두 수를 교환하는 프로그램을 Python으로 구현한 것이다.

```
    class Cls:              Cls 클래스 정의부의 시작점이다. 여기서부터 ❼번까지가 클래스 정의부에 해당한다.
        x, y = 10, 20       Cls 클래스의 변수(속성) x와 y를 선언하고, 각각 10과 20으로 초기화한다.
❹       def chg(self):
❺           temp = self.x
❻           self.x = self.y
❼           self.y = temp
❶   a = Cls( )
❷   print(a.x, a.y)
❸   a.chg( )
❽   print(a.x, a.y)
```

코드 해설

❶ Cls 클래스의 객체 a를 생성한다. 객체 a는 Cls의 속성 x, y와 메소드 chg( )를 갖는다.
  - a : 사용자 정의 변수다. 사용자가 임의로 지정한다.
  - Cls( ) : 클래스의 이름이다. 괄호( )를 붙여 그대로 적는다.

	a.x	a.y
a	10	20

❷ a 객체의 속성 x와 y를 출력한다.
  - 객체와 속성은 .(마침표)로 연결한다.
  결과 `10 20`

❸ a 객체의 메소드 chg를 호출한다. ❹번으로 이동한다.
- 객체와 메소드는 .(마침표)로 연결한 후 괄호( )를 붙여 적는다.

❹ a 객체의 메소드 chg의 시작점이다. 별도로 사용되는 인수가 없으므로 괄호( )에는 self만 적는다.

❺ a 객체의 속성 x의 값을 temp에 저장한다.
- self : 메소드 안에서 사용되는 self는 자신이 속한 클래스를 의미한다.
- self.x : a.x와 동일하다.

				a.x	a.y
temp	10		a	10	20

❻ a 객체의 속성 y의 값을 a 객체의 속성 x에 저장한다.

				a.x	a.y
temp	10		a	20	20

❼ temp의 값을 a 객체의 속성 y에 저장한다. 메소드 chg가 종료되었으므로 메소드를 호출한 다음 문장인 ❽번으로 제어를 옮긴다.

				a.x	a.y
temp	10		a	20	10

❽ a 객체의 속성 x와 y를 출력한다.

결과
```
10 20
20 10
```

예제 2 다음은 0부터 10까지 더하는 프로그램을 Python으로 구현한 것이다.

401231

반복문 실행에 따른 변수 i와 hap의 변화

i	hap
0	0
1	1
2	3
3	6
.	.
.	.
8	36
9	45
10	55

```
class Cls:
    def rep(self, r):        ❸
        hap = 0              ❹
        for i in range(r + 1):   ❺
            hap += i         ❻
        return hap           ❼
a = Cls( )       ❶
b = a.rep(10)    ❷
print(b)         ❽
```

Cls 클래스의 시작점이다.
rep 메소드의 시작점이다. ❷번에서 a.rep(10)이라고 했으므로, r은 10을 받는다.
hap을 0으로 초기화한다.
i에 0부터 r까지의 숫자를 순서대로 저장하며 ❻번 문장을 반복 수행한다.
i의 값을 hap에 누적한다.
hap의 값을 반환한다. hap의 값 55를 ❷번의 b에 저장한 후 제어를 ❽번으로 옮긴다.
Cls 클래스의 객체 a를 생성한다.
10을 인수로 객체 a의 메소드 rep를 수행한 결과를 b에 저장한다. 메소드의 수행을 위해 ❸번으로 이동한다.

결과 55

> 기사 23.7, 23.5, 21.8

잠깐만요 | 클래스 없는 메소드의 사용

C언어의 사용자 정의 함수와 같이 클래스 없이 메소드만 단독으로 사용할 수 있습니다.

예제 다음 프로그램의 실행 결과를 확인하시오.

```
def calc(x, y):        ❸
    x *= 3             ❹
    y /= 3             ❺
    print(x, y)        ❻
    return x           ❼

a, b = 3, 12           ❶
a = calc(a, b)         ❷
print(a, b)            ❽
```

❸ 메소드 calc의 시작점이다. ❷번에서 calc(a, b)라고 했으므로 x는 a의 값 3을 받고, y는 b의 값 12를 받는다.
❹ x = x * 3이므로 x는 9가 된다.
❺ y = y / 3이므로 y는 4가 된다.
❻ 결과* `9 4.0`
❼ x의 값을 반환한다. x의 값 9를 ❷번의 a에 저장한 후 제어를 ❽번으로 옮긴다.
❶ 변수 a와 b에 3과 12를 저장한다.
❷ a, b 즉 3과 12를 인수로 하여 calc 메소드를 호출한 결과를 a에 저장한다. ❸번으로 이동한다.
❽ 결과
```
9 4.0
9 12
```

> Python에서는 나눗셈을 할 때 자동으로 자료형이 float로 변환되기 때문에 y /= 3의 결과로 4가 아닌 4.0이 출력됩니다.

기출문제 따라잡기

> 기사 21년 8월

1. 다음 파이썬(Python) 프로그램이 실행되었을 때의 결과는?

```
def cs(n):
    s = 0
    for num in range(n+1):
        s += num
    return s

print(cs(11))
```

① 45 ② 55
③ 66 ④ 78

사용된 코드의 의미는 다음과 같습니다.

❷ `def cs(n):`
❸   `s = 0`
❹   `for num in range(n+1):`
❺   `s += num`
❻   `return s`
❶❼ `print(cs(11))`

❶ 11을 인수로 cs 메소드를 호출한 결과를 출력합니다.

❷ 메소드 cs의 시작점입니다. ❶번에서 전달받은 11을 n이 받습니다.
❸ s에 0을 저장합니다.
❹ range(n+1)은 n이 11이므로 range(12)가 되어 0에서 11까지 순서대로 num에 저장하며 ❺번을 반복 수행합니다.
❺ s에 num의 값을 누적시킵니다.
반복문을 수행한 결과는 다음과 같습니다.

n	num	s
11	0	0
	1	1
	2	3
	3	6
	4	10
	5	15
	6	21
	7	28
	8	36
	9	45
	10	55
	11	66

❻ s의 값 66을 갖고 메소드를 호출했던 ❼번으로 이동합니다.
❼ ❻번에서 반환받은 값 66을 출력합니다.
결과 `66`

▶ 정답 : 1. ③

기출문제 따라잡기

기사 21년 5월

2. 다음 파이썬(Python) 프로그램이 실행되었을 때의 결과는?

```
class FourCal:
    def setdata(sel, fir, sec):
        sel.fir = fir
        sel.sec = sec
    def add(sel):
        result = sel.fir + sel.sec
        return result
a = FourCal( )
a.setdata(4, 2)
print(a.add( ))
```

① 0   ② 2
③ 4   ④ 6

사용된 코드의 의미는 다음과 같습니다.

```
ⓐ      class FourCal:
ⓑ❸        def setdata(sel, fir, sec):
  ❹            sel.fir = fir
  ❺            sel.sec = sec
ⓒ❼        def add(sel):
  ❽            result = sel.fir + sel.sec
  ❾            return result
  ❶    a = FourCal( )
  ❷    a.setdata(4, 2)
  ❻❿   print(a.add( ))
```

ⓐ 클래스 FourCal을 정의합니다.
ⓑ 2개의 인수를 받는 메소드 setdata( )를 정의합니다.
ⓒ 메소드 add( )를 정의합니다.
※ 모든 Python 프로그램은 반드시 클래스 정의부가 종료된 이후의 코드에서 시작합니다.
❶ FourCal 클래스의 객체변수 a를 선언합니다.
❷ 4와 2를 인수로 a 객체의 setdata 메소드를 호출합니다.
❸ setdata 메소드의 시작점입니다. ❷번에서 전달받은 4와 2를 fir와 sec가 받습니다.
 • sel : 메소드에서 자기 클래스에 속한 변수에 접근할 때 사용하는 명칭으로, 일반적으로 self를 사용하지만 여기서의 sel과 같이 사용자가 임의로 지정해도 됩니다.
❹ a 객체에 변수 fir를 선언하고, fir의 값 4로 초기화합니다.
❺ a 객체에 변수 sec를 선언하고, sec의 값 2로 초기화합니다. 메소드가 종료되었으므로 메소드를 호출했던 ❷번의 다음 줄인 ❻번으로 이동합니다.
❻ a 객체의 add 메소드를 호출하고 반환받은 값을 출력합니다.
❼ add 메소드의 시작점입니다.
❽ result를 선언하고, a 객체의 변수 fir와 sec를 더한 값 6(4+2)으로 초기화합니다.
❾ result의 값 6을 메소드를 호출했던 곳으로 반환합니다.
❿ ❾번에서 반환받은 값 6을 출력합니다.

결과   6

기사 21년 3월

3. 다음은 파이썬으로 만들어진 반복문 코드이다. 이 코드의 결과는?

```
>> while(True) :
    print('A')
    print('B')
    print('C')
    continue
    print('D')
```

① A, B, C 출력이 반복된다.
② A, B, C
③ A, B, C, D 출력이 반복된다.
④ A, B, C, D 까지만 출력된다.

while(True)는 조건이 항상 참이므로 블록 내의 코드들을 무한 반복시키며, continue는 이후 코드를 수행하지 않고 반복문의 처음으로 돌아가는 예약어입니다. 따라서 화면에는 D를 제외한 A, B, C 출력이 반복됩니다.

▶ 정답 : 2. ④   3. ①

SECTION 061

웹 프로그래밍 언어 - HTML

1 HTML의 개요

HTML(HyperText Markup Language)은 인터넷 표준 문서인 하이퍼텍스트 문서를 만들 때 사용하는 마크업 언어*이다.
- 웹 브라우저에 표시되는 화면이 바로 HTML로 작성된 문서이다.
- HTML은 태그*로 구성되는데, 상위 태그 아래에 여러 개의 하위 태그가 있는 트리 구조이다.
- 태그는 속성(Attribute)을 사용하여 기능을 구체화할 수 있으며, 대·소문자를 구분하지 않는다.
- 속성에 값을 지정할 때는 일반적으로 큰따옴표(" ")로 묶는다.
- 값을 작은따옴표(' ')로 묶거나 그냥 값만 입력할 수도 있지만, 값에 띄어쓰기가 포함된 경우에는 반드시 따옴표로 묶어야 한다.

전문가의 조언

메모장에 HTML 코드를 작성하고 파일 형식을 html로 저장하면 웹 브라우저에서 해당 파일을 불러와 결과를 확인할 수 있습니다. 눈으로 읽기만 하면 이해하기 어려운 내용도 있으니 코드를 직접 작성한 후 결과를 확인해 보세요. 생각보다 쉽게 이해할 수 있습니다.

마크업 언어(Markup Language)
마크업 언어는 다른 문서의 처리를 위해 문서의 논리 구조나 체계를 정의하는 언어입니다.

태그(Tag)
태그는 어떤 기능이나 모양 등을 정의하기 위한 '꼬리표'를 의미합니다. 예를 들어 제목(title)에 '시나공'을 표시하고 싶다면, 〈title〉시나공〈/title〉로 작성할 수 있습니다. '〈title〉'은 시작 태그, '/'가 들어간 '〈/title〉'은 종료 태그입니다.

2 HTML의 기본 구조

예제 다음은 제목과 간단한 내용을 표시하는 기본적인 HTML 문서이다. HTML 문서의 기본 구조를 파악하시오.

〈코드〉

```
❶ <html>
❷    <head>
❸        <title>Gilbut Sinagong</title>
❹    </head>
❺    <body>
❻        Hello! Students!
❼    </body>
❽ </html>
```

〈결과 화면〉

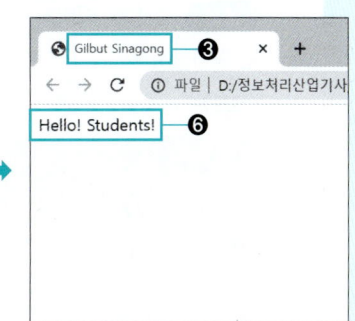

코드 해설

❶, ❽ 〈html〉 … 〈/html〉 : HTML 문서의 시작과 끝을 의미하는 태그이다.
❷, ❹ 〈head〉 … 〈/head〉
- 머리 부분의 시작과 끝을 정의하는 태그이다.
- 문서의 제목, 스타일, 스크립트 등을 정의한다.

❸ 〈title〉 … 〈/title〉
- 제목의 시작과 끝을 정의하는 태그이다.
- 여기서는 웹 브라우저 제목 탭에 Gilbut Sinagong을 표시한다.

❺, ❼ 〈body〉 … 〈/body〉
- 본문의 시작과 끝을 정의하는 태그이다.
- 문서의 본문에 표시할 내용을 입력한다.

❻ Hello! Students!가 그대로 표시된다.

❸, ❻
결과 화면에 표시된 ❸, ❻은 코드 번호로, 번호에 해당하는 코드와 실행 결과를 비교할 수 있도록 표시한 것입니다.

③ 기본 태그

HTML 문서로 내용을 표시할 때 사용하는 기본적인 태그의 종류는 다음과 같다.

태그	의미
⟨img⟩	• 이미지 파일을 표시한다. • 관련 속성 – src : 이미지 파일이 저장된 경로*와 파일 이름을 지정하는 것으로, 경로의 구분자로 '/'를 사용한다. – width, height ▶ 이미지의 너비와 높이를 지정한다. ▶ 정수를 입력하면 픽셀 단위로 지정되고, 백분율(%)을 입력하면 입력한 비율대로 너비와 높이가 지정된다.* – title : 이미지 위에 마우스를 놓으면 표시될 텍스트를 지정한다.
⟨h1⟩…⟨h6⟩	• 입력된 내용에 제목 스타일을 적용한다. • 제목 스타일*은 h1부터 h6까지 있으며, 'h' 뒤에 붙는 숫자가 클수록 글자 크기가 작아진다.
⟨br⟩	• 커서를 다음 줄로 이동한다. • 키보드의 Enter와 같은 의미이다.
⟨p⟩	• 입력된 내용을 하나의 문단(Paragraph)으로 지정한다. • 문단으로 지정되면 출력된 내용의 위와 아래에 여백이 삽입된다.
⟨a⟩	• 텍스트나 이미지를 클릭했을 때 연결할 URL*을 설정한다. • 관련 속성 – href : 연결할 URL을 지정한다. – target ▶ 웹 페이지가 열리는 방식을 지정한다. ▶ 생략하거나 "_self"를 입력하면 현재 창에, "_blank"를 입력하면 새로운 창에 연결된 웹 페이지가 표시된다.

예제 다음은 이미지, 텍스트 서식, 링크 태그를 활용한 HTML 문서이다. 사용된 코드를 확인하시오.

⟨코드⟩

```
⟨html⟩
  ⟨body⟩
❶   ⟨img src="logo.jpg" width="100" height="100" title="길벗로고"⟩
❷   ⟨h3⟩&lt;시나공&gt;⟨/h3⟩
❸   최고의 수험서!⟨br⟩
❹   ⟨p⟩시나공 카페에서 함께 공부하세요.⟨/p⟩
❺   지금 ⟨a href="https://sinagong.gilbut.co.kr/it/" target="_blank"⟩시나공 홈페이지⟨/a⟩에 접속하세요!
  ⟨/body⟩
⟨/html⟩
```

경로 지정 방식
경로 지정 방식에는 절대 경로 방식, 상대 경로 방식이 있습니다. 웹에 저장된 이미지를 가져와 표시할 때는 절대 경로 방식을, 내 컴퓨터에 저장된 이미지를 가져와 표시할 때는 상대 경로 방식을 사용합니다. 현재 작성 중인 HTML 문서와 같은 폴더에 저장된 이미지를 가져올 때는 예제의 ❶번과 같이 경로 없이 파일 이름만 입력합니다.

예 'images' 폴더에 있는 'sample.jpg' 파일을 가져오는 경우
• 절대 경로 : https://사이트 주소/images/sample.jpg
• 상대 경로 : images/sample.jpg

백분율(%)로 이미지의 너비 지정
이미지의 너비를 50%로 지정한다는 것은 이미지의 원래 크기를 기준으로 50%, 즉 절반으로 가로의 크기를 줄여서 표시한다는 것이 아니라 화면 전체 너비를 기준으로 50%, 즉 화면의 절반을 차지하도록 이미지의 너비를 지정한다는 의미입니다.

제목 스타일
⟨h1⟩…⟨h6⟩ 태그가 적용되면 글꼴이 커지고, 굵어지며, 위·아래에 여백이 지정됩니다.

URL(Uniform Resource Locater)
URL은 인터넷상에 존재하는 각종 자원이 있는 위치를 나타내는 표준 주소 체계입니다.
예 https://google.com/

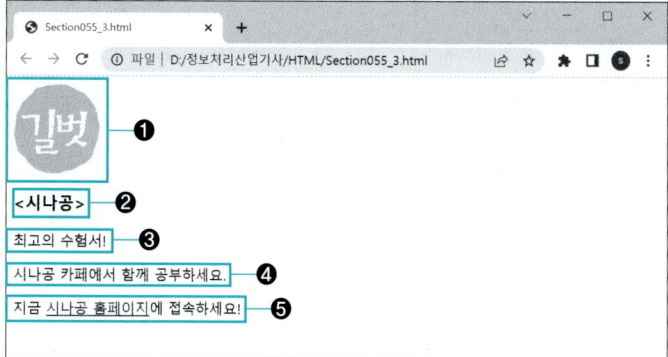

> **코드 해설**
>
> ❶ 'logo.jpg' 파일을 가로(100) X 세로(100) 픽셀*의 크기로 표시하며, 이미지 위에 마우스를 놓으면 "길벗로고"라는 글자가 나타난다.
> ❷ 태그 사이에 입력된 내용에 제목 스타일 h3을 적용한다.
>   • <, > : 특수 문자를 표시하기 위한 예약어로, '<'는 "〈"를, '>'는 "〉"를 의미한다.
> ❸ 최고의 수험서!를 표시하고 다음 줄로 이동한다.
> ❹ 입력된 문장을 하나의 문단으로 표시한다.*
> ❺ "시나공 홈페이지"를 클릭하면 "https://sinagong.gilbut.co.kr/it/"로 이동하여 새로운 창에 해당 내용을 표시한다.

잠깐만요 특수 문자 예약어

HTML 문서에서 〈, 〉, ", ' 등의 특수 문자는 태그나 속성을 구분하는 문자로 사용됩니다. 이러한 특수 문자가 포함된 문자열을 표시하려면 다음의 예약어를 사용해야 합니다.

특수 문자	예약어
(공백 한 칸)*	
〈	&lt;
〉	&gt;
&	&amp;
"	&quot;
'	&apos;

픽셀(Pixcel)
모니터 화면을 구성하는 가장 작은 단위입니다. 보통 화면 해상도가 3840×2160이라고 하면, 가로 3840개, 세로 2160개의 픽셀로 화면을 표시한다는 의미입니다.

〈p〉와 〈br〉 태그의 차이점
〈br〉 태그가 단순히 줄 나눔이라면, 〈p〉 태그를 사용하여 입력한 내용은 위·아래 여백이나 색상, 정렬 기준 등의 서식을 지정할 수 있습니다.

공백 표시
문자 사이의 공백 한 칸은 특수 문자 예약어를 사용하지 않고 직접 입력해도 되지만, 2개 이상의 공백이나 문장 앞뒤의 공백은 반드시 예약어를 사용해야 합니다.

전문가의 조언

목록 태그의 종류를 묻는 문제가 출제되었습니다. 목록 태그의 종류와 함께 〈예제〉를 통해 코드에 사용된 태그가 화면에 어떻게 표시되는지 확인하고 넘어가세요.

 목록 태그

24.5, 23.7

HTML 문서에서 글 목록을 작성할 때 사용하는 태그의 종류는 다음과 같다.

태그	의미
〈ul〉	• 순서 없는 목록을 표시한다. • 순서 없이 항목 앞에 ·을 붙여 표시한다. • 〈li〉 태그를 이용해 목록을 작성한다.
〈ol〉	• 순서 있는 목록을 표시한다. • 항목 앞에 일련번호를 붙여 표시한다. • 〈li〉 태그를 이용해 목록을 작성한다.
〈dl〉	• 제목 있는 목록을 표시한다. • 〈dt〉 태그를 이용해 제목을 작성한다. • 〈dd〉 태그를 이용해 제목의 하위 내용을 작성한다.

예제 다음은 목록 작성에 사용되는 태그를 활용한 HTML 문서이다. 사용된 코드를 확인하시오.

〈코드〉

```
   〈html〉
       〈body〉
❶         〈h3〉 순서 없는 목록 〈/h3〉
❷           〈ul〉
❸               〈li〉최고의 수험서!〈/li〉
❹               〈li〉시나공 카페에서 함께 공부하세요.〈/li〉
            〈/ul〉
❺         〈h3〉 순서 있는 목록 〈/h3〉
❻           〈ol〉
❼               〈li〉최고의 수험서!〈/li〉
❽               〈li〉시나공 카페에서 함께 공부하세요.〈/li〉
            〈/ol〉
❾         〈h3〉 제목 있는 목록 〈/h3〉
❿           〈dl〉
⓫               〈dt〉시나공〈/dt〉
⓬               〈dd〉시험에 나오는 것만 공부한다!〈/dd〉
            〈/dl〉
       〈/body〉
   〈/html〉
```

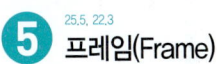

```
Section058_1.html                    × +
← → C  ⓘ 파일 | D:/정보처리산업기사/HTML/Section058_1.html   ☆  ★ ≡ 🗖  :
```

순서 없는 목록 ❶

❷ ・최고의 수험서! ❸
  ・시나공 카페에서 함께 공부하세요. ❹

순서 있는 목록 ❺

❻ 1. 최고의 수험서! ❼
  2. 시나공 카페에서 함께 공부하세요. ❽

제목 있는 목록 ❾

시나공 ⓫
    시험에 나오는 것만 공부한다! ⓬ ─ ❿

코드 해설

❶ 태그 사이에 입력된 내용에 제목 스타일 h3을 적용한다.
❷ ❸~❹번 내용을 순서 없는 목록으로 표시한다.
❸ 최고의 수험서!를 표시하고 다음 줄로 이동한다.
❹ 시나공 카페에서 함께 공부하세요.를 표시하고 다음 줄로 이동한다.
❺ 태그 사이에 입력된 내용에 제목 스타일 h3을 적용한다.
❻ ❼~❽번 내용을 순서 있는 목록으로 표시한다.
❼ 최고의 수험서!를 표시하고 다음 줄로 이동한다.
❽ 시나공 카페에서 함께 공부하세요.를 표시하고 다음 줄로 이동한다.
❾ 태그 사이에 입력된 내용에 제목 스타일 h3을 적용한다.
❿ ⓫~⓬번 내용을 제목 있는 목록으로 표시한다.
⓫ 태그 사이에 입력된 내용을 제목 형태로 표시하고 다음 줄로 이동한다.
⓬ 태그 사이에 입력된 내용을 표시하고 다음 줄로 이동한다.

5 프레임(Frame)

프레임은 화면을 몇 개의 영역으로 분할했을 때 분할된 각각의 영역을 말한다.

• 주요 태그 및 속성

태그	의미
⟨frameset⟩	• 화면을 분할한다. • ⟨frameset⟩…⟨/frameset⟩ 태그 사이에는 분할한 프레임의 개수만큼 ⟨frame⟩ 태그를 사용한다.
⟨frame⟩	• 분할한 각각의 프레임에 표시할 HTML 문서를 지정한다. • ⟨frameset⟩으로 분할한 영역에 ⟨frame⟩ 태그가 적용되는 순서는 다음과 같다. 　– 화면을 가로로 분할한 경우 : 위쪽 → 아래쪽 　– 화면을 세로로 분할한 경우 : 왼쪽 → 오른쪽 • 분할한 프레임의 개수는 ⟨frameset⟩의 rows 또는 cols 속성으로 알 수 있다. 　예 rows="20%, *" → 2개, cols="200, *, 500" → 3개 • 관련 속성 　– rows 　　▶ 화면을 가로로 분할한다. 　　▶ 분할할 프레임들의 크기*를 쉼표(,)로 구분하여 지정한다. 　– cols : 화면을 세로로 분할한다.

전문가의 조언

프레임에 관한 태그와 속성이 포함된 코드의 결과를 묻는 문제가 출제되었습니다. 주어진 예제를 통해 코드에 사용된 태그나 속성에 따라 화면이 어떻게 분할되는지 확실히 이해하고 넘어가세요.

크기 지정
rows와 cols의 크기 단위로 정수, 백분율(%), * 중 하나를 사용할 수 있습니다.
• 정수 : 입력된 값이 픽셀의 개수로 인식되어 프레임의 크기가 결정됨
• 백분율(%) : 입력된 값이 비율로 인식되어 프레임의 크기가 결정됨
• * : 다른 영역의 크기를 제외한 나머지 크기로 프레임의 크기가 결정됨

예제 : 다음은 화면을 4개의 프레임으로 분할하는 HTML 문서이다. 결과를 확인하시오.

〈결과 화면〉의 각 프레임에 표시될 HTML 문서
현재 작성중인 HTML 문서와 같은 위치에 저장되어 있으므로 src 속성에는 경로를 생략하고 파일 이름만 지정했습니다.

• top.html
```
<html>
  <body>
    <h1>이곳에는 'top.html'이 표시됩니다.</h1>
  </body>
</html>
```

• left.html
```
<html>
  <body>
    <h1>이곳에는 'left.html'이 표시됩니다.</h1>
  </body>
</html>
```

• center.html
```
<html>
  <body>
    <h1>이곳에는 'center.html'이 표시됩니다.</h1>
  </body>
</html>
```

• right.html
```
<html>
  <body>
    <h1>이곳에는 'right.html'이 표시됩니다.</h1>
  </body>
</html>
```

〈코드〉

```
<html>
❶ <frameset rows="100,*">       2개로 분할(위, 아래)
❷   <frame src="top.html">
❸   <frameset cols="25%,*,25%">
❹     <frame src="left.html">
❺     <frame src="center.html">
❻     <frame src="right.html">
                                  3개로 분할
    </frameset>                   (왼쪽, 중앙, 오른쪽)
  </frameset>
</html>
```

〈결과 화면〉*

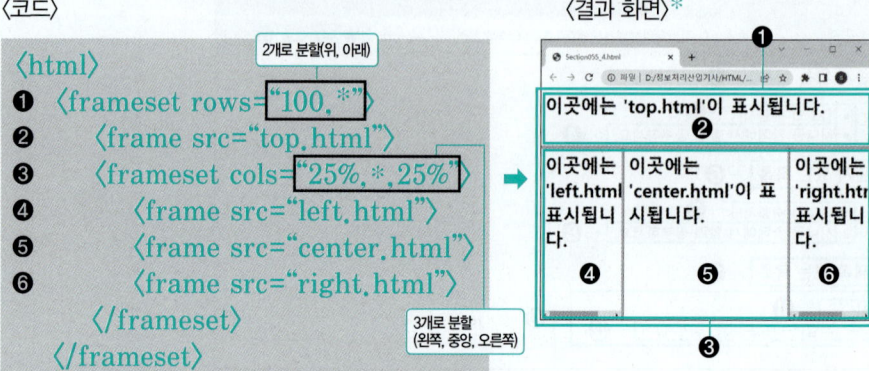

코드 해설

❶ • 화면을 가로 기준 2개의 프레임으로 분할한다.
  • 위쪽 프레임의 높이는 100픽셀, 아래쪽 프레임의 높이는 화면 전체에서 100픽셀을 제외한 크기로 지정한다.

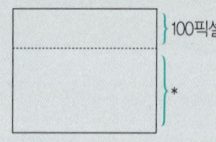

❷ 가로로 분할한 프레임 중 위쪽 프레임에 'top.html' 문서의 내용을 표시한다.

❸ • ❶번에서 분할한 프레임 중 아래쪽 프레임을 세로 기준 3개로 분할한다.
  • 왼쪽과 오른쪽 프레임의 크기는 각각 전체 화면 기준으로 25%이고, 가운데 프레임의 크기는 왼쪽과 오른쪽 프레임의 크기를 제외한 나머지 50%이다.

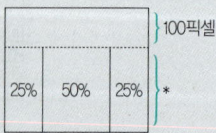

❹ 왼쪽 프레임에 'left.html' 문서의 내용을 표시한다.
❺ 가운데 프레임에 'center.html' 문서의 내용을 표시한다.
❻ 오른쪽 프레임에 'right.html' 문서의 내용을 표시한다.

전문가의 조언

테이블의 짝수 행에만 서식을 지정하는 코드를 제시한 후 서식이 적용되는 행을 묻는 문제가 출제되었습니다. 짝수 요소에만 서식을 지정할 때는 'nth-child(even)'를 사용한다는 것을 기억하세요. 그리고 주어진 예제를 통해 사용된 태그와 속성의 사용법을 확실히 이해하고 넘어가세요.

❻ 테이블(Table)
25.8, 24.7, 24.5, 24.2, 23.7, 23.5, 23.2, 22.4

HTML에서 테이블은 행과 열로 이루어진 표를 말한다.

• 주요 태그 및 속성

태그	의미
〈table〉	테이블에 관한 세부사항을 설정한다.
〈thead〉	테이블의 머리글 부분을 정의한다.
〈tbody〉	테이블의 본문 부분을 정의한다.

⟨tfoot⟩	테이블의 바닥글 부분을 정의한다.
⟨tr⟩	행을 만든다.
⟨td⟩	• 셀을 만든다. • colspan : 가로 방향으로 셀을 병합함 • rowspan : 세로 방향으로 셀을 병합함
⟨th⟩	셀을 만들면서 제목 스타일*을 적용한다.
⟨style⟩	• 서식을 지정하는 태그로, ⟨head⟩ 부분에 지정하면 테이블 전체에 공통으로 적용된다. • 서식 지정 형식 　　요소이름:선택자 { 속성1:속성값1 ; 속성2:속성값2 ; … 속성n:속성값n } 　– 요소이름 : 태그 이름에서 '⟨'와 '⟩'를 제외하고 입력한다. 　– 선택자 : 요소 중 일부에만 서식을 지정할 때 사용하는 옵션으로, 생략이 가능하다. 　　▶ first-child : 첫 번째 요소에 적용 　　▶ last-child : 마지막 요소에 적용 　　▶ nth-child(N*) : N번째 요소마다 적용 　– 속성:속성값 : 요소에 적용할 속성과 속성값을 입력한다. 2개 이상의 속성을 지정할 때는 세미콜론(;)을 이용하여 구분함 　　▶ color : 글자 색상을 지정함 　　▶ border : 외곽선을 지정하는 속성으로, 두께, 스타일*, 색상* 순으로 지정함 　　▶ border-radius : 외곽선 모서리의 곡률을 지정함 　　▶ font-weight : 글꼴의 굵기*를 지정함 　　▶ background-color : 배경색을 지정함 　　▶ padding : 안쪽 여백을 지정함 　　▶ margin : 바깥쪽 여백을 지정함 　　▶ text-align : 정렬 방식*을 지정함 　　▶ letter-spacing : 글자 사이 간격을 지정함 　　▶ word-spacing : 단어 사이 간격을 지정함 • 테이블의 특정 부분에만 별도의 서식을 지정할 때는 'style' 속성을 이용함 　예 ⟨tfoot style="background-color: yellow"⟩ 　　→ 테이블의 바닥글 요소들의 배경색이 노란색으로 지정된다.

제목 스타일
⟨th⟩ 태그가 적용되면 글꼴이 굵게 표시되고 셀의 가운데로 정렬됩니다.

N번째 요소의 예
- nth-child(1) : 첫 번째 요소
- nth-child(n) : 모든 요소
- nth-child(n+3) : 세 번째부터 모든 요소
- nth-child(2n) : 두 번째 요소마다
- nth-child(even) : 짝수 번째 요소마다
- nth-child(odd) : 홀수 번째 요소마다

border 속성의 스타일 종류
- solid : 실선
- dashed : 파선
- dotted : 점선
- double : 이중 실선
- none : 테두리 없음
- hidden : 테두리 숨김

border 속성의 색상 지정법
- 방법1 : black, blue, red, yellow 등 영문으로 표기
- 방법2 : rgb(0,0,0), rgb(0,128,0) 등 RGB로 표기
- 방법3 : #0000FF, #006600 등 16진수로 표기

글꼴의 굵기
- 방법1 : lighter, normal, bold, bolder 중 하나를 입력함
- 방법2 : 100~900 사이의 숫자를 입력함

정렬 방식
center, left, right, justify(양쪽 정렬) 중 하나를 입력합니다.

예제 다음은 3행 3열의 테이블을 표시하는 HTML 문서이다. 결과를 확인하시오.

⟨코드⟩

```
  ⟨html⟩
    ⟨head⟩
❶    ⟨style⟩
❷      table, th, td { border: 1px solid black }
❸      td:nth-child(odd) { font-weight: bold }
    ⟨/style⟩
  ⟨/head⟩
  ⟨body⟩
❹  ⟨table⟩
❺    ⟨thead⟩
❻      ⟨tr⟩
❼        ⟨th⟩(0, 0)⟨/th⟩⟨th⟩(0, 1)⟨/th⟩⟨th⟩(0, 2)⟨/th⟩
      ⟨/tr⟩
    ⟨/thead⟩
```

```
❽            <tbody>
❾                <tr>
❿                    <td>(1, 0)</td><td>(1, 1)</td><td>(1, 2)</td>
                 </tr>
             </tbody>
⓫            <tfoot style="background-color: yellow">
⓬                <tr>
⓭                    <td>(2, 0)</td><td>(2, 1)</td><td>(2, 2)</td>
                 </tr>
             </tfoot>
         </table>
     </body>
</html>
```

예제 의 테이블 작성 과정

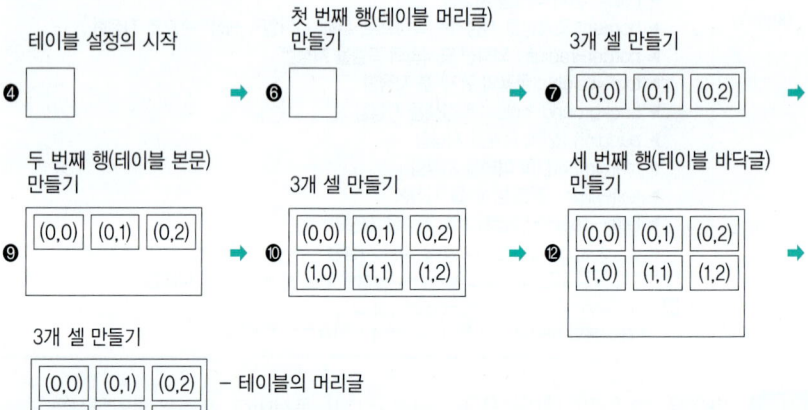

전문가의 조언

〈thead〉, 〈tbody〉, 〈tfoot〉은 테이블의 구역을 나누기 위해 사용하는 태그입니다. 예제 의 코드를 〈thead〉, 〈tbody〉, 〈tfoot〉 태그 없이 〈table〉 안에만 작성해도 결과는 다르지 않습니다. 테이블의 구역을 머리글, 본문, 바닥글로 구분하여 일부 영역에만 서식을 지정하는 코드가 문제로 출제된 적이 있어 모든 구역이 포함되게 테이블을 만들었습니다.

CSS(Cascading Style Sheets)
CSS는 HTML 문서에 적용할 수 있는 다양한 스타일을 미리 정의해 둔 스타일 시트로, CSS에 정의된 속성들을 이용해 HTML 문서에 레이아웃이나 서식 등을 쉽게 지정할 수 있습니다.

제목 스타일
〈th〉 태그가 적용되면 글꼴이 굵게 표시되고 셀의 가운데로 정렬됩니다.

셀의 크기
셀의 크기를 지정하지 않으면, 너비는 셀에 입력된 전체 글자의 너비에 맞게, 높이는 셀 안에 표시되는 글자 중 가장 큰 글자의 높이에 맞게 자동으로 셀의 크기가 지정됩니다.

코드 해설

❶ 테이블에 공통으로 적용될 서식을 CSS* 형식으로 정의한다.
❷ 〈table〉, 〈th〉, 〈td〉 태그로 만들어진 요소들에 두께 1픽셀, 실선, 검정색이 지정되도록 설정한다.
❸ 〈td〉 태그로 만들어진 셀 중 홀수 셀에만 글꼴을 굵게 지정한다.
❹ 테이블 생성의 시작으로, ❷번에서 정의한 대로 두께 1픽셀, 실선의 테이블이 만들어진다.
❺ 테이블 머리글의 시작으로, 테이블의 가장 윗부분에 표시된다.
❻ 첫 번째 행을 만든다.
  • 아직 행 안에 셀이 없어 테이블 전체의 크기에는 변화가 없지만, 셀이 만들어지면 셀의 크기에 맞게 행의 크기가 자동으로 커지고 테이블의 전체 크기도 변한다.

❼ 제목 스타일*이 적용된 3개의 셀을 만들고*, 각 셀에 (0, 0), (0, 1), (0, 2)를 표시한다.

❽ 테이블 본문의 시작으로, 테이블의 머리글과 바닥글 사이에 표시된다.
❾ 두 번째 행을 만든다.

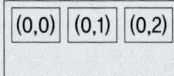

❿ 3개의 셀을 만들고, 각 셀에 (1, 0), (1, 1), (1, 2)를 표시한다.
• (1, 0)과 (1, 2) 셀은 〈td〉 태그로 만들어진 셀 중 홀수 번째 셀이므로 ❸번에서 정의한 서식이 적용되어 글꼴이 굵게 표시된다.

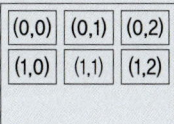

⓫ • 테이블 바닥글의 시작으로, 테이블의 가장 아랫부분에 표시된다.
• 테이블 바닥글 요소들의 배경색이 노란색으로 지정된다.
⓬ 세 번째 행을 만든다.

⓭ 3개의 셀을 만들고, 각 셀에 (2, 0), (2, 1), (2, 2)를 표시한다.
• 각 셀은 ⓫번에서 정의한 노란색 배경이 적용되고, (2, 0)과 (2, 2) 셀은 〈td〉 태그로 만들어진 셀 중 홀수 번째 셀이므로 ❸번에서 정의한 서식이 적용되어 글꼴이 굵게 표시된다.

7 폼(Form)
25.2, 24.7, 24.5, 22.7, 22.4

폼은 사용자로부터 정보를 입력받고 입력받은 데이터를 서버로 전송하기 위해 사용하는 틀을 의미한다.

• 주요 태그 및 속성

태그	의미

〈form〉	• 사용자로부터 정보를 입력받는 틀을 정의한다.
	• 관련 속성
	 – method : 데이터 전송 방식을 지정한다.
	  ▶ get : 입력받은 데이터를 URL에 첨부하여 전송한다.*
	  ▶ post : 입력받은 데이터를 메시지 형식으로 전송한다.*
	 – action : 데이터를 전송할 URL을 지정한다.

전문가의 조언

〈form〉 태그에서 사용하는 속성 중 데이터 전송 방식과 URL을 지정하는 속성을 묻는 문제가 출제되었습니다. 주어진 예제를 통해 코드에 사용된 태그나 속성을 확실히 이해하고 넘어가세요.

get / post 방식

get 방식으로 데이터를 전송하면 입력된 데이터가 URL에 노출되기 때문에, 검색이나 조회 등 노출되어도 상관없는 데이터 전송에 주로 사용됩니다. 반면 post 방식은 데이터가 메시지 형태로 전송되어 외부로 노출되지 않으므로 로그인이나 회원가입 등 보안이 필요한 데이터의 전송에 주로 사용됩니다.

get 방식으로 인해 비밀번호가 노출된 URL

gilbut.co.kr/test/log01.jsp?pw=qwer1234

⟨input⟩
- 데이터 입력에 사용할 요소를 생성한다.
- 관련 속성
  - type : 요소의 종류를 지정한다.
    ▶ text : 텍스트 상자를 의미하는 속성값이다.
    ▶ password : 암호 입력용 텍스트 상자를 의미하는 속성값으로, 텍스트 상자에 입력되는 내용을 '*'로 표시한다.
    ▶ radio : 라디오 버튼을 지정하는 속성값이다.
    ▶ checkbox : 확인란을 지정하는 속성값이다.
    ▶ submit : 폼에 입력된 데이터를 전송하라는 의미의 속성값이다.
  - name : 데이터를 참조할 때 사용할 이름을 지정한다.
  - value : 기본값을 지정한다.
  - checked : type이 radio 또는 checkbox일 때 기본으로 선택되어야 할 항목을 지정한다.
  - required : 반드시 입력되어야 하는 요소를 지정한다.

예제 다음은 사용자로부터 회원가입을 위한 데이터를 입력받는 HTML 문서이다. 코드를 확인하시오.

⟨코드⟩

```
⟨html⟩
    ⟨head⟩
        ⟨title⟩회원가입⟨/title⟩
    ⟨/head⟩
    ⟨body⟩
❶       ⟨form method="post" action="log01.jsp"⟩
❷           ⟨p⟩아이디 : ⟨br⟩⟨input type="text" name="id"⟩⟨/p⟩
❸           ⟨p⟩비밀번호 : ⟨br⟩⟨input type="password" name="pw"⟩⟨/p⟩
❹           ⟨p⟩이메일 주소 : ⟨br⟩⟨input type="text" name="mail" value="id@domain"⟩⟨/p⟩
❺           ⟨p⟩성별 : ⟨input type="radio" name="gender" value="male"⟩남성
❻               ⟨input type="radio" name="gender" value="female"⟩여성⟨/p⟩
❼           ⟨p⟩메일 수신 동의 ⟨input type="checkbox" name="ad"⟩⟨/p⟩
❽           ⟨p⟩⟨input type="submit" value="Send"⟩⟨/p⟩
        ⟨/form⟩
    ⟨/body⟩
⟨/html⟩
```

〈결과 화면〉

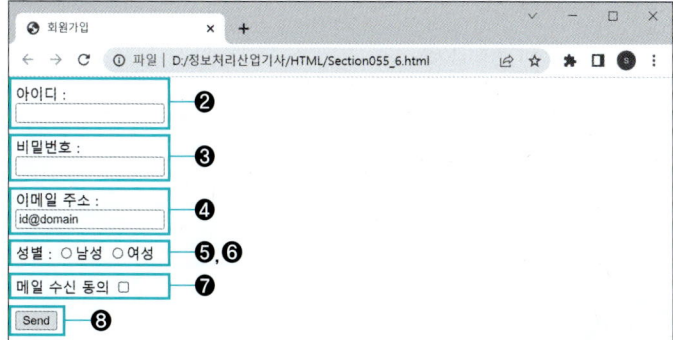

코드 해설

❶ 폼 태그의 시작으로, ❷~❽번에서 입력받은 데이터를 'log01.jsp'에 메시지 형태로 전송한다.
❷ 아이디 : 를 표시한 후 다음 줄에 텍스트 상자(Text Box)를 표시한다.
❸ 비밀번호 : 를 표시한 후 다음 줄에 텍스트 상자를 표시한다.
❹ • 이메일 주소 : 를 표시한 후 다음 줄에 텍스트 상자를 표시한다.
  • 텍스트 상자에는 기본값(value)으로 지정한 id@domain이 표시된다.
❺ • 성별 : 을 표시한 후 라디오 버튼(Radio Button)과 남성을 표시한다.
  • 이 라디오 버튼이 선택되면, 기본값으로 지정한 "male"이 전송된다.
❻ • 라디오 버튼(Radio Button)과 여성을 표시한다.
  • 이 라디오 버튼*이 선택되면, 기본값으로 지정한 "female"이 전송된다.
❼ 메일 수신 동의 : 를 표시하고 확인란(Check Box)을 표시한다.
❽ • Send가 입력된 단추를 표시한다.
  • 단추를 클릭하면 〈form〉 태그 안에 입력된 모든 데이터를 ❶번에서 지정한 'log01.jsp'로 전송한다.

❽ 기타 태그 24.7, 23.7, 23.2

4906108

태그	의미
〈mark〉	태그 안의 내용을 형광펜으로 칠한 것처럼 표시한다. 예 〈p〉 수험서는 〈mark〉시나공〈/mark〉으로 공부해요.〈/p〉 → 수험서는 시나공으로 공부하세요.
〈small〉	태그 안의 내용을 일반 텍스트 크기보다 작은 크기로 표시한다. 예 〈p〉크기가 〈small〉작은 텍스트〈/small〉입니다.〈/p〉 → 크기가 작은 텍스트입니다.
〈sub〉	태그 사이에 입력된 내용을 아래첨자로 표시한다. 예 〈p〉물 분자 화학식은 H〈sub〉2〈/sub〉O입니다.〈/p〉 → 물 분자 화학식은 H_2O입니다.
〈cite〉	태그 안의 내용을 기울림꼴 서체로 표시하는 것으로, 책이나 음악, 영화, 그림 등 창작물의 제목 표시에 사용한다. 예 〈p〉이 글은 아래의 도서를 참고하였습니다.〈/p〉 〈p〉〈cite〉2024년 시나공 정보처리산업기사 필기 기본서〈/cite〉〈/p〉 → 이 글은 아래의 도서를 참고하였습니다. 2024년 시나공 정보처리산업기사 필기 기본서
〈link〉	외부 스타일 시트 파일을 연결할 때 사용한다. 예 〈link rel="stylesheet" type="text/css" href="test/test_style.css"〉

radio 요소
radio 요소는 여러 항목 중 하나만 선택할 수 있으므로 'gender'라는 이름으로 참조되는 radio 요소는 "male"과 "female" 중 하나의 값만 가질 수 있습니다. 즉 둘 중 하나만 선택할 수 있습니다.

전문가의 조언
〈cite〉, 〈nav〉 태그의 기능을 묻는 문제가 출제되었습니다. cite는 음악, 영화 등 창작물의 제목을, nav는 목차, 인덱스와 같은 탐색 링크를 표시할 때 사용한다는 것을 중심으로 기타 태그들의 기능을 정리하세요.

다른 페이지나 현재 페이지의 다른 부분과 연결되는 링크의 집합을 정의하는 것으로, 메뉴나 목차, 인덱스 작성에 사용한다.

⟨nav⟩

예 ⟨nav⟩
　　⟨a href="test/com1"⟩컴활1급⟨/a⟩
　　⟨a href="test/comt2"⟩컴활2급⟨/a⟩
　　⟨a href="test/info1"⟩정보처리산업기사⟨/a⟩
⟨/nav⟩
⟨p⟩ 원하는 종목을 상단 링크 모음에서 선택하세요. ⟨/p⟩

컴활1급 컴활2급 정보처리산업기사
원하는 종목을 상단 링크 모음에서 선택하세요.

기출문제 따라잡기

24년 7월, 22년 7월, 4월

1. 다음은 아이디와 암호를 입력하는 로그인 창을 JavaScript로 구현한 것이다. 괄호(㉠~㉣)에 들어갈 적합한 속성은?

```
⟨html⟩
  ⟨body⟩
    ⟨⟨ ㉠ ⟩ ( ㉡ )="post" ( ㉢ )="log01.jsp"⟩
      ⟨p⟩아이디⟨input type="text" name="id"⟩⟨/p⟩
      ⟨p⟩암호⟨input type="password" name="pw"⟩⟨/p⟩
    ⟨⟨ ㉣ ⟩⟩
  ⟨/body⟩
⟨/html⟩
```

① ㉠ form, ㉡ action, ㉢ method, ㉣ /form
② ㉠ form, ㉡ method, ㉢ action, ㉣ /form
③ ㉠ function, ㉡ form, ㉢ method, ㉣ /function
④ ㉠ function, ㉡ action, ㉢ form, ㉣ /function

사용된 코드의 의미는 다음과 같습니다.

```
⟨html⟩
  ⟨body⟩
❶   ⟨form method="post" action="log01.jsp"⟩
❷     ⟨p⟩아이디⟨input type="text" name="id"⟩⟨/p⟩
❸     ⟨p⟩암호⟨input type="password" name="pw"⟩⟨/p⟩
    ⟨/form⟩
  ⟨/body⟩
⟨/html⟩
```

❶ ❷~❸번에서 입력받은 데이터를 'log01.jsp'에 메시지 형태로 전송합니다.
❷ 아이디를 표시한 후 텍스트 상자를 표시합니다.
❸ 암호를 표시한 후 텍스트 상자를 표시합니다.

⟨실행 화면⟩

아이디 [　　　]
암호 [　　　]

24년 5월, 23년 7월

2. 다음 중 목록을 생성하는 HTML 태그가 아닌 것은?

① ⟨ul⟩　　② ⟨li⟩
③ ⟨ol⟩　　④ ⟨el⟩

⟨el⟩은 목록에 사용하는 태그가 아닙니다. 목록을 생성하는 태그에는 ⟨ul⟩, ⟨ol⟩, ⟨li⟩, ⟨dl⟩, ⟨dt⟩, ⟨dd⟩가 있습니다.

24년 5월, 22년 4월

3. 다음과 같이 HTML 문서를 작성했을 때 노란색 배경을 갖는 셀의 위치는?

```
⟨html⟩
  ⟨style⟩
    tr:nth-child(even) { background-color:yellow; }
  ⟨/style⟩
  ⟨body⟩
    ⟨table⟩
      ⟨thead⟩
        ⟨tr⟩
          ⟨th⟩⟨/th⟩
        ⟨/tr⟩
      ⟨/thead⟩
      ⟨tfoot⟩
        ⟨tr⟩
          ⟨td⟩⟨/td⟩
        ⟨/tr⟩
      ⟨/tfoot⟩
      ⟨tbody⟩
        ⟨tr⟩
          ⟨td⟩⟨/td⟩
        ⟨/tr⟩
        ⟨tr⟩
          ⟨td⟩⟨/td⟩
        ⟨/tr⟩
      ⟨/tbody⟩
    ⟨/table⟩
  ⟨/body⟩
⟨/html⟩
```

기출문제 따라잡기

① 1행
② 2행
③ 3행
④ 4행

사용된 코드의 의미는 다음과 같습니다.

```
<html>
❶  <style>
❷    tr:nth-child(even) { background-color:yellow; }
    </style>
    <body>
❸    <table>
❹      <thead>
❺        <tr>
❻          <th></th>
          </tr>
        </thead>
❼      <tfoot>
❽        <tr>
❾          <td></td>
          </tr>
        </tfoot>
❿      <tbody>
⓫        <tr>
⓬          <td></td>
          </tr>
⓭        <tr>
⓮          <td></td>
          </tr>
        </tbody>
      </table>
    </body>
</html>
```

❶ 테이블에 공통으로 적용될 서식을 CSS 형식으로 정의합니다.
❷ ⟨tr⟩ 태그로 만들어진 행 중 짝수 행에만 배경색이 노랑으로 지정되도록 설정합니다.
❸ 테이블을 만들기 위한 시작점입니다.
❹ 테이블 머리글의 시작으로, 테이블의 가장 윗부분에 표시됩니다.
❺ 머리글의 첫 번째 행을 만듭니다.
❻ 제목 스타일이 적용된 1개의 셀을 만듭니다.

– ❹~❻에 정의된 테이블 머리글의 첫 행

❼ 테이블 바닥글의 시작으로, 테이블의 가장 아랫부분에 표시됩니다.
❽ 바닥글의 첫 번째 행을 만듭니다.
❾ 1개의 셀을 만듭니다.

– ❹~❻에 정의된 테이블 머리글의 첫 행
– ❼~❾에 정의된 테이블 바닥글의 첫 행

❿ 테이블 본문의 시작으로, 테이블의 머리글과 바닥글 사이에 표시됩니다.
⓫ 본문의 첫 번째 행을 만듭니다.
⓬ 1개의 셀을 만듭니다.

– ❹~❻에 정의된 테이블 머리글의 첫 행
– ❿~⓬에 정의된 테이블 본문의 첫 행
– ❼~❾에 정의된 테이블 바닥글의 첫 행

⓭ 본문의 두 번째 행을 만듭니다. 이 행은 두 번째 행, 즉 짝수 요소에 해당되므로 ❷번에서 정의한 서식이 적용됩니다. 이후 이 행에 만들어지는 셀에는 배경색이 노랑으로 표시됩니다.
⓮ 1개의 셀을 만듭니다. 만들어진 셀은 배경색이 노랑으로 표시됩니다.

– ❹~❻에 정의된 테이블 머리글의 첫 행
– ❿~⓬에 정의된 테이블 본문의 첫 행
– ⓭~⓮에 정의된 테이블 본문의 두 번째 행
– ❼~❾에 정의된 테이블 바닥글의 첫 행

25년 5월, 22년 3회

4. HTML에서 다음과 같이 frameset 태그를 사용했을 때 나타나는 결과로 올바른 것은?

```
<FRAMESET cols="50%, 50%">
  <FRAMESET rows="50%, 50%">
  </FRAMESET>
</FRAMESET>
```

① ② ③ ④

사용된 코드의 의미는 다음과 같습니다.

❶ ⟨FRAMESET cols="50%, 50%"⟩
❷   ⟨FRAMESET rows="50%, 50%"⟩
    ⟨/FRAMESET⟩
  ⟨/FRAMESET⟩

• ⟨frameset⟩으로 분할된 영역에 ⟨frame⟩ 태그가 적용되는 순서는 다음과 같습니다.
 – 화면을 가로로 분할할 경우: 위쪽 → 아래쪽
 – 화면을 세로로 분할할 경우: 왼쪽 → 오른쪽

❶ ⟨FRAMESET cols="50%, 50%"⟩ : 화면을 세로 기준 50:50으로 분할하여 2개의 프레임으로 만듭니다.

❷ ⟨FRAMESET rows="50%, 50%"⟩ : 화면을 가로 기준 50:50으로 분할하여 2개의 프레임으로 만듭니다. ❶번에서 화면이 세로로 분할되었으므로 ❷번 작업은 왼쪽 프레임에서 수행됩니다.

▶ 정답: 1.② 2.④ 3.③ 4.②

기출문제 따라잡기

24년 7월, 23년 7월

5. HTML의 태그 중 책이나 음악, 영화 등의 제목을 정의할 때 사용하는 태그는?

① mark ② small
③ sub   ④ cite

> 태그 안의 내용을 기울림꼴 서체로 표시하는 것으로, 책이나 음악, 영화, 그림 등 창작물의 제목 표시에 사용하는 태그는 〈cite〉입니다.

23년 2월

6. HTML5에서 메뉴, 목차, 인덱스와 같이 내부 페이지 및 외부 페이지에 대한 탐색 링크들을 정의할 때 사용하는 태그는?

① 〈lib〉 ② 〈link〉
③ 〈nav〉 ④ 〈index〉

> 다른 페이지나 현재 페이지의 다른 부분과 연결되는 링크의 집합을 정의하는 것으로, 메뉴나 목차, 인덱스 작성에 사용하는 태그는 〈nav〉입니다.

23년 2월

7. 다음 HTML 코드로 구현한 표에서 2번 째 행에 만들어지는 셀을 3개 공간을 차지하는 병합된 셀로 만들고자 할 때 괄호에 들어갈 알맞은 속성은?

```
<table>
  <tr>
    <td>a</td>
    <td>b</td>
    <td>c</td>
  </tr>
  <td (    )="3"> def</td>
</table>
```

① rows   ② rowspan
③ cols   ④ colspan

> 한 행에 3개의 셀을 만들면 아래와 같이 가로 방향으로 셀이 만들어집니다.
>
> | | | |
> |---|---|---|
>
> 가로 방향의 셀을 병합할 때 사용하는 속성은 colspan입니다.
>
> 〈결과화면〉
> ※ 원할한 구분을 위해 테이블과 셀에 테두리를 추가한 화면입니다.
>
> | a | b | c |
> |---|---|---|
> | def | | |

24년 5월, 23년 7월

8. 다음 중 CSS의 속성 중 사각형 테두리를 둥글게 만드는 속성은?

① border-radius ② square-round
③ border-round   ④ square-radius

> 사각형 테두리를 둥글게 만드는 CSS 속성은 border-radius입니다.

23년 2월

9. 다음과 같이 HTML 문서에서 CSS를 이용하여 문장을 가운데 정렬하고 자간을 조정하였다. 이때 괄호에 들어갈 적합한 코드는?

```
<html>
  <style>
    (        )
  </style>
  <body>
    <p id='first'>hello CSS world!</p>
</html>
```

① #first { text-align: center; letter-spacing: 5px }
② first { letter-align: center; text-spacing: 5px }
③ #first { letter-align: center; letter-spacing: 5px }
④ first { text-align: center; text-spacing: 5px }

> • 정렬 방식을 지정하는 속성은 text-align, 글자 사이 간격을 지정하는 속성은 letter-spacing입니다.
> • 〈body〉 태그 안에 정의한 id에 스타일을 지정할 때는 id 앞에 #을 붙입니다.

24년 2월, 23년 5월

10. 〈p〉 태그에 대해 안쪽 여백을 50, 외곽선의 종류를 점선, 외곽선의 색을 빨간색으로 지정하는 코드로 올바른 것은?

① p { padding : 50; border-style : dotted; border-color : red }
② p { margin : 50; border-style : dotted; border-color : red }
③ p { space : 50; border-style : dashed; border-color : red }
④ p { blank : 50; border-style : ridge; border-color : red }

> 안쪽 여백을 지정하는 속성은 padding, 외곽선 스타일을 지정하는 속성은 border-style, 외곽선 색상을 지정하는 속성은 border-color입니다.

기출문제 따라잡기

25년 8월

11. 텍스트의 색상을 변경할 때 사용하는 CSS 속성 이름은?

① font.color
② text-color
③ color
④ border-color

> 텍스트의 색상을 변경할 때 사용하는 CSS 속성은 color입니다.

25년 2월

12. HTML5의 〈input〉 태그에서 반드시 입력되어야 할 필드를 만들 때 사용하는 속성은?

① essential
② required
③ expected
④ fill

> 〈input〉 태그에서 반드시 입력되어야 할 필드를 명시할 때 사용하는 속성은 required입니다.

▶ 정답 : 5. ④ 6. ③ 7. ④ 8. ① 9. ① 10. ① 11. ③ 12. ②

SECTION 062

웹 프로그래밍 언어 – JavaScript

전문가의 조언

JavaScript는 C언어를 기반으로 제작된 언어이므로 함수 사용 방법이 C언어와 동일합니다. 이번 섹션은 앞에서 C언어를 충분히 학습하였다는 전제하에 진행되며, 본문에는 C언어와 비교하여 다른 부분만 수록하였습니다. 학습에 어려움을 느끼면 앞의 섹션들을 먼저 공부한 후 본 섹션을 공부하는 것이 좋습니다.

객체지향 프로그래밍 언어는 Section 064를, 스크립트 언어는 Section 065를 참조하세요.

❶ JavaScript의 기본 문법

<small>25.8, 25.2, 24.5, 24.2, 23.7, 23.5, 23.2, 22.7</small>

JavaScript는 객체지향의 스크립트 언어*로, 주로 웹 페이지의 동작을 구현한다.

- C언어 문법을 기반으로 제작된 언어이므로, 제어문, 반복문 등의 함수 사용 방법이 C언어와 같다.
- 변수는 자료형에 관계없이 'var' 예약어를 사용하여 선언한다.
  - 예) var a = 3.14 – 변수 a를 선언하고 3.14로 초기화한다.

- 코드 입력
  - 방법1 : ⟨script⟩와 ⟨/script⟩ 태그 사이에 코드를 직접 입력한다.
  - 방법2 : ⟨script⟩ 태그 내부에 코드가 저장된 파일명(.js)을 입력한다.

예제 1 코드 직접 입력

```
<html>
  <head>
    <script>
❶     var sum = 0;
❷     for (var i = 1; i <= 10; i++)
❸         sum = sum + i;
❹     document.write(sum);
    </script>
  </head>
  <body> </body>
</html>
```

예제 2 파일 호출

```
<html>
  <head>
    <script src=test.js*> </script>
  </head>
  <body> </body>
</html>
```

test.js 파일

예제 2는 다음의 코드가 저장된 test.js 파일을 호출하여 실행합니다.

```
var sum = 0;
for (var i = 1; i <= 10; i++)
    sum = sum + i;
document.write(sum);
```

코드 해설

❶ 변수 sum을 선언하고 0으로 초기화한다.
❷ 반복 변수 i가 1부터 1씩 증가하면서 10보다 작거나 같은 동안 ❸번을 반복 수행한다.
❸ sum에 i의 값을 누적시킨다.
❹ sum의 값을 출력한다.
- document.write( ) : 인수로 주어진 값을 출력하는 메소드이다.

결과 55

② JavaScript의 입·출력
25.5, 22.4, 22.3

대화상자

- 대화상자는 화면에서 데이터를 입력받거나 내용을 표시하는 용도로 사용하는 창이다.
- 관련된 메소드는 window 객체*에 정의되어 있으며, 메소드 사용 시 객체명은 생략*할 수 있다.
- 대화상자가 표시되면 대화상자를 종료할 때까지 웹 페이지를 조작할 수 없다.

- **형식1 - 알림 대화상자**

alert(내용);
- 대화상자 본문에 '내용'이 표시되고, 아래쪽에 〈확인〉 단추가 표시된다.
- '내용'만 표시하는 대화상자로 반환 값이 없다.

예제 1 알림 대화상자를 화면에 표시하시오.

```html
<html>
  <body>
    <script>
      alert("안녕하세요! 시나공입니다.");
    </script>
  </body>
</html>
```

〈결과〉

- **형식2 - 확인 대화상자**

confirm(내용);
- 대화상자 본문에 '내용'이 표시되고, 아래쪽에 〈확인〉과 〈취소〉 단추가 표시된다.
- 〈확인〉 단추를 클릭하면 **true**를, 〈취소〉 단추를 클릭하면 **false**를 반환한다.

예 confirm("시나공 사이트에 방문하시겠습니까?");   〈결과〉

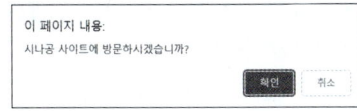

전문가의 조언

JavaScript에서 사용하는 입·출력 메소드에 대한 문제가 출제되었습니다. 입·출력 메소드의 종류를 기억하고 각각의 예제를 통해 사용법을 파악해 두세요.

window 객체

window 객체는 웹 브라우저에 관련된 모든 요소를 정의하는 최상위 객체로, 어디서든 접근할 수 있어 '전역 객체'라고 불립니다. 원칙적으로 객체에 속한 메소드는 window.alert()와 같이 객체명과 메소드를 함께 작성해야 하지만 window 객체에 한해서는 alert()와 같이 객체명을 생략할 수 있습니다.

전문가의 조언

- 대화상자의 모든 인수는 생략할 수 있습니다.
- 대화상자의 모양은 웹 브라우저의 종류에 따라 다르게 표시될 수 있습니다. 교재에 수록된 대화상자 화면은 크롬(Chrome) 브라우저를 기준으로 한 것입니다.
- 대화상자를 화면에 표시하려면 예제1 과 같이 HTML 문서의 〈script〉 태그 안에 코드를 입력해야 합니다. 이후 진행되는 예에서는 HTML 문서의 태그를 생략하고 대화상자 표시 코드만 표기합니다.

- 형식3 – 입력 대화상자

prompt(내용, 기본값);
- 대화상자 본문에 '내용'이 표시되고, '내용' 아래에 '기본값'이 입력된 텍스트 상자가 표시된다.
- 대화상자 아래쪽에 〈확인〉과 〈취소〉 단추가 표시된다.
- 〈확인〉 단추를 클릭하면 텍스트 상자에 입력된 데이터를 반환하고, 〈취소〉 단추를 클릭하면 null을 반환한다.

예 prompt("이름을 입력하세요.", "홍길동"); 〈결과〉

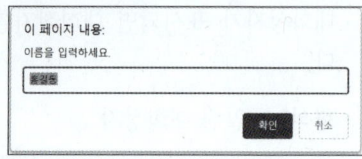

콘솔(Console)

- 콘솔은 개발자 도구*의 콘솔 탭의 기능을 사용할 수 있게 하는 전역 객체이다.
- 웹 브라우저에서 개발자 도구 창*의 콘솔 탭에서 결과를 확인할 수 있다.
- 콘솔의 출력 메소드에는 log( ), info( ), warn( ), error( )가 있으며 사용 형식은 모두 같다.

- 형식

console.log(내용);   개발자 도구 창의 콘솔 탭에 '내용'을 표시한다.

예 console.log("Sinagong");*   〈결과〉

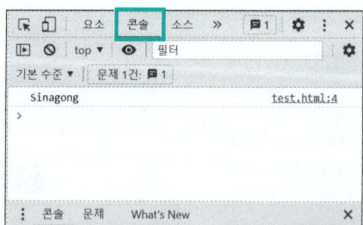

3 배열(Array)
25.5, 24.7, 23.5, 23.2, 22.7, 22.4

배열은 여러 개의 데이터를 하나의 이름으로 정의하여 사용하는 데이터의 집합이다.
- 동일한 자료형만 저장할 수 있는 C나 Java의 배열과 달리 다양한 자료형을 저장할 수 있다.
- 변수 선언시 자료형에 관계없이 'var' 예약어를 사용한다.
- 변수명은 사용할 배열의 이름으로 사용자가 임의로 지정한다.
- 초기값으로 지정한 개수대로 배열의 요소가 생성된다.

개발자 도구
개발자들이 웹 브라우저에서 코드 분석, 디버깅, 성능 확인, 트래픽 분석, 보안 등의 기능을 구현할 수 있도록 제공하는 툴입니다.

개발자 도구 창 표시하기
웹 브라우저를 실행시킨 후 키보드의 F12나 Ctrl+Shift+I를 누르면 개발자 도구 창이 표시됩니다. 표시된 개발자 도구 창의 '콘솔(Console)' 탭을 클릭한 후 메소드들의 실행 결과를 확인해 보세요.

콘솔의 출력 메소드 4가지 사용 예

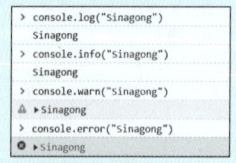

 전문가의 조언
- 배열에서 사용하는 메소드의 기능을 묻는 문제가 출제되었습니다. pop, join, splice를 중심으로 각각의 기능을 기억하고 예를 통해 사용 방법을 파악해 두세요.
- 예1부터 예9까지는 결과가 계속 이어지는 예제입니다.

- 형식

```
var 변수명 = [ 값1, 값2, … ];
var 변수명 = Array( 값1, 값2, … );
var 변수명 = new Array( 값1, 값2, … );
```

예1 var a = ['a', 3.14, "시나공"];
　　　var a = Array('a', 3.14, "시나공");
　　　var a = new Array('a', 3.14, "시나공");

〈결과〉

	a[0]	a[1]	a[2]
배열 a	'a'	3.14	"시나공"

예1 설명
3가지 방법에 대한 결과는 동일합니다.

- 배열 요소의 추가

배열명.unshift(값);	배열의 맨 앞에 '값'을 추가한다.
배열명.push(값);	배열의 맨 뒤에 '값'을 추가한다.
배열명[위치] = 값;*	배열의 '위치'에 '값'을 추가한다.

배열명[위치] = 값;
C나 Java에서는 초기에 만들어진 배열의 요소에만 값을 저장할 수 있지만, JavaScript에서는 배열의 크기를 벗어난 요소를 지정하면 해당 요소만큼 배열의 크기가 커지면서 값이 저장됩니다.

예2 a.unshift(true); → 배열 a

a[0]	a[1]	a[2]	a[3]
true	'a'	3.14	"시나공"

예3 a.push(false); → 배열 a

a[0]	a[1]	a[2]	a[3]	a[4]
true	'a'	3.14	"시나공"	false

예4 a[6] = 10; → 배열 a

a[0]	a[1]	a[2]	a[3]	a[4]	a[5]*	a[6]
true	'a'	3.14	"시나공"	false		10

예4 설명
a배열에 a[6]이 없으므로 새 요소를 생성한 후 값을 저장합니다.

값이 정의되지 않은 요소
a[5]는 a[6]에 값을 저장하는 과정에서 자동으로 생성되었지만 값은 저장되지 않았습니다. 이와 같이 변수의 선언이나 배열 요소의 생성 등으로 인해 메모리에 영역은 할당되었지만 값이 정의되지 않은 경우 JavaScript에서는 undefined로 처리합니다. a[5] 요소를 출력하면, 화면에 undefined가 표시됩니다.

- 배열 요소의 삭제

배열명.shift( );	배열의 첫 번째 요소를 삭제한다.
배열명.pop( );	배열의 마지막 요소를 반환한 후 삭제한다.
배열명.splice(위치, 개수, 값1, 값2, …);	배열의 '위치'에서 '개수'만큼 요소를 삭제한 후 '값1, 값2, …'를 저장한다.

예5 a.shift( ); → 배열 a

a[0]	a[1]	a[2]	a[3]	a[4]	a[5]
'a'	3.14	"시나공"	false		10

예6 console.log(a.pop( )); → 배열 a

a[0]	a[1]	a[2]	a[3]	a[4]
'a'	3.14	"시나공"	false	

예6 설명
콘솔 탭에 10을 출력하고 a[5]를 삭제합니다.

예7 a.splice(1, 2, true, 123); → 배열 a

a[0]	a[1]	a[2]	a[3]	a[4]
'a'	true	123	false	

예7 설명
a[1]부터 2개의 요소, 즉 a[1]과 a[2]를 삭제한 후, a[1]에 true를 a[2]에 123을 저장합니다.

- 배열의 일부 요소 추출

배열명.slice(초기위치:최종위치);	배열의 '초기위치'부터 '최종위치'-1까지의 요소들을 추출한다.
배열명.slice(최종위치);	'초기위치'가 없으면 첫 번째 요소부터 '최종위치'-1까지의 요소들을 추출한다.

예8 설명
a[2]부터 a[3]까지의 요소인 123과 false를 추출한 후 b에 저장합니다. b에 추출한 내용이 저장되므로 2개의 요소를 갖는 새로운 배열이 생성됩니다.

예8 var b = a.slice(2, 4); →

배열 a
	a[0]	a[1]	a[2]	a[3]	a[4]
	'a'	true	123	false	

배열 b
	b[0]	b[1]
	123	false

예9 설명
- a 배열의 요소들을 '–'으로 구분한 a–true–123–false–를 콘솔탭에 출력합니다.
- 정의되지 않은(undefined) 요소를 단독으로 지정하여 console.log(a[4]);와 같이 작성하면 화면에 undefined가 표시되지만, 예9와 같이 다른 요소들과 함께 출력할 때는 아무것도 출력되지 않습니다.

• 배열 요소를 문자열로 변환

배열명.join(구분자); 배열의 요소들을 '구분자'로 구분된 하나의 문자열로 변환한다.

예9 console.log(a.join('–')); →

배열 a
	a[0]	a[1]	a[2]	a[3]	a[4]
	'a'	true	123	false	

기출문제 따라잡기

24년 7월, 22년 7월

1. 자바스크립트에서 배열의 속성과 메소드에 대한 설명으로 옳지 않은 것은?

① pop( ) : 배열의 맨 끝의 값을 삭제한다.
② join( ) : 배열의 요소들을 구분자로 구분하는 하나의 문자열로 반환한다.
③ splice( ) : 배열에서 지정한 범위의 데이터를 가져온다.
④ length : 배열의 길이를 반환한다.

slice( )는 지정한 부분을 가져오기만 하고, splice( )는 지정한 부분을 삭제한 후 그 자리에 새로운 값을 입력합니다.

24년 2월, 22년 7월

2. JavaScript에서 화면에 숫자 100을 출력하는 명령문으로 올바른 것은?

① write(100)
② document.write(100)
③ print(100)
④ console.print(100)

write( ) 메소드는 document 객체의 메소드입니다. 그러므로 반드시 객체명과 함께 작성해야 합니다.

22년 4월

3. 자바스크립트의 window 객체에서 사용자로부터 데이터를 입력받을 수 있는 메소드는?

① prompt
② alert
③ confirm
④ messagebox

alert는 알림, confirm은 확인, prompt는 입력입니다.

22년 7월

4. 다음은 1000까지의 7의 배수를 모두 합하는 JavaScript 코드이다. 괄호(㉠, ㉡)에 들어갈 알맞은 예약어는?

```
…생략…
<script>
  var r = 0, i = 0;
  ( ㉠ ) {
    i = i + 1;
    if (i%7 == 0) {
      r = r + i;
    }
  } ( ㉡ ) (i < 1000);
  console.log(r);
</script>
…생략…
```

① ㉠-do, ㉡-while
② ㉠-do, ㉡-loop
③ ㉠-while, ㉡-do
④ ㉠-loop, ㉡-do

기출문제 따라잡기

사용된 코드의 의미는 다음과 같습니다.

```
…생략…
<script>
❶ var r = 0, i = 0;
❷ do {
❸     i = i + 1;
❹     if (i%7 == 0) {
❺         r = r + i;
       }
❻ } while (i < 1000);
❼ console.log(r);
</script>
…생략…
```

❶ 변수 r과 i를 선언하고 모두 0으로 초기화합니다.
❷ do~while 반복문의 시작점입니다. ❸~❺번 문장을 반복 수행합니다.
❸ i의 값을 1씩 증가시킵니다.
❹ i를 7로 나눈 나머지가 0이면 ❺번으로 이동하고, 아니면 ❻번으로 이동합니다.
❺ r에 i의 값을 누적시킵니다.
❻ i가 1000보다 작은 동안 ❸~❺번 문장을 반복 수행합니다. 반복문 실행에 따른 변수들의 값의 변화는 다음과 같습니다.

i	r
0	0
1	
2	
⋮	⋮
6	
7	7
8	
⋮	⋮
14	21
⋮	⋮
994	71071
995	
996	
997	
998	
999	
1000	

❼ 개발자 도구 창의 콘솔 탭에 r의 값을 출력합니다.
결과 71071

22년 4월

5. HTML이 호출될 때 자바스크립트를 이용하여 안내 문구를 전달하고 싶은 경우 사용할 수 있는 메소드는?

① alert   ② prompt
③ input   ④ scan

안내 문구를 전달할 때는 알림(alert) 대화상자를 표시하면 됩니다.

25년 5월, 22년 4월

6. 자바스크립트에서 배열에 데이터를 입력하고자 할 때 사용하는 메소드는?

① push   ② add
③ pop   ④ shift

배열에 요소를 추가하는 메소드는 unshift와 push가 있습니다. 맨 앞이면 unshift, 맨 뒤면 push입니다.

25년 5월, 22년 3월

7. JavaScript에서 다음 그림과 같은 창을 띄우기 위해 사용한 명령어로 옳은 것은?

① alert("title", "default")
② prompt("title", "default")
③ alert("default", "title")
④ prompt("default", "title")

입력은 'prompt'이고, prompt 메소드의 인수는 prompt(내용, 기본값)입니다.

23년 5월

8. 다음 JavaScript 프로그램이 실행되었을 때, 실행 결과는?

```
<script>
    var r = 0;
    for (var i =1; i <=10; i++)
        r = r + i;
    document.write(r);
</script>
```

① 10   ② 45
③ 55   ④ 66

사용된 코드의 의미는 다음과 같습니다.

```
<script>
❶ var r = 0;
❷ for (var i =1; i <=10; i++)
❸     r = r + i;
❹ document.write(r);
</script>
```

❶ 변수 r을 선언하고 0으로 초기화합니다.
❷ 반복 변수 i가 1부터 1씩 증가하면서 10보다 작거나 같은 동안 ❸번을 반복 수행합니다.

▶ 정답 : 1.③ 2.② 3.① 4.① 5.① 6.① 7.② 8.③

기출문제 따라잡기

❸ r에 i의 값을 누적시킵니다.
반복문 실행에 따른 변수의 변화는 다음과 같습니다.

i	r
1	0
2	1
3	3
4	6
5	10
6	15
7	21
8	28
9	36
10	45
11	55

❹ r의 값 55를 출력합니다.

결과 55

23년 2월
9. JavaScript에서 변수를 선언할 때 사용하는 예약어는?

① dim   ② int
③ var   ④ scr

JavaScript에서 변수를 선언할 때 사용하는 예약어는 var입니다.

23년 5월
10. JavaScript에서 배열의 맨 끝에 데이터를 추가하는 데 사용하는 메소드는?

① push( )   ② pop( )
③ shift( ) ④ unshift( )

- 배열의 맨 끝에 데이터를 추가하는 메소드는 push입니다.
- pop은 맨 끝의 데이터를 삭제, shift는 맨 처음의 데이터를 삭제, unshift는 맨 처음에 데이터를 추가합니다.

25년 8월, 24년 5월, 23년 7월
11. HTML에 JavaScript를 삽입하는 방법으로 옳지 않은 것은?

① HTML에 직접 입력 – ⟨script⟩ document.write(100) ⟨/script⟩
② 외부 파일 호출 – ⟨script src="abc.js"⟩⟨/script⟩
③ 내부 코드 삽입 – ⟨input type="button" value="click" onclick="msg(100)"⟩
④ HTML에 직접 입력 – ⟨javascript⟩ document.write(100) ⟨/javascript⟩

HTML에 JavaScript 코드를 삽입할 때는 ①번과 같이 ⟨script⟩와 ⟨/script⟩ 태그 사이에 코드를 직접 입력합니다.

23년 2월
12. 다음 JavaScript 프로그램을 실행 때의 결과는?

```
var a = [ "사과", "포도", "자두", "배" ];
a.shift( );
a.unshift("레몬");
a.push("수박");
document.write(a);
```

① 사과,포도,자두,레몬,수박
② 레몬,포도,자두,배,수박
③ 사과,포도,자두,배,레몬,수박
④ 레몬,사과,포도,자두,수박

사용된 코드의 의미는 다음과 같습니다.

❶ var a = ["사과", "포도", "자두", "배"];
❷ a.shift( );
❸ a.unshift("레몬");
❹ a.push("수박");
❺ document.write(a);

❶ 4개의 요소를 갖는 배열 a를 선언하고 초기화합니다.

	[0]	[1]	[2]	[3]
a	"사과"	"포도"	"자두"	"배"

❷ a 배열의 첫 번째 요소를 삭제합니다.

	[0]	[1]	[2]
a	"포도"	"자두"	"배"

❸ a 배열의 맨 앞에 "레몬"을 추가합니다.

	[0]	[1]	[2]	[3]
a	"레몬"	"포도"	"자두"	"배"

❹ a 배열의 맨 뒤에 "수박"을 추가합니다.

	[0]	[1]	[2]	[3]	[4]
a	"레몬"	"포도"	"자두"	"배"	"수박"

❺ a 배열을 출력합니다.

결과 레몬,포도,자두,배,수박

기출문제 따라잡기

25년 8월

13. 다음 JavaScript 프로그램이 실행되었을 때, 실행 결과는?

```
<html>
<script type = "text/javascript">
    var a = "15";
    var b = 30;
    var c = 3.4;
    result = a+b;
    result = result * c;
    document.write(result);
</script>
</html>
```

① 5202   ② 15303.4
③ 153   ④ 4590

사용된 코드의 의미는 다음과 같습니다.

```
<html>
<script type = "text/javascript">
❶   var a = "15";
❷   var b = 30;
❸   var c = 3.4;
❹   result = a+b;
❺   result = result * c;
❻   document.write(result);
</script>
</html>
```

❶ 변수 a를 선언하고, 문자열 "15"로 초기화합니다.
❷ 변수 b를 선언하고, 30으로 초기화합니다.
❸ 변수 c를 선언하고, 3.4로 초기화합니다.
❹ a가 문자열이므로 b도 문자열로 변환되어 'a+b'의 결과인 "1530"이 result에 저장됩니다.
  ※ + 연산자는 피연산자 중 하나라도 문자열이 있는 경우 나머지 피연산자도 문자열로 변환되어 문자열의 결합이 수행됩니다.
❺ c가 숫자이므로 result도 숫자로 변환되어 'result*c'의 결과인 5202가 result에 저장됩니다.
  ※ * 연산자는 피연산자 중 하나라도 숫자가 있는 경우 나머지 피연산자도 숫자로 변환되어 곱셈이 수행됩니다.
❻ result의 값을 출력합니다.

결과 5202

25년 2월

14. 다음 JavaScript 프로그램이 실행되었을 때, 실행 결과는?

```
<script>
    var i = 0, sum = 0;
    while (i <= 5) {
        sum += i;
        i++;
    }
    document.write(sum);
</script>
```

① 25   ② 20
③ 15   ④ 10

사용된 코드의 의미는 다음과 같습니다.

```
<script>
❶   var i = 0, sum = 0;
❷   while (i <= 5) {
❸       sum += i;
❹       i++;
    }
❺   document.write(sum);
</script>
```

❶ 변수 i와 sum을 선언하고 모두 0으로 초기화합니다.
❷ while 반복문의 시작점입니다. i가 5보다 작거나 같은 동안 ❸~❹번 문장을 반복 수행합니다.
❸ 'sum = sum + i;'와 동일합니다. sum에 i의 값을 누적시킵니다.
❹ 'i = i + 1;'과 동일합니다. i의 값을 1씩 누적시킵니다.
반복문 실행에 따른 변수들의 변화는 다음과 같습니다.

i	sum
0	0
1	1
2	3
3	6
4	10
5	15
6	

❺ sum의 값 15를 출력합니다.

결과 15

▶ 정답 : 9. ③ 10. ① 11. ④ 12. ② 13. ① 14. ③

SECTION 063 절차적 프로그래밍 언어

전문가의 조언
절차적 프로그래밍 언어는 실행 순서를 중시한다는 것을 중심으로 개념과 장·단점을 파악해 두세요.

프로그래밍 언어
프로그래밍 언어는 컴퓨터를 이용해 특정 문제를 해결하기 위한 프로그램을 작성하기 위해 사용되는 언어를 말합니다.

전문가의 조언
제시된 언어의 특징을 보고 어떤 언어를 말하는지 구분할 수 있도록 학습하세요. 특히 C언어는 눈여겨 보세요.

저급 언어와 고급 언어
저급 언어와 고급 언어의 구분은 언어가 저급이냐 고급이냐를 말하는 것이 아니라 기계 친화적이냐 인간 친화적이냐, 즉 기계가 이해하기 쉬우면 저급 언어, 인간이 이해하기 쉬우면 고급 언어입니다.

컴파일러(Compiler)
FORTRAN, COBOL, C, ALGOL 등의 고급 언어로 작성된 프로그램을 기계어로 번역하는 프로그램입니다.

1 절차적 프로그래밍 언어의 개요

절차적 프로그래밍 언어는 일련의 처리 절차를 정해진 문법에 따라 순서대로 기술해 나가는 언어이다.
- 절차적 프로그래밍 언어는 프로그램이 실행되는 절차를 중요시 한다.
- 절차적 프로그래밍 언어는 데이터를 중심으로 프로시저를 구현하며, 프로그램 전체가 유기적으로 연결되어 있다.
- 절차적 프로그래밍 언어는 자연어에 가까운 단어와 문장으로 구성된다.
- 절차적 프로그래밍 언어는 과학 계산이나 하드웨어 제어에 주로 사용된다.

2 절차적 프로그래밍 언어의 장·단점

- 컴퓨터의 처리 구조와 유사하여 실행 속도가 빠르다.
- 같은 코드를 복사하지 않고 다른 위치에서 호출하여 사용할 수 있다.
- 모듈 구성이 용이하며, 구조적인 프로그래밍이 가능하다.
- 프로그램을 분석하기 어렵다.
- 유지 보수나 코드의 수정이 어렵다.

3 절차적 프로그래밍 언어의 종류

언어	특징
C	• 1972년 미국 벨 연구소의 데니스 리치에 의해 개발되었다. • 시스템 소프트웨어를 개발하기 편리하여 시스템 프로그래밍 언어로 널리 사용된다. • 자료의 주소를 조작할 수 있는 포인터를 제공한다. • 고급 프로그래밍 언어*이면서 저급 프로그램 언어*의 특징을 모두 갖췄다. • UNIX의 일부가 C 언어로 구현되었다. • 컴파일러* 방식의 언어이다. • 이식성이 좋아 컴퓨터 기종에 관계없이 프로그램을 작성할 수 있다.
ALGOL	• 수치 계산이나 논리 연산을 위한 과학 기술 계산용 언어이다. • PASCAL과 C 언어의 모체가 되었다.
COBOL	• 사무 처리용 언어이다. • 영어 문장 형식으로 구성되어 있어 이해와 사용이 쉽다. • 4개의 DIVISION으로 구성되어 있다.
FORTRAN	• 과학 기술 계산용 언어이다. • 수학과 공학 분야의 공식이나 수식과 같은 형태로 프로그래밍 할 수 있다.

기출문제 따라잡기

출제예상
1. 다음 중 절차적 프로그래밍 언어에 대한 설명으로 틀린 것은?
① 컴퓨터의 처리 구조와 유사하여 실행 속도가 빠르다.
② 실행되는 절차를 중시한다.
③ 데이터를 중심으로 프로시저를 구현한다.
④ 상속을 통한 재사용성이 높다.

> 상속을 통한 재상용성이 높은 것은 객체지향 프로그래밍 언어입니다. 객체지향 프로그래밍 언어는 다음 섹션에서 자세히 공부합니다.

이전기출
2. C언어에 대한 설명으로 옳지 않은 것은?
① 다양한 연산자를 제공한다.
② 이식성이 높은 언어이다.
③ 시스템 프로그래밍이 용이하다.
④ 기계어에 해당한다.

> C언어는 기계어가 아니고 기계어로 번역해야 실행할 수 있는 컴파일러 방식의 언어입니다.

이전기출
3. 시스템 프로그래밍에 가장 적합한 언어는?
① C
② COBOL
③ Fortran
④ Pascal

> 시스템 프로그래밍 하면 C입니다.

▶ 정답 : 1. ④ 2. ④ 3. ①

SECTION 064 객체지향 프로그래밍 언어

 전문가의 조언

객체지향 프로그래밍 언어가 무엇인지 의미를 정확히 알아야 하며, 그 의미를 중심으로 객체지향 프로그래밍의 장·단점을 정리해 두세요.

1 객체지향 프로그래밍 언어의 개요

객체지향 프로그래밍 언어는 현실 세계의 개체(Entity)를 기계의 부품처럼 하나의 객체로 만들어, 기계적인 부품들을 조립하여 제품을 만들 듯이 소프트웨어를 개발할 때도 객체들을 조립해서 프로그램을 작성할 수 있도록 한 프로그래밍 기법이다.

- 프로시저보다는 명령과 데이터로 구성된 객체를 중심으로 하는 프로그래밍 기법으로, 한 프로그램을 다른 프로그램에서 이용할 수 있도록 한다.

2 객체지향 프로그래밍 언어의 장·단점

- 상속을 통한 재사용과 시스템의 확장이 용이하다.
- 코드의 재활용성이 높다.
- 자연적인 모델링에 의해 분석과 설계를 쉽고 효율적으로 할 수 있다.
- 사용자와 개발자 사이의 이해를 쉽게 해준다.
- 대형 프로그램의 작성이 용이하다.
- 소프트웨어 개발 및 유지보수가 용이하다.
- 프로그래밍 구현을 지원해 주는 정형화된 분석 및 설계 방법이 없다.
- 구현 시 처리 시간이 지연된다.

3 객체지향 프로그래밍 언어의 종류

25.5, 25.2, 24.5, 22.4, 22.3

 전문가의 조언

객체지향 언어의 종류를 묻는 문제가 출제되었습니다. 객체지향 언어에는 JAVA, C++, Smalltalk가 있다는 것을 기억하세요.

언어	특징
JAVA	• 분산 네트워크 환경에 적용이 가능하며, 멀티스레드 기능을 제공하므로 여러 작업을 동시에 처리할 수 있다. • 운영체제 및 하드웨어에 독립적이며, 이식성이 강하다. • 캡슐화가 가능하고 재사용성 높다.
C++	• C 언어에 객체지향 개념을 적용한 언어이다. • 모든 문제를 객체로 모델링하여 표현한다.
Smalltalk	• 1세대 객체지향 프로그래밍 언어 중 하나로 순수한 객체지향 프로그래밍 언어이다. • 최초로 GUI*를 제공한 언어이다.

GUI(Graphical User Interface)
GUI는 아이콘이나 메뉴를 마우스로 선택하여 작업을 수행하는 그래픽 환경의 인터페이스입니다.

4 객체지향 프로그래밍 언어의 구성 요소

22.7, 기사 24.7, 24.2

객체지향 프로그래밍 언어의 구성 요소에는 객체(Object), 클래스(Class), 메시지(Message)가 있다.

객체(Object)	• 데이터(속성)와 이를 처리하기 위한 연산(메소드)을 결합시킨 실체이다. • 데이터 구조와 그 위에서 수행되는 연산들을 가지고 있는 소프트웨어 모듈이다. • **속성**(Attribute) : 한 클래스 내에 속한 객체들이 가지고 있는 데이터 값들을 단위별로 정의하는 것으로서 성질, 분류, 식별, 수량 또는 현재 상태 등을 표현한다. • **메소드**(Method) : 객체가 메시지를 받아 실행해야 할 때 구체적인 연산을 정의하는 것으로, 객체의 상태를 참조하거나 변경하는 수단이 된다.
클래스(Class)	• 두 개 이상의 유사한 객체들을 묶어서 하나의 공통된 특성을 표현하는 요소이다. 즉 공통된 특성과 행위를 갖는 객체의 집합이라고 할 수 있다. • 객체의 유형 또는 타입(Object Type)을 의미한다.
메시지(Message)	• 객체들 간에 상호작용을 하는데 사용되는 수단으로 객체의 메소드(동작, 연산)를 일으키는 외부의 요구 사항이다. • 메시지를 받은 객체는 대응하는 연산을 수행하여 예상된 결과를 반환하게 된다.

전문가의 조언

객체와 클래스의 개념을 묻는 문제가 출제되었습니다. **객체**는 실세계에 존재하는 것, **클래스**는 객체들의 공통된 특성이라는 것을 기억해 두세요.

5 객체지향 프로그래밍 언어의 특징

24.5, 22.7, 22.4, 기사 24.5, 24.2

객체지향 프로그래밍 언어의 특징에는 캡슐화, 정보 은닉, 추상화, 상속성, 다형성 등이 있다.

캡슐화 (Encapsulation)*	• 데이터(속성)와 데이터를 처리하는 함수를 하나로 묶는 것을 의미한다. • 캡슐화된 객체의 세부 내용이 외부에 은폐(정보 은닉)되어, 변경이 발생할 때 오류의 파급 효과가 적다. • 캡슐화된 객체들은 재사용이 용이하다.
정보 은닉 (Information Hiding)*	캡슐화에서 가장 중요한 개념으로, 다른 객체에게 자신의 정보를 숨기고 자신의 연산만을 통하여 접근을 허용하는 것이다.
추상화 (Abstraction)*	• 불필요한 부분을 생략하고 객체의 속성 중 가장 중요한 것에만 중점을 두어 개략화하는 것, 즉 모델화하는 것이다. • 데이터의 공통된 성질을 추출하여 슈퍼 클래스를 선정하는 개념이다.
상속성 (Inheritance)*	• 이미 정의된 상위 클래스(부모 클래스)의 모든 속성과 연산을 하위 클래스가 물려받는 것이다. • 상속성을 이용하면 하위 클래스는 상위 클래스의 모든 속성과 연산을 자신의 클래스 내에서 다시 정의하지 않고서도 즉시 자신의 속성으로 사용할 수 있다.
다형성 (Polymorphism)	• 메시지에 의해 객체(클래스)가 연산을 수행하게 될 때 하나의 메시지에 대해 각 객체(클래스)가 가지고 있는 고유한 방법(특성)으로 응답할 수 있는 능력을 의미한다. • 객체(클래스)들은 동일한 메소드명을 사용하며 같은 의미의 응답을 한다.

전문가의 조언

캡슐화, 상속, 다형성의 개념을 묻는 문제가 출제되었습니다. **상속**은 물려받는 것, **캡슐화**는 보이지 않도록 감싸는 것, **다형성**은 다양한 형태로 이용될 수 있는 성질을 기억해 두세요.

캡슐화와 정보 은닉의 장점
• 유지보수의 용이성
• 객체 이용의 용이성

정보 은닉
캡슐로 된 감기약을 예로 들면 정보 은닉은 감기약에 어떤 재료가 들어 있는지 몰라도 감기가 걸렸을 때 먹는 약이라는 것만 알고 복용하는 것과 같은 의미입니다.

추상화(Abstraction)의 종류
• **과정 추상화** : 자세한 수행 과정을 정의하지 않고, 전반적인 흐름만 파악할 수 있게 설계하는 방법
• **데이터 추상화** : 데이터의 세부적인 속성이나 용도를 정의하지 않고, 데이터 구조를 대표할 수 있는 표현으로 대체하는 방법
• **제어 추상화** : 이벤트 발생의 정확한 절차나 방법을 정의하지 않고, 대표할 수 있는 표현으로 대체하는 방법

상속성(Inheritance)의 종류
• **단일 상속** : 하나의 상위 클래스로부터 상속받는 것
• **다중 상속** : 여러 개의 상위 클래스로부터 상속받는 것

기출문제 따라잡기

25년 5월, 2월, 22년 4월
1. 캡슐화, 추상화, 상속성 등의 특징을 갖는 객체지향 언어는?
① C
② C++
③ COBOL
④ FORTRAN

C, COBOL, FORTRAN은 절차적 프로그래밍 언어입니다.

24년 5월, 22년 3월
2. 다음 중 객체지향 언어에 속하는 것은?
① ALGOL
② COBOL
③ C
④ C++

C, COBOL, ALGOL은 절차적 프로그래밍 언어입니다.

22년 4월
3. 객체지향 개념에서 이미 정의되어있는 상위 클래스(슈퍼 클래스 혹은 부모 클래스)의 메소드를 비롯한 모든 속성을 하위 클래스가 물려받는 것을 무엇이라고 하는가?
① Abstraction
② Method
③ Inheritance
④ Message

물려받는 것을 상속이라고 하고, 영어로는 Inheritance라고 합니다.

24년 5월, 22년 7월
4. 객체지향의 주요 개념에 대한 설명으로 틀린 것은?
① 캡슐화는 상위 클래스에서 속성이나 연산을 전달받아 새로운 형태의 클래스로 확장하여 사용하는 것을 의미한다.
② 객체는 실세계에 존재하거나 생각할 수 있는 것을 말한다.
③ 클래스는 하나 이상의 유사한 객체들을 묶어 공통된 특성을 표현한 것이다.
④ 다형성은 상속받은 여러 개의 하위 객체들이 다른 형태의 특성을 갖는 객체로 이용될 수 있는 성질이다.

캡슐화는 보이지 않도록 감싸는 것, 상속은 물려받는 것입니다.

이전기출
5. 객체지향의 기본 개념 중 객체가 메시지를 받아 실행해야 할 객체의 구체적인 연산을 정의한 것은?
① 메소드
② 추상화
③ 상속성
④ 캡슐화

연산, 동작, 함수 하면 메소드; 속성, 변수, 자료 구조 하면 데이터입니다.

출제예상
6. 객체지향 분석에서 불필요한 부분을 생략하고 객체의 속성 중 가장 중요한 것에만 중점을 두어 개략화시킨 것을 무엇이라고 하는가?
① 상속성
② 클래스
③ 추상화
④ 메시지

불필요한 부분을 생략하고 개략화시키는 것은 추상화입니다.

이전기출
7. 하나 이상의 유사한 객체들을 묶어서 하나의 공통된 특성을 표현한 것으로 데이터 추상화의 개념으로 볼 수 있는 것은?
① 객체(Object)
② 클래스(Class)
③ 실체(Instance)
④ 메시지(Message)

클래스를 짧게 표현하자면 '공통된 특성과 행위를 갖는 객체의 집합'이라고 할 수 있습니다.

이전기출
8. 객체지향 개념에서 이미 정의되어 있는 상위 클래스(슈퍼 클래스 혹은 부모 클래스)의 메소드를 비롯한 모든 속성을 하위 클래스가 물려 받는 것을 무엇이라고 하는가?
① Abstraction
② Method
③ Inheritance
④ Message

Inheritance(상속)은 상위 클래스의 속성을 하위 클래스가 물려받는 것입니다.

이전기출
9. 객체지향 기법에 대한 설명으로 거리가 먼 것은?
① 프로시저에 근간을 두고 프로그래밍을 구현하는 기법이다.
② 현실 세계를 모형화하여 사용자와 개발자가 쉽게 이해할 수 있다.
③ 소프트웨어의 재사용율이 높아진다.
④ 소프트웨어의 유지보수성이 향상된다.

객체지향 기법은 객체를 만들어 객체를 근간으로 프로그램을 구현합니다.

▶ 정답: 1.② 2.④ 3.③ 4.① 5.① 6.③ 7.② 8.③ 9.①

SECTION 065 스크립트 언어

1 스크립트 언어(Script Language)의 개요

스크립트 언어는 HTML 문서 안에 직접 프로그래밍 언어를 삽입하여 사용하는 것으로, 기계어로 컴파일 되지 않고 별도의 번역기가 소스를 분석하여 동작하게 하는 언어이다.

- 게시판 입력, 상품 검색, 회원 가입 등과 같은 데이터베이스 처리 작업을 수행하기 위해 주로 사용한다.
- 스크립트 언어는 클라이언트의 웹 브라우저에서 해석되어 실행되는 클라이언트용 스크립트 언어와 서버에서 해석되어 실행된 후 결과만 클라이언트로 보내는 서버용 스크립트 언어가 있다.
  - 서버용 스크립트 언어 : ASP, JSP, PHP, 파이썬
  - 클라이언트용 스크립트 언어 : 자바 스크립트(JAVA Script), VB 스크립트(Visual Basic Script)

> **전문가의 조언**
> 스크립트 언어의 개념을 파악하고, 종류는 서버용과 클라이언트용으로 구분하여 기억하세요. 그리고 각 스크립트 언어들의 개별적인 특징은 서로를 구분할 수 있을 정도로만 정리해 두세요.

2 스크립트 언어의 장·단점

- 컴파일 없이 바로 실행하므로 결과를 바로 확인할 수 있다.
- 배우고 코딩하기 쉽다.
- 개발 시간이 짧다.
- 소스 코드를 쉽고 빠르게 수정할 수 있다.
- 코드를 읽고 해석해야 하므로 실행 속도가 느리다.
- 런타임 오류가 많이 발생한다.

> **전문가의 조언**
> 스크립트 언어의 종류를 묻는 문제가 출제되었습니다. 스크립트 언어의 종류를 기억하고, 서로를 구분할 수 있도록 각각의 특징을 간단히 정리하세요.
>
> **Prototype Link와 Prototype Object**
> 자바스크립트에서 프로토타입을 구현하기 위해 사용하는 개념으로, 객체가 생성될 때 생성된 객체의 원형을 프로토타입 객체(Object)라고 하고, 생성된 객체와 원형을 연결하는 링크를 프로토타입 링크(Link)라고 합니다.
>
> **Active X**
> Active X는 마이크로소프트 사에서 Windows 환경의 응용 프로그램을 웹과 연결하기 위해 개발한 프로그램 기술로서, Active X를 이용하면 동적(Dynamic)인 콘텐츠와 응용 프로그램 제작이 편리합니다.

3 스크립트 언어의 종류

25.8, 23.5, 22.4, 기사 25.2, 21.8, 21.5, 20.8, 20.6

기사 21.5 **자바스크립트** **(JAVA Script)**	• 웹 페이지의 동작을 제어하는 데 사용되는 클라이언트용 스크립트 언어이다. • 클래스 기반의 객체 상속을 지원하여 객체지향 프로그래밍 언어의 성격도 갖고 있다. • Prototype Link*와 Prototype Object*를 통해 프로토타입 개념을 활용할 수 있다.
VB 스크립트(Visual Basic Script)	마이크로소프트 사에서 자바 스크립트에 대응하기 위해 제작한 언어로, Active X*를 사용하여 마이크로소프트 사의 애플리케이션들을 컨트롤할 수 있다.
ASP(Active Server Page)	• 서버 측에서 동적으로 수행되는 페이지를 만들기 위한 언어로 마이크로소프트 사에서 제작하였다. • Windows 계열에서만 수행 가능한 프로그래밍 언어이다.

	JSP(Java Server Page)	JAVA로 만들어진 서버용 스크립트로, 다양한 운영체제에서 사용이 가능하다.
	22.4, 기사 21.8, 20.6 PHP(Professional Hypertext Preprocessor)	• 서버용 스크립트 언어로, Linux, Unix, Windows 운영체제에서 사용 가능하다. • C, Java 등과 문법이 유사하므로 배우기 쉬워 웹 페이지 제작에 많이 사용된다.
	22.4, 기사 25.2, 21.8, 20.6 파이썬(Python)	• 귀도 반 로섬(Guido van Rossum)이 발표한 대화형 인터프리터 언어*이다. • 객체지향 기능을 지원하고 플랫폼에 독립적이며 문법이 간단하여 배우기 쉽다.
	22.4, 기사 21.8, 20.8 쉘 스크립트	• 유닉스/리눅스 계열의 쉘(Shell)*에서 사용되는 명령어들의 조합으로 구성된 스크립트 언어이다. • 컴파일 단계가 없어 실행 속도가 빠르다. • 저장 시 확장자로 '.sh'가 붙는다. • **쉘의 종류** : Bash Shell, Bourne Shell, C Shell, Korn Shell 등 • 쉘 스크립트에서 사용되는 제어문 　– 선택형 : if, case 　– 반복형 : for, while, until
	기사 20.6 Basic	절차지향 기능을 지원하는 대화형 인터프리터 언어로, 초보자도 쉽게 사용할 수 있는 문법 구조를 갖는다.

인터프리터 언어
인터프리터 언어는 원시 프로그램을 줄 단위로 번역하여 바로 실행해 주는 언어로, 목적 프로그램을 생성하지 않고 즉시 실행 결과를 출력합니다.

쉘(Shell)
쉘은 사용자의 명령어를 인식하여 프로그램을 호출하고 명령을 수행하는 명령어 해석기입니다.

전문가의 조언

JavaScript 프레임워크의 종류를 묻는 문제가 출제되었습니다. JavaScript 프레임워크의 종류를 기억하고, 서로를 구분할 수 있도록 각각의 특징을 간단히 정리하세요.

AJAX
AJAX(Asynchronous JavaScript and XML)는 자바 스크립트(JavaScript) 등을 이용하여 클라이언트와 서버 간에 XML 데이터를 교환 및 제어함으로써 이용자가 웹 페이지와 자유롭게 상호 작용할 수 있도록 하는 비동기 통신 기술을 의미합니다.

25.5, 23.2, 22.3

잠깐만요 JavaScript 프레임워크의 종류

프레임워크는 소프트웨어 개발 시 다양한 클래스나 인터페이스를 제공하는 소프트웨어를 의미하며, JavaScript에도 다양한 종류의 프레임워크가 있습니다.

프레임워크	특징
jQuery	• 가장 많이 사용하는 AJAX* 라이브러리이다. • 웹 브라우저 간의 호환성 문제를 해결하고 명령어를 단순화한 프레임워크입니다. • 출시 초기에는 주목받았으나, 현재는 다양한 기능을 제공하는 React, Angular 등에 밀려 잘 사용되지 않습니다.
React	• 메타(META)에서 개발한 프레임워크입니다. • 페이스북, 트위터, 인스타그램 등에서 사용합니다.
Angular	• 구글(Google) 사에서 개발한 프레임워크입니다. • 웹 페이지에 필요한 모든 요소를 갖추고 있어 편리하지만, 학습하는 데 많은 시간이 필요합니다.
Node.js	인터넷 브라우저 외에도 JavaScript가 동작하도록 하는 런타임 환경을 제공합니다.
Ember	• 하나의 웹 페이지로 웹 애플리케이션을 구현할 수 있도록 다양한 기능을 제공합니다. • PC 앱이나 모바일 앱의 개발도 가능합니다. • 디스코드, Vine, 트위치 등에서 사용합니다.

기출문제 따라잡기

25년 8월, 23년 5월, 22년 4월, 기사 20년 6월
1. 스크립트 언어가 아닌 것은?
① PHP ② Cobol
③ Basic ④ Python

Cobol은 사무 처리용 언어입니다.

기사 25년 2월, 21년 8월
2. 귀도 반 로섬(Guido van Rossum)이 발표한 언어로, 인터프리터 방식이자 객체지향적이며, 배우기 쉽고 이식성이 좋은 것이 특징인 스크립트 언어는?
① C++ ② JAVA
③ C# ④ Python

귀도 반 로섬이 발표한 이식성 좋은 인터프리터 언어는 Python입니다.

기사 20년 8월
3. 다음 중 bash 쉘 스크립트에서 사용할 수 있는 제어문이 아닌 것은?
① if ② for
③ repeat_do ④ while

bash 쉘 스크립트의 제어문에는 if, case, for, while, until이 있습니다.

기사 21년 5월
4. 자바스크립트(JavaScript)와 관련한 설명으로 틀린 것은?
① 프로토타입(Prototype)의 개념이 존재한다.
② 클래스 기반으로 객체 상속을 지원하지 않는다.
③ Prototype Link와 Prototype Object를 활용할 수 있다.
④ 객체지향 언어이다.

자바스크립트는 객체 상속은 물론 클래스 기반으로 작성하는 것도 가능합니다.

25년 5월, 22년 3월
5. 다음 중 JavaScript의 프레임워크가 아닌 것은?
① Angular ② React
③ Ember ④ Django

Django는 Python의 프레임워크입니다.

23년 2월
6. 셀렉터(Selector)를 이용한 DOM 접근과 AJAX 개발을 편리하게 해주는 등 JavaScript를 간편하게 사용할 수 있도록 단순화시킨 오픈소스 기반의 라이브러리는?
① jQuery ② Node.js
③ Spring ④ Django

JavaScript 명령어를 단순화시킨 오픈소스 기반의 라이브러리는 jQuery입니다.

▶ 정답 : 1. ② 2. ④ 3. ③ 4. ② 5. ④ 6. ①

SECTION 066 라이브러리

전문가의 조언

라이브러리의 개념을 기억하고, 표준 라이브러리와 외부 라이브러리의 차이점을 중심으로 라이브러리의 특징을 정리하세요.

① 라이브러리의 개요 <small>24.2, 기사 21.3</small>

라이브러리는 프로그램을 효율적으로 개발할 수 있도록 자주 사용하는 함수나 데이터들을 미리 만들어 모아 놓은 집합체이다.

- 자주 사용하는 함수들의 반복적인 코드 작성을 피하기 위해 미리 만들어 놓은 것으로, 필요할 때는 언제든지 호출하여 사용할 수 있다.
- 프로그래밍 언어에 따라 일반적으로 도움말, 설치 파일, 샘플 코드 등을 제공한다.
- 라이브러리는 모듈과 패키지 모두를 의미한다.
  - 모듈 : 하나의 기능이 한 개의 파일로 구현된 형태
  - 패키지 : 하나의 패키지 폴더 안에 여러 개의 모듈을 모아 놓은 형태
- 라이브러리에는 표준 라이브러리와 외부 라이브러리가 있다.
- **표준 라이브러리** : 프로그래밍 언어에 기본적으로 포함되어 있는 라이브러리로, 여러 종류의 모듈이나 패키지 형태이다.
- **외부 라이브러리** : 개발자들이 필요한 기능들을 만들어 인터넷 등에 공유해 놓은 것으로, 외부 라이브러리를 다운받아 설치한 후 사용한다.

전문가의 조언

math.h의 용도나 string.h와 stdlib.h에 포함된 주요 함수의 기능을 묻는 문제가 출제되었습니다. 헤더 파일 각각의 용도를 기억하고 교재에 수록된 주요 함수의 기능만큼은 꼭 정리해 두세요.

② C언어의 대표적인 표준 라이브러리 <small>25.8, 23.2, 22.3, 기사 25.8, 25.5, 25.2, 24.5, 23.5, 23.2, 22.7, 21.5, 21.3</small>

C언어는 라이브러리를 헤더 파일로 제공하는데, 각 헤더 파일에는 응용 프로그램 개발에 필요한 함수들이 정리되어 있다.

- C언어에서 헤더 파일을 사용하려면 '#include 〈stdio.h〉'와 같이 include문을 이용해 선언한 후 사용해야 한다.

헤더 파일	기능
<small>23.2, 기사 23.5, 23.2</small> stdio.h	• 데이터의 입·출력에 사용되는 기능들을 제공한다. • 주요 함수 : printf, scanf, fprintf, fscanf, fclose, fopen 등
<small>22.3, 기사 23.2</small> math.h	• 수학 함수들을 제공한다. • 주요 함수 : sqrt, pow, abs 등
<small>기사 25.2, 23.2</small> string.h	• 문자열 처리에 사용되는 기능들을 제공한다. • 주요 함수 : strlen, strcpy*, strcmp* 등
<small>기사 25.2, 24.5, 22.7, 21.5, 21.3</small> stdlib.h	• 자료형 변환, 난수 발생, 메모리 할당에 사용되는 기능들을 제공한다. • 주요 함수 : atoi*, atof*, strtof*, srand, rand, malloc, free 등
<small>기사 23.2</small> time.h	• 시간 처리에 사용되는 기능들을 제공한다. • 주요 함수 : time, clock 등

- **strlen** : 문자열의 길이를 반환함
- **strcpy** : 문자열을 복사함
- **strcmp** : 문자열을 비교함

- **atoi** : 문자열을 정수(int)로 변환함
- **atof** : 문자열을 배정도 실수(double)로 변환함
- **strtof** : 문자열을 단정도 실수(float)로 변환함

③ JAVA의 대표적인 표준 라이브러리

기사 23.5

JAVA는 라이브러리를 패키지에 포함하여 제공하는데, 각 패키지에는 JAVA 응용 프로그램 개발에 필요한 메소드*들이 클래스로 정리되어 있다.

- JAVA에서 패키지를 사용하려면 'import java.util'과 같이 import문을 이용해 선언한 후 사용해야 한다.
- import로 선언된 패키지 안에 있는 클래스의 메소드를 사용할 때는 클래스와 메소드를 마침표(.)로 구분하여 'Math.abs( )'와 같이 사용한다.

> **메소드(Method)**
> JAVA에서는 특정 기능을 수행하는 함수를 메소드라고 합니다.

패키지	기능
java.lang	• 자바에 기본적으로 필요한 인터페이스, 자료형, 예외 처리 등에 관련된 기능을 제공한다. • import문 없이도 사용할 수 있다. • 주요 클래스 : String, System, Process, Runtime, Math, Error 등
java.util	• 날짜 처리, 난수 발생, 복잡한 문자열 처리 등에 관련된 기능을 제공한다. • 주요 클래스 : Date, Calender, Random, StringTokenizer 등
java.io	• 파일 입·출력과 관련된 기능 및 프로토콜을 제공한다. • 주요 클래스 : InputStream, OutputStream, Reader, Writer 등
java.net	• 네트워크와 관련된 기능을 제공한다. • 주요 클래스 : Socket, URL, InetAddress 등
java.awt	• 사용자 인터페이스(UI)와 관련된 기능을 제공한다. • 주요 클래스 : Frame, Panel, Dialog, Button, Checkbox 등

기출문제 따라잡기

25년 8월

1. C언어에서 문자열의 길이를 구하는 함수는?

① strcmp( )　　② atoi( )
③ strtof( )　　④ strlen( )

> C언어에서 문자열의 길이를 구하는 함수는 strlen( )입니다.

23년 2월

2. C언어에서 입·출력을 담당하는 stdio.h 파일에 정의되어 있는 함수 중 하나로, 화면 출력 기능을 수행하는 함수는?

① print( )　　② scanf( )
③ println( )　　④ printf( )

> 보기의 함수 중 stdio.h 파일에 정의되어 있는 함수는 scanf( )와 printf( )입니다. scanf( )는 입력에 사용하는 함수이고, printf( )는 출력에 사용하는 함수입니다.

24년 7월, 기사 21년 3월

3. 라이브러리의 개념과 구성에 대한 설명 중 틀린 것은?

① 라이브러리란 필요할 때 찾아서 쓸 수 있도록 모듈화되어 제공되는 프로그램을 말한다.
② 프로그래밍 언어에 따라 일반적으로 도움말, 설치 파일, 샘플 코드 등을 제공한다.
③ 외부 라이브러리는 프로그래밍 언어가 기본적으로 가지고 있는 라이브러리를 의미하며, 표준 라이브러리는 별도의 파일 설치를 필요로 하는 라이브러리를 의미한다.
④ 라이브러리는 모듈과 패키지를 총칭하며, 모듈이 개별 파일이라면 패키지는 파일들을 모아 놓은 폴더라고 볼 수 있다.

> 프로그래밍 언어가 기본적으로 가지고 있는 라이브러리는 표준 라이브러리이고 별도의 파일 설치를 필요로 하는 라이브러리는 외부 라이브러리입니다.

▶ 정답 : 1. ④　2. ④　3. ③

SECTION 067

예외 처리

전문가의 조언
예외 처리의 개념, 그리고 JAVA에서의 예외 처리 방법과 JAVA의 주요 예외 처리 객체들의 개별적인 예외 발생 원인을 파악해 두세요.

 25.5, 24.7, 23.2, 22.7
1 예외 처리의 개요

프로그램의 정상적인 실행을 방해하는 조건이나 상태를 예외(Exception)라고 하며, 이러한 예외가 발생했을 때 프로그래머가 해당 문제에 대비해 작성해 놓은 처리 루틴을 수행하도록 하는 것을 예외 처리(Exception Handling)라고 한다.

- 예외가 발생했을 때 일반적인 처리 루틴은 프로그램을 종료시키거나 로그를 남기도록 하는 것이다.
- C++, JAVA 등에서는 try ~ catch 문을 이용하여 예외를 처리하며, try ~ catch 문과 같은 예외 처리 기능이 내장되어 있지 않은 언어에서는 조건문을 이용해 예외 처리 루틴을 작성한다.
- 예외의 원인에는 컴퓨터 하드웨어 문제, 운영체제의 설정 실수, 라이브러리 손상, 사용자의 입력 실수, 받아들일 수 없는 연산, 할당하지 못하는 기억장치 접근 등 다양하다.

전문가의 조언
예외 처리의 특징을 묻는 문제가 출제되었습니다. finally 블록은 C++에서 사용할 수 없다는 것을 중심으로 특징을 정리하세요.

 25.8, 25.2, 24.2, 23.5, 22.7, 기사 25.8, 25.2, 24.2, 23.7, 23.2
2 try ~ catch 문

try ~ catch 문은 C++, C#, Java, JavaScript 등의 언어에서 예외 처리 기능을 수행하는 명령문이다.

- try 블록 코드를 수행하다 예외가 발생하면 예외를 처리하는 catch 블록으로 이동하여 예외 처리 코드를 수행하므로 예외가 발생한 이후의 코드는 실행되지 않는다.
- catch 블록에서 선언한 변수는 해당 catch 블록에서만 유효하다.
- try ~ catch 문 안에 또 다른 try ~ catch 문을 포함할 수 있다.
- try ~ catch 문 안에서는 실행 코드가 한 줄이라도 중괄호({ })를 생략할 수 없다.
- finally 블록은 예외의 발생과 관계없이 무조건 수행되는데, C++에서는 사용할 수 없다.

기본 형식

```
try {
    예외가 발생할 가능성이 있는 코드;
}
catch ( 예외객체1 매개변수 ) {
    예외객체1에 해당하는 예외 발생 시 처리 코드;
}
catch ( 예외객체2 매개변수 ) {
    예외객체2에 해당하는 예외 발생 시 처리 코드;
}
```

```
catch ( 예외객체n 매개변수) {
    예외객체n에 해당하는 예외 발생 시 처리 코드;
}
catch (Exception 매개변수) {
    예외객체1~n에 해당하지 않는 예외 발생 시 처리 코드;
}
finally {
    예외의 발생 여부와 관계없이 무조건 처리되는 코드;
}
```

> **전문가의 조언**
>
> 일반적으로 예외가 발생한 경우에는 'try문 → 해당 예외 catch문 → finally문' 순으로 진행되며, 예외가 발생하지 않은 경우에는 'try문 → finally문' 순으로 진행됩니다.

3 JAVA의 주요 예외 객체

기사 22.3

예외 객체	발생 원인
ClassNotFoundException	클래스를 찾지 못한 경우
NoSuchMethodException	메소드를 찾지 못한 경우
FileNotFoundException	파일을 찾지 못한 경우
InterruptedIOException	입·출력 처리가 중단된 경우
ArithmeticException	0으로 나누는 등의 산술 연산에 대한 예외가 발생한 경우

기출문제 따라잡기

25년 8월, 24년 2월, 22년 7월

1. 예외 처리에 대한 설명으로 옳지 않은 것은?

① C++에서는 try, catch, finally를 이용하여 예외 처리를 수행한다.
② 예외가 발생했을 때 프로그래머가 해당 문제에 대비해 작성해 놓은 처리 루틴을 수행하도록 하는 것을 예외 처리라고 한다.
③ catch 블록에서 선언한 변수는 해당 catch 블록에서만 유효하다.
④ try ~ catch 문 안에 또 다른 try ~ catch 문을 포함할 수 있다.

> C++에서는 finally를 사용할 수 없습니다.

25년 5월, 24년 7월, 23년 2월

2. 프로그램의 정상적인 실행을 방해하는 조건이나 상태가 나타났을 때 해당 문제에 대비해 작성해 놓은 처리 루틴을 실행하도록 만드는 일련의 과정을 가리키는 용어는?

① Exception Handling ② Clean Code
③ Throw ④ Container

> 문제가 발생할 것에 대비해 처리 루틴을 예비하는 것을 예외 처리(Exception Handling)라고 합니다.

25년 2월

3. JAVA에서 try ~ catch문은 예외가 발생했을 때 프로그래머가 해당 문제에 대비해 작성해 놓은 처리 루틴으로, try 블록 코드를 수행하다 예외가 발생하면 예외를 처리하는 catch 블록으로 이동하여 예외 처리를 수행한다. 다음 중 예외의 발생과 관계없이 무조건 수행되는 블록은 무엇인가?

① try ② catch
③ exception ④ finally

> 예외의 발생과 관계없이 무조건 수행되는 블록은 finally입니다.

▶ 정답 : 1. ① 2. ① 3. ④

SECTION 068 프로토타입

전문가의 조언
프로토타입의 개념과 C언어에서의 프로토타입 선언 방법을 알아두세요.

1 프로토타입(Prototype)의 개요

프로그래밍 언어에서 프로토타입이란 함수 원형(Function Prototype)이라는 의미로, 컴파일러에게 사용될 함수에 대한 정보를 미리 알리는 것이다.

- 함수가 호출되기 전에 함수가 미리 정의되는 경우에는 프로토타입을 정의하지 않아도 된다.
- 프로토타입은 본문이 없다는 점을 제외하고 함수 정의와 형태가 동일하다.
- 프로토타입에 정의된 반환 형식은 함수 정의에 지정된 반환 형식과 반드시 일치해야 한다.

2 C언어에서의 프로토타입 선언

C언어에서 프로토타입은 main( ) 함수 바깥쪽에 선언해야 한다.

- **기본 형식**

  ```
  int func(int i, int j);
  ```

  - int : 반환될 값의 자료형을 적는다. 반환될 값이 없으면 void를 적는다.
  - func : 사용할 함수의 이름이다. 사용자가 임의로 지정하면 된다.
  - (int i, int j) : 함수에서 사용할 매개변수다. 호출하는 곳에서 보내준 값의 순서와 자료형이 일치해야 한다.

- 예1 과 같이 main( ) 함수가 시작되기 전에 함수를 정의한 경우에는 프로토타입을 선언하지 않아도 되지만, 예2 와 같이 main( ) 함수가 시작된 후에 함수를 정의한 경우에는 main( ) 함수 전에 사용될 함수에 대한 프로토타입을 선언해야 한다.

예1

```
int func(int i, int j)
{
    func 함수 코드;
}

main( )
{
    메인 함수 코드;
}
```

전문가의 조언
main( ) 함수 앞에 프로토타입을 선언하는 것은 main( ) 함수가 시작되기 전에 이런 함수를 사용할 것이라고 알려주는 것입니다. 최근에는 컴파일러가 발전하여 사용할 함수를 main( ) 함수 뒤에 배치한 경우에도 프로토타입 선언 없이 컴파일이 가능하지만, 프로토타입을 미리 선언하는 것이 원칙이라는 것을 기억해 두세요.

예 2

```
int func(int i, int j)      // func( ) 함수의 프로토타입 선언

main( )
{
    메인 함수 코드;
}

int func(int i, int j)
{
    func 함수 코드;
}
```

기출문제 따라잡기

출제예상

1. 다음 중 프로토타입에 대한 설명으로 잘못된 것은?

① 프로그래밍 언어에서 프로토타입이란 함수 원형(Function Prototype)이라는 의미이다.
② 프로토타입은 컴파일러에게 사용될 함수에 대한 정보를 미리 알리는 것이다.
③ 함수가 호출되기 전에 함수가 미리 정의되는 경우에는 프로토타입을 선언하지 않아도 된다.
④ 프로토타입에 정의된 반환 형식은 함수 정의에 지정된 반환 형식과 반드시 일치할 필요는 없다.

> 프로토타입이 컴파일러에게 사용될 함수에 대한 정보를 미리 알리는 것이기 때문에 프로토타입에 정의된 반환 형식과 함수에 지정된 반환 형식은 반드시 일치해야 합니다.

▶ 정답 : 1. ④

1장 핵심요약

049 데이터 타입

① C/JAVA의 자료형 25.8, 24.5, 23.7, 23.5, 23.2, 22.7

종류	C	JAVA
문자	char(1Byte)	char(2Byte)
정수	int(4Byte)	int(4Byte)
	long(4Byte)	long(8Byte)
논리	bool(1Byte)	boolean(1Byte)

② unsigned(부호없는 자료형) 25.5, 25.2, 24.5

'부호가 없는'이라는 의미로, 부호 비트를 제거하여 양수만 표현함으로써 양수의 표현 범위를 넓힌 자료형이다.

③ Python의 컨테이너 객체 25.2, 24.2, 23.2

- 리스트(List) : 다양한 자료형의 값을 연속적으로 저장하며, 필요에 따라 개수를 늘리거나 줄일 수 있음
- 튜플(Tuple) : 리스트처럼 요소를 연속적으로 저장하지만, 요소의 추가, 삭제, 변경은 불가능함
- 딕셔널리(Dictionary) : 연속된 숫자를 생성하는 것으로, 리스트, 반복문 등에서 많이 사용됨

050 변수

① 변수(Variable) 24.5, 23.2

컴퓨터가 명령을 처리하는 도중 발생하는 값을 저장하기 위한 공간으로, 변할 수 있는 값을 의미한다.

② 변수명 작성 규칙 25.5, 23.2, 22.7, 22.3

- 영문자, 숫자, _(under bar)를 사용할 수 있다.
- 첫 글자는 영문자나 _(under bar)로 시작해야 하며, 숫자는 올 수 없다.
- 공백이나 *, +, -, / 등의 특수문자를 사용할 수 없다.
- 예약어를 변수명으로 사용할 수 없다.

③ 상수의 생성 24.5, 22.3

C언어에서 상수를 만들 때는 **const** 또는 **#define** 예약어를 사용한다.

④ 변수의 선언 22.7

변수는 일반적으로 다음과 같은 형식으로 선언한다.

예 int a = 5;
정수형 변수 a를 선언하고, 5로 초기화한다.

⑤ 외부 변수 25.5, 25.2, 24.5, 22.4

- 현재 파일이나 다른 파일에서 선언된 변수나 함수를 참조(reference)하기 위한 변수이다.
- 외부 변수는 함수 밖에서 선언한다.
- 함수가 종료된 뒤에도 값이 소멸되지 않는다.
- 초기화하지 않으면 자동으로 0으로 초기화 된다.

051 연산자

① 산술 연산자 25.8, 22.7, 22.4

연산자	의미	비고
%	나머지	정수만 연산할 수 있으며, 실수를 사용하면 오류가 발생함
++	증가	• 전치 : 변수 앞에 증감 연산자가 오는 형태로 먼저 변수의 값을 증감시킨 후 변수를 연산에 사용함(++a, --a)
--	감소	• 후치 : 변수 뒤에 증감 연산자가 오는 형태로 먼저 변수를 연산에 사용한 후 변수의 값을 증감시킴(a++, a--)

② 관계 연산자 25.8, 25.5, 24.7, 23.7

- == : 같다
- != : 같지 않다
- 〉 : (왼쪽이) 크다
- 〉= : (왼쪽이) 크거나 같다
- 〈 : (왼쪽이) 작다
- 〈= : (왼쪽이) 작거나 같다

③ 비트 연산자 24.7, 24.2, 23.5

- & (and) : 모든 비트가 1일 때만 1
- ^ (xor) : 모든 비트가 같으면 0, 하나라도 다르면 1
- | (or) : 모든 비트 중 한 비트라도 1이면 1

- ~ (not) : 각 비트의 부정, 0이면 1, 1이면 0
- 《 (왼쪽 시프트) : 비트를 왼쪽으로 이동
- 》 (오른쪽 시프트) : 비트를 오른쪽으로 이동

④ 논리 연산자 22.7
- ! (not) : 부정
- && (and) : 모두 참이면 참
- || (or) : 하나라도 참이면 참

⑤ 조건 연산자 25.2, 24.5, 23.5, 22.7

조건 연산자는 조건에 따라 서로 다른 수식을 수행한다.

예) mx = a < b ? b : a;
 a가 b보다 작으면 mx에 b를 저장하고 그렇지 않으면 mx에 a를 저장한다.

⑥ (자료형) 25.8
- 사용자가 자료형을 다른 자료형으로 변환할 때 사용하는 것으로, cast(캐스트) 연산자라고 부른다.
- 변환할 자료형을 괄호 안에 넣어서 변환할 값이나 변수명 앞에 놓는다.

⑦ 연산자 우선순위 22.7

대분류	중분류	연산자	결합 규칙	우선 순위
단항 연산자	단항 연산자	! ~ ++ -- sizeof	←	높음
이항 연산자	산술 연산자	* / %		↑
		+ -		
	시프트 연산자	《 》		
	관계 연산자	< <= >= >	→	
		== !=		
	비트 연산자	& ^ |		
	논리 연산자	&& ||		
삼항 연산자	조건 연산자	? :	→	
대입 연산자	대입 연산자	= += -= *= /= %= 《= 》= 등	←	↓
순서 연산자	순서 연산자	,	→	낮음

문제 1 다음 연산식의 결과를 적으시오(단 정수형 변수 a=2, b=3, c=4, d=6로 선언되었다고 가정한다.).

번호	연산식
①	a * b + c >= d && d / a - b != 0
②	d % b + ++a * c-- || c - --a >= 10

답
①
②

해설

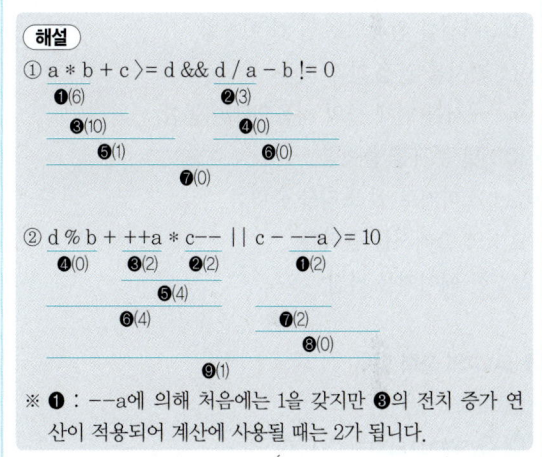

※ ❶ : --a에 의해 처음에는 1을 갖지만 ❸의 전치 증가 연산이 적용되어 계산에 사용될 때는 2가 됩니다.

052 데이터 입·출력

① scanf( ) 함수 22.3

C언어의 표준 입력 함수로, 키보드로 입력받아 변수에 저장하는 함수이다.

예) scanf("%d %f", &i, &j);
 정수를 입력받아 i에 저장하고, 실수를 입력받아 j에 저장한다.

② 주요 서식 문자열 25.5, 24.5, 23.7, 22.7, 22.4, 22.3
- %d : 정수형 10진수를 입·출력하기 위해 지정함
- %o : 정수형 8진수를 입·출력하기 위해 지정함
- %x : 정수형 16진수를 입·출력하기 위해 지정함
- %c : 문자를 입·출력하기 위해 지정함
- %s : 문자열을 입·출력하기 위해 지정함
- %f : 소수점을 포함하는 실수를 입·출력하기 위해 지정함

정답 1. ① 0 ② 1

1장 핵심요약

③ printf( ) 함수 23.7, 22.7, 22.4, 22.3
C언어의 표준 출력 함수로, 인수로 주어진 값을 화면에 출력하는 함수이다.

예 `printf("%d, %c", a, b);`

　a의 값을 정수로 출력하고 쉼표(,)와 공백 한 칸을 띄운 후, b의 값을 문자로 출력한다.

④ 주요 제어문자 24.7, 24.2, 22.3
- \n : 커서를 다음 줄 앞으로 이동함
- \b : 커서를 왼쪽으로 한 칸 이동함
- \t : 커서를 일정 간격 띄움
- \r : 커서를 현재 줄의 처음으로 이동함
- \0 : 널 문자를 출력함
- \a : 스피커로 벨 소리를 출력함
- \\ : 역 슬래시를 출력함
- \f : 한 페이지를 넘김

⑤ JAVA의 출력 함수 24.7, 24.5, 23.2, 22.4, 22.3
- printf( )

  예 `System.out.printf("%d", r);`

  　r의 값을 10진수 정수로 출력한다.

- print( )

  예 `System.out.print(r + s);`

  　r과 s를 더한 값을 출력한다.

- println( )

  예 `System.out.println(r + "은(는) 소수");`

  　r의 값과 은(는) 소수를 출력한 후, 커서를 다음 줄의 처음으로 옮긴다.

⑥ 기타 표준 입·출력 함수 25.8, 24.7, 24.2, 22.3
- getchar( ) : 키보드로 한 문자를 입력받아 변수에 저장하는 함수
- gets( ) : 키보드로 문자열을 입력받아 변수에 저장하는 함수로, Enter를 누르기 전까지를 하나의 문자열로 인식하여 저장함
- putchar( ) : 인수로 주어진 한 문자를 화면에 출력하는 함수
- puts( ) : 인수로 주어진 문자열을 화면에 출력한 후 커서를 자동으로 다음 줄 앞으로 이동하는 함수

⑦ 파일 입력 함수 24.5, 22.7
- fscanf( ) : 파일 포인터 변수가 가리키는 위치에서 데이터를 가져와 지정한 자료형으로 변수에 저장하는 함수
- fgetc( ) : 파일로부터 한 문자를 입력받아 변수에 저장하는 함수
- fgets( ) : 파일로부터 문자열을 입력받아 변수에 저장하는 함수로, Enter를 누르기 전까지를 하나의 문자열로 인식하여 저장함

문제1 다음과 같이 scanf( ) 함수로 값을 입력받아 printf( ) 함수로 출력할 경우 결과를 쓰시오. (∨는 빈칸을 의미함)

〈입력 데이터〉
84241958

〈코드〉
```
scanf("%2d \n \t %3d", &i, &j);
printf("i=%d j=%d\n", i, j);
```

답 :

해설
- `scanf("%2d \n \t %3d", &i, &j);`
  - i에는 입력한 데이터 중 앞의 2자리까지만 저장되고 j에는 i에 저장된 2자리 다음 3자리까지만 저장됩니다.
  - 입력에서 제어문자 '\n \t'는 무시됩니다.
- `printf("i=%d j=%d\n", i, j);`
  - i=을 그대로 출력하고 서식 문자열 '%d'에 대응하는 i의 값 **84**를 출력한 다음 서식 문자열의 공백만큼 한 칸을 띕니다. 이어서 **j=**을 출력하고 서식 문자열 '%d'에 대응하는 j의 값 **241**을 출력합니다.
  - '\n'으로 인해 커서는 다음 줄로 이동합니다.

053 제어문

❶ 단순 if문 [22.4]
- 조건이 한 개일 때 사용하는 제어문이다.
- 조건이 참일 때만 실행하는 경우

  예
  ```
  if (a > b)
      printf("Gilbut");
  ```
  a가 b보다 크면 Gilbut을 출력하고, 아니면 if문을 벗어난다.

- 조건이 참일 때와 거짓일 때 실행할 문장이 다른 경우

  예
  ```
  if (a > b)
      printf("참");
  else
      printf("거짓");
  ```
  a가 b보다 크면 참을 출력하고, 아니면 거짓을 출력한다.

❷ 다중 if문
조건이 여러 개일 때 사용하는 제어문이다.

예
```
if (score >= 90)
    printf("우수");
else if (score < 40)
    printf("불량");
else
    printf("일반");
```

- score의 값이 90 이상이면 우수를 출력한다.
- score의 값이 40 미만이면 불량을 출력한다.
- score의 값이 90 이상도, 40 미만도 아니면 일반을 출력한다.

❸ switch문
- 조건에 따라 분기할 곳이 여러 곳인 경우 간단하게 처리할 수 있는 제어문이다.
- break문이 생략되면 수식과 레이블이 일치할 때 실행할 문장부터 break문 또는 switch문이 종료될 때까지 모든 문장이 실행된다.

예
```
switch(a) {
case 1:
    printf("바나나");
    break;
case 2:
    printf("딸기");
    break;
default:
    printf("없음");
}
```

- a가 1이면 바나나를 출력하고 switch문을 탈출한다.
- a가 2면 딸기를 출력하고 switch문을 탈출한다.
- a가 1이나 2가 아니면 없음을 출력하고 switch문을 탈출한다.

문제2 다음 C 프로그램이 실행되었을 때의 출력 결과를 쓰시오.

```
#include <stdio.h>
main( ) {
    int c = 1;
    switch (3) {
    case 1: c += 3;
    case 2: c++;
    case 3: c = 0;
    case 4: c += 3;
    case 5: c -= 10;
    default: c--;
    }
    printf("%d", c);
}
```

답 :

해설

```
#include <stdio.h>
main( ) {
❶  int c = 1;
❷  switch (3) {
    case 1: c += 3;
    case 2: c++;
❸  case 3: c = 0;
❹  case 4: c += 3;
❺  case 5: c -= 10;
❻  default: c--;
    }
❼  printf("%d", c);
}
```

정답 1. i=84 j=241   2. -8

1장 핵심요약

모든 case문에 break문이 생략되었으므로, switch문의 인수와 일치하는 'case 3' 문장부터 switch문이 종료될 때까지 모든 문장이 실행됩니다.

1. 정수형 변수 c를 선언하고 1로 초기화합니다. → c = 1
2. 3에 해당하는 숫자를 찾아간다. 'case 3' 문장으로 이동합니다.
3. c의 값을 0으로 치환합니다. → c = 0
4. 'c = c + 3'과 동일합니다. c의 값에 3을 더합니다. → c = 3
5. 'c = c - 10'과 동일합니다. c의 값에서 10을 뺍니다. → c = -7
6. 'c = c - 1'과 동일합니다. c의 값에서 1을 뺍니다. → c = -8
7. c의 값을 정수형으로 출력합니다.

결과 -8

❸ do~while문 23.7, 22.7

- 조건이 참인 동안 정해진 문장을 반복 수행하다가 조건이 거짓이면 반복문을 벗어난다.
- 실행할 문장을 무조건 한 번 실행한 다음 조건을 판단하여 탈출 여부를 결정한다.

예
```
do
    i = i + 1;
while (i <= 10);
```

i가 10보다 작거나 같은 동안 i의 값을 1씩 누적시킨다.

❹ break, continue

- switch문이나 반복문의 실행을 제어하기 위해 사용되는 예약어이다.
- break : switch문이나 반복문 안에서 break가 나오면 블록을 벗어남
- continue
  - continue 이후의 문장을 실행하지 않고 제어를 반복문의 처음으로 옮긴다.
  - 반복문에서만 사용된다.

문제1 다음 JAVA 프로그램이 실행되었을 때의 출력 결과를 쓰시오.

```java
public class Test{
    public static void main(String[] args){
        int a = 0, sum = 0;
        while (a < 10) {
            a++;
            if (a % 2 == 1)
                continue;
            sum += a;
        }
        System.out.println(sum);
    }
}
```

답 :

054 반복문

❶ for문

초기값, 최종값, 증가값을 지정하는 수식을 이용해 정해진 횟수를 반복하는 제어문이다.

예
```
for (i = 1; i <= 10 ; i++)
    sum = sum + i;
```

반복 변수 i가 1부터 1씩 증가하면서 10보다 작거나 같은 동안 sum에 i의 값을 누적시킨다.

❷ while문

- 조건이 참인 동안 실행할 문장을 반복 수행하는 제어문이다.
- while문은 조건이 처음부터 거짓이면 한 번도 수행하지 않는다.

예
```
while (i <= 10)
    i = i + 1;
```

i가 10보다 작거나 같은 동안 i의 값을 1씩 누적시킨다.

> **해설**
> ```
> public class Test{
>     public static void main(String[ ] args){
> ❶       int a = 0, sum = 0;
> ❷       while (a < 10) {
> ❸           a++;
> ❹           if (a % 2 == 1)
> ❺               continue;
> ❻           sum += a;
>         }
> ❼       System.out.println(sum);
>     }
> }
> ```

❶ 정수형 변수 a와 sum을 선언하고 각각 0으로 초기화합니다.
❷ a가 10보다 작은 동안 ❸~❻번을 반복 수행합니다.
❸ 'a = a + 1;'과 동일합니다. a의 값에 1을 누적시킵니다.
❹ a%2 즉 a를 2로 나눈 나머지가 1이면 ❺번을 수행하고, 아니면 ❻번으로 이동합니다.
❺ while문의 시작점인 ❷번으로 제어를 이동시킵니다.
❻ 'sum = sum + a;'와 동일합니다. sum에 a의 값을 누적시킵니다.

반복문 실행에 따른 변수들의 변화는 다음과 같습니다.

a	sum
0	0
1	
2	2
3	
4	6
5	
6	12
7	
8	20
9	
10	30

❼ sum의 값을 출력한 후 커서가 다음 줄의 처음으로 이동됩니다.

결과 `30`

055 배열과 문자열

❶ 1차원 배열

변수들을 일직선상의 개념으로 조합한 배열이다.

예) char a[3] = {'A', 'B', 'C'};
3개의 요소를 갖는 문자형 배열 a를 선언한다.

	a[0]	a[1]	a[2]
배열 a	A	B	C

❷ 2차원 배열

변수들을 평면, 즉 행과 열로 조합한 배열이다.

예) int b[2][3] = {{11, 22, 33}, {44, 55, 66}};
2개의 행과 3개의 열을 갖는 정수형 배열 b를 선언한다.

	a[0][0]	a[0][1]	a[0][2]
배열 b	11	22	33
	44	55	66
	a[1][0]	a[1][1]	a[1][2]

❸ 배열 형태의 문자열 변수

- C언어에서는 큰따옴표(" ")로 묶인 글자는 글자 수에 관계없이 문자열로 처리된다.
- 배열에 문자열을 저장하면 문자열의 끝을 알리기 위한 널 문자('\0')가 문자열 끝에 자동으로 삽입된다.

예) char a[5] = "love";
5개의 요소를 갖는 문자형 배열 a를 선언하고, "love"로 초기화한다.

	a[0]	a[1]	a[2]	a[3]	a[4]
배열 a	l	o	v	e	\0

> **문제2** 다음 C 프로그램이 실행되었을 때의 출력 결과를 쓰시오.
> ```
> #include <stdio.h>
> main( )
> {
>     int a[2][4] = { {10, 30, 50, 70}, {20, 40, 60, 80} };
>     printf("%d", a[1][3]);
> }
> ```
> 답 :

정답 1. 30 2. 80

1장 핵심요약

해설
```
#include <stdio.h>
main( )
{
❶ int a[2][4] = { {10, 30, 50, 70}, {20, 40, 60, 80} };
❷ printf("%d", a[1][3]);
}
```

❶ 2행 4열의 정수형 배열 a를 선언한 후 값을 할당합니다.

배열 a	a[0][0]	a[0][1]	a[0][2]	a[0][3]
	10	30	50	70
	20	40	60	80
	a[1][0]	a[1][1]	a[1][2]	a[1][3]

❷ a[1][3]의 값 80을 출력합니다.

결과 80

056 포인터

❶ 포인터와 포인터 변수 24.2, 22.3

- 포인터 변수를 선언할 때는 자료의 형을 먼저 쓰고 변수명 앞에 간접 연산자 *를 붙인다(예 int *a;).
- 포인터 변수에 주소를 저장하기 위해 변수의 주소를 알아낼 때는 변수 앞에 번지 연산자 &를 붙인다(예 a = &b;).
- 실행문에서 포인터 변수에 간접 연산자 *를 붙이면 해당 포인터 변수가 가리키는 곳의 값을 말한다(예 c = *a;).

예제 다음 C언어로 구현된 프로그램의 출력 결과를 확인하시오.

```
main( )
{
    int a = 50; ❶
    int *b; ❷
    b = &a; ❸
    *b = *b+20; ❹
    printf("%d, %d", a, *b); ❺
}
```

❶ 정수형 변수 a를 선언하고 50으로 초기화한다.
❷ 정수형 변수가 저장된 곳의 주소를 기억할 포인터 변수 b를 선언한다.
❸ 정수형 변수 a의 주소를 포인터 변수 b에 기억시킨다. b에는 a의 주소가 저장된다.
❹ b가 가리키는 곳의 값에 20을 더한다. b가 가리키는 곳이 a이므로 결국 a의 값도 바뀌는 것이다.
❺ 결과 70, 70

❷ 포인터와 배열 24.7, 24.5, 23.5, 22.4

- 배열을 포인터 변수에 저장한 후 포인터를 이용해 배열의 요소에 접근할 수 있다.
- 배열 위치를 나타내는 첨자를 생략하고 배열의 대표명만 지정하면 배열의 첫 번째 요소의 주소를 지정하는 것과 같다.
- 배열 요소에 대한 주소를 지정할 때는 일반 변수와 동일하게 & 연산자를 사용한다.

예
```
❶ int a[5], *b;
❷ b = a;
❸ b = &a[0];
```

❶ 5개의 요소를 갖는 정수형 배열 a와 정수형 포인터 변수 b를 선언한다.
❷ 배열의 대표명을 적었으므로 a 배열의 시작 주소인 a[0]의 주소를 b에 저장한다.
❸ a 배열의 첫 번째 요소인 a[0]의 주소(&)를 b에 저장한다.

문제1 다음 C 프로그램이 실행되었을 때의 출력 결과를 쓰시오.

```c
#include <stdio.h>
int main() {
    int a[4] = { 0, 2, 4, 8 };
    int b[3];
    int* p;
    int sum = 0;
    for (int i = 1; i < 4; i++) {
        p = a + i;
        b[i - 1] = *p - a[i - 1];
        sum = sum + b[i - 1] + a[i];
    }
    printf("%d", sum);
}
```

답 :

해설

```c
#include <stdio.h>
int main() {
❶   int a[4] = { 0, 2, 4, 8 };
❷   int b[3];
❸   int* p;
❹   int sum = 0;
❺   for (int i = 1; i < 4; i++) {
❻       p = a + i;
❼       b[i - 1] = *p - a[i - 1];
❽       sum = sum + b[i - 1] + a[i];
    }
❾   printf("%d", sum);
}
```

❶ 4개의 요소를 갖는 정수형 배열 a를 선언하고 초기화합니다.

	[0]	[1]	[2]	[3]
a	0	2	4	8

❷ 3개의 요소를 갖는 정수형 배열 b를 선언합니다.

	[0]	[1]	[2]
b			

❸ 정수형 포인터 변수 p를 선언합니다.
❹ 정수형 변수 sum을 선언하고 0으로 초기화합니다.
❺ 반복 변수 i가 1부터 1씩 증가하면서 4보다 작은 동안 ❻~❽ 번을 반복 수행합니다.

첫 번째 반복 (i = 1)

❻ p에 a+1의 주소인 1004를 저장합니다. p에 a 배열의 두 번째 요소인 a[1]의 주소를 저장합니다.

❼ b[0]에 p가 가리키는 곳의 값 2에서 a[0]의 값 0을 뺀 2를 저장합니다.

❽ sum에 b[0]의 값 2와 a[1]의 값 2를 더한 값 4를 누적합니다.

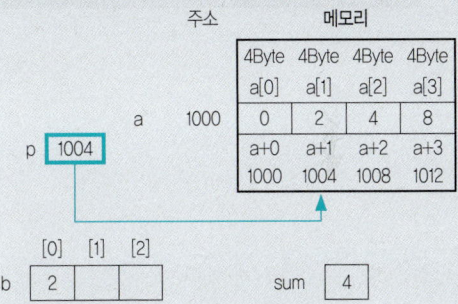

두 번째 반복 (i = 2)

• p에 a+2의 주소인 1008을 저장합니다.

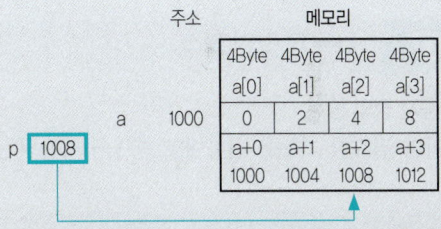

• b[1]에 p가 가리키는 곳의 값 4에서 a[1]의 값 2를 뺀 값인 2를 저장합니다.
• sum에 b[1]의 값 2와 a[2]의 값 4를 더한 값 6을 누적합니다.

세 번째 반복 (i = 3)

• p에 a+3의 주소인 1012를 저장합니다.

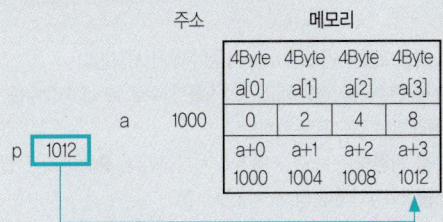

• b[2]에 p가 가리키는 곳의 값 8에서 a[2]의 값 4를 뺀 값인 4를 저장합니다.

1장 핵심요약

- sum에 b[2]의 값 4와 a[3]의 값 8을 더한 값 12를 누적합니다.

     [0] [1] [2]
b | 2 | 2 | 4 | sum | 22 |

- i가 4가 되면서 for문을 빠져나가 ❾번으로 이동합니다.
- ❾ sum의 값 22를 정수로 출력합니다.

결과 `22`

문제1 다음 C 프로그램이 실행되었을 때의 출력 결과를 쓰시오.

```
#include <stdio.h>
int r1( ) {
    return 4;
}
int r10( ) {
    return (30 + r1());
}
int r100( ) {
    return (200 + r10());
}
int main( ) {
    printf("%d\n", r100());
    return 0;
}
```

답 :

해설

```
#include <stdio.h>
int r1( ) {
 ❹    return 4;         4 반환
}
int r10( ) {
 ❸❺   return (30 + r1( ));     34(30 + 4) 반환
}
int r100( ) {
 ❷❻   return (200 + r10( ));   234(200 + 34) 반환
}
int main( ) {
 ❶❼   printf("%d\n", r100( ));
 ❽    return 0;
}
```

모든 C 프로그램은 반드시 main( ) 함수에서 시작합니다.
❶ 인수 없이 r100( ) 함수를 호출한 다음 반환받은 값을 화면에 출력합니다. ❷번으로 이동합니다.
❷ r10( ) 함수를 호출하여 반환받은 값에 200을 더한 후 r100( ) 함수를 호출한 ❶번으로 반환합니다. r10( ) 함수를 호출하기 위해 ❸번으로 이동합니다.
❸ r1( ) 함수를 호출하여 반환받은 값에 30을 더한 후 r10( ) 함수를 호출한 ❷번으로 반환합니다. r1( ) 함수를 호출하기 위해 ❹번으로 이동합니다.
❹ 반환값 4를 가지고 r1( ) 함수를 호출했던 ❺번으로 이동합니다.

---

057   사용자 정의 함수

❶ 사용자 정의 함수 24.5, 22.7, 22.3

사용자가 필요한 기능을 취향대로 만들어 사용하는 함수이다.

```
#include <stdio.h>
❷ int func(int x, int y) {
❸     int sum = x + y;
❹     return sum;
   }
   main( ) {
❶❺     int r = func(3, 5);
❻      printf("%d", r);
   }
```

모든 C 프로그램은 반드시 main( ) 함수에서 시작한다.
❶ 정수형 변수 r을 선언하고, 3과 5를 인수로 func( ) 함수를 호출한 후 돌려받은 값으로 초기화한다.
❷ 정수를 반환하는 func( ) 함수의 시작점이다. ❶번에서 전달받은 3과 5를 x와 y가 받는다. (x = 3, y = 5)
❸ 정수형 변수 sum을 선언하고 x와 y를 더한 값 8로 초기화한다. (sum = 8)
❹ sum의 값 8을 함수를 호출했던 ❺번으로 반환한다.
❺ ❹번에서 돌려받은 값 8을 r에 저장한다. (r = 8)
❻ r의 값 8을 출력한다.

결과 `8`

❺ ❹번에서 반환받은 값 4에 30을 더한 34를 가지고 r10( ) 함수를 호출했던 ❻번으로 이동합니다.
❻ ❺번에서 반환받은 값 34에 200을 더한 234를 가지고 r100( ) 함수를 호출했던 ❼번으로 이동합니다.
❼ ❻번에서 반환받은 값 234를 정수로 출력하고 커서를 다음 줄로 이동합니다.
결과 234
❽ main( ) 함수에서의 'return 0'은 프로그램의 종료를 의미합니다.

- ClassA : 클래스의 이름이다. 앞에서 정의한 클래스의 이름을 그대로 적어준다.
- cal : 객체 변수의 이름이다. 사용자가 원하는 이름을 적으면 된다.
- new : 객체 생성 예약어다. 그대로 적어준다.
- ClassA( ) : 생성자이다.

❸ x와 y의 값 3과 6을 인수로 cal의 funcAdd( ) 메소드를 호출하여 반환받은 값을 r에 저장한다. cal은 ClassA 클래스의 객체 변수이므로 ClassA의 funcAdd( ) 메소드인 ❹번이 호출된다.
❹ 정수를 반환하는 funcAdd 메소드의 시작점이다. 호출문으로부터 정수형 인수 2개를 전달받아 각각 x와 y에 저장한다. ❸번에서 호출할 때 3과 6을 전달했으므로 x는 3, y는 6이다.
❺ x + y + a를 연산한 후 메소드를 호출했던 ❻번으로 결과를 반환한다. x + y의 값은 9이고, a는 메소드에 없으므로 소속된 클래스에서 찾는다. ClassA의 a의 값이 10이므로 x + y + a(3 + 6 + 10)의 값은 19가 된다.
❻ ❺번에서 19가 반환되었으므로 r에 19를 저장한다.
❼ r의 값 19를 출력한다.
결과 19

058 Java의 클래스

❶ Java의 클래스 활용 25.8, 25.5, 23.7, 23.5

클래스는 객체 생성을 위한 필드(속성)와 메소드(함수)를 정의하는 설계도로, Java는 아무리 작은 프로그램이라도 클래스를 만들어서 사용해야 한다.

```
class ClassA {
    int a = 10;
❹   int funcAdd(int x, int y) {
❺       return x + y + a;
    }
}

public class Test {
    public static void main(String[ ] args) {
❶       int x = 3, y = 6, r;
❷       ClassA cal = new ClassA( );
❸❻      r = cal.funcAdd(x, y);
❼       System.out.print(r);
    }
}
```

모든 Java 프로그램은 반드시 main( ) 함수에서 시작한다.
❶ 정수형 변수 x, y, r을 선언하고, x와 y를 각각 3과 6으로 초기화한다.
❷ ClassA cal = new ClassA( );
ClassA 클래스의 객체 변수 cal을 선언한다.

문제2 다음 Java 프로그램이 실행되었을 때의 출력 결과를 쓰시오.

```
class A {
    int a;
    int b;
}
public class Test {
    static void func1(A m) {
        m.a *= 10;
    }
    static void func2(A m) {
        m.a += m.b;
    }
    public static void main(String args[ ]) {
        A m = new A( );
        m.a = 100;
        func1(m);
        m.b = m.a;
        func2(m);
        System.out.printf("%d", m.a);
    }
}
```

답 :

정답 1. 234 2. 2000

1장 핵심요약

해설

```
    class A {           클래스 A를 정의한다.
        int a;          클래스 A에는 정수형 변수 a와 b가 선언되어
        int b;          있다.
    }

    public class Test {
❹      static void func1(A m) {
❺          m.a *= 10;
        }
❽      static void func2(A m) {
❾          m.a += m.b;
        }
        public static void main(String args[ ]) {
❶          A m = new A( );
❷          m.a = 100;
❸          func1(m);
❻          m.b = m.a;
❼          func2(m);
❿          System.out.printf("%d", m.a);
        }
    }
```

모든 Java 프로그램은 반드시 main( ) 메소드에서 시작합니다.
❶ 클래스 A의 객체 변수 m을 선언합니다.

	int a	int b
객체 변수 m		

❷ 객체 변수 m의 변수 a에 100을 저장합니다.

	int a	int b
객체 변수 m	100	

❸ 객체 변수 m의 시작 주소를 인수로 하여 func1 메소드를 호출합니다.
❹ 반환값이 없는 func1( ) 메소드의 시작점입니다. ❸번에서 전달받은 객체 변수의 주소는 m이 받습니다.
 ※ 객체 변수나 배열의 이름은 객체 변수나 배열의 시작 주소를 가리키므로, 인수로 전달하는 경우 메소드에서 변경된 값이 main( )의 객체 변수나 배열에도 적용된다는 점을 염두에 두세요.
❺ 'm.a = m.a * 10;'과 동일합니다. m.a에 10을 곱한 값을 m.a에 저장합니다. 메소드가 종료되었으므로 메소드를 호출했던 ❸번의 다음 줄인 ❻번으로 이동합니다.

	int a	int b
객체 변수 m	1000	

❻ m.b에 m.a의 값 1000을 저장합니다.

	int a	int b
객체 변수 m	1000	1000

❼ 객체 변수 m의 시작 주소를 인수로 하여 func2 메소드를 호출합니다.
❽ 반환값이 없는 func2( ) 메소드의 시작점입니다. ❼번에서 전달받은 객체 변수의 주소는 m이 받습니다.
❾ 'm.a = m.a + m.b;'와 동일합니다. m.a와 m.b를 합한 값을 m.a에 저장합니다. 메소드가 종료되었으므로 메소드를 호출했던 ❼번의 다음 줄인 ❿번으로 이동합니다.

	int a	int b
객체 변수 m	2000	1000

❿ m.a의 값 2000을 정수로 출력합니다.

결과 `2000`

059 Python의 기초

❶ Python의 기본 문법 25.2, 22.4

- 변수의 자료형에 대한 선언이 없다.
- 변수에 연속하여 값을 저장하는 것이 가능하다.
  예 x, y, z = 10, 20, 30
- if나 for와 같이 코드 블록을 포함하는 명령문을 작성할 때 코드 블록은 콜론(:)과 여백으로 구분한다.
- 문자열을 표현할 때 작은따옴표(' '), 큰따옴표(" ")를 모두 사용할 수 있으며, 문자열에 따옴표가 포함되는 경우 다른 따옴표를 이용하여 문자열을 묶어줘야 한다.
  예 ' She said "I like it" '

❷ input( ) 함수 [24.7, 23.5]

- Python의 표준 입력 함수로, 키보드로 입력받아 변수에 저장하는 함수이다.
- 입력되는 값은 문자열로 취급되어 저장된다.

예 a = input('입력하세요.')
- **입력하세요.**가 출력되고 커서가 깜빡거리며 입력을 기다린다.
- 키보드로 값을 입력하면 변수 a에 저장된다.

❸ print( ) 함수 [25.8]

인수로 주어진 값을 화면에 출력하는 함수이다.

예1 print(82, 24, sep = '–', end = ',')

82와 24 사이에 분리문자 '–'가 출력되고, 마지막에 종료문자 ','가 출력된다.

결과 `82–24,`

예2 print('%-8.2f' % 200.20)

출력 자릿수로 8자리를 확보해서 왼쪽부터 출력하되, 소수점 이하는 2자리로 출력된다.

결과 `200.20  `

❹ Range [22.4]

연속된 숫자를 생성하는 것으로, 리스트, 반복문 등에서 많이 사용된다.

예1 a = list(range(5))

0에서 4까지 연속된 숫자를 리스트 a로 저장한다.

| 리스트 a | 0 | 1 | 2 | 3 | 4 |

예2 b = list(range(4, 9))

4에서 8까지 연속된 숫자를 리스트 b로 저장한다.

| 리스트 b | 4 | 5 | 6 | 7 | 8 |

예3 c = list(range(1, 15, 3))

1에서 14까지 3씩 증가하는 숫자들을 리스트 c로 저장한다.

| 리스트 c | 1 | 4 | 7 | 10 | 13 |

❺ 슬라이스(Slice) [25.5, 24.2, 23.7, 22.3]

문자열이나 리스트와 같은 순차형 객체에서 일부를 잘라(slicing) 반환하는 기능이다.

예 a = ['a', 'b', 'c', 'd', 'e'] 일때

a[1:3] → ['b', 'c']

a[0:5:2] → ['a', 'c', 'e']

a[3:] → ['d', 'e']

a[:3] → ['a', 'b', 'c']

a[::3] → ['a', 'd']

문제 1 다음 Python 프로그램이 실행되었을 때의 출력 결과를 쓰시오.

```
a = "REMEMBER NOVEMBER"
b = a[0:3] + a[12:16]
c = "R AND %s" % "STR"
print(b + c)
```

답:

해설

❶ a = "REMEMBER NOVEMBER"
❷ b = a[0:3] + a[12:16]
❸ c = "R AND %s" % "STR"
❹ print(b + c)

❶ 변수 a를 선언하고 "REMEMBER NOVEMBER"로 초기화합니다.

❷ a에 저장된 문자열의 0부터 2번째 위치까지의 문자열과 12부터 15번째 위치까지의 문자열을 합쳐 b에 저장합니다.

| | [0] | [1] | [2] | [3] | [4] | [5] | [6] | [7] | [8] | [9] | [10] | [11] | [12] | [13] | [14] | [15] | [16] |
| a | R | E | M | E | M | B | E | R | | N | O | V | E | M | B | E | R |

b = REMEMBE

❸ c에 "R AND STR"을 저장합니다. %s는 서식 문자열로, % 뒤쪽의 "STR"이 대응됩니다.
- "R AND %s" % "STR"

❹ b와 c에 저장된 문자열을 합쳐 출력합니다.

결과 `REMEMBER AND STR`

정답 1. REMEMBER AND STR

1장 핵심요약

060 Python의 활용

❶ if문

예
```
if (a == b)
    print("참");
else
    print("거짓");
```
a와 b가 같으면 **참**을 출력하고, 아니면 **거짓**을 출력한다.

❷ for문
- range를 이용하는 방식

예
```
for i in range(1, 11):
    sum = sum + i
```
i에 1부터 10까지 순서대로 저장하며 sum에 i의 값을 누적시키는 실행문을 반복 수행한다.

- 리스트(List)를 이용하는 방식

예
```
a = [ 1, 2, 3, 4, 5, 6, 7, 8, 9, 10 ]
for i in a:
    sum = sum + i
```
a 리스트에 저장된 10개의 요소를 i에 순서대로 저장하며 sum에 i의 값을 누적시키는 실행문을 반복 수행한다.

❸ while문

예
```
while i <= 10:
    i = i + 1
```
i가 10보다 작거나 같은 동안 i의 값을 1씩 누적시킨다.

❹ 클래스

클래스를 사용하려면 클래스 이름을 정하고 객체 생성을 위한 속성과 메소드(함수)를 정의한 후, 객체를 선언하면 된다.

예제 다음 Python으로 구현된 프로그램의 출력 결과를 확인하시오.

```
   class Cls:
        x = 10
❹    def add(self, a):
❺        return a + self.x
❶  a = Cls( )
❷  a.x = 5
❸❻ print(a.add(5))
```

❶ Cls 클래스의 객체 a를 생성한다.
❷ 객체 a의 변수 x에 5를 저장한다. (a.x = 5)
❸ 5를 인수로 a 객체의 add( ) 메소드를 호출한 후 돌려받은 값을 출력한다.
❹ add( ) 메소드의 시작점이다. ❸번에서 전달받은 5를 a가 받는다.
❺ a와 객체의 변수 x를 더한 값 10을 메소드를 호출했던 ❻번으로 반환한다.
❻ ❺번에서 돌려받은 값 10을 출력한다.

결과 10

문제 1 다음 Python 프로그램이 실행되었을 때의 출력 결과를 쓰시오.

```
class CharClass:
    a = [ 'Seoul', 'Kyeongi', 'Inchon', 'Daejeon', 'Daegu',
          'Pusan'];
myVar = CharClass()
str01 = ' '
for i in myVar.a:
    str01 = str01 + i[0]
print(str01)
```

답 :

해설

```
    class CharClass:         클래스 CharClass를 정의합니다.
        a = ['Seoul', 'Kyeongi', 'Inchon', 'Daejeon',
             'Daegu', 'Pusan'];
                             클래스의 속성 a에 6개의 요소를 리스트로 저장합니다.
❶  myVar = CharClass( )
❷  str01 = ' '
❸  for i in myVar.a:
❹       str01 = str01 + i[0]
❺  print(str01)
```

❶ CharClass의 객체 변수 myVar를 선언합니다.

	myVar.a[0]	myVar.a[1]	myVar.a[2]	myVar.a[3]	myVar.a[4]	myVar.a[5]
myVar.a	'Seoul'	'Kyeongi'	'Inchon'	'Daejeon'	'Daegu'	'Pusan'

❷ 변수 str01을 선언하고, 작은 따옴표 두 개를 이어붙인 빈 문자열을 저장합니다.

※ Python은 자료형을 별도로 선언하지 않으므로, 이와 같은 방식으로 해당 변수가 어떤 형식으로 사용될 것인지 지정할 수 있습니다. 여기서는 ❹번의 연산에서 + 기호로 문자 더하기 연산을 수행하기 위해 지정하였습니다.

❸ 객체 변수 myVar의 리스트 a의 요소 수만큼 ❹번 문장을 반복 수행합니다. 리스트 a는 6개의 요소를 가지므로 각 요소를 i에 할당하면서 다음 문장을 6회 수행합니다.

❹ str01과 i에 저장된 문자열의 첫 번째 글자(i[0])를 더하여 str01에 저장합니다. 즉 str01에 저장된 문자 뒤에 i에 저장된 문자열의 첫 번째 글자가 덧붙여집니다.

• 1회 : i에 myVar.a[0]이 저장되고 i의 0번째 글자 S가 str01에 저장됩니다.

str01		i[0]	i[1]	i[2]	i[3]	i[4]		i
'S'	←	'S'	'e'	'o'	'u'	'l'	←	'Seoul'

• 2회 : i에 myVar.a[1]이 저장되고 i의 0번째 글자 K가 str01에 더해집니다.

str01		i[0]	i[1]	i[2]	i[3]	i[4]	i[5]	i[6]		i
'SK'	←	'K'	'y'	'e'	'o'	'n'	'g'	'i'	←	'Kyeongi'

• 3회 : i에 myVar.a[2]가 저장되고 i의 0번째 글자 I가 str01에 더해집니다.

str01		i[0]	i[1]	i[2]	i[3]	i[4]	i[5]		i
'SKI'	←	'I'	'n'	'c'	'h'	'o'	'n'	←	'Inchon'

• 4회 : i에 myVar.a[3]이 저장되고 i의 0번째 글자 D가 str01에 더해집니다.

str01		i[0]	i[1]	i[2]	i[3]	i[4]	i[5]	i[6]		i
'SKID'	←	'D'	'a'	'e'	'j'	'e'	'o'	'n'	←	'Daejeon'

• 5회 : i에 myVar.a[4]가 저장되고 i의 0번째 글자 D가 str01에 더해집니다.

str01		i[0]	i[1]	i[2]	i[3]	i[4]		i
'SKIDD'	←	'D'	'a'	'e'	'g'	'u'	←	'Daegu'

• 6회 : i에 myVar.a[5]가 저장되고 i의 0번째 글자 P가 str01에 더해집니다.

str01		i[0]	i[1]	i[2]	i[3]	i[4]		i
'SKIDDP'	←	'P'	'u'	's'	'a'	'n'	←	'Pusan'

결과 : SKIDDP

061 웹 프로그래밍 언어 - HTML

❶ 목록 태그 24.5, 23.7

- 〈ul〉 : 순서 없는 목록을 표시
- 〈ol〉 : 순서 있는 목록을 표시
- 〈li〉 : 목록의 내용을 표시
- 〈dl〉 : 제목 있는 목록을 표시
- 〈dt〉 : 제목 있는 목록에서 제목 형태로 표시
- 〈dd〉 : 제목 있는 목록에서 제목의 하위 내용을 표시

❷ 프레임(Frame)의 주요 태그 25.5, 22.3

〈frameset〉 태그

- 화면을 분할한다.
- 〈frameset〉…〈/frameset〉 태그 사이에는 분할할 프레임의 개수만큼 〈frame〉 태그를 사용한다.

〈frame〉 태그

- 분할된 각각의 프레임에 표시할 HTML 문서를 지정한다.
- 〈frameset〉으로 분할된 영역에 〈frame〉 태그가 적용되는 순서는 다음과 같다.
  - 화면이 가로로 분할된 경우 : 위쪽 → 아래쪽
  - 화면이 세로로 분할된 경우 : 왼쪽 → 오른쪽
- 분할된 프레임의 개수는 〈frameset〉의 rows 또는 cols 속성으로 알 수 있다.

  예 rows="20%,*" → 2개, cols="200, *, 500" → 3개

❸ 테이블(Table)의 주요 태그 24.7, 24.5, 24.2, 23.2, 22.4

- 〈table〉 : 테이블에 관한 세부사항을 설정함
- 〈thead〉 : 테이블의 머리글 부분을 정의함
- 〈tbody〉 : 테이블의 본문 부분을 정의함
- 〈tfoot〉 : 테이블의 바닥글 부분을 정의함
- 〈tr〉 : 행을 만듦
- 〈td〉 : 셀을 만듦
  - colspan : 가로 방향으로 셀을 병합함
  - rowspan : 세로 방향으로 셀을 병합함
- 〈th〉 : 셀을 만들면서 제목 스타일을 적용함

정답 1. SKIDDP

1장 핵심요약

④ ⟨style⟩ 태그 25.8, 24.5, 23.7, 23.5, 23.2, 22.4

- 서식을 지정하는 태그로, ⟨head⟩ 부분에 지정하면 테이블 전체에 공통으로 적용된다.
- 서식 지정 형식

  요소이름:선택자 { 속성1:속성값1; 속성2:속성값2; …
  　　　　　　　 속성n:속성값n }

  - 요소이름 : 태그 이름에서 '⟨'와 '⟩'를 제외하고 입력함
  - 선택자 : 요소 중 일부에만 서식을 지정할 때 사용하는 옵션으로, 생략이 가능함
    ▶ first-child : 첫 번째 요소에 적용
    ▶ last-child : 마지막 요소에 적용
    ▶ nth-child(N) : N번째 요소마다 적용
  - 속성:속성값 : 요소에 적용할 속성과 속성값을 입력함. 2개 이상의 속성을 지정할 때는 세미콜론(;)을 이용하여 구분함
    ▶ color : 글자 색상을 지정함
    ▶ border : 외곽선을 지정하는 속성으로, 두께, 스타일, 색상 순으로 지정함
    ▶ border-radius : 외곽선 모서리의 곡률을 지정함
    ▶ font-weight : 글꼴의 굵기를 지정함
    ▶ background-color : 배경색을 지정함
    ▶ padding : 안쪽 여백을 지정함
    ▶ margin : 바깥쪽 여백을 지정함
    ▶ text-align : 정렬 방식을 지정함
    ▶ letter-spacing : 글자 사이 간격을 지정함
    ▶ word-spacing : 단어 사이 간격을 지정함

⑤ border 속성의 스타일 종류 24.5, 24.2, 23.5

- solid : 실선
- dashed : 파선
- dotted : 점선
- double : 이중 실선
- none : 테두리 없음
- hidden : 테두리 숨김

⑥ text-align 속성의 정렬 방식 23.2

- center : 가운데 정렬
- left : 왼쪽 정렬
- right : 오른쪽 정렬
- justify : 양쪽 정렬

⑦ ⟨form⟩ 태그 24.7, 24.5, 22.7, 22.4

- 사용자로부터 정보를 입력받는 틀을 정의한다.
- 관련 속성
  - method : 데이터 전송 방식을 지정함
    ▶ get : 입력받은 데이터를 URL에 첨부하여 전송함
    ▶ post : 입력받은 데이터를 메시지 형식으로 전송함
  - action : 데이터를 전송할 URL을 지정함

⑧ ⟨input⟩ 태그 25.2

- 데이터 입력에 사용할 요소를 생성한다.
- 관련 속성
  - checked : type이 radio 또는 checkbox일 때 기본으로 선택되어야 할 항목을 지정함
  - required : 반드시 입력되어야 하는 요소를 지정함

⑨ 기타 태그 24.7, 23.7, 23.2

- ⟨mark⟩ : 태그 안의 내용을 형광펜으로 칠한 것처럼 표시함
- ⟨small⟩ : 태그 안의 내용을 일반 텍스트 크기보다 작은 크기로 표시함
- ⟨sub⟩ : 태그 사이에 입력된 내용을 아래첨자로 표시함
- ⟨cite⟩ : 태그 안의 내용을 기울림꼴 서체로 표시하는 것으로, 책이나 음악, 영화, 그림 등의 창작물의 제목 표시에 사용함
- ⟨link⟩ : 외부 스타일 시트 파일을 연결할 때 사용함
- ⟨nav⟩ : 다른 페이지나 현재 페이지의 다른 부분과 연결되는 링크의 집합을 정의하는 것으로, 메뉴나 목차, 인덱스 작성에 사용함

062 웹 프로그래밍 언어 - JavaScript

❶ JavaScript의 기본 문법 25.8, 25.2, 24.5, 24.2, 23.5, 23.2, 22.7

- C언어 문법을 기반으로 제작된 언어이므로, 제어문, 반복문 등의 함수 사용방법이 C언어와 같다.
- 변수는 자료형에 관계없이 'var' 예약어를 사용하여 선언한다.
- 코드 입력
  - 방법1 : 〈script〉와 〈/script〉 태그 사이에 코드를 직접 입력한다.
  - 방법2 : 〈script〉 태그 내부에 코드가 저장된 파일명(.js)을 입력한다.

```
<html>
  <head>
    <script>
      ❶ var sum = 0;
      ❷ for (var i = 1; i <= 10; i++)
      ❸   sum = sum + i;
      ❹ document.write(sum);
    </script>
  </head>
  <body> </body>
</html>
```

❶ 변수 sum을 선언하고 0으로 초기화한다.
❷ 반복 변수 i가 1부터 1씩 증가하면서 10보다 작거나 같은 동안 ❸번을 반복 수행한다.
❸ sum에 i의 값을 누적시킨다.
❹ sum의 값을 출력한다.
- document.write( ) : 인수로 주어진 값을 출력하는 메소드이다.

결과 `55`

❷ 대화상자 25.5, 22.4, 22.3

- 알림 대화상자

alert(내용); 대화상자 본문에 '내용'이 표시되고, 아래쪽에 〈확인〉 단추가 표시된다.

- 확인 대화상자

confirm(내용); 대화상자 본문에 '내용'이 표시되고, 아래쪽에 〈확인〉과 〈취소〉 단추가 표시된다.

- 입력 대화상자

prompt(내용, 기본값); 대화상자 본문에 '내용'이 표시되고, '내용' 아래에 '기본값'이 입력된 텍스트 상자가 표시된다.
- 대화상자 아래쪽에 〈확인〉과 〈취소〉 단추가 표시된다.

❸ 배열(Array)의 주요 메소드 25.5, 24.7, 23.5, 23.2, 22.7, 22.4

- pop( ) : 배열의 마지막 요소를 제거함
- push( ) : 배열의 마지막에 요소를 추가함
- join( ) : 배열의 모든 요소를 하나의 문자열로 변환함
- shift( ) : 배열의 첫 번째 요소를 제거함
- unshift( ) : 배열의 맨 앞에 요소를 추가함
- splice( ) : 배열에서 지정한 범위의 요소를 제거한 후 제거된 위치에 지정한 값을 저장함

> **문제1** 다음 JavaScript 프로그램을 실행 때의 결과를 쓰시오.
>
> ```
> var a = [ "산소", "수소", "질소", "칼슘" ];
> a.shift( );
> a.unshift("탄소");
> a.push("염소");
> document.write(a);
> ```

답 :

해설
사용된 코드의 의미는 다음과 같습니다.

❶ var a = ["산소", "수소", "질소", "칼슘"];
❷ a.shift( );
❸ a.unshift("탄소");
❹ a.push("염소");
❺ document.write(a);

❶ 4개의 요소를 갖는 배열 a를 선언하고 초기화합니다.

	[0]	[1]	[2]	[3]
a	"산소"	"수소"	"질소"	"칼슘"

❷ a 배열의 첫 번째 요소를 삭제합니다.

	[0]	[1]	[2]
a	"수소"	"질소"	"칼슘"

❸ a 배열의 맨 앞에 "탄소"를 추가합니다.

	[0]	[1]	[2]	[3]
a	"탄소"	"수소"	"질소"	"칼슘"

정답 1. 탄소, 수소, 질소, 칼슘, 염소

1장 핵심요약

❹ a 배열의 맨 뒤에 "염소"를 추가합니다.

	[0]	[1]	[2]	[3]	[4]
a	"탄소"	"수소"	"질소"	"칼슘"	"염소"

❺ a 배열을 출력합니다.
결과 : 탄소, 수소, 질소, 칼슘, 염소

063 절차적 프로그래밍 언어

❶ **C**
- 1972년 미국 벨 연구소의 데니스 리치에 의해 개발되었다.
- 시스템 소프트웨어를 개발하기 편리하여 시스템 프로그래밍 언어로 널리 사용된다.
- 이식성이 좋아 컴퓨터 기종과 관계없이 프로그램을 작성할 수 있다.

❷ **ALGOL**
- 수치 계산이나 논리 연산을 위한 과학 기술 계산용 언어이다.
- PASCAL과 C 언어의 모체가 되었다.

❸ **COBOL**
- 사무 처리용 언어이다.
- 영어 문장 형식으로 구성되어 있어 이해와 사용이 쉽다.

❹ **FORTRAN**
- 과학 기술 계산용 언어이다.
- 수학과 공학 분야의 공식이나 수식과 같은 형태로 프로그래밍 할 수 있다.

064 객체지향 프로그래밍 언어

❶ **JAVA** 22.3
- 분산 네트워크 환경에 적용할 수 있으며, 멀티스레드 기능을 제공하므로 여러 작업을 동시에 처리할 수 있다.
- 운영체제 및 하드웨어에 독립적이며, 이식성이 강하다.
- 캡슐화가 가능하고 재사용성 높다.

❷ **C++** 25.5, 25.2, 24.5, 22.4
- C 언어에 객체지향 개념을 적용한 언어이다.
- 모든 문제를 객체로 모델링하여 표현한다.

❸ **Smalltalk** 22.3
- 1세대 객체지향 프로그래밍 언어 중 하나로 순수한 객체지향 프로그래밍 언어이다.
- 최초로 GUI를 제공한 언어이다.

❹ **객체(Object)** 24.5, 22.7
- 데이터(속성)와 이를 처리하기 위한 연산(메소드)을 결합시킨 실체이다.
- 데이터 구조와 그 위에서 수행되는 연산들을 가지고 있는 소프트웨어 모듈이다.

❺ **클래스** 24.5, 22.7
두 개 이상의 유사한 객체들을 묶어서 하나의 공통된 특성을 표현하는 요소이다. 즉 공통된 특성과 행위를 갖는 객체의 집합이라고 할 수 있다.

❻ **캡슐화** 24.5, 22.7
데이터(속성)와 데이터를 처리하는 함수를 하나로 묶는 것을 의미한다.

❼ **상속** 24.5, 22.4
이미 정의된 상위 클래스(부모 클래스)의 모든 속성과 연산을 하위 클래스가 물려받는 것이다.

❽ **다형성** 24.5, 22.7
메시지에 의해 객체(클래스)가 연산을 수행하게 될 때 하나의 메시지에 대해 각 객체(클래스)가 가지고 있는 고유한 방법(특성)으로 응답할 수 있는 능력을 의미한다.

065 스크립트 언어

❶ 자바스크립트
- 웹 페이지의 동작을 제어하는 데 사용되는 클라이언트용 스크립트 언어이다.
- 클래스 기반의 객체 상속을 지원한다.
- 프로토타입 개념을 활용할 수 있다.

❷ PHP 22.4
- 서버용 스크립트 언어로, Linux, Unix, Windows 운영체제에서 사용 가능하다.
- C, Java 등과 문법이 유사하므로 배우기 쉬워 웹 페이지 제작에 많이 사용된다.

❸ 파이썬 22.4
- 귀도 반 로섬(Guido van Rossum)이 발표한 대화형 인터프리터 언어이다.
- 객체지향 기능을 지원하고 플랫폼에 독립적이며 문법이 간단하여 배우기 쉽다.

❹ 쉘 스크립트 22.4
- 유닉스/리눅스 계열의 쉘(Shell)에서 사용되는 명령어들의 조합으로 구성된 스크립트 언어이다.
- 컴파일 단계가 없어 실행 속도가 빠르다.
- 저장 시 확장자로 '.sh'가 붙는다.
- 쉘의 종류 : Bash Shell, Bourne Shell, C Shell, Korn Shell 등
- 쉘 스크립트에서 사용되는 제어문
  - 선택형 : if, case
  - 반복형 : for, while, until

❺ Basic
절차지향 기능을 지원하는 대화형 인터프리터 언어로, 초보자도 쉽게 사용할 수 있는 문법 구조를 갖는다.

❻ JavaScript 프레임워크 - jQuery 23.2, 22.3
- 가장 많이 사용하는 AJAX 라이브러리이다.
- 웹 브라우저 간의 호환성 문제를 해결하고 명령어를 단순화한 프레임워크이다.

066 라이브러리

❶ 라이브러리의 개념 24.2
- 프로그램을 효율적으로 개발할 수 있도록 자주 사용하는 함수나 데이터들을 미리 만들어 모아 놓은 집합체이다.
- 표준 라이브러리 : 프로그래밍 언어에 기본적으로 포함되어 있는 라이브러리로, 여러 종류의 모듈이나 패키지로 구성됨
- 외부 라이브러리 : 개발자들이 필요한 기능들을 만들어 인터넷 등에 공유해 놓은 것으로, 외부 라이브러리를 다운받아 설치한 후 사용함

❷ C언어의 stdio.h 23.2
- 데이터의 입·출력에 사용되는 기능들을 제공한다.
- 주요 함수 : printf, scanf, fprintf, fscanf, fclose, fopen 등

❸ C언어의 math.h 22.3
- 수학 함수들을 제공한다.
- 주요 함수 : sqrt, pow, abs 등

❹ C언어의 string.h 22.4
- 문자열 처리에 사용되는 기능들을 제공한다.
- 주요 함수 : strlen, strcpy, strcmp 등

❺ C언어의 stdlib.h
- 자료형 변환, 난수 발생, 메모리 할당에 사용되는 기능들을 제공한다.
- 주요 함수 : atoi, atof, srand, rand, malloc, free 등

❻ C언어의 time.h
- 시간 처리에 사용되는 기능들을 제공한다.
- 주요 함수 : time, clock 등

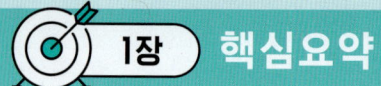

1장 핵심요약

7 string.h와 stdlib.h에 포함된 주요 함수의 기능 25.8
- strlen : 문자열의 길이를 반환함
- strcpy : 문자열을 복사함
- strcmp : 문자열을 비교함
- atoi : 문자열을 정수(int)로 변환함
- atof : 문자열을 배정도 실수(double)로 변환함
- strtof : 문자열을 단정도 실수(float)로 변환함

068 프로토타입

1 프로토타입의 개념
- 프로그래밍 언어에서 프로토타입이란 함수 원형(Function Prototype)이라는 의미로, 컴파일러에게 사용될 함수에 대한 정보를 미리 알리는 것이다.
- 함수가 호출되기 전에 함수가 미리 정의되는 경우에는 프로토타입을 정의하지 않아도 된다.

067 예외 처리

1 예외 처리의 개요 25.5, 24.7, 23.2, 22.7
- 프로그램의 정상적인 실행을 방해하는 조건이나 상태를 예외(Exception)라고 한다.
- 예외가 발생했을 때 프로그래머가 해당 문제에 대비해 작성해 놓은 처리 루틴을 수행하도록 하는 것을 예외 처리(Exception Handling)라고 한다.

2 JAVA의 예외 처리 25.8, 24.2, 23.5, 22.7
- JAVA에서는 try ~ catch 문을 이용해 예외를 처리한다.
- try 블록 코드를 수행하다 예외가 발생하면 예외를 처리하는 catch 블록으로 이동하여 예외 처리 코드를 수행하므로 예외가 발생한 이후의 코드는 실행되지 않는다.
- catch 블록에서 선언한 변수는 해당 catch 블록에서만 유효하다.
- try ~ catch 문 안에 또 다른 try ~ catch 문을 포함할 수 있다.
- try ~ catch 문 안에서는 실행 코드가 한 줄이라도 중괄호({ })를 생략할 수 없다.
- finally 블록은 예외의 발생과 관계없이 무조건 수행된다.

2장 프로그램 구현

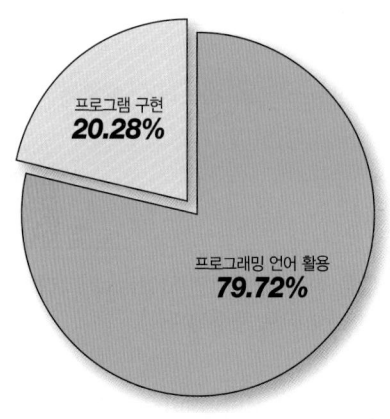

프로그램 구현
20.28%

프로그래밍 언어 활용
79.72%

069 개발 환경 구축 Ⓓ등급
070 서버 개발 Ⓑ등급
071 모듈 Ⓐ등급
072 공통 모듈 Ⓑ등급
073 보안 및 API Ⓐ등급

꼭 알아야 할 키워드 Best 10

1. 웹 서버 2. 웹 애플리케이션 서버 3. 보안 요소 4. 프레임워크의 특성 5. Spring 6. 보안의 취약점 7. 결합도 8. 응집도 9. 재사용
10. API

SECTION 069 개발 환경 구축

1 개발 환경 구축의 개요

개발 환경 구축은 응용 소프트웨어 개발을 위해 개발 프로젝트를 이해하고 소프트웨어 및 하드웨어 장비를 구축하는 것을 의미한다.

- 개발 환경은 응용 소프트웨어가 운영될 환경과 유사한 구조로 구축한다.
- 개발 프로젝트의 분석 단계의 산출물을 바탕으로 개발에 필요한 하드웨어와 소프트웨어를 선정한다.
- 하드웨어와 소프트웨어의 성능, 편의성, 라이선스 등의 비즈니스 환경에 적합한 제품들을 최종적으로 결정하여 구축한다.

2 하드웨어 환경

하드웨어 환경은 사용자와의 인터페이스 역할을 하는 클라이언트(Client) 그리고 클라이언트와 통신하여 서비스를 제공하는 서버(Server)로 구성된다.

- 클라이언트에는 PC, 스마트폰 등이 있다.
- 서버는 사용 목적에 따라 웹 서버, 웹 애플리케이션 서버, 데이터베이스 서버, 파일 서버 등으로 나뉜다.
  - 웹 서버(Web Server) : 클라이언트로부터 직접 요청을 받아 처리하는 서버로, 저용량의 정적 파일*들을 제공한다.
    - 예) Apache HTTP Server, Microsoft Internet Information Service, Google Web Server 등
  - 웹 애플리케이션 서버(WAS; Web Application Server) : 사용자에게 동적 서비스*를 제공하기 위해 웹 서버로부터 요청을 받아 데이터 가공 작업을 수행하거나, 웹 서버와 데이터베이스 서버 또는 웹 서버와 파일 서버 사이에서 인터페이스 역할을 수행하는 서버이다.
    - 예) Apache Tomcat, IBM WebSphere, Oracle WebLogic 등
  - 데이터베이스 서버(DB Server) : 데이터베이스와 이를 관리하는 DBMS를 운영하는 서버이다.
    - 예) MySQL Server, Oracle Server, Microsoft SQL Server 등
  - 파일 서버(File Server) : 데이터베이스에 저장하기에는 비효율적이거나, 서비스 제공을 목적으로 유지하는 파일들을 저장하는 서버이다.
    - 예) AWS S3 등

전문가의 조언

소프트웨어 개발 시 구축해야 할 하드웨어 및 소프트웨어에는 어떤 것들이 있는지, 그리고 각 요소들의 개별적인 기능은 무엇인지 잘 파악해 두세요.

정적 파일(Static File)
정적 파일은 인터넷 브라우저와 같은 클라이언트에서 별도의 처리 과정 없이 다운로드 하여 사용자에게 보여주는 파일로, HTML, CSS, 이미지 파일 등이 있습니다.

동적 서비스(Dynamic Service)
동적 서비스는 사용자의 입력에 따라 다른 결과를 보여주는 서비스를 의미합니다. 쇼핑몰을 예로 들면, 상품을 인기순으로 정렬하기 위해 클릭을 했을 때 나오는 화면은 미리 만들어져 있는 페이지가 아닌 클릭한 순간 상품들을 정렬하여 페이지를 구성한 후 표시하는 동적인 화면입니다.

전문가의 조언

데이터베이스 서버는 데이터베이스와 DBMS가 갖는 특징과 동일한 기능을 가집니다. 데이터베이스와 DBMS에 대한 자세한 내용은 Section 078을 참조하세요.

> **잠깐만요** 웹 서버(Web Sever)의 기능

HTTP/HTTPS* 지원	브라우저로부터 요청을 받아 응답할 때 사용되는 프로토콜
통신 기록 (Communication Log)	처리한 요청들을 로그 파일로 기록하는 기능
정적 파일 관리 (Managing Static Files)	HTML, CSS, 이미지 등의 정적 파일들을 저장하고 관리하는 기능
대역폭 제한 (Bandwidth Throttling)	네트워크 트래픽의 포화를 방지하기 위해 응답 속도를 제한하는 기능
가상 호스팅 (Virtual Hosting)	하나의 서버로 여러 개의 도메인 이름을 연결하는 기능
인증 (Authentication)	사용자가 합법적인 사용자인지를 확인하는 기능

HTTP/HTTPS (HyperText Transfer Protocol [Secure])
HTTP는 하이퍼텍스트 문서를 전송하기 위해 사용하는 프로토콜이고, HTTPS는 HTTP에 보안 모듈을 결합시킨 프로토콜입니다.

③ 소프트웨어 환경

소프트웨어 환경은 클라이언트와 서버 운영을 위한 시스템 소프트웨어와 개발에 사용되는 개발 소프트웨어로 구성된다.

- 시스템 소프트웨어에는 운영체제(OS), 웹 서버 및 WAS 운용을 위한 서버 프로그램, DBMS 등이 있다.
- 개발 소프트웨어에는 요구사항 관리 도구, 설계/모델링 도구, 구현 도구, 빌드 도구, 테스트 도구, 형상 관리 도구 등이 있다.
  - 요구사항 관리 도구 : 요구사항의 수집과 분석, 추적 등을 편리하게 도와주는 소프트웨어
    - 예 JIRA, IBM DOORS, inteGREAT, Reqtify, Trello 등
  - 설계/모델링 도구 : UML(통합 모델링 언어)*을 지원하며, 개발의 전 과정에서 설계 및 모델링을 도와주는 소프트웨어
    - 예 DB Designer, PlantUML, ArgoUML 등
  - 구현 도구 : 개발 언어를 통해 애플리케이션의 실제 구현을 지원하는 소프트웨어
    - 예 Eclipse, IntelliJ IDEA, Visual Studio, Netbeans, Node.js 등
  - 빌드 도구 : 구현 도구를 통해 작성된 소스의 빌드 및 배포, 라이브러리 관리를 지원하는 소프트웨어
    - 예 Ant, Gradle, Maven, Jenkins 등
  - 테스트 도구 : 모듈들이 요구사항에 적합하게 구현되었는지 테스트하는 소프트웨어
    - 예 CppUnit, JUnit, HttpUnit, NUnit, SpringTest 등

UML(Unified Modeling Language)
UML은 시스템 분석, 설계, 구현 등 시스템 개발 과정에서 시스템 개발자와 고객 또는 개발자 상호 간의 의사소통이 원활하게 이루어지도록 표준화한 대표적인 객체지향 모델링 언어입니다. UML에 대한 자세한 내용은 Section 024를 참조하세요.

형상 관리 도구
형상 관리를 다른 말로 버전 관리라고도 합니다. 자세한 내용은 Section 042를 참조하세요.

- **형상 관리 도구*** : 산출물들을 버전별로 관리하여 품질 향상을 지원하는 소프트웨어
  - 예) GIT, CVS, Subversion, Mercurial 등

잠깐만요 — 개발 언어의 선정 기준

개발 언어를 선정할 때는 다음과 같은 5가지 특성이 고려되어야 합니다.

적정성	개발하려는 소프트웨어의 목적에 적합해야 합니다.
효율성	코드의 작성 및 구현이 효율적이어야 합니다.
이식성	다양한 시스템 및 환경에 적용이 가능해야 합니다.
친밀성	개발 언어에 대한 개발자들의 이해도와 활용도가 높아야 합니다.
범용성	다른 개발 사례가 존재하고 여러 분야에서 활용되고 있어야 합니다.

기출문제 따라잡기

출제예상

1. 소프트웨어 개발을 위해 개발 환경을 구축하고자 할 때 고려해야 할 사항이 아닌 것은?

① 프로젝트 분석 단계에서 정리된 요구사항들을 고려하여 소프트웨어와 하드웨어 설비를 선정한다.
② 소프트웨어가 운영될 환경과 유사한 구조로 구축한다.
③ 하드웨어 환경은 서버와 네트워크로 구성된다.
④ 비즈니스 환경에 적합한 제품들을 선정하여 구축한다.

> 하드웨어 환경은 클라이언트(Client)와 서버(Server)로 구성됩니다.

출제예상

2. 개발 환경 구축 시 갖추어야 할 소프트웨어 환경에 대한 설명으로 잘못된 것은?

① 요구사항의 수집과 분석 및 추적을 위한 관리 도구를 구축해야 한다.
② HTML, CSS, 이미지 등을 처리할 웹 서버를 구축해야 한다.
③ 소프트웨어 개발을 위한 구현 도구를 구축해야 한다.
④ 산출물들을 버전별로 관리할 형상 관리 도구를 구축해야 한다.

> 웹 서버 구축은 하드웨어 환경과 관련이 있습니다.

출제예상

3. 웹 응용 소프트웨어 개발과 관련하여 사용자에게 동적 서비스를 제공하는 서버는?

① 웹 서버(Web Server)
② 웹 애플리케이션 서버(WAS)
③ 데이터베이스 서버(DB Server)
④ 파일 서버(File Server)

> 웹 서버는 정적 파일을, 웹 애플리케이션 서버는 동적 서비스를 처리한다는 것을 기억해 두세요.

출제예상

4. 개발 환경 구축 시 고려해야 할 요소들에 대한 설명으로 잘못된 것은?

① 개발 환경은 크게 하드웨어 환경과 소프트웨어 환경으로 구분된다.
② 성능, 편의성, 개발자의 이해도 등 다양한 요소들을 고려하여 환경을 구축한다.
③ 시스템 소프트웨어와 개발 소프트웨어 등은 소프트웨어 환경에 속한다.
④ 하드웨어 환경에는 WAS, OS, DBMS 등이 속한다.

> OS와 DBMS는 시스템 소프트웨어입니다.

▶ 정답 : 1.③ 2.② 3.② 4.④

SECTION 070 서버 개발

1 서버 개발의 개요

서버 개발은 웹 애플리케이션의 로직을 구현할 서버 프로그램을 제작하여 웹 애플리케이션 서버(WAS)에 탑재하는 것을 의미한다.

- 웹 애플리케이션 서버에 구현된 서버 프로그램은 웹 서버로부터 받은 요청을 처리하여 결과를 반환하는 역할을 수행한다.
- 서버 개발에 사용되는 프로그래밍 언어에는 Java, JavaScript, Python, PHP, Ruby 등이 있다.
- 각 프로그래밍 언어에는 해당 언어로 서버 프로그램을 개발할 수 있도록 지원하는 프레임워크*가 있다.

2 서버 개발 프레임워크

서버 개발 프레임워크는 서버 프로그램 개발 시 다양한 네트워크 설정, 요청 및 응답 처리, 아키텍처 모델 구현 등을 손쉽게 처리할 수 있도록 클래스나 인터페이스를 제공하는 소프트웨어를 의미한다.

- 서버 개발 프레임워크에 따라 지원하는 프로그래밍 언어가 제한적이므로 선정할 수 있는 프레임워크도 제한적이다.
- 서버 개발 프레임워크의 대부분은 모델-뷰-컨트롤러(MVC)* 패턴을 기반으로 개발되었다.
- 대표적인 서버 개발 프레임워크의 종류는 다음과 같다.

프레임워크	특징
Spring	JAVA를 기반으로 만들어진 프레임워크로, 전자정부 표준 프레임워크의 기반 기술로 사용되고 있다.
Node.js	JavaScript를 기반으로 만들어진 프레임워크로, 비동기 입·출력 처리와 이벤트 위주의 높은 처리 성능을 갖고 있어 실시간으로 입·출력이 빈번한 애플리케이션에 적합하다.
Django	Python을 기반으로 만들어진 프레임워크로, 컴포넌트의 재사용과 플러그인화*를 강조하여 신속한 개발이 가능하도록 지원한다.
Codeigniter	PHP를 기반으로 만들어진 프레임워크로, 인터페이스가 간편하며 서버 자원을 적게 사용한다.
Ruby on Rails	Ruby를 기반으로 만들어진 프레임워크로, 테스트를 위한 웹 서버를 지원하며 데이터베이스 작업을 단순화, 자동화시켜 개발 코드의 길이가 짧아 신속한 개발이 가능하다.

전문가의 조언

서버 개발의 의미와 관련 프레임워크들을 숙지하세요. 서버 프로그램을 구현하는 과정은 1, 2과목에서 학습했던 모듈 구현 과정과 동일하다는 것을 염두에 두고 가볍게 읽어보세요.

프레임워크(Framework)
프레임워크는 사전적으로 '뼈대', '골조'를 의미하는데, 소프트웨어에서는 특정 기능을 수행하기 위해 필요한 클래스나 인터페이스 등을 모아둔 집합체를 말합니다.

전문가의 조언

서버 개발 프레임워크는 웹 프레임워크라고도 불리며, 이러한 프레임워크는 기능 구현을 위한 기본적인 형태를 지원할 뿐 필수적인 요소는 아닙니다. 하지만 사용 여부에 따라 생산성의 차이가 크다는 점을 기억해 두세요.

모델-뷰-컨트롤러(MVC)
모델-뷰-컨트롤러는 시스템을 세 부분으로 분리하여 서로 영향 받지 않고 개발할 수 있는 아키텍처 패턴을 의미합니다. 자세한 내용은 Section 027을 참조하세요.

플러그인화
플러그인화는 재사용과 비슷한 의미로 전원 플러그처럼 마음대로 꼈다 뺐다할 수 있다는 것을 의미합니다.

전문가의 조언

모듈에 대한 자세한 내용은 다음 섹션에서 배우게 됩니다. 여기에서는 모듈과 공통 모듈의 개념에 대해서만 간단히 기억하고 넘어가세요.

- **루틴(Routine)** : 기능을 가진 명령들의 모임
- **메인 루틴(Main Routine)** : 프로그램 실행의 큰 줄기가 되는 것
- **서브 루틴(Subroutine)** : 메인 루틴에 의해 필요할 때마다 호출되는 루틴
- **결합도(Coupling)** : 모듈 간에 상호 의존하는 정도 또는 두 모듈 사이의 연관 관계를 의미합니다.
- **응집도(Cohesion)** : 정보 은닉 개념을 확장한 것으로, 명령어나 호출문 등 모듈의 내부 요소들의 서로 관련되어 있는 정도, 즉 모듈이 독립적인 기능으로 정의되어 있는 정도를 의미합니다.

전문가의 조언

프레임워크의 특성에 대한 문제가 출제되었습니다. 사용자가 수행할 제어를 프레임워크에 넘기는 것을 의미하는 제어의 역흐름을 중심으로 각각의 특징을 정리하세요.

재사용(Reuse)

재사용은 이미 개발된 기능들을 파악하고 재구성하여 새로운 시스템 또는 기능 개발에 사용하기 적합하도록 최적화 시키는 작업입니다.

③ 서버 프로그램 구현

서버 프로그램은 응용 소프트웨어와 동일하게 모듈 및 공통 모듈을 개발한 후, 모듈들을 통합하는 방식으로 구현된다.

- 모듈은 모듈화를 통해 분리된 시스템의 각 기능들로, 서브 루틴*, 서브시스템, 소프트웨어 내의 프로그램, 작업 단위 등과 같은 의미로 사용된다.
- 모듈 개발 시 기능적 독립성을 고려하여 다른 모듈과의 과도한 상호작용을 배제함으로써 특정 모듈의 수정이 다른 모듈들에게 영향을 미치지 않아야 한다.
- 모듈의 독립성은 결합도(Coupling)*와 응집도(Cohesion)*에 의해 측정되며, 독립성을 높이려면 모듈의 결합도를 약하게 하고 응집도를 강하게 하며 모듈의 크기를 작게 만들어야 한다.
- 공통 모듈은 여러 프로그램에서 재사용(Reuse)*할 수 있는 모듈을 의미하며, 자주 사용되는 계산식이나 매번 필요한 사용자 인증 같은 기능들이 공통 모듈로 구성될 수 있다.

25.2, 24.7, 23.7, 23.5, 22.3, 기사 22.4, 21.8, 20.9, 20.6

잠깐만요 **프레임워크의 특성**

24.7, 23.7, 22.3, 기사 20.9, 20.6 **모듈화(Modularity)**	• 프레임워크는 캡슐화를 통해 모듈화를 강화하고 설계 및 구현의 변경에 따른 영향을 최소화함으로써 소프트웨어의 품질을 향상시킵니다. • 프레임워크는 개발표준에 의한 모듈화로 인해 유지 보수가 용이합니다.
24.7, 23.7, 22.3, 기사 20.9, 20.6 **재사용성(Reusability)**	프레임워크는 재사용* 가능한 모듈들을 제공함으로써 예산 절감, 생산성 향상, 품질 보증이 가능합니다.
24.7, 23.7, 22.3 **확장성(Extensibility)**	프레임워크는 다형성(Polymorphism)을 통한 인터페이스 확장이 가능하여 다양한 형태와 기능을 가진 애플리케이션 개발이 가능합니다.
24.7, 23.7, 23.5, 22.3 **제어의 역흐름** **(Inversion of Control)**	개발자가 관리하고 통제해야 하는 객체들의 제어를 프레임워크에 넘김으로써 생산성을 향상시킵니다.

기출문제 따라잡기

25년 2월, 24년 7월, 23년 5월, 22년 3월

1. 프레임워크(Framework)에 대한 설명으로 틀린 것은?

① 개발표준에 의한 모듈화로 유지보수가 용이하다.
② 재사용 모듈을 제공하여 생산성이 향상된다.
③ 인터페이스 확장을 통해 다양한 형태와 기능을 가진 애플리케이션 개발이 가능하다.
④ 라이브러리와 같이 객체들을 사용자가 직접 관리하고 통제해야 한다.

> 프레임워크는 객체들의 제어를 사용자가 아닌 프레임워크가 수행함으로써 생산성을 향상시킵니다.

23년 7월

2. 소프트웨어 개발 프레임워크에 대한 설명으로 옳지 않은 것은?

① 모듈화로 인해 설계 및 구현의 변경에 따른 영향을 극소화시킨다.
② 재사용된 모듈을 사용하여 품질을 향상시키고, 용량을 감소시킨다.
③ 객체들의 통제를 프레임워크에 넘김으로써 생산성을 향상시킨다.
④ 인터페이스의 확장이 자유로워 다양한 기능을 가진 소프트웨어의 개발이 가능하다.

> 재사용된 모듈은 예산 절감, 생산성 향상, 품질 보증 등의 이점은 있지만, 용량 감소에 대한 이점은 없습니다.

출제예상

3. 서버 개발에 사용되는 언어와 프레임워크의 연결이 잘못 짝지어진 것은?

① JavaScript – Spring
② Python – Django
③ PHP – Codeigniter
④ Ruby – Rails

> 스프링(Spring) 프레임워크는 JAVA를 기반으로 합니다.

기사 21년 5월

4. 프레임워크(Framework)에 대한 설명으로 옳은 것은?

① 소프트웨어 구성에 필요한 기본 구조를 제공함으로써 재사용이 가능하게 해준다.
② 소프트웨어 개발 시 구조가 잡혀 있기 때문에 확장이 불가능하다.
③ 소프트웨어 아키텍처(Architecture)와 동일한 개념이다.
④ 모듈화(Modularity)가 불가능하다.

> 프레임워크의 사전적 의미는 '뼈대', '골조'입니다.

▶ 정답 : 1. ④ 2. ② 3. ① 4. ①

SECTION 071 모듈

전문가의 조언

모듈의 개념을 이해하고 응집도, 결합도의 종류들에 대해 확실히 파악하고 넘어가세요.

모듈화(Modularity)
모듈화는 소프트웨어의 성능을 향상시키거나 시스템의 수정 및 재사용, 유지 관리 등이 용이하도록 시스템의 기능들을 모듈 단위로 분해하는 것을 의미합니다.

- 루틴(Routine) : 기능을 가진 명령들의 모임
- 메인 루틴(Main Routine) : 프로그램 실행의 큰 줄기가 되는 것
- 서브 루틴(Subroutine) : 메인 루틴에 의해 필요할 때 마다 호출되는 루틴

서브시스템(Subsystem)
서브시스템은 시스템을 구성하는 요소의 하나로, '단위시스템'이라고도 불리며, 서브시스템 자체로도 하나의 시스템에 필요한 요소들을 갖추고 있습니다. 예를 들어 메인시스템이 '통합 경영정보 시스템'이라면 여기에 속하는 서브시스템으로 '영업관리 시스템', '생산관리 시스템', '인사관리 시스템' 등이 있을 수 있습니다.

전문가의 조언

- 결합도는 두 사람이 붙어있는 것과 비교하면 이해가 쉽습니다. 손만 잡고 있는지, 팔짱을 끼고 있는지, 포옹을 하고 있는지에 따라 서로 떨어뜨리기가 어려워지겠죠.
- **중요해요!** 결합도의 개념과 종류, 결합 강도에 따른 순서, 결합도들의 개별적인 의미 등 교재에 수록된 내용이 모두 출제됩니다. 자세히 공부하고 넘어가세요.

---

1 모듈(Module)의 개요
25.8, 25.5, 25.2, 24.2, 22.3, 기사 22.4, 22.3, 21.9

모듈은 모듈화*를 통해 분리된 시스템의 각 기능들로, 서브루틴*, 서브시스템*, 소프트웨어 내의 프로그램, 작업 단위 등과 같은 의미로 사용된다.

- 모듈은 단독으로 컴파일이 가능하며, 재사용 할 수 있다.
- 모듈의 기능적 독립성은 소프트웨어를 구성하는 각 모듈의 기능이 서로 독립됨을 의미하는 것으로, 모듈이 하나의 기능만을 수행하고 다른 모듈과의 과도한 상호작용을 배제함으로써 이루어진다.
- 독립성이 높은 모듈일수록 모듈을 수정하더라도 다른 모듈들에게는 거의 영향을 미치지 않으며, 오류가 발생해도 쉽게 발견하고 해결할 수 있다.
- 모듈의 독립성은 결합도(Coupling)와 응집도(Cohesion)에 의해 측정되며, 독립성을 높이려면 모듈의 결합도는 약하게, 응집도는 강하게, 모듈의 크기는 작게 만들어야 한다.

2 결합도(Coupling)
25.5, 25.2, 24.7, 24.2, 23.2, 22.7, 22.4, 22.3, 기사 25.8, 25.2, 24.5, 22.7, 22.4, 21.5, 21.3, 20.9, 20.8, 20.6

결합도는 모듈 간에 상호 의존하는 정도 또는 두 모듈 사이의 연관 관계를 의미한다.

- 다양한 결합으로 모듈을 구성할 수 있으나 결합도가 약할수록 품질이 높고, 강할수록 품질이 낮다.
- 결합도가 강하면 시스템 구현 및 유지보수 작업이 어렵다.
- 결합도의 종류에는 자료 결합도, 스탬프 결합도, 제어 결합도, 외부 결합도, 공통 결합도, 내용 결합도가 있으며 결합도의 정도는 다음과 같다.

내용 결합도	공통 결합도	외부 결합도	제어 결합도	스탬프 결합도	자료 결합도

결합도 강함 ←――――――――――――――――――――――→ 결합도 약함

23.2, 22.7, 22.3, 기사 25.8, 23.7, … **내용 결합도** (Content Coupling)	• 한 모듈이 다른 모듈의 내부 기능 및 그 내부 자료를 직접 참조하거나 수정할 때의 결합도이다. • 한 모듈에서 다른 모듈의 내부로 제어가 이동하는 경우에도 내용 결합도에 해당된다.
기사 23.7, 20.9 **공통(공유) 결합도** (Common Coupling)	• 공유되는 공통 데이터 영역을 여러 모듈이 사용할 때의 결합도이다. • 공통 데이터 영역의 내용을 조금만 변경하더라도 이를 사용하는 모든 모듈에 영향을 미치므로 모듈의 독립성을 약하게 만든다.
기사 25.8, 22.7 **외부 결합도** (External Coupling)	• 어떤 모듈에서 선언한 데이터(변수)를 외부의 다른 모듈에서 참조할 때의 결합도이다. • 참조되는 데이터의 범위를 각 모듈에서 제한할 수 있다.

기사 20.8 제어 결합도 (Control Coupling)	• 어떤 모듈이 다른 모듈 내부의 논리적인 흐름을 제어하기 위해 제어 신호를 이용하여 통신하거나 제어 요소(Function Code, Switch, Tag, Flag)를 전달하는 결합도이다. • 한 모듈이 다른 모듈의 상세한 처리 절차를 알고 있어 이를 통제하는 경우나 처리 기능이 두 모듈에 분리되어 설계된 경우에 발생한다. • 하위 모듈에서 상위 모듈로 제어 신호가 이동하여 하위 모듈이 상위 모듈에게 처리 명령을 내리는 권리 전도현상이 발생하게 된다.
25.5, 기사 25.8, 22.7 스탬프(검인) 결합도 (Stamp Coupling)	• 모듈 간의 인터페이스로 배열이나 레코드 등의 자료 구조가 전달될 때의 결합도이다. • 두 모듈이 동일한 자료 구조를 조회하는 경우의 결합도이며, 자료 구조의 어떠한 변화, 즉 포맷이나 구조의 변화는 그것을 조회하는 모든 모듈 및 변화되는 필드를 실제로 조회하지 않는 모듈에까지도 영향을 미치게 된다.
기사 25.8, 23.7, 22.7, 20.9 자료 결합도 (Data Coupling)	• 모듈 간의 인터페이스가 자료 요소로만 구성될 때의 결합도이다. • 어떤 모듈이 다른 모듈을 호출하면서 매개 변수나 인수로 데이터를 넘겨주고, 호출 받은 모듈은 받은 데이터에 대한 처리 결과를 다시 돌려주는 방식이다. • 모듈 간의 내용을 전혀 알 필요가 없는 상태로서 한 모듈의 내용을 변경하더라도 다른 모듈에는 전혀 영향을 미치지 않는 가장 바람직한 결합도이다.

3 응집도(Cohesion)
23.5, 23.2, 22.7, 22.4, 22.3, 기사 25.5, 24.5, 22.4, 21.5, 21.3, 20.9, 20.8, 20.5

응집도는 정보 은닉* 개념을 확장한 것으로, 명령어나 호출문 등 모듈의 내부 요소들의 서로 관련되어 있는 정도, 즉 모듈이 독립적인 기능으로 정의되어 있는 정도를 의미한다.

- 다양한 기준으로 모듈을 구성할 수 있으나 응집도가 강할수록 품질이 높고, 약할수록 품질이 낮다.
- 응집도의 종류에는 기능적 응집도, 순차적 응집도, 교환(통신)적 응집도, 절차적 응집도, 시간적 응집도, 논리적 응집도, 우연적 응집도가 있으며 응집도의 정도는 다음과 같다.

기능적 응집도	순차적 응집도	교환적 응집도	절차적 응집도	시간적 응집도	논리적 응집도	우연적 응집도

응집도 강함 ◄──────────────────────────────► 응집도 약함

기능적 응집도 (Functional Cohesion)	모듈 내부의 모든 기능 요소들이 단일 문제와 연관되어 수행될 경우의 응집도
순차적 응집도 (Sequential Cohesion)	모듈 내 하나의 활동으로부터 나온 출력 데이터를 그 다음 활동의 입력 데이터로 사용할 경우의 응집도
교환(통신)적 응집도 (Communication Cohesion)	동일한 입력과 출력을 사용하여 서로 다른 기능을 수행하는 구성 요소들이 모였을 경우의 응집도
22.7, 기사 20.8 절차적 응집도 (Procedural Cohesion)	모듈이 다수의 관련 기능을 가질 때 모듈 안의 구성 요소들이 그 기능을 순차적으로 수행할 경우의 응집도
시간적 응집도 (Temporal Cohesion)	특정 시간에 처리되는 몇 개의 기능을 모아 하나의 모듈로 작성할 경우의 응집도
23.2, 22.3 논리적 응집도 (Logical Cohesion)	유사한 성격을 갖거나 특정 형태로 분류되는 처리 요소들로 하나의 모듈이 형성되는 경우의 응집도

전문가의 조언

- 응집도는 어질러진 방의 물건들을 상자에 정리하는 것과 비교하면 이해가 쉽습니다. 용도나 종류에 따라 구분하여 박스에 정리했다면 응집도가 강하다고 할 수 있고, 구분없이 박스에 집어넣었다면 응집도가 약하다고 할 수 있습니다.
- **중요해요!** 결합도와 마찬가지로 출제율이 높습니다. 응집도의 개념과 응집도들의 개별적인 의미를 파악해야 하며, 응집도의 종류를 응집 강도 순으로 나열할 수 있어야 합니다.

정보 은닉(Information Hiding)
정보 은닉은 한 모듈 내부에 포함된 절차와 자료들의 정보가 감추어져 다른 모듈이 접근하거나 변경하지 못하도록 하는 기법입니다.

기사 20.9	
우연적 응집도 (Coincidental Cohesion)	모듈 내부의 각 구성 요소들이 서로 관련 없는 요소로만 구성된 경우의 응집도

4 팬인(Fan-In) / 팬아웃(Fan-Out)   기사 22.7, 21.3

- 팬인은 어떤 모듈을 제어(호출)하는 모듈의 수를 나타낸다.
- 팬아웃은 어떤 모듈에 의해 제어(호출)되는 모듈의 수를 나타낸다.
- 팬인과 팬아웃을 분석하여 시스템의 복잡도를 알 수 있다.
- 팬인이 높다는 것은 재사용 측면에서 설계가 잘 되어있다고 볼 수 있으나, 단일 장애점*이 발생할 수 있으므로 중점적인 관리 및 테스트가 필요하다.
- 팬아웃이 높은 경우 불필요하게 다른 모듈을 호출하고 있는지 검토하고, 단순화시킬 수 있는지 여부에 대한 검토가 필요하다.
- 시스템의 복잡도를 최적화하려면 팬인은 높게, 팬아웃은 낮게 설계해야 한다.

예제 다음의 시스템 구조도에서 각 모듈의 팬인(Fan-In)과 팬아웃(Fan-Out)을 구하시오.

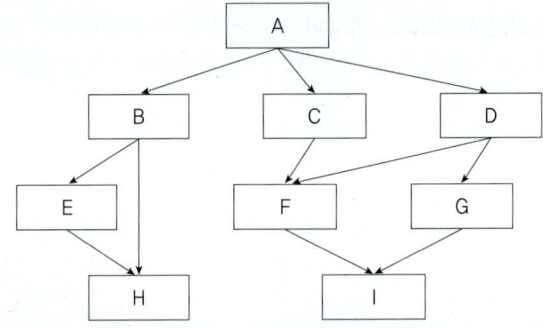

해설

- 팬인(Fan-In) : A는 0, B·C·D·E·G는 1, F·H·I는 2
- 팬아웃(Fan-Out) : H·I는 0, C·E·F·G는 1, B·D는 2, A는 3

잠깐만요 N-S 차트(Nassi-Schneiderman Chart)   기사 25.5, 24.2, 22.3, 20.9

N-S 차트는 논리의 기술에 중점을 둔 도형을 이용한 표현 방법으로 박스 다이어그램, Chapin Chart라고도 합니다.
- 연속, 선택 및 다중 선택, 반복 등의 제어 논리 구조를 표현합니다.
- GOTO나 화살표를 사용하지 않습니다.
- 조건이 복합되어 있는 곳의 처리를 시각적으로 명확히 식별하는 데 적합합니다.
- 선택과 반복 구조를 시각적으로 표현합니다.
- 이해하기 쉽고, 코드 변환이 용이합니다.
- 읽기는 쉽지만 작성하기가 어려우며, 임의로 제어를 전이하는 것이 불가능합니다.
- 총체적인 구조 표현과 인터페이스를 나타내기가 어렵습니다.
- 단일 입구와 단일 출구로 표현합니다.

전문가의 조언

팬인과 팬아웃의 개념을 파악한 다음 예제를 통해 팬인과 팬아웃 계산 방법을 익히세요.

전문가의 조언

팬인, 팬아웃은 단순하게 생각하면 이해가 쉬워요. 모듈에 들어오면(In) 팬인, 모듈에서 나가면(out) 팬아웃입니다.

단일 장애점(SPOF, Single Point Of Failure)
단일 장애점은 시스템의 구성 요소 중 동작하지 않으면 전체 시스템이 중단되어 버리는 요소를 의미하며, 단일 실패점이라고도 합니다.

전문가의 조언

N-S 차트의 특징을 묻는 문제가 대부분입니다. 특징을 확실히 정리하세요.

기출문제 따라잡기

25년 8월, 5월, 2월, 24년 2월, 22년 3월

1. 모듈을 설계하기 위해서 바람직한 응집도(Cohesion)와 결합도(Coupling)의 관계는?

① 응집도는 약하고 결합도는 강해야 한다.
② 응집도는 강하고 결합도는 약해야 한다.
③ 응집도도 약하고 결합도도 약해야 한다.
④ 응집도도 강하고 결합도도 강해야 한다.

> 모듈의 독립성을 향상시키기 위해서는 결합도는 약하게, 응집도는 강하게 해야 합니다. 결합도와 응집도의 의미만 알면 구분할 수 있습니다.

23년 2월, 22년 3월

2. 특정 모듈에 대해서 존재하는 처리 요소들 간의 기능적 연관성을 의미하는 것으로 입력이나 에러 처리 같은 유사한 기능을 행하는 요소끼리 하나의 요소로 묶는 응집도는?

① 기능적 응집도 ② 순차적 응집도
③ 논리적 응집도 ④ 절차적 응집도

> '유사한 기능, 유사한 성격'의 요소들을 모은 것은 논리적 응집도입니다.

25년 2월, 24년 2월, 22년 7월

3. 다음 중 가장 강한 결합도는?

① Data Coupling   ② Stamp Coupling
③ Content Coupling ④ Control Coupling

> 결합도의 순서, 이젠 다 외웠죠! 보기 중 가장 강한 결합도는 내용 결합도이고, 가장 약한 결합도는 자료 결합도입니다.

이전기출

4. 모듈 결합도(Module Coupling)에 대한 설명으로 옳지 않은 것은?

① 모듈 결합도란 두 모듈 간의 상호 의존도를 측정하는 것으로서, 좋은 설계가 이루어지도록 하기 위해서는 가능한 한 모듈을 독립적으로 생성해야 한다.
② 데이터 결합(Data Coupling)은 모듈 간에 매개변수를 통해서만 의사소통을 하도록 하여 다른 모듈에게 불필요한 데이터는 전송하지 않도록 한다.
③ 스탬프 결합(Stamp Coupling)은 두 모듈이 동일한 자료 구조를 조회하는 경우의 결합성이다.
④ 모듈 결합도에서 가장 바람직한 결합도는 내용 결합도(Content Coupling)이다.

> 결합도는 약할수록 모듈의 독립성을 향상시키므로 가장 약한 결합도가 가장 바람직한 결합도입니다. 모듈 결합도에서 가장 약한 결합도는 자료 결합도입니다.

23년 2월, 22년 3월

5. 한 모듈이 다른 모듈의 내부 자료를 직접적으로 참조하는 경우의 결합도를 의미하는 것은?

① 내용 결합도 ② 외부 결합도
③ 스탬프 결합도 ④ 자료 결합도

> '내부 기능~ 내부 자료~'와 관련된 결합도! 내부 자료를 조회하므로 결합도가 높은 것은 내용 결합도입니다.

22년 4월

6. 시스템을 설계할 때 필요한 설계 지침으로 두 모듈 간의 상호 의존도 또는 두 모듈 사이의 연관 관계를 나타내는 것은?

① 결합도 ② 정보 은폐
③ 독립성 ④ 응집도

> 모듈간의 관련성은 결합도! 한 모듈 내에서 구성 요소들 간의 관련성은 응집도! 잊지 맙시다!

23년 5월, 22년 4월

7. 모듈 응집도가 높은 것에서 낮은 것의 순서로 옳게 나열된 것은?

① 절차적 응집성 → 통신적 응집성 → 순차적 응집성 → 기능적 응집성
② 통신적 응집성 → 절차적 응집성 → 순차적 응집성 → 기능적 응집성
③ 절차적 응집성 → 통신적 응집성 → 기능적 응집성 → 순차적 응집성
④ 기능적 응집성 → 순차적 응집성 → 통신적 응집성 → 절차적 응집성

> 응집도가 높은(강한) 것에서 낮은(약한) 것의 순서로 나열하면 기능적 응집도 → 순차적 응집도 → 통신적 응집도 → 절차적 응집도 → 시간적 응집도 → 논리적 응집도 → 우연적 응집도입니다.

22년 7월

8. 다음이 설명하는 응집도의 유형은?

> 모듈이 다수의 관련 기능을 가질 때 모듈 안의 구성 요소들이 그 기능을 순차적으로 수행할 경우의 응집도

① 기능적 응집도 ② 우연적 응집도
③ 논리적 응집도 ④ 절차적 응집도

> '순차적'이라는 단어가 나오면 바로 절차적 응집도가 떠올라야 합니다.

▶ 정답: 1.② 2.③ 3.③ 4.④ 5.① 6.① 7.④ 8.④

기출문제 따라잡기

25년 5월

9. 두 모듈이 동일한 자료 구조를 조회하는 경우의 결합도이며, 자료 구조의 어떠한 변화, 즉 포맷이나 구조의 변화는 그것을 조회하는 모든 모듈 및 변화되는 필드를 실제로 조회하지 않는 모듈에도 영향을 미치게 되는 것은?

① 자료 결합도
② 스탬프 결합도
③ 제어 결합도
④ 외부 결합도

'자료 구조'하면 스탬프 결합도라는 것을 잊지 말고 기억하세요.

24년 7월

10. 모듈 결합도가 높은 것에서부터 낮은 순서대로 바르게 나열된 것은?

① 내용 결합도 → 제어 결합도 → 공통 결합도 → 자료 결합도
② 내용 결합도 → 외부 결합도 → 스탬프 결합도 → 제어 결합도
③ 내용 결합도 → 공통 결합도 → 스탬프 결합도 → 자료 결합도
④ 자료 결합도 → 스탬프 결합도 → 제어 결합도 → 내용 결합도

결합도를 높은 것부터 낮은 것 순으로 나열하면 내용 결합도 → 공통 결합도 → 외부 결합도 → 제어 결합도 → 스탬프 결합도 → 자료 결합도 입니다.

이전기출

11. 특정 모듈에 대해서 존재하는 처리 요소들 간의 기능적 연관성을 의미하는 것으로 입력이나 에러 처리 같은 유사한 기능을 행하는 요소끼리 하나의 요소로 묶는 응집도는?

① 기능적 응집도
② 순차적 응집도
③ 논리적 응집도
④ 절차적 응집도

기능적 연관성이라 하여 '기능적 응집도'를 선택하면 곤란합니다. 논리적으로 서로 관련 있는 요소들을 하나의 모듈로 작성했다는 것을 염두에 두고 생각해 보세요.

▶ 정답: 9. ② 10. ③ 11. ③

SECTION 072 공통 모듈

1 공통 모듈의 개요

기사 20.6

공통 모듈은 여러 프로그램에서 공통적으로 사용할 수 있는 모듈을 의미한다.

- 자주 사용되는 계산식이나 매번 필요한 사용자 인증과 같은 기능들이 공통 모듈로 구성될 수 있다.
- 모듈의 재사용성 확보와 중복 개발 회피를 위해 설계 과정에서 공통 부분을 식별하고 명세를 작성할 필요가 있다.
- 공통 모듈을 구현할 때는 다른 개발자들이 해당 기능을 명확히 이해할 수 있도록 다음의 명세 기법을 준수해야 한다.

정확성(Correctness)	시스템 구현 시 해당 기능이 필요하다는 것을 알 수 있도록 정확히 작성한다.
명확성(Clarity) 기사 20.6	해당 기능을 이해할 때 중의적으로 해석되지 않도록 명확하게 작성한다.
완전성(Completeness)	시스템 구현을 위해 필요한 모든 것을 기술한다.
일관성(Consistency)	공통 기능들 간 상호 충돌이 발생하지 않도록 작성한다.
추적성(Traceability)	기능에 대한 요구사항의 출처, 관련 시스템 등의 관계를 파악할 수 있도록 작성한다.

전문가의 조언

- 인터넷 쇼핑몰 사이트의 '로그인' 기능이 공통 모듈의 대표적인 예입니다. 사이트의 첫 페이지에서 '로그인'을 할 수도 있고, 상품 구매 버튼을 누른 후에 나오는 '로그인' 창에서 할 수도 있습니다. 두개의 '로그인'은 발생하는 위치는 다르지만 동일한 기능을 갖고 있어 공통 모듈로 구성하기에 적합합니다.
- 공통 모듈의 개념을 이해하고 공통 모듈 구현 시 준수해야 할 명세의 종류와 각각의 의미를 파악해 두세요.

2 재사용(Reuse)

23.5, 22.4, 기사 22.4, 21.3, 20.9

재사용은 비용과 개발 시간을 절약하기 위해 이미 개발된 기능들을 파악하고 재구성하여 새로운 시스템 또는 기능 개발에 사용하기 적합하도록 최적화 시키는 작업이다.

- 재사용을 위해서는 누구나 이해할 수 있고 사용이 가능하도록 사용법을 공개해야 한다.
- 재사용되는 대상은 외부 모듈과의 결합도는 낮고, 응집도는 높아야 한다.
- 재사용 규모에 따른 분류

23.5, 22.4, 기사 20.9 함수와 객체*	클래스*나 메소드 단위의 소스 코드를 재사용한다.
23.5, 22.4, 기사 20.9 컴포넌트*	컴포넌트 자체에 대한 수정 없이 인터페이스를 통해 통신하는 방식으로 재사용한다.
23.5, 22.4, 기사 20.9 애플리케이션*	공통된 기능들을 제공하는 애플리케이션을 공유하는 방식으로 재사용한다.

전문가의 조언

재사용 규모에 따른 분류를 묻는 문제가 출제되었습니다. 재사용 규모에 따라 함수와 객체, 컴포넌트, 애플리케이션으로 분류한다는 것을 기억하세요.

- 함수=메소드 : 객체의 데이터를 처리하는 알고리즘
- 객체 : 데이터와 함수를 캡슐화한 소프트웨어 모듈
- 클래스 : 객체를 정의하는 틀
- 컴포넌트 : 하나 이상의 클래스로 작성되는 실행코드 기반의 모듈
- 애플리케이션 : 어떠한 목적을 갖고 개발된 소프트웨어

전문가의 조언

효과적인 모듈 설계 방안을 묻는 문제가 출제되었습니다. 결합도는 줄이고, 응집도는 높여야 한다는 것을 중심으로 효과적인 모듈 설계 방안을 정리해 두세요.

결합도 / 응집도
- 결합도 : 모듈 간에 상호 의존하는 정도 또는 두 모듈 사이의 연관 관계
- 응집도 : 모듈의 내부 요소들이 서로 관련되어 있는 정도

모듈의 제어 / 영향 영역
- 모듈의 제어 영역 : 프로그램의 계층 구조 내에서 어떤 특정 모듈이 제어하는 하위 모듈
- 모듈의 영향 영역 : 특정 모듈이 다른 모듈들에게 미치게 되는 영향의 범위

23.5, 22.7, 22.4, 기사 24.7, 22.3, 21.3, 20.9, 20.8

3 효과적인 모듈 설계 방안

- 결합도*는 줄이고 응집도*는 높여서 모듈의 독립성과 재사용성을 높인다.
- 모듈의 제어 영역* 안에서 그 모듈의 영향 영역*을 유지시킨다.
- 복잡도와 중복성을 줄이고 일관성을 유지시킨다.
- 모듈의 기능은 예측이 가능해야 하며 지나치게 제한적이어서는 안 된다.
- 유지보수가 용이해야 한다.
- 모듈 크기는 시스템의 전반적인 기능과 구조를 이해하기 쉬운 크기로 분해한다.
- 하나의 입구와 하나의 출구를 갖도록 해야 한다.
- 인덱스 번호나 기능 코드들이 전반적인 처리 논리 구조에 예기치 못한 영향을 끼치지 않도록 모듈 인터페이스를 설계해야 한다.
- 효과적인 제어를 위해 모듈 간의 계층적 관계를 정의하는 자료가 제시되어야 한다.

기출문제 따라잡기

기사 20년 6월
1. 공통 모듈에 대한 명세 기법 중 해당 기능에 대해 일관되게 이해되고 한 가지로 해석될 수 있도록 작성하는 원칙은?
① 상호작용성 ② 명확성
③ 독립성 ④ 내용성

> 하나의 내용에 대해 누구나 동일하게 해석될 수 있다는 것은 내용이 명확하다는 것이죠.

23년 5월, 22년 4월, 기사 20년 9월
2. 공통 모듈의 재사용 범위에 따른 분류가 아닌 것은?
① 컴포넌트 재사용 ② 더미코드 재사용
③ 함수와 객체 재사용 ④ 애플리케이션 재사용

> 공통 모듈 재사용 규모에 따른 분류 3가지, 함수와 객체, 컴포넌트, 애플리케이션 꼭 기억하세요.

23년 5월, 22년 4월
3. 모듈 설계 시 유의사항으로 거리가 먼 것은?
① 적절한 크기로 설계한다.
② 추상화와 정보 은닉의 성격을 갖도록 한다.
③ 보기 쉽고 이해하기 쉬워야 한다.
④ 응집도를 최소화한다.

> 모듈은 독립성이 높을수록 좋은 모듈이라 할 수 있는데, 독립성을 높이려면 모듈 간의 결합도는 줄이고 모듈 내부의 응집도는 높여야 합니다. 꼭 기억하세요.

22년 7월, 기사 22년 3월, 21년 3월, 20년 9월
4. 바람직한 소프트웨어 설계 지침이 아닌 것은?
① 적당한 모듈의 크기를 유지한다.
② 모듈 간의 접속 관계를 분석하여 복잡도와 중복을 줄인다.
③ 모듈 간의 결합도는 강할수록 바람직하다.
④ 모듈 간의 효과적인 제어를 위해 설계에서 계층적 자료 조직이 제시되어야 한다.

> 효과적으로 모듈을 설계하기 위한 결합도와 응집도의 관계를 생각해 보세요.

기사 21년 3월
5. 소프트웨어의 일부분을 다른 시스템에서 사용할 수 있는 정도를 의미하는 것은?
① 신뢰성(Reliability)
② 유지보수성(Maintainability)
③ 가시성(Visibility)
④ 재사용성(Reusability)

> 다른 시스템에 다시 사용하는 것!

▶ 정답 : 1. ② 2. ② 3. ④ 4. ③ 5. ④

SECTION 073 보안 및 API

1 소프트웨어 개발 보안의 개요

소프트웨어 개발 보안은 소프트웨어 개발 과정에서 발생할 수 있는 보안 취약점(Security Vulnerability)*을 최소화하여 보안 위협으로부터 안전한 소프트웨어를 개발하기 위한 일련의 보안 활동을 의미한다.

- 소프트웨어 개발 보안은 데이터의 기밀성, 무결성, 가용성을 유지하는 것을 목표로 한다.
- 정부에서 제공하는 소프트웨어 개발 보안 가이드*를 참고하여 소프트웨어 개발 과정에서 점검해야 할 보안 항목들을 점검한다.

잠깐만요 보안 요소

보안 요소는 소프트웨어 개발에 있어 충족시켜야할 요소 및 요건을 의미합니다.
- 보안 3대 요소에는 기밀성(Confidentiality), 무결성(Integrity), 가용성(Availability)이 있으며, 그 외에도 인증(Authentication), 부인 방지(NonRepudiation) 등이 있습니다.

기밀성	• 시스템 내의 정보와 자원은 인가된 사용자에게만 접근이 허용됩니다. • 정보가 전송 중에 노출되더라도 데이터를 읽을 수 없습니다.
무결성	시스템 내의 정보는 오직 인가된 사용자만 수정할 수 있습니다.
가용성	인가받은 사용자는 언제라도 사용할 수 있습니다.
인증	• 시스템 내의 정보와 자원을 사용하려는 사용자가 합법적인 사용자인지를 확인하는 모든 행위를 말합니다. • 대표적 방법으로는 패스워드, 인증용 카드, 지문 검사 등이 있습니다.
부인 방지	데이터를 송·수신한 자가 송·수신 사실을 부인할 수 없도록 송·수신 증거를 제공합니다.

2 소프트웨어 개발 보안 점검 항목

소프트웨어 개발 보안 점검 항목은 소프트웨어 개발의 각 단계에서 점검되어야 할 보안 항목들을 말한다.

세션 통제	• 세션은 서버와 클라이언트의 연결을 말하며, 세션 통제는 세션의 연결과 연결로 인해 발생하는 정보를 관리하는 것을 의미한다. • 보안 약점에는 불충분한 세션 관리, 잘못된 세션에 의한 정보 노출 등이 있다.
입력 데이터 검증 및 표현	• 입력 데이터에 대한 유효성 검증체계를 갖추고, 검증 실패 시 이를 처리할 수 있도록 코딩하는 것을 의미한다. • 보안 약점에는 SQL 삽입*, 경로 조작 및 자원 삽입, 크로스사이트 스크립팅(XSS)* 등이 있다.

전문가의 조언

정보 보안의 3대 요소와 보안 요소들의 의미를 서로 구분할 수 있도록 정리하고, 보안 점검 항목들에는 어떤 것들이 있으며, API는 무엇을 의미하는지 확실히 기억하고 넘어가세요.

보안 취약점(Security Vulnerability)
보안 취약점은 시스템 기능이나 설계, 구현 단계에서의 문제점 등으로 인해 시스템이 가지게 되는 약점을 의미합니다.

소프트웨어 개발 보안 가이드
소프트웨어 개발 보안 가이드는 안전한 소프트웨어 개발을 위해 정부에서 제작하여 배포하고 있는 지침으로, 한국인터넷진흥원 사이트(kisa.or.kr)에서 다운받을 수 있습니다.

전문가의 조언

보안 3대 요소를 묻는 문제가 출제되었습니다. 보안의 3대 요소는 **무**결성, **기**밀성, **가**용성입니다.

SQL 삽입(SQL Injection)
SQL 삽입은 웹 응용 프로그램에 SQL을 삽입하여 내부 데이터베이스(DB) 서버의 데이터를 유출 및 변조하고, 관리자 인증을 우회하는 보안 약점입니다.

크로스사이트 스크립팅(XSS; Cross Site Scripting)
크로스사이트 스크립팅은 웹페이지에 악의적인 스크립트를 삽입하여 방문자들의 정보를 탈취하거나, 비정상적인 기능 수행을 유발하는 보안 약점입니다.

보안 기능	• 인증, 접근제어, 기밀성, 암호화 등의 기능을 의미한다. • 보안 약점에는 적절한 인증 없는 중요기능 허용, 부적절한 인가 등이 있다.
시간 및 상태	• 동시 수행을 지원하는 병렬 처리 시스템이나 다수의 프로세스가 동작하는 환경에서 시간과 실행 상태를 관리하여 시스템이 원활히 동작되도록 코딩하는 것을 의미한다. • 보안 약점에는 검사 시점과 사용 시점(TOCTOU) 경쟁조건, 종료되지 않는 반복문 또는 재귀함수 등이 있다.
에러처리	• 소프트웨어 실행 중 발생할 수 있는 오류들을 사전에 정의하여 에러로 인해 발생할 수 있는 문제들을 예방하는 것을 의미한다. • 보안 약점에는 오류 메시지를 통한 정보 노출, 오류 상황 대응 부재 등이 있다.
코드 오류	• 개발자들이 코딩 중 실수하기 쉬운 형(Type) 변환, 자원의 반환 등을 고려하며 코딩하는 것을 의미한다. • 보안 약점에는 널 포인터 역참조, 부적절한 자원 해제 등이 있다.
캡슐화	• 데이터(속성)와 데이터를 처리하는 함수를 하나의 객체로 묶어 코딩하는 것을 의미한다. • 보안 약점에는 잘못된 세션에 의한 데이터 정보 노출, 제거되지 않고 남은 디버그 코드 등이 있다.
API 오용	• API를 잘못 사용하거나 보안에 취약한 API를 사용하지 않도록 고려하여 코딩하는 것을 의미한다. • 보안 약점에는 DNS lookup에 의존한 보안결정, 취약한 API 사용이 있다.

3 API(Application Programming Interface)

25.2, 24.2, 23.5, 22.4

API는 응용 프로그램 개발 시 운영체제나 프로그래밍 언어 등에 있는 라이브러리를 이용할 수 있도록 규칙 등을 정의해 놓은 인터페이스를 의미한다.

- API는 프로그래밍 언어에서 특정한 작업을 수행하기 위해 사용되거나, 운영체제의 파일 제어, 화상 처리, 문자 제어 등의 기능을 활용하기 위해 사용된다.
- API는 개발에 필요한 여러 도구를 제공하기 때문에 이를 이용하면 원하는 기능을 쉽고 효율적으로 구현할 수 있다.
- API의 종류에는 Windows API, 단일 유닉스 규격(SUS), Java API, 웹 API 등이 있으며, 누구나 무료로 사용할 수 있게 공개된 API를 Open API라고 한다.

전문가의 조언

- API는 리모컨과 비교하면 이해가 쉽습니다. 리모컨으로 TV의 채널을 바꾸기 위해서는 채널 변경 버튼을 눌러야 하고, 소리를 조절하기 위해서는 음량 조절 버튼을 눌러야 하는 등 제조사가 미리 정해둔 방법을 이용해야 합니다. 여기서 TV를 조작하기 위해 제조사가 미리 정해둔 방법이 바로 API에 해당합니다.
- OpenAPI의 개념을 묻는 문제가 출제되었습니다. OpenAPI는 누구나 무료로 사용할 수 있다는 것을 기억하세요.

기출문제 따라잡기

23년 2월, 22년 4월

1. 시스템 기능이나 설계, 구현 단계에서의 문제점 등으로 인해 시스템이 가지게 되는 보안 취약점을 가리키는 용어는?

① Vulnerability　　② Security
③ Dependability　　④ Reliability

> 취약점을 영문으로 하면 Vulnerability입니다.

25년 2월, 23년 5월, 22년 4월

2. API(Application Programming Interface) 중 누구나 무료로 사용할 수 있도록 공개된 API를 무엇이라 하는가?

① Free API　　② Java API
③ SUS　　　　④ Open API

> 누구에게나 열려있는(Open) API는 Open API입니다.

24년 2월, 23년 5월

3. 응용 프로그램 개발 시 운영체제나 프로그래밍 언어 등에 있는 라이브러리를 이용할 수 있도록 함으로써 효율적인 소프트웨어 구현을 도와주는 인터페이스는?

① IDE(Integrated Development Environment)
② 통신 프로토콜(Communication Protocol)
③ API(Application Programming Interface)
④ USB(Universal Serial Bus)

> 응용 프로그램(Application Program)의 개발을 도와 주는 인터페이스(Interface)는 API입니다.

25년 2월, 24년 7월

4. 웹 페이지에 악의적인 스크립트를 포함시켜 사용자 측에서 실행되게 유도함으로써, 정보 유출 등의 공격을 유발할 수 있는 취약점은?

① Ransomware　　② Pharming
③ Phishing　　　　④ XSS

> 문제에 제시된 내용은 크로스사이트 스크립팅(XSS)의 개념입니다.

24년 2월, 23년 5월, 22년 3월, 기사 22년 7월, 21년 3월, 20년 8월

5. 정보 보안의 3대 요소에 해당하지 않는 것은?

① 기밀성　　② 휘발성
③ 무결성　　④ 가용성

> 보안을 잘하면 무(결성)기(밀성)가(용성) 됩니다.

▶ 정답 : 1. ① 2. ④ 3. ③ 4. ④ 5. ②

2장 핵심요약

069　개발 환경 구축

❶ 하드웨어 환경
- 웹 서버(Web Server) : 클라이언트로부터 직접 요청을 받아 처리하는 서버로, 저용량의 정적 파일들을 제공함
- 웹 애플리케이션 서버(WAS; Web Application Server) : 사용자에게 동적 서비스를 제공하기 위해 웹 서버로부터 요청을 받아 데이터 가공 작업을 수행하거나, 웹 서버와 데이터베이스 서버 또는 웹 서버와 파일 서버 사이에서 인터페이스 역할을 수행하는 서버임
- 데이터베이스 서버(DB Server) : 데이터베이스와 이를 관리하는 DBMS를 운영하는 서버임
- 파일 서버(File Server) : 데이터베이스에 저장하기에는 비효율적이거나, 서비스 제공을 목적으로 유지하는 파일들을 저장하는 서버임

❷ 모듈화(Modularity) 24.7, 23.7, 22.3
- 프레임워크는 캡슐화를 통해 모듈화를 강화하고 설계 및 구현의 변경에 따른 영향을 최소화함으로써 소프트웨어의 품질을 향상시킨다.
- 프레임워크는 개발표준에 의한 모듈화로 인해 유지 보수가 용이하다.

❸ 재사용성(Reusability) 24.7, 23.7, 22.3
프레임워크는 재사용 가능한 모듈들을 제공함으로써 예산 절감, 생산성 향상, 품질 보증이 가능하다.

❹ 확장성(Extensibility) 24.7, 23.7, 22.3
프레임워크는 다형성(Polymorphism)을 통한 인터페이스 확장이 가능하여 다양한 형태와 기능을 가진 애플리케이션 개발이 가능하다.

❺ 제어의 역흐름(Inversion of Control) 25.2, 24.7, 23.7, 23.5, 22.3
개발자가 관리하고 통제해야 하는 객체들의 제어를 프레임워크에 넘김으로써 생산성을 향상시킨다.

070　서버 개발

❶ 대표적인 서버 개발 프레임워크
- Spring : JAVA를 기반으로 만들어진 프레임워크로, 전자정부 표준 프레임워크의 기반 기술로 사용되고 있음
- Node.js : JavaScript를 기반으로 만들어진 프레임워크로, 비동기 입·출력 처리와 이벤트 위주의 높은 처리 성능을 갖고 있어 실시간으로 입·출력이 빈번한 애플리케이션에 적합함
- Django : Python을 기반으로 만들어진 프레임워크로, 컴포넌트의 재사용과 플러그인화를 강조하여 신속한 개발이 가능하도록 지원함
- Codeigniter : PHP를 기반으로 만들어진 프레임워크로, 인터페이스가 간편하며 서버 자원을 적게 사용함
- Ruby on Rails : Ruby를 기반으로 만들어진 프레임워크로, 테스트를 위한 웹 서버를 지원하며 데이터베이스 작업을 단순화, 자동화시켜 개발 코드의 길이가 짧아 신속한 개발이 가능함

071　모듈

❶ 모듈(Module) 25.8, 25.5, 25.2, 24.2, 22.3
- 모듈화를 통해 분리된 시스템의 각 기능들로, 서브루틴, 서브시스템, 소프트웨어 내의 프로그램, 작업 단위 등과 같은 의미로 사용된다.
- 모듈은 단독으로 컴파일이 가능하며, 재사용할 수 있다.
- 모듈은 다른 모듈에서의 접근이 가능하다.
- 모듈의 독립성을 높이려면 모듈의 결합도는 약하게, 응집도는 강하게, 모듈의 크기는 작게 만들어야 한다.

❷ 결합도의 종류 25.5, 22.7, 22.4, 22.3
- 자료(Data) 결합도 : 모듈 간의 인터페이스가 자료 요소로만 구성될 때의 결합도
- 스탬프(Stamp) 결합도 : 모듈 간의 인터페이스로 배열이나 레코드 등의 자료 구조가 전달될 때의 결합도

- 제어(Control) 결합도 : 어떤 모듈이 다른 모듈 내부의 논리적인 흐름을 제어하기 위해 제어 신호를 이용하여 통신하거나 제어 요소를 전달하는 결합도
- 외부(External) 결합도 : 어떤 모듈에서 선언한 데이터(변수)를 외부의 다른 모듈에서 참조할 때의 결합도
- 공통(Common) 결합도 : 공유되는 공통 데이터 영역을 여러 모듈이 사용할 때의 결합도
- 내용(Content) 결합도 : 한 모듈이 다른 모듈의 내부 기능 및 그 내부 자료를 직접 참조하거나 수정할 때의 결합도

❸ 결합도의 정도(약함 → 강함) 24.7, 24.2, 22.7
자료 결합도 → 스탬프 결합도 → 제어 결합도 → 외부 결합도 → 공통 결합도 → 내용 결합도

❹ 응집도
명령어나 호출문 등 모듈의 내부 요소들의 서로 관련되어 있는 정도, 즉 모듈이 독립적인 기능으로 정의되어 있는 정도를 의미한다.

❺ 응집도의 종류 22.7, 22.3
- 우연적(Coincidental) 응집도 : 모듈 내부의 각 구성 요소들이 서로 관련 없는 요소로만 구성된 경우의 응집도
- 기능적(Functional) 응집도 : 모듈 내부의 모든 기능 요소들이 단일 문제와 연관되어 수행될 경우의 응집도
- 순차적(Sequential) 응집도 : 모듈 내 하나의 활동으로부터 나온 출력 데이터를 그 다음 활동의 입력 데이터로 사용할 경우의 응집도
- 교환적(Communication) 응집도 : 동일한 입력과 출력을 사용하여 서로 다른 기능을 수행하는 구성 요소들이 모였을 경우의 응집도
- 절차적(Procedural) 응집도 : 모듈이 다수의 관련 기능을 가질 때 모듈 안의 구성 요소들이 그 기능을 순차적으로 수행할 경우의 응집도
- 시간적(Temporal) 응집도 : 특정 시간에 처리되는 몇 개의 기능을 모아 하나의 모듈로 작성할 경우의 응집도
- 논리적(Logical) 응집도 : 유사한 성격을 갖거나 특정 형태로 분류되는 처리 요소들로 하나의 모듈이 형성되는 경우의 응집도

❻ 응집도의 정도(약함 → 강함) 22.4
우연적 응집도 → 논리적 응집도 → 시간적 응집도 → 절차적 응집도 → 교환적 응집도 → 순차적 응집도 → 기능적 응집도

❼ 팬인(Fan-In) / 팬아웃(Fan-Out)
- 팬인 : 어떤 모듈을 제어(호출)하는 모듈의 수
- 팬아웃 : 어떤 모듈에 의해 제어(호출)되는 모듈의 수

문제1 다음은 소프트웨어의 구성 요소인 모듈의 계층적 구성을 나타내는 프로그램 구조도이다. 모듈 G에서의 팬인(Fan In)과 팬아웃(Fan Out)을 쓰시오.

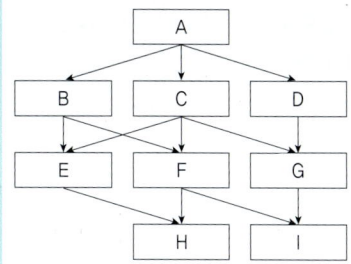

답
① 팬인(Fan In) :
② 팬아웃(Fan Out) :

해설
모듈에 들어오면(in) 팬인(fan-in), 모듈에서 나가면(out) 팬아웃(fan-out)입니다. 모듈 G에 들어오는 선은 2개, 나가는 선은 1개이므로, 팬인과 팬아웃은 각각 2와 1입니다.

정답 1. ① 2 ② 1

2장 핵심요약

072 공통 모듈

❶ 재사용(Reuse) 23.5, 22.4
- 비용과 개발 시간을 절약하기 위해 이미 개발된 기능들을 파악하고 재구성하여 새로운 시스템 또는 기능 개발에 사용하기 적합하도록 최적화시키는 작업이다.
- 재사용 규모에 따른 분류 : 함수와 객체, 컴포넌트, 애플리케이션

❷ 효과적인 모듈 설계 방안 23.5, 22.7, 22.4
- 결합도는 줄이고 응집도는 높여서 모듈의 독립성과 재사용성을 높인다.
- 복잡도와 중복성을 줄이고 일관성을 유지시킨다.
- 유지보수가 용이해야 한다.
- 모듈 크기는 시스템의 전반적인 기능과 구조를 이해하기 쉬운 크기로 분해한다.

073 보안 및 API

❶ 소프트웨어 개발 보안의 개요
- 소프트웨어 개발 과정에서 발생할 수 있는 보안 취약점을 최소화하여 보안 위협으로부터 안전한 소프트웨어를 개발하기 위한 일련의 보안 활동이다.
- 보안 취약점(Security Vulnerability) : 보안 취약점은 시스템 기능이나 설계, 구현 단계에서의 문제점 등으로 인해 시스템이 가지게 되는 약점

❷ 보안 3대 요소 24.2, 23.5, 22.3
- 기밀성 : 시스템 내의 정보와 자원은 인가된 사용자에게만 접근이 허용되며, 정보가 전송 중에 노출되더라도 데이터를 읽을 수 없음
- 무결성 : 시스템 내의 정보는 오직 인가된 사용자만 수정할 수 있음
- 가용성 : 인가받은 사용자는 언제라도 사용할 수 있음

❸ 크로스사이트 스크립팅(XSS; Cross Site Scripting) 25.2, 24.7
웹페이지에 악의적인 스크립트를 삽입하여 방문자들의 정보를 탈취하거나, 비정상적인 기능 수행을 유발하는 보안 약점이다.

❹ API 24.2, 23.5
응용 프로그램 개발 시 운영체제나 프로그래밍 언어 등에 있는 라이브러리를 이용할 수 있도록 규칙 등을 정의해 놓은 인터페이스를 의미한다.

❺ Open API 25.2, 23.5, 22.4
누구나 무료로 사용할 수 있게 공개된 API이다.

3 과목

데이터베이스 활용

1장 데이터베이스 이해

2장 SQL 활용

3장 데이터베이스 프로그래밍

전문가가 분석한 3과목 출제 경향

3과목은 출제기준이 변경되기 전에도 있었던 과목으로, 대부분 이전 기출문제나 조금 변형된 기출문제가 출제되고 있습니다. 나왔던 문제는 반드시 또 나온다는 확신(?)을 갖고 기출문제를 충분히 이해하면 80점 이상은 확실하게 얻을 수 있습니다. 출제 비중이 높은 1, 2장에 집중하세요. 3장은 출제 비중이 1% 미만으로 매우 낮으니 시간이 부족한 경우 과감히 넘어가도 괜찮습니다.

IT 자격증 전문가 강윤석

1장 데이터베이스 이해

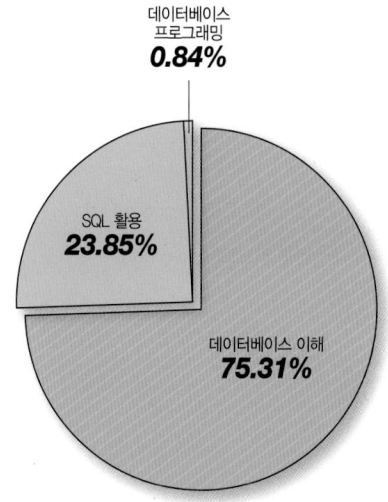

데이터베이스 프로그래밍 **0.84%**
SQL 활용 **23.85%**
데이터베이스 이해 **75.31%**

074 자료 구조 Ⓐ등급
075 트리(Tree) Ⓐ등급
076 정렬(Sort) Ⓑ등급
077 검색 - 이분 검색 / 해싱 Ⓑ등급
078 데이터베이스 개요 Ⓐ등급
079 데이터베이스 설계 Ⓐ등급
080 데이터 모델의 개념 Ⓒ등급
081 E-R(개체-관계) 모델 Ⓑ등급
082 관계형 데이터 모델 Ⓑ등급
083 관계형 데이터베이스의 구조 Ⓐ등급
084 관계형 데이터베이스의 제약 조건 - 키(Key) Ⓑ등급
085 관계형 데이터베이스의 제약 조건 - 무결성 Ⓑ등급
086 관계대수 및 관계해석 Ⓐ등급
087 정규화(Normalization) Ⓐ등급
088 반정규화(Denormalization) Ⓒ등급
089 인덱스(Index) Ⓒ등급
090 뷰(View) Ⓐ등급
091 시스템 카탈로그 / 트랜잭션 Ⓐ등급

꼭 알아야 할 키워드 Best 10

1. 스택 2. 트리 3. 정렬 4. DBMS 5. 무결성 6. E-R 모델 7. 관계형 데이터베이스 8. 키 9. 정규화 10. 뷰

SECTION 074 자료 구조

전문가의 조언

선형 구조를 찾는 문제가 출제되었습니다. 자료 구조를 선형 구조와 비선형 구조로 구분할 수 있도록 확실히 기억하고, 각 자료 구조의 특징을 학습하세요.

1 자료 구조의 정의

25.2, 24.5, 24.2, 23.2, 기사 25.5, 24.7, 24.2, 23.7, 22.3, 21.8, 21.3

효율적인 프로그램을 작성할 때 가장 우선적인 고려사항은 저장 공간의 효율성과 실행시간의 신속성이다. 자료 구조는 프로그램에서 사용하기 위한 자료를 기억장치의 공간 내에 저장하는 방법과 저장된 그룹 내에 존재하는 자료 간의 관계, 처리 방법 등을 연구 분석하는 것을 말한다.

• 자료 구조의 분류

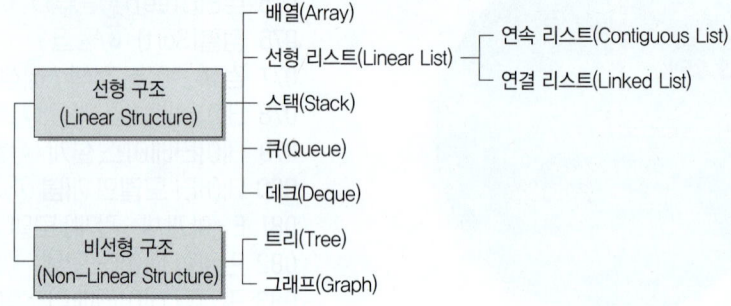

2 배열(Array)

배열은 동일한 자료형의 데이터들이 같은 크기로 나열되어 순서를 갖고 있는 집합이다.

- 배열은 정적인 자료 구조로 기억장소의 추가가 어렵고, 데이터 삭제 시 데이터가 저장되어 있던 기억장소는 빈 공간으로 남아있어 메모리의 낭비가 발생한다.
- 배열은 첨자를 이용하여 데이터에 접근한다.
- 배열은 반복적인 데이터 처리 작업에 적합한 구조이다.
- 배열은 데이터마다 동일한 이름의 변수를 사용하여 처리가 간편하다.
- 배열은 사용한 첨자의 개수에 따라 n차원 배열이라고 부른다.

3 선형 리스트(Linear List)

기사 25.5, 22.7

선형 리스트는 일정한 순서에 의해 나열된 자료 구조이다.

- 선형 리스트는 배열을 이용하는 연속 리스트(Contiguous List)와 포인터를 이용하는 연결 리스트(Linked List)로 구분된다.
- **연속 리스트(Contiguous List)**
  - 연속 리스트는 배열과 같이 연속되는 기억장소에 저장되는 자료 구조이다.
  - 연속 리스트는 기억장소를 연속적으로 배정받기 때문에 기억장소 이용 효율은 밀도가 1*로서 가장 좋다.

전문가의 조언

선형 리스트는 빈 공간 없이 차례차례 데이터가 저장된다는 것을 염두에 두고 특징을 정리하세요.

밀도가 1

밀도란 일정한 면적에 무엇이 빽빽이 들어 있는 정도를 말하는 것입니다. 연속 리스트의 기억장소 이용 효율을 '밀도가 1'이라고 표현한 것은 연속 리스트는 기억장소를 연속적으로 배정받아 데이터를 기억하므로 배정된 기억장소를 빈 공간없이 꽉 차게 사용한다는 의미입니다.

– 연속 리스트는 중간에 데이터를 삽입하기 위해서는 연속된 빈 공간이 있어야 하며, 삽입·삭제 시 자료의 이동이 필요하다.

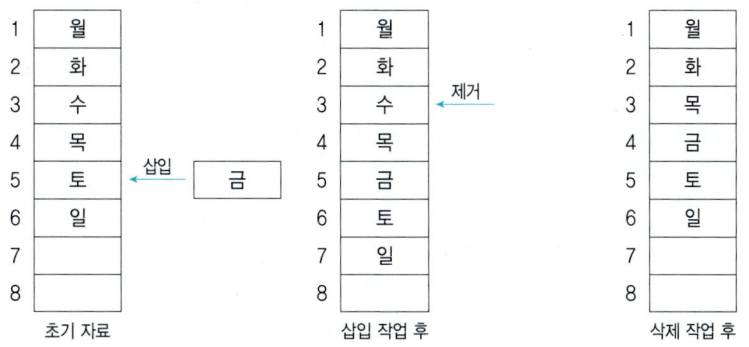

- **연결 리스트(Linked List)**
  - 연결 리스트는 자료들을 반드시 연속적으로 배열시키지는 않고 임의의 기억공간에 기억시키되, 자료 항목의 순서에 따라 노드*의 포인터* 부분을 이용하여 서로 연결시킨 자료 구조이다.
  - 연결 리스트는 노드의 삽입·삭제 작업이 용이하다.
  - 기억 공간이 연속적으로 놓여 있지 않아도 저장할 수 있다.
  - 연결 리스트는 연결을 위한 링크(포인터) 부분이 필요하기 때문에 순차 리스트에 비해 기억 공간의 이용 효율이 좋지 않다.
  - 연결 리스트는 연결을 위한 포인터를 찾는 시간이 필요하기 때문에 접근 속도가 느리다.
  - 연결 리스트는 중간 노드 연결이 끊어지면 그 다음 노드를 찾기 힘들다.

예 연결 리스트 기억장치 내에서의 표현 방법

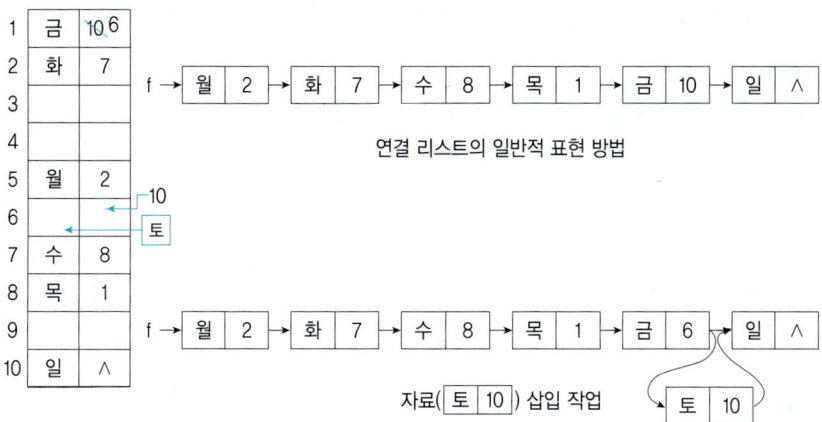

노드(Node)

Data 부분 | Link 부분

노드는 자료를 저장하는 데이터 부분과 다음 노드를 가리키는 포인터인 링크 부분으로 구성된 기억 공간입니다.

포인터(Pointer)
포인터는 현재의 위치에서 다음 노드의 위치를 알려주는 요소입니다.
- **프런트 포인터**(F, Front Pointer) : 리스트를 구성하는 최초의 노드 위치를 가리키는 요소
- **널 포인터**(Null Pointer, Nil Pointer) : 다음 노드가 없음을 나타내는 포인터로, 일반적으로 마지막 노드의 링크 부분에 0, ∧, \0 등의 기호를 입력하여 표시

전문가의 조언

스택에 대한 다양한 문제가 출제되고 있습니다. 한쪽으로만 입·출력이 가능한 스택의 개념을 숙지하고, 삽입 시 발생하는 오버플로와 삭제 시 발생하는 언더플로의 조건을 기억하세요.

4 스택(Stack)

25.8, 25.5, 24.7, 24.5, 23.2, 22.4, 22.3, 기사 25.8, 25.5, 25.2, 23.7, 23.2, 22.7, 22.4, 22.3, 21.8, 21.5, 21.3

스택은 리스트의 한쪽 끝으로만 자료의 삽입, 삭제 작업이 이루어지는 자료 구조이다.

- 스택은 가장 나중에 삽입된 자료가 가장 먼저 삭제되는 후입선출(LIFO; Last In First Out) 방식으로 자료를 처리한다.
- **Stack의 응용 분야** : 함수 호출의 순서 제어, 인터럽트의 처리, 수식 계산 및 수식 표기법, 컴파일러를 이용한 언어 번역, 부 프로그램 호출 시 복귀 주소 저장, 서브루틴 호출 및 복귀 주소 저장
- 스택의 모든 기억 공간이 꽉 채워져 있는 상태에서 데이터가 삽입되면 오버플로(Overflow)가 발생하며, 더 이상 삭제할 데이터가 없는 상태에서 데이터를 삭제하면 언더플로(Underflow)가 발생한다.

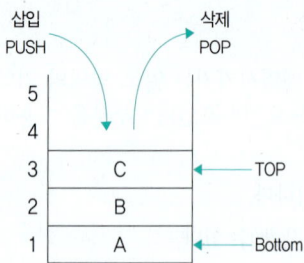

- **TOP** : 스택으로 할당된 기억 공간에 가장 마지막으로 삽입된 자료가 기억된 위치를 가리키는 요소이다.
- **Bottom** : 스택의 가장 밑바닥이다.
- **자료의 삽입(Push)**

Top=Top + 1	스택 포인터(Top)를 1 증가시킨다.
If Top > M Then	스택 포인터가 스택의 크기보다 크면, 더이상 자료를 삽입할 수 없으므로
Overflow	Overflow를 처리한다.
Else	그렇지 않으면
X(Top) ← Item	Item이 가지고 있는 값을 스택의 Top 위치에 삽입한다.

- M : 스택의 크기
- Top : 스택 포인터
- X : 스택의 이름
- Overflow : 스택으로 할당받은 메모리 부분의 마지막 주소가 M번지라고 할 때, Top Pointer의 값이 M보다 커지면 스택의 모든 기억장소가 꽉 채워져 있는 상태이므로 더 이상 자료를 삽입할 수 없어 Overflow를 발생시킨다.

스택의 삽입 알고리즘

스택 삽입 시, 스택 포인터를 증가시키기 전에 오버플로를 먼저 검사하면 삽입 알고리즘이 다음과 같이 변경됩니다.

```
If Top ≥ M THEN Overflow
Else
    Top = Top + 1
    X(Top) ← Item
```

※ 오버플로를 검사할 때 스택 포인터가 스택의 크기(M) 이상(≥)인지를 묻고 그렇지 않으면(M보다 작으면) 스택 포인터를 하나 증가시키고 아이템을 스택의 Top 위치에 삽입합니다.

예제 순서가 A, B, C, D로 정해진 입력 자료를 스택에 입력하였다가 B, C, D, A 순서로 출력하는 과정을 나열하시오.

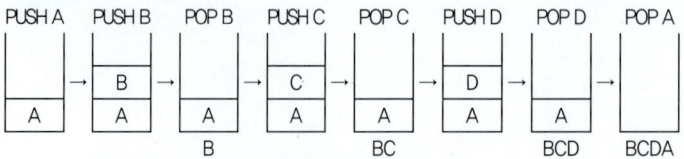

- 자료의 삭제(Pop Up)

If Top = 0 Then	스택 포인터가 0이면, 스택의 바닥이므로 더 이상 삭제할 자료가 없으므로
Underflow	Underflow를 처리한다.
Else	그렇지 않으면
Item ← X(Top)	Top 위치에 있는 값을 Item으로 옮기고
Top = Top-1	스택 포인터를 1 감소시킨다.

- **Underflow** : Top Pointer가 주소 0을 가지고 있다면 스택에는 삭제할 자료가 없으므로 Underflow를 발생시킨다.

5 큐(Queue) <small>기사 21.3</small>

큐는 리스트의 한쪽에서는 삽입 작업이 이루어지고 다른 한쪽에서는 삭제 작업이 이루어지도록 구성한 자료 구조이다.

- 큐는 가장 먼저 삽입된 자료가 가장 먼저 삭제되는 선입선출(FIFO; First In First Out) 방식으로 처리한다.
- 큐는 시작과 끝을 표시하는 두 개의 포인터가 있다.

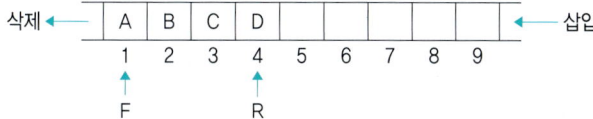

- **프런트(F, Front) 포인터** : 가장 먼저 삽입된 자료의 기억 공간을 가리키는 포인터로, 삭제 작업을 할 때 사용한다.
- **리어(R, Rear) 포인터** : 가장 마지막에 삽입된 자료가 위치한 기억 공간을 가리키는 포인터로, 삽입 작업을 할 때 사용한다.
- 큐는 운영체제의 작업 스케줄링에 사용한다.

6 데크(Deque) <small>25.8, 24.5, 23.2, 22.7, 기사 23.7, 23.2</small>

- 삽입과 삭제가 리스트의 양쪽 끝에서 모두 발생할 수 있는 자료 구조이다.
- Double Ended Queue의 약자이다.
- Stack과 Queue의 장점만 따서 구성한 것이다.

- 입력이 한쪽에서만 발생하고 출력은 양쪽에서 일어날 수 있는 입력 제한과, 입력은 양쪽에서 일어나고 출력은 한 곳에서만 이루어지는 출력 제한이 있다.
- **입력 제한 데크** : Scroll
- **출력 제한 데크** : Shelf

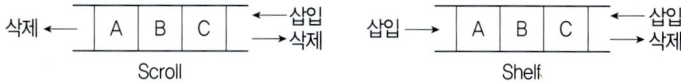

> **전문가의 조언**
>
> 한쪽으로는 입력만, 다른 한쪽으로는 출력만 가능한 큐의 개념을 숙지하세요.

> **전문가의 조언**
>
> 데크의 특징을 묻는 문제가 출제되었습니다. 데크는 삽입과 삭제가 리스트의 양쪽 끝에서 발생할 수 있다는 것을 기억해 두세요.

7 그래프(Graph)

그래프 G는 정점 V(Vertex)와 간선 E(Edge)의 두 집합으로 이루어진다.

- 간선의 방향성 유무에 따라 방향 그래프와 무방향 그래프로 구분된다.
- 통신망(Network), 교통망, 이항관계, 연립방정식, 유기화학 구조식, 무향선분 해법 등에 응용된다.
- 트리(Tree)는 사이클이 없는 그래프(Graph)이다.

전문가의 조언
그래프의 최대 간선 수를 구하는 문제가 출제되었습니다. 그래프의 최대 간선수는 식을 외우지 않아도 노드에 간선을 그어보면 금방 이해할 수 있습니다. 어렵지 않으니 꼭 이해하고 넘어가세요.

잠깐만요 — 방향/무방향 그래프의 최대 간선 수

n개의 정점으로 구성된 무방향 그래프에서 최대 간선 수는 $n(n-1)/2$이고, 방향 그래프에서 최대 간선 수는 $n(n-1)$입니다.

예) 정점이 4개인 경우 무방향 그래프와 방향 그래프의 최대 간선 수는 다음과 같습니다.

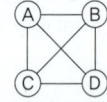

- 무방향 그래프의 최대 간선 수 : 4(4−1)/2 = 6

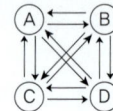

- 방향 그래프의 최대 간선 수 : 4(4−1) = 12

8 인접행렬(Adjacency Matrix)을 이용한 그래프의 표현 방법

전문가의 조언
방향성 그래프를 인접행렬로 표현하는 문제가 출제되었습니다. 방향성 그래프와 무방향성 그래프를 인접행렬로 표현 또는 그 반대의 경우로 표현하는 방법을 정리하세요.

- 방향 그래프에서 $V_i V_j$ 관계를 나타내는 행렬의 원소를 P_{ij}라 할 때, 방향 간선이 있으면 행렬의 $P_{ij} = 1$, 없으면 $P_{ij} = 0$이다.

예)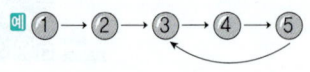

	1	2	3	4	5	
1	0	1	0	0	0	(1→2)
2	0	0	1	0	0	(2→3)
3	0	0	0	1	0	(3→4)
4	0	0	0	0	1	(4→5)
5	0	0	1	0	0	(5→3)

- 무방향 그래프에서 V_i와 V_j가 서로 인접하면 $P_{ij} = 1$, 인접하지 않으면 $P_{ij} = 0$이다.

예)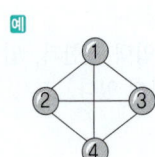

	1	2	3	4	
1	0	1	1	1	(1, 2)
2	1	0	1	1	(2, 1)
3	1	1	0	1	
4	1	1	1	0	

기출문제 따라잡기

25년 2월, 24년 5월, 2월, 23년 2월
1. 선형 자료 구조에 해당하지 않는 것은?
① 리스트(List) ② 큐(Queue)
③ 데크(Deque) ④ 그래프(Graph)

> 트리와 그래프는 비선형 구조이고, 나머지는 모두 선형 구조입니다.

24년 2월
2. 다음 인접 행렬(Adjacency Matrix)에 대응되는 그래프(Graph)를 그렸을 때, 옳은 것은?

```
    A  B  C
A   0  1  0
B   0  0  1
C   1  1  0
```

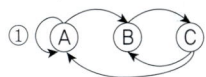 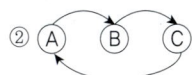
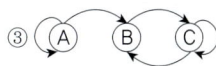 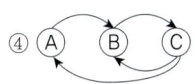

> 방향성 그래프에서 0은 방향 간선이 없는 것이고, 1은 방향 간선이 있는 것이므로, 1이 있는 곳은 A → B, B → C, C → A, C → B입니다.

25년 5월, 22년 5월
3. 가장 나중에 삽입된 자료가 가장 먼저 삭제되는 후입선출(LIFO; Last In First Out) 방식으로 자료를 처리하는 자료 구조는?
① Queue ② Graph
③ Stack ④ Tree

> 후입선출(LIFO)은 스택(Stack), 선입선출(FIFO)은 큐(Queue)입니다.

24년 5월, 22년 3월
4. 스택(STACK)의 응용 분야로 거리가 먼 것은?
① 서브루틴 호출
② 인터럽트 처리
③ 수식 계산 및 수식 표기법
④ 운영체제의 작업 스케줄링

> 운영체제의 작업 스케줄링에 사용되는 것은 큐(Queue)입니다.

25년 2월, 24년 7월, 22년 7월
5. n개의 정점으로 구성된 무방향 그래프의 최대 간선수는?
① $n(n+1)$ ② $\frac{n(n-1)}{2}$
③ $\frac{n-2}{2}$ ④ $n-1$

> n개의 정점으로 구성된 무방향 그래프에서 최대 간선 수는 n(n-1)/2이고, 방향 그래프에서 최대 간선 수는 n(n-1)입니다.

25년 8월, 24년 7월, 23년 7월, 22년 3월
6. 3, 5, 6, 8의 순서로 정해진 입력자료를 스택에 입력하였다가 출력한 결과가 될 수 없는 것은?(단, 왼쪽부터 먼저 출력된 순서이다.)
① 6, 5, 3, 8 ② 6, 8, 3, 5
③ 5, 3, 8, 6 ④ 5, 6, 8, 3

> 3, 5, 6, 8 순으로 입력된 상태에서는 6, 8, 3, 5 순으로 출력할 수 없습니다.
> ①번을 먼저 살펴볼께요.

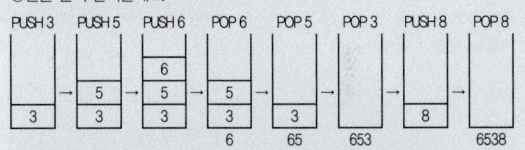

> ②번은 6, 8을 출력한 후에 3을 출력해야 하는데, 5를 출력하지 않고는 3을 출력할 수 없으므로 불가능합니다.

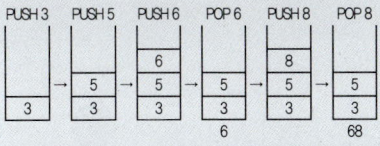

> ③, ④번도 위와 같은 방법으로 스택에 자료를 넣었다 꺼내보면서 출력이 될 수 있는지 확인해 보세요.

25년 8월, 24년 5월, 23년 2월, 22년 7월
7. 다음 설명이 의미하는 것은?

- 삽입과 삭제가 리스트의 양쪽 끝에서 발생할 수 있는 형태이다.
- 입력이 한쪽에서만 발생하고 출력은 양쪽에서 일어날 수 있는 입력 제한이, 입력은 양쪽에서 일어나고 출력은 한 곳에서만 이루어지는 출력 제한이 있다.

① 스택 ② 큐
③ 다중 스택 ④ 데크

> 삽입, 삭제가 리스트의 한쪽 끝에서만 이루어지는 것은 스택(Stack), 리스트 한쪽에서는 삽입, 다른 한쪽에서는 삭제가 이루어지는 것은 큐(Queue), 삽입, 삭제가 리스트의 양쪽 끝에서 이루어지는 것은 데크(Deque)입니다.

24년 7월, 22년 3월
8. 다음과 같은 그래프에서 간선의 개수는?

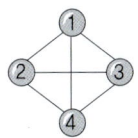

① 2개 ② 4개 ③ 6개 ④ 8개

> 무방향 그래프에서 간선의 수는 노드를 연결하고 있는 선의 개수의 합이므로 간선의 개수는 6개입니다.

▶ 정답 : 1. ④ 2. ④ 3. ③ 4. ④ 5. ② 6. ② 7. ④ 8. ③

SECTION 075

트리(Tree)

전문가의 조언

노드의 수를 구하는 문제가 출제되었습니다. 트리 관련 용어는 트리를 배우는 동안 계속 사용되니 주어진 예를 통하여 확실히 숙지하세요.

1 트리의 개요

24.2, 23.5, 기사 25.8, 24.7, 23.7, 23.2, 21.3, 20.8, 20.6

트리는 정점(Node, 노드)과 선분(Branch, 가지)을 이용하여 사이클을 이루지 않도록 구성한 그래프(Graph)의 특수한 형태이다.

- 트리는 하나의 기억 공간을 노드(Node)라고 하며, 노드와 노드를 연결하는 선을 링크(Link)라고 한다.
- 트리는 가족의 계보(족보), 조직도 등을 표현하기에 적합하다.
- 트리 관련 용어

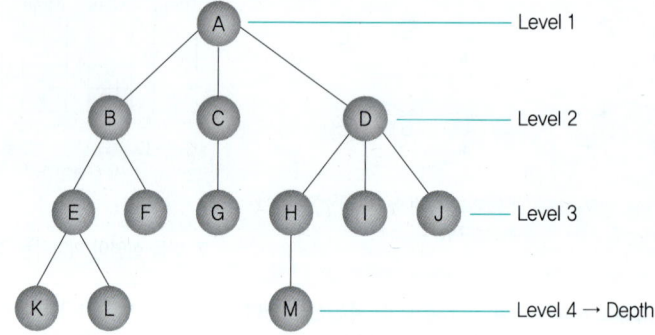

- **노드(Node)** : 트리의 기본 요소로서 자료 항목과 다른 항목에 대한 가지(Branch)를 합친 것
  - 예 A, B, C, D, E, F, G, H, I, J, K, L, M
- **근 노드(Root Node)** : 트리의 맨 위에 있는 노드
  - 예 A
- **디그리(Degree, 차수)** : 각 노드에서 뻗어 나온 가지의 수
  - 예 A = 3, B = 2, C = 1, D = 3
- **단말 노드(Terminal Node) = 잎 노드(Leaf Node)** : 자식이 하나도 없는 노드, 즉 디그리가 0인 노드
  - 예 K, L, F, G, M, I, J
- **자식 노드(Son Node)** : 어떤 노드에 연결된 다음 레벨의 노드들
  - 예 D의 자식 노드 : H, I, J
- **부모 노드(Parent Node)** : 어떤 노드에 연결된 이전 레벨의 노드들
  - 예 E, F의 부모 노드 : B
- **형제 노드(Brother Node, Sibling)** : 동일한 부모를 갖는 노드들
  - 예 H의 형제 노드 : I, J
- **트리의 디그리** : 노드들의 디그리 중에서 가장 많은 수
  - 예 노드 A나 D가 3개의 디그리를 가지므로 앞 트리의 디그리는 3이다.

2 트리의 운행법

25.8, 25.5, 25.2, 24.7, 23.7, 23.5, 23.2, 22.4, 기사 25.8, 25.5, 25.2, 24.7, 24.5, 24.2, 23.5, 22.7, 22.4, 21.8, 21.3, 20.9, …

트리를 구성하는 각 노드들을 찾아가는 방법을 운행법(Traversal)이라 한다.

- 이진 트리를 운행하는 방법은 산술식의 표기법과 연관성을 갖는다.
- 이진 트리의 운행법*은 다음 세 가지가 있다.

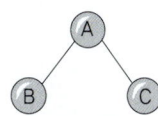

- **Preorder 운행** : Root → Left → Right 순으로 운행한다. A, B, C
- **Inorder 운행** : Left → Root → Right 순으로 운행한다. B, A, C
- **Postorder 운행** : Left → Right → Root 순으로 운행한다. B, C, A

> **예제** 다음 트리를 Inorder, Preorder, Postorder 방법으로 운행했을 때 각 노드를 방문한 순서는?

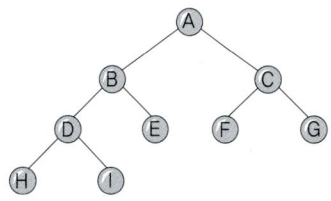

Preorder 운행법의 방문 순서

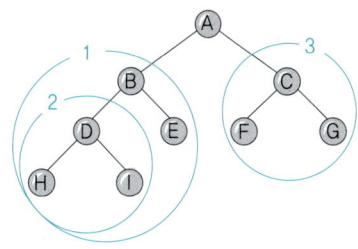

※ 서브트리를 하나의 노드로 생각할 수 있도록 그림과 같이 서브트리 단위로 묶는다. Preorder, Inorder, Postorder 모두 공통으로 사용한다.

❶ Preorder는 Root → Left → Right이므로 A13이 된다.

❷ 1은 B2E이므로 A**B2E**3이 된다.

❸ 2는 DHI이므로 AB**DHI**E3이 된다.

❹ 3은 CFG이므로 ABDHIE**CFG**가 된다.

- 방문 순서 : ABDHIECFG

Inorder 운행법의 방문 순서

❶ Inorder는 Left → Root → Right이므로 1A3이 된다.

❷ 1은 2BE이므로 **2BE**A3이 된다.

❸ 2는 HDI이므로 **HDI**BEA3이 된다.

❹ 3은 FCG이므로 HDIBEA**FCG**가 된다.

- 방문 순서 : HDIBEAFCG

전문가의 조언

트리의 운행법에 대한 문제가 출제됩니다. 예제를 통하여 트리의 운행법을 확실하게 숙지하세요.

이진 트리 운행법
이진 트리 운행법의 이름은 Root의 위치가 어디 있느냐에 따라 정해진 것입니다. 즉 Root가 앞(Pre)에 있으면 Preorder, 안(In)에 있으면 Inorder, 뒤(Post)에 있으면 Postorder입니다.

Postorder

❶ Postorder는 Left → Right → Root이므로 13A가 된다.
❷ 1은 2EB이므로 **2EB**3A가 된다.
❸ 2는 HID이므로 **HID**EB3A가 된다.
❹ 3은 FGC이므로 HIDEB**FGC**A가 된다.
- 방문 순서 : HIDEBFGCA

> **전문가의 조언**
> 중위식에서 후위식, 전위식 또는 반대의 관계로 변환할 수 있도록 연습하세요.

❸ 수식의 표기법
기사 24.7, 24.5, 21.5, 21.3, 20.9

산술식을 계산하기 위해 기억공간에 기억시키는 방법으로 이진 트리를 많이 사용한다. 이진 트리로 만들어진 수식을 인오더, 프리오더, 포스트오더로 운행하면 각각 중위(Infix), 전위(Prefix), 후위(Postfix) 표기법이 된다.

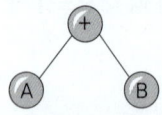

- **전위 표기법(PreFix)** : 연산자 → Left → Right, +AB
- **중위 표기법(InFix)** : Left → 연산자 → Right, A+B
- **후위 표기법(PostFix)** : Left → Right → 연산자, AB+

Infix 표기를 Postfix나 Prefix로 바꾸기

- Postfix나 Prefix는 스택을 이용하여 처리하므로 Infix는 Postfix나 Prefix로 바꾸어 처리한다.

예제 1 다음과 같이 Infix로 표기된 수식을 Prefix와 Postfix로 변환하시오.

$$X = A / B * (C + D) + E$$

- **Prefix로 변환하기**
  ❶ 연산 우선순위에 따라 괄호로 묶는다.
  (X = (((A / B) * (C + D)) + E))

  ❷ 연산자를 해당 괄호의 앞(왼쪽)으로 옮긴다.
  X = (((A / B) * (C + D)) + E)) → = (X + (* (/ (AB) + (CD)) E))

  ❸ 필요없는 괄호를 제거한다.
  prefix 표기 : = X + * / A B + C D E

- **Postfix로 변환하기**
  ❶ 연산 우선순위에 따라 괄호로 묶는다.
  (X = (((A / B) * (C + D)) + E))

❷ 연산자를 해당 괄호의 뒤(오른쪽)로 옮긴다.

(X = (((A / B) * (C + D)) + E)) → (X (((A B) / (C D) +) * E) +) =

❸ 필요없는 괄호를 제거한다.

Postfix 표기 : X A B / C D + * E + =

Postfix나 Prefix로 표기된 수식을 Infix로 바꾸기

예제 2 다음과 같이 Postfix로 표기된 수식을 Infix로 변환하시오.

A B C − / D E F + * +

- Postfix는 Infix 표기법에서 연산자를 해당 피연산자 두 개의 뒤로 이동한 것이므로 연산자를 다시 해당 피연산자 두 개의 가운데로 옮기면 된다.

❶ 먼저 인접한 피연산자 두 개와 오른쪽의 연산자를 괄호로 묶는다.

((A (B C −) /) (D (E F +) *) +)

❷ 연산자를 해당 피연산자의 가운데로 이동시킨다.

((A (B C −) /) (D (E F +) *) +) → ((A / (B − C)) + (D * (E + F)))

❸ 필요 없는 괄호를 제거한다.

((A / (B − C)) + (D * (E + F))) → A / (B − C) + D * (E + F)

예제 3 다음과 같이 Prefix로 표기된 수식을 Infix로 변환하시오.

+ / A − B C * D + E F

- Prefix는 Infix 표기법에서 연산자를 해당 피연산자 두 개의 앞으로 이동한 것이므로 연산자를 다시 해당 피연산자 두 개의 가운데로 옮기면 된다.

❶ 먼저 인접한 피연산자 두 개와 왼쪽의 연산자를 괄호로 묶는다.

(+ (/ A (− B C)) (* D (+ E F)))

❷ 연산자를 해당 피연산자 사이로 이동시킨다.

(+ (/ A (− B C)) (* D (+ E F))) → ((A/(B−C)) + (D * (E+F)))

❸ 필요 없는 괄호를 제거한다.

((A/(B−C)) + (D*(E+F))) → A/(B−C)+D*(E+F)

기출문제 따라잡기

24년 2월

1. 다음 Tree의 Degree와 터미널 노드의 수는?

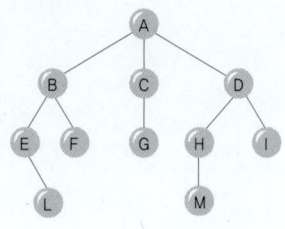

① Degree : 2 터미널 노드 : 4
② Degree : 3 터미널 노드 : 5
③ Degree : 4 터미널 노드 : 2
④ Degree : 4 터미널 노드 : 10

> 트리의 차수(Degree)는 가장 차수가 많은 노드의 차수이고, 단말 노드(Terminal Node)는 자식이 하나도 없는 노드입니다.

23년 5월

2. 다음 트리에서 노드의 수는?

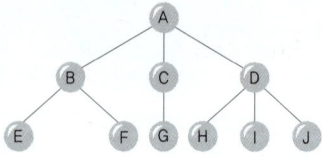

① 8 ② 9
③ 10 ④ 11

> 노드(Node)는 트리에서 하나의 기억 공간을 의미하므로, 문제에 제시된 트리에서 노드의 수는 10(A, B, C, D, E, F, G, H, I, J)입니다.

이전기출

3. 다음과 같은 중위식(Infix)을 후위식(Postfix)으로 올바르게 표현한 것은?

$$X = A + (B + C / D) \times E - F$$

① X = A + B + C / D × E − F
② X A B C D / + E × + F − =
③ = X − + A × + B / C D E F
④ X A B C D E F = + + / × −

> 연산자의 우선순위에 따라 괄호로 묶고 해당 괄호의 뒤로 연산자를 옮깁니다.
> (X = ((A + ((B + (C / D)) × E)) − F))
> (X ((A ((B (C D) /) + E) ×) + F) −) =

23년 5월

4. 트리 구조에서 각 노드에서 파생된 직계 노드의 수를 의미하는 것은?

① Terminal Node ② Domain
③ Attribute ④ Degree

> 각 노드에서 파생된 직계 노드의 수를 차수(Degree)라고 합니다.

23년 2월

5. 다음 이진 트리에 대한 Inorder 운행 결과는?

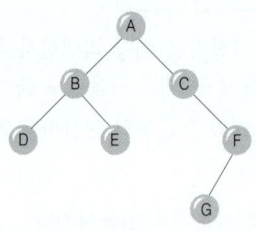

① A, B, D, E, C, F, G
② D, B, E, A, C, G, F
③ D, E, B, G, F, C, A
④ A, B, C, D, E, F, G

> 먼저 서브트리를 하나의 노드로 생각할 수 있도록 서브트리 단위로 묶습니다.
> ❶ Inorder는 Left → Root → Right이므로 1A2가 됩니다.
> ❷ 1은 DBE이므로 DBEA2가 됩니다.
> ❸ 2는 C3이므로 DBEAC3이 됩니다.
> ❹ 3은 GF이므로 DBEACGF가 됩니다.

25년 5월, 23년 5월, 22년 4월

6. 다음 이진 트리에 대한 Preorder 운행 결과는?

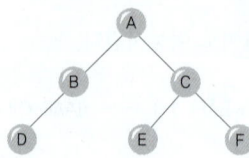

① A B C D E F ② D B A E C F
③ D B E C F A ④ A B D C E F

> 먼저 서브트리를 하나의 노드로 생각할 수 있도록 서브트리 단위로 묶습니다.
> ❶ Preorder는 Root → Left → Right이므로 A12가 됩니다.
> ❷ 1은 BD이므로 ABD2가 됩니다.
> ❸ 2는 CEF이므로 ABDCEF가 됩니다.

기출문제 따라잡기

25년 2월, 24년 7월, 23년 7월

7. 아래 이진 트리를 후위 순서(Postorder)로 운행한 결과는?

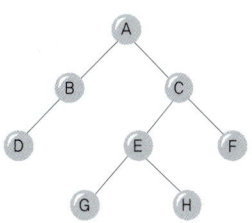

① ABCDEFGH ② DBGHEFCA
③ ABDCEGHF ④ BDGHEFAC

먼저 서브트리를 하나의 노드로 생각할 수 있도록 서브트리 단위로 묶습니다.
❶ Postorder는 Left → Right → Root이므로 12A가 됩니다.
❷ 1은 DB이므로 DB2A가 됩니다.
❸ 2는 3FC이므로 DB3FCA가 됩니다.
❹ 3은 GHE이므로 DBGHEFCA가 됩니다.

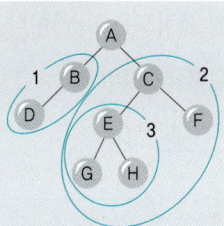

이전기출

8. 다음의 전위(Prefix) 표기식을 중위(Infix) 표기식으로 옳게 변환한 것은?

$$- + * A B C / D E$$

① B * D + A − E / C ② C * D + B − A / E
③ E * D + C − B / A ④ A * B + C − D / E

전위(Prefix)식으로 표현된 수식을 중위(Infix)식으로 변환하려면 인접한 피연산자 두 개와 앞(왼쪽)쪽의 연산자를 괄호로 묶은 다음 연산자를 해당 피연산자 사이에 옮겨놓으면 됩니다.
(− (+ (* A B) C) (/ D E))

이전기출

9. 다음의 중위식(Infix)을 전위(Prefix)식으로 옳게 변환한 것은?

$$A * B + C - D / E$$

① − + * A B C / D E ② A B * C + D E / −
③ A B C D E * + − / ④ * + − / A B C D E

연산자의 우선순위에 따라 괄호로 묶고 해당 괄호의 앞(왼쪽)으로 연산자를 옮깁니다.
(((A * B) + C) − (D / E))

이전기출

10. 다음과 같이 주어진 후위 표기 방식의 수식을 중위 표기 방식으로 나타낸 것은?

$$ABC - / DEF + * +$$

① A / (B − C) + F * E + D
② A / (B − C) + D * (E + F)
③ A / (B − C) + D + E * F
④ A / (B − C) * D + E + F

Postfix(후위 표기법)는 Infix(중위 표기법)로 표기된 것에서 연산자를 해당 피연산자 두 개의 뒤(오른쪽)로 이동한 것이므로 연산자를 다시 해당 피연산자 두 개의 가운데로 옮기면 됩니다.

이전기출

11. 후위 표기(Postfix)식이 다음과 같을 때 식의 계산 값은? (단, 표현된 수치는 한 자리 숫자를 의미한다.)

$$5 3 4 5 * + -$$

① 30 ② 20 ③ 14 ④ −18

후위(Postfix) 표기란 연산자가 해당 피연산자 2개의 뒤(오른쪽)에 표기되어 있는 것을 말합니다. 그러므로 피연산자 2개와 연산자를 묶은 후 연산자를 피연산자 사이에 옮겨 놓고 계산하면 됩니다.
(5 − (3 + (4 × 5))) = −18

25년 8월, 23년 7월, 2월

12. 다음 트리에 대한 운행 결과의 순서가 "A → B → D → C → E → G → H → F"일 경우, 적용된 운행 기법은?

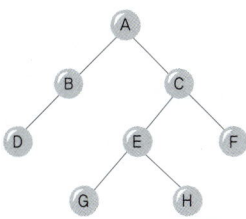

① Pre-order ② Post-order
③ In-order ④ Last-order

문제에 제시된 순서로 방문하는 운행 기법은 Preorder입니다. 먼저 서브트리를 하나의 노드로 생각할 수 있도록 서브트리 단위로 묶습니다.
❶ Postorder는 Root → Left → Right이므로 A12가 됩니다.
❷ 1은 BD이므로 ABD2입니다.
❸ 2는 C3F이므로 ABDC3F입니다.
❹ 3은 EGH이므로 ABDCEGHF입니다.

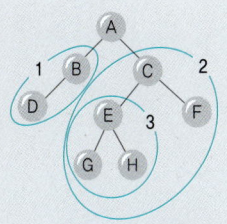

▶ 정답: 1. ② 2. ③ 3. ② 4. ④ 5. ② 6. ④ 7. ② 8. ④ 9. ① 10. ② 11. ④ 12. ①

SECTION 076 정렬(Sort)

전문가의 조언

삽입 정렬과 버블 정렬에 대한 문제가 출제되었습니다. 각 정렬 방식의 주요 특징을 암기하고, 삽입, 선택, 버블, heap, 2-Way 합병 정렬은 정렬 방식을 이해해야 합니다. 삽입 정렬의 키 워드는 "이미 순서화된 파일에…, n번째 키를 앞의 n-1개의 키와 비교…"입니다.

1 삽입 정렬(Insertion Sort)

25.5, 23.2, 22.7, 22.3, 기사 25.8, 24.2, 20.9

삽입 정렬은 가장 간단한 정렬 방식으로 이미 순서화된 파일에 새로운 하나의 레코드를 순서에 맞게 삽입시켜 정렬한다.

- 두 번째 키와 첫 번째 키를 비교해 순서대로 나열(1회전)하고, 이어서 세 번째 키를 첫 번째, 두 번째 키와 비교해 순서대로 나열(2회전)하고, 계속해서 n번째 키를 앞의 n-1개의 키와 비교하여 알맞은 순서에 삽입하여 정렬하는 방식이다.
- 평균과 최악 모두 수행 시간 복잡도는 $O(n^2)$이다.

예제 8, 5, 6, 2, 4를 삽입 정렬로 정렬하시오.

- 초기 상태 : | 8 | 5 | 6 | 2 | 4 |

- 1회전 : | 8 | 5 | 6 | 2 | 4 | → | 5 | 8 | 6 | 2 | 4 |

  두 번째 값을 첫 번째 값과 비교하여 5를 첫 번째 자리에 삽입하고 8을 한 칸 뒤로 이동시킨다.

- 2회전 : | 5 | 8 | 6 | 2 | 4 | → | 5 | 6 | 8 | 2 | 4 |

  세 번째 값을 첫 번째, 두 번째 값과 비교하여 6을 8자리에 삽입하고 8은 한 칸 뒤로 이동시킨다.

- 3회전 : | 5 | 6 | 8 | 2 | 4 | → | 2 | 5 | 6 | 8 | 4 |

  네 번째 값 2를 처음부터 비교하여 맨 처음에 삽입하고 나머지를 한 칸씩 뒤로 이동시킨다.

- 4회전 : | 2 | 5 | 6 | 8 | 4 | → | 2 | 4 | 5 | 6 | 8 |

  다섯 번째 값 4를 처음부터 비교하여 5자리에 삽입하고 나머지를 한 칸씩 뒤로 이동시킨다.

전문가의 조언

쉘 정렬의 키워드는 "매개변수"입니다.

2 쉘 정렬(Shell Sort)

쉘 정렬은 삽입 정렬(Insertion Sort)을 확장한 개념이다.

- 입력 파일을 어떤 매개변수(h)의 값으로 서브파일을 구성하고, 각 서브파일을 Insertion 정렬 방식으로 순서 배열하는 과정을 반복하는 정렬 방식(보통 $h = \sqrt[3]{n}$), 즉 임의의 레코드 키와 h값만큼 떨어진 곳의 레코드 키를 비교하여 순서화되어 있지 않으면 서로 교환하는 것을 반복하는 정렬 방식이다.
- 입력 파일이 부분적으로 정렬되어 있는 경우에 유리한 방식이다.
- 평균 수행 시간 복잡도는 $O(n^{1.5})$이고, 최악의 수행 시간 복잡도는 $O(n^2)$이다.

❸ 선택 정렬(Selection Sort)

선택 정렬은 n개의 레코드 중에서 최소값을 찾아 첫 번째 레코드 위치에 놓고, 나머지 (n−1)개 중에서 다시 최소값을 찾아 두 번째 레코드 위치에 놓는 방식을 반복하여 정렬하는 방식이다.

- 평균과 최악 모두 수행 시간 복잡도는 $O(n^2)$이다.

예제 8, 5, 6, 2, 4를 선택 정렬로 정렬하시오.

- 초기 상태 : | 8 | 5 | 6 | 2 | 4 |

- 1회전 : | 8 | 5 | 6 | 2 | 4 | → | 8 | 5 | 6 | [2] | 4 | → | 2 | 5 | 6 | 8 | 4 |

  첫 번째부터 마지막 값 중 최소값 2를 찾아 첫 번째 값 8과 위치를 교환한다.

- 2회전 : | 2 | 5 | 6 | 8 | 4 | → | 2 | 5 | 6 | 8 | [4] | → | 2 | 4 | 6 | 8 | 5 |

  두 번째부터 마지막 값 중 최소값 4를 찾아 두 번째 값 5와 위치를 교환한다.

- 3회전 : | 2 | 4 | 6 | 8 | 5 | → | 2 | 4 | 6 | 8 | [5] | → | 2 | 4 | 5 | 8 | 6 |

  세 번째부터 마지막 값 중 최소값 5를 찾아 세 번째 값 6과 위치를 교환한다.

- 4회전 : | 2 | 4 | 5 | 8 | 6 | → | 2 | 4 | 5 | 8 | [6] | → | 2 | 4 | 5 | 6 | 8 |

  네 번째부터 마지막 값 중 최소값 6을 찾아 네 번째 값 8과 위치를 교환환다.

전문가의 조언

선택 정렬의 키워드는 'n개의 레코드 중에서 최소값을 찾아서…'입니다.

❹ 버블 정렬(Bubble Sort)

- 버블 정렬은 주어진 파일에서 인접한 두 개의 레코드 키 값을 비교하여 그 크기에 따라 레코드 위치를 서로 교환하는 정렬 방식이다.
- 계속 정렬 여부를 플래그 비트(f)로 결정한다.
- 평균과 최악 모두 수행 시간 복잡도는 $O(n^2)$이다.

예제 8, 5, 6, 2, 4를 버블 정렬로 정렬하시오.

- 초기 상태 : | 8 | 5 | 6 | 2 | 4 |

- 1회전 : | 5 | 8 | 6 | 2 | 4 | → | 5 | 6 | 8 | 2 | 4 | → | 5 | 6 | 2 | 8 | 4 | → | 5 | 6 | 2 | 4 | 8 |

- 2회전 : | 5 | 6 | 2 | 4 | 8 | → | 5 | 2 | 6 | 4 | 8 | → | 5 | 2 | 4 | 6 | 8 |

- 3회전 : | 2 | 5 | 4 | 6 | 8 | → | 2 | 4 | 5 | 6 | 8 |

- 4회전 : | 2 | 4 | 5 | 6 | 8 |

전문가의 조언

버블 정렬의 키워드는 '인접한 두 개의 레코드…'입니다.

전문가의 조언

퀵 정렬의 키워드는 '하나의 파일 을 부분적으로 나누어…'입니다.

5 퀵 정렬(Quick Sort)

퀵 정렬은 레코드의 많은 자료 이동을 없애고 하나의 파일을 부분적으로 나누어 가면서 정렬하는 방법으로 키를 기준으로 작은 값은 왼쪽에, 큰 값은 오른쪽 서브파일로 분해시키는 방식으로 정렬한다.

- 위치에 관계없이 임의의 키를 분할 원소로 사용할 수 있다.
- 정렬 방식 중에서 가장 빠른 방식이다.
- 프로그램에서 되부름을 이용하기 때문에 스택(Stack)이 필요하다.
- 분할(Divide)과 정복(Conquer)을 통해 자료를 정렬한다.
  - 분할(Divide) : 기준값인 피봇(Pivot)을 중심으로 정렬할 자료들을 2개의 부분집합으로 나눈다.
  - 정복(Conquer) : 부분집합의 원소들 중 피봇(Pivot)보다 작은 원소들은 왼쪽, 피봇(Pivot)보다 큰 원소들은 오른쪽 부분집합으로 정렬한다.
  - 부분집합의 크기가 더 이상 나누어질 수 없을 때까지 분할과 정복을 반복 수행한다.
- 평균 수행 시간 복잡도는 $O(n\log_2 n)$이고, 최악의 수행 시간 복잡도는 $O(n^2)$이다.

전문가의 조언

힙 정렬의 키워드는 '완전이진 트리(Complete Binary Tree)…'입니다.

6 힙 정렬(Heap Sort)

힙 정렬은 완전이진 트리(Complete Binary Tree)를 이용한 정렬 방식이다.

- 구성된 완전이진 트리를 Heap Tree로 변환하여 정렬한다.
- 평균과 최악 모두 시간 복잡도는 $O(n\log_2 n)$이다.

예제 17, 14, 13, 15, 16, 19, 11, 18, 12를 Heap 트리로 구성하시오.

❶ 주어진 파일의 레코드들을 완전이진 트리로 구성한다.

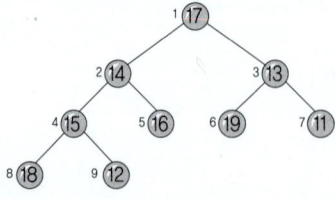

❷ 완전이진 트리의 노드의 역순으로 자식 노드와 부모 노드를 비교하여 큰 값을 위로 올린다.

❸ 교환된 노드들을 다시 검토하여 위의 과정을 반복한다.

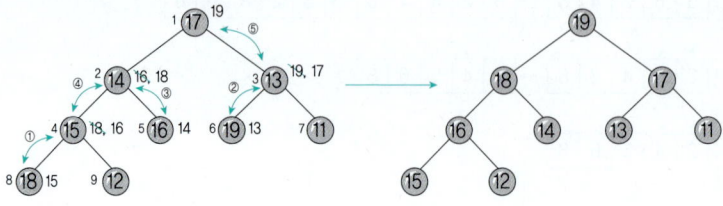

7 2-Way 합병 정렬(Merge Sort)

기사 21.5

2-Way Merge Sort는 이미 정렬되어 있는 두 개의 파일을 한 개의 파일로 합병하는 정렬 방식이다. 그 방법은 다음과 같다.

- 두 개의 키들을 한 쌍으로 하여 각 쌍에 대하여 순서를 정한다.
- 순서대로 정렬된 각 쌍의 키들을 합병하여 하나의 정렬된 서브리스트로 만든다.
- 위 과정에서 정렬된 서브리스트들을 하나의 정렬된 파일이 될 때까지 반복한다.
- 평균과 최악 모두 시간 복잡도는 $O(n\log_2 n)$이다.

예제 71, 2, 38, 5, 7, 61, 11, 26, 53, 42를 2-Way 합병 정렬로 정렬하시오.

- **1회전** : 두 개씩 묶은 후 각각의 묶음 안에서 정렬한다.
  (71, 2) (38, 5) (7, 61) (11, 26) (53, 42)
  ↓
  (2, 71) (5, 38) (7, 61) (11, 26) (42, 53)

- **2회전** : 묶여진 묶음을 두 개씩 묶은 후 각각의 묶음 안에서 정렬한다.
  ((2, 71) (5, 38)) ((7, 61) (11, 26)) (42, 53)
  ↓
  (2, 5, 38, 71) (7, 11, 26, 61) (42, 53)

- **3회전** : 묶여진 묶음을 두 개씩 묶은 후 각각의 묶음 안에서 정렬한다.
  ((2, 5, 38, 71) (7, 11, 26, 61)) (42, 53)
  ↓
  (2, 5, 7, 11, 26, 38, 61, 71) (42, 53)

- **4회전** : 묶여진 묶음 두 개를 하나로 묶은 후 정렬한다.
  ((2, 5, 7, 11, 26, 38, 61, 71) (42, 53))
  ↓
  2, 5, 7, 11, 26, 38, 42, 53, 61, 71

> **전문가의 조언**
> 2-Way 합병 정렬의 키워드는 '이미 정렬된 두 개의 파일을 한 개의 파일로…'입니다.

8 기수 정렬(Radix Sort) = Bucket Sort

기수 정렬은 Queue를 이용하여 자릿수(Digit)별로 정렬하는 방식이다.
- 레코드의 키 값을 분석하여 같은 수 또는 같은 문자끼리 그 순서에 맞는 버킷에 분배 하였다가 버킷(Bucket)의 순서대로 레코드를 꺼내어 정렬한다.
- 평균과 최악 모두 시간 복잡도는 $O(dn)$이다.

> **전문가의 조언**
> 기수 정렬의 키워드는 '버킷(Bucket)'입니다.

기출문제 따라잡기

25년 5월, 23년 2월, 22년 7월, 3월
1. 삽입 정렬을 사용하여 다음의 자료를 오름차순으로 정렬하고자 한다. 2회전 후의 결과는?

5, 4, 3, 2, 1

① 4, 5, 3, 2, 1 ② 2, 3, 4, 5, 1
③ 3, 4, 5, 2, 1 ④ 1, 2, 3, 4, 5

- 1회전 : 5, 4, 3, 2, 1 → 4, 5, 3, 2, 1
- 2회전 : 4, 5, 3, 2, 1 → 3, 4, 5, 2, 1
- 3회전 : 3, 4, 5, 2, 1 → 2, 3, 4, 5, 1
- 4회전 : 2, 3, 4, 5, 1 → 1, 2, 3, 4, 5

25년 8월, 24년 5월
2. 자료가 아래와 같이 주어졌을 때, 선택 정렬(Selection Sort)을 적용하여 오름차순으로 정렬할 경우 Pass 2를 진행한 후의 정렬된 값으로 옳은 것은?

9, 4, 5, 11, 8

① 4, 5, 9, 8, 11 ② 4, 5, 9, 11, 8
③ 4, 5, 8, 11, 9 ④ 4, 5, 8, 9, 11

- 1회전 : 9, 4, 5, 11, 8 → 4, 9, 5, 11, 8
- 2회전 : 4, 9, 5, 11, 8 → 4, 5, 9, 11, 8
- 3회전 : 4, 5, 9, 11, 8 → 4, 5, 8, 11, 9
- 4회전 : 4, 5, 8, 11, 9 → 4, 5, 8, 9, 11

이전기출
3. 정렬 알고리즘 중 다음의 설명에 해당하는 것은?

n개의 레코드 중에서 최소값을 찾아 첫 번째 레코드 위치에 놓고, 나머지 (n-1)개 중에서 다시 최소값을 찾아 두 번째 레코드 위치에 놓는 방식을 반복하여 정렬

① Selection Sort ② Insertion Sort
③ Bubble Sort ④ Heap Sort

n개의 레코드 중에서 최소값을 찾아서 정렬하는 방식은 선택 정렬(Selection Sort)입니다.

이전기출
4. 정렬 기법 중 레코드의 키 값을 분석하여 같은 수 또는 같은 문자끼리 그 순서에 맞는 버킷에 분배하였다가 버킷의 순서대로 레코드를 꺼내어 정렬하는 기법은?

① 퀵(Quick) 정렬 ② 버블(Bubble) 정렬
③ 기수(Radix) 정렬 ④ 합병(Merge) 정렬

버킷에 분배하였다가 버킷의 순서대로 레코드를 꺼내어 정렬하는 기법은 기수 정렬(Radix Sort)입니다.

이전기출
5. 입력 데이터가 R = (71, 2, 38, 5, 7, 61, 11, 26, 53, 42)일 때 2-Way Merge Sort를 2회전한 후 결과는?

① R = (2, 71, 5, 38, 7, 61, 11, 26, 42, 53)
② R = (2, 5, 38, 71, 7, 11, 26, 61, 42, 53)
③ R = (2, 5, 7, 11, 26, 38, 61, 71, 42, 53)
④ R = (2, 5, 7, 11, 26, 38, 42, 53, 61, 71)

- 1회전 : 2, 71, 5, 38, 7, 61, 11, 26, 42, 53
- 2회전 : 2, 5, 38, 71, 7, 11, 26, 61, 42, 53
- 3회전 : 2, 5, 7, 11, 26, 38, 61, 71, 42, 53
- 4회전 : 2, 5, 7, 11, 26, 38, 42, 53, 61, 71

25년 2월, 24년 7월, 22년 4월, 3월
6. 버블 정렬을 이용한 오름차순 정렬 시 다음 자료에 대한 1회전 후의 결과는?

9, 6, 7, 3, 5

① 3, 5, 6, 7, 9 ② 6, 7, 3, 5, 9
③ 3, 5, 9, 6, 7 ④ 6, 3, 5, 7, 9

- 1회전 : 69735 → 67935 → 67395 → 67359
- 2회전 : 67359 → 63759 → 63579
- 3회전 : 36579 → 35679
- 4회전 : 35679

이전기출
7. 다음 설명에 해당하는 정렬 기법은?

두 번째 키(key)와 첫 번째 키를 비교해 순서대로 나열(1회전)하고, 이어서 세 번째 키를 첫 번째, 두 번째 키와 비교해 순서대로 나열(2회전)하고, 계속해서 n번째 키를 앞의 (n-1)개 키와 비교하여 알맞은 순서에 위치시키는 방법이다.

① Insertion Sort ② Bubble Sort
③ Selection Sort ④ Quick Sort

n번째 키를 앞의 (n-1)개 키와 비교하여 알맞은 순서에 삽입하는 정렬 기법은 삽입 정렬(Insertion Sort)입니다.

▶ 정답 : 1. ③ 2. ② 3. ① 4. ③ 5. ② 6. ② 7. ①

SECTION 077 검색 - 이분 검색 / 해싱

1 이분 검색
기사 25.8, 23.7, 22.4, 21.3

- 이분 검색(이진 검색, Binary Search)은 전체 파일을 두 개의 서브파일로 분리해 가면서 Key 레코드를 검색하는 방식이다.
- 이분 검색은 반드시 순서화된 파일이어야 검색할 수 있다.
- 찾고자 하는 Key 값을 파일의 중간 레코드 Key 값과 비교하면서 검색한다.
- 비교 횟수를 거듭할 때마다 검색 대상이 되는 데이터의 수가 절반으로 줄어듦으로 탐색 효율이 좋고 탐색 시간이 적게 소요된다.
- 중간 레코드 번호 $M = \frac{(F + L)}{2}$ (단, F : 첫 번째 레코드 번호, L : 마지막 레코드 번호)

 1~100까지의 숫자 중 15를 찾는 데 걸리는 횟수는?

❶ 첫 번째 값(F)과 마지막 값(L)을 이용하여 중간값 M을 구하여 찾으려는 값과 비교한다.
$M = \frac{1+100}{2} = 50.5 \rightarrow 50$(정수만 취한다.)

❷ 50이 찾으려는 값과 같은지, 아니면 작은지, 아니면 큰지를 확인한다. 50은 찾으려는 값보다 크다. 그러므로 찾으려는 값은 1~49 사이에 있다. → 1회 비교

❸ 이제 첫 번째 값은 1이고 마지막 값은 49이다. 찾으려는 값이 50 사이에 있지만 50은 아니므로 49가 마지막 값이 된다. 다시 중간값을 구한다.
$M = \frac{1+49}{2} = 25$ → 2회 비교

❹ 25는 찾으려는 값보다 크다. 그러므로 찾으려는 값은 1~24 사이에 있다. 다시 중간값을 계산한다.
$M = \frac{1+24}{2} = 12.5 \rightarrow 12$ → 3회 비교

❺ 12는 찾으려는 값보다 작다. 그러므로 찾으려는 값은 13~24 사이에 있다.
$M = \frac{13+24}{2} = 18.5 \rightarrow 18$ → 4회 비교

❻ 18은 찾으려는 값보다 크다. 그러므로 찾으려는 값은 13~17 사이에 있다.
$M = \frac{13+17}{2} = 15$ → 5회 비교

❼ 15는 찾으려는 값과 같다.

※ 총 비교 횟수는 5회이다.

> **전문가의 조언**
> 이분 검색은 찾고자 하는 값을 파일의 중간 값과 비교하면서 검색한다는 것을 염두에 두고 특징을 기억하고, 예제를 통해 알고리즘의 원리를 이해하세요.

전문가의 조언

Synonym, Collision, Slot, 그리고 폴딩법의 개념을 묻는 문제가 출제되었습니다. 해시 테이블 관련 용어 중 Synonym, Collision, Slot의 의미를 정확히 기억하세요. 해싱 함수는 어떤 함수를 설명하는 것인지 찾아낼 수 있도록 정리하세요.

② 해싱

25.8, 25.5, 25.2, 24.2, 23.7, 23.5, 22.3, 기사 24.7, 24.2, 22.7, 21.3, 20.9

해싱(Hashing)은 해시 테이블(Hash Table)이라는 기억공간을 할당하고, 해시 함수(Hash Function)를 이용하여 레코드 키에 대한 해시 테이블 내의 홈 주소(Home Address)를 계산한 후 주어진 레코드를 해당 기억장소에 저장하거나 검색 작업을 수행하는 방식이다.

해시 테이블(Hash Table)

레코드를 한 개 이상 보관할 수 있는 버킷들로 구성된 기억공간으로, 보조기억장치에 구성할 수도 있고 주기억장치에 구성할 수도 있다.

버킷 (Bucket)	• 하나의 주소를 갖는 파일의 한 구역을 의미한다. • 버킷의 크기는 같은 주소에 포함될 수 있는 레코드 수를 의미한다.
24.2 슬롯(Slot)	한 개의 레코드를 저장할 수 있는 공간으로 n개의 슬롯이 모여 하나의 버킷을 형성한다.
25.2, 23.5 Collision (충돌 현상)	서로 다른 두 개 이상의 레코드가 같은 주소를 갖는 현상이다.
25.5, 22.3 Synonym	충돌로 인해 같은 Home Address를 갖는 레코드들의 집합이다.
Overflow	계산된 Home Address의 Bucket 내에 저장할 기억공간이 없는 상태로, Bucket을 구성하는 Slot이 여러 개일 때 Collision은 발생해도 Overflow는 발생하지 않을 수 있다.

해싱 함수(Hashing Function)

기사 24.2, 22.7, 21.3 제산법(Division)	레코드 키(K)를 해시표(Hash Table)의 크기보다 큰 수 중에서 가장 작은 소수(Prime, Q)로 나눈 나머지를 홈 주소로 삼는 방식, 즉 h(K) = K mod Q이다.
기사 24.2, 22.7, 21.3 제곱법(Mid-Square)	레코드 키 값(K)을 제곱한 후 그 중간 부분의 값을 홈 주소로 삼는 방식이다.
25.8, 23.7, 기사 20.9 폴딩법(Folding)	레코드 키 값(K)을 여러 부분으로 나눈 후 각 부분의 값을 더하거나 XOR(배타적 논리합)한 값을 홈 주소로 삼는 방식이다.
기수 변환법(Radix)	키 숫자의 진수를 다른 진수로 변환시켜 주소 크기를 초과한 높은 자릿수는 절단하고, 이를 다시 주소 범위에 맞게 조정하는 방법이다.
대수적 코딩법 (Algebraic Coding)	키 값을 이루고 있는 각 자리의 비트 수를 한 다항식의 계수로 간주하고, 이 다항식을 해시표의 크기에 의해 정의된 다항식으로 나누어 얻은 나머지 다항식의 계수를 홈 주소로 삼는 방식이다.
25.5, 기사 24.2, 22.7, 21.3 숫자 분석법(Digit Analysis, 계수 분석법)	키 값을 이루는 숫자의 분포를 분석하여 비교적 고른 자리를 필요한 만큼 택해서 홈 주소로 삼는 방식이다.
무작위법(Random)	난수(Random Number)를 발생시켜 나온 값을 홈 주소로 삼는 방식이다.

기출문제 따라잡기

25년 5월, 22년 3월
1. 해싱에서 동일한 버킷 주소를 갖는 레코드들의 집합을 의미하는 것은?
① Chaining ② Collision
③ Division ④ Synonym

> Synonym은 같은 주소를 갖는 레코드의 집합이고, Collision은 같은 주소를 갖는 현상을 의미합니다.

25년 8월, 23년 7월
2. 키 값을 여러 부분으로 분류하여 분류한 부분을 더하거나 XOR하여 주소를 계산하는 해싱 함수의 종류는?
① 제산(Divide) 함수
② 접지(Folding) 함수
③ 중간제곱(Mid-Square) 함수
④ 숫자 분석 함수

> XOR(배타적 논리합)과 관련된 해싱 함수는 폴딩법(Folding)입니다.

25년 2월, 23년 5월
3. 해싱에서 서로 다른 두 개 이상의 레코드가 동일한 주소를 갖는 현상을 의미하는 것은?
① Collision ② Synonym
③ Bucket   ④ Slot

> Collision은 같은 주소를 갖는 현상을 의미하고, Synonym은 같은 주소를 갖는 레코드의 집합을 의미합니다.

기사 24년 2월, 22년 7월, 21년 3월
4. 해싱 함수(Hashing Function)의 종류가 아닌 것은?
① 제곱법(Mid-Square)
② 숫자 분석법(Digit Analysis)
③ 개방 주소법(Open Addressing)
④ 제산법(Division)

> 해싱 함수의 종류에는 제산법, 제곱법, 폴딩법, 기수 변환법, 대수적 코딩법, 숫자 분석법, 무작위법이 있습니다.

이전기출
5. 다음과 같이 레코드가 구성되어 있을 때, 이진 검색 방법으로 14를 찾을 경우 비교되는 횟수는?

| 1 2 3 4 5 6 7 8 9 10 11 12 13 14 15 |

① 2번 ② 3번
③ 4번 ④ 5번

> 차례대로 찾아가 볼까요.
> ❶ F=1, L=15, M = $\frac{1+15}{2}$ = 8, 8은 찾는 값보다 작으므로 찾는 값은 9~15 사이에 있습니다.
> ❷ F=9, L=15, M = $\frac{9+15}{2}$ = 12, 12는 찾는 값보다 작으므로 찾는 값은 13~15 사이에 있습니다.
> ❸ F=13, L=15, M = $\frac{13+15}{2}$ = 14, 14는 찾는 값입니다.

이전기출
6. 이진 검색(Binary Search) 기법을 적용하기 위한 선행 조건은?
① 자료의 개수가 짝수이어야 한다.
② 자료가 반드시 정렬되어야 한다.
③ 자료의 구성은 비순차적이어야 한다.
④ 자료의 구성은 홀수, 짝수 순으로 이루어져야 한다.

> 이진 검색은 자료가 반드시 정렬되어 있어야 검색할 수 있습니다.

24년 2월
7. 해싱(Hashing)에서 한 개의 레코드를 저장할 수 있는 공간을 의미하는 것은?
① Bucket   ② Synonym
③ Slot   ④ Collision

> 슬롯(Slot)은 한 개의 레코드를 저장할 수 있는 공간으로 n개의 슬롯이 모여 하나의 버킷을 형성합니다.

25년 5월
8. 해싱 함수 기법 중 주어진 모든 키 값을 이루는 숫자의 분포를 분석하여 비교적 고른 분포를 보이는 자릿수들을 필요한 만큼 선택해서 홈 주소로 사용하는 방식은?
① 제산법(Division Method)
② 폴딩법(Folding Method)
③ 기수 변환법(Radix Conversion Method)
④ 계수 분석법(Digit Analysis Method)

> 문제에서 설명하고 있는 해싱 함수는 계수 분석법(Digit Analysis Method)입니다.

▶ 정답 : 1. ④ 2. ② 3. ① 4. ③ 5. ② 6. ② 7. ③ 8. ④

SECTION 078

데이터베이스 개요

전문가의 조언
데이터베이스와 관련된 자세한 내용은 다음 섹션부터 다루고 있습니다. 여기서는 제시된 용어들의 정의와 간단한 특징들만 정리하고 넘어가세요.

1 데이터저장소

데이터저장소는 소프트웨어 개발 과정에서 다루어야 할 데이터들을 논리적인 구조로 조직화하거나, 물리적인 공간에 구축한 것을 의미한다.

- 데이터저장소는 논리 데이터저장소와 물리 데이터저장소로 구분된다.
- 논리 데이터저장소는 데이터 및 데이터 간의 연관성, 제약조건을 식별하여 논리적인 구조로 조직화한 것을 의미한다.
- 물리 데이터저장소는 논리 데이터저장소에 저장된 데이터와 구조들을 소프트웨어가 운용될 환경의 물리적 특성을 고려하여 하드웨어적인 저장장치에 저장한 것을 의미한다.
- 논리 데이터저장소를 거쳐 물리 데이터저장소를 구축하는 과정은 데이터베이스를 구축하는 과정과 동일하다.

2 데이터베이스의 정의 [24.5]

데이터베이스는 특정 조직의 업무를 수행하는 데 필요한 상호 관련된 데이터들의 모임으로 다음과 같이 정의할 수 있다.

- **통합된 데이터(Integrated Data)** : 자료의 중복을 배제한 데이터의 모임이다.
- **저장된 데이터(Stored Data)** : 컴퓨터가 접근할 수 있는 저장 매체에 저장된 자료이다.
- **운영 데이터(Operational Data)** : 조직의 고유한 업무를 수행하는 데 존재 가치가 확실하고 없어서는 안 될 반드시 필요한 자료이다.
- **공용 데이터(Shared Data)** : 여러 응용 시스템들이 공동으로 소유하고 유지하는 자료이다.

전문가의 조언
데이터베이스의 정의는 여러 사람에 의해 **공동**으로 사용될 데이터를 중복을 배제하여 **통합**하고, 쉽게 접근하여 처리할 수 있도록 저장장치에 **저장**하여 항상 사용할 수 있도록 운영하는 **운영** 데이터라고 생각하면 쉽습니다.

운영 데이터
단순한 입·출력 자료나 작업 처리상 일시적으로 필요한 임시 자료는 운영 자료로 취급되지 않습니다.

3 데이터베이스의 특징

- **실시간 접근성(Real-Time Accessibility)** : 수시적이고 비정형적인 질의(조회)에 대하여 실시간 처리에 의한 응답이 가능해야 한다.
- **계속적인 변화(Continuous Evolution)** : 데이터베이스의 상태는 동적이다. 즉 새로운 데이터의 삽입(Insertion), 삭제(Deletion), 갱신(Update)으로 항상 최신의 데이터를 유지해야 한다.
- **동시 공용(Concurrent Sharing)** : 데이터베이스는 서로 다른 목적을 가진 여러 응용자들을 위한 것이므로 다수의 사용자가 동시에 같은 내용의 데이터를 이용할 수 있어야 한다.

- **내용에 의한 참조(Content Reference)** : 데이터베이스에 있는 데이터를 참조할 때 데이터 레코드의 주소나 위치에 의해서가 아니라, 사용자가 요구하는 데이터 내용으로 데이터를 찾는다.

4 DBMS(DataBase Management System, 데이터베이스 관리 시스템)
25.2, 23.2, 22.7, 22.4, 기사 23.2

DBMS란 사용자와 데이터베이스 사이에서 사용자의 요구에 따라 정보를 생성해주고, 데이터베이스를 관리해 주는 소프트웨어이다.

- DBMS는 기존의 파일 시스템이 갖는 데이터의 종속성과 중복성의 문제를 해결하기 위해 제안된 시스템으로, 모든 응용 프로그램들이 데이터베이스를 공용할 수 있도록 관리해 준다.
- DBMS는 데이터베이스의 구성, 접근 방법, 유지관리에 대한 모든 책임을 진다.
- DBMS의 필수 기능에는 정의(Definition), 조작(Manipulation), 제어(Control) 기능이 있다.
  - **정의 기능** : 모든 응용 프로그램들이 요구하는 데이터 구조를 지원하기 위해 데이터베이스에 저장될 데이터의 형(Type)과 구조에 대한 정의, 이용 방식, 제약 조건 등을 명시하는 기능이다.
  - **조작 기능** : 데이터 검색, 갱신, 삽입, 삭제 등을 체계적으로 처리하기 위해 사용자와 데이터베이스 사이의 인터페이스 수단을 제공하는 기능이다.
  - **제어 기능**[*]
    ▶ 데이터베이스를 접근하는 갱신, 삽입, 삭제 작업이 정확하게 수행되어 데이터의 무결성이 유지되도록 제어해야 한다.
    ▶ 정당한 사용자가 허가된 데이터만 접근할 수 있도록 보안(Security)을 유지하고 권한(Authority)을 검사할 수 있어야 한다.
    ▶ 여러 사용자가 데이터베이스를 동시에 접근하여 데이터를 처리할 때 처리 결과가 항상 정확성을 유지하도록 병행 제어(Concurrency Control)를 할 수 있어야 한다.

전문가의 조언

DBMS의 필수 기능에 대한 문제가 출제되었습니다. DBMS의 정의와 필수 기능 세 가지를 꼭 알고 넘어가세요.

DBMS의 제어 기능
무결성, 권한 검사, 병행 제어

5 DBMS의 장·단점

장점	단점
• 데이터의 논리적, 물리적 독립성이 보장된다. • 데이터의 중복을 피할 수 있어 기억 공간이 절약된다. • 저장된 자료를 공동으로 이용할 수 있다. • 데이터의 일관성을 유지할 수 있다. • 데이터의 무결성을 유지할 수 있다. • 보안을 유지할 수 있다. • 데이터를 표준화할 수 있다. • 데이터를 통합하여 관리할 수 있다. • 항상 최신의 데이터를 유지한다. • 데이터의 실시간 처리가 가능하다.	• 데이터베이스의 전문가가 부족하다. • 전산화 비용이 증가한다. • 대용량 디스크로의 집중적인 Access로 과부하(Overhead)가 발생한다. • 파일의 예비(Backup)[*]와 회복(Recovery)이 어렵다. • 시스템이 복잡하다.

전문가의 조언

DBMS의 장·단점은 무작정 암기하려 하지 말고 데이터베이스의 정의나 특징을 유지하면서 기존 파일 시스템의 문제점을 해결한 시스템이라는 것을 염두에 두고 이해하세요.

백업(Backup)
백업은 장비 고장 등의 비상사태에도 데이터베이스가 보존되도록 복사하는 작업을 말합니다.

전문가의 조언

스키마의 개념과 개념 스키마의 특징을 묻는 문제가 출제되었습니다. 어떤 경우에도 3계층을 구분할 수 있을 정도로 3계층 각각의 개념을 명확히 하세요. 아울러 세 가지는 외부, 내부, 개념 스키마라는 것도 꼭 기억하세요.

전문가의 조언

DBA의 역할을 묻는 문제가 출제되었습니다. 객관식 문제인 만큼 DBA의 역할을 모두 외우기보다는 DBA와 응용 프로그래머, 일반 사용자의 역할을 구분할 수 있을 정도로 학습하는 것이 좋습니다.

데이터 독립성의 유지
데이터베이스의 구조 변경이 사용자나 응용 프로그램에 영향을 미치지 않도록 보장하는 것을 의미합니다.

6 스키마

25.8, 25.2, 24.5, 23.7, 23.5, 기사 25.5, 21.3, 20.9

스키마(Schema)는 데이터베이스의 구조와 제약 조건에 관한 전반적인 명세(Specification)를 기술(Description)한 메타데이터(Meta-Data)의 집합이다.

- 스키마는 데이터베이스를 구성하는 데이터 개체(Entity), 속성(Attribute), 관계(Relationship) 및 데이터 조작 시 데이터 값들이 갖는 제약 조건 등에 관해 전반적으로 정의한다.
- 스키마는 사용자의 관점에 따라 외부 스키마, 개념 스키마, 내부 스키마로 나뉜다.

외부 스키마	사용자나 응용 프로그래머가 각 개인의 입장에서 필요로 하는 데이터베이스의 논리적 구조를 정의한 것이다.
개념 스키마	• 데이터베이스의 전체적인 논리적 구조로서, 모든 응용 프로그램이나 사용자들이 필요로 하는 데이터를 종합한 조직 전체의 데이터베이스로, 하나만 존재한다. • 일반적으로 스키마라고 하면 개념 스키마를 의미한다. • 개체 간의 관계와 제약 조건을 나타내고, 데이터베이스의 접근 권한, 보안 및 무결성 규칙에 관한 명세를 정의한다.
내부 스키마	• 물리적 저장장치의 입장에서 본 데이터베이스 구조로서, 실제로 데이터베이스에 저장될 레코드의 형식을 정의하고 저장 데이터 항목의 표현 방법, 내부 레코드의 물리적 순서 등을 나타낸다. • 실제 데이터베이스가 기억장치 내에 저장되어 있어 저장 스키마(Storage Schema)라고도 불린다.

7 데이터베이스 사용자

25.2, 24.7, 24.2

DBA(DataBase Administrator, 데이터베이스 관리자)

데이터베이스 시스템의 모든 관리와 운영에 대한 책임을 지고 있는 사람이나 그룹으로 다음과 같은 역할을 한다.

- 데이터베이스 구성 요소 결정
- 데이터 독립성의 유지*
- 개념 스키마 및 내부 스키마 정의
- 데이터베이스의 저장 구조 및 접근 방법 정의
- 보안 및 데이터베이스의 접근 권한 부여 정책 수립
- 장애에 대비한 예비(Back Up) 조치와 회복(Recovery)에 대한 전략 수립
- 무결성을 위한 제약 조건의 지정
- 데이터 사전의 구성과 유지 관리
- 사용자의 변화 요구와 성능 향상을 위한 데이터베이스의 재구성

응용 프로그래머

일반 호스트 언어로 프로그램을 작성할 때 데이터 조작어(DML)를 삽입해서 일반 사용자가 응용 프로그램을 사용할 수 있게, 인터페이스를 제공할 목적으로 데이터베이스에 접근하는 사람들이다.

일반 사용자

보통 터미널을 이용하여 데이터베이스에 있는 자원을 활용할 목적으로 질의어나 응용 프로그램을 사용하여 데이터베이스에 접근하는 사람들이다.

기출문제 따라잡기

24년 7월, 2월
1. 데이터베이스 관리자(DBA)의 역할로 거리가 먼 것은?
① 데이터베이스의 스키마 정의
② 사용자 통제 및 감시
③ 자료의 보안성, 무결성 유지
④ 백업 및 회복 전략 정의

> 데이터베이스 관리자(DBA)는 데이터베이스 시스템의 모든 관리와 운영에 대한 책임을 지고 있는 것이지 사용자의 통제 및 감시 등은 수행하지 않습니다.

24년 5월
2. 데이터베이스의 정의로 가장 적합한 것은?
① 공용 데이터(Shared Data), 통합 데이터(Integrated Data), 통신 데이터(Communication Data), 운영데이터(Operational Data)
② 공용 데이터(Shared Data), 색인 데이터(Indexed Data), 통신 데이터(Communication Data), 운영데이터(Operational Data)
③ 공용 데이터(Shared Data), 색인 데이터(Indexed Data), 저장 데이터(Stored Data), 운영 데이터(Operational Data)
④ 공용 데이터(Shared Data), 통합 데이터(Integrated Data), 저장 데이터(Stored Data), 운영 데이터(Operational Data)

> 데이터베이스 정의 4가지는 공용·통합·저장·운영 데이터입니다.

22년 4월
3. DBMS의 제어 기능이 갖추어야 할 요건에 해당하지 않는 것은?
① 데이터와 데이터의 관계를 명확히 명세할 수 있어야 하며, 원하는 데이터 연산은 무엇이든 명세할 수 있어야 한다.
② 데이터베이스를 접근하는 갱신, 삽입, 삭제 작업이 정확하게 수행되게 해야 한다.
③ 정당한 사용자가 허가된 데이터만 접근할 수 있도록 보안을 유지하여야 한다.
④ 여러 사용자가 데이터베이스를 동시에 접근하여 처리할 때 데이터베이스와 처리 결과가 항상 정확성을 유지하도록 병행 제어를 할 수 있어야 한다.

> 무엇을 명세, 즉 명시하는 것은 정의 기능에 해당합니다.

25년 2월, 23년 2월, 22년 7월
4. 데이터베이스 관리 시스템(DBMS)의 필수 기능이 아닌 것은?
① 제어 기능
② 조작 기능
③ 정의 기능
④ 운영 기능

> DBMS의 필수 기능은 '정의, 조작, 제어'입니다.

25년 2월
5. DBA의 역할로 거리가 먼 것은?
① 예비, 회복 절차를 수립해야 한다.
② 저장 구조와 접근 방법을 선정해야 한다.
③ 데이터의 종속성을 지속적으로 유지해야 한다.
④ 사용자의 요구와 불편을 해결해야 한다.

> DBA의 임무중 하나는 데이터의 종속성이 아니라 데이터의 독립성을 지속적으로 유지하는 것입니다.

23년 7월
6. 데이터베이스를 구성하는 데이터 개체, 이들 개체 사이의 속성, 이들 간에 존재하는 관계, 데이터 구조와 데이터 값들이 갖는 제약 조건에 관한 정의를 총칭해서 무엇이라고 하는가?
① VIEW
② DOMAIN
③ SCHEMA
④ DBA

> 문제에 제시된 내용은 스키마(Schema)에 대한 설명입니다.

24년 5월
7. 데이터베이스의 스키마(Schema)를 3단계로 표현할 때, 해당되지 않는 것은?
① 외부 스키마
② 저장 스키마
③ 개념 스키마
④ 내부 스키마

> 스키마의 종류 3가지는 개념, 외부, 내부 스키마입니다.

25년 8월, 2월, 23년 7월, 5월
8. 개념 스키마에 대한 설명으로 옳지 않은 것은?
① 조직이나 기관의 총괄적 입장에서 본 데이터베이스의 전체적인 논리적 구조이다.
② 실제 데이터베이스가 기억장치 내에 저장되어 있으므로 저장 스키마라고도 한다.
③ 모든 응용 프로그램이나 사용자들이 필요로 하는 데이터를 종합한 조직 전체의 데이터베이스 구조이다.
④ 데이터베이스 파일에 저장되는 데이터의 형태를 나타낸 것으로 단순히 스키마라고도 한다.

> 저장 스키마(Storage Schema)라고도 불리는 것은 내부 스키마입니다.

▶ 정답: 1. ② 2. ④ 3. ① 4. ④ 5. ③ 6. ③ 7. ② 8. ②

SECTION 079 데이터베이스 설계

전문가의 조언

데이터베이스 설계 순서와 논리적, 물리적 설계의 특징을 묻는 문제가 출제되었습니다. 데이터베이스 설계 순서는 '개념적 → 논리적 → 물리적'을 기억하세요. 그리고 개념적, 논리적, 물리적 설계를 서로 구분할 수 있도록 특징을 정리하세요.

1 데이터베이스 설계의 개념

데이터베이스 설계란 사용자의 요구를 분석하여 그것들을 컴퓨터에 저장할 수 있는 데이터베이스의 구조에 맞게 변형한 후 특정 DBMS로 데이터베이스를 구현하여 일반 사용자들이 사용하게 하는 것이다.

2 데이터베이스 설계 시 고려사항

- **무결성** : 삽입, 삭제, 갱신 등의 연산 후에도 데이터베이스에 저장된 데이터가 정해진 제약 조건을 항상 만족해야 한다.
- **일관성** : 데이터베이스에 저장된 데이터들 사이나, 특정 질의에 대한 응답이 처음부터 끝까지 변함없이 일정해야 한다.
- **회복** : 시스템에 장애가 발생했을 때 장애 발생 직전의 상태로 복구할 수 있어야 한다.
- **보안** : 불법적인 데이터의 노출 또는 변경이나 손실로부터 보호할 수 있어야 한다.
- **효율성** : 응답시간의 단축, 시스템의 생산성, 저장 공간의 최적화 등이 가능해야 한다.
- **데이터베이스 확장** : 데이터베이스 운영에 영향을 주지 않으면서 지속적으로 데이터를 추가할 수 있어야 한다.

3 데이터베이스 설계 순서

22.7

단계	내용
요구 조건 분석	요구 조건 명세서 작성
개념적 설계	개념 스키마, 트랜잭션 모델링, E-R 모델
논리적 설계	목표 DBMS에 맞는 논리 스키마 설계, 트랜잭션 인터페이스 설계
물리적 설계	목표 DBMS에 맞는 물리적 구조의 데이터로 변환
구현	목표 DBMS의 DDL(데이터 정의어)로 데이터베이스 생성, 트랜잭션 작성

④ 요구 조건 분석 _{24.7}

요구 조건 분석은 데이터베이스를 사용할 사람들로부터 필요한 용도를 파악하는 것이다.

- 데이터베이스 사용자에 따른 수행 업무와 필요한 데이터의 종류, 용도, 처리 형태, 흐름, 제약 조건 등을 수집한다.
- 수집된 정보를 바탕으로 요구 조건 명세를 작성한다.

⑤ 개념적 설계(정보 모델링, 개념화) _{24.7, 24.5, 24.2, 기사 23.2, 22.4}

개념적 설계란 정보의 구조를 얻기 위하여 현실 세계의 무한성과 계속성을 이해하고, 다른 사람과 통신하기 위하여 현실 세계에 대한 인식을 추상적 개념으로 표현하는 과정이다.

- 개념적 설계 단계에서는 개념 스키마 모델링과 트랜잭션 모델링을 병행 수행한다.
- 개념적 설계 단계에서는 요구 분석 단계에서 나온 결과인 요구 조건 명세를 DBMS에 독립적인 E-R 다이어그램으로 작성한다.
- DBMS에 독립적인 개념 스키마를 설계한다.

⑥ 논리적 설계(데이터 모델링) _{25.5, 24.5, 23.7, 23.5, 23.2, 기사 24.7, 22.7, 20.6}

논리적 설계란 현실 세계에서 발생하는 자료를 컴퓨터가 이해하고 처리할 수 있는 물리적 저장장치에 저장할 수 있도록 변환하기 위해 특정 DBMS가 지원하는 논리적 자료 구조로 변환(mapping)시키는 과정이다.

- 개념 세계의 데이터를 필드로 기술된 데이터 타입과 이 데이터 타입들 간의 관계로 표현되는 논리적 구조의 데이터로 모델화한다.
- 개념적 설계가 개념 스키마를 설계하는 단계라면 논리적 설계에서는 개념 스키마를 평가 및 정제하고 DBMS에 따라 서로 다른 논리적 스키마를 설계하는 단계이다.
- 트랜잭션의 인터페이스를 설계한다.
- 관계형 데이터베이스라면 테이블을 설계하는 단계이다.

⑦ 물리적 설계(데이터 구조화) _{25.8, 25.2, 24.5, 24.2, 23.7, 22.3, 기사 24.5, 24.2, 22.7, 22.4, 22.3, 21.8, 21.5, 21.3, 20.9}

물리적 설계란 논리적 설계 단계에서 논리적 구조로 표현된 데이터를 디스크 등의 물리적 저장장치에 저장할 수 있는 물리적 구조의 데이터로 변환하는 과정이다.

- 물리적 설계 단계에서는 다양한 데이터베이스 응용에 대해 처리 성능을 얻기 위해 데이터베이스 파일의 저장 구조 및 액세스 경로를 결정한다.
- 저장 레코드의 형식, 순서, 접근 경로와 같은 정보를 사용하여 데이터가 컴퓨터에 저장되는 방법을 묘사한다.

- 물리적 데이터베이스 구조의 기본적인 데이터 단위는 저장 레코드(Stored Record)이다.
- 물리적 데이터베이스 구조는 여러 가지 타입의 저장 레코드 집합이라는 면에서 단순한 파일과 다르다.
- 물리적 데이터베이스 구조는 데이터베이스 시스템의 성능에 중대한 영향을 미친다.

물리적 설계 단계에 꼭 포함되어야 할 것
- 저장 레코드의 양식 설계*
- 레코드 집중(Record Clustering)의 분석 및 설계
- 접근 경로 설계 등

저장 레코드의 양식 설계
저장 레코드의 양식을 설계할 때 고려할 사항은 데이터 타입, 데이터 값의 분포, 접근 빈도 등 입니다.

물리적 설계 시 고려 사항
- 인덱스의 구조
- 레코드 크기
- 파일에 존재하는 레코드 개수
- 파일에 대한 트랜잭션의 갱신과 참조 성향
- 성능 향상을 위한 개념 스키마의 변경 여부 검토
- 빈번한 질의와 트랜잭션들의 수행속도를 높이기 위한 고려
- 시스템 운용 시 파일 크기의 변화 가능성

물리적 설계 옵션 선택 시 고려 사항
물리적 설계 옵션이란 특정 DBMS에서 제공되는 것으로, 데이터베이스 파일에 대한 저장 구조와 접근 경로에 대한 다양한 옵션을 말한다.
- **반응 시간(Response Time)** : 트랜잭션 수행을 요구한 시점부터 처리 결과를 얻을때 까지의 경과 시간
- **공간 활용도(Space Utilization)** : 데이터베이스 파일과 액세스 경로 구조에 의해 사용되는 저장공간의 양
- **트랜잭션 처리량(Transaction Throughput)** : 단위시간 동안 데이터베이스 시스템에 의해 처리될 수 있는 트랜잭션의 평균 개수

8 데이터베이스 구현

데이터베이스 구현 단계란 논리적 설계 단계와 물리적 설계 단계에서 도출된 데이터베이스 스키마를 파일로 생성하는 과정이다.
- 사용하려는 특정 DBMS의 DDL(데이터 정의어)을 이용하여 데이터베이스 스키마를 기술한 후 컴파일하여 빈 데이터베이스 파일을 생성한다.
- 생성된 빈 데이터베이스 파일에 데이터를 입력한다.
- 응용 프로그램을 위한 트랜잭션을 작성한다.
- 데이터베이스 접근을 위한 응용 프로그램을 작성한다.

기출문제 따라잡기

22년 7월
1. 데이터베이스의 설계 과정을 올바르게 나열한 것은?
① 요구 조건 분석 → 개념적 설계 → 물리적 설계 → 논리적 설계
② 요구 조건 분석 → 개념적 설계 → 논리적 설계 → 물리적 설계
③ 요구 조건 분석 → 논리적 설계 → 개념적 설계 → 물리적 설계
④ 요구 조건 분석 → 물리적 설계 → 개념적 설계 → 논리적 설계

데이터베이스 설계 순서는 '**개념적 → 논리적 → 물리적**'입니다.

24년 7월, 2월
2. 데이터베이스 설계 과정 중 개념적 설계 단계에 대한 설명으로 옳지 않은 것은?
① 산출물로 개체 관계도(ER-D)가 만들어진다.
② DBMS에 독립적인 개념 스키마를 설계한다.
③ 트랜잭션 인터페이스를 설계한다.
④ 논리적 설계 단계의 전 단계에서 수행된다.

트랜잭션 인터페이스의 설계는 논리적 설계 단계에서 수행하는 작업입니다.

23년 7월
3. 데이터베이스 설계 단계 중 논리적 설계 단계에 해당하는 것은?
① 개념 스키마를 평가 및 정제하고 DBMS에 따라 서로 다른 논리적 스키마를 설계한다.
② 데이터베이스 파일의 저장 구조 및 액세스 경로를 결정한다.
③ 물리적 저장장치에 저장할 수 있는 물리적 구조의 데이터로 변환하는 과정이다.
④ 저장 레코드의 형식, 순서, 접근 경로 등의 정보가 컴퓨터에 저장되는 방법을 묘사한다.

②, ③, ④번은 물리적 설계 단계에서 수행하는 작업입니다.

25년 5월, 23년 5월
4. 논리적 설계 단계에 해당하지 않는 것은?
① 논리적 데이터 모델로 변환
② 트랜잭션 인터페이스 설계
③ 개념 스키마의 평가 및 정제
④ 접근 경로 설계

접근 경로는 물리적 설계 단계에서 수행합니다.

이전기출
5. 데이터베이스 물리적 설계의 옵션 선택 시 고려사항으로 거리가 먼 것은?
① 트랜잭션 처리량   ② 공간 활용도
③ 응용 프로그램의 양   ④ 응답 시간

물리적 설계의 옵션 선택 시 고려사항에는 '반응(응답) 시간, 공간 활용도, 트랜잭션 처리량'이 있습니다.

25년 8월, 24년 2월, 23년 7월
6. 데이터베이스 설계 단계 중 물리적 설계 단계와 거리가 먼 것은?
① 저장 레코드 양식 설계
② 레코드 집중의 분석 및 설계
③ 트랜잭션 모델링
④ 접근 경로 설계

트랜잭션 모델링은 개념적 설계 단계에서 수행합니다.

25년 2월, 22년 3월
7. 데이터베이스 설계 단계 중 물리적 설계에 대한 설명으로 옳지 않은 것은?
① 개념적 설계 단계에서 만들어진 정보 구조로부터 특정 목표 DBMS가 처리할 수 있는 스키마를 생성한다.
② 다양한 데이터베이스 응용에 대해서 처리 성능을 얻기 위해 데이터베이스 파일의 저장 구조 및 액세스 경로를 결정한다.
③ 물리적 저장장치에 저장할 수 있는 물리적 구조의 데이터로 변환하는 과정이다.
④ 물리적 설계에서 옵션 선택 시 응답 시간, 저장 공간의 효율화, 트랜잭션 처리율 등을 고려하여야 한다.

①번은 논리적 설계 단계에 대한 설명입니다.

23년 2월
8. 현실 세계에서 발생하는 자료를 컴퓨터가 이해하고 처리할 수 있는 물리적 저장장치에 저장할 수 있도록 변환하기 위해 특정 DBMS가 지원하는 논리적 자료 구조로 변환시키는 과정은?
① 물리적 설계   ② 논리적 설계
③ 개념적 설계   ④ 요구 조건 분석

특정 DBMS가 지원하는 논리적 자료 구조로 변환(Mapping)시키는 과정은 논리적 설계에 해당합니다.

▶ 정답 : 1. ② 2. ③ 3. ① 4. ④ 5. ③ 6. ③ 7. ① 8. ②

SECTION 080 데이터 모델의 개념

전문가의 조언

데이터 모델에서는 개념이나 정의가 중요합니다. 데이터 모델의 정의를 숙지하고, 개념적 데이터 모델과 논리적 데이터 모델을 구분할 수 있도록 학습하세요.

물리적 데이터 모델
물리적 데이터 모델은 실제 컴퓨터에 데이터가 저장되는 방법을 정의하는 물리적 설계 과정입니다. 물리적 설계에 대한 자세한 내용은 Section 079를 참조하세요.

전문가의 조언

개념적 데이터 모델과 논리적 데이터 모델의 특징을 구분할 수 있도록 학습하세요.

1 데이터 모델의 정의

데이터 모델은 현실 세계의 정보들을 컴퓨터에 표현하기 위해서 단순화, 추상화하여 체계적으로 표현한 개념적 모형이다.

- 데이터 모델은 데이터, 데이터의 관계, 데이터의 의미 및 일관성, 제약 조건 등을 기술하기 위한 개념적 도구들의 모임이다.
- 현실 세계를 데이터베이스에 표현하는 중간 과정, 즉 데이터베이스 설계 과정에서 데이터의 구조(Schema)를 논리적으로 표현하기 위해 사용되는 지능적 도구이다.
- **데이터 모델 종류** : 개념적 데이터 모델, 논리적 데이터 모델, 물리적 데이터 모델*
- **데이터 모델에 표시할 요소** : 구조, 연산, 제약 조건
- **데이터 모델 구성 요소** : 개체, 속성, 관계

2 개념적 데이터 모델

개념적 데이터 모델은 현실 세계에 대한 인간의 이해를 돕기 위해 현실 세계에 대한 인식을 추상적 개념으로 표현하는 과정이다.

- 개념적 데이터 모델은 속성들로 기술된 개체 타입과 이 개체 타입들 간의 관계를 이용하여 현실 세계를 표현한다.
- 개념적 데이터 모델은 현실 세계에 존재하는 개체를 인간이 이해할 수 있는 정보 구조로 표현하기 때문에 정보 모델이라고도 한다.
- 대표적인 개념적 데이터 모델로는 E-R 모델이 있다.

3 논리적 데이터 모델

논리적 데이터 모델은 개념적 모델링 과정에서 얻은 개념적 구조를 컴퓨터가 이해하고 처리할 수 있는 컴퓨터 세계의 환경에 맞도록 변환하는 과정이다.

- 논리적 데이터 모델은 필드로 기술된 데이터 타입과 이 데이터 타입들 간의 관계를 이용하여 현실 세계를 표현한다.
- 단순히 데이터 모델이라고 하면 논리적 데이터 모델을 의미한다.
- 특정 DBMS는 특정 논리적 데이터 모델 하나만 선정하여 사용한다.
- 논리적 데이터 모델은 데이터 간의 관계를 어떻게 표현하느냐에 따라 관계 모델, 계층 모델, 네트워크 모델로 구분한다.

④ 데이터 모델에 표시할 요소
24.5, 기사 25.8, 24.5, 23.2, 22.4, 20.9

- **구조(Structure)** : 논리적으로 표현된 개체 타입들 간의 관계로서 데이터 구조 및 정적 성질을 표현한다.
- **연산(Operation)** : 데이터베이스에 저장된 실제 데이터를 처리하는 작업에 대한 명세로서 데이터베이스를 조작하는 기본 도구이다.
- **제약 조건(Constraint)** : 데이터베이스에 저장될 수 있는 실제 데이터의 논리적인 제약 조건이다.

> **전문가의 조언**
> 단순히 데이터 모델에 표시할 3가지 요소가 아닌 것을 찾는 문제가 출제되었습니다. 데이터 모델에 표시할 요소 3가지와 각각의 의미를 꼭 기억하세요.

⑤ 데이터 모델의 구성 요소
기사 25.8, 23.5

개체(Entity)
- 개체는 데이터베이스에 표현하려는 것으로, 사람이 생각하는 개념이나 정보 단위 같은 현실 세계의 대상체이다.
- 개체는 실세계에 독립적으로 존재하는 유형, 무형의 정보*로서 서로 연관된 몇 개의 속성으로 구성된다.
- 파일 시스템의 레코드에 대응하는 것으로 어떤 정보를 제공하는 역할을 수행한다.
- 독립적으로 존재하거나 그 자체로서도 구별 가능하다.

> **전문가의 조언**
> 개체, 속성, 관계는 데이터베이스의 기본 구성 요소로서 데이터베이스를 공부하는 동안 항상 나오는 용어입니다. 반드시 숙지하고 넘어가세요.
>
> **유형, 무형의 정보**
> 유형의 정보는 물리적으로 존재하는 사람, 자동차, 집 등을 말하고, 무형의 정보는 개념적으로 존재하는 여행, 음악, 취미 등을 말합니다.

예제 다음은 교수번호, 성명, 전공, 소속으로 구성된 교수 개체이다.

교수 개체

해설 교수 개체의 구성 요소
- 속성 : 개체가 가지고 있는 특성, 교수번호, 성명, 전공, 소속
- 개체 타입 : 속성으로만 기술된 개체의 정의
- 개체 인스턴스 : 개체를 구성하고 있는 각 속성들이 값을 가져 하나의 개체를 나타내는 것으로 개체 어커런스(Occurrence)라고도 한다.
- 개체 세트 : 개체 인스턴스의 집합

관계(Relationship)의 이용

강현준 교수의 전공을 알기 위해서는 속성 간의 관계를 이용하고, 강현준 교수가 가르치는 학생의 이름을 알기 위해서는 개체 간 관계를 이용합니다.

관계(Relationship)

- 개체 간의 관계 또는 속성 간의 관계이다.

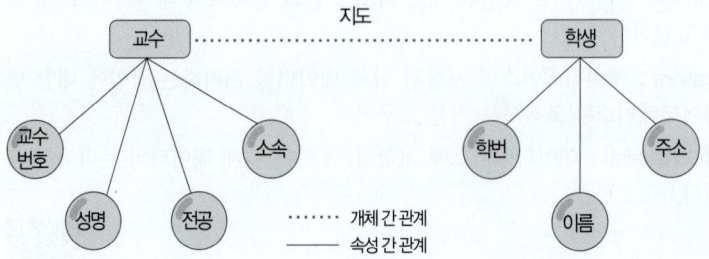

- 위 그림의 관계는 교수가 학생을 지도하는 관계이다.
- 관계의 형태
    - 일 대 일(1:1) : 개체 집합 A의 각 원소가 개체 집합 B의 원소 한 개와 대응하는 관계
    - 일 대 다(1:n) : 개체 집합 A의 각 원소는 개체 집합 B의 원소 여러 개와 대응하고 있지만, 개체 집합 B의 각 원소는 개체 집합 A의 원소 한 개와 대응하는 관계
    - 다 대 다(n:m) : 개체 집합 A의 각 원소는 개체 집합 B의 원소 여러 개와 대응하고, 개체 집합 B의 각 원소도 개체 집합 A의 원소 여러 개와 대응하는 관계

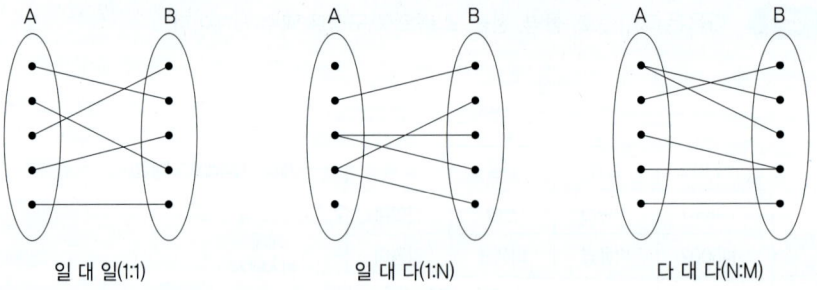

기출문제 따라잡기

이전기출

1. 현실 세계의 개념적 구조를 데이터베이스에 구현하기 위한 중간 단계로서 사용자의 입장에서 표현한 논리적 구조를 무엇이라 하는가?

① 개체-관계 ② 데이터 모델
③ 정보 모델 ④ 데이터 구조

> 데이터 모델은 현실 세계의 정보들을 컴퓨터에 표현하기 위해 단순화, 추상화하여 체계적으로 표현한 개념적 모형입니다.

24년 5월

2. 데이터 모델의 구성 요소가 아닌 것은?

① 데이터 구조(Structure)
② 연산(Operations)
③ 관계(Relationship)
④ 제약 조건(Constraints)

> 데이터 모델에 표시할 요소 '구조, 연산, 제약조건'을 이용하여 데이터 모델의 구성 요소인 '개체, 속성, 관계'가 표현됩니다. 때문에 시험에서는 종종 데이터 모델의 구성 요소로 '개체, 속성, 관계'가 아닌 '구조, 연산, 제약조건'을 가리키는 문제가 출제되기도 하니 기억해 두세요!

이전기출

3. 데이터베이스의 구성 요소 중 개체(Entity)에 대한 설명으로 적합하지 않은 것은?

① 속성들이 가질 수 있는 모든 값들의 집합이다.
② 데이터베이스에 표현하려고 하는 현실 세계의 대상체이다.
③ 유형, 무형의 정보로서 서로 연관된 몇 개의 속성으로 구성된다.
④ 파일의 레코드에 대응하는 것으로 어떤 정보를 제공하는 역할을 수행한다.

> 속성들이 가질 수 있는 모든 값들의 집합은 도메인(Domain)입니다.

이전기출

4. 논리적 데이터 모델의 종류와 가장 거리가 먼 것은?

① 관계형 모델 ② 구조적 모델
③ 계층형 모델 ④ 네트워크 모델

> 논리적 데이터 모델은 데이터 간의 관계를 어떻게 표현하느냐에 따라 관계 모델, 계층 모델, 네트워크 모델로 구분합니다.

기사 25년 8월, 22년 4월

5. 데이터 모델의 구성 요소 중 데이터 구조에 따라 개념 세계나 컴퓨터 세계에서 실제로 표현된 값들을 처리하는 작업을 의미하는 것은?

① Relation ② Data Structure
③ Constraint ④ Operation

> 연산(Operation)은 실제 데이터를 처리하는 작업, 구조(Structure)는 데이터 구조 및 정적 성질을 표현, 제약 조건(Constraint)은 실제 데이터의 논리적인 제약 조건을 의미합니다.

기사 25년 8월, 23년 5월

6. 집합 A와 B에 대해 개체 집합 A의 각 원소는 개체 집합 B의 원소 여러 개와 대응하고 있지만, 개체 집합 B의 각 원소는 개체 집합 A의 원소 한 개와 대응하는 관계의 종류는 무엇인가?

① 일 대 일 ② 일 대 다
③ 다 대 다 ④ 다 대 일

> 문제의 내용은 일 대 다(1:n) 관계에 대한 설명입니다.

▶ 정답 : 1. ② 2. ③ 3. ① 4. ② 5. ④ 6. ②

SECTION 081

E-R(개체-관계) 모델

전문가의 조언
E-R 모델의 개념과 특징은 중요합니다. E-R 모델의 개념과 특징을 확실히 숙지하세요.

개체, 관계, 속성
- **개체(Entity)** : 학생, 교수, 자동차 등과 같이 실세계에서 개념적 또는 물리적으로 존재하는 실제 사용을 의미합니다.
- **관계(Relationship)** : 교수 개체는 학생 개체를 지도하는 관계인 것처럼 다른 개체 타입에 속한 개체 사이의 관계를 표현합니다.
- **속성(Attribute)** : 학생의 이름, 주소 등과 같이 개체를 묘사하는 데 사용될 수 있는 특성을 의미합니다.

전문가의 조언
개체, 관계, 속성의 기호를 묻는 문제가 출제되었습니다. E-R 다이어그램에서 사용되는 기호를 반드시 암기하세요.

① E-R(Entity-Relationship, 개체-관계) 모델의 개요

25.5, 22.4, 기사 25.5, 23.7, 22.7

E-R 모델은 개념적 데이터 모델의 가장 대표적인 것으로, 1976년 피터 첸(Peter Chen)에 의해 제안되고 기본적인 구성 요소가 정립되었다.

- E-R 모델은 개체와 개체 간의 관계를 기본 요소로 이용하여 현실 세계의 무질서한 데이터를 개념적인 논리 데이터로 표현하기 위한 방법으로 많이 사용되고 있다.
- E-R 모델은 개체 타입(Entity Type)과 이들 간의 관계 타입(Relationship Type)을 이용해 현실 세계를 개념적으로 표현한다.
- E-R 모델에서는 데이터를 개체(Entity)*, 관계(Relationship)*, 속성(Attribute)*으로 묘사한다.
- E-R 모델은 특정 DBMS를 고려한 것은 아니다.
- E-R 다이어그램으로 표현하며, 1:1, 1:N, N:M 등의 관계 유형을 제한 없이 나타낼 수 있다.
- 최초에는 개체, 관계, 속성과 같은 개념들로 구성되었으나 나중에는 일반화 계층 같은 복잡한 개념들이 첨가되어 확장된 모델로 발전했다.

② E-R 다이어그램

25.5, 25.2, 24.5, 24.2, 23.7, 23.5, 22.7, 22.4, 22.3, 기사 25.5, 24.7, 24.5, 23.7, 22.7, 22.3, 21.5, 21.3, 20.9, 20.6

E-R 모델의 기본 아이디어를 시각적으로 표현하기 위한 그림으로, 실체 간의 관계는 물론 조직, 사용자, 프로그램, 데이터 등 시스템 내에서 역할을 가진 모든 실체들을 표현한다.

기호	기호 이름	의미
25.5, 25.2, 24.2, 23.5, …, 22.3, 기사 25.5, 24.7, □	사각형	개체(Entity) 타입
25.5, 25.2, 24.2, 23.7, 기사 25.5, 24.7, 24.5, ◇	마름모	관계(Relationship) 타입
25.5, 25.2, 24.5, 24.2, …, 기사 24.7, 24.5, 23.7, ○	타원	속성(Attribute)
기사 22.3, ◎	이중 타원	다중값 속성(복합 속성)
○ (밑줄)	밑줄 타원	기본키 속성
복수 타원	복수 타원	복합 속성 예 성명은 성과 이름으로 구성
□—N◇M—□	관계	1:1, 1:N, N:M 등의 개체 간 관계에 대한 대응수를 선 위에 기술함
25.2, 23.5, 기사 24.7, 24.5, 21.3, 20.9, 20.6 —	선, 링크	개체 타입과 속성을 연결

예제 다음은 고객과 주문서 간의 관계를 나타낸 E-R 다이어그램이다.

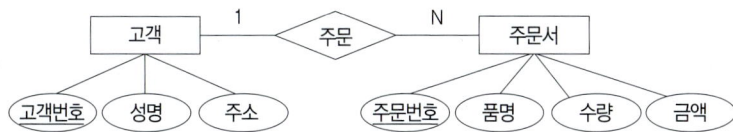

해설
- **개체** : 고객, 주문서
- **속성**
  - 고객의 속성 : 고객번호, 성명, 주소
  - 주문서의 속성 : 주문번호, 품명, 수량, 금액
- **관계** : '고객'과 '주문서'의 '주문' 관계는 일 대 다의 관계, 즉 한 사람의 고객이 다수의 주문을 할 수 있고 주문서 1개는 특정인의 주문서로 되어 있다.
- 밑줄친 속성은 기본키*를 나타낸다.

> **기본키**(Primary Key)
> 기본키는 개체 인스턴스들을 서로 구분할 수 있는 유일한 속성을 말합니다.

잠깐만요 E-R 다이어그램 대응수

E-R 다이어그램 표현에서 대응수는 함수 관계도를 이용하여 쉽게 구할 수 있습니다.

기출문제 따라잡기

25년 5월, 24년 5월, 22년 4월
1. 개체-관계 모델(E-R 모델)에 대한 설명으로 옳지 않은 것은?
① 개체 타입과 관계 타입을 이용해서 현실 세계를 개념적으로 표현하는 방법이다.
② E-R 다이어그램은 E-R 모델을 그래프 방식으로 표현한 것이다.
③ E-R 다이어그램은 개체를 사각형, 관계를 마름모, 속성을 화살표로 표현한다.
④ 현실 세계의 무질서한 데이터를 개념적인 논리 데이터로 표현하기 위한 방법으로 많이 사용된다.

> E-R 다이어그램에서 **개체** 타입은 **사각형**, **관계** 타입은 **마름모**, **속성**은 **타원**으로 표현합니다.

25년 2월, 24년 2월, 23년 7월, 5월, 22년 7월, 3월
2. 개체-관계 모델에서 사용하는 기호와 그 의미의 연결이 옳지 않은 것은?
① 사각형 – 개체 타입
② 타원 – 속성
③ 선 – 개체 타입과 속성 연결
④ 화살표 – 관계 타입

> 객체 타입은 사각형, 관계 타입은 마름모, 속성은 타원입니다.

▶ 정답 : 1. ③ 2. ④

기출문제 따라잡기

이전기출

3. 현실 세계의 객체를 개념적으로 표현할 때 기본적으로 개체 타입과 이들 간의 관계를 이용하도록 P. Chen이 제안한 데이터 모델은?

① 개체-관계 모델
② 계층형 데이터 모델
③ 관계형 데이터 모델
④ 네트워크형 데이터 모델

'현실 세계의 객체를 개념적으로 표현', 'P. Chen이 제안한 데이터 모델'하면 개체 관계(E-R) 모델입니다.

이전기출

4. 개체-관계 모델(E-R 모델)에 대한 설명으로 옳지 않은 것은?

① 개체 타입과 관계 타입을 이용해서 현실 세계를 개념적으로 표현하는 방법이다.
② E-R 다이어그램은 E-R 모델을 그래프 방식으로 표현한 것이다.
③ E-R 다이어그램의 다이아몬드 형태는 관계 타입을 표현하며, 연관된 개체 타입들을 링크로 연결한다.
④ 현실 세계의 자료가 데이터베이스로 표현될 수 있는 물리적 구조를 기술하는 것이다.

현실 세계의 자료가 데이터베이스로 표현될 수 있는 물리적 구조를 기술하는 것은 논리적 데이터 모델입니다.

▶ 정답 : 3. ① 4. ④

SECTION 082 관계형 데이터 모델

1 관계형 데이터 모델(Relational Data Model)의 개요

25.5, 23.7, 22.7

관계형 데이터 모델은 가장 널리 사용되는 데이터 모델로, 2차원적인 표(Table)를 이용해서 데이터 상호 관계를 정의하는 DB 구조를 말한다.

- 파일 구조처럼 구성한 테이블들을 하나의 DB로 묶어서 테이블 내에 있는 속성들 간의 관계(Relationship)*를 설정하거나 테이블 간의 관계를 설정하여 이용한다.
- 기본키(Primary Key)*와 이를 참조하는 외래키(Foreign Key)*로 데이터 간의 관계를 표현한다.
- 계층 모델과 망 모델의 복잡한 구조를 단순화시킨 모델이다.
- 관계형 모델의 대표적인 언어는 SQL이다.
- 1:1, 1:N, N:M 관계를 자유롭게 표현할 수 있다.

전문가의 조언

관계형 데이터 모델이란 테이블을 이용해 데이터 상호 간의 관계를 표현하는 데이터 모델로, 데이터베이스에 저장된 데이터를 테이블의 형태로 표현한 것을 말합니다. 관계형 데이터 모델의 개념 및 특징을 묻는 문제가 출제되었으니 잘 정리해 두세요.

관계(Relation)와 관계(Relationship)

관계 모델에서는 테이블을 릴레이션(Relation)이라고 부르는데, 릴레이션을 우리말로 관계라고 해석하는 경우가 종종 있어 개체와 개체 간의 관계를 나타내는 Relationship과 혼동되는 경우가 있습니다. 대부분 Relation은 테이블 혹은 릴레이션이라 표기하고 Relationship은 관계라고 표시하지만 간혹 그렇지 않은 경우도 있으니 주의하기 바랍니다.

기본키와 외래키

기본키와 외래키에 대해서는 Section 084에서 학습합니다.

기출문제 따라잡기

25년 5월, 23년 7월

1. 다음의 특징을 갖고 있는 데이터 모델링은?

- 테이블을 이용하여 데이터 상호 관계로 정의한다.
- 개체 집합은 공통 속성으로 만들어진다.
- 해당 데이터 모델링의 대표적인 언어는 SQL이다.

① 관계형 데이터 모델
② 개체-관계 모델
③ 계층형 데이터 모델
④ 네트워크형 데이터 모델

관계형 데이터 모델(Relational Data Model)은 테이블을 이용하여 데이터 상호 관계를 정의하는 DB 구조를 말합니다.

22년 7월

2. 개념 세계에서 표현된 각 개체와 개체 간의 관계들을 서로 독립된 2차원 테이블, 즉 릴레이션으로 표현하며, 가장 널리 사용되는 데이터 모델은?

① 개체형 데이터 모델
② 관계형 데이터 모델
③ 계층형 데이터 모델
④ 네트워크형 데이터 모델

각 개체와 개체 간의 관계들을 릴레이션(Relation)으로 표현하는 데이터 모델(Data Model)은 관계형 데이터 모델(Relational Data Model)입니다.

▶ 정답 : 1. ① 2. ②

SECTION 083

관계형 데이터베이스의 구조

1 관계형 데이터베이스의 개요

- 1970년 IBM에 근무하던 코드(E. F. Codd)에 의해 처음 제안되었다.
- 관계형 데이터베이스를 구성하는 개체(Entity)나 관계(Relationship)를 모두 릴레이션(Relation)이라는 표(Table)로 표현한다.
- 릴레이션은 개체를 표현하는 개체 릴레이션, 관계를 나타내는 관계 릴레이션으로 구분할 수 있다.
- 장점 : 간결하고 보기 편리하며, 다른 데이터베이스로의 변환이 용이하다.
- 단점 : 성능이 다소 떨어진다.

2 관계형 데이터베이스의 Relation 구조

25.8, 25.5, 24.7, 24.5, 23.7, 23.2, 22.7, 22.4, 22.3, 기사 25.8, 25.5, 24.7, 23.2, 22.4, 22.3, 21.5, 21.3, 20.9, 20.8, 20.6

릴레이션은 데이터들을 표(Table)의 형태로 표현한 것으로 구조를 나타내는 릴레이션 스키마와 실제 값들인 릴레이션 인스턴스* 로 구성된다.

〈학생〉 릴레이션

튜플(Tuple)*

- 튜플은 릴레이션을 구성하는 각각의 행을 말한다.
- 튜플은 속성의 모임으로 구성된다.
- 파일 구조에서 레코드와 같은 의미이다.
- 튜플의 수를 카디널리티(Cardinality) 또는 기수, 대응수라고 한다.

속성(Attribute)*

- 속성은 데이터베이스를 구성하는 가장 작은 논리적 단위이다.
- 파일 구조상의 데이터 항목 또는 데이터 필드에 해당된다.
- 속성은 개체의 특성을 기술한다.
- 속성의 수를 디그리(Degree) 또는 차수라고 한다.

전문가의 조언

중요해요! 관계형 데이터베이스에서 릴레이션을 구성하는 용어들에 대한 문제는 자주 출제될뿐만 아니라 데이터베이스를 공부하는 동안에도 자꾸 나옵니다. 반드시 숙지하고 넘어가세요.

릴레이션 인스턴스
릴레이션 인스턴스란 데이터 개체를 구성하고 있는 속성들에 데이터 타입이 정의되어 구체적인 데이터 값을 갖고 있는 것을 말합니다.
예 〈학생〉 릴레이션의 인스턴스

튜플
- 〈학생〉 릴레이션에서 카디널리티는 4입니다.
- 카디널리티 = 튜플의 수 = 기수 = 대응수

속성
- 〈학생〉 릴레이션에서 디그리는 5입니다.
- 디그리 = 속성의 수 = 차수

도메인(Domain)*

- 도메인은 하나의 애트리뷰트(Atttribute)가 취할 수 있는 같은 타입의 원자(Atomic) 값들의 집합이다.
- 도메인은 실제 애트리뷰트 값이 나타날 때 그 값의 합법 여부를 시스템이 검사하는데에도 이용된다.
  - 예 성별 애트리뷰트의 도메인은 '남'과 '여'로, 그 외의 값은 입력될 수 없다.

> **도메인**
> 〈학생〉 릴레이션에서 '학년'의 도메인은 1~4입니다.

3 릴레이션의 특징

25.5, 24.5, 23.2, 22.4, 기사 25.8, 25.2, 24.7, 24.5, 24.2, 23.7, 22.7, 22.4, 21.5, 20.8

- 한 릴레이션에는 똑같은 튜플이 포함될 수 없으므로 릴레이션에 포함된 튜플들은 모두 상이하다.
  - 예 〈학생〉 릴레이션을 구성하는 김예소 레코드는 김예소에 대한 학적 사항을 나타내는 것으로 〈학생〉 릴레이션 내에서는 유일하다.
- 한 릴레이션에 포함된 튜플 사이에는 순서가 없다.
  - 예 〈학생〉 릴레이션에서 김예소 레코드와 고강민 레코드의 위치가 바뀌어도 상관없다.
- 튜플들의 삽입, 삭제 등의 작업으로 인해 릴레이션은 시간에 따라 변한다.
  - 예 〈학생〉 릴레이션에 새로운 학생의 레코드를 삽입하거나 기존 학생에 대한 레코드를 삭제함으로써 테이블은 내용 면에서나 크기 면에서 변하게 된다.
- 릴레이션 스키마를 구성하는 속성들 간의 순서는 중요하지 않다.
  - 예 학번, 이름 등의 속성을 나열하는 순서가 이름, 학번 순으로 바뀌어도 데이터 처리에는 아무런 영향을 미치지 않는다.
- 속성의 유일한 식별을 위해 속성의 명칭은 유일해야 하지만, 속성을 구성하는 값은 동일한 값이 있을 수 있다.
  - 예 각 학생의 학년을 기술하는 속성인 '학년'은 다른 속성명들과 구분되어 유일해야 하지만 '학년' 속성에는 2, 1, 2, 4 등이 입력된 것처럼 동일한 값이 있을 수 있다.
- 릴레이션을 구성하는 튜플을 유일하게 식별하기 위해 속성들의 부분집합을 키(Key)로 설정한다.
  - 예 〈학생〉 릴레이션에서는 '학번'이나 '이름'이 튜플들을 구분하는 유일한 값인 키가 될 수 있다.
- 속성의 값은 논리적으로 더 이상 쪼갤 수 없는 원자값만을 저장한다.
  - 예 '학년'에 저장된 1, 2, 4 등은 더 이상 세분화할 수 없다.

> **전문가의 조언**
> 릴레이션의 특징에 대한 문제가 출제되었습니다. 릴레이션의 특징을 무조건 암기하지 말고 주어진 예를 〈학생〉 릴레이션에 적용시켜 보세요. 쉽게 이해됩니다.

기출문제 따라잡기

24년 7월
1. 관계 데이터 모델에서 애트리뷰트가 취할 수 있는 값들의 집합을 의미하는 것은?
① 릴레이션 ② 도메인
③ 튜플 ④ 차수

> 도메인(Domain)이란 학년은 1~4, 성별은 '남', '여'처럼 속성(Attribute)에 지정할 수 있는 값의 범위입니다.

24년 5월, 22년 3월
2. 릴레이션에서 속성의 수와 튜플의 수를 의미하는 것으로 순서대로 옳게 짝지어진 것은?
① CARDINALITY, DEGREE
② DOMAIN, DEGREE
③ DEGREE, CARDINALITY
④ DEGREE, DOMAIN

> 차수(Degree) = 속성(Attribute)의 수 = 열의 수, 기수(Cardinality) = 튜플(Tuple)의 수 = 행의 수입니다.

23년 2월
3. 다음 릴레이션의 차수(Degree)는?

학번	이름	학년	학과
100	강감찬	3	전기
200	홍길동	4	전자
300	이순신	2	전산
S5	도요새	용인	용인

① 2 ② 3
③ 4 ④ 9

> 차수(Degree)는 속성의 수, 즉 열의 수를 의미하므로 차수는 4입니다.

23년 7월
4. 관계형 데이터베이스의 구성 요소에 대한 설명으로 틀린 것은?
① 튜플은 릴레이션을 구성하는 각각의 행을 말한다.
② 속성은 데이터베이스를 구성하는 가장 작은 논리적 단위이다.
③ 도메인은 하나의 Attribute가 취할 수 있는 같은 타입의 원자값들의 집합이다.
④ 속성의 수를 카디널리티(Cardinality)라고 한다.

> 속성의 수는 디그리(Degree) 또는 차수, 튜플의 수는 카디널리티(Cardinality)라고 합니다.

23년 2월
5. 릴레이션의 특징으로 거리가 먼 것은?
① 모든 튜플은 서로 다른 값을 갖는다.
② 모든 속성 값은 원자 값이다.
③ 튜플 사이에는 순서가 없다.
④ 각 속성은 유일한 이름을 가지며, 속성의 순서는 큰 의미가 있다.

> 릴레이션에서 각 속성은 유일한 이름을 가져야 하지만 속성의 순서는 큰 의미가 없습니다.

25년 5월, 22년 4회
6. 관계 데이터베이스의 구성 요소에 대한 다음 설명 중 가장 옳지 않은 것은?
① 릴레이션은 식별자에 의해 식별이 가능해야 한다.
② 속성은 릴레이션을 구성하는 항목이다.
③ 하나의 릴레이션을 구성하는 튜플은 모두 같다.
④ 각 속성은 릴레이션 내에서 유일한 이름을 가진다.

> 하나의 릴레이션을 구성하는 튜플들은 모두 다릅니다.

24년 5월
7. 릴레이션에 관한 설명 중 옳은 내용 모두를 나열한 것은?

> ㉠ 하나의 릴레이션에서 튜플의 순서는 존재한다.
> ㉡ 한 릴레이션에 나타난 속성 값은 논리적으로 분해 가능한 값이어야 한다.
> ㉢ 한 릴레이션 내의 튜플은 중복 가능하다.
> ㉣ 각 속성은 릴레이션 내에서 유일한 이름을 가진다.

① ㉠ ② ㉣
③ ㉡, ㉢ ④ ㉡, ㉢, ㉣

> ㉠ 하나의 릴레이션에서 튜플의 순서는 없습니다.
> ㉡ 모든 속성 값은 더 이상 분해할 수 없는 원자값이어야 합니다.
> ㉢ 모든 튜플은 서로 다른 값을 가져야 합니다.

22년 7월
8. 릴레이션을 구성하는 행을 의미하는 용어는?
① 속성 ② 튜플
③ 도메인 ④ 차수

> 릴레이션의 **행**은 **튜플(Tuple)**, **열**은 **속성(Attribute)**을 의미합니다.

▶ 정답 : 1.② 2.③ 3.③ 4.④ 5.④ 6.③ 7.② 8.②

SECTION 084 관계형 데이터베이스의 제약 조건 – 키(Key)

제약 조건이란 데이터베이스에 저장되는 데이터의 정확성을 보장하기 위하여 키(Key)를 이용하여 입력되는 데이터에 제한을 주는 것으로 개체 무결성 제약, 참조 무결성 제약 등이 해당된다.

1 키(Key)의 개념 및 종류

키는 데이터베이스에서 조건에 만족하는 튜플을 찾거나 순서대로 정렬할 때 튜플들을 서로 구분할 수 있는 기준이 되는 애트리뷰트를 말한다.

〈학생〉 릴레이션

학번	주민번호	성명
1001	010429-3******	김상욱
1002	000504-3******	임선호
1003	011215-3******	김한순
1004	001225-4******	이다해

〈수강〉 릴레이션

학번	과목명
1001	영어
1001	전산
1002	영어
1003	수학
1004	영어
1004	전산

전문가의 조언

보기로 주어진 〈학생〉 릴레이션과 〈수강〉 릴레이션은 '학번'을 기준으로 '일 대 다(1:N)'의 관계를 맺고 있습니다. 〈학생〉 릴레이션과 〈수강〉 릴레이션을 통해 키의 개념과 종류를 확실하게 이해하세요.

- 키의 종류에는 후보키, 기본키, 대체키, 슈퍼키, 외래키 등이 있다.

2 후보키(Candidate Key)

25.2, 22.4, 기사 25.5, 22.7, 22.4, 20.6

후보키는 릴레이션을 구성하는 속성들 중에서 튜플을 유일하게 식별하기 위해 사용하는 속성들의 부분집합, 즉 기본키로 사용할 수 있는 속성들을 말한다.

- 하나의 릴레이션내에서는 중복된 튜플들이 있을 수 없으므로 모든 릴레이션에는 반드시 하나 이상의 후보키가 존재한다.
- 후보키는 릴레이션에 있는 모든 튜플에 대해서 유일성과 최소성을 만족시켜야 한다.
  - 유일성(Unique) : 하나의 키 값으로 하나의 튜플만을 유일하게 식별할 수 있어야 한다.
  - 최소성(Minimality) : 모든 레코드들을 유일하게 식별하는 데 꼭 필요한 속성으로만 구성되어야 한다.

  예 〈학생〉 릴레이션에서 '학번'이나 '주민번호'는 다른 레코드를 유일하게 구별할 수 있는 기본키로 사용할 수 있으므로 후보키이다.

25.5, 22.7
널 값(NULL Value)
데이터베이스에서 아직 알려지지 않거나 모르는 값으로서 '해당 없음' 등의 이유로 정보 부재를 나타내기 위해 사용하는, 이론적으로 아무것도 없는 특수한 데이터를 말합니다.

25.5, 22.7, 기사 23.2, 22.4
❸ 기본키(Primary Key)

기본키는 후보키 중에서 특별히 선정된 주키(Main Key)로 중복된 값을 가질 수 없다.
- 한 릴레이션에서 특정 튜플을 유일하게 구별할 수 있는 속성이다.
- 기본키는 후보키의 성질을 갖는다. 즉, 유일성과 최소성을 가지며 튜플을 식별하기 위해 반드시 필요한 키이다.
- 기본키는 NULL 값*을 가질 수 없다. 즉 튜플에서 기본키로 설정된 속성에는 NULL 값이 있어서는 안 된다.

예 〈학생〉 릴레이션에서는 '학번'이나 '주민번호'가 기본키가 될 수 있고, 〈수강〉 릴레이션에서는 '학번'+'과목명'으로 조합해야 기본키가 만들어진다.

예 '학번'이 〈학생〉 릴레이션의 기본키로 정의되면 이미 입력된 '1001'은 다른 튜플의 '학번' 속성의 값으로 입력할 수 없다.

25.2, 22.4, 기사 22.7
❹ 대체키(Alternate Key)

대체키는 후보키가 둘 이상일 때 기본키를 제외한 나머지 후보키를 의미한다.
- 보조키라고도 한다.

예 〈학생〉 릴레이션에서 '학번'을 기본키로 정의하면 '주민번호'는 대체키가 된다.

25.2, 22.4, 기사 25.2, 24.5, 23.7, 22.7, 22.3, 21.8, 20.9
❺ 슈퍼키(Super Key)

슈퍼키는 한 릴레이션 내에 있는 속성들의 집합으로 구성된 키로서 릴레이션을 구성하는 모든 튜플들 중 슈퍼키로 구성된 속성의 집합과 동일한 값은 나타나지 않는다.
- 슈퍼키는 릴레이션을 구성하는 모든 튜플에 대해 유일성은 만족시키지만, 최소성*은 만족시키지 못한다.

예 〈학생〉 릴레이션에서는 '학번', '주민번호', '학번'+'주민번호', '주민번호'+'성명', '학번'+'주민번호'+'성명' 등으로 슈퍼키를 구성할 수 있다.

최소성
'학번'+'주민번호'를 사용하여 슈퍼키를 만들면 다른 튜플들과 구분할 수 있는 유일성은 만족하지만, '학번'이나 '주민번호' 하나만 가지고도 다른 튜플들을 구분할 수 있으므로 최소성은 만족시키지 못합니다.

25.2, 24.2, 22.4, 기사 25.8, 25.2, 24.7, 23.7, 23.5, 22.7, 22.3, 20.6
❻ 외래키(Foreign Key)

외래키는 다른 릴레이션의 기본키를 참조하는 속성 또는 속성들의 집합을 의미한다.
- 외래키는 참조되는 릴레이션*의 기본키와 대응되어 릴레이션 간에 참조 관계를 표현하는데 중요한 도구이다.
- 한 릴레이션에 속한 속성 A와 참조 릴레이션의 기본키인 B가 동일한 도메인 상에서 정의되었을 때의 속성 A를 외래키라고 한다.
- 외래키로 지정되면 참조 릴레이션의 기본키에 없는 값은 입력할 수 없다.

참조 릴레이션
외래키를 포함하는 릴레이션이 참조하는 릴레이션이고, 대응되는 기본키를 포함하는 릴레이션이 참조 릴레이션입니다. 여기서는 〈수강〉 릴레이션이 참조하는 릴레이션이고, 〈학생〉 릴레이션이 참조 릴레이션입니다.

예 〈수강〉 릴레이션이 〈학생〉 릴레이션을 참조하고 있으므로 〈학생〉 릴레이션의 '학번'은 기본키이고, 〈수강〉 릴레이션의 '학번'은 외래키이다.

예 〈수강〉 릴레이션의 '학번'에는 〈학생〉 릴레이션의 '학번'에 없는 값은 입력할 수 없다.

기출문제 따라잡기

24년 2월

1. 관계를 맺고 있는 릴레이션 R1, R2에서 릴레이션 R1이 참조하고 있는 릴레이션 R2의 기본키와 같은 R1 릴레이션의 속성을 무엇이라 하는가?

① 후보키(Candidate Key)
② 외래키(Foreign Kery)
③ 슈퍼키(Super Key)
④ 대체키(Alternate Key)

> 다른 릴레이션의 기본키를 참조하는 속성 또는 속성들의 집합을 외래키(Foreign Key)라고 합니다.

25년 5월

2. 널 값(Null Value)에 대한 설명으로 옳지 않은 것은?

① 공백(Space)과는 다른 의미이다.
② 아직 알려지지 않은 모르는 값이다.
③ 영(Zero)과 같은 값이다.
④ 정보의 부재를 나타낼 때 사용하는 특수한 데이터 값이다.

> 널(Null)은 이론적으로 아무것도 없는 값을 의미합니다. 0은 숫자 데이터로서 널(Null) 값이 아닙니다.

이전기출

3. 하나의 릴레이션에 존재하는 후보키들 중 기본키를 제외한 나머지 후보키들을 의미하는 것은?

① 외래키   ② 슈퍼키
③ 대체키   ④ 기본키

> 기본키를 제외한 나머지 후보키들을 대체키(Alternate Key)라고 합니다.

이전기출

4. 릴레이션에 있는 모든 튜플에 대해 유일성은 만족시키지만 최소성은 만족시키지 못하는 키는?

① 후보키   ② 슈퍼키
③ 기본키   ④ 외래키

> 유일성과 최소성을 모두 만족시키는 키는 후보키(Candidate Key), 유일성은 만족시키지만 최소성은 만족시키지 못하는 키는 슈퍼키(Super Key)입니다.

이전기출

5. 후보키(Candidate Key)가 만족해야 할 두 가지 성질로 가장 타당한 것은?

① 유일성과 최소성   ② 유일성과 무결성
③ 독립성과 최소성   ④ 독립성과 무결성

> 후보키는 하나의 키 값으로 하나의 튜플만을 유일하게 식별할 수 있어야 하고, 모든 레코드들을 유일하게 식별하는 데 꼭 필요한 속성으로만 구성되어야 합니다.

22년 7월

6. 데이터베이스에서 아직 알려지지 않거나 모르는 값으로서 "해당 없음" 등의 이유로 정보 부재를 나타내기 위해 사용하는 특수한 데이터 값을 무엇이라 하는가?

① 원자값(Atomic Value)
② 참조값(Reference Value)
③ 무결값(Integrity Value)
④ 널값(Null Value)

> 데이터베이스에서 아직 알려지지 않거나 모르는 값, 이론적으로 아무것도 없는 특수한 데이터를 널 값(Null Value)이라고 합니다.

25년 2월, 22년 4월

7. 키는 개체 집합에서 고유하게 개체를 식별할 수 있는 속성이다. 데이터베이스에서 사용되는 키의 종류에 대한 설명 중 옳지 않은 것은?

① 후보키는 개체들을 고유하게 식별할 수 있는 속성이다.
② 슈퍼키는 한 릴레이션 내의 속성들의 집합으로 구성된 키이다.
③ 외래키는 다른 릴레이션의 기본키를 참조하는 속성 또는 속성들의 집합이다.
④ 보조키는 후보키 중에서 대표로 선정된 키이다.

> 후보키가 둘 이상일 때 대표로 선정된 키를 기본키라고 하고, 기본키를 제외한 나머지 후보키를 보조키라고 합니다.

▶ 정답 : 1. ② 2. ③ 3. ③ 4. ② 5. ① 6. ④ 7. ④

SECTION 085

관계형 데이터베이스의 제약 조건 – 무결성

전문가의 조언

무결성이란 쉽게 말해 저장된 데이터베이스에 잘못된 데이터가 없다는 것을 의미합니다. 보기로 주어진 〈학생〉 릴레이션과 〈수강〉 릴레이션은 '학번'을 기준으로 일 대 다(1:N)의 관계를 맺고 있습니다. 〈학생〉 릴레이션과 〈수강〉 릴레이션을 통해 무결성 종류를 확실하게 이해하세요.

1 무결성(Integrity)의 개념 및 종류

25.5, 22.3, 기사 21.8

무결성이란 데이터베이스에 저장된 데이터 값과 그것이 표현하는 현실 세계의 실제 값이 일치하는 정확성을 의미한다.

- 무결성 제약 조건은 데이터베이스에 들어 있는 데이터의 정확성을 보장하기 위해 부정확한 자료가 데이터베이스 내에 저장되는 것을 방지하기 위한 제약 조건을 말한다.
- 무결성의 종류에는 개체 무결성, 도메인 무결성, 참조 무결성, 사용자 정의 무결성 등이 있다.

〈학생〉 릴레이션

학번	주민번호	성명
1001	010429-3******	김상욱
1002	000504-3******	임선호
1003	011215-3******	김한순
1004	001225-4******	이다해

〈수강〉 릴레이션

학번	과목명
1001	영어
1001	전산
1002	영어
1003	수학
1004	영어
1004	전산

전문가의 조언

각 무결성의 개념을 묻는 문제가 출제되었으니 개념을 정확히 기억해 두세요.

기본키(Primary Key)
기본키는 한 릴레이션에서 특정 튜플을 유일하게 구별할 수 있는 속성입니다.

도메인(Domain)
도메인은 하나의 애트리뷰트가 취할 수 있는 같은 타입의 원자(Atomic)값들의 집합입니다.

2 개체 무결성(Entity Integrity, 실체 무결성)

25.8, 25.5, 24.5, 23.5, 22.4, 22.3, 기사 25.5, 25.2, 24.2, 23.2, 22.7, 22.4, 21.8, 21.5, 20.8, 20.6

개체 무결성은 기본 테이블의 기본키*를 구성하는 어떤 속성도 Null 값이나 중복값을 가질 수 없다는 규정이다.

예 〈학생〉 릴레이션에서 '학번'이 기본키로 정의되면 튜플을 추가할 때 '주민번호'나 '성명' 필드에는 값을 입력하지 않아도 되지만 '학번' 속성에는 반드시 값을 입력해야 한다. 또한 '학번' 속성에는 이미 한 번 입력한 속성값을 중복하여 입력할 수 없다.

3 도메인 무결성(Domain Integrity, 영역 무결성)

25.5, 23.5, 기사 24.5, 22.7

도메인 무결성은 주어진 속성 값이 정의된 도메인*에 속한 값이어야 한다는 규정이다.

예 〈수강〉 릴레이션의 '과목명' 속성에는 영어, 수학, 전산 세 가지만 입력되도록 유효값이 지정된 경우 반드시 해당 값만 입력해야 한다.

④ 참조 무결성(Referential Integrity)

참조 무결성은 외래키* 값은 Null이거나 참조 릴레이션의 기본키 값과 동일해야 한다. 즉 릴레이션은 참조할 수 없는 외래키 값을 가질 수 없다는 규정이다.

- 외래키와 참조하려는 테이블의 기본키는 도메인과 속성 개수가 같아야 한다.

예) 〈수강〉 릴레이션의 '학번' 속성에는 〈학생〉 릴레이션의 '학번' 속성에 없는 값은 입력할 수 없다.

예) 〈수강〉 릴레이션의 '학번'과 〈학생〉 릴레이션의 '학번' 속성에는 같은 종류의 데이터가 입력되어 있어야 하며, 〈학생〉 릴레이션의 기본키가 '학번'+'이름'이었다면 〈수강〉 릴레이션의 외래키도 '학번'+'이름'으로 구성되어져야 한다.

> **외래키(Foreign Key)**
> 외래키는 다른 릴레이션의 기본키를 참조하는 속성 또는 속성들의 집합을 의미합니다.

⑤ 사용자 정의 무결성

사용자 정의 무결성(User-Defined Integrity)은 속성 값들이 사용자가 정의한 제약 조건에 만족해야 한다는 규정이다.

⑥ 데이터 무결성 강화

데이터 무결성은 데이터 품질에 직접적인 영향을 미치므로 데이터 특성에 맞는 적절한 무결성을 정의하고 강화해야 한다.

- 프로그램이 완성되고 데이터가 저장된 상태에서 무결성을 정의할 경우 많은 비용이 발생하므로 데이터베이스 구축 과정에서 정의한다.
- 데이터 무결성은 애플리케이션, 데이터베이스 트리거, 제약 조건을 이용하여 강화할 수 있다.

> **전문가의 조언**
> 데이터 품질을 확보하기 위해 애플리케이션, 데이터베이스 트리거, 제약 조건을 이용하여 데이터 무결성을 강화해야 합니다. 각 방법들의 개념과 장·단점에 대해 정리하세요.

애플리케이션

- 데이터 생성, 수정, 삭제 시 무결성 조건을 검증하는 코드를 데이터를 조작하는 프로그램 내에 추가한다.
- 코드를 이용한 복잡한 규칙 등을 검토하는 무결성 검사는 데이터베이스에서 수행하기 어려우므로 애플리케이션 내에서 처리한다.
- **장점** : 사용자 정의 같은 복잡한 무결성 조건의 구현이 가능하다.
- **단점** : 소스 코드에 분산되어 있어 관리가 힘들고, 개별적인 시행으로 인해 적정성 검토가 어렵다.

데이터베이스 트리거*

- 트리거 이벤트*에 무결성 조건을 실행하는 절차형 SQL을 추가한다.
- **장점** : 통합 관리가 가능하고, 복잡한 요구 조건의 구현이 가능하다.
- **단점** : 운영 중 변경이 어렵고, 사용상 주의가 필요하다.

> **트리거(Trigger)**
> 트리거는 데이터베이스 시스템에서 데이터의 입력, 갱신, 삭제 등의 이벤트(Event)가 발생할 때마다 자동적으로 수행되는 절차형 SQL입니다.
>
> **이벤트(Event)**
> 이벤트는 시스템에 어떤 일이 발생한 것을 말하며, 트리거에서 이벤트는 데이터의 입력, 갱신, 삭제와 같이 데이터를 조작하는 작업이 발생했음을 의미합니다.

제약 조건
- 데이터베이스에 제약 조건을 설정하여 무결성을 유지한다.
- **장점** : 통합 관리 가능, 간단한 선언으로 구현 가능, 변경 용이, 오류 데이터 발생 방지 등이 있다.
- **단점** : 복잡한 제약 조건의 구현과 예외적인 처리가 불가능하다.

기출문제 따라잡기

25년 8월, 24년 5월, 22년 4월, 3월
1. 릴레이션의 기본키를 구성하는 어떤 속성도 널(Null) 값이나 중복 값을 가질 수 없음을 의미하는 것은?
① 참조 무결성 제약 조건
② 정보 무결성 제약 조건
③ 개체 무결성 제약 조건
④ 주소 무결성 제약 조건

개체 무결성은 'Null 값이나 중복 값'을 가질 수 없고, 참조 무결성은 '참조할 수 없는 외래키 값'을 가질 수 없습니다.

이전기출
2. 참조 무결성 제약 조건에 관한 다음 설명의 괄호안 내용으로 옳은 것은?

참조 무결성 제약 조건이란 릴레이션은 참조할 수 없는 ( ) 값을 가질 수 없다는 것을 말한다.

① 기본키
② 복합키
③ 후보키
④ 외래키

참조 무결성은 참조할 수 없는 외래키 값을 가질 수 없습니다.

이전기출
3. 다음 설명에서 ( )의 내용으로 옳은 것은?

개체 무결성 제약 조건은 한 릴레이션의 기본 키를 구성하는 어떠한 속성 값도 ( ) 값이나 중복 값을 가질 수 없다.

① NULL
② TUPLE
③ DOMAIN
④ ENTITY

개체 무결성은 Null 값이나 중복 값을 가질 수 없습니다.

25년 5월, 23년 5월
4. 다음 중 무결성 제약 조건에 대한 설명으로 옳지 않은 것은?
① 참조 무결성 - 외래키 값은 Null이거나 참조 릴레이션의 기본키 값과 동일해야 한다.
② 개체 무결성 - 기본키를 구성하는 어떤 속성도 Null 값이나 중복값을 가질 수 없다.
③ 도메인 무결성 - 주어진 튜플 값이 정의된 도메인에 속한 값이어야 한다.
④ 사용자 정의 무결성 - 속성 값들이 사용자가 정의한 제약 조건에 만족해야 한다.

도메인 무결성은 주어진 튜플이 아닌 속성 값이 정의된 도메인에 속한 값이어야 합니다.

▶ 정답 : 1. ③ 2. ④ 3. ① 4. ③

SECTION 086 관계대수 및 관계해석

1 관계대수의 개요

25.2, 24.7, 23.7, 23.5, 22.7, 기사 25.2, 24.7, 24.5, 24.2, 22.7, 21.8, 20.9

관계대수는 관계형 데이터베이스에서 원하는 정보와 그 정보를 검색하기 위해서 어떻게 유도하는가를 기술하는 절차적인 언어이다.

- 관계대수는 릴레이션을 처리하기 위해 연산자와 연산규칙을 제공하는 언어로 피연산자가 릴레이션이고, 결과도 릴레이션이다.
- 질의에 대한 해를 구하기 위해 수행해야 할 연산의 순서를 명시한다.
- 관계대수에는 관계 데이터베이스에 적용하기 위해 특별히 개발한 순수 관계 연산자와 수학적 집합 이론에서 사용하는 일반 집합 연산자가 있다.
- **순수 관계 연산자** : Select, Project, Join, Division
- **일반 집합 연산자** : UNION(합집합), INTERSECTION(교집합), DIFFERENCE(차집합), CARTESIAN PRODUCT(교차곱)

전문가의 조언
관개대수의 개념에 관한 문제는 주로 관계해석과 관련하여 출제됩니다. 관계해석과 비교하여 구분해 낼 수 있을 정도로 학습하세요.

2 순수 관계 연산자

24.5, 24.2, 기사 25.5, 24.5, 23.7, 23.2, 21.8, 21.5, 21.3, 20.8, 20.6

순수 관계 연산자란 관계 데이터베이스에 적용할 수 있도록 특별히 개발한 관계 연산자를 말한다.

연산자	설명	기호
24.2, 기사 25.5, 24.5, … **Select**	• 릴레이션에 존재하는 튜플 중에서 선택 조건을 만족하는 튜플의 부분집합을 구하여 새로운 릴레이션을 만드는 연산이다. • 릴레이션의 행(가로)에 해당하는 튜플을 구하는 것이므로 수평 연산자라고도 한다.	시그마 (σ)
24.5, 24.2, 기사 24.5, … **Project**	• 주어진 릴레이션에서 속성 리스트(Attribute List)에 제시된 속성 값만을 추출하여 새로운 릴레이션을 만드는 연산이다. 단 연산 결과에 중복이 발생하면 중복이 제거된다. • 릴레이션의 열(세로)에 해당하는 속성을 추출하는 것이므로 수직 연산자라고도 한다.	파이(π)
24.2, 기사 21.8, 21.5, … **Join**	공통 속성을 중심으로 두 개의 릴레이션을 하나로 합쳐서 새로운 릴레이션을 만드는 연산이다.	⋈
기사 24.5, 21.8, 21.5, 20.8 **Division**	X⊃Y인 두 개의 릴레이션 R(X)와 S(Y)가 있을 때, R의 속성이 S의 속성 값을 모두 가진 튜플에서 S가 가진 속성을 제외한 속성만을 구하는 연산이다.	÷

전문가의 조언
순수 관계 연산자는 관계 데이터베이스에 적용할 수 있도록 특별히 개발한 관계 연산자를 말합니다. 무슨 연산자를 설명하는지 알 수 있을 정도로 각 순수 관계 연산자의 기능을 학습하세요.

잠깐만요 자연 조인(Natural Join)
기사 20.8

조인 조건이 '='일 때 동일한 속성이 두 번 나타나게 되는데, 이중 중복된 속성을 제거하여 같은 속성을 한 번만 표기하는 방법을 자연 조인이라고 합니다.

전문가의 조언

일반 집합 연산자에 대한 다양한 문제가 출제되었습니다. 일반 집합 연산자는 수학에서의 집합 연산자와 기능이 동일하다는 것을 염두에 두고 각 연산자의 기능 및 연산 후의 카디널리티를 정리하세요.

합병 조건

합병 조건은 합병하려는 두 릴레이션 간에 속성의 수가 같고, 대응되는 속성별로 도메인이 같아야 합니다. 즉, 릴레이션 R과 S가 합병이 가능하려면, 릴레이션 R의 i번째 속성과 릴레이션 S의 i번째 속성의 도메인이 서로 같아야 합니다. 그러나 속성의 이름이 같아야 되는 것은 아닙니다.

③ 일반 집합 연산자

25.8, 25.5, 25.2, 24.7, 23.7, 23.2, 22.7, 22.4, 22.3, 기사 25.8, 25.2, 24.5, 24.2, 23.7, 23.5, 21.8, 21.5

일반 집합 연산자는 수학적 집합 이론에서 사용하는 연산자로서 릴레이션 연산에도 그대로 적용할 수 있다.

- 일반 집합 연산자 중 합집합(UNION), 교집합(INTERSECTION), 차집합(DIFFERENCE)을 처리하기 위해서는 합병 조건*을 만족해야 한다.
- 합병 가능한 두 릴레이션 R과 S가 있을 때 각 연산의 특징을 요약하면 다음과 같다.

연산자	기능 및 수학적 표현	카디널리티
합집합 UNION ∪	• 두 릴레이션에 존재하는 튜플의 합집합을 구하되, 결과로 생성된 릴레이션에서 중복되는 튜플은 제거되는 연산이다. • R ∪ S = {t | t ∈ R ∨ t ∈ S} ※ t는 릴레이션 R 또는 S에 존재하는 튜플이다.	• |R∪S| ≤ |R| + |S| • 합집합의 카디널리티는 두 릴레이션 카디널리티의 합보다 크지 않다.
교집합 INTERSECTION ∩	• 두 릴레이션에 존재하는 튜플의 교집합을 구하는 연산이다. • R ∩ S = {t | t ∈ R ∧ t ∈ S} ※ t는 릴레이션 R 그리고 S에 동시에 존재하는 튜플이다.	• |R∩S| ≤ MIN{|R|, |S|} • 교집합의 카디널리티는 두 릴레이션 중 카디널리티가 적은 릴레이션의 카디널리티보다 크지 않다.
차집합 DIFFERENCE −	• 두 릴레이션에 존재하는 튜플의 차집합을 구하는 연산이다. • R − S = {t | t ∈ R ∧ t ∉ S} ※ t는 릴레이션 R에는 존재하고 S에 없는 튜플이다.	• |R−S| ≤ |R| • 차집합의 카디널리티는 릴레이션 R의 카디널리티 보다 크지 않다.
교차곱 CARTESIAN PRODUCT ×	• 두 릴레이션에 있는 튜플들의 순서쌍을 구하는 연산이다. • R × S = {r·s | r ∈ R ∧ s ∈ S} ※ r은 R에 존재하는 튜플이고, s는 S에 존재하는 튜플이다.	• |R × S| = |R| × |S| • 교차곱의 디그리는 두 릴레이션의 디그리를 더한 것과 같고, 카디널리티는 두 릴레이션의 카디널리티를 곱한 것과 같다.

전문가의 조언

마찬가지로 관계대수와 구분할 수 있도록 학습하세요.

④ 관계해석(Relational Calculus)

25.8, 25.2, 24.7, 23.7, 23.5, 22.7, 기사 25.5, 23.7, 23.2, 22.7, 22.3

관계해석은 관계 데이터 모델의 제안자인 코드(E. F. Codd)가 수학의 Predicate Calculus(술어 해석)에 기반을 두고 관계 데이터베이스를 위해 제안했다.

- 관계해석은 관계 데이터의 연산을 표현하는 방법으로, 원하는 정보를 정의할 때는 계산 수식을 사용한다.
- 관계해석은 원하는 정보가 무엇이라는 것만 정의하는 비절차적 특성을 지닌다.
- 튜플 관계해석과 도메인 관계해석이 있다.
- 기본적으로 관계해석과 관계대수는 관계 데이터베이스를 처리하는 기능과 능력면에서 동등하며, 관계대수로 표현한 식은 관계해석으로 표현할 수 있다.
- 질의어로 표현한다.

기출문제 따라잡기

24년 7월, 22년 7월

1. 관계대수와 관계해석에 대한 설명으로 옳지 않은 것은?

① 기본적으로 관계대수와 관계해석은 관계 데이터베이스를 처리하는 기능과 능력면에서 동등하다.
② 관계대수는 질의에 대한 해를 생성하기 위해 수행해야 할 연산의 순서를 명시해야 하므로, 비절차적 특징을 가진다.
③ 관계해석은 원하는 정보가 무엇이라는 것만 정의하는 비절차적 특징을 가지고 있다.
④ 관계해석은 수학의 프레디킷 해석(Predicate Calculus)에 기반을 두고 있다.

> 수행해야 할 연산의 순서를 명시한다는 것은 절차에 맞춰 처리를 하겠다는 의미입니다. 즉 관계대수는 절차적 특징을 가집니다.

22년 7월

2. 다음 중 일반 집합 연산자의 기호가 아닌 것은?

① − ② ×
③ ⋈ ④ ∪

> ⋈는 순수 관계 연산자인 Join의 기호입니다.

22년 3월

3. 두 릴레이션에 존재하는 튜플의 합집합을 구하되, 결과로 생성된 릴레이션에서 중복되는 튜플은 제거되는 연산은?

① UNION
② DIFFERENCE
③ INTERSECTION
④ CARTESIAN PRODUCT

> UNION은 합집합, DIFFERENCE는 차집합, INTERSECTION은 교집합, CARTESIAN PRODUCT는 교차곱을 의미합니다.

25년 5월, 2월, 23년 2월, 22년 4월

4. 릴레이션 R의 튜플의 개수가 4, 릴레이션 S의 튜플의 개수가 5일 때, 두 릴레이션을 카티션 프로덕트(Cartesian Product)한 결과 릴레이션의 카디널리티는?

① 1   ② 9
③ 20 ④ 41

> 교차곱(Cartesian Product)은 두 릴레이션의 차수(Degree, 속성의 수)는 더하고, 카디널리티(튜플의 수)는 곱하면 됩니다. 그러므로 차수는 4+5 = 9, 카디널리티는 4×5 = 20입니다.

25년 8월, 23년 7월

5. 관계해석에 관한 설명으로 옳은 내용 모두를 나열한 것은?

> ㉠ 프레디키트 해석(Predicate Calculus)으로 질의어를 표현한다.
> ㉡ 튜플 관계해석과 도메인 관계해석이 있다.
> ㉢ 관계대수로 표현한 식은 관계해석으로 표현할 수 있다.
> ㉣ 원하는 정보와 그 정보를 어떻게 유도하는가를 기술하는 절차적인 언어이다.

① ㉠, ㉣   ② ㉡, ㉢, ㉣
③ ㉣   ④ ㉠, ㉡, ㉢

> ㉣은 관계대수에 대한 설명입니다.

25년 8월, 24년 7월, 23년 7월

6. 관계대수의 일반 집합 연산자에 대한 설명으로 옳지 않은 것은?

① 교집합, 합집합은 두 릴레이션의 합병이 가능해야 한다.
② 차집합, 카티션 프로덕트 등이 있다.
③ 카티션 프로덕트 연산자는 π로 표현한다.
④ 연산을 위해 피연산자 두 개가 필요하다.

> 카티션 프로덕트 연산자는 ×로 표현합니다. π로 표현하는 연산자는 순수 관계 연산자인 Project입니다.

25년 2월, 23년 7월, 5월

7. 관계 데이터 연산인 관계대수 및 관계해석에 대한 설명으로 틀린 것은?

① 관계 데이터 모델에 대한 연산의 표현 방법으로 관계대수와 관계해석은 모두 절차적인 특성을 가진다.
② 관계대수는 릴레이션 조작을 위한 연산의 집합으로 피연산자와 결과가 모두 릴레이션이라는 특성을 가지고 있다.
③ 관계해석은 원래 수학의 프레디킷 해석(Predicate Calculus)에 기반을 두고 있다.
④ 관계대수의 일반 집합 연산에는 합집합, 교집합, 차집합 등이 있다.

> 관계대수는 절차적인 특성이 있는 반면, 관계해석은 비절차적인 특성을 지닙니다.

25년 8월, 23년 2월

8. 다음 중 교집합을 의미하는 기호는?

① ∪   ② ∩
③ −   ④ ⋈

> ∪은 합집합, −은 차집합, ⋈은 Join의 기호입니다.

▶ 정답 : 1. ② 2. ③ 3. ① 4. ③ 5. ④ 6. ③ 7. ① 8. ②

SECTION 087 정규화(Normalization)

전문가의 조언

정규화는 데이터의 중복성을 최소화하고 일관성 등을 보장하여 데이터베이스의 품질을 보장하고 성능 향상을 위해 수행합니다. 정규화의 개념과 목적을 묻는 문제가 출제되었습니다. 정규화의 개념을 정확히 기억하고, 정규화의 목적이 아닌 것을 구분해 낼 수 있을 정도로 학습하세요.

① 정규화의 개요
23.2, 기사 25.8, 25.2, 23.7, 23.5, 22.7, 21.8, 20.9

정규화란 함수적 종속성 등의 종속성 이론을 이용하여 잘못 설계된 관계형 스키마를 더 작은 속성의 세트로 쪼개어 바람직한 스키마로 만들어 가는 과정이다.

- 하나의 종속성이 하나의 릴레이션에 표현될 수 있도록 분해해가는 과정이라 할 수 있다.
- 정규형에는 제1정규형, 제2정규형, 제3정규형, BCNF형, 제4정규형, 제5정규형이 있으며, 차수가 높아질수록 만족시켜야 할 제약 조건이 늘어난다.
- 정규화는 데이터베이스의 논리적 설계 단계에서 수행한다.
- 정규화는 논리적 처리 및 품질에 큰 영향을 미친다.
- 정규화된 데이터 모델은 일관성, 정확성, 단순성, 비중복성, 안정성 등을 보장한다.
- 정규화 수준이 높을수록 유연한 데이터 구축이 가능하고 데이터의 정확성이 높아지는 반면 물리적 접근이 복잡하고 너무 많은 조인으로 인해 조회 성능이 저하된다.

② 정규화의 목적
25.8, 23.7, 기사 23.2, 21.8, 20.8

- 데이터 구조의 안정성 및 무결성을 유지한다.
- 어떠한 릴레이션이라도 데이터베이스 내에서 표현 가능하게 만든다.
- 효과적인 검색 알고리즘을 생성할 수 있다.
- 데이터 중복을 배제하여 이상(Anomaly)의 발생 방지 및 자료 저장 공간의 최소화가 가능하다.
- 데이터 삽입 시 릴레이션을 재구성할 필요성을 줄인다.
- 데이터 모형의 단순화가 가능하다.
- 속성의 배열 상태 검증이 가능하다.
- 개체와 속성의 누락 여부 확인이 가능하다.
- 자료 검색과 추출의 효율성을 추구한다.

전문가의 조언

이상의 종류가 아닌 것을 찾는 문제가 출제되었습니다. 이상이 발생하는 원인과 이상의 종류를 기억하세요. 각 이상의 의미는 용어의 의미 그대로이므로 한 번만 읽어보면 바로 이해됩니다.

③ 이상(Anomaly)의 개념 및 종류
25.8, 24.5, 22.4, 기사 25.2, 24.5, 24.2, 21.8, 21.5, 21.3, 20.8

정규화를 거치지 않으면 데이터베이스 내에 데이터들이 불필요하게 중복되어 릴레이션 조작 시 예기치 못한 곤란한 현상이 발생하는데, 이를 이상(Anomaly)이라 하며 삽입 이상, 삭제 이상, 갱신 이상이 있다.

- **삽입 이상(Insertion Anomaly)** : 릴레이션에 데이터를 삽입할 때 의도와는 상관없이 원하지 않은 값들도 함께 삽입되는 현상이다.

- **삭제 이상(Deletion Anomaly)** : 릴레이션에서 한 튜플을 삭제할 때 의도와는 상관없는 값들도 함께 삭제되는 연쇄가 일어나는 현상이다.
- **갱신 이상(Update Anomaly)** : 릴레이션에서 튜플에 있는 속성값을 갱신할 때 일부 튜플의 정보만 갱신되어 정보에 모순이 생기는 현상이다.

4 정규화의 원칙

- 정보의 무손실 표현, 즉 하나의 스키마를 다른 스키마로 변환할 때 정보의 손실이 있어서는 안 된다.
- 분리의 원칙, 즉 하나의 독립된 관계성은 하나의 독립된 릴레이션으로 분리시켜 표현해야 한다.
- 데이터의 중복성이 감소되어야 한다.

5 정규화 과정

 25.5, 25.2, 24.7, 24.5, 23.5, 22.7, 22.4, 22.3, 기사 25.5, 25.2, 24.7, 24.5, 24.2, 23.7, 23.5, 23.2, 22.7, 22.4, 22.3, 21.8, …

1NF(제1정규형)

1NF는 릴레이션에 속한 모든 도메인(Domain)이 원자값(Atomic Value)만으로 되어 있는 정규형이다. 즉, 릴레이션의 모든 속성 값이 원자 값으로만 되어 있는 정규형이다.

- 릴레이션의 모든 속성이 단순 영역에서 정의된다.

2NF(제2정규형)

2NF는 릴레이션 R이 1NF이고, 기본키가 아닌 모든 속성이 기본키에 대하여 완전 함수적 종속을 만족하는 정규형이다.

> **잠깐만요** 기사 24.5, 24.2, 21.8
> **함수적 종속 / 완전/부분 함수적 종속 및 이해**
>
> **함수적 종속(Functional Dependency)**
> - 함수적 종속은 데이터들이 어떤 기준값에 의해 종속되는 것을 의미합니다.
> - 예를 들어 〈수강〉 릴레이션이 (학번, 이름, 과목명)으로 되어 있을 때, '학번'이 결정되면 '과목명'에 상관없이 '학번'에는 항상 같은 '이름'이 대응됩니다. '학번'에 따라 '이름'이 결정될 때 '이름'을 '학번'에 함수 종속적이라고 하며 '학번 → 이름'과 같이 씁니다.
>
> **완전 함수적 종속**
> 어떤 테이블 R에서 속성 A가 다른 속성 집합 B 전체에 대해 함수적 종속이지만 속성 집합 B의 어떠한 진부분 집합 C(즉, C ⊂ B)에는 함수적 종속이 아닐 때 속성 A는 속성 집합 B에 완전 함수적 종속이라고 합니다.
>
> **부분 함수적 종속**
> 어떤 테이블 R에서 속성 A가 다른 속성 집합 B 전체에 대해 함수적 종속이면서 속성 집합 B의 어떠한 진부분 집합에도 함수적 종속일 때, 속성 A는 속성 집합 B에 부분 함수적 종속이라고 합니다.
>
> **완전/부분 함수적 종속의 이해**
> - 완전 함수적 종속은 어떤 속성이 기본키에 대해 완전히 종속적일 때를 말합니다.
> - 예를 들어 〈수강〉 릴레이션이 (학번, 과목명, 성적, 학년)으로 되어 있고 (학번, 과목명)이 기본키일 때,

> - '성적'은 '학번'과 '과목명'이 같을 경우에는 항상 같은 '성적'이 옵니다. 즉 '성적'은 '학번'과 '과목명'에 의해서만 결정되므로 '성적'은 기본키(학번, 과목명)에 완전 함수적 종속이 되는 것입니다.
> - 반면에 '학년'은 '과목명'에 관계없이 '학번'이 같으면 항상 같은 '학년'이 옵니다. 즉 기본키의 일부인 '학번'에 의해서 '학년'이 결정되므로 '학년'은 부분 함수적 종속이라고 합니다.

3NF(제3정규형)

3NF는 릴레이션 R이 2NF이고, 기본키가 아닌 모든 속성이 기본키에 대해 이행적 종속*을 만족하지 않는 정규형이다.

- 무손실 조인 또는 종속성 보존을 저해하지 않고도 항상 3NF 설계를 얻을 수 있다.

BCNF(Boyce-Codd 정규형)

BCNF는 릴레이션 R에서 결정자*가 모두 후보키(Candidate Key)인 정규형이다.

- 3NF에서 후보키가 여러 개 존재하고 서로 중첩되는 경우에 적용하는, 강한 제3정규형이라고도 한다.
- 모든 BCNF(Boyce-Codd Normal Form)가 종속성을 보존하는 것은 아니다.
- BCNF의 제약 조건
  - 키가 아닌 모든 속성은 각 키에 대하여 완전 종속해야 한다.
  - 키가 아닌 모든 속성은 그 자신이 부분적으로 들어가 있지 않은 모든 키에 대하여 완전 종속해야 한다.
  - 어떤 속성도 키가 아닌 속성에 대해서는 완전 종속할 수 없다.

4NF(제4정규형)

4NF는 릴레이션 R에 다치 종속* A → B가 성립하는 경우 R의 모든 속성이 A에 함수적 종속 관계를 만족하는 정규형이다.

5NF(제5정규형, PJ/NF)

5NF는 릴레이션 R의 모든 조인 종속*이 R의 후보키를 통해서만 성립되는 정규형이다.

잠깐만요 정규화 과정 정리

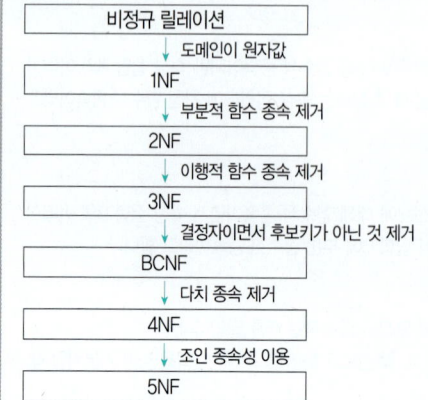

정규화 단계 암기 요령

두부를 좋아하는 정규화가 두부가게에 가서 가게에 있는 두부를 다 달라고 말하니 주인이 깜짝 놀라며 말했다.

두부이걸다줘? ≒ 도부이결다조

도메인이 원자값
부분적 함수 종속 제거
이행적 함수 종속 제거
결정자이면서 후보키가 아닌 것 제거
다치 종속 제거
조인 종속성 이용

기출문제 따라잡기

25년 8월, 23년 7월
1. 정규화의 목적으로 옳지 않은 것은?
① 데이터 중복을 배제하여 삽입 이상, 삭제 이상, 갱신 이상의 발생을 방지할 수 있다.
② 주어진 릴레이션을 더 작은 릴레이션 스키마들로 분할하는 과정이다.
③ 어떠한 릴레이션이라도 데이터베이스 내에서 표현 가능하도록 한다.
④ 릴레이션에 새로운 형태의 데이터가 삽입될 때 릴레이션을 재구성할 필요성을 증가시킨다.

> 정규화의 목적은 새로운 형태의 데이터가 삽입될 때 릴레이션을 재구성할 필요성을 줄이는 것입니다.

25년 8월, 24년 7월, 22년 4월
2. 릴레이션을 조작할 때 데이터의 중복으로 인하여 발생하는 이상(Anomaly) 현상이 아닌 것은?
① 검색 이상
② 삽입 이상
③ 삭제 이상
④ 갱신 이상

> 이상의 종류는 '삽입·삭제·갱신' 이렇게 세 가지입니다.

이전기출
3. 정규화를 할 때 발생하는 이상 현상(Anomaly)의 원인은?
① 데이터 중복
② 데이터 독립성
③ 릴레이션의 차수가 높을 때
④ 데이터의 일관성

> 이상(Anomaly)은 데이터 중복으로 인해 발생합니다.

이전기출
4. 정규화의 원칙으로 거리가 먼 것은?
① 하나의 스키마에서 다른 스키마로 변환시킬 때 정보의 손실이 있어서는 안 된다.
② 이상 현상 제거를 위해 데이터의 종속성이 많아야 한다.
③ 하나의 독립된 관계성은 하나의 독립된 릴레이션으로 분리시켜 표현한다.
④ 데이터의 중복성이 감소되어야 한다.

> 정규화의 원칙 중 하나는 데이터의 종속성을 제거하여 독립성을 높이는 것입니다.

24년 5월
5. 다음의 조건을 모두 만족하는 정규형은?

> 모든 도메인은 원자 값이고, 기본키가 아닌 모든 속성들이 기본키에 대해 완전 함수 종속적이며, 이행적 함수 종속 관계는 제거되었다.

① 제 1정규형
② 제 2정규형
③ 제 3정규형
④ 비정규 릴레이션

> 모든 도메인은 원자 값이므로 제 1정규형을 만족하고, 기본키가 아닌 모든 속성들이 기본키에 대해 완전 함수 종속이므로 제 2정규형을 만족합니다. 그리고 이행적 함수 종속 관계가 제거 되었으므로 제 3정규형을 만족합니다.

22년 7월
6. 제 1정규형에서 제 2정규형 수행 시의 작업으로 옳은 것은?
① 이행적 함수 종속성 제거
② 다치 종속 제거
③ 모든 결정자가 후보키가 되도록 분해
④ 부분 함수 종속성 제거

> '도부이결다조'에서 '부(부분적 함수 종속 제거)'에 해당합니다.

25년 5월, 22년 4월
7. 모든 결정자가 후보키가 되도록 분해하는 정규화 단계는?
① 1NF → 2NF
② 2NF → 3NF
③ 3NF → BCNF
④ 비정규 릴레이션 → 1NF

> '도부이결다조'에서 '결(3NF → BCNF)'에 해당합니다.

이전기출
8. 어떤 릴레이션 R에서 X와 Y를 각각 R의 애트리뷰트 집합의 부분집합이라고 할 경우 애트리뷰트 X의 값 각각에 대해 시간에 관계없이 항상 애트리뷰트 Y의 값이 오직 하나만 연관되어 있을 때 Y는 X에 함수 종속이라고 한다. 이 함수 종속의 표기로 옳은 것은?
① Y → X
② Y ⊂ X
③ X → Y
④ X ⊂ Y

> 항상 X에 따라 Y가 결정될 때 Y를 X에 함수 종속적이라고 하며 X → Y와 같이 씁니다.

▶ 정답 : 1. ④ 2. ① 3. ① 4. ② 5. ③ 6. ④ 7. ③ 8. ③

기출문제 따라잡기

22년 3월
9. A → B 이고 B → C 일 때 A → C를 만족하는 종속 관계를 제거하는 정규화 단계는?

① 1NF → 2NF
② 2NF → 3NF
③ 3NF → BCNF
④ 비정규 릴레이션 → 1NF

> 제 3정규형이 바로 이 종속 규칙을 만족하지 않는 정규형입니다. 그러므로 '도부이결다조'에서 '이'에 해당합니다.

이전기출
10. 정규화의 의미로 옳지 않은 것은?

① 함수적 종속성 등의 종속성 이론을 이용하여 잘못 설계된 관계형 스키마를 더 작은 애트리뷰트의 세트로 쪼개어 바람직한 스키마로 만들어가는 과정이다.
② 좋은 데이터베이스 스키마를 생성해 내고 불필요한 데이터의 중복을 방지하며 정보의 검색을 용이하게 할 수 있도록 허용해 준다.
③ 정규형에는 제 1정규형, 제 2정규형, 제 3정규형, BCNF형, 제 4정규형 등이 있다.
④ 어떠한 릴레이션 구조가 바람직한 것인지, 바람직하지 못한 릴레이션을 어떻게 합쳐야 하는지에 관한 구체적인 판단 기준을 제공한다.

> 정규화는 중복과 종속성을 제거하기 위해 릴레이션을 분해하는 것이므로, 바람직하지 못한 릴레이션을 어떻게 합쳐야 하는지에 관한 것이 아니라 어떻게 분할할 것인지에 대한 구체적인 판단 기준을 제공합니다.

이전기출
11. 관계 데이터베이스의 정규화에 대한 설명이다. 괄호의 내용으로 옳은 것은?

> 어떤 릴레이션 R이 (㉠)이고, 릴레이션의 키가 아닌 속성 모두가 R의 어떤 키에도 이행적 함수 종속이 아닐 때 R은 (㉡)에 속한다.

① ㉠ 1NF ㉡ 2NF
② ㉠ 3NF ㉡ 2NF
③ ㉠ 2NF ㉡ 3NF
④ ㉠ 3NF ㉡ 1NF

> '도부이결다조'에서 '이'와 관련된 정규형은 2NF와 3NF입니다.

23년 2월
12. 개체-관계(E-R) 모델을 데이터베이스로 변환한 다음 데이터 모델에서 나타날 수 있는 이상 현상들을 제거하기 위한 과정을 무엇이라 하는가?

① 모델링
② 구조화
③ 정규화
④ 개념화

> 이상(Anomaly) 현상들을 제거하기 위한 과정을 정규화(Normalization)라고 합니다.

25년 2월, 24년 7월, 23년 5월, 22년 3월
13. 정규화 과정 중 2NF에서 3NF로 진행 시의 작업에 해당하는 것은?

① 부분적 함수 종속 제거
② 결정자이면서 후보키가 아닌 것 제거
③ 이행적 함수 종속 제거
④ 다치 종속 제거

> '도부이결다조'에서 '이'에 해당합니다.

▶ 정답 : 9. ② 10. ④ 11. ③ 12. ③ 13. ③

SECTION 088 반정규화(Denormalization)

1 반정규화의 개요

기사 25.5, 24.2, 23.7, 20.9, 20.5

반정규화란 시스템의 성능 향상, 개발 및 운영의 편의성 등을 위해 정규화된 데이터 모델을 통합, 중복, 분리하는 과정으로, 의도적으로 정규화 원칙*을 위배하는 행위이다.

- 반정규화를 수행하면 시스템의 성능이 향상되고 관리 효율성은 증가하지만 데이터의 일관성 및 정합성이 저하될 수 있다.
- 과도한 반정규화는 오히려 성능을 저하시킬 수 있다.
- 반정규화를 위해서는 사전에 데이터의 일관성과 무결성을 우선으로 할지, 데이터베이스의 성능과 단순화를 우선으로 할지를 결정해야 한다.
- 반정규화 방법에는 테이블 통합, 테이블 분할, 중복 테이블 추가, 중복 속성 추가 등이 있다.

> **전문가의 조언**
>
> 반정규화의 개념과 반정규화의 4가지 방법인 테이블 통합, 테이블 분할, 중복 테이블 추가, 중복 속성 추가의 특징에 대해 정리하세요.
>
> 정규화 원칙에 대한 자세한 내용은 Section 085를 참조하세요.

2 테이블 통합

테이블 통합은 두 개의 테이블이 조인(Join)되는 경우가 많아 하나의 테이블로 합쳐 사용하는 것이 성능 향상에 도움이 될 경우 수행한다.

- 두 개의 테이블에서 발생하는 프로세스가 동일하게 자주 처리되는 경우, 두 개의 테이블을 이용하여 항상 조회를 수행하는 경우 테이블 통합을 고려한다.

학번	담당교수
201001	홍길동
201002	유관순
201003	윤봉길
201004	홍길동
201005	이순신
201006	유관순

담당교수	과목명
홍길동	정보처리
이순신	정보처리
윤봉길	인공지능
유관순	네트워크

학번	담당교수	과목명
201001	홍길동	정보처리
201002	유관순	네트워크
201003	윤봉길	인공지능
201004	홍길동	정보처리
201005	이순신	정보처리
201006	유관순	네트워크

〈테이블 통합〉

- 테이블 통합의 종류에는 1:1 관계 테이블 통합, 1:N 관계 테이블 통합, 슈퍼타입/서브타입* 테이블 통합이 있다.
- 테이블 통합 시 고려 사항
  - 데이터 검색은 간편하지만 레코드 증가로 인해 처리량이 증가한다.
  - 테이블 통합으로 인해 입력, 수정, 삭제 규칙이 복잡해질 수 있다.
  - Not Null*, Default*, Check* 등의 제약조건(Constraint)을 설계하기 어렵다.

③ 테이블 분할

테이블 분할은 테이블을 수직 또는 수평으로 분할하는 것이다.

〈수평 분할〉

학번	담당교수	과목명
201001	홍길동	정보처리
201002	유관순	네트워크
201003	윤봉길	인공지능
201004	홍길동	정보처리
201005	이순신	정보처리
201006	유관순	네트워크

학번	담당교수	과목명
201001	홍길동	정보처리
201002	유관순	네트워크
201003	윤봉길	인공지능

학번	담당교수	과목명
201004	홍길동	정보처리
201005	이순신	정보처리
201006	유관순	네트워크

〈수직 분할〉

학번	담당교수	과목명
201001	홍길동	정보처리
201002	유관순	네트워크
201003	윤봉길	인공지능
201004	홍길동	정보처리
201005	이순신	정보처리
201006	유관순	네트워크

학번	담당교수
201001	홍길동
201002	유관순
201003	윤봉길
201004	홍길동
201005	이순신
201006	유관순

학번	과목명
201001	정보처리
201002	네트워크
201003	인공지능
201004	정보처리
201005	정보처리
201006	네트워크

- 수평 분할(Horizontal Partitioning)
  - 수평 분할은 레코드(Record)를 기준으로 테이블을 분할하는 것이다.
  - 레코드별로 사용 빈도의 차이가 큰 경우 사용 빈도에 따라 테이블을 분할한다.
- 수직 분할(Vertical Partitioning)
  - 수직 분할은 하나의 테이블에 속성이 너무 많을 경우 속성을 기준으로 테이블을 분할하는 것이다.
  - 갱신 위주의 속성 분할 : 데이터 갱신 시 레코드 잠금*으로 인해 다른 작업을 수행할 수 없으므로 갱신이 자주 일어나는 속성들을 수직 분할하여 사용한다.
  - 자주 조회되는 속성 분할 : 테이블에서 자주 조회되는 속성이 극히 일부일 경우 자주 사용되는 속성들을 수직 분할하여 사용한다.
  - 크기가 큰 속성 분할 : 이미지나 2GB 이상 저장될 수 있는 텍스트 형식 등으로 된 속성들을 수직 분할하여 사용한다.

- 보안을 적용해야 하는 속성 분할 : 테이블 내의 특정 속성에 대해 보안을 적용할 수 없으므로 보안을 적용해야 하는 속성들을 수직 분할하여 사용한다.

예 수직 분할 수행의 예

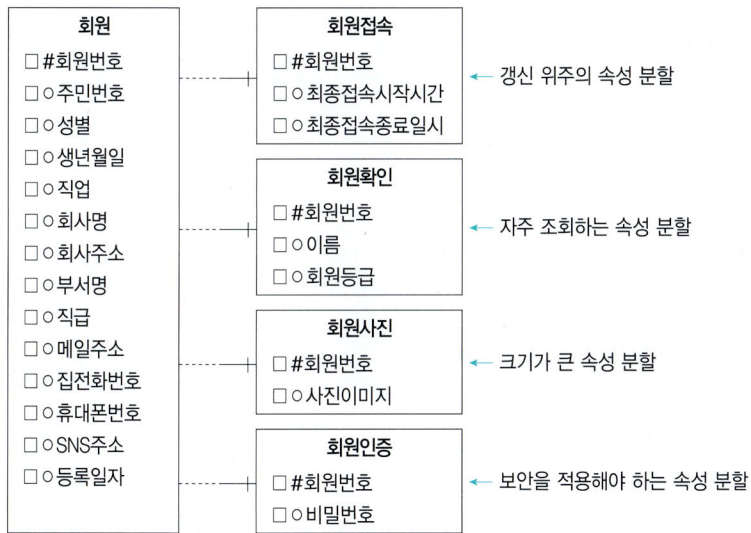

- 테이블 분할 시 고려 사항
  - 기본키의 유일성 관리가 어려워진다.
  - 데이터 양이 적거나 사용 빈도가 낮은 경우 테이블 분할이 필요한지를 고려해야 한다.
  - 분할된 테이블로 인해 수행 속도가 느려질 수 있다.
  - 데이터 검색에 중점을 두어 테이블 분할 여부를 결정해야 한다.

4 중복 테이블 추가

기사 20.6

여러 테이블에서 데이터를 추출해서 사용해야 하거나 다른 서버에 저장된 테이블을 이용해야 하는 경우 중복 테이블을 추가하여 작업의 효율성을 향상시킬 수 있다.

- 중복 테이블을 추가하는 경우
  - 정규화로 인해 수행 속도가 느려지는 경우
  - 많은 범위의 데이터를 자주 처리해야 하는 경우
  - 특정 범위의 데이터만 자주 처리해야 하는 경우
  - 처리 범위를 줄이지 않고는 수행 속도를 개선할 수 없는 경우
- 중복 테이블을 추가하는 방법은 다음과 같다.
  - 집계 테이블의 추가 : 집계 데이터를 위한 테이블을 생성하고, 각 원본 테이블에 트리거(Trigger)*를 설정하여 사용하는 것으로, 트리거의 오버헤드(Overhead)에 유의해야 한다.
  - 진행 테이블의 추가 : 이력 관리* 등의 목적으로 추가하는 테이블로, 적절한 데이터 양의 유지와 활용도를 높이기 위해 기본키를 적절히 설정한다.

트리거(Trigger)
트리거는 데이터베이스 시스템에서 데이터의 입력, 갱신, 삭제 등의 이벤트(Event)가 발생할 때마다 자동적으로 수행되는 절차형 SQL입니다.

※ 이벤트(Event) : 시스템에 어떤 일이 발생한 것을 말하며, 트리거에서 이벤트는 데이터의 입력, 갱신, 삭제와 같이 데이터를 조작하는 작업이 발생했음을 의미함

이력 관리
이력 관리는 속성 값의 변화를 관리하기 위해 테이블에서 특정 속성 값이 변경될 때마다 변경되기 전의 속성 값을 저장하는 것을 말합니다.

- 특정 부분만을 포함하는 테이블의 추가 : 데이터가 많은 테이블의 특정 부분만을 사용하는 경우 해당 부분만으로 새로운 테이블을 생성한다.

예) 집계 테이블 추가

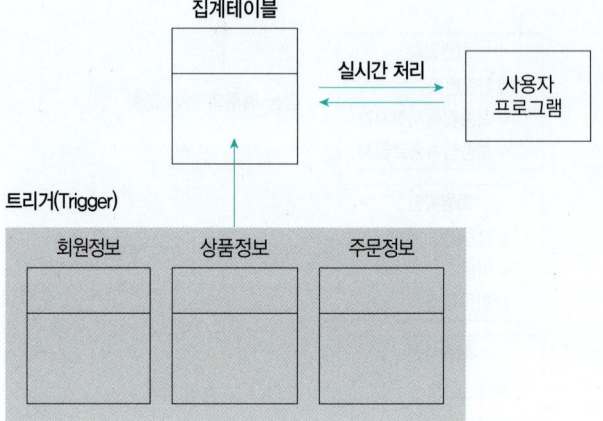

> **전문가의 조언**
> 〈회원정보〉, 〈상품정보〉, 〈주문정보〉 테이블의 데이터를 집계하는 집계 테이블을 추가하여 시스템 사용이 적은 시간에 배치 작업에 의해 원하는 데이터를 생성하여 사용합니다.

5 중복 속성 추가

중복 속성 추가는 조인해서 데이터를 처리할 때 데이터를 조회하는 경로를 단축하기 위해 자주 사용하는 속성을 하나 더 추가하는 것이다.

- 중복 속성을 추가하면 데이터의 무결성 확보가 어렵고, 디스크 공간이 추가로 필요하다.

예) 중복 속성 추가

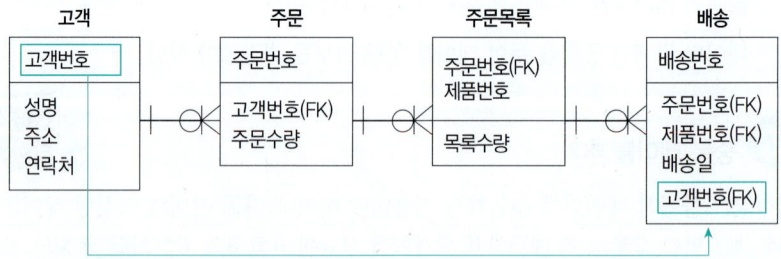

- 중복 속성을 추가하는 경우
  - 조인이 자주 발생하는 속성인 경우
  - 접근 경로가 복잡한 속성인 경우
  - 액세스의 조건으로 자주 사용되는 속성인 경우
  - 기본키의 형태가 적절하지 않거나 여러 개의 속성으로 구성된 경우
- 중복 속성 추가 시 고려 사항
  - 테이블 중복과 속성의 중복을 고려한다.
  - 데이터 일관성 및 무결성에 유의해야 한다.
  - SQL 그룹 함수를 이용하여 처리할 수 있어야 한다.
  - 저장 공간의 지나친 낭비를 고려한다.

기출문제 따라잡기

출제예상
1. 다음 중 반정규화에 대한 설명으로 가장 옳지 않은 것은?
① 반정규화는 의도적으로 정규화 원칙을 위배하는 행위이다.
② 반정규화를 수행하면 시스템의 성능이 저하된다.
③ 반정규화로 인해 데이터의 일관성 및 정합성이 저하될 수 있다.
④ 반정규화 방법에는 테이블 통합, 테이블 분할, 중복 테이블 및 중복 속성 추가 등이 있다.

반정규화를 수행하는 이유는 시스템 성능 향상과 관리 효율성 증가입니다.

출제예상
2. 다음 중 반정규화 방법 중 테이블 통합의 종류가 아닌 것은?
① 1:1 관계 테이블 통합
② 1:N 관계 테이블 통합
③ 슈퍼/서브타입 테이블 통합
④ N:M 관계 테이블 통합

테이블 통합의 종류에는 '1:1, 1:N, 슈퍼/서브타입'이 있습니다.

출제예상
3. 다음 중 반정규화 시 중복 테이블을 추가해야 하는 경우가 아닌 것은?
① 많은 양의 범위를 자주 처리해야 하는 경우
② 특정 범위의 데이터만 자주 처리해야 하는 경우
③ 처리 범위를 늘리지 않고는 수행 속도를 개선할 수 없는 경우
④ 정규화로 인해 수행 속도가 느려지는 경우

수행 속도를 개선하려면 처리 범위를 줄여야 하므로 중복 테이블을 추가해야 하는 경우가 아닙니다.

출제예상
4. 다음의 내용은 반정규화의 어떤 유형에 대한 고려사항인가?

- 데이터 검색은 간편하지만 Row 수가 증가하여 처리량이 증가할 수 있음을 고려해야 한다.
- 입력, 수정, 삭제 규칙이 복잡해질 수 있음을 고려해야 한다.
- Not Null, Default, Check 등의 Constraint을 설계하기 어려운 점을 고려해야 한다.

① 테이블 통합
② 테이블 분할
③ 중복 테이블 추가
④ 중복 속성 추가

데이터 검색은 간편하지만 Row 수 증가로 인해 처리량 증가를 고려해야 하는 것은 테이블 통합입니다.

출제예상
5. 다음 중 반정규화 시 중복 속성을 추가해야 하는 경우가 아닌 것은?
① 기본키가 하나의 속성으로 구성된 경우
② 조인이 자주 발생하는 속성인 경우
③ 접근 경로가 복잡한 속성인 경우
④ 액세스의 조건으로 자주 사용되는 속성인 경우

기본키의 형태가 적절하지 않거나 여러 개의 속성으로 구성된 경우 중복 속성을 추가합니다.

기사 25년 5월, 24년 2월, 23년 7월, 20년 9월
6. 정규화된 엔티티, 속성, 관계를 시스템의 성능 향상과 개발 운영의 단순화를 위해 중복, 통합, 분리 등을 수행하는 데이터 모델링 기법은?
① 인덱스정규화
② 반정규화
③ 집단화
④ 머징

정규화된 엔티티, 속성, 관계를 중복, 통합, 분리하는 등 의도적으로 정규화 원칙을 위배하는 행위를 반정규화(Denormalization)라고 합니다.

기사 20년 6월
7. 반정규화(Denormalization) 유형 중 중복 테이블을 추가하는 방법에 해당하지 않는 것은?
① 빌드 테이블의 추가
② 집계 테이블의 추가
③ 진행 테이블의 추가
④ 특정 부분만을 포함하는 테이블 추가

중복 테이블을 추가하는 방법에는 '진행, 집계, 특정 부분'이 있습니다.

출제예상
8. 다음 반정규화 방법 중 중복 속성 추가 시 고려할 사항으로 가장 거리가 먼 것은?
① 테이블 중복과 속성의 중복을 고려한다.
② 데이터 일관성 및 무결성에 유의해야 한다.
③ SQL Group Function을 이용하여 해결 가능한지 검토한다.
④ 기본키의 유일성 관리가 어려워짐을 고려한다.

기본키의 유일성 관리가 어려워짐을 고려하는 것은 테이블 분할 시 고려사항입니다.

▶ 정답 : 1.② 2.④ 3.③ 4.① 5.① 6.② 7.① 8.④

SECTION 089

인덱스(Index)

전문가의 조언

인덱스의 개념과 각 인덱스의 특징을 알아두세요. 어떤 인덱스를 의미하는지는 이해할 수 있을 정도로는 알고 있어야 합니다.

1 인덱스(Index)의 개요

기사 25.8, 24.7, 22.4, 21.8, 21.3

인덱스는 데이터 레코드를 빠르게 접근하기 위해 〈키 값, 포인터〉 쌍으로 구성되는 데이터 구조이다.

예 학생 릴레이션의 학번 속성에 대한 인덱스

〈인덱스〉

학번(키 값)	주소(포인터)
17083	300
18032	200
18065	100
19054	400

주소
100
300
200
400

〈학생〉

학번	이름	학년	학과
18065	강홍구	3	컴퓨터공학과
17083	김동오	4	경영학과
18032	정연중	3	영문과
19054	심희정	2	방송학과

위의 인덱스에서 키 값은 '학번'이고 포인터는 해당 '학번'이 저장된 레코드의 물리적인 주소이다. 키 값인 '학번'이 정렬되어 있기 때문에 인덱스를 통해 레코드를 빠르게 접근할 수 있다.

- 인덱스는 데이터가 저장된 물리적 구조와 밀접한 관계가 있다.
- 인덱스는 레코드가 저장된 물리적 구조에 접근하는 방법을 제공한다.
- 인덱스를 통해서 파일의 레코드에 대한 액세스를 빠르게 수행할 수 있다.
- 레코드의 삽입과 삭제가 수시로 일어나는 경우에는 인덱스의 개수를 최소로 하는 것이 효율적이다.
- 데이터 정의어(DDL)를 이용하여 사용자가 생성, 변경, 제거할 수 있다.
- 인덱스가 없으면 특정한 값을 찾기 위해 모든 데이터 페이지를 확인하는 TABLE SCAN*이 발생한다.
- 기본키를 위한 인덱스를 기본 인덱스라 하고, 기본 인덱스가 아닌 인덱스들을 보조 인덱스라고 한다. 대부분의 관계형 데이터베이스 관리 시스템에서는 모든 기본키에 대해서 자동적으로 기본 인덱스를 생성한다.
- 레코드의 물리적 순서가 인덱스의 엔트리 순서와 일치하게 유지되도록 구성되는 인덱스를 클러스터드(Clustered) 인덱스라고 한다.
- 인덱스는 인덱스를 구성하는 구조나 특징에 따라 트리 기반 인덱스, 비트맵 인덱스, 함수 기반 인덱스, 비트맵 조인 인덱스, 도메인 인덱스 등으로 분류된다.

TABLE SCAN

TABLE SCAN은 테이블에 있는 모든 레코드를 순차적으로 읽는 것으로, FULL TABLE SCAN이라고도 합니다. 일반적으로 적용 가능한 인덱스가 없거나 분포도가 넓은 데이터를 검색할 때는 FULL TABLE SCAN을 사용합니다.

> **잠깐만요** 클러스터드 인덱스 / 넌클러스터드 인덱스
>
> **클러스터드 인덱스(Clustered Index)**
> - 인덱스 키의 순서에 따라 데이터가 정렬되어 저장되는 방식입니다.
> - 실제 데이터가 순서대로 저장되어 있어 인덱스를 검색하지 않아도 원하는 데이터를 빠르게 찾을 수 있습니다.
> - 데이터 삽입, 삭제 발생 시 순서를 유지하기 위해 데이터를 재정렬해야 합니다.
> - 한 개의 릴레이션에 하나의 인덱스만 생성할 수 있습니다.
>
> **넌클러스터드 인덱스(Non-Clustered Index)**
> - 인덱스의 키 값만 정렬되어 있을 뿐 실제 데이터는 정렬되지 않는 방식입니다.
> - 데이터를 검색하기 위해서는 먼저 인덱스를 검색하여 실제 데이터의 위치를 확인해야 하므로 클러스터드 인덱스에 비해 검색 속도가 떨어집니다.
> - 한 개의 릴레이션에 여러 개의 인덱스를 만들 수 있습니다.

  기사 21.8
2 트리 기반 인덱스

트리 기반 인덱스는 인덱스를 저장하는 블록들이 트리 구조를 이루고 있는 것으로, 상용 DBMS에서는 트리 구조 기반의 B+ 트리 인덱스를 주로 활용한다.

- **B 트리 인덱스**
  - 일반적으로 사용되는 인덱스 방식으로, 루트 노드에서 하위 노드로 키 값의 크기를 비교해 나가면서 단말 노드에서 찾고자 하는 데이터를 검색한다.
  - 키 값과 레코드를 가리키는 포인터들이 트리 노드에 오름차순으로 저장된다.
  - 모든 리프 노드는 같은 레벨에 있다.
  - 브랜치 블록(Branch Block)과 리프 블록(Leaf Block)으로 구성된다.
    - ▸ 브랜치 블록 : 분기를 위한 목적으로 사용되고, 다음 단계를 가리키는 포인터를 가지고 있음
    - ▸ 리프 블록 : 인덱스를 구성하는 컬럼 데이터와 해당 데이터의 행 위치를 가리키는 레코드 식별자로 구성됨
- **B+ 트리 인덱스**
  - B+ 트리는 B 트리의 변형으로 단말 노드가 아닌 노드로 구성된 인덱스 세트(Index Set)와 단말 노드로만 구성된 순차 세트(Sequence Set)로 구분된다.
  - 인덱스 세트에 있는 노드들은 단말 노드에 있는 키 값을 찾아갈 수 있는 경로로만 제공되며, 순차 세트에 있는 단말 노드가 해당 데이터 레코드의 주소를 가리킨다.
  - 인덱스 세트에 있는 모든 키 값이 단말 노드에 다시 나타나므로 단말 노드만을 이용한 순차 처리가 가능하다.

③ 비트맵 인덱스

비트맵 인덱스는 인덱스 컬럼의 데이터를 Bit 값인 0 또는 1로 변환하여 인덱스 키로 사용하는 방법이다.

- 비트맵 인덱스의 목적은 키 값을 포함하는 로우(Row)의 주소*를 제공하는 것이다.
- 비트맵 인덱스는 분포도*가 좋은 컬럼에 적합하며, 성능 향상 효과를 얻을 수 있다.
- 데이터가 Bit로 구성되어 있기 때문에 효율적인 논리 연산이 가능하고 저장 공간이 작다.
- 비트맵 인덱스는 다중 조건을 만족하는 튜플의 개수 계산에 적합하다.
- 비트맵 인덱스는 동일한 값이 반복되는 경우가 많아 압축 효율이 좋다.

④ 함수 기반 인덱스

함수 기반 인덱스는 컬럼의 값 대신 컬럼에 특정 함수(Function)나 수식(Expression)을 적용하여 산출된 값을 사용하는 것으로, B+ 트리 인덱스 또는 비트맵 인덱스를 생성하여 사용한다.

- 함수 기반 인덱스는 데이터를 입력하거나 수정할 때 함수를 적용해야 하므로 부하가 발생할 수 있다.
- 사용된 함수가 사용자 정의 함수일 경우 시스템 함수보다 부하가 더 크다.
- 함수 기반 인덱스는 대소문자, 띄어쓰기 등에 상관없이 조회할 때 유용하게 사용된다.
- **적용 가능한 함수의 종류** : 산술식(Arithmetic Expression), 사용자 정의 함수, PL/SQL Function, SQL Function, Package, C callout 등

⑤ 비트맵 조인 인덱스

비트맵 조인 인덱스는 다수의 조인된 객체로 구성된 인덱스로, 단일 객체로 구성된 일반적인 인덱스와 액세스 방법이 다르다.

- 비트맵 조인 인덱스는 비트맵 인덱스와 물리적 구조가 동일하다.

⑥ 도메인 인덱스*

도메인 인덱스는 개발자가 필요한 인덱스를 직접 만들어 사용하는 것으로, 확장형 인덱스(Extensible Index)라고도 한다.

- 개발자가 필요에 의해 만들었지만 프로그램에서 제공하는 인덱스처럼 사용할 수도 있다.

로우(Row)의 주소
비트맵에서 비트의 위치는 테이블에서 로우(Row)의 상대적인 위치를 의미합니다. 해당 테이블이 시작되는 물리적인 주소를 기반으로 실제 로우의 물리적 위치를 계산할 수 있습니다.

분포도, 선택성(Selectivity)
- (조건에 맞는 레코드 수 / 전체 릴레이션 레코드 수) × 100
- 전체 레코드 중 조건에 맞는 레코드의 숫자가 적은 경우 분포도가 좋다고 합니다.
- 분포도가 10~15%인 경우 효율적인 인덱스 검색을 할 수 있습니다.
- 분포도를 선택성(Selectivity)이란 용어로 사용하기도 합니다.

도메인 인덱스
도메인 인덱스는 오라클의 버전 8i에서부터 도입된 새로운 개념의 인덱스입니다.

7 인덱스 대상 컬럼 선정 기준

- 인덱스 컬럼의 분포도가 10~15% 이내인 컬럼
  - 분포도 = (컬럼값의 평균 Row 수 / 테이블의 총 Row 수) × 100
- 분포도가 10~15% 이상이어도 부분 처리를 목적으로 하는 컬럼
- 입·출력 장표 등에서 조회 및 출력 조건으로 사용되는 컬럼
- 인덱스가 자동 생성되는 기본키와 Unique키 제약 조건을 사용한 컬럼
- 가능한 한 수정이 빈번하지 않은 컬럼
- ORDER BY, GROUP BY, UNION*이 빈번한 컬럼
- 분포도가 좁은 컬럼은 단독 인덱스로 생성
- 인덱스들이 자주 조합되어 사용되는 경우 하나의 결합 인덱스(Concatenate Index)*로 생성

8 인덱스 설계 시 고려사항

- 새로 추가되는 인덱스는 기존 액세스 경로에 영향을 미칠 수 있다.
- 인덱스를 지나치게 많이 만들면 오버헤드가 발생한다.
- 넓은 범위를 인덱스로 처리하면 많은 오버헤드가 발생한다.
- 인덱스를 만들면 추가적인 저장 공간이 필요하다.
- 인덱스와 테이블 데이터의 저장 공간이 분리되도록 설계한다.*

ORDER BY, GROUP BY, UNION
ORDER BY는 정렬, GROUP BY는 그룹 지정, UNION은 통합 지정 시 사용하는 SQL 명령어입니다.

결합 인덱스
- 결합 인덱스란 한 릴레이션 내에 존재하는 여러 컬럼들을 묶어 하나의 인덱스로 만드는 것을 말합니다.
- 결합 인덱스는 컬럼 순서에 따라 액세스하는 범위가 달라질 수 있으므로 유의해야 합니다.
- 컬럼 순서 우선순위
  ① 항상 사용되는 컬럼
  ② '=' 연산이 되는 컬럼
  ③ 분포도가 좋은 컬럼
  ④ 정렬이 자주 발생하는 컬럼

인덱스와 테이블 분리
인덱스와 테이블을 분리하는 형태는 데이터베이스의 가장 일반적인 형태로, 데이터 저장 시 인덱스의 영향을 받지 않아 저장이 빠릅니다.

기출문제 따라잡기

이전기출

1. 인덱스(Index)에 대한 설명으로 부적절한 것은?

① 인덱스는 데이터베이스의 물리적 구조와 밀접한 관계가 있다.
② 인덱스는 하나 이상의 필드로 만들어도 된다.
③ 레코드의 삽입과 삭제가 수시로 일어나는 경우는 인덱스의 개수를 최대한 많게 한다.
④ 인덱스를 통해서 테이블의 레코드에 대한 액세스를 빠르게 수행할 수 있다.

> 테이블에 레코드를 삽입 또는 삭제할 때는 인덱스도 변경해야 하는데, 인덱스의 개수가 많을 경우 삽입과 삭제 시 매 번 모든 인덱스를 갱신하느라 속도가 느려집니다. 삽입과 삭제가 수시로 일어나는 경우에는 인덱스의 개수를 최소로 하는 것이 좋습니다.

출제예상

2. 다음 중 함수 기반 인덱스에 대한 설명으로 옳지 않은 것은?

① 함수 기반 인덱스는 컬럼 값 자체가 아니라 컬럼에 특정 함수를 적용한 값이다.
② 시스템 함수를 사용하면 사용자 정의 함수를 사용할 때보다 더 많은 부하가 발생한다.
③ 함수 기반 인덱스는 데이터를 입력하거나 수정할 때 함수를 적용해야 하므로 부하가 발생할 수 있다.
④ 함수 기반 인덱스로 B+ 트리 인덱스 또는 비트맵 인덱스를 생성하여 사용한다.

> 시스템 함수는 DBMS 자체에서 제공하는 함수로, 사용자가 만든 사용자 정의 함수에 비해 부하가 덜 발생합니다.

기사 21년 3월

3. 데이터베이스 성능에 많은 영향을 주는 DBMS의 구성 요소로, 테이블과 클러스터에 연관되어 독립적인 저장 공간을 보유하며, 데이터베이스에 저장된 자료를 더욱 빠르게 조회하기 위하여 사용되는 것은?

① 인덱스(Index)
② 트랜잭션(Transaction)
③ 역정규화(Denormalization)
④ 트리거(Trigger)

> 데이터베이스에 저장된 자료를 더욱 빠르게 조회하기 위하여 사용되는 것은 인덱스(Clustered Index)입니다.

기사 25년 8월, 21년 5월

4. 데이터베이스에서 인덱스(Index)와 관련한 설명으로 틀린 것은?

① 인덱스의 기본 목적은 검색 성능을 최적화하는 것으로 볼 수 있다.
② B-트리 인덱스는 분기를 목적으로 하는 Branch Block을 가지고 있다.
③ BETWEEN 등 범위(Range) 검색에 활용될 수 있다.
④ 시스템이 자동으로 생성하여 사용자가 변경할 수 없다.

> 인덱스는 사용자가 데이터 정의어(DDL)를 이용하여 생성, 변경, 제거할 수 있습니다.

▶ 정답 : 1. ③ 2. ② 3. ① 4. ④

SECTION 090 뷰(View)

1 뷰(View)의 개요

24.5, 24.2, 23.2

뷰는 사용자에게 접근이 허용된 자료만을 제한적으로 보여주기 위해 하나 이상의 기본 테이블로부터 유도된, 이름을 가지는 가상 테이블이다.

- 뷰는 저장장치 내에 물리적으로 존재하지 않지만, 사용자에게는 있는 것처럼 간주된다.
- 뷰는 데이터 보정 작업, 처리 과정 시험 등 임시적인 작업을 위한 용도로 활용된다.
- 뷰는 조인문의 사용 최소화로 사용상의 편의성을 최대화한다.
- 뷰를 생성하면 뷰 정의가 시스템 내에 저장되었다가 생성된 뷰 이름을 질의어(예를 들면 SQL)에서 사용할 경우 질의어가 실행될 때 뷰에 정의된 기본 테이블로 대체되어 기본 테이블에 대해 실행된다.
- 다음 그림은 뷰 A가 테이블 1, 테이블 2, 테이블 3에서 유도되어 생성되며, 뷰 A를 통해 테이블 1, 테이블 2, 테이블 3에 대한 데이터에 접근할 수 있음을 나타낸 것이다.

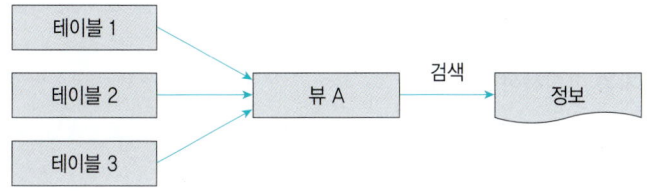

2 뷰(View)의 특징

25.5, 25.2, 24.7, 24.5, 24.2, 23.5, 22.7, 22.4, 22.3, 기사 25.8, 25.5, 25.2, 24.7, 24.5, 24.2, 23.7, 22.4, 22.3, 20.9, 20.6

- 뷰는 기본 테이블로부터 유도된 테이블이기 때문에 기본 테이블과 같은 형태의 구조를 사용하며, 조작도 기본 테이블과 거의 같다.
- 뷰는 가상 테이블이기 때문에 물리적으로 구현되어 있지 않다.
- 데이터의 논리적 독립성을 제공할 수 있다.
- 필요한 데이터만 뷰로 정의*해서 처리할 수 있기 때문에 관리가 용이하고 명령문이 간단해진다.
- 뷰를 통해서만 데이터에 접근하게 하면 뷰에 나타나지 않는 데이터를 안전하게 보호하는 효율적인 기법으로 사용할 수 있다.
- 기본 테이블의 기본키를 포함한 속성(열) 집합으로 뷰를 구성해야만 삽입, 삭제, 갱신 연산이 가능하다.
- 일단 정의된 뷰는 다른 뷰의 정의에 기초가 될 수 있다.
- 뷰가 정의된 기본 테이블이나 뷰를 삭제하면 그 테이블이나 뷰를 기초로 정의된 다른 뷰도 자동으로 삭제된다.
- 뷰를 정의할 때는 CREATE문*, 제거할 때는 DROP문*을 사용한다.

전문가의 조언

뷰의 의미, 특징, 장점과 단점 모두 중요합니다. 뷰의 의미를 충분히 이해하면 특징이나 장·단점도 쉽게 이해됩니다.

정의 테이블

뷰는 하나 이상의 다른 테이블로부터 유도된 하나의 가상 테이블이며, 뷰를 만들기 위해 유도된 기본 테이블을 정의 테이블이라 합니다.

CREATE문과 DROP문에 대한 자세한 설명은 Section 093을 참조하세요.

③ 뷰(View)의 장·단점

25.5, 23.5, 23.2, 22.7, 22.4, 22.3, 기사 21.3, 20.8

장점	단점
• 논리적 데이터 독립성을 제공한다. • 동일 데이터에 대해 동시에 여러 사용자의 상이한 응용이나 요구를 지원해 준다. • 사용자의 데이터 관리를 간단하게 해준다. • 접근 제어를 통한 자동 보안이 제공된다.	• 독립적인 인덱스를 가질 수 없다. • 뷰의 정의를 변경할 수 없다. • 뷰로 구성된 내용에 대한 삽입, 삭제, 갱신 연산에 제약이 따른다.

④ 뷰 설계 시 고려 사항

- 테이블 구조가 단순화 될 수 있도록 반복적으로 조인을 설정하여 사용하거나 동일한 조건절을 사용하는 테이블을 뷰로 생성한다.
  - 예) 〈주문〉 테이블과 〈거래처〉 테이블을 조인하여 사용하는 경우가 많다면 〈주문〉 테이블과 〈거래처〉 테이블에서 필요한 필드로 구성된 뷰를 생성한다.
- 동일한 테이블이라도 업무에 따라 테이블을 이용하는 부분이 달라질 수 있으므로 사용할 데이터를 다양한 관점에서 제시해야 한다.
  - 예) 〈회원〉 테이블은 '회원번호', '이름', '주소', '전화번호', '총구매횟수', '총구매금액' 필드로 구성되어 있는데, 제품 발송 업무를 처리할 때는 '이름', '주소', '전화번호' 필드만 필요하므로 이 3개의 필드로 구성된 뷰를 설계한다.
- 데이터의 보안 유지를 고려하여 설계한다.
  - 예) 〈회원〉 테이블의 '총구매횟수', '총구매금액' 등은 회사 차원에서 중요한 자료일 수 있으므로 발송 담당자가 볼 수 없도록 뷰를 설계한다.

기출문제 따라잡기

23년 2월
1. 하나 또는 둘 이상의 기본 테이블로부터 유도되어 만들어지는 가상 테이블은?
① 뷰 ② 시스템 카탈로그
③ 스키마 ④ 데이터 디렉터리

> 하나 이상의 기본 테이블로부터 유도되어 만들어진 가상 테이블을 뷰(View)라고 합니다.

이전기출
2. 뷰(View)에 대한 설명으로 옳은 것은?
① 셋 이상의 기본 테이블에서 유도된 실제 테이블이다.
② 시스템 내부의 물리적 표현으로 구현된다.
③ 뷰 위에 또 다른 뷰를 정의할 수 없다.
④ 데이터의 논리적 독립성을 제공한다.

> ① 뷰는 하나 이상의 기본 테이블에서 유도된 가상 테이블입니다.
> ② 뷰는 가상 테이블이기 때문에 물리적으로 구현되어 있지 않습니다.
> ③ 뷰 위에 또 다른 뷰를 정의할 수 있습니다.

기출문제 따라잡기

25년 5월, 22년 4월
3. 뷰(View)에 대한 설명으로 틀린 것은?
① 뷰 위에 또 다른 뷰를 정의할 수 있다.
② DBA는 보안성 측면에서 뷰를 활용할 수 있다.
③ 사용자가 필요한 정보를 요구에 맞게 가공하여 뷰로 만들 수 있다.
④ SQL을 사용하면 뷰에 대한 삽입, 갱신, 삭제 연산 시 제약 사항이 없다.

> 뷰는 기본 테이블의 기본키를 포함한 속성(열) 집합으로 뷰를 구성해야만 삽입, 삭제, 갱신 연산이 가능합니다. 즉 삽입, 삭제, 갱신 연산에 제한이 있다고 할 수 있습니다.

22년 7월
4. 뷰(View)에 대한 설명으로 옳지 않은 것은?
① 뷰는 데이터의 접근을 제어하게 함으로써 보안을 제공한다.
② 사용자의 데이터 관리를 간단하게 해 준다.
③ 뷰가 정의된 기본 테이블이 삭제되면, 뷰도 자동적으로 삭제된다.
④ 하나 이상의 기본 테이블로부터 유도되어 만들어지는 물리적인 실제 테이블이다.

> 뷰는 하나 이상의 기본 테이블로부터 유도된, 가상 테이블입니다.

25년 2월, 23년 2월
5. 뷰(View)에 대한 설명으로 틀린 것은?
① 뷰는 독자적인 인덱스를 가질 수 없다.
② 뷰의 정의를 변경할 때는 Change View문을 사용한다.
③ 뷰는 논리적 독립성을 제공한다.
④ 뷰로 구성된 내용에 대한 삽입, 갱신, 삭제 연산에는 제약이 따른다.

> 뷰(View)는 정의(CREATE)하거나 제거(DROP)할 수 있지만 정의를 변경할 수는 없습니다.

23년 5월
6. 뷰(VIEW)에 대한 설명으로 옳지 않은 것은?
① 삽입, 삭제, 갱신 연산의 용이
② 데이터의 논리적 독립성 유지
③ 데이터 접근 제어에 의한 보안 제공
④ 사용자의 데이터 관리 용이

> 뷰는 기본 테이블의 기본키를 포함한 속성(열) 집합으로 뷰를 구성해야만 삽입, 삭제, 갱신 연산이 가능합니다. 즉 삽입, 삭제, 갱신 연산이 용이하다고 할 수는 없습니다.

23년 5월, 22년 7월
7. SQL에서 VIEW를 삭제할 때 사용하는 명령은?
① ERASE   ② KILL
③ DROP   ④ DELETE

> 뷰의 생성은 CREATE, 삭제는 DROP입니다.

24년 5월
8. 뷰(VIEW)에 대한 설명으로 옳은 내용을 모두 나열한 것은?

> ㉠ 하나 이상의 기본 테이블로부터 유도되어 만들어지는 물리적인 실제 테이블이다.
> ㉡ 데이터의 접근을 제어하게 함으로써 보안을 제공한다.
> ㉢ 사용자의 데이터 관리를 간단하게 해 준다.
> ㉣ 뷰가 정의된 기본 테이블이 삭제되면, 뷰도 자동적으로 삭제된다.

① ㉠, ㉡   ② ㉠, ㉢, ㉣
③ ㉡, ㉢, ㉣   ④ ㉠, ㉡, ㉢, ㉣

> 뷰(View)는 하나 이상의 기본 테이블로부터 유도된, 이름을 가지는 가상 테이블로 저장장치 내에 물리적으로 존재하지 않습니다.

▶ 정답 : 1.① 2.④ 3.④ 4.④ 5.② 6.① 7.③ 8.③

SECTION 091

시스템 카탈로그 / 트랜잭션

 전문가의 조언

시스템 카탈로그의 특징을 묻는 문제가 출제되었습니다. 사용자는 시스템 카탈로그를 검색할 수는 있지만 갱신할 수는 없다는 것을 기억해 두세요.

1 시스템 카탈로그

25.8, 25.2, 24.7, 24.2, 23.7, 23.5, 22.7, 22.3, 기사 25.8, 25.5, 24.7, 24.5, 24.2, 23.7, 22.7, 22.4, 21.5, 21.3

시스템 카탈로그(System Catalog)는 시스템 그 자체에 관련이 있는 다양한 객체에 관한 정보를 포함하는 시스템 데이터베이스이다.

- 시스템 카탈로그 내의 각 테이블은 사용자를 포함하여 DBMS에서 지원하는 모든 데이터 객체에 대한 정의나 명세에 관한 정보를 유지 관리하는 시스템 테이블이다.
- 데이터 정의어의 결과로 구성되는 기본 테이블, 뷰, 인덱스, 패키지, 접근 권한 등의 데이터베이스 구조 및 통계 정보를 저장한다.
- 카탈로그들이 생성되면 자료 사전(Data Dictionary)에 저장되기 때문에 좁은 의미로는 카탈로그를 자료 사전이라고도 한다.
- 카탈로그에 저장된 정보를 메타 데이터(Meta-Data)라고 한다.
- 카탈로그 자체도 시스템 테이블로 구성되어 있어 일반 이용자도 SQL을 이용하여 내용을 검색해 볼 수 있다.
- INSERT, DELETE, UPDATE문으로 카탈로그를 갱신하는 것은 허용되지 않는다.
- 데이터베이스 시스템에 따라 상이한 구조를 갖는다.
- 카탈로그는 DBMS가 스스로 생성하고 유지한다.
- 카탈로그는 사용자가 SQL문을 실행시켜 기본 테이블, 뷰, 인덱스 등에 변화를 주면 시스템이 자동으로 갱신한다.

 전문가의 조언

트랜잭션의 특성을 묻는 문제가 출제되었습니다. 트랜잭션의 특성을 영어 앞글자만 모아서 ACID라고 합니다. 트랜잭션의 특성 네 가지의 의미를 정확히 기억하세요.

2 트랜잭션

25.5, 25.2, 24.5, 24.2, 22.4, 22.3, 기사 25.8, 25.5, 25.2, 24.7, 24.5, 24.2, 23.7, 22.7, 22.4, 22.3, 21.8, 21.3, 20.9, 20.8, 20.6

트랜잭션(Transaction)은 데이터베이스의 상태를 변환시키는 하나의 논리적 기능을 수행하기 위한 작업의 단위 또는 한꺼번에 모두 수행되어야 할 일련의 연산들을 의미한다.

- 다음은 데이터의 무결성(Integrity)을 보장하기 위하여 DBMS의 트랜잭션이 가져야 할 특성이다.

25.5, 25.2, 24.2, 22.4, 22.3 **Atomicity(원자성)**	• 트랜잭션의 연산은 데이터베이스에 모두 반영되도록 완료(Commit)되든지 아니면 전혀 반영되지 않도록 복구(Rollback)되어야 한다. • 트랜잭션 내의 모든 명령은 반드시 완벽히 수행되어야 하며, 모두가 완벽히 수행되지 않고 어느 하나라도 오류가 발생하면 트랜잭션 전부가 취소되어야 한다.
25.5, 25.2, 24.2, 22.4, 22.3 **Consistency (일관성)**	• 트랜잭션이 그 실행을 성공적으로 완료하면 언제나 일관성 있는 데이터베이스 상태로 변환한다. • 시스템이 가지고 있는 고정 요소는 트랜잭션 수행 전과 트랜잭션 수행 완료 후의 상태가 같아야 한다.

25.5, 25.2, 24.5, 24.2, ... Isolation (독립성, 격리성, 순차성)	• 둘 이상의 트랜잭션이 동시에 병행 실행되는 경우 어느 하나의 트랜잭션 실행 중에 다른 트랜잭션의 연산이 끼어들 수 없다. • 수행중인 트랜잭션은 완전히 완료될 때까지 다른 트랜잭션에서 수행 결과를 참조할 수 없다.
25.5, 24.2, 22.3 Durability (영속성, 지속성)	성공적으로 완료된 트랜잭션의 결과는 시스템이 고장나더라도 영구적으로 반영되어야 한다.

기출문제 따라잡기

24년 7월, 2월, 23년 7월, 22년 3월
1. 시스템 카탈로그에 대한 설명으로 틀린 것은?
① 시스템 자신이 필요로 하는 스키마 및 여러 가지 객체에 관한 정보를 포함하고 있는 시스템 데이터베이스이다.
② 시스템 카탈로그에 저장되는 내용을 메타 데이터라고 한다.
③ 데이터 사전이라고도 한다.
④ 일반 사용자는 시스템 테이블의 내용을 검색할 수 없다.

> 시스템 카탈로그 자체도 테이블로 구성되어 있어 일반 사용자도 SQL을 이용하여 내용을 검색해 볼 수 있습니다. 단, 수정은 불가능합니다.

25년 2월, 23년 5월, 22년 7월
2. 시스템 카탈로그에 대한 설명으로 옳지 않은 것은?
① 시스템 카탈로그는 DBMS가 스스로 생성하고 유지하는 데이터베이스 내의 특별한 테이블들의 집합체이다.
② 시스템 카탈로그는 데이터베이스 구조에 관한 메타 데이터를 포함한다.
③ 일반 사용자들도 SQL을 이용하여 시스템 카탈로그를 직접 갱신할 수 있다.
④ 데이터베이스 구조가 변경될 때마다 DBMS는 자동적으로 시스템 카탈로그 테이블들의 행을 삽입, 삭제, 수정한다.

> 사용자가 시스템 카탈로그 내용을 검색할 수는 있지만 갱신할 수는 없습니다.

25년 2월, 22년 4월, 3월
3. 다음 중 트랜잭션의 특성인 ACID에 속하지 않는 것은?
① Atomicity   ② Consistency
③ Isolation   ④ Detection

> 트랜잭션의 특성은 Atomicity(원자성), Consistency(일관성), Isolation(독립성), Durability(영속성)입니다.

22년 4월
4. 트랜잭션은 자기의 연산에 대하여 전부(All) 또는 전무(Nothing) 실행만이 존재하며, 일부 실행으로는 트랜잭션의 기능을 가질 수 없다는 트랜잭션의 특성은?
① Consistency   ② Atomicity
③ Isolation   ④ Durability

> 원자성(Atomicity)은 All Or Nothing, 즉 전부가 아니면 아무것도 아니라는 뜻입니다.

24년 5월, 22년 3월
5. 다음에 해당하는 트랜잭션(ACID)의 특성은?

> 둘 이상의 트랜잭션이 동시에 병행 실행되는 경우 어느 하나의 트랜잭션 실행 중에 다른 트랜잭션의 연산이 끼어들 수 없다.

① Atomicity   ② Consistency
③ Isolation   ④ Durability

> 어느 하나의 트랜잭션 실행 중에 다른 트랜잭션의 연산이 끼어들 수 없다는 것을 의미하는 트랜잭션의 특성은 Isolation(독립성)입니다.

25년 5월, 24년 2월
6. 트랜잭션(Transaction)의 특성에 대한 설명으로 옳지 않은 것은?
① 원자성(Atomicity)은 트랜잭션의 일부만 수행된 상태로 종료될 수 있다는 특성을 의미한다.
② 일관성(Consistency)은 시스템의 고정 요소는 트랜잭션 수행 전과 수행 완료 후에 같아야 한다는 특성을 의미한다.
③ 고립성(Isolation)은 트랜잭션이 실행될 때마다 다른 트랜잭션의 간섭을 받지 않아야 한다는 성질을 의미한다.
④ 지속성(Duration)은 트랜잭션의 완료 결과가 데이터베이스에 영구히 기억되는 성질을 의미한다.

> 원자성(Atomicity)은 트랜잭션의 연산은 데이터베이스에 모두 반영되도록 완료(Commit)되든지 아니면 전혀 반영되지 않도록 복구(Rollback)되어야 한다는 특성을 의미합니다.

▶ 정답 : 1. ④ 2. ③ 3. ④ 4. ② 5. ③ 6. ①

1장 핵심요약

074 자료 구조

❶ 자료 구조의 분류 25.2, 24.5, 24.2, 23.2
- 선형 구조 : 배열(Array), 선형 리스트(Linear List), 스택(Stack), 큐(Queue), 데크(Deque)
- 비선형 구조 : 트리(Tree), 그래프(Graph)

❷ 스택(Stack) 25.5, 22.4
- 리스트의 한쪽 끝으로만 자료의 삽입, 삭제 작업이 이루어지는 자료 구조이다.
- 스택은 가장 나중에 삽입된 자료가 가장 먼저 삭제되는 후입선출(LIFO) 방식으로 자료를 처리한다.
- 스택을 이용한 연산은 '재귀 호출, 후위(Postfix) 표기법, 깊이 우선 탐색'과 같이 왔던 길을 되돌아가는 경우에 사용한다.

❸ 스택의 응용 분야 24.5, 22.3
- 함수 호출의 순서 제어
- 인터럽트의 처리
- 수식 계산 및 수식 표기법
- 컴파일러를 이용한 언어 번역
- 부 프로그램 호출 시 복귀 주소 저장
- 서브루틴 호출 및 복귀 주소 저장

❹ 스택의 삽입(Push)과 삭제(Pop) 25.8, 24.7, 23.7, 22.5
PUSH는 스택에 자료를 입력하는 명령이고, POP은 스택에서 자료를 출력하는 명령이다.

예 순서가 A, B, C, D로 정해진 입력 자료를 스택에 입력하였다가 B, C, D, A 순서로 출력하는 과정을 나열하시오.

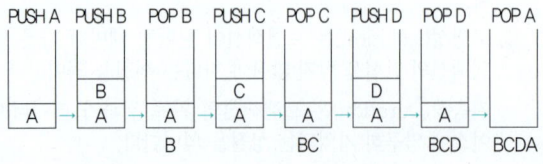

❺ 큐(Queue)
- 리스트의 한쪽에서는 삽입 작업이 이루어지고 다른 한쪽에서는 삭제 작업이 이루어지도록 구성한 자료 구조이다.
- 큐는 가장 먼저 삽입된 자료가 가장 먼저 삭제되는 선입선출(FIFO) 방식으로 처리한다.

❻ 데크(Deque) 25.8, 24.5, 23.2
- 삽입과 삭제가 리스트의 양쪽 끝에서 모두 발생할 수 있는 자료 구조이다.
- 입력이 한쪽에서만 발생하고 출력은 양쪽에서 일어날 수 있는 입력 제한과, 입력은 양쪽에서 일어나고 출력은 한 곳에서만 이루어지는 출력 제한이 있다.

❼ 방향/무방향 그래프의 최대 간선 수 25.2, 22.7, 22.3
n개의 정점으로 구성된 무방향 그래프에서 최대 간선 수는 $\frac{n(n-1)}{2}$이고, 방향 그래프에서 최대 간선 수는 $n(n-1)$이다.

❽ 인접행렬을 이용한 그래프 표현 방법 24.2
- 방향 그래프에서 $V_i V_j$ 관계를 나타내는 행렬의 원소를 P_{ij}라 할 때, 방향 간선이 있으면 행렬의 $P_{ij}=1$, 없으면 $P_{ij}=0$이다.
- 무방향 그래프에서 V_i와 V_j가 서로 인접하면 $P_{ij}=1$, 인접하지 않으면 $P_{ij}=0$이다.

> **문제1** 정점이 4인 방향 그래프가 가질 수 있는 최대 간선 수를 계산하시오.
>
> 답 :
>
> **해설**
> n개의 정점으로 구성된 방향 그래프에서 최대 간선 수는 $n(n-1)$이므로, $4(4-1) = 12$개입니다.

문제2 스택(Stack)에서 순서가 A, B, C, D로 정해진 입력 자료를, push → push → pop → push → push → pop → pop → pop으로 연산 했을 때 출력 결과를 쓰시오.

답 :

해설

PUSH는 스택에 자료를 입력하는 명령이고, POP은 스택에서 자료를 출력하는 명령입니다. 문제에 제시된 대로 PUSH와 POP을 수행하면 다음의 순서로 입출력이 발생합니다.

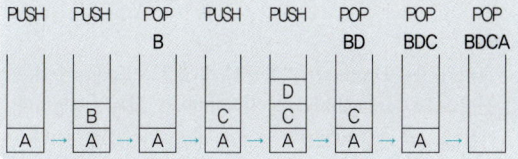

075 트리(Tree)

❶ 트리의 개요 24.2, 23.5

트리는 정점(Node)과 선분(Branch)을 이용하여 사이클을 이루지 않도록 구성한 그래프의 특수한 형태이다.

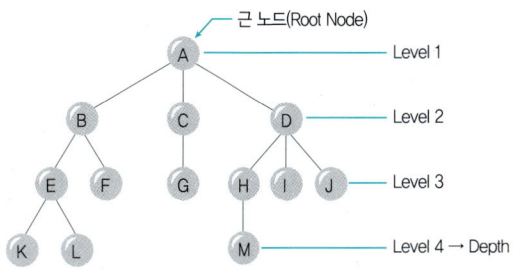

- 노드(Node) : 자료 항목과 다른 항목에 대한 가지(Branch)를 합친 것
  예 A, B, C, D, E, F, G, H, I, J, K, L, M
- 디그리(Degree, 차수) : 각 노드에서 뻗어나온 가지의 수
  예 A = 3, B = 2, C = 1, D = 3
- 단말 노드(Terminal Node) : 자식이 하나도 없는 노드, 즉 디그리가 0인 노드
  예 K, L, F, G, M, I, J

❷ 트리의 운행법 25.8, 25.5, 25.2, 24.7, 23.7, 23.5, 23.2, 22.4

예 다음 트리를 Inorder, Preorder, Postorder 방법으로 운행했을 때 각 노드를 방문한 순서는?

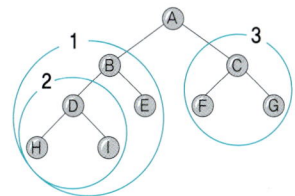

Preorder 운행법의 방문 순서

① Preorder는 Root → Left → Right이므로 A①③이 된다.
② ①은 B②E이므로 AB②E③이 된다.
③ ②는 DHI이므로 ABDHIE③이 된다.
④ ③은 CFG이므로 ABDHIECFG가 된다.

∴ 방문 순서 : ABDHIECFG

Inorder 운행법의 방문 순서

① Inorder는 Left → Root → Right이므로 ①A③이 된다.
② ①은 ②BE이므로 ②BEA③이 된다.
③ ②는 HDI이므로 HDIBEA③이 된다.
④ ③은 FCG이므로 HDIBEAFCG가 된다.

∴ 방문 순서 : HDIBEAFCG

Postorder의 방문 순서

① Postorder는 Left → Right → Root이므로 ①③A가 된다.
② ①은 ②EB이므로 ②EB③A가 된다.
③ ②는 HID이므로 HIDEB③A가 된다.
④ ③은 FGC이므로 HIDEBFGCA가 된다.

∴ 방문 순서 : HIDEBFGCA

❸ 수식의 표기법(Infix → Postfix)

Infix로 표기된 수식에서 연산자를 해당 피연산자 두 개의 뒤(오른쪽)에 오도록 이동하면 Postfix가 된다.

X = A / B * (C + D) + E → X A B / C D + * E + =

① 연산 우선순위에 따라 괄호로 묶는다.
(X = (((A / B) * (C + D)) + E))

정답 1. 12 2. BDCA

1장 핵심요약

② 연산자를 해당 괄호의 뒤로 옮긴다.

X = (((A / B) * (C + D)) + E))

(X (((A B) / (C D) +) * E) +) =

③ 괄호를 제거한다.

X A B / C D + * E + =

④ 수식의 표기법(Infix → Prefix)

Infix로 표기된 수식에서 연산자를 해당 피연산자 두 개의 앞(왼쪽)에 오도록 이동하면 Prefix가 된다.

X = A / B * (C + D) + E → X + * / A B + C D E

① 연산 우선순위에 따라 괄호로 묶는다.
(X = (((A / B) * (C + D)) + E))

② 연산자를 해당 괄호의 앞으로 옮긴다.

(X = (((A / B) * (C + D)) + E))
↓
= (X + (* (/ (A B) + (C D)) E))

③ 괄호를 제거한다.
= X + * / A B + C D E

⑤ 수식의 표기법(Postfix → Infix)

Postfix는 Infix 표기법에서 연산자를 해당 피연산자 2개의 뒤(오른쪽)로 이동한 것이므로 연산자를 다시 해당 피연산자 2개의 가운데로 옮기면 된다.

A B C - / D E F + * + → A / (B - C) + D * (E + F)

① 인접한 피연산자 2개와 오른쪽의 연산자를 괄호로 묶는다.
((A (B C -) /) (D (E F +) *) +)

② 연산자를 해당 피연산자의 가운데로 이동시킨다.
((A (B C -) /) (D (E F +) *) +)
↓
((A / (B - C)) + (D * (E + F)))

③ 필요 없는 괄호를 제거한다.
A / (B - C) + D * (E + F)

문제1 다음 트리의 차수(Degree)와 단말 노드(Terminal Node)의 수를 계산하시오.

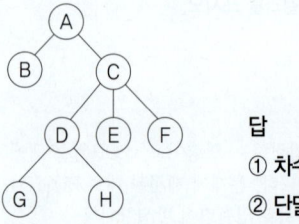

답
① 차수 :
② 단말 노드 :

해설
- 트리의 차수(Degree)는 가장 차수가 많은 노드의 차수이고, 단말 노드(Terminal Node)는 자식이 하나도 없는 노드입니다.
- C의 차수가 가장 많으므로 트리의 차수는 3입니다.
- 자식이 하나도 없는 노드는 B, E, F, G, H로 총 5개입니다.

문제2 다음 트리를 Preorder 운행법으로 운행할 경우 다섯 번째로 탐색되는 것을 쓰시오.

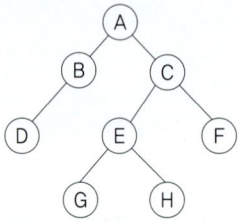

답 :

해설
먼저 서브트리를 하나의 노드로 생각할 수 있도록 서브트리 단위로 묶습니다.

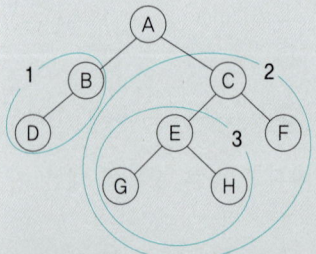

❶ Preorder는 Root → Left → Right 이므로 A12입니다.
❷ 1은 BD이므로 ABD2입니다.
❸ 2는 C3F이므로 ABDC3F입니다.
❹ 3은 EGH이므로 ABDCEGHF입니다.

문제 3 다음 중위 표기법(Infix)의 수식을 후위 표기법(Postfix)으로 표기하시오.

$$(A + B) * C + (D + E)$$

답 :

해설
❶ 연산 우선순위에 따라 괄호로 묶습니다.
$(((A + B) * C) + (D + E))$
❷ 연산자를 해당 괄호의 뒤로 옮깁니다.
$(((A + B) * C) + (D + E))$
↓
$(((A B) + C) * (D E) +) +$
❸ 괄호를 제거합니다.
A B + C * D E + +

문제 4 다음 중위 표기법(Infix)의 수식을 전위 표기법(Prefix)으로 표기하시오.

$$A * B + C - D / E$$

답 :

해설
❶ 연산 우선순위에 따라 괄호로 묶습니다.
$(((A * B) + C) - (D / E))$
❷ 연산자를 해당 괄호의 앞으로 옮깁니다.
$(((A * B) + C) - (D / E))$
↓
$- (+ (* (A B) C) / (D E))$
❸ 괄호를 제거합니다.
$- + * A B C / D E$

문제 5 다음 후위 표기법(Postfix)의 수식을 중위 표기법(Infix)으로 표기하시오.

$$A B C - * D *$$

답 :

해설
❶ 인접한 피연산자 2개와 오른쪽의 연산자를 괄호로 묶습니다.
$((A (B C -) *) D *)$
❷ 연산자를 해당 피연산자의 가운데로 이동시킵니다.
$((A (B C -) *) D *)$
↓
$((A * (B - C)) * D)$
❸ 필요 없는 괄호를 괄호를 제거합니다.
$A * (B - C) * D$

076 정렬(Sort)

❶ 삽입 정렬(Insertion Sort) 25.5, 23.2, 22.7, 22.3

예 8, 5, 6, 2, 4를 삽입 정렬로 정렬하시오.

• 초기 상태 : | 8 | 5 | 6 | 2 | 4 |

• 1회전 : | 8 | 5 | 6 | 2 | 4 | → | 5 | 8 | 6 | 2 | 4 |
두 번째 값 5를 첫 번째 값과 비교하여 첫 번째 자리에 삽입하고 8을 한 칸 뒤로 이동시킨다.

• 2회전 : | 5 | 8 | 6 | 2 | 4 | → | 5 | 6 | 8 | 2 | 4 |
세 번째 값 6을 첫 번째, 두 번째 값과 비교하여 8자리에 삽입하고 8을 한 칸 뒤로 이동시킨다.

• 3회전 : | 5 | 6 | 8 | 2 | 4 | → | 2 | 5 | 6 | 8 | 4 |
네 번째 값 2를 처음부터 비교하여 맨 처음에 삽입하고 나머지를 한 칸씩 뒤로 이동시킨다.

• 4회전 : | 2 | 5 | 6 | 8 | 4 | → | 2 | 4 | 5 | 6 | 8 |
다섯 번째 값 4를 처음부터 비교하여 5자리에 삽입하고 나머지를 한 칸씩 뒤로 이동시킨다.

정답 1. ① 3 ② 5 2. E 3. A B + C * D E + + 4. - + * A B C / D E 5. A * (B - C) * D

1장 핵심요약

❷ 선택 정렬(Selection Sort) 25.8, 24.5

n개의 레코드 중에서 최소값을 찾아 첫 번째 레코드 위치에 놓고, 나머지 (n−1)개 중에서 다시 최소값을 찾아 두 번째 레코드 위치에 놓는 방식을 반복하여 정렬한다.

예 8, 5, 6, 2, 4를 선택 정렬로 정렬하시오.

- 초기 상태 : 8 5 6 2 4

- 1회전 : 8 5 6 2 4 → 2 5 6 8 4

  첫 번째부터 마지막 값 중 최소값 2를 찾아 첫 번째 값 8과 위치를 교환한다.

- 2회전 : 2 5 6 8 4 → 2 4 6 8 5

  두 번째부터 마지막 값 중 최소값 4를 찾아 두 번째 값 5와 위치를 교환한다.

- 3회전 : 2 4 6 8 5 → 2 4 5 8 6

  세 번째부터 마지막 값 중 최소값 5를 찾아 세 번째 값 6과 위치를 교환한다.

- 4회전 : 2 4 5 8 6 → 2 4 5 6 8

  네 번째부터 마지막 값 중 최소값 6을 찾아 네 번째 값 8과 위치를 교환한다.

❸ 버블 정렬(Bubble Sort) 25.2, 24.7, 22.4, 22.3

주어진 파일에서 인접한 두 개의 레코드 키 값을 비교하여 그 크기에 따라 레코드 위치를 서로 교환한다.

예 8, 5, 6, 2, 4를 버블 정렬로 정렬하시오.

- 초기 상태 : 8 5 6 2 4

- 1회전 : 5 8 6 2 4 → 5 6 8 2 4
  → 5 6 2 8 4 → 5 6 2 4 8

- 2회전 : 5 6 2 4 8 → 5 2 6 4 8
  → 5 2 4 6 8

- 3회전 : 2 5 4 6 8 → 2 4 5 6 8

- 4회전 : 2 4 5 6 8

문제 1 다음 자료에 대하여 삽입(Insertion) 정렬을 이용하여 오름차순 정렬할 경우 1회전 후의 결과를 쓰시오.

5, 4, 3, 2, 1

답 :

해설

- 1회전 : 5 4 3 2 1 → **4 5 3 2 1**

  두 번째 값 4를 첫 번째 값과 비교하여 첫 번째 자리에 삽입하고 5를 한 칸 뒤로 이동시킵니다.

- 2회전 : 4 5 3 2 1 → 3 4 5 2 1

  세 번째 값 3을 첫 번째, 두 번째 값과 비교하여 4자리에 삽입하고 4, 5는 한 칸씩 뒤로 이동시킵니다.

- 3회전 : 3 4 5 2 1 → 2 3 4 5 1

  네 번째 값 2를 첫 번째, 두 번째, 세 번째 값과 비교하여 3자리에 삽입하고 3, 4, 5는 한 칸씩 뒤로 이동시킵니다.

- 4회전 : 2 3 4 5 1 → 1 2 3 4 5

  다섯 번째 값 1을 처음부터 비교하여 2자리에 삽입하고 나머지를 한 칸씩 뒤로 이동시킵니다.

문제 2 다음 자료에 대하여 선택(Selection) 정렬을 이용하여 오름차순 정렬할 경우 1회전 후의 결과를 쓰시오.

8, 3, 4, 9, 7

답 :

해설

- 1회전 : 8 3 4 9 7 → **3 8 4 9 7**

  첫 번째부터 마지막 값 중 최소값 3을 찾아 첫 번째 값 8과 위치를 교환합니다.

- 2회전 : 3 8 4 9 7 → 3 4 8 9 7

  두 번째부터 마지막 값 중 최소값 4를 찾아 두 번째 값 8과 위치를 교환합니다.

- 3회전 : 3 4 8 9 7 → 3 4 7 9 8

  세 번째부터 마지막 값 중 최소값 7을 찾아 세 번째 값 8과 위치를 교환합니다.

- 4회전 : 3 4 7 9 8 → 3 4 7 8 9

  네 번째부터 마지막 값 중 최소값 8을 찾아 네 번째 값 9와 위치를 교환합니다.

문제 3 다음 자료에 대하여 버블(Bubble) 정렬을 이용하여 오름차순 정렬할 경우 1회전 후의 결과를 쓰시오.

| 9, 4, 5, 1, 3 |

답 :

해설

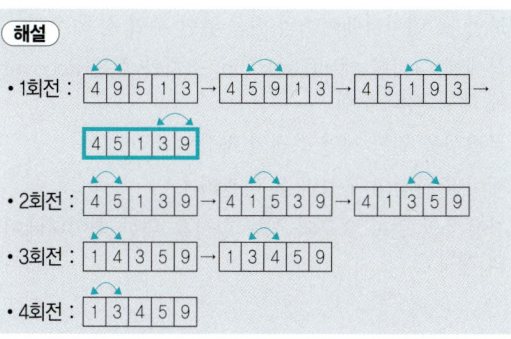

077 검색 – 이분 검색 / 해싱

❶ 이분 검색(이진 검색)
- 반드시 순서화(정렬)된 파일이어야 검색할 수 있다.
- 비교 횟수를 거듭할 때마다 검색 대상이 되는 데이터의 수가 절반으로 줄어든다.
- 탐색 효율이 좋고 탐색 시간이 적게 소요된다.
- 중간 레코드 번호(M) : $\dfrac{F + L}{2}$

  (단, F : 첫 번째 레코드 번호, L : 마지막 레코드 번호)

❷ 해시 테이블(Hash Table) 25.2, 24.2, 23.5, 22.3
- 슬롯(Slot) : 한 개의 레코드를 저장할 수 있는 공간으로 n개의 슬롯이 모여 하나의 버킷을 형성함
- Collision(충돌 현상) : 서로 다른 두 개 이상의 레코드가 같은 주소를 갖는 현상
- Synonym : 충돌로 인해 같은 Home Address를 갖는 레코드들의 집합

❸ 주요 해싱 함수 25.8, 25.5, 23.7
- 제산법(Division) : 레코드 키(K)를 해시표(Hash Table)의 크기보다 큰 수 중에서 가장 작은 소수(Prime, Q)로 나눈 나머지를 홈 주소로 삼는 방식
- 제곱법(Mid-Square) : 레코드 키 값(K)을 제곱한 후 그 중간 부분의 값을 홈 주소로 삼는 방식
- 폴딩법(Folding) : 레코드 키 값(K)을 여러 부분으로 나눈 후 각 부분의 값을 더하거나 XOR(배타적 논리합)한 값을 홈 주소로 삼는 방식
- 숫자 분석법(Digit Analysis) : 키 값을 이루는 숫자의 분포를 분석하여 비교적 고른 자리를 필요한 만큼 택해서 홈 주소로 삼는 방식

문제 4 다음과 같이 레코드가 구성되어 있을 때, 이진 검색 방법으로 10을 찾을 경우 비교되는 횟수를 계산하시오.

| 1 2 3 4 5 6 7 8 9 10 11 12 13 14 15 |

답 :

해설

❶ 첫 번째 값(F)과 마지막 값(L)을 이용하여 중간 값 M을 구한 후 찾으려는 값과 비교합니다.

M = (1+15) / 2 = 8, 8이 찾으려는 값인지 확인합니다. 8은 찾으려는 값 10보다 작으므로 찾는 값은 9~15에 있습니다. ← 1회 비교

❷ F = 9, L = 15, M = (9+15) / 2 = 12, 12가 찾으려는 값인지 확인합니다. 12는 찾으려는 값 10보다 크므로 찾는 값은 9~11에 있습니다. ← 2회 비교

❸ F = 9, L = 11, M = (9+11) / 2 = 10, 10이 찾으려는 값인지 비교합니다. 10은 찾는 값입니다. ← 3회 비교

정답 1. 4, 5, 3, 2, 1 2. 3, 8, 4, 9, 7 3. 4, 5, 1, 3, 9 4. 3

1장 핵심요약

078 데이터베이스 개요

❶ 데이터베이스의 정의 24.5
- 통합된 데이터(Integrated Data) : 자료의 중복을 배제한 데이터의 모임
- 저장된 데이터(Stored Data) : 컴퓨터가 접근할 수 있는 저장 매체에 저장된 자료
- 운영 데이터(Operational Data) : 조직의 고유한 업무를 수행하는 데 존재 가치가 확실하고 없어서는 안 될 반드시 필요한 자료
- 공용 데이터(Shared Data) : 여러 응용 시스템들이 공동으로 소유하고 유지하는 자료

❷ DBMS의 필수 기능 25.2, 23.2, 22.7, 22.4
- 정의 기능(Definition) : 모든 응용 프로그램들이 요구하는 데이터 구조를 지원하기 위해 데이터베이스에 저장될 데이터의 형(Type)과 구조에 대한 정의, 이용 방식, 제약 조건 등을 명시하는 기능
- 조작 기능(Manipulation) : 데이터 검색, 갱신, 삽입, 삭제 등을 체계적으로 처리하기 위해 사용자와 데이터베이스 사이의 인터페이스 수단을 제공하는 기능
- 제어 기능(Control) : 데이터베이스를 접근하는 갱신, 삽입, 삭제 작업이 정확하게 수행되어 데이터의 무결성이 유지되도록 제어하는 기능

❸ 스키마(Schema) 25.8, 25.2, 24.5, 23.7, 23.5
- 데이터베이스의 구조와 제약 조건에 관한 전반적인 명세를 기술한 메타 데이터의 집합이다.
- 외부 스키마 : 사용자나 응용 프로그래머가 각 개인의 입장에서 필요로 하는 데이터베이스의 논리적 구조를 정의한 것
- 개념 스키마 : 데이터베이스의 전체적인 논리적 구조로서, 개체 간의 관계와 제약 조건을 나타내고, 데이터베이스의 접근 권한, 보안 및 무결성 규칙에 관한 명세를 정의함
- 내부 스키마 : 물리적 저장장치의 입장에서 본 데이터베이스 구조로서, 실제로 데이터베이스에 저장될 레코드의 형식을 정의하고 저장 데이터 항목의 표현 방법, 내부 레코드의 물리적 순서 등을 나타냄

❹ DBA(데이터베이스 관리자)의 역할 25.2, 24.7, 24.2
- 데이터베이스 구성 요소 결정
- 데이터 독립성의 유지
- 개념 스키마 및 내부 스키마 정의
- 데이터베이스의 저장 구조 및 접근 방법 정의
- 보안 및 데이터베이스의 접근 권한 부여 정책 수립
- 장애에 대비한 예비(Back Up) 조치와 회복(Recovery)에 대한 전략 수립
- 무결성을 위한 제약 조건의 지정
- 데이터 사전의 구성과 유지 관리
- 사용자의 변화 요구와 성능 향상을 위한 데이터베이스의 재구성

079 데이터베이스 설계

❶ 데이터베이스 설계 순서 22.7
요구 조건 분석 → 개념적 설계 → 논리적 설계 → 물리적 설계 → 구현

❷ 개념적 설계(정보 모델링, 개념화) 24.7, 24.5, 24.2
- 정보의 구조를 얻기 위하여 현실 세계의 무한성과 계속성을 이해하고, 다른 사람과 통신하기 위하여 현실 세계에 대한 인식을 추상적 개념으로 표현하는 과정이다.
- 개념 스키마 모델링과 트랜잭션 모델링을 병행 수행한다.
- 요구 분석 단계에서 나온 결과인 요구 조건 명세를 DBMS에 독립적인 E-R 다이어그램으로 작성한다.
- DBMS에 독립적인 개념 스키마를 설계한다.

❸ 논리적 설계 25.5, 24.5, 23.7, 23.5, 23.2
- 현실 세계에서 발생하는 자료를 컴퓨터가 이해하고 처리할 수 있는 물리적 저장장치에 저장할 수 있도록 변환하기 위해 특정 DBMS가 지원하는 논리적 자료 구조로 변환(Mapping)시키는 과정이다.
- 개념 스키마를 평가 및 정제하고 DBMS에 따라 서로 다른 논리적 스키마를 설계하는 단계이다.
- 트랜잭션의 인터페이스를 설계한다.

④ 물리적 설계 [25.8, 25.5, 24.5, 24.2, 23.7, 22.3]

- 논리적 설계 단계에서 논리적 구조로 표현된 데이터를 디스크 등의 물리적 저장장치에 저장할 수 있는 물리적 구조의 데이터로 변환하는 과정이다.
- 다양한 데이터베이스 응용에 대해 처리 성능을 얻기 위해 데이터베이스 파일의 저장 구조 및 액세스 경로를 결정한다.
- 물리적 설계 단계에 꼭 포함되어야 할 것 : 저장 레코드의 양식 설계, 레코드 집중의 분석 및 설계, 접근 경로 설계 등
- 물리적 설계 옵션 선택 시 고려 사항 : 응답 시간, 저장 공간의 효율화, 트랜잭션 처리도

080 데이터 모델의 개념

❶ 데이터 모델에 표시할 요소 [24.5]

- 구조(Structure) : 논리적으로 표현된 개체 타입들 간의 관계로서 데이터 구조 및 정적 성질을 표현함
- 연산(Operation) : 데이터베이스에 저장된 실제 데이터를 처리하는 작업에 대한 명세로서 데이터베이스를 조작하는 기본 도구임
- 제약 조건(Constraint) : 데이터베이스에 저장될 수 있는 실제 데이터의 논리적인 제약 조건임

❷ 데이터 모델의 구성 요소 – 개체(Entity)

- 데이터베이스에 표현하려는 것으로, 사람이 생각하는 개념이나 정보 단위 같은 현실 세계의 대상체이다.
- 실세계에 독립적으로 존재하는 유형, 무형의 정보로서 서로 연관된 몇 개의 속성으로 구성된다.

❸ 데이터 모델의 구성 요소 – 관계(Relationship)

- 개체 간의 관계 또는 속성 간의 관계이다.
- 관계의 형태
  - 일 대 일(1:1) : 개체 집합 A의 각 원소가 개체 집합 B의 원소 한 개와 대응하는 관계
  - 일 대 다(1:n) : 개체 집합 A의 각 원소는 개체 집합 B의 원소 여러 개와 대응하고 있지만, 개체 집합 B의 각 원소는 개체 집합 A의 원소 한 개와 대응하는 관계
  - 다 대 다(n:m) : 개체 집합 A의 각 원소는 개체 집합 B의 원소 여러 개와 대응하고, 개체 집합 B의 각 원소도 개체 집합 A의 원소 여러 개와 대응하는 관계

081 E-R(개체-관계) 모델

❶ E-R 다이어그램 [25.5, 25.2, 24.5, 24.2, 23.7, 23.5, 22.7, 22.4, 22.3]

기호	기호 이름	의미
사각형	사각형	개체(Entity) 타입
마름모	마름모	관계(Relationship) 타입
타원	타원	속성(Attribute)
이중 타원	이중 타원	다중값 속성(복합 속성)
선	선, 링크	개체 타입과 속성을 연결

082 관계형 데이터 모델

❶ 관계형 데이터 모델(Relational Data Model)의 개요 [25.5, 23.7, 22.7]

- 2차원적인 표(Table)를 이용해서 데이터 상호 관계를 정의하는 DB 구조를 말한다.
- 가장 널리 사용되는 데이터 모델이다.
- 관계형 모델의 대표적인 언어는 SQL이다.

1장 핵심요약

083 관계형 데이터베이스의 구조

❶ 릴레이션(Relation)
데이터들을 표(Table)의 형태로 표현한 것으로 구조를 나타내는 릴레이션 스키마와 실제 값들인 릴레이션 인스턴스로 구성된다.

〈학생〉 릴레이션

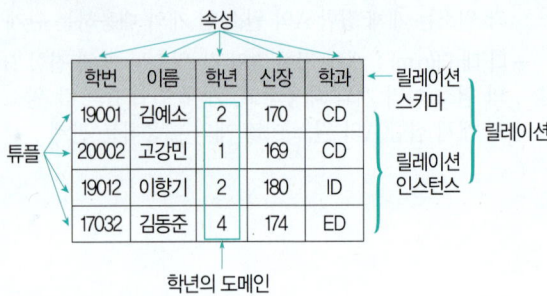

❷ 튜플(Tuple) 24.5, 23.7, 22.7, 22.4, 22.3
- 릴레이션을 구성하는 각각의 행이다.
- 튜플은 속성의 모임으로 구성된다.
- 튜플의 수 = 카디널리티(Cardinality) = 기수 = 대응수

❸ 속성(Attribute) 25.8, 25.5, 24.5, 23.7, 23.2, 22.4, 22.3
- 데이터베이스를 구성하는 가장 작은 논리적 단위이다.
- 속성은 개체의 특성을 기술한다.
- 속성의 수 = 디그리(Degree) = 차수

❹ 도메인(Domain) 24.7
하나의 애트리뷰트(Attribute)가 취할 수 있는 같은 타입의 원자(Atomic)값들의 집합이다.
<예> 성별 도메인은 '남'과 '여'임

❺ 릴레이션의 특징 25.5, 24.5, 23.2, 22.4
- 한 릴레이션에 포함된 튜플들은 모두 상이하다.
- 한 릴레이션에 포함된 튜플 사이에는 순서가 없다.
- 튜플들의 삽입, 삭제 등의 작업으로 인해 릴레이션은 시간에 따라 변한다.
- 릴레이션 스키마를 구성하는 속성들 간의 순서는 중요하지 않다.
- 속성의 유일한 식별을 위해 속성의 명칭은 유일해야 하지만, 속성을 구성하는 값은 동일한 값이 있을 수 있다.
- 속성은 더 이상 쪼갤 수 없는 원자값만을 저장한다.

문제1 다음 관계형 데이터 모델에서 Relation, Attribute, Tuple의 수를 쓰시오.

이름	학과	학년	성별
김은소	정보처리	2	여
강현준	컴퓨터공학	3	남
고강민	정보처리	1	남
이단비	컴퓨터공학	1	여
한중희	컴퓨터공학	2	남

답 :
① 릴레이션(Relation) :
② 속성(Attribute) :
③ 튜플(Tuple) :

해설
- 릴레이션(Relation)은 테이블, 속성(Attribute)은 테이블의 열, 튜플(Tuple)은 테이블의 행을 의미합니다.
- 문제의 표는 한 개의 릴레이션, 4개의 속성, 5개의 튜플을 표현하고 있습니다.

084 관계형 데이터베이스의 제약 조건 - 키(Key)

① 후보키(Candidate Key) 25.2, 22.4
- 릴레이션을 구성하는 속성들 중에서 튜플을 유일하게 식별하기 위해 사용하는 속성들의 부분집합이다.
- 릴레이션에 있는 모든 튜플에 대해서 유일성과 최소성을 만족시켜야 한다.

② 기본키(Primary Key) 22.7
- 후보키 중에서 특별히 선정된 주키(Main Key)로 중복된 값을 가질 수 없다.
- 한 릴레이션에서 특정 튜플을 유일하게 구별할 수 있는 속성이다.

③ 대체키(Alternate Key) 25.2, 22.4
후보키가 둘 이상일 때 기본키를 제외한 나머지 후보키를 의미하며, 보조키라고도 한다.

④ 슈퍼키(Super Key) 25.2, 22.4
- 한 릴레이션 내에 있는 속성들의 집합으로 구성된 키이다.
- 릴레이션을 구성하는 모든 튜플에 대해 유일성은 만족시키지만, 최소성은 만족시키지 못한다.

⑤ 외래키(Foreign Key) 25.2, 24.2, 22.4
- 다른 릴레이션의 기본키를 참조하는 속성 또는 속성들의 집합을 의미한다.
- 한 릴레이션에 속한 속성 A와 참조 릴레이션의 기본키인 B가 동일한 도메인 상에서 정의되었을 때의 속성 A를 외래키라고 한다.

⑥ 널값(NULL Value) 25.5, 22.7
데이터베이스에서 아직 알려지지 않거나 모르는 값으로서 '해당 없음' 등의 이유로 정보 부재를 나타내기 위해 사용하는, 이론적으로 아무것도 없는 특수한 데이터를 말한다.

085 관계형 데이터베이스의 제약 조건 - 무결성

① 개체 무결성(Entity Integrity, 실체 무결성) 25.8, 25.5, 24.5, 23.5, ···
기본 테이블의 기본키를 구성하는 어떤 속성도 Null 값이나 중복값을 가질 수 없다는 규정이다.

② 도메인 무결성(Domain Integrity, 영역 무결성) 25.5, 23.5
주어진 속성 값이 정의된 도메인에 속한 값이어야 한다는 규정이다.

③ 참조 무결성(Referential Integrity) 25.5, 23.5
외래키 값은 Null이거나 참조 릴레이션의 기본키 값과 동일해야 한다. 즉 릴레이션은 참조할 수 없는 외래키 값을 가질 수 없다는 규정이다.

④ 사용자 정의 무결성(User-Defined Integrity) 25.5, 23.5
속성 값들이 사용자가 정의한 제약 조건에 만족해야 한다는 규정이다.

086 관계대수 및 관계해석

① 관계대수의 개요 25.2, 24.7, 23.7, 23.5, 22.7
- 관계형 데이터베이스에서 원하는 정보와 그 정보를 어떻게 유도하는가를 기술하는 절차적인 언어이다.
- 릴레이션을 처리하기 위해 연산자와 연산규칙을 제공하는 언어로 피연산자가 릴레이션이고, 결과도 릴레이션이다.
- 질의에 대한 해를 구하기 위해 수행해야 할 연산의 순서를 명시한다.

정답 1. ① ② ④ ③ ⑤

1장 핵심요약

❷ 순수 관계 연산자 24.5, 24.2

연산자	설명	기호
Select	• 릴레이션에 존재하는 튜플 중에서 선택 조건을 만족하는 튜플의 부분집합을 구하여 새로운 릴레이션을 만드는 연산 • 릴레이션의 행(가로)에 해당하는 튜플(Tuple)을 추출함	시그마 (σ)
Project	• 주어진 릴레이션에서 속성 리스트에 제시된 속성 값만을 추출하여 새로운 릴레이션을 만드는 연산 • 릴레이션의 열(세로)에 해당하는 속성(Attribute)을 추출함	파이 (π)
Join	공통 속성을 중심으로 두 개의 릴레이션을 하나로 합쳐서 새로운 릴레이션을 만드는 연산	⋈
Division	X⊃Y인 두 개의 릴레이션 R(X)와 S(Y)가 있을 때, R의 속성이 S의 속성 값을 모두 가진 튜플에서 S가 가진 속성을 제외한 속성만을 구하는 연산	÷

❸ 일반 집합 연산자 25.8, 25.5, 25.2, 24.7, 23.7, 23.2, 22.7, 22.4, 22.3

연산자	카디널리티	기호
합집합(UNION)	카디널리티는 두 릴레이션 카디널리티의 합보다 크지 않음	∪
교집합(INTERSECTION)	카디널리티는 두 릴레이션 중 카디널리티가 적은 릴레이션의 카디널리티보다 크지 않음	∩
차집합(DIFFERENCE)	카디널리티는 릴레이션 R의 카디널리티 보다 크지 않음	-
교차곱(CARTESIAN PRODUCT)	디그리는 두 릴레이션의 디그리를 더한 것과 같고, 카디널리티는 두 릴레이션의 카디널리티를 곱한 것과 같음	×

❹ 관계해석(Relational Calculus) 25.8, 25.2, 24.7, 23.7, 23.5, 22.7

- 코드(E. F. Codd)가 수학의 Predicate Calculus(술어 해석)에 기반을 두고 관계 데이터베이스를 위해 제안했다.
- 관계해석은 원하는 정보가 무엇이라는 것만 정의하는 비절차적 특성을 지닌다.
- 기본적으로 관계해석과 관계대수는 관계 데이터베이스를 처리하는 기능과 능력면에서 동등하다.

문제1 릴레이션 R의 차수(Degree)가 3, 카디널리티(Cardinality)가 3, 릴레이션 S의 차수가 4, 카디널리티가 4일 때, 두 릴레이션을 카티션 프로덕트(Cartesian Product)한 결과 릴레이션의 차수와 카디널리티를 계산하시오.

답
① 차수(Degree) :
② 카디널리티(Cardinality) :

> **해설**
> - 교차곱(Cartesian Product)은 두 릴레이션의 차수(Degree)는 더하고, 카디널리티(Cardinality)는 곱하면 됩니다.
> - 차수는 3 + 4 = 7, 카디널리티는 3 × 4 = 12입니다.

087 정규화(Normalization)

❶ 정규화의 개요 23.2

- 함수적 종속성 등의 종속성 이론을 이용하여 잘못 설계된 관계형 스키마를 더 작은 속성의 세트로 쪼개어 바람직한 스키마로 만들어 가는 과정이다.
- 하나의 종속성이 하나의 릴레이션에 표현될 수 있도록 분해해가는 과정이라 할 수 있다.

❷ 정규화의 목적 25.8, 23.7

- 어떠한 릴레이션이라도 데이터베이스 내에서 표현 가능하게 만든다.
- 데이터 중복을 배제하여 이상(Anomaly)의 발생 방지 및 자료 저장 공간의 최소화가 가능하다.
- 데이터 삽입 시 릴레이션을 재구성할 필요성을 줄인다.

❸ 정규화 과정 _{25.5, 25.2, 24.7, 24.5, 23.4, 22.7, 22.4, 22.3}

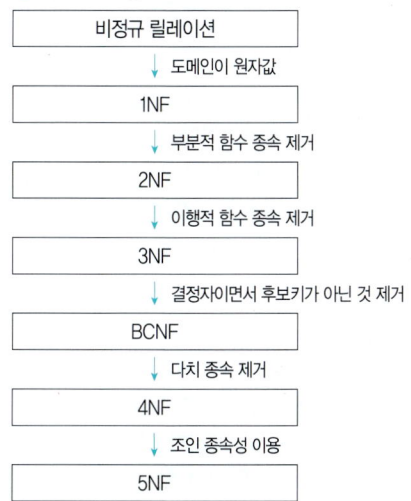

정규화 단계 암기 요령

두부를 좋아하는 정규화가 두부가게에 가서 가게에 있는 두부를 다 달라고 말하니 주인이 깜짝 놀라며 말했다.

두부이걸다줘? ≒ 도부이걸다조

- **도**메인이 원자값
- **부**분적 함수 종속 제거
- **이**행적 함수 종속 제거
- **결**정자이면서 후보키가 아닌 것 제거
- **다**치 종속 제거
- **조**인 종속성 이용

❹ 이상(Anomaly)의 개념 및 종류 _{25.8, 24.5, 22.4}

- 정규화를 거치지 않으면 데이터베이스 내에 데이터들이 불필요하게 중복되어 릴레이션 조작 시 발생하는 예기치 못한 곤란한 현상을 의미한다.
- 삽입 이상(Insertion Anomaly) : 릴레이션에 데이터를 삽입할 때 의도와는 상관없이 원하지 않은 값들도 함께 삽입되는 현상
- 삭제 이상(Deletion Anomaly) : 릴레이션에서 한 튜플을 삭제할 때 의도와는 상관없는 값들도 함께 삭제되는 연쇄가 일어나는 현상
- 갱신 이상(Update Anomaly) : 릴레이션에서 튜플에 있는 속성값을 갱신할 때 일부 튜플의 정보만 갱신되어 정보에 모순이 생기는 현상

❺ 함수적 종속(Functional Dependency)

데이터들이 어떤 기준값에 의해 종속되는 것을 의미한다.

> 예 〈수강〉 릴레이션이 (학번, 이름, 과목명)으로 되어 있을 때, '학번'이 결정되면 '과목명'에 상관없이 '학번'에는 항상 같은 '이름'이 대응된다. '학번'에 따라 '이름'이 결정될 때 '이름'을 '학번'에 함수 종속적이라고 하며 '학번 → 이름'과 같이 쓴다.

❻ 이행적 종속(Transitive Dependency) 관계

A → B이고 B → C일 때 A → C를 만족하는 관계를 의미한다.

088 반정규화(Denormalization)

❶ 반정규화의 개념

시스템의 성능 향상, 개발 및 운영의 편의성 등을 위해 정규화된 데이터 모델을 통합, 중복, 분리하는 과정으로, 의도적으로 정규화 원칙을 위배하는 행위이다.

❷ 중복 테이블 추가 방법

- 집계 테이블의 추가
- 진행 테이블의 추가
- 특정 부분만을 포함하는 테이블의 추가

089 인덱스(Index)

❶ 인덱스(Index)의 개요

- 데이터 레코드를 빠르게 접근하기 위해 〈키 값, 포인터〉 쌍으로 구성되는 데이터 구조이다.
- 데이터가 저장된 물리적 구조와 밀접한 관계가 있다.
- 인덱스를 통해서 파일의 레코드에 대한 액세스를 빠르게 수행할 수 있다.
- 레코드의 삽입과 삭제가 수시로 일어나는 경우에는 인덱스의 개수를 최소로 하는 것이 효율적이다.

정답 1. ① 7 ② 12

1장 핵심요약

❷ 인덱스의 종류

- **트리 기반 인덱스** : 인덱스를 저장하는 블록들이 트리 구조를 이루고 있는 것으로, 상용 DBMS에서는 트리 구조 기반의 B+ 트리 인덱스를 주로 활용함
- **비트맵 인덱스** : 인덱스 컬럼의 데이터를 Bit 값인 0 또는 1로 변환하여 인덱스 키로 사용하는 방법
- **함수 기반 인덱스** : 컬럼의 값 대신 컬럼에 특정 함수(Function)나 수식(Expression)을 적용하여 산출된 값을 사용하는 것으로, B+ 트리 인덱스 또는 비트맵 인덱스를 생성하여 사용함
- **비트맵 조인 인덱스** : 다수의 조인된 객체로 구성된 인덱스로, 단일 객체로 구성된 일반적인 인덱스와 액세스 방법이 다름
- **도메인 인덱스** : 개발자가 필요한 인덱스를 직접 만들어 사용하는 것으로, 확장형 인덱스(Extensible Index)라고도 함

090 뷰(View)

❶ 뷰의 개요 25.5, 25.2, 24.7, 24.5, 24.2, 23.5, 23.2, 22.7, 22.4, 22.3

- 사용자에게 접근이 허용된 자료만을 제한적으로 보여주기 위해 하나 이상의 기본 테이블로부터 유도된, 이름을 가지는 가상 테이블이다.
- 기본 테이블의 기본키를 포함한 속성(열) 집합으로 뷰를 구성해야만 삽입, 삭제, 갱신 연산이 가능하다.
- 뷰가 정의된 기본 테이블이나 뷰를 삭제하면 그 테이블이나 뷰를 기초로 정의된 다른 뷰도 자동으로 삭제된다.
- 뷰를 정의할 때는 CREATE문, 제거할 때는 DROP문을 사용한다.

❷ 뷰의 장·단점 25.5, 23.5, 22.7, 22.4, 22.3

장점	• 논리적 데이터 독립성을 제공함 • 사용자의 데이터 관리를 간단하게 해줌 • 접근 제어를 통한 자동 보안이 제공됨
단점	• 독립적인 인덱스를 가질 수 없음 • 뷰의 정의를 변경할 수 없음 • 뷰로 구성된 내용에 대한 삽입, 삭제, 갱신 연산에 제약이 따름

091 시스템 카탈로그 / 트랜잭션

❶ 시스템 카탈로그 25.8, 25.2, 24.7, 24.2, 23.7, 23.5, 22.7, 22.3

- 시스템 그 자체에 관련이 있는 다양한 객체에 관한 정보를 포함하는 시스템 데이터베이스이다.
- 카탈로그 자체도 시스템 테이블로 구성되어 있어 일반 이용자도 SQL을 이용하여 내용을 검색해 볼 수 있다.
- INSERT, DELETE, UPDATE문으로 갱신하는 것은 허용하지 않는다.

❷ 트랜잭션(Transaction)의 특성 25.5, 25.2, 24.5, 24.2, 22.4, 22.3

- **Atomicity(원자성)** : 트랜잭션의 연산은 데이터베이스에 모두 반영되도록 완료(Commit)되든지 아니면 전혀 반영되지 않도록 복구(Rollback)되어야 함
- **Consistency(일관성)** : 트랜잭션이 그 실행을 성공적으로 완료하면 언제나 일관성 있는 데이터베이스 상태로 변환함
- **Isolation(독립성)** : 둘 이상의 트랜잭션이 동시에 병행 실행되는 경우 어느 하나의 트랜잭션 실행 중에 다른 트랜잭션의 연산이 끼어들 수 없음
- **Durability(영속성)** : 성공적으로 완료된 트랜잭션의 결과는 시스템이 고장나더라도 영구적으로 반영되어야 함

2장 SQL 활용

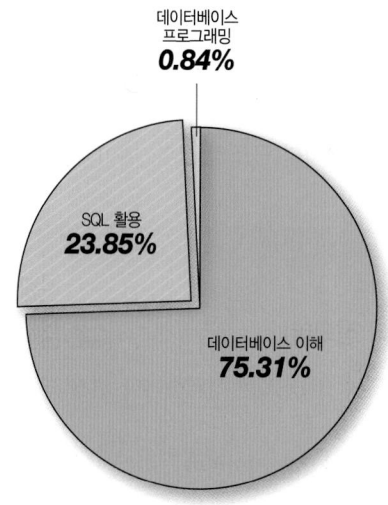

092 SQL의 개념 Ⓐ등급
093 DDL Ⓒ등급
094 DCL Ⓒ등급
095 DML Ⓑ등급
096 DML - SELECT-1 Ⓐ등급
097 DML - SELECT-2 Ⓑ등급
098 DML - JOIN Ⓒ등급

꼭 알아야 할 키워드 Best 10

1. SQL 2. DDL 3. DROP 4. DCL 5. GRANT 6. DML 7. DELETE 8. SELECT 9. DISTINCT 10. JOIN

SECTION 092

SQL의 개념

전문가의 조언

SQL은 관계형 데이터베이스의 표준 질의어로 정의, 조작, 제어 기능이 있습니다. 간단하게 개념을 숙지하세요.

질의어(Query Language)

질의어는 데이터베이스 파일과 범용 프로그래밍 언어를 정확히 알지 못하는 단말 사용자들이 단말기를 통해서 대화식으로 쉽게 DB를 이용할 수 있도록 되어 있는 비절차어의 일종입니다.

전문가의 조언

SQL은 사용 용도에 따라 DDL(데이터 정의어), DML(데이터 조작어), DCL(데이터 제어어)로 구분됩니다. 단순히 성격이 다른 명령어를 찾는 문제가 출제됩니다. 종류별로 어떠한 명령어들이 있는지 암기하세요. 각 명령어의 기능은 다음 섹션부터 배웁니다.

1 SQL(Structured Query Language)의 개요

- 1974년 IBM 연구소에서 개발한 SEQUEL에서 유래한다.
- 국제 표준 데이터베이스 언어이며, 많은 회사에서 관계형 데이터베이스(RDB)를 지원하는 언어로 채택하고 있다.
- 관계대수와 관계해석을 기초로 한 혼합 데이터 언어이다.
- 질의어*지만 질의 기능만 있는 것이 아니라 데이터 구조의 정의, 데이터 조작, 데이터 제어 기능을 모두 갖추고 있다.
- SQL은 DDL, DML, DCL로 분류된다.

2 DDL(Data Define Language, 데이터 정의어)

24.7, 24.5, 24.2, 23.7, 22.3, 기사 25.5, 25.2, 24.2, 23.7, 23.2, 22.7, 22.4, 21.8, 21.5, 21.3, 20.6

DDL은 SCHEMA, DOMAIN, TABLE, VIEW, INDEX를 정의하거나 변경 또는 삭제할 때 사용하는 언어이다.

- 논리적 데이터 구조와 물리적 데이터 구조의 사상을 정의한다.
- 데이터베이스 관리자나 데이터베이스 설계자가 사용한다.
- DDL(데이터 정의어)의 세 가지 유형

명령어	기능
24.7, 24.5, 24.2, 22.3 CREATE	SCHEMA, DOMAIN, TABLE, VIEW, INDEX를 정의한다.
24.7, 24.5, 24.2, 23.7 ALTER	TABLE에 대한 정의를 변경하는 데 사용한다.
24.7, 24.5, 24.2, 22.3 DROP	SCHEMA, DOMAIN, TABLE, VIEW, INDEX를 삭제한다.

3 DML(Data Manipulation Language, 데이터 조작어)

25.8, 25.2, 24.7, 23.7, 23.5, 23.2, 22.7, 22.3, 기사 25.8, 25.5, 24.7, 23.5, 20.8, 20.6

DML은 데이터베이스 사용자가 응용 프로그램이나 질의어를 통하여 저장된 데이터를 실질적으로 처리하는 데 사용되는 언어이다.

- 데이터베이스 사용자와 데이터베이스 관리 시스템 간의 인터페이스를 제공한다.
- DML(데이터 조작어)의 네 가지 유형

명령어	기능
25.8, 24.7, 23.7, 23.5, 23.2 SELECT	테이블에서 조건에 맞는 튜플을 검색한다.
25.2, 23.7, 23.5, 23.2 INSERT	테이블에 새로운 튜플을 삽입한다.

25.8, 24.7, 23.7, 23.5, 23.2 DELETE		테이블에서 조건에 맞는 튜플을 삭제한다.
25.8, 24.7, 23.7, 23.2, … UPDATE		테이블에서 조건에 맞는 튜플의 내용을 변경한다.

4 DCL(Data Control Language, 데이터 제어어)

25.5, 24.7, 23.2, 22.4, 기사 24.7, 23.7, 20.8, 20.6

DCL은 데이터의 보안, 무결성, 회복, 병행 수행 제어 등을 정의하는 데 사용되는 언어이다.

- 데이터베이스 관리자가 데이터 관리를 목적으로 사용한다.
- DCL(데이터 제어어)의 종류

명령어	기능
25.5, 22.4, 기사 20.8 COMMIT	명령에 의해 수행된 결과를 실제 물리적 디스크로 저장하고, 데이터베이스 조작 작업이 정상적으로 완료되었음을 관리자에게 알려준다.
25.5, 22.4, 기사 20.8 ROLLBACK	데이터베이스 조작 작업이 비정상적으로 종료되었을 때 원래의 상태로 복구한다.
25.5, 24.7, 22.4, 기사 20.8 GRANT	데이터베이스 사용자에게 사용 권한을 부여한다.
REVOKE	데이터베이스 사용자의 사용 권한을 취소한다.

기출문제 따라잡기

25년 8월, 24년 7월, 23년 7월, 5월, 2월, 22년 7월, 3월
1. DML에 해당하는 SQL 명령으로만 나열된 것은?
① DELETE, UPDATE, CREATE, ALTER
② INSERT, DELETE, UPDATE, DROP
③ SELECT, INSERT, DELETE, UPDATE
④ SELECT, INSERT, DELETE, ALTER

- DDL(데이터 정의어) : CREATE, ALTER, DROP
- DML(데이터 조작어) : SELECT, INSERT, DELETE, UPDATE
- DCL(데이터 제어어) : COMMIT, ROLLBACK, GRANT, REVOKE

24년 7월, 5월, 2월, 23년 7월, 22년 3월
2. SQL의 데이터 정의문(DDL)에 속하지 않는 것은?
① CREATE   ② DROP
③ ALTER   ④ INSERT

INSERT는 데이터 조작어(DML)입니다.

24년 7월, 23년 2회
3. SQL 명령어 중 데이터베이스 사용자에게 권한을 부여하는 명령어는?
① REVOKE   ② GRANT
③ COMMIT   ④ ROLLBACK

권한의 부여는 GRANT, 권한의 취소는 REVOKE입니다.

25년 5월, 23년 2월, 22년 4월
4. DCL(Data Control Language) 명령어가 아닌 것은?
① COMMIT   ② ROLLBACK
③ GRANT   ④ SELECT

SELECT는 데이터 조작어(DML)입니다.

22년 4월
5. 데이터 제어(DCL)의 기능으로 옳지 않은 것은?
① 데이터 보안
② 논리적, 물리적 데이터 구조 정의
③ 무결성 유지
④ 병행 수행 제어

논리적, 물리적 데이터 구조를 정의하는 것은 데이터 정의어(DDL)의 기능입니다.

▶ 정답 : 1. ③ 2. ④ 3. ② 4. ④ 5. ②

SECTION 093

DDL

1 DDL(Data Define Language, 데이터 정의어)의 개요

DDL(데이터 정의어)는 DB 구조, 데이터 형식, 접근 방식 등 DB를 구축하거나 수정할 목적으로 사용하는 언어이다.

- DDL은 번역한 결과가 데이터 사전(Data Dictionary)이라는 특별한 파일에 여러 개의 테이블로서 저장된다.
- DDL에는 CREATE SCHEMA, CREATE DOMAIN, CREATE TABLE, CREATE VIEW, CREATE INDEX, ALTER TABLE, DROP 등이 있다.

전문가의 조언
DDL 구문을 모두 외울 필요는 없습니다. 각 명령어의 역할을 숙지하고, 구문을 보면 무엇을 의미하는지 이해할 수 있을 정도로만 정리해 두세요.

2 CREATE SCHEMA

CREATE SCHEMA는 스키마*를 정의하는 명령문이다.
- 스키마의 식별을 위해 스키마 이름과 소유권자나 허가권자를 정의한다.

표기 형식

```
CREATE SCHEMA 스키마명 AUTHORIZATION 사용자_id;
```

예제 소유권자의 사용자 ID가 '홍길동'인 스키마 '대학교'를 정의하는 SQL문은 다음과 같다.

```
CREATE SCHEMA 대학교 AUTHORIZATION 홍길동;
```

스키마(Schema)
스키마는 데이터베이스의 구조와 제약 조건에 관한 전반적인 명세(Specification)를 기술(Description)한 것으로 데이터 개체(Entity), 속성(Attribute), 관계(Relationship) 및 데이터 조작 시 데이터 값들이 갖는 제약 조건 등에 관해 전반적으로 정의합니다.

3 CREATE DOMAIN

CREATE DOMAIN은 도메인*을 정의하는 명령문이다.
- 임의의 속성에서 취할 수 있는 값의 범위가 SQL에서 지원하는 전체 데이터 타입의 값이 아니고 일부분일 때, 사용자는 그 값의 범위를 도메인으로 정의할 수 있다.
- 정의된 도메인명은 일반적인 데이터 타입처럼 사용한다.

표기 형식

```
CREATE DOMAIN 도메인명 [AS]* 데이터_타입
        [DEFAULT 기본값]
        [CONSTRAINT 제약조건명 CHECK (범위값)];
```

도메인(Domain)
도메인이란 하나의 속성이 취할 수 있는 동일한 유형의 원자값들의 집합을 의미합니다. 예를 들어 학년 속성의 데이터 타입이 정수형이고 해당 속성에서 취할 수 있는 값의 범위가 1~4지라면, 1~4라는 범위는 해당 속성에 지정된 정수형의 모든 범위가 아니라 일부분이므로 사용자는 1~4까지의 범위를 해당 속성의 도메인으로 정의해서 사용할 수 있다는 의미입니다. 쉽게 말하면 도메인은 특정 속성에서 사용할 데이터의 범위를 사용자가 정의하는 사용자 정의 데이터 타입입니다.

구문에서 대괄호([ ])의 의미
SQL문에서 [AS]처럼 대괄호로 묶은 명령어들은 생략이 가능하다는 의미입니다.

- **데이터 타입** : SQL에서 지원하는 데이터 타입
- **기본값** : 데이터를 입력하지 않았을 때 자동으로 입력되는 값

예제 '성별'을 '남' 또는 '여'와 같이 정해진 1개의 문자로 표현되는 도메인 SEX를 정의하는 SQL문은 다음과 같다.

CREATE DOMAIN SEX CHAR(1)	정의된 도메인은 이름이 'SEX'이며, 문자형이고 크기는 1자이다.
DEFAULT '남'	도메인 SEX를 지정한 속성의 기본값은 '남'이다.
CONSTRAINT VALID-SEX CHECK(VALUE IN ('남', '여'));	SEX를 지정한 속성에는 '남', '여' 중 하나의 값만을 저장할 수 있다.

잠깐만요 SQL에서 지원하는 기본 데이터 타입

- **정수(Integer)** : INTEGER(4Byte 정수), SMALLINT(2Byte 정수)
- **실수(Float)** : FLOAT, REAL, DOUBLE PRECISION
- **형식화된 숫자** : DEC(i, j), 단 i : 전체 자릿수, j : 소수부 자릿수
- **고정길이 문자** : CHAR(n), CHARACTER(n), 단 n : 문자수
- **가변길이 문자** : VARCHAR(n), CHARACTER VARYING(n), 단 n : 최대 문자수
- **고정길이 비트열(Bit String)** : BIT(n)
- **가변길이 비트열** : VARBIT(n)
- **날짜** : DATE
- **시간** : TIME

4 CREATE TABLE

CREATE TABLE은 테이블*을 정의하는 명령문이다.

표기 형식

```
CREATE TABLE 테이블명
        (속성명 데이터_타입 [DEFAULT 기본값] [NOT NULL], …
        [, PRIMARY KEY(기본키_속성명, …)]
        [, UNIQUE(대체키_속성명, …)]
        [, FOREIGN KEY(외래키_속성명, …)]
                [REFERENCES 참조테이블(기본키_속성명, …)]
                [ON DELETE 옵션]
                [ON UPDATE 옵션]
        [, CONSTRAINT 제약조건명] [CHECK (조건식)]);
```

- 기본 테이블에 포함될 모든 속성에 대하여 속성명과 그 속성의 데이터 타입, 기본값, NOT NULL* 여부를 지정한다.
- **PRIMARY KEY** : 기본키로 사용할 속성 또는 속성의 집합을 지정한다.

테이블(Table)
테이블은 데이터베이스의 설계 단계에서는 테이블을 주로 릴레이션(Relation)이라 부르고, 조작이나 검색 시에는 테이블이라고 부릅니다. 그러나 대부분은 테이블과 릴레이션을 구분 없이 사용하니 두 의미가 같다는 것만 알아두세요.

NOT NULL
NULL이란 모르는 값 또는 적용할 수 없는 값을 의미하는 것으로, NOT NULL은 특정 속성이 데이터 없이 비어 있어서는 안 된다는 것을 지정할 때 사용합니다.

- **UNIQUE** : 대체키로 사용할 속성 또는 속성의 집합을 지정하는 것으로 UNIQUE로 지정한 속성은 중복된 값을 가질 수 없다.
- **FOREIGN KEY ~ REFERENCES ~**
  - 참조할 다른 테이블과 그 테이블을 참조할 때 사용할 외래키 속성을 지정한다.
  - 외래키가 지정되면 참조 무결성의 CASCADE 법칙*이 적용된다.
  - ON DELETE 옵션 : 참조 테이블의 튜플이 삭제되었을 때 기본 테이블에 취해야 할 사항을 지정한다. 옵션에는 NO ACTION, CASCADE, SET NULL, SET DEFAULT가 있다.
  - ON UPDATE 옵션 : 참조 테이블의 참조 속성 값이 변경되었을 때 기본 테이블에 취해야 할 사항을 지정한다. 옵션에는 NO ACTION, CASCADE, SET NULL, SET DEFAULT가 있다.
    - ▶ NO ACTION : 참조 테이블에 변화가 있어도 기본 테이블에는 아무런 조취를 취하지 않는다.
    - ▶ CASCADE : 참조 테이블의 튜플이 삭제되면 기본 테이블의 관련 튜플도 모두 삭제되고, 속성이 변경되면 관련 튜플의 속성 값도 모두 변경된다.
    - ▶ SET NULL : 참조 테이블에 변화가 있으면 기본 테이블의 관련 튜플의 속성 값을 NULL로 변경한다.
    - ▶ SET DEFAULT : 참조 테이블에 변화가 있으면 기본 테이블의 관련 튜플의 속성 값을 기본값으로 변경한다.
- **CONSTRAINT** : 제약 조건의 이름을 지정한다. 이름을 지정할 필요가 없으면 CHECK절만 사용하여 속성 값에 대한 제약 조건을 명시한다.
- **CHECK** : 속성 값에 대한 제약 조건을 정의한다.

> **참조 무결성의 CASCADE 법칙**
> 참조 무결성 제약이 설정된 기본 테이블의 어떤 데이터를 삭제할 경우, 그 데이터와 밀접하게 연관되어 있는 다른 테이블의 데이터들도 도미노처럼 자동으로 삭제됩니다. 이러한 법칙을 '계단식', '연속성'이라는 사전적 의미를 가진 CASCADE 법칙이라고 합니다.

예제 '이름', '학번', '전공', '성별', '생년월일'로 구성된 〈학생〉 테이블을 정의하는 SQL문을 작성하시오. 단, 제약 조건은 다음과 같다.

- '이름'은 NULL이 올 수 없고, '학번'은 기본키이다.
- '전공'은 〈학과〉 테이블의 '학과코드'를 참조하는 외래키로 사용된다.
- 〈학과〉 테이블에서 삭제가 일어나면 관련된 튜플들의 전공 값을 NULL로 만든다.
- 〈학과〉 테이블에서 '학과코드'가 변경되면 전공 값도 같은 값으로 변경한다.
- '생년월일'은 1980-01-01 이후의 데이터만 저장할 수 있다.
- 제약 조건의 이름은 '생년월일제약'으로 한다.
- 각 속성의 데이터 타입은 적당하게 지정한다. 단 '성별'은 도메인 'SEX'를 사용한다.

CREATE TABLE 학생	〈학생〉 테이블을 생성한다.
(이름 VARCHAR(15) NOT NULL,	'이름' 속성은 최대 문자 15자로 NULL 값을 갖지 않는다.
학번 CHAR(8),	'학번' 속성은 문자 8자이다.
전공 CHAR(5),	'전공' 속성은 문자 5자이다.
성별 SEX,	'성별' 속성은 'SEX' 도메인을 자료형으로 사용한다.
생년월일 DATE,	'생년월일' 속성은 DATE 자료형을 갖는다.
PRIMARY KEY(학번),	'학번'을 기본키로 정의한다.
FOREIGN KEY(전공) REFERENCES 학과(학과코드)	'전공' 속성은 〈학과〉 테이블의 '학과코드' 속성을 참조하는 외래키이다.
ON DELETE SET NULL	〈학과〉 테이블에서 튜플이 삭제되면 관련된 모든 튜플의 '전공' 속성의 값을 NULL로 변경한다.
ON UPDATE CASCADE,	〈학과〉 테이블에서 '학과코드'가 변경되면 관련된 모든 튜플의 '전공' 속성의 값도 같은 값으로 변경한다.
CONSTRAINT 생년월일제약 CHECK(생년월일>='1980-01-01'));	'생년월일' 속성에는 1980-01-01 이후의 값만을 저장할 수 있으며, 이 제약 조건의 이름은 '생년월일제약'이다.

CHAR과 VARCHAR
CHAR은 항상 지정된 크기만큼 기억 장소가 확보되고, VARCHAR은 기억 장소의 크기가 지정되어도 필드에 저장된 데이터만큼만 기억 장소가 확보됩니다. 예를 들어 '이름' 속성의 자료형을 CHAR(15)로 지정하면 '이름'에 한 글자가 저장되어도 항상 15바이트가 기억 장소로 확보되지만, VARCHAR(15)로 지정하면 저장된 한 글자 크기만큼만 기억 장소가 확보됩니다.

잠깐만요 다른 테이블을 이용한 테이블 정의

기존 테이블의 정보를 이용해 새로운 테이블을 정의할 수 있습니다.

표기 형식

CREATE TABLE 신규테이블명 AS SELECT 속성명[, 속성명, …] FROM 기존테이블명;

- 기존 테이블에서 추출되는 속성의 데이터 타입과 길이는 신규 테이블에 그대로 적용됩니다.
- 기존 테이블의 NOT NULL의 정의는 신규 테이블에 그대로 적용됩니다.
- 기존 테이블의 제약 조건은 신규 테이블에 적용되지 않으므로 신규 테이블을 정의한 후 ALTER TABLE 명령을 이용해 제약 조건을 추가해야 합니다.
- 기존 테이블의 일부 속성만 신규 테이블로 생성할 수 있으며, 기존 테이블의 모든 속성을 신규 테이블로 생성할 때는 속성명 부분에 '*'를 입력합니다.

예제 〈학생〉 테이블의 '학번', '이름', '학년' 속성을 이용하여 〈재학생〉 테이블을 정의하는 SQL문을 작성하시오.

CREATE TABLE 재학생 AS SELECT 학번, 이름, 학년 FROM 학생;

5 CREATE VIEW

CREATE VIEW는 뷰(View)*를 정의하는 명령문이다.

표기 형식

> CREATE VIEW 뷰명[(속성명[, 속성명, …])]
> AS SELECT문;

- SELECT*문을 서브 쿼리*로 사용하여 SELECT문의 결과로서 뷰를 생성한다.
- 서브 쿼리인 SELECT문에는 UNION*이나 ORDER BY*절을 사용할 수 없다.
- 속성명을 기술하지 않으면 SELECT문의 속성명이 자동으로 사용된다.

예제 〈고객〉 테이블에서 '주소'가 '안산시'인 고객들의 '성명'과 '전화번호'를 '안산고객'이라는 뷰로 정의하시오.

```
CREATE VIEW 안산고객(성명, 전화번호)
AS SELECT 성명, 전화번호
FROM 고객
WHERE 주소 = '안산시';
```

6 CREATE INDEX

CREATE INDEX는 인덱스*를 정의하는 명령문이다.

표기 형식

> CREATE [UNIQUE] INDEX 인덱스명
> ON 테이블명(속성명 [ASC | DESC]* [,속성명 [ASC | DESC]])
> [CLUSTER];

- UNIQUE
  - 사용된 경우 : 중복 값이 없는 속성으로 인덱스를 생성한다.
  - 생략된 경우 : 중복 값을 허용하는 속성으로 인덱스를 생성한다.
- 정렬 여부 지정
  - ASC : 오름차순 정렬
  - DESC : 내림차순 정렬
  - 생략된 경우 : 오름차순으로 정렬됨
- CLUSTER : 사용하면 인덱스가 클러스터드 인덱스로 설정됨*

예제 〈고객〉 테이블에서 UNIQUE한 특성을 갖는 '고객번호' 속성에 대해 내림차순으로 정렬하여 '고객번호_idx'라는 이름으로 인덱스를 정의하시오.

```
CREATE UNIQUE INDEX 고객번호_idx
ON 고객(고객번호 DESC);
```

ALTER TABLE

ALTER TABLE은 테이블에 대한 정의를 변경하는 명령문이다.

표기 형식

ALTER TABLE 테이블명 ADD 속성명 데이터_타입 [DEFAULT '기본값'];
ALTER TABLE 테이블명 ALTER 속성명 [SET DEFAULT '기본값'];
ALTER TABLE 테이블명 DROP COLUMN 속성명 [CASCADE];

- **ADD** : 새로운 속성(열)을 추가할 때 사용한다.
- **ALTER** : 특정 속성의 Default 값을 변경할 때 사용한다.
- **DROP COLUMN** : 특정 속성을 삭제할 때 사용한다.

예제 1 〈학생〉 테이블에 최대 3문자로 구성되는 '학년' 속성 추가하시오.

ALTER TABLE 학생 ADD 학년 VARCHAR(3);

예제 2 〈학생〉 테이블의 '학번' 필드의 데이터 타입과 크기를 VARCHAR(10)으로 하고 NULL 값이 입력되지 않도록 변경하시오.

ALTER TABLE 학생 ALTER 학번 VARCHAR(10) NOT NULL;

DROP

DROP은 스키마, 도메인, 기본 테이블, 뷰 테이블, 인덱스, 제약 조건 등을 제거하는 명령문이다.

표기 형식

DROP SCHEMA 스키마명 [CASCADE | RESTRICT];
DROP DOMAIN 도메인명 [CASCADE | RESTRICT];
DROP TABLE 테이블명 [CASCADE | RESTRICT];
DROP VIEW 뷰명 [CASCADE | RESTRICT];
DROP INDEX 인덱스명 [CASCADE | RESTRICT];
DROP CONSTRAINT 제약조건명;

- **DROP SCHEMA** : 스키마를 제거한다.
- **DROP DOMAIN** : 도메인을 제거한다.
- **DROP TABLE** : 테이블을 제거한다.
- **DROP VIEW** : 뷰를 제거한다.
- **DROP INDEX** : 인덱스를 제거한다.
- **DROP CONSTRAINT** : 제약 조건을 제거한다.

> **전문가의 조언**
> DDL에서는 DROP 명령이 중요합니다. DROP 명령의 표기 형식을 기억하고, 특히 CASCADE와 RESTRICT에 대해 정확하게 숙지하세요.

- **CASCADE** : 제거할 요소를 참조하는 다른 모든 개체를 함께 제거한다. 즉 주 테이블의 데이터 제거 시 각 외래키와 관계를 맺고 있는 모든 데이터를 제거하는 참조 무결성 제약 조건을 설정하기 위해 사용된다.
- **RESTRICT** : 다른 개체가 제거할 요소를 참조중일 때는 제거를 취소한다.

예제 〈학생〉 테이블을 제거하되, 〈학생〉 테이블을 참조하는 모든 데이터를 함께 제거하시오.

DROP TABLE 학생 CASCADE;

기출문제 따라잡기

이전기출
1. SQL 언어의 CREATE TABLE문에 포함될 수 없는 것은?
① 속성의 NOT NULL 제약 조건
② 속성의 타입 변경
③ 속성의 초기값 지정
④ CHECK 제약 조건의 정의

> CREATE TABLE문은 기본 TABLE을 최초로 생성하기 위해 사용하는 명령문으로, 테이블을 변경하는 명령문은 사용할 수 없습니다.

이전기출
2. SQL 구문과 의미가 잘못 연결된 것은?
① CREATE - 테이블 생성
② DROP - 레코드 삭제
③ UPDATE - 자료 갱신
④ DESC - 내림차순 정렬

> DROP은 테이블에 포함된 레코드를 삭제하는 것이 아니고 테이블 자체를 제거하는 것입니다.

이전기출
3. SQL의 DROP문에 관한 설명 중 잘못된 것은?
① 해당 TABLE에 삽입된 TUPLE들도 없어진다.
② 해당 TABLE에 대해 만들어진 INDEX가 없어진다.
③ 해당 TABLE에 대해 만들어진 VIEW가 없어진다.
④ 해당 TABLE에 참조 관계가 있는 TABLE이 없어진다.

> DROP 명령은 삭제하려는 테이블과 함께 그 테이블로부터 유도하여 만든 INDEX, VIEW도 모두 제거합니다. 그러나 참조하던 테이블은 해당 테이블로부터 유도된 테이블이 아니기 때문에 삭제되지 않습니다. 단, CASCADE 옵션을 사용하면 참조된 테이블도 삭제됩니다.

24년 7월
4. VIEW의 삭제 시 사용되는 SQL 명령은?
① NULL VIEW ~
② NULL VIEW ~
③ DELETE VIEW ~
④ DROP VIEW ~

> 뷰, 스키마, 도메인, 테이블 등을 삭제할 때 사용하는 SQL 명령은 DROP입니다.

이전기출
5. 인사 테이블의 주소 필드에 대한 데이터 타입을 VARCHAR(10)으로 정의하였으나, 필드 길이가 부족하여 20바이트로 확장하고자 한다. 이에 적합한 SQL 명령은?
① MODIFY FIELD
② MODIFY TABLE
③ ALTER TABLE
④ ADD TABLE

> 테이블에 대한 정의를 변경할 때 사용하는 명령문은 ALTER TABLE입니다.

이전기출
6. 다음 SQL 문에서 테이블 생성에 사용되는 문장은?
① DROP
② INSERT
③ SELECT
④ CREATE

> 테이블의 생성은 CREATE, 삭제는 DROP, 수정은 ALTER입니다

▶ 정답 : 1. ② 2. ② 3. ④ 4. ④ 5. ③ 6. ④

SECTION 094 DCL

1 DCL(Data Control Language, 데이터 제어어)의 개요

25.5, 기사 22.4

DCL(데이터 제어어)는 데이터의 보안, 무결성, 회복, 병행 제어 등을 정의하는 데 사용하는 언어이다.

- DCL은 데이터베이스 관리자(DBA)가 데이터 관리를 목적으로 사용한다.
- DCL에는 GRANT, REVOKE, COMMIT, ROLLBACK, SAVEPOINT 등이 있다.

전문가의 조언
DCL은 일반 사용자보다는 데이터베이스 관리자가 사용하는 명령입니다. GRANT, REVOKE, COMMIT, ROLLBACK, SAVEPOINT의 기능과 사용법을 숙지하세요.

2 GRANT / REVOKE

기사 25.8, 24.5, 24.2, 22.7, 22.4, 22.3, 20.9

데이터베이스 관리자가 데이터베이스 사용자에게 권한을 부여하거나 취소하기 위한 명령어이다.

- **GRANT** : 권한 부여를 위한 명령어
- **REVOKE** : 권한 취소를 위한 명령어
- 사용자등급* 지정 및 해제

> - GRANT 사용자등급 TO 사용자_ID_리스트 [IDENTIFIED BY 암호];
> - REVOKE 사용자등급 FROM 사용자_ID_리스트;

사용자등급
- **DBA** : 데이터베이스 관리자
- **RESOURCE** : 데이터베이스 및 테이블 생성 가능자
- **CONNECT** : 단순 사용자

사용자 종류
- **사용자 ID** : 단순 사용자
- **ROLE** : 사용자에게 부여할 수 있는 권한들을 하나로 묶은 그룹
- **PUBLIC** : 모든 사용자

예제 1 사용자 ID가 "NABI"인 사람에게 데이터베이스 및 테이블을 생성할 수 있는 권한을 부여하는 SQL문을 작성하시오.

GRANT RESOURCE TO NABI;

예제 2 사용자 ID가 "STAR"인 사람에게 단순히 데이터베이스에 있는 정보를 검색할 수 있는 권한을 부여하는 SQL문을 작성하시오.

GRANT CONNECT TO STAR;

- 테이블 및 속성에 대한 권한 부여 및 취소

> - GRANT 권한_리스트 ON 개체 TO 사용자 [WITH GRANT OPTION];
> - REVOKE [GRANT OPTION FOR] 권한_리스트 ON 개체 FROM 사용자 [CASCADE];

- 권한 종류 : ALL, SELECT, INSERT, DELETE, UPDATE, ALTER 등
- WITH GRANT OPTION : 부여받은 권한을 다른 사용자에게 다시 부여할 수 있는 권한을 부여함

전문가의 조언

COMMIT, ROLLBACK, SAVEPOINT는 트랜잭션을 제어하는 용도로 사용되므로 TCL(Transaction Control Language)로 분류하기도 합니다. 하지만 기능을 제어하는 명령이라는 공통점으로 DCL의 일부로 분류하기도 합니다.

트랜잭션(Transaction)
- 트랜잭션은 데이터베이스에서 하나의 논리적 기능을 수행하기 위한 일련의 연산 집합으로서 작업의 단위가 됩니다.
- 트랜잭션은 데이터베이스 관리 시스템에서 회복 및 병행 제어 시에 처리되는 작업의 논리적 단위입니다.
- 하나의 트랜잭션은 COMMIT 되거나 ROLLBACK 되어야 합니다.

COMMIT 명령 사용 여부

트랜잭션이 시작되면 데이터베이스의 데이터를 주기억장치에 올려 처리하다가 COMMIT 명령이 내려지면 그때서야 처리된 내용을 보조기억장치에 저장합니다. 그러니까 COMMIT 명령을 사용하지 않고 DBMS를 종료하면 그때까지 작업했던 모든 내용이 보조기억장치의 데이터베이스에 하나도 반영되지 않고 종료되는 것이지요. 이처럼 실수로 COMMIT 명령 없이 DBMS를 종료하는 것에 대비하여 대부분의 DBMS들은 Auto Commit 기능을 제공하고 있습니다.

Auto Commit 설정 명령
- Oracle
 - 설정 : set autocommit on;
 - 해제 : set autocommit off;
 - 확인 : show autocommit;
- MySQL
 - 설정 : set autocommit = true;
 - 해제 : set autocommit = false;
 - 확인 : select @@autocommit;

전문가의 조언

COMMIT과 SAVEPOINT 명령의 수행 시점에 따라 ROLLBACK 명령이 적용되는 범위가 달라집니다. 이와 같이 COMMIT, ROLLBACK, SAVEPOINT 명령은 서로 연관되어 사용되므로 한꺼번에 실습하여 결과를 확인할 수 있도록 하였습니다.

- GRANT OPTION FOR : 다른 사용자에게 권한을 부여할 수 있는 권한을 취소함
- CASCADE : 권한 취소 시 권한을 부여받았던 사용자가 다른 사용자에게 부여한 권한도 연쇄적으로 취소함

예제 3 사용자 ID가 "NABI"인 사람에게 〈고객〉 테이블에 대한 모든 권한과 다른 사람에게 권한을 부여할 수 있는 권한까지 부여하는 SQL문을 작성하시오.

GRANT ALL ON 고객 TO NABI WITH GRANT OPTION;

예제 4 사용자 ID가 "STAR"인 사람에게 부여한 〈고객〉 테이블에 대한 권한 중 UPDATE 권한을 다른 사람에게 부여할 수 있는 권만 취소하는 SQL문을 작성하시오.

REVOKE GRANT OPTION FOR UPDATE ON 고객 FROM STAR;

23.5, 기사 22.3
❸ COMMIT

트랜잭션*이 성공적으로 끝나면 데이터베이스가 새로운 일관성(Consistency) 상태를 가지기 위해 변경된 모든 내용을 데이터베이스에 반영하여야 하는데, 이때 사용하는 명령이 COMMIT이다.

- COMMIT 명령을 실행하지 않아도* DML문이 성공적으로 완료되면 자동으로 COMMIT되고, DML이 실패하면 자동으로 ROLLBACK이 되도록 Auto Commit* 기능을 설정할 수 있다.

기사 22.3, 21.5
❹ ROLLBACK

ROLLBACK은 아직 COMMIT되지 않은 변경된 모든 내용들을 취소하고 데이터베이스를 이전 상태로 되돌리는 명령어이다.

- 트랜잭션 전체가 성공적으로 끝나지 못하면 일부 변경된 내용만 데이터베이스에 반영되는 비일관성(Inconsistency)인 상태를 가질 수 있기 때문에 일부분만 완료된 트랜잭션은 롤백(Rollback)되어야 한다.

❺ SAVEPOINT

SAVEPOINT는 트랜잭션 내에 ROLLBACK 할 위치인 저장점을 지정하는 명령어이다.

- 저장점을 지정할 때는 이름을 부여하며, ROLLBACK 시 지정된 저장점까지의 트랜잭션 처리 내용이 취소된다.

〈사원〉

사원번호	이름	부서
10	김기획	기획부
20	박인사	인사부
30	최재무	재무부
40	오영업	영업부

예제 1 〈사원〉 테이블에서 '사원번호'가 40인 사원의 정보를 삭제한 후 COMMIT을 수행하시오.

```
DELETE FROM 사원 WHERE 사원번호 = 40;
COMMIT;
```

해설
DELETE 명령을 수행한 후 COMMIT 명령을 수행했으므로 DELETE 명령으로 삭제된 레코드는 이후 ROLLBACK 명령으로 되돌릴 수 없다.

〈사원〉 테이블 상태

사원번호	이름	부서
10	김기획	기획부
20	박인사	인사부
30	최재무	재무부

> **DELETE문**
> DELETE문은 다음 섹션에서 자세히 공부합니다. 여기서는 DELETE문은 레코드를 삭제할 때 사용하는 명령어라는 것만 알아두세요.

예제 2 '사원번호'가 30인 사원의 정보를 삭제하시오.

```
DELETE FROM 사원 WHERE 사원번호 = 30;
```

해설
DELETE 명령을 수행한 후 COMMIT 명령을 수행하지 않았으므로 DELETE 명령으로 삭제된 레코드는 이후 ROLLBACK 명령으로 되돌릴 수 있다.

〈사원〉 테이블 상태

사원번호	이름	부서
10	김기획	기획부
20	박인사	인사부

예제 3 SAVEPOINT 'S1'을 설정하고 '사원번호'가 20인 사원의 정보를 삭제하시오.

```
SAVEPOINT S1;
DELETE FROM 사원 WHERE 사원번호 = 20;
```

해설

〈사원〉 테이블 상태

사원번호	이름	부서
10	김기획	기획부

예제 4 SAVEPOINT 'S2'를 설정하고 '사원번호'가 10인 사원의 정보를 삭제하시오.

```
SAVEPOINT S2;
DELETE FROM 사원 WHERE 사원번호 = 10;
```

해설

〈사원〉 테이블 상태

사원번호	이름	부서

예제 5 SAVEPOINT 'S2'까지 ROLLBACK을 수행하시오.

ROLLBACK TO S2;

해설

ROLLBACK이 적용되는 시점을 'S2'로 지정했기 때문에 예제 5 의 ROLLBACK에 의해 〈사원〉 테이블의 상태는 예제 4 의 작업을 수행하기 전으로 되돌려진다.

〈사원〉 테이블 상태

사원번호	이름	부서
10	김기획	기획부

예제 6 SAVEPOINT 'S1'까지 ROLLBACK을 수행하시오.

ROLLBACK TO S1;

해설

ROLLBACK이 적용되는 시점을 'S1'로 지정했기 때문에 예제 6 의 ROLLBACK에 의해 〈사원〉 테이블의 상태는 예제 3 의 작업을 수행하기 전으로 되돌려진다.

〈사원〉 테이블 상태

사원번호	이름	부서
10	김기획	기획부
20	박인사	인사부

예제 7 SAVEPOINT 없이 ROLLBACK을 수행하시오.

ROLLBACK;

해설

'사원번호'가 40인 사원의 정보를 삭제한 후 COMMIT을 수행했으므로 예제 7 의 ROLLBACK이 적용되는 시점은 예제 1 의 COMMIT 이후 새롭게 작업이 수행되는 예제 2 의 작업부터이다.

〈사원〉 테이블 상태

사원번호	이름	부서
10	김기획	기획부
20	박인사	인사부
30	최재무	재무부

기출문제 따라잡기

23년 5월

1. 트랜잭션의 연산이 성공적으로 끝났음을 선언하는 연산은?

① ROLLBACK ② REVOKE
③ COMMIT   ④ SAVEPOINT

> 트랜잭션의 연산이 성공적으로 끝났음을 선언하는 연산은 COMMIT입니다.

이전기출

2. STUDENT 릴레이션에 대한 SELECT 권한을 모든 사용자에게 허가하는 SQL 명령문은?

① GRANT SELECT FROM STUDENT TO PROTECT;
② GRANT SELECT ON STUDENT TO PUBLIC;
③ GRANT SELECT FROM STUDENT TO ALL;
④ GRANT SELECT ON STUDENT TO ALL;

> 권한 부여는 GRANT, 모든 사용자는 PUBLIC입니다.

기사 22년 4월

3. 사용자 'PARK'에게 테이블을 생성할 수 있는 권한을 부여하기 위한 SQL문의 구성으로 빈칸에 적합한 내용은?

[SQL문]

```
              GRANT [      ] PARK;
```

① CREATE TABLE TO
② CREATE TO
③ CREATE FROM
④ CREATE TABLE FROM

> • 권한 부여 : GRANT
> • 테이블 생성 : CREATE TABLE
> • 'PARK'라는 사용자에게 부여 : TO PARK

기사 25년 8월, 20년 9월

4. DBA가 사용자 PARK에게 테이블 [STUDENT]의 데이터를 갱신할 수 있는 시스템 권한을 부여하고자 하는 SQL문을 작성하고자 한다. 다음에 주어진 SQL문의 빈 칸을 알맞게 채운 것은?

```
SQL> GRANT ___㉠___ ___㉡___ STUDENT TO PARK;
```

① ㉠ INSERT, ㉡ IN TO
② ㉠ ALTER, ㉡ TO
③ ㉠ UPDATE, ㉡ ON
④ ㉠ REPLACE, ㉡ IN

> 데이터를 갱신하는 명령어는 UPDATE입니다.

기사 24년 5월, 2월, 22년 7월, 20년 9월

5. 사용자 X1에게 department 테이블에 대한 검색 연산을 회수하는 명령은?

① delete select on department to X1;
② remove select on department from X1;
③ revoke select on department from X1;
④ grant select on department from X1;

> 권한 부여는 GRANT, 권한 취소는 REVOKE입니다.

25년 5월

6. 데이터 제어어(DCL)의 역할이 아닌 것은?

① 불법적인 사용자로부터 데이터를 보호하기 위한 데이터 보안(Security)
② 데이터 정확성을 위한 무결성(Integrity) 유지
③ 시스템 장애에 대비한 데이터 회복과 병행 수행
④ 데이터의 검색, 삽입, 삭제, 변경

> 데이터의 검색(SELECT), 삽입(INSERT), 삭제(DELETE), 변경(UPDATE)은 데이터 조작어(DML)의 역할입니다.

▶ 정답 : 1.③ 2.② 3.① 4.③ 5.③ 6.④

SECTION 095

DML

 전문가의 조언

DML의 네 가지 유형 중에서 INSERT, DELETE, UPDATE 명령문을 학습합니다. 세 가지 유형의 구문은 예제를 통해 사용법까지 꼭 암기하세요. SELECT 명령은 다음 섹션에서 학습합니다.

1 DML(Data Manipulation Language, 데이터 조작어)의 개요

DML(데이터 조작어)은 데이터베이스 사용자가 응용 프로그램이나 질의어를 통해 저장된 데이터를 실질적으로 관리하는데 사용되는 언어이다.

- DML은 데이터베이스 사용자와 데이터베이스 관리 시스템 간의 인터페이스를 제공한다.
- DML의 유형

명령문	기능
SELECT	테이블에서 튜플을 검색한다.
INSERT	테이블에 새로운 튜플을 삽입한다.
DELETE	테이블에서 튜플을 삭제한다.
UPDATE	테이블에서 튜플의 내용을 갱신한다.

2 삽입문(INSERT INTO~)

기사 23.7, 23.5

삽입문은 기본 테이블에 새로운 튜플을 삽입할 때 사용한다.

일반 형식

```
INSERT INTO 테이블명([속성명1, 속성명2,…])
VALUES (데이터1, 데이터2,… );
```

- 대응하는 속성과 데이터는 개수와 데이터 유형이 일치해야 한다.
- 기본 테이블의 모든 속성을 사용할 때는 속성명을 생략할 수 있다.
- SELECT문을 사용하여 다른 테이블의 검색 결과를 삽입할 수 있다.

〈사원〉

이름	부서	생일	주소	기본급
홍길동	기획	04/05/61	망원동	120
임꺽정	인터넷	01/09/69	성산동	80
황진이	편집	07/21/75	연희동	100
김선달	편집	10/22/73	망원동	90
성춘향	기획	02/20/64	망원동	100
장길산	편집	03/11/67	상암동	120
일지매	기획	04/29/78	합정동	110
강호동	인터넷	12/11/80		90

예제 1 〈사원〉 테이블에 (이름 – 홍승현, 부서 – 인터넷)을 삽입하시오.

INSERT INTO 사원(이름, 부서) VALUES ('홍승현', '인터넷');

예제 2 〈사원〉 테이블에 (장보고, 기획, 05/03/73, 홍제동, 90)을 삽입하시오.

INSERT INTO 사원 VALUES ('장보고', '기획', #05/03/73#, '홍제동', 90);

예제 3 〈사원〉 테이블에 있는 편집부의 모든 튜플을 편집부원(이름, 생일, 주소, 기본급) 테이블에 삽입하시오.

INSERT INTO 편집부원(이름, 생일, 주소, 기본급)
SELECT 이름, 생일, 주소, 기본급
FROM 사원
WHERE 부서 = '편집';

 전문가의 조언

날짜 데이터는 숫자로 취급하지만 ' ' 또는 # #으로 묶어줍니다.

3 삭제문(DELETE FROM~) 25.8, 23.7, 기사 24.5, 23.2, 22.3

삭제문은 기본 테이블에 있는 튜플들 중에서 특정 튜플(행)을 삭제할 때 사용한다.

일반 형식

```
DELETE
FROM 테이블명
[WHERE 조건];
```

- 모든 레코드를 삭제할 때는 WHERE절을 생략한다.
- 모든 레코드를 삭제하더라도 테이블 구조는 남아 있기 때문에 디스크에서 테이블을 완전히 제거하는 DROP과는 다르다.

 전문가의 조언

DELETE문은 테이블 구조나 테이블 자체는 그대로 남겨 두고, 테이블 내의 튜플들만 삭제합니다. 테이블을 완전히 제거하기 위해서는 DROP문을 사용해야 합니다.

예제 1 〈사원〉 테이블에서 "임꺽정"에 대한 튜플을 삭제하시오.

DELETE
FROM 사원
WHERE 이름 = '임꺽정';

예제 2 〈사원〉 테이블에서 "인터넷" 부서에 대한 모든 튜플을 삭제하시오.

DELETE
FROM 사원
WHERE 부서 = '인터넷';

예제 3 〈사원〉 테이블의 모든 레코드를 삭제하시오.

```
DELETE
FROM 사원;
```

 23.5, 기사 24.7, 23.7, 21.5, 20.9
4 갱신문(UPDATE~ SET~)

갱신문은 기본 테이블에 있는 튜플들 중에서 특정 튜플의 내용을 변경할 때 사용한다.

일반 형식

```
UPDATE 테이블명
SET 속성명 = 데이터[, 속성명=데이터, …]
[WHERE 조건];
```

> **전문가의 조언**
> UPDATE~ SET~ WHERE입니다. 기억하세요.

예제 1 〈사원〉 테이블에서 "홍길동"의 '주소'를 "수색동"으로 수정하시오.

```
UPDATE 사원
SET 주소 = '수색동'
WHERE 이름 = '홍길동';
```

예제 2 〈사원〉 테이블에서 "황진이"의 '부서'를 "기획부"로 변경하고 '기본급'을 5만 원 인상시키시오.

```
UPDATE 사원
SET 부서 = '기획', 기본급 = 기본급 + 5
WHERE 이름 = '황진이';
```

 25.5, 23.2, 22.4
잠깐만요 데이터 조작문의 네 가지 유형

- **SELECT(검색)** : SELECT~ FROM~ WHERE~
- **INSERT(삽입)** : INSERT INTO~ VALUES~
- **DELETE(삭제)** : DELETE~ FROM~ WHERE~
- **UPDATE(변경)** : UPDATE~ SET~ WHERE~

기출문제 따라잡기

25년 8월, 23년 7월
1. 삭제문(DELETE FROM)의 사용 형식으로 옳지 않은 것은?

① DELETE FROM 〈테이블명〉 WHERE 〈조건〉
② DELETE FROM 〈테이블명〉 〈조건〉
③ DELETE FROM 〈테이블명〉
④ DELETE FROM 〈테이블명〉 WHERE 〈중첩질의가 포함된 조건〉

삭제문에서 조건은 WHERE절에 입력해야 합니다.

25년 5월, 23년 2월, 22년 4월
2. SQL 문장의 기술이 적당치 않은 것은?

① SELECT... FROM ... WHERE...
② INSERT... ON... VALUES...
③ UPDATE... SET... WHERE...
④ DELETE... FROM... WHERE...

INSERT는 'INSERT INTO... VALUES'입니다.

이전기출
3. SQL문에서 STUDENT(SNO, SNAME, YEAR, DEPT) 테이블에 학번 600, 성명 "홍길동", 학년 2학년인 학생 튜플을 삽입하는 명령으로 옳은 것은?(단, SNO는 학번, SNAME은 성명, YEAR는 학년, DEPT는 학생, 교수 구분 필드임)

① INSERT STUDENT INTO VALUES(600, '홍길동', 2);
② INSERT FROM STUDENT VALUES(600, '홍길동', 2);
③ INSERT INTO STUDENT(SNO, SNAME, YEAR) VALUES (600, '홍길동', 2);
④ INSERT TO STUDENT(SNO, SNAME, YEAR) VALUES(600, '홍길동', 2);

삽입문의 문법은 'INSERT INTO 테이블명(속성명) VALUES(값)'입니다.

기사 23년 7월, 21년 5월, 20년 9월
4. 다음 SQL문에서 빈 칸에 들어갈 내용으로 옳은 것은?

UPDATE 회원 (   ) 전화번호 = '010-14' WHERE 회원번호 = 'N4';

① FROM   ② SET
③ INTO   ④ TO

갱신문의 문법은 'UPDATE ~ SET ~ WHERE'입니다.

23년 5월
5. 학생 테이블에서 학번이 "1144077"인 학생의 학년을 "2"로 수정하기 위한 SQL 질의어는?

① UPDATE 학년="2" FROM 학생 WHERE 학번="1144077";
② UPDATE 학생 SET 학년="2" WHERE 학번="1144077";
③ REPLACE FROM 학생 SET 학년="2" WHERE 학번="1144077";
④ REPLACE 학년="2" SET 학생 WHEN 학번="1144077";

갱신문의 문법은 'UPDATE 테이블명 SET 속성명=데이터 WHERE 조건'입니다.

이전기출
6. 다음 문장을 만족하는 SQL 문장은?

학번이 1000번인 학생을 학생 테이블에서 삭제하시오.

① DELETE FROM 학생 WHERE 학번 = 1000;
② DELETE FROM 학생 IF 학번 = 1000;
③ SELECT * FROM 학생 WHERE 학번 = 1000;
④ SELECT * FROM 학생 CONDITION 학번 = 1000;

삭제문의 문법은 'DELETE FROM 테이블명 WHERE 조건;'입니다.

기사 24년 5월, 23년 2월, 22년 3월
7. SQL에서 DELETE 명령에 대한 설명으로 옳지 않은 것은?

① 테이블의 행을 삭제할 때 사용한다.
② WHERE 조건절이 없는 DELETE 명령을 수행하면 DROP TABLE 명령을 수행했을 때와 같은 효과를 얻을 수 있다.
③ SQL을 사용 용도에 따라 분류할 경우 DML에 해당한다.
④ 기본 사용 형식은 "DELETE FROM 테이블 [WHERE 조건];"이다.

WHERE 조건절이 없는 DELETE 명령을 수행하면 테이블 내의 데이터만 모두 삭제됩니다. 테이블 구조까지 제거하는 DROP TABLE 명령과는 기능이 다릅니다.

▶ 정답 : 1. ② 2. ② 3. ③ 4. ② 5. ② 6. ① 7. ②

SECTION 096

DML - SELECT-1

1 일반 형식

25.8, 25.2, 24.7, 24.5, 23.7, 23.2, 22.7, 22.3, 기사 25.5, 21.5, 20.8, 20.6

```
SELECT [PREDICATE] [테이블명.]속성명 [AS 별칭][, [테이블명.]속성명, …]
[, 그룹함수(속성명) [AS 별칭]]
[, Window함수 OVER (PARTITION BY 속성명1, 속성명2, …
                   ORDER BY 속성명3, 속성명4, …)]
FROM 테이블명[, 테이블명, …]
[WHERE 조건]
[GROUP BY 속성명, 속성명, …]
[HAVING 조건]
[ORDER BY 속성명 [ASC | DESC]];
```

전문가의 조언

- 실무에서 가장 많이 사용되는 SQL 명령이 SELECT입니다. 이번 섹션에서는 SELECT문의 일반 형식, 기본 검색, 조건 지정 검색, 정렬 검색, 하위 질의, 복수 테이블 질의에 대해 학습합니다. 각 절, 옵션의 기능까지 정확히 암기해 두세요. 나머지 중요한 요소는 그때그때 설명하겠습니다.
- SELECT문의 일반 형식에 포함된 내용이 길어 학습할 분량을 두 섹션으로 분리하였습니다. 흐리게 처리된 형식은 다음 섹션에서 학습할 내용입니다.

- **SELECT절**
  - PREDICATE : 불러올 튜플 수를 제한할 명령어를 기술한다.
    - ALL : 모든 튜플을 검색할 때 지정하는 것으로, 주로 생략한다.
    - DISTINCT : 중복된 튜플이 있으면 그 중 첫 번째 한 개만 검색한다.
    - DISTINCTROW : 중복된 튜플을 제거하고 한 개만 검색하지만 선택된 속성의 값이 아닌, 튜플 전체를 대상으로 한다.
  - 속성명 : 검색하여 불러올 속성(열) 또는 속성을 이용한 수식을 지정한다.
    - 기본 테이블을 구성하는 모든 속성을 지정할 때는 '*'를 기술한다.
    - 두 개 이상의 테이블을 대상으로 검색할 때는 '테이블명.속성명'으로 표현한다.
  - AS : 속성 및 연산의 이름을 다른 제목으로 표시하기 위해 사용된다.
- **FROM절** : 질의에 의해 검색될 데이터들을 포함하는 테이블명을 기술한다.
- **WHERE절** : 검색할 조건을 기술한다.
- **ORDER BY절** : 특정 속성을 기준으로 정렬하여 검색할 때 사용한다.
  - 속성명 : 정렬의 기준이 되는 속성명을 기술한다.
  - [ASC | DESC] : 정렬 방식으로서 'ASC'는 오름차순, 'DESC'는 내림차순이다. 생략하면 오름차순으로 지정된다.

조건 연산자 / 연산자 우선순위

25.2, 22.7, 22.3, 기사 21.8

조건 연산자

- 비교 연산자

연산자	=	<>	>	<	>=	<=
의미	같다	같지 않다	크다	작다	크거나 같다	작거나 같다

- 논리 연산자 : NOT, AND, OR
- LIKE 연산자 : 대표 문자를 이용해 지정된 속성의 값이 문자 패턴과 일치하는 튜플을 검색하기 위해 사용됩니다.

대표 문자	%	_	#
의미	모든 문자를 대표함	문자 하나를 대표함	숫자 하나를 대표함

연산자 우선순위

종류	연산자	우선순위
산술 연산자	×, /, +, −	왼쪽에서 오른쪽으로 갈수록 낮아집니다.
관계 연산자	=, <>, >, >=, <, <=	모두 같습니다.
논리 연산자	NOT, AND, OR	왼쪽에서 오른쪽으로 갈수록 낮아집니다.

※ 산술, 관계, 논리 연산자가 함께 사용되었을 때는 산술 > 관계 > 논리 연산자 순서로 연산자 우선순위가 정해집니다.

다음과 같은 기본 테이블에 대해 다음 예제의 결과를 확인하시오.

⟨사원⟩

이름	부서	생일	주소	기본급
홍길동	기획	04/05/61	망원동	120
임꺽정	인터넷	01/09/69	서교동	80
황진이	편집	07/21/75	합정동	100
김선달	편집	10/22/73	망원동	90
성춘향	기획	02/20/64	대흥동	100
장길산	편집	03/11/67	상암동	120
일지매	기획	04/29/78	연남동	110
강건달	인터넷	12/11/80		90

⟨여가활동⟩

이름	취미	경력
김선달	당구	10
성춘향	나이트댄스	5
일지매	태껸	15
임꺽정	씨름	8

전문가의 조언

지금부터는 주어진 릴레이션을 보고 예제의 결과를 꼭 확인하세요.

② 기본 검색

기사 25.5, 23.2, 22.3, 20.8, 20.6

SELECT 절에 원하는 속성을 지정하여 검색한다.

예제 1 〈사원〉 테이블의 모든 튜플을 검색하시오.

- SELECT * FROM 사원;
- SELECT 사원.* FROM 사원;
- SELECT 이름, 부서, 생일, 주소, 기본급 FROM 사원;
- SELECT 사원.이름, 사원.부서, 사원.생일, 사원.주소, 사원.기본급 FROM 사원;

※ 위의 SQL은 모두 보기에 주어진 〈사원〉 테이블 전체를 그대로 출력한다.

〈결과〉

이름	부서	생일	주소	기본급
홍길동	기획	04/05/61	망원동	120
임꺽정	인터넷	01/09/69	서교동	80
황진이	편집	07/21/75	합정동	100
김선달	편집	10/22/73	망원동	90
성춘향	기획	02/20/64	대흥동	100
장길산	편집	03/11/67	상암동	120
일지매	기획	04/29/78	연남동	110
강건달	인터넷	12/11/80		90

예제 2 〈사원〉 테이블에서 '주소'만 검색하되 같은 '주소'는 한 번만 출력하시오.

SELECT DISTINCT 주소
FROM 사원;

〈결과〉

주소
대흥동
망원동
상암동
서교동
연남동
합정동

전문가의 조언

중복을 제거하는 DISTINCT의 의미를 정확히 알아두세요.

예제 3 〈사원〉 테이블에서 '기본급'에 특별수당 10을 더한 월급을 "XX부서의 XXX의 월급 XXX" 형태로 출력하시오.

SELECT 부서 + '부서의' AS 부서2, 이름 + '의 월급' AS 이름2, 기본급 + 10 AS 기본급2
FROM 사원;

부서+"부서의" AS 부서2
'부서'에 "부서의"를 연결하여 표시하되, '부서2'라는 속성명으로 표시합니다.

〈결과〉

부서2	이름2	기본급2
기획부서의	홍길동의 월급	130
인터넷부서의	임꺽정의 월급	90
편집부서의	황진이의 월급	110
편집부서의	김선달의 월급	100
기획부서의	성춘향의 월급	110
편집부서의	장길산의 월급	130
기획부서의	일지매의 월급	120
인터넷부서의	강건달의 월급	100

3 조건 지정 검색

25.5, 24.2, 23.2, 22.7, 22.4, 22.3, 기사 25.5, 25.2, 24.7, 23.7, 23.5, 22.3, 21.8, 21.3, 20.8

WHERE 절에 조건을 지정하여 조건에 만족하는 튜플만 검색한다.

예제 1 〈사원〉 테이블에서 '기획'부의 모든 튜플을 검색하시오.

```
SELECT *
FROM 사원
WHERE 부서 = '기획';
```

〈결과〉

이름	부서	생일	주소	기본급
홍길동	기획	04/05/61	망원동	120
성춘향	기획	02/20/64	대흥동	100
일지매	기획	04/29/78	연남동	110

예제 2 〈사원〉 테이블에서 "기획" 부서에 근무하면서 "대흥동"에 사는 사람의 튜플을 검색하시오.

```
SELECT *
FROM 사원
WHERE 부서 = '기획' AND 주소 = '대흥동';
```

〈결과〉

이름	부서	생일	주소	기본급
성춘향	기획	02/20/64	대흥동	100

예제 3 〈사원〉 테이블에서 '부서'가 '기획'이거나 "인터넷"인 튜플을 검색하시오.

```
SELECT *
FROM 사원
WHERE 부서 = '기획' OR 부서 = '인터넷';
```

> **전문가의 조언**
> 데이터 검색 조건을 만족하는 SQL문을 찾는 문제가 출제되었습니다. WHERE절에서 사용되는 AND, OR, LIKE, BETWEEN 등의 기능을 확실하게 숙지하세요.

예제 3 은 다음과 같이 검색해도 됩니다.

```
SELECT *
FROM 사원
WHERE 부서 IN ('기획', '인터넷');
```

〈결과〉

이름	부서	생일	주소	기본급
홍길동	기획	04/05/61	망원동	120
임꺽정	인터넷	01/09/69	서교동	80
성춘향	기획	02/20/64	대흥동	100
일지매	기획	04/29/78	연남동	110
강건달	인터넷	12/11/80		90

예제 4 〈사원〉 테이블에서 성이 '김'인 사람의 튜플을 검색하시오.

```
SELECT *
FROM 사원
WHERE 이름 LIKE "김%";
```

〈결과〉

이름	부서	생일	주소	기본급
김선달	편집	10/22/73	망원동	90

예제 5 〈사원〉 테이블에서 '생일'이 '01/01/69'에서 '12/31/73' 사이인 튜플을 검색하시오.

```
SELECT *
FROM 사원
WHERE 생일 BETWEEN #01/01/69# AND #12/31/73#;
```

전문가의 조언

날짜 데이터는 숫자로 취급하지만 ' ' 또는 # #으로 묶어줍니다.

〈결과〉

이름	부서	생일	주소	기본급
임꺽정	인터넷	01/09/69	서교동	80
김선달	편집	10/22/73	망원동	90

예제 6 〈사원〉 테이블에서 '주소'가 NULL인 튜플을 검색하시오.

```
SELECT *
FROM 사원
WHERE 주소 IS NULL;
```

전문가의 조언

NULL이 아닌 값을 검색할 때는 IS NOT NULL을 사용합니다.
예 〈사원〉 테이블에서 '주소'가 NULL이 아닌 튜플 검색

```
SELECT *
FROM 사원
WHERE 주소 IS NOT NULL;
```

〈결과〉

이름	부서	생일	주소	기본급
강건달	인터넷	12/11/80		90

전문가의 조언

정렬을 지정하는 문제가 출제되었습니다. ORDER BY절이 정렬에 사용된다는 것과 정렬 방식인 'ASC', 'DESC'의 의미를 꼭 이해하세요.

4 정렬 검색
23.5, 기사 25.2, 23.5, 22.4

ORDER BY 절에 특정 속성을 지정하여 지정된 속성으로 자료를 정렬하여 검색한다.

예제 1 〈사원〉 테이블에서 '주소'를 기준으로 내림차순 정렬시켜 상위 2개 튜플만 검색하시오.

```
SELECT TOP 2 *
FROM 사원
ORDER BY 주소 DESC;
```

〈결과〉

이름	부서	생일	주소	기본급
황진이	편집	07/21/75	합정동	100
일지매	기획	04/29/78	연남동	110

예제 2 〈사원〉 테이블에서 '부서'를 기준으로 오름차순 정렬하고, 같은 '부서'에 대해서는 '이름'을 기준으로 내림차순 정렬시켜서 검색하시오.

```
SELECT *
FROM 사원
ORDER BY 부서 ASC, 이름 DESC;
```

〈결과〉

이름	부서	생일	주소	기본급
홍길동	기획	04/05/61	망원동	120
일지매	기획	04/29/78	연남동	110
성춘향	기획	02/20/64	대흥동	100
임꺽정	인터넷	01/09/69	서교동	80
강건달	인터넷	12/11/80		90
황진이	편집	07/21/75	합정동	100
장길산	편집	03/11/67	상암동	120
김선달	편집	10/22/73	망원동	90

24.7, 23.5, 22.4, 기사 25.8, 24.7, 24.2, 23.5, 22.4, 21.3, 20.9, 20.6

5 하위 질의

하위 질의는 조건절에 주어진 질의를 먼저 수행하여 그 검색 결과를 조건절의 피연산자로 사용한다.

예제 1 '취미'가 "나이트댄스"인 사원의 '이름'과 '주소'를 검색하시오.

```
SELECT 이름, 주소
FROM 사원
WHERE 이름 = (SELECT 이름 FROM 여가활동 WHERE 취미 = '나이트댄스');
```

〈결과〉

이름	주소
성춘향	대흥동

 전문가의 조언

하위 질의의 실행 결과를 묻는 문제가 출제되었습니다. 하위 질의는 조건절의 질의를 먼저 수행하여 그 결과를 조건절의 피연산자로 사용한다는 것을 염두에 두고 예제 를 통해 하위 질의 실행 과정을 확실히 이해하고 넘어가세요.

 전문가의 조언

먼저 "SELECT 이름 FROM 여가활동 WHERE 취미 = '나이트댄스'"를 수행하여 〈여가활동〉 테이블에서 '성춘향'을 찾습니다. 그런 다음 하위 질의에 해당하는 피연산자의 자리에 '성춘향'을 대입하면 질의문은 "SELECT 이름, 주소 FROM 사원 WHERE 이름 = '성춘향'"과 같습니다.

Not In (　)

Not In (　)은 포함되지 않는 데이터를 의미합니다. 즉 〈사원〉 테이블에서 모든 자료를 검색하는데, 〈여가활동〉 테이블에 '이름'이 있는 자료는 제외하고 검색합니다.

기사 20.9
EXISTS (　)

EXISTS (　)는 하위 질의로 검색된 결과가 존재하는지 확인할 때 사용합니다. 즉 〈사원〉 테이블의 '이름'이 〈여가활동〉 테이블의 '이름'에도 있는지 확인합니다.

❶ SELECT 이름 FROM 여가활동 WHERE 여가활동.이름 = 사원.이름; : 〈여가활동〉과 〈사원〉 테이블에 공통으로 있는 '이름'을 〈여가활동〉 테이블에서 검색합니다. 결과는 "임꺽정", "김선달", "성춘향", "일지매"입니다.

❷ SELECT 부서 FROM 사원 WHERE EXISTS (❶) : '이름'이 "임꺽정", "김선달", "성춘향", "일지매"인 사람이 〈사원〉 테이블에 있는지 확인하여 해당 자료의 '부서'를 출력합니다. 결과는 "인터넷", "편집", "기획", "기획"입니다.

예제 2 취미활동을 하지 않는 사원들을 검색하시오.

```
SELECT *
FROM 사원
WHERE 이름 NOT IN (SELECT 이름 FROM 여가활동);
```

〈결과〉

이름	부서	생일	주소	기본급
홍길동	기획	04/05/61	망원동	120
황진이	편집	07/21/75	합정동	100
장길산	편집	03/11/67	상암동	120
강건달	인터넷	12/11/80		90

예제 3 취미활동을 하는 사원들의 부서를 검색하시오.

```
SELECT 부서
FROM 사원
WHERE EXISTS (SELECT 이름 FROM 여가활동 WHERE 여가활동.이름 = 사원.이름);
```

〈결과〉

부서
인터넷
편집
기획
기획

6 복수 테이블 검색

여러 테이블을 대상으로 검색을 수행한다.

예제 '경력'이 10년 이상인 사원의 '이름', '부서', '취미', '경력'을 검색하시오.

```
SELECT 사원.이름, 사원.부서, 여가활동.취미, 여가활동.경력
FROM 사원, 여가활동
WHERE 여가활동.경력 >= 10 AND 사원.이름 = 여가활동.이름;
```

〈결과〉

이름	부서	취미	경력
김선달	편집	당구	10
일지매	기획	태껸	15

기출문제 따라잡기

이전기출

1. SQL 검색문의 기본적인 구조로 옳게 짝지어진 것은?

```
SELECT ( 1 )
FROM ( 2 )
WHERE ( 3 )
```

① (1) 릴레이션 (2) 속성 (3) 조건
② (1) 조건 (2) 릴레이션 (3) 튜플
③ (1) 튜플 (2) 릴레이션 (3) 조건
④ (1) 속성 (2) 릴레이션 (3) 조건

검색문의 일반 형식은 'SELECT 속성 FROM 릴레이션 WHERE 조건;'입니다.

25년 8월, 24년 5월, 23년 5월

2. 다음 SQL 문에서 DISTINCT의 의미는?

"SELECT DISTINCT DEPT FROM STUDENT;"

① 검색 결과에서 레코드의 중복 제거
② 모든 레코드 검색
③ 검색 결과를 순서대로 정렬
④ DETP의 처음 레코드만 검색

SQL 문에서 DISTINCT의 의미는 검색 결과에서 레코드의 중복을 제거하라는 의미로 중복된 레코드가 있으면 그 중 첫 번째 한 개만 검색하여 표시합니다.

이전기출

3. SQL에서 SELECT 문에 나타날 수 없는 절은?

① HAVING   ② GROUP BY
③ DROP   ④ ORDER BY

DROP은 스키마, 도메인, 기본 테이블, 뷰 테이블, 인덱스 등을 삭제하는 데이터 정의어(DDL)입니다.

24년 7월, 23년 2월, 22년 7월

4. 학생(STUDENT) 테이블에 컴퓨터정보과 학생 120명, 인터넷정보과 학생 160명, 사무자동화과 학생 80명에 관한 데이터가 있다고 했을 때, 다음에 주어지는 SQL문 (ㄱ), (ㄴ), (ㄷ)을 각각 실행 시키면, 결과 튜플 수는 각각 몇 개인가? (단, DEPT는 학과 컬럼명임)

```
(ㄱ) SELECT DISTINCT DEPT FROM STUDENT;
(ㄴ) SELECT DEPT FROM STUDENT;
(ㄷ) SELECT COUNT(DISTINCT DEPT) FROM STUDENT
     WHERE DEPT = '컴퓨터정보과';
```

① (ㄱ) 3, (ㄴ) 360, (ㄷ) 1
② (ㄱ) 360, (ㄴ) 3, (ㄷ) 120
③ (ㄱ) 3, (ㄴ) 360, (ㄷ) 120
④ (ㄱ) 360, (ㄴ) 3, (ㄷ) 1

㉠ STUDENT 테이블에서 DEPT를 검색하는데 DISTINCT 옵션이 있으므로 중복된 결과는 처음의 한 개만 검색에 포함시킵니다. 컴퓨터정보과 120개 튜플의 DEPT 속성의 값이 같으므로 1개, 인터넷정보과 160개 튜플의 DEPT 속성이 같으므로 1개, 사무자동화과 80개의 튜플의 DEPT 속성이 같으므로 1개를 검색에 포함시킵니다. 결과는 3개의 튜플이 검색됩니다.
㉡ STUDENT 테이블에서 DEPT를 검색합니다. 총 360개의 튜플이 들어 있고 검색 조건이 없으므로 360개의 튜플이 검색됩니다.
㉢ STUDENT 테이블에서 DEPT 속성의 값이 '컴퓨터정보과'인 튜플의 중복을 제거하여 개수를 세므로 1개의 튜플이 검색됩니다.

25년 2월, 22년 7월

5. 아래 SQL 문에서 WHERE 절의 조건이 의미하는 것은?

```
SELECT 이름, 과목, 점수
FROM 학생
WHERE 이름 NOT LIKE '박_ _';
```

① '박'으로 시작되는 모든 문자 이름을 검색한다.
② '박'으로 시작하지 않는 모든 문자 이름을 검색한다.
③ '박'으로 시작하는 3글자의 문자 이름을 검색한다.
④ '박'으로 시작하지 않는 3글자의 문자 이름을 검색한다.

문제의 지문에서 WHERE절의 조건 중 NOT은 결과를 반대로 출력하는 논리 부정 연산자, LIKE는 지정된 문자를 포함하는 문자열을 찾는 연산자, _은 한 자리 문자를 대신하는 대표 문자입니다. 그러므로 WHERE 절의 정확한 의미는 "박'으로 시작하지 않거나 박으로 시작하면서 3글자가 아닌 문자 이름을 검색한다.' 입니다. ④번이 이에 포함된다고 할 수 있습니다.

23년 5월

6. 관계 데이터베이스의 테이블인 수강(학번, 과목명, 중간성적, 기말성적)에서 과목명이 "DB"인 모든 튜플들을 성적에 의해 정렬된 형태로 검색하고자 한다. 이때 정렬 기준은 기말성적의 내림차순으로 정렬하고 기말성적이 같은 경우는 중간성적의 오름차순으로 정렬하고자 한다. 다음 SQL 질의문에서 ORDER BY 절의 밑줄 친 부분의 내용으로 옳은 것은?

```
SELECT * FROM 수강 WHERE 과목명="DB"
ORDER BY _____ ;
```

① 중간성적 DESC, 기말성적 ASC
② 기말성적 DESC, 중간성적 ASC
③ 중간성적 DOWN, 기말성적 UP
④ 중간성적 (DESC), 기말성적 (ASC)

오름차순은 'ASC', 내림차순은 'DESC'입니다.

▶ 정답 : 1. ④ 2. ① 3. ③ 4. ① 5. ④ 6. ②

기출문제 따라잡기

24년 7월, 23년 5월, 22년 4월
7. 다음 질의문 실행의 결과는?

> SELECT 가격 FROM 도서가격 WHERE 책번호 = (SELECT 책번호 FROM 도서 WHERE 책명 = '운영체제');

책번호	책명
1111	운영체제
2222	세계지도
3333	생활영어

(도서 테이블)

책번호	가격
1111	15000
2222	23000
3333	7000
4444	5000

(도서가격 테이블)

① 5000　　② 7000
③ 15000　　④ 23000

> 문제의 질의문은 하위 질의가 있는 질의문입니다. 먼저 WHERE 조건에 지정된 하위 질의의 SELECT문을 검색합니다. 그리고 검색 결과를 본 질의 조건에 있는 '책번호' 속성과 비교합니다.
> ❶ SELECT 책번호 FROM 도서 WHERE 책명 = '운영체제'; : '도서' 테이블에서 '책명' 속성의 값이 '운영체제'와 같은 레코드의 '책번호' 속성의 값을 검색합니다. 결과는 '1111'입니다.
> ❷ SELECT 가격 FROM 도서가격 WHERE 책번호 = '1111'; : '도서가격' 테이블에서 '책번호' 속성의 값이 '1111'과 같은 레코드의 '가격' 속성의 값을 검색합니다. 결과는 '15000'입니다.

25년 5월, 23년 2월, 22년 4월
8. '학생' 테이블에서 3학년이고 컴퓨터공학과인 학생의 이름만 조회하는 SQL문으로 옳바른 것은?

① SELECT 이름 FROM 학생 WHERE 학년 = 3 AND 학과 = "컴퓨터공학";
② SELECT 이름 FROM 학생 WHERE 학년 = 3 OR 학과 = "컴퓨터공학";
③ SELECT 이름 WHEN 학생 WHERE 학년 = 3 AND 학과 = "컴퓨터공학";
④ SELECT 이름 WHEN 학생 WHERE 학년 = 3 OR 학과 = "컴퓨터공학";

> • '학생' 테이블에서 '이름'만 조회하므로 SELECT 이름 FROM 학생입니다.
> • '3학년'이고 '컴퓨터공학과'인 학생을 대상으로 하므로 WHERE 학년 = 3 AND 학과 = "컴퓨터공학";입니다.

25년 8월, 24년 2월, 22년 3월
9. 다음 SQL문을 올바르게 설명한 것은?

> SELECT *
> FROM STUDENT
> WHERE SNAME LIKE '홍%';

① SNAME이 '홍'씨로 시작하면 삭제한다.
② SNAME이 '홍'씨로 시작되는 튜플을 찾는다.
③ SNAME이 '홍'씨로 시작하면 0으로 치환한다.
④ SNAME이 '홍'씨로 시작되는 튜플을 삭제한다.

> LIKE는 지정된 문자를 포함하는 문자열을 찾는 연산자, '%'는 모든 문자를 대신하는 대표 문자입니다. 그러므로 'WHERE SNAME LIKE '홍%''은 'SNAME' 속성의 값이 "홍"으로 시작하는 모든 튜플을 의미합니다.

기사 23년 7월, 22년 3월
10. 다음 SQL문에서 사용된 BETWEEN 연산의 의미와 동일한 것은?

> SELECT *
> FROM 성적
> WHERE (점수 BETWEEN 90 AND 95)
> 　　　AND 학과 = '컴퓨터공학과';

① 점수 >= 90 AND 점수 <= 95
② 점수 > 90 AND 점수 < 95
③ 점수 > 90 AND 점수 <= 95
④ 점수 >= 90 AND 점수 < 95

> '점수 BETWEEN 90 AND 95'는 점수가 90~95 사이인 데이터를 검색합니다.

24년 2월
11. SQL에서 검색을 위한 조건문을 기술하는 데 사용되는 구문은?

① If　　② When
③ Select　　④ Where

> SQL에서 검색을 위한 조건문을 기술하는 데 사용되는 구문은 Where입니다.

▶ 정답: 7. ③　8. ①　9. ②　10. ①　11. ④

SECTION 097 DML - SELECT-2

1 일반 형식

25.2, 22.3, 기사 25.2, 21.8

```
SELECT [PREDICATE] [테이블명.]속성명 [AS 별칭][, 테이블명.]속성명, …]
[, 그룹함수(속성명) [AS 별칭]]
[, WINDOW함수 OVER (PARTITION BY 속성명1, 속성명2, …
                    ORDER BY 속성명3, 속성명4, …) [AS 별칭]]
FROM 테이블명[, 테이블명, …]
[WHERE 조건]
[GROUP BY 속성명, 속성명, …]
[HAVING 조건]
[ORDER BY 속성명 [ASC | DESC]];
```

- **그룹함수** : GROUP BY절에 지정된 그룹별로 속성의 값을 집계할 함수를 기술한다.
- **WINDOW 함수** : GROUP BY절을 이용하지 않고 속성의 값을 집계할 함수를 기술한다.
  - **PARTITION BY** : WINDOW 함수가 적용될 범위*로 사용할 속성을 지정한다.
  - **ORDER BY** : PARTITION 안에서 정렬 기준으로 사용할 속성을 지정한다.
- **GROUP BY절** : 특정 속성을 기준으로 그룹화하여 검색할 때 사용한다. 일반적으로 GROUP BY절은 그룹 함수와 함께 사용된다.
- **HAVING절** : GROUP BY와 함께 사용되며, 그룹에 대한 조건을 지정한다.

잠깐만요 그룹 함수 / WINDOW 함수

25.2, 22.3, 기사 24.5, 20.8

그룹 함수
GROUP BY절에 지정된 그룹별로 속성의 값을 집계할 때 사용됩니다.
- **COUNT(속성명)** : 그룹별 튜플 수를 구하는 함수
- **SUM(속성명)** : 그룹별 합계를 구하는 함수
- **AVG(속성명)** : 그룹별 평균을 구하는 함수
- **MAX(속성명)** : 그룹별 최대값을 구하는 함수
- **MIN(속성명)** : 그룹별 최소값을 구하는 함수
- **STDDEV(속성명)** : 그룹별 표준편차를 구하는 함수
- **VARIANCE(속성명)** : 그룹별 분산을 구하는 함수

전문가의 조언

- 이번 섹션에서는 WINDOW 함수 이용 검색, 그룹 지정 검색, 집합 연산자를 이용한 통합질의에 대해 학습합니다. 각 절, 옵션의 기능까지 정확히 암기해 두세요. 나머지 중요한 요소는 그때그때 설명하겠습니다.
- SELECT문의 일반 형식에 포함된 내용이 길어 학습할 분량을 두 섹션으로 분리하였습니다. 흐리게 처리된 형식은 이전 섹션에서 학습한 내용입니다.

WINDOW 함수가 적용될 범위
GROUP BY 절에 지정한 속성이 그룹 함수의 범위로 사용되듯이 PARTITION BY 절에 지정한 속성이 WINDOW 함수의 범위로 사용됩니다.

전문가의 조언
Max 함수가 적용된 질의 실행 결과를 묻는 문제가 출제되었습니다. 그룹 함수의 종류와 각 함수의 기능을 알아두세요.

- ROLLUP(속성명, 속성명, …)
  - 인수로 주어진 속성을 대상으로 그룹별 소계를 구하는 함수입니다.
  - 속성의 개수가 n개이면, n+1 레벨까지, 하위 레벨에서 상위 레벨 순으로 데이터가 집계됩니다.
- CUBE(속성명, 속성명, …)
  - ROLLUP과 유사한 형태이나 CUBE는 인수로 주어진 속성을 대상으로 모든 조합의 그룹별 소계를 구합니다.
  - 속성의 개수가 n개이면, 2^n 레벨까지, 상위 레벨에서 하위 레벨 순으로 데이터가 집계됩니다.

WINDOW 함수
- GROUP BY절을 이용하지 않고 함수의 인수로 지정한 속성을 범위로 하여 속성의 값을 집계합니다.
- 함수의 인수로 지정한 속성이 대상 레코드의 범위가 되는데, 이를 윈도우(WINDOW)라고 부릅니다.
- WINDOW 함수
  - ROW_NUMBER( ) : 윈도우별로 각 레코드에 대한 일련 번호를 반환합니다.
  - RANK( ) : 윈도우별로 순위를 반환하며, 공동 순위를 반영합니다.
  - DENSE_RANK( ) : 윈도우별로 순위를 반환하며, 공동 순위를 무시하고 순위를 부여합니다.

WINDOW 함수 이용 검색

GROUP BY절을 이용하지 않고 함수의 인수로 지정한 속성을 범위로 하여 속성의 값을 집계한다.

〈상여금〉

부서	이름	상여내역	상여금
기획	홍길동	연장근무	100
기획	일지매	연장근무	100
기획	최준호	야간근무	120
기획	장길산	특별근무	90
인터넷	강건달	특별근무	90
인터넷	서국현	특별근무	90
인터넷	박인식	연장근무	30
편집	김선달	특별근무	80
편집	황종근	연장근무	40
편집	성춘향	야간근무	80
편집	임꺽정	야간근무	80
편집	황진이	야간근무	50

예제 1 〈상여금〉 테이블에서 '상여내역'별로 '상여금'에 대한 일련 번호를 구하시오. (단 순서는 내림차순이며 속성명은 'NO'로 할 것)

```
SELECT 상여내역, 상여금,
   ROW_NUMBER( ) OVER (PARTITION BY 상여내역 ORDER BY 상여금 DESC) AS NO
FROM 상여금;
```

〈결과〉

상여내역	상여금	NO
야간근무	120	1
야간근무	80	2
야간근무	80	3
야간근무	50	4
연장근무	100	1
연장근무	100	2
연장근무	40	3
연장근무	30	4
특별근무	90	1
특별근무	90	2
특별근무	90	3
특별근무	80	4

예제 2 〈상여금〉 테이블에서 '상여내역'별로 '상여금'에 대한 순위를 구하시오. (단, 순서는 내림차순이며, 속성명은 '상여금순위'로 하고, RANK() 함수를 이용할 것)

```
SELECT 상여내역, 상여금,
    RANK( ) OVER (PARTITION BY 상여내역 ORDER BY 상여금 DESC) AS 상여금순위
FROM 상여금;
```

전문가의 조언

RANK() 함수는 공동 순위가 있는 경우 공동 순위를 반영하여 다음 순위를 정합니다.

〈결과〉

상여내역	상여금	상여금순위
야간근무	120	1
야간근무	80	2
야간근무	80	2
야간근무	50	4
연장근무	100	1
연장근무	100	1
연장근무	40	3
연장근무	30	4
특별근무	90	1
특별근무	90	1
특별근무	90	1
특별근무	80	4

기사 20.10
3 그룹 지정 검색

GROUP BY절에 지정한 속성을 기준으로 자료를 그룹화하여 검색한다.

전문가의 조언

GROUP BY절이 그룹을 지정한다는 것과, 그룹에 대한 조건을 지정할 때는 WHERE가 아닌 HAVING을 사용한다는 것을 기억해 두세요.

Avg(상여금) As 평균
'상여금' 속성에 있는 값들의 평균을 구하되 '평균'이라는 속성명으로 표시합니다.

> 예제 1 〈상여금〉 테이블에서 '부서'별 '상여금'의 평균을 구하시오.

SELECT 부서, AVG(상여금) AS 평균
FROM 상여금
GROUP BY 부서;

〈결과〉

부서	평균
기획	102.5
인터넷	70
편집	66

> 예제 2 〈상여금〉 테이블에서 부서별 튜플 수를 검색하시오.

SELECT 부서, COUNT(*) AS 사원수
FROM 상여금
GROUP BY 부서;

〈결과〉

부서	사원수
기획	4
인터넷	3
편집	5

- 'WHERE 상여금 >= 100' 절에 의해서 '상여금'이 100 이상인 자료만 검색 대상이 됩니다.
- 'GROUP BY 부서' 절에 의해서 '상여금'이 100 이상인 자료에 대해서만 '부서'별로 그룹을 지정합니다.
- 'HAVING COUNT(*) >= 2' 절에 의해서 '부서'의 인원이 2 이상인 '부서'의 인원만 검색합니다.

> 예제 3 〈상여금〉 테이블에서 '상여금'이 100 이상인 사원이 2명 이상인 '부서'의 튜플 수를 구하시오.

SELECT 부서, COUNT(*) AS 사원수
FROM 상여금
WHERE 상여금 >= 100
GROUP BY 부서
HAVING COUNT(*) >= 2;

〈결과〉

부서	사원수
기획	3

> 예제 4 〈상여금〉 테이블의 '부서', '상여내역', 그리고 '상여금'에 대해 부서별 상여내역별 소계와 전체 합계를 검색하시오. (단, 속성명은 '상여금합계'로 하고, ROLLUP 함수를 사용할 것)

SELECT 부서, 상여내역, SUM(상여금) AS 상여금합계
FROM 상여금
GROUP BY ROLLUP(부서, 상여내역);

〈결과〉

부서	상여내역	상여금합계
기획	야간근무	120
기획	연장근무	200
기획	특별근무	90
기획		410
편집	야간근무	210
편집	연장근무	40
편집	특별근무	80
편집		330
인터넷	연장근무	30
인터넷	특별근무	180
인터넷		210
		950

- 120, 200, 90: 3레벨(부서별, 상여내역별 '상여금'의 합계)
- 410: 2레벨(부서별 '상여금'의 합계)
- 210, 40, 80: 3레벨
- 330: 2레벨
- 30, 180: 3레벨
- 210: 2레벨
- 950: 1레벨(전체 '상여금'의 합계)

 전문가의 조언

ROLLUP 함수가 적용되는 속성이 2개이므로 집계되는 레벨 수는 2+1로 총 3레벨입니다. 가장 하위 레벨인 3레벨부터 표시됩니다. 3레벨은 부서별 상여내역별 '상여금'의 합계, 2레벨은 부서별 '상여금'의 합계, 1레벨은 전체 '상여금'의 합계가 표시됩니다. ROLLUP 함수는 표기된 속성의 순서에 따라 표시되는 집계 항목이 달라지므로 속성의 순서에 주의해야 합니다. ROLLUP(상여내역, 부서)로 지정하면 3레벨은 상여내역별 부서별 '상여금'의 합계, 2레벨은 상여내역별 '상여금'의 합계, 1레벨은 전체 '상여금'의 합계가 표시되므로 부서별 '상여금'의 합계는 확인할 수 없습니다.

예제 5 〈상여금〉 테이블의 '부서', '상여내역', 그리고 '상여금'에 대해 부서별 상여내역별 소계와 전체 합계를 검색하시오. (단, 속성명은 '상여금합계'로 하고, CUBE 함수를 사용할 것)

```
SELECT 부서, 상여내역, SUM(상여금) AS 상여금합계
FROM 상여금
GROUP BY CUBE(부서, 상여내역);
```

〈결과〉

부서	상여내역	상여금합계
		950
	야간근무	330
	연장근무	270
	특별근무	350
기획		410
기획	야간근무	120
기획	연장근무	200
기획	특별근무	90
편집		330
편집	야간근무	210
편집	연장근무	40
편집	특별근무	80
인터넷		210
인터넷	연장근무	30
인터넷	특별근무	180

- 950: 1레벨(전체 '상여금'의 합계)
- 330, 270, 350: 2레벨(상여내역별 '상여금'의 합계)
- 410: 3레벨(부서별 '상여금'의 합계)
- 120, 200, 90: 4레벨(부서별, 상여내역별 '상여금'의 합계)
- 330: 3레벨
- 210, 40, 80: 4레벨
- 210: 3레벨
- 30, 180: 4레벨

 전문가의 조언

CUBE 함수가 적용되는 속성이 2개이므로 집계되는 레벨 수는 2²로 총 4레벨입니다. CUBE 함수는 가장 상위 레벨인 1레벨부터 표시됩니다. 1레벨은 전체 '상여금'의 합계, 2레벨은 상여내역별 '상여금'의 합계, 3레벨은 부서별 '상여금'의 합계, 4레벨은 부서별 상여내역별 '상여금'의 합계가 표시됩니다. CUBE 함수는 ROLLUP 함수와 달리 인수로 주어진 속성을 대상으로 결합 가능한 모든 집계를 표시하므로 인수로 주어진 속성의 순서가 바뀌어도 표시 순서만 달라질 뿐 표시되는 집계 항목은 동일합니다.

전문가의 조언

집합 연산자는 2개 이상의 테이블을 하나로 통합하기 위해 사용한다는 것을 기억해 두세요.

④ 집합 연산자를 이용한 통합 질의

25.8, 24.5, 22.4, 기사 25.5, 24.7, 24.5, 23.5, 23.2, 22.3, 21.5

집합 연산자를 사용하여 2개 이상의 테이블의 데이터를 하나로 통합한다.

표기 형식

```
SELECT 속성명1, 속성명2, …
FROM 테이블명
UNION | UNION ALL | INTERSECT | EXCEPT
SELECT 속성명1, 속성명2, …
FROM 테이블명
[ORDER BY 속성명 [ASC | DESC]];
```

- 두 개의 SELECT문에 기술한 속성들은 개수와 데이터 유형이 서로 동일해야 한다.
- 집합 연산자의 종류(통합 질의의 종류)

집합 연산자	설명	집합 종류
24.5, 기사 25.5, 23.5 UNION	• 두 SELECT문의 조회 결과를 통합하여 모두 출력한다. • 중복된 행은 한 번만 출력한다.	합집합
기사 25.5, 24.5, 23.5, … UNION ALL	• 두 SELECT문의 조회 결과를 통합하여 모두 출력한다. • 중복된 행도 그대로 출력한다.	합집합
기사 25.5, 24.7, 21.5 INTERSECT	두 SELECT문의 조회 결과 중 공통된 행만 출력한다.	교집합
기사 25.5, 23.5 EXCEPT	첫 번째 SELECT문의 조회 결과에서 두 번째 SELECT문의 조회 결과를 제외한 행을 출력한다.	차집합

〈사원〉

사원	직급
김형석	대리
홍영선	과장
류기선	부장
김현천	이사

〈직원〉

사원	직급
신원섭	이사
이성호	대리
홍영선	과장
류기선	부장

예제 1 〈사원〉 테이블과 〈직원〉 테이블을 통합하는 질의문을 작성하시오. (단, 같은 레코드가 중복되어 나오지 않게 하시오.)

```
SELECT *
FROM 사원
UNION
SELECT *
FROM 직원;
```

〈결과〉

사원	직급
김현천	이사
김형석	대리
류기선	부장
신원섭	이사
이성호	대리
홍영선	과장

예제 2 〈사원〉 테이블과 〈직원〉 테이블에 공통으로 존재하는 레코드만 통합하는 질의문을 작성하시오.

```
SELECT *
FROM 사원
INTERSECT
SELECT *
FROM 직원;
```

〈결과〉

사원	직급
류기선	부장
홍영선	과장

기출문제 따라잡기

22년 4월
1. 데이터베이스에서 두 릴레이션을 합병할 때 사용하는 연산자는?
① 집합 연산자 ② 관계 연산자
③ 비교 연산자 ④ 논리 연산자

> 두 릴레이션을 합병할 때 사용하는 연산자는 집합 연산자입니다.

기사 25년 2월, 21년 8월
2. SQL문에서 HAVING을 사용할 수 있는 절은?
① LIKE 절 ② WHERE 절
③ GROUP BY 절 ④ ORDER BY 절

> 그룹이 지정된 곳에는 HAVING절을, 개개의 레코드에는 WHERE절을 사용하여 조건을 지정합니다.

25년 8월, 24년 5월
3. [상반기진급] 테이블과 [하반기진급] 테이블은 모두 '사번', '이름', '부서' 필드로 구성되어 있다. 다음 중 두 테이블의 레코드를 통합하려고 할 때 쿼리문으로 올바른 것은?

① Select 사번, 이름, 부서 From 상반기진급, 하반기진급
   Where 상반기진급.사번 = 하반기진급.사번;
② Select 사번, 이름, 부서 From 상반기진급
   JOIN Select 사번, 이름, 부서 From 하반기진급;
③ Select 사번, 이름, 부서 From 상반기진급
   OR Select 사번, 이름, 부서 From 하반기진급;
④ Select 사번, 이름, 부서 From 상반기진급
   UNION Select 사번, 이름, 부서 From 하반기진급;

> 성격이 유사한 두 개의 테이블 데이터를 통합하여 하나로 만들려면 합집합(UNION) 연산자를 사용하면 됩니다.

▶ 정답 : 1. ① 2. ③ 3. ④

기출문제 따라잡기

이전기출

4. 관계 데이터베이스의 테이블 지점정보(지점코드, 소속도시, 매출액)에 대해 다음과 같은 SQL문이 실행되었다. 그 결과에 대한 설명으로 부적합한 것은?

```
SELECT 소속도시, AVG(매출액)
FROM 지점정보 WHERE 매출액 > 1000
GROUP BY 소속도시
HAVING COUNT(*) >= 3;
```

① WHERE절의 조건에 의해 해당 도시의 지점들의 매출액 평균이 1,000 이하인 경우는 출력에서 제외된다.
② 지점이 세 군데 이상 있는 도시에 대해 각 도시별로 그 도시에 있는 매출액 1,000 초과인 지점들의 평균 매출액을 구하는 질의이다.
③ SELECT절의 "AVG(매출액)"을 "MAX(매출액)"으로 변경하면 각 도시별로 가장 높은 매출을 올린 지점의 매출액을 구할 수 있다.
④ HAVING절에서 "COUNT(*) >= 3"을 "SUM(매출액) >= 5,000"으로 변경하면 어느 한 도시의 지점들의 매출액 합이 5,000 이상인 경우만 그 도시 지점들의 매출액 평균을 구할 수 있다.

> 질의문이 좀 복잡해 보입니다. 이럴 때는 순서대로 차분히 살펴보는 것이 좋습니다.
> • WHERE절에 의해 전체 레코드 중에서 매출액이 1,000을 초과하는 레코드만 추출합니다. 이제 1,000 이하인 레코드는 검색에서 제외되는 거겠죠.
> • GROUP BY절에 의해 1,000을 초과한 튜플만을 대상으로 소속도시를 기준으로 하여 그룹을 지정합니다.
> • HAVING절에 의해 그룹의 지점 수가 세 개 이상인 소속도시 그룹만 추출됩니다.
> • AVG(매출액) 함수에 의해 매출액 평균이 구해집니다.
> ※ ②번의 "지점이 세 군데 이상 있는 도시에 대해~"가 아니고, 매출액이 1000을 초과하는 지점이 세 개 이상인 도시의 소속도시별 매출액 평균을 구하는 것입니다.

기사 24년 7월, 21년 5월

5. 테이블 R1, R2에 대하여 다음 SQL문의 결과는?

```
(SELECT 학번 FROM R1)
INTERSECT
(SELECT 학번 FROM R2)
```

[R1] 테이블

학번	학점 수
20201111	15
20202222	20

[R2] 테이블

학번	과목번호
20202222	CS200
20203333	CS300

①

학번	학점 수	과목번호
20202222	20	CS200

②

학번
20202222

③

학번
20201111
20202222
20203333

④

학번	학점 수	과목번호
20201111	15	NULL
20202222	20	CS200
20203333	NULL	CS300

> INTERSECT는 두 SELECT문의 조회 결과 중 공통된 행만 출력하는 집합 연산자입니다.

25년 2월, 22년 3월

6. 다음 SQL의 실행 결과로 옳은 것은?

〈거래내역〉

상호	금액
대명금속	255,000
정금강업	900,000
효신산업	600,000
율촌화학	220,000
한국제지	200,000
한국화이바	795,000

〈SQL〉

```
SELECT 상호 FROM 거래내역 WHERE 금액 In (SELECT MAX(금액) FROM 거래내역);
```

① 대명금속　　② 정금강업
③ 효신산업　　④ 율촌화학

> In 안의 'SELECT MAX(금액) FROM 거래내역'은 〈거래내역〉 테이블에서 가장 큰 금액을 검색하는 것을 의미합니다. 그러므로 〈거래내역〉 테이블에서 가장 큰 '금액'을 가진 '상호'인 **정금강업**이 결과로 출력됩니다.

▶ 정답 : 4. ② 5. ② 6. ②

SECTION 098 DML - JOIN

1 JOIN의 개요

JOIN(조인)은 2개의 테이블에 대해 연관된 튜플들을 결합하여, 하나의 새로운 릴레이션을 반환한다.

- JOIN은 크게 INNER JOIN과 OUTER JOIN으로 구분된다.
- JOIN은 일반적으로 FROM절에 기술하지만, 릴레이션이 사용되는 어느 곳에서나 사용할 수 있다.

2 INNER JOIN

25.5, 23.5, 기사 21.5

INNER JOIN은 일반적으로 EQUI JOIN과 NON-EQUI JOIN으로 구분된다.

- 조건이 없는 INNER JOIN을 수행하면 CROSS JOIN*과 동일한 결과를 얻을 수 있다.
- EQUI JOIN
  - EQUI JOIN은 JOIN 대상 테이블에서 공통 속성을 기준으로 '='(equal) 비교에 의해 같은 값을 가지는 행을 연결하여 결과를 생성하는 JOIN 방법이다.
  - EQUI JOIN에서 JOIN 조건이 '='일 때 동일한 속성이 두 번 나타나게 되는데, 이 중 중복된 속성을 제거하여 같은 속성을 한 번만 표기하는 방법을 NATURAL JOIN이라고 한다.
  - EQUI JOIN에서 연결 고리가 되는 공통 속성을 JOIN 속성이라고 한다.
  - WHERE절을 이용한 EQUI JOIN의 표기 형식

    > **SELECT** [테이블명1.]속성명, [테이블명2.]속성명, …
    > **FROM** 테이블명1, 테이블명2, …
    > **WHERE** 테이블명1.속성명 = 테이블명2.속성명;

  - NATURAL JOIN절을 이용한 EQUI JOIN의 표기 형식

    > **SELECT** [테이블명1.]속성명, [테이블명2.]속성명, …
    > **FROM** 테이블명1 **NATURAL JOIN** 테이블명2;

  - JOIN ~ USING절을 이용한 EQUI JOIN의 표기 형식

    > **SELECT** [테이블명1.]속성명, [테이블명2.]속성명, …
    > **FROM** 테이블명1 **JOIN** 테이블명2 **USING**(속성명);

전문가의 조언

관계형 데이터베이스의 특성상 정규화 과정을 거치게 되면 여러 개의 테이블로 분리되는데, 이들을 합쳐 사용하기 위해서는 조인 기능이 많이 사용됩니다. 예제를 보며 이해하면 쉬우니, 조인의 의미를 이해하고 구문을 꼭 암기하세요.

CROSS JOIN(교차 조인)
- 교차 조인은 조인하는 두 테이블에 있는 튜플들의 순서쌍을 결과로 반환합니다.
- 교차 조인의 결과로 반환되는 테이블의 행의 수는 두 테이블의 행 수를 곱한 것과 같습니다.

전문가의 조언

실무에서 가장 흔히 사용되는 조인 형식은 WHERE절을 이용한 조인입니다. 교재에서도 특별한 경우를 제외하고는 WHERE절을 이용하여 조인하였습니다.

〈학생〉

학번	이름	학과코드	선배	성적
15	고길동	com		83
16	이순신	han		96
17	김선달	com	15	95
19	아무개	han	16	75
37	박치민		17	55

〈학과〉

학과코드	학과명
com	컴퓨터
han	국어
eng	영어

〈성적등급〉

등급	최저	최고
A	90	100
B	80	89
C	60	79
D	0	59

전문가의 조언

두 테이블을 조인하여 사용할 때 한 테이블에만 있는 속성은 테이블명을 생략할 수 있지만 두 테이블에 모두 속해 있는 속성은 반드시 속성명을 테이블명과 함께 표시해야 합니다.

NATURAL JOIN
NATURAL JOIN은 조인할 속성을 지정하지 않기 때문에 조인하려는 두 테이블에는 이름과 도메인이 같은 속성이 반드시 존재해야 합니다. 〈학생〉 테이블과 〈학과〉 테이블에는 같은 이름의 속성과 범위가 같은 도메인을 갖는 '학과코드'가 있기 때문에 NATURAL JOIN이 가능한 것입니다.

예제 1 〈학생〉 테이블과 〈학과〉 테이블에서 '학과코드' 값이 같은 튜플을 JOIN하여 '학번', '이름', '학과코드', '학과명'을 출력하는 SQL문을 작성하시오.

- SELECT 학번, 이름, 학생.학과코드, 학과명
  FROM 학생, 학과
  WHERE 학생.학과코드 = 학과.학과코드;

- SELECT 학번, 이름, 학생.학과코드, 학과명
  FROM 학생 NATURAL JOIN 학과;

- SELECT 학번, 이름, 학생.학과코드, 학과명
  FROM 학생 JOIN 학과 USING(학과코드);

〈결과〉

학번	이름	학과코드	학과명
15	고길동	com	컴퓨터
16	이순신	han	국어
17	김선달	com	컴퓨터
19	아무개	han	국어

전문가의 조언

데이터베이스 실무에서 주로 사용하는 대부분의 JOIN은 EQUI JOIN이고, NON-EQUI JOIN은 별로 사용하지 않습니다.

- NON-EQUI JOIN
  - NON-EQUI JOIN은 JOIN 조건에 '=' 조건이 아닌 나머지 비교 연산자, 즉 〉, 〈, 〈〉, 〉=, 〈= 연산자를 사용하는 JOIN 방법이다.
  - 표기 형식

  ```
  SELECT [테이블명1.]속성명, [테이블명2.]속성명, …
  FROM 테이블명1, 테이블명2, …
  WHERE (NON-EQUI JOIN 조건);
  ```

전문가의 조언

BETWEEN A AND B는 A에서 B 사이의 값을 말합니다. 예를 들어 〈성적등급〉 테이블의 '최저'가 80이고 '최고'가 89일 때, WHERE 학생.성적 BETWEEN 성적등급.최저 AND 성적등급.최고'는 〈학생〉 테이블의 '성적'이 80~89인 튜플을 〈성적등급〉 테이블의 '최저' 필드의 값이 80이고, '최고' 필드의 값이 89인 튜플과 조인하므로 등급은 B가 됩니다.

예제 2 〈학생〉 테이블과 〈성적등급〉 테이블을 JOIN하여 각 학생의 '학번', '이름', '성적', '등급'을 출력하는 SQL문을 작성하시오.

```
SELECT 학번, 이름, 성적, 등급
FROM 학생, 성적등급
WHERE 학생.성적 BETWEEN 성적등급.최저 AND 성적등급.최고;
```

〈결과〉

학번	이름	성적	등급
15	고길동	83	B
16	이순신	96	A
17	김선달	95	A
19	아무개	75	C
37	박치민	55	D

❸ OUTER JOIN

OUTER JOIN은 릴레이션에서 JOIN 조건에 만족하지 않는 튜플도 결과로 출력하기 위한 JOIN 방법으로, LEFT OUTER JOIN, RIGHT OUTER JOIN, FULL OUTER JOIN이 있다.

- **LEFT OUTER JOIN** : INNER JOIN의 결과를 구한 후, 우측 항 릴레이션의 어떤 튜플과도 맞지 않는 좌측 항의 릴레이션에 있는 튜플들에 NULL 값을 붙여서 INNER JOIN의 결과에 추가한다.
  - 표기 형식

  - SELECT [테이블명1.]속성명, [테이블명2.]속성명, …
    FROM 테이블명1 LEFT OUTER JOIN 테이블명2
    ON 테이블명1.속성명 = 테이블명2.속성명;

  - SELECT [테이블명1.]속성명, [테이블명2.]속성명, …
    FROM 테이블명1, 테이블명2
    WHERE 테이블명1.속성명 = 테이블명2.속성명(+);

- **RIGHT OUTER JOIN** : INNER JOIN의 결과를 구한 후, 좌측 항 릴레이션의 어떤 튜플과도 맞지 않는 우측 항의 릴레이션에 있는 튜플들에 NULL 값을 붙여서 INNER JOIN의 결과에 추가한다.
  - 표기 형식

  - SELECT [테이블명1.]속성명, [테이블명2.]속성명, …
    FROM 테이블명1 RIGHT OUTER JOIN 테이블명2
    ON 테이블명1.속성명 = 테이블명2.속성명;

  - SELECT [테이블명1.]속성명, [테이블명2.]속성명, …
    FROM 테이블명1, 테이블명2
    WHERE 테이블명1.속성명(+) = 테이블명2.속성명;

> **전문가의 조언**
>
> INNER JOIN은 두 릴레이션에서 관련이 있는 튜플만 표시하고, LEFT OUTER JOIN은 좌측 릴레이션이 기준이 되어 좌측 릴레이션에 있는 튜플은 모두 표시하고 우측 릴레이션에서는 관련이 있는 튜플만 표시합니다. 반대로 RIGHT OUTER JOIN은 우측 릴레이션이 기준이 되어 우측 릴레이션에 있는 튜플은 모두 표시하고 좌측 릴레이션에서는 연관된 튜플만 표시합니다.

> **전문가의 조언**
>
> OUTER JOIN에서 '+'를 사용하면 INNER JOIN과 동일한 형식으로 사용할 수 있습니다. INNER JOIN 형식과 동일하게 작성하고 LEFT OUTER JOIN일 때는 조건문의 우측에, RIGHT OUTER JOIN일 때는 조건문의 좌측에 '+'를 붙입니다.

- FULL OUTER JOIN
  - LEFT OUTER JOIN과 RIGHT OUTER JOIN을 합쳐 놓은 것이다.
  - INNER JOIN의 결과를 구한 후, 좌측 항의 릴레이션의 튜플들에 대해 우측 항의 릴레이션의 어떤 튜플과도 맞지 않는 튜플들에 NULL 값을 붙여서 INNER JOIN의 결과에 추가한다. 그리고 유사하게 우측 항의 릴레이션의 튜플들에 대해 좌측 항의 릴레이션의 어떤 튜플과도 맞지 않는 튜플들에 NULL 값을 붙여서 INNER JOIN의 결과에 추가한다.
  - 표기 형식

    > SELECT [테이블명1.]속성명, [테이블명2.]속성명, …
    > FROM 테이블명1 FULL OUTER JOIN 테이블명2
    > ON 테이블명1.속성명 = 테이블명2.속성명;

예제1 을 514쪽에 있는 테이블을 참조하여 풀어보세요.

예제 1 〈학생〉 테이블과 〈학과〉 테이블에서 '학과코드' 값이 같은 튜플을 JOIN하여 '학번', '이름', '학과코드', '학과명'을 출력하는 SQL문을 작성하시오. 이때, '학과코드'가 입력되지 않은 학생도 출력하시오.

- SELECT 학번, 이름, 학생.학과코드, 학과명
  FROM 학생 LEFT OUTER JOIN 학과
  ON 학생.학과코드 = 학과.학과코드;

- SELECT 학번, 이름, 학생.학과코드, 학과명
  FROM 학생, 학과
  WHERE 학생.학과코드 = 학과.학과코드(+);

해설 INNER JOIN을 하면 '학과코드'가 입력되지 않은 "박치민"은 출력되지 않는다. 그러므로 JOIN 구문을 기준으로 왼쪽 테이블, 즉 〈학생〉의 자료는 모두 출력되는 LEFT JOIN을 사용한 것이다. 다음과 같이 JOIN 구문을 기준으로 테이블의 위치를 교환하여 RIGHT JOIN을 사용해도 결과는 같다.

- SELECT 학번, 이름, 학생.학과코드, 학과명
  FROM 학과 RIGHT OUTER JOIN 학생
  ON 학과.학과코드 = 학생.학과코드;

- SELECT 학번, 이름, 학생.학과코드, 학과명
  FROM 학과, 학생
  WHERE 학과.학과코드(+) = 학생.학과코드;

- LEFT OUTER JOIN은 좌측 릴레이션을 기준으로 좌측 릴레이션에 있는 튜플은 모두 표시하고, 우측 릴레이션에서는 관련 있는 튜플만 표시했으므로 "박치민"의 '학과명'이 빈 자리로 표시됩니다.
- RIGHT OUTER JOIN은 테이블의 위치를 변경했으므로 LEFT OUTER JOIN의 결과와 같은 결과가 표시됩니다.

〈결과〉

학번	이름	학과코드	학과명
15	고길동	com	컴퓨터
16	이순신	han	국어
17	김선달	com	컴퓨터
19	아무개	han	국어
37	박치민		

예제 2 〈학생〉 테이블과 〈학과〉 테이블에서 '학과코드' 값이 같은 튜플을 JOIN하여 '학번', '이름', '학과코드', '학과명'을 출력하는 SQL문을 작성하시오. 이때, '학과코드'가 입력 안 된 학생이나 학생이 없는 '학과코드'도 모두 출력하시오.

```
SELECT 학번, 이름, 학과.학과코드, 학과명
FROM 학생 FULL OUTER JOIN 학과
ON 학생.학과코드 = 학과.학과코드;
```

해설 FULL OUTER JOIN을 하면 JOIN 구문으로 연결되지 않는 자료도 모두 출력된다. "박치민"은 '학과코드'가 없고, "eng"는 〈학생〉 테이블에 등록되지 않아서 연결고리가 없지만 FULL OUTER JOIN을 했으므로 모두 출력된다.

〈결과〉

학번	이름	학과코드	학과명
15	고길동	com	컴퓨터
16	이순신	han	국어
17	김선달	com	컴퓨터
19	아무개	han	국어
37	박치민		
		eng	영어

 SELF JOIN

- SELF JOIN은 같은 테이블에서 2개의 속성을 연결하여 EQUI JOIN을 하는 JOIN 방법이다.
- 표기 형식

  - SELECT [별칭1.]속성명, [별칭1.]속성명, …
    FROM 테이블명1 [AS] 별칭1 JOIN 테이블명1 [AS] 별칭2
    ON 별칭1.속성명 = 별칭2.속성명;

  - SELECT [별칭1.]속성명, [별칭1.]속성명, …
    FROM 테이블명1 [AS] 별칭1, 테이블명1 [AS] 별칭2
    WHERE 별칭1.속성명 = 별칭2.속성명;

예제 〈학생〉 테이블을 SELF JOIN하여 선배가 있는 학생과 선배의 '이름'을 표시하는 SQL문을 작성하시오.

- SELECT A.학번, A.이름, B.이름 AS 선배
  FROM 학생 A JOIN 학생 B
  ON A.선배 = B.학번;

- SELECT A.학번, A.이름, B.이름 AS 선배
  FROM 학생 A , 학생 B
  WHERE A.선배 = B.학번;

 전문가의 조언

- 'B.이름 AS 선배'는 〈B〉 테이블의 '이름'을 출력하되 필드명을 '선배'로 표시하라는 의미입니다.
- '학생 A' 대신 '학생 AS A'로 써도 됩니다.
- **예제**를 514쪽의 테이블을 이용하여 풀어보세요.

〈결과〉

학번	이름	선배
17	김선달	고길동
19	아무개	이순신
37	박치민	김선달

잠깐만요 — SELF 조인의 이해
1412305

SELF 조인은 1개의 테이블을 2개의 이름으로 사용하므로 종종 결과가 혼동됩니다. 이럴 때는 같은 테이블을 2개 그려서 생각하면 쉽게 결과를 알아낼 수 있습니다. '학번', '이름', '선배' 필드만 사용하므로 3개의 필드만 가지고 생각해 봅시다.

〈A〉

학번	이름	선배
15	고길동	
16	이순신	
17	김선달	15
19	아무개	16
37	박치민	17

〈B〉

학번	이름	선배
15	고길동	
16	이순신	
17	김선달	15
19	아무개	16
37	박치민	17

해설
〈A〉 테이블의 '선배'와 〈B〉 테이블의 '학번'이 같은 튜플을 조인하면 위 그림과 같이 연결됩니다. 여기서 두 테이블 간 조인된 튜플들만을 대상으로 〈A〉 테이블에서 '학번', '이름'을 표시하고, 〈B〉 테이블에서 이름을 출력하되 필드명을 '선배'로 하여 출력하면 위의 결과와 같이 됩니다.

기출문제 따라잡기

출제예상
1. 다음 중 조인(Join)에 대한 설명으로 옳지 못한 것은?
① 두 개 이상의 테이블로부터 원하는 데이터를 검색하는 방법이다.
② 조인에 사용되는 기준 필드는 동일하거나 호환되는 데이터 형식을 가져야 한다.
③ 조인되는 두 테이블의 필드 수가 동일할 필요는 없다.
④ 같은 테이블에서 2개의 속성을 연결하여 EQUI JOIN을 하는 방법을 CROSS JOIN이라고 한다.

같은 테이블에서 2개의 속성을 연결하는 조인은 SELF JOIN입니다.

출제예상
2. 다음 쿼리에서 두 테이블의 필드 값이 일치하는 레코드만 조인하기 위해 괄호 안에 넣어야 할 것으로 옳은 것은?

```
SELECT 필드목록
FROM 테이블1, 테이블2
WHERE 테이블1.필드 (    ) 테이블2.필드;
```

① =   ② JOIN
③ +   ④ −

조인된 필드의 값이 일치하는 행을 연결하여 결과를 생성하는 JOIN을 EQUI JOIN이라고 합니다.

기출문제 따라잡기

기사 21년 5월

3. 다음 R1과 R2의 테이블에서 아래의 실행 결과를 얻기 위한 SQL 문은?

[R1] 테이블

학번	이름	학년	학과	주소
1000	홍길동	1	컴퓨터공학	서울
2000	김철수	1	전기공학	경기
3000	강남길	2	전자공학	경기
4000	오말자	2	컴퓨터공학	경기
5000	장미화	3	전자공학	서울

[R2] 테이블

학번	과목번호	과목이름	성적	주소
1000	C100	컴퓨터구조	A	91
2000	C200	데이터베이스	A+	99
3000	C100	컴퓨터구조	B+	89
3000	C200	데이터베이스	B	85
4000	C200	데이터베이스	A	93
4000	C300	운영체제	B+	88
5000	C300	운영체제	B	82

[실행결과]

과목번호	과목이름
C100	컴퓨터구조
C200	데이터베이스

① SELECT 과목번호, 과목이름 FROM R1, R2 WHERE R1.학번 = R2.학번 AND R1.학과 = '전자공학' AND R1.이름 = '강남길';

② SELECT 과목번호, 과목이름 FROM R1, R2 WHERE R1.학번 = R2.학번 OR R1.학과 = '전자공학' OR R1.이름 = '홍길동';

③ SELECT 과목번호, 과목이름 FROM R1, R2 WHERE R1.학번 = R2.학번 AND R1.학과 = '컴퓨터공학' AND R1.이름 = '강남길';

④ SELECT 과목번호, 과목이름 FROM R1, R2 WHERE R1.학번 = R2.학번 OR R1.학과 = '컴퓨터공학' OR R1.이름 = '홍길동';

- SELECT 과목번호, 과목이름 : '과목번호'와 '과목이름'을 표시합니다.
- FROM R1, R2 : 〈R1〉, 〈R2〉 테이블을 대상으로 검색합니다.
- WHERE R1.학번 = R2.학번 : 〈R1〉 테이블의 '학번'이 〈R2〉 테이블의 '학번'과 같고,
- AND R1.학과 = '전자공학' : 〈R1〉 테이블의 '학과'가 '전자공학'이고,
- AND R1.이름 = '강남길'; : 〈R1〉 테이블의 '이름'이 "강남길"인 튜플만을 대상으로 합니다.

이전기출

4. 다음 테이블 조인(JOIN)에 대한 설명으로 가장 적절한 것은?

- 가능한 모든 행들의 조합이 표시된다.
- 첫 번째 테이블의 모든 행들은 두 번째 테이블의 모든 행들과 조인된다.
- 첫 번째 테이블의 행수를 두 번째 테이블의 행수로 곱한 것만큼의 행을 반환한다.
- 조인 조건이 없는 조인이라고 할 수 있다.

① INNER JOIN ② LEFT JOIN
③ RIGHT JOIN ④ CROSS JOIN

두 테이블의 행수를 곱한 것만큼 행을 반환한다는 것은 두 테이블의 행을 서로 교차(CROSS)하여 조인을 수행한다는 의미입니다.

25년 5월, 23년 5월

5. 동일 조인의 결과 릴레이션에서 중복되는 조인 애트리뷰트를 제거한 연산은?

① Natural Join ② Union Join
③ Intersect Join ④ Difference Join

중복되는 조인 속성(Attribute)을 제거하여 같은 속성을 한 번만 표기하는 조인은 Natural Join입니다.

▶ 정답 : 1. ④ 2. ① 3. ① 4. ④ 5. ①

2장 핵심요약

092 SQL의 개념

❶ DDL(Data Define Language, 데이터 정의어) 24.7, 24.5, 24.2, 23.7, …

- SCHEMA, DOMAIN, TABLE, VIEW, INDEX를 정의하거나 변경 또는 삭제할 때 사용하는 언어이다.
- DDL(데이터 정의어)의 세 가지 유형

명령어	기능
CREATE	SCHEMA, DOMAIN, TABLE, VIEW, INDEX를 정의함
ALTER	TABLE에 대한 정의를 변경하는 데 사용함
DROP	SCHEMA, DOMAIN, TABLE, VIEW, INDEX를 삭제함

❷ DML(Data Manipulation Language, 데이터 조작어) 25.8, 25.2, …

- 데이터베이스 사용자가 응용 프로그램이나 질의어를 통하여 저장된 데이터를 실질적으로 처리하는 데 사용되는 언어이다.
- DML(데이터 조작어)의 네 가지 유형

명령어	기능
SELECT	테이블에서 조건에 맞는 튜플을 검색함
INSERT	테이블에 새로운 튜플을 삽입함
DELETE	테이블에서 조건에 맞는 튜플을 삭제함
UPDATE	테이블에서 조건에 맞는 튜플의 내용을 변경함

❸ DCL(Data Control Language, 데이터 제어어) 25.5, 24.7, 23.2, 22.4

- 데이터의 보안, 무결성, 회복, 병행 수행 제어 등을 정의하는 데 사용되는 언어이다.
- DCL(데이터 제어어)의 종류

명령어	기능
COMMIT	명령에 의해 수행된 결과를 실제 물리적 디스크로 저장하고, 데이터베이스 조작 작업이 정상적으로 완료되었음을 관리자에게 알려줌
ROLLBACK	데이터베이스 조작 작업이 비정상적으로 종료되었을 때 원래의 상태로 복구함
GRANT	데이터베이스 사용자에게 사용 권한을 부여함
REVOKE	데이터베이스 사용자의 사용 권한을 취소함

093 DDL

❶ CREATE TABLE

- 테이블을 정의하는 명령문이다.
- 표기 형식

```
CREATE TABLE 테이블명
    (속성명 데이터_타입 [DEFAULT 기본값] [NOT NULL], …
    [, PRIMARY KEY(기본키_속성명, …)]
    [, UNIQUE(대체키_속성명, …)]
    [, FOREIGN KEY(외래키_속성명, …)]
        [REFERENCES 참조테이블(기본키_속성명, …)]
        [ON DELETE 옵션]
        [ON UPDATE 옵션]
    [, CONSTRAINT 제약조건명] [CHECK (조건식)]);
```

- 기본 테이블에 포함될 모든 속성에 대하여 속성명과 그 속성의 데이터 타입, 기본값, NOT NULL 여부를 지정한다.
- PRIMARY KEY : 기본키로 사용할 속성 또는 속성의 집합을 지정함
- CHECK : 속성 값에 대한 제약 조건을 정의함

❷ ALTER TABLE

- 테이블에 대한 정의를 변경하는 명령문이다.
- 표기 형식

```
ALTER TABLE 테이블명 ADD 속성명 데이터_타입 [DEFAULT '기본값'];
ALTER TABLE 테이블명 ALTER 속성명 [SET DEFAULT '기본값'];
ALTER TABLE 테이블명 DROP COLUMN 속성명 [CASCADE];
```

- ADD : 새로운 속성(열)을 추가할 때 사용함
- ALTER : 특정 속성의 Default 값을 변경할 때 사용함
- DROP COLUMN : 특정 속성을 삭제할 때 사용함

❸ DROP [24.7]

- 스키마, 도메인, 기본 테이블, 뷰 테이블, 인덱스, 제약 조건 등을 제거하는 명령문이다.
- 표기 형식

```
DROP SCHEMA 스키마명 [CASCADE | RESTRICT];
DROP DOMAIN 도메인명 [CASCADE | RESTRICT];
DROP TABLE 테이블명 [CASCADE | RESTRICT];
DROP VIEW 뷰명 [CASCADE | RESTRICT];
DROP INDEX 인덱스명 [CASCADE | RESTRICT];
DROP CONSTRAINT 제약조건명;
```

- CASCADE : 제거할 요소를 참조하는 다른 모든 개체를 함께 제거함. 즉 주 테이블의 데이터 제거 시 각 외래키와 관계를 맺고 있는 모든 데이터를 제거하는 참조 무결성 제약 조건을 설정하기 위해 사용됨
- RESTRICT : 다른 개체가 제거할 요소를 참조중일 때는 제거를 취소함

문제1 테이블 두 개를 조인하여 뷰 STAR1을 정의하고, STAR1을 이용하여 뷰 STAR2를 정의하였다. 다음의 명령을 수행한 후 결과를 쓰시오.

```
DROP VIEW STAR1 CASCADE;
```

답 :

해설
CASCADE는 제거할 요소를 참조하는 다른 모든 개체를 함께 제거하므로 STAR1을 제거하면 STAR2도 함께 삭제됩니다.

094 DCL

❶ GRANT / REVOKE

- GRANT : 권한 부여를 위한 명령어
- REVOKE : 권한 취소를 위한 명령어
- 테이블 및 속성에 대한 권한 부여 및 취소

- GRANT 권한_리스트 ON 개체 TO 사용자 [WITH GRANT OPTION];
- REVOKE [GRANT OPTION FOR] 권한_리스트 ON 개체 FROM 사용자 [CASCADE];

❷ COMMIT [23.5]

트랜잭션이 성공적으로 끝나면 데이터베이스가 새로운 일관성(Consistency) 상태를 가지기 위해 변경된 모든 내용을 데이터베이스에 반영하여야 하는데, 이때 사용하는 명령어이다.

❸ ROLLBACK [21.5]

아직 COMMIT되지 않은 변경된 모든 내용들을 취소하고 데이터베이스를 이전 상태로 되돌리는 명령어이다.

❹ SAVEPOINT

트랜잭션 내에 ROLLBACK 할 위치인 저장점을 지정하는 명령어이다.

문제2 다음은 사용자 SNG에게 〈부서〉 테이블에 대한 검색 연산을 회수하는 SQL문이다. 괄호에 들어갈 알맞은 명령어를 쓰시오.

```
(       ) SELECT ON 부서 FROM SNG;
```

답 :

정답 1. STAR1과 STAR2가 모두 삭제된다. 2. REVOKE

2장 핵심요약

095 DML

❶ 삽입문(INSERT INTO~)

- 기본 테이블에 새로운 튜플을 삽입할 때 사용한다.

```
INSERT INTO 테이블명([속성명1, 속성명2,…])
VALUES (데이터1, 데이터2,…);
```

- 대응하는 속성과 데이터는 개수와 데이터 유형이 일치해야 한다.
- 기본 테이블의 모든 속성을 사용할 때는 속성명을 생략할 수 있다.

❷ 삭제문(DELETE FROM~) 25.8, 23.7

- 기본 테이블에 있는 튜플들 중에서 특정 튜플(행)을 삭제할 때 사용한다.

```
DELETE
FROM 테이블명
[WHERE 조건];
```

- 모든 레코드를 삭제할 때는 WHERE절을 생략한다.
- 모든 레코드를 삭제하더라도 테이블 구조는 남아 있기 때문에 디스크에서 테이블을 완전히 제거하는 DROP과는 다르다.

❸ 갱신문(UPDATE~ SET~) 23.5

기본 테이블에 있는 튜플들 중에서 특정 튜플의 내용을 변경할 때 사용한다.

```
UPDATE 테이블명
SET 속성명 = 데이터[, 속성명=데이터,…]
[WHERE 조건];
```

❹ DML(데이터 조작어)의 네 가지 유형 25.5, 23.2, 22.4

- SELECT(검색) : SELECT~ FROM~ WHERE~
- INSERT(삽입) : INSERT INTO~ VALUES~
- DELETE(삭제) : DELETE~ FROM~ WHERE~
- UPDATE(변경) : UPDATE~ SET~ WHERE~

문제1 〈사원〉 테이블에 이름 "최시연", 부서 "홍보", 직위 "대리"인 사원 튜플을 삽입하는 SQL문을 작성하시오.

답 :

문제2 다음 문장을 만족하는 SQL문을 작성하시오.

> 학번이 25001인 학생을 〈학생〉 테이블에서 삭제하시오.

답 :

문제3 다음은 〈사원〉 테이블에서 김요열 사원의 직위를 부장으로 수정하는 SQL문이다. 괄호(①~③) 안에 들어갈 알맞은 명령어를 쓰시오.

(①) (②) 직위 = 부장
(③) 이름 = '김요열';

답
① :
② :
③ :

096 DML - SELECT-1

❶ 일반 형식 및 기본 검색 25.8, 25.2, 24.7, 24.5, 23.7, 23.2, 22.7, 22.3

```
SELECT [PREDICATE] [테이블명.]속성명1, [테이블명.]속성명2, …
FROM 테이블명[, 테이블명, …]
```

- SELECT절
  - PREDICATE : 불러올 튜플 수를 제한할 명령어를 기술함
    ▶ DISTINCT : 중복된 튜플이 있으면 그 중 첫 번째 한 개만 검색함
  - 속성명 : 검색하여 불러올 속성(열) 및 수식들을 지정함
- FROM절 : 질의에 의해 검색될 데이터들을 포함하는 테이블명을 기술함

❷ 조건 연산자 25.8, 25.2, 22.7, 22.3

- 논리 연산자 : NOT, AND, OR
- LIKE 연산자 : 대표 문자를 이용해 지정된 속성의 값이 문자 패턴과 일치하는 튜플을 검색하기 위해 사용됨
  - * 또는 % : 모든 문자를 대표함
  - _ : 문자 하나를 대표함
  - # : 숫자 하나를 대표함

❸ 조건 지정 검색 25.8, 25.5, 24.2, 23.2, 22.7, 22.4, 22.3

```
SELECT [테이블명.]속성명1, [테이블명.]속성명2, …
FROM 테이블명[, 테이블명, …]
[WHERE 조건];
```

- WHERE 절에 조건을 지정하여 조건에 만족하는 튜플만 검색한다.
- BETWEEN 연산자의 사용 : 생일이 '01/09/69'에서 '10/22/73' 사이인 자료만 검색함
  - 예 WHERE 생일 BETWEEN #01/09/69# AND #10/22/73#

❹ 정렬 검색 23.5

- ORDER BY 절에 특정 속성을 지정하여 지정된 속성으로 자료를 정렬하여 검색한다.

```
SELECT [테이블명.]속성명1, [테이블명.]속성명2, …
FROM 테이블명[, 테이블명, …]
[WHERE 조건];
[ORDER BY 속성명 [ASC | DESC]];
```

- 속성명 : 정렬의 기준이 되는 속성명을 기술함
- [ASC | DESC]
  - 정렬 방식으로서 'ASC'는 오름차순, 'DESC'는 내림차순이다.
  - 생략하면 오름차순으로 지정된다.

❺ 하위 질의 24.7, 23.5, 22.4

조건절에 주어진 질의를 먼저 수행하여 그 검색 결과를 조건절의 피연산자로 사용한다.

예 '취미'가 "나이트댄스"인 사원의 '이름'과 '주소'를 검색하시오.

```
SELECT 이름, 주소
FROM 사원
WHERE 이름 = (SELECT 이름 FROM 여가활동 WHERE 취미 =
             '나이트댄스');
```

문제 4 〈사원〉 테이블에 영업부 100명, 생산부 50명, 홍보부 30명의 정보가 저장되어 있을 때, 다음 두 SQL문의 실행 결과로 생성되는 튜플 수를 쓰시오.

① SELECT 부서 FROM 사원;
② SELECT DISTINCT 부서 FROM 사원;

답
① :
② :

해설
① 〈사원〉 테이블에서 '부서'를 검색합니다. 총 180개의 튜플이 들어 있고 검색 조건이 없으므로 튜플의 수는 180입니다.
② 〈사원〉 테이블에서 '부서'를 검색하는 데 DISTINCT 명령에 의해 중복된 결과는 처음의 한 개만 검색에 포함시킵니다. 영업부 100개 튜플의 '부서' 속성의 값이 같으므로 1개, 생산부 50개 튜플의 '부서' 속성의 값이 같으므로 1개, 홍보부 30개 튜플의 '부서' 속성의 값이 같으므로 1개를 검색에 포함시키므로 총 3개의 튜플이 검색됩니다.

문제 5 다음은 〈사원〉 테이블에서 이름이 '김'으로 시작하는 튜플을 검색하는 SQL문이다. 괄호 안에 들어갈 알맞은 명령어를 쓰시오.

SELECT * FROM 사원 WHERE 이름 (   );

답 :

문제 6 다음은 〈사원〉 테이블에서 직위가 대리이고, 부서가 영업부인 사원의 이름을 검색하는 SQL문이다. 괄호(①, ②) 안에 들어갈 알맞은 명령어를 쓰시오.

```
SELECT 이름
(  ①  ) 사원
WHERE 직위 = 대리 (  ②  ) 부서 = 영업부;
```

답
① :
② :

정답 1. INSERT INTO 사원(이름, 부서, 직위) VALUES ('최시연', '홍보', '대리'); 2. DELETE FROM 학생 WHERE 학번 = 25001;
3. ① UPDATE ② SET ③ WHERE 4. ① 180 ② 3 5. LIKE '김%' 또는 LIKE '김*' 6. ① FROM ② AND

2장 핵심요약

문제1 다음은 〈판매실적〉 테이블에서 서울지역에 한하여 판매액 내림차순으로 지점명과 판매액을 출력하는 SQL문이다. 괄호(①, ②) 안에 들어갈 알맞은 명령어를 쓰시오.

SELECT 지점명, 판매액 FROM 판매실적 WHERE 도시 = "서울" (①) 판매액 (②);

답
①:
②:

문제2 다음 SQL문의 실행 결과를 쓰시오.

Select 학과 From 학과 Where 학번 In
　(Select 학번 From 학생 Where 이름 = "김수철");

〈학생〉 테이블

이름	성별	학번
이미래	여자	1001
박인수	남자	1002
정경미	여자	1003
김수철	남자	1004

〈학과〉 테이블

학번	학과
1001	데이터베이스
1002	AI응용
1003	AI분석
1004	전기과

답:

해설

❷ Select 학과 From 학과 Where 학번 In
❶ (Select 학번 From 학생 Where 이름 = "김수철");

❶ 〈학생〉 테이블에서 '이름'이 "김수철"인 튜플의 '학번'을 검색합니다(1004).
❷ 〈학과〉 테이블에서 '학번'이 1004인 튜플의 '학과'를 검색합니다("전기과").

---

097 DML - SELECT-2

❶ 그룹 지정

- 특정 속성을 기준으로 그룹화하여 검색할 때 그룹화할 속성을 지정한다.

SELECT [테이블명.]속성명, [테이블명.]속성명, …
FROM 테이블명[, 테이블명, …]
[WHERE 조건]
[GROUP BY 속성명, 속성명, …]
[HAVING 조건];

- GROUP BY절
  - 특정 속성을 기준으로 그룹화하여 검색할 때 사용한다.
  - 일반적으로 GROUP BY절은 그룹 함수와 함께 사용된다.
- HAVING절 : GROUP BY와 함께 사용되며, 그룹에 대한 조건을 지정함

❷ 그룹 함수 25.2, 22.3

- COUNT(속성명) : 그룹별 튜플 수를 구하는 함수
- SUM(속성명) : 그룹별 합계를 구하는 함수
- AVG(속성명) : 그룹별 평균을 구하는 함수
- MAX(속성명) : 그룹별 최대값을 구하는 함수
- MIN(속성명) : 그룹별 최소값을 구하는 함수

❸ 집합 연산자 25.8, 24.5, 22.4

2개 이상의 테이블의 데이터를 하나로 통합하는 연산자이다.

집합 연산자	설명
UNION	• 두 SELECT문의 조회 결과를 통합하여 모두 출력함 • 중복된 행은 한 번만 출력함
UNION ALL	• 두 SELECT문의 조회 결과를 통합하여 모두 출력함 • 중복된 행도 그대로 출력함
INTERSECT	두 SELECT문의 조회 결과 중 공통된 행만 출력함
EXCEPT	첫 번째 SELECT문의 조회 결과에서 두 번째 SELECT문의 조회 결과를 제외한 행을 출력함

문제 3 다음 SQL의 실행 결과를 쓰시오.

〈판매〉

제품	판매량
마우스	268
키보드	724
스피커	433

〈SQL〉

```
SELECT 제품 FROM 판매 WHERE 판매량 In (SELECT MAX(판매량) FROM 판매);
```

답 :

해설
- SELECT 제품 : '제품'을 표시합니다.
- FROM 판매 : 〈판매〉 테이블을 대상으로 검색합니다.
- WHERE 판매량 In ( ) : '판매량'과 IN 안에 쓰인 하위 질의의 결과와 같은 제품을 대상으로 합니다.
- SELECT MAX(판매량) : '판매량' 중 가장 큰 값을 표시합니다.
- FROM 판매; : 〈판매〉 테이블에서 검색합니다.
- ∴ 〈판매〉 테이블에서 가장 큰 '판매량'을 가진 '제품'인 "키보드"가 결과로 출력됩니다.

098 DML - JOIN

❶ INNER JOIN 25.5, 23.5

- **EQUI JOIN**
  - JOIN 대상 테이블에서 공통 속성을 기준으로 '='(equal) 비교에 의해 같은 값을 가지는 행을 연결하여 결과를 생성하는 JOIN 방법이다.
  - EQUI JOIN에서 JOIN 조건이 '='일 때 동일한 속성이 두 번 나타나게 되는데, 이중 중복된 속성을 제거하여 같은 속성을 한 번만 표기하는 방법을 NATURAL JOIN이라고 한다.
- **NON-EQUI JOIN** : JOIN 조건에 '=' 조건이 아닌 나머지 비교 연산자, 즉 〉, 〈, 〈 〉, 〉=, 〈= 연산자를 사용하는 JOIN 방법

❷ OUTER JOIN

- 릴레이션에서 JOIN 조건에 만족하지 않는 튜플도 결과로 출력하기 위한 JOIN 방법이다.
- LEFT OUTER JOIN, RIGHT OUTER JOIN, FULL OUTER JOIN이 있다.

❸ SELF JOIN

같은 테이블에서 2개의 속성을 연결하여 EQUI JOIN을 하는 JOIN 방법이다.

정답 1. ① ORDER BY ② DESC 2. 전기과 3. 키보드

MEMO

3장 데이터베이스 프로그래밍

데이터베이스 프로그래밍 0.84%
SQL 활용 23.85%
데이터베이스 이해 75.31%

099 절차형 SQL ⓒ등급
100 프로시저(Procedure) ⓒ등급
101 쿼리 성능 최적화 ⓓ등급

꼭 알아야 할 키워드 Best 10

1. 절차형 SQL 2. 트리거 3. 사용자 정의 함수 4. 디버깅 5. 프로시저 6. 쿼리 성능 최적화 7. RBO 8. CBO 9. 옵티마이저 10. APM

SECTION 099 절차형 SQL

전문가의 조언

절차형 SQL은 데이터베이스 전용의 간단한 프로그래밍이라고 할 수 있습니다. 절차형 SQL의 개념과 디버깅 등이 어떤 방식으로 수행되는지를 개략적으로 파악해 두세요.

트랜잭션 언어
트랜잭션 언어는 데이터베이스를 조작하고 트랜잭션을 처리하는 언어로, SQL과 TCL이 트랜잭션 언어에 속합니다.

이벤트(Event)
이벤트는 시스템에 어떤 일이 발생한 것을 말하며, 트리거에서 이벤트는 데이터의 입력, 갱신, 삭제와 같이 데이터 조작 작업이 발생했음을 의미합니다.

25.5, 22.4, 기사 25.8, 21.5
테스트와 디버깅의 목적
테스트(Test)를 통해 오류를 발견한 후 디버깅(Debugging)을 통해 오류가 발생한 소스 코드를 추적하며 수정합니다.

구문 오류(Syntax Error)
구문 오류란 잘못된 문법으로 작성된 SQL문을 실행하면 출력되는 오류를 말합니다.

주석(Comment)
주석은 설명을 위해 입력한 부분을 의미합니다. 즉 주석은 사람만 알아볼 수 있으며, 컴파일 되지도 않습니다. 때문에 잠시 사용하지 않을 SQL 코드를 주석으로 처리해 두면 지우지 않고도 해당 코드를 무시하고 SQL 문을 수행할 수 있습니다.

1 절차형 SQL의 개요

절차형 SQL은 C, JAVA 등의 프로그래밍 언어와 같이 연속적인 실행이나 분기, 반복 등의 제어가 가능한 SQL을 의미한다.

- 절차형 SQL은 일반적인 프로그래밍 언어에 비해 효율은 떨어지지만 단일 SQL 문장으로 처리하기 어려운 연속적인 작업들을 처리하는데 적합하다.
- 절차형 SQL을 활용하여 다양한 기능을 수행하는 저장 모듈을 생성할 수 있다.
- 절차형 SQL은 DBMS 엔진에서 직접 실행되기 때문에 입·출력 패킷이 적은 편이다.
- BEGIN ~ END 형식으로 작성되는 블록(Block) 구조로 되어 있기 때문에 기능별 모듈화가 가능하다.
- 절차형 SQL의 종류에는 프로시저, 트리거, 사용자 정의 함수가 있다.
  - 프로시저(Procedure) : 특정 기능을 수행하는 일종의 트랜잭션 언어*로, 호출을 통해 실행되어 미리 저장해 놓은 SQL 작업을 수행한다.
  - 트리거(Trigger) : 데이터베이스 시스템에서 데이터의 입력, 갱신, 삭제 등의 이벤트(Event)*가 발생할 때마다 관련 작업이 자동으로 수행된다.
  - 사용자 정의 함수 : 프로시저와 유사하게 SQL을 사용하여 일련의 작업을 연속적으로 처리하며, 종료 시 예약어 Return을 사용하여 처리 결과를 단일값으로 반환한다.

2 25.5, 22.4, 기사 25.8, 21.5 절차형 SQL의 테스트*와 디버깅*

절차형 SQL은 디버깅을 통해 기능의 적합성 여부를 검증하고, 실행을 통해 결과를 확인하는 테스트 과정을 수행한다.

- 절차형 SQL은 테스트 전에 생성을 통해 구문 오류(Syntax Error)*나 참조 오류의 존재 여부를 확인한다.
- 많은 코드로 구성된 절차형 SQL의 특성상 오류 및 경고 메시지가 상세히 출력되지 않으므로 SHOW 명령어를 통해 내용을 확인하고 문제를 수정한다.
- 정상적으로 생성된 절차형 SQL은 디버깅을 통해 로직을 검증하고, 결과를 통해 최종적으로 확인한다.
- 절차형 SQL의 디버깅은 실제로 데이터베이스에 변화를 줄 수 있는 삽입 및 변경 관련 SQL문을 주석*으로 처리하고, 출력문을 이용하여 화면에 출력하여 확인한다.

기출문제 따라잡기

출제예상
1. 절차형 SQL에 대한 설명으로 옳지 않은 것은?

① 절차형 SQL의 종류에는 프로시저, 트리거, 사용자 정의 함수가 있다.
② 프로시저는 특정 기능을 수행하는 트랜잭션 언어로, 처리 결과를 단일값으로 반환한다.
③ 트리거는 데이터베이스에 이벤트가 발생할 때 수행되는 작업이다.
④ 사용자 정의 함수는 프로시저와 유사하며, 예약어 RETURN을 사용하는 것이 특징이다.

> 프로시저는 처리 결과를 반환하지 않거나 한 개 이상의 값을 반환합니다.

기사 25년 8월, 21년 5월
2. 테스트와 디버그의 목적으로 옳은 것은?

① 테스트는 오류를 찾는 작업이고 디버깅은 오류를 수정하는 작업이다.
② 테스트는 오류를 수정하는 작업이고 디버깅은 오류를 찾는 작업이다.
③ 둘 다 소프트웨어의 오류를 찾는 작업으로 오류 수정은 하지 않는다.
④ 둘 다 소프트웨어 오류의 발견, 수정과 무관하다.

> 테스트(Test)는 오류를 찾는 작업, 디버깅(Debugging)은 오류를 수정하는 작업입니다.

출제예상
3. 절차형 SQL의 생성부터 최적화까지의 과정에 대한 설명으로 거리가 먼 것은?

① 절차형 SQL을 생성할 때 오류가 발생했다면 SHOW 명령을 통해 오류 내용을 확인한다.
② 절차형 SQL을 실행하기 전에 디버깅을 통해 로직을 검증한다.
③ 디버깅 시 데이터베이스의 데이터들이 변경되지 않도록 관련 코드들을 주석으로 처리한다.
④ 절차형 SQL의 성능이 느리다면 사용된 SQL 코드 중 가장 긴 SQL 코드의 최적화를 수행한다.

> SQL 코드가 길다고 무조건 비효율적인 쿼리라고 볼 수 없습니다. 최적화는 성능 측정 도구인 APM을 사용하여 각 쿼리의 성능을 확인한 후 성능이 떨어지는 쿼리를 대상으로 최적화를 수행합니다.

25년 5월, 22년 4월
4. 오류가 발생한 코드를 추적하여 수정하는 작업은?

① Loading   ② Linking
③ Debugging   ④ Hashing

> 오류가 발생한 코드를 발견하고 수정하는 작업을 디버깅(Debugging), 이 때 사용하는 소프트웨어를 디버거(Debugger)라고 합니다.

▶ 정답 : 1. ② 2. ① 3. ④ 4. ③

SECTION 100

프로시저(Procedure)

전문가의 조언

실무에서는 응용 프로그램의 유지보수와 실행을 보다 쉽게 하기 위해 절차형 SQL을 많이 사용합니다. 대표적인 절차형 SQL인 프로시저의 생성, 실행, 제거 구문이 어떤 형태로 작성되는지 알아두세요.

절차형 SQL

절차형 SQL은 C, JAVA 등의 프로그래밍 언어와 같이 연속적인 실행이나, 분기, 반복 등의 제어가 가능한 SQL을 의미합니다.

트랜잭션 언어

트랜잭션 언어는 데이터베이스를 조작하고 트랜잭션을 처리하는 언어로, SQL과 TCL이 트랜잭션 언어에 속합니다.

1 프로시저(Procedure)의 개요

프로시저란 절차형 SQL*을 활용하여 특정 기능을 수행하는 일종의 트랜잭션 언어*로, 호출을 통해 실행되어 미리 저장해 놓은 SQL 작업을 수행한다.

- 프로시저를 만들어 데이터베이스에 저장하면 여러 프로그램에서 호출하여 사용할 수 있다.
- 프로시저는 데이터베이스에 저장되어 수행되기 때문에 스토어드(Stored) 프로시저라고도 불린다.
- 프로시저는 시스템의 일일 마감 작업, 일괄(Batch) 작업 등에 주로 사용된다.

프로시저의 구성도

```
              프로시저
          ┌─────────────────┐
          │ DECLARE (필수)  │
          │ BEGIN (필수)    │
데이터 →  │  • CONTROL      │ → 결과
          │  • SQL          │
          │  • EXCEPTION    │
          │  • TRANSACTION  │
          │ END (필수)      │
          └─────────────────┘
```

- **DECLARE** : 프로시저의 명칭, 변수, 인수, 데이터 타입을 정의하는 선언부이다.
- **BEGIN / END** : 프로시저의 시작과 종료를 의미한다.
- **CONTROL** : 조건문 또는 반복문이 삽입되어 순차적으로 처리된다.
- **SQL** : DML, DCL이 삽입되어 데이터 관리를 위한 조회, 추가, 수정, 삭제 작업을 수행한다.
- **EXCEPTION** : BEGIN ~ END 안의 구문 실행 시 예외가 발생하면 이를 처리하는 방법을 정의한다.
- **TRANSACTION** : 수행된 데이터 작업들을 DB에 적용할지 취소할지를 결정하는 처리부이다.

2 프로시저 생성

프로시저를 생성하기 위해서는 CREATE PROCEDURE 명령어를 사용한다.

표기 형식

```
CREATE [OR REPLACE] PROCEDURE 프로시저명(파라미터)
[지역변수 선언]
BEGIN
    프로시저 BODY;
END;
```

- **OR REPLACE** : 선택적인(Optional) 예약어이다. 이 예약어를 사용하면 동일한 프로시저 이름이 이미 존재하는 경우, 기존의 프로시저를 대체할 수 있다.
- **프로시저명** : 생성하려는 프로시저의 이름을 지정한다.
- **파라미터** : 프로시저 파라미터로는 다음과 같은 것들이 올 수 있다.
  - IN : 호출 프로그램이 프로시저에게 값을 전달할 때 지정한다.
  - OUT : 프로시저가 호출 프로그램에게 값을 반환할 때 지정한다.
  - INOUT : 호출 프로그램이 프로시저에게 값을 전달하고, 프로시저 실행 후 호출 프로그램에 값을 반환할 때 지정한다.
  - 매개변수명 : 호출 프로그램으로부터 전달받은 값을 저장할 변수의 이름을 지정한다.
  - 자료형 : 변수의 자료형을 지정한다.
- **프로시저 BODY**
  - 프로시저의 코드를 기록하는 부분이다.
  - BEGIN에서 시작하여 END로 끝나며, BEGIN과 END 사이에는 적어도 하나의 SQL문이 있어야 한다.

예제 '사원번호'를 입력받아 해당 사원의 '지급방식'을 "S"로 변경하는 프로시저를 생성하시오.

```
❶ CREATE OR REPLACE PROCEDURE emp_change_s(i_사원번호 IN INT)
❷ IS
❸ BEGIN
    ❹ UPDATE 급여 SET 지급방식 = 'S' WHERE 사원번호 = i_사원번호;
    ❺ EXCEPTION
            ❻ WHEN PROGRAM_ERROR THEN
                    ❼ ROLLBACK;
    ❽ COMMIT;
❾ END;
```

해설

❶ 파라미터로 'i_사원번호'를 전달받는 프로시저 'emp_change_s'를 생성한다.
❷ 변수를 선언하는 예약어로, 변수를 사용하지 않으므로 예약어만 입력한다.
❸ 프로시저 BODY의 시작을 알리는 예약어로, ❹부터 ❽까지가 하나의 블록이 된다.
❹ 〈급여〉 테이블에서 '사원번호'가 'i_사원번호'로 받은 값과 같은 튜플의 '지급방식'을 "S"로 갱신한다.
❺ 예외처리의 시작을 알리는 예약어이다.

전문가의 조언

왼쪽의 는 Oracle로 작성된 프로시저입니다. DBMS마다 작성방법이 조금씩 다르지만 구성 요소는 동일하니 각 구성 요소가 어떤 역할을 하는지만 정확히 파악해 두세요.

예외의 조건

예외의 조건(WHEN~THEN)에는 DBMS가 내부 문제로 종료(PROGRAM_ERROR)되었을 때뿐만 아니라, 데이터를 찾지 못했을 때, UNIQUE 옵션을 갖는 속성에 중복 데이터를 삽입할 때, 0으로 나누려 했을 때 등 여러 조건을 삽입할 수 있습니다.

❻ SQL이 DBMS 내부 문제로 종료*되었을 때 다음 문장을 수행한다.
❼ ERROR가 발생할 경우 수행되는 문장으로, ROLLBACK을 수행한다.
❽ ❹에서 변경한 내역을 데이터베이스에 반영하는 트랜잭션 명령어이다.
❾ 프로시저 BODY의 종료를 알리는 예약어이다.

③ 프로시저 실행

프로시저를 실행하기 위해서는 EXECUTE 명령어 또는 CALL 명령어를 사용하며, EXECUTE 명령어를 줄여서 EXEC로 사용하기도 한다.

표기 형식

```
EXECUTE 프로시저명;
EXEC 프로시저명;
CALL 프로시저명;
```

예제 '사원번호' 32를 인수로 하여 위에서 생성된 emp_change_s 프로시저를 실행하시오.

```
EXECUTE emp_change_s(32);
```

④ 프로시저 제거

프로시저를 제거하기 위해서는 DROP PROCEDURE 명령어를 사용한다.

표기 형식

```
DROP PROCEDURE 프로시저명;
```

예제 위에서 생성된 프로시저 emp_change_s를 제거하시오.

```
DROP PROCEDURE emp_change_s;
```

기출문제 따라잡기

출제예상

1. 프로시저에 대한 설명으로 옳지 않은 것은?

① 절차형 SQL을 사용하는 트랜잭션 언어이다.
② 데이터베이스에 저장되어 수행되기 때문에 스토어드 프로시저라고도 부른다.
③ 프로시저는 다시 호출하여 사용할 수 없다.
④ 시스템의 일일 마감 작업, 배치 작업 등에 주로 사용된다.

> 프로시저는 데이터베이스에 저장되므로 어느 프로그램에서나 호출하여 반복 사용할 수 있습니다.

출제예상

2. 프로시저의 구성 요소에 대한 설명으로 거리가 먼 것은?

① DECLARE : 프로시저의 명칭이나 인수, 변수 등을 정의하는 부분
② CONTROL : 조건문이나 반복문을 삽입하여 데이터를 처리하는 부분
③ TRANSACTION : 앞에서 수행한 작업들에 대한 DB 적용 여부를 결정하는 부분
④ EXCEPTION : 파라미터에 오류가 발생했을 때 이를 처리하는 방법을 정의하는 부분

> EXCEPTION은 BEGIN~END 영역 안에서 경고나 오류가 발생한 경우 이를 처리하는 방법을 정의하는 부분입니다.

출제예상

3. 데이터베이스에서 프로그래밍 언어와 같이 연속적인 실행이나, 분기, 반복 등의 제어가 가능한 SQL을 무엇이라 하는가?

① 함수
② 인덱스
③ 절차형 SQL
④ SQL*PLUS

> 연속적인 실행이나, 분기, 반복 등의 제어가 가능한 SQL을 절차형 SQL이라고 합니다.

출제예상

4. DB에 저장된 'new_Test'라는 프로시저를 제거하고자 할 때 작성해야할 SQL문으로 옳은 것은?

① ALTER PROCEDURE new_Test;
② DROP PROCEDURE new_Test;
③ DELETE PROCEDURE new_Test;
④ ERASE PROCEDURE new_Test;

> 프로시저 생성은 CREATE, 실행은 EXECUTE, 제거는 DROP입니다.

출제예상

5. 다음 DDL을 통해 생성된 프로시저 new_Procedure01에 대한 설명으로 옳지 않은 것은?

```
CREATE PROCEDURE new_Procedure01 (INOUT ind_Num integer)
BEGIN
       ……
END
```

① new_Procedure01이라는 이름의 프로시저가 DB에 이미 존재하는 경우 새로 생성된 프로시저로 대체한다.
② 호출 프로그램으로부터 integer 자료형의 데이터를 입력받아 ind_Num에 저장한다.
③ 호출 프로그램에 ind_Num에 저장된 integer 자료형의 데이터를 반환한다.
④ 생성된 프로시저는 EXECUTE new_Procedure01([숫자]) 를 통해 실행할 수 있다.

> 동일한 이름의 프로시저가 존재할 때 이를 대체하여 생성하도록 하려면 CREATE문에 'OR REPLACE'를 추가하여 'CREATE OR REPLACE PROCEDURE'로 입력해야 합니다.

출제예상

6. 프로시저를 실행 또는 호출하기 위한 표기 형식에 해당하지 않는 것은?

① EXEC [프로시저명];
② EXECUTE [프로시저명];
③ LOAD [프로시저명];
④ CALL [프로시저명];

> DB에 저장된 프로시저를 실행하기 위해서는 실행이라는 의미의 EXECUTE와 그 약어 EXEC, 호출이라는 의미의 CALL이라는 예약어가 사용됩니다.

▶ 정답 : 1.③ 2.④ 3.③ 4.② 5.① 6.③

SECTION 101 쿼리 성능 최적화

전문가의 조언

쿼리 성능의 최적화가 어떤 과정을 거쳐 이루어지는지 이해하고, 최적화를 위해 무엇을 해야 하는지 확실히 파악하고 넘어가세요.

1 쿼리 성능 최적화의 개요

쿼리 성능 최적화는 데이터 입·출력 애플리케이션의 성능 향상을 위해 SQL 코드를 최적화하는 것이다.

- 쿼리 성능을 최적화하기 전에 성능 측정 도구인 APM*을 사용하여 최적화 할 쿼리를 선정해야 한다.
- 최적화 할 쿼리에 대해 옵티마이저*가 수립한 실행 계획을 검토하고 SQL 코드와 인덱스를 재구성한다.

2 옵티마이저(Optimizer)

CBO

CBO는 입·출력 속도, CPU 사용량, 쿼리의 블록 개수, 쿼리에 사용되는 개체의 속성, 튜플의 개수 등을 종합하여 각 DBMS마다 고유의 알고리즘에 따라 산출되는 '비용'을 계산합니다. 그러므로 개체나 DBMS의 버전이 변경되어 알고리즘에 변화가 생기면 실행 계획을 다시 확인해야 합니다.

- 옵티마이저는 작성된 SQL이 가장 효율적으로 수행되도록 최적의 경로를 찾아 주는 모듈이다.
- 옵티마이저의 종류에는 RBO(Rule Based Optimizer)와 CBO(Cost Based Optimizer)*가 있으며, 실무에서는 주로 CBO가 사용된다.
- RBO와 CBO의 차이점

	RBO	CBO
최적화 기준	규칙에 정의된 우선순위	액세스 비용
성능 기준	개발자의 SQL 숙련도	옵티마이저의 예측 성능
특징	실행 계획 예측이 쉬움	성능 통계치 정보 활용, 예측이 복잡함
고려사항	개발자의 규칙 이해도, 규칙의 효율성	비용 산출 공식의 정확성

잠깐만요 APM(Application Performance Management/Monitoring)

APM은 애플리케이션의 성능 관리를 위해 접속자, 자원 현황, 트랜잭션 수행 내역, 장애 진단 등 다양한 모니터링 기능을 제공하는 도구를 의미합니다.

- APM은 리소스 방식과 엔드투엔드(End-to-End)의 두 가지 유형이 있습니다.

리소스 방식	Nagios, Zabbix, Cacti 등
엔드투엔드 방식	VisualVM, 제니퍼*, 스카우터* 등

스카우터(Scouter)

스카우터는 애플리케이션 및 OS 자원에 대한 모니터링 기능을 제공하는 오픈소스 APM 소프트웨어입니다.

제니퍼(Jennifer)

제니퍼는 애플리케이션의 개발부터 테스트, 오픈, 운영, 안정화까지 전 단계에 걸쳐 성능을 모니터링하고 분석해주는 APM 소프트웨어입니다.

3 실행 계획(Execution Plan)

실행 계획은 DBMS의 옵티마이저가 수립한 SQL 코드의 실행 절차와 방법을 의미한다.

- 실행 계획은 EXPLAIN 명령어를 통해 확인할 수 있으며, 그래픽이나 텍스트로 표현된다.
- 실행 계획에는 요구사항들을 처리하기 위한 연산 순서가 적혀있으며, 연산에는 조인, 테이블 검색, 필터, 정렬 등이 있다.

예제 1 다음은 MySQL에서 4개의 테이블을 조인하는 〈SQL〉의 〈실행 계획〉을 그래픽으로 나타낸 것이다.

〈SQL〉
```
    SELECT
❿      e.id, e.name, d.dept, SUM(s.num*p.price) as sale
    FROM
❶      department AS d,
❷      employee AS e,
❹      sales AS s,
❻      product AS p
    WHERE
❸      e.dept_id = d.id AND
❺      s.emp_chg = e.id AND
❼      p.id = s.goods
❽   GROUP BY e.id
❾   ORDER BY e.id;
```

〈실행 계획〉

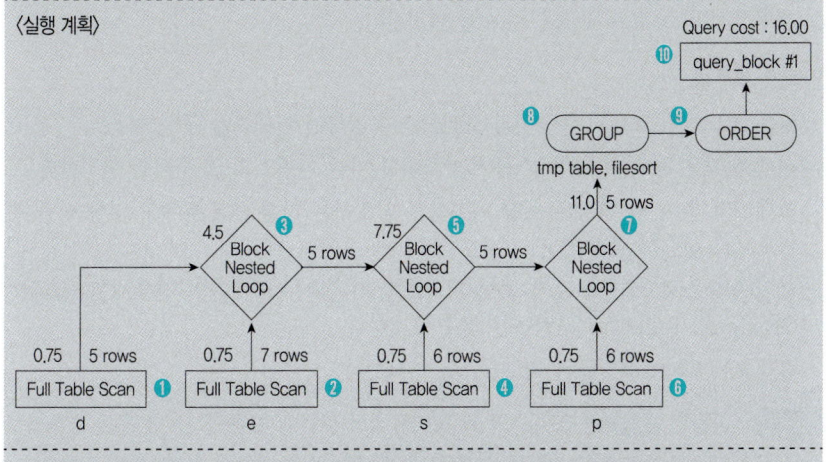

해설
❶ d 테이블에서 5개의 튜플을 대상으로 Full Table Scan을 수행하며, 이 작업에는 0.75의 cost가 발생한다.
❷ e 테이블에서 7개의 튜플을 대상으로 Full Table Scan을 수행하며, 이 작업에는 0.75의 cost가 발생한다.
❸ Block Nested Loop(BNL) 방식으로 d, e 테이블을 조인하며, 이 작업까지 총 4.5의 cost가 발생하고 5개의 튜플이 반환된다.

전문가의 조언

옵티마이저는 사용자가 쿼리를 실행하면 SQL문을 분석(Parsing)하여 SQL에 대한 실행 계획(Execution Plan)을 작성한 후, 실행 계획에 따라 데이터를 조작합니다.

전문가의 조언

'AS 별칭'은 속성뿐만 아니라 테이블에도 사용할 수 있습니다. 'department AS d'는 'department'를 'd'로 사용한다는 의미입니다.

전문가의 조언

왼쪽의 그림은 MySQL Workbench 8.0에서 〈SQL〉을 실행한 후 나타나는 결과 탭의 'Execution Plan'을 클릭하면 확인할 수 있습니다. 단, 실행 계획은 DBMS의 버전이나 실행 환경에 따라 달라질 수 있다는 점을 유념에 두세요.

Full Table Scan
Full Table Scan은 전체 테이블을 대상으로 첫 번째 튜플부터 차례대로 데이터를 조회하는 방식을 의미합니다.

NL, BNL
A 테이블과 B 테이블을 조인했을 때, A 테이블의 튜플만큼 B 테이블의 튜플을 반복하여 조회해 나가는 방식을 NL(Nested Loop)이라고 하고, 두 테이블 모두 인덱스가 없는 경우 조회 성능 개선을 위해 한 테이블의 일정 양의 튜플을 버퍼 메모리에 저장한 후 NL방식으로 조회하는 것을 BNL(Block Nested Loop)이라고 합니다.

> ④ s 테이블에서 6개의 튜플을 대상으로 Full Table Scan을 수행하며, 이 작업에는 0.75의 cost가 발생한다.
> ⑤ Block Nested Loop(BNL) 방식으로 ❸에서 반환된 5개의 튜플과 s 테이블을 조인하며, 이 작업까지 총 7.75의 cost가 발생하고 5개의 튜플들이 반환된다.
> ⑥ p 테이블에서 6개의 튜플을 대상으로 Full Table Scan을 수행하며, 이 작업에는 0.75의 cost가 발생한다.
> ⑦ Block Nested Loop(BNL) 방식으로 ❺에서 반환된 5개의 튜플과 p 테이블을 조인하며, 이 작업까지 총 11.0의 cost가 발생하였고 그 결과로 5개의 튜플들이 반환된다.
> ⑧ ⑦에서 반환된 5개의 튜플을 임시 테이블(tmp table)로 만들어 'filesort'* 방식을 이용해 그룹(GROUP)으로 분류(Sort)한다.
> ⑨ 정렬 작업을 수행한다.
> ⑩ 'query_block'은 옵티마이저가 한 번에 수행하는 블록 단위이며, '#1'에서 실행 계획이 종료된 것이다. 〈SQL〉 코드가 모두 수행되는데 총 16.00의 cost가 발생한다.

filesort
filesort는 분류(sort) 작업을 수행하려는 테이블에 인덱스가 없는 경우 메모리 공간 절약을 위해 디스크에 파일 형식으로 테이블을 저장한 후 분류하는 방식을 의미합니다.

④ 쿼리 성능 최적화

쿼리 성능 최적화는 실행 계획에 표시된 연산 순서, 조인 방식, 테이블 조회 방법 등을 참고하여 SQL문이 더 빠르고 효율적으로 작동하도록 SQL 코드와 인덱스를 재구성하는 것을 의미한다.

SQL 코드 재구성
- WHERE 절을 추가하여 일부 레코드만 조회하게 함으로써 조회에 들어가는 비용을 줄인다.
- WHERE 절에 연산자가 포함되면 INDEX를 활용하지 못하므로 가능한 한 연산자 사용을 자제한다.
- 서브 쿼리에 특정 데이터가 존재하는지 확인할 때는 IN보다 EXISTS*를 활용한다.
- 옵티마이저의 실행 계획이 잘못되었다고 판단되는 경우 힌트*를 활용하여 실행 계획의 액세스 경로 및 조인 순서를 변경한다.

EXISTS
EXISTS는 서브 쿼리의 모든 데이터를 확인하는 IN과 달리 데이터의 존재여부가 확인되면 검색이 종료되므로 IN보다 처리 속도가 빠릅니다.

힌트(Hint)
힌트는 SQL문에 추가되어 테이블 접근 순서를 변경하거나, 인덱스 사용을 강제하는 등의 실행 계획에 영향을 줄 수 있는 문장을 말합니다.

인덱스 재구성
- SQL 코드에서 조회되는 속성과 조건들을 고려하여 인덱스를 구성한다.
- 실행 계획을 참고하여 인덱스를 추가하거나 기존 인덱스의 열 순서를 변경한다.
- 인덱스의 추가 및 변경은 해당 테이블을 참조하는 다른 SQL문에도 영향을 줄 수 있으므로 신중히 결정한다.
- 단일 인덱스로 쓰기나 수정 없이 읽기로만 사용되는 테이블의 경우 IOT(Index-Organized Table)*로 구성하는 것을 고려한다.
- 불필요한 인덱스를 제거한다.

IOT(Index-Organized Table)
일반적으로 인덱스가 있는 테이블을 조회할 때, 인덱스를 검색하여 주소를 얻으면 주소를 다시 찾아가는 과정을 거칩니다. 반면 IOT는 인덱스 안에 테이블 데이터를 직접 삽입하여 저장함으로써 주소를 얻는 과정이 생략되어 더욱 빠른 조회가 가능합니다.

예제 2 다음은 예제1의 〈SQL〉의 각 테이블에서 조인에 활용되는 속성들을 인덱스로 설정하고, 힌트를 통해 조회 순서를 변경하는 최적화를 수행한 후의 〈실행 계획〉이다.

〈실행 계획〉

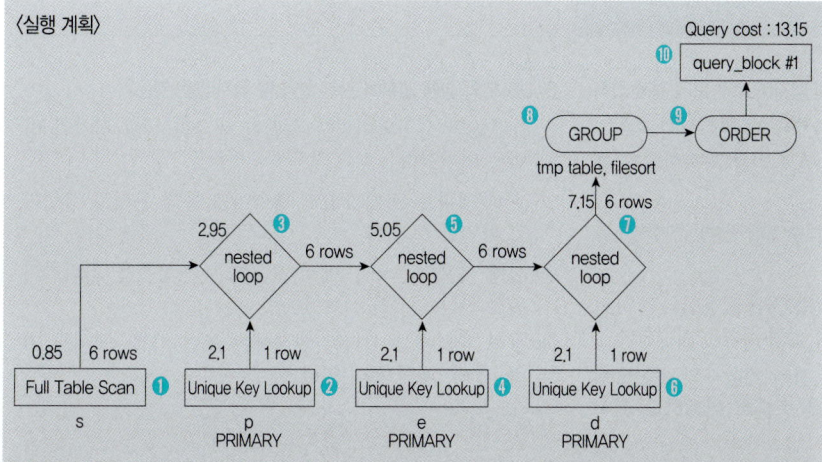

해설

❶ 조인 작업을 수행할 때 시작 지점의 테이블은 무조건 Full Table Scan을 수행한다. s 테이블은 6개의 튜플을 대상으로 Full Table Scan을 수행하며, 이 작업에는 0.85의 cost가 발생한다.

❷ p 테이블은 유니크 키(Unique Key)를 활용한 검색이 이루어지며, 검색에 활용되는 키는 기본키(Primary Key)이다. 인덱스를 통한 검색은 1개의 튜플을 조회하는 것으로 표시된다. 이 작업에는 2.1의 cost가 발생한다.

❸ Nested Loop(NL) 방식으로 s, p 테이블을 조인하며, 이 작업까지 2.95의 cost가 발생하고 6개의 튜플이 반환된다.

❹ e 테이블은 유니크 키(Unique Key)를 활용한 검색이 이루어지며, 검색에 활용되는 키는 기본키(Primary Key)이다. 이 작업에는 2.1의 cost가 발생한다.

❺ Nested Loop(NL) 방식으로 ❸에서 반환된 6개의 튜플과 e 테이블을 조인하며, 이 작업까지 5.05의 cost가 발생하고 6개의 튜플이 반환된다.

❻ d 테이블은 유니크 키(Unique Key)를 활용한 검색이 이루어지며, 검색에 활용되는 키는 기본키(Primary Key)이다. 이 작업에는 2.1의 cost가 발생한다.

❼ Nested Loop(NL) 방식으로 ❺에서 반환된 6개의 튜플과 d 테이블을 조인하며, 이 작업까지 총 7.15의 cost가 발생하고 6개의 튜플이 반환된다.

❽ ❼에서 반환된 6개의 튜플을 임시 테이블(tmp table)로 만들어 'filesort' 방식을 이용해 그룹(GROUP)으로 분류(Sort)한다.

❾ 정렬 작업을 수행한다.

❿ 하나의 블록(query_block #1)으로 처리되었으며, 종료된 〈SQL〉 코드는 총 13.15의 cost가 발생한다.

기출문제 따라잡기

출제예상
1. DBMS에서 작성한 쿼리를 수행하는데 시간이 너무 오래 걸려 최적화 작업을 수행하고자 한다. 이와 관련된 내용으로 옳지 않은 것은?

① 먼저 APM 도구를 사용하여 어떤 쿼리를 최적화할지 특정한다.
② 선정된 쿼리에서 옵티마이저가 수립한 실행 계획을 검토한다.
③ DBMS가 규칙 기반 옵티마이저(RBO)를 사용한다면 사전에 정의해 놓은 규칙을 수정하여 실행 계획을 변경한다.
④ 비용 기반 옵티마이저(CBO)의 경우 개발자의 숙련도에 따라 성능이 좌우되므로 쿼리를 충분히 이해하고 최적화 작업을 수행한다.

> 비용 기반 옵티마이저(CBO)는 옵티마이저의 예측 알고리즘이 얼마나 뛰어나냐에 따라 성능이 좌우됩니다.

출제예상
2. 규칙 기반 옵티마이저(RBO)와 비용 기반 옵티마이저(CBO)에 대한 설명 중 잘못된 것은?

① 규칙 기반 옵티마이저는 개발자가 사전에 정의해 놓은 규칙에 의해 실행 계획이 작성된다.
② 비용 기반 옵티마이저는 정해진 알고리즘에 따라 비용을 계산하여 실행 계획이 작성된다.
③ 규칙 기반 옵티마이저는 DBMS의 버전이나 테이블이 변경되면 접근 경로 등이 변경될 수 있으므로, 변화가 있을 때마다 실행 계획을 재검토해야 한다.
④ 실무에서 주로 사용되는 것은 비용 기반 옵티마이저이다.

> DBMS의 버전이 바뀐다고 사람이 정해놓은 규칙이 변경되지는 않습니다.

출제예상
3. DBMS의 실행 계획에 관한 설명 중 옳지 않은 것은?

① DBMS의 옵티마이저가 수립한 쿼리의 실행 절차와 방법을 의미한다.
② 실행 계획은 DESCRIBE 명령어를 통해 문서로 작성하고 확인할 수 있다.
③ 실행 계획에는 SQL에서 요구하는 사항들을 처리하기 위한 연산 순서가 적혀 있다.
④ 실행 계획에 표시되는 연산에는 조인 기법, 액세스 기법, 필터, 정렬 등이 있다.

> 실행 계획은 EXPLAIN 명령어를 통해 확인할 수 있습니다.

출제예상
4. 쿼리 성능을 위한 최적화 방법으로 옳지 않은 것은?

① 실행 계획을 바탕으로 SQL 코드 또는 인덱스를 재구성한다.
② WHERE 절을 활용하여 검색 범위를 좁힌다.
③ 단일 인덱스로 조회만 이루어지는 테이블은 IOT로 구성한다.
④ 데이터의 유무 판단을 위해 EXISTS보다 IN을 사용한다.

> 데이터의 유무 판단을 위해 IN보다 EXISTS를 사용합니다.

▶ 정답 : 1. ④ 2. ③ 3. ② 4. ④

3장 핵심요약

099 절차형 SQL

❶ 절차형 SQL의 개요
- C, JAVA 등의 프로그래밍 언어와 같이 연속적인 실행이나 분기, 반복 등의 제어가 가능한 SQL을 의미한다.
- 절차형 SQL의 종류
  - 프로시저(Procedure) : 특정 기능을 수행하는 일종의 트랜잭션 언어
  - 트리거(Trigger) : 데이터베이스 시스템에서 데이터의 입력, 갱신, 삭제 등의 이벤트(Event)가 발생할 때마다 관련 작업이 자동으로 수행됨
  - 사용자 정의 함수 : 프로시저와 유사하게 SQL을 사용하여 일련의 작업을 연속적으로 처리하며, 종료 시 예약어 Return을 사용하여 처리 결과를 단일값으로 반환함

❷ 테스트와 디버깅의 목적 [25.5, 22.4]
테스트(Test)를 통해 오류를 발견한 후 디버깅(Debugging)을 통해 오류가 발생한 소스 코드를 추적하며 수정한다.

100 프로시저(Procedure)

❶ 프로시저(Procedure)의 개요
- 절차형 SQL을 활용하여 특정 기능을 수행하는 일종의 트랜잭션 언어이다.
- 호출을 통해 실행되어 미리 저장해 놓은 SQL 작업을 수행한다.
- 시스템의 일일 마감 작업, 일괄(Batch) 작업 등에 주로 사용된다.

❷ 프로시저 생성/실행/제거
- 생성 : CREATE PROCEDURE 명령어를 사용하여 생성함
- 실행 : EXECUTE 명령어 또는 CALL 명령어를 사용하여 실행함
- 제거 : DROP PROCEDURE 명령어를 사용하여 제거함

101 쿼리 성능 최적화

❶ 쿼리 성능 최적화의 개요
- 데이터 입·출력 애플리케이션의 성능 향상을 위해 SQL 코드를 최적화하는 것이다.
- 쿼리 성능을 최적화하기 전에 성능 측정 도구인 APM을 사용하여 최적화 할 쿼리를 선정해야 한다.
- 최적화 할 쿼리에 대해 옵티마이저가 수립한 실행 계획을 검토하고 SQL 코드와 인덱스를 재구성한다.

❷ RBO와 CBO의 차이점

	RBO (규칙 기반 옵티마이저)	CBO (비용 기반 옵티마이저)
최적화 기준	규칙에 정의된 우선순위	액세스 비용
성능 기준	개발자의 SQL 숙련도	옵티마이저의 예측 성능
특징	실행 계획 예측이 쉬움	성능 통계치 정보 활용, 예측이 복잡함
고려사항	개발자의 규칙 이해도, 규칙의 효율성	비용 산출 공식의 정확성

❸ SQL 코드 재구성 [22.7]
- WHERE 절을 추가하여 일부 레코드만 조회하게 함으로써 조회에 들어가는 비용을 줄인다.
- WHERE 절에 연산자가 포함되면 INDEX를 활용하지 못하므로 가능한 한 연산자 사용을 자제한다.
- 서브 쿼리에 특정 데이터가 존재하는지 확인할 때는 IN보다 EXISTS를 활용한다.

❹ 인덱스 재구성
- SQL 코드에서 조회되는 속성과 조건들을 고려하여 인덱스를 구성한다.
- 실행 계획을 참고하여 인덱스를 추가하거나 기존 인덱스의 열 순서를 변경한다.
- 단일 인덱스로 쓰기나 수정 없이 읽기로만 사용되는 테이블의 경우 IOT(Index-Organized Table)로 구성하는 것을 고려한다.

찾아보기

숫자로 찾기

1NF · 445
1차계 디렉터리 · 42
1차원 배열 · 278
2NF · 445
2-Way 합병 정렬 · 411
2단계 디렉터리 · 42
2차원 배열 · 281
3D Printing · 216
3NF · 446
4D printing · 216
4K 해상도 · 217
4NF · 446
10 BASE 2 · 74
10 BASE 5 · 74
10 BASE F · 74
10 BASE T · 74

영문으로 찾기

A B

Active X · 345
ADCCP 프로토콜 · 65
AI · 212
AJAX · 346
ALGOL · 340
ALL-IP · 227
ALTER · 478
ALTER TABLE · 485
Angular · 346
Ant · 161
API · 388
APM · 534
AR · 212
ARP · 68
AS · 496
ASC · 484, 496
ASK · 57
ASP · 345
ATDM · 54
Atomicity · 462
ATTRIB · 51
auto · 238
BaaS · 214
Bandwidth · 54
Basic · 346
Batch Processing · 21
BCNF · 446
BGP · 71
BLE · 225
BNL · 535
Booch 방법 · 142
Boyce-Codd 정규형 · 446
branches · 199
break · 275
Bugzilla · 180

C D

C · 340
C++ · 342
CASCADE · 486
CASE · 116
cat · 49
CBD · 97
CBO · 534
CC · 214
CCN · 226
CD · 50
CEP · 213
CHKDSK · 51
chmod · 49
chown · 49
CLI · 49, 182
CLS · 50
Coad와 Yourdon 방법 · 142
COBOL · 340
Codeigniter · 377
Collision · 414
COMMIT · 479, 488
complex · 235
Consistency · 462
continue · 275
COPY · 50
cp · 49
CREATE · 478
CREATE DOMAIN · 480
CREATE INDEX · 484
CREATE SCHEMA · 480
CREATE TABLE · 481
CREATE VIEW · 484
CROSS JOIN · 513
CSMA/CD 방식 · 73
CSS · 324
CVS · 199
C형 유에스비 · 218
DBMS · 417
DCE · 52
DCL · 479, 487
DDCM 프로토콜 · 65
DDL · 478, 480
Dead Lock · 31
DEL · 50
DELETE · 479
DELETE FROM · 493
DESC · 484, 496
DFD · 111
DIP · 143
DIR · 50
DISTINCT · 496
DISTINCTROW · 496
Distributed Processing · 21
Division · 441
Django · 377
DLT · 213
DML · 478, 492
do~while문 · 274
DROP · 478, 485
DSL · 204
DSU · 53
DTE · 52
DTE/DCE 접속 규격 · 53
Durability · 462

E F

EGP · 71
EIA · 53
Ember · 346
EQUI JOIN · 513
E-R 다이어그램 · 428
E-R 다이어그램 대응수 · 429
E-R 모델 · 428
ERD · 113
EXCEPT · 510
exec · 49
EXISTS · 502, 536
FCFS · 25, 38
fclose( ) · 261
FCS · 62
FDM · 54
fgetc( ) · 261
fgets( ) · 261
FIFO · 25, 35, 38
filesort · 536
FIND · 51
finger · 49
fopen( ) · 261
fork · 49
FORMAT · 51
FORTRAN · 340
for문 · 272, 311
fprintf( ) · 261
fputc( ) · 261
fputs( ) · 261
fscanf( ) · 261
FSK · 57
FTP · 67
FULL OUTER JOIN · 516
Full Table Scan · 535

G H

getchar( ) · 261
gets( ) · 261
GIS · 227
Git · 200
goto문 · 269
Gradle · 161, 204
GRANT · 479, 487
Groovy · 204
Guard Band · 54
GUI · 50, 182
GUI 결함 · 178
HDLC · 61
HIPO · 117
HRN · 27
HTML · 317
HTML - 기본 구조 · 317
HTML - 기본 태그 · 318
HTML - 기타 태그 · 327
HTML - 목록 태그 · 320
HTTP/HTTPS · 375

I J

ICMP · 68
IDE · 160
IDEA · 160
IEEE 802 · 73
if문 · 309
IGP · 71
InFix · 404
INNER JOIN · 513
I-node 블록 · 49
Inorder 운행 · 403
input( ) · 305
INSERT · 478
INSERT INTO · 492
INTERSECT · 510
IORL · 117
IoT · 224, 536
IP · 66
IP 주소 · 75
IPv6 주소 · 75
Isolation · 462
ISP · 143
ITU-T · 53
Jacobson 방법 · 142
JAVA · 342
java.awt · 349
java.io · 349
java.long · 349
java.net · 349
java.util · 349
JavaScript · 332
JavaScript의 입·출력 · 333
Java에서의 배열 처리 · 279
Java에서의 표준 입력 · 255
Java에서의 표준 출력 · 257
Java의 문자열 · 284
Java의 상속 · 301
Java의 클래스 · 299
Jenkins · 203
JOIN · 441, 513
jQuery · 346
JSP · 346

K L

Key · 435
kill · 49
KWCAG · 185
LAN · 73
LEFT OUTER JOIN · 515
LINUX · 49
LOD · 227
LRU · 35
ls · 49
LSP · 143

M N

M2M · 225
Mantis · 180
Master/Slaver · 44
math.h · 348
Maven · 161
MCC · 226
MD · 50
M-DISC · 219
MEMS · 218
mkfs · 49
MOVE · 51
MR · 212
Multi-Mode Processing · 21
Multi-Processing · 21
Multi-Programming · 21
Multi-User · 48
MUX · 54
mv · 49
MVC 패턴 · 134
NATURAL JOIN · 514
NDN · 226
NF · 446
NFC · 225
NGN · 227
NL · 535
Node.js · 346, 377
NON-EQUI JOIN · 514
NOT NULL · 481
N-S 차트 · 382
N-Screen · 217
NUI · 182
NUR · 36

O P

OCP · 143
OGSA · 213
OLAP · 223
OLE · 50
ORDER BY · 496, 500
OS(Operating System) · 20
OSI 7계층 · 68
OSPF · 71
OUI · 182
OUTER JOIN · 515
Overflow · 414
OWASP · 214
P2P · 213, 226
PaaS-TA · 226
PAD · 72
PCM · 58
PET · 214
PHP · 346
PIA · 214
PICONET · 225
PnP · 50
PostFix · 404
Postorder 운행 · 403
PREDICATE · 496
PreFix · 404
Preorder 운행 · 403
print( ) · 306
printf( ) · 256
Project · 441
Prototype Link · 345
Prototype Object · 345
ps · 49
PSA · 117
PSK · 57
PSL · 117
putchar( ) · 261
puts( ) · 261
Python · 305

Q R

QAM · 57
QKD · 214
radio 요소 · 327
RAID · 217
Range · 306
RARP · 68
RBO · 534
React · 346
Real Time Processing · 21
Redmine · 180
REN · 50
RESTRICT · 486
REVOKE · 479, 487
REVS · 116
RFID · 225
RIA · 212
RIGHT OUTER JOIN · 515
RIP · 71
rm · 49
ROLLBACK · 479, 488
RR(Round Robin) · 28
RS-232C · 53
RS-232C 커넥터 · 54
RS-449 · 53
RSL · 116
Ruby on Rails · 377
Rumbaugh 방법 · 142

S T

SaaS · 213
SADT · 116
SAVEPOINT · 488
scanf( ) · 254
SCM · 195
SDDC · 224
SDE · 224
SDN · 224
SDS · 224
SELECT · 441, 478, 496
SELECT - WINDOW 함수 이용 검색 · 506
SELECT - 그룹 지정 검색 · 507
SELECT - 기본 검색 · 498
SELECT - 정렬 검색 · 500
SELECT - 조건 지정 검색 · 499
SELECT - 하위 질의 · 501
SELF JOIN · 517
Single-User · 48
SJF · 26

찾아보기

Smalltalk · 342
SMTP · 67
SNMP · 68
SOA · 213
SON · 225
SPOF · 382
Spring · 377
SQL · 478
SQL 삽입 · 387
SREM · 116
SRP · 143
SSO · 227
SSTF · 39
STD · 113
stdio.h · 348
stdlib.h · 348
STDM · 54
string.h · 348
Subversion · 199
SVN · 199
switch문 · 268
Synonym · 414
Table Scan · 454
TAGS · 117
TCP · 66
TCP/IP · 66
TDM · 54
TELNET · 67
Time Sharing · 21
time.h · 348
Trac · 180
trunk · 199
try~catch · 350
TYPE · 50

U V

UDHTV · 217
UDP · 68
UI · 181
UI 설계 도구 · 189
UI 지침 · 185
UI 테스트 · 193
UI 표준 · 185
UML · 119, 375
UNION · 510

UNION ALL · 510
UNIX · 48
UNIX 파일 시스템 · 49
UPDATE · 479
UPDATE~ SET · 494
URI · 227
URL · 318
USN · 225
UWB · 225
UX · 181
V.24 · 53
V.28 · 53
Validation · 163
VB 스크립트 · 345
Verification · 163
VR · 212
VUI · 182

W X

WAS · 374
WBAN · 227
WDM · 227
while문 · 273, 312
window 객체 · 333
WINDOW 함수 · 506
Wirfs-Brock 방법 · 142
X.20 · 53
X.21 · 53
X.24 · 53
X.25 · 53, 65
XML · 161
XP · 103
XSS · 387

한글로 찾기

ㄱ

가비지 콜렉터 · 239
가상 기억장치 · 34
가상 호스팅 · 375
가상 회선 방식 · 72
가상현실 · 212
가시성 · 103, 183, 195
가시적 도표 · 117
가용성 · 106, 387

감쇠 · 62
강결합 시스템 · 45
강도 테스트 · 166
개념 스키마 · 418
개념적 데이터 모델 · 424
개념적 설계 · 421
개념화 · 421
개발 지원 도구 · 160
개발 환경 구축 · 374
개발팀 · 100
개방-폐쇄 원칙 · 143
개방형 링크드 데이터 · 227
개요 도표 · 117
개인정보 영향평가 제도 · 214
개체 · 425, 428
개체 관계도 · 113
개체 무결성 · 438
개체-관계 모델 · 428
객체 · 97, 127, 137, 343
객체 다이어그램 · 122
객체 모델링 · 143
객체 변수 · 279
객체지향 · 137
객체지향 방법론 · 96
객체지향 프로그래밍 언어 · 342
갱신 이상 · 445
갱신문 · 494
검인 결합도 · 381
검증 테스트 · 165, 171
검토 회의 · 165
게이트웨이 · 74
결정자 · 446
결함 · 177
결함 관리 · 177
결함 관리 도구 · 180
결함 분포 · 178
결함 심각도 · 179
결함 에이징 · 178
결함 우선순위 · 179
결함 집중 · 163
결함 추세 · 178
결합 인덱스 · 457
결합 테스트 · 172
결합도 · 378, 380
경계값 분석 · 168

경로 제어 프로토콜 · 71
경로 지정 방식 · 318
경험 기반 테스트 · 165
계속적인 통합 · 105
계수 분석법 · 414
계수기(Counter) · 35
계약 인수 테스트 · 173
계층형 · 46
고가용성 · 216
고급 언어 · 340
고속 이더넷 · 74
공간 활용도 · 422
공유 결합도 · 380
공유 폴더 방식 · 198
공통 결합도 · 380
공통 모듈 · 385
공통 코드 소유 · 104
공통 평가 기준 · 214
과정 추상화 · 343
관계 · 19, 125, 426, 428
관계 연산자 · 244
관계대수 · 441
관계해석 · 442
관계형 데이터 모델 · 431
관계형 데이터베이스 · 432
광과민성 발작 · 186
광섬유 케이블 · 56
광심선 · 56
교집합 · 442
교차곱 · 442
교착상태 · 31
교체 전략 · 34
교환적 응집도 · 381
구문 · 65
구문 오류 · 528
구역성 · 34
구조 · 425
구조 기반 테스트 · 165, 172
구조 사물 · 119
구조 테스트 · 166
구조 패턴 · 146
구조적 기법 · 137
구조적 다이어그램 · 122
구조적 방법론 · 96
구조적 분석 기법 · 111

INDEX

구체 클래스 · 147
구현 뷰 · 128
권한(자격) 리스트 · 43
규정 인수 테스트 · 173
그래프 · 400
그래픽 사용자 인터페이스 · 50
그레이웨어 · 212
그루비 · 161
그룹 사물 · 119
그룹 함수 · 505
그룹웨어 · 161
그리드 · 213
근 노드 · 402
근거리 무선 통신 · 225
근거리 통신망 · 73
기가비트 이더넷 · 74
기능 결함 · 178
기능 기반 커버리지 · 168
기능 모델링 · 143
기능 요구사항 · 106
기능적 응집도 · 381
기밀성 · 387
기본키 · 429, 436
기수 변환법 · 414
기수 정렬 · 411
기억 클래스 · 238
기준선 · 195
기초 경로 검사 · 167
기타 연산자 · 250
길러멧 · 123
깊이 우선 통합법 · 174

ㄴ

나노 기술 · 216
나선형 모형 · 92
내부 스키마 · 418
내비게이션 · 186
내용 결합도 · 380
넌클러스터드 인덱스 · 455, 484
널 값 · 436
넓이 우선 통합법 · 174
네트워크 계층 · 68
네트워크 슬라이싱 · 227
노드 · 397, 402
논리 연산자 · 246

논리적 데이터 모델 · 424
논리적 뷰 · 128
논리적 설계 · 421
논리적 응집도 · 381
누화 잡음 · 62
뉴럴링크 · 212

ㄷ

다 대 다 · 426
다가 종속 · 446
다이어그램 · 122
다중 if문 · 266
다중 모드 처리 · 21
다중 사용자 · 48
다중 상속 · 139, 343
다중 작업 · 48
다중 접근 버스 연결 · 46
다중 처리 시스템 · 21
다중 처리기 · 44
다중 프로그래밍 시스템 · 21
다중화기 · 54
다치 종속 · 446
다형성 · 97, 139, 343
단계적 분해 · 129
단기 작업 우선 · 26
단말 노드 · 402
단말장치 · 52
단방향 통신 · 60
단순 if문 · 265
단위 테스트 · 171
단일 상속 · 343
단일 장애점 · 382
단일 책임 원칙 · 143
단정도 · 240
단편화 · 33
대수적 코딩법 · 414
대시보드 · 177
대역폭 · 54
대역폭 제한 · 375
대응성 · 106
대입 연산자 · 247
대체키 · 436
대화상자 · 333
대화형 애플리케이션 · 134
데이터 구조화 · 421

데이터 그램 방식 · 73
데이터 다이어트 · 222
데이터 링크 계층 · 68
데이터 마이닝 · 222
데이터 모델 · 424
데이터 모델링 · 421
데이터 블록 · 49
데이터 스트림 · 134
데이터 영역 · 288
데이터 웨어하우스 · 222
데이터 전송계 · 52
데이터 처리계 · 52
데이터 추상화 · 343
데이터 타입 · 234
데이터 흐름 검사 · 167
데이터베이스 · 416
데이터베이스 구현 · 422
데이터베이스 사용자 · 418
데이터베이스 서버 · 374
데이터베이스 설계 순서 · 420
데이터저장소 · 416
데코레이터 · 147
데크 · 399
도메인 · 433, 480
도메인 무결성 · 438
도메인 인덱스 · 456
도식 목차 · 117
독립성 · 462
동기식 시분할 다중화기 · 54
동기식 전송 · 60
동기화 기법 · 30
동적 모델링 · 143
동적 서비스 · 374
동적 테스트 · 165
동치 분할 검사 · 168
동치 클래스 분해 · 168
디그리 · 402
디렉터리 구조 · 42
디렉터리 엔트리 · 49
디버깅 · 160, 528
디셔널리 · 236
디스크 스케줄링 · 38
디자인 개선 · 105
디자인 패턴 · 145
디지털 변조 · 57

디지털 아카이빙 · 221
디지털 트윈 · 213
딥 러닝 · 212

ㄹ

라우터 · 74
라이브러리 · 161, 348
라인 커버리지 · 168
램바우 방법 · 142
레이어 패턴 · 133
레지스터 변수 · 239
레코드 잠금 · 450
루틴 · 378, 380
루프 검사 · 167
리비전 · 199
리스코프 치환 원칙 · 143
리스트 · 236
리치 인터넷 애플리케이션 · 212
리팩토링 · 105
리피터 · 74
릴레이션 · 433
릴레이션 인스턴스 · 432
릴리즈 · 103
릴리즈 계획 수립 · 103
링형 · 46

ㅁ

마스터–슬레이브 패턴 · 135
마크업 언어 · 186, 317
망형–부분 연결형 · 46
망형–완전 연결형 · 46
매뉴얼 · 91
매시업 · 212
맴리듀스 · 222
멀티스레딩 · 135
멀티태스킹 · 50
메멘토 · 147
메모리 영역 · 288
메소드 · 349
메시 네트워크 · 225
메시지 · 97, 127, 135, 343
메인 루틴 · 378, 380
메타 데이터 · 221
멤리스터 · 219
멤스 · 218

543

찾아보기

명세 기반 테스트 · 165, 172
명확성 · 385
모니터 · 30
모델링 언어 · 119
모델-뷰-컨트롤러 패턴 · 134
모뎀 · 53
모듈 · 128, 380
모듈화 · 128, 378
모바일 제스처 · 182
모바일 컴퓨팅 · 226
모바일 클라우드 컴퓨팅 · 226
목업 · 190
무결성 · 40, 196, 387, 438
무작위법 · 414
문서 결함 · 179
문자 전송 방식 · 65
문장 검증 기준 · 167
물리 계층 · 68
물리적 설계 · 421
물리적 주소 · 67

ㅂ

바이트 방식 · 65
반복문 · 272
반복자 · 147
반응 시간 · 422
반이중 통신 · 60
반입 전략 · 33
반정규화 · 449
발견 기법 · 31
발광기 · 56
방문자 · 148
배열 · 278, 334, 396
배정도 · 240
배치 다이어그램 · 122
배치 전략 · 33
배포 · 160
배포 뷰 · 128
백로그 · 100
백색 잡음 · 62
백업 · 417
밸만-포드 알고리즘 · 71
버블 정렬 · 409
버전 제어 · 195
버킷 · 414

범용성 · 376
베타 테스트 · 173
벨레이디의 모순 현상 · 35
변경 통제 시점 · 195
변수 · 237
변조 속도 · 56
병행 테스트 · 166
병행 프로세스 · 30
보안 요소 · 387
보호 대역 · 54
복수 테이블 검색 · 502
복잡 이벤트 처리 · 213
복합체 구조 다이어그램 · 122
복호화 · 58
부모 노드 · 402
부분 함수적 종속 · 445
부인 방지 · 387
부치 방법 · 142
부트 블록 · 49
부호화 · 58
분기 검증 기준 · 167
분기/조건 기준 · 168
분산 운영체제 · 44
분산 원장 기술 · 213
분산 저장소 방식 · 198
분산 처리 시스템 · 21, 45
분포도 · 456
뷰 · 459, 484
브랜치 · 200
브레인스토밍 · 108
브로드 데이터 · 221
브로커 패턴 · 135
브리지 · 74, 146
블랙박스 테스트 · 168
블랙보드 패턴 · 135
블록체인 · 213
블루레이 디스크 · 219
블루투스 · 225
비교 검사 · 169
비기능 요구사항 · 106
비동기식 시분할 다중화기 · 54
비동기식 전송 · 60
비선점 스케줄링 · 25
비선점(Non-preemption) · 31
비순환 그래프 디렉터리 · 42

비점진적 통합 방식 · 174
비주얼 스튜디오 · 160
비트 방식 · 65
비트 연산자 · 244
비트맵 인덱스 · 456
비트맵 조인 인덱스 · 456
빅 데이터 · 221
빅뱅 통합 테스트 · 174
빌더 · 146
빌드 도구 · 161
빌드 자동화 도구 · 203

ㅅ

사물 · 119
사물 네트워크 · 221
사물 인터넷 · 224
사물 통신 · 225
사용자 스토리 · 97, 103
사용자 요구사항 · 107
사용자 인수 테스트 · 172
사용자 인터페이스 · 181
사용자 인터페이스 개발 시스템 기능 · 183
사용자 인터페이스 기본 원칙 · 183
사용자 인터페이스 설계 지침 · 183
사용자 정의 무결성 · 439
사용자 정의 함수 · 295
사용자 종류 · 487
사용자등급 · 487
삭제 이상 · 445
삭제문 · 493
산술 연산자 · 242
살충제 패러독스 · 164
삽입 이상 · 444
삽입 정렬 · 408
삽입문 · 492
상세 도표 · 117
상속 · 139
상속성 · 97, 343
상수 · 238
상태 · 148
상태 다이어그램 · 123
상태 전이도 · 113
상향식 통합 테스트 · 174
상호 간섭 · 54

상호 배제(Mutual Exclusion) · 31
상호 변조 잡음 · 62
상호 호환성 · 106
상호작용 개요 다이어그램 · 123
색인 순차 파일 · 41
생명선 · 127
생성 패턴 · 146
샤논의 정의 · 57
서버 개발 · 377
서버 프레임워크 · 377
서브 루틴 · 378, 380
서브 쿼리 · 484
서브네팅 · 75
서브버전 · 199
서브시스템 · 380
서블릿 컨테이너 · 203
서비스 지향 아키텍처 · 213
서비스형 블록체인 · 214
서비스형 소프트웨어 · 213
서식 문자열 · 254
선입 선출 · 25
선점 스케줄링 · 25
선점형 멀티태스킹 · 50
선택 정렬 · 409
선택성 · 456
선형 리스트 · 396
선호도 평가 · 193
성능 테스트 · 166
성능 평가 · 193
성형 · 46
세그먼테이션 기법 · 34
세마포어 · 30
세부적 도표 · 117
세션 계층 · 69
소규모 릴리즈 · 104, 105
소단위 명세서 · 112
소멸 차트 · 101
소프트웨어 개발 방법론 · 90, 96
소프트웨어 개발 보안 · 387
소프트웨어 개발 보안 가이드 · 387
소프트웨어 공학 · 90
소프트웨어 버전 관리 도구 · 198
소프트웨어 버전 등록 과정 · 196
소프트웨어 생명 주기 · 90
소프트웨어 아키텍처 · 128

INDEX

소프트웨어 아키텍처 뷰 · 128
소프트웨어 아키텍처 설계 과정 · 131
소프트웨어 아키텍처 품질 속성 · 130
소프트웨어 에스크로 · 214
소프트웨어 요구사항 명세서 · 109
소프트웨어 정의 기술 · 224
소프트웨어 정의 네트워킹 · 224
소프트웨어 정의 데이터센터 · 224
소프트웨어 정의 스토리지 · 224
소프트웨어 패키징 · 195
소프트웨어의 버전 등록 기능 · 196
속성 · 428, 432
수광기 · 56
수직 분할 · 450
수평 분할 · 450
순수 관계 연산자 · 441
순차 다이어그램 · 123, 126
순차 파일 · 41
순차적 응집도 · 381
순차형 객체 · 307
순환 중복 검사 · 63
숫자 분석법 · 414
쉘 · 48, 346
쉘 스크립트 · 346
쉘 정렬 · 408
슈퍼 블록 · 49
슈퍼키 · 436
스냅샷 · 200
스레드 · 24
스마트 그리드 · 225, 227
스카우터 · 534
스케줄링 · 25
스쿱 · 222
스크럼 기법 · 100
스크럼 마스터 · 100
스크립트 언어 · 345
스키마 · 418, 480
스타형 · 46
스택 · 398
스택 영역 · 288
스탬프 결합도 · 381
스테레오 타입 · 123
스테이징 영역 · 200
스토리 · 100
스토리보드 · 190

스파이크 · 104
스프린트 · 101
스프린트 검토 회의 · 102
스프린트 계획 회의 · 101
스프린트 회고 · 102
슬라이스 · 307
슬롯 · 414
승인 검사 · 104
시간 · 65
시간적 응집도 · 381
시맨틱 웹 · 212
시분할 다중화기 · 54
시분할 시스템 · 21
시스템 결합 · 178
시스템 요구사항 · 107
시스템 카탈로그 · 462
시스템 타입 · 131
시스템 테스트 · 172
시큐어 코딩 · 213
신 클라이언트 PC · 218
신호 변환장치 · 52
신호 속도 · 56
실시간 처리 시스템 · 21
실체 무결성 · 438
실체화 관계 · 122
실행 계획 · 535
실행 상자 · 127
싱글톤 · 146
쓰레기값 · 239

ㅇ

아키텍처 패턴 · 133
안드로이드 스튜디오 · 160
안전 테스트 · 166
알페 테스트 · 173
애드 혹 네트워크 · 227
애드웨어 · 212
애자일 모형 · 92
애자일 방법론 · 97
애자일 선언 · 93
애플리케이션 테스트 · 163, 171
액터 · 125, 127
앱 스크린 · 217
약결합 시스템 · 44
양자 암호키 분배 · 214

양자화 · 58
어댑터 · 146
엑스 코드 · 160
엠디스크 · 219
여과화 · 58
연결 리스트 · 397
연관 관계 · 120
연관성 · 139
연산 · 425
연산자 · 242
연산자 우선순위 · 250, 497
연속 ARQ · 63
연속 리스트 · 396
영속성 · 462
영역 무결성 · 438
영역공학 · 98
예방 기법 · 31
예약어 · 237
예외 처리 · 350
오류 예측 검사 · 169
오픈 그리드 서비스 아키텍처 · 213
오픈 웹 애플리케이션 보안 프로젝트 · 214
온톨로지 · 212
올-IP · 227
옵서버 · 148
옵티마이저 · 534
와이선 · 225
와이어프레임 · 189
완전 함수적 종속 · 445
완전성 · 385
외래키 · 436
외부 결합도 · 380
외부 라이브러리 · 348
외부 변수 · 239
외부 스키마 · 418
요구 조건 분석 · 421
요구공학 · 107
요구사항 검증 · 109
요구사항 도출 · 108
요구사항 명세 · 108
요구사항 명세 기법 · 109
요구사항 분석 · 108, 111
요구사항 수집 · 108
요구사항 확인 · 109

우연적 응집도 · 382
운영상의 인수 테스트 · 172
운영체제 · 20
워크스루 · 165
워킹 셋 · 34
원격 저장소 · 200
원인-효과 그래프 검사 · 169
원자성 · 462
원형 모형 · 91
웹 3요소 · 185
웹 서버 · 374
웹 애플리케이션 서버 · 374
웹 접근성 · 185
웹 표준 · 185
웹 호환성 · 185
위상 편이 변조 · 57
유비쿼터스 · 224
유비쿼터스 센서 네트워크 · 225
유스케이스 · 108, 125, 191
유스케이스 다이어그램 · 123, 125
유스케이스 뷰 · 128
유틸리티 프로그램 · 48
응용 계층 · 69
응용 프로그래머 · 418
응용공학 · 98
응집도 · 378, 381
의미 · 65
의존 관계 · 121
의존 역전 원칙 · 143
의존성 · 161
이더넷 · 74
이력 관리 · 451
이벤트 · 439, 528
이벤트-버스 패턴 · 135
이분 검색 · 413
이상 · 444
이식성 · 106, 376
이중화 · 216
이진 트리 운행법 · 403
이클립스 · 160
이터레이션 · 104
이해관계자 · 100, 106
이행적 종속 · 446
인공지능 · 212
인덱스 · 454, 484

찾아보기

인수 테스트 · 104, 172
인스턴스 · 146
인스펙션 · 165
인접행렬 · 400
인증 · 375, 387
인코딩 · 187
인터넷 식별자 · 227
인터넷 주소 체계 · 75
인터랙션 · 191
인터클라우드 컴퓨팅 · 226
인터페이스 · 181
인터페이스 분리 원칙 · 143
인터프리터 · 147
인터프리터 언어 · 346
인터프리터 패턴 · 135
일 대 다 · 426
일 대 일 · 426
일관성 · 385, 462
일괄 처리 시스템 · 21
일반 사용자 · 418
일반 집합 연산자 · 442
일반적인 그래프 디렉터리 · 42
일반화 관계 · 121
일일 스크럼 회의 · 101
임계 구역 · 30
임베디드 소프트웨어 · 98

ㅈ

자동 감지 기능 · 50
자동 구성 네트워크 · 225
자동 변수 · 238
자료 결합도 · 381
자료 구조 · 396
자료 사전 · 112
자료 흐름도 · 111
자료의 흐름 · 111
자바스크립트 · 345
자식 노드 · 402
자연 조인 · 441
자원 · 20
자원 보호 · 42
장애 허용 시스템 · 135
재사용 · 378, 385
재사용성 · 378
재킷 · 56

저급 언어 · 340
저전력 블루투스 기술 · 225
적응적 ARQ · 63
적정성 · 376
전략 · 148
전문가 시스템 · 212
전송 계층 · 69
전송 제어 · 61
전역 테이블 · 42
전위 표기법 · 404
전이중 통신 · 60
전자정부 웹 표준 준수 지침 · 187
전처리 · 161
전체 팀 · 104
절차적 응집도 · 381
절차적 프로그래밍 언어 · 340
절차형 SQL · 528
점유와 대기(Hold and Wait) · 31
점진적 모형 · 92
점진적 통합 방식 · 174
접근 제어 리스트 · 42
접근 제어 행렬 · 42
접근제어자 · 126
정규화 · 444
정규화 과정 · 446
정보 모델링 · 143, 421
정보 은닉 · 97, 129, 343
정보 은폐 · 30
정보공학 방법론 · 96
정보부 · 62
정의 테이블 · 459
정적 변수 · 239
정적 테스트 · 165
정적 파일 · 374
정적 파일 관리 · 375
정지-대기 ARQ · 62
정합성 · 106
정확성 · 385
제1정규형 · 445
제2정규형 · 445
제3정규형 · 446
제4정규형 · 446
제5정규형 · 446
제곱법 · 414
제니퍼 · 534

제산법 · 414
제약 조건 · 425
제약조건 · 126
제어 결합도 · 381
제어 구조 검사 · 167
제어 추상화 · 343
제어문 · 265
제어부 · 62
제어의 역흐름 · 378
제품 계열 방법론 · 98
제품 백로그 · 101
제품 책임자 · 100
조건 검사 · 167
조건 검증 기준 · 168
조건 연산자 · 249, 497
조인 종속 · 446
종 프로세서 · 44
종속자 · 446
주 프로세서 · 44
주/종 처리기 · 44
주석 · 528
주소부 · 61
주요 제어문자 · 257
주파수 분할 다중화기 · 54
주파수 편이 변조 · 57
주해 사물 · 119
중복 속성 추가 · 452
중복 테이블 추가 · 451
중위 표기법 · 404
중재자 · 147
증강현실 · 212
증발품 · 213
지능형 초연결망 · 224
지리 정보 시스템 · 227
지연 왜곡 · 62
직교 진폭 변조 · 57
직접 파일 · 41
진폭 편이 변조 · 57
질의어 · 478
집합 관계 · 120
집합 연산자 · 510
짝 프로그래밍 · 104

ㅊ

차집합 · 442
참조 릴레이션 · 436
참조 무결성 · 439
책임 연쇄 · 147
초광대역 · 225
초기화 · 239
총괄 도표 · 117
총체적 도표 · 117
최소성 · 436
최악 적합 · 33
최적 적합 · 33
최초 적합 · 33
추상 클래스 · 147
추상 팩토리 · 146
추상화 · 97, 129, 343
추적성 · 385
충격성 잡음 · 62
친밀성 · 376

ㅋ

캡슐화 · 97, 138
커널 · 48
커맨드 · 147
커뮤니케이션 다이어그램 · 123
컨테이너 객체 · 236
컴파일 · 160
컴파일러 · 340
컴패니언 스크린 · 217
컴포넌트 · 97, 119, 134
컴포넌트 기반 방법론 · 97
컴포넌트 다이어그램 · 122
컴포지트 · 147
코덱 · 53
코드 영역 · 288
코드 커버리지 · 168
코딩 · 160
코어 · 56
콘솔 · 334
콘텐츠 중심 네트워킹 · 226
쿼리 성능 최적화 · 534, 536
퀵 정렬 · 410
큐 · 399
크로스 플랫폼 · 160
크로스사이트 스크립팅 · 387

INDEX

클라우드 · 226
클라우드 컴퓨팅 · 226
클라이언트/서버 방식 · 198
클라이언트-서버 패턴 · 134
클래드 · 56
클래스 · 97, 126, 313, 343
클래스 다이어그램 · 122, 125
클러스터 · 216
클러스터드 인덱스 · 455, 484
키 · 435

ㅌ

타이밍 다이어그램 · 123
타조 · 222
태그 · 317
테스트 드라이버 · 175
테스트 스텁 · 175
테스트 주도 개발 · 104
테스트 케이스 · 164, 165
테이블 · 322, 481
테이블 분할 · 450
테이블 통합 · 449
텐서플로 · 213
템플릿 메소드 · 148
통신 기록 · 375
통신 속도 · 56
통신 용량 · 57
통신 프로토콜 · 65
통신적 응집도 · 381
통합 개발 환경 · 160
통합 테스트 · 172, 174
튜플 · 236, 432
트랙웨어 · 212
트랜잭션 · 441, 488
트랜잭션 언어 · 528, 530
트랜잭션 처리량 · 422
트러스트존 기술 · 219
트리 · 402
트리 기반 인덱스 · 455
트리 디렉터리 · 42
트리거 · 439
트리의 디그리 · 402
트리의 운행법 · 403
트리형 · 46
특수 문자 예약어 · 319

ㅍ

파레토 법칙 · 163
파스-타 · 226
파이썬 · 305, 346
파이프라인 · 134
파이프-필터 패턴 · 134
파일 디스크립터 · 40
파일 서버 · 374
파일 시스템 · 40
파일모드의 종류 · 262
파장 분할 다중화 · 227
패딩 비트 · 245
패리티 검사 · 63
패블릿 · 218
패키지 다이어그램 · 122
패킷 · 53, 72
패킷 교환 방식 · 72
팩토리 메소드 · 146
팬아웃 · 382
팬인 · 382
퍼싸드 · 147
펄스 코드 변조 · 58
페이징 기법 · 34
페이퍼 프로토타입 · 193
포인터 · 200, 288, 397
포인터 변수 · 288
포인터와 배열 · 290
포함 관계 · 121, 125
폭포수 모형 · 91
폴딩법 · 414
폼 · 325
표본화 · 58
표준 라이브러리 · 348
표현 계층 · 69
프라이버시 강화 기술 · 214
프레이밍 에러 · 60
프레임 · 60, 321
프레임 검사 순서 필드 · 62
프레임워크 · 377
프로그래밍 언어 · 340
프로세스 · 23
프로세스 뷰 · 128
프로세스 상태 전이 · 23
프로시저 · 530
프로시저 생성 · 530
프로시저 실행 · 531
프로시저 제거 · 532
프로토콜 · 65
프로토타이핑 · 108
프로토타입 · 146, 191, 352
프로토타입 모형 · 91
프록시 · 147
플라이웨이트 · 147
플래그 · 61
플러그인 · 187
플러그인화 · 377
피어-투-피어 패턴 · 135
피코넷 · 225
픽셀 · 319

ㅎ

하둡 · 222
하향식 방법 · 111
하향식 통합 테스트 · 174
한국형 웹 콘텐츠 접근성 지침 · 185
함수 기반 인덱스 · 456
함수적 종속 · 445
합병 조건 · 442
합집합 · 442
해밍 코드 · 63
해시 테이블 · 226, 414
해싱 · 414
행동 사물 · 119
행위 다이어그램 · 123
행위 패턴 · 147
허브 · 74
헝가리안 표기법 · 237
협약에 의한 설계 · 131
협업 도구 · 161
형상 감사 · 196
형상 관리 · 109, 195
형상 기록 · 196
형상 식별 · 195
형상 통제 · 195
형상기억합금 · 216
형제 노드 · 402
혼합식 통합 테스트 · 175
혼합현실 · 212
홉(Hop) · 71
화이트박스 테스트 · 167

확인 테스트 · 165, 171
확장 관계 · 125
확장성 · 106, 378
환경적인 장애 리스크 · 172
환형 · 46
환형 대기(Circular Wait) · 31
활동 다이어그램 · 123
회귀 테스트 · 166, 175
회귀 테스팅 · 175
회복 기법 · 31
회복 테스트 · 166
회선 교환 방식 · 72
회피 기법 · 31
효율성 · 376
후보키 · 435
후위 표기법 · 404
휴리스틱 평가 · 193
힌트 · 536
힙 영역 · 288
힙 정렬 · 410

나는 시험에 나오는 것만 공부한다!
이제 시나공으로 한 번에 합격하세요.

기본서 (필기/실기)

기초 이론부터 완벽하게 공부해서 안전하게 합격하고 싶어요!

특징
자세하고 친절한 이론으로 기초를 쌓은 후 바로 문제풀이를 통해 정리합니다.

구성
본권
기출문제
토막강의

온라인 채점 서비스
- 워드프로세서 실기
- 컴퓨터활용능력 실기
- ITQ

출간 종목
컴퓨터활용능력1급 필기
컴퓨터활용능력1급 실기
컴퓨터활용능력2급 필기
컴퓨터활용능력2급 실기
워드프로세서 필기
워드프로세서 실기
정보처리기사 필기
정보처리기사 실기
정보처리산업기사 필기
정보처리산업기사 실기
사무자동화산업기사 실기
ITQ OA Master
GTQ 1급/2급

총정리 (필기/실기)

이론은 공부했지만 어떻게 적용되는지 문제풀이를 통해 감각을 익히고 싶어요!

특징
간단하게 이론을 정리한 후 충분한 문제풀이를 통해 실전 감각을 향상시킵니다.

구성
핵심요약
기출문제
모의고사
토막강의

온라인 채점 서비스
- 컴퓨터활용능력 실기

출간 종목
컴퓨터활용능력1급 필기
컴퓨터활용능력1급 실기
컴퓨터활용능력2급 필기
컴퓨터활용능력2급 실기
사무자동화산업기사 필기

기출문제집 (필기/실기)

이론은 완벽해요! 기출문제로 마무리하고 싶어요!

특징
최신 기출문제를 반복풀이하며 학습을 최종 마무리합니다.

구성
기출문제
핵심요약(PDF)
토막강의

온라인 채점 서비스
- 컴퓨터활용능력 실기

출간 종목
컴퓨터활용능력1급 필기
컴퓨터활용능력1급 실기
컴퓨터활용능력2급 필기
컴퓨터활용능력2급 실기
정보처리기사 필기
정보처리기사 실기

이 책의 구성 미리 보기

초단타 합격 전략을 아시나요? — 기출문제를 확실하게 이해하세요.

시·나·공 기출문제집은 실력 테스트용이 아닙니다. 짧은 시간 안에 시험에 나온 내용을 파악하고, 나올 내용을 공부하는 초단타 합격 전략집입니다. 전문가의 조언을 통해 기출문제와 주변 지식만 확실히 습득해도 초단타 합격 전설은 내 이야기가 됩니다.

| 섹션과 필드 |
문제가 출제된 내용이 있는 교재의 섹션과 필드입니다. 이해가 안 되면 시·나·공 기본서에서 해당 섹션과 필드를 찾아서 공부하면 되겠죠.

| 전문가의 조언 |
기출문제만 이해해도 합격할 수 있도록, 왜 답이 되는지 명쾌하게 결론을 내려 줍니다.

| 정답 |
문제들의 정답은 효율적인 학습을 위해 해당 페이지 하단에 모아, 초단타 전략으로 공부하는 수험생의 편의를 최대한 제공했습니다.

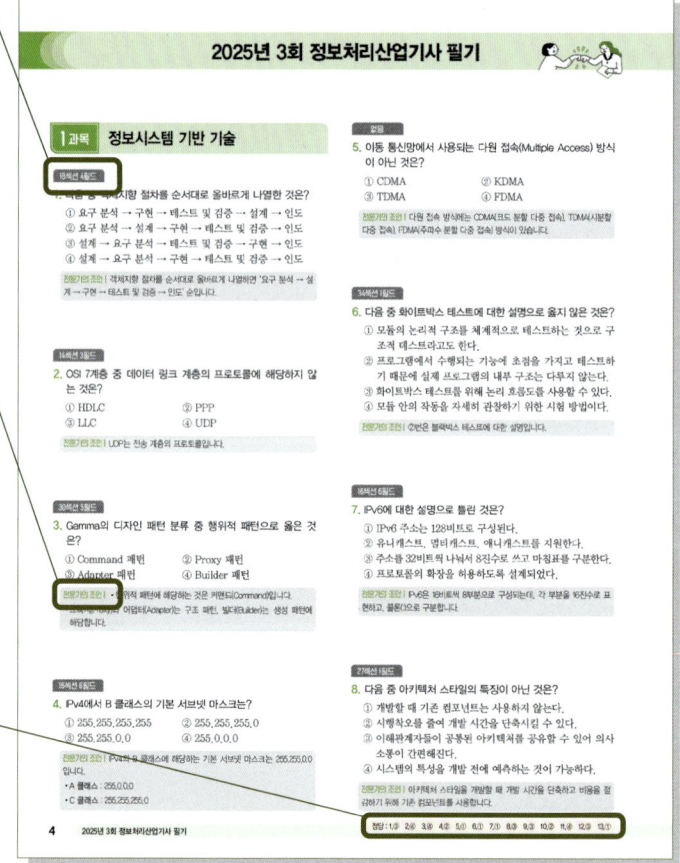

정보처리산업기사
필기 기출문제집

2026
시나공

길벗알앤디 지음

2025년 8월 정보처리산업기사 필기	4
2025년 5월 정보처리산업기사 필기	16
2025년 2월 정보처리산업기사 필기	28
2024년 7월 정보처리산업기사 필기	39
2024년 5월 정보처리산업기사 필기	51
2024년 2월 정보처리산업기사 필기	63
2023년 7월 정보처리산업기사 필기	73
2023년 5월 정보처리산업기사 필기	84
2023년 2월 정보처리산업기사 필기	95
2022년 7월 정보처리산업기사 필기	105

정보처리산업기사 필기 – 시나공 시리즈 ⑭

The Written Examination for Industrial Engineer Information Processing

초판 발행 · 2025년 11월 24일

지은이 · 길벗알앤디(강윤석, 김용갑, 김우경, 김종일)
발행인 · 이종원
발행처 · (주)도서출판 길벗
출판사 등록일 · 1990년 12월 24일
주소 · 서울시 마포구 월드컵로 10길 56(서교동)
주문 전화 · 02)332-0931   **팩스** · 02)323-0586
홈페이지 · www.gilbut.co.kr   **이메일** · gilbut@gilbut.co.kr

기획 및 책임 편집 · 강윤석(kys@gilbut.co.kr), 김미정(kongkong@gilbut.co.kr), 임은정(eunjeong@gilbut.co.kr)
표지 디자인 · 강은경, 윤석남   **제작** · 이준호, 손일순, 이진혁   **마케팅** · 조승모, 유영은
영업관리 · 김명자   **독자지원** · 윤정아   **유통혁신** · 한준희

편집진행 및 교정 · 길벗알앤디(강윤석 · 김용갑 · 김우경 · 김종일)   **디자인** · 도설아   **일러스트** · 윤석남
전산편집 · 예다움   **CTP 출력 및 인쇄** · 정민   **제본** · 정민

- 이 책은 저작권법의 보호를 받는 저작물로 이 책에 실린 모든 내용, 디자인, 이미지, 편집 구성은 허락 없이 복제하거나 다른 매체에 옮겨 실을 수 없습니다.
- 인공지능(AI) 기술 또는 시스템을 훈련하기 위해 이 책의 전체 내용은 물론 일부 문장도 사용하는 것을 금지합니다.
- 잘못 만든 책은 구입한 서점에서 바꿔 드립니다.

ⓒ 길벗알앤디, 2025

독자의 1초를 아껴주는 정성 길벗출판사

(주)도서출판 길벗 IT단행본, 성인어학, 교과서, 수험서, 경제경영, 교양, 자녀교육, 취미실용 www.gilbut.co.kr
길벗스쿨 국어학습, 수학학습, 주니어어학, 어린이단행본, 학습단행본 www.gilbutschool.co.kr

시나공 홈페이지 · www.sinagong.co.kr

최신기출문제

2025년 8월 정보처리산업기사 필기
2025년 5월 정보처리산업기사 필기
2025년 2월 정보처리산업기사 필기
2024년 7월 정보처리산업기사 필기
2024년 5월 정보처리산업기사 필기
2024년 2월 정보처리산업기사 필기
2023년 7월 정보처리산업기사 필기
2023년 5월 정보처리산업기사 필기
2023년 2월 정보처리산업기사 필기
2022년 7월 정보처리산업기사 필기

2025년 3회 정보처리산업기사 필기

1과목 정보시스템 기반 기술

18섹션 4필드
1. 다음 중 객체지향 절차를 순서대로 올바르게 나열한 것은?

① 요구 분석 → 구현 → 테스트 및 검증 → 설계 → 인도
② 요구 분석 → 설계 → 구현 → 테스트 및 검증 → 인도
③ 설계 → 요구 분석 → 테스트 및 검증 → 구현 → 인도
④ 설계 → 요구 분석 → 구현 → 테스트 및 검증 → 인도

> 전문가의 조언 | 객체지향 절차를 순서대로 올바르게 나열하면 '요구 분석 → 설계 → 구현 → 테스트 및 검증 → 인도' 순입니다.

14섹션 3필드
2. OSI 7계층 중 데이터 링크 계층의 프로토콜에 해당하지 않는 것은?

① HDLC ② PPP
③ LLC   ④ UDP

> 전문가의 조언 | UDP는 전송 계층의 프로토콜입니다.

30섹션 5필드
3. Gamma의 디자인 패턴 분류 중 행위적 패턴으로 옳은 것은?

① Command 패턴 ② Proxy 패턴
③ Adapter 패턴   ④ Builder 패턴

> 전문가의 조언 |
> • 행위적 패턴에 해당하는 것은 커맨드(Command)입니다.
> • 프록시(Proxy)와 어댑터(Adapter)는 구조 패턴, 빌더(Builder)는 생성 패턴에 해당합니다.

16섹션 6필드
4. IPv4에서 B 클래스의 기본 서브넷 마스크는?

① 255.255.255.255 ② 255.255.255.0
③ 255.255.0.0   ④ 255.0.0.0

> 전문가의 조언 | IPv4의 B 클래스에 해당하는 기본 서브넷 마스크는 255.255.0.0입니다.
> • A 클래스 : 255.0.0.0
> • C 클래스 : 255.255.255.0

없음
5. 이동 통신망에서 사용되는 다원 접속(Multiple Access) 방식이 아닌 것은?

① CDMA ② KDMA
③ TDMA ④ FDMA

> 전문가의 조언 | 다원 접속 방식에는 CDMA(코드 분할 다중 접속), TDMA(시분할 다중 접속), FDMA(주파수 분할 다중 접속) 방식이 있습니다.

34섹션 1필드
6. 다음 중 화이트박스 테스트에 대한 설명으로 옳지 않은 것은?

① 모듈의 논리적 구조를 체계적으로 테스트하는 것으로 구조적 테스트라고도 한다.
② 프로그램에서 수행되는 기능에 초점을 가지고 테스트하기 때문에 실제 프로그램의 내부 구조는 다루지 않는다.
③ 화이트박스 테스트를 위해 논리 흐름도를 사용할 수 있다.
④ 모듈 안의 작동을 자세히 관찰하기 위한 시험 방법이다.

> 전문가의 조언 | ②번은 블랙박스 테스트에 대한 설명입니다.

16섹션 6필드
7. IPv6에 대한 설명으로 틀린 것은?

① IPv6 주소는 128비트로 구성된다.
② 유니캐스트, 멀티캐스트, 애니캐스트를 지원한다.
③ 주소를 32비트씩 나눠서 8진수로 쓰고 마침표로 구분한다.
④ 프로토콜의 확장을 허용하도록 설계되었다.

> 전문가의 조언 | IPv6은 16비트씩 8부분으로 구성되는데, 각 부분을 16진수로 표현하고, 콜론(:)으로 구분합니다.

27섹션 1필드
8. 다음 중 아키텍처 스타일의 특징이 아닌 것은?

① 개발할 때 기존 컴포넌트는 사용하지 않는다.
② 시행착오를 줄여 개발 시간을 단축시킬 수 있다.
③ 이해관계자들이 공통된 아키텍처를 공유할 수 있어 의사소통이 간편해진다.
④ 시스템의 특성을 개발 전에 예측하는 것이 가능하다.

> 전문가의 조언 | 아키텍처 스타일을 개발할 때 개발 시간을 단축하고 비용을 절감하기 위해 기존 컴포넌트를 사용합니다.

9. 다음 중 코딩 직후 소프트웨어 설계의 최소 단위인 모듈이나 컴포넌트에 초점을 맞춰 하는 테스트는?

① 시스템 테스트 ② 베타 테스트
③ 단위 테스트 ④ 통합 테스트

> **전문가의 조언** | 소프트웨어 설계의 최소 단위인 모듈이나 컴포넌트에 초점을 맞춰 하는 테스트는 단위 테스트(Unit Test)입니다.
> • **시스템 테스트(System Test)** : 개발된 소프트웨어가 해당 컴퓨터 시스템에서 완벽하게 수행되는가를 점검하는 테스트
> • **베타 테스트(Beta Test)** : 선정된 최종 사용자가 여러 명의 사용자 앞에서 행하는 테스트 기법으로, 필드 테스팅(Field Testing)이라고도 불림
> • **통합 테스트(Integration Test)** : 단위 테스트가 완료된 모듈들을 결합하여 하나의 시스템으로 완성시키는 과정에서의 테스트를 의미함

10. 다음에 부합하는 디자인 패턴으로 옳은 것은?

> • 하나의 클래스에 대해 생성된 객체 수를 제어하는 생성 패턴이다.
> • 하나의 클래스 인스턴스만 원하며, 모든 클라이언트가 동일한 인스턴스를 공유하기 위한 패턴이다.

① Bridge 패턴 ② State 패턴
③ Singleton 패턴 ④ Prototype 패턴

> **전문가의 조언** | 문제의 지문으로 제시된 내용은 싱글톤(Singleton)의 특징입니다.
> • **브리지(Bridge)** : 구현부에서 추상층을 분리하여, 서로가 독립적으로 확장할 수 있도록 구성한 패턴
> • **상태(State)** : 객체의 상태에 따라 동일한 동작을 다르게 처리해야 할 때 사용하는 패턴
> • **프로토타입(Prototype)** : 원본 객체를 복제하는 방법으로 객체를 생성하는 패턴

11. 다음 중 배치(Placement) 전략에 대한 설명으로 옳은 것은?

① 새로 반입된 프로그램을 주기억장치의 어디에 위치시킬 것인가를 결정하는 전략이다.
② 주기억장치에 넣을 다음 프로그램이나 데이터를 보조기억장치에서 주기억장치로 언제 가져올 것인가를 결정하는 전략이다.
③ 새로 주기억장치에 배치되어야 할 프로그램이 적재될 장소를 마련하기 위해 어떤 프로그램이나 데이터를 제거할지 결정하는 전략이다.
④ 실행 중인 프로그램에 의해 참조될 프로그램이나 데이터를 미리 예상하여 적재하는 전략이다.

> **전문가의 조언** | 배치 전략에 대한 설명으로 옳은 것은 ①번입니다.
> • ②번은 반입 전략, ③번은 교체 전략, ④번은 예상 반입 전략에 대한 설명입니다.

12. UNIX 시스템에서 파일의 권한 모드 설정에 관한 명령어는?

① chmod ② chown
③ fork ④ finger

> **전문가의 조언** | 파일의 권한 모드 설정에 관한 명령어는 chmod입니다.
> • **cp** : 파일을 복사함
> • **cat** : 파일 내용을 화면에 표시함
> • **ls** : 현재 디렉터리 내의 파일 목록을 확인함

13. 아키텍처 설계에서 뷰의 종류가 아닌 것은?

① 물리적 뷰 ② 논리적 뷰
③ 프로세스 뷰 ④ 배포 뷰

> **전문가의 조언** | 소프트웨어 아키텍처 뷰에는 유스케이스 뷰, 논리적 뷰, 구현 뷰, 배포 뷰, 프로세스 뷰가 있습니다.

14. 객체지향 기법에서 객체가 메시지를 받아 실행해야 할 때 객체의 구체적인 연산을 정의한 것은?

① Instance ② Method
③ Message ④ Class

> **전문가의 조언** | 객체지향 기법에서 객체가 메시지를 받아 실행해야 할 때 객체의 구체적인 연산을 정의한 것은 메소드(Method)입니다.
> • **Instance** : 클래스에 속한 각각의 객체를 의미함
> • **Message** : 객체들 간에 상호작용을 하는데 사용되는 수단으로 객체의 메소드(동작, 연산)를 일으키는 외부의 요구 사항
> • **Class** : 공통된 속성과 연산(행위)을 갖는 객체의 집합으로, 객체의 일반적인 타입(Type)을 의미함

정답 : 1.② 2.④ 3.① 4.③ 5.② 6.② 7.③ 8.① 9.③ 10.③ 11.① 12.① 13.① 14.②

15. 소프트웨어 테스트 순서로 올바로 나열된 것은?

① 단위 테스트 → 인수 테스트 → 통합 테스트 → 시스템 테스트
② 단위 테스트 → 통합 테스트 → 시스템 테스트 → 인수 테스트
③ 인수 테스트 → 단위 테스트 → 시스템 테스트 → 통합 테스트
④ 시스템 테스트 → 인수 테스트 → 단위 테스트 → 통합 테스트

전문가의 조언 | 소프트웨어 테스트는 '단위 테스트 → 통합 테스트 → 시스템 테스트 → 인수 테스트' 순으로 진행합니다.

16. 빌드 자동화 도구인 Gradle에 대한 설명으로 옳지 않은 것은?

① Groovy를 사용해서 만든 DSL(Domain Specific Language)을 스크립트 언어로 사용한다.
② 실행할 처리 명령들을 모아 태스크로 만든 후 태스크 단위로 실행한다.
③ JAVA 기반의 오픈 소스 형태로, 서블릿 컨테이너에서 실행되는 서버 기반 도구이다.
④ Gradle Wrapper를 이용하여 별도의 설치 없이 Gradle을 사용할 수 있다.

전문가의 조언 | ③번은 Jenkins에 대한 설명입니다.

17. 프로세스가 CPU를 점유하고 있는 상태를 무엇이라 하는가?

① 실행(Running) 상태
② 준비(Ready) 상태
③ 보류(Block) 상태
④ 조건 만족(Wakeup) 상태

전문가의 조언 | 프로세스가 CPU를 점유하고 있는 상태를 실행(Running) 상태라고 합니다.
- 준비(Ready) 상태 : 프로세스가 프로세서를 할당받기 위해 기다리고 있는 상태
- 대기(Wait), 보류, 블록(Block) 상태 : 프로세스에 입·출력 처리가 필요하면 현재 실행중인 프로세스가 중단되고, 입·출력 처리가 완료될 때까지 대기하고 있는 상태
- 조건 만족(Wake Up) 상태 : 입·출력 작업이 완료되어 프로세스가 대기 상태에서 준비 상태로 전이되는 과정

18. 키보드로 명령어를 직접 입력하지 않고, 마우스로 아이콘이나 메뉴를 선택하여 모든 작업을 수행하는 방식은?

① CLI
② GUI
③ NUI
④ OUI

전문가의 조언 | 마우스로 아이콘이나 메뉴를 선택하여 모든 작업을 수행하는 방식은 GUI(Graphical User Interface)입니다.
- CLI(Command Line Interface) : 명령과 출력이 텍스트 형태로 이뤄지는 인터페이스
- NUI(Natural User Interface) : 사용자의 말이나 행동으로 기기를 조작하는 인터페이스
- OUI(Organic User Interface) : 모든 사물과 사용자 간의 상호작용을 위한 인터페이스

19. 유스케이스 다이어그램의 용어 중 프로젝트 개발 범위에 속하지 않고, 이미 다른 프로젝트에서 개발되어 사용중인 것으로, 원래 프로젝트와 연동이 되는 또 다른 시스템을 무엇이라고 하는가?

① System Scope
② User Actor
③ Use Case
④ System Actor

전문가의 조언 | 프로젝트 개발 범위에 속하지 않고, 이미 다른 프로젝트에서 개발되어 사용중인 것을 시스템 액터(System Actor)라고 합니다.
- 시스템 범위(System Scope) : 시스템 내부에서 수행되는 기능들을 외부 시스템과 구분하기 위해 시스템 내부의 유스케이스들을 사각형으로 묶어 시스템의 범위를 표현함
- 주액터(User Actor) : 시스템을 사용함으로써 이득을 얻는 대상으로, 주로 사람이 해당함
- 유스케이스(Use Case) : 사용자가 보는 관점에서 시스템이 액터에게 제공하는 서비스 또는 기능을 표현한 것

20. 다음 설명에 해당하는 테스트는?

- 가장 하위 단계의 모듈부터 통합 및 테스트가 수행되므로 스텁(Stub)은 필요하지 않는다.
- 테스트는 통합된 클러스터 단위로 수행한다.

① 상향식 통합 테스트
② 하향식 통합 테스트
③ 회귀 테스트
④ 빅뱅 통합 테스트

전문가의 조언 | 통합된 클러스터 단위로 테스트를 수행하고, 스텁은 필요하지 않는 테스트는 상향식 통합 테스트입니다.
- **하향식 통합 테스트** : 프로그램의 상위 모듈에서 하위 모듈 방향으로 통합하면서 테스트하는 기법
- **회귀 테스트** : 이미 테스트된 프로그램의 테스팅을 반복하는 것으로, 통합 테스트로 인해 변경된 모듈이나 컴포넌트에 새로운 오류가 있는지 확인하는 테스트
- **빅뱅 통합 테스트** : 모듈 간의 상호 인터페이스를 고려하지 않고 단위 테스트가 끝난 모듈을 한꺼번에 결합시켜 테스트하는 방법

23. Python에서 변수나 객체의 유형을 확인할 때 사용하는 함수는?
① isinstance( ) ② type( )
③ format( ) ④ exec( )

전문가의 조언 | Python에서 변수나 객체의 유형을 확인하기 위해 사용하는 함수는 type( )입니다.
- isinstance( ) : 변수가 특정 클래스의 인스턴스인지 확인함
- format( ) : 지정된 형식에 맞게 출력 형태를 지정함
- exec( ) : 문자열 형태로 작성된 코드를 Python 코드로 실행함

2과목 프로그래밍 언어 활용

21. 한 인터넷 뱅킹 사이트에서 로그인한 사용자가 공격자가 보낸 악성 페이지를 방문하자, 사용자의 브라우저가 모르게 계좌 이체 요청이 전송되었다. 이를 막기 위해 서비스는 각 요청마다 난수 기반의 토큰을 생성하여 검증하고, SameSite 쿠키 설정 및 Origin/Referer 검증을 적용하려 한다. 이와 관련된 공격 기법은 무엇인가?
① CSRF ② LSRF
③ LRSF ④ SSTF

전문가의 조언 | 문제에 제시된 내용은 CSRF(Cross-Site Request Forgery)와 관련된 공격 형태와 이에 대한 대응 방법입니다.

24. C언어에서 문자열의 길이를 구하는 함수는?
① strcmp( ) ② atoi( )
③ strtof( ) ④ strlen( )

전문가의 조언 | C언어에서 문자열의 길이를 구하는 함수는 strlen( )입니다.
- strcmp( ) : 문자열을 서로 비교함
- atoi( ) : 문자열을 정수로 변환함
- strtof( ) : 문자열을 실수로 변환함

25. C언어에서 문자열을 화면에 출력할 때 사용하는 함수는?
① getchar( ) ② putchar( )
③ gets( ) ④ puts( )

전문가의 조언 | C언어에서 문자열을 화면에 출력할 때 사용하는 함수는 puts( )입니다.
- getchar( ) : 키보드로 한 문자를 입력받아 변수에 저장함
- gets( ) : 키보드로 문자열을 입력받아 변수에 저장함
- putchar( ) : 인수로 주어진 한 문자를 화면에 출력함

22. 텍스트의 색상을 변경할 때 사용하는 CSS 속성 이름은?
① font.color ② text-color
③ color ④ border-color

전문가의 조언 | 텍스트의 색상을 변경할 때 사용하는 CSS 속성은 color입니다.
- border-color : 테두리의 색상을 지정하는 속성

26. JAVA에서 비교 연산자에 해당하지 않는 것은?
① <= ② !=
③ << ④ <

전문가의 조언 | <<는 지정된 비트 수만큼 왼쪽으로 이동시켜 2배씩 증가시키는 산술 시프트 연산자입니다.

51섹션 7필드
27. 다음 JAVA 프로그램이 실행되었을 때, 실행 결과는?

```
public class Main {
    public static void main(String[ ] args) {
        System.out.print((int) 2.9 + 1.7);
    }
}
```

① 3.7 ② 4.7
③ 3   ④ 4.6

전문가의 조언 | 실행 결과는 **3.7**이고, 사용된 코드의 의미는 다음과 같습니다.

```
public class Main {
    public static void main(String[] args) {
❶      System.out.print((int) 2.9 + 1.7);
    }
}
```

❶ 2.9가 정수형으로 형변환되어 2가 된 후 1.7이 더해지므로, **3.7**이 출력된다.

결과 : 3.7

51섹션 1필드
28. 다음 JAVA 프로그램이 실행되었을 때, 실행 결과는?

```
public class Main {
    public static void main(String[ ] args) {
        int i = 0;
        int j;
        j = ++i;
        System.out.println(j++);
    }
}
```

① 0 ② 1
③ 2 ④ 3

전문가의 조언 | 실행 결과는 **1**이고, 사용된 코드의 의미는 다음과 같습니다.

```
public class Main {
    public static void main(String[ ] args) {
❶      int i = 0;
❷      int j;
❸      j = ++i;
❹      System.out.println(j++);
    }
}
```

❶ 정수형 변수 i를 선언하고, 0으로 초기화한다.
❷ 정수형 변수 j를 선언한다.
❸ ++i는 전치 연산자이므로, i 값이 증가된 후 j에 저장된다. j에는 1이 저장된다.
❹ j++은 후치 연산자이므로, 현재 j의 값을 먼저 출력한 후 증가된다. 출력 후 j는 2가 된다.

결과 : 1

59섹션 2필드
29. Python에서 결과가 표시되지 않는 것은?

① print("%d" % (400+400))
② print("200+300")
③ print("%d" % (700))
④ print("%d" % (500, 600))

전문가의 조언 | 보기 중 ④번은 오류가 발생합니다. %는 서식 문자열과 그에 대응하는 변수나 값을 연결하는 것으로, 서식 문자열의 개수 만큼 변수나 값이 작성되어야 합니다. 하지만 ④번은 "%d"에 500과 600, 2개의 값이 연결되었으므로, 오류가 발생합니다.

① 400+400이 괄호로 묶였으므로, "%d"에 대해 하나의 대응 값으로 연결됩니다.

결과 : 800

② 200+300이 큰따옴표로 묶여 문자열 형태로 출력됩니다.

결과 : 200+300

③ 700이 정수형으로 출력됩니다.

결과 : 700

62섹션 1필드
30. 다음 JavaScript 프로그램이 실행되었을 때, 실행 결과는?

```
<html>
<script type = "text/javascript">
    var a = "15";
    var b = 30;
    var c = 3.4;
    result = a+b;
    result = result * c;
    document.write(result);
</script>
</html>
```

① 5202   ② 15303.4
③ 153   ④ 4590

전문가의 조언 | 실행 결과는 **5202**이고, 사용된 코드의 의미는 다음과 같습니다.

```
<html>
<script type = "text/javascript">
❶   var a = "15";
❷   var b = 30;
❸   var c = 3.4;
❹   result = a+b;
❺   result = result * c;
❻   document.write(result);
</script>
</html>
```

❶ 변수 a를 선언하고, 문자열 "15"로 초기화한다.
❷ 변수 b를 선언하고, 30으로 초기화한다.
❸ 변수 c를 선언하고, 3.4로 초기화한다.
❹ a가 문자열이므로 b도 문자열로 변환되어 'a+b'의 결과인 "1530"이 result에 저장된다.
※ + 연산자는 피연산자 중 하나라도 문자열이 있는 경우 나머지 피연산자도 문자열로 변환되어 문자열의 결합이 수행됩니다.
❺ c가 숫자이므로 result도 숫자로 변환되어 'result*c'의 결과인 5202가 result에 저장된다.
※ * 연산자는 피연산자 중 하나라도 숫자가 있는 경우 나머지 피연산자도 숫자로 변환되어 곱셈이 수행됩니다.
❻ result의 값을 출력한다.

결과 `5202`

58섹션 2필드

31. 다음 JAVA 프로그램이 실행되었을 때, 실행 결과는?

```
class cls {
    String a, b;
    cls( ) { }
    cls(String x, String y) {
        a = x;
        b = y;
    }
}
public class Test {
    public static void main(String[ ] args) {
        cls o1 = new cls( );
        o1.a = "ba";
        o1.b = "aa";
        cls o2 = new cls("ab", "bb");
        System.out.print("a" + o1.b + o2.a + "b");
    }
}
```

① abaabb
② ababbb
③ aaaabb
④ aaabbb

전문가의 조언 | 실행 결과는 **aaaabb**이고, 사용된 코드의 의미는 다음과 같습니다.

```
class cls {
    String a, b;
    cls( ) { }
❺   cls(String x, String y) {
❻       a = x;
❼       b = y;
    }
}
public class Test {
    public static void main(String[ ] args) {
❶       cls o1 = new cls( );
❷       o1.a = "ba";
❸       o1.b = "aa";
❹       cls o2 = new cls("ab", "bb");
❽       System.out.print("a" + o1.b + o2.a + "b");
    }
}
```

모든 Java 프로그램의 실행은 반드시 main( ) 메소드에서 시작한다.
❶ cls 클래스의 객체 변수 o1을 선언한다.
❷ o1.a에 문자열 "ba"를 저장한다.
❸ o1.b에 문자열 "aa"를 저장한다.

객체 변수 o1	String a	String b
	"ba"	"aa"

❹ cls 클래스의 객체 변수 o2를 선언하고, "ab"와 "bb"를 인수로 생성자 cls( )를 호출한다.
❺ 문자열 두 개를 인수로 받는 생성자 cls( )의 시작점이다. ❹번에서 전달받은 문자열을 각각 x와 y가 받는다.
❻ a에 x의 값 "ab"를 저장한다.
❼ b에 y의 값 "bb"를 저장한다. 생성자가 종료되었으므로 생성자를 호출했던 ❹번의 다음 줄인 ❽번으로 이동한다.

객체 변수 o2	String a	String b
	"ab"	"bb"

❽ a를 출력한 후 o1.b의 값 aa를 출력한다. 이어서 o2.a의 값 ab를 출력한 후 b를 출력한다.

결과 `aaaabb`

71섹션 1필드

32. 모듈을 설계하기 위해서 바람직한 응집도(Cohesion)와 결합도(Coupling)의 관계는?

① 응집도는 약하고 결합도는 강해야 한다.
② 응집도는 강하고 결합도는 약해야 한다.
③ 응집도도 약하고 결합도도 약해야 한다.
④ 응집도도 강하고 결합도도 강해야 한다.

전문가의 조언 | 모듈은 독립성이 높을수록 좋은 모듈이라 할 수 있으며, 독립성을 높이려면 응집도는 강하고 결합도는 약해야 합니다.

62섹션 1필드

33. HTML에 JavaScript를 삽입하는 방법으로 옳지 않은 것은?

① HTML에 직접 입력 - 〈script〉 document.write(100) 〈/script〉
② 외부 파일 호출 - 〈script src="abc.js"〉〈/script〉
③ 내부 코드 삽입 - 〈input type="button" value="click" onclick="msg(100)"〉
④ HTML에 직접 입력 - 〈javascript〉 document.write(100) 〈/javascript〉

전문가의 조언 | · JavaScript를 삽입하는 방법으로 옳지 않은 것은 ④번입니다.
· HTML에 코드 삽입 시 스크립트가 자바 스크립트 형식으로 입력되었다는 것을 나타낼 때는 〈script type="text/javascript"〉 〈/script〉와 같이 작성합니다.

49섹션 3필드

34. 다음 중 JAVA에서 참(true), 거짓(false)과 같이 논리값을 저장하는 자료형은?

① String   ② byte
③ bool   ④ boolean

전문가의 조언 | Java에서 논리값을 저장하는 자료형은 boolean입니다.

없음

35. 보안 취약점이 발견되었을 때 발견된 취약점의 존재 자체가 널리 공표되기도 전에 해당 취약점을 통하여 이루어지는 보안 공격은?

① DDoS 공격   ② 제로 데이 공격
③ 사회 공학적 공격   ④ Land 공격

전문가의 조언 | 문제에 제시된 내용은 제로 데이 공격(Zero Day Attack)의 개념입니다.
· DDoS(Distributed Denial of Service, 분산 서비스 거부) 공격 : 여러 곳에 분산된 공격 지점에서 한 곳의 서버에 대해 분산 서비스 공격을 수행하는 것
· 사회 공학(Social Engineering) : 컴퓨터 보안에 있어서, 인간 상호 작용의 깊은 신뢰를 바탕으로 사람들을 속여 정상 보안 절차를 깨트리기 위한 비기술적 시스템 침입 수단
· Land 공격 : 패킷을 전송할 때 송신 IP 주소와 수신 IP 주소를 모두 공격 대상의 IP 주소로 하여 공격 대상에게 전송하는 것

73섹션 1필드

36. 보안 아키텍처의 개발 과정에서 구현해야 할 보안 요소들을 구체화하고 설계하는 과정은?

① 보안 요구사항 추출
② 보안 아키텍처 설계
③ 취약점 분석 및 기획
④ 보안 테스트

전문가의 조언 | 보안 아키텍처의 개발 과정에서 보안 요소들을 구체화하고 설계하는 단계는 보안 아키텍처 설계 단계입니다.

67섹션 2필드

37. 예외 처리에 대한 설명으로 옳지 않은 것은?

① C++에서는 try, catch, finally를 이용하여 예외 처리를 수행한다.
② 예외가 발생했을 때 프로그래머가 해당 문제에 대비해 작성해 놓은 처리 루틴을 수행하도록 하는 것을 예외 처리라고 한다.
③ catch 블록에서 선언한 변수는 해당 catch 블록에서만 유효하다.
④ try ~ catch 문 안에 또 다른 try ~ catch 문을 포함할 수 있다.

전문가의 조언 | · C++에서는 finally를 사용할 수 없습니다.
· try~catch문은 C++, C#, Java에서 모두 사용할 수 있지만 finally는 Java에서만 사용할 수 있습니다.

38. 매크로 함수와 일반 함수에 대한 설명으로 옳지 않은 것은?

① 매크로 함수는 컴파일 전에 치환되므로 코드의 용량이 증가한다.
② 일반 함수와 매크로 함수는 모두 인수의 자료형을 입력해야 한다.
③ 일반 함수는 코드의 용량이 증가되지 않는다.
④ 매크로 함수는 일반 함수에 비해 속도가 빠르다.

전문가의 조언 | 매크로 함수는 인수의 자료형을 입력하지 않습니다.

39. 스크립트 언어가 아닌 것은?

① PHP
② Cobol
③ Basic
④ Python

전문가의 조언 | Cobol은 절차적 프로그래밍 언어로 개발되었으나, 이후 객체 지향으로 변경된 컴파일 언어입니다.

40. 함수의 값을 전달하는 대신 주소값을 전달하는 방식을 가리키는 용어는?

① call by value
② call by reference
③ call by memory
④ call by address

전문가의 조언 | 함수나 변수, 객체들의 값 대신 주소를 전달하는 방식을 call by reference라고 합니다.

3과목 데이터베이스 활용

41. SQL 명령 중 DML에 속하지 않는 것은?

① SELECT
② UPDATE
③ DELETE
④ ALTER

전문가의 조언 | ALTER는 DDL(데이터 정의어)에 속합니다.

42. 다음 중 교집합을 의미하는 기호는?

① ∪
② ∩
③ −
④ ⋈

전문가의 조언 | 관계대수의 일반 집합 연산자에서 교집합(INTERSECTION)을 의미하는 기호는 ∩입니다.
• ∪ : 합집합(UNION)
• − : 차집합(DIFFERENCE)
• ⋈ : Join

43. 다음 그림과 같이 리스트의 양쪽 끝에서 삽입과 삭제가 모두 발생하는 자료 구조는?

```
삭제 ←  ┌─┬─┬─┬─┬─┬─┐  ← 삽입
삽입 →  │A│B│C│D│E│F│  → 삭제
        └─┴─┴─┴─┴─┴─┘
```

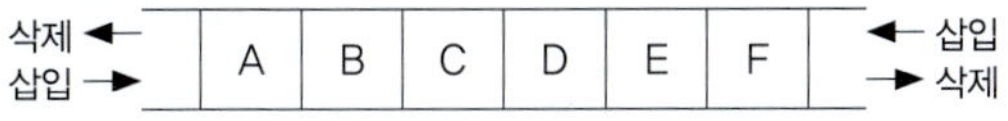

① Queue
② Deque
③ Stack
④ Array

전문가의 조언 | 리스트의 양쪽 끝에서 삽입과 삭제가 모두 발생하는 자료 구조는 데크(Deque)입니다.
• 큐(Queue) : 리스트의 한쪽에서는 삽입 작업이 이루어지고 다른 한쪽에서는 삭제 작업이 이루어지도록 구성한 자료 구조로, 가장 먼저 삽입된 자료가 가장 먼저 삭제되는 선입선출(FIFO; First In First Out) 방식으로 처리함
• 스택(Stack) : 리스트의 한쪽 끝으로만 자료의 삽입, 삭제 작업이 이루어지는 자료 구조로, 가장 나중에 삽입된 자료가 가장 먼저 삭제되는 후입선출(LIFO; Last In First Out) 방식으로 자료를 처리함
• 배열(Array) : 동일한 자료형의 데이터들이 같은 크기로 나열되어 순서를 갖고 있는 집합

44. 시스템 카탈로그에 대한 설명으로 옳지 않은 것은?

① 데이터 사전이라고도 한다.
② 시스템 카탈로그에 저장되는 내용을 메타 데이터라고 한다.
③ 시스템 자신이 필요로 하는 스키마 및 여러 가지 객체에 관한 정보를 포함하고 있는 시스템 데이터베이스이다.
④ 시스템 카탈로그의 정보를 INSERT, UPDATE, DELETE 문으로 직접 갱신할 수 있다.

전문가의 조언 | 시스템 카탈로그는 INSERT, DELETE, UPDATE문으로 카탈로그를 갱신하는 것은 허용되지 않습니다.

46. 관계해석에 관한 설명으로 옳은 내용 모두를 나열한 것은?

㉠ 프레디키트 해석(Predicate Calculus)으로 질의어를 표현한다.
㉡ 튜플 관계해석과 도메인 관계해석이 있다.
㉢ 관계대수로 표현한 식은 관계해석으로 표현할 수 있다.
㉣ 원하는 정보와 그 정보를 어떻게 유도하는가를 기술하는 절차적인 언어이다.

① ㉠, ㉣
② ㉡, ㉢, ㉣
③ ㉣
④ ㉠, ㉡, ㉢

전문가의 조언 |
• ㉠, ㉡, ㉢는 관계해석, ㉣은 관계대수에 대한 설명입니다.
• 관계해석은 원하는 정보가 무엇이라는 것만 정의하는 비절차적 특성을 가집니다.

45. 다음 트리에 대한 운행 결과의 순서가 "A → B → D → C → E → G → H → F" 일 경우, 적용된 운행 기법은?

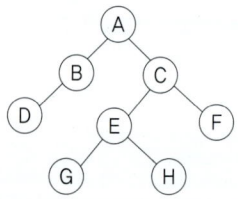

① Pre-order
② Post-order
③ In-order
④ Last-order

전문가의 조언 | 문제의 트리를 "A → B → D → C → E → G → H → F"의 순서대로 방문하는 운행 기법은 Preorder입니다. 트리를 운행할 때는 먼저 서브트리를 하나의 노드로 생각할 수 있도록 서브트리 단위로 묶습니다.

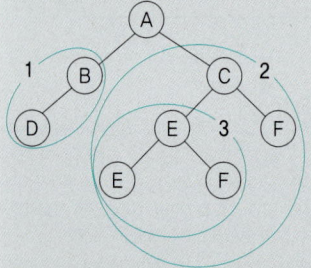

❶ Preorder는 Root → Left → Right이므로 A12입니다.
❷ 1은 BD이므로 ABD2입니다.
❸ 2는 C3F이므로 ABDC3F입니다.
❹ 3은 EGH이므로 ABDCEGHF입니다.

47. 삭제문(DELETE FROM)의 사용 형식으로 옳지 않은 것은?

① DELETE FROM 〈테이블명〉 WHERE 〈조건〉
② DELETE FROM 〈테이블명〉 〈조건〉
③ DELETE FROM 〈테이블명〉
④ DELETE FROM 〈테이블명〉 WHERE 〈중첩질의가 포함된 조건〉

전문가의 조언 | 삭제문에서 조건은 WHERE절에 입력해야 합니다.

48. 해시 함수 중 키를 여러 부분으로 나누고 각 부분의 값을 더하거나 XOR(배타적 논리합)한 값을 홈 주소로 얻는 방식은?

① Folding
② Division
③ Mid-Square
④ Digit Analysis

전문가의 조언 | 키를 여러 부분으로 나누고 각 부분의 값을 더하거나 XOR한 값을 홈 주소로 얻는 방식은 폴딩법(Folding)입니다.
• 제산법(Division) : 레코드 키(K)를 해시표(Hash Table)의 크기보다 큰 수 중에서 가장 작은 소수(Prime, Q)로 나눈 나머지를 홈 주소로 삼는 방식, 즉 h(K) = K mod Q임
• 제곱법(Mid-Square) : 레코드 키 값(K)을 제곱한 후 그 중간 부분의 값을 홈 주소로 삼는 방식
• 숫자 분석법(Digit Analysis, 계수 분석법) : 키 값을 이루는 숫자의 분포를 분석하여 비교적 고른 자리를 필요한 만큼 택해서 홈 주소로 삼는 방식

76섹션 3필드

49. 다음 자료에 대하여 Selection Sorting으로 오름차순 정렬할 경우 PASS 3의 결과는?

> 초기 상태 : 8, 3, 4, 9, 7

① 3, 4, 7, 9, 8 ② 3, 4, 8, 9, 7
③ 3, 8, 4, 9, 7 ④ 3, 4, 7, 8, 9

전문가의 조언 | 선택 정렬(Selection Sorting)으로 오름차순 정렬할 경우 PASS 3의 결과는 ①번입니다. 선택 정렬은 n개의 레코드 중에서 최소값을 찾아 첫 번째 레코드 위치에 놓고, 나머지 n-1개 중에서 다시 최소값을 찾아 두 번째 레코드 위치에 놓는 방식을 반복하여 정렬하는 방식입니다.

- 초기 상태 : 8 3 4 9 7
- ❶ 1회전 : 8 **3** 4 9 7 → 3 8 4 9 7
  첫 번째부터 마지막 값 중 최소값 3을 찾아 첫 번째 값 8과 위치를 교환합니다.
- ❷ 2회전 : 3 8 **4** 9 7 → 3 4 8 9 7
  두 번째부터 마지막 값 중 최소값 4를 찾아 두 번째 값 8과 위치를 교환합니다.
- ❸ 3회전 : 3 4 8 9 **7** → 3 4 7 9 8
  세 번째부터 마지막 값 중 최소값 7을 찾아 세 번째 값 8과 위치를 교환합니다.
- ❹ 4회전 : 3 4 7 9 **8** → 3 4 7 8 9
  네 번째부터 마지막 값 중 최소값 8을 찾아 네 번째 값 9와 위치를 교환합니다.

87섹션 2필드

50. 정규화의 목적으로 옳지 않은 것은?

① 데이터 중복을 배제하여 삽입 이상, 삭제 이상, 갱신 이상의 발생을 방지할 수 있다.
② 주어진 릴레이션을 더 작은 릴레이션 스키마들로 분할하는 과정이다.
③ 어떠한 릴레이션이라도 데이터베이스 내에서 표현 가능하도록 한다.
④ 릴레이션에 새로운 형태의 데이터가 삽입될 때 릴레이션을 재구성할 필요성을 증가시킨다.

전문가의 조언 | 정규화의 목적은 새로운 형태의 데이터가 삽입될 때 릴레이션을 재구성할 필요성을 줄이는 것입니다.

83섹션 2필드

51. 아래의 그림에서 속성(Attribute)의 개수는?

학번	이름	학과	성별	학년
001	김영수	경영	남	2
002	박철수	경영	남	2
003	홍길동	경제	남	3
004	김나라	법학	여	4

① 2 ② 3
③ 4 ④ 5

전문가의 조언 | 속성(Attribute)의 수는 차수(Degree), 튜플(Tuple)의 수는 카디널리티(Cardinality)를 의미하므로, 차수는 5, 카디널리티는 4입니다.

74섹션 4필드

52. 스택에 데이터를 A, B, C, D 순으로 저장했을 경우, 이들 데이터가 출력되는 결과로 가능한 것은?

① D, B, C, A ② C, B, D, A
③ C, D, A, B ④ D, A, C, B

전문가의 조언 | 스택에 데이터를 A, B, C, D로 저장했을 경우 C, B, A, D로 출력이 가능합니다. 문제의 자료가 각 보기의 순서대로 출력되는지 스택을 이용해 직접 입·출력을 수행해 보면 됩니다. PUSH는 스택에 자료를 입력하는 명령이고, POP는 스택에서 자료를 출력하는 명령입니다. 먼저 ②번을 살펴보도록 하겠습니다.

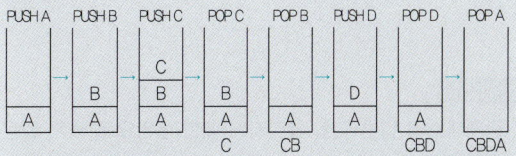

반면 ①번은 D를 출력한 후 B를 출력해야 하는데, C를 출력하지 않고는 D를 출력할 수 없으므로 불가능합니다.

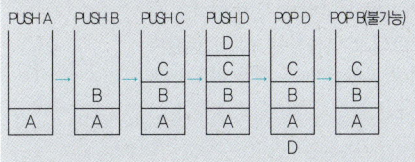

78섹션 6필드

53. 개념 스키마에 대한 설명으로 옳지 않은 것은?

① 조직이나 기관의 총괄적 입장에서 본 데이터베이스의 전체적인 논리적 구조이다.
② 실제 데이터베이스가 기억장치 내에 저장되어 있으므로 저장 스키마라고도 한다.
③ 모든 응용 프로그램이나 사용자들이 필요로 하는 데이터를 종합한 조직 전체의 데이터베이스 구조이다.
④ 데이터베이스 파일에 저장되는 데이터의 형태를 나타낸 것으로 단순히 스키마라고도 한다.

전문가의 조언 | ②번은 내부 스키마에 대한 설명입니다.

79섹션 7필드

56. 데이터베이스 설계 단계 중 물리적 설계 단계와 거리가 먼 것은?

① 접근 경로 설계
② 저장 레코드 양식 설계
③ 레코드 집중의 분석 및 설계
④ 트랜잭션 모델링

전문가의 조언 | 트랜잭션 모델링은 개념적 설계 단계에서 수행합니다.

97섹션 4필드

54. [상반기진급] 테이블과 [하반기진급] 테이블은 모두 '사번', '이름', '부서' 필드로 구성되어 있다. 다음 중 두 테이블의 레코드를 통합하려고 할 때 쿼리문으로 올바른 것은?

① Select 사번, 이름, 부서 From 상반기진급, 하반기진급 Where 상반기진급.사번 = 하반기진급.사번;
② Select 사번, 이름, 부서 From 상반기진급 JOIN Select 사번, 이름, 부서 From 하반기진급;
③ Select 사번, 이름, 부서 From 상반기진급 OR Select 사번, 이름, 부서 From 하반기진급;
④ Select 사번, 이름, 부서 From 상반기진급 UNION Select 사번, 이름, 부서 From 하반기진급;

전문가의 조언 | 성격이 유사한 두 개의 테이블 데이터를 통합하여 하나로 만들려면 합집합(UNION) 연산자를 사용하면 됩니다.

96섹션 1필드

57. 다음 SQL 문에서 DISTINCT의 의미는?

"SELECT DISTINCT DEPT FROM STUDENT;"

① 검색 결과에서 레코드의 중복 제거
② 모든 레코드 검색
③ 검색 결과를 순서대로 정렬
④ DETP의 처음 레코드만 검색

전문가의 조언 | SQL 문에서 DISTINCT의 의미는 검색 결과에서 레코드의 중복을 제거하라는 의미로 중복된 레코드가 있으면 그 중 첫 번째 한 개만 검색하여 표시합니다.

86섹션 3필드

55. 관계대수의 일반 집합 연산자에 대한 설명으로 옳지 않은 것은?

① 교집합, 합집합은 두 릴레이션의 합병이 가능해야 한다.
② 차집합, 카티션 프로덕트 등이 있다.
③ 카티션 프로덕트 연산자는 π로 표현한다.
④ 연산을 위해 피연산자 두 개가 필요하다.

전문가의 조언 |
• 카티션 프로덕트 연산자는 ×로 표현합니다.
• π로 표현하는 연산자는 순수 관계 연산자인 PROJECT입니다.

87섹션 3필드

58. 릴레이션을 조작할 때 데이터의 중복으로 인하여 발생하는 이상(Anomaly) 현상이 아닌 것은?

① 검색 이상
② 삽입 이상
③ 삭제 이상
④ 갱신 이상

전문가의 조언 | 이상의 종류에는 삽입 이상, 삭제 이상, 갱신 이상이 있습니다.

96섹션 1필드

59. 다음 SQL문을 올바르게 설명한 것은?

```
SELECT *
FROM STUDENT
WHERE SNAME LIKE '홍%';
```

① SNAME이 '홍'씨로 시작하면 삭제한다.
② SNAME이 '홍'씨로 시작되는 튜플을 찾는다.
③ SNAME이 '홍'씨로 시작하면 0으로 치환한다.
④ SNAME이 '홍'씨로 시작되는 튜플을 삭제한다.

> **전문가의 조언 |** SQL문을 올바르게 설명한 것은 ②번입니다. LIKE는 문자열의 패턴을 비교할 때 사용하는 연산자이고, '%'는 모든 문자를 의미하는 와일드카드 문자이므로 'WHERE SNAME LIKE '홍%''은 'SNAME' 속성의 값이 "홍"으로 시작하는 모든 튜플을 의미합니다.

85섹션 2필드

60. 한 릴레이션의 기본키를 구성하는 어떠한 속성 값도 널(Null) 값이나 중복 값을 가질 수 없다는 것을 의미하는 것은?

① 개체 무결성 제약 조건
② 참조 무결성 제약 조건
③ 도메인 무결성 제약 조건
④ 키 무결성 제약 조건

> **전문가의 조언 |** 한 릴레이션의 기본키를 구성하는 어떠한 속성 값도 널(Null) 값이나 중복 값을 가질 수 없다는 것을 의미하는 것은 개체 무결성 제약 조건입니다.
> • **참조 무결성** : 외래키 값은 Null이거나 참조 릴레이션의 기본키 값과 동일해야 함. 즉 릴레이션은 참조할 수 없는 외래키 값을 가질 수 없다는 규정
> • **도메인 무결성** : 주어진 속성 값이 정의된 도메인에 속한 값이어야 한다는 규정

2025년 2회 정보처리산업기사 필기

1과목 정보시스템 기반 기술

14섹션 4필드

1. 다음의 설명에 해당하는 OSI 계층은?

- 경로 설정 및 트래픽 제어
- 데이터 교환 및 패킷 정보 전송

① 물리 계층　　② 네트워크 계층
③ 표현 계층　　④ 세션 계층

전문가의 조언 | 문제의 지문에 제시된 기능을 수행하는 계층은 네트워크 계층(Network Layer)입니다.
- **물리 계층**(Physical Layer) : 전송에 필요한 두 장치 간의 실제 접속과 절단 등 기계적, 전기적, 기능적, 절차적 특성을 정의함
- **표현 계층**(Presentation Layer) : 응용 계층으로부터 받은 데이터를 세션 계층에 맞게, 세션 계층에서 받은 데이터는 응용 계층에 맞게 변환하는 기능을 수행함
- **세션 계층**(Session Layer) : 송·수신 측 간의 관련성을 유지하고 대화 제어를 담당함

없음

2. 다음 중 Kruchten이 제시한 뷰(View)에 해당하지 않는 것은?

① 물리 뷰(Physical View)
② 논리 뷰(Logical View)
③ 프로세스 뷰(Process View)
④ 유지보수 뷰(Maintenance View)

전문가의 조언 | Kruchten이 제시한 4+1 뷰 모델은 논리 뷰(Logical View), 물리 뷰(Physical View), 프로세스 뷰(Process View), 개발 뷰(Development View), 유스케이스 뷰(Use Case View)입니다.

3섹션 3필드

3. SJF(Shortest Job First) 스케줄링에서 작업 도착 시간과 CPU 사용 시간은 다음 표와 같다. 모든 작업들의 평균 대기 시간은 얼마인가?

작업	도착시간	CPU 사용시간
1	0	23
2	3	35
3	8	10

① 15　　② 17
③ 24　　④ 25

전문가의 조언 | SJF 기법은 가장 짧은 작업을 먼저 수행하므로, 다음과 같은 순서로 수행됩니다.

진행 시간	0	10	20	30	40	50	60	70
1	도착/실행 시작		23 실행		23 완료				
3		8 도착	15 대기		10 실행 시작	33 완료			
2		3 도착		30 대기		33 실행 시작	35 실행	68 완료	

∴ 평균 대기 시간은 (0+15+30)/3 = 15 시간이 됩니다.

16섹션 2필드

4. 패킷 교환 방식에 대한 설명으로 틀린 것은?

① 음성 전송과 같은 실시간 통신에 적합하다.
② 저장-전달 방식을 사용한다.
③ 전송할 수 있는 패킷의 길이는 제한되어 있다.
④ 데이터 그램과 가상 회선 방식으로 구분된다.

전문가의 조언 |
- 패킷 교환 방식은 음성 전송보다 데이터 전송에 더 적합합니다.
- 음성 전송과 같은 실시간 통신에는 회선 교환 방식이 적합합니다.

35섹션 2필드

5. 개별 모듈을 시험하는 것으로 모듈이 정확하게 구현되었는지, 예정한 기능이 제대로 수행되는지를 점검하는 것이 주 목적인 테스트는?

① 통합 테스트　　② 단위 테스트
③ 인수 테스트　　④ 시스템 테스트

전문가의 조언 | 모듈이나 컴포넌트 단위로 기능을 확인하는 테스트는 단위 테스트(Unit Test)입니다.
- **통합 테스트**(Integration Test) : 단위 테스트가 완료된 모듈들을 결합하여 하나의 시스템으로 완성시키는 과정에서의 테스트
- **인수 테스트**(Acceptance Test) : 개발한 소프트웨어가 사용자의 요구사항을 충족하는지에 중점을 두고 하는 테스트
- **시스템 테스트**(System Test) : 개발된 소프트웨어가 해당 컴퓨터 시스템에서 완벽하게 수행되는가를 점검하는 테스트

> 7섹션 1필드

6. 모듈 작성 시 주의사항으로 옳지 않은 것은?

① 적절한 크기로 작성한다.
② 결합도는 최대화하고 응집도는 최소화한다.
③ 모듈의 내용이 다른 곳에도 적용 가능하도록 표준화한다.
④ 보기 좋고 이해하기 쉽게 작성한다.

> 전문가의 조언 | 결합도(Coupling)는 두 모듈 간의 상호 의존도를 측정하는 것으로, 모듈 간의 결합도를 최소화하면 모듈의 독립성이 높아 집니다. 응집도(Cohesion)는 한 모듈 내에 있는 구성 요소들 간의 기능적 관련성을 평가하는 기준으로, 응집도가 높을수록 모듈의 독립성은 높아집니다. 즉 모듈 작성 시 결합도는 최소화하고, 응집도는 최대화해야 합니다.

> 44섹션 1필드

7. 다음 중 빌드 자동화 도구가 아닌 것은?

① Fedora   ② Gradle
③ Jenkins   ④ Maven

> 전문가의 조언 | 자동화 도구에는 Ant, Maven, Gradle, Jenkins 등이 있습니다.
> • Fedora는 운영체제의 한 종류입니다.

> 30섹션 3필드

8. 디자인 패턴 중 Singleton에 대한 설명으로 옳은 것은?

① 하나의 객체를 생성하면 생성된 객체를 어디서든 참조할 수 있지만, 여러 프로세스가 동시에 참조할 수는 없는 패턴이다.
② 원본 객체를 복제하는 방법으로 객체를 생성하는 패턴이다.
③ 여러 객체를 가진 복합 객체와 단일 객체를 구분 없이 다루고자 할 때 사용하는 패턴이다.
④ 수많은 객체들 간의 복잡한 상호작용을 캡슐화하여 객체로 정의하는 패턴이다.

> 전문가의 조언 | 싱글톤(Singleton)은 하나의 객체를 생성하면 생성된 객체를 어디서든 참조할 수 있지만, 여러 프로세스가 동시에 참조할 수는 없는 패턴입니다.
> • ②번은 프로토타입(Prototype), ③번은 컴포지트(Composite), ④번은 중재자(Mediator) 패턴에 대한 설명입니다.

> 28섹션 3필드

9. 다음 괄호에 들어갈 알맞은 용어는?

> (　　)는 구체 클래스에서 구현하려는 기능들의 공통점만을 모은 것으로, 인스턴스 생성이 불가능하여 구체 클래스가 (　　)를 상속받아 구체화한 후 구체 클래스의 인스턴스를 생성하는 방식으로 사용한다.

① 서브 클래스   ② 제어 클래스
③ 추상 클래스   ④ 조상 클래스

> 전문가의 조언 | 구체 클래스에서 구현하려는 기능들의 공통점만을 모은 것은 추상 클래스(Abstract Class)입니다.
> • 구체 클래스(Concrete Class) : 인스턴스 생성이 가능한 일반적인 클래스를 의미하는 용어로, 추상 클래스와 구분하기 위해 사용됨. 구상 클래스 또는 구현 클래스라고도 함
> • 서브 클래스(Sub Class) : 특정 클래스의 하위(자식) 클래스를 의미함
> • 조상 클래스(Sub Class) : 특정 클래스의 상위(부모, 슈퍼) 클래스를 의미함

> 2섹션 1필드

10. 프로세스의 정의로 적당하지 않은 것은?

① 실행중인 프로그램
② 프로세서가 할당되는 개체
③ 운영체제 내에 프로세스 제어 블록의 존재로서 명시되는 것
④ 하드웨어에 의해 사용되는 입출력 장치

> 전문가의 조언 | 하드웨어에 의해 사용되는 입출력 장치는 프로세스의 정의에 해당하지 않습니다.

> 12섹션 7필드

11. 정보 전송 시에 발생하는 오류의 검색 및 정정이 용이하도록 된 코드는?

① Excess-3 code   ② Hamming code
③ Gray code   ④ Biquinary Code

> 전문가의 조언 | 정보 전송 시에 발생하는 오류의 검색 및 정정이 용이한 코드는 해밍(Hamming) 코드입니다.
> • 3 초과 코드(Excess-3 Code) : BCD+3, 즉 BCD 코드에 $3_{10}(0011_2)$을 더하여 만든 코드임
> • 그레이 코드(Gray Code) : BCD 코드의 인접하는 비트를 XOR 연산하여 만든 코드로, 입·출력장치 코드로 유용하게 사용됨
> • 비퀴너리 코드(Biquinary Code) : 7비트로 구성되며, 1인 비트가 항상 두 개 포함되므로 이를 이용한 에러 검출이 용이함

22섹션 3필드

12. 자료 흐름도(Data Flow Diagram)의 구성 요소에 해당되지 않는 것은?

① 자료 흐름(Data Flow)
② 처리(Process)
③ 자료 저장소(Data Store)
④ 의사 결정표(Decision Table)

> 전문가의 조언 | 자료 흐름도의 구성 요소는 처리(Process), 자료 흐름(Data Flow), 자료 저장소(Data Store), 단말(Terminator)입니다.

15섹션 1필드

13. 라우팅 프로토콜 중 Distance Vector 방식이 아닌 것은?

① RIP
② BGP
③ EIGRP
④ OSPF

> 전문가의 조언 | 거리 벡터(Distance Vector) 방식의 라우팅 프로토콜에는 RIP, EIGRP, BGP 등이 있습니다.
> • OSPF는 링크 상태(Link State) 방식의 라우팅 프로토콜입니다.

42섹션 1필드

14. 소프트웨어 형상 관리에서 관리 항목에 포함되지 않는 것은?

① 프로젝트 개발 비용
② 소스 코드
③ 운영 및 설치 지침서
④ 프로젝트 요구 분석서

> 전문가의 조언 | 프로젝트 개발 비용은 형상 관리 항목이 아닙니다.

99섹션 2필드

15. 오류가 발생한 코드를 추적하여 수정하는 작업은?

① Loading
② Linking
③ Debugging
④ Hashing

> 전문가의 조언 | 오류가 발생한 코드를 추적하여 수정하는 작업을 디버깅(Debugging)이라고 합니다.
> • 로딩(Loading) : 실행 프로그램을 할당된 기억공간에 실제로 옮기는 작업
> • 링킹(Linking) : 언어 번역 프로그램이 생성된 목적 프로그램들과 라이브러리, 또 다른 실행 프로그램 등을 연결하여 실행 가능한 로드 모듈을 만드는 작업
> • 해싱(Hashing) : 해싱 함수를 이용하여 계산된 키 값(주소)에 해당하는 기억 공간에 레코드를 보관하거나 보관된 레코드를 검색하는 방법

13섹션 1필드

16. 서로 다른 기기들 간의 데이터 교환을 원활하게 수행할 수 있도록 표준화시켜 놓은 통신 규약을 무엇이라 하는가?

① 클라이언트
② 터미널
③ 링크
④ 프로토콜

> 전문가의 조언 | 서로 다른 기기들 간의 데이터 교환을 원활하게 수행할 수 있도록 표준화시켜 놓은 통신 규약을 프로토콜(Protocol)이라고 합니다.

7섹션 4필드

17. 디렉터리 구조 중 중앙에 마스터 파일 디렉터리가 있고, 그 아래에 사용자별로 서로 다른 파일 디렉터리가 있는 구조는?

① 1단계 디렉터리 구조
② 2단계 디렉터리 구조
③ 트리 디렉터리 구조
④ 비순환 그래프 디렉터리 구조

> 전문가의 조언 | 중앙에 마스터 파일 디렉터리가 있고, 그 아래에 사용자별로 서로 다른 파일 디렉터리가 있는 구조는 2단계 디렉터리 구조입니다.
> • 1단계(단일) 디렉터리 구조 : 가장 간단하고, 모든 파일이 하나의 디렉터리 내에 위치하여 관리되는 구조
> • 트리 디렉터리 구조 : 하나의 루트 디렉터리와 여러 개의 종속(서브) 디렉터리로 구성된 구조
> • 비순환(비주기) 그래프 디렉터리 구조 : 하위 파일이나 하위 디렉터리를 공동으로 사용할 수 있는 것으로, 사이클이 허용되지 않는 구조

4섹션 3필드

18. 세마포어(Semaphore)에 관한 설명 중 옳지 않은 것은?

① 상호배제 문제를 해결하기 위하여 사용된다.
② 정수의 변수로서 양의 값만을 가진다.
③ 여러 개의 프로세스가 동시에 그 값을 수정하지 못한다.
④ 세마포어에 대한 연산은 처리 도중에 인터럽트 되어서는 안된다.

> 전문가의 조언 | 세마포어(Semaphore) 변수(S)는 0과 1 혹은 0과 양의 값을 갖습니다.

34섹션 1필드

19. 화이트박스(White Box) 테스트와 관련한 설명으로 틀린 것은?

① 화이트박스 테스트의 이해를 위해 논리 흐름도(Logic-Flow Diagram)를 이용할 수 있다.
② 모듈 안의 작동을 직접 관찰할 수 있다.
③ 프로그램의 구조를 고려하지 않기 때문에 테스트 케이스는 프로그램 또는 모듈의 요구나 명세를 기초로 결정한다.
④ 원시 코드의 모든 문장을 한 번 이상 실행함으로써 수행된다.

> 전문가의 조언 | 화이트박스 테스트는 설계된 절차에 초점을 둔 구조적 테스트로 프로시저 설계의 제어 구조를 사용하여 테스트 케이스를 설계합니다.

45섹션 1필드

20. 다음 설명에 해당하는 용어는?

> 소프트웨어의 구현 단계에서 발생할 수 있는 보안 취약점들을 최소화하기 위해 보안 요소들을 고려하며 코딩하는 것을 의미하며, 보안 취약점을 사전에 대응하여 안정성과 신뢰성을 확보하기 위해 사용된다.

① SDLC   ② Secure Coding
③ CLASP   ④ OWASP

> 전문가의 조언 | 문제의 지문에 제시된 내용은 시큐어 코딩(Secure Coding)에 대한 설명입니다.
>
> • 소프트웨어 개발 생명 주기(SDLC; Software Development Life Cycle) : 소프트웨어 개발 방법론의 바탕이 되는 것으로, 소프트웨어를 개발하기 위해 정의하고 운용, 유지보수 등의 과정을 각 단계별로 나눈 것
> • CLASP : Secure Software 사에서 개발하였으며, SDLC의 초기 단계에서 보안을 강화하기 위해 개발된 방법론
> • OWASP(the Open Web Application Security Project, 오픈 웹 애플리케이션 보안 프로젝트) : 웹 정보 노출이나 악성 코드, 스크립트, 보안이 취약한 부분을 연구하는 비영리 단체

2과목 프로그래밍 언어 활용

49섹션 2필드

21. 다음 C언어 프로그램이 실행되었을 때, 실행 결과는?

```
#include <stdio.h>
#include <stdlib.h>

int main(int argc, char* argv[ ]) {
    int a = 0;
    int b = 1;
    int c = 2;
    a = b = c = 123.45;
    printf("%d", b);
    return 0;
}
```

① 1   ② 2
③ 123   ④ 12.45

> 전문가의 조언 | 코드의 실행 결과는 123이며, 사용된 코드의 의미는 다음과 같습니다.
>
> ```
> #include <stdio.h>
> #include <stdlib.h>
>
> int main(int argc, char* argv[ ]) {
> ❶  int a = 0;
> ❷  int b = 1;
> ❸  int c = 2;
> ❹  a = b = c = 123.45;
> ❺  printf("%d", b);
> ❻  return 0;
> }
> ```
>
> ❶ 정수형 변수 a를 선언하고, 0으로 초기화한다.
> ❷ 정수형 변수 b를 선언하고, 1로 초기화한다.
> ❸ 정수형 변수 c를 선언하고, 2로 초기화한다.
> ❹ c에 123.45를 저장한다. c가 정수형 변수이므로 소수점 이하가 버려진 123이 저장된다. c의 값은 다시 b에 저장되고, b의 값은 다시 a에 저장되므로, 결국 a, b, c에는 모두 123이 저장된다.
> ※ a = b = c는 연쇄 대입문으로 실행은 오른쪽에서 왼쪽으로 진행됩니다.
> ❺ b의 값 123을 출력한다.
>
> 결과 `123`
>
> ❻ main( ) 함수에서의 'return 0'은 프로그램의 종료를 의미한다.

22. 다음 파이썬(Python) 프로그램이 실행되었을 때의 결과는?

```
inList = [1,2,3,4,5]
answer = inList[:3]
print(answer)
```

① [1]
② [1, 2]
③ [1, 2, 3]
④ [1, 2, 3, 4, 5]

> **전문가의 조언** | 코드의 실행 결과는 [1, 2, 3]이며, 사용된 코드의 의미는 다음과 같습니다.
>
> ❶ inList = [1,2,3,4,5]
> ❷ answer = inList[:3]
> ❸ print(answer)
>
> ❶ 5개의 요소를 갖는 리스트 inList를 선언하고, 초기화한다.
>
> | | [0] | [1] | [2] | [3] | [4] |
> |---|---|---|---|---|---|
> | inList | 1 | 2 | 3 | 4 | 5 |
>
> ❷ 리스트 answer를 선언하고, inList 리스트의 처음부터 2번째(3-1) 요소까지의 값으로 초기화한다.
>
> | | [0] | [1] | [2] |
> |---|---|---|---|
> | anser | 1 | 2 | 3 |
>
> ❸ 리스트 answer를 출력한다.
>
> 결과 [1, 2, 3]

23. Python에서 사용되는 서식 문자열과 그 의미가 올바르게 연결되지 않은 것은?

① %c - 문자
② %f - 실수
③ %o - 정수형 16진수
④ %E - 지수

> **전문가의 조언** | • %o는 정수형 8진수를 입·출력하기 위해 지정하는 서식 문자열입니다.
> • 정수형 16진수를 입·출력하기 위해 지정하는 서식 문자열은 %x입니다.

24. 다음은 C언어 프로그램의 일부이다. 이에 대한 설명으로 옳지 않은 것은?

```
생략...
FILE *p1, *p2, *p3
p1 = fopen("A", "r")
p2 = fopen("B", "w")
p3 = fopen("C", "a")
생략...
```

① A 파일에서는 읽기를 수행하고, B 파일에서는 쓰기를 수행한다.
② A 파일이 존재하지 않으면, 새로운 파일이 생성되어 실행된다.
③ B 파일이 존재하지 않으면, 새로운 파일이 생성되어 실행된다.
④ C 파일의 경우 파일의 끝에 데이터가 추가된다.

> **전문가의 조언** | 코드에 대한 설명으로 옳지 않은 것은 ②번입니다.
>
> 생략...
> ❶ FILE *p1, *p2, *p3
> ❷ p1 = fopen("A", "r")
> ❸ p2 = fopen("B", "w")
> ❹ p3 = fopen("C", "a")
> 생략...
>
> ❶ 파일 구조체 변수 p1, p2, p3를 선언한다.
> ❷ "A" 파일을 읽기 모드로 열고, 그 시작 주소를 p1에 저장한다. "A" 파일이 존재하지 않으면, p1에는 NULL이 저장된다.
>   ※ 읽기 모드는 읽는 시점에 파일이 비어 있으면, 파일이 비어 있다는 의미의 예약어인 EOF(End Of File)를 반환합니다.
> ❸ "B" 파일을 쓰기 모드로 열고, 그 시작 주소를 p2에 저장한다. "B" 파일이 존재하지 않으면, 이름이 "B"인 새 파일을 생성한 후 그 시작 주소를 p2에 저장한다.
>   ※ 쓰기 모드는 기존 내용을 모두 제거한 후 새로운 내용을 기록합니다.
> ❹ "C" 파일을 추가 모드로 열고, 그 시작 주소를 p3에 저장한다. "C" 파일이 존재하지 않으면, 이름이 "C"인 새 파일을 생성한 후 그 시작 주소를 p3에 저장한다.
>   ※ 추가 모드는 기존 내용의 끝에 새로운 내용을 추가합니다.

61섹션 5필드

25. HTML에서 다음의 코드를 실행했을 때의 결과로 옳은 것은?

```
<html>
<frameset cols = "50%, 50%">
    <frameset rows = "50%, 50%">
        <frame src = "a.html">
        <frame src = "b.html">
    </frameset>
    <frame src = "c.html">
</frameset>
</html>
```

① | a.html | |
   | b.html | c.html |

② | a.html | b.html |
   | c.html | |

③ | a.html | b.html |
   | | c.html |

④ | a.html | |
   | b.html | c.html |

> **전문가의 조언** | 코드 실행 결과로 옳은 것은 ④번이며, 사용된 코드의 의미는 다음과 같습니다.
>
> ❶ `<html>`
> ❷   `<frameset cols = "50%, 50%">`
> ❸   `<frameset rows = "50%, 50%">`
> ❹   `<frame src = "a.html">`
> ❺   `<frame src = "b.html">`
> ❻   `</frameset>`
> ❼   `<frame src = "c.html">`
> ❽   `</frameset>`
> ❾ `</html>`
>
> ❶ HTML 문서의 시작을 의미한다.
> ❷ 화면을 기준으로 가로 50:50으로 분할된 두 개의 프레임이 생성된다.
>
>
>
> ※ 여러 프레임으로 분할된 경우 작업 대상 프레임은 '위쪽 → 아래쪽', '왼쪽 → 오른쪽' 순으로 적용됩니다.
>
> ❸ ❷번에서 분할된 프레임 중 왼쪽 프레임을 기준으로, 세로 50:50으로 분할된 두 개의 프레임이 생성된다.
>
>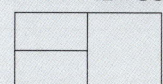
>
> ❹ ❸번에서 분할된 프레임 중 위쪽 프레임에 "a.html" 문서의 내용을 표시한다.
>
>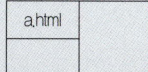
>
> ❺ 이어서 아래쪽 프레임에 "b.html" 문서의 내용을 표시한다.
>
>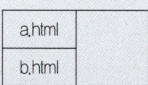
>
> ❻ ❸번 프레임 분할 작업의 끝을 의미한다.
> ❼ ❷번에서 분할된 프레임 중 오른쪽 프레임에 "c.html" 문서의 내용을 표시한다.
>
>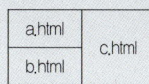
>
> ❽ ❷번 프레임 분할 작업의 끝을 의미한다.
> ❾ HTML 문서의 끝을 의미한다.

없음

26. JavaScript의 Math 객체의 메소드 기능에 대한 설명으로 옳지 않은 것은?

① atan( ) 메소드는 tan의 역함수를 반환한다.
② round( ) 메소드는 내림값을 반환한다.
③ ceil( ) 메소드는 올림값을 반환한다.
④ abs( ) 메소드는 절대값을 반환한다.

> **전문가의 조언** | • JavaScript의 Math 객체의 메소드 중 round( ) 메소드는 반올림 값을 반환합니다.
> • 내림값을 반환하는 메소드는 floor( )입니다.

65섹션 3필드

27. JavaScript의 프레임워크가 아닌 것은?

① Dojo   ② Angular
③ Vue   ④ Cobol

> **전문가의 조언** | Cobol은 JavaScript의 프레임워크가 아니라 업무용 프로그래밍 언어입니다.

49섹션 2필드

28. C언어에서 실수형 변수로 선언한 것은?

① float a;   ② short a;
③ int a;   ④ string a;

> **전문가의 조언** | 문제의 보기 중 C언어에서 실수형 변수로 선언한 것은 float a;입니다.
> • ②번과 ③번은 정수형 변수의 선언이고, ④번은 JAVA에서 사용하는 문자열 변수의 선언입니다.

정답 : 22.③ 23.③ 24.② 25.④ 26.② 27.④ 28.①

51섹션 2필드
29. C언어에서 관계 연산자에 해당하지 않는 것은?

① <=   ② !=
③ >   ④ <<

> 전문가의 조언 | 문제의 보기 중 <<은 산술 시프트 연산자입니다.
> • ①번은 "작거나 같다", ②번은 "같지 않다", ③번은 "크다"는 의미의 관계 연산자입니다.

67섹션 1필드
30. JAVA에서 예외 처리에 사용되는 클래스는?

① ArrayList   ② Socket
③ Exception   ④ Collection

> 전문가의 조언 | JAVA에서 예외 처리에 사용되는 클래스는 Exception입니다.

50섹션 2필드
31. JAVA에서 변수명으로 선언할 수 있는 것은?

① _abc   ② #df
③ 2def   ④ void

> 전문가의 조언 | • 보기 중 JAVA에서 변수명으로 사용할 수 있는 것은 _abc입니다.
> • ②번은 특수문자(#) 사용, ③번은 숫자로 시작, ④번은 예약어 사용이 원인이 되어 변수명으로 사용할 수 없습니다.

62섹션 3필드
32. JavaScript에서 배열의 끝에 원소를 추가할 때 사용하는 명령어로 옳은 것은?

① pop   ② push
③ add   ④ splice

> 전문가의 조언 | JavaScript에서 배열의 끝에 원소를 추가하는 명령은 push입니다.

55섹션 3필드
33. 다음 JAVA 프로그램이 실행되었을 때, 실행 결과는?

```
public class Main {
    public static void main(String[ ] args) {
        int[ ][ ] arr = new int[2][3];
        System.out.println(arr.length);
    }
}
```

① 2   ② 3
③ 5   ④ 6

> 전문가의 조언 | 코드의 실행 결과는 2입니다.
> • Java의 배열 클래스의 속성인 length는 배열 요소의 개수를 가리킵니다.
> • 1차원 배열에서는 배열 전체의 요소 수를 가리키지만, 2차원 배열에서는 사용 방법에 따라 length가 가리키는 값이 달라집니다.
> • arr.length : 2차원 배열 arr의 행 수(2)를 가리킴
> • arr[0].length : 2차원 배열 arr의 첫 번째 행에 속한 요소의 수(3)를 가리킴

62섹션 2필드
34. JavaScript에서 다음 그림과 같은 창을 띄우기 위해 사용한 명령어로 옳은 것은?

```
이 페이지 내용:
title
[default                    ]
                  [확인] [취소]
```

① alert("title", "default")
② prompt("title", "default")
③ alert("default", "title")
④ prompt("default", "title")

> 전문가의 조언 | 문제의 그림은 JavaScript의 prompt("title", "default") 명령문의 결과입니다.

> 64섹션 3필드

35. 캡슐화, 추상화, 상속성 등의 특징을 갖는 객체지향 언어는?

① C
② C++
③ COBOL
④ FORTRAN

> 전문가의 조언 | 보기 중 객체지향 언어는 C++입니다.
> • C, COBOL, FORTRAN은 절차적 프로그래밍 언어에 속합니다.

> 71섹션 2필드

36. 두 모듈이 동일한 자료 구조를 조회하는 경우의 결합도이며, 자료 구조의 어떠한 변화, 즉 포맷이나 구조의 변화는 그것을 조회하는 모든 모듈 및 변화되는 필드를 실제로 조회하지 않는 모듈에도 영향을 미치게 되는 것은?

① 자료 결합도
② 스탬프 결합도
③ 제어 결합도
④ 외부 결합도

> 전문가의 조언 | 문제에 제시된 내용은 스탬프 결합도의 특징입니다.
> • 자료 결합도(Data Coupling) : 모듈 간의 인터페이스가 자료 요소로만 구성될 때의 결합도
> • 제어 결합도(Control Coupling) : 어떤 모듈이 다른 모듈 내부의 논리적인 흐름을 제어하기 위해 제어 신호를 이용하여 통신하거나 제어 요소를 전달하는 결합도
> • 외부 결합도(External Coupling) : 어떤 모듈에서 선언한 데이터(변수)를 외부의 다른 모듈에서 참조할 때의 결합도

> 50섹션 3필드

37. 외부 변수(External Variable)에 대한 설명으로 옳지 않은 것은?

① 외부 변수는 함수 밖에서 선언한다.
② 초기화하지 않으면 자동으로 0으로 초기화 된다.
③ 함수가 종료되면 값도 소멸된다.
④ 다른 파일에서 선언된 변수를 참조할 경우 초기화 할 수 없다.

> 전문가의 조언 | 외부 변수는 함수가 종료되어도 기존에 저장된 값을 그대로 갖고 있습니다.

> 44섹션 1필드

38. 다음 중 빌드 도구가 아닌 것은?

① Zeplin
② Ant
③ Maven
④ Gradle

> 전문가의 조언 | Zeplin은 디자인 관련 협업 도구입니다.

> 39섹션 2필드

39. 사용자 인터페이스(UI)의 요소에 대한 설명으로 옳지 않은 것은?

① 토글 버튼은 자주 찾지 않는 항목의 on/off를 결정할 때 사용한다.
② 라디오 버튼은 여러 항목 중 하나만 선택해야 할 때 사용한다.
③ 콤보 상자는 목록 상자에 제시된 여러 항목 중 하나를 선택할 때 사용한다.
④ 체크 박스는 여러 개의 선택 상황에서 1개의 값만 선택해야 할 때 사용한다.

> 전문가의 조언 | 체크 박스는 여러 개의 선택 상황에서 1개 이상의 값을 선택할 때 사용하는 UI 요소입니다.

> 49섹션 2필드

40. 다음 중 C언어에서 정수형 변수 앞에 추가하여 0 이상의 값을 표현하도록 하는 예약어는?

① static
② fixed
③ signed
④ unsigned

> 전문가의 조언 | C언어에서 자료형에 저장될 음수의 값을 제한하여 더 많은 수의 양수와 0을 저장하도록 해주는 예약어는 unsigned입니다.

3과목 데이터베이스 활용

> 95섹션 4필드

41. 데이터 조작문의 유형으로 올바르지 않은 것은?

① SELECT~ FROM~ WHERE~
② INSERT INTO~ VALUES~
③ UPDATE~ FROM~ WHERE~
④ DELETE~ FROM~ WHERE~

> 전문가의 조언 | UPDATE는 FROM 대신 SET이 사용되어 'UPDATE~ SET~ WHERE~' 형식으로 기술되어야 합니다.

81섹션 2필드

42. 개체-관계(E-R) 모델에 대한 설명으로 틀린 것은?

① 개체 타입과 이들 간의 관계 타입을 이용해서 현실세계를 개념적으로 표현하는 방법이다.
② 1976년 P.Chen이 제안한 것이다.
③ E-R 모델의 기본적인 아이디어를 시각적으로 가장 잘 나타낸 것이 E-R 다이어그램이다.
④ E-R 다이어그램은 개체 타입을 사각형, 관계 타입을 다이아몬드, 속성을 화살표로 표현한다.

전문가의 조언 | E-R 다이어그램에서 개체 타입은 사각형, 관계 타입은 다이아몬드(마름모), 속성은 타원으로 표현합니다.

전문가의 조언 | 문제의 지문에 제시된 특징을 갖고 있는 모델링은 관계형 데이터 모델(Relational Data Model)입니다.
- 개체-관계 모델(R(Entity-Relationship Model) : 개체 타입(Entity Type)과 이들 간의 관계 타입(Relationship Type)을 이용해 현실 세계를 개념적으로 표현한 데이터 모델
- 계층형 데이터 모델(Hierarchical Data Model) : 트리 구조를 이용해서 데이터의 상호관계를 계층적으로 정의한 데이터 모델
- 네트워크형 데이터 모델(Network Data Model) : CODASYL이 제안한 것으로, 그래프를 이용해서 데이터 논리 구조를 표현한 데이터 모델

87섹션 5필드

43. 모든 결정자가 후보 키가 되도록 분해하는 정규화 단계는?

① 1NF → 2NF
② 2NF → 3NF
③ 3NF → BCNF
④ 비정규 릴레이션 → 1NF

전문가의 조언 | 모든 결정자가 후보 키가 되도록 분해하는 정규화 단계는 '도부이결다조'에서 '결(3NF → BCNF)'에 해당합니다.
- 1NF → 2NF : 부분적 함수 종속 제거
- 2NF → 3NF : 이행적 함수 종속 제거
- 비정규 릴레이션 → 1NF : 도메인이 원자값

75섹션 2필드

45. 다음 트리를 전위 순서(Pre-order)로 운행한 결과는?

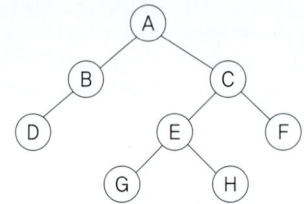

① A B C D E F G H   ② D B G H E F C A
③ A B D C E G H F   ④ B D G H E F A C

전문가의 조언 | 트리를 전위 순서(Preorder)로 운행한 결과는 ③번입니다.
이진 트리를 탐색하는 운행법의 이름은 Root의 위치가 어디 있느냐에 따라 정해집니다. 즉 Root가 앞(Pre)에 있으면 Preorder, 안(In)에 있으면 Inorder, 뒤(Post)에 있으면 Postorder입니다.
먼저 서브트리를 하나의 노드로 생각할 수 있도록 서브트리 단위로 묶습니다.

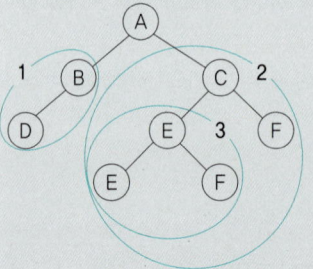

❶ Preorder는 Root → Left → Right 이므로 A12가 됩니다.
❷ 1은 BD이므로 ABD2가 됩니다.
❸ 2는 C3F이므로 ABDC3F가 됩니다.
❹ 3은 EGH이므로 ABDCEGHF가 됩니다.

83섹션 2필드

44. 다음의 특징을 갖고 있는 데이터 모델링은?

- 테이블을 이용하여 데이터 상호 관계로 정의한다.
- 개체 집합은 공통 속성으로 만들어진다.
- 해당 데이터 모델링의 대표적인 언어는 SQL이다.

① 관계형 데이터 모델
② 개체-관계 모델
③ 계층형 데이터 모델
④ 네트워크형 데이터 모델

46. 뷰(View)에 대한 설명으로 틀린 것은?

① DBA는 보안 측면에서 뷰를 활용할 수 있다.
② 데이터의 논리적 독립성을 제공한다.
③ 뷰를 이용한 또 다른 뷰를 생성할 수 있다.
④ 삽입, 삭제, 갱신 연산에 아무런 제한이 없으므로 사용자가 뷰를 다루기가 용이하다.

> 전문가의 조언 | 뷰는 기본 테이블의 기본키를 포함한 속성(열) 집합으로 뷰를 구성해야만 삽입, 삭제, 갱신 연산이 가능합니다. 즉 삽입, 삭제, 갱신 연산에 제한이 있다고 할 수 있습니다.

48. 데이터 삽입, 삭제가 Top이라고 부르는 한쪽 끝에서만 이루어지는 후입선출(LIFO) 형태의 자료 구조는?

① 스택 ② 큐
③ 데크 ④ 연결 리스트

> 전문가의 조언 | 데이터 삽입, 삭제가 Top이라고 부르는 한쪽 끝에서만 이루어지는 후입선출(LIFO) 형태의 자료 구조는 스택(Stack)입니다.
> • 큐(Queue) : 리스트의 한쪽에서는 삽입 작업이 이루어지고 다른 한쪽에서는 삭제 작업이 이루어지도록 구성한 자료 구조
> • 데크(Deque) : 삽입과 삭제가 리스트의 양쪽 끝에서 모두 발생할 수 있는 자료 구조
> • 연결 리스트(Linked List) : 자료들을 반드시 연속적으로 배열시키지는 않고 임의의 기억공간에 기억시키되, 자료 항목의 순서에 따라 노드의 포인터 부분을 이용하여 서로 연결시킨 자료 구조

47. 자료가 다음과 같을 때, 삽입(Insertion) 정렬 방법을 적용하여 오름차순으로 정렬할 경우 Pass 2를 수행한 결과는?

| 자료 : 8, 3, 4, 9, 7 |

① 3 8 4 9 7 ② 3 4 8 9 7
③ 3 4 7 9 8 ④ 3 4 7 8 9

> 전문가의 조언 | 삽입 정렬(Insertion Sort) 시 2회전(Pass 2)을 수행한 결과는 3, 4, 8, 9, 7입니다. 삽입 정렬은 두 번째 자료부터 시작하여 그 앞(왼쪽)의 자료들과 비교하여 삽입할 위치를 지정한 후 자료를 뒤로 옮기고 지정한 자리에 자료를 삽입하여 정렬하는 알고리즘입니다. 즉 두 번째 자료는 첫 번째 자료, 세 번째 자료는 두 번째와 첫 번째 자료, 네 번째 자료는 세 번째, 두 번째, 첫 번째 자료와 비교한 후 자료가 삽입될 위치를 찾습니다.
> • 초기 자료 : 8 3 4 9 7
> • 1회전 : 8 3 4 9 7 → 3 8 4 9 7
>   두 번째 값 3을 첫 번째 값과 비교하여 첫 번째 자리에 삽입하고 8을 한 칸 뒤로 이동시킵니다.
> • 2회전 : 3 8 4 9 7 → 3 4 8 9 7
>   세 번째 값 4를 첫 번째, 두 번째 값과 비교하여 8자리에 삽입하고 8을 한 칸 뒤로 이동시킵니다.
> • 3회전 : 3 4 8 9 7 → 3 4 8 9 7
>   네 번째 값 9를 첫 번째, 두 번째, 세 번째 값과 비교합니다. 자리의 이동이 없습니다.
> • 4회전 : 3 4 8 9 7 → 3 4 7 8 9
>   다섯 번째 값 7을 처음부터 비교하여 8자리에 삽입하고 나머지 한 칸씩 뒤로 이동시킵니다.

49. 해싱 함수 기법 중 주어진 모든 키 값을 이루는 숫자의 분포를 분석하여 비교적 고른 분포를 보이는 자릿수들을 필요한 만큼 선택해서 홈 주소로 사용하는 방식은?

① 제산법(Division Method)
② 폴딩법(Folding Method)
③ 기수 변환법(Radix Conversion Method)
④ 계수 분석법(Digit Analysis Method)

> 전문가의 조언 | 문제에서 설명하고 있는 해싱 함수는 계수 분석법(Digit Analysis Method)입니다.
> • 제산법(Division) : 레코드 키(K)를 해시표(Hash Table)의 크기보다 큰 수 중에서 가장 작은 소수(Prime, Q)로 나눈 나머지를 홈 주소로 삼는 방식, 즉 h(K) = K mod Q임
> • 폴딩법(Folding) : 레코드 키 값(K)을 여러 부분으로 나눈 후 각 부분의 값을 더하거나 XOR(배타적 논리합)한 값을 홈 주소로 삼는 방식
> • 기수 변환법(Radix) : 키 숫자의 진수를 다른 진수로 변환시켜 주소 크기를 초과한 높은 자릿수는 절단하고, 이를 다시 주소 범위에 맞게 조정하는 방법

50. 트랜잭션(Transaction)의 특성에 대한 설명으로 옳지 않은 것은?
① 원자성(Atomicity)은 트랜잭션의 일부만 수행된 상태로 종료될 수 있다는 특성을 의미한다.
② 일관성(Consistency)은 시스템의 고정 요소는 트랜잭션 수행 전과 수행 완료 후에 같아야 한다는 특성을 의미한다.
③ 고립성(Isolation)은 트랜잭션이 실행될 때마다 다른 트랜잭션의 간섭을 받지 않아야 한다는 성질을 의미한다.
④ 지속성(Duration)은 트랜잭션의 완료 결과가 데이터베이스에 영구히 기억되는 성질을 의미한다.

전문가의 조언 | 원자성(Atomicity)은 트랜잭션의 연산은 데이터베이스에 모두 반영되도록 완료(Commit)되든지 아니면 전혀 반영되지 않도록 복구(Rollback)되어야 한다는 특성을 의미합니다.

51. 데이터베이스에서 아직 알려지지 않거나 모르는 값으로서 "해당 없음" 등의 이유로 정보 부재를 나타내기 위해 사용하는 특수한 데이터 값을 무엇이라 하는가?
① 원자값(Atomic Value)
② 참조값(Reference Value)
③ 무결값(Integrity Value)
④ 널 값(Null Value)

전문가의 조언 | 데이터베이스에서 아직 알려지지 않거나 모르는 값으로서 "해당 없음" 등의 이유로 정보 부재를 나타내기 위해 사용하는 특수한 데이터를 널 값(Null Value)이라고 합니다.

52. 릴레이션 A는 5개의 튜플로 구성되어 있고, 릴레이션 B는 3개의 튜플로 구성되어 있다. 두 릴레이션에 대한 카티션 프로덕트 연산 결과로 몇 개의 튜플이 생성되는가?
① 2   ② 5
③ 8   ④ 15

전문가의 조언 | 교차곱(Cartesian Product)은 두 릴레이션에 있는 튜플들의 순서 쌍을 구하는 연산으로, 두 릴레이션의 차수(속성의 수)는 더하고, 카디널리티(튜플의 수)는 곱하면 되므로 튜플은 5×3 = 15개가 생성됩니다.

53. '학생' 테이블에서 3학년이고 컴퓨터공학과인 학생의 이름만 조회하는 SQL문으로 옳바른 것은?
① SELECT 이름 FROM 학생 WHERE 학년 = 3 AND 학과 = "컴퓨터공학";
② SELECT 이름 FROM 학생 WHERE 학년 = 3 OR 학과 = "컴퓨터공학";
③ SELECT 이름 WHEN 학생 WHERE 학년 = 3 AND 학과 = "컴퓨터공학";
④ SELECT 이름 WHEN 학생 WHERE 학년 = 3 OR 학과 = "컴퓨터공학";

전문가의 조언 | 문제에 제시된 내용을 조회하는 SQL문은 ①번입니다. 문제의 내용으로 SQL문으로 작성하면 다음과 같습니다.
• '학생' 테이블에서 '이름'만 조회하므로 **SELECT 이름 FROM 학생**입니다.
• '3학년'이고 '컴퓨터공학과'인 학생을 대상으로 하므로 **WHERE 학년 = 3 AND 학과 = "컴퓨터공학"**;입니다.

54. 데이터 제어어(DCL)의 역할이 아닌 것은?
① 불법적인 사용자로부터 데이터를 보호하기 위한 데이터 보안(Security)
② 데이터 정확성을 위한 무결성(Integrity) 유지
③ 시스템 장애에 대비한 데이터 회복과 병행 수행
④ 데이터의 검색, 삽입, 삭제, 변경

전문가의 조언 | 데이터의 검색(SELECT), 삽입(INSERT), 삭제(DELETE), 변경(UPDATE)은 데이터 조작어(DML)의 역할입니다.

55. 관계 데이터베이스의 구성 요소에 대한 다음 설명 중 가장 옳지 않은 것은?
① 릴레이션은 식별자에 의해 식별이 가능해야 한다.
② 속성은 릴레이션을 구성하는 항목이다.
③ 하나의 릴레이션을 구성하는 튜플은 모두 같다.
④ 각 속성은 릴레이션 내에서 유일한 이름을 가진다.

전문가의 조언 | 하나의 릴레이션을 구성하는 튜플들은 모두 다릅니다.

56. 해싱에서 동일한 버킷 주소를 갖는 레코드들의 집합을 의미하는 것은?

① Chaining　　② Collision
③ Division　　④ Synonym

> 전문가의 조언 | 동일한 버킷 주소를 갖는 레코드들의 집합을 동거자(Synonym)라고 합니다.
> • 충돌(Collision) : 두 개의 서로 다른 레코드가 같은 기억공간(버킷)을 점유하려고 하는 현상

60. 다음 중 무결성 제약 조건에 대한 설명으로 옳지 않은 것은?

① 참조 무결성 – 외래키 값은 Null이거나 참조 릴레이션의 기본키 값과 동일해야 한다.
② 개체 무결성 – 기본키를 구성하는 어떤 속성도 Null 값이나 중복값을 가질 수 없다.
③ 도메인 무결성 – 주어진 튜플 값이 정의된 도메인에 속한 값이어야 한다.
④ 사용자 정의 무결성 – 속성 값들이 사용자 정의한 제약 조건에 만족해야 한다.

> 전문가의 조언 | 도메인 무결성은 주어진 속성 값이 정의된 도메인에 속한 값이어야 한다는 규정입니다.

57. 논리적 설계 단계에 해당하지 않는 것은?

① 논리적 데이터 모델로 변환
② 트랜잭션 인터페이스 설계
③ 개념 스키마의 평가 및 정재
④ 접근 경로 설계

> 전문가의 조언 | 접근 경로는 물리적 설계 단계에서 수행합니다.

58. 동일 조인의 결과 릴레이션에서 중복되는 조인 애트리뷰트를 제거한 연산은?

① Natural Join　　② Union Join
③ Intersect Join　　④ Difference Join

> 전문가의 조언 | 동일 조인(Equi Join)의 결과 릴레이션에서 중복되는 조인 애트리뷰트를 제거하는 연산은 Natural Join입니다.

59. DCL(Data Control Language) 명령어가 아닌 것은?

① COMMIT　　② ROLLBACK
③ GRANT　　④ SELECT

> 전문가의 조언 | SELECT는 DML(데이터 조작어)의 명령어입니다.

2025년 1회 정보처리산업기사 필기

1과목 정보시스템 기반 기술

14섹션 4필드

1. OSI 7계층 중 IP 프로토콜을 기반으로 하며, 통신망 연결을 수행하는 기능을 하는 계층은?

① 물리 계층　② 데이터 링크 계층
③ 네트워크 계층　④ 전송 계층

> **전문가의 조언** | IP 프로토콜을 기반으로 하며, 통신망 연결을 수행하는 기능을 하는 계층은 네트워크 계층(Network Layer)입니다.
> - **물리 계층**(Physical Layer) : 전송에 필요한 두 장치 간의 실제 접속과 절단 등 기계적, 전기적, 기능적, 절차적 특성에 대한 규칙을 정의함
> - **데이터 링크 계층**(Data Link Layer) : 두 개의 인접한 개방 시스템들 간에 신뢰성 있고 효율적인 정보 전송을 할 수 있도록 시스템 간 연결 설정과 유지 및 종료를 담당함
> - **전송 계층**(Transport Layer) : 논리적 안정과 균일한 데이터 전송 서비스를 제공함으로써 종단 시스템(End-to-End) 간에 투명한 데이터 전송을 가능하게 함

30섹션 4필드

2. 서브 시스템의 내용이 복잡하여 클라이언트 코드가 실행하지 못할 때 사용하는 디자인 패턴은?

① Visitor　② Proxy
③ State　④ Facade

> **전문가의 조언** | 서브 시스템의 내용이 복잡하여 클라이언트 코드가 실행하지 못할 때 사용하는 디자인 패턴은 퍼싸드(Facade)입니다.
> - **방문자**(Visitor) : 각 클래스들의 데이터 구조에서 처리 기능을 분리하여 별도의 클래스로 구성하는 패턴
> - **프록시**(Proxy) : 접근이 어려운 객체와 여기에 연결하려는 객체 사이에서 인터페이스 역할을 수행하는 패턴
> - **상태**(State) : 객체의 상태에 따라 동일한 동작을 다르게 처리해야 할 때 사용하는 패턴

6섹션 2필드

3. 디스크 대기 큐에 다음과 같은 순서(왼쪽부터 먼저 도착한 순서임)로 트랙의 액세스 요청이 대기 중이다. 모든 트랙을 서비스하기 위하여 FCFS 스케줄링 기법이 사용되었을 때, 모두 몇 트랙의 헤드 이동이 생기는가?(단, 현재 헤드의 위치는 50 트랙이다.)

디스크 대기 큐 : 10, 40, 55, 35

① 50　② 85
③ 105　④ 110

> **전문가의 조언** | FCFS 스케줄링 기법은 준비상태 큐에 도착한 순서에 따라 차례로 CPU를 할당하는 기법이고 현재 헤드의 위치가 50 트랙이므로 이동 순서는 '50 → 10 → 40 → 55 → 35' 순으로 진행됩니다. 총 이동거리는 40 + 30 + 15 + 20 = 105입니다.

3섹션 3필드

4. 프로세스 스케줄링 방법 중 시분할 시스템을 위해 고안되었으며, 타임 슬라이스라는 작은 단위 시간이 정의되고 이 단위 시간 동안 CPU를 제공하는 방법은?

① 선입 선출　② 다단계 큐
③ 라운드 로빈　④ 다단계 피드백 큐

> **전문가의 조언** | 타임 슬라이스라는 작은 단위 시간 동안 CPU를 제공하는 스케줄링은 라운드 로빈(Round Robin)입니다.
> - **선입 선출**(FCFS, FIFO) : 준비상태 큐(대기 큐, 준비 완료 리스트, 작업준비 큐, 스케줄링 큐)에 도착한 순서에 따라 차례로 CPU를 할당하는 기법
> - **다단계 큐**(MQ, Multi-level Queue) : 프로세스를 특정 그룹으로 분류할 수 있을 경우 그룹에 따라 각기 다른 준비상태 큐를 사용하는 기법
> - **다단계 피드백 큐**(MFQ, Multi-level Feedback Queue) : 특정 그룹의 준비상태 큐에 들어간 프로세스가 다른 준비상태 큐로 이동할 수 없는 다단계 큐 기법을 준비상태 큐 사이를 이동할 수 있도록 개선한 기법

3섹션 3필드

5. FCFS 기법을 적용하여 작업 스케줄링을 하였을 때, 다음 작업들의 평균 회수 시간(Turn Around Time)은? (단, 문맥 교환 시간은 무시한다.)

작업	도착시간	실행시간
A	0	6
B	1	3
C	2	1
D	3	4

① 9.25　② 8.25
③ 7.75　④ 6.25

전문가의 조언 | FCFS는 준비상태 큐에 도착한 순서대로 작업을 수행하므로, 다음과 같은 순서로 수행됩니다.

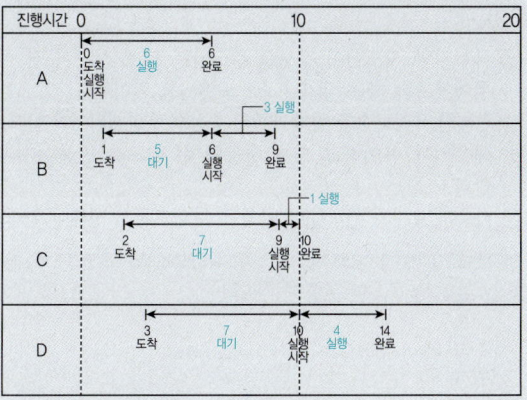

평균 반환 시간은 (6+8+8+11)/4 = 8.25 시간이 됩니다.

24섹션 3필드

8. 다음에서 설명하고 있는 관계(Relationships)는?

> - 하나의 사물이 다른 사물에 비해 더 일반적인지 구체적인지를 표현한다.
> - 일반적인 개념을 상위(부모), 보다 구체적인 개념을 하위(자식)라고 부르며, 구체적인 사물에서 일반적인 사물 쪽으로 속이 빈 화살표를 연결하여 표현한다.

① 일반화　　　② 포함
③ 연관　　　　④ 집합

전문가의 조언 | 하나의 사물이 다른 사물에 비해 더 일반적인지 구체적인지를 표현하는 관계는 일반화(Generalization) 관계입니다.
- 포함(Composition) 관계 : 집합 관계의 특수한 형태로, 포함하는 사물의 변화가 포함되는 사물에 영향을 미치는 관계를 표현함
- 연관(Association) 관계 : 2개 이상의 사물이 서로 관련되어 있음을 표현함
- 집합(Aggregation) 관계 : 하나의 사물이 다른 사물에 포함되어 있는 관계를 표현함

30섹션 5필드

6. 한 객체의 상태가 변화하면 객체에 상속되어 있는 다른 객체들에게 변화된 상태를 전달하는 패턴은?

① State　　　　② Observer
③ Visitor　　　④ Mediator

전문가의 조언 | 한 객체의 상태가 변화하면 객체에 상속되어 있는 다른 객체들에게 변화된 상태를 전달하는 패턴은 옵서버(Observer) 패턴입니다.
- 상태(State) : 객체의 상태에 따라 동일한 동작을 다르게 처리해야 할 때 사용하는 패턴
- 방문자(Visitor) : 각 클래스들의 데이터 구조에서 처리 기능을 분리하여 별도의 클래스로 구성하는 패턴
- 중재자(Mediator) : 수많은 객체들 간의 복잡한 상호작용(Interface)을 캡슐화하여 객체로 정의하는 패턴

24섹션 4필드

9. UML에서 사용하는 다이어그램이 아닌 것은?

① 순차 다이어그램(Sequence Diagram)
② 유스케이스 다이어그램(Use Case Diagram)
② 활동 다이어그램(Activity Diagram)
④ 단계 다이어그램(Phase Diagram)

전문가의 조언 | UML에서 사용하는 다이어그램에는 순차, 유스케이스, 활동 다이어그램 등이 있습니다.

42섹션 1필드

7. 소프트웨어의 개발 과정에서 소프트웨어의 변경 사항을 관리하기 위해 개발된 일련의 활동은?

① 정규화　　　② 프로토타입
③ 통합 테스트　④ 형상 관리

전문가의 조언 | 소프트웨어의 변경 사항을 관리하기 위해 개발된 일련의 활동을 형상 관리(SCM)라고 합니다.

16섹션 6필드

10. IPv6에 대한 설명으로 틀린 것은?

① IPv6 주소는 128비트로 구성된다.
② 인증 및 보안 기능을 포함하고 있다.
③ 브로드캐스트, 유니캐스트, 멀티캐스트로 구성된다.
④ IPv6 헤더는 9개의 필드로 구성된다.

전문가의 조언 | IPv6는 유니캐스트, 멀티캐스트, 애니캐스트의 세 가지 주소 체계로 나누어집니다.

정답 : 1.③　2.④　3.③　4.③　5.②　6.②　7.④　8.①　9.④　10.③

27섹션 4필드

11. 각 단계가 데이터의 변환에 의해 진행되는 것으로, 필터 간 데이터 이동 시 데이터 변환으로 인한 오버헤드가 발생하는 아키텍처 패턴은?

① 레이어 패턴 아키텍처
② 파이프-필터 패턴 아키텍처
③ 클라이언트-서버 패턴 아키텍처
④ 모델-뷰-컨트롤러 패턴 아키텍처

전문가의 조언 | 필터 간 데이터 이동 시 데이터 변환으로 인한 오버헤드가 발생하는 패턴은 파이프-필터 패턴입니다.
- 레이어 패턴(Layers pattern) : 시스템을 계층(Layer)으로 구분하여 구성하는 패턴
- 클라이언트-서버 패턴(Client-Server Pattern) : 하나의 서버 컴포넌트와 다수의 클라이언트 컴포넌트로 구성되는 패턴
- 모델-뷰-컨트롤러 패턴(Model-View-Controller Pattern) : 서브시스템을 3개의 부분으로 구조화하는 패턴

16섹션 4필드

12. LAN의 한 종류인 100Base-T 네트워크에서 사용되는 전송 매체는?

① Coaxial cable
② Optical cable
③ UTP cable
④ Microwave cable

전문가의 조언 | 100Base-T는 고속 이더넷(Fast Ethernet)이라고도 불리는 이더넷의 고속 버전으로, CSMA/CD를 사용하며, UTP(Unshielded Twisted Pair) 케이블을 이용해 100Mbps의 속도로 데이터를 전송합니다.

45섹션 1필드

13. 기업의 소프트웨어 인프라인 정보 시스템을 공유와 재사용이 가능한 서비스 단위로 구축하는 정보기술 아키텍처를 의미하는 용어는?

① SOA
② OGSA
③ Mashup
④ SDE

전문가의 조언 | 문제에 제시된 내용은 SOA(Service Oriented Architecture)의 개념입니다.
- 오픈 그리드 서비스 아키텍처(OGSA; Open Grid Service Architecture) : 애플리케이션 공유를 위한 웹 서비스를 그리드 상에서 제공하기 위해 만든 개방형 표준
- 매시업(Mashup) : 웹에서 제공하는 정보 및 서비스를 이용하여 새로운 소프트웨어나 서비스, 데이터베이스 등을 만드는 기술
- 소프트웨어 정의 기술(SDE, SDx; Software-Defined Everything) : 네트워크, 데이터 센터 등에서 소유한 자원을 가상화하여 개별 사용자에게 제공하고, 중앙에서는 통합적으로 제어가 가능한 기술

38섹션 2필드

14. 사용자 인터페이스(User Interface)에 대한 설명으로 틀린 것은?

① 사용자와 시스템이 정보를 주고받는 상호 작용이 잘 이루어지도록 하는 장치나 소프트웨어를 의미한다.
② 편리한 유지보수를 위해 개발자 중심으로 설계되어야 한다.
③ 배우기가 용이하고 쉽게 사용할 수 있도록 만들어져야 한다.
④ 사용자 요구사항이 UI에 반영될 수 있도록 구성해야 한다.

전문가의 조언 | 사용자 인터페이스(UI)는 사용자가 쉽게 이해하고 편리하게 사용할 수 있도록 사용자 중심으로 설계되어야 합니다.

15섹션 1필드

15. 라우팅(Routing) 프로토콜이 아닌 것은?

① BGP
② OSPF
③ SMTP
④ RIP

전문가의 조언 | SMTP(Simple Mail Transfer Protocol)는 전자우편을 전송하는 프로토콜입니다.

7섹션 4필드

16. 파일 시스템에서 중앙에 마스터 파일 디렉터리가 있고, 그 아래 사용자 파일 디렉터리가 있는 구조이며, 다른 사용자와의 파일 공유가 대체적으로 어렵고 파일 이름이 보통 사용자 이름, 파일 이름의 형태를 취하므로 파일 이름의 길이가 길어지는 디렉터리 구조는?

① 단일 디렉터리 구조
② 2단계 디렉터리 구조
③ 트리 형태 디렉터리 구조
④ 비순환 그래프 디렉터리 구조

전문가의 조언 | 중앙에 마스터 파일 디렉터리가 있고, 그 아래 사용자 파일 디렉터리가 있는 구조는 2단계 디렉터리 구조입니다.
- 1단계(단일) 디렉터리 구조 : 가장 간단하고, 모든 파일이 하나의 디렉터리 내에 위치하여 관리되는 구조
- 트리 디렉터리 구조 : 하나의 루트 디렉터리와 여러 개의 종속(서브) 디렉터리로 구성된 구조
- 비순환(비주기) 그래프 디렉터리 구조 : 하위 파일이나 하위 디렉터리를 공동으로 사용할 수 있는 것으로, 사이클이 허용되지 않는 구조

17. 파일 조직 기법 중 순차 파일에 대한 설명으로 옳지 않은 것은?

① 파일 탐색 시 효율이 우수하며, 대화형 처리에 적합하다.
② 레코드가 키 순서대로 편성되어 취급이 용이하다.
③ 연속적인 레코드의 저장에 의해 레코드 사이에 빈 공간이 존재하지 않으므로 기억장치의 효율적인 이용이 가능하다.
④ 필요한 레코드를 삽입, 삭제, 수정하는 경우 파일을 재구성해야 하므로 파일 전체를 복사해야 한다.

> 전문가의 조언 | 순차 파일에서는 특정 레코드를 검색하려면 순차적으로 모든 파일을 비교하면서 검색해야 하므로 검색 효율이 낮아 즉각적인 응답을 요구하는 대화형 처리에는 적합하지 않습니다.

18. 자원 보호 기법 중 접근 제어 행렬에서 수평으로 있는 각 행들만을 따온 것으로서 각 영역에 대한 권한은 객체와 그 객체에 허용된 연산자로 구성되는 것은?

① Global Table
② Access Control List
③ Capability List
④ Lock/Key

> 전문가의 조언 | 접근 제어 행렬에서 수평으로 있는 각 행들만을 따온 것으로서 각 영역에 대한 권한은 객체와 그 객체에 허용된 연산자로 구성되는 것은 권한 리스트(Capability List)입니다.
> • 전역 테이블(Global Table) : 가장 단순한 구현 방법으로, 세 개의 순서쌍인 영역, 객체, 접근 권한의 집합을 목록 형태로 구성한 기법
> • 접근 제어 리스트(Access Control List) : 접근 제어 행렬에 있는 각 열, 즉 객체를 중심으로 접근 리스트를 구성한 기법
> • 록-키(Lock-Key) : 접근 제어 리스트와 권한 리스트를 절충한 기법으로, 각 객체는 Lock, 각 영역은 Key라 불리는 유일하고도 독특한 값을 갖고 있어서 영역과 객체가 일치하는 경우에만 해당 객체를 접근할 수 있음

19. 소프트웨어 개발 시 소프트웨어 아키텍처 설계 단계의 특징이 아닌 것은?

① 개발자와 사용자 간의 의사소통 도구로 활용될 수 있어야 한다.
② 이해하기 쉽고, 명확하게 작성해야 한다.
③ 사용자의 요구사항 반영 시 재사용성은 고려하지 않는다.
④ 이해 관계자들의 품질 요구사항을 반영하여 품질 속성을 결정한다.

> 전문가의 조언 | 소프트웨어 아키텍처 설계의 기본 원리 중 하나인 모듈화는 재사용이 용이하도록 시스템의 기능들을 모듈 단위로 나누는 것을 의미합니다.

20. 자기 정정 부호의 하나로 비트 착오를 검출해서 1Bit 착오를 정정하는 부호 방식은?

① Parity Code
② Hamming Code
③ ASCII Code
④ EBCDIC Code

> 전문가의 조언 | 자기 정정 부호의 하나로 비트 착오를 검출해서 1Bit 착오를 정정하는 부호는 해밍 코드(Hamming Code)입니다.
> • 패리티 검사(Parity Check) : 데이터 블록에 1비트의 검사 비트인 패리티 비트(Parity Bit)를 추가하여 오류를 검출하는 방식으로, 오류를 검출만 할 수 있고, 수정은 하지 못함

2과목 프로그래밍 언어 활용

21. 다음 C언어 프로그램이 실행되었을 때, 실행 결과는?

```
int main( ) {
    int indata[4] = { 70, 80, 90, 100 };
    printf("%d", indata[2]);
}
```

① 70
② 80
③ 90
④ 100

> 전문가의 조언 | 코드의 실행 결과는 90이며, 사용된 코드의 의미는 다음과 같습니다.
>
> ```
> int main( ) {
> ❶ int indata[4] = { 70, 80, 90, 100 };
> ❷ printf("%d", indata[2]);
> }
> ```
>
> ❶ 4개의 요소를 갖는 정수형 배열 indata를 선언하고 초기화한다.
>
> | | [0] | [1] | [2] | [3] |
> |---|---|---|---|---|
> | indata | 70 | 80 | 90 | 100 |
>
> ❷ indata[2]의 값 90을 출력한다.
> 결과 90

49섹션 2필드

22. C언어에서 정수 자료형에 추가로 선언하여 0 이상의 값만 표현할 때 사용하는 것은?

① unsigned ② boolean
③ complex   ④ str

> 전문가의 조언 | C언어에서 정수 자료형에 추가로 선언하여 0 이상의 값만 표현할 때 사용하는 것은 unsigned입니다.
> - boolean : true 또는 false를 저장할 수 있는 논리 자료형으로 Java에서 사용됨
> - complex : 실수와 허수의 합으로 이루어진 복소수를 저장할 수 있는 자료형으로, Python에서 사용됨
> - str : 문자를 저장할 수 있는 자료형으로, Python에서 사용됨

38섹션 6필드

25. 사용자 인터페이스 설계를 위한 인간 공학적 원리에 포함되지 않는 것은?

① 전문적인 용어의 사용
② 일관성 있는 사용자 인터페이스
③ 적당한 피드백
④ 단순한 설계

> 전문가의 조언 | 사용자 인터페이스를 설계할 때는 전문적인 용어보다는 이해하기 쉬운 용어와 직관적인 표현을 사용하는 것이 중요합니다.

67섹션 2필드

23. JAVA에서 try ~ catch문은 예외가 발생했을 때 프로그래머가 해당 문제에 대비해 작성해 놓은 처리 루틴으로, try 블록 코드를 수행하다 예외가 발생하면 예외를 처리하는 catch 블록으로 이동하여 예외 처리를 수행한다. 다음 중 예외의 발생과 관계 없이 무조건 수행되는 블록은 무엇인가?

① try   ② catch
③ exception ④ finally

> 전문가의 조언 | finally 블록은 예외의 발생과 관계없이 무조건 수행됩니다.

62섹션 1필드

26. 다음 JavaScript 프로그램이 실행되었을 때, 실행 결과는?

```
<script>
    var i = 0, sum = 0;
    while (i <= 5) {
        sum += i;
        i++;
    }
    document.write(sum);
</script>
```

① 25   ② 20
③ 15   ④ 10

> 전문가의 조언 | 코드의 실행 결과는 15이며, 사용된 코드의 의미는 다음과 같습니다.
>
> ```
> <script>
> ❶ var i = 0, sum = 0;
> ❷ while (i <= 5) {
> ❸     sum += i;
> ❹     i++;
>     }
> ❺ document.write(sum);
> </script>
> ```
>
> ❶ 변수 i와 sum을 선언하고 모두 0으로 초기화한다.
> ❷ while 반복문의 시작점이다. i가 5보다 작거나 같은 동안 ❸~❹번 문장을 반복 수행한다.
> ❸ 'sum = sum + i;'와 동일하다. sum에 i의 값을 누적시킨다.
> ❹ 'i = i + 1;'과 동일하다. i의 값을 1씩 누적시킨다.

73섹션 3필드

24. 응용 프로그램 개발 시 운영체제나 프로그래밍 언어 등에 있는 라이브러리를 누구나 사용할 수 있도록 공개한 인터페이스는?

① Open API ② Free API
③ Java API ④ SUS

> 전문가의 조언 | API(Application Programming Interlace)는 운영체제나 프로그래밍 언어 등에 있는 라이브러리를 응용 프로그램 개발 시 이용할 수 있도록 규칙 등에 대해 정의해 놓은 인터페이스를 말하며, 이러한 기능을 누구나 무료로 사용할 수 있도록 공개한 API를 Open API라고 합니다.

반복문 실행에 따른 변수들의 변화는 다음과 같다.

i	sum
0	0
1	1
2	3
3	6
4	10
5	15
6	

❺ sum의 값 15를 출력한다.

결과 15

71섹션 2필드

29. 다음 중 가장 강한 결합도는?

① 자료 결합도　② 스탬프 결합도
③ 제어 결합도　④ 내용 결합도

전문가의 조언 | 보기 중 가장 강한 결합도는 내용 결합도입니다.
• 결합도를 약한 것부터 강한 것 순으로 나열하면 '자료 결합도(Data Coupling) → 스탬프(검인) 결합도(Stamp Coupling) → 제어 결합도(Control Coupling) → 외부 결합도(External Coupling) → 공통(공유) 결합도(Common Coupling) → 내용 결합도(Content Coupling)'입니다.

28섹션 3필드

27. 추상 클래스에 대한 설명으로 옳은 것은?

① 구상 클래스 또는 구현 클래스라고도 불린다.
② 개별적인 인스턴스 생성이 가능하다.
③ 구현하려는 기능들의 공통점만을 모아 놓은 것이다.
④ 객체 생성을 위한 속성과 메소드의 구체적인 설계도이다.

전문가의 조언 | 추상 클래스에 대한 설명으로 옳은 것은 ③번입니다.
• ①, ②, ④는 모두 일반적인 클래스인 구체(=구상 또는 구현) 클래스에 대한 설명입니다.

50섹션 3필드

30. 외부 변수(External Variable)에 대한 설명으로 옳지 않은 것은?

① 외부 변수는 함수 밖에서 선언한다.
② 초기화하지 않으면 자동으로 0으로 초기화 된다.
③ 함수가 종료되면 값도 소멸된다.
④ 다른 파일에서 선언된 변수를 참조할 경우 초기화 할 수 없다.

전문가의 조언 | 외부 변수는 함수가 종료되어도 기존에 저장된 값을 그대로 갖고 있습니다.

51섹션 6필드

28. 다음 자바 프로그램 조건문에 대해 삼항 조건 연산자를 사용하여 옳게 나타낸 것은?

```
if (a > b)
    max = a;
else if (a <= b)
    max = b;
```

① max = (a > b) ? a : b;
② (a > b) ? max = a : max = b;
③ max = (a <= b) ? a : b;
④ (a <= b) ? max = a : max = b;

전문가의 조언 | 지문의 코드는 a가 b보다 크면 max에 a의 값을 저장하고, a가 b보다 크지 않으면 max에 b의 값을 저장하는 if문입니다.
• 조건에 맞는 식은 ①번과 ②번이지만, 삼항 연산자의 각 항에는 삼항 연산자보다 우선순위가 높은 대입 연산자나 순서 연산자를 사용하지 못하므로 ①번이 답입니다.

59섹션 1필드

31. Python에서 문자열을 표현하는 방법으로 옳지 않은 것은?

① 'I don't like it'　② "I don't like it"
③ "Hello World"　④ 'Hello World'

전문가의 조언 | Python에서 문자열은 홑따옴표('), 쌍따옴표("), 3개의 홑따옴표(''') 중 하나로 묶어야 합니다. 하지만 ①번의 경우 문장 가운데 홑따옴표가 사용되었으므로 ②번과 같이 홑따옴표 외의 다른 따옴표로 묶지 않으면 중간에 문자열이 끊긴 것으로 인식되어 올바르게 처리되지 않습니다.

66섹션 3필드

32. Java의 라이브러리 중 객체 단위 입력을 위한 기능 및 프로토콜을 제공하는 클래스는?

① ObjectInputStream　② DataInputStream
③ FileInputStream　④ IOException

> **전문가의 조언** | Java에서 객체(Object) 단위로 입력을 위한 기능을 제공하는 클래스는 ObjectInputStream입니다.
> - **DataInputStream** : 기본 데이터 타입(정수, 실수, 문자 등)의 입력을 위한 기능을 제공하는 클래스
> - **FileInputStream** : 파일에서 바이트 단위로 입력을 위한 기능을 제공하는 클래스
> - **IOException** : 입출력과 관련된 예외를 처리하는 클래스

71섹션 1필드
33. 모듈의 독립성을 향상시키기 위한 결합도와 응집도는?

① 결합도는 약하고 응집도는 강해야 한다.
② 결합도는 강하고 응집도는 약해야 한다.
③ 결합도와 응집도가 강해야 한다.
④ 결합도와 응집도가 약해야 한다.

> **전문가의 조언** | 독립성을 높이려면 결합도는 약하고 응집도는 강해야 합니다.

64섹션 3필드
34. 캡슐화, 추상화, 상속성 등의 특징을 갖는 객체지향 언어는?

① C
② C++
③ COBOL
④ FORTRAN

> **전문가의 조언** | 보기 중 객체지향 언어는 C++입니다.
> - C, COBOL, FORTRAN은 절차적 프로그래밍 언어에 속합니다.

59섹션 2필드
35. 다음 Python 프로그램이 실행되었을 때, 실행 결과는?

```
a = "11"
b = '"11"'
print(a * 2 + b)
```

① 2211
② 112"11"
③ 111111
④ 1111"11"

> **전문가의 조언** | 코드의 실행 결과는 1111"11"이며, 사용된 코드의 의미는 다음과 같습니다.
> ❶ a = "11"
> ❷ b = '"11"'
> ❸ print(a * 2 + b)
>
> ❶ a에 문자열 11을 저장합니다.
> ❷ b에 문자열 "11"을 저장합니다.
> ❸ a의 값 11을 2번 반복하여 출력한 후, b의 값 "11"을 출력합니다.
> 결과 1111"11"

73섹션 2필드
36. 웹 페이지에 악의적인 스크립트를 포함시켜 사용자 측에서 실행되게 유도함으로써, 정보 유출 등의 공격을 유발할 수 있는 취약점은?

① Ransomware
② Pharming
③ Phishing
④ XSS

> **전문가의 조언** | 문제에 제시된 내용은 크로스사이트 스크립팅(XSS)의 개념입니다.
> - **랜섬웨어(Ransomware)** : 인터넷 사용자의 컴퓨터에 잠입해 내부 문서나 파일 등을 암호화해 사용자가 열지 못하게 하는 프로그램으로, 암호 해독용 프로그램의 전달을 조건으로 사용자에게 돈을 요구하기도 함
> - **파밍(Pharming)** : 합법적으로 소유하고 있던 사용자의 도메인을 탈취하거나 DNS 이름을 속여 사용자들이 진짜 사이트로 오인하도록 유도하여 개인 정보를 훔치는 신종 인터넷 사기 수법
> - **피싱(Phishing)** : 낚시라는 뜻의 은어로, 허위 웹 사이트를 내세워 사용자의 개인 신용 정보를 빼내는 수법을 의미함

61섹션 7필드
37. HTML5의 〈input〉 태그에서 반드시 입력되어야 할 필드를 만들 때 사용하는 속성은?

① essential
② required
③ expected
④ fill

> **전문가의 조언** | 〈input〉 태그에서 반드시 입력되어야 할 필드를 명시할 때 사용하는 속성은 required입니다.

49섹션 4필드
38. Python에서 사용하는 데이터 타입이 아닌 것은?

① 딕셔너리
② 튜플
③ 컴포지션
④ 리스트

> **전문가의 조언** | 컴포지션은 Python의 데이터 타입이 아니라 클래스에서 다른 클래스를 참조하는 방법 중 하나입니다.
> - **리스트(List)** : 다양한 자료형의 값을 연속적으로 저장하며, 필요에 따라 개수를 늘리거나 줄일 수 있음
> - **튜플(Tuple)** : 리스트처럼 요소를 연속적으로 저장하지만, 요소의 추가, 삭제, 변경은 불가능함
> - **딕셔너리(Dictionary)** : 연속된 숫자를 생성하는 것으로, 리스트, 반복문 등에서 많이 사용됨

39. 객체지향 기법 중 다음 설명이 의미하는 것은?

> • 객체의 성질을 분해하여 공통된 성질을 추출하여 슈퍼 클래스를 선정하는 것이다. 즉, 불필요한 부분을 생략하고 객체의 속성 중 가장 중요한 것에만 중점을 두어 개략화, 모델화 하는 것이다.
> • 예를 들면, '자동차'와 '비행기'란 클래스에서 '이동수단'이란 클래스를 만드는 것이다.

① Inheritance ② Abstraction
③ Polymorphism ④ Encapsulation

전문가의 조언 | 지문에 제시된 내용은 Abstraction(추상화)에 대한 설명입니다.
• 상속(Inheritance) : 이미 정의된 상위 클래스(부모 클래스)의 모든 속성과 연산을 하위 클래스(자식 클래스)가 물려받는 것
• 다형성(Polymorphism) : 메시지에 의해 객체(클래스)가 연산을 수행하게 될 때 하나의 메시지에 대해 각각의 객체(클래스)가 가지고 있는 고유한 방법(특성)으로 응답할 수 있는 능력
• 캡슐화(Encapsulation) : 데이터(속성)와 데이터를 처리하는 함수를 하나로 묶어 인터페이스를 제외한 세부 내용을 은폐(정보 은닉)함으로써 외부에서의 접근을 제한함

40. 프레임워크(Framework)에 대한 설명으로 틀린 것은?

① 개발표준에 의한 모듈화로 유지보수가 용이하다.
② 재사용 모듈을 제공하여 생산성이 향상된다.
③ 인터페이스 확장을 통해 다양한 형태와 기능을 가진 애플리케이션 개발이 가능하다.
④ 라이브러리와 같이 객체들을 사용자가 직접 관리하고 통제해야 한다.

전문가의 조언 | 프레임워크는 객체들의 제어를 사용자가 아닌 프레임워크가 수행함으로써 생산성을 향상시킵니다.

3과목 데이터베이스 활용

41. 선형 자료 구조에 해당하지 않는 것은?

① 리스트(List) ② 큐(Queue)
③ 데크(Deque) ④ 그래프(Graph)

전문가의 조언 | 그래프(Graph)는 비선형 자료 구조입니다.

42. 다음 이진 트리를 후위(Postorder) 운행한 결과로 옳은 것은?

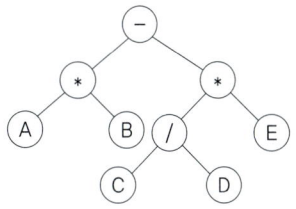

① A*B−C/C*E ② −*AB*/CDE
③ AB*CDE/*− ④ AB*CD/E*−

전문가의 조언 | 이진 트리를 후위(Postorder) 운행한 결과로 옳은 것은 ④번입니다. 먼저 서브트리를 하나의 노드로 생각할 수 있도록 서브트리 단위로 묶습니다.

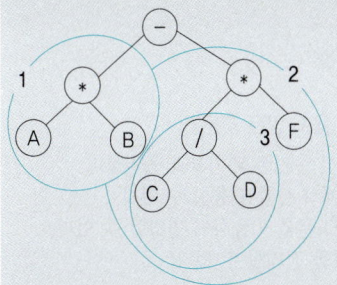

❶ Postorder는 Left → Right → Root 이므로 12−가 됩니다.
❷ 1은 AB*이므로 AB*2−가 됩니다.
❸ 2는 3E*이므로 AB*3E*−가 됩니다.
❹ 3은 CD/이므로 AB*CD/E*−가 됩니다.

43. E-R 다이어그램의 구성 요소와 표현 방법이 잘못 짝지어진 것은?

① 개체 타입 − 사각형
② 관계 타입 − 삼각형
③ 속성 − 타원
④ 연결 − 선

전문가의 조언 | E-R 다이어그램에서 관계 타입은 마름모(◇)로 표시합니다.

44. 정규화 과정 중 2NF에서 3NF로 진행 시의 작업에 해당하는 것은?

① 부분적 함수 종속 제거
② 결정자이면서 후보 키가 아닌 것 제거
③ 이행적 함수 종속 제거
④ 다치 종속 제거

전문가의 조언 | 2NF에서 3NF로 진행 시의 작업은 '도부이결다조'에서 '이(이행적 함수 종속 제거)'에 해당합니다.
- 부분적 함수 종속 제거 : 1NF → 2NF
- 결정자이면서 후보 키가 아닌 것 제거 : 3NF → BCNF
- 다치 종속 제거 : BCNF → 4NF

45. 뷰에 대한 설명으로 옳지 않은 것은?

① 뷰에 대한 검색 연산은 기본 테이블과 동일하다.
② DBA는 보안 측면에서 뷰를 활용할 수 있다.
③ 뷰의 정의는 ALTER문을 이용하여 변경할 수 있다.
④ 뷰 위에 또 다른 뷰를 정의할 수 있다.

전문가의 조언 | 한 번 생성된 뷰는 그 정의를 변경할 수 없으므로 뷰를 변경하려면 제거하고 다시 만들어야 합니다.

46. 다음 중 트랜잭션의 특성인 ACID에 속하지 않는 것은?

① Atomicity   ② Consistency
③ Isolation   ④ Detection

전문가의 조언 | 트랜잭션의 특성은 Atomicity(원자성), Consistency(일관성), Isolation(독립성), Durability(영속성)입니다.

47. DBA의 역할로 거리가 먼 것은?

① 예비, 회복 절차를 수립해야 한다.
② 저장구조와 접근방법을 선정해야 한다.
③ 데이터의 종속성을 지속적으로 유지해야 한다.
④ 사용자의 요구와 불편을 해결해야 한다.

전문가의 조언 | DBA의 임무중 하나는 데이터의 종속성이 아니라 데이터의 독립성을 지속적으로 유지하는 것입니다.

48. SQL의 데이터 조작문(DML)에 해당하는 것은?

① CREATE   ② INSERT
③ ALTER   ④ DROP

전문가의 조언 | INSERT는 데이터 조작어(DML)이고, CREATE, ALTER, DROP은 데이터 정의어(DDL)에 해당합니다.

49. 다음 SQL의 실행 결과로 옳은 것은?

〈거래내역〉

상호	금액
대명금속	255,000
정금강업	900,000
효신산업	600,000
율촌화학	220,000
한국제지	200,000
한국화이바	795,000

〈SQL〉

SELECT 상호 FROM 거래내역 WHERE 금액 In (SELECT MAX(금액) FROM 거래내역);

① 대명금속   ② 정금강업
③ 효신산업   ④ 율촌화학

전문가의 조언 | SQL의 실행 결과는 "정금강업"입니다. SQL 문장은 절별로 분리하여 이해하면 쉽습니다.
- SELECT 상호 : '상호'를 표시합니다.
- FROM 거래내역 : 〈거래내역〉 테이블을 대상으로 검색합니다.
- WHERE 금액 In ( ) : '금액'과 IN 안에 쓰인 하위 질의의 결과와 같은 거래처를 대상으로 합니다.
- SELECT MAX(금액) : '금액' 중 가장 큰 값을 표시합니다.
- FROM 거래내역 : 〈거래내역〉 테이블에서 검색합니다.
∴ 〈거래내역〉 테이블에서 가장 큰 '금액'을 가진 거래처의 '상호'인 "정금강업"이 결과로 출력됩니다.

50. 시스템 카탈로그에 대한 설명으로 옳지 않은 것은?

① 시스템 카탈로그는 DBMS가 스스로 생성하고 유지하는 데이터베이스 내의 특별한 테이블들의 집합체이다.
② 시스템 카탈로그는 데이터베이스 구조에 관한 메타 데이터를 포함한다.
③ 일반 사용자들도 SQL을 이용하여 시스템 카탈로그를 직접 갱신할 수 있다.
④ 데이터베이스 구조가 변경될 때마다 DBMS는 자동적으로 시스템 카탈로그 테이블들의 행을 삽입, 삭제, 수정한다.

전문가의 조언 | 시스템 카탈로그 자체도 시스템 테이블로 구성되어 있어 일반 이용자도 SQL을 이용하여 내용을 검색해 볼 수 있지만 INSERT, DELETE, UPDATE문으로 카탈로그를 갱신하는 것은 허용되지 않습니다.

51. 데이터베이스 설계 단계 중 물리적 설계에 대한 설명으로 옳지 않은 것은?

① 개념적 설계 단계에서 만들어진 정보 구조로부터 특정 목표 DBMS가 처리할 수 있는 스키마를 생성한다.
② 다양한 데이터베이스 응용에 대해서 처리 성능을 얻기 위해 데이터베이스 파일의 저장 구조 및 액세스 경로를 결정한다.
③ 물리적 저장장치에 저장할 수 있는 물리적 구조의 데이터로 변환하는 과정이다.
④ 물리적 설계에서 옵션 선택 시 응답시간, 저장 공간의 효율화, 트랜잭션 처리율 등을 고려하여야 한다.

전문가의 조언 | 개념적 설계 단계에서 만들어진 정보 구조로부터 특정 목표 DBMS가 처리할 수 있는 스키마를 생성하는 단계는 논리적 설계 단계입니다.

52. 릴레이션 R의 튜플의 개수가 4, 릴레이션 S의 튜플의 개수가 5일 때, 두 릴레이션을 카티션 프로덕트(Cartesian Product)한 결과 릴레이션의 카디널리티는?

① 1
② 9
③ 20
④ 41

전문가의 조언 | 카티션 프로덕트(Cartesian Product, 교차곱)는 두 릴레이션에 있는 튜플들의 순서쌍을 구하는 연산으로, 두 릴레이션의 차수(Degree, 속성의 수)는 더하고, 카디널리티(튜플의 수)는 곱하면 됩니다. 그러므로 차수는 4+5 = 9, 카디널리티는 4×5 = 20입니다.

53. 아래 SQL 문에서 WHERE 절의 조건이 의미하는 것은?

```
SELECT 이름, 과목, 점수
FROM 학생
WHERE 이름 NOT LIKE '박_ _';
```

① '박'으로 시작되는 모든 문자 이름을 검색한다.
② '박'으로 시작하지 않는 모든 문자 이름을 검색한다.
③ '박'으로 시작하는 3글자의 문자 이름을 검색한다.
④ '박'으로 시작하지 않는 3글자의 문자 이름을 검색한다.

전문가의 조언 | SQL 문에서 WHERE 절의 조건이 의미하는 것은 ④번입니다.
- WHERE절의 조건 중 NOT은 결과를 반대로 출력하는 논리 부정 연산자, LIKE는 지정된 문자를 포함하는 문자열을 찾는 연산자, _은 한 자리 문자를 대신하는 대표 문자입니다.
- WHERE 절의 정확한 의미는 '"박"으로 시작하지 않거나 박으로 시작하면서 3글자가 아닌 문자 이름을 검색한다.'이므로 보기 ④번의 내용은 여기에 포함된다고 할 수 있습니다.
- 정리하자면
  - "박"으로 시작하지 않는 모든 이름을 검색한다.
    예) 왕건, 김선길, 을지문덕 등
  - "박"으로 시작하면서 3글자가 아닌 이름을 검색한다.
    예) 박열, 박혁거세 등

54. 다음 자료를 버블 정렬을 이용하여 오름차순으로 정렬하고자 할 경우 1회전을 수행한 결과는?

9, 4, 5, 1, 3

① 4, 5, 1, 3, 9
② 1, 3, 4, 5, 9
③ 4, 1, 3, 5, 9
④ 1, 3, 9, 4, 5

전문가의 조언 | 버블 정렬 시 1회전 후의 결과는 4, 5, 1, 3, 9입니다. 버블 정렬은 주어진 파일에서 인접한 두 개의 레코드 키 값을 비교하여 그 크기에 따라 레코드 위치를 서로 교환하는 정렬 방식으로 다음과 같은 과정으로 진행됩니다.

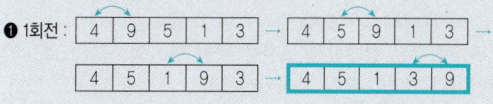

2025년 1회

74섹션 7필드

55. n개의 정점으로 구성된 무방향 그래프의 최대 간선수는?

① n(n+1) ② $\frac{n(n-1)}{2}$

③ $\frac{n-2}{2}$ ④ n-5

전문가의 조언 | n개의 정점으로 구성된 무방향 그래프의 최대 간선 수는 $\frac{n(n-1)}{2}$입니다.

78섹션 4필드

58. 데이터베이스 관리 시스템(DBMS)의 필수 기능이 아닌 것은?

① 제어 기능 ② 조작 기능
③ 정의 기능 ④ 운영 기능

전문가의 조언 | 데이터베이스 관리 시스템(DBMS)의 필수 기능 3가지는 정의 기능, 조작 기능, 제어 기능입니다.

84섹션 4필드

56. 관계형 데이터베이스에서 사용되는 키(Key)에 대한 설명으로 틀린 것은?

① 후보키 : 개체들을 고유하게 식별할 수 있는 속성
② 슈퍼키 : 릴레이션을 구성하는 속성들 중에서 각 튜플을 유일하게 식별하기 위해 사용되는 하나 이상의 속성들의 집합
③ 외래키 : 참조하는 릴레이션에서 기본키로 사용되는 속성
④ 보조키 : 후보키 중에서 대표로 선정된 키

전문가의 조언 | • 보조키(대체키, Alternate Key)는 후보키가 둘 이상일 때 기본키를 제외한 나머지 후보키들을 말합니다.
• 후보키 중에서 대표로 선정된 키는 기본키(Primary Key)입니다.

77섹션 2필드

59. 해싱에서 서로 다른 두 개 이상의 레코드가 같은 주소를 갖는 현상을 의미하는 것은?

① 오버플로(Overflow) ② 재귀(Recursion)
③ 충돌(Collision) ④ 버킷(Bucket)

전문가의 조언 | 해싱에서 서로 다른 두 개 이상의 레코드가 같은 주소를 갖는 현상을 Collision(충돌 현상)이라고 합니다.

86섹션 1필드

57. 관계 데이터 연산인 관계대수 및 관계해석에 대한 설명으로 틀린 것은?

① 관계 데이터 모델에 대한 연산의 표현 방법으로 관계대수와 관계해석은 모두 절차적인 특성을 갖는다.
② 관계대수는 릴레이션 조작을 위한 연산의 집합으로 피연산자와 결과가 모두 릴레이션이라는 특성을 가지고 있다.
③ 관계해석은 원래 수학의 프레디킷 해석(Predicate Calculus)에 기반을 두고 있다.
④ 관계대수의 일반 집합 연산에는 합집합, 교집합, 차집합 등이 있다.

전문가의 조언 | 관계대수는 절차적인 특성이 있는 반면, 관계해석은 비절차적인 특성을 지닙니다.

78섹션 6필드

60. 다음 내용이 설명하는 스키마의 종류는?

> • 조직이나 기관의 총괄적 입장에서 본 데이터베이스의 논리적 구조이다.
> • 접근 권한, 보안 정책, 무결성 규칙에 관해서 기술되어 있다.

① 외부 스키마 ② 개념 스키마
③ 내부 스키마 ④ 조직 스키마

전문가의 조언 | 문제의 지문에서 설명하는 스키마의 종류는 개념 스키마입니다.
• **외부 스키마** : 사용자나 응용 프로그래머가 각 개인의 입장에서 필요로 하는 데이터베이스의 논리적 구조를 정의한 것
• **내부 스키마** : 물리적 저장장치의 입장에서 본 데이터베이스 구조로서, 실제로 데이터베이스에 저장될 레코드의 형식을 정의하고 저장 데이터 항목의 표현 방법, 내부 레코드의 물리적 순서 등을 나타냄

정답 : 55.② 56.④ 57.① 58.④ 59.③ 60.②

2024년 3회 정보처리산업기사 필기

1과목 정보시스템 기반 기술

14섹션 3필드

1. OSI 7계층 중 데이터 링크 계층의 프로토콜에 해당하지 않는 것은?

① HDLC   ② LAPB
③ FTP   ④ BSC

전문가의 조언 | FTP는 응용 계층(Application Layer)의 프로토콜입니다.

30섹션 1필드

2. 아키텍처 패턴과 디자인 패턴에 대한 설명으로 옳지 않은 것은?

① 아키텍처 패턴과 디자인 패턴 모두 소프트웨어 설계를 위한 참조 모델이다.
② 아키텍처 패턴은 전체 시스템의 구조를 설계하기 위한 참조 모델이다.
③ 디자인 패턴은 서브시스템에 속하는 컴포넌트들과 그 관계를 설계하기 위한 참조 모델이다.
④ 디자인 패턴이 아키텍처 패턴보다 상위 수준의 설계에 사용된다.

전문가의 조언 | 아키텍처 패턴이 디자인 패턴보다 상위 수준의 설계에 사용됩니다.

30섹션 5필드

3. 디자인 패턴 중 행위 패턴에 해당하는 것은?

① 싱글톤   ② 브리지
③ 프록시   ④ 커맨드

전문가의 조언 | 보기로 제시된 디자인 패턴 중 행위 패턴에 해당하는 것은 커맨드(Command)입니다.
• 싱글톤(Singleton)은 생성 패턴, 브리지(Bridge)와 프록시(Proxy)는 구조 패턴에 해당합니다.

26섹션 3필드

4. 소프트웨어의 성능을 향상시키거나 시스템의 수정 및 재사용, 유지 관리 등이 용이하도록 시스템의 기능들을 모듈 단위로 나누는 것을 의미하는 것은?

① 단계적 분해   ② 모듈화
③ 추상화   ④ 정보 은닉

전문가의 조언 | 문제에 제시된 내용은 모듈화(Modularity)의 개념입니다.
• 단계적 분해(Stepwise Refinement) : Niklaus Wirth에 의해 제안된 하향식 설계 전략으로, 문제를 상위의 중요 개념으로부터 하위의 개념으로 구체화시키는 분할 기법
• 추상화(Abstraction) : 문제의 전체적이고 포괄적인 개념을 설계한 후 차례로 세분화하여 구체화시켜 나가는 것
• 정보 은닉(Information Hiding) : 한 모듈 내부에 포함된 절차와 자료들의 정보가 감추어져 다른 모듈이 접근하거나 변경하지 못하도록 하는 기법

3섹션 3필드

5. SJF(Shortest Job First) 스케줄링에서 작업 도착 시간과 CPU 사용 시간은 다음 표와 같다. 모든 작업들의 평균 대기 시간은 얼마인가?

작업	도착시간	CPU 사용시간
1	0	23
2	3	35
3	8	10

① 15   ② 17
③ 24   ④ 25

전문가의 조언 | SJF 기법은 가장 짧은 작업을 먼저 수행하므로, 다음과 같은 순서로 수행됩니다.

∴ 평균 대기 시간은 (0+15+30)/3 = 15 시간이 됩니다.

16섹션 7필드

6. IP 주소의 수는 한정되어 있으므로 어떤 기관에서 배정 받은 하나의 네트워크 주소를 다시 여러 개의 작은 네트워크로 나누어 사용하는 것은?

① Subnetting   ② SLIP
③ MAC   ④ IP address

전문가의 조언 | 문제에 제시된 내용은 서브네팅(Subnetting)에 대한 설명입니다.

정답 : 1.③ 2.④ 3.④ 4.② 5.① 6.①

4섹션 5필드

7. 상호 배제를 올바로 구현하기 위한 요구 조건에 대한 설명으로 틀린 것은?

① 두 개 이상의 프로세스들이 공유 데이터에 접근하여 동시에 수행할 수 있어야 한다.
② 임계 구역 바깥에 있는 프로세스가 다른 프로세스의 임계 구역 진입을 막아서는 안된다.
③ 어떤 프로세스도 임계 구역으로 들어가는 것이 무한정 연기되어서는 안된다.
④ 임계 구역은 특정 프로세스가 독점할 수 없다.

전문가의 조언 | 상호 배제는 한 번에 한 개의 프로세스만이 공유 자원을 사용할 수 있도록 하는 것이므로 두 개 이상의 프로세스들이 공유 데이터를 동시에 접근할 수 없습니다.

14섹션 4필드

8. OSI 7 계층 중 IP 프로토콜과 관련된 계층으로 네트워크 연결 관리 및 데이터의 교환 및 중계 기능을 수행하는 계층은?

① 물리 계층
② 데이터 링크 계층
③ 네트워크 계층
④ 전송 계층

전문가의 조언 | 네트워크 연결 관리 및 데이터의 교환 및 중계 기능을 수행하는 계층은 네트워크 계층(Network Layer)입니다.
• 물리 계층(Physical Layer) : 전송에 필요한 두 장치 간의 실제 접속과 절단 등 기계적, 전기적, 기능적, 절차적 특성을 정의함
• 데이터 링크 계층(Data Link Layer) : 두 개의 인접한 개방 시스템들 간에 신뢰성 있고 효율적인 정보 전송을 할 수 있도록 함
• 전송 계층(Transport Layer) : 종단 시스템(End-to-End) 간에 투명한 데이터 전송을 가능하게 함

9섹션 2필드

9. UNIX 운영체제에서 가장 핵심적인 부분으로 하드웨어를 보호하고 응용 프로그램들에게 서비스를 제공해 주는 것은?

① Shell
② IPC
③ Kernel
④ Process

전문가의 조언 | UNIX 운영체제에서 가장 핵심적인 부분은 커널(Kernel)입니다.
• 쉘(Shell) : 사용자의 명령어를 인식하여 프로그램을 호출하고 명령을 수행하는 명령어 해석기

3섹션 2필드

10. Non-preemptive형 프로세스 스케줄링 방식에 해당하는 것으로 가장 옳은 것은?

① SJF, SRT
② SJF, FIFO
③ Round-Robin, SRT
④ Round-Robin, SJF

전문가의 조언 | 비선점(Non-preemptive)형 프로세스 스케줄링 방식에는 SJF, FIFO(FCFS), 우선순위, HRN, 기한부 등이 있습니다.

38섹션 4필드

11. 프롬프트 상에서 명령어를 직접 입력하여 작업을 수행하는 사용자 인터페이스 방식은?

① GUI
② NUI
③ OUI
④ CLI

전문가의 조언 | 프롬프트 상에서 명령어를 직접 입력하여 작업을 수행하는 사용자 인터페이스 방식은 CLI(Command Line Interface)입니다.
• GUI(Graphic User Interface) : 키보드로 명령어를 직접 입력하지 않고, 마우스로 아이콘이나 메뉴를 선택하여 작업을 수행하는 그래픽 사용자 인터페이스
• NUI(Natural User Interface) : 사용자의 말이나 행동으로 기기를 조작하는 인터페이스
• OUI(Organic User Interface) : 모든 사물과 사용자 간의 상호작용을 위한 인터페이스

30섹션 4필드

12. 다음이 설명하는 디자인 패턴은 무엇인가?

• 서브 시스템의 내용이 너무 복잡하여 클라이언트 코드가 실행하지 못할 때 사용한다.
• 서브 클래스들 사이의 통합 인터페이스를 제공하는 Wrapper 객체가 필요하다.

① Decorator
② State
③ Facade
④ Proxy

전문가의 조언 | 서브 시스템의 내용이 너무 복잡하여 클라이언트 코드가 실행하지 못할 때 사용하는 패턴은 퍼싸드(Facade)입니다.
• 데코레이터(Decorator) : 객체 간의 결합을 통해 능동적으로 기능들을 확장할 수 있는 패턴
• 상태(State) : 객체의 상태에 따라 동일한 동작을 다르게 처리해야 할 때 사용하는 패턴
• 프록시(Proxy) : 접근이 어려운 객체와 여기에 연결하려는 객체 사이에서 인터페이스 역할을 수행하는 패턴

5섹션 2필드

13. 하나의 프로세스가 자주 참조하는 페이지의 집합을 의미하며, 이런 페이지 집합이 적재되면 프로세스는 한동안 페이지 폴트 없이 실행될 수 있다. 이런 페이지 집합을 무엇이라 하는가?

① Working Set
② Critical Section
③ Paging
④ Fragmentation

> **전문가의 조언** | 하나의 프로세스가 자주 참조하는 페이지의 집합을 워킹 셋(Working Set)이라고 합니다.
> - **임계 구역(Critical Section)**: 다중 프로그래밍 운영체제에서 여러 개의 프로세스가 공유하는 데이터 및 자원에 대하여 어느 한 시점에서는 하나의 프로세스만 자원 또는 데이터를 사용하도록 지정된 공유 자원(영역)을 의미함
> - **페이징(Paging) 기법**: 가상 기억장치에 보관되어 있는 프로그램과 주기억장치의 영역을 동일한 크기로 나눈 후 나눠진 프로그램(페이지)을 동일하게 나눠진 주기억장치의 영역에 적재시켜 실행하는 기법
> - **단편화(Fragmentation)**: 분할된 주기억장치에 프로그램을 할당하고 반납하는 과정을 반복하면서 사용되지 않고 남는 기억장치의 빈 공간 조각을 의미함

29섹션 3필드

14. 럼바우(Rumbaugh)의 객체지향 분석 모델링에서 데이터 흐름 다이어그램을 이용하여 다수의 프로세스들 간의 데이터 흐름을 중심으로 처리 과정을 표현한 모델링은?

① 동적 모델링 ② 기능 모델링
③ 클래스 모델링 ④ 객체 모델링

> **전문가의 조언** | 자료 흐름도(DFD)를 이용하여 다수의 프로세스들 간의 자료 흐름을 중심으로 처리 과정을 표현한 모델링은 기능 모델링(Functional Modeling)입니다.
> - **동적 모델링(Dynamic Modeling)**: 상태 다이어그램(상태도)을 이용하여 시간의 흐름에 따른 객체들 간의 제어 흐름, 상호 작용, 동작 순서 등의 동적인 행위를 표현하는 모델링
> - **객체 모델링(Object Modeling)**: 정보 모델링이라고도 하며, 시스템에서 요구되는 객체를 찾아내어 속성과 연산 식별 및 객체들 간의 관계를 규정하여 객체 다이어그램으로 표시하는 모델링

36섹션 1필드

15. 통합 테스트에 대한 설명으로 틀린 것은?

① 드라이버를 사용하는 것은 상향식 테스트이다.
② 스텁을 사용하는 것은 하향식 테스트이다.
③ 모듈 또는 컴포넌트 간의 상호 작용 오류를 검사한다.
④ 모듈이나 컴포넌트의 기능성 테스트를 최우선으로 한다.

> **전문가의 조언** | 모듈이나 컴포넌트의 기능성 테스트를 최우선으로 하는 것은 단위 테스트입니다.

16섹션 5필드

16. 통신망 간의 접속장치 중 OSI 7계층의 네트워크 계층까지를 담당하면서 통신망의 경로 선택 등을 전담하는 장치는?

① 리피터(Repeater) ② 브리지(Bridge)
③ 라우터(Router) ④ 모뎀(Modem)

> **전문가의 조언** | OSI 7계층의 네트워크 계층까지를 담당하면서 통신망의 경로 선택 등을 전담하는 장치는 라우터(Router)입니다.
> - **리피터(Repeater)**: 물리 계층의 장비로, 전송되는 신호를 재생해줌
> - **브리지(Bridge)**: 데이터 링크 계층의 장비로, LAN과 LAN을 연결하거나 LAN 안에서의 컴퓨터 그룹을 연결함
> - **모뎀(MODEM)**: 컴퓨터나 단말장치로부터 전송되는 디지털 데이터를 아날로그 회선에 적합한 아날로그 신호로 변환하는 변조(MOdulation) 과정과 그 반대의 복조(DEModulation) 과정을 수행함

12섹션 6필드

17. ARQ(Automatic Repeat reQuest) 방식에 해당하지 않는 것은?

① Stop and Wait ARQ
② Selective Repeat ARQ
③ Receive Ready ARQ
④ Go back N ARQ

> **전문가의 조언** | ARQ 방식에는 Stop and Wait, Go-Back-N, Selective Repeat, Adaptive ARQ가 있습니다.

28섹션 6필드

18. 다음 객체지향 기법에 대한 설명에 해당하는 것은?

> 메시지에 의해 객체가 연산을 수행하게 될 때 하나의 메시지에 대해 각 객체가 가지고 있는 고유한 방법으로 응답할 수 있는 능력이다.

① Encapsulation ② Abstraction
③ Inheritance ④ Polymorphism

> **전문가의 조언** | 문제의 지문에서 설명하고 있는 객체지향 기법의 특징은 다형성(Polymorphism)입니다.
> - **캡슐화(Encapsulation)**: 데이터(속성)와 데이터를 처리하는 함수를 하나로 묶는 것을 의미함
> - **추상화(Abstraction)**: 문제의 전체적이고 포괄적인 개념을 설계한 후 차례로 세분화하여 구체화시켜 나가는 것
> - **상속(Inheritance)**: 이미 정의된 상위 클래스(부모 클래스)의 모든 속성과 연산을 하위 클래스(자식 클래스)가 물려받는 것

9섹션 1필드

19. UNIX에 대한 설명으로 옳지 않은 것은?

① 다양한 유틸리티 프로그램들이 존재한다.
② 멀티유저, 멀티태스킹을 지원한다.
③ 2단계 디렉터리 구조의 파일 시스템을 갖는다.
④ 대화식 운영체제이다.

> **전문가의 조언** | UNIX는 트리 구조의 파일 시스템을 갖습니다.

6섹션 2필드

20. 다음과 같은 트랙이 요청되어 큐에 도착하였다. 모든 트랙을 서비스 하기 위하여 SSTF 스케줄링 기법이 사용되었을 때 모두 몇 트랙의 헤드 이동이 생기는가? (단, 현재 헤드의 위치는 50트랙이다.)

요청 트랙 : 10, 40, 55, 35

① 50　　　　　② 85
③ 105　　　　　④ 110

전문가의 조언 | SSTF 기법은 탐색 거리가 가장 짧은 트랙에 대한 요청을 먼저 서비스하는 기법으로, 이동 순서는 50 → 55 → 40 → 35 → 10이고, 총 이동 거리는 5 + 15 + 5 + 25 = 50입니다.

2과목 프로그래밍 언어 활용

56섹션 2필드

21. 다음 C언어 프로그램이 실행되었을 때, 실행 결과는?

```
#include <stdio.h>
int main( ) {
    int nNums[5] = {1,2,3,4,5};
    printf("%d", *(nNums+4));
    return 0;
}
```

① 2　　　　　② 3
③ 4　　　　　④ 5

전문가의 조언 | 실행 결과는 5이며, 사용된 코드의 의미는 다음과 같습니다.

```
#include <stdio.h>
int main( ) {
❶   int nNums[5] = {1,2,3,4,5};
❷   printf("%d", *(nNums+4));
❸   return 0;
}
```

❶ 5개의 요소를 갖는 정수형 배열 nNums를 선언하고 초기화한다.

	[0]	[1]	[2]	[3]	[4]
nNums	1	2	3	4	5

❷ nNums에 4를 더한 곳의 값을 정수로 출력한다. 배열의 이름은 배열의 시작 주소를 의미하고, 그 값을 4 증가시킨다는 것은 현재 nNums가 가리키는 주소에서 번지수를 4 증가시키는 것을 의미한다.

※ 다음 그림에서 지정한 주소는 임의로 정한 것이며, 이해를 돕기 위해 주소를 10진수로 표현했습니다.

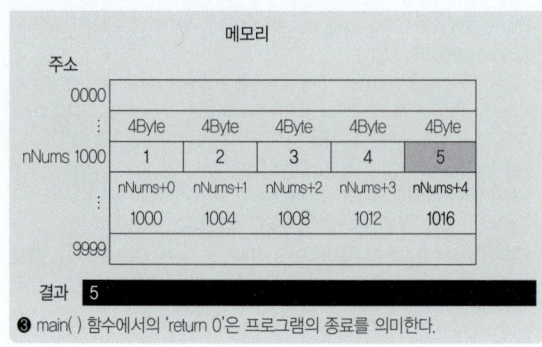

❸ main( ) 함수에서의 'return 0'은 프로그램의 종료를 의미한다.

51섹션 3필드

22. 다음 C언어 프로그램이 실행되었을 때, 실행 결과는?

```
#include <stdio.h>
int main( ) {
    unsigned char ch = 255;
    printf("%d", ch >> 1);
    return 0;
}
```

① 127　　　　　② 128
③ 255　　　　　④ 256

전문가의 조언 | 실행 결과는 127이며, 사용된 코드의 의미는 다음과 같습니다.

```
#include <stdio.h>
int main( ) {
❶   unsigned char ch = 255;
❷   printf("%d", ch >> 1);
❸   return 0;
}
```

❶ 부호없는 문자형 변수 ch를 선언하고 255로 초기화한다.

❷ >>는 오른쪽 시프트 연산자이므로, ch에 저장된 값을 오른쪽으로 1비트 이동시킨 다음 그 값을 정수로 출력한다.

• 문자형은 1Byte이므로 255를 1Byte 2진수로 변환하여 계산하면 된다.

	8	7	6	5	4	3	2	1
255	1	1	1	1	1	1	1	1
	2^7	2^6	2^5	2^4	2^3	2^2	2^1	2^0
	128	64	32	16	8	4	2	1

• 전체 비트를 오른쪽으로 1비트 이동시킨다. 양수이므로 패딩 비트(빈자리)에는 0이 채워진다.

	8	7	6	5	4	3	2	1
127	0	1	1	1	1	1	1	1
	2^7	2^6	2^5	2^4	2^3	2^2	2^1	2^0
	128	64	32	16	8	4	2	1

(패딩 비트)

• 이동된 값을 10진수로 변환하면 127이다.

결과　127

> 51섹션 2필드

23. 다음 Python 프로그램이 실행되었을 때, 실행 결과는?

```
a = 100
print(a > 100 and a < 200)
print(a > 100 or a < 200)
print(not(a == 100))
```

① True
  False
  True

② False
  True
  False

③ True
  True
  True

④ False
  False
  False

> 전문가의 조언 | 실행 결과로 옳은 것은 ②번이며, 사용된 코드의 의미는 다음과 같습니다.
>
> ❶ a = 100
> ❷ print(a > 100 and a < 200)
> ❸ print(a > 100 or a < 200)
> ❹ print(not(a == 100))
>
> ❶ a에 100을 저장한다.
> ❷ 논리값 False를 출력한 후 커서를 다음 줄의 처음으로 옮긴다.
>
>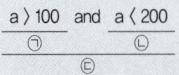
>
> • ㉠ : a의 값 100은 100보다 크지 않으므로 거짓(False)이다.
> • ㉡ : a의 값 100은 200보다 작으므로 참(True)이다.
> • ㉢ : '㉠ and ㉡'은 둘 다 참이어야 참이므로 결과는 거짓(False)이다.
>
> 결과 False
>
> ❸ 논리값 True를 출력한 후 커서를 다음 줄의 처음으로 옮긴다.
>
>   a > 100 or a < 200
>   ‾‾㉠‾‾   ‾‾㉡‾‾
>   ‾‾‾‾‾‾‾㉢‾‾‾‾‾‾‾
>
> • ㉠ : a의 값 100은 100보다 크지 않으므로 거짓(False)이다.
> • ㉡ : a의 값 100은 200보다 작으므로 참(True)이다.
> • ㉢ : '㉠ or ㉡'은 둘 중 하나라도 참이면 참이므로 결과는 참(True)이다.
>
> 결과 False
>   True
>
> ❹ a의 값이 100이므로 'a == 100'은 참(True)이지만 not 연산자에 의해 논리값 False를 출력한 후 커서를 다음 줄의 처음으로 옮긴다.
> • not( ) : 참이면 거짓, 거짓이면 참을 반환하는 연산자
>
> 결과 False
>   True
>   False

> 없음

24. 보안 취약점이 발견되었을 때 발견된 취약점의 존재 자체가 널리 공표되기도 전에 해당 취약점을 통하여 이루어지는 보안 공격은?

① DDoS 공격
② 제로 데이 공격
③ 사회 공학적 공격
④ Land 공격

> 전문가의 조언 | 문제에 제시된 내용은 제로 데이 공격(Zero Day Attack)의 개념입니다.
> • DDoS(Distributed Denial of Service, 분산 서비스 거부) 공격 : 여러 곳에 분산된 공격 지점에서 한 곳의 서버에 대해 분산 서비스 공격을 수행하는 것
> • 사회 공학(Social Engineering) : 컴퓨터 보안에 있어서, 인간 상호 작용의 깊은 신뢰를 바탕으로 사람들을 속여 정상 보안 절차를 깨트리기 위한 비기술적 시스템 침입 수단
> • Land 공격 : 패킷을 전송할 때 송신 IP 주소와 수신 IP 주소를 모두 공격 대상의 IP 주소로 하여 공격 대상에게 전송하는 것

> 73섹션 2필드

25. 웹 페이지에 악의적인 스크립트를 포함시켜 사용자 측에서 실행되게 유도함으로써, 정보 유출 등의 공격을 유발할 수 있는 취약점은?

① Ransomware
② Pharming
③ Phishing
④ XSS

> 전문가의 조언 | 문제에 제시된 내용은 크로스사이트 스크립팅(XSS)의 개념입니다.
> • 랜섬웨어(Ransomware) : 인터넷 사용자의 컴퓨터에 잠입해 내부 문서나 파일 등을 암호화해 사용자가 열지 못하게 하는 프로그램으로, 암호 해독용 프로그램의 전달을 조건으로 사용자에게 돈을 요구하기도 함
> • 파밍(Pharming) : 합법적으로 소유하고 있던 사용자의 도메인을 탈취하거나 DNS 이름을 속여 사용자들이 진짜 사이트로 오인하도록 유도하여 개인 정보를 훔치는 신종 인터넷 사기 수법
> • 피싱(Phishing) : 낚시라는 뜻의 은어로, 허위 웹 사이트를 내세워 사용자의 개인 신용 정보를 빼내는 수법을 의미함

> 71섹션 2필드

26. 모듈 결합도가 높은 것에서부터 낮은 순서대로 바르게 나열된 것은?

① 내용 결합도 → 제어 결합도 → 공통 결합도 → 자료 결합도
② 내용 결합도 → 외부 결합도 → 스탬프 결합도 → 제어 결합도
③ 내용 결합도 → 공통 결합도 → 스탬프 결합도 → 자료 결합도
④ 자료 결합도 → 스탬프 결합도 → 제어 결합도 → 내용 결합도

전문가의 조언 | • 모듈 결합도가 높은 것에서부터 낮은 순서대로 바르게 나열된 것은 ③번입니다.
• 결합도를 높은 것부터 낮은 것 순으로 나열하면 '내용 결합도(Content Coupling) → 공통(공유) 결합도(Common Coupling) → 외부 결합도(External Coupling) → 제어 결합도(Control Coupling) → 스탬프(검인) 결합도(Stamp Coupling) → 자료 결합도(Data Coupling)' 순입니다.

[59섹션 2필드]

30. 다음 Python 프로그램이 실행되었을 때, 실행 결과는?

```
a = "11"
b = "11"
print(a * 2 + b)
```

① 2211 ② 112"11"
③ 111111 ④ 1111"11"

전문가의 조언 | 실행 결과는 1111"11"이며, 사용된 코드의 의미는 다음과 같습니다.

❶ a = "11"
❷ b = ' "11" '
❸ print(a * 2 + b)

❶ a에 문자열 11을 저장한다.
❷ b에 문자열 "11"을 저장한다.
❸ a의 값 11을 2번 반복하여 출력한 후, b의 값 "11"을 출력한다.

결과   1111"11"

[52섹션 4필드]

27. 다음 C언어의 함수 중 키보드로 문자 하나를 입력받아 변수에 저장하는 함수는?

① gets( )   ② putchar( )
③ puts( )   ④ getchar( )

전문가의 조언 | 키보드로 한 문자를 입력받아 변수에 저장하는 함수는 getchar( )입니다.
• gets( ) : 키보드로 문자열을 입력받아 변수에 저장하는 함수로, Enter 를 누르기 전까지를 하나의 문자열로 인식하여 저장함
• putchar( ) : 인수로 주어진 한 문자를 화면에 출력하는 함수
• puts( ) : 인수로 주어진 문자열을 화면에 출력한 후 커서를 자동으로 다음 줄 앞으로 이동하는 함수

[70섹션 3필드]

31. 프레임워크(Framework)에 대한 설명으로 틀린 것은?

① 개발 표준에 의한 모듈화로 유지보수가 용이하다.
② 재사용 모듈을 제공하여 생산성이 향상된다.
③ 인터페이스 확장을 통해 다양한 형태와 기능을 가진 애플리케이션 개발이 가능하다.
④ 라이브러리와 같이 객체들을 사용자가 직접 관리하고 통제해야 한다.

전문가의 조언 | 프레임워크는 객체들의 제어를 사용자가 아닌 프레임워크가 수행함으로써 생산성을 향상시킵니다.

[61섹션 8필드]

28. HTML의 태그 중 책이나 음악, 영화 등의 제목을 정의할 때 사용하는 태그는?

① mark   ② small
③ sub   ④ cite

전문가의 조언 | 책이나 음악, 영화 등의 제목을 정의할 때 사용하는 태그는 〈cite〉입니다.
• 〈mark〉 : 텍스트에 형광펜 효과를 줄 때 사용하는 태그
• 〈small〉 : 저작권 표기와 같은 작은 텍스트를 표시할 때 사용하는 태그
• 〈sub〉 : 아래 첨자를 표시할 때 사용하는 태그

[61섹션 6필드]

29. 다음 중 테이블의 크기를 페이지 너비에 맞추어 자동으로 조정하고자 할 때 알맞은 CSS 코드는?

① table-layout: auto   ② table-cell: auto
③ table-layout: fixed   ④ table-cell: fixed

전문가의 조언 | 테이블의 크기를 페이지 너비에 맞추어 자동으로 조정할 때 사용하는 CSS 코드는 table-layout: auto입니다.

[없음]

32. 함수의 값을 전달하는 대신 주소값을 전달하는 방식을 가리키는 용어는?

① call by value   ② call by reference
③ call by memory   ④ call by address

전문가의 조언 | 함수나 변수, 객체들의 값 대신 주소를 전달하는 방식을 call by reference라고 합니다.

52섹션 3필드

33. 다음 Java 프로그램이 실행되었을 때의 결과는?

```
public class Test {
    public static void main(String[ ] args) {
        int a = 0b0101;
        System.out.print(a);
    }
}
```

① 0101　　② 2
③ 5　　　④ 12

전문가의 조언 | 실행 결과는 5이며, 사용된 코드의 의미는 다음과 같습니다.

```
public class Test {
    public static void main(String[ ] args) {
❶   int a = 0b0101;
❷   System.out.print(a);
    }
}
```

❶ • 정수형 변수 a를 선언하고 2진수 0101로 초기화한다.
　• 2진수 0101은 10진수로 변환하면 다음과 같다.
　• $0 \times 2^3 + 1 \times 2^2 + 0 \times 2^1 + 1 \times 2^0 = 5$
　• a에는 5가 저장된다.
❷ a의 값을 출력한다.

결과　5

67섹션 1필드

34. 프로그램의 정상적인 실행을 방해하는 조건이나 상태가 나타났을 때 해당 문제에 대비해 작성해 놓은 처리 루틴을 실행하도록 만드는 일련의 과정을 가리키는 용어는?

① Exception Handling　　② Clean Code
③ Throw　　　　　　　　④ Container

전문가의 조언 | 문제가 발생할 것에 대비해 처리 루틴을 예비하는 것을 예외 처리(Exception Handling)라고 합니다.

61섹션 7필드

35. 다음은 아이디와 암호를 입력하는 로그인 창을 JavaScript로 구현한 것이다. 괄호(㉠~㉣)에 들어갈 적합한 속성은?

```
<html>
  <body>
    <( ㉠ ) ( ㉡ )="post" ( ㉢ )="log01.jsp">
      <p>아이디<input type="text" name="id"></p>
      <p>암호<input type="password" name="pw"></p>
    <( ㉣ )>
  </body>
</html>
```

① ㉠ form, ㉡ action, ㉢ method, ㉣ /form
② ㉠ form, ㉡ method, ㉢ action, ㉣ /form
③ ㉠ function, ㉡ form, ㉢ method, ㉣ /function
④ ㉠ function, ㉡ action, ㉢ form, ㉣ /function

전문가의 조언 | 괄호(㉠~㉣)에 들어갈 속성을 순서대로 올바르게 나열한 것은 ②번이며, 사용된 코드의 의미는 다음과 같습니다.

```
<html>
  <body>
❶   <form method="post" action="log01.jsp">
❷     <p>아이디<input type="text" name="id"></p>
❸     <p>암호<input type="password" name="pw"></p>
❹   </form>
  </body>
</html>
```

❶ ❷~❸번으로 입력받은 데이터를 Header와 Body에 첨부하여 'log01.jsp'로 전송한다.
　• form : 사용자로부터 데이터를 입력받고 전송할 때 사용하는 태그
　• method : 데이터를 전송하는 방법을 명시하는 속성
　　– post : 메시지의 Header와 Body에 데이터를 첨부하는 방식
　　– get : URL에 데이터를 첨부하는 방식
　• action : 데이터가 도착할 URL을 표시하는 속성
❷ "아이디" 이후에 문자열이 입력될 필드를 생성한다. 전송 후 데이터를 참조할 때 사용할 이름은 'id'이다.
　• input : 사용자로부터 입력을 받기 위한 요소들을 생성하는 태그
　• type : 생성할 요소의 종류
　　– text : 텍스트를 입력받는 필드를 표시함
　　– password : text와 동일하나 입력된 값이 '*'로 표시됨
　　– submit : 클릭하면 form에 입력된 값들을 전송하는 단추를 표시함
　• name : form 태그를 통해 데이터가 전송된 후 해당 데이터를 참조하는 데 사용될 이름을 지정함
❸ "암호" 이후에 암호가 입력될 필드를 생성한다. 전송 후 데이터를 참조할 때 사용할 이름은 'pw'이다.
❹ form 태그의 끝을 알리는 종료 태그이다.

〈결과〉

아이디 [　　　　　]
암호　[　　　　　]

36. 자바스크립트에서 배열의 속성과 메소드에 대한 설명으로 옳지 않은 것은?

① pop( ) : 배열의 맨 끝의 값을 삭제한다.
② join( ) : 배열의 요소들을 구분자로 구분하는 하나의 문자열로 반환한다.
③ splice( ) : 배열에서 지정한 범위의 데이터를 가져온다.
④ length : 배열의 길이를 반환한다.

전문가의 조언 | • splice( )는 배열에서 지정한 범위의 요소를 제거할 때 사용하는 메소드입니다.
• ③번의 기능을 수행하는 메소드는 slice( )입니다.

37. 다음 Java 코드가 실행되었을 때의 결과는?

```
int a[ ][ ] = new int[2][3];
System.out.print(a.length);
```

① 2
② 3
③ 5
④ 6

전문가의 조언 | 실행 결과는 2입니다.
• Java의 배열 클래스의 속성인 length는 배열 요소의 개수를 가리킵니다.
• 1차원 배열에서는 배열 전체의 요소 수를 가리키지만, 2차원 배열에서는 사용 방법에 따라 length가 가리키는 값이 달라집니다.
• a.length : 2차원 배열 a의 행 수(2)를 가리킴
• a[0].length : 2차원 배열 a의 첫 번째 행에 속한 요소의 수(3)를 가리킴

38. 다음 중 빌드 도구가 아닌 것은?

① Zeplin
② Ant
③ Maven
④ Gradle

전문가의 조언 | Zeplin은 디자인 관련 협업 도구입니다.

39. 다음 중 커서를 왼쪽으로 한 칸 이동하는 제어문자는?

① \n
② \b
③ \t
④ \a

전문가의 조언 | 커서를 왼쪽으로 한 칸 이동하는 제어문자는 \b입니다.
• \n : 커서를 다음 줄 앞으로 이동함
• \t : 커서를 일정 간격 띄움
• \a : 스피커로 벨 소리를 출력함

40. 소프트웨어 아키텍처의 4+1 관점 중 물리적 시스템에서 사용하는 소프트웨어 서브 시스템 모듈이 어떻게 구조화되어 있는지에 중점을 둔 관점은?

① 유스케이스
② 논리적
③ 구현
④ 물리적

전문가의 조언 | 소프트웨어 아키텍처 4+1뷰에서 모듈의 구성과 구조를 확인하는 데 사용하는 뷰는 구현 뷰(Implementation View)입니다.

3과목 데이터베이스 활용

41. SQL 명령 중 DML에 속하지 않는 것은?

① SELECT
② UPDATE
③ DELETE
④ ADD

전문가의 조언 | ADD는 새로운 속성(열)을 추가할 때 사용하는 명령어로, DDL에 속한 ALTER TABLE 문에서 사용됩니다.

42. 개체 집합에 대한 속성 관계를 표시하기 위해 개체를 노드로 표현하고 개체 집합들 사이의 관계를 링크로 연결한 트리(Tree) 형태의 자료 구조 모델은?

① 망 데이터 모델
② 계층 데이터 모델
③ 관계 데이터 모델
④ 객체지향 데이터 모델

전문가의 조언 | 문제에 제시된 내용은 계층형 데이터 모델(Hierarchical Data Model)에 대한 설명입니다.
• 망형 데이터 모델(Network Data Model) : 그래프를 이용해서 데이터 논리 구조를 표현한 모델로, CODASYL이 제안하여 CODASYL DBTG 모델이라고도 함
• 관계형 데이터 모델(Relational Data Model) : 가장 널리 사용되는 데이터 모델로, 2차원적인 표(Table)를 이용해서 데이터 상호 관계를 정의하는 DB 구조를 말함
• 객체지향 데이터 모델(Object Oriented Data Model) : 객체 및 객체 식별자, 애트리뷰트와 메소드, 클래스, 클래스 계층 및 계승 그리고 복합 객체 등의 객체지향 개념을 지원함

43. 관계대수의 일반 집합 연산자에 대한 설명으로 옳지 않은 것은?

① 교집합, 합집합은 두 릴레이션의 합병이 가능해야 한다.
② 차집합, 카티션 프로덕트 등이 있다.
③ 카티션 프로덕트 연산자는 π로 표현한다.
④ 연산을 위해 피연산자 두 개가 필요하다.

전문가의 조언 | • 카티션 프로덕트 연산자는 ×로 표현합니다.
• π로 표현하는 연산자는 순수 관계 연산자인 PROJECT입니다.

44. 데이터베이스 설계 단계 중 개념 스키마 모델링 및 트랜잭션 모델링과 관계되는 것은?

① 개념적 설계
② 논리적 설계
③ 물리적 설계
④ 요구 조건 분석

전문가의 조언 | 개념 스키마 모델링 및 트랜잭션 모델링과 관계되는 데이터베이스 설계 단계는 개념적 설계입니다.
• 논리적 설계 : 목표 DBMS에 맞는 논리 스키마 설계, 트랜잭션 인터페이스 설계
• 물리적 설계 : 목표 DBMS에 맞는 물리적 구조의 데이터로 변환
• 요구 조건 분석 : 요구 조건 명세서 작성

45. 순서가 A, B, C, D로 정해진 입력 자료를 스택에 입력한 후 출력한 결과로 불가능한 것은?

① D, C, B, A
② B, C, D, A
③ C, B, A, D
④ D, B, C, A

전문가의 조언 | • 이 문제는 문제의 자료가 각 보기의 순서대로 출력되는지 스택을 이용해 직접 입·출력을 수행해 보면 됩니다.
• PUSH는 스택에 자료를 입력하는 명령이고, POP은 스택에서 자료를 출력하는 명령입니다.
• 먼저 ①번을 살펴보도록 하겠습니다.

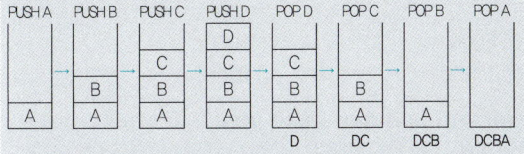

• ④번은 D를 출력한 후 B를 출력해야 하는데, C를 출력하지 않고는 B를 출력할 수 없으므로 불가능합니다.

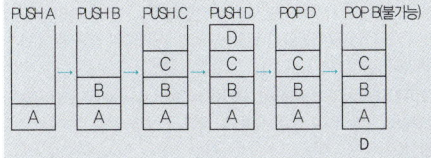

46. SQL 명령 중 DDL에 해당하는 것으로만 짝지어진 것은?

① CREATE, ALTER, SELECT
② CREATE, ALTER, DROP
③ CREATE, UPDATE, DROP
④ DELETE, ALTER, DROP

전문가의 조언 | DDL(데이터 정의어)에는 CREATE, ALTER, DROP이 있습니다.
• SELECT, UPDATE, DELETE는 DML(데이터 조작어)에 해당합니다.

47. 다음과 같은 그래프에서 간선의 개수는?

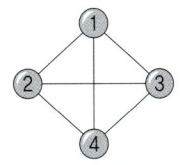

① 2개
② 4개
③ 6개
④ 8개

전문가의 조언 | 그래프에서 간선의 수는 노드를 연결하고 있는 선의 개수의 합이므로 6개입니다.

48. 시스템 카탈로그에 대한 설명으로 틀린 것은?

① 데이터베이스에 포함된 다양한 데이터 객체에 대한 정보들을 유지, 관리하기 위한 시스템 데이터베이스이다.
② 시스템 카탈로그를 데이터 사전이라고도 한다.
③ 시스템 카탈로그에 저장된 정보를 메타 데이터라고도 한다.
④ 시스템 카탈로그는 시스템을 위한 정보를 포함하는 시스템 데이터베이스이므로 일반 사용자는 내용을 검색할 수 없다.

전문가의 조언 | 카탈로그 자체도 시스템 테이블로 구성되어 있어 일반 사용자도 SQL을 이용하여 내용을 검색해 볼 수 있습니다.

2024년 3회

> 75섹션 2필드

49. 다음 트리를 Post-order로 운행한 결과는?

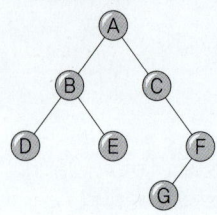

① A, B, D, E, C, F, G
② D, B, E, A, C, G, F
③ A, B, C, D, E, F, G
④ D, E, B, G, F, C, A

> 전문가의 조언 | 이진 트리를 후위순서로 운행할 때는 먼저 서브트리를 하나의 노드로 생각할 수 있도록 그림과 같이 서브트리 단위로 묶습니다.

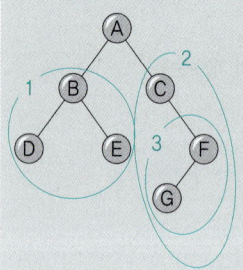

❶ Postorder는 Left → Right → Root이므로 12A가 됩니다.
❷ 1은 DEB이므로 DEB2A가 됩니다.
❸ 2는 3C이므로 DEB3CA가 됩니다.
❹ 3은 GF이므로 DEBGFCA가 됩니다.

> 92섹션 4필드

50. SQL 명령어 중 데이터베이스 사용자에게 권한을 부여하는 명령어는?

① REVOKE   ② GRANT
③ COMMIT   ④ ROLLBACK

> 전문가의 조언 | 데이터베이스 관리자가 데이터베이스 사용자에게 권한을 부여하는 명령어는 GRANT입니다.
> • REVOKE : 데이터베이스 사용자의 사용 권한을 취소함
> • COMMIT : 명령에 의해 수행된 결과를 실제 물리적 디스크로 저장하고, 데이터베이스 조작 작업이 정상적으로 완료되었음을 관리자에게 알려줌
> • ROLLBACK : 데이터베이스 조작 작업이 비정상적으로 종료되었을 때 원래의 상태로 복구함

> 83섹션 2필드

51. 관계 데이터 모델에서 애트리뷰트가 취할 수 있는 값들의 집합을 의미하는 것은?

① 릴레이션   ② 도메인
③ 튜플   ④ 차수

> 전문가의 조언 | 하나의 애트리뷰트가 가질 수 있는 원자값들의 집합을 의미하는 것은 도메인(Domain)입니다.
> • 릴레이션(Relation) : 데이터들을 표(Table)의 형태로 표현한 것으로, 구조를 나타내는 릴레이션 스키마와 실제 값들인 릴레이션 인스턴스로 구성됨
> • 튜플(Tuple) : 릴레이션을 구성하는 각각의 행을 의미함
> • 차수(Degree) : 속성의 수를 의미함

> 96섹션 5필드

52. 다음 질의문 실행의 결과는?

```
SELECT 가격 FROM 도서가격 WHERE 책번호 =
(SELECT 책번호 FROM 도서 WHERE 책명 = '운영체제');
```

〈도서〉

책번호	책명
1111	운영체제
2222	세계지도
3333	생활영어

〈도서 가격〉

책번호	가격
1111	15000
2222	23000
3333	7000
4444	5000

① 5000   ② 7000
③ 15000   ④ 23000

> 전문가의 조언 | 지문에 제시된 질의문의 실행 결과는 15000입니다. 문제의 질의문은 하위 질의가 있는 질의문입니다. 먼저 WHERE 조건에 지정된 하위 질의의 SELECT문을 검색한 후 검색 결과를 본 질의의 조건에 있는 '책번호' 속성과 비교합니다.
> ❶ SELECT 책번호 FROM 도서 WHERE 책명 = '운영체제' : 〈도서〉 테이블에서 '책명' 속성의 값이 '운영체제'와 같은 튜플의 '책번호' 속성의 값을 검색합니다. 결과는 1111입니다.
> ❷ SELECT 가격 FROM 도서가격 WHERE 책번호 = 1111; : 〈도서가격〉 테이블에서 '책번호' 속성의 값이 1111과 같은 튜플의 '가격' 속성의 값을 검색합니다. 결과는 15000입니다.

53. 제2정규형에서 제3정규형이 되기 위한 조건은?

① 이행적 함수 종속 제거
② 부분적 함수 종속 제거
③ 다치 종속 제거
④ 결정자이면서 후보키가 아닌 것 제거

> 전문가의 조언 │ 제2정규형에서 제3정규형 수행 시 작업은 '도부이결다조'에서 '이(이행적 함수 종속 제거)'에 해당합니다.
> • 부분적 함수 종속 제거 : 1NF → 2NF
> • 다치 종속 제거 : BCNF → 4NF
> • 결정자이면서 후보키가 아닌 것 제거 : 3NF → BCNF

54. VIEW의 삭제시 사용되는 SQL 명령은?

① NULL VIEW ~
② NULL VIEW ~
③ DELETE VIEW ~
④ DROP VIEW ~

> 전문가의 조언 │ VIEW의 삭제시 사용되는 SQL 명령은 DROP VIEW입니다.

55. 뷰(View)에 대한 설명으로 옳지 않은 것은?

① 뷰는 CREATE 문을 사용하여 정의한다.
② 뷰는 데이터의 논리적 독립성을 제공한다.
③ 뷰를 제거할 때에는 DROP 문을 사용한다.
④ 뷰는 저장장치 내에 물리적으로 존재한다.

> 전문가의 조언 │ 뷰(View)는 저장장치 내에 물리적으로 존재하지 않는 가상 테이블입니다.

56. 학생(STUDENT) 테이블에 컴퓨터정보과 학생 120명, 인터넷정보과 학생 160명, 사무자동화과 학생 80명에 관한 데이터가 있다고 했을 때, 다음에 주어지는 SQL문 ⊙, ⓒ, ⓒ을 각각 실행 시키면, 결과 튜플 수는 각각 몇 개인가? (단, DEPT는 학과 컬럼명임)

> ⊙ SELECT DISTINCT DEPT FROM STUDENT;
> ⓒ SELECT DEPT FROM STUDENT;
> ⓒ SELECT COUNT(DISTINCT DEPT) FROM STUDENT WHERE DEPT = '컴퓨터정보과';

① ⊙ 3, ⓒ 360, ⓒ 1
② ⊙ 360, ⓒ 3, ⓒ 120
③ ⊙ 3, ⓒ 360, ⓒ 120
④ ⊙ 360, ⓒ 3, ⓒ 1

> 전문가의 조언 │ ⊙의 튜플 수는 3개, ⓒ의 튜플 수는 360개, ⓒ의 튜플 수는 1개입니다.
> ⊙ STUDENT 테이블에서 DEPT를 검색하는데 DISTINCT 옵션이 있으므로 중복된 결과는 처음의 한 개만 검색에 포함시킵니다. 컴퓨터정보과 120개 튜플의 DEPT 속성의 값이 같으므로 1개, 인터넷정보과 160개 튜플의 DEPT 속성이 같으므로 1개, 사무자동화과 80개 튜플의 DEPT 속성이 같으므로 1개를 검색에 포함시킵니다. 결과는 3개의 튜플이 검색됩니다.
> ⓒ STUDENT 테이블에서 DEPT를 검색합니다. 총 360개의 튜플이 들어있고 검색 조건이 없으므로 360개의 튜플이 검색됩니다.
> ⓒ STUDENT 테이블에서 DEPT 속성의 값이 '컴퓨터정보과'인 튜플의 중복을 제거하여 개수를 세므로 1개의 튜플이 검색됩니다.

57. 데이터베이스 관리자(DBA)의 역할로 거리가 먼 것은?

① 데이터베이스의 스키마 정의
② 사용자 통제 및 감시
③ 자료의 보안성, 무결성 유지
④ 백업 및 회복 전략 정의

> 전문가의 조언 │ 데이터베이스 관리자(DBA)는 데이터베이스 시스템의 모든 관리와 운영에 대한 책임을 지고 있는 것이지 사용자의 통제 및 감시 등은 수행하지 않습니다.

정답 : 49.④ 50.② 51.② 52.③ 53.① 54.④ 55.④ 56.① 57.②

> 7섹션 3필드

58. 인덱스 순차 파일(Index Sequential File)의 인덱스 영역의 종류에 해당하지 않는 것은?

① Primary data Index Area
② Track Index Area
③ Cylinder Index Area
④ Master Index Area

> 전문가의 조언 | 인덱스 순차 파일의 인덱스 영역의 종류에는 Track Index Area, Cylinder Index Area, Master Index Area가 있습니다.

> 86섹션 1필드

60. 관계대수와 관계해석에 대한 설명으로 옳지 않은 것은?

① 기본적으로 관계대수와 관계해석은 관계 데이터베이스를 처리하는 기능과 능력면에서 동등하다.
② 관계대수는 질의에 대한 해를 생성하기 위해 수행해야 할 연산의 순서를 명시해야 하므로, 비절차적 특징을 가진다.
③ 관계해석은 원하는 정보가 무엇이라는 것만 정의하는 비절차적 특징을 가지고 있다.
④ 관계해석은 수학의 프레디킷 해석(Predicate Calculus)에 기반을 두고 있다.

> 전문가의 조언 | 관계대수는 질의에 대한 해를 생성하기 위해 수행해야 할 연산의 순서를 명시하는 절차적 언어입니다.

> 76섹션 4필드

59. 버블 정렬을 이용한 오름차순 정렬시 다음 자료에 대한 3회전 후의 결과는?

9, 6, 7, 3, 5

① 3, 5, 6, 7, 9
② 6, 3, 5, 7, 9
③ 6, 7, 3, 5, 9
④ 9, 7, 6, 5, 3

> 전문가의 조언 | 버블 정렬은 주어진 파일에서 인접한 두 개의 레코드 키 값을 비교하여 그 크기에 따라 레코드 위치를 서로 교환하는 정렬 방식으로 다음과 같은 과정으로 진행됩니다.
>
> • 초기 상태: 9 6 7 3 5
> ❶ 1회전: 6 9 7 3 5 → 6 7 9 3 5 →
>   6 7 3 9 5 → 6 7 3 5 9
> ❷ 2회전: 6 7 3 5 9 → 6 3 7 5 9 →
>   6 3 5 7 9
> ❸ 3회전: 3 6 5 7 9 → **3 5 6 7 9**
> ❹ 4회전: 3 5 6 7 9

2024년 2회 정보처리산업기사 필기

1과목 정보시스템 기반 기술

30섹션 5필드

1. Gamma의 디자인 패턴 분류 중 행위적 패턴으로 옳은 것은?

① Command 패턴　② Proxy 패턴
③ Adapter 패턴　④ Builder 패턴

전문가의 조언 | • 행위적 패턴에 해당하는 것은 커맨드(Command)입니다.
• 프록시(Proxy)와 어댑터(Adapter)는 구조 패턴, 빌더(Builder)는 생성 패턴에 해당합니다.

30섹션 3필드

2. 다음에 부합하는 디자인 패턴으로 옳은 것은?

> • 하나의 클래스에 대해 생성된 객체 수를 제어하는 생성 패턴이다.
> • 하나의 클래스 인스턴스만 원하며, 모든 클라이언트가 동일한 인스턴스를 공유하기 위한 패턴이다.

① Bridge 패턴　② State 패턴
③ Singleton 패턴　④ Prototype 패턴

전문가의 조언 | 문제의 지문으로 제시된 내용은 싱글톤(Singleton)의 특징입니다.
• 브리지(Bridge) : 구현부에서 추상층을 분리하여, 서로가 독립적으로 확장할 수 있도록 구성한 패턴
• 상태(State) : 객체의 상태에 따라 동일한 동작을 다르게 처리해야 할 때 사용하는 패턴
• 프로토타입(Prototype) : 원본 객체를 복제하는 방법으로 객체를 생성하는 패턴

34섹션 1필드

3. 다음 중 화이트박스 테스트에 대한 설명으로 옳지 않은 것은?

① 모듈의 논리적 구조를 체계적으로 테스트하는 것으로 구조적 테스트라고도 한다.
② 프로그램에서 수행되는 기능에 초점을 가지고 테스트하기 때문에 실제 프로그램의 내부 구조는 다루지 않는다.
③ 화이트박스 테스트를 위해 논리 흐름도를 사용할 수 있다.
④ 모듈 안의 작동을 자세히 관찰하기 위한 시험 방법이다.

전문가의 조언 | ②번은 블랙박스 테스트에 대한 설명입니다.

16섹션 6필드

4. IPv4에서 B 클래스의 기본 서브넷 마스크는?

① 255.255.255.255　② 255.255.255.0
③ 255.255.0.0　④ 255.0.0.0

전문가의 조언 | IPv4의 B 클래스에 해당하는 기본 서브넷 마스크는 255.255.0.0입니다.
• A 클래스 : 255.0.0.0
• C 클래스 : 255.255.255.0

42섹션 1필드

5. 소프트웨어의 개발 과정에서 소프트웨어의 변경 사항을 관리하기 위해 개발된 일련의 활동은?

① 정규화　② 프로토타입
③ 통합 테스트　④ 형상 관리

전문가의 조언 | 소프트웨어의 변경 사항을 관리하기 위해 개발된 일련의 활동을 형상 관리(SCM)라고 합니다.

28섹션 4필드

6. 객체지향에서 정보 은닉과 가장 밀접한 관계가 있는 것은?

① Encapsulation　② Class
③ Method　④ Instance

전문가의 조언 | 캡슐화(Encapsulation)는 데이터(속성)와 데이터를 처리하는 함수를 하나로 묶는 것으로, 캡슐화된 객체의 세부 내용은 외부에 은폐(정보 은닉)됩니다.
• 클래스(Class) : 공통된 속성과 연산(행위)을 갖는 객체의 집합으로, 객체의 일반적인 타입(Type)을 의미함
• 메소드(Method) : 객체가 메시지를 받아 실행해야 할 때 구체적인 연산을 정의하는 것
• 인스턴스(Instance) : 클래스에 속한 각각의 객체를 의미함

24섹션 3필드

7. UML 모델에서 하나의 사물이 다른 사물에 비해 더 일반적인지 구체적인지를 표현하는 경우에 나타나는 관계는?

① 의존 관계　② 일반화 관계
③ 연관 관계　④ 포함 관계

전문가의 조언 | 하나의 사물이 다른 사물에 비해 더 일반적인지 구체적인지를 표현하는 관계는 일반화(Generalization) 관계입니다.
• 의존(Dependency) 관계 : 연관 관계와 같이 사물 사이에 서로 연관은 있으나 필요에 의해 서로에게 영향을 주는 짧은 시간 동안만 연관을 유지하는 관계를 표현함
• 연관(Association) 관계 : 2개 이상의 사물이 서로 관련되어 있음을 표현함
• 포함(Composition) 관계 : 집합 관계의 특수한 형태로, 포함하는 사물의 변화가 포함되는 사물에게 영향을 미치는 관계를 표현함

정답 : 1.① 2.③ 3.② 4.③ 5.④ 6.① 7.②

2024년 2회

24섹션 4필드

8. UML에서 활용되는 다이어그램 중, 시스템의 동작을 표현하는 행위(Behavioral) 다이어그램에 해당하지 않는 것은?

① 유스케이스 다이어그램(Use Case Diagram)
② 시퀀스 다이어그램(Sequence Diagram)
③ 활동 다이어그램(Activity Diagram)
④ 배치 다이어그램(Deployment Diagram)

> 전문가의 조언 | 배치 다이어그램은 구조적(Structural) 다이어그램에 해당됩니다.

26섹션 1필드

9. 소프트웨어 아키텍처 설계 시 고려사항이 아닌 것은?

① 개발자와 사용자 간의 의사소통 도구로 활용될 수 있어야 한다.
② 이해하기 쉽고, 명확하게 작성해야 한다.
③ 재사용이 불가능하도록 설계해야 한다.
④ 이해 관계자들의 품질 요구사항을 반영하여 품질 속성을 결정한다.

> 전문가의 조언 | 소프트웨어 아키텍처는 재사용이 가능하도록 설계해야 합니다. 소프트웨어 아키텍처 설계의 기본 원리 중 모듈화가 바로 재사용이 용이하도록 시스템의 기능들을 모듈 단위로 나누는 것을 의미합니다.

26섹션 6필드

10. 객체지향 설계에서 정보 은닉(Information Hiding)과 관련한 설명으로 틀린 것은?

① 필요하지 않은 정보는 접근할 수 없도록 하여 한 모듈 또는 하부 시스템이 다른 모듈의 구현에 영향을 받지 않게 설계되는것을 의미한다.
② 모듈들 사이의 독립성을 유지시키는 데 도움이 된다.
③ 설계에서 은닉되어야 할 기본 정보로는 IP 주소와 같은 물리적 코드, 상세 데이터 구조 등이 있다.
④ 모듈 내부의 자료 구조와 접근 동작들에만 수정을 국한하기 때문에 요구사항 등 변화에 따른 수정이 불가능하다.

> 전문가의 조언 | 정보 은닉은 모듈이 독립성을 갖게 해주므로, 요구사항 등 변화에 따른 수정이 가능합니다.

36섹션 3필드

11. 하향식 통합 시험을 위해 일시적으로 필요한 조건만을 가지고 임시로 제공되는 시험용 모듈은?

① Stub
② Driver
③ Procedure
④ Function

> 전문가의 조언 | 하향식 통합 테스트에서 사용하는 시험용 모듈은 스텁(Stub)입니다.
> • 드라이버(Driver) : 테스트 대상의 하위 모듈을 호출하는 도구로, 매개 변수(Parameter)를 전달하고, 모듈 테스트 수행 후의 결과를 도출함

38섹션 3필드

12. 사용자가 시스템이나 서비스를 이용하면서 느끼고 생각하게 되는 총체적인 경험을 의미하는 것은?

① UI
② UX
③ Use Case
④ Gesture

> 전문가의 조언 | 사용자가 시스템이나 서비스를 이용하면서 느끼고 생각하게 되는 총체적인 경험은 UX(User Experience)입니다.
> • UI(사용자 인터페이스) : 사용자와 시스템 간의 상호작용이 원활하게 이뤄지도록 도와주는 장치나 소프트웨어를 의미함

29섹션 3필드

13. 럼바우(Rumbaugh)의 객체지향 분석 기법 중 자료 흐름도(DFD)를 주로 이용하는 것은?

① 기능 모델링
② 동적 모델링
③ 객체 모델링
④ 정적 모델링

> 전문가의 조언 | 자료 흐름도(DFD)는 럼바우(Rumbaugh)의 객체지향 분석 기법 중 기능 모델링에서 주로 이용됩니다.
> • 객체 모델링(Object Modeling) : 정보 모델링이라고도 하며, 시스템에서 요구되는 객체를 찾아내어 속성과 연산 식별 및 객체들 간의 관계를 규정하여 객체 다이어그램으로 표시하는 모델링
> • 동적 모델링(Dynamic Modeling) : 상태 다이어그램(상태도)를 이용하여 시간의 흐름에 따른 객체들 간의 제어 흐름, 상호 작용, 동작 순서 등의 동적인 행위를 표현하는 모델링

35섹션 1필드

14. 소프트웨어 테스트 순서로 올바로 나열된 것은?

① 단위 테스트 → 인수 테스트 → 통합 테스트 → 시스템 테스트
② 단위 테스트 → 통합 테스트 → 시스템 테스트 → 인수 테스트
③ 인수 테스트 → 단위 테스트 → 시스템 테스트 → 통합 테스트
④ 시스템 테스트 → 인수 테스트 → 단위 테스트 → 통합 테스트

> 전문가의 조언 | 소프트웨어 테스트는 '단위 테스트 → 통합 테스트 → 시스템 테스트 → 인수 테스트' 순으로 진행합니다.

26섹션 2필드

15. 아키텍처 설계에서 뷰의 종류가 아닌 것은?

① 물리적 뷰
② 논리적 뷰
③ 프로세스 뷰
④ 배포 뷰

> 전문가의 조언 | 소프트웨어 아키텍처 뷰에는 유스케이스 뷰, 논리적 뷰, 구현 뷰, 배포 뷰, 프로세스 뷰가 있습니다.

22섹션 3필드

16. 자료 흐름도(Data Flow Diagram)의 구성 요소에 해당되지 않는 것은?

① 자료 흐름(Data Flow)
② 처리(Process)
③ 자료 저장소(Data Store)
④ 의사 결정표(Decision Table)

전문가의 조언 | 자료 흐름도(DFD)의 구성 요소 4가지는 프로세스(Process), 자료 흐름(Flow), 자료 저장소(Data Store), 단말(Terminator)입니다.

38섹션 4필드

17. 키보드로 명령어를 직접 입력하지 않고, 마우스로 아이콘이나 메뉴를 선택하여 모든 작업을 수행하는 방식은?

① CLI   ② GUI
③ NUI   ④ OUI

전문가의 조언 | 마우스로 아이콘이나 메뉴를 선택하여 모든 작업을 수행하는 방식은 GUI(Graphical User Interface)입니다.
• CLI(Command Line Interface) : 명령과 출력이 텍스트 형태로 이뤄지는 인터페이스
• NUI(Natural User Interface) : 사용자의 말이나 행동으로 기기를 조작하는 인터페이스
• OUI(Organic User Interface) : 모든 사물과 사용자 간의 상호작용을 위한 인터페이스

35섹션 2필드

18. 개별 모듈을 시험하는 것으로 모듈이 정확하게 구현되었는지, 예정한 기능이 제대로 수행되는지를 점검하는 것이 주 목적인 테스트는?

① 통합 테스트   ② 단위 테스트
③ 인수 테스트   ④ 시스템 테스트

전문가의 조언 | 모듈이나 컴포넌트 단위로 기능을 확인하는 테스트는 단위 테스트(Unit Test)입니다.
• 통합 테스트(Integration Test) : 단위 테스트가 완료된 모듈들을 결합하여 하나의 시스템으로 완성시키는 과정에서의 테스트
• 시스템 테스트(System Test) : 개발된 소프트웨어가 해당 컴퓨터 시스템에서 완벽하게 수행되는가를 점검하는 테스트
• 인수 테스트(Acceptance Test) : 개발한 소프트웨어가 사용자의 요구사항을 충족하는지에 중점을 두고 하는 테스트

39섹션 2필드

19. 사용자 인터페이스(UI)의 요소에 대한 설명으로 옳지 않은 것은?

① 토글 버튼은 자주 찾지 않는 항목의 on/off를 결정할 때 사용한다.
② 라디오 버튼은 여러 항목 중 하나만 선택해야 할 때 사용한다.
③ 콤보 상자는 목록 상자에 제시된 여러 항목 중 하나를 선택할 때 사용한다.
④ 체크 박스는 여러 개의 선택 상황에서 1개의 값만 선택해야 할 때 사용한다.

전문가의 조언 | 체크 박스는 여러 개의 선택 상황에서 1개 이상의 값을 선택할 때 사용하는 UI 요소입니다.

4섹션 6필드

20. 교착상태의 해결 방안 중 은행원 알고리즘과 관계되는 것은?

① Avoidance
② Prevention
③ Detection
④ Recovery

전문가의 조언 | 회피 기법(Avoidance)은 교착상태가 발생할 가능성을 배제하지 않고 교착상태가 발생하면 적절히 피해나가는 방법으로, 주로 은행원 알고리즘(Banker's Algorithm)이 사용됩니다.
• 예방 기법(Prevention) : 교착상태가 발생하지 않도록 사전에 시스템을 제어하는 방법으로, 교착상태 발생의 네 가지 조건 중에서 어느 하나를 제거(부정)함으로써 수행됨
• 발견 기법(Detection) : 시스템에 교착상태가 발생했는지 점검하여 교착상태에 있는 프로세스와 자원을 발견하는 것을 의미함
• 회복 기법(Recovery) : 교착상태를 일으킨 프로세스를 종료하거나 교착상태의 프로세스에 할당된 자원을 선점하여 프로세스나 자원을 회복하는 것을 의미함

2 과목 | 프로그래밍 언어 활용

52섹션 3필드

21. 다음 JAVA 프로그램이 실행되었을 때, 실행 결과는?

```
public class Main {
    public static void main(String[] args) {
        System.out.print("(a) " + 10/4);
        System.out.print(", (b) " + 10.0/4);
    }
}
```

① (a) 2, (b) 2.5
② (a) 10/4, (b) 10.0/4
③ (a) 2.5, (b) 2.5
④ (a) 2.5, (b) 2

전문가의 조언 | 코드의 실행 결과로 출력되는 값은 (a) 2, (b) 2.5이며, 사용된 코드의 의미는 다음과 같습니다.

```
public class Main {    public static void main(String[] args) {
❶    System.out.print("(a) " + 10/4);
❷    System.out.print(", (b) " + 10.0/4);
    }
}
```

❶ (a) 를 출력한 후 10/4의 결과인 2를 출력한다.
※ 정수 나눗셈의 결과는 정수이므로, 10/4의 결과는 2.5가 아니라 2가 됩니다.
결과 (a) 2

❷ , (b) 를 출력한 후 10.0/4의 결과인 2.5를 출력한다.
※ 실수가 포함된 나눗셈은 실수로 처리되어 10.0/4.0이 수행되므로, 결과는 2.5가 됩니다.
결과 (a) 2, (b) 2.5

52섹션 2필드

22. 다음 C언어 프로그램이 실행되었을 때, 실행 결과는?

```
#include <stdio.h>
int main( ) {
    int x;
    float y;
    x = y = 10.5;
    printf("%d %f", x, y);
    return 0;
}
```

① 10 10
② 10.000000 10.500000
③ 10 10.500000
④ 10.500000 10.000000

전문가의 조언 | 코드의 실행 결과로 출력되는 값은 10 10.500000이며, 사용된 코드의 의미는 다음과 같습니다.

```
#include <stdio.h>
int main( ) {
❶    int x;
❷    float y;
❸    x = y = 10.5;
❹    printf("%d %f", x, y);
❺    return 0;
}
```

❶ 정수형 변수 x를 선언한다.
❷ 실수형 변수 y를 선언한다.
❸ x와 y에 10.5를 저장한다. x는 정수형 변수이므로 10이 저장되고, y는 실수형 변수이므로 10.5가 저장된다.
❹ x의 값 10을 정수형으로 출력하고 한 칸을 띈 후 y의 값 10.5를 실수형으로 출력한다. %f는 소수점 이하를 기본적으로 6자리로 출력하므로 y의 값 10.5는 10.500000으로 출력된다.
결과 10 10.500000

❺ main( ) 함수에서의 'return 0'은 프로그램의 종료를 의미한다.

61섹션 1필드

23. HTML5의 〈input〉 태그에서 반드시 입력되어야 할 필드를 만들 때 사용하는 속성은?

① essential
② required
③ expected
④ fill

전문가의 조언 | 〈input〉 태그에서 반드시 입력되어야 할 필드를 명시할 때 사용하는 속성은 required입니다.

52섹션 5필드

24. C언어에서 문자로 저장된 파일의 데이터를 숫자로 읽어 들일 때 사용할 수 있는 함수는?

① fscanf
② fgets
③ scanf
④ gets

전문가의 조언 | fscanf( ) 함수는 파일로부터 데이터를 읽어들여 문자, 숫자 등 원하는 자료형으로 변환하여 저장할 수 있습니다.
• fgets( ) : 파일로부터 데이터를 입력받아 문자열로 저장하는 함수
• scanf( ) : 키보드로부터 데이터를 입력받아 지정한 자료형으로 저장하는 함수
• gets( ) : 키보드로부터 데이터를 입력받아 문자열로 저장하는 함수

61섹션 6필드

25. 다음 중 CSS의 속성 중 사각형 테두리를 둥글게 만드는 속성은?

① border-radius ② square-round
③ border-round   ④ square-radius

전문가의 조언 | 사각형 테두리를 둥글게 만드는 CSS 속성은 border-radius입니다.

50섹션 2필드

26. C언어에서 상수를 정의할 때 사용하는 예약어는?

① #include   ② #define
③ #valuable ④ #function

전문가의 조언 | C언어에서는 상수를 만들 때, #define [이름] [데이터] 또는 const [자료형] [이름] = [데이터]를 사용합니다.

56섹션 2필드

27. 다음 C언어 프로그램이 실행되었을 때, 실행 결과는?

```
int main() {
    int arg[4] = { 70, 80, 90, 100 };
    int* p = arg + 1;
    printf("%d", p[2]);
}
```

① 70   ② 80
③ 90   ④ 100

전문가의 조언 | 코드의 실행 결과로 출력되는 값은 100이며, 사용된 코드의 의미는 다음과 같습니다.

```
int main( ) {
❶   int arg[4] = { 70, 80, 90, 100 };
❷   int* p = arg + 1;
❸   printf("%d", p[2]);
}
```

❶ 4개의 요소를 갖는 정수형 배열 arg를 선언하고 초기화한다.

	[0]	[1]	[2]	[3]
arg	70	80	90	100

❷ 정수형 포인터 변수 p를 선언하고 arg에 1을 더한 값을 저장한다. 배열의 이름은 배열의 시작 주소를 의미하며, 그 값을 1 증가 시킨다는 것은 현재 arg가 가리키는 주소에서 번지를 하나 증가시키는 것을 의미한다.

※ 다음 그림에서 지정한 주소는 임의로 정한 것이며, 이해를 돕기 위해 주소를 실제 표현되는 16진수가 아니라 10진수로 표현했습니다.

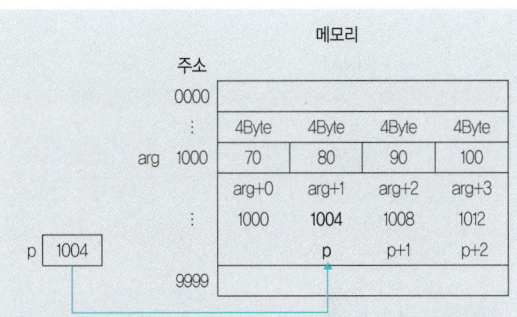

❸ p[2]의 값을 정수로 출력한다. p[2]는 p에서 두 번째 증가시킨 곳의 주소가 가리키는 값을 의미한다. 즉 p의 주소 '1004'에서 두 번지 증가한 주소 '1012' 가 가리키는 값 100이 화면에 출력된다.

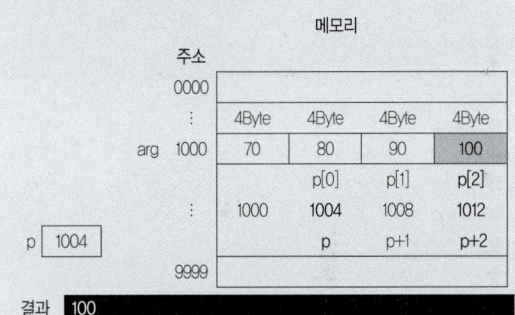

61섹션 6필드

28. 다음과 같이 HTML 문서를 작성했을 때 노란색 배경을 갖는 셀의 위치는?

```
ii<html>
    <style>
        tr:nth-child(even) { background-color:yellow; }
    </style>
    <body>
        <table>
            <thead>
                <tr>
                    <th></th>
                </tr>
            </thead>
            <tfoot>
                <tr>
                    <td></td>
                </tr>
            </tfoot>
            <tbody>
```

```
            <tr>
                <td></td>
            </tr>
            <tr>
                <td></td>
            </tr>
        </tbody>
    </table>
</body>
</html>
```

① 1행   ② 2행   ③ 3행   ④ 4행

전문가의 조언 | 노란색 배경을 갖는 셀의 위치는 **3행**이며, 사용된 코드의 의미는 다음과 같습니다.

❶ `<html>`
❷ `<style>`
❸   `tr:nth-child(even) { background-color:yellow; }`
❹ `</style>`
❺ `<body>`
❻   `<table>`
❼   `<thead>`
❽   `<tr>`
❾   `<th></th>`
❿   `</tr>`
⓫   `</thead>`
⓬   `<tfoot>`
⓭   `<tr>`
⓮   `<td></td>`
⓯   `</tr>`
⓰   `</tfoot>`
⓱   `<tbody>`
⓲   `<tr>`
⓳   `<td></td>`
⓴   `</tr>`
㉑   `<tr>`
㉒   `<td></td>`
㉓   `</tr>`
㉔   `</tbody>`
㉕   `</table>`
㉖ `</body>`
㉗ `</html>`

HTML 문서는 태그(Tag)를 사용하여 브라우저에 나타날 웹 페이지를 구성합니다. 태그는 특정 기능이나 모양 등을 정의하기 위한 '꼬리표'를 의미합니다. 예를 들어 제목(title)으로 '시나공'을 정의하고 싶다면, `<title>`시나공`</title>`로 쓸 수 있습니다. '`<title>`'은 시작 태그, '/'가 들어간 '`</title>`'은 종료 태그에 해당합니다.

❶, ㉗ HTML 문서임을 알리는 시작점과 종료점이다. ❶번부터 ㉗번까지의 문장이 HTML의 문법으로 작성되었음을 알 수 있다.

```
<HTML>
```

❷, ❹ 스타일을 정의하는 태그의 시작점과 종료점이다. ❷번부터 ❹번 사이에는 화면에 표시될 요소들의 모양, 색상 등 스타일에 대한 것이 정의된다.

❸ 'tr'이라고 지정된 곳의 짝수 행에 노란색 배경을 지정한다.

- **nth-child( )** : 특정 순번이나 홀수, 짝수 요소에만 스타일을 부여할 때 사용하는 속성. 여기서는 even이라고 하였으므로 짝수 요소에 대해서만 지정한 스타일이 적용된다.
- **background-color:yellow** : backgrond-color는 배경색을 의미하는 속성이고, yellow는 노란색을 의미한다.

❺, ㉖ 웹 페이지에 표시될 본문의 시작점과 종료점이다. ❺번부터 ㉖번 사이에는 웹 페이지에 표시될 다양한 요소들이 정의된다.

❻, ㉕ 본문에 표시될 테이블의 시작점과 종료점이다. ❻번부터 ㉕번 사이에는 테이블의 가로 행을 의미하는 `<tr>`과 세로 열을 의미하는 `<td>`가 주로 사용된다.

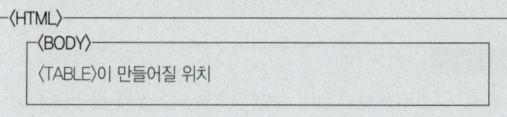

❼, ⓫ 표의 머리글 부분을 정의하는 태그의 시작점과 종료점이다. ❼번부터 ⓫번 사이에 정의된 행, 열은 표의 가장 윗 부분에 위치하게 된다.

❽, ❿ 표의 행을 정의하는 시작점과 종료점이다. ❽번부터 ❿번 사이에는 하나의 행에 들어갈 열을 정의한다.

❾ 제목 열 하나를 정의한다.

- **`<th>`** : `<td>`와 동일하게 하나의 열을 의미하지만 표의 제목 역할을 맡아, 굵은 글씨체와 가운데 정렬이 기본값으로 설정되어 있다.

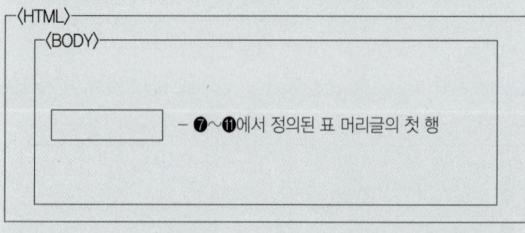

⓬, ⓰ 표의 바닥글 부분을 정의하는 태그의 시작점과 종료점이다. ⓬번부터 ⓰번 사이에 정의된 행, 열은 표의 가장 아랫 부분에 위치하게 된다.

⓭, ⓯ 표의 행을 정의하는 시작점과 종료점이다. ⓭번부터 ⓯번 사이에는 하나의 행에 들어갈 열을 정의한다.

⓮ 열 하나를 정의한다.

57섹션 1필드

30. 다음 C언어 코드에서 괄호에 들어갈 알맞은 예약어는?

```
#include <stdio.h>
int func(int i, int j) {
    int sum = i + j;
    (    ) sum;
}
int main( ) {
    int r = func(3, 5);
}
```

① print ② input
③ continue ④ return

전문가의 조언 | 괄호에 들어갈 알맞은 예약어는 retrun이며, 사용된 코드의 의미는 다음과 같습니다.

```
  #include <stdio.h>
❷ int func(int i, int j) {
❸     int sum = i + j;
❹     return sum;
  }
  int main( ) {
❶❺    int r = func(3, 5);
  }
```

- 모든 C 프로그램은 반드시 main( ) 함수에서 시작한다.
❶ 정수형 변수 r을 선언하고, 3과 5를 인수로 func( ) 함수를 호출한 후 돌려받은 값으로 초기화한다.
❷ 정수를 반환하는 func( ) 메소드의 시작점이다. ❶번에서 전달한 3과 5를 i와 j가 받는다. (i=3, j=5)
❸ 정수형 변수 sum을 선언하고 i와 j를 더한 값 8로 초기화한다. (sum=8)
❹ sum의 값 8을 함수를 호출했던 ❶번으로 반환한다.
❺ ❹번에서 돌려받은 값 8을 r에 저장한다. (r=8)

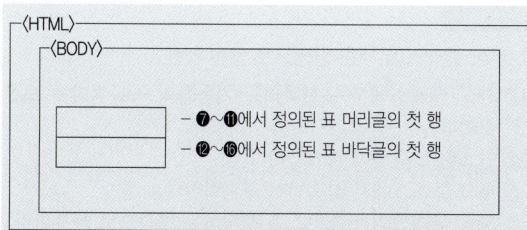

⓱, ㉔ 표의 본문을 정의하는 태그의 시작점과 종료점이다. ⓱번부터 ㉔번 사이에 정의된 행, 열은 표의 머리글과 바닥글 사이에 위치하게 된다.
⓲, ⑳ 표의 행을 정의하는 시작점과 종료점이다. ⓲번부터 ⑳번 사이에는 하나의 행에 들어갈 열을 정의한다.
⓳ 열 하나를 정의한다.

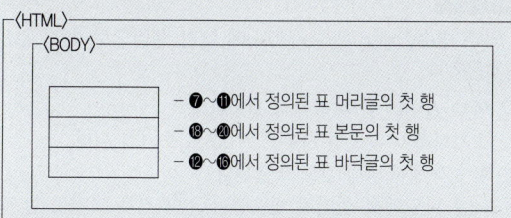

㉑, ㉓ 표의 행을 정의하는 시작점과 종료점이다. ㉑번부터 ㉓번 사이에는 하나의 행에 들어갈 열을 정의한다. 여기에서 생성된 행은 본문의 두번째 행, 즉 짝수 요소에 해당하므로 ❸번에서 정의된 스타일인 노란색 배경이 적용된다.
㉒ 열 하나를 정의한다.

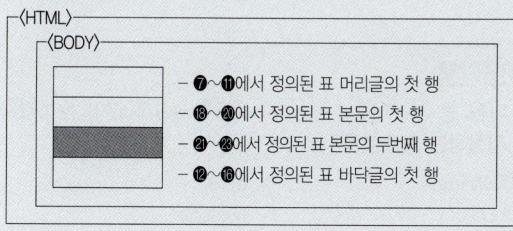

62섹션 1필드

29. HTML에 JavaScript를 삽입하는 방법으로 옳지 않은 것은?

① HTML에 직접 입력 - ⟨script⟩ document.write(100) ⟨/script⟩
② 외부 파일 호출 - ⟨script src="abc.js"⟩⟨/script⟩
③ 내부 코드 삽입 - ⟨input type="button" value="click" onclick="msg(100)"⟩
④ HTML에 직접 입력 - ⟨javascript⟩ document.write(100) ⟨/javascript⟩

전문가의 조언 | • JavaScript를 삽입하는 방법으로 옳지 않은 것은 ④번입니다.
• HTML에 코드 삽입 시 스크립트가 자바 스크립트 형식으로 입력되었다는 것을 나타낼 때는 ⟨script type="text/javascript"⟩ ⟨/script⟩와 같이 작성합니다.

70섹션 3필드

31. 다음 중 목록을 생성하는 HTML 태그가 아닌 것은?

① ⟨ul⟩ ② ⟨li⟩
③ ⟨ol⟩ ④ ⟨el⟩

전문가의 조언 | 목록에 사용하는 태그에는 ⟨ul⟩, ⟨ol⟩, ⟨li⟩, ⟨dl⟩, ⟨dt⟩, ⟨dd⟩가 있습니다.

정답 : 28.③ 29.④ 30.④ 31.④

51섹션 6필드

32. 다음 자바 프로그램 조건문에 대해 삼항 조건 연산자를 사용하여 옳게 나타낸 것은?

```
if (a > b)
    max = a;
else if (a <= b)
    max = b;
```

① max = (a > b) ? a : b;
② (a > b) ? max = a : max = b;
③ max = (a <= b) ? a : b;
④ (a <= b) ? max = a : max = b;

전문가의 조언 | • 지문의 코드는 a가 b보다 크면 max에 a의 값을 저장하고, a가 b보다 크지 않으면 max에 b의 값을 저장하는 if문입니다.
• 조건에 맞는 식은 ①번과 ②번이지만, 삼항 연산자의 각 항에는 삼항 연산자보다 우선순위가 높은 대입 연산자나 순서 연산자를 사용하지 못하므로 ①번이 답입니다.

50섹션 1필드

33. 컴퓨터가 명령을 처리하는 도중 발생하는 값인 숫자, 문자열, 논리값 등을 저장하기 위한 공간을 의미하는 용어는?

① 상수   ② 변수
③ 예약어   ④ 주석

전문가의 조언 | 프로그래밍 언어에서 값을 저장하는 공간을 변수(Variable)라고 합니다.

73섹션 1필드

34. 보안 아키텍처의 개발 과정에서 구현해야 할 보안 요소들을 구체화하고 설계하는 과정은?

① 보안 요구사항 추출   ② 보안 아키텍처 설계
③ 취약점 분석 및 기획   ④ 보안 테스트

전문가의 조언 | 보안 아키텍처의 개발 과정에서 보안 요소들을 구체화하고 설계하는 단계는 보안 아키텍처 설계 단계입니다.

61섹션 7필드

35. 다음 중 C언어에서 정수형 변수 앞에 추가하여 0 이상의 값을 표현하도록 하는 예약어는?

① static   ② fixed
③ signed   ④ unsigned

전문가의 조언 | C언어에서 자료형에 저장될 음수의 값을 제한하여 더 많은 수의 양수와 0을 저장하도록 해주는 예약어는 unsigned입니다.

28섹션 3필드

36. 추상 클래스에 대한 설명으로 틀린 것은?

① 자식 클래스에서 구현하려는 기능들의 공통점만을 모은 것이다.
② 인스턴스 생성이 불가능하다.
③ 부모 클래스에서 상속받아 구체화한다.
④ 자식 클래스의 인스턴스를 생성하는 방식으로 사용한다.

전문가의 조언 | ③번은 자식 클래스에 대한 설명입니다.

50섹션 3필드

37. 외부 변수(External Variable)에 대한 설명으로 옳지 않은 것은?

① 외부 변수는 함수 밖에서 선언한다.
② 초기화하지 않으면 자동으로 0으로 초기화 된다.
③ 함수가 종료되면 값도 소멸된다.
④ 다른 파일에서 선언된 변수를 참조할 경우 초기화 할 수 없다.

전문가의 조언 | 외부 변수는 함수가 종료되어도 기존에 저장된 값을 그대로 갖고 있습니다.

49섹션 3필드

38. 다음 중 JAVA에서 참(true), 거짓(false)과 같이 논리값을 저장하는 자료형은?

① String   ② byte
③ bool   ④ boolean

전문가의 조언 | Java에서 논리값을 저장하는 자료형은 boolean입니다.

64섹션 5필드

39. 객체지향의 주요 개념에 대한 설명으로 틀린 것은?

① 캡슐화는 상위 클래스에서 속성이나 연산을 전달받아 새로운 형태의 클래스로 확장하여 사용하는 것을 의미한다.
② 객체는 실세계에 존재하거나 생각할 수 있는 것을 말한다.
③ 클래스는 하나 이상의 유사한 객체들을 묶어 공통된 특성을 표현한 것이다.
④ 다형성은 상속받은 여러 개의 하위 객체들이 다른 형태의 특성을 갖는 객체로 이용될 수 있는 성질이다.

전문가의 조언 | ①번은 상속(inheritance)에 대한 설명입니다.

64섹션 3필드
40. 다음 중 객체지향 언어에 속하는 것은?

① ALGOL ② COBOL
③ C ④ C++

전문가의 조언 | C++은 객체지향 언어, 나머지는 모두 절차적 프로그래밍 언어에 속합니다.

3과목 데이터베이스 활용

81섹션 2필드
41. 개체-관계(E-R) 모델에 대한 설명으로 틀린 것은?

① 개체 타입과 이들 간의 관계 타입을 이용해서 현실세계를 개념적으로 표현하는 방법이다.
② 1976년 P.Chen이 제안한 것이다.
③ E-R 모델의 기본적인 아이디어를 시각적으로 가장 잘 나타낸 것이 E-R 다이어그램이다.
④ E-R 다이어그램은 개체 타입을 사각형, 관계 타입을 다이아몬드, 속성을 화살표로 표현한다.

전문가의 조언 | E-R 다이어그램에서 개체 타입은 사각형, 관계 타입은 다이아몬드(마름모), 속성은 타원으로 표현합니다.

87섹션 3필드
42. 릴레이션을 조작할 때 데이터의 중복으로 인하여 발생하는 이상(Anomaly) 현상이 아닌 것은?

① 검색 이상 ② 삽입 이상
③ 삭제 이상 ④ 갱신 이상

전문가의 조언 | 이상의 종류에는 삽입 이상, 삭제 이상, 갱신 이상이 있습니다.

86섹션 2필드
43. 관계대수의 프로젝트 연산의 연산자 기호는?

① π ② ∩
③ ÷ ④ ∪

전문가의 조언 | 프로젝트(Project) 연산의 연산자 기호는 π입니다.
• ∩ : 교집합(INTERSECTION)
• ÷ : 디비전(Division)
• ∪ : 합집합(UNION)

78섹션 2필드
44. 데이터베이스의 정의로 가장 적합한 것은?

① 공용 데이터(Shared Data), 통합 데이터(Integrated Data), 통신 데이터(Communication Data), 운영 데이터(Operational Data)
② 공용 데이터(Shared Data), 색인 데이터(Indexed Data), 통신 데이터(Communication Data), 운영 데이터(Operational Data)
③ 공용 데이터(Shared Data), 색인 데이터(Indexed Data), 저장 데이터(Stored Data), 운영 데이터(Operational Data)
④ 공용 데이터(Shared Data), 통합 데이터(Integrated Data), 저장 데이터(Stored Data), 운영 데이터(Operational Data)

전문가의 조언 | 데이터베이스 정의 4가지는 공용·통합·저장·운영 데이터입니다.

90섹션 2필드
45. 뷰(VIEW)에 대한 설명으로 옳은 내용을 모두 나열한 것은?

㉠ 하나 이상의 기본 테이블로부터 유도되어 만들어지는 물리적인 실제 테이블이다.
㉡ 데이터의 접근을 제어하게 함으로써 보안을 제공한다.
㉢ 사용자의 데이터 관리를 간단하게 해 준다.
㉣ 뷰가 정의된 기본 테이블이 삭제되면, 뷰도 자동적으로 삭제된다.

① ㉠, ㉡ ② ㉠, ㉢, ㉣
③ ㉡, ㉢, ㉣ ④ ㉠, ㉡, ㉢, ㉣

전문가의 조언 |
• 뷰(VIEW)에 대한 설명으로 옳은 것은 ㉡, ㉢, ㉣입니다.
• 뷰(View)는 하나 이상의 기본 테이블로부터 유도된, 이름을 가지는 가상 테이블로 저장장치 내에 물리적으로 존재하지 않습니다.

74섹션 3필드
46. 다음 자료에 대하여 Selection Sorting으로 오름차순 정렬할 경우 PASS 3의 결과는?

초기 상태 : 8, 3, 4, 9, 7

① 3, 4, 7, 9, 8 ② 3, 4, 8, 9, 7
③ 3, 8, 4, 9, 7 ④ 3, 4, 7, 8, 9

정답 : 32.① 33.② 34.② 35.④ 36.② 37.③ 38.④ 39.① 40.④ 41.④ 42.① 43.① 44.④ 45.③ 46.①

전문가의 조언 | 선택 정렬(Selection Sorting)은 n개의 레코드 중에서 최소값을 찾아 첫 번째 레코드 위치에 놓고, 나머지 n-1개 중에서 다시 최소값을 찾아 두 번째 레코드 위치에 놓는 방식을 반복하여 정렬하는 방식입니다.

- 초기 상태: 8 3 4 9 7
- ❶ 1회전: 8 3 4 9 7 → 3 8 4 9 7
  첫 번째부터 마지막 값 중 최소값 3을 찾아 첫 번째 값 8과 위치를 교환합니다.
- ❷ 2회전: 3 8 4 9 7 → 3 4 8 9 7
  두 번째부터 마지막 값 중 최소값 4를 찾아 두 번째 값 8과 위치를 교환합니다.
- ❸ 3회전: 3 4 8 9 7 → 3 4 7 9 8
  세 번째부터 마지막 값 중 최소값 7을 찾아 세 번째 값 8과 위치를 교환합니다.
- ❹ 4회전: 3 4 7 9 8 → 3 4 7 8 9
  네 번째부터 마지막 값 중 최소값 8을 찾아 네 번째 값 9와 위치를 교환합니다.

97섹션 4필드

47. [상반기진급] 테이블과 [하반기진급] 테이블은 모두 '사번', '이름', '부서' 필드로 구성되어 있다. 다음 중 두 테이블의 레코드를 통합하려고 할 때 쿼리문으로 올바른 것은?

① Select 사번, 이름, 부서 From 상반기진급, 하반기진급 Where 상반기진급.사번 = 하반기진급.사번;
② Select 사번, 이름, 부서 From 상반기진급 JOIN Select 사번, 이름, 부서 From 하반기진급;
③ Select 사번, 이름, 부서 From 상반기진급 OR Select 사번, 이름, 부서 From 하반기진급;
④ Select 사번, 이름, 부서 From 상반기진급 UNION Select 사번, 이름, 부서 From 하반기진급;

전문가의 조언 | 성격이 유사한 두 개의 테이블 데이터를 통합하여 하나로 만들려면 합집합(UNION) 연산자를 사용하면 됩니다.

74섹션 4필드

48. 스택(STACK)의 응용 분야로 거리가 먼 것은?
① 함수 호출
② 인터럽트 처리
③ 작업 스케줄링
④ 수식 계산

전문가의 조언 | 작업 스케줄링은 큐(Queue)의 응용 분야에 사용됩니다.

78섹션 6필드

49. 데이터베이스의 스키마(Schema)를 3단계로 표현할 때, 해당되지 않는 것은?
① 외부 스키마
② 저장 스키마
③ 개념 스키마
④ 내부 스키마

전문가의 조언 | 스키마의 종류 3가지는 개념, 외부, 내부 스키마입니다.

92섹션 2필드

50. SQL 명령 중 DDL에 해당하는 것으로만 짝지어진 것은?
① CREATE, ALTER, SELECT
② CREATE, UPDATE, DROP
③ CREATE, ALTER, DROP
④ DELETE, ALTER, DROP

전문가의 조언 | DDL(데이터 정의어)에는 CREATE, ALTER, DROP이 있습니다.
- SELECT, UPDATE, DELETE는 DML(데이터 조작어)에 해당합니다.

80섹션 4필드

51. 데이터 모델의 구성 요소가 아닌 것은?
① 데이터 구조(Structure)
② 연산(Operations)
③ 관계(Relationship)
④ 제약 조건(Constraints)

전문가의 조언 | 데이터 모델의 구성 요소 3가지는 데이터 구조(Structure), 연산(Operations), 제약 조건(Constraints)입니다.

83섹션 3필드

52. 릴레이션에 관한 설명 중 옳은 내용 모두를 나열한 것은?

> ㉠ 하나의 릴레이션에서 튜플의 순서는 존재한다.
> ㉡ 한 릴레이션에 나타난 속성 값은 논리적으로 분해 가능한 값이어야 한다.
> ㉢ 한 릴레이션 내의 튜플은 중복 가능하다.
> ㉣ 각 속성은 릴레이션 내에서 유일한 이름을 가진다.

① ㉠
② ㉣
③ ㉡, ㉢
④ ㉡, ㉢, ㉣

전문가의 조언 | 릴레이션에 관한 설명 중 옳은 것은 ㉣입니다.
㉠ 하나의 릴레이션에서 튜플의 순서는 없습니다.
㉡ 모든 속성 값은 더 이상 분해할 수 없는 원자값이어야 합니다.
㉢ 모든 튜플은 서로 다른 값을 가져야 합니다.

[87섹션 5필드]

53. 다음의 조건을 모두 만족하는 정규형은?

> 모든 도메인은 원자 값이고, 기본키가 아닌 모든 속성들이 기본키에 대해 완전 함수 종속적이며, 이행적 함수 종속 관계는 제거되었다.

① 제 1정규형
② 제 2정규형
③ 제 3정규형
④ 비정규 릴레이션

전문가의 조언 | 모든 도메인은 원자 값이므로 제 1정규형을 만족하고, 기본키가 아닌 모든 속성들이 기본키에 대해 완전 함수 종속이므로 제 2정규형을 만족합니다. 그리고 이행적 함수 종속 관계가 제거 되었으므로 제 3정규형을 만족합니다.

[83섹션 2필드]

54. 릴레이션에서 속성의 수와 튜플의 수를 의미하는 것으로 순서대로 옳게 짝지어진 것은?

① CARDINALITY, DEGREE
② DOMAIN, DEGREE
③ DEGREE, CARDINALITY
④ DEGREE, DOMAIN

전문가의 조언 | 속성의 수는 디그리(Degree) 또는 차수라고 하고, 튜플의 수는 카디널리티(Cardinality) 또는 기수, 대응수라고 합니다.

[91섹션 2필드]

55. 다음에 해당하는 트랜잭션(ACID)의 특성은?

> 둘 이상의 트랜잭션이 동시에 병행 실행되는 경우 어느 하나의 트랜잭션 실행 중에 다른 트랜잭션의 연산이 끼어들 수 없다.

① Atomicity
② Consistency
③ Isolation
④ Durability

전문가의 조언 | 둘 이상의 트랜잭션이 동시에 병행 실행되는 경우 어느 하나의 트랜잭션 실행 중에 다른 트랜잭션의 연산이 끼어들 수 없다는 것을 의미하는 트랜잭션의 특징은 Isolation(독립성)입니다.
- Atomicity(원자성) : 트랜잭션의 연산은 데이터베이스에 모두 반영되도록 완료(Commit)되든지 아니면 전혀 반영되지 않도록 복구(Rollback)되어야 함
- Consistency(일관성) : 트랜잭션이 그 실행을 성공적으로 완료하면 언제나 일관성 있는 데이터베이스 상태로 변환함
- Durability(영속성, 지속성) : 성공적으로 완료된 트랜잭션의 결과는 시스템이 고장나더라도 영구적으로 반영되어야 함

[74섹션 1필드]

56. 다음 자료의 구조 중 비선형 구조로만 짝지어진 것은?

① 데크, 트리
② 그래프, 트리
③ 큐, 그래프
④ 스택, 트리

전문가의 조언 | 트리와 그래프는 비선형 구조이고, 나머지는 모두 선형 구조입니다.

[79섹션 5필드]

57. 데이터베이스 설계에 대한 설명으로 옳지 않은 것은?

① 요구 조건 분석 단계는 사용자의 요구 조건을 수집하고 분석하여 사용자가 의도하는 데이터베이스의 용도를 파악해야 한다.
② 개념적 설계 단계에서는 트랜잭션 인터페이스 설계, 스키마의 평가 및 정제 등의 작업을 수행한다.
③ 논리적 설계 단계에서는 개념적 설계 단계에서 만들어진 정보 구조로부터 특정 목표 DBMS가 처리할 수 있는 스키마를 생성한다.
④ 물리적 설계 단계에서는 저장 구조와 접근 경로 등을 결정한다.

전문가의 조언 | 트랜잭션 인터페이스 설계, 스키마의 평가 및 정제 등의 작업은 논리적 설계 단계에서 수행합니다.

[85섹션 2필드]

58. 릴레이션의 기본키를 구성하는 어떤 속성도 널(Null) 값이나 중복 값을 가질 수 없음을 의미하는 것은?

① 참조 무결성 제약 조건
② 정보 무결성 제약 조건
③ 개체 무결성 제약 조건
④ 주소 무결성 제약 조건

전문가의 조언 | 한 릴레이션의 기본키를 구성하는 어떠한 속성 값도 널(Null) 값이나 중복 값을 가질 수 없다는 것을 의미하는 것은 개체 무결성 제약 조건입니다.
- 참조 무결성 : 외래키 값은 Null이거나 참조 릴레이션의 기본키 값과 동일해야 함. 즉 릴레이션은 참조할 수 없는 외래키 값을 가질 수 없다는 규정

59. 다음 설명이 의미하는 것은?

- 삽입과 삭제가 리스트의 양쪽 끝에서 발생할 수 있는 형태이다.
- 입력이 한쪽에서만 발생하고 출력은 양쪽에서 일어날 수 있는 입력 제한과 입력은 양쪽에서 일어나고 출력은 한 곳에서만 이루어지는 출력 제한이 있다.

① 스택
② 큐
③ 다중 스택
④ 데크

전문가의 조언 | 삽입과 삭제가 리스트의 양쪽 끝에서 발생할 수 있는 자료 구조는 데크(Deque)입니다.

- **스택(Stack)** : 리스트의 한쪽 끝으로만 자료의 삽입, 삭제 작업이 이루어지는 자료 구조로, 가장 나중에 삽입된 자료가 가장 먼저 삭제되는 후입선출(LIFO; Last In First Out) 방식으로 자료를 처리함
- **큐(Queue)** : 리스트의 한쪽에서는 삽입 작업이 이루어지고 다른 한쪽에서는 삭제 작업이 이루어지도록 구성한 자료 구조로, 가장 먼저 삽입된 자료가 가장 먼저 삭제되는 선입선출(FIFO; First In First Out) 방식으로 처리함

60. 학생(STUDENT) 테이블에서 어떤 학과(DEPT)들이 있는지 검색하는 SQL 명령은? (단, 결과는 중복된 데이터가 없도록 한다.)

① SELECT ONLY * FROM STUDENT;
② SELECT DISTINCT DEPT FROM STUDENT;
③ SELECT ONLY DEPT FROM STUDENT;
④ SELECT NOT DUPLICATE DEPT FROM STUDENT;

전문가의 조언 | SQL 문에서 DISTINCT는 검색 결과에서 레코드의 중복을 제거하라는 의미로 중복된 레코드가 있으면 그 중 첫 번째 한 개만 검색하여 표시합니다. 즉 같은 과에 대해서는 한 개의 레코드만 검색하여 표시하므로 학생 테이블에 어떤 학과가 있는지 알 수 있습니다. 참고로 나머지 보기의 SQL문은 모두 잘못 표기된 구문입니다.

2024년 1회 정보처리산업기사 필기

1과목 정보시스템 기반 기술

없음

1. 이동 통신망에서 사용되는 다원 접속(Multiple Access) 방식이 아닌 것은?
① CDMA   ② KDMA
③ TDMA   ④ FDMA

전문가의 조언 | 다원 접속 방식에는 CDMA(코드 분할 다중 접속), TDMA(시분할 다중 접속), FDMA(주파수 분할 다중 접속) 방식이 있습니다.

28섹션 6필드

2. 객체지향에서 메소드(Method) 명은 같지만 매개 변수의 개수나 타입을 달리하여 여러 기능을 정의할 수 있는 것은?
① Class   ② Overriding
③ Overloading   ④ Encapsulation

전문가의 조언 | 메소드 명은 같지만 매개 변수의 개수나 타입을 달리하여 여러 기능을 정의할 수 있는 것을 오버로딩(Overloading)이라고 합니다.
- 클래스(Class) : 공통된 속성과 연산(행위)을 갖는 객체의 집합으로, 객체의 일반적인 타입(Type)을 의미함
- 오버라이딩(Overriding, 메소드 재정의) : 상위 클래스에서 정의한 메소드(Method)와 이름은 같지만 메소드 안의 실행 코드를 달리하여 자식 클래스에서 재정의해서 사용할 수 있음
- 캡슐화(Encapsulation) : 데이터(속성)와 데이터를 처리하는 함수를 하나로 묶는 것을 의미함

30섹션 5필드

3. 다음이 설명하는 디자인 패턴은 무엇인가?

> 자료 구조와 같이 접근이 잦은 객체에 대해 동일한 인터페이스를 사용하도록 하는 패턴이다.

① Observer   ② Adapter
③ Singleton   ④ Iterator

전문가의 조언 | 자료 구조와 같이 접근이 잦은 객체에 대해 동일한 인터페이스를 사용하도록 하는 패턴은 반복자(Iterator)입니다.
- 옵서버(Observer) : 한 객체의 상태가 변화하면 객체에 상속되어 있는 다른 객체들에게 변화된 상태를 전달하는 패턴
- 어댑터(Adapter) : 호환성이 없는 클래스들의 인터페이스를 다른 클래스가 이용할 수 있도록 변환해주는 패턴
- 싱글톤(Singleton) : 하나의 객체를 생성하면 생성된 객체를 어디서든 참조할 수 있지만, 여러 프로세스가 동시에 참조할 수는 없는 패턴

30섹션 3필드

4. 팩토리 메소드 패턴에 대한 설명으로 옳지 않은 것은?
① 클라이언트에서 사용할 클래스 객체 생성 책임을 분리하여 클래스 객체 생성의 변화에 대비하기 위해 사용하는 패턴이다.
② 기존 코드를 수정하지 않고 새로운 인스턴스를 다른 방법으로 생성하도록 확장할 수 있다.
③ 서브 클래스에서 인터페이스만 정의하고 실제 생성은 상위 클래스가 담당한다.
④ 가상 생성자(Virtual Constructor) 패턴이라고도 한다.

전문가의 조언 | 팩토리 메소드 패턴은 상위 클래스에서 인터페이스만 정의하고 실제 생성은 서브 클래스가 담당합니다.

34섹션 4필드

5. 블랙박스 테스트에 대한 설명으로 옳은 것은?
① 소프트웨어 인터페이스에서 실시되는 검사로 설계된 모든 기능들이 정상적으로 수행되는지 확인한다.
② 종류에는 기초 경로 검사가 있다.
③ 제품의 내부 요소들이 명세서에 따라 수행되고 충분히 실행되는가를 보장하기 위한 검사이다.
④ 프로그램 원시 코드의 논리적인 구조를 커버하도록 테스트 케이스를 설계한다.

전문가의 조언 | 블랙박스 테스트에 대한 설명으로 옳은 것은 ①번입니다.
② 기초 경로 검사는 화이트박스 테스트에 해당합니다.
③, ④ 화이트박스 테스트에 대한 설명입니다.

35섹션 2필드

6. 단위 테스트(Unit Test)에 대한 설명으로 옳은 것은?
① 개발한 소프트웨어가 사용자의 요구사항을 충족하는지에 중점을 두고 테스트하는 것이다.
② 개별 모듈을 시험하는 것으로 모듈이 정확하게 구현되었는지, 예정한 기능이 제대로 수행되는지를 점검하는 테스트이다.
③ 개발된 소프트웨어가 해당 컴퓨터 시스템에서 완벽하게 수행되는가를 점검하는 테스트이다.
④ 모듈들을 결합하여 하나의 시스템으로 완성시키는 과정에서의 테스트이다.

전문가의 조언 | 단위 테스트에 대한 설명으로 옳은 것은 ②번입니다.
- ①번은 인수 테스트, ③번은 시스템 테스트, ④번은 통합 테스트에 대한 설명입니다.

정답 : 1.② 2.③ 3.④ 4.③ 5.① 6.②

2024년 1회

42섹션 1필드

7. 개발 주기 동안 생성된 문서를 관리하고, 소프트웨어 시스템과 컴포넌트 상태를 추적하는 기능으로 옳은 것은?

① DRM
② 재공학
③ 형상 관리
④ 검증

전문가의 조언 | 문제에 제시된 내용은 형상 관리(SCM)의 기능입니다.
- 디지털 저작권 관리(DRM; Digital Right Management) : 저작권자가 배포한 디지털 콘텐츠가 저작권자가 의도한 용도로만 사용되도록 디지털 콘텐츠의 생성, 유통, 이용까지의 전 과정에 걸쳐 사용되는 디지털 콘텐츠 관리 및 보호 기술
- 소프트웨어 재공학(Software Reengineering) : 새로운 요구에 맞도록 기존 시스템을 이용하여 보다 나은 시스템을 구축하고, 새로운 기능을 추가하여 소프트웨어 성능을 향상시키는 것

3섹션 3필드

8. Round-Robin 스케줄링에 대한 설명으로 틀린 것은?

① 프로세스들이 배당 시간내에 작업을 완료하지 못하면 폐기된다.
② 프로세스들이 중앙처리장치에서 시간량에 제한을 받는다.
③ 시분할 시스템에 효과적이다.
④ 선점형(Preemptive) 기법이다.

전문가의 조언 | 라운드 로빈(Round Robin) 스케줄링에서는 프로세스들이 배당 시간내에 작업을 완료하지 못하면 다음 프로세스에게 CPU를 넘겨주고 현재의 프로세스는 준비상태 큐의 가장 뒤로 배치됩니다.

5섹션 2필드

9. 구역성(Locality)에 대한 설명으로 옳지 않은 것은?

① 프로세스가 실행되는 동안 일부 페이지만 집중적으로 참조되는 경향을 말한다.
② 시간 구역성은 최근에 참조된 기억장소가 가까운 장래에도 계속 참조될 가능성이 높음을 의미한다.
③ 공간 구역성은 하나의 기억장소가 참조되면 그 근처의 기억장소가 계속 참조되는 경향이 있음을 의미한다.
④ 프로세스가 효율적으로 실행되기 위해 프로세스에 의해 자주 참조되는 페이지들의 집합을 말한다.

전문가의 조언 | ④번은 워킹 셋(Working Set)에 대한 설명입니다.

14섹션 8필드

10. OSI 참조 모델의 응용 계층에 해당하는 프로토콜이 아닌 것은?

① HTTP
② SMTP
③ FTP
④ ICMP

전문가의 조언 | ICMP는 네트워크 계층에 해당하는 프로토콜입니다.

16섹션 6필드

11. IPv6의 특징으로 틀린 것은?

① IPv6 주소의 길이는 256비트이다.
② 암호화와 인증 옵션 기능을 제공한다.
③ 프로토콜의 확장을 허용하도록 설계되었다.
④ 흐름 레이블(Flow Label)이라는 항목이 추가되었다.

전문가의 조언 | IPv6 주소의 길이는 128비트입니다.

26섹션 6필드

12. 객체지향 설계에서 정보 은닉(Information Hiding)과 관련한 설명으로 틀린 것은?

① 필요하지 않은 정보는 접근할 수 없도록 하여 한 모듈 또는 하부 시스템이 다른 모듈의 구현에 영향을 받지 않게 설계되는것을 의미한다.
② 모듈들 사이의 독립성을 유지시키는 데 도움이 된다.
③ 설계에서 은닉되어야 할 기본 정보로는 IP 주소와 같은 물리적 코드, 상세 데이터 구조 등이 있다.
④ 모듈 내부의 자료 구조와 접근 동작들에만 수정을 국한하기 때문에 요구사항 등 변화에 따른 수정이 불가능하다.

전문가의 조언 | 정보 은닉은 모듈이 독립성을 갖게 해주므로, 요구사항 등 변화에 따른 수정이 가능합니다.

27섹션 5필드

13. 소프트웨어 아키텍처 모델 중 MVC(Model-View-Controller)와 관련한 설명으로 틀린 것은?

① MVC 모델은 사용자 인터페이스를 담당하는 계층의 응집도를 높일 수 있고, 여러 개의 다른 UI를 만들어 그 사이에 결합도를 낮출 수 있다.
② 모델(Model)은 뷰(View)와 제어(Controller) 사이에서 전달자 역할을 하며, 뷰마다 모델 서브시스템이 각각 하나씩 연결된다.
③ 뷰(View)는 모델(Model)에 있는 데이터를 사용자 인터페이스에 보이는 역할을 담당한다.
④ 제어(Controller)는 모델(Model)에 명령을 보냄으로써 모델의 상태를 변경할 수 있다.

전문가의 조언 | 모델(Model)은 서브시스템의 핵심 기능과 데이터를 보관하는 역할을 합니다.

2섹션 1필드

14. 다음 설명이 의미하는 것은?

> - 프로세서가 할당되는 개체
> - 비동기적 행위
> - 실행 중인 프로그램
> - 프로시저가 활동중인 것

① 워킹셋(Working Set)
② 모니터(Monitor)
③ 스래싱(Thrashing)
④ 프로세스(Process)

전문가의 조언 | 지문에 제시된 내용은 프로세스(Process)의 정의에 해당합니다.
- **워킹셋(Working Set)** : 프로세스가 일정 시간 동안 자주 참조하는 페이지들의 집합
- **모니터(Monitor)** : 동기화를 구현하기 위한 특수 프로그램 기법으로 특정 공유 자원을 프로세스에게 할당하는 데 필요한 데이터와 이 데이터를 처리하는 프로시저로 구성됨
- **스래싱(Thrashing)** : 프로세스의 처리 시간보다 페이지 교체에 소요되는 시간이 더 많아지는 현상

42섹션 3필드

15. 형상 관리의 개념과 절차에 대한 설명으로 틀린 것은?

① 형상 식별은 형상 관리 계획을 근거로 형상 관리의 대상이 무엇인지 식별하는 과정이다.
② 형상 관리를 통해 가시성과 추적성을 보장함으로써 소프트웨어의 생산성과 품질을 높일 수 있다.
③ 형상 통제 과정에서는 형상 목록의 변경 요구를 즉시 수용 및 반영해야 한다.
④ 형상 감사는 형상 관리 계획대로 형상 관리가 진행되고 있는지, 형상 항목의 변경이 요구 사항에 맞도록 제대로 이뤄졌는지 등을 살펴보는 활동이다.

전문가의 조언 | 형상 통제 과정은 식별된 형상 항목에 대한 변경 요구를 검토하여 현재의 기준선(Base Line)이 잘 반영될 수 있도록 조정하는 작업입니다.

없음

16. LAN의 매체 접근 제어 방식 중 Token Passing 방식에 사용되는 Token의 기능으로 맞는 것은?

① 채널의 사용권
② 노드의 수
③ 전송 매체
④ 패킷 전송량

전문가의 조언 | LAN의 매체 접근 제어 방식 중 Token Passing 방식에 사용되는 Token의 기능은 채널의 사용권입니다.

12섹션 4필드

17. HDLC의 전송 프레임 중 시작 플래그 다음으로 전송되는 필드는?

① 정보부
② 주소부
③ 제어부
④ FCS

전문가의 조언 | HDLC 프레임은 '플래그 → 주소부 → 제어부 → 정보부 → FCS → 플래그' 순으로 구성됩니다.

6섹션 2필드

18. 초기 헤드의 위치가 100 트랙이고, 디스크 대기 큐에 다음 순서로 액세스 요청이 대기 중이다. SSTF 스케줄링을 이용해 다음 요청을 모두 처리할 경우, 가장 마지막에 처리되는 트랙은? (단, 가장 안 쪽 트랙 : 0, 가장 바깥 쪽 트랙 : 150)

> 디스크 대기 큐 : 65, 112, 40, 16, 90

① 112
② 40
③ 16
④ 90

전문가의 조언 | SSTF는 현재 헤드 위치에서 가장 가까운 거리에 있는 요청을 먼저 서비스하는 기법입니다. 이동 순서는 '100 → 90 → 112 → 65 → 40 → 16'이므로 마지막으로 처리되는 트랙은 16입니다.

28섹션 2필드

19. 객체지향 기법에서 객체가 메시지를 받아 실행해야 할 때 객체의 구체적인 연산을 정의한 것은?

① Instance
② Method
③ Message
④ Class

전문가의 조언 | 객체지향 기법에서 객체가 메시지를 받아 실행해야 할 때 객체의 구체적인 연산을 정의한 것은 메소드(Method)입니다.
- **Instance** : 클래스에 속한 각각의 객체를 의미함
- **Message** : 객체들 간에 상호작용을 하는데 사용되는 수단으로 객체의 메소드(동작, 연산)를 일으키는 외부의 요구 사항
- **Class** : 공통된 속성과 연산(행위)을 갖는 객체의 집합으로, 객체의 일반적인 타입(Type)을 의미함

3섹션 3필드

20. HRN 스케줄링 기법을 적용할 경우 우선 순위가 가장 높은 것은?

작업명	대기시간	서비스시간
A	10	50
B	20	40
C	50	10
D	30	30

① A　　② B
③ C　　④ D

전문가의 조언 | HRN 기법의 우선 순위 계산식은 '(대기 시간+서비스 시간)/서비스 시간'입니다. 여기에 각 작업을 대입하여 계산하면 다음과 같습니다.
- A 작업: (10+50)/50 = 1.2
- B 작업: (20+40)/40 = 1.5
- C 작업: (50+10)/10 = 6
- D 작업: (30+30)/30 = 2

계산된 숫자가 클수록 우선순위가 높으므로 C 작업이 가장 높습니다.

2과목 프로그래밍 언어 활용

59섹션 4필드

21. 다음 파이썬(Python) 프로그램이 실행되었을 때의 결과는?

```
a = [1, 2, 3]
b = a[:]
a.append(4)
print(b)
```

① [1, 2, 3, 4]　　② [1, 2, 3]
③ 123　　④ 1234

전문가의 조언 | 코드의 실행 결과는 [1, 2, 3]이며, 사용된 코드의 의미는 다음과 같습니다.

❶ a = [1, 2, 3]
❷ b = a[:]
❸ a.append(4)
❹ print(b)

❶ 리스트 a를 선언하면서 초기값을 지정한다. 초기값으로 지정된 수만큼 리스트의 요소가 만들어진다.

	[0]	[1]	[2]
a	1	2	3

❷ 리스트 b를 선언하면서 초기값으로 a의 모든 요소를 저장한다.
※ [:]와 같이 슬라이스 적용시 인수를 생략하면 객체의 모든 요소를 반환합니다.

	[0]	[1]	[2]
b	1	2	3

❸ a 리스트의 마지막에 "4"를 추가한다.

	[0]	[1]	[2]	[3]
a	1	2	3	4

❹ 리스트 b를 출력합니다.

결과　[1, 2, 3]

51섹션 3필드

22. 다음 C언어 프로그램이 실행되었을 때의 결과는?

```
#include <stdio.h>
main( ) {
  int a = 1;
  a <<= 3;
  printf("a=0x%02X", a);
  return 0;
}
```

① a=0x01　　② a=0x02
③ a=0x04　　④ a=0x08

전문가의 조언 | 코드의 실행 결과는 a=0x08이며, 사용된 코드의 의미는 다음과 같습니다.

```
#include <stdio.h>
main( ) {
❶ int a = 1;
❷ a <<= 3;
❸ printf("a=0x%02X", a);
❹ return 0;
}
```

❶ 정수형 변수 a를 선언하고, 1로 초기화한다.
❷ 'a = a << 3'과 동일하다. 왼쪽 시프트(<<)는 왼쪽으로 1비트 시프트 할 때마다 2배씩 증가하므로, 1을 왼쪽으로 3비트 시프트하면 8(2^3)이 a에 저장된다.
❸ a=0x는 그대로 출력하고 서식 문자열 '%02X'에 대응하는 a의 값 8을 16진수로 출력하되, 비어있는 공간을 0으로 채우면서 2자리를 확보하여 출력한다.

결과　a=0x08

49섹션 2필드
23. 다음 중 C언어에서의 일반적인 변수 선언 방법으로 가장 올바른 것은?

① int b = 10;
② char c = A;
③ long d = "A";
④ unsigned double e = −10.5;

> 전문가의 조언 | 보기 중 변수 선언 방법으로 가장 올바른 것은 ①번입니다.
> ② char는 'A', 'a', '1', '*'과 같이 문자를 저장할 때 사용하며, 저장되는 문자는 작은따옴표(' ') 안에 표시합니다.
> ③ long은 −2,147,483,648 ~ 2,147,483,647 사이의 정수를 저장할 때 사용합니다.
> ④ unsigned는 부호 비트를 제거하여 양수만 표현함으로써 양수의 표현 범위를 넓힌 자료형으로, char, short, int, long에만 사용할 수 있습니다.

49섹션 4필드
24. Python에서 사용하는 데이터 타입이 아닌 것은?

① 딕셔너리
② 튜플
③ 컴포지션
④ 리스트

> 전문가의 조언 | 컴포지션은 Python의 데이터 타입이 아니라 클래스에서 다른 클래스를 참조하는 방법 중 하나입니다.
> • 리스트(List) : 다양한 자료형의 값을 연속적으로 저장하며, 필요에 따라 개수를 늘리거나 줄일 수 있음
> • 튜플(Tuple) : 리스트처럼 요소를 연속적으로 저장하지만, 요소의 추가, 삭제, 변경은 불가능함
> • 딕셔널리(Dictionary) : 연속된 숫자를 생성하는 것으로, 리스트, 반복문 등에서 많이 사용됨

없음
25. HTML 문서의 요소 중 ID 속성을 가진 요소를 검색할 때 사용하는 메소드는?

① getElementById( )
② getElementUsingId( )
③ getElementForId( )
④ getElementSelectId( )

> 전문가의 조언 | HTML 문서의 요소 중 ID 속성을 가진 요소를 검색할 때 사용하는 메소드는 getElementById( )입니다.

61섹션 3필드
26. HTML 문서에서 '줄 바꾸기' 기능을 의미하는 태그는?

① h1
② br
③ b
④ p

> 전문가의 조언 | HTML 문서에서 줄을 바꿀 때 사용하는 태그는 br입니다.
> • h1 : 입력된 내용에 가장 큰 제목(Heading) 스타일을 지정함
> • b : 입력된 글자를 굵게(Bold) 표시함
> • p : 입력된 내용을 하나의 문단(Paragraph)으로 지정함

73섹션 1필드
27. 정보 보안의 3대 요소 중 다음 설명에 해당하는 것은?

> 인가된 사용자 외에는 정보를 수정하지 못하도록 하는 성질

① 기밀성
② 무결성
③ 가용성
④ 인증

> 전문가의 조언 | 문제의 지문으로 제시된 내용은 무결성(Integrity)의 개념입니다.
> • 기밀성(Confidentiality) : 시스템 내의 정보와 자원은 인가된 사용자에게만 접근이 허용됨
> • 가용성(Availability) : 인가받은 사용자는 언제라도 사용할 수 있음
> • 인증(Authentication) : 시스템 내의 정보와 자원을 사용하려는 사용자가 합법적인 사용자인지를 확인하는 모든 행위를 말함

71섹션 2필드
28. 다음 중 가장 강한 결합도는?

① 자료 결합도
② 스탬프 결합도
③ 제어 결합도
④ 내용 결합도

> 전문가의 조언 | 보기 중 가장 강한 결합도는 내용 결합도입니다.
> • 결합도를 약한 것부터 강한 것 순으로 나열하면 '자료 결합도(Data Coupling) → 스탬프(검인) 결합도(Stamp Coupling) → 제어 결합도(Control Coupling) → 외부 결합도(External Coupling) → 공통(공유) 결합도(Common Coupling) → 내용 결합도(Content Coupling)'입니다.

56섹션 1필드
29. 다음 C언어 프로그램이 실행되었을 때의 결과는?

```
#include <stdio.h>
void func(int* p) {
    *p = *p − 5;
}
main( ) {
    int a = 13;
    func(&a);
    printf("%d", a);
}
```

① −5
② 3
③ 8
④ 13

전문가의 조언 | 코드의 실행 결과는 8이며, 사용된 코드의 의미는 다음과 같습니다.

```
#include <stdio.h>
❸ void func(int* p) {
❹     *p = *p - 5;
   }
   main( ) {
❶     int a = 13;
❷     func(&a);
❺     printf("%d", a);
   }
```

모든 프로그램은 반드시 main( ) 함수에서 시작한다.
❶ 정수형 변수 a를 선언하고 13으로 초기화한다. (a=13)
❷ a의 주소를 인수로 func( ) 함수를 호출한다.
  ※ &a : 변수의 주소를 가리킬 때는 변수 앞에 번지 연산자 &를 붙입니다.
❸ func( ) 함수의 시작점이다. ❷번에서 전달한 a의 주소를 정수형 포인터 변수 p가 받는다.
❹ p가 가리키는 곳의 값(*p)에서 5를 뺀다. p가 가리키는 곳이 a이므로 결국 a의 값도 바뀌게 된다. (a=8)
❺ a의 값을 정수로 출력한다.
  결과 8

71섹션 1필드

30. 모듈을 설계하기 위해서 바람직한 응집도(Cohesion)와 결합도(Coupling)의 관계는?

① 응집도는 약하고 결합도는 강해야 한다.
② 응집도는 강하고 결합도는 약해야 한다.
③ 응집도도 약하고 결합도도 약해야 한다.
④ 응집도도 강하고 결합도도 강해야 한다.

전문가의 조언 | 모듈은 독립성이 높을수록 좋은 모듈이라 할 수 있으며, 독립성을 높이려면 응집도는 강하고 결합도는 약해야 합니다.

66섹션 1필드

31. 라이브러리의 개념과 구성에 대한 설명 중 틀린 것은?

① 라이브러리란 필요할 때 찾아서 쓸 수 있도록 모듈화되어 제공되는 프로그램을 말한다.
② 프로그래밍 언어에 따라 일반적으로 도움말, 설치 파일, 샘플 코드 등을 제공한다.
③ 외부 라이브러리는 프로그래밍 언어가 기본적으로 가지고 있는 라이브러리를 의미하며, 표준 라이브러리는 별도의 파일 설치를 필요로 하는 라이브러리를 의미한다.
④ 라이브러리는 모듈과 패키지를 총칭하며, 모듈이 개별 파일이라면 패키지는 파일들을 모아 놓은 폴더라고 볼 수 있다.

전문가의 조언 | 프로그래밍 언어가 기본적으로 가지고 있는 라이브러리는 표준 라이브러리이고 별도의 파일 설치를 필요로 하는 라이브러리는 외부 라이브러리입니다.

73섹션 3필드

32. 응용 프로그램 개발 시 운영체제나 프로그래밍 언어 등에 있는 라이브러리를 이용할 수 있도록 함으로써 효율적인 소프트웨어 구현을 도와주는 인터페이스는?

① IDE(Integrated Development Environment)
② 통신 프로토콜(Communication Protocol)
③ API(Application Programming Interface)
④ USB(Universal Serial Bus)

전문가의 조언 | 문제에 제시된 내용은 API(Application Programming Interface)에 대한 설명입니다.

- IDE(Integrated Development Environment, 통합 개발 환경) : 코딩, 디버그, 컴파일, 배포 등 프로그램 개발과 관련된 모든 작업을 하나의 프로그램에서 처리할 수 있도록 제공하는 소프트웨어적인 개발 환경을 말함
- 통신 프로토콜(Communication Protocol) : 서로 다른 기기들 간의 데이터 교환을 정확하고 원활하게 수행할 수 있도록 표준화된 통신 규약임
- USB(Universal Serial Bus; 범용 직렬 버스) : 기존의 직렬, 병렬, PS/2 포트를 통합한 직렬 포트의 일종이임

28섹션 3필드

33. 추상 클래스에 대한 설명으로 틀린 것은?

① 자식 클래스에서 구현하려는 기능들의 공통점만을 모은 것이다.
② 인스턴스 생성이 불가능하다.
③ 부모 클래스에서 상속받아 구체화한다.
④ 자식 클래스의 인스턴스를 생성하는 방식으로 사용한다.

전문가의 조언 | ③번은 자식 클래스에 대한 설명입니다.

62섹션 1필드

34. JavaScript에서 화면에 숫자 100을 출력하는 명령문으로 올바른 것은?

① write(100)   ② document.write(100)
③ print(100)   ④ console.print(100)

전문가의 조언 |
- JavaScript에서 화면에 숫자 100을 출력하는 명령문으로 올바른 것은 ②번입니다.
- JavaScript에서 화면에 데이터를 출력하는 방법에는 대화상자를 이용하는 방법, console 객체를 이용하는 방법, document.write( )를 이용하는 방법이 있습니다.

35. `<p>` 태그에 대해 안쪽 여백을 50, 외곽선의 종류를 점선, 외곽선의 색을 빨간색으로 지정하는 코드로 올바른 것은?

① p { padding : 50; border-style : dotted; border-color : red }
② p { margin : 50; border-style : dotted; border-color : red }
③ p { space : 50; border-style : dashed; border-color : red }
④ p { blank : 50; border-style : ridge; border-color : red }

> 전문가의 조언 | • 문제에 제시된 조건을 올바르게 적용한 코드는 ①번입니다.
> • 안쪽 여백을 지정하는 속성은 padding, 외곽선의 종류를 지정하는 속성은 border-style, 외곽선의 색을 지정하는 속성은 border-color입니다.

38. 객체지향 개념에서 이미 정의되어 있는 상위 클래스(슈퍼 클래스 혹은 부모 클래스)의 메소드를 비롯한 모든 속성을 하위 클래스가 물려 받는 것을 무엇이라고 하는가?

① Abstraction   ② Method
③ Inheritance   ④ Message

> 전문가의 조언 | 상위 클래스의 메소드와 속성을 하위 클래스가 물려받는 것을 상속(Inheritance)이라고 합니다.
> • Abstraction(추상화) : 문제의 전체적이고 포괄적인 개념을 설계한 후 차례로 세분화하여 구체화시켜 나가는 것
> • Method(함수) : 객체가 수행하는 기능으로 객체가 갖는 데이터(속성, 상태)를 처리하는 알고리즘
> • Message(메시지) : 객체들 간에 상호작용을 하는 데 사용되는 수단으로, 객체에게 어떤 행위를 하도록 지시하는 명령 또는 요구사항

36. 두 비트 중 한 비트만 1일 때 참을 반환하는 연산자는?

① &   ② ^
③ | ④ ~

> 전문가의 조언 | 두 비트 중 한 비트만 1일 때 참(True)을 반환하는 연산자는 ^(비트 xor)입니다.
> ① 두 비트가 모두 1일 때 참(True)을 반환하는 비트 and 연산자입니다.
> ③ 두 비트 중 하나라도 1일 때 참(True)을 반환하는 비트 or 연산자입니다.
> ④ 1은 0으로, 0은 1로 비트를 변환하는 비트 not 연산자입니다.

39. 예외 처리에 대한 설명으로 옳지 않은 것은?

① C++에서는 try, catch, finally를 이용하여 예외 처리를 수행한다.
② 예외가 발생했을 때 프로그래머가 해당 문제에 대비해 작성해 놓은 처리 루틴을 수행하도록 하는 것을 예외 처리라고 한다.
③ catch 블록에서 선언한 변수는 해당 catch 블록에서만 유효하다.
④ try ~ catch 문 안에 또 다른 try ~ catch 문을 포함할 수 있다.

> 전문가의 조언 | • C++에서는 finally를 사용할 수 없습니다.
> • try~catch문은 C++, C#, Java에서 모두 사용할 수 있지만 finally는 Java에서만 사용할 수 있습니다.

37. 다음 C언어의 함수 중 키보드로 문자 하나를 입력받아 변수에 저장하는 함수는?

① gets( )   ② putchar( )
③ puts( )   ④ getchar( )

> 전문가의 조언 | 키보드로 한 문자를 입력받아 변수에 저장하는 함수는 getchar( )입니다.
> • gets( ) : 키보드로 문자열을 입력받아 변수에 저장하는 함수로, Enter를 누르기 전까지를 하나의 문자열로 인식하여 저장함
> • putchar( ) : 인수로 주어진 한 문자를 화면에 출력하는 함수
> • puts( ) : 인수로 주어진 문자열을 화면에 출력한 후 커서를 자동으로 다음 줄 앞으로 이동하는 함수

40. 다음 중 커서를 왼쪽으로 한 칸 이동하는 제어문자는?

① \n   ② \b
③ \t   ④ \a

> 전문가의 조언 | • 커서를 왼쪽으로 한 칸 이동하는 제어문자는 \b입니다.
> • \n : 커서를 다음 줄 처음으로 이동함
> • \t : 커서를 일정 간격 띄움
> • \a : 스피커로 벨 소리를 출력함

3과목 데이터베이스 활용

41. 부속 질의 중 결과를 뷰(View) 형태로 반환하기 때문에 인라인 뷰라고 불리는 것은?

① SELECT 부속 질의 ② FROM 부속 질의
③ 스칼라 부속 질의 ④ WHERE 부속 질의

전문가의 조언 | 부속 질의 중 인라인 뷰라고 불리는 것은 FROM 부속 질의입니다.
- SELECT 부속 질의 : SELECT절에서 사용되는 부속 질의로 단일 값을 반환하기 때문에 스칼라 부속 질의라고도 함
- WHERE 부속 질의 : WHERE절에서 사용되는 부속 질의로 결과를 한정시키기 위해 사용되며, 일반적으로 데이터를 필터링하는 조건이 함께 사용됨. 중첩 질의라고도 함

42. 다음 인접 행렬(Adjacency Matrix)에 대응되는 그래프(Graph)를 그렸을 때, 옳은 것은?

	A	B	C
A	0	1	0
B	0	0	1
C	1	1	0

① 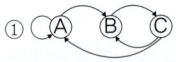 ②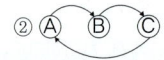

③ 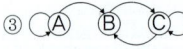 ④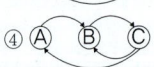

전문가의 조언 |
- 문제에 제시된 인접 행렬에 대응되는 그래프를 그리면 ④번과 같습니다.
- 방향성 그래프에서 0은 방향 간선이 없는 것이고, 1은 방향 간선이 있는 것이므로, 1이 있는 곳은 A → B, B → C, C → A, C → B입니다.

43. 시스템 카탈로그에 대한 설명으로 옳지 않은 것은?

① 시스템 자체에 관련 있는 다양한 객체에 관한 정보를 포함하는 시스템 데이터베이스이다.
② 카탈로그들이 생성되면 자료 사전에 저장되기 때문에 좁은 의미로는 자료 사전이라고도 한다.
③ 무결성 확보를 위하여 일반 사용자는 내용을 검색할 수 없다.
④ 기본 테이블, 뷰, 인덱스, 패키지, 접근 권한 등의 정보를 저장한다.

전문가의 조언 | 시스템 카탈로그 자체도 테이블로 구성되어 있어 일반 사용자도 SQL을 이용하여 내용을 검색해 볼 수 있습니다. 단, 수정은 불가능합니다.

44. 해싱(Hashing)에서 한 개의 레코드를 저장할 수 있는 공간을 의미하는 것은?

① Bucket ② Synonym
③ Slot ④ Collision

전문가의 조언 | 해싱에서 한 개의 레코드를 저장할 수 있는 공간을 슬롯(Slot)이라고 합니다.
- 버킷(Bucket) : 하나의 주소를 갖는 파일의 한 구역을 의미함
- Synonym : 충돌로 인해 같은 Home Address를 갖는 레코드들의 집합
- Collision(충돌 현상) : 서로 다른 두 개 이상의 레코드가 같은 주소를 갖는 현상

45. 다음의 자료 구조 중 나머지 셋과 성격이 다른 하나는?

① 스택(Stack) ② 트리(Tree)
③ 큐(Queue) ④ 데크(Deque)

전문가의 조언 | 트리(Tree)는 비선형 자료 구조이고, 나머지는 선형 자료 구조입니다.

46. 다음 그림에서 트리의 차수는?

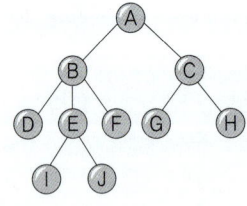

① 3 ② 4
③ 5 ④ 10

전문가의 조언 | 트리(Tree)의 차수(Degree)는 가장 차수가 많은 노드의 차수입니다. 문제에 주어진 트리(Tree)에서 각 노드의 차수는 A = 2, B = 3, C = 2, E = 2이므로 트리의 차수는 3입니다.

47. DBA의 역할로 거리가 먼 것은?

① 응용 프로그램(Application Program)의 작성
② 스키마 정의
③ 무결성 제약 조건의 지정
④ 저장 구조와 액세스 방법 정의

전문가의 조언 | 일반 사용자가 응용 프로그램을 사용할 수 있도록 응용 프로그램을 작성하는 것은 응용 프로그래머의 역할입니다.

79섹션 7필드

48. 데이터베이스 설계 시 물리적 설계 단계에서 수행하는 사항이 아닌 것은?

① 저장 레코드 양식 설계
② 레코드 집중의 분석 및 설계
③ 접근 경로 설계
④ 목표 DBMS에 맞는 스키마 설계

전문가의 조언 | 목표 DBMS에 맞는 스키마 설계는 논리적 설계 단계에서 수행합니다.

79섹션 5필드

49. 데이터베이스 설계 과정 중 개념적 설계 단계에 대한 설명으로 옳지 않은 것은?

① 산출물로 개체 관계도(ER-D)가 만들어진다.
② DBMS에 독립적인 개념 스키마를 설계한다.
③ 트랜잭션 인터페이스를 설계한다.
④ 논리적 설계 단계의 전 단계에서 수행된다.

전문가의 조언 | 트랜잭션 인터페이스의 설계는 논리적 설계 단계에서 수행하는 작업입니다.

81섹션 2필드

50. E-R 다이어그램에서 타원형은 무엇을 나타내는가?

① 개체   ② 관계
③ 링크   ④ 속성

전문가의 조언 | E-R 다이어그램에서 타원형은 속성(Attribute)을 나타냅니다.
- 개체(Entity) 타입 : 사각형
- 관계(Relationship) 타입 : 마름모
- 개체 타입과 속성 연결 : 선, 링크

없음

51. 개체 집합에 대한 속성 관계를 표시하기 위해 개체를 노드로 표현하고 개체 집합들 사이의 관계를 링크로 연결한 트리(Tree) 형태의 자료 구조 모델은?

① 망 데이터 모델
② 계층 데이터 모델
③ 관계 데이터 모델
④ 객체 지향 데이터 모델

전문가의 조언 | 문제에 제시된 내용은 계층 데이터 모델(Hierarchical Data Model)에 대한 설명입니다.
- 관계형 데이터 모델(Relational Data Model) : 가장 널리 사용되는 데이터 모델로, 계층 모델과 망 모델의 복잡한 구조를 단순화시킨 모델
- 객체지향 데이터 모델(Object Oriented Data Model) : 객체 및 객체 식별자, 애트리뷰트와 메소드, 클래스, 클래스 계층 및 계승 그리고 복합 개체 등의 객체지향 개념을 지원하는 데이터 모델
- 망형 데이터 모델(Network Data Model) : CODASYL이 제안한 것으로, 그래프를 이용해서 데이터 논리 구조를 표현한 데이터 모델

84섹션 6필드

52. 관계를 맺고 있는 릴레이션 R1, R2에서 릴레이션 R1이 참조하고 있는 릴레이션 R2의 기본키와 같은 R1 릴레이션의 속성을 무엇이라 하는가?

① 후보키(Candidate Key)
② 외래키(Foreign Kery)
③ 슈퍼키(Super Key)
④ 대체키(Alternate Key)

전문가의 조언 | 문제에 제시된 내용은 외래키(Foreign Kery)에 대한 설명입니다.
- 후보키(Candidate Key) : 릴레이션을 구성하는 속성들 중에서 튜플을 유일하게 식별하기 위해 사용하는 속성들의 부분집합, 즉 기본키로 사용할 수 있는 속성들을 말함
- 슈퍼키(Super Key) : 한 릴레이션 내에 있는 속성들의 집합으로 구성된 키로서 릴레이션을 구성하는 모든 튜플들 중 슈퍼키로 구성된 속성의 집합과 동일한 값은 나타나지 않음
- 대체키(Alternate Key) : 후보키가 둘 이상일 때 기본키를 제외한 나머지 후보키를 의미함

86섹션 2필드

53. 관계대수의 JOIN 연산자 기호에 해당하는 것은?

① ÷   ② ⋈
③ π   ④ ∩

전문가의 조언 | JOIN 연산자의 기호는 ⋈입니다.
- ÷ : DIVISION
- π : PROJECT
- ∩ : 교집합(INTERSECTION)

86섹션 2필드

54. 다음 관계대수의 의미로 가장 타당한 것은?

$$\pi_{이름}(\sigma_{학과='물리학과'}(학생))$$

① 이름, 학과, 물리학과를 속성으로 하는 전공 테이블 생성
② 학생 테이블에서 물리학과인 학생 이름 삭제
③ 학생 테이블에서 물리학과인 학생 이름 조회
④ 전공 테이블에서 학과의 이름을 물리학과로 변경

전문가의 조언 | • π는 열만 구하는 Project, σ는 조건에 맞는 튜플만 구하는 Select입니다.
• 괄호 속의 연산을 먼저 해야 합니다.
• 그대로 해석하면, '〈학생〉 릴레이션에서 '학과' 속성의 값이 "물리학과"인 튜플들 중 '이름' 속성만 구하시오'입니다.

92섹션 2필드

58. SQL에서 스키마, 도메인, 테이블, 뷰, 인덱스를 정의하거나 변경 또는 삭제할 때 사용하는 언어는?

① DML(Data Manipulation Language)
② DDL(Data Definition Language)
③ DCL(Data Control Language)
④ IDL(Interactive Data Language)

전문가의 조언 | 스키마, 도메인, 테이블, 뷰, 인덱스를 정의하거나 변경 또는 삭제할 때 사용하는 언어는 DDL(데이터 정의어)입니다.
• DML(데이터 조작어) : 데이터베이스 사용자가 응용 프로그램이나 질의어를 통하여 저장된 데이터를 실질적으로 처리하는 데 사용되는 언어
• DCL(데이터 제어어) : 데이터의 보안, 무결성, 회복, 병행 수행 제어 등을 정의하는 데 사용되는 언어

90섹션 2필드

55. 데이터베이스에서 뷰에 대한 설명으로 틀린 것은?

① 뷰는 기본 테이블에서 유도되는 가상 테이블이다.
② 뷰를 통해 데이터에 접근이 가능하기 때문에 데이터를 안전하게 보호할 수 있다.
③ 뷰를 제거하기 위해 DELETE 문을 사용한다.
④ 필요한 데이터만을 뷰로 정의해서 처리할 수 있다.

전문가의 조언 | 뷰를 제거하려면 DROP 문을 사용해야 합니다.

96섹션 3필드

59. SQL에서 검색을 위한 조건문을 기술하는 데 사용되는 구문은?

① If   ② When
③ Select   ④ Where

전문가의 조언 | SQL에서 검색을 위한 조건문을 기술하는 데 사용되는 구문은 Where입니다.

91섹션 2필드

56. 트랜잭션(Transaction)의 특성에 대한 설명으로 옳지 않은 것은?

① 원자성(Atomicity)은 트랜잭션의 일부만 수행된 상태로 종료될 수 있다는 특성을 의미한다.
② 일관성(Consistency)은 시스템의 고정 요소는 트랜잭션 수행 전과 수행 완료 후에 같아야 한다는 특성을 의미한다.
③ 고립성(Isolation)은 트랜잭션이 실행될 때마다 다른 트랜잭션의 간섭을 받지 않아야 한다는 성질을 의미한다.
④ 지속성(Duration)은 트랜잭션의 완료 결과가 데이터베이스에 영구히 기억되는 성질을 의미한다.

전문가의 조언 | 원자성(Atomicity)은 트랜잭션의 연산은 데이터베이스에 모두 반영되도록 완료(Commit)되든지 아니면 전혀 반영되지 않도록 복구(Rollback)되어야 한다는 특성을 의미합니다.

96섹션 3필드

60. 다음 SQL문을 올바르게 설명한 것은?

```
SELECT *
FROM STUDENT
WHERE SNAME LIKE '홍%' ;
```

① SNAME이 '홍'씨로 시작하면 삭제한다.
② SNAME이 '홍'씨로 시작되는 튜플을 찾는다.
③ SNAME이 '홍'씨로 시작하면 0으로 치환한다.
④ SNAME이 '홍'씨로 시작되는 튜플을 삭제한다.

전문가의 조언 | SQL문을 올바르게 설명한 것은 ②번입니다. LIKE는 문자열의 패턴을 비교할 때 사용하는 연산자이고, '%'는 모든 문자를 의미하는 와일드 카드 문자이므로 'WHERE SNAME LIKE '홍%''은 'SNAME' 속성의 값이 "홍"으로 시작하는 모든 튜플을 의미합니다.

92섹션 2필드

57. SQL 명령 중 DDL에 해당하는 것으로만 짝지어진 것은?

① CREATE, ALTER, SELECT
② CREATE, UPDATE, DROP
③ CREATE, ALTER, DROP
④ DELETE, ALTER, DROP

전문가의 조언 | DDL(데이터 정의어)에 해당하는 것은 CREATE, ALTER, DROP 입니다.
• SELECT, UPDATE, DELETE는 DML(데이터 조작어)입니다.

2023년 3회 정보처리산업기사 필기

1과목 정보시스템 기반 기술

3섹션 2필드

1. 비선점(Non-Preemptive) 스케줄링에 해당하지 않는 것은?
① SJF ② HRN
③ RR ④ FIFO

> 전문가의 조언 | RR(Round Robin)은 선점 스케줄링 기법입니다.

4섹션 5필드

2. 교착상태 발생의 필요 충분 조건이 아닌 것은?
① mutual exclusion ② hold and wait
③ preemption ④ circular wait

> 전문가의 조언 | 교착상태 발생의 필요 충분 조건에는 상호 배제(Mutual Exclusion), 점유와 대기(Hold and Wait), 비선점(Non-preemption), 환형 대기(Circular Wait)가 있습니다.

5섹션 4필드

3. 4개의 페이지를 수용할 수 있는 주기억장치가 현재 완전히 비어 있으며, 어떤 프로세스가 다음과 같은 순서로 페이지 번호를 요청했을 때 페이지 대체 정책으로 FIFO를 사용한다면 페이지 부재(Page-Fault)의 발생 횟수는?

> 요청 페이지 번호 순서 : 1, 2, 3, 4, 1, 2, 3

① 3회 ② 4회
③ 5회 ④ 6회

> 전문가의 조언 | 4개의 페이지 프레임을 갖는 주기억장치이므로 다음 그림과 같이 표현할 수 있습니다.

참조 페이지	1	2	3	4	1	2	3
페이지 프레임	1	1	1	1	1	1	1
		2	2	2	2	2	2
			3	3	3	3	3
				4	4	4	4
부재 발생	●	●	●	●			

※ ● : 페이지 부재 발생

참조 페이지가 페이지 프레임에 없을 경우는 페이지 결함(부재)이 발생됩니다. 초기에는 모든 페이지가 비어 있으므로 처음 1, 2, 3, 4 페이지 적재 시 페이지 결함이 발생됩니다. FIFO 기법은 각 페이지가 주기억장치에 적재될 때마다 그때의 시간을 기억시켜 가장 먼저 들어와서 가장 오래 있었던 페이지를 교체하는 기법인데, 처음에 페이지를 적재할 때만 페이지 결함이 발생하므로 페이지 결함 발생 횟수는 4회입니다.

3섹션 3필드

4. HRN(Highest Response-ratio Next) 스케줄링 기법에서 우선 순위 결정 방법은?
① (대기 시간 + 서비스 시간) / 대기 시간
② (대기 시간 + 서비스 시간) / 서비스 시간
③ 대기시간 / (대기 시간 + 서비스 시간)
④ 서비스 시간 / 본문 (대기 시간 + 서비스 시간)

> 전문가의 조언 | HRN 스케줄링 기법의 우선 순위 계산식은 '(대기 시간 + 서비스(실행) 시간) / 서비스(실행) 시간)'입니다.

9섹션 2필드

5. UNIX의 쉘(Shell)에 대한 설명으로 옳지 않은 것은?
① C, Bourne, Korn Shell 등이 있다.
② 시스템과 사용자 간의 인터페이스를 담당한다.
③ 명령어 해석기이다.
④ UNIX의 보안 관리를 수행한다.

> 전문가의 조언 | 보안 관리는 커널(Kernel)의 역할입니다.

14섹션 4필드

6. OSI 7 계층 중 IP 프로토콜과 관련된 계층으로 네트워크 연결 관리 및 데이터의 교환 및 중계 기능을 수행하는 계층은?
① 물리 계층 ② 데이터 링크 계층
③ 네트워크 계층 ④ 전송 계층

> 전문가의 조언 | 네트워크 연결 관리 및 데이터의 교환 및 중계 기능을 수행하는 계층은 네트워크 계층(Network Layer)입니다.
> • 물리 계층(Physical Layer) : 전송에 필요한 두 장치 간의 실제 접속과 절단 등 기계적, 전기적, 기능적, 절차적 특성을 정의함
> • 데이터 링크 계층(Data Link Layer) : 두 개의 인접한 개방 시스템들 간에 신뢰성 있고 효율적인 정보 전송을 할 수 있도록 함
> • 전송 계층(Transport Layer) : 종단 시스템(End-to-End) 간에 투명한 데이터 전송을 가능하게 함

13섹션 3필드

7. X.25 프로토콜의 3계층에 해당하지 않는 것은?
① 물리 계층 ② 베이스밴드 계층
③ 데이터 링크 계층 ④ 패킷 계층

> 전문가의 조언 | X.25는 물리 계층, 프레임(데이터 링크) 계층, 패킷 계층으로 구성됩니다.

정답 : 1.③ 2.③ 3.② 4.② 5.④ 6.③ 7.②

14섹션 3필드

8. OSI 7계층 중 데이터 링크 계층의 프로토콜에 해당하지 않는 것은?

① HDLC ② PPP
③ LLC   ④ UDP

> 전문가의 조언 | UDP는 전송 계층의 프로토콜입니다.

16섹션 4필드

9. LAN의 한 종류인 100Base-T 네트워크에서 사용되는 전송 매체는?

① Coaxial cable ② Optical cable
③ UTP cable   ④ Microwave cable

> 전문가의 조언 | 100Base-T는 고속 이더넷(Fast Ethernet)이라고도 불리는 이더넷의 고속 버전으로, CSMA/CD를 사용하며, UTP(Unshielded Twisted Pair) 케이블을 이용해 100Mbps의 속도로 데이터를 전송합니다.

16섹션 6필드

10. IPv6 주소의 길이는?

① 32   ② 64
③ 128 ④ 256

> 전문가의 조언 | IPv6는 16비트씩 8부분, 총 128비트로 구성됩니다.

24섹션 3필드

11. 다음에서 설명하고 있는 관계(Relationships)는?

- 하나의 사물이 다른 사물에 비해 더 일반적인지 구체적인지를 표현한다.
- 일반적인 개념을 상위(부모), 보다 구체적인 개념을 하위(자식)라고 부르며, 구체적인 사물에서 일반적인 사물 쪽으로 속이 빈 화살표를 연결하여 표현한다.

① 일반화 ② 포함
③ 연관   ④ 집합

> 전문가의 조언 | 하나의 사물이 다른 사물에 비해 더 일반적인지 구체적인지를 표현하는 관계는 일반화(Generalization) 관계입니다.
> - 포함(Composition) 관계 : 집합 관계의 특수한 형태로, 포함하는 사물의 변화가 포함되는 사물에게 영향을 미치는 관계를 표현함
> - 연관(Association) 관계 : 2개 이상의 사물이 서로 관련되어 있음을 표현함
> - 집합(Aggregation) 관계 : 하나의 사물이 다른 사물에 포함되어 있는 관계를 표현함

28섹션 3필드

12. 객체지향의 개념에서 하나 이상의 유사한 객체를 묶어서 하나의 공통된 특성을 표현한 것을 무엇이라고 하는가?

① 메소드(Method)   ② 클래스(Class)
③ 상속성(Inheritance) ④ 메시지(Message)

> 전문가의 조언 | 하나 이상의 유사한 객체를 묶어서 하나의 공통된 특성을 표현한 것을 클래스(Class)라고 합니다.
> - 메소드(Method) : 객체의 상태를 참조하거나 변경하는 수단이 되는 것으로, 동작(Operation)이라고도 함
> - 상속성(Inheritance) : 이미 정의된 상위 클래스(부모 클래스)의 모든 속성과 연산을 하위 클래스가 물려받는 것
> - 메시지(Message) : 객체들 간에 상호작용을 하는 데 사용되는 수단으로, 객체의 메서드(동작, 연산)를 일으키는 외부의 요구사항

26섹션 4필드

13. 객체지향 기법에서 사용하는 용어 중 다음 설명에 해당하는 것은?

> 복잡한 개념을 이해하기 쉬운 수준으로 단순화하는 것을 의미한다.

① 추상화   ② 캡슐화
③ 다형성   ④ 상속

> 전문가의 조언 | 복잡한 개념을 이해하기 쉬운 수준으로 단순화하는 것은 추상화(Abstraction)입니다.
> - 캡슐화(Encapsulation) : 데이터(속성)와 데이터를 처리하는 함수를 하나로 묶는 것
> - 다형성(Polymorphism) : 메시지에 의해 객체(클래스)가 연산을 수행하게 될 때 하나의 메시지에 대해 각각의 객체(클래스)가 가지고 있는 고유한 방법(특성)으로 응답할 수 있는 능력을 의미함
> - 상속(Inheritance) : 이미 정의된 상위 클래스(부모 클래스)의 모든 속성과 연산을 하위 클래스(자식 클래스)가 물려받는 것

27섹션 4필드

14. 각 단계가 데이터의 변환에 의해 진행되는 것으로, 필터 간 데이터 이동 시 데이터 변환으로 인한 오버헤드가 발생하는 아키텍처 패턴은?

① 레이어 패턴 아키텍처
② 파이프-필터 패턴 아키텍처
③ 클라이언트-서버 패턴 아키텍처
④ 모델-뷰-컨트롤러 패턴 아키텍처

> 전문가의 조언 | 필터 간 데이터 이동 시 데이터 변환으로 인한 오버헤드가 발생하는 패턴은 파이프-필터 패턴입니다.
> - 레이어 패턴 : 시스템을 계층(Layer)으로 구분하여 구성하는 패턴
> - 클라이언트-서버 패턴 : 하나의 서버 컴포넌트와 다수의 클라이언트 컴포넌트로 구성되는 패턴
> - 모델-뷰-컨트롤러 패턴 : 서브시스템을 3개의 부분으로 구조화하는 패턴

15. GoF(Gangs of Four) 디자인 패턴 분류에 해당하지 않는 것은?

① 생성 패턴
② 구조 패턴
③ 행위 패턴
④ 추상 패턴

> 전문가의 조언 | GoF의 디자인 패턴은 유형에 따라 생성 패턴, 구조 패턴, 행위 패턴으로 구성됩니다.

16. 다음이 설명하는 디자인 패턴은 무엇인가?

- 서브 시스템의 내용이 너무 복잡하여 클라이언트 코드가 실행하지 못할 때 사용한다.
- 서브 클래스들 사이의 통합 인터페이스를 제공하는 Wrapper 객체가 필요하다.

① Decorator
② State
③ Facade
④ Proxy

> 전문가의 조언 | 서브 시스템의 내용이 너무 복잡하여 클라이언트 코드가 실행하지 못할 때 사용하는 패턴은 퍼싸드(Facade)입니다.
> - 데코레이터(Decorator) : 객체 간의 결합을 통해 능동적으로 기능들을 확장할 수 있는 패턴
> - 상태(State) : 객체의 상태에 따라 동일한 동작을 다르게 처리해야 할 때 사용하는 패턴
> - 프록시(Proxy) : 접근이 어려운 객체와 여기에 연결하려는 객체 사이에서 인터페이스 역할을 수행하는 패턴

17. 화이트박스(White Box) 테스트와 관련한 설명으로 틀린 것은?

① 화이트박스 테스트의 이해를 위해 논리 흐름도(Logic-Flow Diagram)를 이용할 수 있다.
② 모듈 안의 작동을 직접 관찰할 수 있다.
③ 프로그램의 구조를 고려하지 않기 때문에 테스트 케이스는 프로그램 또는 모듈의 요구나 명세를 기초로 결정한다.
④ 원시 코드의 모든 문장을 한 번 이상 실행함으로써 수행된다.

> 전문가의 조언 | 화이트박스 테스트는 설계된 절차에 초점을 둔 구조적 테스트로 프로시저 설계의 제어 구조를 사용하여 테스트 케이스를 설계합니다.

18. 다음 설명에 해당하는 테스트는?

- 가장 하위 단계의 모듈부터 통합 및 테스트가 수행되므로 스텁(Stub)은 필요하지 않는다.
- 테스트는 통합된 클러스터 단위로 수행한다.

① 상향식 통합 테스트
② 하향식 통합 테스트
③ 회귀 테스트
④ 빅뱅 통합 테스트

> 전문가의 조언 | 통합된 클러스터 단위로 테스트를 수행하고, 스텁은 필요하지 않는 테스트는 상향식 통합 테스트입니다.
> - 하향식 통합 테스트 : 프로그램의 상위 모듈에서 하위 모듈 방향으로 통합하면서 테스트하는 기법
> - 회귀 테스트 : 이미 테스트된 프로그램의 테스팅을 반복하는 것으로, 통합 테스트로 인해 변경된 모듈이나 컴포넌트에 새로운 오류가 있는지 확인하는 테스트
> - 빅뱅 통합 테스트 : 모듈 간의 상호 인터페이스를 고려하지 않고 단위 테스트가 끝난 모듈을 한꺼번에 결합시켜 테스트하는 방법

19. 프롬프트 상에서 명령어를 직접 입력하여 작업을 수행하는 사용자 인터페이스 방식은?

① GUI
② NUI
③ OUI
④ CLI

> 전문가의 조언 | 프롬프트 상에서 명령어를 직접 입력하여 작업을 수행하는 사용자 인터페이스 방식은 CLI(Command Line Interface)입니다.
> - GUI(Graphic User Interface) : 키보드로 명령어를 직접 입력하지 않고, 마우스로 아이콘이나 메뉴를 선택하여 작업을 수행하는 그래픽 사용자 인터페이스
> - NUI(Natural User Interface) : 사용자의 말이나 행동으로 기기를 조작하는 인터페이스
> - OUI(Organic User Interface) : 모든 사물과 사용자 간의 상호작용을 위한 인터페이스

20. 기업의 소프트웨어 인프라인 정보 시스템을 공유와 재사용이 가능한 서비스 단위로 구축하는 정보기술 아키텍처를 의미하는 용어는?

① SOA
② OGSA
③ Mashup
④ SDE

전문가의 조언 | 문제에 제시된 내용은 SOA(Service Oriented Architecture)의 개념입니다.
- 오픈 그리드 서비스 아키텍처(OGSA; Open Grid Service Architecture) : 애플리케이션 공유를 위한 웹 서비스를 그리드 상에서 제공하기 위해 만든 개방형 표준
- 매시업(Mashup) : 웹에서 제공하는 정보 및 서비스를 이용하여 새로운 소프트웨어나 서비스, 데이터베이스 등을 만드는 기술
- 소프트웨어 정의 기술(SDE, SDx; Software-Defined Everything) : 네트워크, 데이터 센터 등에서 소유한 자원을 가상화하여 개별 사용자에게 제공하고, 중앙에서는 통합적으로 제어가 가능한 기술

39섹션 0필드

23. UI 시스템에 대한 설명으로 옳지 않은 것은?
① 입력 데이터를 사전에 검증하는 역할을 수행한다.
② 잘못된 입력으로 발생하는 예외를 처리한다.
③ 오류에 대한 구체적인 시스템 정보를 메시지로 제공한다.
④ 사용자에게 입력 창과 프롬프트, 도움말 등을 제공한다.

전문가의 조언 | 오류에 대한 구체적인 시스템 정보가 노출되면 보안에 악영향을 줄 수 있습니다.

2 과목 프로그래밍 언어 활용

61섹션 8필드

21. HTML의 태그 중 책이나 음악, 영화 등의 제목을 정의할 때 사용하는 태그는?
① mark
② small
③ sub
④ cite

전문가의 조언 | 책이나 음악, 영화 등의 제목을 정의할 때 사용하는 태그는 〈cite〉입니다.
① 텍스트에 형광펜 효과를 줄 때 사용하는 태그입니다.
② 저작권 표기와 같은 작은 텍스트를 표시할 때 사용하는 태그입니다.
③ 아래 첨자를 표시할 때 사용하는 태그입니다.

없음

24. 인터페이스 클래스에 대한 설명으로 옳지 않은 것은?
① 일반적인 메소드와 변수를 선언할 수 있다.
② 객체 변수를 생성할 수 없다.
③ 다중 상속이 가능하다.
④ 상속 시 implements를 사용한다.

전문가의 조언 | 인터페이스 클래스에서는 일반적인 메소드나 변수 대신, 추상 메소드와 상수와 같이 값을 변경할 수 없는 변수만을 선언하여 사용합니다.

61섹션 4필드

25. 다음 중 목록을 생성하는 HTML 태그가 아닌 것은?
① 〈ul〉
② 〈li〉
③ 〈ol〉
④ 〈el〉

전문가의 조언 | 목록에 사용하는 태그에는 〈ul〉, 〈ol〉, 〈li〉, 〈dl〉, 〈dt〉, 〈dd〉가 있습니다.

27섹션 6필드

22. 시스템 아키텍처에 대한 설명으로 옳은 것은?
① 유비쿼터스 시스템에는 계층형 아키텍처가 적합하다.
② 분산 시스템은 적합한 아키텍처는 MVC이다.
③ 음성 인식, 신호 해석 등에 적합한 아키텍처는 파이프-필터이다.
④ 데이터 중심의 소프트웨어에는 저장소 유형의 아키텍처 모델이 제시되어야 한다.

전문가의 조언 | 데이터 중심의 소프트웨어에는 저장소 유형의 아키텍처 모델이 제시되어야 합니다.
① 유비쿼터스 시스템에는 대화형 시스템에 주로 사용되는 MVC 아키텍처가 적합합니다.
② 분산 시스템에 적합한 아키텍처는 브로커(Broker) 패턴입니다.
③ 음성 인식, 신호 해석 등에 적합한 아키텍처는 블랙보드(Balckboard) 패턴입니다.

26섹션 7필드

26. 소프트웨어 품질 속성 중 소프트웨어를 사용할 때 혼란스러워하거나 사용하는 순간 고민하게 않게 하는 편의성을 의미하는 것은?
① Usability
② Modifiability
③ Availability
④ Functionality

전문가의 조언 | 사용자가 쉽게 배우고 사용할 수 있게 하는 편의성을 의미하는 것은 사용성(Usability)입니다.
② 소프트웨어를 쉽게 변경할 수 있는 정도를 의미합니다.
③ 어느때나 사용 가능하도록 유지하는 것을 의미합니다.
④ 소프트웨어가 사용자의 요구사항을 정확하게 만족하는 기능을 제공하는지 여부를 의미합니다.

27. 다음 C언어 프로그램이 실행되었을 때, 실행 결과는?

```
#include <stdio.h>
main( ) {
    int a = 100, b = 200;
    printf("%d", b != a);
}
```

① 1
② 2
③ 100
④ 200

> 전문가의 조언 | 사용된 코드의 의미는 다음과 같습니다.
>
> ```
> #include <stdio.h>
> main( ) {
> ❶  int a = 100, b = 200;
> ❷  printf("%d", b != a);
> }
> ```
>
> ❶ 정수형 변수 a와 b를 선언하고, 각각 100과 200으로 초기화한다.
> ❷ b가 a와 같지 않으면 참(1), 같으면 거짓(0)을 출력한다. b의 값 200은 a의 값 100과 같지 않으므로 1이 출력된다.
>
> 결과 1

> 전문가의 조언 | 사용된 코드의 의미는 다음과 같습니다.
>
> ```
> #include <stdio.h>
> main( ) {
> ❶  int count = 1;
> ❷  int sum = 0;
> ❸  do {
> ❹      sum = sum + count;
> ❺      count = count + 2;
> ❻  } while (count <= 10);
> ❼  printf("%d", sum);
> }
> ```
>
> ❶ 정수형 변수 count를 선언하고 1로 초기화한다.
> ❷ 정수형 변수 sum을 선언하고 0으로 초기화한다.
> ❸ do 반복문의 시작점이다. ❹, ❺번을 반복 수행한다.
> ❹ sum에 count의 값을 누적시킨다.
> ❺ count에 2를 누적시킨다.
> ❻ count가 10보다 작거나 같은 동안 ❹, ❺번을 반복 수행한다.
>   반복문 실행에 따른 변수의 변화는 다음과 같습니다.
>
> | sum | count |
> |-----|-------|
> | 0 | 1 |
> | 1 | 3 |
> | 4 | 5 |
> | 9 | 7 |
> | 16 | 9 |
> | 25 | 11 |
>
> ❼ sum의 값 25를 정수로 출력한다.
>
> 결과 25

28. 다음 C언어 프로그램이 실행되었을 때, 실행 결과는?

```
#include <stdio.h>
main( ) {
    int count = 1;
    int sum = 0;
    do {
        sum = sum + count;
        count = count + 2;
    } while (count <= 10);
    printf("%d", sum);
}
```

① 5
② 10
③ 16
④ 25

29. 소프트웨어 개발 프레임워크에 대한 설명으로 옳지 않은 것은?

① 모듈화로 인해 설계 및 구현의 변경에 따른 영향을 극소화시킨다.
② 재사용된 모듈을 사용하여 품질을 향상시키고, 용량을 감소시킨다.
③ 객체들의 통제를 프레임워크에 넘김으로써 생산성을 향상시킨다.
④ 인터페이스의 확장이 자유로워 다양한 기능을 가진 소프트웨어의 개발이 가능하다.

> 전문가의 조언 | 재사용된 모듈은 예산 절감, 생산성 향상, 품질 보증 등의 이점은 있지만, 용량 감소에 대한 이점은 없습니다.

52섹션 3필드

30. Python의 이스케이프 문자에 대한 설명으로 옳지 않은 것은?

① 커서를 왼쪽으로 한 칸 이동시키는 이스케이프 문자는 '\b'이다.
② 가로로 일정 간격 띄우는 이스케이프 문자는 '\a'이다.
③ Carriage Return을 수행하는 이스케이프 문자는 '\r'이다.
④ 커서를 다음 줄로 이동시키는 이스케이프 문자는 '\n'이다.

전문가의 조언 | • 가로로 일정 간격 띄우는 이스케이프 문자는 '\t'입니다.
• '\a'는 벨 소리를 출력할 때 사용하는 이스케이프 문자입니다.

62섹션 1필드

31. HTML에 JavaScript를 삽입하는 방법으로 옳지 않은 것은?

① HTML에 직접 입력 – ⟨script⟩ document.write(100) ⟨/script⟩
② 외부 파일 호출 – ⟨script src="abc.js"⟩⟨/script⟩
③ 내부 코드 삽입 – ⟨input type="button" value="click" onclick="msg(100)"⟩
④ HTML에 직접 입력 – ⟨javascript⟩ document.write(100) ⟨/javascript⟩

전문가의 조언 | HTML에 코드 삽입 시 스크립트가 자바 스크립트 형식으로 입력되었다는 것을 나타낼 때는 ⟨script type="text/javascript"⟩ ⟨/script⟩와 같이 작성합니다.

26섹션 2필드

32. 소프트웨어 아키텍처의 4+1 관점 중 물리적 시스템에서 사용하는 소프트웨어 서브 시스템 모듈이 어떻게 구조화되어 있는지에 중점을 둔 관점은?

① 유스케이스   ② 논리적
③ 구현   ④ 물리적

전문가의 조언 | 소프트웨어 아키텍처 4+1뷰에서 모듈의 구성과 구조를 확인하는 데 사용하는 뷰는 구현 뷰(Implementation View)입니다.

62섹션 1필드

33. JavaScript의 문법에 대한 설명으로 옳지 않은 것은?

① const로 선언된 변수는 값을 변경하거나 재선언되지 못한다.
② ==는 자료형을 고려하지 않고 값이 일치하면 true이다.
③ ===는 값이 일치하더라도 자료형이 다르면 false이다.
④ let으로 선언된 변수는 값의 변경과 재선언이 가능하다.

전문가의 조언 | let으로 선언된 변수는 값의 변경은 가능하지만, 재선언은 불가능합니다.

61섹션 6필드

34. 다음 중 CSS의 속성 중 사각형 테두리를 둥글게 만드는 속성은?

① border-radius
② square-round
③ border-round
④ square-radius

전문가의 조언 | 사각형 테두리를 둥글게 만드는 CSS 속성은 **border-radius**입니다.

61섹션 6필드

35. 다음 중 테이블의 크기를 페이지 너비에 맞추어 자동으로 조정하고자 할 때 알맞은 CSS 코드는?

① table-layout: auto
② table-cell: auto
③ table-layout: fixed
④ table-cell: fixed

전문가의 조언 | 테이블의 크기를 페이지 너비에 맞추어 자동으로 조정할 때 사용하는 CSS 코드는 **table-layout: auto**입니다.

57섹션 1필드

36. 다음 JAVA 프로그램이 실행되었을 때, 실행 결과는?

```
public class Test {
    public static void main(String[] args) {
        func( );
        int a = 20;
        System.out.print(a + " ");
        func( );
    }
    static void func( ) {
        int a = 10;
        System.out.print(a++ + " ");
        System.out.print(a++ + " ");
    }
}
```

① 10 11 20 10 11
② 11 12 21 11 12
③ 10 10 20 11 11
④ 10 10 20 12 12

전문가의 조언 | 사용된 코드의 의미는 다음과 같습니다.

```
public class Test {
    public static void main(String[] args) {
❶       func( );
❻       int a = 20;
❼       System.out.print(a + " ");
❽       func( );
    } ❸
❷❾  static void func( ) {
❸❿      int a = 10;
❹⓫      System.out.print(a++ + " ");
❺⓬      System.out.print(a++ + " ");
    }
}
```

모든 Java 프로그램은 반드시 main( ) 메소드에서 시작한다.
❶ func( ) 메소드를 호출한다.
❷ 반환값이 없는 func( ) 메소드의 시작점이다.
❸ 정수형 변수 a를 선언하고 10으로 초기화한다.
❹ a의 값 10과 공백 한 칸을 출력한다. a는 후치 증가 연산이므로 출력 후 값이 1 증가하여 11이 된다.

결과 `10`

❺ a의 값 11과 공백 한 칸을 출력한다. a는 후치 증가 연산이므로 출력 후 값이 1 증가하여 12가 된다. 메소드가 종료되었으므로 메소드를 호출했던 ❶번의 다음 줄인 ❻번으로 이동한다.

결과 `10 11`

❻ 정수형 변수 a를 선언하고 20으로 초기화한다.
❼ a의 값 20과 공백 한 칸을 출력한다.

결과 `10 11 20`

❽ func( ) 메소드를 호출한다.
❾ 반환값이 없는 func( ) 메소드의 시작점이다.
❿ 정수형 변수 a를 선언하고 10으로 초기화한다.
⓫ a의 값 10과 공백 한 칸을 출력한다. a는 후치 증가 연산이므로 출력 후 값이 1 증가하여 11이 된다.

결과 `10 11 20 10`

⓬ a의 값 11과 공백 한 칸을 출력한다. a는 후치 증가 연산이므로 출력 후 값이 1 증가하여 12가 된다. 메소드가 종료되었으므로 메소드를 호출했던 ❽번의 다음 줄인 ❸번으로 이동하여 프로그램을 종료한다.

결과 `10 11 20 10 11`

58섹션 1필드

37. 매크로 함수와 일반 함수에 대한 설명으로 옳지 않은 것은?

① 매크로 함수는 컴파일 전에 치환되므로 코드의 용량이 증가한다.
② 일반 함수와 매크로 함수는 모두 인수의 자료형을 입력해야 한다.
③ 일반 함수는 코드의 용량이 증가시키지 않는다.
④ 매크로 함수는 일반 함수에 비해 속도가 빠르다.

전문가의 조언 | 매크로 함수는 인수의 자료형을 입력하지 않습니다.

39섹션 2필드

38. 사용자 인터페이스(UI)의 요소에 대한 설명으로 옳지 않은 것은?

① 토글 버튼은 자주 찾지 않는 항목의 on/off를 결정할 때 사용한다.
② 라디오 버튼은 여러 항목 중 하나만 선택해야 할 때 사용한다.
③ 콤보 상자는 목록 상자에 제시된 여러 항목 중 하나를 선택할 때 사용한다.
④ 체크 박스는 여러 개의 선택 상황에서 1개의 값만 선택해야 할 때 사용한다.

전문가의 조언 | 체크 박스는 여러 개의 선택 상황에서 1개 이상의 값을 선택할 때 사용하는 UI 요소입니다.

59섹션 4필드

39. Python에서 문자열이나 배열의 중간에 위치하는 값 일부만을 가져올 때 사용하는 함수는?

① slice( ) ② split( )
③ join( )   ④ range( )

전문가의 조언 | Python에서 문자열이나 리스트와 같은 순차형 객체에서 일부를 잘라(slicing) 반환하는 기능을 슬라이스(Slice)라고 합니다.

49섹션 3필드

40. 다음 중 JAVA에서 참(true), 거짓(false)과 같이 논리값을 저장하는 자료형은?

① String   ② byte
③ bool   ④ boolean

전문가의 조언 | Java에서 논리값을 저장하는 자료형은 boolean입니다.

3과목 데이터베이스 활용

41. 다음의 특징을 갖고 있는 데이터 모델링은?

- 테이블을 이용하여 데이터 상호 관계로 정의한다.
- 개체 집합은 공통 속성으로 만들어진다.
- 해당 데이터 모델링의 대표적인 언어는 SQL이다.

① 관계형 데이터 모델
② 개체-관계 모델
③ 계층형 데이터 모델
④ 네트워크형 데이터 모델

> 전문가의 조언 | 테이블을 이용하여 데이터 상호 관계로 정의하는 데이터 모델링은 관계형 데이터 모델(Relational Data Model)입니다.
> • 개체-관계 모델(R(Entity-Relationship Model) : 개체 타입(Entity Type)과 이들 간의 관계 타입(Relationship Type)을 이용해 현실 세계를 개념적으로 표현한 데이터 모델
> • 계층형 데이터 모델(Hierarchical Data Model) : 트리 구조를 이용해서 데이터의 상호관계를 계층적으로 정의한 데이터 모델
> • 네트워크형 데이터 모델(Network Data Model) : CODASYL이 제안한 것으로, 그래프를 이용해서 데이터 논리 구조를 표현한 데이터 모델

42. 관계대수의 일반 집합 연산자에 대한 설명으로 옳지 않은 것은?

① 교집합, 합집합은 두 릴레이션의 합병이 가능해야 한다.
② 차집합, 카티션 프로덕트 등이 있다.
③ 카티션 프로덕트 연산자는 π로 표현한다.
④ 연산을 위해 피연산자 두 개가 필요하다.

> 전문가의 조언 | • 카티션 프로덕트 연산자는 ×로 표현합니다.
> • π로 표현하는 연산자는 순수 관계 연산자인 PROJECT입니다.

43. 관계형 데이터베이스에서 연산의 결과로 새로운 릴레이션이 생성되는 절차적 언어를 의미하는 것은?

① 도메인 관계해석
② 튜플 관계해석
③ 관계대수
④ 관계분석

> 전문가의 조언 | 연산의 결과로 새로운 릴레이션이 생성되는 절차적 언어를 의미하는 것은 관계대수입니다.

44. 정규화의 목적으로 옳지 않은 것은?

① 데이터 중복을 배제하여 삽입 이상, 삭제 이상, 갱신 이상의 발생을 방지할 수 있다.
② 주어진 릴레이션을 더 작은 릴레이션 스키마들로 분할하는 과정이다.
③ 어떠한 릴레이션이라도 데이터베이스 내에서 표현 가능하도록 한다.
④ 릴레이션에 새로운 형태의 데이터가 삽입될 때 릴레이션을 재구성할 필요성을 증가시킨다.

> 전문가의 조언 | 정규화의 목적은 새로운 형태의 데이터가 삽입될 때 릴레이션을 재구성할 필요성을 줄이는 것입니다.

45. 삭제문(DELETE FROM)의 사용 형식으로 옳지 않은 것은?

① DELETE FROM 〈테이블명〉 WHERE 〈조건〉
② DELETE FROM 〈테이블명〉 〈조건〉
③ DELETE FROM 〈테이블명〉
④ DELETE FROM 〈테이블명〉 WHERE 〈중첩질의가 포함된 조건〉

> 전문가의 조언 | 삭제문에서 조건은 WHERE절에 입력해야 합니다.

46. 관계형 데이터베이스의 구성 요소에 대한 설명으로 틀린 것은?

① 튜플은 릴레이션을 구성하는 각각의 행을 말한다.
② 속성은 데이터베이스를 구성하는 가장 작은 논리적 단위이다.
③ 도메인은 하나의 Attribute가 취할 수 있는 같은 타입의 원자값들의 집합이다.
④ 속성의 수를 카디널리티(Cardinality)라고 한다.

> 전문가의 조언 | 속성의 수를 디그리(Degree) 또는 차수라고 하고, 튜플의 수를 카디널리티(Cardinality)라고 합니다.

47. E-R 다이어그램에서 관계 타입을 의미하는 기호는?

① ⬭   ② ◇
③ ▭   ④

> 전문가의 조언 | E-R 다이어그램에서 관계(Relationship) 타입을 의미하는 기호는 마름모(◇)입니다.
> • 사각형(▭) : 개체(Entity) 타입
> • 타원(⬭) : 속성(Attribute)
> • 선(———) : 개체 타입과 속성을 연결

> 75섹션 2필드

48. 다음 트리를 Post-Order로 운행할 때 노드 C는 몇 번째로 검사되는가?

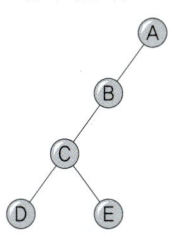

① 2번째
② 3번째
③ 4번째
④ 5번째

전문가의 조언 | 먼저 서브트리를 하나의 노드로 생각할 수 있도록 서브트리 단위로 묶은 다음 Postorder로 운행해 보면 됩니다.

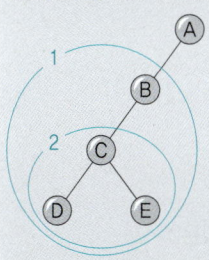

❶ Postorder는 Left → Right → Root이므로 1A가 됩니다.
❷ 1은 2B이므로 2BA가 됩니다.
❸ 2는 DEC이므로 DECBA가 됩니다.
∴ 노드 C는 세 번째로 탐색합니다.

> 86섹션 4필드

49. 관계해석에 관한 설명으로 옳은 내용 모두를 나열한 것은?

> ㉠ 프레디키트 해석(Predicate Calculus)으로 질의어를 표현한다.
> ㉡ 튜플 관계해석과 도메인 관계해석이 있다.
> ㉢ 관계대수로 표현한 식은 관계해석으로 표현할 수 있다.
> ㉣ 원하는 정보와 그 정보를 어떻게 유도하는가를 기술하는 절차적인 언어이다.

① ㉠, ㉣
② ㉡, ㉢, ㉣
③ ㉣
④ ㉠, ㉡, ㉢

전문가의 조언 | • ㉠, ㉡, ㉢는 관계해석, ㉣은 관계대수에 대한 설명입니다.
• 관계해석은 원하는 정보가 무엇이라는 것만 정의하는 비절차적 특성을 가집니다.

> 83섹션 2필드

50. 아래의 그림에서 속성(Attribute)의 개수는?

학번	이름	학과	성별	학년
001	김영수	경영	남	2
002	박철수	경영	남	2
003	홍길동	경제	남	3
004	김나라	법학	여	4

① 2
② 3
③ 4
④ 5

전문가의 조언 | 속성(Attribute)의 수는 차수(Degree), 튜플(Tuple)의 수는 카디널리티(Cardinality)를 의미하므로, 차수는 5, 카디널리티는 4입니다.

> 79섹션 7필드

51. 데이터베이스 설계 단계 중 물리적 설계 단계와 거리가 먼 것은?

① 접근 경로 설계
② 저장 레코드 양식 설계
③ 레코드 집중의 분석 및 설계
④ 트랜잭션 모델링

전문가의 조언 | 트랜잭션 모델링은 개념적 설계 단계에서 수행합니다.

> 92섹션 3필드

52. DML에 해당하는 SQL 명령으로만 나열된 것은?

① DELETE, UPDATE, CREATE, ALTER
② INSERT, DELETE, UPDATE, DROP
③ SELECT, INSERT, DELETE, UPDATE
④ SELECT, INSERT, DELETE, ALTER

전문가의 조언 | DML(데이터 조작어)의 명령어에는 SELECT, INSERT, DELETE, UPDATE가 있습니다.
• DDL(데이터 정의어) : CREATE, ALTER, DROP
• DCL(데이터 제어어) : COMMIT, ROLLBACK, GRANT, REVOKE

> 96섹션 1필드

53. 데이터베이스 설계 단계 중 논리적 설계 단계에 해당하는 것은?

① 개념 스키마를 평가 및 정제하고 DBMS에 따라 서로 다른 논리적 스키마를 설계한다.
② 데이터베이스 파일의 저장 구조 및 액세스 경로를 결정한다.
③ 물리적 저장장치에 저장할 수 있는 물리적 구조의 데이터로 변환하는 과정이다.
④ 저장 레코드의 형식, 순서, 접근 경로 등의 정보가 컴퓨터에 저장되는 방법을 묘사한다.

전문가의 조언 | ①번은 논리적 설계 단계, ②, ③, ④번은 물리적 설계 단계에 해당합니다.

> 78섹션 6필드

55. 데이터베이스를 구성하는 데이터 개체, 이들 개체 사이의 속성, 이들 간에 존재하는 관계, 데이터 구조와 데이터 값들이 갖는 제약 조건에 관한 정의를 총칭해서 무엇이라고 하는가?

① VIEW ② DOMAIN
③ SCHEMA ④ DBA

전문가의 조언 | 문제에 제시된 내용은 스키마(Schema)에 대한 설명입니다.
• 뷰(View) : 사용자에게 접근이 허용된 자료만을 제한적으로 보여주기 위해 하나 이상의 기본 테이블로부터 유도된, 이름을 가지는 가상 테이블
• 도메인(Domain) : 하나의 애트리뷰트가 취할 수 있는 같은 타입의 원자(Atomic)값들의 집합
• DBA(데이터베이스 관리자) : 데이터베이스 시스템의 모든 관리와 운영에 대한 책임을 지고 있는 사람이나 그룹을 의미함

> 74섹션 4필드

54. 스택에 데이터를 A, B, C, D 순으로 저장했을 경우, 이들 데이터가 출력되는 결과로 가능한 것은?

① D, B, C, A ② C, B, D, A
③ C, D, A, B ④ D, A, C, B

전문가의 조언 | 스택에 데이터를 A, B, C, D로 저장했을 경우 C, B, D, A로 출력이 가능합니다. 문제의 자료가 각 보기의 순서대로 출력되는지 스택을 이용해 직접 입·출력을 수행해 보면 됩니다. PUSH는 스택에 자료를 입력하는 명령이고, POP는 스택에서 자료를 출력하는 명령입니다. 먼저 ②번을 살펴보도록 하겠습니다.

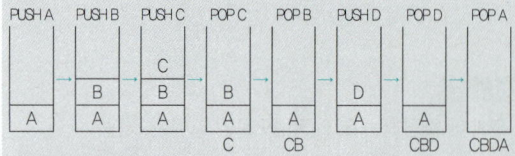

반면 ①번은 D를 출력한 후 B를 출력해야 하는데, C를 출력하지 않고는 D를 출력할 수 없으므로 불가능합니다.

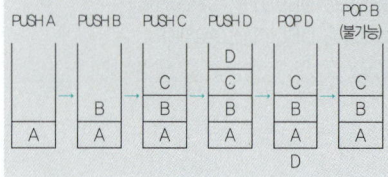

> 92섹션 2필드

56. SQL 명령어 중 DDL에 해당하는 것은?

① SELECT ② UPDATE
③ DELETE ④ ALTER

전문가의 조언 | ALTER는 DDL(데이터 정의어)이고, 나머지는 DML(데이터 조작어)에 해당합니다.

> 77섹션 2필드

57. 해시 함수 중 키를 여러 부분으로 나누고 각 부분의 값을 더하거나 XOR(배타적 논리합)한 값을 홈 주소로 얻는 방식은?

① Folding ② Division
③ Mid-Square ④ Digit Analysis

전문가의 조언 | 키를 여러 부분으로 나누고 각 부분의 값을 더하거나 XOR한 값을 홈 주소로 얻는 방식은 폴딩법(Folding)입니다.
• 제산법(Division) : 레코드 키(K)를 해시표(Hash Table)의 크기보다 큰 수 중에서 가장 작은 소수(Prime, Q)로 나눈 나머지를 홈 주소로 삼는 방식, 즉 h(K) = K mod Q임
• 제곱법(Mid-Square) : 레코드 키 값(K)을 제곱한 후 그 중간 부분의 값을 홈 주소로 삼는 방식
• 숫자 분석법(Digit Analysis, 계수 분석법) : 키 값을 이루는 숫자의 분포를 분석하여 비교적 고른 자리를 필요한 만큼 택해서 홈 주소로 삼는 방식

> 91섹션 1필드

58. 시스템 카탈로그에 대한 설명으로 옳지 않은 것은?

① 데이터 사전이라고도 한다.
② 시스템 카탈로그에 저장되는 내용을 메타 데이터라고 한다.
③ 시스템 자신이 필요로 하는 스키마 및 여러 가지 객체에 관한 정보를 포함하고 있는 시스템 데이터베이스이다.
④ 시스템 카탈로그의 정보를 INSERT, UPDATE, DELETE 문으로 직접 갱신할 수 있다.

> 전문가의 조언 | 시스템 카탈로그는 INSERT, DELETE, UPDATE문으로 카탈로그를 갱신하는 것은 허용되지 않습니다.

> 78섹션 6필드

60. 개념 스키마에 대한 설명으로 옳지 않은 것은?

① 조직이나 기관의 총괄적 입장에서 본 데이터베이스의 전체적인 논리적 구조이다.
② 실제 데이터베이스가 기억장치 내에 저장되어 있으므로 저장 스키마라고도 한다.
③ 모든 응용 프로그램이나 사용자들이 필요로 하는 데이터를 종합한 조직 전체의 데이터베이스 구조이다.
④ 데이터베이스 파일에 저장되는 데이터의 형태를 나타낸 것으로 단순히 스키마라고도 한다.

> 전문가의 조언 | ②번은 내부 스키마에 대한 설명입니다.

> 75섹션 2필드

59. 다음 트리에 대한 운행 결과의 순서가 "A → B → D → C → E → G → H → F" 일 경우, 적용된 운행 기법은?

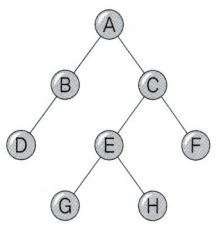

① Pre-order
② Post-order
③ In-order
④ Last-order

> 전문가의 조언 | 문제의 트리를 "A → B → D → C → E → G → H → F"의 순서대로 방문하는 운행 기법은 Preorder입니다. 트리를 운행할 때는 먼저 서브트리를 하나의 노드로 생각할 수 있도록 서브트리 단위로 묶습니다.
>
>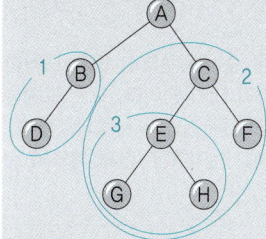
>
> ❶ Preorder는 Root → Left → Right이므로 A12입니다.
> ❷ 1은 BD이므로 ABD2입니다.
> ❸ 2는 C3F이므로 ABDC3F입니다.
> ❹ 3은 EGH이므로 ABDCEGHF입니다.

2023년 2회 정보처리산업기사 필기

1과목 정보시스템 기반 기술

2섹션 1필드

1. 프로세스의 정의로 거리가 먼 것은?
① 운영체제가 관리하는 실행 단위
② PCB를 갖는 프로그램
③ 동기적 행위를 일으키는 주체
④ 실행 중인 프로그램

전문가의 조언 | 프로세스는 비동기적 행위를 일으키는 주체입니다.

4섹션 3필드

3. 연산 P, V와 정수 변수를 이용하여 동기화 문제를 해결하는 것은?
① Critical Section ② Monitor
③ Semaphore ④ Mutual Exclusion

전문가의 조언 | 연산 P, V와 정수 변수를 이용하여 동기화 문제를 해결하는 것은 세마포어(Semaphore)입니다.
• 임계 구역(Critical Section) : 다중 프로그래밍 운영체제에서 여러 개의 프로세스가 공유하는 데이터 및 자원에 대하여 어느 한 시점에서는 하나의 프로세스만 자원 또는 데이터를 사용하도록 지정된 공유 자원(영역)
• 모니터(Monitor) : 동기화를 구현하기 위한 특수 프로그램 기법으로 특정 공유 자원을 프로세스에게 할당하는 데 필요한 데이터와 이 데이터를 처리하는 프로시저로 구성됨
• 상호 배제(Mutual Exclusion) : 특정 프로세스가 공유 자원을 사용하고 있을 경우 다른 프로세스가 해당 공유 자원을 사용하지 못하게 제어하는 기법

3섹션 3필드

2. FCFS 기법을 적용하여 작업 스케줄링을 하였을 때, 다음 작업들의 평균 회수 시간(Turn Around Time)은? (단, 문맥 교환 시간은 무시한다.)

작업	도착시간	실행시간
A	0	6
B	1	3
C	2	1
D	3	4

① 9.25 ② 8.25
③ 7.75 ④ 7.25

전문가의 조언 | FCFS는 준비상태 큐에 도착한 순서대로 작업을 수행하므로, 다음과 같은 순서로 수행됩니다.

(간트 차트 그림)

평균 반환 시간은 (6+8+8+11)/4 = 8.25 시간이 됩니다.

5섹션 1필드

4. 다음은 주기억장치의 관리 중 고정 분할 할당에서 최초 적합 배치 전략을 사용한 예이다. 이러한 경우 발생하는 내적 단편화는 얼마인가?

| 15K | 3K | 11K | 7K | → |

5K
10K
15K
20K

① 13K ② 14K
③ 15K ④ 16K

전문가의 조언 | 문제에 주어진 작업들을 고정 분할 할당에서 최초 적합 배치 전략으로 배치할 경우 15K는 15K 영역에, 3K는 5K 영역에, 11K는 20K 영역에, 7K는 10K 영역에 배치되므로 내부 단편화는 0K + 2K + 9K + 3K = 14K입니다.

6섹션 2필드

5. 디스크 대기 큐에 다음과 같은 순서(왼쪽부터 먼저 도착한 순서임)로 트랙의 액세스 요청이 대기 중이다. 모든 트랙을 서비스하기 위하여 FCFS 스케줄링 기법이 사용되었을 때, 모두 몇 트랙의 헤드 이동이 생기는가?(단, 현재 헤드의 위치는 50 트랙이다.)

| 디스크 대기 큐 : 10, 40, 55, 35 |

① 50 ② 85
③ 105 ④ 110

> 전문가의 조언 | FCFS 스케줄링 기법은 준비상태 큐에 도착한 순서에 따라 차례로 CPU를 할당하는 기법이고 현재 헤드의 위치가 50 트랙이므로 이동 순서는 '50 → 10 → 40 → 55 → 35' 순으로 진행됩니다. 총 이동거리는 40 + 30 + 15 + 20 = 105입니다.

> 전문가의 조언 | LAN의 네트워크 토폴로지 형태에는 스타형(Star), 버스형(Bus), 링형(Ring), 트리형(Tree), 망형(Mesh) 등이 있습니다.

12섹션 7필드

6. 데이터 통신에서 Hamming Code를 이용하여 에러를 정정하는 방식은?

① 군계수 체크방식
② 자기정정 부호방식
③ 패리티 체크방식
④ 정마크 부호방식

> 전문가의 조언 | 해밍 코드(Hamming Code)는 수신 측에서 오류가 발생한 비트를 검출한 후 직접 수정하는 방식입니다. 이와 같이 오류 검출은 물론 스스로 수정까지 하는 것을 자기정정 부호방식이라고 합니다.

16섹션 6필드

10. 다음 중 IPv6에 대한 설명으로 옳지 않은 것은?

① IPv4의 주소 부족 문제를 해결하기 위해 개발되었다.
② 주소를 32비트로 나눠서 8진수로 표시하고 마침표로 구분한다.
③ 인증성, 기밀성, 데이터 무결성의 지원으로 보안 문제를 해결할 수 있다.
④ 실시간 흐름 제어로 향상된 멀티미디어 기능을 지원한다.

> 전문가의 조언 | IPv6는 16비트씩 8부분, 총 128비트로 구성되어 있으며, 각 부분을 16진수로 표현하고, 콜론(:)으로 구분합니다.

14섹션 7필드

7. OSI-7계층 중 암호화, 데이터 압축, 코드 변환 등의 기능을 수행하는 계층은?

① 전송 계층
② 응용 계층
③ 물리 계층
④ 프레젠테이션 계층

> 전문가의 조언 | 암호화, 데이터 압축, 코드 변환 등은 프레젠테이션(표현) 계층의 기능입니다.
> • 물리 계층(Physical Layer) : 전송에 필요한 두 장치 간의 실제 접속과 절단 등 기계적, 전기적, 기능적, 절차적 특성에 대한 규칙을 정의함
> • 전송 계층(Transport Layer) : 논리적 안정과 균일한 데이터 전송 서비스를 제공함으로써 종단 시스템(End-to-End) 간에 투명한 데이터 전송을 가능하게 함
> • 응용 계층(Application Layer) : 사용자(응용 프로그램)가 OSI 환경에 접근할 수 있도록 서비스를 제공함

18섹션 4필드

11. 다음 중 객체지향 개발 절차의 단계에 속하지 않는 것은?

① 사용자 요구사항
② 객체지향 분석
③ 객제지향 설계
④ 테스트 구현

> 전문가의 조언 | 객체지향 개발 절차는 '요구 분석 → 설계 → 구현 → 테스트 및 검증 → 인도' 단계로 진행됩니다.
> • 사용자 요구사항은 애자일 개발 절차의 과정입니다.

13섹션 4필드

8. UDP(User Datagram Protocol)에 대한 설명으로 거리가 먼 것은?

① 속도가 빠르다.
② 신뢰성 있는 전송이 가능하다.
③ 오버헤드가 적다.
④ 비연결형 서비스를 제공한다.

> 전문가의 조언 | ②번은 TCP의 특징입니다.

25섹션 1필드

12. 유스케이스 다이어그램의 용어 중 프로젝트 개발 범위에 속하지 않고, 이미 다른 프로젝트에서 개발되어 사용중인 것으로, 원래 프로젝트와 연동이 되는 또 다른 시스템을 무엇이라고 하는가?

① System Scope
② User Actor
③ Use Case
④ System Actor

> 전문가의 조언 | 프로젝트 개발 범위에 속하지 않고, 이미 다른 프로젝트에서 개발되어 사용중인 것을 시스템 액터(System Actor)라고 합니다.
> • 시스템 범위(System Scope) : 시스템 내부에서 수행되는 기능들을 외부 시스템과 구분하기 위해 시스템 내부의 유스케이스들을 사각형으로 묶어 시스템의 범위를 표현함
> • 주액터(User Actor) : 시스템을 사용함으로써 이득을 얻는 대상으로, 주로 사람이 해당됨
> • 유스케이스(Use Case) : 사용자가 보는 관점에서 시스템이 액터에게 제공하는 서비스 또는 기능을 표현한 것

16섹션 3필드

9. 다음 중 LAN의 네트워크 토폴로지(Topology) 형태가 아닌 것은?

① Ring
② Star
③ Bus
④ Square

정답 : 1.③ 2.② 3.③ 4.② 5.③ 6.② 7.④ 8.② 9.④ 10.② 11.① 12.④

26섹션 2필드

13. 소프트웨어 아키텍처의 4+1 관점 중 물리적 시스템에서 사용하는 소프트웨어 서브 시스템 모듈이 어떻게 구조화되어 있는지에 중점을 둔 관점은?

① 유스케이스 ② 논리적
③ 구현 ④ 프로세스

> 전문가의 조언 | 문제에 제시된 내용은 구현(Implementation) 뷰의 개념입니다.
> • 유스케이스(Use Case) 뷰 : 시스템 외부 사용자의 관점에서 사용 사례와 이들 간의 관계를 정의하며, 다른 뷰를 검증하는 용도로 사용함
> • 논리적(Logical) 뷰 : 설계자의 관점에서 시스템의 기능적인 요구사항이 제공되는 방법을 설명해줌
> • 프로세스(Process) 뷰 : 시스템 통합자의 관점에서 자원의 효율적인 사용, 이벤트 처리 등을 표현함

27섹션 1필드

14. 다음 중 아키텍처 스타일의 특징이 아닌 것은?

① 개발할 때 기존 컴포넌트는 사용하지 않는다.
② 시행착오를 줄여 개발 시간을 단축시킬 수 있다.
③ 이해관계자들이 공통된 아키텍처를 공유할 수 있어 의사소통이 간편해진다.
④ 시스템의 특성을 개발 전에 예측하는 것이 가능하다.

> 전문가의 조언 | 아키텍처 스타일을 개발할 때 개발 시간을 단축하고 비용을 절감하기 위해 기존 컴포넌트를 사용합니다.

28섹션 5필드

15. 객체지향 개념에서 이미 정의되어 있는 상위 클래스(수퍼 클래스 혹은 부모 클래스)의 메소드를 비롯한 모든 속성을 하위 클래스가 물려 받는 것을 무엇이라고 하는가?

① Abstraction ② Method
③ Inheritance ④ Message

> 전문가의 조언 | 상위 클래스의 메소드와 속성을 하위 클래스가 물려받는 것을 상속(Inheritance)이라고 합니다.
> • 추상화(Abstraction) : 불필요한 부분을 생략하고 객체의 속성 중 가장 중요한 것에만 중점을 두어 개략화하는 것
> • 메소드(Method) : 객체가 메시지를 받아 실행해야 할 때 구체적인 연산을 정의하는 것
> • 메시지(Message) : 객체들 간에 상호작용을 하는데 사용되는 수단으로 객체의 메소드(동작, 연산)를 일으키는 외부의 요구사항

30섹션 3필드

16. 클라이언트에서 사용할 클래스 객체 생성 책임을 분리하여 클래스 객체 생성의 변화에 대비하기 위해 사용하는 디자인 패턴은?

① 브리지(Bridge)
② 팩토리 메소드(Factory Method)
③ 방문자(Visitor)
④ 빌더(Builder)

> 전문가의 조언 | 클라이언트에서 사용할 클래스 객체 생성 책임을 분리하여 캡슐화한 패턴은 팩토리 메소드(Factory Method)입니다.
> • 브리지(Bridge) : 구현부에서 추상층을 분리하여, 서로가 독립적으로 확장할 수 있도록 구성한 패턴
> • 방문자(Visitor) : 각 클래스들의 데이터 구조에서 처리 기능을 분리하여 별도의 클래스로 구성하는 패턴
> • 빌더(Builder) : 작게 분리된 인스턴스를 건축 하듯이 조합하여 객체를 생성함

30섹션 5필드

17. GoF(Gangs of Four) 디자인 패턴 중 유형이 다른 것은?

① Interpreter ② Command
③ State ④ Composite

> 전문가의 조언 | 컴포지트(Composite)는 구조 패턴이고, 나머지는 행위 패턴에 해당합니다.

35섹션 2필드

18. 다음 중 코딩 직후 소프트웨어 설계의 최소 단위인 모듈이나 컴포넌트에 초점을 맞춰 하는 테스트는?

① 시스템 테스트 ② 베타 테스트
③ 단위 테스트 ④ 통합 테스트

> 전문가의 조언 | 소프트웨어 설계의 최소 단위인 모듈이나 컴포넌트에 초점을 맞춰 하는 테스트는 단위 테스트입니다.
> • 시스템 테스트 : 개발된 소프트웨어가 해당 컴퓨터 시스템에서 완벽하게 수행되는가를 점검하는 테스트
> • 베타 테스트 : 선정된 최종 사용자가 여러 명의 사용자 앞에서 행하는 테스트 기법으로, 필드 테스팅(Field Testing)이라고도 불림
> • 통합 테스트 : 단위 테스트가 완료된 모듈들을 결합하여 하나의 시스템으로 완성시키는 과정에서의 테스트를 의미함

38섹션 3필드

19. 사용자가 시스템이나 서비스를 이용하면서 느끼고 생각하게 되는 총체적인 경험을 의미하는 것은?

① UI ② UX
③ Use Case ④ Gesture

> 전문가의 조언 | 사용자가 시스템이나 서비스를 이용하면서 느끼고 생각하게 되는 총체적인 경험은 UX(User Experience)입니다.

42섹션 1필드

20. 소프트웨어의 개발 과정에서 소프트웨어의 변경 사항을 관리하기 위해 개발된 일련의 활동은?

① 정규화　　　　② 프로토타입
③ 통합 테스트　　④ 형상 관리

전문가의 조언 | 소프트웨어의 변경 사항을 관리하기 위해 개발된 일련의 활동을 형상 관리(SCM)라고 합니다.

2과목　프로그래밍 언어 활용

56섹션 2필드

21. 다음 C언어 프로그램이 실행되었을 때, 실행 결과는?

```
main( ) {
    int ary[3];
    int* p = ary;
    int tmp = 0;
    *(ary) = 10;
    *(ary + 1) = 12;
    ary[2] = ary[0] + ary[1];
    for (int i = 0; i < 3; i++)
        tmp = tmp + ary[i];
    printf("%d", tmp + *(ary + 2));
}
```

① 22　　　　② 44
③ 66　　　　④ 88

전문가의 조언 | 사용된 코드의 의미는 다음과 같습니다.

```
main( ) {
❶   int ary[3];
❷   int* p = ary;
❸   int tmp = 0;
❹   *(ary) = 10;
❺   *(ary + 1) = 12;
❻   ary[2] = ary[0] + ary[1];
❼   for (int i = 0; i < 3; i++)
❽       tmp = tmp + ary[i];
❾   printf("%d", tmp + *(ary + 2));
}
```

❶ 3개의 요소를 갖는 정수형 배열 ary를 선언한다.
❷ 정수형 포인터 변수 p를 선언하고 ary의 시작 위치로 초기화한다.
　※ 다음 그림에서 지정한 주소는 임의로 정한 것이며, 이해를 돕기 위해 주소를 실제 표현되는 16진수가 아니라 10진수로 표현했습니다.

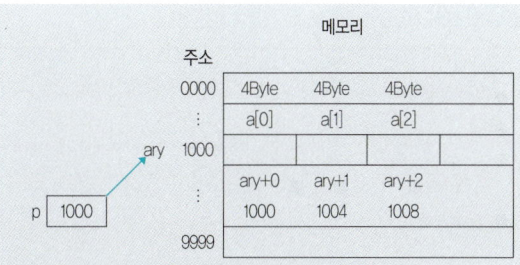

❸ 정수형 변수 tmp를 선언하고 0으로 초기화한다.
❹ ary가 가리키는 곳에 10을 저장한다.
❺ ary+1이 가리키는 곳에 12를 저장한다.
❻ ary[2]에 ary[0]과 ary[1]의 합을 저장한다.

주소	메모리		
0000	4Byte	4Byte	4Byte
	a[0]	a[1]	a[2]
ary 1000	10	12	22
	ary+0	ary+1	ary+2
	1000	1004	1008
p 1000			
9999			

❼ 반복 변수 i가 0부터 1씩 증가하면서 3보다 작은 동안 ❽번을 반복 수행한다.
❽ tmp에 ar[i]의 값을 누적시킨다.
　반복문 실행에 따른 변수의 변화는 다음과 같습니다.

i	ary[i]	tmp
0	10	10
1	12	22
2	22	44
3		

❾ tmp의 값 44와 ary+2의 값 22의 합인 66을 정수로 출력한다.

결과　66

51섹션 6필드

22. 다음 C언어 프로그램이 실행되었을 때, 실행 결과는?

```
main( ) {
    int a = 10, b = 12;
    int r;
    r = (a++ > --b) ? --a : b++;
    printf("%d", r);
}
```

① 10　　　　② 11
③ 12　　　　④ 13

정답 : 13.③　14.①　15.③　16.②　17.④　18.③　19.②　20.④　21.③　22.②

23. 다음 JAVA 프로그램이 실행되었을 때, 실행 결과는?

```
class cls {
    String a, b;
    cls( ) { }
    cls(String x, String y) {
        a = x;
        b = y;
    }
}

public class Test {
    public static void main(String[] args) {
        cls o1 = new cls( );
        o1.a = "ba";
        o1.b = "aa";
        cls o2 = new cls("ab", "bb");
        System.out.print("a" + o1.b + o2.a + "b");
    }
}
```

① abaabb ② ababbb
③ aaaabb ④ aaabbb

> 59섹션 2필드

24. 다음 Python 프로그램이 실행되었을 때, 실행 결과는?

```
a = "11"
b = '"11"'
print(a * 2 + b)
```

① 2211
② 112"11"
③ 111111
④ 1111"11"

전문가의 조언 | 사용된 코드의 의미는 다음과 같습니다.

❶ a = "11"
❷ b = '"11"'
❸ print(a * 2 + b)

❶ a에 문자열 11을 저장한다.
❷ b에 문자열 "11"을 저장한다.
❸ a의 값 11을 2번 반복하여 출력한 후, b의 값 "11"을 출력한다.

결과 1111"11"

> 62섹션 1필드

25. 다음 JavaScript 프로그램이 실행되었을 때, 실행 결과는?

```
<script>
  var r = 0;
  for (var i =1; i <=10; i++)
    r = r + i;
  document.write(r);
</script>
```

① 10
② 45
③ 55
④ 66

전문가의 조언 | 사용된 코드의 의미는 다음과 같습니다.

```
<script>
❶  var r = 0;
❷  for (var i =1; i <=10; i++)
❸     r = r + i;
❹  document.write(r);
</script>
```

❶ 변수 r을 선언하고 0으로 초기화한다.
❷ 반복 변수 i가 1부터 1씩 증가하면서 10보다 작거나 같은 동안 ❸번을 반복 수행한다.
❸ r에 i의 값을 누적시킨다.

반복문 실행에 따른 변수의 변화는 다음과 같습니다.

i	r
1	1
2	3
3	6
4	10
5	15
6	21
7	28
8	36
9	45
10	55
11	

❹ r의 값 55를 출력한다.

결과 55

> 61섹션 6필드

26. 〈p〉 태그에 대해 안쪽 여백을 50, 외곽선의 종류를 점선, 외곽선의 색을 빨간색으로 지정하는 코드로 올바른 것은?

① p { padding : 50; border-style : dotted; border-color : red }
② p { margin : 50; border-style : dotted; border-color : red }
③ p { space : 50; border-style : dashed; border-color : red }
④ p { blank : 50; border-style : ridge; border-color : red }

전문가의 조언 | 안쪽 여백을 지정하는 속성은 padding, 외곽선의 종류를 지정하는 속성은 border-style, 외곽선의 색을 지정하는 속성은 border-color입니다.

> 49섹션 2필드

27. 다음 중 C언어에서 실수를 표현하는 자료형은?

① int
② byte
③ short
④ float

전문가의 조언 | C언어에서 실수를 표현하는 자료형은 float입니다.
• int, byte, short는 모두 정수 자료형입니다.

> 62섹션 3필드

28. JavaScript에서 배열의 맨 끝에 데이터를 추가하는 데 사용하는 메소드는?

① push( )
② pop( )
③ shift( )
④ unshift( )

전문가의 조언 | 배열의 맨 끝에 데이터를 추가하는 메소드는 push( )입니다.
② 맨 끝의 데이터를 삭제합니다.
③ 맨 처음의 데이터를 삭제합니다.
④ 맨 처음에 데이터를 추가합니다.

정답 : 23.③ 24.④ 25.③ 26.① 27.④ 28.①

57섹션 1필드

29. 다음 JAVA 프로그램이 실행되었을 때, 실행 결과는?

```
class p {
    p( ) {
        System.out.print("1 ");
    }
    p(int t) {
        System.out.print("2 ");
    }
}
class c extends p {
    c( ) {
        System.out.print("3 ");
    }
    c(int t) {
        System.out.print("4 ");
    }
}
public class Test {
    public static void main(String[ ] args) {
        c obj = new c(100);
    }
}
```

① 3   ② 4
③ 1 3   ④ 1 4

전문가의 조언 | 사용된 코드의 의미는 다음과 같습니다.

```
class p {
❸   p( ) {
❹       System.out.print("1 ");
    }
    p(int t) {
        System.out.print("2 ");
    }
}
class c extends p {
    c( ) {
        System.out.print("3 ");
    }
❷   c(int t) {
❺       System.out.print("4 ");
    }
}
public class Test {
    public static void main(String[ ] args) {
❶       c obj = new c(100);
```

```
    }    ❻
}
```

모든 Java 프로그램의 실행은 반드시 main( ) 메소드에서 시작한다.

❶ c 클래스의 객체 변수 obj를 선언하고, 100을 인수로 생성자를 호출한다.
❷ 정수를 인수로 받는 c( ) 생성자의 시작점이다. 상속하는 부모 클래스가 존재하는 경우 생성자의 시작점에는 super( )가 생략되어 있다. 그러므로 부모 클래스의 생성자 p( )로 이동한다.
 • super( ) : 부모 클래스의 생성자를 호출한다.
❸ p( ) 생성자의 시작점이다.
❹ 화면에 1과 공백 한 칸을 출력한다. 생성자가 종료되었으므로 생성자를 호출했던 ❷번의 다음 줄인 ❺번으로 이동한다.

결과   1

❺ 화면에 4와 공백 한 칸을 출력한다. 생성자가 종료되었으므로 생성자를 호출했던 ❶번의 다음 줄인 ❻번으로 이동하여 프로그램을 종료한다.

결과   1 4

70섹션 3필드

30. 프레임워크(Framework)에 대한 설명으로 틀린 것은?
① 개발표준에 의한 모듈화로 유지보수가 용이하다.
② 재사용 모듈을 제공하여 생산성이 향상된다.
③ 인터페이스 확장을 통해 다양한 형태와 기능을 가진 애플리케이션 개발이 가능하다.
④ 라이브러리와 같이 객체들을 사용자가 직접 관리하고 통제해야 한다.

전문가의 조언 | 프레임워크는 객체들의 제어를 사용자가 아닌 프레임워크가 수행함으로써 생산성을 향상시킵니다.

71섹션 3필드

31. 응집도가 가장 낮은 것은?
① 기능적 응집도   ② 시간적 응집도
③ 절차적 응집도   ④ 우연적 응집도

전문가의 조언 | 응집도를 강한 것에서 약한 것 순으로 나열하면 '기능적 → 순차적 → 교환(통신)적 → 절차적 → 시간적 → 논리적 → 우연적' 응집도 순입니다.

72섹션 3필드

32. 모듈 설계 시 유의사항으로 거리가 먼 것은?
① 적절한 크기로 설계한다.
② 추상화와 정보 은닉의 성격을 갖도록 한다.
③ 보기 쉽고 이해하기 쉬워야 한다.
④ 응집도를 최소화한다.

전문가의 조언 | 효율적인 모듈을 설계할 때에는 응집도를 최대화하고, 결합도를 최소화해야 합니다.

> 72섹션 2필드

33. 공통 모듈의 재사용 범위에 따른 분류가 아닌 것은?

① 컴포넌트 재사용
② 더미코드 재사용
③ 함수와 객체 재사용
④ 애플리케이션 재사용

> 전문가의 조언 | 공통 모듈의 재사용 범위에는 함수와 객체, 컴포넌트, 애플리케이션이 있습니다.

> 73섹션 1필드

34. 정보 보안의 3대 요소에 해당하지 않는 것은?

① 기밀성
② 휘발성
③ 무결성
④ 가용성

> 전문가의 조언 | 정보 보안의 3대 요소에는 기밀성, 무결성, 가용성이 있습니다.

> 73섹션 3필드

35. API(Application Programming Interface) 중 누구나 무료로 사용할 수 있도록 공개된 API를 무엇이라 하는가?

① Free API
② Java API
③ SUS
④ Open API

> 전문가의 조언 | 누구나 무료로 사용할 수 있도록 공개된 API를 Open API라고 합니다.

> 73섹션 3필드

36. 응용 프로그램 개발 시 운영체제나 프로그래밍 언어 등에 있는 라이브러리를 이용할 수 있도록 함으로써 효율적인 소프트웨어 구현을 도와주는 인터페이스는?

① IDE
② EDI
③ API
④ Framework

> 전문가의 조언 | 문제의 지문은 API(Application Programming Interface)에 대한 설명입니다.

> 51섹션 3필드

37. 두 비트 중 한 비트만 1일 때 참을 반환하는 연산자는?

① &
② ^
③ |
④ ~

> 전문가의 조언 | 두 비트 중 한 비트만 1일 때 참(True)을 반환하는 연산자는 ^(비트 xor)입니다.
> ① 두 비트가 모두 1일 때 참(True)을 반환하는 비트 and 연산자입니다.
> ③ 두 비트 중 하나라도 1일 때 참(True)을 반환하는 비트 or 연산자입니다.
> ④ 1은 0으로, 0은 1로 비트를 변환하는 비트 not 연산자입니다.

> 67섹션 2필드

38. 다음 중 JAVA에서 예외를 처리하는 데 가장 적합한 명령문은?

① while문
② do~while문
③ try~catch문
④ switch문

> 전문가의 조언 | Java에서 예외를 처리할 때 사용하는 구문은 try~catch문입니다.
> • while문 : 조건이 참인 동안 실행할 문장을 반복 수행하는 제어문
> • do~while문 : while문과 같은 동작을 하는 제어문으로, 다른 점은 실행할 문장을 무조건 한 번 실행한 다음 조건을 판단하여 탈출 여부를 결정함
> • switch문 : 조건에 따라 분기할 곳이 여러 곳인 경우 간단하게 처리할 수 있는 제어문

> 50섹션 2필드

39. C언어에서 상수를 정의할 때 사용하는 예약어는?

① #include
② #define
③ #valuable
④ #function

> 전문가의 조언 | C언어에서는 상수를 만들 때, #define [이름] [데이터] 또는 const [자료형] [이름] = [데이터]를 사용합니다.

> 65섹션 3필드

40. 스크립트 언어가 아닌 것은?

① PHP
② Cobol
③ Basic
④ Python

> 전문가의 조언 | Cobol은 절차적 프로그래밍 언어입니다.

3과목 데이터베이스 활용

> 91섹션 1필드

41. 시스템 카탈로그에 대한 설명으로 옳지 않은 것은?

① 시스템 자체에 관련 있는 다양한 객체에 관한 정보를 포함하는 시스템 데이터베이스이다.
② 데이터베이스 시스템에 따라 상이한 구조를 가진다.
③ 사용자도 SQL을 이용하여 검색할 수 있다.
④ 사용자가 직접 시스템 카탈로그를 추가, 수정하여 관리한다.

> 전문가의 조언 | 사용자가 시스템 카탈로그 내용을 검색할 수는 있지만 추가하거나 수정할 수는 없습니다.

92섹션 4필드

42. 트랜잭션의 연산이 성공적으로 끝났음을 선언하는 연산은?

① ROLLBACK ② REVOKE
③ COMMIT   ④ SAVEPOINT

> 전문가의 조언 | 트랜잭션의 연산이 성공적으로 끝났음을 선언하는 연산은 COMMIT입니다.
> • ROLLBACK : 데이터베이스 조작 작업이 비정상적으로 종료되었을 때 원래의 상태로 복구함
> • REVOKE : 데이터베이스 사용자의 사용 권한을 취소함
> • SAVEPOINT : 트랜잭션 내에 ROLLBACK 할 위치인 저장점을 지정함

79섹션 6필드

46. 논리적 설계 단계에 해당하지 않는 것은?

① 논리적 데이터 모델로 변환
② 트랜잭션 인터페이스 설계
③ 개념 스키마의 평가 및 정재
④ 접근 경로 설계

> 전문가의 조언 | 접근 경로는 물리적 설계 단계에서 수행합니다.

85섹션 3필드

43. 다음 중 무결성 제약 조건에 대한 설명으로 옳지 않은 것은?

① 참조 무결성 – 외래키 값은 Null이거나 참조 릴레이션의 기본키 값과 동일해야 한다.
② 개체 무결성 – 기본키를 구성하는 어떤 속성도 Null 값이나 중복값을 가질 수 없다.
③ 도메인 무결성 – 주어진 튜플 값이 정의된 도메인에 속한 값이어야 한다.
④ 사용자 정의 무결성 – 속성 값들이 사용자가 정의한 제약 조건에 만족해야 한다.

> 전문가의 조언 | 도메인 무결성은 주어진 속성 값이 정의된 도메인에 속한 값이어야 한다는 규정입니다.

78섹션 6필드

47. 다음 내용이 설명하는 스키마의 종류는?

> • 조직이나 기관의 총괄적 입장에서 본 데이터베이스의 논리적 구조이다.
> • 접근 권한, 보안 정책, 무결성 규칙에 관해서 기술되어 있다.

① 외부 스키마   ② 개념 스키마
③ 내부 스키마   ④ 조직 스키마

> 전문가의 조언 | 문제의 지문에서 설명하는 스키마의 종류는 개념 스키마입니다.
> • 외부 스키마 : 사용자나 응용 프로그래머가 각 개인의 입장에서 필요로 하는 데이터베이스의 논리적 구조를 정의한 것
> • 내부 스키마 : 물리적 저장장치의 입장에서 본 데이터베이스 구조로서, 실제로 데이터베이스에 저장될 레코드의 형식을 정의하고 저장 데이터 항목의 표현 방법, 내부 레코드의 물리적 순서 등을 나타냄

75섹션 1필드

44. 다음 트리에서 노드의 수는?

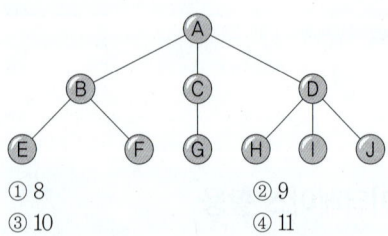

① 8   ② 9
③ 10   ④ 11

> 전문가의 조언 | 노드(Node)는 트리에서 하나의 기억 공간을 의미하며, 문제에 제시된 트리에서 노드의 수는 10(A, B, C, D, E, F, G, H, I, J)개입니다.

98섹션 2필드

45. 동일 조인의 결과 릴레이션에서 중복되는 조인 애트리뷰트를 제거한 연산은?

① Natural Join   ② Union Join
③ Intersect Join   ④ Difference Join

> 전문가의 조언 | 동일 조인(Equi Join)의 결과 릴레이션에서 중복되는 조인 애트리뷰트를 제거하는 연산은 Natural Join입니다.

95섹션 4필드

48. 학생 테이블에서 학번이 "1144077"인 학생의 학년을 "2"로 수정하기 위한 SQL 질의어는?

① UPDATE 학년="2" FROM 학생 WHERE 학번="1144077";
② UPDATE 학생 SET 학년="2" WHERE 학번="1144077";
③ REPLACE FROM 학생 SET 학년="2" WHERE 학번="1144077";
④ REPLACE 학년="2" SET 학생 WHEN 학번="1144077";

> 전문가의 조언 | 문제에 제시된 내용으로 수정하는 SQL문은 ②번입니다. 절단위로 구분하여 질의문을 작성하면 쉽습니다.
> • '학생' 테이블에서 수정해야 하므로 **UPDATE 학생**입니다.
> • '학년'을 "2"로 수정해야 하므로 **SET 학년="2"**입니다.
> • '학번'이 "1144077"인 학생을 대상으로 수정해야 하므로 **WHERE 학번="1144077"**입니다.

> 75섹션 1필드

49. 트리 구조에서 각 노드에서 파생된 직계 노드의 수를 의미하는 것은?

① Terminal Node ② Domain
③ Attribute ④ Degree

> 전문가의 조언 | 각 노드에서 파생된 직계 노드의 수를 차수(Degree)라고 합니다.
> - 단말 노드(Terminal Node) : 자식이 하나도 없는 노드, 즉 차수(Degree)가 0인 노드
> - 도메인(Domain) : 하나의 애트리뷰트가 취할 수 있는 같은 타입의 원자(Atomic)값들의 집합
> - 속성(Attribute) : 데이터베이스를 구성하는 가장 작은 논리적 단위

> 90섹션 2필드

50. 뷰(VIEW)에 대한 설명으로 옳지 않은 것은?

① 삽입, 삭제, 갱신 연산의 용이
② 데이터의 논리적 독립성 유지
③ 데이터 접근 제어에 의한 보안 제공
④ 사용자의 데이터 관리 용이

> 전문가의 조언 | 뷰(VIEW)는 기본 테이블의 기본키를 포함한 속성(열) 집합으로 뷰를 구성해야만 삽입, 삭제, 갱신 연산이 가능합니다. 즉 삽입, 삭제, 갱신 연산이 용이하다고 할 수는 없습니다.

> 96섹션 4필드

51. 관계 데이터베이스의 테이블인 수강(학번, 과목명, 중간성적, 기말성적)에서 과목명이 "DB"인 모든 튜플들을 성적에 의해 정렬된 형태로 검색하고자 한다. 이때 정렬 기준은 기말성적의 내림차순으로 정렬하고 기말성적이 같은 경우는 중간성적의 오름차순으로 정렬하고자 한다. 다음 SQL 질의문에서 ORDER BY 절의 밑줄 친 부분의 내용으로 옳은 것은?

```
SELECT * FROM 수강 WHERE 과목명= "DB" ORDER BY
_____;
```

① 중간성적 DESC, 기말성적 ASC
② 기말성적 DESC, 중간성적 ASC
③ 중간성적 DOWN, 기말성적 UP
④ 중간성적 (DESC), 기말성적 (ASC)

> 전문가의 조언 | 첫 번째 정렬 기준은 기말성적의 내림차순이므로 '기말성적 DESC'이고, 두 번째 정렬 기준은 중간성적의 오름차순이므로 '중간성적 ASC'입니다.

> 79섹션 6필드

52. 다음 SQL 문에서 DISTINCT의 의미는?

> "SELECT DISTINCT DEPT FROM STUDENT;"

① 검색 결과에서 레코드의 중복 제거
② 모든 레코드 검색
③ 검색 결과를 순서대로 정렬
④ DETP의 처음 레코드만 검색

> 전문가의 조언 | SQL 문에서 DISTINCT의 의미는 검색 결과에서 레코드의 중복을 제거하라는 의미로 중복된 레코드가 있으면 그 중 첫 번째 한 개만 검색하여 표시합니다.

> 75섹션 2필드

53. 다음 트리를 전위 순회(Preorder Traversal)한 결과는?

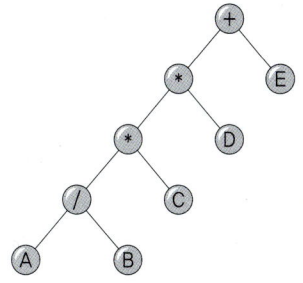

① + * A B / * C D E   ② A B / C * D * E +
③ A / B * C * D + E   ④ + * * / A B C D E

> 전문가의 조언 | 트리를 전위 순회한 결과는 ④번입니다. 먼저 서브트리를 하나의 노드로 생각할 수 있도록 서브트리 단위로 묶습니다.

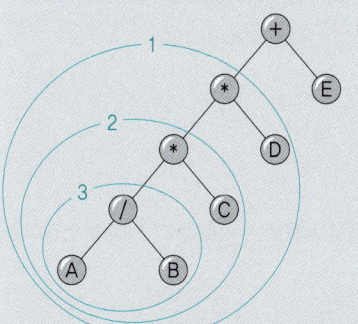

> ❶ Preorder는 Root → Left → Right이므로 +1E입니다.
> ❷ 1은 *2D이므로 +*2DE입니다.
> ❸ 2는 *3C이므로 +**3CDE입니다.
> ❹ 3은 /AB이므로 +**/ABCDE입니다.

96섹션 5필드

54. 다음 질의문 실행의 결과는?

```
SELECT 가격 FROM 도서가격 WHERE 책번호 =
(SELECT 책번호 FROM 도서 WHERE 책명 = '운영체제');
```

〈도서〉

책번호	책명
1111	운영체제
2222	세계지도
3333	생활영어

〈도서 가격〉

책번호	가격
1111	15000
2222	23000
3333	7000
4444	5000

① 5000 ② 7000
③ 15000 ④ 23000

전문가의 조언 | 지문에 제시된 질의문의 실행 결과는 15000입니다. 문제의 질의문은 하위 질의가 있는 질의문입니다. 먼저 WHERE 조건에 지정된 하위 질의의 SELECT문을 검색한 후 검색 결과를 본 질의의 조건에 있는 '책번호' 속성과 비교합니다.
❶ SELECT 책번호 FROM 도서 WHERE 책명 = '운영체제' : 〈도서〉 테이블에서 '책명' 속성의 값이 '운영체제'와 같은 튜플의 '책번호' 속성의 값을 검색합니다. 결과는 1111입니다.
❷ SELECT 가격 FROM 도서가격 WHERE 책번호 = 1111; : 〈도서가격〉 테이블에서 '책번호' 속성의 값이 1111과 같은 튜플의 '가격' 속성의 값을 검색합니다. 결과는 15000입니다.

92섹션 3필드

55. SQL 명령 중 DML에 속하지 않는 것은?

① SELECT ② INSERT
③ DROP ④ DELETE

전문가의 조언 | DROP은 DDL(데이터 정의어)에 속합니다.

81섹션 2필드

56. 개체–관계 모델에서 사용하는 기호와 그 의미의 연결이 옳지 않은 것은?

① 사각형 – 개체 타입
② 타원 – 속성
③ 선 – 개체 타입과 속성 연결
④ 화살표 – 관계 타입

전문가의 조언 | 관계 타입은 마름모 기호로 표시합니다.

77섹션 2필드

57. 해싱에서 서로 다른 두 개 이상의 레코드가 같은 주소를 갖는 현상을 의미하는 것은?

① 오버플로(Overflow) ② 재귀(Recursion)
③ 충돌(Collision) ④ 버킷(Bucket)

전문가의 조언 | 해싱에서 서로 다른 두 개 이상의 레코드가 같은 주소를 갖는 현상을 Collision(충돌 현상)이라고 합니다.

87섹션 5필드

58. 제2정규형에서 제3정규형이 되기 위한 조건은?

① 이행적 함수 종속 제거
② 부분적 함수 종속 제거
③ 다치 종속 제거
④ 결정자이면서 후보키가 아닌 것 제거

전문가의 조언 | 제2정규형에서 제3정규형 수행 시 작업은 '도부이결다조'에서 '이(이행적 함수 종속 제거)'에 해당합니다.
• 부분적 함수 종속 제거 : 1NF → 2NF
• 다치 종속 제거 : BCNF → 4NF
• 결정자이면서 후보키가 아닌 것 제거 : 3NF → BCNF

86섹션 1필드

59. 관계 데이터 연산인 관계대수 및 관계해석에 대한 설명으로 틀린 것은?

① 관계 데이터 모델에 대한 연산의 표현 방법으로 관계대수와 관계해석은 모두 절차적인 특성을 갖는다.
② 관계대수는 릴레이션 조작을 위한 연산의 집합으로 피연산자와 결과가 모두 릴레이션이라는 특성을 가지고 있다.
③ 관계해석은 원래 수학의 프레디킷 해석(Predicate Calculus)에 기반을 두고 있다.
④ 관계대수의 일반 집합 연산에는 합집합, 교집합, 차집합 등이 있다.

전문가의 조언 | 관계대수는 절차적인 특성이 있는 반면, 관계해석은 비절차적인 특성을 지닙니다.

90섹션 2필드

60. 뷰(View) 삭제문의 형식으로 옳은 것은?

① DELETE VIEW 뷰이름;
② OUT VIEW 뷰이름;
③ REMOVE VIEW 뷰이름;
④ DROP VIEW 뷰이름;

전문가의 조언 | 뷰를 정의할 때는 CREATE문, 제거할 때는 DROP문을 사용합니다.

2023년 1회 정보처리산업기사 필기

1과목 정보시스템 기반 기술

1섹션 4필드

1. 운영체제의 발달 과정 순서를 옳게 나열한 것은?

㉮ 일괄 처리 시스템	㉯ 분산 처리 시스템
㉰ 다중 모드(Mode) 시스템	㉱ 시분할 시스템

① ㉮ → ㉱ → ㉰ → ㉯
② ㉰ → ㉯ → ㉱ → ㉮
③ ㉮ → ㉰ → ㉱ → ㉯
④ ㉰ → ㉱ → ㉯ → ㉮

전문가의 조언 | 운영체제의 발달 과정 순서를 올바로 나열한 것은 ①번입니다.

3섹션 3필드

2. 프로세스 스케줄링 방법 중 시분할 시스템을 위해 고안되었으며, 타임 슬라이스라는 작은 단위 시간이 정의되고 이 단위 시간 동안 CPU를 제공하는 방법은?

① 선입선출
② 다단계 큐
③ 라운드 로빈
④ 다단계 피드백 큐

전문가의 조언 | 타임 슬라이스라는 작은 단위 시간 동안 CPU를 제공하는 스케줄링은 라운드 로빈(Round Robin)입니다.
- 선입 선출(FCFS, FIFO) : 준비상태 큐(대기 큐, 준비 완료 리스트, 작업준비 큐, 스케줄링 큐)에 도착한 순서에 따라 차례로 CPU를 할당하는 기법
- 다단계 큐(MQ, Multi-level Queue) : 프로세스를 특정 그룹으로 분류할 수 있을 경우 그룹에 따라 각기 다른 준비상태 큐를 사용하는 기법
- 다단계 피드백 큐(MFQ, Multi-level Feedback Queue) : 특정 그룹의 준비상태 큐에 들어간 프로세스가 다른 준비상태 큐로 이동할 수 없는 다단계 큐 기법을 준비상태 큐 사이를 이동할 수 있도록 개선한 기법

4섹션 3필드

3. 세마포어(Semaphore)에 관한 설명 중 옳지 않은 것은?

① 상호배제 문제를 해결하기 위하여 사용된다.
② 정수의 변수로서 양의 값만을 가진다.
③ 여러 개의 프로세스가 동시에 그 값을 수정하지 못한다.
④ 세마포어에 대한 연산은 처리 도중에 인터럽트 되어서는 안된다.

전문가의 조언 | 세마포어(Semaphore) 변수(S)는 0과 1 혹은 0과 양의 값을 갖습니다.

5섹션 1필드

4. 다음 중 배치(Placement) 전략에 대한 설명으로 옳은 것은?

① 새로 반입된 프로그램을 주기억장치의 어디에 위치시킬 것인가를 결정하는 전략이다.
② 주기억장치에 넣을 다음 프로그램이나 데이터를 보조기억장치에서 주기억장치로 언제 가져올 것인가를 결정하는 전략이다.
③ 새로 주기억장치에 배치되어야 할 프로그램이 적재될 장소를 마련하기 위해 어떤 프로그램이나 데이터를 제거할지 결정하는 전략이다.
④ 실행 중인 프로그램에 의해 참조될 프로그램이나 데이터를 미리 예상하여 적재하는 전략이다.

전문가의 조언 | 배치 전략에 대한 설명으로 옳은 것은 ①번입니다.
- ②번은 반입 전략, ③번은 교체 전략, ④번은 예상 반입 전략에 대한 설명입니다.

6섹션 2필드

5. 다음 중 준비상태 큐에 도착한 순서에 따라 차례로 CPU를 할당하는 스케줄링 기법은?

① FIFO
② SJF
③ HRN
④ RR

전문가의 조언 | 준비상태 큐에 도착한 순서에 따라 차례로 CPU를 할당하는 스케줄링 기법은 FIFO(FCFS)입니다.
- SJF(Shortest Job First) : 준비상태 큐에서 기다리고 있는 프로세스들 중에서 실행 시간이 가장 짧은 프로세스에게 먼저 CPU를 할당하는 기법
- HRN(Highest Response-ratio Next) : 실행 시간이 긴 프로세스에 불리한 SJF 기법을 보완하기 위한 것으로, 대기 시간과 서비스(실행) 시간을 이용하는 기법
- RR(Round Robin) : 시분할 시스템(Time Sharing System)을 위해 고안된 방식으로, FCFS 알고리즘을 선점(Preemptive) 형태로 변형한 기법

9섹션 4필드

6. UNIX 시스템에서 파일의 권한 모드 설정에 관한 명령어는?

① chmod
② cp
③ ls
④ cat

전문가의 조언 | 파일의 권한 모드 설정에 관한 명령어는 chmod입니다.
- cp : 파일을 복사함
- cat : 파일 내용을 화면에 표시함
- ls : 현재 디렉터리 내의 파일 목록을 확인함

정답 : 1.① 2.③ 3.② 4.① 5.① 6.①

15섹션 1필드
7. 라우팅(Routing) 프로토콜이 아닌 것은?
① BGP ② OSPF
③ SMTP ④ RIP

> 전문가의 조언 | SMTP(Simple Mail Transfer Protocol)는 전자우편을 전송하는 프로토콜입니다.

13섹션 4필드
8. TCP/IP의 응용 계층과 관련된 프로토콜이 아닌 것은?
① SMTP ② UDP
③ SNMP ④ TELNET

> 전문가의 조언 | UDP는 전송 계층과 관련된 프로토콜입니다.

16섹션 2필드
9. 패킷 교환 방식에 관한 설명으로 적합하지 않은 것은?
① 가상회선 방식과 데이터그램 방식이 있다.
② 아날로그 데이터 전송에 최적화되어 있다.
③ 속도, 프로토콜 및 코드 변환이 가능하다.
④ 장애 발생 시 대체 경로 선택이 가능하다.

> 전문가의 조언 | 패킷 교환 방식은 디지털 전송에 최적화되어 있습니다.

16섹션 6필드
10. IPv4의 B 클래스에 해당하는 기본 서브넷 마스크는?
① 255.0.0.0 ② 255.255.0.0
③ 255.255.255.0 ④ 255.255.255.255

> 전문가의 조언 | IPv4의 B 클래스에 해당하는 기본 서브넷 마스크는 255.255.0.0입니다.
> • A 클래스 : 255.0.0.0
> • C 클래스 : 255.255.255.0

16섹션 6필드
11. IPv6에 대한 설명으로 틀린 것은?
① IPv6 주소는 128비트로 구성된다.
② 인증 및 보안 기능을 포함하고 있다.
③ 브로드캐스트, 유니캐스트, 멀티캐스트로 구성된다.
④ IPv6 헤더는 9개의 필드로 구성된다.

> 전문가의 조언 | IPv6는 유니캐스트, 멀티캐스트, 애니캐스트의 세 가지 주소 체계로 나누어집니다.

24섹션 4필드
12. UML에서 사용하는 다이어그램이 아닌 것은?
① 상태(State) 다이어그램
② 활동(Activity) 다이어그램
③ 단계(Phase) 다이어그램
④ 객체(Object) 다이어그램

> 전문가의 조언 | UML에서 사용하는 다이어그램에는 상태, 활동, 객체 다이어그램 등이 있습니다.

26섹션 1필드
13. 소프트웨어 개발 시 소프트웨어 아키텍처 설계 단계의 특징이 아닌 것은?
① 개발자와 사용자 간의 의사소통 도구로 활용될 수 있어야 한다.
② 이해하기 쉽고, 명확하게 작성해야 한다.
③ 사용자의 요구사항 반영 시 재사용성은 고려하지 않는다.
④ 이해 관계자들의 품질 요구사항을 반영하여 품질 속성을 결정한다.

> 전문가의 조언 | 소프트웨어 아키텍처 설계의 기본 원리 중 하나인 모듈화는 재사용이 용이하도록 시스템의 기능들을 모듈 단위로 나누는 것을 의미합니다.

26섹션 7필드
14. 소프트웨어 품질 속성 중 소프트웨어를 사용할 때 혼란스러워하거나 사용하는 순간 고민하지 않게 하는 편의성을 의미하는 것은?
① Usability ② Modifiability
③ Availability ④ Isolation

> 전문가의 조언 | 소프트웨어를 사용할 때 혼란스러워하지 않게 하는 편의성을 의미하는 것은 사용성(Usability)입니다.
> • 가용성(Availability) : 장애 없이 정상적으로 서비스를 제공하는 것
> • 변경 용이성(Modifiability) : 소프트웨어가 처음 설계 목표와 다른 하드웨어나 플랫폼에서도 동작할 수 있도록 구현하는 것

28섹션 4필드
15. 객체지향 기법의 캡슐화(Encapsulation)에 대한 설명으로 틀린 것은?
① 객체 간의 결합도가 높아진다.
② 변경 발생 시 오류의 파급효과가 적다.
③ 소프트웨어 재사용성이 높아진다.
④ 인터페이스가 단순화된다.

> 전문가의 조언 | 캡슐화는 데이터(속성)와 데이터를 처리하는 함수를 하나로 묶는 것으로, 캡슐화하면 객체 간의 결합도가 낮아집니다.

2023년 2월 시행

30섹션 3필드

16. 다음 내용이 설명하는 디자인 패턴은?

- 생성 패턴에 해당한다.
- 하나의 객체를 생성하면 생성된 객체를 어디서든 참조할 수 있지만, 여러 프로세스가 동시에 참조할 수는 없다.

① Singleton ② Observer
③ Proxy ④ Mediator

전문가의 조언 | 문제의 지문에 제시된 내용은 싱글톤(Singleton)의 특징입니다.
- **옵서버(Observer)** : 한 객체의 상태가 변화하면 객체에 속속되어 있는 다른 객체들에게 변화된 상태를 전달하는 패턴
- **프록시(Proxy)** : 접근이 어려운 객체와 여기에 연결하려는 객체 사이에서 인터페이스 역할을 수행하는 패턴
- **중재자(Mediator)** : 수많은 객체들 간의 복잡한 상호작용(Interface)을 캡슐화하여 객체로 정의하는 패턴

30섹션 5필드

17. Gamma의 디자인 패턴 중 행위적 패턴에 해당하는 것은?

① Factory Method ② Adapter
③ Bridge ④ Command

전문가의 조언 | 행위적 패턴에 해당하는 것은 커맨드(Command)입니다.
- 팩토리 메소드(Factory Method)는 생성 패턴, 어댑터(Adapter)와 브리지(Bridge)는 구조 패턴에 해당합니다.

34섹션 2필드

18. 루프 검사(Loop Test)에서 찾아볼 수 있는 4가지 반복 구조가 아닌 것은?

① 연산식 반복 ② 단순 반복
③ 중첩 반복 ④ 비구조적 반복

전문가의 조언 | 루프 검사의 4가지 반복 구조에는 단순 루프, 중첩 루프, 연결 루프, 비구조적 루프가 있습니다.

38섹션 2필드

19. 사용자 인터페이스(User Interface)에 대한 설명으로 틀린 것은?

① 사용자와 시스템이 정보를 주고받는 상호 작용이 잘 이루어지도록 하는 장치나 소프트웨어를 의미한다.
② 편리한 유지보수를 위해 개발자 중심으로 설계되어야 한다.
③ 배우기가 용이하고 쉽게 사용할 수 있도록 만들어져야 한다.
④ 사용자 요구사항이 UI에 반영될 수 있도록 구성해야 한다.

전문가의 조언 | 사용자 인터페이스(UI)는 사용자가 쉽게 이해하고 편리하게 사용할 수 있도록 사용자 중심으로 설계되어야 합니다.

38섹션 4필드

20. 키보드로 명령어를 직접 입력하지 않고, 마우스로 아이콘이나 메뉴를 선택하여 모든 작업을 수행하는 방식은?

① CLI ② GUI
③ NUI ④ OUI

전문가의 조언 | 마우스로 아이콘이나 메뉴를 선택하여 모든 작업을 수행하는 방식은 GUI(Graphical User Interface)입니다.
- **CLI(Command Line Interface)** : 명령과 출력이 텍스트 형태로 이뤄지는 인터페이스
- **NUI(Natural User Interface)** : 사용자의 말이나 행동으로 기기를 조작하는 인터페이스
- **OUI(Organic User Interface)** : 모든 사물과 사용자 간의 상호작용을 위한 인터페이스

2과목 프로그래밍 언어 활용

58섹션 1필드

21. 함수의 값을 전달하는 대신 주소값을 전달하는 방식을 가리키는 용어는?

① call by value ② call by reference
③ call by memory ④ call by address

전문가의 조언 | 함수나 변수, 객체들의 값 대신 주소를 전달하는 방식을 call by reference라고 합니다.

71섹션 2필드

22. 한 모듈이 다른 모듈의 내부 자료를 직접적으로 참조하는 경우의 결합도를 의미하는 것은?

① 내용 결합도 ② 외부 결합도
③ 스탬프 결합도 ④ 자료 결합도

전문가의 조언 | 다른 모듈의 내부 자료를 직접적으로 참조하는 경우의 결합도를 내용 결합도(Content Coupling)라고 합니다.
- **외부 결합도(External Coupling)** : 어떤 모듈에서 선언한 데이터(변수)를 외부의 다른 모듈에서 참조할 때의 결합도
- **스탬프(검인) 결합도(Stamp Coupling)** : 모듈 간의 인터페이스로 배열이나 레코드 등의 자료 구조가 전달될 때의 결합도
- **자료 결합도(Data Coupling)** : 모듈 간의 인터페이스가 자료 요소로만 구성될 때의 결합도

정답 : 7.③ 8.② 9.② 10.② 11.③ 12.③ 13.② 14.① 15.① 16.① 17.④ 18.① 19.② 20.② 21.② 22.①

2023년 1회

23. 특정 모듈에 대해서 존재하는 처리 요소들 간의 기능적 연관성을 의미하는 것으로 입력이나 에러 처리 같은 유사한 기능을 행하는 요소끼리 하나의 요소로 묶는 응집도는?

① 교환적 응집도 ② 순차적 응집도
③ 논리적 응집도 ④ 절차적 응집도

> **전문가의 조언** | 유사한 기능을 행하는 요소끼리 하나의 요소로 묶는 응집도를 논리적 응집도(Logical Cohesion)라고 합니다.
> - 교환(통신)적 응집도(Communication Cohesion) : 동일한 입력과 출력을 사용하여 서로 다른 기능을 수행하는 구성 요소들이 모였을 경우의 응집도
> - 순차적 응집도(Sequential Cohesion) : 모듈 내 하나의 활동으로부터 나온 출력 데이터를 그 다음 활동의 입력 데이터로 사용할 경우의 응집도
> - 절차적 응집도(Procedural Cohesion) : 모듈이 다수의 관련 기능을 가질 때 모듈 안의 구성 요소들이 그 기능을 순차적으로 수행할 경우의 응집도

24. 다음과 같이 HTML 문서에서 CSS를 이용하여 문장을 가운데 정렬하고 자간을 조정하였다. 이때 괄호에 들어갈 적합한 코드는?

```
<html>
  <style>
    (          )
  </style>
  <body>
    <p id='first'>hello CSS world!</p>
</html>
```

① #first { text-align: center; letter-spacing: 5px }
② first { letter-align: center; text-spacing: 5px }
③ #first { letter-align: center; letter-spacing: 5px }
④ first { text-align: center; text-spacing: 5px }

> **전문가의 조언** | HTML 문서의 괄호에 들어갈 적합한 코드는 ①번입니다.
> - 문장을 정렬하는 데 사용하는 속성은 text-align입니다.
> - 자간을 조정하는 데 사용하는 속성은 letter-spacing입니다.
> - 스타일 정의 시 ID를 표기할 시 #을 사용합니다.

25. HTML5에서 메뉴, 목차, 인덱스와 같이 내부 페이지 및 외부 페이지에 대한 탐색 링크들을 정의할 때 사용하는 태그는?

① ⟨lib⟩ ② ⟨link⟩
③ ⟨nav⟩ ④ ⟨index⟩

> **전문가의 조언** | 내·외부 페이지의 탐색 링크들을 정의할 때 사용하는 태그는 ⟨nav⟩입니다.

26. 다음 Java 프로그램이 실행되었을 때의 결과는?

```
public class Test {
    public static void main(String[ ] args) {
        int a = 0b0101;
        System.out.print(a);
    }
}
```

① 0101 ② 2
③ 5   ④ 12

> **전문가의 조언** | 사용된 코드의 의미는 다음과 같습니다.
>
> ```
> public class Test {
>     public static void main(String[ ] args) {
> ❶     int a = 0b0101;
> ❷     System.out.print(a);
>     }
> }
> ```
>
> ❶ · 정수형 변수 a를 선언하고 2진수 0101로 초기화한다.
>   · 2진수 0101은 10진수로 변환하면 다음과 같다.
>   · $0 \times 2^3 + 1 \times 2^2 + 0 \times 2^1 + 1 \times 2^0 = 5$
>   · a에는 5가 저장된다.
> ❷ a의 값을 출력한다.
>
> 결과 5

27. C언어에서 입·출력을 담당하는 stdio.h 파일에 정의되어 있는 함수 중 하나로 화면 출력 기능을 수행하는 함수는?

① print( ) ② scanf( )
③ println( ) ④ printf( )

> **전문가의 조언** | stdio.h 파일에 정의되어 있는 함수 중 scanf( )는 입력에 사용하는 함수이고, printf( )는 출력에 사용하는 함수입니다.

28. 셀렉터(Selector)를 이용한 DOM 접근과 Ajax 개발을 편리하게 해주는 등 JavaScript를 간편하게 사용할 수 있도록 단순화시킨 오픈 소스 기반의 라이브러리는?

① jQuery ② Node.js
③ Spring ④ Django

> **전문가의 조언** | JavaScript를 간편하게 사용할 수 있도록 단순화시킨 오픈 소스 기반의 라이브러리는 jQuery입니다.

45섹션 2필드

29. 다음 설명에 해당하는 용어는?

- 미리 정의된 보안 규칙에 따라 내·외부로 이동하는 네트워크 트래픽을 모니터링하고 제어하는 시스템이다.
- 신뢰할 수 있는 네트워크와 신뢰할 수 없는 네트워크 사이에 구성된다.
- 지나가는 데이터를 허용 및 거부하거나, 검열·수정하는 하드웨어 또는 소프트웨어이다.

① 방화벽　　　② DNS
③ 블록체인　　④ WWW

전문가의 조언 | 지문의 내용은 방화벽(Firewall)에 대한 설명입니다.

62섹션 3필드

30. 다음 JavaScript 프로그램을 실행했을 때의 결과는?

```
var a = [ "사과", "포도", "자두", "배" ];
a.shift( );
a.unshift("레몬");
a.push("수박");
document.write(a);
```

① 사과,포도,자두,레몬,수박
② 레몬,포도,자두,배,수박
③ 사과,포도,자두,배,레몬,수박
④ 레몬,사과,포도,자두,수박

전문가의 조언 | 사용된 코드의 의미는 다음과 같습니다.

❶ var a = ["사과", "포도", "자두", "배"];
❷ a.shift( );
❸ a.unshift("레몬");
❹ a.push("수박");
❺ document.write(a);

❶ 4개의 요소를 갖는 배열 a를 선언하고 초기화한다.

	[0]	[1]	[2]	[3]
a	"사과"	"포도"	"자두"	"배"

❷ a 배열의 첫 번째 요소를 삭제한다.

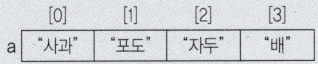

❸ a 배열의 맨 앞에 "레몬"을 추가한다.

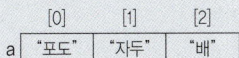

❹ a 배열의 맨 뒤에 "수박"을 추가한다.

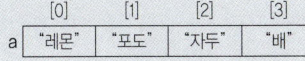

❺ a 배열을 출력한다
결과 : 레몬,포도,자두,배,수박

50섹션 1필드

31. 컴퓨터가 명령을 처리하는 도중 발생하는 값인 숫자, 문자열, 논리값 등을 저장하기 위한 공간을 의미하는 용어는?

① 상수　　　② 변수
③ 예약어　　④ 주석

전문가의 조언 | 프로그래밍 언어에서 값을 저장하는 공간을 변수(Variable)라고 합니다.

50섹션 2필드

32. 파이썬의 변수 작성 규칙 설명으로 옳지 않은 것은?

① 첫 자리에 숫자를 사용할 수 없다.
② 영문 대문자/소문자, 숫자, 밑줄(_)의 사용이 가능하다.
③ 변수 이름의 중간에 공백을 사용할 수 있다.
④ 이미 사용되고 있는 예약어는 사용할 수 없다.

전문가의 조언 | 변수의 이름에는 공백을 사용할 수 없습니다.

49섹션 4필드

33. 다음 중 Python의 컨테이너 객체가 아닌 것은?

① tuple　　　　② list
③ dictionary　④ boolean

전문가의 조언 | 컨테이너 객체는 튜플(Tuple), 리스트(List), 딕셔너리(Dictionary)와 같이 하나의 이름으로 여러 요소를 가질 수 있는 객체들을 의미합니다.

61섹션 6필드

34. 다음 HTML 코드로 구현한 표에서 2번째 행에 만들어지는 셀을 3개 공간을 차지하는 병합된 셀로 만들고자 할 때 괄호에 들어갈 알맞은 속성은?

```
<table>
   <tr>
      <td>a</td>
      <td>b</td>
      <td>c</td>
   </tr>
   <td (      )='3'> def</td>
</table>
```

① rows   ② rowspan
③ cols   ④ colspan

전문가의 조언 | HTML의 테이블 관련 태그에서 가로 셀을 병합할 때는 colspan 속성을, 세로 셀을 병합할 때는 rowspan을 사용합니다.

〈결과화면〉

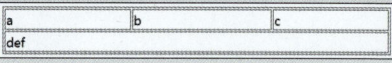

※ 원활한 구분을 위해 테이블과 셀에 테두리를 추가한 화면입니다.

67섹션 1필드

35. 프로그램의 정상적인 실행을 방해하는 조건이나 상태가 나타났을 때 해당 문제에 대비해 작성해 놓은 처리 루틴을 실행하도록 만드는 일련의 과정을 가리키는 용어는?

① Exception Handling   ② Clean Code
③ Throw   ④ Container

전문가의 조언 | 문제가 발생할 것에 대비해 처리 루틴을 예비하는 것을 예외 처리(Exception Handling)라고 합니다.

73섹션 1필드

36. 보안 아키텍처의 개발 과정에서 구현해야 할 보안 요소들을 구체화하고 설계하는 과정은?

① 보안 요구사항 추출   ② 보안 아키텍처 설계
③ 취약점 분석 및 기획   ④ 보안 테스트

전문가의 조언 | 보안 아키텍처의 개발 과정에서 보안 요소들을 구체화하고 설계하는 단계는 보안 아키텍처 설계 단계입니다.

59섹션 2필드

37. 다음은 파일을 읽어들여 화면에 출력하는 프로그램을 Python으로 구현한 것이다. 괄호(㉠~㉢)에 들어갈 알맞은 예약어는?

```
fp = (  ㉠  )("d:/test.txt", '( ㉡ )')
r = fp.( ㉢ )( )
print(r)
```

① ㉠-open, ㉡-r, ㉢-read
② ㉠-read, ㉡-w, ㉢-open
③ ㉠-read, ㉡-r, ㉢-open
④ ㉠-open, ㉡-w, ㉢-read

전문가의 조언 | 사용된 코드의 의미는 다음과 같습니다.

❶ fp = **open**("d:/test.txt", 'r')
❷ r = fp.**read**( )
❸ print(r)

❶ "d:\test.txt" 파일을 읽기 목적('r')으로 메모리에 적재한 후 그 시작 위치를 fp에 저장한다.
• open("파일명", "모드") : 파일을 모드를 수행할 목적으로 로드하여 메모리에 적재한 후 그 시작 위치를 반환함. 해당 위치를 저장하는 변수를 파일 포인터(File Pointer)라고도 부름
• 모드의 종류
  – r : 읽기 모드
  – w : 쓰기 모드
  – a : 추가 모드(파일의 끝부분에 내용을 추가할 때 사용)
❷ 메모리에 적재된 파일의 전체 내용을 r에 저장한다.
• 파일 포인터.read( ) : 파일 포인터가 가리키는 위치에 저장된 파일의 내용 전체를 읽어들여 반환함
❸ r의 값을 출력한다. test.txt에 저장된 모든 텍스트가 출력된다.

62섹션 1필드

38. JavaScript에서 변수를 선언할 때 사용하는 예약어는?

① dim   ② int
③ var   ④ scr

전문가의 조언 | JavaScript에서 변수를 선언할 때 사용하는 예약어는 var입니다.

73섹션 1필드

39. 시스템 기능이나 설계, 구현 단계에서의 문제점 등으로 인해 시스템이 가지게 되는 보안 취약점을 가리키는 용어는?

① Vulnerability   ② Security
③ Dependability ④ Reliability

전문가의 조언 | 보안 취약점을 가리키는 용어는 취약성이라는 의미를 가진 Vulnerability입니다.

49섹션 2필드

40. 다음 중 C 언어에서 정수형 변수 앞에 추가하여 0 이상의 값을 표현하도록 하는 예약어는?

① static   ② fixed
③ signed   ④ unsigned

전문가의 조언 | C언어에서 자료형에 저장될 음수의 값을 제한하여 더 많은 수의 양수와 0을 저장하도록 해주는 예약어는 unsigned입니다.

3과목 데이터베이스 활용

79섹션 6필드

41. 현실 세계에서 발생하는 자료를 컴퓨터가 이해하고 처리할 수 있는 물리적 저장장치에 저장할 수 있도록 변환하기 위해 특정 DBMS가 지원하는 논리적 자료 구조로 변환시키는 과정은?

① 물리적 설계
② 논리적 설계
③ 개념적 설계
④ 요구 조건 분석

> 전문가의 조언 | 특정 DBMS가 지원하는 논리적 자료 구조로 변환시키는 과정을 논리적 설계라고 합니다.
> - 물리적 설계 : 논리적 설계 단계에서 논리적 구조로 표현된 데이터를 디스크 등의 물리적 저장장치에 저장할 수 있는 물리적 구조의 데이터로 변환하는 과정
> - 개념적 설계 : 정보의 구조를 얻기 위하여 현실 세계의 무한성과 계속성을 이해하고, 다른 사람과 통신하기 위하여 현실 세계에 대한 인식을 추상적 개념으로 표현하는 과정
> - 요구 조건 분석 : 데이터베이스를 사용할 사람들로부터 필요한 용도를 파악하는 것

83섹션 2필드

42. 다음 릴레이션의 차수(Degree)는?

학번	이름	학년	학과	주소
2501	김상욱	2	생물학과	서교동
2502	임선호	2	물리학과	합정동
2403	지승대	3	수학과	망원동
2404	박해수	3	전자과	성산동

① 2
② 3
③ 4
④ 5

> 전문가의 조언 | 속성(Attribute)의 수는 차수(Degree), 튜플(Tuple)의 수는 카디널리티(Cardinality)를 의미하므로, 차수는 5, 카디널리티는 4입니다.

86섹션 3필드

43. 릴레이션 R의 튜플의 개수가 4, 릴레이션 S의 튜플의 개수가 6일때, 두 릴레이션을 카티션 프로덕트(Cartesian Product)한 결과 릴레이션의 카디널리티는?

① 10
② 15
③ 24
④ 30

> 전문가의 조언 | 교차곱(Catesian Product)은 두 릴레이션의 차수(Degree, 속성의 수)는 더하고, 카디널리티(Cardinality, 튜플의 수)는 곱하면 되므로, 차수는 4+6 = 10, 카디널리티는 4×6 = 24입니다.

87섹션 1필드

44. 개체-관계(E-R) 모델을 데이터베이스로 변환한 다음 데이터 모델에서 나타날 수 있는 이상 현상들을 제거하기 위한 과정을 무엇이라 하는가?

① 모델링
② 구조화
③ 정규화
④ 개념화

> 전문가의 조언 | 데이터 모델에서 나타날 수 있는 이상 현상들을 제거하기 위한 과정을 정규화(Normalization)라고 합니다.

75섹션 2필드

45. 다음 이진 트리의 운행 결과가 A, B, C인 운행법은?

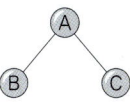

① Preorder
② Inorder
③ Postorder
④ Outoder

> 전문가의 조언 | 이진 트리의 운행 결과가 A, B, C, 즉 Root → Left → Right인 운행법은 Preorder입니다.
> - Inorder : Left → Root → Right 순으로 운행하므로, 결과는 B, A, C임
> - Postorder : Left → Right → Root 순으로 운행하므로, 결과는 B, C, A임

90섹션 3필드

46. 뷰(View)에 대한 설명으로 틀린 것은?

① 뷰는 독자적인 인덱스를 가질 수 없다.
② 뷰의 정의를 변경할 때는 Change View문을 사용한다.
③ 뷰는 논리적 독립성을 제공한다.
④ 뷰로 구성된 내용에 대한 삽입, 갱신, 삭제 연산에는 제약이 따른다.

> 전문가의 조언 | 뷰(View)는 정의(CREATE)하거나 제거(DROP)할 수 있지만 정의를 변경할 수는 없습니다.

74섹션 1필드

47. 선형 자료 구조에 해당하지 않는 것은?

① 리스트(List)
② 큐(Queue)
③ 데크(Deque)
④ 그래프(Graph)

> 전문가의 조언 | 그래프(Graph)는 비선형 자료 구조입니다.

75섹션 2필드

48. 다음 트리에 대한 중위 순회 운행 결과는?

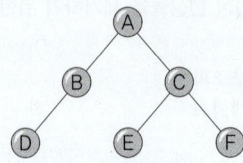

① A B D C E F ② A B C D E F
③ D B E C F A ④ D B A E C F

> 전문가의 조언 | 트리를 중위 순회한 결과는 ④번입니다. 먼저 서브트리를 하나의 노드로 생각할 수 있도록 서브트리 단위로 묶습니다.

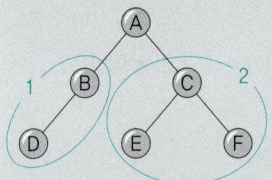

❶ 중위 순회(Inorder)는 Left → Root → Right 이므로 1A2가 됩니다.
❷ 1은 DB이므로 DBA2가 됩니다.
❸ 2는 ECF이므로 DBAECF가 됩니다.

76섹션 1필드

49. 자료가 다음과 같을 때, 삽입(Insertion) 정렬 방법을 적용하여 오름차순으로 정렬할 경우 Pass 2를 수행한 결과는?

자료 : 8, 3, 4, 9, 7

① 3 8 4 9 7   ② 3 4 8 9 7
③ 3 4 7 9 8   ④ 3 4 7 8 9

> 전문가의 조언 | 삽입 정렬 시 2회전(Pass 2)을 수행한 결과는 3, 4, 8, 9, 7입니다.
> 삽입 정렬(Insertion Sort)은 두 번째 자료부터 시작하여 그 앞(왼쪽)의 자료들과 비교하여 삽입할 위치를 지정한 후 자료를 뒤로 옮기고 지정한 자리에 자료를 삽입하여 정렬하는 알고리즘입니다. 즉 두 번째 자료는 첫 번째 자료, 세 번째 자료는 두 번째와 첫 번째 자료, 네 번째 자료는 세 번째, 두 번째, 첫 번째 자료와 비교한 후 자료가 삽입될 위치를 찾습니다.
>
> 초기 자료 : 8 3 4 9 7
> ❶ 1회전 : 8 3 4 9 7 → 3 8 4 9 7
>   두 번째 값 3을 첫 번째 값과 비교하여 첫 번째 자리에 삽입하고 8을 한 칸 뒤로 이동시킵니다.
> ❷ 2회전 : 3 8 4 9 7 → 3 4 8 9 7
>   세 번째 값 4를 첫 번째, 두 번째 값과 비교하여 8자리에 삽입하고 8을 한 칸 뒤로 이동시킵니다.
> ❸ 3회전 : 3 4 8 9 7 → 3 4 8 9 7
>   네 번째 값 9를 첫 번째, 두 번째, 세 번째 값과 비교합니다. 자리의 이동이 없습니다.
> ❹ 4회전 : 3 4 8 9 7 → 3 4 7 8 9
>   다섯 번째 값 7을 처음부터 비교하여 8자리에 삽입하고 나머지를 한 칸씩 뒤로 이동시킵니다.

83섹션 3필드

50. 릴레이션의 특징으로 거리가 먼 것은?

① 모든 튜플은 서로 다른 값을 갖는다.
② 모든 속성 값은 원자 값이다.
③ 튜플 사이에는 순서가 없다.
④ 각 속성은 유일한 이름을 가지며, 속성의 순서는 큰 의미가 있다.

> 전문가의 조언 | 릴레이션에서 각 속성은 유일한 이름을 가져야 하지만 속성의 순서는 큰 의미가 없습니다.

92섹션 3필드

51. SQL 명령어 중 DML에 해당하는 명령어로만 나열된 것은?

㉠ CREATE	㉡ ALTER	㉢ DROP
㉣ SELECT	㉤ UPDATE	㉥ INSERT
㉧ DELETE		

① ㉠, ㉡, ㉢   ② ㉡, ㉢
③ ㉢, ㉣, ㉤, ㉥   ④ ㉣, ㉤, ㉥, ㉧

> 전문가의 조언 | DML(데이터 조작어)의 명령어는 SELECT, UPDATE, INSERT, DELETE입니다.
> • CREATE, ALTER, DROP은 DDL(데이터 정의어)의 명령어입니다.

92섹션 4필드

52. SQL 명령어 중 데이터베이스 사용자에게 권한을 부여하는 명령어는?

① REVOKE   ② GRANT
③ COMMIT   ④ ROLLBACK

> 전문가의 조언 | 데이터베이스 관리자가 데이터베이스 사용자에게 권한을 부여하는 명령어는 GRANT입니다.
> • REVOKE : 데이터베이스 사용자의 사용 권한을 취소함
> • COMMIT : 명령에 의해 수행된 결과를 실제 물리적 디스크로 저장하고, 데이터베이스 조작 작업이 정상적으로 완료되었음을 관리자에게 알려줌
> • ROLLBACK : 데이터베이스 조작 작업이 비정상적으로 종료되었을 때 원래의 상태로 복구함

96섹션 1필드

53. 학생(STUDENT) 테이블에 컴퓨터정보과 학생 120명, 인터넷정보과 학생 160명, 사무자동화과 학생 80명에 관한 데이터가 있다고 했을 때, 다음에 주어지는 SQL문 ㉠, ㉡, ㉢을 각각 실행 시키면, 결과 튜플 수는 각각 몇 개인가? (단, DEPT는 학과 컬럼명임)

> ㉠ SELECT DISTINCT DEPT FROM STUDENT;
> ㉡ SELECT DEPT FROM STUDENT;
> ㉢ SELECT COUNT(DISTINCT DEPT) FROM STUDENT WHERE DEPT = '컴퓨터정보과';

① ㉠ 3, ㉡ 360, ㉢ 1
② ㉠ 360, ㉡ 3, ㉢ 120
③ ㉠ 3, ㉡ 360, ㉢ 120
④ ㉠ 360, ㉡ 3, ㉢ 1

전문가의 조언 | ㉠의 튜플 수는 3개, ㉡의 튜플 수는 360개, ㉢의 튜플 수는 1개입니다.
㉠ STUDENT 테이블에서 DEPT를 검색하는데 DISTINCT 옵션이 있으므로 중복된 결과는 처음의 한 개만 검색에 포함시킵니다. 컴퓨터정보과 120개 튜플의 DEPT 속성의 값이 같으므로 1개, 인터넷정보과 160개 튜플의 DEPT 속성이 같으므로 1개, 사무자동화과 80개 튜플의 DEPT 속성이 같으므로 1개를 검색에 포함시킵니다. 결과는 3개의 튜플이 검색됩니다.
㉡ STUDENT 테이블에서 DEPT를 검색합니다. 총 360개의 튜플이 들어있고 검색 조건이 없으므로 360개의 튜플이 검색됩니다.
㉢ STUDENT 테이블에서 DEPT 속성의 값이 '컴퓨터정보과'인 튜플의 중복을 제거하여 개수를 세므로 1개의 튜플이 검색됩니다.

96섹션 3필드

55. '학생' 테이블에서 3학년이고 컴퓨터공학과인 학생의 이름만 조회하는 SQL문으로 옳바른 것은?

① SELECT 이름 FROM 학생 WHERE 학년 = 3 AND 학과 = "컴퓨터공학";
② SELECT 이름 FROM 학생 WHERE 학년 = 3 OR 학과 = "컴퓨터공학";
③ SELECT 이름 WHEN 학생 WHERE 학년 = 3 AND 학과 = "컴퓨터공학";
④ SELECT 이름 WHEN 학생 WHERE 학년 = 3 OR 학과 = "컴퓨터공학";

전문가의 조언 | 문제에 제시된 내용을 조회하는 SQL문은 ①번입니다. 절단위로 구분하여 질의문을 작성하면 쉽습니다.
• '학생' 테이블에서 '이름'만 조회하므로 **SELECT 이름 FROM 학생**입니다.
• '3학년'이고 '컴퓨터공학과'인 학생을 대상으로 하므로 **WHERE 학년 = 3 AND 학과 = "컴퓨터공학"**;입니다.

78섹션 4필드

56. 데이터베이스 관리 시스템(DBMS)의 필수 기능이 아닌 것은?

① 제어 기능 　② 조작 기능
③ 정의 기능 　④ 운영 기능

전문가의 조언 | 데이터베이스 관리 시스템(DBMS)의 필수 기능 3가지는 정의 기능, 조작 기능, 제어 기능입니다.

95섹션 4필드

54. 데이터 조작문의 유형으로 옳바르지 않은 것은?

① SELECT~ FROM~ WHERE~
② INSERT ON~ VALUES~
③ DELETE~ FROM~ WHERE~
④ UPDATE~ SET~ WHERE~

전문가의 조언 | INSERT는 ON 대신 INTO가 사용되어 'INSERT INTO~ VALUES~' 형식으로 기술되어야 합니다.

94섹션 1필드

57. 데이터 제어어(DCL)의 역할이 아닌 것은?

① 불법적인 사용자로부터 데이터를 보호하기 위한 데이터 보안(Security)
② 데이터 정확성을 위한 무결성(Integrity) 유지
③ 시스템 장애에 대비한 데이터 회복과 병행 수행
④ 데이터의 검색, 삽입, 삭제, 변경

전문가의 조언 | 데이터의 검색(SELECT), 삽입(INSERT), 삭제(DELETE), 변경(UPDATE)은 데이터 조작어(DML)의 역할입니다.

2023년 1회

86섹션 3필드

58. 다음 중 교집합을 의미하는 기호는?
① ∪
② ∩
③ −
④ ⋈

> **전문가의 조언** | 관계대수의 일반 집합 연산자에서 교집합(INTERSECTION)을 의미하는 기호는 ∩입니다.
> - ∪ : 합집합(UNION)
> - − : 차집합(DIFFERENCE)
> - ⋈ : Join

90섹션 1필드

59. 하나 또는 둘 이상의 기본 테이블로부터 유도되어 만들어진 가상 테이블을 무엇이라고 하는가?
① Domain
② Tuple
③ Relation
④ View

> **전문가의 조언** | 하나 또는 둘 이상의 기본 테이블로부터 유도되어 만들어진 가상 테이블을 뷰(View)라고 합니다.
> - 도메인(Domain) : 하나의 애트리뷰트가 취할 수 있는 같은 타입의 원자(Atomic)값들의 집합
> - 튜플(Tuple) : 릴레이션을 구성하는 각각의 행을 의미함
> - 릴레이션(Relation) : 데이터들을 표(Table)의 형태로 표현한 것으로, 구조를 나타내는 릴레이션 스키마와 실제 값들인 릴레이션 인스턴스로 구성됨

74섹션 6필드

60. 다음 그림과 같이 리스트의 양쪽 끝에서 삽입과 삭제가 모두 발생하는 자료 구조는?

```
삭제 ←  ┌───┬───┬───┬───┬───┬───┐  ← 삽입
삽입 →  │ A │ B │ C │ D │ E │ F │  → 삭제
        └───┴───┴───┴───┴───┴───┘
```

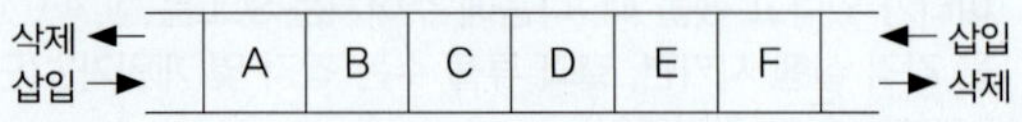

① Queue
② Deque
③ Stack
④ Array

> **전문가의 조언** | 리스트의 양쪽 끝에서 삽입과 삭제가 모두 발생하는 자료 구조는 데크(Deque)입니다.
> - 큐(Queue) : 리스트의 한쪽에서는 삽입 작업이 이루어지고 다른 한쪽에서는 삭제 작업이 이루어지도록 구성한 자료 구조로, 가장 먼저 삽입된 자료가 가장 먼저 삭제되는 선입선출(FIFO; First In First Out) 방식으로 처리함
> - 스택(Stack) : 리스트의 한쪽 끝으로만 자료의 삽입, 삭제 작업이 이루어지는 자료 구조로, 가장 나중에 삽입된 자료가 가장 먼저 삭제되는 후입선출(LIFO; Last In First Out) 방식으로 자료를 처리함
> - 배열(Array) : 동일한 자료형의 데이터들이 같은 크기로 나열되어 순서를 갖고 있는 집합

정답 : 58.② 59.④ 60.②

2022년 3회 정보처리산업기사 필기

1과목 정보시스템 기반 기술

26섹션 1필드

1. 소프트웨어 아키텍처 설계 시 고려사항이 아닌 것은?
① 개발자와 사용자 간의 의사소통 도구로 활용될 수 있어야 한다.
② 이해하기 쉽고, 명확하게 작성해야 한다.
③ 재사용이 불가능하도록 설계해야 한다.
④ 이해 관계자들의 품질 요구사항을 반영하여 품질 속성을 결정한다.

전문가의 조언 | 소프트웨어 아키텍처는 재사용이 가능하도록 설계해야 합니다. 소프트웨어 아키텍처 설계의 기본 원리 중 모듈화가 바로 재사용이 용이하도록 시스템의 기능들을 모듈 단위로 나누는 것을 의미합니다.

13섹션 1필드

2. 서로 다른 기기들 간의 데이터 교환을 원활하게 수행할 수 있도록 표준화시켜 놓은 통신 규약을 무엇이라 하는가?
① 클라이언트   ② 터미널
③ 링크   ④ 프로토콜

전문가의 조언 | 서로 다른 기기들 간의 데이터 교환을 원활하게 수행할 수 있도록 표준화시켜 놓은 통신 규약을 프로토콜이라고 합니다.

2섹션 2필드

3. 프로세스가 CPU를 점유하고 있는 상태를 무엇이라 하는가?
① 실행(Running) 상태
② 준비(Ready) 상태
③ 보류(Block) 상태
④ 조건 만족(Wakeup) 상태

전문가의 조언 | 프로세스가 CPU를 점유하고 있는 상태를 실행(Running) 상태라고 합니다.
• 준비(Ready) 상태 : 프로세스가 프로세서를 할당받기 위해 기다리고 있는 상태
• 대기(Wait), 보류, 블록(Block) 상태 : 프로세스에 입·출력 처리가 필요하면 현재 실행중인 프로세스가 중단되고, 입·출력 처리가 완료될 때까지 대기하고 있는 상태
• 조건 만족(Wake Up) 상태 : 입·출력 작업이 완료되어 프로세스가 대기 상태에서 준비 상태로 전이되는 과정

30섹션 4필드

4. GoF(Gang of Four)의 디자인 패턴 중 데코레이터(Decorator)에 대한 설명으로 옳지 않은 것은?
① 구조 패턴에 속한다.
② 호환성이 없는 클래스들의 인터페이스를 다른 클래스가 이용할 수 있도록 변환해준다.
③ 객체 간의 결합을 통해 능동적으로 기능들을 확장할 수 있다.
④ 임의의 객체에 부가적인 기능을 추가하기 위해 다른 객체들을 덧붙이는 방식으로 구현한다.

전문가의 조언 | ②번은 어댑터(Adapter) 패턴에 대한 설명입니다.

5섹션 2필드

5. 가상 기억장치에 대한 설명으로 옳지 않은 것은?
① 기억공간의 확장을 위한 것이다.
② 주소 변환 작업이 필요하다.
③ 소프트웨어적인 방법이다.
④ 주기억장치를 보조기억장치처럼 사용한다.

전문가의 조언 | 가상 기억장치는 보조기억장치의 일부를 주기억장치처럼 사용하는 것으로, 용량이 작은 주기억장치를 마치 큰 용량을 가진 것처럼 사용하는 기법입니다.

3섹션 3필드

6. RR(Round Robin) 스케줄링에서 시간 할당량이 커질 경우 어떤 스케줄링과 같은 효과를 얻는가?
① HRN   ② FCFS(FIFO)
③ SJF   ④ SRT

전문가의 조언 | RR(Round Robin) 기법은 할당되는 시간이 클 경우 FCFS 기법과 같아집니다.

5섹션 2필드

7. 세그먼테이션(Segmentation) 기법에 대한 설명으로 옳은 것은?
① 프로그램을 가변적인 크기의 논리적인 단위로 나눈다.
② 외부 단편화는 발생하지 않으나 내부 단편화는 발생할 수 있다.
③ 주소 변환을 위해서 페이지의 위치 정보를 가지고 있는 페이지 맵 테이블(Page Map Table)이 필요하다.
④ 페이지 맵 테이블 사용으로 비용이 증가되고, 처리 속도가 감소된다.

전문가의 조언 | ①번은 세그먼테이션 기법, ②, ③, ④번은 페이징 기법에 대한 설명입니다.

정답 : 1.③ 2.④ 3.① 4.② 5.④ 6.② 7.①

13섹션 4필드

8. TCP/IP의 IP Layer에 해당하는 프로토콜은?

① ICMP ② SMTP
③ HTTP ④ UDP

> 전문가의 조언 | TCP/IP의 IP Layer(인터넷 계층)에 속한 프로토콜에는 IP, ICMP, IGMP, ARP, RARP 등이 있습니다.
> • SMTP, HTTP는 응용 계층, UDP는 전송 계층에 속한 프로토콜입니다.

14섹션 4필드

9. OSI 7계층에서 발신지와 목적지의 논리 주소가 추가된 패킷을 최종 목적지까지 전달하는 책임을 지는 계층은?

① 물리 계층
② 데이터 링크 계층
③ 네트워크 계층
④ 세션 계층

> 전문가의 조언 | OSI 7계층에서 발신지와 목적지의 논리 주소가 추가된 패킷을 최종 목적지까지 전달하는 책임을 지는 계층은 네트워크 계층(Network Layer)입니다.
> • 물리 계층(Physical Layer) : 전송에 필요한 두 장치 간의 실제 접속과 절단 등 기계적, 전기적, 기능적, 절차적 특성에 대한 규칙을 정의함
> • 데이터 링크 계층(Data Link Layer) : 두 개의 인접한 개방 시스템들 간에 신뢰성 있고 효율적인 정보 전송을 할 수 있도록 시스템 간 연결 설정과 유지 및 종료를 담당함
> • 세션 계층(Session Layer) : 송·수신 측 간의 관련성을 유지하고 대화 제어를 담당함

24섹션 1필드

10. 시스템 분석, 설계, 구현 등 시스템 개발 과정에서 시스템 개발자와 고객 또는 개발자 상호 간의 의사소통이 원활하게 이루어지도록 표준화한 통합 모델링 언어는?

① JAVA ② PHP
③ UML ④ ASP

> 전문가의 조언 | 시스템 분석, 설계, 구현 등 시스템 개발 과정에서 시스템 개발자와 고객 또는 개발자 상호 간의 의사소통이 원활하게 이루어지도록 표준화한 통합 모델링 언어는 UML(Unified Modeling Language)입니다.

30섹션 3필드

11. 디자인 패턴에서 생성 패턴에 속하지 않는 것은?

① Singleton ② Builder
③ Prototype ④ Adapter

> 전문가의 조언 | 어댑터(Adapter) 패턴은 구조 패턴입니다.

44섹션 3필드

12. 빌드 자동화 도구인 Gradle에 대한 설명으로 옳지 않은 것은?

① Groovy를 사용해서 만든 DSL(Domain Specific Language)을 스크립트 언어로 사용한다.
② 실행할 처리 명령들을 모아 태스크로 만든 후 태스크 단위로 실행한다.
③ JAVA 기반의 오픈 소스 형태로, 서블릿 컨테이너에서 실행되는 서버 기반 도구이다.
④ Gradle Wrapper를 이용하여 별도의 설치 없이 Gradle을 사용할 수 있다.

> 전문가의 조언 | ③번은 Jenkins에 대한 설명입니다.

6섹션 2필드

13. 현재 헤드의 위치가 50에 있고, 요청 대기열에는 아래와 같은 순서로 들어 있다고 가정할 때 FCFS 스케줄링 알고리즘에 의한 헤드의 총 이동 거리는 얼마인가?

100, 180, 40, 120, 0, 130, 70, 80, 150, 200

① 790 ② 380
③ 370 ④ 250

> 전문가의 조언 | FCFS는 디스크 큐에 들어온 요청대로 헤드를 옮겨 서비스하는 기법입니다.
> • 이동 순서 : 50 → 100 → 180 → 40 → 120 → 0 → 130 → 70 → 80 → 150 → 200
> • 총 이동 거리 : 50 + 80 + 140 + 80 + 120 + 130 + 60 + 10 + 70 + 50 = 790

35섹션 1필드

14. 소프트웨어 테스트 순서로 올바로 나열된 것은?

① 단위 테스트 → 인수 테스트 → 통합 테스트 → 시스템 테스트
② 단위 테스트 → 통합 테스트 → 시스템 테스트 → 인수 테스트
③ 인수 테스트 → 단위 테스트 → 시스템 테스트 → 통합 테스트
④ 시스템 테스트 → 인수 테스트 → 단위 테스트 → 통합 테스트

> 전문가의 조언 | 소프트웨어 테스트는 '단위 테스트 → 통합 테스트 → 시스템 테스트 → 인수 테스트' 순으로 진행합니다.

15. 데이터 전송에서 한 문자의 전송 시마다 스타트 비트와 스톱 비트를 삽입하여 전송하는 방식은?

① 동기식 ② 비동기식
③ 베이스밴드식 ④ 혼합 동기식

> 전문가의 조언 | 데이터 전송에서 한 문자의 전송 시마다 스타트 비트와 스톱 비트를 삽입하여 전송하는 방식은 비동기식 전송 방식입니다.

16. 객체지향 기법에서 객체가 메시지를 받아 실행해야 할 때 객체의 구체적인 연산을 정의한 것은?

① Instance ② Method
③ Message ④ Class

> 전문가의 조언 | 객체지향 기법에서 객체가 메시지를 받아 실행해야 할 때 객체의 구체적인 연산을 정의한 것은 메소드(Method)입니다.
> • 인스턴스(Instance) : 클래스에 속한 각각의 객체를 의미함
> • 메시지(Message) : 객체들 간에 상호작용을 하는데 사용되는 수단으로 객체의 메소드(동작, 연산)를 일으키는 외부의 요구사항
> • 클래스(Class) : 공통된 속성과 연산(행위)을 갖는 객체의 집합으로, 객체의 일반적인 타입(Type)을 의미함

17. 통합 테스트에 해당하지 않는 것은?

① 상향식 테스트 ② 하향식 테스트
③ 혼합식 테스트 ④ 강도 테스트

> 전문가의 조언 | 통합 테스트에는 하향식 테스트, 상향식 테스트, 혼합식 테스트가 있습니다.

18. 루프 검사(Loop Test)에서 찾아볼 수 있는 4가지 반복 구조가 아닌 것은?

① 단순 반복 ② 중첩 반복
③ 구조적 반복 ④ 비구조적 반복

> 전문가의 조언 | 루프 검사는 단순 루프, 중첩 루프, 연결 루프, 비구조적 루프의 네 가지를 사용하여 정의할 수 있습니다.

19. FIFO 스케줄링에서 작업 도착 시간과 CPU 사용 시간은 다음 표와 같다. 모든 작업들의 평균 대기 시간은 얼마인가?

작업	도착 시간	CPU 사용시간
1	0	4
2	1	10
3	4	1
4	8	7

① 5 ② 5.5
③ 13.75 ④ 3.25

> 전문가의 조언 | FIFO는 준비상태 큐에 도착한 순서대로 작업을 수행하므로, 다음과 같은 순서로 수행됩니다.
> ∴ 평균 대기 시간 : (0+3+10+7)/4 = 5시간

20. 기업의 소프트웨어 인프라인 정보 시스템을 공유와 재사용이 가능한 서비스 단위로 구축하는 정보기술 아키텍처를 의미하는 용어는?

① SOA ② OGSA
③ Mashup ④ SDE

> 전문가의 조언 | 기업의 소프트웨어 인프라인 정보 시스템을 공유와 재사용이 가능한 서비스 단위로 구축하는 정보기술 아키텍처는 SOA(Service Oriented Architecture, 서비스 지향 아키텍처)입니다.
> • 오픈 그리드 서비스 아키텍처(OGSA; Open Grid Service Architecture) : 애플리케이션 공유를 위한 웹 서비스를 그리드 상에서 제공하기 위해 만든 개방형 표준으로, 웹 서비스 표준을 적극적으로 따르고 기존의 웹 개발 툴들을 그대로 사용할 수 있다는 장점이 있음
> • 매시업(Mashup) : 5G(IMT-2020)의 핵심기술 중 하나로, 하나의 물리적인 네트워크를 다수의 가상 네트워크로 분리하여 각각의 네트워크를 통해 다양한 고객 맞춤형 서비스를 제공하는 것을 목적으로 하는 네트워크 기술
> • 소프트웨어 정의 기술(SDE, SDx; Software-Defined Everything) : 네트워크, 데이터 센터 등에서 소유한 자원을 가상화하여 개별 사용자에게 제공하고, 중앙에서는 통합적으로 제어가 가능한 기술

2과목 프로그래밍 언어 활용

61섹션 1필드

21. 다음은 아이디와 암호를 입력하는 로그인 창을 JavaScript로 구현한 것이다. 괄호(㉠~㉣)에 들어갈 적합한 속성은?

```
<html>
  <body>
    <( ㉠ )( ㉡ )="post" ( ㉢ )="log01.jsp">
      <p>아이디<input type="text" name="id"></p>
      <p>암호<input type="password" name="pw"></p>
    <( ㉣ )>
  </body>
</html>
```

① ㉠ form, ㉡ action, ㉢ method, ㉣ /form
② ㉠ form, ㉡ method, ㉢ action, ㉣ /form
③ ㉠ function, ㉡ form, ㉢ method, ㉣ /function
④ ㉠ function, ㉡ action, ㉢ form, ㉣ /function

전문가의 조언 | 사용된 코드의 의미는 다음과 같습니다.

```
<html>
  <body>
❶ <form method="post" action="log01.jsp">
❷   <p>아이디<input type="text" name="id"></p>
❸   <p>암호<input type="password" name="pw"></p>
  </form>
  </body>
</html>
```

❶ ❷~❸번에서 입력받은 데이터를 'log01.jsp'에 메시지 형태로 전송합니다.
❷ 아이디를 표시한 후 텍스트 상자를 표시합니다.
❸ 암호를 표시한 후 텍스트 상자를 표시합니다.

〈실행 화면〉

66섹션 0필드

22. Java의 라이브러리 중 객체 단위 입력을 위한 기능 및 프로토콜을 제공하는 클래스는?

① ObjectInputStream
② DataInputStream
③ FileInputStream
④ IOException

전문가의 조언 | Java에서 객체(Object) 단위로 입력을 위한 기능을 제공하는 클래스는 ObjectInputStream입니다.

58섹션 1필드

23. 다음 C언어 코드에서 괄호에 들어갈 알맞은 예약어는?

```
#include <stdio.h>
int func(int i, int j) {
    int sum = i + j;
    (     ) sum;
}
main( ) {
    int r = func(3, 5);
}
```

① print
② input
③ continue
④ return

전문가의 조언 | 사용된 코드의 의미는 다음과 같습니다.

```
  #include <stdio.h>
❷ int func(int i, int j) {
❸     int sum = i + j;
❹     return sum;
  }
  main( ) {
❶❺   int r = func(3, 5);
  }
```

모든 C 프로그램은 반드시 main( ) 함수에서 시작한다.
❶ 정수형 변수 r을 선언하고, 3과 5를 인수로 func( ) 함수를 호출한 후 돌려받은 값으로 초기화한다.
❷ 정수를 반환하는 func( ) 메소드의 시작점이다. ❶번에서 전달받은 3과 5를 i와 j가 받는다. (i=3, j=5)
❸ 정수형 변수 sum을 선언하고 i와 j를 더한 값 8로 초기화한다. (sum=8)
❹ sum의 값 8을 함수를 호출했던 ❺번으로 반환한다.
❺ ❹번에서 돌려받은 값 8을 r에 저장한다. (r=8)

24. 다음 C언어 코드에서 괄호에 들어갈 알맞은 코드는?

```
#include <stdio.h>
struct st {
    int x;
    int y;
};
int calc(int i, int j) {
    return i - j;
}
main( ) {
    struct st r;
    r.x = 20000;
    r.y = 7000;
    printf("%d", (     ));
}
```

① st(x, y)
② calc(x, y)
③ st(r.x, r.y)
④ calc(r.x, r.y)

25. JavaScript에서 화면에 숫자 100을 출력하는 명령문으로 올바른 것은?

① write(100)
② document.write(100)
③ print(100)
④ console.print(100)

26. 다음은 1000까지의 7의 배수를 모두 합하는 JavaScript 코드이다. 괄호(㉠, ㉡)에 들어갈 알맞은 예약어는?

```
…생략…
<script>
    var r = 0, i = 0;
    (  ㉠  ) {
        i = i + 1;
        if (i%7 == 0) {
            r = r + i;
        }
    } (  ㉡  ) (i < 1000);
    console.log(r);
</script>
…생략…
```

① ㉠-do, ㉡-while
② ㉠-do, ㉡-loop
③ ㉠-while, ㉡-do
④ ㉠-loop, ㉡-do

❷ do~while 반복문의 시작점이다. ❸~❺번 문장을 반복 수행한다.
❸ i의 값을 1씩 누적시킨다.
❹ i를 7로 나눈 나머지가 0이면 ❺번으로 이동하고, 아니면 ❻번으로 이동한다.
❺ r에 i의 값을 누적시킨다.
❻ i가 1000보다 작은 동안 ❸~❺번 문장을 반복 수행한다. 반복문 실행에 따른 변수들의 값의 변화는 다음과 같다.

i	r
0	0
1	
2	
⋮	⋮
6	
7	7
8	
⋮	⋮
14	21
⋮	⋮
994	71071
995	
996	
997	
998	
999	
1000	

❼ 콘솔에 r의 값을 출력한다.

결과 71071

51섹션 1필드

27. 다음 중 C언어에서 반드시 정수를 사용해야 하는 연산자는?

① %
② /
③ *
④ +

전문가의 조언 | • C언어에서는 %(나머지 연산자)에 실수를 사용하면 오류가 발생하므로 반드시 정수를 사용해야 합니다.
• 실수의 나머지를 계산하려면 math.h에 있는 fmod( ) 함수를 사용해야 합니다.

50섹션 2필드

28. 파이썬의 변수명으로 올바르지 않은 것은?

① signed
② 3edc
③ PI
④ ed_sp

전문가의 조언 | 변수명은 숫자로 시작할 수 없습니다.

52섹션 5필드

29. C언어에서 문자로 저장된 파일의 데이터를 숫자로 읽어 들일 때 사용할 수 있는 함수는?

① fscanf
② fgets
③ scanf
④ gets

전문가의 조언 | fscanf( ) 함수는 파일로부터 데이터를 읽어들여 문자, 숫자 등 원하는 자료형으로 변환하여 저장할 수 있습니다.
• fgets( ) : 파일로부터 데이터를 입력받아 문자열로 저장하는 함수
• scanf( ) : 키보드로부터 데이터를 입력받아 지정한 자료형으로 저장하는 함수
• gets( ) : 키보드로부터 데이터를 입력받아 문자열로 저장하는 함수

71섹션 2필드

30. 다음 중 가장 결합도가 강한 것은?

① Data Coupling
② Stamp Coupling
③ Content Coupling
④ Control Coupling

전문가의 조언 | 결합도를 약한 것부터 강한 것 순으로 나열하면 '자료 결합도(Data Coupling) → 스탬프(검인) 결합도(Stamp Coupling) → 제어 결합도(Control Coupling) → 외부 결합도(External Coupling) → 공통(공유) 결합도(Common Coupling) → 내용 결합도(Content Coupling)'입니다.

72섹션 3필드

31. 바람직한 소프트웨어 설계 지침이 아닌 것은?

① 적당한 모듈의 크기를 유지한다.
② 모듈 간의 접속 관계를 분석하여 복잡도와 중복을 줄인다.
③ 모듈 간의 결합도는 강할수록 바람직하다.
④ 모듈 간의 효과적인 제어를 위해 설계에서 계층적 자료 조직이 제시되어야 한다.

전문가의 조언 | 모듈 간의 결합도가 약할수록 바람직한 설계입니다.

28섹션 3필드

32. 추상 클래스에 대한 설명으로 틀린 것은?

① 자식 클래스에서 구현하려는 기능들의 공통점만을 모은 것이다.
② 인스턴스 생성이 불가능하다.
③ 부모 클래스에서 상속받아 구체화한다.
④ 자식 클래스의 인스턴스를 생성하는 방식으로 사용한다.

전문가의 조언 | ③번은 자식 클래스에 대한 설명입니다.

49섹션 2필드

33. C언어의 자료형에 대한 설명으로 옳지 않은 것은?

① typedef를 통해 새로운 자료형을 생성할 수 있다.
② 실수 자료형을 이용하면 더 정확한 계산이 가능하다.
③ unsigned 자료형으로 음수를 제한함으로써 양수의 표현 범위를 넓힐 수 있다.
④ String 자료형을 사용하여 문자열을 저장할 수 있다.

전문가의 조언 | C언어에는 String 자료형이 없습니다.

34. 예외 처리에 대한 설명으로 옳지 않은 것은?

① C++에서는 try, catch, finally를 이용하여 예외 처리를 수행한다.
② 예외가 발생했을 때 프로그래머가 해당 문제에 대비해 작성해 놓은 처리 루틴을 수행하도록 하는 것을 예외 처리라고 한다.
③ catch 블록에서 선언한 변수는 해당 catch 블록에서만 유효하다.
④ try ~ catch 문 안에 또 다른 try ~ catch 문을 포함할 수 있다.

전문가의 조언 | • C++에는 finally를 사용할 수 없습니다.
• try~catch문은 C++, C#, Java에서 모두 사용할 수 있지만 finally는 Java에서만 사용할 수 있습니다.

35. 다음 중 C언어에서의 변수 선언 방법으로 올바르지 않은 것은?

① int a, b = 10;
② char c;
③ unsigned long d = 2;
④ unsigned double e = -3.14

전문가의 조언 | 부호없는(unsigned) 자료형으로는 문자형(char)과 정수형(short, int, long)만 선언할 수 있습니다.

36. HTML5의 〈input〉 태그에서 반드시 입력되어야 할 필드를 만들 때 사용하는 속성은?

① essential
② required
③ expected
④ fill

전문가의 조언 | 〈input〉 태그에서 반드시 입력되어야 할 필드를 명시할 때 사용하는 속성은 required입니다.

37. 자바스크립트에서 배열의 속성과 메소드에 대한 설명으로 옳지 않은 것은?

① pop( ) : 배열의 맨 끝의 값을 삭제한다.
② join( ) : 배열의 요소들을 구분자로 구분하는 하나의 문자열로 반환한다.
③ splice( ) : 배열에서 지정한 범위의 데이터를 가져온다.
④ length : 배열의 길이를 반환한다.

전문가의 조언 | • splice( )는 배열에서 지정한 범위의 요소를 제거할 때 사용하는 메소드입니다.
• ③번의 기능을 수행하는 메소드는 slice( )입니다.

38. 자바에서 두 개의 논리 값을 연산하여 참(true)을 반환하는 'and'의 의미를 가진 연산자는?

① ==
② &&
③ ||
④ +=

전문가의 조언 | 'and'의 의미를 가진 연산자는 논리 연산자인 &&입니다.

39. 다음이 설명하는 응집도의 유형은?

> 모듈이 다수의 관련 기능을 가질 때 모듈 안의 구성 요소들이 그 기능을 순차적으로 수행할 경우의 응집도

① 기능적 응집도
② 우연적 응집도
③ 논리적 응집도
④ 절차적 응집도

전문가의 조언 | 모듈 안의 구성 요소들이 그 기능을 순차적으로 수행할 경우의 응집도를 절차적 응집도(Procedural Cohesion)라고 합니다.
• 기능적 응집도(Functional Cohesion) : 모듈 내부의 모든 기능 요소들이 단일 문제와 연관되어 수행될 경우의 응집도
• 우연적 응집도(Coincidental Cohesion) : 모듈 내부의 각 구성 요소들이 서로 관련 없는 요소로만 구성된 경우의 응집도
• 논리적 응집도(Logical Cohesion) : 유사한 성격을 갖거나 특정 형태로 분류되는 처리 요소들로 하나의 모듈이 형성되는 경우의 응집도

40. 객체지향의 주요 개념에 대한 설명으로 틀린 것은?

① 캡슐화는 상위 클래스에서 속성이나 연산을 전달받아 새로운 형태의 클래스로 확장하여 사용하는 것을 의미한다.
② 객체는 실세계에 존재하거나 생각할 수 있는 것을 말한다.
③ 클래스는 하나 이상의 유사한 객체들을 묶어 공통된 특성을 표현한 것이다.
④ 다형성은 상속받은 여러 개의 하위 객체들이 다른 형태의 특성을 갖는 객체로 이용될 수 있는 성질이다.

전문가의 조언 | ①번은 상속(inheritance)에 대한 설명입니다.

3과목 데이터베이스 활용

41. SQL의 데이터 조작문(DML)에 해당하는 것은?

① CREATE
② INSERT
③ ALTER
④ DROP

전문가의 조언 | INSERT는 데이터 조작어(DML)이고, CREATE, ALTER, DROP은 데이터 정의어(DDL)에 해당합니다.

42. 뷰(View)에 대한 설명으로 옳지 않은 것은?
① 뷰는 데이터의 접근을 제어하게 함으로써 보안을 제공한다.
② 사용자의 데이터 관리를 간단하게 해 준다.
③ 뷰가 정의된 기본 테이블이 삭제되면, 뷰도 자동적으로 삭제된다.
④ 하나 이상의 기본 테이블로부터 유도되어 만들어지는 물리적인 실제 테이블이다.

전문가의 조언 | 뷰는 하나 이상의 기본 테이블로부터 유도되어 만들어지는 가상 테이블로 저장장치 내에 물리적으로 존재하지 않습니다.

43. 학생(STUDENT) 테이블에서 어떤 학과(DEPT)들이 있는지 검색하는 SQL 명령은? (단, 결과는 중복된 데이터가 없도록 한다.)
① SELECT ONLY * FROM STUDENT;
② SELECT DISTINCT DEPT FROM STUDENT;
③ SELECT ONLY DEPT FROM STUDENT;
④ SELECT NOT DUPLICATE DEPT FROM STUDENT;

전문가의 조언 | SQL 문에서 DISTINCT는 검색 결과에서 레코드의 중복을 제거하라는 의미로 중복된 레코드가 있으면 그 중 첫 번째 한 개만 검색하여 표시합니다. 즉 같은 과에 대해서는 한 개의 레코드만 검색하여 표시하므로 학생 테이블에 어떤 학과가 있는지 알 수 있습니다. 참고로 나머지 보기의 SQL문은 모두 잘못 표기된 구문입니다.

44. 데이터베이스에서 아직 알려지지 않거나 모르는 값으로서 "해당 없음" 등의 이유로 정보 부재를 나타내기 위해 사용하는 특수한 데이터 값을 무엇이라 하는가?
① 원자값(Atomic Value)
② 참조값(Reference Value)
③ 무결값(Integrity Value)
④ 널 값(Null Value)

전문가의 조언 | 데이터베이스에서 아직 알려지지 않거나 모르는 값으로서 "해당 없음" 등의 이유로 정보 부재를 나타내기 위해 사용하는 특수한 데이터를 널 값(Null Value)이라고 합니다.

45. 개념 세계에서 표현된 각 개체와 개체 간의 관계들을 서로 독립된 2차원 테이블 즉 릴레이션으로 표현하며, 가장 널리 사용되는 데이터 모델은?
① 개체형 데이터 모델
② 관계형 데이터 모델
③ 계층형 데이터 모델
④ 네트워크형 데이터 모델

전문가의 조언 | 개념 세계에서 표현된 각 개체와 개체 간의 관계들을 서로 독립된 2차원 테이블로 표현하는 데이터 모델은 관계형 데이터 모델입니다.

46. 관계대수와 관계해석에 대한 설명으로 옳지 않은 것은?
① 기본적으로 관계대수와 관계해석은 관계 데이터베이스를 처리하는 기능과 능력면에서 동등하다.
② 관계대수는 질의에 대한 해를 생성하기 위해 수행해야 할 연산의 순서를 명시해야 하므로, 비절차적 특징을 가진다.
③ 관계해석은 원하는 정보가 무엇이라는 것만 정의하는 비절차적 특징을 가지고 있다.
④ 관계해석은 수학의 프레디킷 해석(Predicate Calculus)에 기반을 두고 있다.

전문가의 조언 | 관계대수는 질의에 대한 해를 생성하기 위해 수행해야 할 연산의 순서를 명시하는 절차적 언어입니다.

47. 다음 중 일반 집합 연산자의 기호가 아닌 것은?
① −
② ×
③ ⋈
④ ∪

전문가의 조언 | ⋈는 순수 관계 연산자인 Join의 기호입니다.

48. 시스템 카탈로그에 대한 설명으로 옳지 않은 것은?
① 시스템 카탈로그는 DBMS가 스스로 생성하고 유지하는 데이터베이스 내의 특별한 테이블들의 집합체이다.
② 시스템 카탈로그는 데이터베이스 구조에 관한 메타 데이터를 포함한다.
③ 일반 사용자들도 SQL을 이용하여 시스템 카탈로그를 직접 갱신할 수 있다.
④ 데이터베이스 구조가 변경될 때마다 DBMS는 자동적으로 시스템 카탈로그 테이블들의 행을 삽입, 삭제, 수정한다.

전문가의 조언 | 시스템 카탈로그 자체도 시스템 테이블로 구성되어 있어 일반 이용자도 SQL을 이용하여 내용을 검색해 볼 수 있지만 INSERT, DELETE, UPDATE문으로 카탈로그를 갱신하는 것은 허용되지 않습니다.

49. 다음 설명이 의미하는 것은?

- 삽입과 삭제가 리스트의 양쪽 끝에서 발생할 수 있는 형태이다.
- 입력이 한쪽에서만 발생하고 출력은 양쪽에서 일어날 수 있는 입력 제한과 입력은 양쪽에서 일어나고 출력은 한 곳에서만 이루어지는 출력 제한이 있다.

① 스택　　　　　　② 큐
③ 다중 스택　　　　④ 데크

50. 삽입 정렬을 사용하여 다음의 자료를 오름차순으로 정렬하고자 한다. 2회전 후의 결과는?

5, 4, 3, 2, 1

① 4, 5, 3, 2, 1　　② 2, 3, 4, 5, 1
③ 3, 4, 5, 2, 1　　④ 1, 2, 3, 4, 5

51. SQL에서 VIEW를 삭제할 때 사용하는 명령은?

① ERASE　　　　② KILL
③ DROP　　　　　④ DELETE

52. 제1정규형에서 제2정규형 수행 시 작업으로 옳은 것은?

① 이행적 함수 종속성 제거
② 다치 종속 제거
③ 모든 결정자가 후보 키가 되도록 분해
④ 부분 함수 종속성 제거

53. 학생(STUDENT) 테이블에 컴퓨터정보과 학생 120명, 인터넷정보과 학생 160명, 사무자동화과 학생 80명에 관한 데이터가 있다고 했을 때, 다음에 주어지는 SQL문 ㉠, ㉡, ㉢을 각각 실행시키면, 결과 튜플 수는 각각 몇 개인가? (단, DEPT는 학과 컬럼명임)

㉠ SELECT DISTINCT DEPT FROM STUDENT;
㉡ SELECT DEPT FROM STUDENT;
㉢ SELECT COUNT(DISTINCT DEPT) FROM STUDENT WHERE DEPT = '컴퓨터정보과';

① ㉠ 3, ㉡ 360, ㉢ 1　　② ㉠ 360, ㉡ 3, ㉢ 120
③ ㉠ 3, ㉡ 360, ㉢ 120　④ ㉠ 360, ㉡ 3, ㉢ 1

> 2022년 3회

> 81섹션 2필드

54. E-R 다이어그램에서 사각형이 의미하는 것은?
① 개체 타입 ② 관계 타입
③ 속성 ④ 기본키 속성

> 전문가의 조언 | E-R 다이어그램에서 사각형은 개체(Entity) 타입을 의미합니다.
> • 관계(Relationship) 타입 : 다이아몬드(마름모)
> • 속성(Attribute) : 타원
> • 기본 키 속성 : 밑줄 타원

> 74섹션 7필드

57. n개의 정점으로 구성된 무방향 그래프의 최대 간선수는?
① $n(n+1)$ ② $\dfrac{n(n-1)}{2}$
③ $\dfrac{n-2}{2}$ ④ $n-5$

> 전문가의 조언 | n개의 정점으로 구성된 무방향 그래프의 최대 간선 수는 $\dfrac{n(n-1)}{2}$ 입니다.

> 83섹션 2필드

55. 릴레이션을 구성하는 행을 의미하는 용어는?
① 속성 ② 튜플
③ 도메인 ④ 차수

> 전문가의 조언 | 릴레이션을 구성하는 행을 튜플(Tuple)이라고 합니다.
> • 속성(Attribute) : 데이터베이스를 구성하는 가장 작은 논리적 단위
> • 도메인(Domain) : 하나의 애트리뷰트가 취할 수 있는 같은 타입의 원자(Atomic)값들의 집합
> • 차수(Degree) : 속성의 수를 의미함

> 7섹션 3필드

58. 키 값으로부터 주소 변환을 위해서 해시 함수나 색인 테이블을 사용하는 파일 구조는?
① 순차 파일 ② 분할 파일
③ 직접 파일 ④ 색인 순차 파일

> 전문가의 조언 | 키 값으로부터 주소 변환을 위해서 해시 함수나 색인 테이블을 사용하는 파일 구조는 직접 파일입니다.

> 78섹션 4필드

59. 데이터베이스 관리 시스템(DBMS)의 필수 기능이 아닌 것은?
① 제어 기능 ② 조작 기능
③ 정의 기능 ④ 운영 기능

> 전문가의 조언 | 데이터베이스 관리 시스템(DBMS)의 필수 기능 3가지는 정의 기능, 조작 기능, 제어 기능입니다.

> 96섹션 1필드

56. 아래 SQL 문에서 WHERE 절의 조건이 의미하는 것은?

```
SELECT 이름, 과목, 점수
FROM 학생
WHERE 이름 NOT LIKE '박_ _';
```

① '박'으로 시작되는 모든 문자 이름을 검색한다.
② '박'으로 시작하지 않는 모든 문자 이름을 검색한다.
③ '박'으로 시작하는 3글자의 문자 이름을 검색한다.
④ '박'으로 시작하지 않는 3글자의 문자 이름을 검색한다.

> 전문가의 조언 | SQL 문에서 WHERE 절의 조건이 의미하는 것은 ④번입니다.
> • WHERE절의 조건 중 NOT은 결과를 반대로 출력하는 논리 부정 연산자, LIKE는 지정된 문자를 포함하는 문자열을 찾는 연산자, _은 한 자리 문자를 대신하는 대표 문자입니다.
> • WHERE 절의 정확한 의미는 '"박"으로 시작하지 않거나 박으로 시작하면서 3글자가 아닌 문자 이름을 검색한다.'이므로 보기 ④번의 내용은 여기에 포함된다고 할 수 있습니다.
> • 정리하자면
> - "박"으로 시작하지 않는 모든 이름을 검색한다.
>   예 왕건, 김선길, 을지문덕 등
> - "박"으로 시작하면서 3글자가 아닌 이름을 검색한다.
>   예 박열, 박혁거세 등

> 79섹션 3필드

60. 데이터베이스의 설계 과정을 올바르게 나열한 것은?
① 요구 조건 분석 → 개념적 설계 → 물리적 설계 → 논리적 설계
② 요구 조건 분석 → 개념적 설계 → 논리적 설계 → 물리적 설계
③ 요구 조건 분석 → 논리적 설계 → 개념적 설계 → 물리적 설계
④ 요구 조건 분석 → 물리적 설계 → 개념적 설계 → 논리적 설계

> 전문가의 조언 | 데이터베이스의 설계 과정을 나열하면 '요구 조건 분석 → 개념적 설계 → 논리적 설계 → 물리적 설계 → 구현'입니다.

MEMO

나는 시험에 나오는 것만 공부한다!
이제 시나공으로 한 번에 합격하세요.

기본서 (필기/실기)

기초 이론부터 완벽하게 공부해서 안전하게 합격하고 싶어요!

특징
자세하고 친절한 이론으로 기초를 쌓은 후 바로 문제풀이를 통해 정리합니다.

구성
본권
기출문제
토막강의

온라인 채점 서비스
- 워드프로세서 실기
- 컴퓨터활용능력 실기
- ITQ

출간종목
컴퓨터활용능력1급 필기
컴퓨터활용능력1급 실기
컴퓨터활용능력2급 필기
컴퓨터활용능력2급 실기
워드프로세서 필기
워드프로세서 실기
정보처리기사 필기
정보처리기사 실기
정보처리산업기사 필기
정보처리산업기사 실기
사무자동화산업기사 실기
ITQ OA Master
GTQ 1급/2급

총정리 (필기/실기)

이론은 공부했지만 어떻게 적용되는지 문제풀이를 통해 감각을 익히고 싶어요!

특징
간단하게 이론을 정리한 후 충분한 문제풀이를 통해 실전 감각을 향상시킵니다.

구성
핵심요약
기출문제
모의고사
토막강의

온라인 채점 서비스
- 컴퓨터활용능력 실기

출간종목
컴퓨터활용능력1급 필기
컴퓨터활용능력1급 실기
컴퓨터활용능력2급 필기
컴퓨터활용능력2급 실기
사무자동화산업기사 필기

기출문제집 (필기/실기)

이론은 완벽해요! 기출문제로 마무리하고 싶어요!

특징
최신 기출문제를 반복풀이하며 학습을 최종 마무리합니다.

구성
기출문제
핵심요약(PDF)
토막강의

온라인 채점 서비스
- 컴퓨터활용능력 실기

출간종목
컴퓨터활용능력1급 필기
컴퓨터활용능력1급 실기
컴퓨터활용능력2급 필기
컴퓨터활용능력2급 실기
정보처리기사 필기
정보처리기사 실기

시나공 올웨이즈 이벤트

시나공으로 합격한 당신이 누려야 할 혜택!

EVENT 1

이벤트 1

합격 후기 이벤트
합격 썰 풀고 선물 받자!

당신의 합격에 시나공이 있었다면?
지금, 시나공 홈페이지 또는 본인의 블로그, SNS에
합격 후기를 작성해 주세요! 100% 무조건 제공되는 혜택부터
추첨별 푸짐한 선물까지 받을 수 있어요!

신청하기

EVENT 2

이벤트 2

기출 복원 이벤트
내가 보고 온 시험! 기출 복원하고 선물 받자!

응시하신 시험 문제를 시나공 홈페이지에 복원해 주세요.
매월 추첨을 통해서 푸짐한 선물을 보내드립니다.
(시나공에서 출간되는 도서 자격증에 한함)

시나공은 쉽고 빠르게 합격할 수 있도록 최신 기출문제를 연구하고 있습니다.
시나공과 함께 더 좋은 교재를 만들기 위해 기출 복원 전문가로 참여해 주세요.

신청하기

NOTICE ※ 내부 사정에 따라 이벤트 일정 및 내용이 변경될 수 있습니다.

이 책은 IT 자격증 전문가와 수험생이 함께 만든 책입니다.

'시나공' 시리즈는
독자의 지지와 격려 속에 성장합니다!

정보처리 책으로 Very good! 서점이나 인터넷을 많이 서핑하고 고른 책입니다. 정보처리 책은 시중에 많은 책이 있지만 그 중 제일 짜임새 있고 보기 편하며, 기출문제를 분석하여 잘 만들어진 책입니다. 정말 적극 추천하고 싶습니다. 꼭~~~~~~~
| 인터파크 황** |

역시 시나공은 굿이에요. 이 책만 보면 시험에 무조건 합격하겠는걸요. 저희 학교 교수님들도 시나공을 교재로 선택하여 강의 하신답니다.
| 도서11번가 s011*** |

'딱'입니다. 섹션별로 등급이 나뉘어져 있어서 중요한 섹션과 그렇지 않은 섹션을 구분할 수 있습니다. 제가 이 덕을 톡톡히 봤죠. 내용은 많은데 시간이 없어 다 볼 수는 없었으니까요. 의심을 하면서 A, B등급 위주로 공부했는데 충분히 합격한 것 같아요.
| YES24 gospel*** |

책의 제목대로 시험에 자주 출제되는 내용만 출제 빈도에 따라 등급을 표시하여 구성했기 때문에 중요도에 따라 선별적으로 공부할 수 있어 좋았습니다. 다음 자격증 준비도 시나공에서 출판하는 책으로 준비하고 싶습니다. 알찬 내용에 쉬운 풀이는 비전공자도 쉽게 학습할 수 있어 좋습니다.
| 알라딘 꽁한*** |

공부를 시작한지 일주일 정도 됐는데, 알기 쉽게 체계적으로 구성되어 있어 공부하기 쉽네요. 출제 빈도에 따라 등급이 나뉘어져 있어 시간이 부족한 분들에게 추천하고 싶습니다. 아주 만족합니다.
| 도서11번가 tryg*** |

혼자 공부하기에는 '딱'이에요. 설명도 쉽고 책 옆에 용어 설명이나 공부 방법 등이 재미있게 따라다녀요. 또 공부한 내용을 바로 기출문제로 확인해 볼 수 있어서 좋더군요. 공부한 내용이 기출문제에 다 있으니까 신뢰도 생기고요. 그래서 제목이 '시험에 나오는 것만 공부한다'인가 봅니다.
| YES24 kjs2*** |

정말 좋은 책입니다. 이 책 저 책 살펴보다가 이름만 보고 샀는데, 시험에 나올 만한 것만 꼭 찍어 주더라구요. ^^
| 인터파크 권** |

정보처리산업기사 분야 베스트셀러 1위 기준 : 2025년 1월~9월(알라딘)

sinagong.co.kr

가격 30,000원
ISBN 979-11-407-1615-9

TO.시나공
온라인 독자엽서

스마트한 시나공
수험생 지원센터